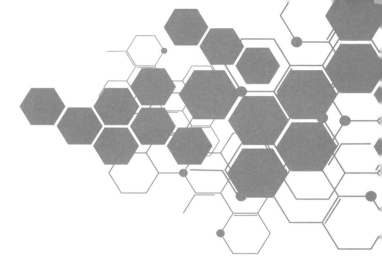

맥체인 메세지

M'Cheyne
Message

임건혁 지음

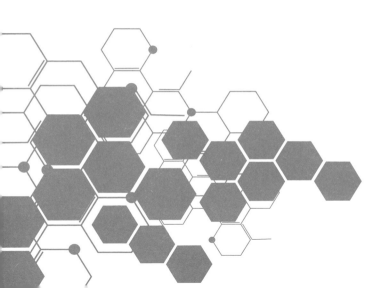

맥체인 메세지

2024년 1월 5일 초판 1쇄 발행

지 은 이 임건혁

발 행 처 선교횃불

디 자 인 디자인이츠

등 록 일 1999년 9월 21일 제54호

등록주소 서울시 송파구 백제고분로 27길 12(삼전동)

전   화 (02) 2203-2739

팩   스 (02) 2203-2738

이 메 일 ccm2you@gmail.com

홈페이지 www.ccm2u.com

맥체인 메세지

M'Cheyne
Message

임건혁 지음

신교횃불

CONTENTS

머리말

"주의 말씀은 내 발에 등이요 내 길에 빛이니이다"(시 119:105)

주의 말씀은 우리의 삶을 인도합니다. 암흑같이 캄캄한 우리 인생에 등이 되고 빛이 되어 우리가 나아가야 할 길을 인도합니다. 또한 주의 말씀은 소망이 됩니다. 절망할 수밖에 없는 캄캄한 우리 인생에 빛을 비추어주기 때문입니다. 아무 것도 보이지 않는 우리의 삶에 말씀의 빛으로 소망을 가질 수 있습니다. 또한 주의 말씀은 실족하지 않게 합니다. 어두운 우리의 인생에서 발을 헛디디지 않도록 우리가 걸어가는 길을 비추어주기 때문입니다. 주의 말씀으로 우리는 넘어지지 않을 수 있습니다. 또한 주의 말씀은 평안케 합니다. 캄캄함으로 두려울 수밖에 없는 우리의 인생에 주의 말씀은 등이요 빛이 되어 우리의 두려움을 물리쳐주고 우리로 담대하게 하고 평안하게 합니다.

맥체인성경을 통해 말씀을 읽고 묵상하고 또 새벽에 말씀을 전하며, 등이요 빛이 되시는 말씀을 경험할 수 있었습니다. 매일 구약과 신약의 서로 다른 책 중에서 네 개의 장을 읽고 하나의 주제로 묶어 글을 쓰는 작업이 결코 쉽지 않은 작업이었지만, 매일 대여섯 시간씩 말씀을 읽고 또 읽고 묵상하는 이 작업을 통해 그 무엇과도 바꿀 수 없는 말씀의 가치를 생생하게 경험할 수 있었습니다. 그 다음 날 맥체인성경으로 새벽예배를 인도하며, 또 교회 카톡방에 묵상한 글을 올려야 한다고 스스로 정해놓은 룰이 매일 같이 올가미가 되어 고통스럽게 제 자신을 조였지만, 그러나 돌아보니 정작 옭아맸던 것은 하나님 앞에 부끄러운 죄였으며 거짓된 자아였습니다. 오히려 매일같이 씨름한 말씀으로 영혼은 살찌워졌고, 말씀을 대하는 깊이는 한층 더 깊어졌으며, 주일에 전하는 설교 말씀도 풍성해질 수 있었습니다. 그 묵상한 말씀이 제 목회의 길을 인도하며 소망이 되었고, 여러 어려움 중에도 저를 넘어지지 않도록 붙드는 능력이 되었습니다. 그 말씀으로 두려움 없이 목회의 사명에 매진할 수 있었습니다. 그렇기에 지금은 힘겹게 말씀을 묵상했던 지난 시간을 떠올리며 이렇게 고백합니다. "주의 증거들은 나의 즐거움이요 나의 충고자니이다"(시 119:24) "주의 말씀의 맛이 내게 어찌 그리 단지요 내 입에 꿀보다 더 다니이다"(시 119:103)

매일 말씀과 더불어 삶을 살아가고자 하는 분에게 이 묵상집이 작은 도움이 되기를 바랍니다. 제가 읽고 또 읽으며 찾았던 말씀의 주제가 여러분의 하루를 넉넉히 채우는 영의 양식에 밑거름이 되기를 바랍니다. 더불어 제가 느꼈던 말씀의 달콤함을 동일하게 고백하며, 주의 말씀이 등이요 빛이 된다는 사실도 똑같이 경험하기를 바랍니다.

2024년 새해 임건혁

시작

창세기 1장 | 마태복음 1장 | 에스라 1장 | 사도행전 1장

하나님께서는 말씀으로 천지를 창조하여 시작하시고, 성령을 통해 교회를 세우며, 그 구원의 놀라운 사역을 시작하셨습니다. 하나님의 놀라운 시작에 우리가 순종과 헌신으로 동참할 수 있습니다. 하나님은 우리의 동참을 바라십니다.

창세기 1장_말씀을 통한 천지의 시작

하나님께서 말씀으로 천지를 창조하신 것을 전하고 있습니다. 첫째 날에는 빛을 창조하셨고, 둘째 날에는 궁창을 만드시고, 궁창 위의 물과 아래의 물로 나뉘게 하셨습니다. 셋째 날에는 천하의 물을 한 곳으로 모아 땅과 바다를 만드시고, 땅에는 풀과 씨 맺는 채소와 열매 맺는 나무가 자라게 하셨습니다. 넷째 날에는 해와 달과 별들 등 광명체를 만드시고, 다섯째 날에는 바다에 생물을 번성케 하시고 하늘에 새들이 날게 하셨습니다. 여섯째 날에는 땅의 생물과 가축과 짐승을 만드셨고, 하나님의 형상을 따라 손수 흙으로 빚고 코에 생기를 넣으심으로 사람을 만드셨습니다. 그리고 만드신 모든 것을 보시고 기뻐하셨습니다.

주목할 말씀은 이 모든 창조가 말씀으로 이루어졌다는 것입니다. 천지가 하나님의 말씀으로 시작이 됐다는 것입니다. 곧 온 천지 만물이 하나님의 말씀에 순종하였고, 그 결과, "보시기에 좋았더라"(창 1:10, 12, 18, 21, 25, 31)의 아름다운 결과가 이루어졌습니다.

하나님의 말씀에 능력이 있습니다. 그 말씀을 거부하고 대항할 존재는 이 세상에 아무 것도 없습니다. 그 말씀은 무에서 유를 만들고, 무질서를 질서로 바꿉니다. 혼돈과 죽음에 생명과 활기를 공급합니다. 그럼으로 아름다운 결과를 만들어 냅니다. 따라서 우리도 마땅히 하나님의 말씀을 따라야 합니다. 모든 일을 말씀에 순종하여 시작해야 합니다. 그때에 우리도 아름다운 결과를 경험할 수 있습니다. 하나님께서 그 말씀으로 우리의 인생에 만들어 내는 놀라운 생명과 활기와 번성의 축복을 경험할

수 있습니다.

마태복음 1장_순종을 통한 구원의 시작

예수님의 족보를 기록하고 있고, 예수님께서 성령을 통해 잉태되시고 탄생하셨음을 전하고 있습니다. 특별히 하나님께서 요셉에게 천사를 보내신 말씀에 주목하면, "이 일을 생각할 때에 주의 사자가 현몽하여 이르되 다윗의 자손 요셉아 네 아내 마리아 데려오기를 무서워하지 말라 그에게 잉태된 자는 성령으로 된 것이라 아들을 낳으리니 이름을 예수라 하라 이는 그가 자기 백성을 그들의 죄에서 구원할 자이심이라 하니라 이 모든 일이 된 것은 주께서 선지자로 하신 말씀을 이루려 하심이니 이르시되 보라 처녀가 잉태하여 아들을 낳을 것이요 그의 이름은 임마누엘이라 하리라 하셨으니 이를 번역한즉 하나님이 우리와 함께 계시다 함이라"(마 1:20~23) 요셉은 약혼녀 마리아가 자신과 상관없이 임신했다는 소식을 듣고 고민할 수밖에 없었습니다. 마리아의 부정을 드러내지 않고 가만히 끊는 것으로 그 관계를 정리하고자 했습니다. 이것이 그가 옳다 여기는 선한 뜻이었습니다. 그러나 하나님께서는 마리아 데려오기를 무서워하지 말라고 말씀하셨습니다. 이 모든 것이 하나님의 구원을 이루고자 성령으로 된 일이라는 것입니다. 사실 그 누구도 이 놀라운 일을 믿고 받아들이는 것이 쉽지 않은 일이었습니다. 그러나 요셉은 하나님의 말씀에 자신의 생각을 내려놓고 순종했습니다(마 1:24). 자신이 옳다 여기는 생각보다 하나님의 뜻과 그 말씀을 더 크게 생각하며 따랐습니다. 그리고 이 순종으로 하나님의 구원의 역사를 이루는 주인공이 됐습니다. 하나님은 요셉의 순종을 통해 예수 그

리스도를 통한 구원의 사역, 곧 하나님의 구원의 계획을 이루셨습니다.

하나님은 구원의 역사에 우리를 동참시키기를 원하십니다. 이를 위해 우리가 이해할 수 없는 명령을 주시기도 합니다. 이때 순종해야 합니다. 이해할 수 없어도 순종할 때, 그 순종이 우리를 하나님의 놀라운 구원의 계획에 주인공으로 참여케 합니다.

에스라 1장_헌신을 통한 성전의 시작
바사 왕 고레스가 유다 백성들의 귀환과 성전 건축을 허락한 말씀입니다. 하나님께서 바사 왕의 마음을 감동시켜 이를 온 나라에 공포하며 조서를 내리게 했다는 것입니다.

주목할 말씀은 예루살렘으로 올라가 성전을 건축하라는 고레스 왕의 조서에 수많은 사람들이 감동을 받고 헌신하여 예루살렘에 올라갔다는 것입니다. "이에 유다와 베냐민 족장들과 제사장들과 레위 사람들과 그 마음이 하나님께 감동을 받고 올라가서 예루살렘에 여호와의 성전을 건축하고자 하는 자가 다 일어나니"(스 1:5) 사실 포로로 잡혀와 있던 백성들이 현재 자리 잡은 터전을 떠나서 다시 예루살렘으로 이주하는 것은 쉬운 일이 아니었습니다. 그동안 눈물로 수고하여 일군 모든 것들을 포기하고, 폐허가 된 예루살렘에서 새로 시작해야 하기 때문입니다. 예루살렘에서의 새 시작에 그 어떤 확실한 보장도 받을 수 없기 때문입니다. 그러나 백성들은 하나님께 감동을 받고 오직 성전을 건축해야 한다는 사명을 가지고 일어났습니다. 하나님의 성전을 재건하기 위해 그 헌신을 마다하지 않았습니다.

무너진 성전을 재건하는 것은 하나님의 뜻이고 계획이었습니다. 바로 이 하나님의 계획하심과 일하심에 하나님은 그 백성들이 헌신으로 참여하기를 원하셨습니다. 무너진 성전을 재건하고 그 백성들의 신앙과 하나님과의 관계를 다시 세워가는 그 시작에 백성들이 헌신으로 응답하기를 원하셨습니다. 마찬가지로 우리가 교회를 세우는 일에 하나님은 우리의 헌신을 원하십니다. 보장된 삶의 여러 요소들을 포기하고 주의 교회를 세우는 일에 헌신하기를 원하십니다. 우리가 이 일에 힘써 참여해야 합니다. 성령의 감동케 하심을 따라 기쁨으로 헌신해야 합니다.

사도행전 1장_성령을 통한 교회의 시작
성령의 약속과 예수의 승천, 제자들이 성령을 기다리며 모여 전심으로 기도한 것, 가룟 유다를 대신해 맛디아를 사도로 선출한 것 등을 기록하고 있습니다.

특별히 예수님께서 제자들에게 성령에 대하여 하신 말씀에 주목하면, "오직 성령이 너희에게 임하시면 너희가 권능을 받고 예루살렘과 온 유대와 사마리아와 땅 끝까지 이르러 내 증인이 되리라 하시니라"(행 1:8) 증인이 되는 사역은 결국 교회를 세우는 사역으로, 우리가 힘써 예수 그리스도의 증인이 되어 복음을 전할 때, 이를 통해 교회는 세워지게 됩니다. 그런데 이 모든 사역이 오직 성령의 임함과 이를 통해 주어지는 권능으로 진행됨을 말씀하고 있는데, 이는 곧 성령과 그 주시는 능력이 없이는 이 사역을 감당할 수 없다는 것을 가르쳐주고 있습니다. 다시 말해 땅 끝까지 이르러 예수의 증인으로서 복음을 전하고 교회를 세우는 일은 오직 성령을 구하고, 그 성령의 능력과 인도하심 안에서 감당해야 한다는 것입니다.

결국 오순절 마가의 다락방에 임한 성령으로 초대 교회는 시작되었고, 또한 성령의 역사로 교회는 확장되고 세워졌습니다. 따라서 오늘 우리도 성령을 구하고 성령의 이끄심에 순종해야 합니다. 성령을 따라 우리 교회를 세워가야 합니다.

오늘의 기도
1. 하나님의 말씀 안에 거하여, 올해 내 삶의 일들이 "보시기에 좋았더라"의 결과를 이루게 하소서.
2. 말씀에 순종하고 헌신하여 하나님의 구원의 사역에 동참하게 하소서.
3. 성령께서 끊임없이 마음을 감동하고 이끄셔서 교회를 위한 헌신의 삶과 증인의 삶을 살게 하소서.

선물과 예물

2
Jan

창세기 2장 | 마태복음 2장 | 에스라 2장 | 사도행전 2장

하나님은 우리에게 생기를 통한 생명과 성령의 선물을 주셨습니다. 그 주신 선물, 곧 은혜를 깨닫고 감사하며, 힘써 경배와 헌신의 예물을 드려야 합니다.

창세기 2장_생기의 선물

하나님께서 일곱째 날에 안식하신 것과, 에덴동산을 창설하신 것, 아담을 위해 돕는 배필을 지으신 것을 전하고 있습니다. 또한 하나님께서 사람을 지으신 것에 다시 한 번 말씀하고 있는데, 하나님께서 사람을 흙으로 빚어 지으시고 그 코에 불어 넣어주신 생명의 기운으로 사람이 생령, 곧 생명체가 되었다는 것입니다. "여호와 하나님이 땅의 흙으로 사람을 지으시고 생기를 그 코에 불어넣으시니 사람이 생령이 되니라"(창 2:7)

다른 동물들에게는 생기를 불어 넣어주셨다는 말씀이 없습니다. 오직 우리 인간만 하나님께서 하나님의 형상을 따라 지으시고 그 생기를 불어 넣어주셨습니다. 이 특별한 생기의 은혜가 우리 안에 있고, 따라서 하나님과 교제할 수 있습니다. 우리가 이 은혜로 하나님과 힘써 소통하며 교제해야 하고, 더 나아가 그 주신 생명으로 하나님을 예배하며, 하나님께서 맡기신 사명을 감당해야 합니다.

마태복음 2장_경배의 예물

아기 예수님을 찾아온 동방박사들의 경배와 마리아와 요셉이 아기 예수님을 데리고 헤롯의 위협을 피해 애굽으로 피난한 것으로 기록하고 있습니다. 그리고 헤롯이 만왕의 왕으로 오신 예수님을 죽이기 위해 베들레헴과 그 지경 안에 있는 두 살 아래의 영아들을 죽인 것을 기록하고 있습니다.

동방박사들의 경배에 주목하면, 그들은 별을 연구하다가 이 땅에 만왕의 왕이 오신다는 것을 알게 되었고, 그 왕께 경배하기 위해 그 멀고 험한 여행을 마다하지 않았습니다. 또한 만왕의 왕으로 오신 아기 예수님을 만나 경배하였고, 황금과 유향과 몰약을 예물로 드렸습니다. "집에 들어가 아기와 그의 어머니 마리아가 함께 있는 것을 보고 엎드려 아기께 경배하고 보배합을 열어 황금과 유향과 몰약을 예물로 드리니라"(마 2:11)

우리에게 생명을 주시고 구원의 축복을 주시는 주님을 경배하며 예물을 드림은 마땅합니다. 이를 위해 그 어떤 수고도 마다하지 않아야 하고, 그 어떤 예물도 아까워할 수 없습니다. 온 마음과 온 힘을 다해 경배하며 예물을 드려야 합니다.

사도행전 2장_성령의 선물

오순절 성령의 사건을 기록하고 있습니다. 오순절에 마가의 다락방에 모여 기도하던 120명의 성도들에게 성령이 임하였고, 성령이 말하게 하심을 따라 다른 언어들로 말하기를 시작했다는 것입니다. "그들이 다 성령의 충만함을 받고 성령이 말하게 하심을 따라 다른 언어들로 말하기를 시작하니라"(행 2:4) 이들이 말한 것은 하나님의 큰 일(행 2:11), 한 마디로 복음입니다. 성령은 이들에게 다른 언어들로 복음을 전하게 하신 것입니다. 이는 베드로의 오순절 설교에서 분명히 드러납니다. 베드로는 그 모여 있는 사람들에게, 너희가 죄 없는 예수를 십자가에 못 박아 죽였으나 하나님께서 사망에서 다시 살리셨음을 증언했습니다. 결국 이 설교를 듣고 삼천 명이 회개하고 세례를 받았는데, 찔림을 받은 사람들이 우리가 어찌해야 하느냐고 물었고, 베드로는 다음과 같이 대답했습니다. "베드로가 이르되 너희가 회개하여 각각 예수 그리스도의 이름으로 세례를 받고 죄 사함을 받으라 그리하면 성령의 선물을 받으리니"(행 2:38) 여기서 주목할 말씀이 성령은 하나님이 주시는 선물이라는 것입니다.

8

그리고 이 성령의 선물은 회개하고 예수 그리스도를 믿을 때, 곧 믿음으로 세례를 받고 죄 사함의 은혜를 얻을 때 주어진다는 것입니다.

하나님은 우리에게 성령의 선물을 주십니다. 예수님은 이 약속하신 선물을 위해 예루살렘을 떠나지 말라고 분부하셨습니다. 따라서 우리의 죄를 돌아보고 회개하며 힘써 예수님을 믿음으로 따라가 성령의 선물을 구하고 받아야 합니다. 그리고 성령의 이끄심 속에서 힘써 복음의 사명을 감당해야 합니다.

에스라 2장_헌신의 예물

귀향자 명단입니다. 바벨론에 포로로 잡혀간 자들의 자손들 중에서 놓임을 받고 예루살렘과 유다로 돌아온 자들의 명단을 기록하고 있습니다.

특별히 주목할 말씀이 포로에서 돌아온 사람들 중에 어떤 족장들이 성전 재건을 위해 기쁨으로 예물을 드렸다는 말씀입니다. "어떤 족장들이 예루살렘에 있는 여호와의 성전 터에 이르러 하나님의 전을 그 곳에 다시 건축하려고 예물을 기쁘게 드리되 힘 자라는 대로 공사하는 금고에 들이니 금이 육만 천 다릭이요 은이 오천 마네요 제사장의 옷이 백 벌이었더라"(스 2:68~69) 이들이 힘 자라는 대로 헌신했다고 말씀하고 있는데, 이는 곧 하나님의 은혜와 사명을 깨달았기 때문 아니겠습니까? 곧 이미 자리를 잡은 땅에서 다시 예루살렘으로 돌아가기 위해서는 희생의 각오와 결단이 필요했습니다. 그처럼 돌아가기 위해서는 이미 일군 많은 것을 포기해야 했기 때문입니다. 하지만 포로에서 예루살렘으로 돌아가는 것은 하나님의 용서와 회복의 은혜임을 깨달았기에 얼마든지 포기하고 동참한 것입니다. 또한 포로 귀환에는 성전을 다시 재건하라는 사명이 주어져 있었습니다. 바로 이 사명을 깨닫고 있었기에 희생의 각오와 결단을 통해 예루살렘으로 돌아온 것뿐만 아니라, 성전 재건을 위해 기쁨으로 힘을 다해 예물을 드렸다는 것입니다.

결국 무엇입니까? 하나님의 은혜와 사명을 깨달으면 얼마든지 기쁨으로 헌신의 예물을 드릴 수 있습니다. 생기를 통해 우리에게 생명을 주시고, 또한 모든 죄를 용서하시고 성령을 주시는 은혜를 깨달으면 힘을 다해 헌신할 수 있습니다.

오늘의 기도

1. 우리 안에 불어 넣어주신 하나님의 생기의 은혜와 축복을 기억하며 더욱 힘써 거룩함으로 하나님을 찬양하며 살게 하소서.
2. 오순절 마가의 다락방에서 있었던 성령 충만의 역사가 오늘 우리 교회와 가정에 끊이지 않고 있게 하소서.
3. 주의 은혜와 사명을 깨닫고 힘을 다해 기쁨으로 헌신하는 삶을 살게 하소서.

3
Jan

회복
창세기 3장 | 마태복음 3장 | 에스라 3장 | 사도행전 3장

아담과 하와로부터 시작된 죄로 우리는 심판 받을 수밖에 없습니다. 따라서 회개를 통해 주의 은혜로 회복되고, 예배를 통해 그 회복을 지속하며, 예수를 통해 온전한 회복을 이루어야 합니다.

창세기 3장_죄의 결과

인간의 타락을 전하고 있습니다. 곧 선악을 알게 하는 나무의 열매를 먹지 말라는 하나님의 명령이 있었지만, 간교한 뱀의 유혹을 이기지 못한 하와가 그 열매를 따서 먹었고, 또한 함께 한 아담에게도 주어 먹게 했습니다. 그렇게 하나님의 말씀에 불순종함으로 타락하고 죄를 범했습니다. "여자가 그 나무를 본즉 먹음직도 하고 보암직도 하고 지혜롭게 할 만큼 탐스럽기도 한 나무인지라 여자가 그 열매를 따먹고 자기와 함께 있는 남편에게도 주매 그도 먹은지라"(창 3:6)

그 결과 하나님과 사람과의 관계가 깨어져 아담과 하와가 하나님의 낯을 피해 숨게 됐습니다(창 3:8). "내 뼈 중의 뼈요 살 중의 살이라"(창 2:23)고 고백하며 사랑했던 하와에게, 아담이 그 잘못을 전가하는 등(창 3:12), 인간과 인간 사이의 관계도 깨어지게 됐습니다. 땅이 저주를 받아 인간과 자연과의 관계도 깨어지게 됐는데, 땅은 가시덤불과 엉겅퀴를 내고, 아담은 수고하고 땀을 흘려야 소산을 먹을 수 있게 됐습니다. 그리고 결국 흙으로 돌아가는 죽음의 심판에 이르게 됐습니다(창 3:17~19).

하나님은 선하게 온 세상과 인간을 창조하셨습니다. 그러나 인간의 불순종의 죄로 말미암아 그 선함이 깨어지고 말았습니다. 인간의 행복한 삶도 무너지고 말았습니다. 그 죄로 인해 하나님의 심판 아래에 거하여 죽음과 파멸을 피할 수 없게 됐습니다. 따라서 회복의 은혜가 필요합니다. 죄를 용서함 받고, 처음 하나님께서 창조하셨던 "보시기에 좋았더라"의 모습을 회복해야 합니다.

마태복음 3장_회개를 통한 회복

세례 요한에 대한 말씀입니다. 그가 요단강에서 세례를 베푼 것과 수많은 사람들이 세례 요한에게 나아와 세례를 받은 것을 전하고 있습니다. 또한 예수님께서도 "이와 같이 하여 모든 의를 이루는 것이 합당하니라"(마 3:15)고 말씀하시며 세례 요한에게 세례를 받으신 것을 전하고 있습니다. 특별히 세례 요한의 외침에 주목하면, 그의 강조점은 회개에 있습니다. "회개하라 천국이 가까이 왔느니라 하였으니"(마 3:2) "그러므로 회개에 합당한 열매를 맺고"(마 3:8) "이미 도끼가 나무 뿌리에 놓였으니 좋은 열매를 맺지 아니하는 나무마다 찍혀 불에 던져지리라"(마 3:10) 가까이 다가온 천국에 이를 수 있는 길은 회개에 있다는 것입니다. 회개하고 이에 따른 합당한 열매, 곧 변화의 삶을 살아야 불에 던져지는 심판을 피할 수 있다는 것입니다.

아담과 하와를 통해 시작된 죄로 인해 우리 인간은 심판에 이를 수밖에 없습니다. 이대로 있으면 하나님의 진노와 심판을 당하게 됩니다. 따라서 회개해야 합니다. 우리의 죄를 돌아보고 자복하여 회개함으로 하나님의 은혜를 구해야 합니다. 오직 회개하고 변화된 삶을 살아가는 것만이 회복의 은혜를 누리는 길입니다.

에스라 3장_예배를 통한 회복

에스라 3장은 예수아와 스룹바벨이 중심이 되어 포로에서 돌아온 백성들이 번제단을 세우고 하나님께서 제사를 드리기 시작한 것과, 성전을 다시 짓기 시작한 것을 전하고 있습니다.

"무리가 모든 나라 백성을 두려워하여 제단을 그 터에 세우고 그 위에서 아침 저녁으로 여호와께 번제를 드리며 기록된 규례대로 초막절을 지켜 번제를 매일 정수대로 날마다 드리고 그 후에는 항상 드리는 번제와 초하루와 여호와의 모든 거룩한 절기의 번제와 사람이 여호와께 기쁘게 드리는 예물을 드리되"(스 3:3~5) 포로에서 예루살렘으로 돌아온 무리들이 제단을 만들고 하나님께 번제를 드렸다는 말씀입니다. 그 주변에 사는 다른 나라 백성들로 인해 두려움도 있었지만, 자신들이 포로에서 돌아온 사명이 예배에 있음을 잊지 않았다는 것입니다. 곧 범죄하며 하나님을 바르게 예배하지 않았기에 하나님의 심판으로 성전은 파괴되고 나라는 멸망 받아 포로로 잡혀갔던 것이고, 하나님의 은혜로 죄를 용서받고 포로에서 다시 예루살렘에 돌아온 지금, 무엇보다 회복하고 힘써야 하는 것이 예배임을 잊지 않은 것입니다. 예배의 회복을 위해 하나님은 포로에서 다시 돌아오게 하셨음을 놓치지 않은 것입니다. 따라서 두려움을 이기고 예배한 것입니다.

죄를 깨닫고 돌이켜 회개하며, 무엇보다 힘써야 할 것이 예배입니다. 예배의 회복 없이는 온전한 죄의 용서와 은혜도 있을 수 없습니다. 회개함으로 하나님의 용서의 은혜를 누렸다면 이제는 예배에 힘을 쏟아야 합니다. 예배를 통해 회복의 은혜를 계속해서 누려야 합니다.

사도행전 3장_예수를 통한 회복
베드로와 요한이 한 장애인을 치료하여 일으킨 말씀입니다. 곧 나면서 못 걷게 된 한 지체 장애인이 성전 미문에 앉아 구걸하고 있었는데, 이를 본 베드로와 요한이 예수의 이름으로 일으켰습니다. 예수의 이름으로 그의 육적 장애를 치유하고 회복한 것입니다. 그런데 또한 그의 회복은 영적 장애의 회복까지 이어졌는데, 곧 예수의 이름으로 일어난 이 장애인은 성전으로 뛰어 들어가 하나님을 찬송했습니다. 예수의 능력으로 육신의 장애를 회복할 뿐만 아니라, 성전에 들어가 예배할 수 없었던 영적 장애까지 회복한 것입니다. "베드로가 이르되 은과 금은 내게 없거니와 내게 있는 이것을 네게 주노니 나사렛 예수 그리스도의 이름으로 일어나 걸으라 하고 오른손을 잡아 일으키니 발과 발목이 곧 힘을 얻고 뛰어 서서 걸으며 그들과 함께 성전으로 들어가면서 걷기도 하고 뛰기도 하며 하나님을 찬송하니"(행 3:6~8)

이처럼 우리의 온전한 회복은 예수님을 통해 가능합니다. 따라서 우리에게 필요한 것이 믿음입니다. 곧 베드로는 이 사람의 회복이 예수님을 믿는 믿음으로 가능했음을 전했습니다. 그 믿음이 예수님의 능력을 우리의 삶에 나타나게 한다는 것입니다. "그 이름을 믿으므로 그 이름이 너희가 보고 아는 이 사람을 성하게 하였나니 예수로 말미암아 난 믿음이 너희 모든 사람 앞에서 이같이 완전히 낫게 하였느니라"(행 3:16)

오직 예수님으로 육신만이 아니라 영혼육 전인이 회복되어 온전해질 수 있습니다. 예수님은 온 인류를 죄에서 구원하고 회복하기 위해 이 땅에 오셨습니다. 아담과 하와로 죄가 시작되고 심판이 주어지게 됐지만, 예수님을 통해 죄의 용서의 은혜와 회복, 그리고 구원이 주어집니다.

오늘의 기도

1. 죄의 결과는 심판과 파멸임을 깨닫고, 날마다 회개에 합당한 열매를 맺으며 살게 하소서.
2. 어려움이 있어도 타협하지 않고 제단을 회복하며 하나님을 예배하는 일에 힘을 다하게 하소서.
3. 예수의 이름으로 치유와 회복과 구원의 삶을 살게 하시며, 세상을 이기는 능력의 삶을 살게 하소서.

4
Jan

시험
창세기 4장 | 마태복음 4장 | 에스라 4장 | 사도행전 4장

우리 믿음의 사람에게 시험이 있습니다. 그러나 말씀과 기도와 예배와 사명으로 이길 수 있습니다.

창세기 4장_예배로 이기는 시험

가인과 아벨의 제사에 대해 말씀하고 있고, 또 가인이 아벨을 살해한 것을 전하고 있습니다. 곧 가인은 땅의 소산으로 하나님께 제사를 드렸고, 아벨은 양의 첫 새끼와 기름으로 제사를 드렸는데, 하나님께서 아벨의 제사는 받으시고 가인의 제사는 받지 않으셨습니다. 이에 분노한 가인이 아벨을 죽이는 죄를 범하고 말았습니다. "가인이 그의 아우 아벨에게 말하고 그들이 들에 있을 때에 가인이 그의 아우 아벨을 쳐죽이니라"(창 4:8)

하나님은 이미 가인에게 그 죄를 다스리라고 경고하셨습니다(창 4:7). 그럼에도 가인은 자신의 마음을 다스리지 못하고, 곧 죄의 유혹을 이기지 못하고 동생 아벨을 살해하고 말았습니다. 그런데 이 모든 죄의 시작이 예배의 실패에서 있었다는 사실을 놓치지 말아야 합니다. 하나님께 열납되지 않는 제사를 드린 그 예배의 실패가 증오와 시기를 낳고, 그 마음을 다스리지 못해 살인의 죄악으로까지 이어지게 됐다는 것입니다. 따라서 예배에 승리해야 합니다. 하나님께 열납되는 예배를 통해 우리의 믿음을 세워야 하고, 예배를 통해 주어지는 은혜와 능력으로 죄의 유혹을 이길 수 있어야 합니다.

마태복음 4장_말씀으로 이기는 시험

예수님께서 마귀에게 시험을 받으신 것과, 베드로와 안드레 등 첫 제자들을 부르신 것을 전하고 있습니다.

예수님께서 시험을 받으신 말씀에 주목하면, 광야에서 사십 일을 금식하신 예수님은 돌들로 떡덩이가 되게 하라, 성전 꼭대기에서 뛰어내리라, 내게 엎드려 경배하라는 세 가지의 시험을 마귀에게 받으셨습니다. 그때에 예수님은 기록된 하나님의 말씀으로 마귀의 시험을 이기셨습니다. "예수께서 대답하여 이르시되 기록되었으되 사람이 떡으로만 살 것이 아니요 하나님의 입으로부터 나오는 모든 말씀으로 살 것이라 하였느니라 하시니"(마 4:4) "예수께서 이르시되 또 기록되었으되 주 너의 하나님을 시험하지 말라 하였느니라 하시니"(마 4:7) "이에 예수께서 말씀하시되 사탄아 물러가라 기록되었으되 주 너의 하나님께 경배하고 다만 그를 섬기라 하였느니라"(마 4:10)

예수님은 하나님이십니다. 그 가지신 힘으로도 능히 마귀의 시험을 물리치실 수 있으셨습니다. 그럼에도 예수님은 철저히 기록된 하나님의 말씀으로 대항하여 마귀를 물리치시고 시험을 이기셨습니다. 그럼으로 또한 우리도 하나님의 말씀으로 능히 시험을 이길 수 있음을 가르쳐주셨습니다. 곧 우리는 연약하지만 하나님의 말씀은 강합니다. 따라서 말씀을 의지하고 앞세우면 시험을 이기고 승리할 수 있습니다. 우리가 이 말씀으로 승리하는 삶을 살아야 합니다.

에스라 4장_사명으로 이기는 시험

사마리아 사람들의 성전 건축 참여를 거절한 것과, 이로 인해 사마리아 사람들이 성전 건축을 방해하고 왕에게 모함하는 글을 올려 결국 성전 건축이 중단된 것을 전하고 있습니다.

사마리아 사람들의 성전 건축 참여를 거절한 말씀에 주목하면, "스룹바벨과 예수아와 기타 이스라엘 족장들이 이르되 우리 하나님의 성전을 건축하는 데 너희는 우리와 상관이 없느니라 바사 왕 고레스가 우리에게 명령하신 대로 우리가 이스라엘의 하나님 여호와를 위하여 홀로 건축하리라 하였더니"(스 4:3) 곧 포로에서 예루살렘에 돌아온 백성들은 스룹바벨과 예수아를 중심으로 성전을 재건하는 일에 힘을 썼습니다. 그러자 유다와 베냐민의 대적들, 곧 사마리아 사람들이 성전을 건축하는 일에 참여하겠다고 나왔습니다. 예루살렘에 성전이 건축되면 모든 상업의 중심이 사마리아에서 다시 예루살렘으로 옮겨질 것을 우려한 사마리아 사람들은 경제적 이득을 목적으로 성전 재건에 참여하고자 했던 것입니다. 사실 여러 어려움 속에서 성전 재건에 힘쓰던 백성들은 사마리아 사람들의 동참이 큰 도움이 될 수 있었습니다. 그러나 하나님의 거룩한 성전을 순수하지 못한 사람들의 손으로 지을 수는 없는 일이었습니다. 따라서 스룹바벨과 예수아는 사마리아 사람들의 참여를 거절한 것입니다. 이로 인해 사마리아 사람들의 방해가 있었고, 이 방해로 더 큰 어려움에 직면하고 또 성전 재건 사역이 중단되는 위기를 만났지만, 성전 재건은 하나님의 백성 된 자신들의 순수한 힘과 신앙으로 지어져야 하고, 또 이것이 자신들의 사명임을 깨달아 타협하지 않았습니다. 사명으로 사마리아 사람들의 유혹을 이겼습니다.

힘겨운 사명의 삶에서 달콤한 유혹이 있을 수 있습니다. 한 번 눈 감고 타협하면 쉽게 모든 일을 이룰 수 있을 것 같습니다. 마귀는 그런 시험으로 우리를 넘어뜨리고자 합니다. 따라서 사명을 굳건히 붙들어야 합니다. 우리가 붙잡고 달려가는 사명의 본질이 무엇인지 생각해야 합니다. 그렇게 사명을 붙들어 시험을 이겨야 합니다.

사도행전 4장_기도로 이기는 시험

예수를 전하지 말라는 공회의 위협 속에서도 기도로 사도들이 그 위협을 이겼음을 전하고 있습니다. 곧 사도들이 복음을 전하는 일로 대제사장과 관리들과 장로들과 서기관들이 모여 공회를 열고 더 이상 예수 그리스도, 곧 복음을 전하지 말라고 경고하며 위협했습니다(행 4:17~18, 21). 사도들에게 공회의 위협은 큰 두려움이고 시험일 수밖에 없었습니다. 그러나 사도들은 기도함으로 공회의 위협과 핍박과 시험을 이겨냈습니다. 곧 타협하지 않고 복음을 전하기 위해 기도한 사도들과 믿음의 동료들에게 성령 충만함의 은혜가 있었고, 성령 충만함 속에서 담대히 하나님의 말씀, 곧 복음을 전할 수 있었습니다. 위협과 핍박의 시험을 이기고 복음을 전하는 일을 멈추지 않았습니다. "빌기를 다하매 모인 곳이 진동하더니 무리가 다 성령이 충만하여 담대히 하나님의 말씀을 전하니라"(행 4:31)

핍박과 고난 속에서도 기도하면, 주님께서 성령을 통해 그 모든 핍박과 고난의 시험을 이길 수 있는 힘을 주십니다. 따라서 핍박과 고난 속에서 낙망하지 말고 기도함으로 이겨야 합니다.

오늘의 기도

1. 마음을 다해 하나님께 열납되는 예배를 드리게 하시고, 예배를 통해 죄의 유혹을 이기는 힘을 얻게 하소서.
2. 말씀과 사명으로 무장하여 어떤 사탄의 유혹에도 넘어지지 않고 능히 이기게 하소서.
3. 핍박과 고난 속에서 낙망하지 말고 오히려 기도하게 하시고, 기도를 통해 성령의 충만함도 경험하고 고난의 시험도 이기게 하소서.

동행
창세기 5장 | 마태복음 5장 | 에스라 5장 | 사도행전 5장

주님과 동행하는 삶에 생명의 축복이 있습니다. 따라서 주의 말씀을 철저히 지키고, 주의 명령에 순종하며, 고난 중에도 사명의 길을 걸어가야 합니다. 말씀과 순종과 사명으로 주와 동행해야 합니다.

창세기 5장_동행의 축복

아담에서 노아까지 이르는 계보를 기록하고 있습니다. 에녹에 대한 말씀에 주목하면, 하나님과 동행하는 삶에 축복이 있음을 배울 수 있습니다. 에녹은 삼백 년을 하나님과 동행하는 삶을 살았고, 그 결과 죽음을 보지 않고 하나님께 올라갔습니다. "에녹이 하나님과 동행하더니 하나님이 그를 데려가시므로 세상에 있지 아니하였더라"(창 5:24)

아담의 범죄 이후 인간에게 죽음은 필연적인 사실이었습니다. 한번 죽는 것은 사람에게 정해진 일이었고, 따라서 성경은 "아무개가 몇 세를 살고 죽었더라"고 말씀하고 있습니다. 아담은 930세를 살고 죽었고, 셋은 912세를 살고 죽었고, 에노스는 905세를 살고 죽었습니다. 가장 오래 산 므두셀라는 969세를 살고 죽었습니다. 그러나 하나님과 동행한 에녹에게는 죽었다는 말이 있지 않습니다. 에녹은 하나님과의 동행 속에서 주어진 은혜를 통해 인간에게 정해진 죽음의 운명을 이겨낼 수 있었습니다. 하나님과 동행하는 삶을 통해 죽음의 운명을 이기는 축복을 누렸습니다.

결국 에녹은 피할 수 없는 죽음 앞에서 고민해야 하는 우리 인간에게 해답을 제시합니다. 그 누구도 죄로 인한 죽음을 피할 수 없지만, 하나님과 동행하며 누리게 되는 은혜는 죽음을 이기게 합니다. 따라서 힘써 하나님과 동행하며 그 은혜 안에 거해야 합니다.

마태복음 5장_말씀으로 동행하는 삶

예수님께서 그 나아온 무리들에게 말씀을 전하며 가르치셨음을 전하고 있습니다. "예수께서 무리를 보시고 산에 올라가 앉으시니 제자들이 나아온지라 입을 열어 가르쳐 이르시되"(마 5:1~2) 곧 마태복음 5장부터 7장까지를 일명 산상수훈이라고 부릅니다. 5장에는 복에 대한 가르침, 세상의 소금과 빛이 돼야 한다는 가르침, 예수와 율법에 대한 가르침, 형제에게 노하지 말라는 가르침, 간음하지 말고, 헛된 맹세를 하지 말며, 대적하지 말고 원수까지 사랑하라는 가르침이 기록되어 있습니다. 예수님은 지금까지 율법을 통해 주어진 가르침을 새롭게 해석하고, 하나님 나라의 백성으로서 따라야 하는 더 온전한 가치를 제시하며 가르치셨습니다.

결국 무엇입니까? 주께서 주신 가르침, 곧 그 말씀에 따라 살아가는 것이 하나님과 동행하는 삶입니다. 그 말씀을 지키며 살아가는 믿음의 삶에 핍박과 고난이 있을 수 있습니다. 그러나 핍박과 고난에 넘어지지 않고 하나님의 백성으로 주어지는 하늘에서의 상을 바라보며 기쁨으로 이겨야 합니다(마 5:12). 바로 이것이 하나님과 동행하는 삶입니다.

에스라 5장_순종으로 동행하는 삶

성전 재건 공사를 다시 시작했음을 전하고 있습니다. 그리고 유브라데 강 건너편 지방의 총독들이 이 건축 사업을 조사한 것과 이를 통해 다리오 왕에게 보낸 보고서를 기록하고 있습니다. 곧 성전의 기초만 놓은 채, 사마리아 사람들의 방해와 포로에서 돌아온 삶의 어려움 등으로 성전 건축이 중단됐습니다. 백성들은 어쩔 수 없는 일이라고 타협하고 있었습니다. 그러나 선지자들을 통해 주시는 하나님의 말씀으로 깨닫고, 스룹바벨과 예수아를 중심으로 한 백성들이 다시 성전을 건축하는 일에 힘을 냈습니다. 어려움 중에서도 다시 힘을 내어 하나님의 말씀에 순종했습니다. "이에 스알디엘의 아들 스룹바벨과 요사닥의 아들 예수아가 일어나 예루살렘에 있던 하나님의 성전을 다시 건축하기 시작하매 하나님의 선지자들이 함께 있어 그들을 돕더니"(스 5:2)

여기서 하나님과 동행하는 삶에 대해 생각해 볼 수 있습니다. 곧 하나님과 동행하는 삶은 내 생각을 고집하는 것이 아닙니다. 하나님의 말씀으로 나를 돌아보고, 어쩔 수 없다는 내 생각을 하나님의 말씀으로 바꾸어 가는 것입니다. 어렵고 힘들어도 하나님의 말씀에 순종하는 삶이 진정 하나님과 동행하는 삶입니다.

사도행전 5장_사명으로 동행하는 삶

하나님을 속이고 심판을 받아 죽은 아나니아와 삽비라에 대한 말씀과, 사도들이 복음을 전하는 일로 옥에 갇히고 공회에 선 것을 전하고 있습니다. 그런데 주목할 말씀이, 사도들이 주의 이름 때문에 핍박 받는 일을 오히려 기뻐했다는 것입니다. "사도들은 그 이름을 위하여 능욕 받는 일에 합당한 자로 여기심을 기뻐하면서 공회 앞을 떠나니라 그들이 날마다 성전에 있든지 집에 있든지 예수는 그

리스도라고 가르치기와 전도하기를 그치지 아니하니라"(행 5:41~42) 곧 대제사장을 비롯한 사두개인들이 핍박하여 사도들을 옥에 가두고 공회를 열어 위협했습니다. 그러나 사도들은 하나님의 말씀에 순종하는 것이 옳다고 대답하며 복음을 전하는 사명의 길을 포기하지 않았습니다. 주님 때문에 받는 고난을 피하고 싶은 고통이 아닌 기쁨과 영광으로 생각하며, 핍박 중에도 힘써 예수가 그리스도 되심을 가르치며 전했습니다. 그리고 이런 사도들의 사명의 삶에 하나님은 천사를 보내 사도들을 옥에서 꺼내주고, 담대히 생명의 말씀을 전하라고 용기를 주는 등(행 5:18~19), 사도들과 함께하셨습니다. 생명과 자신의 안위보다 사명을 더 귀히 여기고 따라가는 사도들과 동행하셨습니다.

즐겁고 복된 일에만 함께하고 고난과 핍박에는 등을 돌리는 것은 진정 주님과 동행하는 삶이 아닙니다. 고난과 핍박이 있어도 기쁨으로 함께하는 것이 진정 주님과 동행하는 삶입니다. 따라서 어떤 고난과 핍박 중에도 기쁨으로 사명의 길을 걸어가야 합니다. 그 사명의 길을 포기하지 않을 때 주님과의 동행의 길도 계속될 수 있습니다.

6
Jan

의의 삶
창세기 6장 | 마태복음 6장 | 에스라 6장 | 사도행전 6장

우리는 사람에게 보이고자 하는 외식이 아니라 진실함으로 의의 삶을 살아야 합니다. 의의 삶을 통해 구별돼야 하고, 또한 이를 통해 주의 일꾼으로 선택된 삶과 승리의 삶을 살아야 합니다.

창세기 6장_의를 통한 구별의 삶

노아에 대한 말씀입니다. 세상을 심판하기로 계획하신 하나님께서 구원을 위해 노아에게 방주를 만들라고 명령하신 말씀입니다. 곧 노아 당시 세상의 사람들은 하나같이 타락하여 범죄했습니다. 하나님께서 땅 위에 사람을 지으셨음을 한탄하시고(창 6:6), 그 모두를 땅 위에서 쓸어버리겠다고 결정하실 만큼(창 6:7), 사람들은 그 마음에 품는 생각과 계획이 항상 악했습니다. "여호와께서 사람의 죄악이 세상에 가득함과 그의 마음으로 생각하는 모든 계획이 항상 악할 뿐임을 보시고"(창 6:5) 그러나 노아는 달랐습니다. 노아는 악했던 세상의 사람들과 달리 의롭고 흠이 없었습니다. 하나님과 동행하며 살았습니다. "그러나 노아는 여호와께 은혜를 입었더라 이것이 노아의 족보니라 노아는 의인이요 당대에 완전한 자라 그는 하나님과 동행하였으며"(창 6:8~9) 따라서 하나님은 노아에게 방주를 만들라고 명령하시고, 혈육 있는 생물을 보존케 하는 사명을 주셨습니다. 노아와 언약을 세워, 하나님의 심판 중에 그와 그 가정을 통한 구원의 역사를 이루어가셨습니다.

노아의 모습은 우리 신앙인들이 따라야 할 모범을 보여주고 있습니다. 곧 우리는 세상의 사람들의 삶을 따라가지 말고, 의의 삶으로 세상의 사람들과 다른 삶을 살아야 합니다. 세상이 악하고 세상의 사람들 모두가 다 그렇게 악을 따라 살아간다고 우리도 똑같이 따라가는 것은 어리석은 일입니다. 우리는 하나님을 믿는 신앙인으로 노아처럼 하나님과 동행하며 힘써 의로운 삶을 살아가야 합니다. 세상의 사람들과 다른 구별된 삶을 살아야 합니다. 그럼으로 하나님의 심판이 아닌 구원의 자리에 서

야 합니다.

마태복음 6장_의를 통한 진실한 삶

구제와 기도와 금식에 대한 예수님의 가르침을 주고 있습니다. 특별히 강조하고 있는 것이, 사람에게 보이려고 행하는 의는 바르지 않다는 것입니다. 그것은 하나님의 상을 받을 수 없다는 것입니다. "사람에게 보이려고 그들 앞에서 너희 의를 행하지 않도록 주의하라 그리하지 아니하면 하늘에 계신 너희 아버지께 상을 받지 못하느니라"(마 6:1) 곧 구제, 금식, 기도는 당시 유대인들의 세 가지 매우 중요한 경건의 행위였습니다. 이에 대해 예수님께서는 사람에게서 영광을 받으려고 회당과 거리에서 나팔을 불며 구제하는 행위(마 6:2)와 사람에게 보이려고 회당과 큰 거리 어귀에 서서 기도하는 행위(마 6:5), 그리고 사람에게 보이려고 슬픈 기색과 흉한 얼굴을 보이며 금식하는 행위(마 6:16)를 말씀하시며, 이렇게 외식하며 행하는 구제와 기도와 금식은 옳지 않음을 지적하셨습니다. 오히려 구제할 때에 은밀하게 하고(마 6:3~4), 기도할 때에 골방에 들어가 은밀하게 기도하며(마 6:6), 금식할 때에 머리에 기름을 바르고 얼굴을 씻어 금식하는 자로 보이지 않게 하라고(마 6:17) 가르치셨습니다. 이처럼 진실함으로 의를 행할 때에, 은밀한 중에 보시는 하나님께서 갚아주신다고 가르치셨습니다.

우리는 진실함과 순수함으로 의의 삶을 살아야 합니다. 자신의 의를 드러내고 사람에게 보이고자 의로운 척 흉내 내는 것은 옳지 못합니다. 사람에게 보이려고 하는 의는 하나님의 칭찬을 받을 수 없습니다. 하나님께서 우리의 마음까지 다 아심을 기억하고 힘써 의를 행하되 진실함으로 행해야 합

니다.

하나님께서 도우시고 승리를 주십니다.

에스라 6장_의를 통한 승리의 삶

다리오 왕의 성전 건축을 허가하는 조서와 이로 이해 성전 건축에 힘이 붙어 성전이 완공되고 또 하나님께 봉헌한 것을 전하고 있습니다. 곧 사마리아 사람들의 방해로 성전 건축이 위기를 만나 지금까지 중단됐습니다. 성전 건축이 왕에게 반역을 하는 행위로 고소되어 성전을 건축하는 일이 어렵게 됐기 때문입니다. 그러나 백성들은 하나님께서 선지자들을 통해 주시는 말씀을 따라 성전 건축에 다시 힘을 냈습니다. 반역자가 될 수 있다는 두려움을 이기고 하나님의 말씀에 순종하는 의를 선택한 것입니다. 그리고 그 결과 오히려 다리오 왕을 통해 성전 건축이 허가되는 승리를 볼 수 있었습니다. 곧 다리오 왕은 문서 창고에서 고레스 왕이 성전 건축을 허가한 조서를 찾게 되었고, 이를 통해 성전 건축을 누구도 막지 말라고 조서를 내렸습니다. 오히려 왕의 세금으로 그 경비를 지원하는 등 힘껏 도우라고 명령했습니다. "하나님의 성전 공사를 막지 말고 유다 총독과 장로들이 하나님의 이 성전을 제자리에 건축하게 하라 내가 또 조서를 내려서 하나님의 이 성전을 건축함에 대하여 너희가 유다 사람의 장로들에게 행할 것을 알리노니 왕의 재산 곧 유브라데 강 건너편에서 거둔 세금 중에서 그 경비를 이 사람들에게 끊임없이 주어 그들로 멈추지 않게 하라"(스 6:7~8)

고난과 위험 중에도 하나님의 말씀을 따르는 의를 선택하고, 결코 의의 삶을 타협하지 않고 포기하지 않으면, 결국 하나님이 주시는 승리를 경험할 수 있습니다. 끝까지 하나님의 의를 따르는 백성을

사도행전 6장_의를 통해 선택되는 삶

헬라파 유대 과부들이 구제에서 빠지는 문제로 인해, 이 일을 담당할 일곱 집사를 세운 말씀입니다. "온 무리가 이 말을 기뻐하여 믿음과 성령이 충만한 사람 스데반과 또 빌립과 브로고로와 니가노르와 디몬과 바메나와 유대교에 입교했던 안디옥 사람 니골라를 택하여 사도들 앞에 세우니 사도들이 기도하고 그들에게 안수하니라"(행 6:5~6) 곧 헬라파 유대 과부들이 구제에서 빠지는 문제가 있었고 이로 인해 순탄하게 부흥해 가던 초대교회에 갈등이 생기고 문제가 발생했습니다. 이에 일곱 집사를 세워 이 일을 담당하게 함으로 문제를 바르게 해결할 수 있었고, 이로 인해 교회는 더욱 왕성히 세워질 수 있었습니다.

특별히 주목할 말씀이 일곱 집사로 선택된 사람들의 자격입니다. 그들은 "믿음과 성령이 충만한 사람" 곧 힘써 의를 따르는 사람이었습니다. 따라서 초대 교회에 일어난 갈등의 문제를 해결할 적임자로 선택되어 세워지게 된 것입니다. 결국 이 말씀은 우리가 힘써 의를 따라 살아가면, 하나님의 때에 선택되어 쓰임 받게 된다는 것을 가르쳐줍니다. 하나님은 우리의 의로움을 보시고 선택하여 사용하신다는 것입니다. 따라서 당장에 쓰임 받지 못하다고 불평하거나 초조해 할 것이 아니라, 먼저 의를 따라 믿음을 굳건히 세우는 일에 힘써야 합니다. 하나님의 때를 기다리며 의의 삶을 통해 영적 실력을 쌓아가야 합니다. 그러면 하나님의 때에 반드시 선택받고 쓰임 받게 됩니다.

오늘의 기도

1. 세상의 사람들의 불의를 따라가지 않게 하시고, 오히려 철저히 구별된 의의 삶을 살아가게 하소서.
2. 고난과 위험 중에서도 하나님의 말씀을 따르는 의를 선택하게 하시고, 이를 통해 주시는 하나님의 승리를 누리게 하소서.
3. 힘써 의를 따라 믿음을 굳건히 세우고 영적 실력을 쌓아 하나님의 일꾼으로 선택되어 쓰임 받게 하소서.

구원

창세기 7장 | 마태복음 7장 | 에스라 7장 | 사도행전 7장

구원을 위해 의로워야 합니다. 따라서 좁은 문이요 좁은 길 되신 예수 그리스도를 선택하고 믿음으로 칭의의 은혜를 얻어야 합니다. 또한 이웃의 구원을 위한 사명을 발견하고 생명 걸고 헌신해야 합니다.

창세기 7장_구원의 의

하나님의 심판으로 온 땅에 홍수가 있었음을 전하고 있습니다. 그러나 노아와 그 가족은 하나님께 순종하여 준비한 방주에 들어감으로 구원을 얻었음을 전하고 있습니다. 특별히 주목할 말씀이 하나님께서 노아에게 의로움을 보았다는 말씀입니다. "여호와께서 노아에게 이르시되 너와 네 온 집은 방주로 들어가라 이 세대에서 네가 내 앞에 의로움을 내가 보았음이니라"(창 7:1) 하나님은 노아의 의로움을 보셨고, 그 의로움을 통해 구원하셨습니다. 그런데 여기서 노아의 의는 절대적 의가 아닙니다. 하나님께서 인정하시는 상대적 의로서, 노아가 하나님을 향해 가진 믿음의 의입니다. 그가 하나님의 말씀에 따라 믿음으로 방주를 준비한 순종의 의입니다. 곧 노아는 모두가 타락하여 범죄한 세대 속에서 그 마음의 생각까지 악했던 사람들과 달리 구별된 삶, 곧 하나님을 믿고 하나님과 동행하는 삶을 살았습니다. 바로 이것이 하나님께 의로 인정받은 것입니다. 그리고 믿음과 순종으로 방주를 준비하여 구원의 자리에 서게 된 것입니다.

하나님 앞에 의로워야 구원의 자리에 설 수 있습니다. 하나님 앞에서 의롭지 못하면 그 누구도 구원 받을 수 없습니다. 따라서 우리도 의로워야 하는데, 오늘 우리의 의는 예수 그리스도밖에 없습니다. 우리는 결코 의로울 수 없지만, 하나님은 예수 그리스도를 믿는 믿음으로 우리를 의롭다 인정해주시고 구원해주십니다. 따라서 우리도 믿음으로 구원의 방주 곧 예수 그리스도를 우리 안에 세워야 합니다.

마태복음 7장_구원의 좁은 문

남을 비판하고 정죄하기 전에 먼저 자신의 흠을 보라는 가르침, 응답을 믿고 포기하지 말고 기도하라는 가르침, 좁은 문으로 들어가라는 가르침, 거짓 선지자들을 삼가고 주의하라는 가르침, 하나님의 뜻대로 행하는 자가 천국에 들어간다는 가르침, 반석 위에 집을 짓는 지혜로운 자가 되어야 하는 가르침 등을 전하고 있습니다.

좁은 문으로 들어가라는 가르침에 주목하면, 구원을 위해 좁은 문, 좁은 길을 선택해야 함을 말씀하고 있습니다. "좁은 문으로 들어가라 멸망으로 인도하는 문은 크고 그 길이 넓어 그리로 들어가는 자가 많고 생명으로 인도하는 문은 좁고 길이 협착하여 찾는 자가 적음이라"(마 7:13~14) 구원의 문은 좁은 문이며, 그 길은 좁은 길임을 말씀하고 있는데, 여기서 구원의 좁은 문과 좁은 길은 결국 예수 그리스도를 뜻합니다. 곧 예수 그리스도를 선택하여 따르는 문은 찾는 이가 적어 외로울 수 있습니다. 좁고 길이 협착하여 고되고 위험할 수 있습니다. 그러나 그 결과는 생명입니다. 반면 크고 넓은 문, 넓은 길은 찾는 사람도 많고 길도 넓어 그 가는 길이 편안할 수 있습니다. 그러나 결과는 멸망입니다.

우리가 어떤 길을 선택해야 하는가? 답은 자명합니다. 당장의 고난 때문에 좁은 문, 좁은 길을 버리고 넓은 문, 넓은 길을 선택하는 것은 어리석은 일입니다. 당장은 고되고 힘이 들어도 좁은 문을 선택해 좁은 길로 나아가야 합니다. 포기하지 말고 예수 그리스도를 붙잡아야 합니다. 그럼으로 생명의 길에 서야 합니다.

에스라 7장_구원의 사명

학자요 제사장이었던 에스라가 사람들과 함께 예루살렘으로 돌아온 것과, 에스라에게 전권을 주는 아닥사스다 왕의 조서를 기록하고 있습니다. 특별히 주목할 말씀이 예루살렘에 돌아온 에스라가 백성들에게 율례와 규례를 가르치기로 결심했다는 말씀입니다. "에스라가 여호와의 율법을 연구하여 준행하며 율례와 규례를 이스라엘에게 가르치기로 결심하였었더라"(스 7:10) 에스라는 모세의 율법에 익숙한 학자로서(스 7:6) 포로에서 돌아온 유다 백성들에게 바른 하나님의 율법을 가르칠 수 있는 적합한 사람이었습니다. 그가 이 율법을 가르치는 일에 힘쓰기로 결심했다는 것입니다. 곧 하나님의 은혜로 포로에서 돌아온 백성들은 죄악과 불순종으로 하나님의 심판을 받은 조상들을 거울삼아 바르게 하나님을 예배하고 말씀을 지켜 구원의 자리에 서기를 소망했습니다. 따라서 하나님의 말씀을 잘 알아 자신들을 가르치고 이끌어줄 사람이 너무도 필요했는데, 바로 이 일에 에스라가 자원한 것입니다.

에스라의 이와 같은 선택은 우리도 구원을 위한 일에 사명을 발견하고 힘써 충성해야 함을 깨닫게 합니다. 곧 우리 자신이 좁은 문 되신 예수를 선택하고, 그를 믿는 믿음으로 구원에 이르는 것도 중요합니다. 그런데 또한 함께한 사람들이 구원의 문 되신 예수를 선택하고, 선택한 그 길에서 흔들리지 않을 수 있도록 힘쓰는 것도 중요합니다. 여기에 우리의 사명을 찾고 그 사명에 힘을 다해야 합니다.

사도행전 7장_구원을 위한 헌신

스데반의 설교와 순교를 기록하고 있습니다. 곧 스데반은 유대인들의 위협적 살기에도 굴복하지 않고 이스라엘 역사를 통하여 구원자이신 예수 그리스도를 담대히 전했습니다. 그들이 잡아 죽인 예수가 하나님께서 보내신 의인, 곧 메시야임을 전했습니다. 그리고 그렇게 구원의 예수 그리스도를 전하다가 순교했습니다. 구원을 위해 그 생명까지도 아끼지 않고 헌신했습니다. "그들이 돌로 스데반을 치니 스데반이 부르짖어 이르되 주 예수여 내 영혼을 받으시옵소서 하고 무릎을 꿇고 크게 불러 이르되 주여 이 죄를 그들에게 돌리지 마옵소서 이 말을 하고 자니라"(행 7:59~60)

우리도 구원을 위해 헌신해야 합니다. 예수 그리스도를 믿는 믿음으로 의롭게 되어 구원의 자리에 서고, 고난과 어려움 속에서도 좁은 길 되신 예수 그리스도를 포기하지 않고 따라가야 합니다. 뿐만 아니라 생명을 다하기까지 구원을 위해, 곧 복음을 전하는 일에 헌신해야 합니다.

오늘의 기도

1. 어떤 고난 중에도 좁은 문 되신 예수 그리스도를 따르고 믿음으로 의롭게 되어 구원의 길에 서게 하소서.
2. 구원을 위한 일에 사명을 발견하고 힘써 충성하게 하소서.
3. 생명을 다하기까지 구원을 위한 일, 곧 복음을 전하는 일에 헌신하게 하소서.

은혜

창세기 8장 | 마태복음 8장 | 에스라 8장 | 사도행전 8장

맥체인성경365_39p

주 안에서 살아가는 자들에게는 주의 은혜가 있습니다. 우리의 형편을 생각하시는 은혜, 질병에서 치유하시는 은혜, 기도에 응답하시는 은혜, 능력 있게 살아가게 하는 성령의 은혜가 있습니다. 우리가 이 은혜로 살아야 합니다.

창세기 8장_생각하심의 은혜

홍수가 끝나고 노아와 그 가족들, 그리고 방주 안에 있던 모든 생물들이 방주에서 나온 것과, 방주에서 나온 노아가 하나님께 제단을 쌓고 제사를 드린 것을 전하고 있습니다. 주목할 말씀이, 하나님께서 노아와 방주 안에 있는 모든 생물들을 기억하셨다는 말씀입니다(창 8:1). 홍수로 물이 사방에 뒤덮여 있는 상황에서 하나님께서 방주에 있는 노아와 그 가축들을 생각하시고 바람을 통해 물이 빠지게 하셨습니다. 곧 방주에는 노가 없습니다. 어디로 방향을 정해 갈 수 없고, 방주 안에 있는 노아가 할 수 있는 일은 아무 것도 없습니다. 그저 물이 흘러가는 대로 갈 수밖에 없고, 물이 빠지기만을 기다릴 수밖에 없습니다. 초조하고 두려울 수밖에 없고, 하나님의 돌보시고 인도하시는 은혜가 절대적으로 필요했습니다. 하나님마저 잊어버리시면 그 어느 곳에서도 소망을 가질 수 없었습니다. 그런데 하나님께서 잊지 않으셨다는 것입니다. 하나님은 방주 안에 있는 노아와 모든 생물들을 기억하셨다는 것입니다. 그리고 그들을 위해 바람을 불게 하셔서 물이 빠지게 하셨다는 것입니다.

막막한 이 세상을 살아가는 우리에게도 하나님의 은혜는 절대적으로 필요합니다. 하나님의 은혜 없이는 살아갈 수 없습니다. 그런 우리에게, 하나님은 결코 우리를 잊지 않으시고 기억하고 계시다는 말씀이 소망이 됩니다. 하나님은 우리의 삶에도 은혜의 바람이 불게 해 주셔서, 모든 답답한 문제들을 말려주시고 물리쳐주십니다.

마태복음 8장_치유하심의 은혜

치유와 기적의 말씀을 전하고 있습니다. 여기서 주목해야 하는 것이 예수님의 마음입니다. "예수께서 손을 내밀어 그에게 대시며 이르시되 내가 원하노니 깨끗함을 받으라 하시니 즉시 그의 나병이 깨끗하여진지라"(마 8:3) '내가 원한다'는 말씀에서 주님의 마음을 읽어볼 수 있습니다. 예수님은 모든 사람이 강건함으로 기쁨과 평안한 삶을 누리기를 원하십니다. 모든 질병에서 치료되어 행복한 삶을 살기를 바라십니다. "그들에게 가라 하시니 귀신들이 나와서 돼지에게로 들어가는지라 온 떼가 비탈로 내리달아 바다에 들어가서 물에서 몰사하거늘"(마 8:32) 우리의 행복한 삶을 위해 예수님은 그 무엇도 아까워하지 않음을 볼 수 있습니다. 우리가 질병과 악한 권세에서 치료되고 벗어나 행복한 삶을 살 수 있다면 무엇이든 내놓으실 수 있다는 것입니다. 곧 귀신 들려 고통 중에 있는 사람을 구원하기 위해 예수님은 돼지 떼에게 귀신들이 들어가는 것을 허락하셨습니다. 그리고 귀신들이 들어간 돼지 떼는 비탈을 내리달아서 물속에 빠져 죽었습니다. 이 사건은 예수님께서 귀신의 청까지도 들어주신다는 것을 보여주는 것이 아닙니다. 그 몰사한 돼지 떼보다도 우리를 그 고통에서 건지는 것이 중요하다는 것을 보여주는 것입니다. 우리가 모든 악한 권세에서 해방되어 건강하고 행복한 삶을 살 수 있다면, 그 많은 돼지 떼뿐만 아니라 그 이상이 되는 것도 얼마든지 아까워하지 않고 내놓으실 수 있다는 것입니다. 따라서 예수님은 우리를 구원하시고 우리에게 행복을 주시기 위해 그 생명까지도 내어주셨습니다. 우리가 이 은혜를 잊지 말아야 합니다.

에스라 8장_응답하심의 은혜

에스라와 함께 예루살렘에 돌아온 사람들의 명단

을 기록하고 있습니다. 또한 돌아오는 사람들 중에 레위 자손이 없는 것을 알고, 사람을 보내어 레위 사람들을 합류시킨 말씀을 전하고 있고, 돌아오는 길에 하나님께 지켜주시기를 간구하고 또 하나님께서 응답하신 것을 전하고 있습니다.

"그러므로 우리가 이를 위하여 금식하며 우리 하나님께 간구하였더니 그의 응낙하심을 입었느니라"(스 8:23) "첫째 달 십이 일에 우리가 아하와 강을 떠나 예루살렘으로 갈새 우리 하나님의 손이 우리를 도우사 대적과 길에 매복한 자의 손에서 건지신지라"(스 8:31) 에스라와 그 백성들의 기도에 응답하셔서, 하나님께서 예루살렘으로 귀환하는 그들을 위험에서 건지시고 돌보셨다는 말씀입니다. 곧 에스라를 중심으로 예루살렘으로 귀환하는 무리들은 보호하는 군사 없이 오직 하나님만을 의지하며 귀환 길에 올라야 했습니다. 하나님을 찾는 사람은 하나님께서 돌보시고 지키신다고 왕에게 말한 터라 에스라는 자신들을 지켜줄 군사를 달라고 차마 왕에게 요청할 수 없었습니다(스 8 22). 따라서 하나님만을 의지할 수밖에 없었고, 하나님께 평탄한 길을 열어주시기를 금식하며 간구했는데, 하나님께서 그 간구에 응답하셔서서 모든 대적과 위험에서 지키시고 건지셨습니다.

믿음의 기도에 하나님은 응답으로 은혜를 베풀어 주십니다. 결코 만만치 않은 세상을 이기며 살아가기 위해 힘써 기도함으로 하나님의 도움을 구해야 하고, 기도를 통해 하나님의 응답의 은혜를 경험해야 합니다.

사도행전 8장_성령 주심의 은혜
스데반의 순교 이후 예루살렘 교회에 큰 박해가 있게 된 것을 전하고 있습니다. 또한 빌립이 사마리아에서 복음을 전하여 풍성한 열매를 맺은 것과, 이에 예루살렘의 사도들이 베드로와 요한을 사마리아로 보낸 것을 전하고 있습니다. 또한 빌립이 성령이 인도하심을 따라 광야에서 에디오피아 내시에게 복음을 전하고 세례를 베푼 것을 전하고 있습니다.

특별히 베드로가 마술사였다가 복음을 받아들인 시몬에게 분노하며 책망한 말씀에 주목할 필요가 있습니다. 곧 베드로와 요한이 복음을 받은 사람들에게 안수하고 성령을 받기를 구하여 사람들이 성령을 받는 큰 역사가 있었습니다(행 8:17). 이 놀라운 모습을 시몬이 보게 되었고, 그 자신도 성령을 내리게 하는 권능을 갖고 싶어 돈으로 사고자 했습니다. 이로 인해 베드로의 책망을 듣게 됐습니다. "베드로가 이르되 네가 하나님의 선물을 돈 주고 살 줄로 생각하였으니 네 은과 네가 함께 망할지어다"(행 8:20) 이 말씀에서 '하나님의 선물'이라는 구절에 주목해야 합니다. 성령은 어떤 대가를 지불하고 살 수 있는 것이 아니라 하나님의 선물, 곧 은혜라는 것입니다. 예수를 그리스도로 믿고 고백한 사람들에게 주시는 은혜로, 그 믿음을 굳건히 하며 악한 세상을 이기고 맡겨진 사명을 감당하라고 주시는 능력이라는 것입니다.

세상을 이기며 맡겨진 사명을 감당해야 하는 믿음의 사람들에게 하나님의 선물, 성령의 능력이 필요합니다. 따라서 이 은혜를 구해야 합니다. 하나님의 은혜로 성령의 충만함이 우리에게 있기를 구해야 하고, 또한 성령 충만함의 능력으로 이 세상을 능력 있게 살아가야 합니다.

오늘의 기도

1. 막막한 세상에서 결코 우리를 잊지 않으시고 생각하시는 하나님을 깨달아 소망을 갖게 하시고, 우리의 삶에 주의 은혜의 바람 불게 하셔서 모든 문제들이 밀려 떠나가게 하소서.
2. 험악한 세상 속에서 오직 주님만 의지하며 주님의 도우심을 간절히 구하게 하시고 또 주의 응답의 은혜를 누리게 하소서.
3. 세상을 이기며 사명을 감당할 수 있도록 하나님의 선물, 곧 성령의 충만함을 더하여 주소서.

번성

창세기 9-10장 | 마태복음 9장 | 에스라 9장 | 사도행전 9장

우리의 번성은 주의 긍휼과 은혜를 통한 축복으로 가능합니다. 따라서 회개하여 주의 은혜를 구해야 하고, 또한 사명을 따라 힘써 주의 은혜를 전해야 합니다.

창세기 9-10장_은혜를 통한 번성

창세기 9장은 하나님께서 노아와 맺은 언약입니다. 생육하고 번성하여 땅에 충만하라고 축복하시며, 다시는 모든 생물을 홍수로 멸하지 않으시겠다고 약속하신 말씀입니다. 또한 세 아들에 대한 노아의 저주와 축복을 기록하고 있습니다. 창세기 10장은 민족들의 계보에 대해 기록하고 있습니다.

창세기 9장에 홍수 이후 하나님께서 노아와 그 아들들을 축복하신 말씀을 주목하면, "생육하고 번성하여 땅에 충만하라 땅의 모든 짐승과 공중의 모든 새와 땅에 기는 모든 것과 바다의 모든 물고기가 너희를 두려워하며 너희를 무서워하리니 이것들은 너희의 손에 붙였음이니라 모든 산 동물은 너희의 먹을 것이 될지라 채소 같이 내가 이것을 다 너희에게 주노라"(창 9:1~3) 처음 인간을 창조하시고 주셨던 사명과 축복의 명령을 다시 주셨는데, 여기서 하나님의 기뻐하시는 뜻은 심판과 멸망이 아니라 인간의 번성과 행복임을 알 수 있습니다. 그리고 이를 위한 하나님의 세미한 은혜도 깨달을 수 있는데, 홍수로 인해 땅이 황폐해져 인간에게 땅의 식물만으로는 먹거리가 충분치 않음을 아시고, 땅의 모든 짐승과 공중의 새와 바다의 물고기 등, 생물들을 먹거리로 주신 것입니다. 인간의 형편을 너무도 잘 아시는 하나님의 세미한 은혜를 깨달을 수 있고, 바로 이런 하나님의 은혜가 인간의 번성을 가능케 함을 깨달을 수 있습니다. 곧 심판 중에서도 구원하시고 다시 사명과 축복을 주시는 은혜와 인간의 모든 형편을 아시고 돌보시는 은혜로 인간은 번성의 축복을 누릴 수 있습니다.

마태복음 9장_긍휼을 통한 번성

중풍병자의 치유, 마태를 제자로 부르심과 세리들과의 식사, 금식에 대한 요한의 제자들의 물음, 혈루증을 앓는 여인의 치유와 야이로의 딸을 살리심, 두 맹인과 귀신들려 말 못하는 사람의 치유 등을 기록하고 있습니다.

특별히 예수님께서 세리들과 많은 죄인들과 함께 식사하신 말씀에 주목하면, 예수님께서 죄인까지도 그 큰 사랑과 긍휼로 품으심으로 구원의 소망을 주시고, 구원의 백성으로 번성을 이루게 하심을 깨달을 수 있습니다. 곧 예수님은 세리였던 마태를 제자로 부르시고 이후 마태의 동료였던 수많은 세리들과 함께 식탁의 교제를 가지셨습니다. 유대인들은 세리를 죄인이라고 상종하지 않았지만 예수님은 그 큰 사랑으로 품으셔서 구원의 공동체 안으로 받아들이신 것입니다. 그럼으로 구원의 제자 공동체를 확장시키시며 번성시키셨습니다. 이후 바리새인들은 예수님께서 세리들과 나눈 식탁의 교제를 비난했는데, 이에 대해 예수님께서는 다음과 같이 말씀하셨습니다. "너희는 가서 내가 긍휼을 원하고 제사를 원하지 아니하노라 하신 뜻이 무엇인지 배우라 나는 의인을 부르러 온 것이 아니요 죄인을 부르러 왔노라 하시니라"(마 9:13) 예수님의 뜻은 긍휼에 있고 죄인을 구원함에 있다는 것입니다. 그 긍휼로 죄인을 구원하며 구원의 백성으로 세워감이 예수님께서 이 땅에 오신 목적이라는 것입니다.

긍휼함 없이 정죄와 비난으로는 구원의 공동체를 확장시켜갈 수 없습니다. 하나님의 백성으로 생육하고 번성하는 사명은 긍휼함으로 사람들을 사랑하고 품을 때에 가능합니다. 예수님께서 그 놀라운 긍휼로 죄인 된 우리를 품으셔서 구원의 백성으로 세우신 것처럼, 우리도 긍휼함으로 우리 이웃들에게 다가가야 하고, 또 주님의 그 큰 긍휼을 전해야 합니다. 그럼으로 우리 구원의 공동체를 번성시켜 가야 합니다.

에스라 9장_회개를 통한 번성

에스라의 회개 기도입니다. 곧 에스라는 이스라엘 백성과 제사장들과 레위 사람들이 이방인들의 가증한 일을 행하여 그 딸을 아내와 며느리로 삼는 등, 이방 여인과 통혼하는 죄를 범하고 있다는 소식을 듣게 됐습니다. 그 백성들이 과거 하나님께 심판 받았던 조상들의 죄악을 벌써 망각하고 만 것입니다. 하나님의 은혜 속에서 예루살렘으로 다시 돌아올 수 있었는데, 그 은혜를 잊고 다시 죄악에 빠지고 만 것입니다. 이에 기가 막혀 앉아 있던 에스라가 하나님 앞에 회개하며 기도한 것입니다.

특별히 에스라는 하나님께 기도하며, 과거 하나님께서 주신 말씀을 떠올렸습니다. "그런즉 너희 여자들을 그들의 아들들에게 주지 말고 그들의 딸들을 너희 아들들을 위하여 데려오지 말며 그들을 위하여 평화와 행복을 영원히 구하지 말라 그리하면 너희가 왕성하여 그 땅의 아름다운 것을 먹으며 그 땅을 자손에게 물려 주어 영원한 유산으로 물려 주게 되리라 하셨나이다"(스 9:12) 이방인들과의 통혼을 거절하고 거룩함으로 하나님 앞에 서면 하나님께서 그 주신 땅에서 축복하신다는 것입니다. 그 땅을 자손에게 영원한 유산으로 물려주게 된다는 것입니다. 그러나 그 조상들이 하나님의 이 말씀을 듣지 않음으로 심판 받았고, 오직 하나님의 절대적 사랑과 은혜로 용서함을 받고 지금 이 땅에 다시 돌아올 수 있었습니다. 그런데 백성들이 그 심판과 은혜를 잊고 다시 범죄한다는 소식을 듣고, 에스라는 두려움 중에 하나님의 말씀을 떠올리며 기도할 수밖에 없었던 것입니다. 그런데 여기서

번성의 길을 깨달을 수 있습니다. 하나님의 말씀을 따라 거룩함으로 서는 것이 번성하는 길이라는 것입니다. 그리고 연약하여 범죄하고 넘어지는 우리가 이 번성함을 누리기 위해서는 에스라가 드린 기도와 같은 진실한 회개의 기도가 필요하다는 것입니다.

우리의 번성은 하나님의 은혜와 축복 속에서 가능합니다. 죄로 인해 하나님께서 심판하시면 결코 번성할 수 없습니다. 따라서 우리의 죄를 돌아보고 회개하여 하나님 앞에 거룩함으로 서야 합니다. 거룩함으로 하나님 앞에 설 때, 우리는 하나님의 축복을 통해 왕성하여 자자손손 번성할 수 있습니다.

사도행전 9장_사명을 통한 번성

사울이 다메섹 도상에서 예수님을 만나고 회심한 것과 회심한 사울이 다메섹과 예루살렘에서 예수가 하나님의 아들이심을 담대히 전한 것을 말씀하고 있습니다. 그리고 이로 인해 온 유대와 갈릴리와 사마리아의 교회가 든든히 서고 부흥했음을 전하고 있습니다. 곧 앞장서서 교회를 핍박하던 사울이 복음을 전하며 그가 주님을 만나게 된 것을 간증하는 등, 회개하고 변화되어 그 주어진 사명에 힘을 다했습니다. 처음 주의 제자들도 사울을 두려워했으나 그의 변화의 간증을 듣고, 함께 핍박을 이겨내고 복음을 전하며 사명을 감당했습니다. 그때에 모든 교회들이 평안하여 든든히 서고 부흥할 수 있었습니다.

우리가 힘써 감당하는 사명은 우리의 교회를 번성케 하고 부흥케 합니다. 두려움과 고난이 있지만 주님이 우리를 찾아와 만나 은혜 주셨던 때를 기억하며 힘써 사명을 감당할 때, 우리 교회도 평안하여 든든히 서 가고 하나님을 경외함과 성령의 위로 속에서 부흥의 축복을 누리게 됩니다. 우리가 사명으로 우리 교회의 번성을 이루어 가야 합니다.

오늘의 기도

1. 주의 은혜 속에서 생육하고 번성하게 하소서.
2. 회개를 통한 주의 은혜와 축복으로 자자손손 번성을 누리게 하소서.
3. 힘써 복음을 전하는 사명을 통해 우리 교회가 든든히 서고 부흥하는 축복을 누리게 하소서.

사명

창세기 11장 | 마태복음 10장 | 에스라 10장 | 사도행전 10장

안주와 욕심으로 사명을 잃어버리지 않아야 합니다. 사명의 삶에 주께서 은사와 능력도 주시고 도움의 손길도 주심을 기억하며 두려워하지 말아야 합니다. 무엇보다 우리의 작은 생각을 내려놓고 주께 절대적으로 순종해야 합니다.

창세기 11장_잃어버린 사명

바벨탑 건설과 셈에서 아브람까지 이르는 계보를 기록하고 있습니다. 바벨탑 건설의 말씀에 주목하면, 잃어버린 사명을 보게 됩니다. 곧 사람들이 성읍을 건설하고 탑을 하늘 높이까지 쌓는 공사를 진행했습니다. 그러나 하나님께서 사람들의 언어를 혼잡하게 하여 그 건설을 중단시키시고 그들을 온 지면에 흩으셨습니다. 사실 성읍을 건설하고 탑을 쌓는 것 자체는 문제가 되지 않습니다. 그런데 문제는 성읍을 건설하고 탑을 쌓는 목적입니다. "또 말하되 자, 성읍과 탑을 건설하여 그 탑 꼭대기를 하늘에 닿게 하여 우리 이름을 내고 온 지면에 흩어짐을 면하자 하였더니"(창 11:4) 하나님의 영광을 위해 살아야 하는 인간들이, "우리 이름을 내고" 곧 자신들의 영광에 목적을 두었습니다. 또한 땅을 정복하고 땅에 충만해야 하는 사명을 가진 인간들이, "흩어짐을 면하자" 곧 그 사명을 망각하고 흩어지지 않겠다는 생각을 가졌습니다. 비옥한 이 땅에서 성읍을 짓고 거주하며 안주하겠다고 했습니다. 그렇기에 하나님께서 사람들의 언어를 혼잡하게 하여 흩으신 것입니다.

인간의 욕심과 안주가 사명을 잃어버리게 합니다. 우리가 이 땅에 존재하는 이유를 바로 알고, 하나님의 영광을 위한 사명에 힘을 다해야 하는데, 우리 안에 깃들어 있는 우리를 높이고자 하는 욕심과 교만, 그리고 편안하고 안주하고자 하는 나태함이 그 사명을 잃어버리게 합니다. 따라서 하나님의 영광을 위한 사명을 항상 새기고 뜨거운 열정으로 사명을 감당하는 일에 힘을 다해야 합니다. 조금의 안주하고자 하는 마음도 용납하지 않아야 합니다.

마태복음 10장_사명을 위한 은사

열두 제자를 부르신 것과 파송하신 것, 다가오는 박해의 예고, 다른 누구가 아닌 몸과 영혼을 능히 지옥에 멸하실 수 있는 하나님을 두려워해야 한다는 가르침, 예수님 때문에 생기는 분열 등을 말씀하고 있습니다.

열두 제자를 부르시고 파송한 말씀에 주목하면, 예수님께서는 제자들을 부르시고 복음 전파를 위해 파송하시면서 은사와 능력을 주셨습니다. "예수께서 그의 열두 제자를 부르사 더러운 귀신을 쫓아내며 모든 병과 모든 약한 것을 고치는 권능을 주시니라"(마 10:1) 결국 이 말씀은 사명을 맡기시는 예수님께서 그 사명을 감당할 수 있는 능력도 주신다는 것을 깨닫게 합니다. 따라서 사명 앞에서 두려워하거나 머뭇거리지 말고 힘을 다해 사명의 길을 달려가야 함을 가르쳐줍니다. 또한 주신 은사와 능력이 사명을 위한 것임을 깨닫고 헛된 욕심을 위해 그릇되게 사용되지 않도록 해야 함도 가르쳐 줍니다. 앞서 창세기 11장의 바벨탑 사건이 그 은사와 능력을 잘못 사용한 사례입니다. 언어가 하나라 서로 소통하여 협력할 수 있다는 것이 큰 은사였습니다. 벽돌로 돌을 대신하고, 역청으로 진흙을 대신할 수 있는 창의력도 하나님께서 인간에게 주신 큰 은사였습니다. 그런데 그 은사를 하나님이 주신 사명을 감당하며 하나님의 영광을 위해 사용하지 않고 자기 욕심과 안주를 위해 그릇되게 사용했습니다. 그 결과 하나님께서 무너뜨리시고 흩으셨습니다.

에스라 10장_사명을 위한 도움

백성들이 이방 혼인을 정리하기로 한 말씀입니다. 곧 포로에서 돌아온 백성들이 지도자들을 중심으로 다시 이방의 풍습을 따르고 이방 여인들과 통혼하는 등 범죄 하였습니다. 이로 인해 에스라는 하나님의 성전 앞에 엎드려 울며 기도했습니다. 그 백성들의 죄로 인해 가슴을 찢으며 회개하지 않을 수 없었던 것입니다. 그러자 많은 백성들이 그 죄를 깨닫고 통곡하며 에스라 앞에 모였고, 에스라의 지도를 따라 이방 여인을 끊어버리기로 약속했습니다.

주목할 말씀이, 에스라를 도우며 그 뜻에 함께한 사람들입니다. 곧 여히엘의 아들 스가냐가 에스라에게 이 죄악을 끊어내는 일에 용기 내어 앞장서 달라고 말합니다(스 10:4). 자신들이 힘써 돕겠다는 것입니다. 하나님의 명령을 따라 불의를 끊어내고 하나님과의 언약을 세우는 일에 힘을 다하겠다는 것입니다. 결국 에스라는 스가냐를 비롯한 제사장들과 레위인들 그리고 이스라엘 사람들로부터 이 죄악을 끊는 일에 동참할 것을 맹세 받은 후에, 그들의 도움 속에서 백성들을 말씀으로 정화하며 이방 여인들을 끊어내는 사명을 감당할 수 있었습니다.

결국 이 말씀은 하나님의 말씀을 따라 의를 택하며 그 사명을 감당하는 자에게는 하나님께서 사명을 감당할 수 있도록 돕는 사람들을 붙여주심을 깨닫게 합니다. 곧 사명을 감당하는 자에게는 하나님께서 은사와 힘도 주실 뿐만 아니라, 함께 동역하며 도울 사람들도 보내주십니다. 따라서 두려워하거나 낙심하지 말고, 또 나 혼자라는 어리석은 생각으로 주저앉지 말고, 맡겨주신 사명에 용기 내어 도전해야 합니다.

사도행전 10장_사명을 위한 순종

백부장 고넬료에 대한 말씀입니다. 이방인이지만 경건하여 하나님을 경외하고 구제와 기도에 힘쓰던 고넬료와 그 가정에 주님께서 베드로를 보내어 복음을 전하고 세례를 베풀어 믿음의 공동체 안으로 받아들이게 하신 말씀입니다. 특별히 이 말씀은 사명의 삶에서 내 작고 고정된 생각으로 하나님의 뜻을 판단하고 한정짓지 말아야 함을 가르쳐주고 있습니다. 하나님의 더 큰 뜻과 생각에 내 고정된 생각을 바꾸고 순종하여 사명에 임해야 함을 가르쳐주고 있습니다.

곧 베드로는 이방인에게 복음을 전하는 일에 부정적 생각을 가지고 있었습니다. 이는 베드로뿐만 아니라 당시 예루살렘 교회의 사도들이 가진 생각이었습니다. 그들도 유대인으로, 이방인에 대한 편견과 그릇된 율법적 사고를 벗어나지 못하고 있었습니다. 이에 대해 주님은 한 환상을 통해서 그 생각이 잘못됐음을 가르치셨습니다(행 10:11~15). 베드로는 기도하는 중에 주님께서 보여주신 환상을 통해 경건함으로 하나님을 섬겼던 이방인 고넬료와 그 가정을 찾아 복음을 전하게 됐고, 그 가정에 임하시는 성령의 역사를 경험하며 이방인들에 대한 그릇된 생각과 제한된 구원의 범위를 깨뜨리게 됐습니다. 구원의 복음이 유대인들만이 아니라 온 세상 모든 사람들을 위한 것이고, 그들 모두가 구원의 백성이 되는 것이 주님의 큰 뜻임을 깨닫게 됐습니다. 따라서 세례를 베풀어 고넬료와 그 가족 모두를 교회 공동체 안으로 받아들였습니다. 이방인과 그 구원에 대한 작은 생각을 깨뜨리고 더 크신 하나님의 뜻에 순종할 수 있었습니다.

온전히 사명을 감당하기 위해 내 작은 생각을 깨뜨리는 작업이 필요합니다. 내가 가진 가치와 생각이 전부이고 최선인 양 착각하지 말아야 합니다. 더 크신 하나님의 생각이 있음을 깨닫고 또 바라보며, 그 큰 생각에 끊임없이 나의 생각을 접고 순종하며 따라가야 합니다.

11
Jan

언약

창세기 12장 | 마태복음 11장 | 느헤미야 1장 | 사도행전 11장

주의 언약은 그 언약을 믿고 순종하는 자, 또한 그 언약을 붙들고 기도하며, 핍박 중에서도 헌신하는 자들이 누리며 경험하게 됩니다.

창세기 12장_순종을 통해 누리는 언약

아브람이 하나님의 부르심을 받아 그 약속을 붙들고 가나안 땅에 들어간 것을 전하고 있습니다. 또한 가나안 땅에 심한 기근이 들자 애굽으로 내려가는 실수를 범한 것을 전하고 있습니다. 아브람이 가나안 땅에 들어간 말씀을 주목하면, 하나님은 아브람에게 큰 민족이 되게 하시고, 창대하게 하시며, 복이 되게 하시겠다고 약속하셨습니다. 따라서 약속을 붙들고 고향과 친척과 아버지의 집을 떠나 하나님께서 보여줄 땅으로 가라고 명령하셨습니다(창 12:1~2). 이 명령에 아브람은 순종했고, 순종을 통해 약속하신 땅 가나안에 이르게 됐습니다(창 12:4~5).

사실 하나님께서 아브람에게 약속하신 땅은 "보여줄 땅"이었습니다(창 12:1). "보여준 땅"이 아니었습니다. 아브람은 아무 것도 볼 수 없었고, 그 무엇도 확인할 수 없었습니다. 그저 막막한 상황이었습니다. 그러나 하나님을 믿고 순종했습니다. 그 결과 약속의 땅인 가나안 땅에 이르게 됐습니다. 순종으로 하나님의 약속을 누리게 됐습니다.

하나님의 약속은 순종하는 자에게 이루어집니다. 아무리 큰 축복의 약속이 주어져도 그 약속을 붙들고 하나님의 말씀에 순종하지 않으면 결코 약속을 누릴 수 없습니다. 따라서 절대적으로 하나님을 믿고 순종해야 합니다.

마태복음 11장_믿음을 통해 누리는 언약

세례 요한의 물음과 세례 요한에 대한 예수의 증언, 회개하지 아니하는 갈릴리 도시들에게 내릴 재앙, 예수께 나아가 얻게 되는 쉼 곧 구원 등을 기록하고 있습니다. 세례 요한의 물음의 말씀에 주목하

면, 감옥에 있는 세례 요한이 제자들을 예수님께 보내 다음과 같이 물었습니다. "예수께 여짜오되 오실 그이가 당신이오니이까 우리가 다른 이를 기다리오리이까"(마 11:3) 한 마디로 예수님이 하나님께서 약속하신 메시야인지 물은 것입니다. 곧 세례 요한은 심판주로서 메시야를 기대했습니다(마 3:10~12 참조). 그러나 예수님께서 하신 일들이 자신의 기대와 달랐고, 이로 인 의심이 들어 확인하고자 했던 것입니다. 이에 대해 예수님께서는 이렇게 대답하셨습니다. "맹인이 보며 못 걷는 사람이 걸으며 나병환자가 깨끗함을 받으며 못 듣는 자가 들으며 죽은 자가 살아나며 가난한 자에게 복음이 전파된다 하라"(마 11:5) 예수님께서는 심판을 넘어선 은혜, 곧 사랑을 먼저 말씀하신 것입니다. 당장에 심판을 선언하고 그것을 이루기 전에 메시야로서 먼저 하나님의 은혜를 전하신다는 것입니다.

의심하는 마음을 세례 요한도 가졌다는 말씀을 대하며, 우리의 연약함을 생각하게 됩니다. 우리는 언제든 의심으로 넘어질 수 있는 연약한 존재라는 것입니다. 따라서 언제나 흔들리지 않는 절대적 믿음을 갖도록 힘써야 합니다. 곧 하나님의 약속을 내 삶에서 경험하기 위해 믿음이 필요합니다. 하나님의 약속이 우리 앞에 나타나도 믿음이 없으면 그 약속을 누리지 못합니다. 믿음으로 그 약속을 붙잡아야 약속을 누릴 수 있습니다. 따라서 내 생각과 기대와 달라도 결코 그 믿음에서 떠나지 않아야 합니다. 세례 요한처럼 주님을 찾아 묻고, 그 말씀을 들어 의심을 확신으로 바꾸어야 합니다.

느헤미야 1장_기도를 통해 누리는 언약

느헤미야가 예루살렘에 대한 소식을 듣고 슬퍼하

며 기도한 말씀입니다. 곧 느헤미야는 오랜 시간이 지나도록 예루살렘이 폐허로 있다는 소식을 듣고, 하나님의 언약을 붙잡고 그 긍휼을 기대하며 기도했습니다. "이르되 하늘의 하나님 여호와 크고 두려우신 하나님이여 주를 사랑하고 주의 계명을 지키는 자에게 언약을 지키시며 긍휼을 베푸시는 주여 간구하나이다"(느 1:5) 무엇보다 느헤미야는 범죄함으로 하나님의 심판을 받고 예루살렘이 멸망당했지만, 돌이켜 주님을 사랑하고 말씀을 지키면, 다시 은혜를 베푸시고 회복하신다는 언약을 붙잡고 기도했습니다. 곧 느헤미야는 이렇게 기도했습니다. "만일 내게로 돌아와 내 계명을 지켜 행하면 너희 쫓긴 자가 하늘 끝에 있을지라도 내가 거기서부터 그들을 모아 내 이름을 두려고 택한 곳에 돌아오게 하리라 하신 말씀을 이제 청하건대 기억하옵소서"(느 1:9)

언약을 붙잡고 드리는 기도를 통해 하나님께서 이루시는 언약을 누릴 수 있습니다. 곧 하나님의 언약을 의지하여 드리는 기도는 반드시 응답이 됩니다. 하나님은 신실하시기 때문입니다. 따라서 믿음과 순종으로 언약을 누릴 뿐만 아니라 또한 힘써 기도함으로 하나님께서 이루시는 언약을 누릴 수 있어야 합니다.

사도행전 11장_헌신을 통해 누리는 언약
이방인 고넬료에게 세례를 베풀고 그와 교제한 것으로 인해 베드로가 사도들 앞에서 해명한 말씀입니다. 또한 안디옥교회가 세워지고 부흥한 것을 전하고 있습니다. 곧 스데반의 순교와 더불어 예루살렘 교회에 큰 핍박과 환난이 있었고, 성도들이 예루살렘을 떠나 흩어질 수밖에 없었지만, 흩어진 성도들이 힘써 복음을 전하고 또 일부 사람들이 헬라인에게도 예수를 전파하여 수많은 사람들이 믿고 주께 돌아오는 역사가 있었습니다(행 11:19~21). 그리고 안디옥에 믿는 무리들이 많아지게 되자, 예루살렘 교회에서 바나바를 안디옥으로 파송하였고, 파송 받은 바나바가 안디옥에서 힘써 사역하여 큰 무리가 더하여지는 부흥이 있었습니다. 또한 바나바가 사울을 찾아 데리고 와서 함께 사역하며 무리를 가르침으로 교회가 더욱 든든히 서게 됐습니다.

결국 무엇입니까? 스데반의 순교와 더불어 예루살렘 교회에 닥친 핍박은 교회의 큰 위기일 수밖에 없었지만, 핍박으로 흩어진 성도들의 복음의 헌신은 오히려 복음이 예루살렘을 넘어 더 크게 확장되는 축복으로 이어지게 했습니다. 곧 사도행전 1장 8절에, "오직 성령이 너희에게 임하시면 너희가 권능을 받고 예루살렘과 온 유대와 사마리아와 땅 끝까지 이르러 내 증인이 되리라"는 약속이 핍박으로 흩어지는 중에도 헌신하여 복음을 전한 성도들을 통해 이루어져 갔습니다. 주님께서 그 약속을 성도들의 헌신을 통해 이루어 가셨습니다. 결국 이 말씀은 하나님의 언약을 이루기 위해 믿음의 헌신이 있어야 함을 가르쳐줍니다. 핍박과 위기 중에도 포기하지 않고 그 약속을 믿으며 헌신할 때, 하나님께서 그 헌신을 통하여 그 약속을 이루십니다.

주를 선택하는 자

맥체인성경365_65p

창세기 13장 | 마태복음 12장 | 느헤미야 2장 | 사도행전 12장

주를 선택하는 자에게 더 큰 축복의 비전도, 주의 변호하심과 도우심, 그리고 위기 가운데 건지시는 구원도 있습니다. 따라서 어떤 고난과 손해와 핍박 중에도 주를 선택해야 합니다.

창세기 13장_주를 선택하는 자에게 주어지는 비전

아브람과 롯이 갈라선 것을 전하고 있습니다. 소유가 많아서 목자들 사이에 다툼이 벌어지고, 더 이상 조카 롯과 동거할 수 없게 되자, 아브람이 조카 롯에게 대범하게 좋은 땅을 양보하여 갈라서게 된 것을 전하고 있습니다.

특별히 주목할 말씀이, 롯이 떠나고 난 이후 하나님께서 아브람에게 주신 약속의 말씀입니다. "롯이 아브람을 떠난 후에 여호와께서 아브람에게 이르시되 너는 눈을 들어 너 있는 곳에서 북쪽과 남쪽 그리고 동쪽과 서쪽을 바라보라 보이는 땅을 내가 너와 네 자손에게 주리니 영원히 이르리라"(창 13:14~15) 하나님께서 아브람에게 축복을 약속하시며 그것을 보게 하셨는데, 이는 곧 아브람이 하나님을 선택한 결과였습니다. 곧 아브람은 조카 롯에게 좋은 땅을 양보함으로, 결과적으로 좋지 못한 땅에 남겨져 막막할 수밖에 없었습니다. 그러나 아브람에게는 당장에 좋은 땅에서 가축들을 키우며 재산을 불리는 것보다, 한 친족으로 우애한 것이 더 중요했습니다. 당장의 욕심보다 하나님의 백성으로서 의를 지켜가는 것이 더 중요했습니다. 따라서 막막함 중에서도 조카 롯에게 대범하게 먼저 양보한 것이고, 이를 통해 당장의 욕심이 아닌 하나님을 선택하게 된 것입니다. 그리고 그 결과 하나님을 통해 크고 놀라운 축복을 약속으로 받은 것입니다.

하나님을 선택할 때, 하나님의 약속이 주어지고, 그 약속을 통한 축복이 비전으로 주어집니다. 당장 하나님을 선택하며 의를 지켜갈 때, 손해를 보고 어려움에 처할 수 있습니다. 그러나 하나님을 선택할 때, 하나님의 약속을 통한 축복의 비전이 주어

짐을 잊지 말아야 합니다. 당장의 이득보다 의를 지키며 하나님을 선택하여 하나님이 주시는 축복의 비전을 붙잡아야 합니다.

마태복음 12장_주를 선택하는 자에게 주어지는 변호

바리새인들과 벌인 안식일 논쟁, 예수님께서 귀신을 쫓아내시고 치유하심으로 인해 일어난 논쟁, 서기관과 바리새인들의 표적 요구, 예수의 진정한 가족에 대한 가르침 등을 기록하고 있습니다.

특별히 안식일 논쟁에서 예수님께서 제자들을 변호하신 말씀에 주목하면, "나는 자비를 원하고 제사를 원하지 아니하노라 하신 뜻을 너희가 알았더라면 무죄한 자를 정죄하지 아니하였으리라 인자는 안식일의 주인이니라 하시니라"(마 12:7~8) 곧 예수님의 제자들이 안식일에 시장하여 밀밭에 들어가 이삭을 잘라 먹었습니다. 이것을 보고 바리새인들이 안식일을 범하였다고 공격하며 비난했고, 이에 대해 예수님께서 제자들의 편에 서서 변호해주신 것입니다. 안식일에 주인 되신 예수님은 안식일이 율법적 형식에 갇혀 사람들을 옭아매는 날이 아니라, 긍휼과 은혜의 날이 되기를 바라신다는 것입니다.

여기서 주님을 선택하며 따라가는 삶에 고난도 있고 또 비난도 있지만, 그 삶에 주님께서 변호해주시는 은혜도 있음을 보게 됩니다. 곧 주님을 선택하여 따르는 삶에 밀밭 사이에서 이삭을 잘라 먹어야 할 만큼 배고픔의 고난도 있고, 또 사람들의 비난과 공격에 처할 수 있습니다. 그러나 주님이 한 편 되어 돌보시고 변호하시는 은혜도 있습니다. 따라서 고난과 비난을 두려워할 것이 아니라, 오히려 주님의 돌보심과 변호하심의 은혜를 기억하며,

기꺼이 주님을 선택하고 따라가야 합니다.

느헤미야 2장_주를 선택하는 자에게 주어지는 도움

느헤미야가 왕에게서 예루살렘에 갈 허락을 받은 것과 예루살렘에 도착하여 성벽의 상황을 조사한 것을 전하고 있습니다. 여기서 하나님 편에 서서 그 은혜를 구할 때, 때마다 도우시는 하나님의 은혜를 경험할 수 있음을 깨달을 수 있습니다.

"내가 또 왕에게 아뢰되 왕이 만일 좋게 여기시거든 강 서쪽 총독들에게 내리시는 조서를 내게 주사 그들이 나를 용납하여 유다에 들어가기까지 통과하게 하시고 또 왕의 삼림 감독 아삽에게 조서를 내리사 그가 성전에 속한 영문의 문과 성곽과 내가 들어갈 집을 위하여 들보로 쓸 재목을 내게 주게 하옵소서 하매 내 하나님의 선한 손이 나를 도우시므로 왕이 허락하고"(느 2:7~8) 하나님의 도성 예루살렘이 오랫동안 폐허로 있다는 소식에, 예루살렘으로 가서 성읍 건설에 힘쓰기를 결심한 느헤미야는 왕의 허락을 구하며 하나님의 도우심을 구했고, 그때에 하나님의 도우심의 손길이 있었다는 것입니다. 왕이 예루살렘으로 가는 것을 허락할 뿐만 아니라, 유다에 들어가기까지 통과를 허락하라는 강 서쪽 총독에게 내리는 조서와 성읍 건축을 위해 필요한 재목들을 제공 받을 수 있는 삼림 감독 아삽에게 내리는 조서까지 받을 수 있었다는 것입니다.

"내가 그들에게 대답하여 이르되 하늘의 하나님이 우리를 형통하게 하시리니 그의 종들인 우리가 일어나 건축하려니와 오직 너희에게는 예루살렘에서 아무 기업도 없고 권리도 없고 기억되는 바도 없다 하였느니라"(느 2:20) 느헤미야의 믿음의 고백입니다. 예루살렘에 도착해 성읍 건축에 힘을 내고자 할 때에, 산발랏과 도비야 등의 방해와 조롱을 마주해야 했습니다. 그러나 느헤미야는 하나님의 도우심을 확신했는데, 곧 하나님을 선택해 하나님의 도성을 다시 재건하고자 하는 자신을 하나님께서 형통하게 도우실 것을 확신한 것입니다.

어려움 중에도 주를 선택하며 주를 떠나지 않을 때, 도우시는 주의 은혜를 경험할 수 있습니다. 주를 선택하며 주께 도우심을 간구할 때, 주님은 결코 그 간구를 외면하지 않으십니다. 따라서 고난 중에 주를 떠나는 것이 아니라, 오히려 더욱 주를 선택하며 주의 도우심의 은혜를 구해야 합니다.

사도행전 12장_주를 선택하는 자에게 주어지는 구원

야고보의 순교와 감옥에 갇힌 베드로가 주께서 보내신 사자의 도움을 통해 기적적으로 풀려난 것을 전하고 있습니다. 곧 헤롯에 의해 붙잡혀 쇠사슬에 매이고 옥에 갇힌 베드로를 주님께서 천사를 보내 구원하셨습니다. "이에 베드로가 정신이 들어 이르되 내가 이제야 참으로 주께서 그의 천사를 보내어 나를 헤롯의 손과 유대 백성의 모든 기대에서 벗어나게 하신 줄 알겠노라 하여 깨닫고 마가라 하는 요한의 어머니 마리아의 집에 가니 여러 사람이 거기에 모여 기도하고 있더라"(행 12:11~12)

결국 이 말씀은 주님을 선택하여 따라가는 삶에 핍박과 생명의 위협도 있지만, 주님의 보호하심과 구원하심도 있음을 가르쳐주고 있습니다. 따라서 핍박과 위협이 두려워 주님을 포기하는 것이 아니라, 끝까지 주님을 선택해야 함을 가르치고 있습니다. 주의 구원의 은혜를 믿고 주님께 생명까지도 맡기며 주님을 따라야 한다는 것입니다.

오늘의 기도

1. 당장의 욕심보다 의를 따라 주님을 선택하게 하셔서 주의 더 큰 축복의 약속을 받게 하소서.
2. 고난 중에도 주를 따르게 하시고, 내 편 되신 주님께서 나를 지지하시고 변호하시는 은혜도 누리게 하소서.
3. 어떤 핍박과 위기 속에서도 주를 따를 때에 천사를 보내 구원하시고 이끄시는 주의 은혜를 누리게 하소서.

헌신

13
Jan

창세기 14장 | 마태복음 13장 | 느헤미야 3장 | 사도행전 13장

우리는 헌신의 삶을 살아야 합니다. 주님과 교회를 위해, 또한 복음과 천국을 위해 우리의 모든 힘을 다하고 모든 물질을 드려 헌신해야 합니다.

창세기 14장_주님을 위한 헌신

아브람이 적들의 손에서 조카 롯을 구출해 낸 것과, 지극히 높으신 하나님의 제사장인 멜기세덱을 만나 십일조를 드린 것을 전하고 있습니다. 곧 아브람이 그돌라오멜과 그와 함께한 왕들을 물리치고 조카 롯을 구원하여 돌아올 때, 하나님의 제사장 멜기세덱이 떡과 포도주를 가지고 나와 아브라함을 맞이했고, 하나님을 찬송하는 멜기세덱에게 아브라함이 십일조를 드렸습니다. "너희 대적을 네 손에 붙이신 지극히 높으신 하나님을 찬송할지로다 하매 아브람이 그 얻은 것에서 십분의 일을 멜기세덱에게 주었더라"(창 14:20) 곧 아브람은 그돌라오멜과 그와 함께한 왕들을 물리친 승리가 멜기세덱의 찬양처럼 하나님께 있음을 인정하며 고백한 것입니다. 그리고 하나님께 드리는 예물을 결코 아까워하지 않은 것입니다. 자신의 삶에 승리를 주시는 하나님께 기쁨으로 헌신한 것입니다.

우리 모든 삶의 승리는 하나님께 있습니다. 어리석게 그 승리를 내 힘으로 이루었다고 착각하지 말아야 합니다. 하나님께서 주신 승리임을 바르게 깨닫고 감사해야 합니다. 그 승리에 마땅히 기쁨으로 헌신해야 합니다.

마태복음 13장_천국을 위한 헌신

비유의 말씀입니다. 씨뿌리는 사람에 대한 비유, 가라지 비유, 겨자씨와 누룩의 비유, 밭에 감추인 보물과 값진 진주의 비유, 그물의 비유 등, 예수님께서 비유로 천국을 전하신 말씀입니다. 그런데 주목할 말씀이 이 천국을 소유하기 위해 가진 모든 것을 다 파는 등 헌신해야 한다는 것입니다. "천국은 마치 밭에 감추인 보화와 같으니 사람이 이를 발견한 후 숨겨 두고 기뻐하며 돌아가서 자기의 소유를 다 팔아 그 밭을 사느니라"(마 13:44) "극히 값진 진주 하나를 발견하매 가서 자기의 소유를 다 팔아 그 진주를 사느니라"(마 13:46) 자기의 소유를 다 팔아 밭을 사고 진주를 샀다고 말씀하고 있는데, 이는 곧 천국은 최고의 가치를 가지며, 따라서 내가 가진 모든 것을 다 내어놓고 붙잡아야 한다는 것을 가르쳐주고 있습니다. 천국을 위해 우리의 모든 것을 드리고 헌신할 수 있어야 하고, 또 그래야 소유할 수 있다는 것입니다.

우리의 삶의 목적은 이 땅이 아닌 천국에 있어야 합니다. 우리의 영원한 삶은 이 땅이 아닌 천국에 있기 때문입니다. 따라서 이 땅에서 영원토록 살아갈 것처럼 어리석게 이 땅에 소망을 두고 이 땅에 보화를 쌓지 말고, 천국에 소망을 두고 천국에 보화를 쌓아야 합니다. 천국을 위해 그 무엇도 아낌없이 헌신해야 합니다.

느헤미야 3장_성벽을 위한 헌신

성벽 건축에 헌신한 사람들의 명단입니다. 그 모든 사람들이 각각 맡겨진 부분을 힘을 다해 건축하고 세웠다는 말씀입니다. "그 때에 대제사장 엘리아십이 그의 형제 제사장들과 함께 일어나 양문을 건축하여 성별하고 문짝을 달고 또 성벽을 건축하여 함메아 망대에서부터 하나넬 망대까지 성별하였고 그 다음은 여리고 사람들이 건축하였고 또 그 다음은 이므리의 아들 삭굴이 건축하였으며"(느 3:1~2) 양문과 그 성벽을 건축한 대제사장 엘리아십과 그 형제 제사장들, 그리고 여리고 사람들과 아므리의 아들 삭굴에 대해 말씀하고 있는데, 이후 어문, 옛문, 골짜기 문, 분문, 샘문 등과 그 성벽을 건축한 사람들의 명단을 기록하고 있습니다. 곧 이 모든 사람들의 헌신을 통하여 폐허가 됐던 하나님의 도성인 예루살렘은

회복을 이룰 수 있었습니다. 따라서 여기 기록된 헌신자들의 명단은 매우 영광스럽고 아름다운 명단입니다.

성벽 건축에 헌신한 수많은 사람들의 명단을 대하며, 오늘도 우리의 헌신을 통해 하나님의 교회를 세워가기를 바라시는 하나님의 뜻을 깨달아야 합니다. 곧 우리가 맡겨진 자리에서 힘을 다해 헌신하며 성벽을 건축하듯 교회를 세워갈 때, 우리 교회도 든든히 설 수 있습니다. 그리고 우리도 영광스럽고 아름다운 명단에 그 이름이 기록될 수 있습니다. 이를 기억하며 우리가 교회를 세우는 일에 힘써 헌신해야 합니다.

사도행전 13장_복음을 위한 헌신

바울의 제1차 선교여행을 기록하고 있습니다. 곧 성령의 명령에 따라 바울과 바나바가 선교사로 파송 받아 구브로와 비시디아 안디옥에서 복음을 전한 말씀을 기록하고 있습니다.

"주를 섬겨 금식할 때에 성령이 이르시되 내가 불러 시키는 일을 위하여 바나바와 사울을 따로 세우라 하시니 이에 금식하며 기도하고 두 사람에게 안수하여 보내니라"(행 13:2~3) 성령의 이끄심을 따라, 안디옥교회를 이끌어가던 핵심 지도자인 바나바와 바울을 복음을 전하는 선교사로 세웠다는 말씀입니다. 안디옥교회 입장에서는 교회를 이끌어가던 핵심적인 두 지도자를 선교사로 파송하여 보내는 것이 결코 쉬운 결정이 아니었을 것입니다. 그러나 주님의 더 큰 복음의 비전을 바라보며 성령의 이끄심에 순종하여 헌신했습니다.

선교사로 파송 받은 바울과 바나바도 복음을 위해 힘써 헌신했습니다. 구브로와 비시디아 안디옥에서 복음을 전하고 기적을 행하며 선교의 사명을 감당했습니다. 반박하고 비방하고, 또한 시내 유력자들을 선동하여 박해하는 유대인들로 인해 어려움을 겪어야 했지만, 바울과 바나바는 기쁨과 성령의 충만함으로 중단하지 않고 복음을 위해 헌신했습니다.

이런 안디옥교회의 헌신, 그리고 바울과 바나바의 헌신을 바라보며, 우리도 무엇보다 성령을 따르며, 복음에 가장 큰 가치를 두고 헌신해야 함을 배우게 됩니다. 그 헌신의 삶에 만만치 않은 고난과 어려움이 있고 또 많은 것을 포기해야 하지만, 우리에게 주신 제일의 사명이 복음을 전하여 하나님의 나라를 세우고, 하나님의 영광을 높이는 일임을 잊지 말고 힘써 헌신해야 합니다.

오늘의 기도

1. 천국의 참된 가치를 깨닫고 우리의 모든 것을 아낌없이 다 팔아 천국을 소유하게 하소서.
2. 맡겨진 자리에서 힘을 다해 충성하고 헌신하여 교회를 세워가게 하소서.
3. 어떤 비방과 비난과 핍박에도 흔들리지 않고 성령을 따라 순종하며 복음을 위해 헌신하게 하소서.

14
Jan

믿음
창세기 15장 | 마태복음 14장 | 느헤미야 4장 | 사도행전 14장

믿음이 중요합니다. 믿음으로 의롭다하심의 은혜를 얻고 구원에 이르게 됩니다. 고난과 불가능한 상황에서도 믿음으로 기적을 경험하고 문제를 넘어 뜻을 이루게 됩니다.

창세기 15장_믿음을 통한 의

하나님께서 아브람의 자손을 하늘의 별과 같이 많게 하시겠다는 약속과, 하나님께서 자신의 약속을 보증하시며 언약을 체결하신 것을 전하고 있습니다. 특별히 주목할 말씀이, 아브람이 하나님의 약속을 믿은 것과, 하나님께서 그 믿음을 의로 여기셨다는 것입니다. "아브람이 여호와를 믿으니 여호와께서 이를 그의 의로 여기시고"(창 15:6) 곧 아브람은 믿을 수 없는 중에서도 하나님을 믿고 또 그 말씀을 믿었습니다. 지금까지 바라고 소망했지만 자녀를 가질 수 없었고, 이제는 나이가 들어 더 이상 자녀에 대한 소망을 갖기 어려웠습니다. 그래서 자식처럼 생각한 엘리에셀을 자신의 상속자로 생각했습니다. 그러나 하나님께서는 아브람의 몸에서 날 자가 상속자가 될 것이며, 또 그 자손이 하늘의 별과 같이 많을 것이라고 말씀하셨습니다. 현재로서는 상상조차 할 수 없는 말씀을 하신 것입니다. 이에 아브람은 하나님을 믿었습니다. 믿을 수 없는 중에서도 하나님과 그 말씀을 믿었고, 하나님은 그 믿음을 의로 여기셨습니다.

불완전한 우리 인간은 결코 의로울 수 없습니다. 그러나 믿음으로 하나님은 우리를 의롭다고 여겨주십니다. 따라서 우리가 무엇보다 힘써야 하는 것 믿음입니다. 어떤 상황에서도 하나님을 믿고, 그 믿음으로 의롭다하심의 은혜를 얻어야 합니다.

마태복음 14장_믿음을 통한 기적

세례 요한의 죽음과 오병이어의 기적, 그리고 주님께서 바다 위를 걸어 제자들에게 가신 말씀을 기록하고 있는데, 특별히 강조되고 있는 것이 믿음입니다.

"예수께서 이르시되 갈 것 없다 너희가 먹을 것을 주라"(마 14:16) 예수님께서 떡 다섯 개와 물고기 두 마리뿐이 없는 제자들에게 하신 말씀입니다. 무리들을 마을로 보내 각자 먹을 것을 먹고 오게 하자는 제자들의 제안에 하신 말씀입니다. 이런 예수님의 말씀에 제자들은 막막해 했는데, 그런 제자들에게, 예수님은 가지고 있는 떡 다섯 개와 물고기 두 마리를 내게 가져오라고 말씀하셨습니다. 그리고 그것으로 축사하시고 떼어 나누어줌으로 모든 무리를 배불리 먹이시고 남기시는 기적을 나타내셨습니다. 그럼으로 믿음을 통해 문제를 해결하고 기적을 경험할 수 있음을 가르치셨습니다. 불가능하다고 생각되는 어떤 상황에서도 포기하지 말고 예수님을 믿어야 하며, 그 믿음을 통해 해답을 찾을 수 있음을 가르치셨습니다.

"예수께서 즉시 손을 내밀어 그를 붙잡으시며 이르시되 믿음이 작은 자여 왜 의심하였느냐 하시고"(마 14:31) 예수님께서 물 위를 걷다가 물에 빠진 베드로를 책망하신 말씀입니다. 믿음으로 물 위를 걷는 기적을 경험한 베드로는 바람으로 인한 두려움에 그 믿음을 잃어버림으로 물에 빠지고 말았습니다. 곧 믿음은 물 위도 걷는 기적을 가능케 하지만 믿음을 잃어버리면 물에 빠지고 넘어질 수밖에 없다는 것입니다. 따라서 의심하지 말고 끝까지 믿음을 가져야 합니다. 믿음으로 주의 능력을 경험하고 우리 앞의 문제를 이겨가야 합니다.

느헤미야 4장_믿음을 통한 성취

산발랏과 도비야의 방해와 위협 속에서도 포기하지 않고 성벽을 건축한 것을 전하고 있습니다. 곧 언제 적들이 침략할지 모른 상황에서 한 손으로는 병기를 잡고 한 손으로는 일을 하는 등, 모두가 한 마음으로 성벽 건축에 최선을 다했음을 전하고 있습니다.

여기서 하나님의 도우심과 능력을 경험하기 위해 믿음이 필요하고, 그 믿음으로 모든 어려움을 이기고 뜻하고 목표한 바를 이루어갈 수 있음을 깨닫게 됩니다. 곧 예루살렘 성벽 건축을 힘쓰던 유다 사람들은 산발랏과 도비야 등, 대적들의 분노와 공격에 대한 소문을 듣고 낙심하며 성벽 건축은 불가능하다고 말했습니다. 당장의 두려움과 어려움의 상황에서 더 이상 성벽 건축을 진행할 수 없다는 불신의 생각을 가졌습니다(느 4:10).

그러나 느헤미야는 달랐습니다. 그는 백성들에게 이렇게 말했습니다. "너희는 그들을 두려워하지 말고 지극히 크시고 두려우신 주를 기억하고 너희 형제와 자녀와 아내와 집을 위하여 싸우라"(느 4:14) "지극히 크시고 두려우신 주를 기억하라"는 말씀에서 느헤미야의 믿음을 볼 수 있습니다. 산발랏과 도비야 등의 방해와 공격이 두렵고 성벽 건축을 어렵게 하는 것은 사실이지만, 그러나 더 크고 두려운 하나님이 우리와 함께하고 계시다는 것입니다. 그 하나님을 통해 그 대적들을 이기고 능히 성벽을 건축할 수 있다는 것입니다. 결국 느헤미야의 믿음을 따라 백성들도 대적들의 위협과 두려움 중에서도 하나님을 믿고, 한 손으로는 병기를 잡고 한 손으로는 일을 하며 성벽 건축을 진행했습니다. 믿음으로 어려움을 이기고 그 불가능하다고 생각하는 일을 이루어 갔습니다.

사도행전 14장_믿음을 통한 구원
13장에 이어서 바울의 제1차 선교여행을 기록한 말씀입니다. 바나바와 더불어 이고니온과 루스드라와 더베에서 유대인들의 핍박을 이기고 표적과 기사를 행하여 나타내며 복음을 전하고, 이후 안디옥으로 돌아온 말씀을 기록하고 있습니다. 특별히 주목할 말씀이 믿음에 대한 말씀입니다. 곧 바울은 믿음을 통해 주의 치유의 역사를 나타냈고, 또 믿음에서 떠나지 않아야 한다는 사실을 그 제자들에게 강조하며 가르쳤습니다.

"바울이 말하는 것을 듣거늘 바울이 주목하여 구원 받을 만한 믿음이 그에게 있는 것을 보고 큰 소리로 이르되 네 발로 바로 일어서라 하니 그 사람이 일어나 걷는지라"(행 14:9~10) 루스드라에서 나면서 걷지 못하게 된 한 장애인을 바울이 일으킨 말씀입니다. 그에게 구원 받을 만한 믿음, 곧 그 장애를 치료 받을 만한 믿음이 있었다는 말씀에 주목해야 합니다. 그 믿음을 보고 바울은 치료를 선포했고, 결국 그는 믿음으로 그 장애의 고통에서 건짐 받게 됐다는 것입니다.

"제자들의 마음을 굳게 하여 이 믿음에 머물러 있으라 권하고 또 우리가 하나님의 나라에 들어가려면 많은 환난을 겪어야 할 것이라 하고"(행 14:22) 바울이 복음을 받아들이고 예수 그리스도를 향한 믿음을 가진 제자들에게 한 권면입니다. 환난 중에서도 흔들리지 말고 믿음에 머물러 있어야 한다고 권면했는데, 그래야 하나님의 나라에 들어갈 수 있다는 것입니다. 곧 하나님 나라에 들어가는 구원은 오직 믿음으로 가능하다는 것입니다. 따라서 환난과 핍박 중에서도 믿음을 잃지 말아야 한다는 것입니다.

믿음으로 고통과 아픔에서 구원 받을 수 있습니다. 뿐만 아니라 믿음으로 죄의 멸망에서 구원 받고 하나님의 나라에 들어갈 수 있습니다. 따라서 오직 믿음, 곧 예수 그리스도를 의지하고 신뢰하는 믿음을 가져야 합니다.

오늘의 기도

1. 믿기 어려운 중에도 하나님과 그 말씀에 대해 절대적으로 믿게 하시고, 그 믿음으로 의롭다하심의 은혜를 누리게 하소서.
2. 두렵고 어려운 상황에서도 믿음을 포기하지 않게 하시고, 더 크고 두려운 하나님의 함께하심을 바라보게 하소서.
3. 환난 중에서도 흔들리지 않고 믿음에 머물게 하셔서 구원의 은혜와 축복을 누리게 하소서.

부르짖음

창세기 16장 | 마태복음 15장 | 느헤미야 5장 | 사도행전 15장

맥체인성경365_83p

하나님께서 우리의 고통의 부르짖음을 들으십니다. 따라서 포기하지 말고 부르짖어야 합니다. 또한 우리의 부르짖음을 들으시는 하나님의 은혜를 기억하며, 우리 이웃의 부르짖음에 귀 기울여야 합니다. 더 나아가 하나님의 뜻에도 귀 기울여 듣고 순종해야 합니다.

창세기 16장_하나님께서 들으시는 부르짖음

아브람의 첩 하갈이 임신한 것과 아들 이스마엘을 낳은 것을 기록하고 있습니다. 곧 아브람의 아내 사래가 자신이 임신하지 못하자, 여종 하갈을 아브람의 첩으로 주어 동침하게 했고, 이로 인해 이스마엘이 태어나게 됐습니다.

특별히 주목할 말씀은 하갈이 고통 중에 하나님께 부르짖은 것과 하나님께서 응답하신 것입니다. "여호와의 사자가 또 그에게 이르되 네가 임신하였은즉 아들을 낳으리니 그 이름을 이스마엘이라 하라 이는 여호와께서 네 고통을 들으셨음이니라"(창 16:11) 곧 하갈이 임신하게 되자 그만 거만해져서 여주인 사래를 멸시하는 등 불의하고 말았습니다. 이로 인해 분노한 사래가 하갈을 학대하게 됐고, 하갈은 그 학대를 피해 도망치게 됐습니다. 광야에서 하갈은 고통 중에 하나님께 부르짖게 됐고, 하나님께서 그 부르짖음에 응답하신 것입니다.

하갈이 거만함으로 그 고통을 초래한 것이지만, 그럼에도 고통 중에 부르짖을 때, 그 부르짖음을 외면하지 않으시고 들으시는 하나님의 응답을 통해 하나님의 큰 은혜를 깨달을 수 있습니다. 또한 하나님께서 우리의 부르짖음도 외면하지 않으심도 깨달을 수 있습니다. 하갈의 고백처럼 하나님은 우리를 살피시는 하나님이십니다(창 16:13). 우리의 아픔과 고통도, 또한 처한 형편도 잘 아시고, 고통 중에 부르짖는 간구도 들으십니다. 따라서 고통 중에 부르짖기를 마다하지 말아야 합니다. 우리의 부르짖음을 하나님께서 듣고 계심을 확신하며 포기하지 말고 부르짖어야 합니다.

마태복음 15장_포기하지 말아야 할 부르짖음

정결함과 부정함에 대한 논쟁과 예수님의 가르침, 가나안 여인의 귀신 들린 딸을 치유하신 말씀, 다리 저는 사람과 말 못 하는 사람 등을 치유하신 말씀, 떡 일곱 개와 생선 두어 마리로 사천 명을 먹이신 기적의 말씀을 기록하고 있습니다.

가나안 여인의 딸을 치유하신 말씀에 주목하면, 하나님께서는 우리의 고통의 부르짖음을 들으심을 믿고, 포기하지 말고 부르짖어야 함을 깨닫게 됩니다. 곧 귀신 들린 딸로 인해 고통 중에 있던 가나안 여인이 예수님 앞에 나아와 부르짖어 도움을 구했습니다(마 15:22). 그러나 예수님은 그 부르짖음을 외면하시는 듯 행동하시고 또 말씀하셨습니다(마 15:24, 26 참조) 그러나 가나안 여인은 포기하지 않고 "상에서 떨어지는 부스러기라도 달라"(마 15:27)고 간구했습니다. 응답이 거절되는 것 같은 상황에서도 멈추지 않고 부르짖었습니다. 그 결과 예수님은 "네 믿음이 크도다"(마 15:28)라는 칭찬과 더불어 가나안 여인의 부르짖음에 응답하여 그 딸을 치료해 주셨습니다(마 15:28).

결국 이 말씀은 어떤 상황에서도 포기하지 말고 믿음으로 간구해야 한다는 사실을 가르쳐주고 있습니다. 거절되는 것 같은 상황에서도 주님의 들으심을 의심하지 말고, 믿음으로 부르짖어 기도해야 한다는 것입니다. 우리의 포기하지 않은 믿음을 요구하시는 것일 뿐, 주님은 반드시 그 부르짖음을 들으시고 응답하십니다.

느헤미야 5장_귀 기울여야 할 이웃의 부르짖음

빚으로 인해 고통 받는 백성들의 부르짖음과, 느헤미야가 귀족들과 민장들을 꾸짖고 빚을 면제하

게 한 말씀입니다. 또한 느헤미야가 백성들의 어려움을 알고 총독의 녹을 요구하지 않은 것을 전하고 있습니다.

"그 때에 백성들이 그들의 아내와 함께 크게 부르짖어 그들의 형제인 유다 사람들을 원망하는데"(느 5:1) 성벽 건축에 힘쓰던 백성들이 고통 중에 부르짖으며 원망했다는 말씀입니다. 곧 흉년으로 인한 어려움 중에 가난한 백성들은 밭과 포도원과 집 등을 저당 잡히고 양식을 구해야 했고, 이후 비싼 이자를 감당하지 못해 자녀들이 노예로 팔리는 등 고통을 겪어야 했습니다. 이로 인해 가난한 백성들은 형제인 유다 사람들을 원망하며 고통 중에 부르짖을 수밖에 없었습니다. 이에 느헤미야는 귀족들과 민장들을 꾸짖고, 더 이상 이자를 받지 않도록 했으며, 밭과 포도원과 감람원과 집, 그리고 높은 이자 등을 돌려주게 했습니다.

무엇보다 느헤미야는 이렇게 고백하며 또 하나님 앞에 기도했습니다. "비록 이같이 하였을지라도 내가 총독의 녹을 요구하지 아니하였음은 이 백성의 부역이 중함이었더라 내 하나님이여 내가 이 백성을 위하여 행한 모든 일을 기억하사 내게 은혜를 베푸시옵소서"(느 5:18~19) 느헤미야는 백성들의 어려움을 살피고 그들의 고통에 귀를 기울였습니다. 그리고 이 때문에 총독으로서 마땅히 받아야 하는 녹봉도 받지 아니하였고, 오히려 자비로 많은 것들을 감당하며 성벽 쌓는 일에 힘을 다했습니다. 따라서 그는 하나님께서 그 모든 사정을 살피셔서 은혜 베풀어주시기를 구했습니다.

결국 이 말씀은 우리가 우리 이웃의 부르짖음에 귀 기울여야 함을 가르쳐주고 있습니다. 우리의 고통의 부르짖음을 들으시는 하나님의 사랑과 은혜를 기억하며, 우리도 우리 이웃의 아픔의 부르짖음을 외면하지 말아야 한다는 것입니다. 하나님께서 우리의 아픔을 살피시기를 바라고 구하는 만큼, 우리 이웃의 아픔에도 마음을 쏟아야 합니다. 느헤미야가 그랬던 것처럼 우리도 우리 이웃의 아픔에 함께 하고, 이를 위해 기꺼이 헌신할 수 있어야 합니다.

사도행전 15장_귀 기울여야 할 하나님의 뜻
예루살렘 사도회의에 대한 말씀입니다. 곧 믿는 사람들 중에 이방인에게 할례를 행하고 율법을 지키게 해야 한다고 주장하는 사람들이 있었고, 이로 인해 논쟁이 벌어졌습니다. 이를 해결하기 위해 사도와 장로들이 모여 회의를 갖게 됐습니다.

할례와 율법을 강조한 사람들은 바리새파 중에 믿음을 갖게 된 사람들로, 자기 생각과 고정관념에 사로잡혀 복음보다 율법을 앞세우고자 했습니다. 이방인들의 구원에 율법과 할례가 필요하다고 주장했습니다. 이들은 하나님의 뜻이 무엇인지는 생각하지 못하고, 오직 자신의 갇혀진 사고로 판단하여 주장했습니다(행 15:5). 그러나 베드로는 우리 유대인들도 지키지 못하는 멍에를 이방인들에게 강요하는 것은 옳지 않다고 말하며, 유대인이나 이방인이나 동일하게 율법과 할례가 아니라 오직 주 예수의 은혜로 구원 받음이 하나님의 뜻임을 주장했습니다(행 15:8~11).

결국 이 말씀은 우리가 우리의 생각을 내려놓고, 하나님의 뜻에 귀를 기울이는 것이 얼마나 중요한지 깨닫게 합니다. 곧 하나님께서 부르짖는 우리의 기도를 들으심을 기억한다면, 우리도 하나님의 뜻에 귀를 기울이는 것이 마땅하다는 것입니다. 우리가 하나님께서 우리의 부르짖음을 듣기를 바라는 것만큼, 하나님께서도 우리가 하나님의 뜻을 듣기를 바라신다는 것입니다. 따라서 자신의 어리석은 생각과 그릇된 고정관념을 버리고 하나님의 뜻을 듣고 깨닫고 또 따르기에 힘써야 합니다.

오늘의 기도

1. 고통 중에 포기하지 않고 기도하겠사오니 우리의 상황과 형편을 감찰하시는 하나님의 들으심과 응답을 경험하게 하소서.
2. 우리 이웃의 아픔과 고통의 부르짖음을 귀 기울여 듣게 하시고, 그 아픔에 함께하는 넉넉한 마음을 갖게 하소서.
3. 내 뜻과 생각을 고집하지 말고 하나님의 뜻이 무엇인가를 귀 기울여 듣고 따르게 하소서.

믿음과 세움

창세기 17장 | 마태복음 16장 | 느헤미야 6장 | 사도행전 16장

맥체인성경365_89p

믿음의 순종이 하나님과의 축복의 언약을 세우고, 믿음의 고백과 충성이 주의 교회와 나라를 세우며, 믿음의 찬송이 복음을 세우고 영혼을 구원합니다.

창세기 17장_믿음의 순종에 세워진 언약

하나님께서 아브람과 또 그 후손 사이에 영원한 언약을 세우시고 영원한 하나님이 되시겠다고 약속하신 말씀입니다. 이를 위해 하나님께서는 할례를 명하셨고, 또 아브람과 사래에게 아브라함과 사라라는 새 이름을 주셨습니다. 또한 사라를 통해 이삭이 출생할 것을 말씀하셨습니다.

하나님께서 말씀하신 영원한 언약의 말씀을 보면, "내가 너로 심히 번성하게 하리니 내가 네게서 민족들이 나게 하며 왕들이 네게로부터 나오리라 내가 내 언약을 나와 너 및 네 대대 후손 사이에 세워서 영원한 언약을 삼고 너와 네 후손의 하나님이 되리라 내가 너와 네 후손에게 네가 거류하는 이 땅 곧 가나안 온 땅을 주어 영원한 기업이 되게 하고 나는 그들의 하나님이 되리라"(창 17:6~8) 하나님께서 아브라함을 번성케 하실 뿐만 아니라 그와 그의 대대 후손 사이에 언약을 세워 아브라함과 그 후손의 영원한 하나님이 되심을 약속하셨습니다. 곧 아브라함은 갈대아 우르에서부터 하나님을 믿고 순종하여 가나안 땅까지 들어왔습니다. 실수도 있었지만 깨닫고 돌이켜 모든 유혹을 이기고 하나님을 믿고 선택하여 따랐습니다. 무엇보다 믿을 수 없는 상황에서도 하나님을 믿음으로 하나님께 의롭다고 인정받으며 여기까지 왔습니다. 바로 이 믿음과 순종에 하나님께서 언약을 세우신 것입니다.

하나님은 우리의 믿음에 영원한 언약, 축복의 언약을 세우십니다. 다시 말해 그 언약을 우리의 믿음을 보시고 세우십니다. 따라서 환난과 고난 중에서도 믿음을 놓치지 말아야 합니다. 믿을 수 없는 상황에서도 하나님을 믿고, 그 믿음으로 하나님을 바라봐야 합니다.

마태복음 16장_믿음의 고백에 세워진 교회

바리새인과 사두개인들의 누룩, 곧 그 교훈을 주의해야 한다는 가르침과, 베드로의 신앙고백과 예수님의 수난에 대한 말씀을 전하고 있습니다.

베드로의 신앙고백에 주목하면, 그는 예수님을 그리스도요 살아 계신 하나님의 아들로 바르게 믿고 고백했습니다. 이 고백을 들으시고 예수님께서는 반석 곧 베드로 위에 주님의 교회를 세우시겠다고 말씀하셨습니다. "시몬 베드로가 대답하여 이르되 주는 그리스도시요 살아 계신 하나님의 아들이시니이다 예수께서 대답하여 이르시되 바요나 시몬아 네가 복이 있도다 이를 네게 알게 한 이는 혈육이 아니요 하늘에 계신 내 아버지시니라 또 내가 네게 이르노니 너는 베드로라 내가 이 반석 위에 내 교회를 세우리니 음부의 권세가 이기지 못하리라"(마 16:16~18) 여기서 반석은 베드로의 신앙고백을 뜻합니다. 주님은 베드로의 신앙 고백, 곧 '주는 그리스도시요 살아 계신 하나님의 아들'이라는 믿음의 고백에 교회를 세우시겠다고 말씀하신 것입니다.

"주는 그리스도"라는 믿음의 고백에 교회는 세워집니다. 따라서 흔들림 없이 믿음을 고백하고 또한 이 믿음의 고백을 확장시켜 가야 합니다. 우리의 바른 믿음의 고백이 우리 교회를 세움을 잊지 말고 힘써 믿음을 고백해야 합니다.

느헤미야 6장_믿음의 충성에 세워진 성벽

느헤미야가 적들의 음모에 바른 믿음과 충성의 태도로 그 음모를 이겨내고, 결국에는 성벽 공사를 끝낸 것을 전하고 있습니다.

"내가 곧 그들에게 사자들을 보내어 이르기를 내

가 이제 큰 역사를 하니 내려가지 못하겠노라 어찌하여 역사를 중지하게 하고 너희에게로 내려가겠느냐 하매"(느 6:3) 산발랏과 도비야와 게셈 등이 만나자는 제안에 느헤미야가 거절한 말씀입니다. 그들이 네 번씩이나 제안을 해 왔지만 느헤미야는 거절했는데, 그의 믿음의 충성 때문이었습니다. 곧 성벽 건축이 마무리 단계에 이르고, 이제 각각의 성문을 다는 일만 남은 상황인데, 이 중요한 상황에서 자신이 자리를 비우는 것은 옳지 않다고 판단한 것입니다. 막바지 성벽 건축에 더욱 매진해야 한다고 느헤미야는 끝까지 충성된 마음을 가진 것입니다.

사실 산발랏과 도비야와 게셈 등이 만나자는 제안은 느헤미야를 해하고자 했던 음모였습니다. 그리고 이후 계속해서 느헤미야가 반역을 꾀하고 있다는 내용을 기록한 인봉하지 않은 편지로 느헤미야와 유다 백성들을 두렵게 하였고(느 6:5~9), 또 뇌물을 주고 스마야에게 거짓을 예언하게 하여 느헤미야를 흔들어 성벽 건축을 방해하려고 했습니다(느 6:10~13). 하지만 느헤미야는 말씀에 선 믿음과 성벽 건축에 대한 충성된 마음으로 그 모든 음모를 이기고 백성들과 함께 성벽 건축을 완공했습니다(느 6:15~16).

어떤 환난과 유혹과 소동에도 흔들리지 않고 믿음으로 충성된 마음을 가져야 합니다. 그 충성된 마음이 맡겨진 사명을 감당케 하고 교회를 세웁니다.

사도행전 16장_믿음의 찬송에 세워진 복음

바울의 제2차 선교 여행을 전하고 있습니다. 더베와 루스드라에 이르러 제자 디모데를 만난 것, 성령의 인도하심을 따라 마게도냐 지방으로 그 여정을 바꾼 것, 마게도냐 지방의 첫 성인 빌립보에 이르러 자색 옷감 장사 루디아를 만나 복음을 전한 것, 억울하게 매 맞고 옥에 갇혔지만 오히려 옥의 간수와 그 가정에게 복음을 전한 것 등을 기록하고 있습니다.

바울과 실라가 옥에 갇힌 말씀에 주목하면, "한밤중에 바울과 실라가 기도하고 하나님을 찬송하매 죄수들이 듣더라 이에 갑자기 큰 지진이 나서 옥터가 움직이고 문이 곧 다 열리며 모든 사람의 매인 것이 다 벗어진지라"(행 16:25~26) 바울과 실라가 억울하게 매 맞고 옥에 갇혔지만 오히려 기도하며 찬송했고, 그 믿음의 찬송에 옥터가 움직이고 문이 열리며 묶인 차꼬가 풀리는 기적이 있었습니다. 그리고 이를 통해 옥을 지키던 간수와 그 가정에게 복음을 전하고 그 가정을 구원하는 축복으로 이어지게 됐습니다. 곧 죄수가 도망간 줄 알고 자살하려던 간수를 바울이 말렸고, "주 예수를 믿으라 그리하면 너와 네 집이 구원을 받으리라"(행 16:31) 복음을 전하여 간수와 그 집에 있는 모든 사람을 구원했습니다.

고난 중에서의 믿음과 찬송이 영혼을 구원하고 복음을 전하며 주의 나라를 세웠습니다. 따라서 억울한 일을 만나고 고난에 처한다고 할지라도 믿음으로 찬송해야 합니다. 낙심과 원망이 아닌 믿음의 찬송이 오히려 복음을 세우는 축복이 되게 합니다.

오늘의 기도

1. 아브라함처럼 믿음과 순종으로 살아가게 하시고, 아브라함에게 주셨던 영원한 언약과 축복을 동일하게 누리게 하소서.
2. 믿음의 고백과 끝까지 최선을 다하는 충성으로 주의 교회를 세워가게 하소서.
3. 고난 중에 오히려 찬양하게 하시고, 고난 중에 드린 찬양을 통해 복음을 전하며 영혼을 구원하게 하소서.

17
Jan

능력
창세기 18장 | 마태복음 17장 | 느헤미야 7장 | 사도행전 17장

기도와 믿음과 헌신과 복음에 능력이 있습니다. 우리는 연약하지만, 주를 향한 믿음과 기도를 통한 응답, 그리고 포기하지 않는 헌신과 앞세운 복음으로 능력의 삶을 살아갈 수 있습니다.

창세기 18장_기도의 능력
아브라함이 마므레의 상수리나무들이 있는 곳에서 하나님을 영접하고, 사라가 아들을 낳게 될 것을 들은 말씀입니다. 또한 아브라함이 소돔을 위해 하나님께 기도한 것을 전하고 있습니다. 곧 소돔과 고모라의 죄악이 심히 무거워 하나님은 심판을 결정하셨고, 이러한 사실을 아브라함에게 말씀하셨습니다. 아브라함은 하나님의 심판의 말씀을 듣고 소돔을 위해 중보하여 기도했습니다. 의인 오십 명에서 시작하여 십 명까지 기도했는데, 곧 그 성에서 의인 십 명을 찾으면 그 의인 십 명으로 인해 그 성을 멸하지 않으신다는 하나님의 응답을 받았습니다. 오십 명, 사십 오명, 사십 명, 삼십 명, 이십 명, 십 명 등, 아브라함은 소돔을 위해 드린 모든 기도에서 하나님의 응답을 받았습니다. "아브라함이 또 이르되 주는 노하지 마옵소서 내가 이번만 더 아뢰리이다 거기서 십 명을 찾으시면 어찌 하려 하시나이까 이르시되 내가 십 명으로 말미암아 멸하지 아니하리라"(창 18:32)

하나님께 드리는 기도에 하나님의 응답이 있습니다. 이 응답이 우리의 삶에 능력이 됩니다. 우리는 연약하지만 기도할 수 있고, 기도의 응답을 통해 우리 힘으로 감당할 수 없는 문제들을 감당할 수 있습니다. 그렇게 이 세상을 능력 있게 살아갈 수 있습니다.

마태복음 17장_믿음의 능력
예수의 변모 사건, 귀신 들린 아이의 치유, 성전세 납부에 대한 말씀 등을 기록하고 있습니다. 귀신 들린 아이의 치유의 말씀에 주목하면, 제자들은 귀신 들린 아이를 치유하지 못하는 문제로 쩔쩔매야

했습니다. 변화산에서 예수님께서 내려오셔서야 이 문제를 해결할 수 있었습니다. 곧 예수님께서 귀신을 쫓아내고 아이를 치유하셨습니다. 이후 제자들이 예수님께 찾아와 "우리는 어찌해 쫓아내지 못했느냐"고 물었는데, 이 질문에 예수님은 "믿음이 작은 까닭"이라고 대답하시며, 겨자씨 한 알 만큼의 믿음만 있어도 산을 옮기는 등 못할 것이 없다고 말씀하셨습니다. "이 때에 제자들이 조용히 예수께 나아와 이르되 우리는 어찌하여 쫓아내지 못하였나이까 이르시되 너희 믿음이 작은 까닭이니라 진실로 너희에게 이르노니 만일 너희에게 믿음이 겨자씨 한 알 만큼만 있어도 이 산을 명하여 여기서 저기로 옮겨지라 하면 옮겨질 것이요 또 너희가 못할 것이 없으리라"(마 17:19~20)

결국 이 말씀은 믿음의 능력에 대해 가르쳐주고 있습니다. 믿음은 우리가 하지 못하는 일을 하게 합니다. 믿음으로 우리가 불가능한 일도 하고, 능력의 삶을 살아갈 수 있습니다. 하나님께서 믿음을 보시고 그렇게 능력을 나타내 주십니다. 따라서 믿음이 없어 능력이 없는 삶이 아니라 믿음으로 능력 있는 삶을 살아가야 합니다. 믿음으로 패배의 삶이 아닌 승리의 삶을 살아가야 합니다.

느헤미야 7장_헌신의 능력
성벽이 건축 되어 문짝을 단 것과 예루살렘 성읍을 지킬 파수꾼들을 세운 것을 전하고 있습니다. 또한 바벨론에서 돌아온 사람들의 명단을 기록하고 있습니다.

주목할 말씀이, 성벽 건축을 완공하고 난 후, 느헤미야가 하나니와 하나냐에게 예루살렘을 다스리는 일을 맡기고 지시한 명령입니다. 해가 높이 뜨

기 전에는 성문을 열지 말고, 해가 지기 전에 서둘러 성문을 닫고 빗장을 지르라는 것입니다. 또 각자 위치에서 파수하는 일에 힘쓰라는 것입니다. 곧 느헤미야가 이렇게 명령한 것은 성읍은 크고 넓지만, 성읍에 사는 사람이 적어 성읍을 방비하고 지키기에 그 수가 많이 모자랐기 때문입니다. "내가 그들에게 이르기를 해가 높이 뜨기 전에는 예루살렘 성문을 열지 말고 아직 파수할 때에 곧 문을 닫고 빗장을 지르며 또 예루살렘 주민이 각각 자기가 지키는 곳에서 파수하되 자기 집 맞은편을 지키게 하라 하였노니 그 성읍은 광대하고 그 주민은 적으며 가옥은 미처 건축하지 못하였음이라"(느 7:3~4) 여기서 놓치지 말아야 하는 말씀이, "성읍은 광대하고 그 주민은 적었다"는 말씀입니다. 곧 이렇게 적은 사람들이 그 광대한 성읍의 성벽 건축을 감당했다는 것입니다. 무엇보다 "가옥은 미 건축하지 못하였음이라" 정작 자신들이 살아야 할 집은 건축하지도 못했다는 것입니다. 결국 여기서 보게 되는 것이 헌신입니다. 느헤미야를 비롯한 백성들의 헌신이 그 큰 예루살렘 성읍의 성벽 건축을 이루어낸 것입니다. 그들의 헌신이 능력을 나타낸 것입니다.

우리의 헌신이 능력을 나타냅니다. 정확히 말해 하나님은 우리의 헌신을 보시고 그 능력을 나타내주십니다. 불가능할 것 같은 일을 감당케 하시고 이루게 하십니다. 따라서 우리가 처음부터 불가능하다고 포기할 것이 아니라, 결과는 하나님께 맡기고 온 힘을 다해 헌신해야 합니다. 그러면 결과는 그 능력으로 하나님께서 이루어주십니다.

사도행전 17장_복음의 능력

바울의 제2차 선교여행 중, 데살로니가와 베뢰아 그리고 아덴에서의 전도와 열매에 대해 전하고 있습니다. 유대인들의 방해가 계속 됐지만 바울은 힘을 다해 복음을 전했고 거기에 열매가 있었음을 말씀하고 있습니다.

"뜻을 풀어 그리스도가 해를 받고 죽은 자 가운데서 다시 살아나야 할 것을 증언하고 이르되 내가 너희에게 전하는 이 예수가 곧 그리스도라 하니 그 중의 어떤 사람 곧 경건한 헬라인의 큰 무리와 적지 않은 귀부인도 권함을 받고 바울과 실라를 따르나"(행 17:3~4) 데살로니가에서의 복음의 사역과 열매를 전하는 말씀입니다. 경건한 헬라인의 큰 무리와 적지 않은 귀부인들이 복음을 받아들이고 바울과 실라를 따랐다는 말씀입니다. 사실 데살로니가에서는 복음을 방해하고 핍박을 가하는 유대인들로 인해 3주밖에 복음을 전하지 못했습니다. 그럼에도 복음의 풍성한 열매가 있었습니다. 곧 바울과 실라가 복음을 전하는 현장에 방해와 핍박을 일삼는 유대인들도 있었지만(행 17:5), 핍박 중에서도 바울과 실라의 복음 전파는 중단되지 않았고, 그 전해지는 복음을 통해서 끊임없이 복음의 열매가 맺혔습니다.

결국 이 말씀은 어떤 상황에서도 복음은 전파되어야 한다는 사실을 가르쳐주고 있습니다. 또한 동시에 주의 복음은 모든 방해와 핍박을 이기고 모든 곳에서 열매를 맺는 능력이 있음을 보여주고 있습니다. 따라서 복음의 능력을 기억하고, 어떤 환난과 핍박 중에서도 포기하지 말고 복음을 전해야 합니다. 복음을 전하는 일에 힘을 다하고 그 능력을 경험할 수 있어야 합니다.

오늘의 기도

1. 교회와 나라와 이웃을 위해 끊임없이 기도하게 하시고, 응답을 통한 능력과 기쁨의 삶을 살게 하소서.
2. 믿음이 작아 쩔쩔매는 것이 아니라, 생명력 있는 믿음으로 산을 옮기고 문제를 깨뜨리는 능력의 삶을 살게 하소서.
3. 복음의 열매를 기억하며 고난과 핍박 중에서도 복음을 전하는 일을 중단하지 않게 하소서.

은혜

창세기 19장 | 마태복음 18장 | 느헤미야 8장 | 사도행전 18장

주 안에 놀라운 용서와 구원의 은혜가 있습니다. 말씀을 통해 그 은혜를 깨달아야 하고, 또한 복음의 삶을 통해 그 은혜를 풍성히 누려야 합니다.

창세기 19장_구원의 은혜

죄악으로 인한 소돔과 고모라의 멸망을 전하고 있고, 소돔의 멸망 중, 하나님께서 아브라함을 생각하사 롯을 구원하신 것을 전하고 있습니다. 또한 롯의 두 딸이 아버지와 동침하는 근친상간으로 각각 아들을 낳은 것을 전하고 있습니다.

롯을 구원한 사건에 주목하여 보면, "그러나 롯이 지체하매 그 사람들이 롯의 손과 그 아내의 손과 두 딸의 손을 잡아 인도하여 성 밖에 두니 여호와께서 그에게 자비를 더하심이었더라"(창 19:16) 소돔 성을 심판할 때, 천사가 자비를 더하여 롯과 그의 가족을 구원했다는 말씀입니다. 곧 천사가 롯에게 소돔성의 심판을 말하며 가족과 함께 속히 떠나라고 했는데, 롯이 머뭇거리며 망설였습니다. 아마도 자신의 전 재산을 버려두어야 했기 때문일 것입니다. 그러자 천사가 롯과 그의 가족들의 손을 잡아끌어서 성 밖까지 안전하게 대피시켰다는 것입니다. 롯과 그의 가족의 구원에 주의 자비가 더해졌다는 것입니다. "그가 그에게 이르되 내가 이 일에도 네 소원을 들었은즉 네가 말하는 그 성읍을 멸하지 아니하리니"(창 19:21) 롯의 간구에 대한 천사의 응답입니다. 롯은 재앙을 피해 산까지 도망하기에 벅차고 두려우니 가까이 있는 작은 성을 피난처로 삼게 해 달라고 간구했고, 그 간구에 주의 은혜가 베풀어진 것입니다. 롯이 피한 작은 성읍, 곧 소알은 멸하지 않겠다고 약속하며 롯과 그 가족의 구원을 위해 다시 주의 은혜가 베풀어진 것입니다. "하나님이 그 지역의 성을 멸하실 때 곧 롯이 거주하는 성을 엎으실 때에 하나님이 아브라함을 생각하사 롯을 그 엎으시는 중에서 내보내셨더라"(창 19:29) 롯의 구원은 오직 은혜였음을 보여주는 말씀입니다. 롯이 의로워서 구원 받은 것이 아니라, 아브라함을 생각하여 하나님께서 은혜를 베풀어 구원하셨다는 것입니다.

우리의 구원도 오직 은혜임을 잊지 않아야 합니다. 주의 은혜가 없이는 그 누구도 구원함을 얻을 수 없습니다. 하나님은 십자가에서 피 흘리신 예수 그리스도를 생각하여 우리에게 은혜를 베풀어 구원하십니다. 우리의 구원을 위해 은혜를 베푸시고 또 베푸십니다.

마태복음 18장_용서의 은혜

천국에서 큰 자에 대한 가르침, 남을 넘어지게 하는 것에 대한 경고, 잃은 양에 대한 가르침, 공동체 내의 훈도와 기도에 대한 말씀을 기록하고 있습니다. 그리고 용서에 대한 가르침을 전하고 있는데, 곧 예수님은 죄를 범한 형제를 "몇 번이나 용서하여 주리이까? 일곱 번까지 하오리이까?" 묻는 베드로에게 다음과 같이 대답하셨습니다. "예수께서 이르시되 네게 이르노니 일곱 번뿐 아니라 일곱 번을 일흔 번까지라도 할지니라"(마 18:22) 곧 끝없이 용서해야 한다는 것입니다.

이 가르침을 위해 예수님은 용서할 줄 모르는 종의 비유를 말씀하셨습니다. 주인으로부터 불쌍히 여김을 받아 만 달란트나 되는 큰 빚을 탕감 받은 종이, 만 달란트와는 비교도 되지 않는 백 데나리온을 빚진 동료를 불쌍히 여기지 않고, 빚을 받겠다고 옥에 가두었고, 이 소식을 들은 주인이 노하여 그 빚을 다 갚도록 옥졸들에게 넘겼다는 것입니다. 비유 속에서 주인이 종을 불쌍히 여겨 만 달란트를 탕감해준 것은 하나님께서 감당할 수 없는 우리의 죄를 용서해주신 것을 뜻합니다. 곧 하나님의 놀라운 용서의 은혜를 말해줍니다. 따라서 이 놀라운 은혜를 받은 우리도 형제에 대해 용서하며 살아야 함을 가르치신 것입니다. 하나님의 놀라운 은혜를 잊고 형제를 용서하지 않는다면 하나님의 은혜도 주어지지 않는다는 것입니다. 곧 비유를 말씀하신 예수님은 이렇게 가르치셨습니다. "너희가 각각 마음으로부터 형제를 용서하지 아니하면 나의 하늘 아버지께서도 너희에게 이와 같이 하시리라"(마 18:35)

느헤미야 8장_말씀의 은혜

에스라가 율법을 낭독한 것을 전하고 있습니다. 백성들은 그 말씀을 들으며 울었고, 또 이후 말씀을 따라 초막절을 지킨 것을 전하고 있습니다. 곧 모든 백성들이 수문 앞 광장에 모여 에스라가 낭독하는 하나님의 말씀을 들었습니다. 예수아와 바니 등 레위 사람들은 백성들 사이에서 낭독되는 말씀을 해석하여 백성들이 깨달을 수 있게 해주었습니다. 그러자 백성들이 말씀을 들으며 울었는데, 말씀의 은혜가 임한 것입니다. 말씀을 통해 그 자신들의 죄도 돌아보고 아파할 뿐만 아니라, 하나님의 놀라운 용서와 사랑의 은혜를 깨달은 것입니다. "백성이 율법의 말씀을 듣고 다 우는지라 총독 느헤미야와 제사장 겸 학사 에스라와 백성을 가르치는 레위 사람들이 모든 백성에게 이르기를 오늘은 너희 하나님 여호와의 성일이니 슬퍼하지 말며 울지 말라 하고"(느 8:9)

하나님의 말씀에는 우리를 감동케 하며, 죄를 깨닫고 죄의 삶에서 돌이켜 하나님을 향한 삶으로 나아가게 하는 은혜가 있습니다. 하나님의 큰 사랑을 바로 알게 하는 은혜가 있습니다. 따라서 힘을 다해 하나님의 말씀을 듣고 묵상해야 합니다.

사도행전 18장_복음의 은혜

바울의 고린도에서의 선교사역을 기록하고 있습니다. 고린도에서 동역자 아굴라와 브리스길라를 만났고, 회당장 그리스보와 수많은 고린도 사람들에게 복음을 전하여 세례를 주었으며, 일 년 육 개월을 머물며 하나님의 말씀을 가르쳤음을 전하고 있습니다.

특별히 주목할 말씀이, 복음을 전하는 바울에게 주신 주님의 위로의 말씀입니다. 곧 대적하며 비방하는 유대인들로 인해 고통과 어려움을 겪어야 했던 바울에게 주님께서 환상 가운데 말씀을 주셨습니다. "밤에 주께서 환상 가운데 바울에게 말씀하시되 두려워하지 말며 침묵하지 말고 말하라 내가 너와 함께 있으매 어떤 사람도 너를 대적하여 해롭게 할 자가 없을 것이니 이는 이 성중에 내 백성이 많음이라 하시더라"(행 18:9~10) 여기서 주의 은혜를 보게 됩니다. 복음을 전하는 바울을 지키시고 돌보신다는 주의 약속이 은혜이고, 또 복음으로 수많은 영혼들이 변화되고 주님의 백성이 된다는 것이 은혜입니다.

복음을 전하는 삶에 아픔과 고난도 있습니다. 그러나 그 아픔과 고난을 넉넉히 덮을 주의 은혜도 있습니다. 따라서 복음의 삶에서 고난이 아닌 주의 은혜를 더욱 기억해야 합니다. 주의 은혜를 기억하며 복음의 삶을 중단하지 않아야 합니다.

오늘의 기도

1. 주의 놀라운 용서와 구원의 은혜 안에 머물며 살아갈 뿐만 아니라, 주의 사랑으로 용서의 삶을 살게 하소서.
2. 말씀을 통한 감동과 깨달음과 변화와 새 삶의 은혜를 누리게 하소서.
3. 고난 중에도 힘써 복음을 전할 수 있도록 힘을 주시고, 주의 돌보심의 약속과 영혼의 열매를 통한 은혜도 누리게 하소서.

주를 따르는 자

맥체인성경365_108p

창세기 19장 | 마태복음 18장 | 느헤미야 8장 | 사도행전 18장

주를 따르는 자에게는 주의 보호하심과 인도하심의 은혜가 있습니다. 사명을 감당케 하는 주의 놀라운 능력도 있고, 주의 나라에서 또한 이 땅에서 누리게 되는 영생과 영광과 축복도 있습니다.

창세기 20장_주를 따르는 자의 보호

아브라함이 아내 사라를 아비멜렉에게 빼앗길 뻔한 사건을 기록하고 있습니다. 여기에 하나님께서 개입하시고 지키심으로 아내 사라를 찾을 수 있었던 것을 전하고 있습니다. 곧 아브라함이 안전을 위해 아내 사라를 누이라 했기에 그랄 왕 아비멜렉은 사라를 아내로 삼겠다고 데려갔습니다. 이로 인해 아브라함은 아내 사라를 빼앗길 위기에 처했습니다. 사라의 태를 통해 이어가야 하는 언약의 자손도 끊어질 위기에 처했습니다. 이 급박한 상황에서 하나님께서 개입하셨고, 그럼으로 사라를 보호하시고 그 언약의 자손을 지키셨습니다.

"그 밤에 하나님이 아비멜렉에게 현몽하시고 그에게 이르시되 네가 데려간 이 여인으로 말미암아 네가 죽으리니 그는 남편이 있는 여자임이라"(창 20:3) 하나님께서 아브라함과 사라를 지키시고 그 언약의 자손을 보호하시기 위해 아비멜렉을 찾아가 하신 말씀입니다. 하나님의 개입을 통해 아브라함은 아비멜렉으로부터 사라를 찾아올 수 있었습니다. 이 말씀은 아브라함이 가나안 땅에 들어온 초기에 있었던 일을 기록한 말씀으로, 당시 아브라함은 이방인들로 둘러싸인 땅에서 생명을 지키는 것도 버거울 만큼 연약했습니다. 그러나 그가 믿고 따르는 하나님은 온 세상의 왕으로서 그를 믿고 따르는 백성들을 능히 보호하시고 지키시는 전능하신 하나님이셨습니다.

이 세상을 살아가는 우리도 연약합니다. 강력한 세상의 공격에 조금의 대항도 못하고 넘어질 수밖에 없는 연약한 존재입니다. 그러나 우리가 믿는 하나님은 강하십니다. 능히 우리를 지키시고 보호하십니다. 따라서 세상의 두려움을 보지 말고 하나님을 바라봐야 합니다. 세상이 두렵다고 움츠릴 것이 아니라, 더욱 믿음으로 주님을 따라야 합니다.

마태복음 19장_주를 따르는 자의 축복

혼인과 이혼과 독신에 대한 예수님의 가르침, 예수님께서 어린 아이를 축복하신 말씀, 영생을 구하며 예수님께 나온 한 부자 청년에 대한 말씀, 모든 것을 버리고 예수님을 따를 때에 주어지는 보상 등을 기록하고 있습니다.

예수님을 따를 때 주어지는 보상에 대한 말씀에 주목하면, 이는 베드로의 질문에서 시작합니다. 곧 베드로는 영생을 구하며 찾아온 부자 청년이 "네 소유를 팔아 가난한 자들에게 주라. 그리하면 하늘에서 보화가 있으리라. 그리고 와서 나를 따르라"는 예수님의 가르침에 근심하며 돌아가자, 모든 것을 버리고 예수님을 따르고 있는 자신을 비롯한 제자들에게 어떤 보상이 주어지는지 궁금함에 질문했습니다. 이에 대해 예수님은 그 나라가 임할 때에, 모든 것을 버리고 예수님을 따르고 있는 제자들이 예수님과 열두 보좌에 앉아 이스라엘을 심판하는 영광과 권세를 받게 됨을 말씀하셨습니다. 뿐만 아니라 이 땅에서 예수님을 위해 포기한 모든 것을 여러 배로 받고 영생을 상속하게 됨을 말씀해 주셨습니다. "예수께서 이르시되 내가 진실로 너희에게 이르노니 세상이 새롭게 되어 인자가 자기 영광의 보좌에 앉을 때에 나를 따르는 너희도 열두 보좌에 앉아 이스라엘 열두 지파를 심판하리라 또 내 이름을 위하여 집이나 형제나 자매나 부모나 자식이나 전토를 버린 자마다 여러 배를 받고 또 영생을 상속하리라"(마 19:28~29)

주님을 따르는 삶에 고난도 있고 포기해야 하는

소중한 많은 것도 있습니다. 그러나 고난 중에서도 모든 욕심 내려놓고 주님을 따르는 자에게 하늘의 영광과 권세가 약속으로 주어집니다. 이 땅에서의 풍성한 축복도 주어지고, 우리에게 가장 소중한 영생이 보장됩니다. 따라서 고난과 포기를 두려워하지 말고, 얼마든지 고난을 참고 이기며, 또 얼마든지 내려놓고 포기하며 주님을 따라야 합니다.

느헤미야 9장_주를 따르는 자의 인도

백성의 회개 기도입니다. 여기에 이스라엘의 역사를 폭넓고 생생하게 전하고 있습니다. 특별히 주목할 것이 하나님의 긍휼의 은혜입니다. 곧 그 백성들이 하나님의 놀라운 은혜와 구원과 축복에도 하나님을 배신하고 돌아서 하나님께 범죄했지만, 하나님께서 그 큰 은혜와 긍휼로 그 백성들을 버리지 않고 용서하시며, 그들의 길을 인도해 주셨다는 것입니다. "주께서는 주의 크신 긍휼로 그들을 광야에 버리지 아니하시고 낮에는 구름 기둥이 그들에게서 떠나지 아니하고 길을 인도하며 밤에는 불 기둥이 그들이 갈 길을 비추게 하셨사오며"(느 9:19) 따라서 지금 다시 회개하며 하나님을 찾고 하나님을 따르기를 결단하는 자신들을 하나님께서 그 큰 긍휼로 용서하시며 인도해주시기를 구했습니다.

결국 무엇입니까? 돌이켜 주님을 따르는 자를 주님은 큰 긍휼로 인도하십니다. 주님을 따르는 백성은 놀라운 주의 사랑 속에서 주님의 인도하심의 손길을 경험합니다. 곧 우리의 삶에도 주님의 인도하심이 필요합니다. 주님 앞에 한없이 부끄럽지만, 그럼에도 용서해주시고 인도해주시기를 구해야 합니다. 따라서 또한 힘써 주님을 따르기를 결단해야 합니다. 헛된 세상을 소망하며 따랐던 길에서 돌이켜 오직 주님만을 바라보고 따라가기를 결단해야 합니다.

사도행전 19장_주를 따르는 자의 능력

바울의 에베소에서의 사역을 기록하고 있습니다. 곧 바울은 이미 에베소에 형성되어 있던 소규모 그리스도인 공동체를 만나 성령을 전하여 그들이 성령을 받도록 도왔고, 두란노 서원에서 이 년 동안 주의 말씀을 강론하며 복음을 전했습니다. 무엇보다 바울은 하나님께서 행하시는 능력을 따라 병든 사람을 치료하고 악한 영을 물리치는 기적을 나타냈습니다. "하나님이 바울의 손으로 놀라운 능력을 행하게 하시니 심지어 사람들이 바울의 몸에서 손수건이나 앞치마를 가져다가 병든 사람에게 얹으면 그 병이 떠나고 악귀도 나가더라"(행 19:11~12)

결국 이 말씀은 주님을 따르며 힘써 복음을 전하는 자, 곧 힘써 믿음으로 주님을 따르며 사명을 감당하는 자에게 주님의 놀라운 능력이 나타남을 가르쳐줍니다. 곧 연약한 우리의 힘으로는 결코 할 수 없는 일들도 주께서 주시는 능력으로 할 수 있습니다. 이를 통해 주신 사명을 능히 감당할 수 있습니다.

오늘의 기도 ▶

1. 주를 믿고 따르는 삶에서 주의 보호하심과 인도하심의 은혜를 누리게 하소서.
2. 주의 능력으로 모든 병을 치료하고 모든 악한 권세를 물리치며, 넉넉히 주신 사명의 길을 걸어가게 하소서.
3. 고난 중에도 끝까지 주를 따라서 주의 나라에서의 영광과 영생도, 또한 이 땅에서의 축복도 누리게 하소서.

약속

창세기 21장 | 마태복음 20장 | 느헤미야 10장 | 사도행전 20장

하나님은 은혜로 우리와 약속하시고 또한 신실함으로 그 약속을 이루십니다. 따라서 우리도 하나님의 말씀과 사명에 서기를 맹세와 결단으로 약속하고 또 지켜야 합니다.

창세기 21장_신실한 약속

이삭이 태어난 것과 이스마엘과 그 어머니 하갈을 쫓아낸 것, 그리고 아브라함이 아비멜렉과 언약을 맺은 것을 전하고 있습니다.

이삭이 태어난 말씀에 주목하면, "여호와께서 말씀하신 대로 사라를 돌보셨고 여호와께서 말씀하신 대로 사라에게 행하셨으므로 사라가 임신하고 하나님이 말씀하신 시기가 되어 노년의 아브라함에게 아들을 낳으니"(창 21:1~2) 하나님은 신실하시며 그 약속은 반드시 성취된다는 사실을 보여주고 있습니다. 따라서 어떤 상황에서도 결코 하나님의 약속을 포기하지 말고 끝까지 믿음으로 기다려야 한다는 사실을 가르쳐주고 있습니다. 곧 하나님은 사라를 통해 자녀가 태어나고, 그 자손이 하늘의 별과 바다의 모래와 같이 많을 것을 끊임없이 약속하셨습니다. 그런데 드디어 그 약속이 이루어진 것입니다. 아브라함과 사라가 나이가 많아 늙었고, 사라는 이미 여성의 생리가 끊어진 상황이었습니다(창 18:11 참조). 그럼에도 불구하고 하나님은 그 약속을 이루셨습니다. 아브라함은 믿을 수 없는 그 상황에도 그 약속을 믿고 붙들어 결국 약속을 이루시는 하나님의 축복을 누릴 수 있었습니다.

하나님은 신실하시고 따라서 하나님의 약속도 신실합니다. 믿을 수 없는 상황에서도 신실하신 하나님을 기억하며 약속을 붙들면 하나님의 약속의 신실함을 경험할 수 있습니다.

마태복음 20장_은혜의 약속

포도원 일꾼에 대한 비유의 말씀으로 예수님께서 천국을 가르치신 말씀과, 세베대의 아들들로 인한 제자들 사이의 시기와 다툼으로 예수님께서 가르치신 섬김과 종의 길에 대한 말씀입니다. 또한 여리고에서 눈먼 사람 둘을 치유하신 것을 전하고 있습니다.

포도원 일꾼에 대한 비유의 말씀을 주목하면, 하나님의 은혜의 약속을 발견할 수 있습니다. 곧 천국을 '품꾼을 얻어 포도원에 들여보내려고 이른 아침에 나간 집 주인'으로 비유하고 있고, 주인이 품꾼들과 한 데나리온을 약속했음을 말씀하고 있습니다(마 20:1~2). 또한 포도원에 품꾼을 들여보내려고 이른 아침에 나간 주인은 제삼시, 제육시, 제구시, 그리고 일할 수 있는 시간이 겨우 한 시간이 남은 제십일시에도 나가서 놀고 있는 사람들을 포도원에 들여보냈다는 것입니다. 그리고 나중 온 자로부터 시작해서 먼저 온 자까지 동일하게 약속한 한 데나리온을 주었고, 이로 인해 먼저 온 자들이 불평했지만 주인은, "나중 온 이 사람에게 너와 같이 주는 것이 내 뜻이니라"(마 20:14)고 말하며 그 불평을 책망했다는 것입니다.

이 말씀이 천국에 대한 비유의 말씀인 것을 놓치지 말아야 하는데, 주인이 약속한 한 데나리온은 구원을 비유하고 있는 것이며, 이 구원은 이른 아침부터 수고한 노력의 대가가 아니라 약속을 통한 은혜라는 것을 말씀하고 있는 것입니다. 자격이 돼서 받는 것이 아니라 은혜로 주어진다는 것입니다. 품꾼을 포도원에 들여보내려고 이른 아침부터 끊임없이 나간 주인의 마음이 이 은혜에 있으며, 이 은혜로 누리게 되는 것이 천국이라는 것입니다.

주의 구원은 오직 은혜로 주어집니다. 따라서 그 은혜에 감사해야 하고, 또한 그 은혜 안에서 주어진 약속을 놓치지 말고 붙잡아야 합니다. 이제라도 은혜의 약속을 붙들고 포도원에 들어가 그 약속을 따라 주시는 구원을 누려야 합니다.

느헤미야 10장_맹세한 약속

모든 백성들이 하나님의 율법을 지켜 행할 것을 맹세한 말씀입니다. 곧 하나님 앞에서 죄를 회개한 백성들은 견고한 언약을 세우고 그 언약을 지킬 것을 서명했습니다(느 9:38). 10장 1~27절이 서명한 사람들의 명단입니다. 이처럼 방백들과 레위 사람들과 제사장들이 서명하였고, 그 외에 백성들도 맹세하여 하나님의 모든 계명과 규례와 율례를 지켜 행할 것을 약속했습니다.

결국 이 말씀은 신실함으로 약속을 지키시는 하나님 앞에 우리도 맹세하고 신실하게 그 약속을 지켜야 한다는 사실을 가르쳐주고 있습니다. 곧 하나님은 우리를 사랑하여 아무 조건 없이 은혜의 약속을 주시고 또 그 약속을 반드시 이루어 주십니다. 따라서 우리도 하나님의 은혜에 응답하여 그 말씀을 지키며 살아가기를 약속해야 하고 또한 지켜가야 합니다. 하나님의 약속이 신실한 만큼 우리도 우리의 약속을 신실하게 지켜가야 합니다.

그러나 백성들의 이 약속은 지켜지지 않았습니다. 맹세까지 하고 서명까지 했지만, 이후 말씀을 보면, 그 백성들이 약속을 잊고 다시 하나님 앞에 범죄하며 이전의 삶으로 돌아갔던 모습을 볼 수 있습니다(느 13장 참조). 따라서 하나님과 맹세하며 약속하는 것도 중요하지만, 그 맹세한 언약을 힘을 다해 지켜가는 것은 더 중요하다는 사실을 잊지 말아야 합니다. 맹세까지 하지만 지키지 않으면 의미가 없습니다. 신실하신 하나님 앞에 그 약속을 맹세할 뿐만 아니라, 맹세한 것에 책임감을 가지고 힘써 지켜가야 합니다.

사도행전 20장_결단한 약속

바울이 예루살렘을 향해 가는 길을 기록하고 있습니다. 마게도냐와 그리스를 거쳐 드로아에 이른 것과 드로아에서 창에서 떨어져 죽은 유두고를 살린 것을 전하고 있습니다. 또한 이후 밀레도를 거쳐 에베소를 지나 예루살렘으로 가려고 하는데, 밀레도에서 에베소의 장로들을 불러 마지막 고별 연설을 한 것을 전하고 있습니다. 곧 바울은 예루살렘에 이르게 될 때, 그가 거기서 겪어야 할 결박과 환난을 알고 있었던 것입니다. 따라서 바울은 이렇게 말합니다. "내가 달려갈 길과 주 예수께 받은 사명 곧 하나님의 은혜의 복음을 증언하는 일을 마치려 함에는 나의 생명조차 조금도 귀한 것으로 여기지 아니하노라"(행 20:24) 주께서 주신 복음을 증언하는 사명을 위해 바울은 그 생명도 아끼지 않겠다는 것입니다. 그 생명보다 주님께서 주신 사명이 더 소중하며 따라서 생명을 걸고 사명의 길을 걸어가겠다는 것입니다. 결국 이 고백은 하나님과 또한 에베소 교회 장로들 앞에서, 변치 않고 이 사명의 길을 걸어가겠다는 바울의 약속입니다. 흔들림 없이 사명의 길을 걸어가려는 바울의 결연한 다짐입니다. 결국 바울은 이 약속을 지켰습니다. 로마까지 가서 마지막 순교하기까지 멈추지 않고 복음을 전했습니다. 그럼으로 신실하신 하나님의 은혜와 그 약속 앞에, 그도 신실함으로 약속을 지키는 삶을 살았습니다.

우리도 바울처럼 하나님과의 약속을 지켜야 합니다. 신실하신 하나님 앞에 신실함을 보여야 합니다. 그저 결단만 하고, 헛된 맹세만 하는 것이 아니라, 하나님께서 신실함으로 그 약속을 지키시는 것처럼 우리도 지켜야 합니다.

오늘의 기도

1. 하나님의 약속은 반드시 이루어짐을 기억하고, 포기하지 않고 믿음으로 그 약속을 붙들게 하소서.
2. 하나님의 구원의 약속은 은혜로 주어짐을 깨닫고, 결코 공로를 앞세우지 않고 오직 은혜를 구하게 하소서.
3. 하나님의 신실한 약속을 기억하며 우리도 변하지 않고 신실하게 약속을 지켜가게 하소서.

더 소중한 것 (1)

창세기 22장 | 마태복음 21장 | 느헤미야 11장 | 사도행전 21장

주님은 당신의 생명보다 우리의 구원을 더 소중히 여기셨습니다. 이제 우리도 그 어떤 것보다, 심지어 생명보다 하나님을 경외하며, 복음을 증거하고, 주의 교회를 세우는 것을 더 소중히 여겨야 합니다.

창세기 22장_더 소중한 하나님 경외

하나님께서 아브라함의 믿음을 시험하신 말씀입니다. 백세에 얻은 독자 이삭을 모리아 땅 하나님께서 일러 주신 한 산에서 번제로 드리라는 것입니다. 이에 아브라함은 그 명령에 순종하여 이삭을 번제로 드리고자 했고, 이것으로 하나님께 믿음으로 인정받았습니다. 그 무엇도 하나님보다 더 소중한 것은 없다는 사실, 곧 하나님을 향한 사랑과 그 경외하는 믿음을 인정받았습니다(창 22:12).

하나님은 우리를 그 무엇보다 사랑하십니다. 그렇기에 또한 우리도 하나님을 그 무엇보다 사랑하며 경외하기를 원하십니다. 우리가 사랑하며 소중히 여기는 것을 빼앗아 우리를 불행하게 하려는 것이 아니라, 하나님을 향한 사랑과 교제에 최고의 행복이 있기에, 이를 위해 하나님을 경외하며 사랑하기를 요구하시는 것입니다.

하나님께서는 아브라함에게서도 그 마음만 받으셨습니다. 칼을 잡고 아들 이삭을 죽이려는 순간 아브라함을 말리시며 막아섰고, 독자까지 아끼지 않고 하나님께 드리고자 했던 그 사랑과 하나님 경외의 마음만 받으셨습니다. 그리고 이를 통해 아브라함을 향한 하나님의 놀라운 축복의 약속을 확증하셨습니다. 곧 하나님의 뜻은 아브라함에게 이 축복의 약속을 확증해주는 데 있었습니다. 이를 위해 하나님보다 더 소중한 것은 없다는 하나님 경외의 믿음과 사랑을 보이기를 원하셨던 것입니다. 이런 하나님의 사랑과 축복을 깨닫고, 우리도 아브라함처럼 하나님을 경외하는 믿음을 먼저 보여야 합니다. 하나님보다 더 소중한 것은 없음을 우리의 삶에서 무엇이든 포기하는 헌신을 통해 나타내야 합니다. 이를 통해 "내가 이제야 네가 하나님을 경외하는 줄을 아노라"는 하나님의 말씀도 듣고 그 믿음도 인정받아야 합니다.

마태복음 21장_더 소중한 인류 구원

마태복음 21장은 예수님의 예루살렘 입성, 성전정화, 예수의 전권에 대한 대제사장들과 장로들의 질문, 악한 포도원 소작인에 대한 비유 등을 기록하고 있습니다. 특별히 예수님께서 예루살렘에 입성하신 말씀을 통해 인류를 구원하는 것을 가장 소중히 여기셨던 예수님의 헌신을 볼 수 있습니다. 곧 예수님께서는 당신의 생명보다 우리의 구원을 더 소중히 여기셨습니다.

"앞에서 가고 뒤에서 따르는 무리가 소리 높여 이르되 호산나 다윗의 자손이여 찬송하리로다 주의 이름으로 오시는 이여 가장 높은 곳에서 호산나 하더라"(마 21:9) 예수님의 예루살렘 입성 당시 무리들이 앞뒤에서 따르며 찬송한 말씀입니다. 당시 무리들은 정치적 왕으로서의 예수님을 생각하고 찬송하며 환호했습니다. 그러나 예수님은 온 인류의 죄를 대속하기 위한 희생의 어린 양으로서 예루살렘에 입성하셨습니다. 당장의 영광보다 하나님의 뜻을 따라 온 인류를 죄에서 구원하는 것이 더 중요했다는 것입니다. 십자가에서 희생 제물이 되어야 하지만, 당신의 생명보다 우리를 구원하는 것이 더 중요했다는 것입니다.

예수님의 우리를 향한 십자가와 사랑을 생각할 때, 이제는 우리가 주님을 위해 십자가를 지며 따라가는 것이 마땅합니다. 예수님께서 당신의 생명보다 우리의 구원을 더 소중히 여기셨듯이, 이제는 우리가 예수님을 섬기며 살아가는 것을 제일의 가치로 두어야 합니다. 아브라함처럼 주님보다 더 소중한 것은 없음을 고백하고 표현하며 따라가야 합니다.

느헤미야 11장_더 소중한 하나님의 도성의 회복

예루살렘에 거주하게 된 사람들과 예루살렘 밖에 거주하게 된 사람들의 명단을 기록하고 있습니다. 특별히 새롭게 건설된 예루살렘 성읍에 거주하게 된 사람들에 주목하면, 백성들의 지도자들이 예루살렘에 거주하였고, 또 남은 백성 중 제비 뽑아 십분의 일이 예루살렘에 거주하였으며, 또 자원하는 사람들이 예루살렘에 거주하였음을 말씀하고 있습니다(느 11:1~2).

사실 예루살렘에 거주하는 것은 쉬운 일이 아니었습니다. 큰 각오와 헌신을 요하는 일이었습니다. 성벽은 건축되었지만 성 안의 도시는 폐허인 상태였고, 대적들의 위협도 아직 사라지지 않은 상황이었기 때문입니다. 따라서 예루살렘에 거주하기 위해서는 여러 불편과 위험을 감수하고 그 두려움을 이겨야 했습니다. 그러나 그렇다고 예루살렘에 아무도 거주하지 않는다면 지금까지의 수고와 헌신이 헛될 수밖에 없습니다. 대적들의 방해와 위협을 이기고 힘겹게 예루살렘 성읍을 중수한 것이 아무 의미가 없게 됩니다. 곧 하나님의 도성으로 예전처럼 회복되려면 외형적 성벽 건축뿐만 아니라 많은 사람들이 거주하여 활기를 띠어야 합니다. 바로 이런 상황에서 지도자들이 앞장서고, 남은 백성 중 제비 뽑힌 십분의 일이 헌신한 것입니다. 하나님의 도성을 회복하는 것보다 더 소중한 것은 없다고 결단하며 예루살렘에 거주한 것입니다.

하나님의 교회도 헌신하는 성도들이 필요합니다. 그래야 든든하고 아름답게 세워질 수 있습니다. 포로에서 돌아온 백성들이 하나님의 도성을 회복하는 것보다 더 소중한 것은 없다고 결단하여 헌신한 것처럼, 하나님의 교회를 세우는 것이 내 삶의 무엇보다 더 소중하다고 고백하며 헌신하는 성도들이 있어야 합니다. 바로 이런 성도들을 통해 하나님의 교회는 세워질 수 있습니다.

사도행전 21장_더 소중한 복음 증거

바울이 죽음을 각오하고 예루살렘에 올라간 말씀입니다. 믿음의 동료들은 바울이 예루살렘에서 겪을 고난을 예상하며 이를 말렸지만, 바울은 복음을 위해 죽을 것도 각오했음을 전하며 예루살렘에 올라갔습니다. 곧 예루살렘에 올라가면 유대인들의 핍박이 있고 결박당해 이방인들의 손에 넘겨질 것이라는 예언이 있었습니다. 따라서 동료들은 걱정하며 바울을 만류했습니다. 그러나 바울은 복음과 사명을 위해 생명을 걸고 예루살렘을 향해 나아갈 것을 고백했습니다. "바울이 대답하되 여러분이 어찌하여 울어 내 마음을 상하게 하느냐 나는 주 예수의 이름을 위하여 결박 당할 뿐 아니라 예루살렘에서 죽을 것도 각오하였노라 하니"(행 21:13) 사명을 위해 죽음도 각오했다는 바울의 고백에서, 그에게 그 무엇보다 중요한 것이 그에게 주어진 사명, 곧 복음을 증거하는 것임을 알 수 있습니다. 그 생명보다도 복음을 증거하는 사명이 더 소중하다는 것입니다.

우리도 복음을 증거하는 사명을 무엇보다 더 중요하게 여기고 있는지 돌아봐야 합니다. 주님께서 우리의 구원을 더 소중히 여겨 십자가의 길을 걸어가신 것처럼 이제는 우리가 주님을 위한 헌신의 길을 걸어가야 합니다. 바울처럼 주님과 그 주신 사명보다 더 중요한 것은 없음을 고백하며, 또 그렇게 살아야 합니다.

오늘의 기도

1. 아브라함처럼 무엇보다 더 큰 가치로 하나님을 경외하는 삶을 살게 하시고, 여호와 이레의 은혜도 경험하게 하소서.
2. 교회를 먼저 생각하는 우리의 헌신을 통해 교회가 든든히 세워지는 축복을 누리게 하소서.
3. 주님의 사랑과 희생을 기억하며 주님께서 주신 복음 증거의 사명에 더욱 매진하게 하소서.

더 소중한 것 (2)

창세기 23장 | 마태복음 22장 | 느헤미야 12장 | 사도행전 22장

맥체인성경365_128p

무엇이 더 소중한가? 이 땅에서의 삶보다 천국이 더 소중합니다. 따라서 당장의 재물보다 주의 약속이 더 소중하며, 사명을 따라 복음을 증거하며 하나님을 높이는 것이 더 소중합니다.

창세기 23장_더 소중한 약속

사라가 백이십칠 세를 향년으로 죽고 아브라함이 사라를 장사한 것을 전하고 있습니다. 그런데 주목할 말씀이, 아브라함이 사라를 장사하기 위해 막벨라 굴과 그에 딸린 밭을 샀고, 이로 인해 그 땅이 아브라함의 소유가 되었다는 것입니다(창 23:20). 곧 아브라함은 당시 가나안 땅에서 이방인으로 땅을 소유하지 못했습니다. 그러나 아내 사라가 죽자 사라를 장사할 무덤이 필요했고, 막벨라 굴과 그에 딸린 밭을 헷 족속 소할의 아들 에브론에게서 은 사백 세겔을 주고 매입하게 됐습니다. 이를 통해 아브라함이 가나안 땅에서 자기 땅을 소유할 수 있게 됐습니다.

사실 은 사백 세겔은 터무니없이 비싼 가격이었습니다. 예레미야가 숙부의 아들 하나멜의 아나돗의 밭을 사는데 든 비용이 은 십칠 세겔이었습니다(렘 32:9 참조). 따라서 막벨라 굴과 그 주변에 딸린 밭의 가격이 은 사백 세겔이라는 것은 너무도 비싼 값입니다. 한 마디로 아브라함은 바가지를 쓴 것입니다. 그러나 아브라함은 아무런 흥정 없이 달라는 값을 모두 주고 그 밭과 거기에 속한 막벨라 굴을 샀습니다.

그렇다면 아브라함이 이처럼 비싼 값을 주고 그 밭을 산 이유는 무엇일까? 과연 그 값을 잘 몰라서 그렇게 비싼 가격을 준 것일까? 아브라함에게 있어서 비싼 값을 치른다고 할지라도 그 밭을 사는 것이 더 중요했던 것입니다. 그냥 사용하라는 제안도 물리치고 비싼 값을 치르고 사고자 했던 뜻이 있다는 것입니다. 곧 이 밭이 아브라함에게 있어서는 하나님의 약속을 이루는 시작이었습니다. "보이는 땅을 너와 네 후손에게 주리라"고 말씀하신 하나님의 약속을 이 땅을 통해 확실한 비전으로 붙잡은 것입니다. 지금은 가나안 땅에서 이방인으로 땅 한 평도 마음대로 가질 수 없지만, 그러나 반드시 하나님께서 이 땅을 나와 후손에게 주신다는 약속을 이 밭의 소유를 통해 믿고 확증한 것입니다. 따라서 아브라함에게는 그 비싼 값이 중요하지 않았던 것입니다. 약속을 확증하며 믿고 소망하는 것이 더 중요했던 것입니다.

우리에게도 당장의 물질보다 하나님의 약속이 더 중요합니다. 하나님의 약속을 믿고 붙잡을 수 있다면 얼마를 지불한다 할지라도 아까워하지 말아야 합니다. 당장의 물질보다 더 중요한 약속을 붙잡아야 합니다.

마태복음 22장_더 소중한 천국

왕실 혼인 잔치의 비유와 바리새인들과 사두개인들 등 유다 지도자들이 예수님을 대적한 것을 전하고 있습니다. 곧 유다 지도자들이 황제에게 세금을 내는 문제와 부활에 대한 질문 등으로 예수님을 올무에 걸리게 하려고 했고, 예수님은 사람들을 놀라게 하는 대답으로 그들의 대적을 물리치셨습니다.

특별히 왕실 혼인 잔치의 비유에 주목하면, 이는 예수님께서 천국을 혼인 잔치로 비유하여 가르치신 말씀입니다. 곧 왕이 아들을 위해 혼인 잔치를 베풀고 사람들을 초대했는데, 사람들이 잔치의 초대를 거절하며 응하지 않았다는 것입니다. 돌아보지도 않고 자기 일을 하러 갔다는 것입니다(마 22:5). 이는 곧 예수님께서 천국의 가치를 깨닫지 못하고 당장 자신들의 일에 더 중요한 가치를 두고 있는 어리석은 사람들을 책망하신 것입니다. 지금 우리가 중요하다고 여기는 그 어떤 것보다 천국이 더 중요하고, 따라서 하나님의 천국의 초대에 무엇보다 응답해야 한다는 사실을 가르치신 것입니다.

우리는 천국을 소망하며 살아가는 사람들입니다. 우리의 본향은 천국이며, 이 세상에서의 삶은 나그네로서의 삶입니다. 따라서 무엇보다 천국을 사모하며 소중히 여기고, 이 세상의 그 어떤 일보다 천국의 초대에 응해야 합니다.

느헤미야 12장_더 소중한 하나님
스룹바벨과 예수아와 함께 돌아온 제사장들과 레위인들의 명단과 성벽을 봉헌한 것을 전하고 있습니다. 예루살렘 성벽을 봉헌한 말씀에 주목하면, 봉헌식에서 하나님을 찬양하는 무리들이 중요했음을 말씀하고 있습니다. 곧 각처에서 노래와 악기를 연주하는 레위 사람들을 찾아 예루살렘으로 데려와 하나님을 찬양하게 했음을 말씀하고 있습니다(느 12:27~29). 31절 이하의 말씀을 통해서도 봉헌식의 중요 요소가 바로 하나님을 찬송하는 무리임을 알 수 있는데, 그 무리를 둘로 나누어 한 무리는 오른쪽으로, 다른 무리는 왼쪽으로 행진하여 성벽을 돌아 오르게 하였다고 말씀하고 있습니다. 이 모든 찬양은 이 성벽을 완공한 모든 공로는 하나님께 있다는 고백입니다. 하나님의 은혜와 역사로 성벽 건축을 이룰 수 있었다는 것입니다. 수고하고 땀 흘린 백성들 자신들이 아니라 하나님께 모든 영광이 있음을 고백하며 찬양한 것입니다.

우리의 삶에서 이루어지는 일들은 모두 하나님의 은혜이며 하나님께서 하신 일임을 잊지 말아야 합니다. 그 모든 일을 이룬 핵심이 내가 아니라 하나님이시고, 따라서 하나님이 더 중요함을 잊지 말아야 합니다.

사도행전 22장_더 소중한 복음 증거
바울의 연설입니다. 예루살렘에서 바울로 인해 소동이 일어났고, 유대인들은 바울을 잡아 죽이고자 했습니다. 이때에 바울이 유대인들 앞에서 자신을 변호하며 연설했습니다.

주목할 말씀이, 바울이 자신의 변화를 간증한 것입니다. 그가 예수를 믿는 사람들을 잡아 옥에 가두는 등 복음을 박해하는 일에 앞장서다가 이방인의 사도가 되어 복음을 전하는 일에 앞장서게 된 변화를 간증했습니다. 다메섹 도상에서 찾아오신 예수님과 그 예수님을 만나고 변화된 사실을 전했습니다. 이로 인해 바울의 연설을 듣던 유대인들이 더욱 화가 나서 바울을 죽이고자 소동을 벌였습니다(행 22:22~23).

자신을 죽이려고 하는 적대적인 사람들로 가득한 상황이었습니다. 어떻게든 그들의 적의를 달래어 위험한 상황을 면하는 것이 지혜로운 일이었습니다. 따라서 자신에 대해 들은 소문들에 오해가 많다는 것을 전하는 일에 초점을 맞추어야 했습니다. 그런데 바울은 예수 그리스도를 증언하는 일에 초점을 맞추었고, 이로 인해 모인 유대인들의 화를 더욱 부추겼습니다. 사실 바울도 알지 않았겠습니까? 자신의 예수 그리스도에 대한 증언이 유대인들의 분노를 살 것이고, 그 속에서 자신이 더 위험해질 수 있다는 것을 알지 않았겠습니까? 그럼에도 서슴없이 예수 그리스도를 증언하는 일을 마다하지 않았는데, 이것은 무엇 때문이겠습니까? 바울에게는 자신이 만난 예수 그리스도를 증언하는 것이 자신의 생명보다 더 중요했던 것 아니겠습니까? 결코 이 증언을 멈출 수 없었던 것 아니겠습니까?

우리에게도 예수 그리스도를 증언하는 일이 더 중요해야 합니다. 생명 걸고 복음을 전했던 바울의 본을 따라 힘써 복음을 전해야 합니다. 어떤 위협 속에서도 예수님이 그리스도요 우리의 구원자라는 사실을 결코 타협하지 말고 증거해야 합니다.

오늘의 기도
1. 주의 약속을 붙잡고 이루어가는 일에 무엇보다 소중한 가치를 두게 하소서.
2. 천국에 최고의 가치를 두고 주님께서 부르시는 초대에 기쁨으로 응하게 하소서.
3. 바울처럼 힘써 예수님을 증거하는 삶을 살아가게 하소서.

충성

창세기 24장 | 마태복음 23장 | 느헤미야 13장 | 사도행전 23장

참된 충성은 변하지 않는 것이며, 진실함으로 하는 것입니다. 충성하는 자를 하나님은 기억하시고 보호하십니다.

창세기 24장_변하지 않는 충성

이삭의 아내를 구한 말씀으로, 리브가가 이삭의 아내가 된 것을 전하고 있는 말씀입니다. 곧 아브라함은 이삭의 아내를 구하기 위해 모든 소유를 맡은 늙은 종에게 부탁하며 맹세하게 했습니다. 가나안 사람이 아닌 고향 족속의 사람으로 이삭의 아내를 구해 달라는 것입니다. "아브라함이 자기 집 모든 소유를 맡은 늙은 종에게 이르되 청하건대 내 허벅지 밑에 네 손을 넣으라 내가 너에게 하늘의 하나님, 땅의 하나님이신 여호와를 가리켜 맹세하게 하노니 너는 내가 거주하는 이 지방 가나안 족속의 딸 중에서 내 아들을 위하여 아내를 택하지 말고 내 고향 내 족속에게로 가서 내 아들 이삭을 위하여 아내를 택하라"(창 24:2~4) 허벅지 밑에 손을 넣고 맹세하게 하는 것은 그만큼 그 의무를 특별하게 강화한 것입니다. 이것이 막중한 일임을 나타낸 것입니다. 그리고 이런 막중한 일을 이 종에게 맡긴다는 것은 그만큼 아브라함이 이 종을 신뢰했다는 것을 보여줍니다.

이 종은 엘리에셀일 것으로 추정하는데, 그는 한때 아브라함의 상속자로 거명되기도 했습니다. 어려서부터 아브라함을 충성되게 섬겼던 사람으로 나이가 많이 든 지금까지 변함없이 아브라함에게 충성하고 있었던 것입니다. 사실 아브라함의 상속자로 거명됐다가 아브라함에게 아들이 태어나면서 상속자에서 배제되었는데, 이로 인해 마음이 상하고 아브라함과의 관계가 뒤틀릴 수 있었습니다. 그러나 그는 아브라함의 종으로 변함없는 모습을 보였습니다. 아브라함이 절대적으로 신뢰하는 종으로 아브라함을 섬겼습니다. 바로 여기서 그의 아름다운 충성, 곧 변하지 않는 충성을 보게 됩니다.

충성은 변하지 않는 것입니다. 상황이 바뀌어도 변하지 않는 것, 곧 변함없이 신뢰하며 순종하는 것입니다. 엘리에셀이 아브라함을 향해 이렇게 충성한 것처럼 우리도 하나님을 향해 변함없이 충성해야 합니다.

마태복음 23장_진실함의 충성

예수님께서 서기관들과 바리새인들에게 화가 있을 것을 선포하시며, 그들의 불의와 죄에 대해서 책망하신 말씀입니다. 특별히 그들을 책망하며 하신 말씀이, 외식하는 자들입니다(마 23:13, 15, 23, 25, 27, 29). 겉과 속이 다르고 말과 행동이 다르다는 것입니다. 겉은 깨끗하고 바른 듯하며 그 입에서는 옳은 말을 했지만, 감추어진 속은 더럽고 추악했으며 그 행위는 옳지 않았다는 것입니다. 따라서 예수님은 이렇게 교훈하셨습니다. "그러므로 무엇이든지 그들이 말하는 바는 행하고 지키되 그들이 하는 행위는 본받지 말라 그들은 말만 하고 행하지 아니하며"(마 23:3)

서기관들과 바리새인들의 외식된 모습을 보며 충성에 대해 이렇게 정의를 내릴 수 있습니다. 충성은 겉과 속이 다르지 않은 것입니다. 진실함으로 따르고 섬기며 행동하는 것이 참된 충성입니다. 속마음은 다르고, 겉으로만 흉내 내며 따르는 것은 참된 충성이라 할 수 없습니다. 따라서 우리가 하나님 앞에 변함없는 충성과 더불어 겉과 속이 다르지 않은 진실함의 충성을 보여야 합니다.

느헤미야 13장_충성하는 자를 기억하심

느헤미야가 성전 안의 폐해를 없애고, 안식일을 거룩하게 지키게 하고 이방 혼인을 금한 것을 전하고 있습니다. 곧 왕에게 나아갔다가 다시 말미를 청하고 예루살렘에 오게 된 느헤미야는 심히 분노할 일을 목격하게 됩니다. 제사장들과 레위인들만 거해야 하는 성전에 대적 도비야를 위한 방이 마련되어 있었고, 성전에서 직무를 담당하던 레위인들은 받아야 하는 몫을 받지 못해 생활을 위해 뿔뿔이 흩어져 버렸습니다. 안식일을 지키지 않고 버젓이 예루살렘 성읍에 들어와 물건을 파는 사람들도 있었고, 또 맹세를 어기고 이방 여인을 아내로 맞아들인 사람들도 있었습니다. 이에 느헤미야는 도비야의 세간을 밖으로 내어 던지고, 성전을 돌보지 않은 모든 민장들을 꾸짖고, 레위인들을 불러 성전 예배를 다시 세웠습니다. 안식일에 물건을 팔러 오는 자들을 내쫓고, 이방 여인을 아내로 맞이한 사람들을 벌하며 다시는 이방 여인을 아내로 맞이하지 않겠다고 맹세하게 했습니다.

이후 느헤미야는 다음과 같이 기도했습니다. "내 하나님이여 이 일로 말미암아 나를 기억하옵소서 내 하나님의 전과 그 모든 직무를 위하여 내가 행한 선한 일을 도말하지 마옵소서"(느 13:14) 하나님의 성전과 도성을 거룩하게 세워가기 위해 힘쓰며 몸부림쳤던 자신의 충성을 기억해 달라는 것입니다. 22절과 31절에서도 하나님의 말씀에 따라 성전과 성읍을 개혁한 느헤미야가 자신의 하나님을 향한 사랑과 충성을 기억해 달라고 기도하고 있습니다.

결국 무엇입니까? 하나님은 그 충성한 사람들의 충성을 기억하십니다. 진실함으로 하나님만 바라며 충성하는 사람들을 결코 잊지 않으시고 기억하시며, 인정하시고 축복하십니다. 따라서 우리도 느헤미야처럼 하나님의 말씀에서 서서 충성해야 합니다. 우리의 충성을 기억하시는 하나님을 바라보며 불의에 타협하지 않아야 합니다.

사도행전 23장_충성하는 자를 보호하심

바울이 공회 앞에 선 것과, 바울을 죽이려는 음모, 그러나 그 속에서 돌보신 주님의 은혜를 기록하고 있습니다. 곧 유대인 중에 바울을 죽이고자 사십여 명의 결사대가 만들어졌습니다. 그들은 바울을 죽이기 전에는 먹지도 않고 마시지도 않겠다고 맹세하였고, 또 매복해 있다가 바울을 유인하여 죽이고자 하는 계획을 세웠습니다. 이대로 있으면 바울은 꼼짝없이 죽을 수밖에 없는 상황이었습니다. 그런데 이 사실을 바울의 조카가 듣게 됐고, 이를 천부장에게 전함으로 바울은 그 죽음의 위기를 벗어날 수 있었습니다. 곧 바울의 조카로부터 이 모든 사실을 들은 천부장은 보병 이백 명과 기병 칠십 명과 창병 이백 명을 준비해 가이사랴까지 바울을 호위하게 했고(행 23:23~24), 따라서 바울을 죽이고자 하는 결사대의 계획은 실행될 수 없었습니다.

결국 무엇입니까? 하나님께서 보호하신 것입니다. 바울의 조카가 바울을 죽이려는 음모를 듣게 하신 것도, 또한 천부장이 수백 명의 호위병을 통해 바울을 지키게 한 것도, 모두 다 하나님께서 바울을 지키신 손길입니다. 곧 바울은 사명을 따라 주님께 충성했고, 주님은 그 충성하는 바울의 생명의 위험을 외면하지 않으신 것입니다. 바울처럼 충성하는 사람은 주님께서 반드시 보호하심을 보여 주신 것입니다. 따라서 우리도 하나님을 바라보며 두려움 없이 충성해야 합니다. 우리의 생명은 하나님께 맡기고 힘써 충성해야 합니다.

오늘의 기도

1. 진실함과 변함없는 마음으로 주께 충성하며 살아가게 하소서.
2. 오직 주님만 바라보며 충성하겠사오니, 그 모든 충성의 삶을 주님께서 기억하시고 축복하소서.
3. 주의 사명을 따라 충성하며 살아갈 때에 주께서 보호하시는 놀라운 은혜도 경험하게 하소서.

헛되지 않은 것

창세기 25장 | 마태복음 24장 | 에스더 1장 | 사도행전 24장

결코 영원하지 못한 이 세상과 이 세상에서 누리는 부귀영화는 헛될 뿐입니다. 오직 영원한 주의 말씀과 약속이 헛되지 않으며, 그 약속을 통해 주어지는 부활과 그 소망이 헛되지 않습니다.

창세기 25장_헛되지 않은 약속

아브라함이 후처를 맞이하고 자녀를 낳은 것과 백 칠십오 세를 향년으로 죽음을 맞이한 것을 전하고 있습니다. 또한 이스마엘의 후손들을 기록하고 있고, 에서와 야곱이 태어난 것, 그리고 에서가 장자의 명분을 가볍게 여기고 야곱에게 판 것을 기록하고 있습니다.

아브라함의 죽음에 주목하면, 하나님의 약속은 어떤 상황에서도 결코 끊어지지 않으며, 그 약속은 헛되지 않음을 깨달을 수 있습니다. "아브라함의 향년이 백칠십오 세라 그의 나이가 높고 늙어서 기운이 다하여 죽어 자기 열조에게로 돌아가매 그의 아들들인 이삭과 이스마엘이 그를 마므레 앞 헷 족속 소할의 아들 에브론의 밭에 있는 막벨라 굴에 장사하였으니"(창 25:7~9) 아브라함의 죽음과 장례를 전하는 말씀입니다. 믿음의 조상으로 하나님과의 언약의 관계를 시작했던 아브라함이지만, 그도 죽음의 시간을 거스를 수 없었음을 보여줍니다. 이런 아브라함을 통해 인생의 연약함과 유한함도 보게 됩니다. 그 누구도 사람에게 정해진 죽음은 피할 수 없다는 것입니다. 그러나 하나님의 약속은 끊어지지 않았습니다. 하나님으로부터 약속을 받고, 언약의 관계를 시작했던 아브라함은 생을 마쳤지만, 하나님의 약속은 아브라함의 죽음과 상관없이 끊어지지 않고 그 아들 이삭을 통해서 이어져갔습니다. "아브라함이 죽은 후에 하나님이 그의 아들 이삭에게 복을 주셨고"(창 25:11) 아브라함과 함께하셨던 하나님은 동일하게 그의 아들 이삭과 함께하셨고, 또한 아브라함에게 주셨던 복을 그에게 주셨습니다. 아브라함과의 약속을 이삭을 통해서 이어갔습니다.

하나님의 약속은 헛되지 않습니다. 그 약속은 영원하며 반드시 정해진 때에 이루어집니다. 따라서 우리 인생이 아니라 하나님의 약속에 믿음을 두어야 합니다. 어떤 절망의 상황에서도 끊어지지 않는 하나님의 약속을 바라보며 소망을 가져야 합니다.

마태복음 24장_헛되지 않은 말씀

마지막 때에 있을 환난과 예수 그리스도께서 다시 오심을 예언하며 깨어 있을 것을 교훈하는 말씀입니다. 특별히 주목할 말씀이 주의 말씀은 영원하다는 것입니다. "천지는 없어질지언정 내 말은 없어지지 아니하리라"(마 24:35) 세상의 멸망 속에서도 주의 말씀은 결코 헛되이 사라지지 않는다는 것입니다. 설령 세상은 멸망해 사라진다고 할지라도 그 말씀은 살아서 반드시 그 뜻을 이룬다는 것입니다. 이는 곧 마지막 날의 세상의 심판과 주님의 다시 오심에 대한 약속의 말씀이 헛되지 않으며, 주님께서 반드시 그 말씀대로 세상을 심판하기 위해 구름을 타고 능력과 큰 영광으로 다시 오심을 강조한 것입니다. 주의 말씀은 영원하고 헛되지 않기에 그 약속의 말씀은 반드시 이루어진다는 것입니다. 따라서 주님은 약속의 말씀을 붙들고 깨어 있어야 한다고 가르치신 것입니다.

오직 주의 말씀만이 영원하며 헛되지 않습니다. 결국 이 세상은 주의 심판으로 사라집니다. 따라서 사라질 세상에 소망을 두는 것은 어리석은 일입니다. 결코 사라지지 않고 반드시 이루어지는 영원한 주의 말씀에 소망을 두어야 합니다. 주의 가르침 따라 오직 주의 말씀을 붙들고 지킴으로 깨어 있어야 합니다.

에스더 1장_헛된 부귀영화

왕이 베푼 잔치와 왕의 청을 거절한 와스디 왕후가 폐위된 것을 전하고 있습니다. 왕이 베푼 잔치에 주목하면, 바사의 아하수에로 왕이 그의 영화로운 나라의 부함과 찬란한 위엄을 과시하고자 무려 백팔십 일 동안에 잔치를 베풀었습니다. "왕위에 있은 지 제삼년에 그의 모든 지방관과 신하들을 위하여 잔치를 베푸니 바사와 메대의 장수와 각 지방의 귀족과 지방관들이 다 왕 앞에 있는지라 왕이 여러 날 곧 백팔십 일 동안에 그의 영화로운 나라의 부함과 위엄의 혁혁함을 나타내니라"(에 1:3~4) 백팔십 일 동안의 잔치가 끝난 후에도 칠일 동안 수산성에 있는 백성들을 위한 잔치를 베풀었고(에 1:5), 또 왕후 와스디도 왕궁에서 여인들을 위한 잔치를 베풀었는데(에 1:9), 계속된 잔치 속에서 부귀와 영화를 누리며 자랑하고 싶어 하는 사람들의 마음을 읽어볼 수 있습니다.

그러나 세상 부귀와 영화는 헛될 수밖에 없음을 깨달아야 합니다. 결코 그것은 영원할 수 없고, 주님의 재림과 심판 앞에서 모두 사라질 것이기 때문입니다. 따라서 세상 부귀영화에 유혹되고 마음을 빼앗길 것이 아니라 하나님의 나라를 소망으로 바라봐야 합니다. 이 세상의 부귀와 영화가 아무리 크고 화려하다 할지라도 결코 하나님 나라의 영광을 따라올 수 없으며, 오직 하나님의 나라만이 영원함을 기억해야 합니다.

사도행전 24장_헛되지 않은 소망

바울이 밸릭스 총독 앞에서 자신을 변호한 말씀입니다. 곧 대제사장과 장로들이 변호사 더둘로와 함께 바울을 고발했고, 이에 대해 바울은 무죄를 주장하며 자신을 변호한 것입니다. 그런데 주목할 말씀이, 바울이 하나님을 향해 가진 소망과 부활에 대한 확실한 소망입니다. "그들이 기다리는 바 하나님께 향한 소망을 나도 가졌으니 곧 의인과 악인의 부활이 있으리라 함이니이다"(행 24:15) 바울은 이 확실한 소망을 가졌기에 밸릭스 총독 앞에서 당당히 이 사실을 고했습니다. 유대인들이 이단이라 부정하는 도, 곧 예수님을 향한 신앙을 부인하거나 숨기지 않았습니다. 그리고 또한 이 소망이 있었기에 수고를 마다하지 않고, 무엇보다 생명까지 걸고 주의 복음을 전할 수 있었습니다. 그 소망이 그를 모든 환난과 두려움을 이기게 했습니다.

유한한 인생에 소망을 두는 것은 어리석은 일입니다. 결코 영원하지 않은 세상, 곧 주님의 심판으로 모두 사라질 이 세상과 부귀영화에 소망을 두는 것도 어리석은 일입니다. 오직 영원한 주의 말씀과 그 약속에 소망을 두어야 합니다. 우리를 부활과 생명으로 이끄시는 주님께 소망을 두어야 합니다.

축복

창세기 26장 | 마태복음 25장 | 에스더 2장 | 사도행전 25장

맥체인성경365_150p

하나님은 말씀에 순종하며 충성하는 자를 축복하십니다. 우리는 순종과 충성으로 하나님의 축복을 누려야 합니다. 또한 축복에 담긴 하나님의 뜻, 곧 사명을 깨닫고 하나님의 나라와 구원을 위해 그 축복을 사용해야 합니다.

창세기 26장_순종으로 인한 축복

이삭에게 주어진 축복을 전하고 있습니다. 아브라함 이후 찾아온 큰 흉년, 그리고 블레셋 사람들의 시기와 다툼 속에서도 이삭이 크게 번성하고 강성해진 것을 전하고 있습니다.

여기서 주목할 것이 이삭의 순종입니다. 곧 하나님께서는 흉년으로 어려움 중에 있는 이삭에게 애굽으로 내려가지 말고 가나안 땅에 머물러 있으라고 명령하셨습니다. 그러면 하나님께서 함께하셔서 복을 주시고 약속을 이루어 이 땅을 주신다는 것입니다. 그 자손을 크게 번성케 하신다는 것입니다. "여호와께서 이삭에게 나타나 이르시되 애굽으로 내려가지 말고 내가 네게 지시하는 땅에 거주하라 이 땅에 거류하면 내가 너와 함께 있어 네게 복을 주고 내가 이 모든 땅을 너와 네 자손에게 주리라 내가 네 아버지 아브라함에게 맹세한 것을 이루어 네 자손을 하늘의 별과 같이 번성하게 하며 이 모든 땅을 네 자손에게 주리니 네 자손으로 말미암아 천하 만민이 복을 받으리라"(창 26:2~4)

사실 이삭이 만난 흉년은 아브라함 이후 찾아온 큰 흉년으로, 가나안 땅에 그대로 거주하는 것이 어려운 상황이었습니다. 아브라함이 가나안 땅을 떠나 애굽으로 내려가는 실수를 범한 것처럼, 이삭도 양식을 찾아 애굽으로 내려가야 한다고 판단할 수밖에 없는 상황이었습니다. 그런데 하나님께서 이삭을 찾아와 축복을 약속하시며, 아브라함처럼 실수하여 애굽으로 내려가지 말고 약속의 땅 가나안 땅에 머물러 있으라고 명령하셨고, 이삭은 하나님의 말씀을 따라 순종했습니다. 흉년으로 인해 가나안 땅에 거류하는 것이 어려운 일이었지만, 하나님의 약속을 믿고 순종했습니다. 그 결과 그 해에

흉년 중에서도 가나안 땅에서 백 배를 수확하는 축복을 받게 됐습니다. "이삭이 그 땅에서 농사하여 그 해에 백 배나 얻었고 여호와께서 복을 주시므로 그 사람이 창대하고 왕성하여 마침내 거부가 되어"(창 26:12~13)

환난 중에서도 하나님의 말씀을 따르며 순종할 때, 하나님의 복을 누릴 수 있습니다. 당장은 어렵고 고통 중에 있지만 인내하며 말씀을 붙들고 순종하는 자에게 하나님은 순종의 복을 더해 주십니다.

마태복음 25장_충성으로 인한 축복

열 처녀의 비유, 달란트 비유, 양과 염소의 비유를 기록하고 있습니다. 특별히 달란트 비유에 주목하면, 주인은 다섯 달란트와 두 달란트 받은 종을 칭찬했습니다. "그 주인이 이르되 잘하였도다 착하고 충성된 종아 네가 적은 일에 충성하였으매 내가 많은 것을 네게 맡기리니 네 주인의 즐거움에 참여할지어다 하고"(마 25:21) 적은 일이었지만 힘을 다해 충성한 그들에게 더 많은 것이 맡겨지는 축복과 주인의 즐거움에 참여하는 축복이 주어진다는 것입니다. 반면 핑계를 찾으며 악하고 게을렀던 한 달란트 받은 종에게는 바깥 어두운 데로 내쫓기는 심판이 주어짐을 말씀하고 습니다. "이 무익한 종을 바깥 어두운 데로 내쫓으라 거기서 슬피 울며 이를 갈리라 하니라"(마 25:30)

힘을 다해 충성하는 자에게는 하나님의 칭찬과 축복이 주어집니다. 핑계를 찾고 맡겨진 일에 게으른 자에게는 하나님의 책망과 심판이 주어집니다. 따라서 맡겨주신 달란트가 적다고 실망하지 않아야 합니다. 주어진 환경을 탓하거나 핑계 대지도 말아야 합니다. 결과는 하나님께 맡기고 주어진 상

황에서 최선을 다해 충성해야 합니다.

야 합니다.

에스더 2장_구원을 위한 축복

에스더가 모든 후보들을 물리치고 왕에게 선택되어 왕후가 된 것을 전하고 있습니다. "왕이 모든 여자보다 에스더를 더 사랑하므로 그가 모든 처녀보다 왕 앞에 더 은총을 얻은지라 왕이 그의 머리에 관을 씌우고 와스디를 대신하여 왕후로 삼은 후에"(에 2:17) 또한 모르드개가 바사 왕궁의 주요 관직에 오른 것과(에 2:19), 왕을 암살하려는 두 내시의 음모를 알고 왕을 구원하는 공적을 세운 것도 전하고 있습니다(에 2:21~23).

이후 에스더와 모르드개의 활약으로 바사에 살던 유다 백성들이 멸망의 위기에서 구원을 받게 되는데, 여기서 에스더의 왕후의 지위와 모르드개의 공적이 중요한 역할을 하게 됐습니다. 에스더는 왕후로 죽음을 각오하고 왕에게 나아가 그 백성들을 구원하는 일에 힘을 다할 수 있었고, 모르드개는 그 공적으로 왕에게 신임을 받고 그 백성들을 구원하는 일에 힘을 쏟을 수 있었습니다. 곧 에스더와 모르드개는 자신들의 축복의 지위를 단순히 자신들의 평안한 삶을 위해 사용하지 않고 하나님의 백성을 구원하는 일에 사용했습니다. 하나님께서 자신들을 이런 지위에 오르게 하시며 축복하신 것은 무엇 때문인가? 바로 하나님의 구원을 위해 헌신케 하려는 뜻이 있음을 놓치지 않았습니다.

하나님께서 우리를 축복하신 이유는 무엇인가? 우리에게 건강 주시고, 물질 주시고, 재능 주시고, 사회적 지위를 주신 이유는 무엇인가? 이웃을 돕고 구원의 사명을 감당하라는 뜻이 있음을 우리도 놓치지 말아야 합니다. 우리의 축복을 단순히 우리 자신만을 위해 사용하지 말고 사명을 위해 사용해

사도행전 25장_사명을 위한 축복

바울이 베스도 총독 앞에서 재판을 받은 말씀입니다. 여기서 바울은 재판이 자신에게 불합리하게 돌아가는 상황을 보고, 자신의 재판을 황제 가이사 앞에서 받을 것을 요구했습니다. "만일 내가 불의를 행하여 무슨 죽을 죄를 지었으면 죽기를 사양하지 아니할 것이나 만일 이 사람들이 나를 고발하는 것이 다 사실이 아니면 아무도 나를 그들에게 내줄 수 없나이다 내가 가이사께 상소하노라 한대"(행 25:11) 곧 새로 온 베스도 총독이 유대인들의 마음을 얻고자, 바울이 무죄함을 알면서도 그 재판을 유대인들의 편에 서서 불공정하게 진행했습니다. 이에 바울은 자신이 가진 로마 시민권을 통해 가이사에게 상소한 것입니다. 이를 통해 바울은 유대인들이 자신을 죽이고자 하는 음모에서 벗어날 수 있었습니다. 뿐만 아니라 주님께서 계획하신 뜻에 따라 황제가 있는 로마에 가서 복음을 전하는 기회를 얻을 수 있었습니다. 곧 바울은 자신에게 주어진 로마 시민권의 축복을 복음을 전하는 사명을 위해 사용했습니다.

우리에게 주어진 축복 속에서 하나님의 뜻을 발견하는 것은 매우 중요합니다. 단지 그 축복을 우리 자신의 안위와 영광을 위해 사용한다면 안타까운 일이기 때문입니다. 그 주신 축복이 하나님께서 맡겨주신 사명을 감당하는 일에 사용된다면, 그 축복은 제대로 그 가치를 발휘할 수 있습니다. 따라서 우리의 축복 속에서 하나님의 사명을 생각해야 합니다. 그 축복이 하나님께서 맡겨주신 사명을 감당하는 일에 사용될 수 있도록 힘써야 합니다.

오늘의 기도

1. 끝까지 말씀을 붙들고 순종하여, 순종으로 인한 주의 축복을 누리게 하소서.
2. 충성을 통해 주의 칭찬과 더 많은 일을 맡기시는 축복, 그리고 주의 즐거움에 참여하는 축복을 누리게 하소서.
3. 주의 축복에 담긴 사명을 깨닫고, 축복을 통해 주의 나라와 구원의 복음을 전하게 하소서.

26 Jan

불의

맥체인성경365_157p

창세기 27장 | 마태복음 26장 | 에스더 3장 | 사도행전 26장

세상은 불의함으로 하나님의 뜻을 막고, 복음을 막으며, 하나님의 백성을 멸하고자 합니다. 불의함으로 그 뜻을 이루며 축복을 누리고자 합니다. 그러나 불의함으로 결코 그 모든 것을 이룰 수 없습니다. 오직 불의함을 버리고, 주의 편에 서서, 주의 뜻을 구하고 따라야 합니다.

창세기 27장_불의로 이룰 수 없는 하나님의 축복

야곱이 아버지 이삭을 속이고 장자의 축복을 받은 말씀입니다. 이 일에 어머니 리브가가 적극적으로 나서 야곱을 도왔습니다. 곧 아버지 이삭이 좋아하는 별미를 만들 테니 그것을 가지고 들어가서 형 에서인 척 속이고 축복을 받으라는 것입니다. 야곱은 어머니 리브가의 말을 따라 아버지를 속이고 불의함으로 형 에서가 받아야 하는 축복을 받았습니다. 물론 하나님의 축복을 사모하는 그 마음과 열정은 나쁘다 할 수 없습니다. 그러나 아버지 이삭을 속인 불의는 정당화 될 수 없습니다. 무엇보다 어머니 리브가는 자신의 말을 따르라고 했고(창 27:8), 야곱도 그 말을 따랐는데, 그러나 야곱이 진정 따라야 할 것은 하나님의 말씀이었습니다.

사실 하나님께서 이미 주신 말씀이 있었습니다(창 25:23 참조). 이미 하나님의 뜻은 야곱에게 있었고, 따라서 야곱은 조급함으로 불의를 행하면서까지 하나님의 축복을 받고자 할 것이 아니라, 하나님의 말씀을 신뢰하고 기다려야 했습니다. 그랬다면 더 좋은 결과가 그에게 주어졌을 것입니다. 불의함 없이도 그에게 하나님의 축복이 주어졌을 것입니다. 곧 불의로 하나님의 축복을 이루고자 한 결과, 야곱은 형 에서의 분노와 살해의 위협으로 아버지의 집을 떠나 도망가야 했습니다. 한 번도 본 적이 없는 외삼촌 라반의 집으로, 불확실한 미래를 안고 떠나야 했습니다. 물론 이후 야곱에게 아브라함부터 시작된 하나님의 약속과 축복이 주어졌습니다. 그러나 이것이 그가 불의한 방법으로 받은 축복 때문이 아니었습니다. 오히려 하나님의 신실함의 약속과 은혜 때문이었습니다.

마태복음 26장_불의로 이길 수 없는 하나님의 뜻

한 여인이 예수님께 향유를 부어 드린 사건, 최후의 만찬과 겟세마네에서의 기도, 유다의 배신과 예수님의 붙잡히심, 예수님의 심문 받으심과 베드로의 부인 등을 기록하고 있습니다. 여기서 결코 불의함으로 하나님의 뜻을 이길 수 없음을 깨달을 수 있습니다. 곧 대제사장들과 장로들이 예수님을 잡아 죽이고자 모의했습니다(마 26:3~5). 예수님의 제자였던 가룟 유다가 대제사장들을 찾아가 은 삼십을 받고 예수님을 넘겨주겠다고 약속했습니다(마 26:14~16). 이들은 자신들의 지위와 기득권을 지키고 욕심을 채우고자 무죄한 예수님을 죽이려고 모의했습니다. 불의함으로 자신들의 뜻을 이루고자 했습니다. 그리고 그들이 모의한 대로 예수님을 붙잡아 공회에 넘기고 또 십자가형까지 내몰았습니다. 아마도 그들은 자신들의 뜻을 이루었다고 생각하며 미소 지었을 것입니다. 그러나 예수님께서 온 인류의 죄를 짊어진 대속의 제물로 십자가에 못 박혀 돌아가시는 것은 이미 정해진 하나님의 뜻이었습니다. 예수님은 이 뜻을 이루시기 위해 이 땅에 오셨습니다. 대제사장들과 장로들은 불의함으로 자신들의 뜻을 이루었다 생각했겠지만, 오히려 예수님은 그들의 불의함을 이기고 하나님의 뜻을 이루셨습니다. 무엇보다 예수님께서 십자가의 죽음을 이기고 부활하심으로 그들의 불의한 뜻은 결코 이룰 수 없다는 사실을 분명하게 보여주셨습니다.

하나님의 뜻을 꺾고 자신의 뜻을 관철시키고자 하는 것은 어리석은 일입니다. 그 누구도 하나님의 뜻에 대항해 이길 수 없습니다. 인간은 불의한 방법까지 동원하여 그 뜻을 이루고자 하지만, 하나님을 대항한 그 뜻은 결코 이룰 수 없습니다. 오직 겸손함으로 내 뜻을 접고 하나님의 뜻을 구하여 따라야 합니다. 내 뜻을 하나님의 뜻에 맞추고 따르는 것이 지혜이고 축복입니다.

에스더 3장_불의로 멸할 수 없는 하나님의 백성

하만이 유다인들을 없애려고 음모를 꾸민 말씀입니다. 곧 하만은 모르드개와 온 나라에 있는 유다인들을 멸하고자 했습니다(애 3:6). 모르드개 뿐만 아니라 하나님을 향한 절대적 신앙으로 불의와 타협하지 않고 절개를 지키며 자신에게 굽히지 아니하는 유다인들이 하만의 눈에 거슬리고 분노하게 했기 때문입니다. 하만은 왕에게 유다인들이 법을 어기고 나라를 혼란시키는 민족이라고 거짓을 고하고, 또 은 일만 달란트라는 엄청난 규모의 뇌물을 약속하며, 유다인들을 멸하는 전권을 허락받았습니다. 그리고 아달월 십삼일에 남녀노소를 막론하고 모든 유다인들을 죽이고 그 재산을 탈취하라는 조서를 각 지방에 보냈습니다.

이처럼 하만의 불의와 욕심으로 유다인들, 곧 하나님의 백성이 꼼짝 없이 진멸될 위기에 처했습니다. 당장은 힘을 가진 불의한 하만의 뜻이 이루어지는 것처럼 보였습니다. 그러나 세상의 주권은 사람이 아닌 하나님께 있고, 하나님은 그 백성들을 지키십니다. 의로우신 하나님은 결코 불의함으로 그 백성들이 진멸되는 것을 용납하지 않으십니다. 곧 하나님은 하만의 불의한 계략을 깨뜨리고 그 백성들을 구원하셨고, 뿐만 아니라 그 백성들에게 불의를 꾀한 하만과 그 일당들을 멸하는 역전의 승리를 주셨습니다.

사도행전 26장_불의로 막을 수 없는 하나님의 복음

바울이 아그립바 왕과 베스도 총독 앞에서 자신을 변호한 말씀입니다. 여기서 바울은 다메섹 도상에서 찾아오신 주님과 그 주님을 만나고 변화된 사실을 간증하며 복음을 전했습니다. 또한 아그립바 왕을 비롯한 모든 사람들이 예수 그리스도를 만나 참 진리를 깨닫고 이를 통해 변화되어 참 소망의 삶을 살기를 바란다는 사실을 전했습니다(행 26:29). 사실 바울은 대제사장들과 유대인들이 불의하게 고소하여 죄 없이 감금되고 재판을 받게 됐습니다. 베스도 총독이 불의하게 유대인들 편에 서서 불공정하게 재판을 진행함으로 황제 가이사에게 상소까지 하게 됐습니다. 그러나 이 모든 재판을 통해 바울은 오히려 복음을 전할 기회를 가질 수 있었습니다. 재판에서 자신을 변호하며 자신이 만난 예수 그리스도를 증거할 수 있었고, 로마에까지 가서 예수 그리스도를 증거할 기회를 가질 수 있었습니다. 대제사장들과 유대인들은 불의로 바울을 고소하고 복음을 막아서려 했지만, 결코 복음을 막을 수 없었습니다.

세상의 사람들은 불의로 뜻을 이루고자 합니다. 당장에는 그 불의가 힘을 발휘하고 손쉽게 뜻을 이룰 수 있는 것처럼 보입니다. 믿음의 사람들도 유혹되어 세상의 불의를 따라가기도 합니다. 그러나 결코 불의로 하나님의 축복은 물론이요 그 뜻한 바도 이룰 수 없습니다. 불의가 힘을 발휘하여 그 뜻을 이룰 것 같지만 하나님의 의로운 뜻을 이길 수 없습니다. 따라서 끝까지 인내하며 의로운 하나님의 말씀을 붙잡아야 합니다. 의로우신 하나님이 모든 불의를 이기고 하나님을 바라보는 그 백성들을 지키심을 믿고 하나님을 선택하며 따라가야 합니다.

오늘의 기도

1. 조급함으로 불의를 따르지 않게 하시고, 끝까지 믿음으로 인내하며 하나님의 약속을 붙들게 하소서.
2. 세상의 불의한 공격에 두려워하지 말고, 믿음으로 하나님 편에 서서 돌보시는 하나님의 은혜와 승리를 누리게 하소서.
3. 복음을 막아서는 세상의 불의에 굴복하지 않고, 끝까지 복음을 앞세워 복음으로 승리하게 하소서.

일하시는 하나님

창세기 28장 | 마태복음 27장 | 에스더 4장 | 사도행전 27장

맥체인성경365_165p

십자가의 큰 고통과 아픔 속에서, 실패와 절망과 두려움 속에서 하나님은 일하십니다. 바로 그 시간이 하나님의 일하심을 경험할 수 있는 가장 좋은 시간입니다. 따라서 절망만 하지 말고 그 시간을 하나님을 만나고 하나님의 일하심을 경험하는 축복의 시간으로 만들어야 합니다.

창세기 28장_실패 속에서 일하시는 하나님

야곱이 분노한 형 에서를 피해 외삼촌 라반이 있는 밧단 아람으로 떠난 것을 전하고 있습니다. 특별히 밧단 아람으로 가는 길 한 곳에서 유숙하다가 꿈에 하늘 사닥다리를 보고 또 하나님의 약속을 들은 것은 전하고 있습니다. 여기서 내 힘으로 이루려고 하다가 실패하고, 두려움과 낙망 속에 있을 때, 그때가 하나님께서 일하시는 시간임을 깨달을 수 있습니다. 그때가 하나님을 만날 수 있는 시간임을 가르쳐주고 있습니다.

"또 본즉 여호와께서 그 위에 서서 이르시되 나는 여호와니 너의 조부 아브라함의 하나님이요 이삭의 하나님이라 네가 누워 있는 땅을 내가 너와 네 자손에게 주리니 네 자손이 땅의 티끌 같이 되어 네가 서쪽과 동쪽과 북쪽과 남쪽으로 퍼져나갈지며 땅의 모든 족속이 너와 네 자손으로 말미암아 복을 받으리라 내가 너와 함께 있어 네가 어디로 가든지 너를 지키며 너를 이끌어 이 땅으로 돌아오게 할지라 내가 네게 허락한 것을 다 이루기까지 너를 떠나지 아니하리라 하신지라"(창 28:13~15) 하나님께서 야곱을 찾아와 주신 약속의 말씀입니다. 자기 힘과 계획을 따라 불의한 방법으로 하나님의 축복을 받으려고 힘쓰다가 실패하고, 외삼촌 라반의 집으로 도망치던 야곱에게 하나님께서 주신 말씀입니다. 곧 야곱은 실패 속에서 낙망하며 아무 소망도 가질 수 없었습니다. 철저하게 자신의 연약함과 무력함을 깨달을 수밖에 없었습니다. 그런데 그때에 하나님은 야곱을 찾아오시고 만나주셨습니다. 야곱에게 그토록 바라고 추구했던 축복이요, 아브라함과 이삭에게 주셨던 약속을 주셨습니다.

결국 내일을 장담할 수 없는 막막한 시간이요, 내 힘으로 아무 것도 할 수 없다고 낙망하며 두려워한 그 시간이 바로 하나님께서 일하시는 시간이었습니다. 실패 속에서 하나님만 바라보고 하나님만을 의지할 수밖에 없었던 시간이었기에 하나님께서 일하시는 시간이었습니다. 곧 우리는 어리석음으로 실패하고 넘어질 수 있습니다. 쓰디쓴 절망의 시간을 보낼 수 있습니다. 그러나 또한 그때가 하나님을 만나는 시간이요, 하나님의 일하심을 경험하는 시간임을 잊지 말아야 합니다.

마태복음 27장_십자가 속에서 일하시는 하나님

예수님의 수난과 십자가의 죽음을 기록하고 있습니다. 빌라도에게 심문을 받으시고, 무지한 무리들이 바라바를 놓아주고 예수님을 십자가에 못 박으라는 소리를 들으시며, 군병들에 의해 희롱을 당하고 십자가에 달려 고통 중에 죽어 가시면서도, 예수님께서는 묵묵히 십자가의 길을 걸어가셨습니다. 그런데 또한 여기서 놓치지 말아야 하는 것이 하나님께서 행하신 놀라운 일입니다. 곧 예수 그리스도의 십자가 속에서 하나님은 놀라운 일들을 이루셨습니다. "이에 성소 휘장이 위로부터 아래까지 찢어져 둘이 되고 땅이 진동하며 바위가 터지고 무덤들이 열리며 자던 성도의 몸이 많이 일어나되 예수의 부활 후에 그들이 무덤에서 나와서 거룩한 성에 들어가 많은 사람에게 보이니라 백부장과 및 함께 예수를 지키던 자들이 지진과 그 일어난 일들을 보고 심히 두려워하여 이르되 이는 진실로 하나님의 아들이었도다 하더라"(마 27:51~54)

십자가가 예수님께는 참을 수 없는 고통이었습니다. 예수님을 믿고 따르는 제자들에게도 예수님의 십자가는 아픔이고 슬픔이고 절망이었습니다. 그러나 하나님은 예수님의 십자가를 통해서 구원을 이루셨습니다. 성소의 휘장을 찢어 모든 사람들이 하나님 앞에 직접 나아가 죄 사함의 은혜를 얻을 수 있는 길을 열었습니다. 십자가를 통해 죽음에서 부활하고 새로운 생명을 얻는 길을 열었고, 또한 "이는 진실로 하나님의 아들이었도다" 십자가를 통해 예수님을 바로 알고 믿고 고백하는 믿음의 길을 열었습니다. 아픔과 고통과 절망처럼 보였던 십자가가 하나님께서 일하시는 곳이었습니다.

에스더 4장_절망 속에서 일하시는 하나님

하만의 계략으로 유다인들이 꼼짝없이 진멸될 상황에서 모르드개가 에스더에게 유다인들의 구원을 위해 임금에게 구할 것을 요구한 말씀입니다. 이에 에스더는 "죽으면 죽으리이다"고 고백하며 동족 유다인들의 구원을 위해 왕에게 나아갈 것을 결단했습니다.

여기서 절망 속에서 일하시는 하나님을 볼 수 있습니다. 곧 하만의 계략에 의해 각 지방에 유다인들을 멸하고 재산을 몰수하라는 왕의 명령과 조서가 내려졌고, 유다인들은 꼼짝 없이 죽을 수밖에 없는 절망의 상황에 처하게 됐습니다. 더 이상 어떻게 할 수 있는 방법이 없어 굵은 베 옷을 입고 재에 누워 애통하고 금식하며 울부짖는 일이 할 수 있는 전부였습니다(에 4:3). 그러나 또한 이 때가 하나님께서 일하시는 시간이었습니다. 절망 속에 유다 백성들은 아무 것도 할 수 없었기에 하나님께서 일하시는 시간이었습니다. 곧 하나님께서 이후 에스더와 모르드개를 사용하셔서 하만의 계략을 물리치고 놀라운 역전의 승리를 이루어주셨습니다. 따라서 어떤 상황에서도 절망하며 포기할 것이 아니라, 일하시는 하나님을 믿음으로 바라봐야 합니다. 무엇보다, "네가 왕후의 자리를 얻은 것이 이 때를 위함이 아닌지 누가 알겠느냐"(에 4:14) 하나님의 일하심에, 하나님께서 우리가 무엇을 하기를 원하시는지 찾고 고민해야 합니다. 하나님의 일하심에 기쁨으로 헌신하여 참여해야 합니다.

사도행전 27장_두려움 속에서 일하시는 하나님

바울이 로마로 가던 중 만난 풍랑과 이로 인한 파선을 기록하고 있습니다. 곧 유라굴로라는 광풍을 만나 배가 파선되고 구원의 여망마저 끊어졌고, 배에 타고 있던 모든 사람들은 절망 속에서 두려워할 수밖에 없었습니다. 그러나 하나님은 이 두려움과 막막함의 때를 통해 일하셨습니다. 하나님의 권능을 나타내며 하나님의 살아 계심을 증거하셨습니다. 곧 바울은 하나님의 음성을 듣고, 배에 있는 사람들에게 확신 있게 그 구원을 전했습니다(행 27:21~25). 그리고 바울이 전한 말대로 배에 있던 모든 사람들은 구원함을 받았습니다. 배에 있던 백부장을 비롯한 모든 사람들은 바울을 신뢰하며 그를 의지하게 됐고, 바울은 배에 있는 사람들에게 보이지 않는 영향력을 나타내며 그들에게 하나님의 살아계심을 증거할 수 있었습니다.

실패와 두려움과 절망의 시간은 오히려 하나님의 일하심을 경험할 수 있는 시간입니다. 내 힘으로는 아무 것도 할 수 없다는 사실을 깨닫고 철저하게 하나님만 바라보며 의지할 때, 하나님의 일하심의 놀라운 역사를 경험할 수 있습니다. 따라서 낙심하고 절망하기보다 하나님의 일하심을 기대하며 소망해야 합니다. 더욱 하나님을 찾고 부르짖어 기도할 뿐만 아니라, 하나님의 일하심에 헌신으로 함께해야 합니다.

오늘의 기도

1. 실패 속에서 오히려 하나님을 만나고 하나님의 계획에 우리의 인생이 있음을 발견하는 은혜의 시간을 갖게 하소서.
2. 십자가의 아픔과 고통을 통해 구원을 이루시는 하나님의 역사도 깨닫고, 절망의 상황을 역전의 승리로 바꾸시는 주의 축복도 경험하게 하소서.
3. 두려움과 막막함 속에서 오히려 하나님의 음성을 듣게 하시고, 그 음성을 통해 담대함과 확신의 삶을 살게 하소서.

불의를 이깁니다

맥체인성경365_172p

창세기 29장 | 마태복음 28장 | 에스더 5장 | 사도행전 28장

세상은 불의합니다. 거짓과 속임과 음모와 그릇된 진리로 가득합니다. 그러나 하나님의 약속과 지혜와 진리의 복음으로 그 불의함을 이길 수 있습니다.

창세기 29장_불의(속임)를 이기는 하나님의 약속

야곱이 레아와 라헬 때문에 외삼촌 라반을 섬긴 것을 전하고 있습니다. 또한 야곱의 자녀들을 기록하고 있습니다.

주목할 말씀이, 야곱이 라헬을 사랑하는 것을 이용하여 라반이 야곱을 속인 것입니다. "야곱이 아침에 보니 레아라 라반에게 이르되 외삼촌이 어찌하여 내게 이같이 행하셨나이까 내가 라헬을 위하여 외삼촌을 섬기지 아니하였나이까 외삼촌이 나를 속이심은 어찌됨이니이까"(창 29:25) 곧 야곱은 라헬을 아내로 얻기 위해 라반의 집에서 칠 년을 일했습니다. 그러나 라헬을 야곱의 아내로 주기로 약속했던 라반은 야곱을 속이고 레아를 아내로 주었습니다. 이로 인해 야곱은 사랑하는 라헬을 아내로 얻기 위해 다시 칠 년을 일해야 했습니다. 이후에도 라반은 자신의 이득을 위해 야곱을 속이고, 약속을 변경하며 깨뜨렸습니다.

이처럼 라반은 야곱을 속이며 불의했고, 이런 불의함 속에서 야곱이 자신의 일가를 이루는 것은 매우 어려운 일이었습니다. 라반의 속임에 이용당하며 야곱의 인생은 그렇게 불행하게 끝나야 할 것처럼 보였습니다. 그러나 야곱에게는 신실하신 하나님의 약속이 있었습니다. 곧 하나님의 약속은 누구도 막아설 수 없고 깨뜨릴 수 없습니다. 그 약속은 불의함도 능히 이깁니다. 라반은 쉽게 약속을 깨뜨리고 야곱을 속였지만, 하나님은 결코 약속을 깨뜨리지 않으셨습니다. 야곱과 함께하여 그 약속을 이루셨고, 이를 통해 야곱은 라반의 속임과 불의를 이기고 큰 일가를 이룰 수 있었습니다.

세상은 라반처럼 거짓과 속임으로 자신들의 목적을 이루고 이득을 얻고자 합니다. 그 약속을 초개처럼 쉽게 버리고 바꿉니다. 따라서 우리가 믿고 의지할 것은 신실하신 하나님과 그 약속입니다. 세상의 사람들처럼 거짓과 속임으로 살아가는 것이 아니라, 하나님과 그 약속을 믿고, 하나님의 말씀을 따라 진실해야 합니다. 그때에 하나님은 결국 그 모든 거짓과 속임을 이기게 하시고, 그 약속을 따라 하나님의 축복을 누리게 하십니다.

마태복음 28장_불의(거짓)를 이기는 전도

예수님의 부활과 선교 명령을 기록하고 있습니다. 또한 예수님의 부활을 부정하려고 하는 대제사장들과 장로들의 불의도 볼 수 있습니다. "그들이 장로들과 함께 모여 의논하고 군인들에게 돈을 많이 주며 이르되 너희는 말하기를 그의 제자들이 밤에 와서 우리가 잘 때에 그를 도둑질하여 갔다 하라"(마 28:12~13) 대제사장들과 장로들의 거짓된 술수입니다. 예수님의 부활을 숨기고 제자들이 예수님의 시체를 도둑질해 갔다고 거짓 소문을 내게 했다는 것입니다. 결국 돈을 받은 군인들은 대제사장들과 장로들의 말에 따라 거짓을 전하며 소문을 냈고, 이것이 유대인 가운데 두루 퍼지게 됐습니다 (마 28:15).

따라서 중요한 것이 전도입니다. 부활하신 예수님의 명령을 따라 땅 끝까지 이르러 주님의 증인이 되는 것입니다. "그러므로 너희는 가서 모든 민족을 제자로 삼아 아버지와 아들과 성령의 이름으로 세례를 베풀고 내가 너희에게 분부한 모든 것을 가르쳐 지키게 하라 볼지어다 내가 세상 끝날까지 너희와 항상 함께 있으리라 하시니라"(마 28:19~20) 부활의 주님을 땅 끝까지 전할 때, 대제사장들과 장로들의 거짓된 소문은 깨어질 수밖에 없습니다.

부활의 주님을 통해 그들이 낸 소문이 거짓임을 확연하게 드러날 수밖에 없습니다. 따라서 증인의 사명을 통해 거짓을 이겨야 합니다. 주의 명령을 따라 힘써 부활의 주님을 전해야 합니다.

에스더 5장_불의(음모)를 이기는 지혜
에스더가 왕에게 나아간 것과 왕과 하만을 잔치에 초대한 것을 전하고 있습니다. 곧 하만의 음모로 멸망에 이르게 된 유다 민족을 구원하기 위해 생명을 걸고 왕에게 나아간 에스더는 무엇이든 들어주겠다고 말하는 왕에게 잔치의 초대에 응해줄 것을 구했습니다. "에스더가 이르되 오늘 내가 왕을 위하여 잔치를 베풀었사오니 왕이 좋게 여기시거든 하만과 함께 오소서 하니"(에 5:4) 당장에 유다 민족의 구원을 신원할 수 있으나 에스더는 인내함과 지혜를 가지고 왕과 하만을 잔치에 초대했습니다. 만약 에스더가 성급하게 유다 민족의 구원을 청했다면 일이 어려워졌을 수 있습니다. 하만과 그 일당들이 치밀하게 대응하며, 또 다른 계략과 모함으로 에스더까지 위험에 처할 수 있었습니다. 결정적 증거를 잡지도 못한 채 섣불리 행동함으로 오히려 적들의 공격에 직면하고, 유다 민족의 구원은 더 어려워질 수 있었습니다. 그러나 에스더는 지혜롭게 본심을 숨기고 왕과 하만을 잔치에 초대하여 하만을 한껏 교만하게 만들었습니다. 그의 마음을 느슨하게 풀어 방심하게 하였고, 결정적 증거를 잡을 기회를 만들었습니다.

결국 에스더의 지혜로 하만의 모함을 이길 수 있었습니다. 하만의 그릇된 욕심과 죄를 확연하게 드러낼 수 있었고, 이를 통해 유다 민족을 구원할 수 있었습니다. 따라서 우리도 악한 세상에서 믿음을 지키고 승리하기 위해 지혜가 필요합니다. 주님은 "뱀 같이 지혜롭고 비둘기 같이 순결하라"(마 10:16)고 가르치셨는데, 주께서 우리에게 세상을 이길 수 있는 지혜를 주시기를 힘써 구해야 합니다.

사도행전 28장_불의(거짓된 진리)를 이기는 복음
바울과 그 일행들이 멜리데섬에서 구조를 받은 것과, 이후 무사히 로마에 도착해 2년 동안 자유롭게 복음을 전한 것을 기록하고 있습니다. "바울이 온 이태를 자기 셋집에 머물면서 자기에게 오는 사람을 다 영접하고 하나님의 나라를 전파하며 주 예수 그리스도에 관한 모든 것을 담대하게 거침없이 가르치더라"(행 28:30~31)

로마에 도착한 바울은 처음 로마에 있는 유대인 지도자들에게 복음을 전했습니다. 하지만 그릇된 율법과 전통에 사로잡혀 있던 유대인들은 복음을 받아들이려 하지 않았습니다. 그들이 가진 거짓된 진리가 참된 진리인 복음을 막았고, 이대로 복음이 힘을 잃는 듯했습니다. 그러나 바울은 포기하지 않고 이방인들에게 집중하여 담대히 복음을 전하며 가르쳤고, 복음으로 거짓된 진리를 이겼습니다. 거짓된 진리로 복음을 이길 수 없음을 보여주었습니다. 따라서 우리도 복음을 앞세워 세상의 그릇된 진리를 이겨야 합니다.

오늘의 기도

1. 하나님을 의지하고 하나님의 약속을 붙들어 거짓과 속임이 가득한 세상을 이기게 하소서.
2. 세상의 악한 지혜와 음모를 이기는 하나님의 지혜를 더해 주소서.
3. 세상의 거짓된 진리를 복음으로 맞서고 힘써 복음을 전함으로 복음의 승리를 경험하게 하소서.

축복

창세기 30장 | 마가복음 1장 | 에스더 6장 | 로마서 1장

맥체인성경365_177p

주의 약속이 축복이고, 구원과 능력으로 이 땅에 오신 예수님이 축복이며, 그를 믿음으로 구원에 이른다는 복음이 축복입니다. 주의 약속과 복음을 붙들고 인내하며 기다릴 때 더 큰 축복을 누리게 됩니다.

창세기 30장_약속을 통한 축복

야곱의 자녀들에 대해 기록하고 있고, 또 야곱이 부유하게 된 것, 크게 번창하고 거부가 된 것을 전하고 있습니다(창 30:43).

야곱의 축복은 하나님의 은혜이며 약속의 결과였습니다. 곧 야곱은 레아와 라헬의 여종들까지 아내로 취하여 네 명의 아내를 두고 또 그 아내들을 통해 열두 명의 자녀도 얻었습니다. 그러나 야곱은 그때까지도 라반의 품꾼일 뿐이었습니다. 레아와 라헬을 아내로 얻는 조건으로 14년을 일했을 뿐, 아무 재산도 모을 수 없었고 자기 집을 세울 수 없었습니다. 이후 라반과 품삯을 정하여 새로이 계약을 하기는 했지만, 야곱에게 제대로 된 품삯을 주고 싶지 않았던 라반의 술수로 재산을 모을 수 있는 환경이 아니었습니다. 그러나 야곱은 하나님의 돌보심 속에서 그 환경을 이기고 번창할 수 있었습니다. 야곱에게 주어진 약속이 그 어떤 장애와 방해도 이기게 했습니다. 곧 야곱은 라반의 양과 염소를 돌보며 태어나는 새끼들 중에 점 있는 것과 아롱진 것을 품삯으로 정했습니다. 이에 라반은 점 있는 것과 아롱진 것을 가려내어 자기 아들들에게 맡기고, 야곱과의 사이를 사흘 길이 뜨게 했습니다. 유전적으로 아롱지고 점 있는 새끼들이 태어나지 못하게 한 것입니다. 라반은 야곱을 부리고는 싶었지만 품삯을 주고 싶은 마음은 없었던 것입니다. 그러나 가축들이 새끼를 배고 낳는데, 아롱지고 점 있는 새끼들이 많이 태어나 야곱의 소유가 되었습니다.

가축들이 새끼를 밸 때, 아롱지고 점 있는 것을 낳도록 야곱이 행한 꾀가 있었습니다(창 30:37~38). 하지만 이 꾀가 아롱지고 점 있는 새끼를 낳는 것과는 아무런 상관관계가 없습니다. "가축이 새끼를 밸 때 눈앞에서 받게 된 인상이 그 새끼의 겉모습에 영향을 미친다"라고 하는 고대사회의 주술적 생각에 불과했습니다. 그럼에도 태어난 가축의 새끼들은 아롱지고 점이 있는 것이었고, 이를 통해 야곱의 소유가 될 수 있었는데, 이는 곧 하나님의 은혜였습니다. 야곱이 부자가 된 것은 야곱의 꾀와 노력 때문이 아니라 하나님의 돌보심의 은혜 때문이었습니다. 결코 번창할 수 없는 상황이었지만, 야곱은 하나님의 약속과 돌보심 속에서 큰 축복을 누리게 된 것입니다.

하나님의 축복은 환경을 이깁니다. 따라서 믿음의 사람들은 환경을 보지 말고 하나님을 바라봐야 합니다. 어려움의 환경 속에서도 하나님의 약속을 붙들고 그 돌보심과 축복을 믿어야 합니다.

마가복음 1장_예수님을 통한 축복

세례 요한의 사역과 예수님의 세례와 시험에 대해 전하고 있고, 또 예수님께서 제자들을 부르시고 이후 행하신 말씀과 치유의 사역을 전하고 있습니다. 곧 예수님께서 가버나움 회당에서 더러운 귀신 들린 자를 치유하셨고, 시몬의 장모의 열병을 치료하셨으며, 온 갈릴리를 다니시며 여러 회당에서 전도하시고 귀신들을 내쫓으셨고, 또 한 나병환자를 치료하셨습니다. 여기서 예수님을 통해 누리는 축복에 대해 깨달을 수 있습니다.

"예수께서 각종 병이 든 많은 사람을 고치시며 많은 귀신을 내쫓으시되 귀신이 자기를 알므로 그 말하는 것을 허락하지 아니하시니라"(막 1:34) 예수님의 사역을 통해 수많은 사람들이 질병과 귀신의 고통에서 치료받고 건강을 회복했다는 말씀입니다. 예수님은 쉼 없이 하나님의 말씀을 전하시고 가르치시며, 또한 고통 중에 있는 병자들을 치료하셨습니다. 그 사명을 기억하며 끊임없이 다른 마을들을 찾아다니시며 복음을 전하시고 고통 중에 있는 사람들을 치료하셨습니다. "이르시되 우리가 다른 가까운 마을들로 가자 거기서도 전도하리니 내가 이를 위하여 왔노라 하시고"(막 1:38)

예수님의 이 땅에 오심과 그 쉼 없는 사역은 우리에게 축복이 아닐 수 없습니다. 그 질병으로 인한 아픔과 고통에서 치료함을 받고 강건하게 살아가니 축복이 아닐 수 없고, 또한 전하시는 말씀 속에서 기쁨과 소망을 얻고 생명과 구원의 길을 찾으니 축복이 아닐 수 없습니다. 따라서 힘을 다해 주님을 찾고 만나 그 치료의 손길을 경험하며, 힘써 전하시는 말씀에 귀를 기울이며 살아가야 합니다.

에스더 6장_기다림을 통한 축복

하만이 모르드개를 존귀하게 높인 말씀입니다. 곧 왕이 모르드개의 지난 공적을 발견하고, 하만을 통해 모르드개를 성 안 모든 사람들 앞에서 존귀하게 높이도록 한 것을 전하고 있습니다(에 6:11).

처음 모르드개가 왕을 모살하려는 음모를 알게 되어 반역을 막는 큰 공적을 세웠지만, 공적에 대한 아무런 상도 내려지지 않았습니다. 사실 큰 공적을 세운 모르드개 입장에서는 서운하고 아쉬울 수 있었습니다. 그러나 이것이 하나님의 놀라운 섭리였습니다. 하나님은 정하신 때에 이 공적이 드러나게 하심으로 모르드개를 높이실 뿐만 아니라 이를 통해 그 백성들을 구원하셨습니다. 모르드개의 공적이 인내와 기다림을 통해 더 놀라운 축복으로

나타나게 하셨습니다.

결국 이 말씀을 대하며, 당장에 내 수고와 헌신에 아무 열매가 없다고 마음 상하지 말아야 함을 깨닫게 됩니다. 하나님께서 그 섭리 속에서 하나님의 때에 더 큰 열매를 만들어 간다는 사실을 기억하고 인내해야 한다는 것입니다. 인내와 기다림을 통해 더 큰 축복을 만드시는 하나님의 은혜를 누려야 합니다.

로마서 1장_복음을 통한 축복

바울이 이방 사람들을 위한 사도가 된 것, 로마에 가고자 하는 바울의 소원, 그리고 하나님의 능력인 복음에 대해 전하고 있습니다. 또한 이방인의 불경건함에 대해서 전하고 있습니다. 특별히 복음의 능력에 대해 주목하면, 복음이 하나님의 구원의 능력이 됨을 말씀하고 있습니다. 복음을 통해 유대인이나 헬라인이나 또한 어떤 사람이나 구원을 얻을 수 있다는 것입니다. "내가 복음을 부끄러워하지 아니하노니 이 복음은 모든 믿는 자에게 구원을 주시는 하나님의 능력이 됨이라 먼저는 유대인에게요 그리고 헬라인에게로다"(롬 1:16)

사실 이것이 축복입니다. 이 복음보다 더 큰 축복은 없습니다. 심판과 죽음으로 끝날 수밖에 없는 우리의 삶이 복음의 능력으로 구원에 이르게 되는 것보다 더 큰 축복은 있을 수 없습니다. 따라서 무엇보다 복음을 통한 축복을 사모하며 구해야 합니다. 혹 삶에서 다른 아무 축복을 누리지 못한다고 실망할 것이 아니라, 복음을 통해 누리는 최고의 축복을 기억하며 감사해야 합니다.

하나님의 편에 선 자

창세기 31장 | 마가복음 2장 | 에스더 7장 | 로마서 2장

하나님의 편에 선 자에게 승리와 축복이 있습니다. 주의 돌보심과 변호하심, 그리고 영생이 있습니다. 따라서 힘써 하나님의 편에 서야 합니다.

창세기 31장_하나님의 편에 선 자의 축복

야곱이 가족들을 이끌고 조용히 라반을 떠나 도망한 것을 전하고 있습니다. 후에 라반이 알고 야곱을 쫓아왔고, 하나님의 개입 속에서 야곱과 라반이 언약을 세운 것을 전하고 있습니다.

야곱이 라반을 떠나기를 결정하며 그 아내들에게 한 말에 주목하면, 하나님 편에 선 자의 축복을 깨달을 수 있습니다. "그대들의 아버지가 나를 속여 품삯을 열 번이나 변경하였느니라 그러나 하나님이 그를 막으사 나를 해치지 못하게 하셨으며 그가 이르기를 점 있는 것이 네 삯이 되리라 하면 온 양 떼가 낳은 것이 점 있는 것이요 또 얼룩무늬 있는 것이 네 삯이 되리라 하면 온 양 떼가 낳은 것이 얼룩무늬 있는 것이니 하나님이 이같이 그대들의 아버지의 가축을 빼앗아 내게 주셨느니라"(창 31:7~9) 야곱이 외삼촌 라반의 속임과 불의 속에서 재산을 모으며 번창하기 어려웠지만, 하나님의 도움 속에서 큰 축복을 받고 재산을 모을 수 있었다는 것입니다. 라반이 품삯을 변경할 때마다 하나님께서 변경된 품삯에 맞추어 양 떼가 새끼를 낳게 하셨다는 것입니다. 하나님의 편에 선 야곱을 하나님께서 지키실 뿐만 아니라 놀랍게 축복해 주셨다는 것입니다.

우리가 속한 세상도 속임과 불의가 가득합니다. 그러나 하나님의 편에 선 우리는 하나님의 특별한 돌봄과 축복을 누릴 수 있습니다. 따라서 세상과 똑같이 속이며 불의한 것이 아니라, 믿음으로 하나님의 편에 더욱 굳건히 서서 하나님의 의를 따라가야 합니다. 이를 통해 하나님의 축복을 누리고, 하나님의 편에 선 자의 축복을 분명히 보여주어야 합니다.

마가복음 2장_예수님의 편에 선 자의 변호

중풍병자의 치유, 레위를 제자로 부르심, 금식에 대한 사람들의 질문과 예수님의 대답, 안식일 논쟁 등을 기록하고 있습니다. 이 말씀들에서 특별히 주목해야 하는 것이, 예수님의 편에 서서 예수님을 따르는 자들에게 예수님의 변호와 지지와 돌봄이 있다는 것입니다.

"예수께서 들으시고 그들에게 이르시되 건강한 자에게는 의사가 쓸 데 없고 병든 자에게라야 쓸 데 있느니라 나는 의인을 부르러 온 것이 아니요 죄인을 부르러 왔노라 하시니라"(막 2:17) 바리새인들과 서기관들의 비난에 대한 예수님의 대답입니다. 곧 예수님은 세리 마태를 제자로 부르셨고, 또 마태의 동료들이었던 세리들과 함께 식사하며 교제하셨습니다. 이에 바리새인들과 서기관들이 죄인인 세리들과 식사하며 교제하시는 예수님을 비난했습니다. 이 비난은 결국 예수님을 따르는 제자들이 죄인이며 문제가 있다는 비난이었는데, 예수님께서 이 비난에 변호하신 것입니다. 의사가 병든 자와 함께하는 것은 이상한 일이 아니듯, 영적 의사인 예수님께서 죄인들과 함께하는 것은 당연한 일이라는 것입니다. 곧 예수님은 이들을 치료하여 의인 만드신다는 것입니다. 바리새인들과 서기관들이 죄인이라고 손가락질 하는 이들이 오히려 예수님의 치료 속에서 의인이 되고 구원의 백성이 된다는 것입니다.

금식하지 않는다고 제자들을 몰아붙이는 바리새인들을 향해서도 예수님은 철저히 그 제자들의 편에 서서 제자들을 보호하시고 변호해 주셨고(막 2:19), 안식일 논쟁에서도 예수님은 제자들의 편에서 제자들을 변호해 주시고 지지해 주셨습니다(막

2:25~28). 이처럼 당시 유대 지도자들은 예수님에게 적대적인 태도를 취했고, 그 적대적인 태도는 그 제자들에게도 고스란히 이어졌습니다. 제자들은 사사건건 율법을 들어 그 행동을 문제 삼는 유대 지도자들의 공격을 받아야 했습니다. 하지만 언제나 예수님께서 앞장서 그들의 공격을 막으시며 제자들을 변호하시고 보호해 주셨습니다. 예수님의 변호와 보호 속에서 제자들은 안전할 수 있었습니다.

결국 이 말씀은 어떤 비난과 공격이 있고 어려움이 있어도 예수님의 편에 서야 한다는 사실을 가르쳐줍니다. 예수님의 편에서 예수님을 따르는 삶을 포기하지 말아야 한다는 것입니다. 곧 예수님을 따르는 삶에 고난도 있고 또 비난도 있지만, 예수님의 보호하심과 변호하심도 있음을 깨달으며, 끝까지 예수님을 따라야 합니다.

에스더 7장_하나님의 편에 선 자의 승리
하만의 죽음을 전하고 있습니다. 유다인을 멸하고자 했던 하만의 불의한 음모가 드러나고, 모르드개를 매달고자 준비했던 나무에 그 자신이 달려 죽게 됐다는 것입니다(에 7:9~10). 사실 하만은 신하들 중에 최고의 지위에 올랐으며, 왕의 신임 속에서 큰 힘과 권력을 가졌습니다. 그 힘과 권력으로 교만함 속에서 자신의 뜻을 이루며, 자신의 눈에 거슬렸던 유다 백성들을 진멸하고자 했습니다. 그리고 당장은 그의 뜻이 이루어지는 것처럼 보였습니다. 하만이 가진 힘과 권력 앞에서 연약한 유다 백성들은 꼼짝 없이 죽음을 맞이해야 할 것처럼 보였습니다. 그러나 하나님께서 하나님의 편에 선 백성들을 그렇게 죽도록 방관하지 않으셨습니다. 오히려 하만을 물리치고 그 백성들을 죽음에서 구원하심으로, 하나님의 편에 선 유다 백성들에게 놀라운 역전의 승리를 주셨습니다.

아무리 큰 세상의 힘과 권력도 하나님의 주권을 거스를 수 없고 대항할 수 없습니다. 하나님은 그 주권으로 세상의 힘을 물리치고 하나님의 편에 선 백성들에게 승리를 주십니다. 따라서 당장은 고난과 어려움이 있어도 하나님의 뜻을 따라야 합니다. 끝까지 포기하지 말고 하나님의 편에 서야 합니다.

로마서 2장_하나님의 편에 선 자의 영생
하나님의 심판의 척도에 대해 말씀하고 있습니다. 하나님은 결코 외모나 혈통에 따라 차별하지 않으시고 오직 선악에 따라 심판하신다는 것입니다. 선민이라 말하며 율법을 가지고 있다고 말하는 유대인이라 할지라도 율법을 온전히 지키지 못하면 심판 받는다는 것입니다. 결국 하나님의 은혜만이 구원에 이르는 길임을 전하고 있는 것인데, 곧 하나님의 편에 서서 그 은혜를 구하며 누리는 자에게는 영생의 축복이 주어짐을 가르치고 있습니다.

"혹 네가 하나님의 인자하심이 너를 인도하여 회개하게 하심을 알지 못하여 그의 인자하심과 용납하심과 길이 참으심이 풍성함을 멸시하느냐"(롬 2:4) 남을 판단하는 자들을 책망하는 말씀입니다. 자신도 지키지 못하는 율법의 잣대로 사람들을 정죄하고 판단하는 것은 곧 하나님의 놀랍고 큰 자비와 용서하심의 사랑을 멸시하는 것임을 지적하고 있는 말씀입니다. 결국 이 말씀은 하나님의 편에 서서 그 용서하심의 은혜 안에 있는 사람은 하나님의 인자하심과 길이 참으심 속에서, 정죄와 심판이 아닌 구원과 생명을 누리게 된다는 것을 말씀하고 있는 것입니다. 하나님의 편에 선 자에게는 영생이 있다는 것입니다(롬 2:7). 인내함으로 선을 행하며 영광과 존귀와 불멸의 것을 구하는 사람, 곧 하나님의 편에 선 사람들에는 영원한 생명이 주어진다는 것입니다.

오늘의 기도

1. 하나님의 변호하심과 축복하심을 믿으며 끝까지 주님을 따르게 하소서.
2. 세상의 힘과 권력에 타협하지 않고, 환난과 고난 중에서도 끝까지 하나님의 편에 서서 하나님의 승리를 누리게 하소서.
3. 하나님의 편에 서서 선을 행하고 영광과 존귀와 썩지 아니하는 것을 구하며 영원한 생명의 은혜를 누리게 하소서.

우리 문제의 해답은 주님께 있습니다. 따라서 주님께 나아가 주님을 만나야 합니다. 주님을 믿고 주님께 항복해야 합니다. 우리의 생명까지도 주께 맡기며 헌신해야 합니다.

창세기 32장_주께 항복함으로 얻은 해답

야곱이 얍복 나루터에서 어떤 사람, 곧 하나님과 씨름한 것을 전하고 있습니다. 하나님과 밤새 씨름하며 끝까지 매달려 도움을 구한 것을 전하고 있습니다. "야곱은 홀로 남았더니 어떤 사람이 날이 새도록 야곱과 씨름하다가… 그가 이르되 날이 새려 하니 나로 가게 하라 야곱이 이르되 당신이 내게 축복하지 아니하면 가게 하지 아니하겠나이다"(창 32:24~26) 곧 야곱은 고향으로 돌아가던 중, 두려움 중에 형 에서를 만나야 했습니다. 이전에 야곱이 아버지를 속이고 형 에서가 받아야 하는 축복을 가로챘고, 이로 인해 형 에서가 크게 분노하여 야곱을 죽이려고까지 했었는데, 오랜 시간이 지났지만 이 문제가 해결되지 않은 것입니다. 더욱이 형 에서가 400명의 가인을 거느리고 자신을 만나기 위해 오고 있다고 하는데, 분노한 형과 마주하면 자신의 생명은 물론이요, 자신의 가족들 그리고 지금까지 고생하며 이룬 모든 재산을 잃을 수밖에 없는 상황이었습니다. 야곱은 그 지혜로 어떻게든 이 문제를 해결하고자 방법을 강구하고 또 여러 조치들을 취했지만, 그것이 해답이 되지 못했습니다. 형에 대한 두려움을 해결할 수 없었습니다. 결국 야곱은 홀로 남아 얍복 나루터에서 하나님께 매달려 기도했습니다. 자신의 힘과 지혜를 내려놓고 하나님께 두 손 들어 항복한 것입니다. 그리고 그때에 하나님의 응답을 받을 수 있었고, 형 에서와의 두려움의 만남을 반가운 만남으로 바꿀 수 있었습니다. 하나님께 항복하여 해답을 찾을 수 있었습니다.

결국 이 말씀은 내 힘과 지혜를 의지하는 어리석음을 가르쳐주고 있습니다. 그것이 우리에게 해답이 되지 않는다는 것입니다. 오히려 지금까지의 내 방법과 고집을 내려놓고 하나님께 항복해야 해답을 찾을 수 있다는 것입니다. 문제 앞에서 내 힘으로 할 수 없음을 고백하며 하나님을 의지할 때에, 비로소 하나님의 일하심을 경험할 수 있고, 하나님의 일하심으로 지금까지 풀 수 없어 근심하며 두려워하던 문제의 해답을 찾을 수 있다는 것입니다.

마가복음 3장_예수님을 만남으로 얻은 해답

안식일에 손 마른 자를 치료하신 말씀, 열두 제자를 부르신 말씀, 귀신이 들렸다는 오해, 참된 가족에 대한 말씀 등을 기록하고 있습니다. 예수님께서 안식일에 회당에서 손 마른 사람을 치료해주신 말씀에 주목하면, 바리새인들이 예수님을 고소할 거리를 찾고자 하심을 아셨지만, 예수님은 안식일에 선을 행하는 것이 옳다고 말씀하시며, 고통 중에 있는 이 사람을 치료하셨습니다. "그들의 마음이 완악함을 탄식하사 노하심으로 그들을 둘러 보시고 그 사람에게 이르시되 네 손을 내밀라 하시니 내밀매 그 손이 회복되었더라"(막 3:5)

결국 이 손 마른 사람은 예수님을 만남으로 그 문제의 해답을 찾았습니다. 예수님과의 만남이 고통 중에 있는 문제를 해결하는 해답이 됐습니다. 마찬가지로 우리 삶의 문제의 해답은 예수님께 있습니다. 예수님을 만남으로 생명과 구원을 얻고 해답을 얻을 수 있습니다. 따라서 헛된 곳에서 힘쓰며 고통스러워하지 말고, 예수님 앞에 나와야 합니다. 어리석게 바리새인들처럼 예수님의 반대편에서 예수님을 대적하지 말고, 예수님께 엎드려 은혜를 구해야 합니다. 그것이 지혜입니다.

에스더 8장_생명을 내려놓아 얻은 해답

모든 사태가 유다인들에게 유리하게 바뀐 것을 전하고 있습니다. 불의한 음모가 드러나 하만이 죽임을 당했고, 이후 왕으로부터 모든 실권을 받은 에스더와 모르드개가 전국에 왕의 도장을 찍은 조서를 내려 유다인들로 하여금 그 생명을 지킬 수 있게 한 것을 전하고 있습니다. 이 일에 에스더는 다시 생명을 걸고 왕 앞에 나아가 유다인들의 구원을 간청했습니다. "에스더가 다시 왕 앞에서 말씀하며 왕의 발 아래 엎드려 아각 사람 하만이 유다인을 해하려 한 악한 꾀를 제거하기를 울며 구하니 왕이 에스더를 향하여 금 규를 내미는지라 에스더가 일어나 왕 앞에 서서"(에 8:3~4) 곧 처음에도 죽으면 죽으리라는 각오로 왕 앞에 나아가 백성들을 구원할 수 있는 기회를 얻었고, 또 다시 왕이 부르지 않았음에도 왕 앞에 생명을 걸고 나아가 백성들의 구원을 간구한 것입니다. 결국 이를 통해 유다인들을 구원하기 위한 조서가 급하게 내려져, 먼저 내려진 조서에 따라 유다인들을 죽이고자 했던 대적들을 물리칠 수 있었습니다. 생명을 내려놓는 헌신을 통해 놀라운 역전의 승리를 누릴 수 있었습니다.

우리의 안위만 구하고 희생을 거부해서는 그 어떤 해답도 얻을 수 없습니다. 주님을 믿고 우리의 생명까지도 맡기며 헌신할 때, 바로 거기서 해답을 볼 수 있습니다.

로마서 3장_예수님을 믿음으로 얻는 해답

율법 아래의 모든 사람의 불의함과 오직 믿음으로 얻는 의에 대해 가르치고 있습니다. "모든 사람이 죄를 범하였으매 하나님의 영광에 이르지 못하더니 그리스도 예수 안에 있는 속량으로 말미암아 하나님의 은혜로 값 없이 의롭다 하심을 얻은 자 되었느니라 이 예수를 하나님이 그의 피로써 믿음으로 말미암는 화목제물로 세우셨으니 이는 하나님께서 길이 참으시는 중에 전에 지은 죄를 간과하심으로 자기의 의로우심을 나타내려 하심이니"(롬 3:23~25) 모든 사람이 죄 아래에서 심판 받을 수밖에 없지만, 예수 그리스도의 십자가를 통한 속량의 은혜와 그 보혈을 믿는 믿음으로 의롭게 되고 구원을 얻는 길이 열리게 됐다는 말씀입니다. 곧 예수 그리스도를 믿음으로 심판과 죽음에서 생명의 해답을 얻을 수 있다는 것입니다. 따라서 우리가 더욱 예수님을 믿는 믿음을 앞세우고, 또한 이를 통해 얻은 생명을 놓치지 말아야 합니다. 오직 예수님을 믿는 믿음이 생명과 구원을 얻는 유일한 해답임을 잊지 말고 끝까지 믿음을 앞세워야 합니다.

> ▰ **오늘의 기도**
>
> 1. 내 힘과 지혜와 방법으로 삶의 문제에 대한 참 해답을 찾을 수 없음을 깨닫고, 속히 하나님께 항복하고 하나님을 의지하여 하나님께서 주시는 참 해답을 보게 하소서.
> 2. 희생과 헌신 없이는 해답을 찾을 수 없음을 깨닫고, 기꺼이 헌신하는 삶을 살게 하시고, 또한 헌신을 통해 주께서 주시는 해답도 보게 하소서.
> 3. 예수를 믿음으로 얻는 생명의 해답을 놓치지 않게 하소서.

열매

창세기 33장 | 마가복음 4장 | 에스더 9-10장 | 로마서 4장

열매 맺는 삶을 살아야 합니다. 주의 은혜와 믿음으로 의의 열매와 화해의 열매를 맺고, 흔들림 없는 믿음과 헌신으로 말씀과 승리의 열매를 맺어야 합니다.

창세기 33장_화해의 열매

야곱과 에서의 화해를 전하고 있습니다. 야곱이 두려워했던 것과 달리, 에서가 야곱과 화해하며 반가운 만남을 가졌다는 것입니다. "에서가 달려와서 그를 맞이하여 안고 목을 어긋맞추어 그와 입맞추고 서로 우니라"(창 33:4) 이는 곧 야곱의 몸부림친 기도의 결과였습니다. 야곱은 형 에서가 사백 명의 가인을 거느리고 자신에게 오고 있다는 소식을 듣고, 두려움 중에 그 날 새벽까지 하나님께 매달렸습니다. 그가 할 수 있는 일이 아무 일도 없었기에 하나님께 매달려 은혜를 구하며 기도했습니다. 그 결과 누구도 풀 수 없었던 형 에서와의 화해의 문제를 한순간에 풀 수 있었습니다. 하나님께서 그 문제를 풀어주시고 화해의 열매를 맺게 하셨습니다.

우리 힘으로는 불가능해도 하나님께는 불가능한 것이 없습니다. 우리의 삶에 꼬여 풀리지 않은 관계, 우리를 힘겹게 하는 관계도 진실함으로 주를 의지하며 기도할 때 풀릴 수 있습니다. 주께서 우리의 삶에 화해의 열매를 맺게 하십니다.

마가복음 4장_말씀의 열매

씨 뿌리는 자의 비유와 그 해석, 씨의 성장과 겨자씨를 통한 하나님 나라에 대한 가르침, 광풍을 잔잔케 하신 말씀 등을 기록하고 있습니다. 씨 뿌리는 자의 비유에 주목하면, 길 가, 흙이 얕은 돌밭, 가시떨기, 좋은 땅에 떨어진 씨의 비유를 통해서 예수님께서 무리들과 제자들을 가르치셨습니다. 여기서 씨는 말씀을 뜻합니다. 그런데 길가에 떨어진 씨는 말씀을 빼앗김으로 열매 맺지 못했고, 흙이 얕은 돌밭에 떨어진 씨는 환난과 박해를 이기지

못해 열매 맺지 못했으며, 가시떨기에 떨어진 씨는 세상 염려와 재물의 유혹과 기타 욕심으로 인해 열매 맺지 못했다는 것입니다. 그러나 좋은 땅에 떨어진 씨는 말씀을 듣고 받아 삼십 배나 육십 배나 백 배의 결실이 있었다는 것입니다. "더러는 좋은 땅에 떨어지매 자라 무성하여 결실하였으니 삼십 배나 육십 배나 백 배가 되었느니라 하시고"(막 4:8)

결국 이 말씀은 우리의 마음의 밭이 좋은 땅이 되어 말씀의 풍성한 열매를 맺어야 함을 가르치고 있습니다. "좋은 땅에 뿌려졌다는 것은 곧 말씀을 듣고 받아 삼십 배나 육십 배나 백 배의 결실을 하는 자니라"(막 4:20) 곧 말씀을 사모함으로 '길 가'가 되지 않아야 합니다. 사탄에게 말씀을 빼앗기지 않아야 합니다. 또한 '돌밭'이 되지 않아야 합니다. 말씀으로 인해 환난이 있다고 말씀을 포기하거나 말씀에서 돌아서지 않아야 합니다. 끝까지 말씀을 붙잡고 인내하며 이겨야 합니다. 마지막 '가시떨기'가 되지 않아야 합니다. 말씀을 따르는 삶에 세상 염려와 유혹과 욕심이 있는데, 이를 이겨야 합니다. 이처럼 '길 가', '돌밭', '가시떨기'가 아닌 좋은 땅을 만들어 말씀의 풍성한 열매를 맺어야 합니다.

에스더 9-10장_승리의 열매

에스더 9장은 유다인들이 오히려 적들에게 보복하고 죽음의 위기에서 구원을 받은 것과, 이를 기념하는 부림절을 제정하여 지킨 것을 전하고 있습니다. 에스더 10장은 모르드개가 크게 존경 받게 된 것을 전하고 있습니다.

"이 달 이 날에 유다인들이 대적에게서 벗어나

서 평안함을 얻어 슬픔이 변하여 기쁨이 되고 애통이 변하여 길한 날이 되었으니 이 두 날을 지켜 잔치를 베풀고 즐기며 서로 예물을 주며 가난한 자를 구제하라 하매"(에 9:22) 대적들에 의해 꼼짝없이 죽을 수밖에 없었던 유다인들이 하나님의 은혜로 오히려 대적들을 멸하고 승리했고, 그래서 기쁨으로 잔치하고, 예물을 나누고, 가난한 자를 구제하며, 이 날을 절기로 지켰다는 말씀입니다. 곧 에스더와 모르드개의 생명을 건 헌신이 하나님의 은혜 속에서 승리의 열매를 맺게 했습니다. 자신의 평안만을 구하지 않고 죽음의 두려움을 이기고 헌신한 결과, 유다 백성들을 구원하여 함께 기쁨을 누리게 됐고, 또 모르드개는 존귀하게 높임을 받고 유다인들의 존경과 사랑을 받는 축복도 누리게 됐습니다.

주님을 향한 절대적 믿음과 그 믿음을 통한 헌신이 우리의 삶에 승리를 만듭니다. 아무리 불가능해 보이는 상황도 주를 통해 승리로 바꿀 수 있습니다. 주님은 우리의 생명을 건 믿음과 헌신을 보시고 승리를 주십니다.

로마서 4장_의의 열매
믿음으로 말미암는 의에 대해 가르치고 있습니다.

"일을 아니할지라도 경건하지 아니한 자를 의롭다 하시는 이를 믿는 자에게는 그의 믿음을 의로 여기시나니"(롬 4:5) 그 누구도 의로울 수 없지만 믿음을 통해 의롭게 될 수 있다는 것입니다. 하나님께서 다른 무엇이 아니라 하나님을 믿는 믿음을 의로 여기신다는 것입니다.

믿음으로 말미암는 의를 설명하기 위해 아브라함의 믿음과 의에 대해 전하고 있습니다. 곧 아브라함은 하나님의 약속을 믿고 또 하나님께서 그 약속을 이루심을 확신했다는 것입니다. 이 믿음으로 하나님께서 아브라함을 의롭다고 여겨주셨다는 것입니다. "믿음이 없어 하나님의 약속을 의심하지 않고 믿음으로 견고하여져서 하나님께 영광을 돌리며 약속하신 그것을 또한 능히 이루실 줄을 확신하였으니 그러므로 그것이 그에게 의로 여겨졌느니라"(롬 4:20~22)

결국 무엇입니까? 의의 열매는 오직 믿음으로 맺을 수 있습니다. 따라서 하나님을 향한 절대적 믿음으로 의의 열매를 맺어가야 합니다. 아브라함처럼 믿을 수 없는 상황에서도 믿음을 가져야 합니다.

1. 하나님의 은혜를 통한 화해의 열매가 우리의 삶에 풍성하게 하소서.
2. 희생과 헌신으로 승리의 열매도 맺고, 또 높여주시는 하나님의 축복도 누리게 하소서.
3. 하나님을 믿는 절대적 믿음으로 의롭다 하시는 은혜를 누리게 하소서.

시련과 극복

맥체인성경365_202p

창세기 34장 | 마가복음 5장 | 욥기 1장 | 로마서 5장

우리의 삶에 깨달음을 위한 시련도 있고, 연단을 위한 시련도 있습니다. 하나님은 우리의 안주함을 깨닫게 하기 위해, 또한 우리의 믿음을 더욱 굳건히 세우시기 위해 시련을 주십니다. 따라서 시련 속에서 우리의 안주함은 깨뜨리고, 우리의 연약한 믿음은 굳건히 세워야 합니다. 시련 속에서 오히려 기뻐하며 포기하지 않는 믿음으로 시련을 이겨야 합니다.

창세기 34장_안주로 인한 시련

야곱의 딸 디나가 추행당한 것과 세겜의 살육을 전하고 있습니다. 곧 디나가 세겜 성읍의 추장에게 수치스러운 일을 당했습니다. "레아가 야곱에게 낳은 딸 디나가 그 땅의 딸들을 보러 나갔더니 히위 족속 중 하몰의 아들 그 땅의 추장 세겜이 그를 보고 끌어들여 강간하여 욕되게 하고"(창 34:1~2) 이에 분노한 야곱의 아들들이 세겜 사람들을 속이고 할례를 받게 했고, 또 할례로 고통 중에 있는 시간에 성읍에 들어가 모든 남자들을 죽이고 가축과 재물을 약탈하는 일을 행했습니다. "제삼일에 아직 그들이 아파할 때에 야곱의 두 아들 디나의 오라버니 시므온과 레위가 각기 칼을 가지고 가서 몰래 그 성읍을 기습하여 그 모든 남자를 죽이고 칼로 하몰과 그의 아들 세겜을 죽이고 디나를 세겜의 집에서 데려오고 야곱의 여러 아들이 그 시체 있는 성읍으로 가서 노략하였으니 이는 그들이 그들의 누이를 더럽힌 까닭이라(창 34:25~27)

이 모든 일들이 야곱의 안주에서 시작되었음을 놓치지 말아야 합니다. 곧 하나님의 은혜로 야곱은 형과 반가운 만남을 갖게 됐고, 평안함으로 고향에 돌아갈 수 있었습니다. 무엇보다 야곱은 하나님을 처음 만난 벧엘에 올라가 약속대로 은혜를 주신 하나님께 감사하며 예배해야 했습니다. 그러나 오랜 시간 숙곳과 세겜에 머무르고 말았습니다. 땅이 비옥하고 가축들을 기르기 좋은 이 땅에 마음이 끌리고 만 것입니다. 숙곳에서는 집을 짓고 가축을 위한 우릿간을 지었으며(창 33:17 참조), 세겜 성읍 앞에서는 장막을 치고 땅까지 샀습니다(창 33:18 참조). 결국 이런 안주가 생각하지 못한 시련을 만들고 만 것입니다. 벧엘을 잊고 하나님과의 약속을 잊어버린 야곱에게 깨달음의 시련이 필요했던 것입니다.

마가복음 5장_믿음을 통한 시련의 극복

거라사의 귀신들린 사람을 치유하신 말씀, 혈루병 걸린 여자의 치유, 그리고 야이로의 죽은 딸을 살리신 말씀을 전하고 있습니다. 야이로의 딸을 살리신 말씀에 주목하면, 예수님께서는 회당장 야이로에게 끝까지 믿음을 가지라고 말씀하셨습니다. "예수께서 그 하는 말을 곁에서 들으시고 회당장에게 이르시되 두려워하지 말고 믿기만 하라 하시고"(막 5:36) 곧 회당장 야이로의 간구에 예수님께서 그 딸의 치료를 위해 움직이시던 중, 야이로의 딸이 죽었다는 소식을 듣게 됐습니다. 회당장 야이로는 절망하며 두려워할 수밖에 없었는데, 두려워하는 야이로에게 예수님은 믿음을 요구하신 것입니다. 믿음만 잃지 않으면 그 두려움의 문제를 해결할 수 있다는 것입니다. 그리고 예수님은 믿음대로 야이로의 죽은 딸을 살리셨습니다.

결국 예수님의 말씀은, 두려움은 아무런 해답이 되지 않지만, 포기하지 않는 믿음은 해답이 된다는 것을 가르치고 있습니다. 어떤 상황에서도 믿음을 가지면 믿음으로 그 문제를 해결할 수 있다는 것입니다. 곧 야이로에게 딸의 질병과 죽음은 큰 시련이고 고통이었습니다. 그러나 예수님의 말씀에 따라 가진 믿음이 그 시련을 이기게 했습니다. 끝까지 믿음을 가짐으로 예수님께서 죽은 그 딸을 살리시는 기적과 기쁨을 볼 수 있었습니다.

이처럼 믿음은 우리의 시련을 이기게 합니다. 우

리의 삶에 일어나는 시련은 우리가 어찌할 수 없지만, 그러나 믿음은 우리가 어떤 상황에서도 가질 수 있습니다. 그리고 그 믿음으로 우리의 삶에 일어나는 시련을 능히 이길 수 있습니다. 따라서 예수님의 말씀을 따라 끝까지 믿음을 가져야 합니다. 우리의 믿음이 예수님을 향해 가진 것이라면 절대로 포기할 필요 없습니다.

욥기 1장_연단을 위한 시련

욥의 시련과 믿음을 보여주고 있습니다. 사탄의 큰 시험 가운데서 욥이 하나님을 향한 바른 신앙으로 그 참됨을 입증했다는 것입니다. 곧 사탄이 욥에게 시련을 주어 시험하겠다고 했고, 하나님께서는 이를 허락하셨습니다. "이제 주의 손을 펴서 그의 모든 소유물을 치소서 그리하시면 틀림없이 주를 향하여 욕하지 않겠나이까 여호와께서 사탄에게 이르시되 내가 그의 소유물을 다 네 손에 맡기노라 다만 그의 몸에는 네 손을 대지 말지니라 사탄이 곧 여호와 앞에서 물러가니라"(욥 1:11~12) 이로 인해 욥은 아무 잘못한 죄도 없이 가진 모든 재산을 잃고 또 자녀들까지 잃는 큰 시련과 고통과 아픔을 겪어야 했습니다.

주목할 것이, 하나님께서 사탄의 요구를 허락하신 뜻입니다. 곧 사탄의 목적은 경건한 욥을 넘어뜨리는 것에 있었습니다. 욥을 넘어뜨리기 위해 하나님의 허락을 받고 욥에게 시련을 준 것입니다. 그러나 하나님의 목적은 단련에 있었습니다. 하나님께서 사탄의 요구를 허락하신 것은 사탄의 말에 휘둘리셨기 때문이 아니라, 오히려 욥의 믿음을 연단하여 더 크게 세우시기 위해 시험하신 것입니다.

이처럼 사탄은 믿음의 사람을 넘어뜨리기 위해 시험합니다. 하나님을 믿는 믿음을 끊어버리기 위해 시련을 줍니다. 그러나 하나님께서는 믿음의 연단을 위해, 곧 흔들리지 않는 믿음으로 세우시기 위해 시련을 주십니다. 따라서 까닭 없이 시련을 겪는다고 할지라도 넘어지지 말고, 믿음으로 이겨야 합니다. 시련을 통해 더 깊이 하나님을 만나고, 더 큰 믿음의 사람으로 세워져야 합니다.

로마서 5장_기쁨을 통한 시련의 극복

하나님과 더불어 누리는 평화에 대해 전하고 있고, 또한 아담과 그리스도를 비교하여 사망과 생명에 대한 가르침을 주고 있습니다. 특별히 주목할 말씀이, 환난 중에서도 즐거워해야 한다는 것입니다. 믿음 안에서 겪는 환난은 오히려 인내를 통한 연단을 이루고 또한 소망을 이룬다는 것입니다. "다만 이뿐 아니라 우리가 환난 중에도 즐거워하나니 이는 환난은 인내를, 인내는 연단을, 연단은 소망을 이루는 줄 앎이로라"(롬 5:3~4)

결국 무엇입니까? 시련 중에서 두려워하고 절망할 것이 아니라, 이를 통한 내일의 아름다운 결과를 기대하고 소망하며, 오히려 기뻐할 수 있어야 합니다. 기쁨으로 시련을 이겨야 합니다.

우리의 삶에 깨달음을 위한 시련도 있고, 연단을 위한 시련도 있습니다. 하나님은 우리의 안주함을 깨닫게 하기 위해, 또한 우리의 믿음을 더욱 굳건히 세우시기 위해 시련을 주십니다. 따라서 시련 속에서 우리의 안주함은 깨뜨리고, 우리의 연약한 믿음은 굳건히 세워야 합니다. 시련 속에서 오히려 기뻐하며 포기하지 않는 믿음으로 시련을 이겨야 합니다.

거룩

창세기 35-36장 | 마가복음 6장 | 욥기 2장 | 로마서 6장

힘써 거룩함의 삶을 살아야 합니다. 거룩함으로 하나님 앞에 서서 하나님의 축복도 누리고, 하나님의 칭찬도 들으며, 영생에 이르러야 합니다. 뿐만 아니라 거룩함으로 세상에 두려움이 되고 세상을 이겨야 합니다.

창세기 35-36장_거룩함을 통해 만나는 하나님

창세기 35장은 야곱이 벧엘로 올라가 벧엘에서 하나님의 축복을 받은 것을 전하고 있고, 또 라헬이 베냐민을 낳고 죽은 것과 이삭의 죽음을 전하고 있습니다. 창세기 36장은 에서 후손의 계보와 에돔 왕국의 임금들, 그리고 에돔의 족장들을 기록하고 있습니다.

야곱이 벧엘로 올라가 하나님을 만난 것에 주목하면, 야곱은 집안의 모든 사람들에게 이방 신상을 버리고 정결하게 하는 등, 거룩함에 힘쓸 것을 명령했습니다. "야곱이 이에 자기 집안 사람과 자기와 함께 한 모든 자에게 이르되 너희 중에 있는 이방 신상들을 버리고 자신을 정결하게 하고 너희들의 의복을 바꾸어 입으라"(창 35:2) 곧 야곱은 세겜에서 안주하다가 딸 디나가 세겜 추장에게 부끄러운 일을 당하는 등, 큰 문제에 봉착했습니다. 그런 야곱을 하나님께서 찾아오셨고, 벧엘로 올라가 제단을 쌓으라고 명령하셨습니다. 이에 야곱은 순종하여 하나님을 만나기 위해 벧엘로 올라갈 것을 결단하며 자기 집안 사람과 함께한 모든 자에게 정결함과 거룩함을 지시한 것입니다. 하나님을 만나는 길에 무엇보다 힘써야 할 것은 거룩함이고, 거룩하지 않으면 하나님 앞에 설 수 없기에 모두에게 거룩함을 강조한 것입니다.

결국 벧엘에 올라간 야곱은 하나님을 만나고 하나님의 축복의 약속을 다시 받을 수 있었습니다. 곧 하나님께서 야곱을 벧엘로 부르신 것은 다른 무엇이 아니라 축복하기 위함이었습니다. 마찬가지로 하나님께서 오늘 우리도 축복하기 위해 부르십니다. 그 부르심에 거절하거나 망설이지 말고 순종하여 하나님 앞에 나아가야 합니다. 무엇보다 야곱처럼 하나님 앞에 나아가며 거룩함에 힘써야 합니다. 오직 거룩함이 하나님을 만나는 축복의 통로가 됨을 잊지 말아야 합니다.

마가복음 6장_거룩함을 통해 주는 두려움

예수님께서 고향 나사렛에서 배척받으신 말씀, 복음 전파를 위해 열두 제자를 파송하신 말씀, 세례 요한의 최후를 전하는 말씀, 오병이어의 기적을 행하신 말씀, 예수님께서 물 위를 걸어 제자들을 찾아가신 말씀, 게네사렛에서 병자들을 치료한 말씀 등을 기록하고 있습니다.

세례 요한의 최후를 전하는 말씀에 주목하면, 헤롯은 그 거룩함 때문에 요한을 두려워했음을 전하고 있습니다. 곧 헤롯은 자신을 책망한 것 때문에 세례 요한을 잡아들이기는 했지만, 요한의 의로움과 거룩함 때문에 그를 두려워하여 보호했다는 것입니다. 그가 하는 말을 기꺼이 들었다는 것입니다. "헤롯이 요한을 의롭고 거룩한 사람으로 알고 두려워하여 보호하며 또 그의 말을 들을 때에 크게 번민을 하면서도 달갑게 들음이러라"(막 6:20)

세례 요한을 통해서, 의를 따르며 거룩함을 추구하는 사람은 악한 사람들까지 두렵게 한다는 사실을 보게 됩니다. 우리 믿음의 사람들은 거룩함으로 세상에 두려움이 되며, 세상에 영향력을 나타내야 한다는 사실도 가르침 받게 됩니다. 곧 우리가 세상을 이길 무기는 믿음과 거룩함입니다. 거룩함으로 세상에 두려움을 주며, 믿음으로 세상을 이겨야 합니다.

욥기 2장_거룩함을 통해 듣는 칭찬

욥의 참됨이 다시 한 번 입증된 것을 전하고 있습

니다. 곧 사탄이 또 다른 시험으로 욥을 고통스럽게 했지만, 욥이 변하지 않는 거룩함과 하나님을 경외하는 믿음으로 그 참됨을 입증했다는 것입니다. 또한 욥의 세 친구가 찾아온 것을 전하고 있습니다.

주목할 말씀이 하나님께서 욥을 칭찬하신 말씀입니다. 하나님께서는 욥의 온전함과 정직함과 하나님을 경외함에 대해 이렇게 칭찬하셨습니다. "여호와께서 사탄에게 이르시되 네가 내 종 욥을 주의하여 보았느냐 그와 같이 온전하고 정직하여 하나님을 경외하며 악에서 떠난 자가 세상에 없느니라 네가 나를 충동하여 까닭 없이 그를 치게 하였어도 그가 여전히 자기의 온전함을 굳게 지켰느니라"(욥 2:3) 사실 사탄이 욥을 시험하여 넘어뜨리고자 하는 것은 하나님께서 욥의 믿음과 거룩함을 칭찬하시기 때문이었습니다. 하나님을 대적하는 자로서 사탄은 하나님이 칭찬하시는 욥의 거룩하고 온전한 믿음을 깨뜨리고자 한 것입니다. 그리고 이 모든 사실은 그만큼 욥이 누구보다 거룩함과 믿음에 인정받고 있었다는 것을 보여줍니다.

하나님께 칭찬을 듣는 사람이 될 것인가? 책망을 듣는 사람이 될 것인가? 이 말씀을 대하며 우리 자신을 돌아봐야 합니다. 곧 우리는 마땅히 하나님께 칭찬을 듣는 사람이 돼야 하고, 따라서 무엇보다 거룩해야 합니다. 하나님은 다른 무엇이 아니라 우리의 거룩함을 칭찬하시기 때문입니다. 우리가 고난과 고통 중에서도 흔들리지 않고 하나님을 향해 지켜가는 온전한 믿음과 거룩함을 아시고 칭찬하십니다.

로마서 6장_거룩함을 통해 이르는 영생

세례와 새 삶에 대해 전하고 있습니다. 곧 우리의 세례는 예수 그리스도와 함께 죽고 그 안에서 다시 새 생명을 얻는 것임을 가르치고 있습니다. 죄의 종일 때는 부끄러움의 열매, 곧 불의의 열매를 맺고 심판으로 인한 사망에 이를 수밖에 없었지만, 예수 그리스도를 믿음으로 죄에서 해방되고, 하나님의 종이 되어 거룩함의 열매를 맺고, 하나님의 은혜 안에서 영원한 생명에 이르게 됨을 가르치고 있습니다. "그러나 이제는 너희가 죄로부터 해방되고 하나님께 종이 되어 거룩함에 이르는 열매를 맺었으니 그 마지막은 영생이라 죄의 삯은 사망이요 하나님의 은사는 그리스도 예수 우리 주 안에 있는 영생이니라"(롬 6:22~23)

예수 그리스도를 믿음으로 우리에게 새 삶이 주어집니다. 오직 그 믿음으로 거룩함의 열매를 맺을 수 있습니다. 하나님께서 그 믿음을 보시고 우리를 거룩하다고 인정해 주십니다. 그리고 이 거룩함을 통해 우리가 영생에 이를 수 있습니다. 믿음으로 이루는 거룩함이 우리를 영생에 이르게 합니다.

1. 거룩함으로 하나님 앞에 서게 하시고, 하나님을 통한 축복의 약속도 받아 누리게 하소서.
2. 거룩함에 힘써 하나님께 인정받고 기쁨이 될 뿐만 아니라, 거룩함으로 세상에 두려움이 되는 사람 되게 하소서.
3. 믿음으로 죄의 종 됨을 끊고, 하나님의 종으로 거룩함의 열매를 맺으며 영생에 이르게 하소서.

4 Feb

시련과 꿈

창세기 37장 | 마가복음 7장 | 욥기 3장 | 로마서 7장

시련을 이겨야 온전히 하나님의 꿈을 이룰 수 있습니다. 따라서 시련 중에 포기하지 말고, 낙망하지 않으며 주를 바라보아야 합니다. 주를 통해 소망을 갖고 시련을 이기며 하나님의 꿈을 이루어가야 합니다.

창세기 37장_시련을 통해 이루는 꿈

요셉의 꿈과, 요셉이 형들의 시기로 애굽에 팔려 간 것을 전하고 있습니다. 곧 요셉이 꾼 꿈으로 인해 요셉을 시기한 형들이 요셉을 죽이고자 했습니다. 요셉이 죽으면 그들을 분노케 하고 시기하게 한 꿈도 사라질 수밖에 없다고 생각한 것입니다(창 37:19~20). 그러나 차마 동생을 죽일 수 없었던 형들은 은 이십에 요셉을 상인들에게 팔았고, 이로 인해 요셉은 애굽에 종으로 팔려가게 됐습니다. 요셉은 그가 꾼 꿈 때문에 시련을 겪게 됐습니다(창 37:28).

여기서 놓치지 말아야 하는 것이, 요셉이 꾼 꿈은 하나님께서 주신 꿈입니다. 그 꿈은 결코 사람들에 의해 꺾이거나 사라지지 않습니다. 요셉의 형들은 요셉을 시기하여 그 꿈을 꺾으려고 했지만, 결코 그럴 수 없었습니다. 오히려 하나님은 형들이 요셉을 애굽에 판 것을 통하여 요셉에게 준 꿈을 이루셨습니다. 또한 놓치지 말아야 하는 것이, 하나님이 주신 꿈은 시련 없이 저절로 이루어지지 않는다는 사실입니다. 물론 하나님은 충분히 그렇게 하실 수 있으시지만, 그러나 시련이라는 관문을 통해 그 꿈을 이루시고, 또 이를 통해 그에 걸맞은 그릇으로 만들어 가십니다. 곧 요셉이 겪게 된 시련은 하나님의 주권과 섭리 속에서 주어진 것으로, 요셉은 형들에 의해 애굽에 종으로 팔려가는 시련을 겪고, 또 애굽에서 누명을 쓰고 옥에 갇히는 시련을 겪으며 연단되었습니다. 하나님께서 주신 꿈에 걸맞은 사람으로 세워졌습니다. 이 모든 시련을 통해 단련되고, 또 그 시련을 이김으로 하나님이 주신 꿈을 이루게 됐습니다.

하나님께서 주신 꿈 때문에 시련을 겪을 수 있습니다. 그러나 이런 시련을 지나지 않고, 또한 그 시련을 이기지 않고 하나님의 꿈을 이룰 수 없습니다. 하나님께서는 그 주신 꿈을 온전히 이루게 하기 위해 우리를 시련의 현장으로 몰아가십니다. 그 시련에 넘어지지 말고, 오히려 시련을 이김으로 그 꿈을 이루어야 합니다.

마가복음 7장_시련 중에 포기하지 말아야

정결례 문제로 인한 예수님의 책망과 가르침, 수로보니게 여인의 귀신 들린 딸을 위한 간구와 치유, 귀 먹고 말 더듬는 사람의 치유를 기록하고 있습니다. 특별히 수로보니게 여인을 통해 꿈을 이루기 위해 시련 중에서도 끝까지 포기하지 말고, 믿음을 가져야 한다는 사실을 배우게 됩니다.

결국 이 말씀은 꿈을 이루는 과정에서 아무리 큰 시련을 겪고 아픔을 겪더라도 포기하지 말고 믿음을 가져야 한다는 사실을 가르쳐 줍니다. 곧 수로보니게 여인에게 당장의 예수님의 외면과 거절이 시련이었습니다. 그러나 포기하지 않고 믿고 매달림으로 시련을 이기고 그 꿈을 이루게 됐습니다. 귀신들린 딸이 치료 받는 소망을 이루게 됐습니다. 이처럼 그 꿈을 이루는 과정에 시련이 있다고 포기하지 말고 끝까지 믿음을 가져야 합니다. 시련 중에도 포기하지 않아야 그 꿈을 이룰 수 있습니다.

욥기 3장_시련 중에 낙망하지 말아야

욥의 탄식입니다. 자신의 생일을 저주하며, 차라리 그 날이 없었거나 또는 태어나는 날 자신이 죽었다면 지금과 같은 고통을 보지 않았을 것이라고 탄식한 것입니다(욥 3:1). 결국 고난 중에서 낙망한 욥의 모습을 볼 수 있습니다. 갑작스러운 큰 재앙과 시련 속에서도 인내하며 버텨왔던 욥이었습니다. "주신 이도 여호와시요 거두신 이도 여호와시오니 여호와의 이름이 찬송을 받으실지니이다"(욥 1:21) "우리가 하나님께 복을 받았은즉 화도 받지 아니하겠느냐"(욥 2:10) 이렇게 고백하며 하나님을 경외하는 믿음에서 넘어지지 않았던 욥이었습니다. 그런데 자신을 위로하겠다고 찾아온 친구들 앞에서 낙망하며 원망하기를 시작했습니다. 아마도 친구들과 자신을 비교했기 때문이 아니겠습니까? 그 친구들은 평안하며 아무 재앙도 없는데, 하나님을 경외하며 더 의롭게 살아왔다고 생각하는 자신은 이처럼 고난을 겪는 것으로 인해 원망이 일어난 것 아니겠습니까? 따라서 지금까지 입술로 범죄하지 않았던 욥이 원망하고 불평하며 죄를 범하기 시작했고, 심지어 하나님을 원망하는 데까지 이르고 말았습니다. 이 땅에 태어나 빛을 보게 하시고 고통의 삶을 살게 하신다고 하나님을 원망했습니다(욥 3:20).

사실 욥이 원망하는 모든 조건들은 하나님의 은혜입니다. 욥이 너무도 큰 고통 가운데 있기에 원망하고 있지만, 생명을 주신 것도 은혜요, 고난당하는 자에게 빛을 주신 것도 은혜이며, 이 땅에서 삶을 살아가도록 그 생명을 지키시고 보호하시는 것도 은혜입니다. 결국 이 말씀은 시련 중에 낙망하고 원망할 것이 아니라 하나님의 은혜를 찾아야 함을 가르쳐주고 있습니다. 그 큰 시련이 우리의 눈을 가려서 은혜도 원망하게 하는데, 오히려 고난 중에서 하나님의 은혜를 찾고, 오늘의 시련을 이겨야 한다는 것입니다. 그래야 하나님의 뜻을 이루고 그 꿈을 이룰 수 있습니다.

로마서 7장_시련 중에 주를 바라봐야
율법으로부터의 자유함에 대해 가르치고 있습니다. 그리스도께 속한 우리는 율법에 종속되어 있지 않고, 그리스도의 몸으로 말미암아 이 율법에서 벗어나게 됐다는 것입니다. 또한 율법 아래 있는 인간에 대해 가르치고 있습니다. 율법을 통해 죄를 깨닫지만 그 깨닫게 하는 죄로 인해 사망에 이를 수밖에 없는 우리의 현실을 전하고 있습니다. 곧 그리스도를 통해 율법에서 자유함을 얻지 못할 때 우리의 운명은 절망스러울 수밖에 없다는 것입니다. 따라서 바울은 원하지 않는 악을 끊어내지 못하고 악을 행하는 자신을 바라보며 절망할 수밖에 없었습니다(롬 7:24).

그러나 이내 예수 그리스도를 통해 소망을 갖고 감사했습니다. 사망의 몸에서 누가 나를 건져낼 수 있겠느냐는 탄식이 예수 그리스도로 인한 감사로 바뀌었습니다. "우리 주 예수 그리스도로 말미암아 하나님께 감사하리로다 그런즉 내 자신이 마음으로는 하나님의 법을 육신으로는 죄의 법을 섬기노라"(롬 7:25) 곧 예수 그리스도께서 사망의 몸에서 자신을 건져내신다는 것입니다. 예수 그리스도가 절망 중에 있는 바울에게 소망이 되었다는 것입니다.

바울에게 있어서 죄로 인한 고민과 갈등은 견디기 힘든 내적 시련이었습니다. 그러나 그 시련 중에서 주의 은혜를 생각하고 주를 바라봄으로 그 시련을 이길 수 있었습니다. 곧 죄로 인한 시련이든 아니면 다른 무엇으로 인한 시련이든, 우리의 삶의 모든 시련은 예수 그리스도를 통해 이길 수 있습니다. 그 시련 속에서 겪는 절망은 예수 그리스도를 통해 소망으로 바꾸어갈 수 있습니다. 그리고 그 소망이 하나님의 꿈을 포기하지 않게 합니다. 결국 시련을 이기고 그 꿈을 이루게 합니다.

오늘의 기도

1. 하나님의 꿈을 이루기 위해 겪어야 하는 시련을 두려워하거나 피하지 않게 하소서.
2. 어떤 절망의 상황에서도 포기하지 않고 믿음으로 구하게 하시고 이를 통해 주의 칭찬과 응답도 누리게 하소서.
3. 우리와 함께하시는 주님이 해답과 소망이 됨을 기억하고 항상 주님을 바라보게 하소서.

우리는 주님의 긍휼이 필요한 존재로, 주께서 베푸신 풍성한 긍휼과 그 희생을 놓치지 말아야 합니다. 또한 우리도 주의 긍휼을 따라 우리 이웃에게 긍휼 없는 삶이 아닌 긍휼의 삶을 살아야 합니다.

창세기 38장_긍휼이 없는 사람

유다의 아들 엘과 오난이 악하여 죽은 것과, 유다의 며느리 다말이 유다를 통해 베레스와 세라를 낳은 것을 전하고 있습니다.

오난의 악함과 죽음에 대해 주목하면, "오난이 그 씨가 자기 것이 되지 않을 줄 알므로 형수에게 들어갔을 때에 그의 형에게 씨를 주지 아니하려고 땅에 설정하매 그 일이 여호와가 보시기에 악하므로 여호와께서 그도 죽이시니"(창 38:9~10) 유다의 아들 엘이 자녀가 없이 죽자 동생 오난이 계대결혼에 따라 형수인 다말과 동침했습니다. 그러나 오난은 그렇게 태어나는 아들이 자기 아들이 되지 않기에 형에게 씨를 주지 않으려고 땅에 설정했다는 것입니다. 그리고 이것이 여호와 보시기에 악하여 여호와께서 오난도 심판하셨다는 것입니다.

오난이 형 엘과의 관계가 어떠했는지 성경이 말씀하고 있지 않습니다. 그래서 그 관계에 대해 알 수 없습니다. 그러나 설령 그 관계가 좋지 않았다 할지라도 자녀 없이 죽은 형에 대해 최소한의 긍휼의 마음은 가져야 했습니다. 또한 이것은 좋고 나쁘고의 관계를 떠나서 형제로서의 당연한 의무였습니다. 그러나 오난은 그 의무마저 저버렸고 형에 대해 조금의 긍휼도 갖지 않았습니다. 아마도 형에게 후손이 없어야 아버지의 재산이 모두 자신의 것이 될 수 있다는 욕심을 가졌던 것으로 보입니다. 이런 오난에게서 자기의 욕심만 생각하는 긍휼 없는 인간의 모습을 보게 됩니다.

그렇다면 오늘 우리는 어떠합니까? 긍휼의 삶, 곧 긍휼의 마음으로 우리 이웃들을 돌아보며 살아가고 있습니까? 혹 긍휼 없이 우리 자신의 욕심만 구하며 살아가고 있지는 않습니까? 주님께서 우리에게 놀라운 긍휼의 은혜를 베푸셨고, 또 지금도 베푸심을 기억하고, 그 은혜를 따라 우리도 긍휼의 삶을 살아가야 합니다. 이것이 주님께서 기뻐하시는 삶입니다.

마가복음 8장_긍휼로 가득한 예수님

칠병이어의 기적, 바리새인과 헤롯의 누룩을 주의하라는 가르침, 한 시각장애인의 치유, 베드로의 신앙고백과 따름에 대한 가르침을 기록하고 있습니다.

칠병이어의 기적에 주목하면 예수님의 긍휼과 사랑을 볼 수 있습니다. "내가 무리를 불쌍히 여기노라 그들이 나와 함께 있은 지 이미 사흘이 지났으나 먹을 것이 없도다 만일 내가 그들을 굶겨 집으로 보내면 길에서 기진하리라 그 중에는 멀리서 온 사람들도 있느니라"(막 8:2~3) 예수님은 모인 무리들의 굶주림도, 이후 이들이 기진하여 쓰러질 것도, 또한 이들 중에 먼 길을 돌아가야 할 사람이 있는 것도 다 알고 계셨습니다. 그렇기에 이들을 위해 다시 한 번 배불리 먹이시는 기적을 나타내셨습니다. 떡 일곱 개와 물고기 두 마리로 모인 무리 약 사천 명을 먹이셨습니다. 예수님의 긍휼의 사랑이 놀라운 기적을 나타낸 것입니다.

오늘도 주님의 긍휼의 사랑이 우리를 향해 끊임없이 주어지고 있음을 잊지 말아야 합니다. 그 긍휼로 우리를 돌보심을 기억하고 힘써 그 은혜 안에 거해야 합니다. 그리고 우리도 주님을 따라 긍휼의 삶을 살아가야 합니다.

욥기 4장_긍휼이 필요한 사람

엘리바스의 첫 번째 말입니다. 죄 없이 망한 자도

없고, 정직한 자가 끊어지는 일도 없다는 것입니다. 무엇보다 그는 자신의 계시 체험을 증거로 들면서 사람의 불의함과 죄에 빠지기 쉬운 연약함을 강조했습니다. "사람이 어찌 하나님보다 의롭겠느냐 사람이 어찌 그 창조하신 이보다 깨끗하겠느냐... 하물며 흙 집에 살며 티끌로 터를 삼고 하루살이 앞에서라도 무너질 자이겠느냐 아침과 저녁 사이에 부스러져 가루가 되며 영원히 사라지되 기억하는 자가 없으리라"(욥 4:17~20) 인간의 불의함과 연약함에 대해 말하고 있는데, 인간의 의는 하나님의 온전하심과 그 기준에 결코 이를 수 없으며, 한낱 티끌처럼 사라지고 잊혀질 존재에 불과하다고 말하고 있습니다.

결국 이 말씀은 우리에게 하나님의 은혜와 사랑이 절대적으로 필요하다는 사실을 가르쳐줍니다. 하나님의 긍휼의 사랑이 없이는 하나님의 기준에 도달할 수 없는 불의함으로, 우리 모두는 심판 받아 멸망 받을 수밖에 없고, 그 삶도 짧고 허무한 삶으로 끝날 수밖에 없습니다. 하나님의 긍휼하심이 있어야 부족함에도 불구하고 하나님 앞에서 의롭다 인정받아 구원에 이를 수 있고, 그 삶도 가치 있고 영원할 수 있습니다.

로마서 8장_긍휼을 위한 희생
성령 안에서의 삶을 전하고 있습니다. 성령 안에서

생명의 성령의 법을 통해 죄와 사망의 법에서 해방되고, 죽음을 이기고 생명의 삶을 살아가며, 하나님의 자녀요 상속자로 살게 된다는 것입니다. 성령은 우리의 연약함을 도우신다는 것입니다.

또한 하나님의 우리를 향한 긍휼과 사랑 그리고 희생에 대해 말씀하고 있습니다. "자기 아들을 아끼지 아니하시고 우리 모든 사람을 위하여 내주신 이가 어찌 그 아들과 함께 모든 것을 우리에게 주시지 아니하겠느냐"(롬 8:32) 하나님께서 우리를 긍휼히 여겨 구원하시기 위해 아들, 곧 예수 그리스도를 내어주셨다는 것입니다. 따라서 또한 하나님은 우리를 위해 그 무엇도 아끼지 않고 내어주신다는 것입니다. 우리를 향한 하나님의 긍휼의 사랑은 그 어떤 희생도 마다하지 않으신다는 것입니다.

따라서 또한 성경은 이렇게 말씀하고 있습니다. "누가 우리를 그리스도의 사랑에서 끊으리요 환난이나 곤고나 박해나 기근이나 적신이나 위험이나 칼이랴"(롬 8:35) "내가 확신하노니 사망이나 생명이나 천사들이나 권세자들이나 현재 일이나 장래 일이나 능력이나 높음이나 깊음이나 다른 어떤 피조물이라도 우리를 우리 주 그리스도 예수 안에 있는 하나님의 사랑에서 끊을 수 없으리라"(롬 8:38~39) 독생자 아들까지도 우리를 위해 희생하시는 하나님의 긍휼과 사랑은 무엇으로도 끊을 수 없다는 것입니다.

형통

창세기 39장 | 마가복음 9장 | 욥기 5장 | 로마서 9장

하나님과 동행함으로 형통한 삶을 살아갈 수 있습니다. 하나님을 믿고 의뢰함으로, 또한 그 약속을 붙듦으로 형통한 삶을 살아갈 수 있습니다.

창세기 39장_동행으로 인한 형통

요셉이 바로의 신하 친위대장 보디발의 종이 되어 일한 것과, 억울한 누명을 쓰고 옥에 갇힌 것을 전하고 있습니다. 특별히 주목할 말씀이 하나님께서 요셉과 함께하셨고, 또 이로 인해 형통했다는 것입니다. 그 주인인 보디발도 요셉의 형통함을 보았다는 것입니다. "여호와께서 요셉과 함께 하시므로 그가 형통한 자가 되어 그의 주인 애굽 사람의 집에 있으니 그의 주인이 여호와께서 그와 함께 하심을 보며 또 여호와께서 그의 범사에 형통하게 하심을 보았더라"(창 39:2~3)

사실 종으로 살아가야 하는 요셉의 삶을 어떻게 형통한 삶이라 할 수 있겠습니까? 사랑하는 형들에게 미움을 받고 배신을 당해 죽을 뻔했고, 한순간에 노예가 되어 살아가고 있는데, 어떻게 이런 삶을 형통한 삶이라 할 수 있습니까? 그러나 성경은 다른 무엇이 아니라 하나님과 함께하는 삶을 형통한 삶이라고 말씀하고 있습니다. 뜻한 바대로 일이 술술 풀려 단지 부자가 되고 권세를 얻는 삶이 아니라, 하나님께서 함께하시고 그럼으로 하나님의 도우심과 인도하심 속에서 살아가는 삶이 형통한 삶이라는 것입니다.

우리의 삶의 형통함도 하나님과 함께함에 있습니다. 삶에 뜻하지 않는 고난도 있고 실패도 있을 수 있습니다. 그러나 믿음으로 하나님을 떠나지 않으며 하나님과의 동행에 힘쓸 때에, 우리는 그 동행으로 인해 형통한 삶을 살아갈 수 있습니다.

마가복음 9장_믿음으로 인한 형통

높은 산에서 예수님께서 영광스럽게 변모하신 말씀, 귀신 들린 소년의 치유, 예수의 수난과 부활에 대한 가르침, 제자들의 서열 다툼, 죄의 유혹에 대한 경고의 말씀 등을 기록하고 있습니다.

특별히 귀신 들린 소년의 치유의 말씀에 주목하면, 주를 믿음으로 능력의 삶을 살아갈 수 있고, 또 그 능력으로 형통한 삶을 살아갈 수 있음을 깨닫게 됩니다. 곧 예수님께서 귀신들린 아이를 데려온 아버지에게 이렇게 말씀하셨습니다. "예수께서 이르시되 할 수 있거든이 무슨 말이냐 믿는 자에게는 능히 하지 못할 일이 없느니라 하시니"(막 9:23) 아이의 아버지가 예수님께 도움을 구하지만, 믿음이 없이 의심으로 가득했기에 예수님께서 믿음을 말씀하셨는데, 믿는 자에게는 모든 일이 가능하다는 것입니다. 믿음으로 못할 일이 없고, 믿음으로 능력의 삶을 살아갈 수 있다는 것입니다.

믿음은 불가능을 가능으로 바꿉니다. 전능하신 하나님은 우리의 믿음을 보시고 일하십니다. 따라서 어떤 상황이든 실망하거나 의심하지 않고 믿음을 가질 때, 전능하신 하나님의 능력을 경험할 수 있습니다. 그 하나님의 능력으로 형통한 삶을 살아갈 수 있습니다.

욥기 5장_의뢰함으로 인한 형통

4장에 이어 계속된 엘리바스의 말입니다. 엘리바스는 욥의 태도가 그릇되었다고 경고하며 바른 태도를 지니라고 권고했습니다. 어리석게 하나님과 다투지 말고 겸손히 하나님을 의지하며 하나님을 찾으라는 것입니다. 그러면 하나님께서 축복하신다는 것입니다. 곧 엘리바스는 이렇게 권고했습니다. "나라면 하나님을 찾겠고 내 일을 하나님께 의탁하리라 하나님은 헤아릴 수 없이 큰 일을 행하시며 기이한 일을 셀 수 없이 행하시나니"(욥 5:8~9)

하나님은 측량할 수 없는 큰 일을 행하시는 분으로 하나님을 찾고 의뢰할 때에, 하나님의 능력을 경험할 수 있다는 것입니다. 하나님을 의뢰함이 우리의 삶에 형통함을 만든다는 것입니다.

욥이 당하는 고난의 이유를 오직 죄로만 바라보고 있는 엘리바스의 시각에는 문제가 있습니다. 그러나 하나님을 의뢰하라는 그의 권고 자체는 우리가 되새겨야 합니다. 곧 연약한 우리의 힘으로는 형통의 삶을 살아갈 수 없습니다. 뜻하지 않은 문제와 고난 속에서 두려워하고 넘어질 수밖에 없습니다. 그러나 하나님을 의뢰할 때, 하나님의 일하시는 은혜를 경험할 수 있습니다. 하나님의 능력과 은혜를 통해 모든 고난과 문제를 이기고 형통의 삶을 살아갈 수 있습니다.

로마서 9장_약속으로 인한 형통

믿음으로 말미암는 의에 대해 전하고 있습니다. 율법으로는 결코 의에 이를 수 없지만 하나님의 약속에 따라 믿음으로 의에 이를 수 있음을 가르치고 있습니다. 이것을 설명하기 위해 육신의 자녀가 아닌 약속의 자녀가 하나님의 자녀로 인정받는다는 것을 말씀하고 있습니다. "또한 아브라함의 씨가 다 그의 자녀가 아니라 오직 이삭으로부터 난 자라야 네 씨라 불리리라 하셨으니 곧 육신의 자녀가 하나님의 자녀가 아니요 오직 약속의 자녀가 씨로 여기심을 받느니라 약속의 말씀은 이것이니 명년 이 때에 내가 이르리니 사라에게 아들이 있으리라 하심이라"(롬 9:7~9) 아브라함의 자손으로 혈통의 의를 주장하고 있는 사람들에게 혈통이 아닌 약속이 중요함을 가르치고 있는 말씀입니다. 아브라함에게 혈통을 따라 다른 자녀가 있었지만 하나님의 약속의 자녀는 오직 이삭이었다는 것입니다. 따라서 혈통적 의를 주장하며 율법을 앞세울 것이 아니라 하나님의 약속과 믿음을 통한 의를 붙잡아야 한다는 것입니다.

결국 이 말씀은 하나님의 약속을 붙들 때, 그 약속은 반드시 이루어지고, 그렇게 이루어진 약속을 통해 우리의 삶을 형통케 할 수 있음을 가르쳐주고 있습니다. 하나님의 약속대로 이삭이 태어났고, 그 약속을 따라 오직 이삭이 약속의 자녀가 되었습니다. 따라서 하나님의 약속을 따라 믿음을 붙잡는 사람들에게 믿음의 의가 주어집니다. 이처럼 하나님의 약속은 반드시 이루어지고 따라서 약속을 붙들면 약속대로 이루어지는 형통의 삶을 살아갈 수 있습니다.

오늘의 기도

1. 부유함과 성공보다 하나님과의 동행을 구하게 하시고, 하나님과의 동행을 통해 형통함의 삶을 살게 하소서.
2. 하나님을 향한 절대적 믿음과 신뢰를 통해 우리의 삶에 있는 불가능한 많은 일들이 가능으로 바뀌는 축복을 경험하게 하소서.
3. 끝까지 하나님의 약속을 붙들어 약속대로 이루어지는 삶의 축복과 형통함을 누리게 하소서.

고난 중의 믿음

창세기 40장 | 마가복음 10장 | 욥기 6장 | 로마서 10장

맥체인성경365_234p

고난이 계속된다고 할지라도 믿음을 잃어버리지 말아야 합니다. 끝까지 믿음으로 주님을 따르며 그 믿음을 지켜야 합니다. 결코 그 믿음의 삶에서 타협하지 않아야 합니다.

창세기 40장_고난 속에서도 지킨 믿음

억울하게 옥에 갇힌 요셉이 바로의 진노로 옥에 들어온 술 맡은 관원장과 떡 굽는 관원장을 섬기게 된 것을 전하고 있습니다. 또한 두 관원장이 각기 꿈을 꾸어 요셉이 그 꿈을 해석해 주었고, 그 해석대로 술 맡은 관원장은 복직 되고, 떡 굽는 관원장은 처형된 것을 전하고 있습니다.

주목할 말씀이 복직한 술 맡은 관원장이 요셉을 잊었다는 것입니다(창 40:23). 곧 요셉은 술 맡은 관원장에게 자신의 억울함을 호소하며, 복직이 되면 자신을 도와줄 것을 부탁했습니다. 술 맡은 관원장은 요셉의 섬김을 받으며 그의 정직함을 충분히 알 수 있었을 것입니다. 또한 그의 꿈의 해석대로 자신은 복직이 되었기에 요셉에게 고마운 마음도 없지 않았을 것입니다. 또한 요셉의 꿈의 해석을 들으며, 그대로 복직만 된다면 반드시 그렇게 하겠다고 아마 약속도 했을 것입니다. 그러나 복직된 술 맡은 관원장은 요셉을 잊고 말았습니다. 요셉의 정직함도, 요셉에 대한 고마움도, 또한 그에게 한 약속도 다 잊고 말았습니다.

결국 요셉은 억울한 누명을 벗고 옥에서 구원 받을 수 있는 기회를 놓치고 말았습니다. 그 캄캄한 옥에서 고난과 고통을 계속해서 겪으며 더 인내해야만 했습니다. 그 스스로 잘못한 일도 없이, 끝이 보이지 않는 고난의 터널을 지나야만 했습니다. 그러나 그는 끝까지 하나님을 향한 믿음을 잃어버리지 않았습니다. 그가 하나님을 향해 순전한 믿음을 지켰음은 성경이 증언하고 있습니다. 그리고 이런 인내와 믿음을 통해 결국에는 하나님의 구원의 주인공이 됐습니다. 그 자신이 놀랍게 구원을 받고 애굽에 총리가 되는 주인공이 됐고, 또한 흉년 중에 그의 가족들을 구원하여 하나님의 구원의 역사에 쓰임 받는 주인공이 됐습니다.

마가복음 10장_고난 속에서도 따른 믿음

이혼에 대한 가르침, 영생을 구하며 찾아온 부자 청년, 따름에 대한 보상, 예수의 수난과 부활에 대한 가르침, 섬김에 대한 가르침, 여리고에서 시각장애인 바디매오를 치료하신 말씀 등을 기록하고 있습니다.

특별히 따름에 대한 보상의 말씀에 주목하면, 우리가 고난 중에서도 힘써 주님을 따르며 끝까지 믿음을 지켜야 함을 깨닫게 됩니다. 곧 베드로는 자신들이 모든 것을 버리고 예수님을 따른 사실에 대해 말했습니다. 그때에 예수님께서 따름에 대한 보상이 반드시 있음을 가르치셨습니다. "예수께서 이르시되 내가 진실로 너희에게 이르노니 나와 복음을 위하여 집이나 형제나 자매나 어머니나 아버지나 자식이나 전토를 버린 자는 현세에 있어 집과 형제와 자매와 어머니와 자식과 전토를 백 배나 받되 박해를 겸하여 받고 내세에 영생을 받지 못할 자가 없느니라"(막 10:29~30) 예수님과 복음을 따르기 위해 집과 가족과 전토 등을 버리고 포기하는 고난이 있지만, 현세에 고난 중에 포기한 모든 것을 백 배나 받는 축복이 있고, 또한 내세에 영생을 받는 축복이 반드시 있다는 것입니다. 그런데 또한 놓치지 말아야 하는 말씀이 "박해를 겸하여 받는다"는 말씀입니다. 그 축복에는 박해의 고난도 있다는 것입니다. 모든 것을 포기하는 고난 중에 또 박해의 고난도 겪게 된다는 것입니다. 그러나 고난이 계속된다고 포기하지 말고 끝까지 예수님을 따르며 믿음을 지키며 한다는 것입니다. 그래야 백배의 축복도, 영생의 축복도 누리게 된다는 것입니다. 따라서 또한 예수님은 이렇게 말씀하셨습니다. "그러나 먼저 된 자로서 나중 되고 나중 된 자로서 먼저 될 자가 많으니라"(막 10:31) 고난 중에도 따른 믿음에서 끝까지 포기하지 않고 따르는 것이 중요하다는 것입니다. 지금은 먼저 되어 예수님을 따르고 있지만 고난 중에 믿음을 포기하여 나중 될 수 있다는 것입니다. 지금의 믿음에 자만하지 말고 끝까지 예수님을 따르며 믿음을 지켜야 한다는 것입니다.

욥기 6장_고난 속에서 잃어버린 믿음
엘리바스에 대한 욥의 첫 번째 대답입니다. 욥은 그 당하는 고난이 하나님의 징계라는 엘리바스의 주장을 받아들일 수 없었습니다. 오히려 이해할 수 없는 고난에 탄식할 수밖에 없었고, 그저 빨리 죽기만을 바라며, 하나님께서 속히 자신을 죽여주시기를 구했습니다. 또한 위로와 도움은커녕 자신을 정죄하는 친구들이 야속할 수밖에 없음을 고백했습니다.

욥의 탄식과 원망의 말씀을 주목하면, "전능자의 화살이 내게 박히매 나의 영이 그 독을 마셨나니 하나님의 두려움이 나를 엄습하여 치는구나"(욥 6:4) 자신에게 덮친 고통이 하나님께서 허용하셨기 때문이라고 표현하고 있는 것입니다. 자신이 당하는 고통과 아픔의 원망을 하나님께 두고 있는 것입니다. 처음 욥은 고난 중에서도 오히려 하나님을 찬양하며 순전함의 믿음을 지켰습니다. "빈손으로 태어났으니 빈손으로 죽는 것이 당연한 것이며, 주신 분도 하나님이시요 가져 가신 분도 하나님이시니 다만 하나님을 찬양한다"고 고백했습니다(욥 1:21). 그러나 계속된 고난에 그 믿음을 잃어버리고 하나님을 원망하고 만 것입니다. 그리고 오직 빨리 죽기만을 바라며, 하나님께서 지금 자신을 멸하시는 것을 유일한 소망으로 구했습니다(욥 5:8~10).

욥이 당한 고난의 크기를 생각할 때, 원망하는 욥을 이해하지 않을 수 없습니다. 누구라도 이런 큰 고통을 당한다면 죽고 싶은 마음만 들 수밖에 없습니다. 그러나 성경의 가르침은 그럼에도 믿음을 잃어버리지 않아야 한다는 것입니다. 원망이 아니라 끝까지 믿음으로 하나님을 의지해야 한다는 것입니다. 우리가 이 가르침을 잊지 않아야 합니다. 그럼에도 불구하고 원망이 아닌 믿음을 보여야 합니다.

로마서 10장_고난 속에서도 타협하지 않는 믿음
믿음으로 말미암는 의에 대해 전하고 있습니다. 율법이 아닌 믿음, 곧 입으로 예수를 주로 시인하고, 하나님께서 죽은 자 가운데서 예수를 살리신 것을 마음에 믿으면 구원을 얻는다는 것입니다. 이는 헬라인이나 유대인이나 차별이 없다는 것입니다.

"네가 만일 네 입으로 예수를 주로 시인하며 또 하나님께서 그를 죽은 자 가운데서 살리신 것을 네 마음에 믿으면 구원을 받으리라 사람이 마음으로 믿어 의에 이르고 입으로 시인하여 구원에 이르느니라"(롬 10:9~10) 여기서 "우리의 입으로 예수를 주로 시인해야 한다"는 말씀에 주목해야 합니다. 당시는 핍박과 죽음의 위협이 있었습니다. 오늘 우리가 예수를 주로 시인하며 고백하는 것과 상황이 다릅니다. 곧 죽음의 위협 속에서도 타협하지 않는 믿음으로 예수를 주로 시인하며 고백해야 한다는 것으로, 당장의 고난과 핍박보다 예수님을 선택하고 구원을 선택해야 한다는 것입니다. 우리의 믿음은 결코 고난 속에서도 타협하지 않아야 한다는 것입니다.

오늘의 기도
1. 고난이 계속된다 할지라도 순전함을 지키며 주의 구원의 때를 믿음으로 기다리게 하소서.
2. 고난과 박해 중에도 끝까지 믿음으로 주님을 따라서 현세에 포기한 모든 것의 백 배의 축복과 내세에 영생의 축복을 누리게 하소서.
3. 당장의 고난 때문에 타협하지 않게 하시고, 오히려 믿음으로 예수님을 주님으로 고백하여 항상 구원의 자리에 서게 하소서.

인내

창세기 41장 | 마가복음 11장 | 욥기 7장 | 로마서 11장

맥체인성경365_239p

변하지 않는 믿음으로 인내하여 하나님의 승리를 누려야 합니다. 이를 위해 오늘은 인내하며 고통을 이기고 십자가의 길을 걸어가야 합니다. 끝까지 주를 향해 소망을 가져야 합니다.

창세기 41장_인내를 통한 승리

요셉이 바로 왕의 꿈을 해석하고 애굽의 총리가 된 것을 전하고 있습니다. "너는 내 집을 다스리라 내 백성이 다 네 명령에 복종하리니 내가 너보다 높은 것은 내 왕좌뿐이니라 바로가 또 요셉에게 이르되 내가 너를 애굽 온 땅의 총리가 되게 하노라 하고"(창 41:40~41)

요셉이 죄수에서 총리로 발탁되는 상상조차 할 수 없는 일이 이루어졌습니다. 이는 결국 인내의 결과였습니다. 한 순간에 형들에게 배신을 당해 애굽의 종이 되는 고난을 겪어야 했습니다. 억울하게 누명을 쓰고 죄수가 되어 옥에 갇히는 더 큰 고난에 처하기까지 했습니다. 그러나 요셉은 변하지 않는 믿음으로 하나님을 바라보았습니다. 그 믿음에서 떠나지 않고 하나님을 의지하고 신뢰했습니다. 그 결과 상상조차 할 수 없는 축복을 경험하게 된 것입니다. 고난 속에서도 믿음으로 인내하며 기다리면 하나님의 때에 반드시 승리가 있음을 보여준 것입니다.

마가복음 11장_인내하며 걸어가야 할 십자가

예수님께서 나귀를 타고 예루살렘에 입성하신 말씀을 기록하고 있습니다. 또한 예루살렘에 입성하셔서 성전을 정화하신 말씀과, 대제사장들과 서기관들과 장로들에게 그 권위에 대한 질문을 받으신 말씀을 기록하고 있습니다.

예수님께서 예루살렘에 입성하신 말씀에 주목하면, "나귀 새끼를 예수께로 끌고 와서 자기들의 겉옷을 그 위에 얹어 놓으매 예수께서 타시니 많은 사람들은 자기들의 겉옷을, 또 다른 이들은 들에서 벤 나뭇가지를 길에 펴며 앞에서 가고 뒤에서 따르는 자들이 소리 지르되 호산나 찬송하리로다 주의 이름으로 오시는 이여 찬송하리로다 오는 우리 조상 다윗의 나라여 가장 높은 곳에서 호산나 하더라"(막 11:7~10) 무리들은 정치적 왕으로서 예수님을 바라보며 찬송했습니다. 당시 타락한 기득권과 로마의 압제를 끊어내고 이스라엘을 구원할 왕으로서 예수님을 바라보고 "호산나"라고 외치며 찬양했습니다. 그러나 예수님은 온 인류를 구원할 어린 양으로, 곧 희생의 제물로 예루살렘에 입성하셨습니다. 당장의 승리만을 바라보지 않고 내일의 영원한 승리를 바라보며, 오늘은 인내하며 십자가의 길을 걸어가셨습니다.

하나님은 하나님의 때에 반드시 승리의 역사를 쓰십니다. 따라서 그 승리를 바라보며 오늘은 인내함으로 십자가의 길을 걸어가야 합니다. 당장의 승리만을 바라고 그 인내의 십자가를 거절한다면 내일의 영원한 승리는 기대할 수 없습니다. 십자가 없이는 내일의 부활의 승리도 있을 수 없습니다. 따라서 오늘의 십자가를 마다하지 말고 인내하며 걸어가야 합니다.

욥기 7장_인내하며 이겨내야 할 고통

6장에 이어 엘리바스에 대한 욥의 첫 번째 대답으로, 그 고통으로 인한 절망과 하나님을 향한 원망을 전하고 있습니다.

"이와 같이 내가 여러 달째 고통을 받으니 고달픈 밤이 내게 작정되었구나"(욥 7:3) 욥이 계속된 고통으로 그 아픔을 표현하고 있는 말씀입니다. 고달픈 밤이 자신의 삶에 계속되고 있다는 것입니다. 결국 이 고통으로 인해 욥은 하나님을 원망하며 불평하고 말았습니다. "그런즉 내가 내 입을 금하지 아니하고 내 영혼의 아픔 때문에 말하며 내 마음의 괴로움 때문에 불평하리이다"(욥 7:11) 분하고 괴로워서 입을 다물 수 없다고 욥이 소리치고 있는 말씀입니다. 그 고통이 하나님을 향한 원망으로 이어진 것입니다. 또한 욥은 고통 중에 차라리 죽는 것이 낫다고 고백했습니다. "이러므로 내 마음이 뼈를 깎는 고통을 겪으니 차라리 숨이 막히는 것과 죽는 것을 택하리이다 내가 생명을 싫어하고 영원히 살기를 원하지 아니하오니 나를 놓으소서 내 날은 헛 것이니이다"(욥 7:15~16) 지금의 재앙과 고통의 원인을 하나님께 두며 차라리 죽고 싶다고 하나님을 원망하고 있는 것입니다.

욥의 큰 고난과 고통이 이해는 됩니다. 더욱이 그 고통이 수개월째 이어지니(욥 7:3 참조) 누구라도 원망하지 않을 수 없을 것입니다. 그러나 그럼에도 하나님의 때에 이루시는 하나님의 승리를 바라보며 고통을 이겨내야 합니다. 고통 중에 하나님을 향해 원망하며 불평을 쏟아내는 것이 아니라, 인내하며 하나님께 부르짖어 도우심을 구해야 합니다. 인내하며 이길 수 있는 힘을 구해야 합니다. 이것이 참 믿음의 사람이 보여야 할 모습입니다.

로마서 11장_인내하며 바라봐야 할 소망
이스라엘의 구원을 바라는 바울의 마음을 보게 하는 말씀입니다. 곧 모든 이스라엘이 완악해진 것이 아니고, 하나님께서 은혜로 택하심을 따라 남은 자가 있다는 것입니다. 또한 이스라엘의 실족으로 말미암아 이루어진 이방의 구원이 이스라엘에게 자극이 되어 이스라엘의 구원으로 이어지게 된다는 것입니다. 따라서 또한 이방인 그리스도인에 대해 경고하고 있는데, 한 마디로 주제넘게 굴지 말라는 것입니다. 높은 마음을 품지 말고, 두려운 마음으로 언제든 하나님의 심판에 처할 수 있음을 기억하며, 구원의 은혜에서 떨어지지 않도록 조심하라는 것입니다.

이스라엘에 남은 자가 있다는 말씀에 주목하면, "그런즉 이와 같이 지금도 은혜로 택하심을 따라 남은 자가 있느니라"(롬 11:5) 하나님은 그 백성을 포기하지 않으시며 그들의 구원을 위해 힘쓰심을 보여주고 있습니다. 그 백성들이 하나님의 은혜의 복음을 거부하고 멸망의 길을 가고 있지만, 그럼에도 하나님은 포기하지 않고 그 백성들에게 은혜를 베풀고 계시며, 따라서 남은 자가 있다는 것입니다. 엘리야 시대에 하나님께서 바알에게 무릎을 꿇지 않은 사람 칠천 명을 남겨두신 것처럼 지금도 하나님의 특별한 은혜 속에서 남은 자가 있다는 것입니다.

결국 이 남은 자는 하나님의 마음, 곧 그 백성들을 향한 사랑의 마음입니다. 모두가 구원 받고 멸망 받지 않기를 바라는 마음입니다. 따라서 고난 속에서 하나님의 마음을 기억하면 넉넉히 이겨갈 수 있습니다. 하나님의 사랑과 우리를 구원하고자 하시는 하나님의 마음에 소망을 두면 인내하여 결국에는 승리의 자리에 설 수 있습니다.

오늘의 기도

1. 고난 중에서도 인내하여 하나님의 때에 놀랍게 세우시는 은혜와 축복을 누리게 하소서.
2. 내일의 영광과 승리를 바라보며 오늘 걸어가야 하는 십자가를 피하지 않게 하소서.
3. 우리를 구원하고자 하시는 하나님의 마음에 소망을 두고 끝까지 인내하게 하소서.

기뻐하시는 삶

창세기 42장 | 마가복음 12장 | 욥기 8장 | 로마서 12장

하나님께서 기뻐하시는 삶을 살아야 합니다. 따라서 하나님께 소망을 두고 하나님의 기뻐하시는 뜻을 분별해야 합니다. 그 기뻐하시는 계명을 찾고 지키며, 하나님의 큰 계획을 따라가야 합니다.

창세기 42장_하나님이 기뻐하시는 계획을 따라가는 삶

기근으로 인해 야곱의 아들들, 곧 요셉의 형들이 애굽에 양식을 구하러 온 말씀입니다. 그런데 주목할 말씀이 그 형들이 애굽의 총리로 있는 요셉에게 엎드린 것과 요셉이 이를 보며 어린 시절 하나님께서 주신 꿈을 생각했다는 것입니다. "때에 요셉이 나라의 총리로서 그 땅 모든 백성에게 곡식을 팔더니 요셉의 형들이 와서 그 앞에서 땅에 엎드려 절하매"(창 42:6) "요셉이 그들에게 대하여 꾼 꿈을 생각하고 그들에게 이르되 너희는 정탐꾼들이라 이 나라의 틈을 엿보려고 왔느니라"(창 42:9)

결국 이 말씀은 요셉이 하나님께서 주신 꿈을 잊지 않았음을 알게 합니다. 애굽에서 큰 고난을 겪으면서도 하나님의 꿈을 간직하고 있었다는 것입니다. 또한 요셉이 하나님이 주신 꿈에 담긴 더 큰 뜻과 계획을 바라봤음도 생각하게 합니다. 하나님의 꿈이 단지 자신의 영광과 높임에 있다고 생각하지 않고, 그 꿈에 담긴 하나님의 구원의 계획을 바라봤다는 것입니다. 곧 요셉이 그 자리에서 형들에게 자신의 신분을 밝히지 않은 이유는 무엇 때문이겠습니까? 또한 형들을 정탐꾼으로 몰아간 이유는 무엇 때문이겠습니까? 요셉이 어떤 의도로 그렇게 한 것이겠습니까? 성경은 그 이유에 대해서 말하고 있지 않습니다. 하지만 요셉이 그렇게 한 결과, 그 형들이 과거 요셉에게 한 잘못을 스스로 돌아보았고, 또 그 잘못을 고백했습니다(창 42:21~22). 이전에 매몰차게 자신을 종으로 팔았던 형들에게서 자신들을 희생하고 다른 형제들을 살리고자 하는 형제애를 끌어냈습니다. 곧 요셉과 그 형제들은 하나님의 선택된 백성으로 열두 지파 공동체를 이루어가야 합니다. 애굽에서 열두 지파 공동체로 번성하는 것이 하나님의 뜻하신 계획입니다. 따라서 무엇보다 중요한 것이 형제들 간의 하나 됨과 사랑이었습니다. 아마도 요셉은 이런 하나님의 큰 계획을 바라본 것으로 보입니다. 하나님이 주신 꿈에서 단지 자신의 영화와 권세만을 바라보지 않았고, 열두 지파 공동체와 번성이라는 하나님의 큰 계획을 바라본 것입니다. 그렇기에 그 즉시 자신이 누구인지 밝히고 그 형들을 두렵게 하고 복수하기보다, 당장은 자신을 숨기고 형들을 정탐꾼으로 몰아 곤란한 상황을 만들어간 것입니다. 이를 통해 형들이 그 잘못을 돌아보게 할 뿐만 아니라, 서로를 위해 희생하는 형제애를 갖도록 이끈 것입니다. 이처럼 요셉은 자신의 복수보다 하나님의 기뻐하시는 계획을 바라보며 따라갔습니다. 그 삶에서 이해 못할 큰 고난과 아픔도 겪었지만, 언제나 믿음과 순종으로 하나님의 큰 계획을 이루는 삶을 선택했습니다.

마가복음 12장_하나님이 기뻐하시는 계명을 지켜가는 삶

악한 포도원 농부들에 대한 비유, 세금에 관한 물음, 부활에 관한 질문, 최고의 계명에 대한 물음, 율법학자들에 대한 경고, 과부의 헌금 등을 기록하고 있습니다. 특별히 서기관 중 한 사람이 예수님을 찾아와 최고의 계명에 대해 물었던 말씀에 주목하면, 예수님은 그 질문에 하나님 사랑과 이웃사랑으로 대답하셨습니다. 이 사랑이 모든 계명의 첫째요 핵심이라는 것입니다. "예수께서 대답하시되 첫째는 이것이니 이스라엘아 들으라 주 곧 우리 하나님은 유일한 주시라 네 마음을 다하고 목숨을 다하고 뜻을 다하고 힘을 다하여 주 너의 하나님을 사랑하라 하신 것이요 둘째는 이것이니 네 이웃을 네 자신과 같이 사랑하라 하신 것이라 이보다 더 큰 계명이 없느니라"(막 12:29~31)

우리의 삶은 하나님께서 기뻐하시는 삶이어야 합니다. 그렇기에 가장 핵심이요 근본이 되는 계명이 무엇인지 찾고 깨닫는 것, 그리고 그 계명을 힘써 지켜가는 것은 중요한 일입니다. 따라서 예수님께서 가르쳐주신 첫째 되는 계명, 곧 하나님 사랑과 이웃 사랑의 삶을 가슴에 새기고, 힘써 사랑의 삶으로 하나님께서 기뻐하시는 삶을 살아야 합니다.

욥기 8장_하나님이 기뻐하시는 소망을 바라보는 삶
수아 사람 빌닷의 첫 번째 말입니다. 그도 엘리바스와 마찬가지로 욥이 고난당하는 이유를 죄로 보았습니다. 하나님은 공의로우신 분으로, 그 죄로 인해 욥의 자녀들을 심판하셨다고 주장했습니다. 욥의 자녀들의 죽음은 죄 때문이라는 것입니다. 빌닷은 이와 같은 자신의 주장을 뒷받침하기 위해 선조들의 지혜를 인용했습니다.

엘리바스와 동일하게 모든 고난을 죄의 관점으로 바라보는 빌닷의 주장은 옳지 않습니다. 또한 고통과 아픔 중에 있는 욥에게 그 자녀들이 죄 때문에 죽은 것이라는 말은 경우에 바른 말이 아닙니다. 그러나 그가 선조들의 지혜를 통해 하나님을 찾고 하나님께 돌이켜 하나님을 의지해야 한다는 주장 자체는 귀 기울여 들어야 합니다. 곧 그는 하나님을 잊고 믿음을 저버린 사람의 소망은 헛되다고 주장했습니다. 하나님 밖에서 의지하는 모든 것은 영원하지 못하고, 든든하지 못하며, 헛되게 끊어지고 무너진다는 것입니다. "하나님을 잊어버리는 자의 길은 다 이와 같고 저속한 자의 희망은 무너지리니 그가 믿는 것이 끊어지고 그가 의지하는 것이 거미줄 같은즉 그 집을 의지할지라도 집이 서지

못하고 굳게 붙잡아 주어도 집이 보존되지 못하리라"(욥 8:13~15)

결국 빌닷의 말을 통해, 하나님 밖에서 헛된 것에 소망을 두며 의지하지 말고, 하나님 안에서 하나님이 기뻐하시는 일을 따르며, 여기에 소망을 두어야 한다는 사실을 깨닫게 됩니다. 하나님 밖에서 내가 기뻐하는 일이 아니라, 하나님 안에서 하나님이 기뻐하시는 일을 바라보며 소망을 두어야 합니다.

로마서 12장_하나님이 기뻐하시는 뜻을 분별하는 삶
예배의 삶, 사역의 삶, 사랑의 삶을 가르치고 있습니다. 거룩한 삶을 통해 삶의 예배를 드려야 한다는 것과, 각각 주신 은사에 따라 교회를 위해 봉사하며 사역해야 하는 것, 그리고 공동체 안에서 사랑과 나눔과 축복의 삶을 살아야 한다는 것을 가르치고 있습니다. 특별히 주목할 말씀이 이 세대를 본받고 따라가지 말아야 한다는 것입니다. 하나님의 선하시고 기뻐하시고 온전하신 뜻을 분별하여 따라가야 하며, 이 삶이 우리 믿음의 사람들이 살아가야 할 삶이라는 것입니다. 이 삶이 우리의 몸을 하나님이 기뻐하시는 거룩한 산 제물로 드리는 영적 예배라는 것입니다. "그러므로 형제들아 내가 하나님의 모든 자비하심으로 너희를 권하노니 너희 몸을 하나님이 기뻐하시는 거룩한 산 제물로 드리라 이는 너희가 드릴 영적 예배니라 너희는 이 세대를 본받지 말고 오직 마음을 새롭게 함으로 변화를 받아 하나님의 선하시고 기뻐하시고 온전하신 뜻이 무엇인지 분별하도록 하라"(롬 12:1~2)

우리는 믿음의 사람들로 우리의 욕심을 따르지 않고 우리의 영화와 기쁨을 따르지 않아야 합니다. 오직 주님께서 기뻐하시는 뜻을 분별하여 따라야 합니다.

구원
창세기 43장 | 마가복음 13장 | 욥기 9장 | 로마서 13장

맥체인성경365_252p

구원의 삶을 살아야 합니다. 예수 그리스도로 옷 입고, 그 소중한 무엇도 포기하며, 주님을 신뢰하고 인내할 때, 구원을 이루며 구원의 삶을 살아갈 수 있습니다.

창세기 43장_포기로 이루는 구원

야곱의 아들들이 양식을 구하기 위해 다시 애굽으로 내려간 것을 전하고 있습니다. 여기서 베냐민을 데리고 가는 것이 문제가 됐습니다. 양식을 구하러 처음 애굽에 갔을 때, 정체를 숨긴 요셉이 형들을 정탐꾼으로 몰아가면서 베냐민을 데려와야 오해를 풀고 또 자신을 볼 수 있다고 엄히 경고했기 때문입니다. 그러나 야곱이 베냐민마저 잃을지 모른다는 두려움에 이를 반대했기에 야곱과 그 아들들 사이에 실랑이가 벌어질 수밖에 없었습니다. 그러나 결국 실랑이 끝에 야곱은 베냐민을 데리고 가는 것을 허락했습니다. 양식을 구하러 가는데 다른 방법이 없기에, "베냐민을 잃게 되면 잃으리라"는 각오로 베냐민을 함께 보내기로 결단했습니다. "네 아우도 데리고 떠나 다시 그 사람에게로 가라 전능하신 하나님께서 그 사람 앞에서 너희에게 은혜를 베푸사 그 사람으로 너희 다른 형제와 베냐민을 돌려보내게 하시기를 원하노라 내가 자식을 잃게 되면 잃으리로다"(창 43:13~14)

여기서 중요한 사실을 깨달을 수 있습니다. 구원을 위해 하나님을 믿고 포기해야 한다는 것입니다. 믿음으로 포기하고 하나님께 맡겨야 구원의 은혜를 누릴 수 있다는 것입니다. 곧 야곱과 그 가족들이 흉년 중에 구원함을 얻기 위해서는 애굽의 양식이 필요했습니다. 그리고 그 양식을 구하기 위해서는 베냐민에 대한 마음을 내려놓는 결단이 필요했습니다. 야곱 입장에서는 포기할 수 없는 소중한 아들이었지만, 가족 모두의 구원을 위해서 그 소중한 아들을 포기하고 내려놓는 결단이 있어야 했습니다. 그런데 또한 야곱의 이러한 결단은 하나님을 향한 믿음이었습니다. 베냐민을 포기한 그의 결단은, 하나님께서 은혜를 베푸시고, 베냐민을 포함한 모든 아들들을 지켜주시기를 구하며, 하나님께 맡기는 믿음이었습니다.

구원을 위해 모든 것을 내려놓고 포기하는 결단이 필요합니다. 하나님께서는 우리의 구원을 위해 독생자 아들 예수 그리스도를 포기하셨습니다. 하물며 우리가 그 구원을 위해 포기하지 못할 것이 무엇입니까? 소중한 무엇도 하나님을 믿는 믿음으로 맡기며 내려놓을 때, 구원을 향해 나아갈 수 있습니다.

마가복음 13장_인내로 이루는 구원

세상 종말에 관한 말씀입니다. 거짓 그리스도들의 미혹과, 전쟁과 지진과 기근이 있으며, 믿음의 사람들의 핍박과 큰 환난이 있게 된다는 것입니다. 그러나 그때에 또한 예수님께서 다시 오심을 기억하며 깨어 있어야 한다는 것입니다.

무엇보다 주목할 말씀이 핍박과 환난 중에 인내해야 한다는 것입니다. "사람들이 너희를 끌어다가 넘겨 줄 때에 무슨 말을 할까 미리 염려하지 말고 무엇이든지 그 때에 너희에게 주시는 그 말을 하라 말하는 이는 너희가 아니요 성령이시니라 형제가 형제를, 아버지가 자식을 죽는 데에 내주며 자식들이 부모를 대적하여 죽게 하리라 또 너희가 내 이름으로 말미암아 모든 사람에게 미움을 받을 것이나 끝까지 견디는 자는 구원을 받으리라"(막 13:11~13) '끝까지 견디는 자는 구원을 받으리라'는 말씀을 놓치지 말아야 합니다. 곧 믿음의 사람들이 예수님을 믿는 믿음 때문에 미움을 받는다는 것입니다. 환난과 핍박과 죽음의 위협에 처하게 된다는 것입니다. 그러나 끝까지 믿음을 지키며 인내해야 하고, 그렇게 인내하는 자에게 구원이 있다는 것입니다. 믿음을 포기하지 않고 끝까지 믿음으로 인내해야 구원에 이르게 된다는 것입니다.

욥기 9장_신뢰로 이루는 구원

빌닷에 대한 욥의 첫 번째 대답입니다. 빌닷이 선조들의 지혜를 인용해 하나님의 의로움을 주장한 것에 대해, 욥은 그 의가 하나님 편에서 그 권능으로 정하신 의로서, 연약한 우리 사람은 무조건적으로 따라야 하는 불공정한 의라고 주장했습니다. 곧 자신이 아무리 옳고 의로워도, 하나님께서 의롭지 않다고 심판하시면 연약한 자신은 그대로 당할 수밖에 없다는 것입니다. 따라서 욥은 하나님을 원망했습니다. 까닭 없이 자신을 치시고 자신을 괴로움과 고통 가운데 몰아가셨다는 것입니다. "가령 내가 그를 부르므로 그가 내게 대답하셨을지라도 내 음성을 들으셨다고는 내가 믿지 아니하리라 그가 폭풍으로 나를 치시고 까닭 없이 내 상처를 깊게 하시며 나를 숨 쉬지 못하게 하시며 괴로움을 내게 채우시는구나"(욥 9:16~18)

하나님을 향한 욥의 원망이 이해 못할 것은 아닙니다. 누구라도 욥의 상황에 처했다면 하나님을 원망하지 않을 수 없었을 것입니다. 그만큼 욥은 이해할 수 없는 고난, 참기 힘든 너무 큰 고난에 처해 있었습니다. 그러나 그럼에도 하나님을 향한 신뢰와 믿음을 잃어버리지 않아야 합니다. 곧 욥기 말씀은 그럼에도 하나님의 의를 믿고 더 큰 뜻을 생각해야 함을 교훈하고 있습니다. 이해할 수 없는 상황에서도 하나님을 신뢰할 때, 의로우신 하나님의 구원은 반드시 주어집니다. 그 믿음이, 끝까지 붙든 신뢰가 구원에 이르게 합니다.

로마서 13장_예수 그리스도로 이루는 구원

국가 권력에 대해 가져야 하는 태도를 가르치고 있습니다. 하나님으로부터 비롯된 세상의 권세를 존중하고 존경하며 따라야 한다는 것입니다. 또한 율법의 완성으로서 사랑에 대해 말씀하고 있고, 그리스도인의 삶, 곧 빛 가운데 사는 삶을 교훈하고 있습니다.

빛 가운데 사는 삶에 주목하면 다음과 같이 교훈하고 있습니다. "또한 너희가 이 시기를 알거니와 자다가 깰 때가 벌써 되었으니 이는 이제 우리의 구원이 처음 믿을 때보다 가까웠음이라 밤이 깊고 낮이 가까웠으니 그러므로 우리가 어둠의 일을 벗고 빛의 갑옷을 입자 낮에와 같이 단정히 행하고 방탕하거나 술 취하지 말며 음란하거나 호색하지 말며 다투거나 시기하지 말고 오직 주 예수 그리스도로 옷 입고 정욕을 위하여 육신의 일을 도모하지 말라"(롬 13:11~14) 구원이 가까웠다는 말씀에 주목해야 하는데, 따라서 이 구원을 위해 빛의 옷을 입고 예수 그리스도로 옷 입어야 한다는 것입니다. 단정하게 행하고 거룩함에 힘써야 한다는 것입니다. 어둠의 행실을 벗어 버리고 방탕과 술 취함과 음란과 호색과 다툼과 시기에 빠지지 말아야 한다는 것입니다.

오직 구원은 예수 그리스도를 믿음으로 얻게 됩니다. 그 믿음의 바른 삶으로 그 믿음을 지키고 잃어버리지 않아야 구원에 이르게 됩니다. 따라서 항상 예수 그리스도로 옷 입고, 그 믿음의 삶에서 넘어지지 말아야 합니다.

오늘의 기도

1. 구원을 위해 그 소중한 무엇도 포기하고 내려놓고 또 하나님께 맡기는 믿음을 갖게 하소서.
2. 이해할 수 없는 고난과 고통 그리고 핍박 중에서도 끝까지 인내하며 믿음을 지켜 구원에 이르게 하소서.
3. 어두움과 불의와 방탕의 행실을 버리고 오직 빛의 옷을 입고 예수 그리스도로 옷 입어 단정하고 거룩한 삶을 살아가게 하소서.

희생

창세기 44장 | 마가복음 14장 | 욥기 10장 | 로마서 14장

맥체인성경365_258p

주님은 우리의 구원을 위해 십자가에서 희생하셨습니다. 그 희생을 따라 이제는 우리가 주님과 주님의 뜻을 위해 희생해야 하고, 더 나아가 우리의 형제와 이웃들을 위해 희생해야 합니다.

창세기 44장_형제를 위한 희생

요셉의 형들이 누명을 쓰고 크게 불안해 한 것과, 베냐민을 구하기 위해 희생하고자 한 것을 전하고 있습니다. 곧 요셉은 의도적으로 은잔을 베냐민의 짐에 숨겼고, 이를 통해 누명을 씌워 베냐민을 애굽에 붙잡아 두려고 했습니다. 이에 요셉의 형들, 특별히 유다는 베냐민이 돌아가지 않으면 아버지 야곱이 상심하여 죽게 될 것이라고 말하며, 베냐민을 대신해 자신이 종이 되고 볼모가 되겠다고 말했습니다. 아버지의 생명도 지키고 동생 베냐민도 살리기 위해 자신이 희생하겠다고 한 것입니다. "이제 주의 종으로 그 아이를 대신하여 머물러 있어 내 주의 종이 되게 하시고 그 아이는 그의 형제들과 함께 올려 보내소서 그 아이가 나와 함께 가지 아니하면 내가 어찌 내 아버지에게로 올라갈 수 있으리이까 두렵건대 재해가 내 아버지에게 미침을 보리이다"(창 44:33~34)

요셉이 어떤 의도로 이와 같은 일을 꾸몄는지는 성경이 말씀하고 있지 않습니다. 그러나 형제들의 우애를 시험하고자 하는 의도가 담겨 있음은 추측해 볼 수 있습니다. 곧 과거에는 이런 형제애도 없었고 희생하고자 하는 형제들도 없었습니다. 서로 자기의 욕심만 따르고 구했습니다. 동생 요셉에 대한 미움에 거리낌 없이 요셉을 죽이려고 했고, 또 돈을 받고 상인들에게 팔기까지 했습니다. 그러나 지금 애굽에 와 양식을 구하는 과정에서 누명을 쓰고 어려움을 겪으면서, 과거 요셉을 팔았던 죄, 곧 지금까지 꼭꼭 숨겨두었던 죄도 형제들 사이에서 서로 이야기하며 뉘우쳤고, 또 그전에 보이지 못했던 형제애의 모습도 보였습니다. 아버지를 생각하고 동생을 생각하여 유다가 자원하여 희생하고자

했습니다.

이런 희생이 중요한 것이, 야곱의 자녀들은 하나님의 백성으로 이스라엘의 열두 지파를 이루어가야 합니다. 이들 사이에 반목과 미움이 존재하면 진정 하나님의 백성으로 하나 된 이스라엘 공동체를 구성할 수 없습니다. 따라서 과거의 미움과 죄를 청산하는 것이 중요했고, 또 희생과 사랑으로 형제들의 하나 됨을 이루어가는 일이 꼭 필요했습니다. 바로 이 일에, 그 형제들이 희생하며 사랑하여 하나 되는 일에 요셉이 던진 시험이 결정적 역할을 했습니다.

우리 교회도 하나님이 기뻐하시는 한 교회 공동체를 이루어가기 위해 서로를 향한 사랑과 희생이 필요합니다. 미움과 반목을 버리고 서로 용납하고, 배려하고, 먼저 희생하고자 하는 마음이 있어야 합니다. 그 모든 사랑과 희생이 우리 교회를 더욱 하나님이 기뻐하시는 교회 공동체로 서게 합니다.

마가복음 14장_구원을 위한 희생

예수를 잡고자 하는 대제사장들과 서기관들의 계획, 베다니에서 한 여인이 예수님께 향유를 부은 사건, 유다의 배반, 최후의 만찬, 겟세마네 동산에서의 기도, 예수님께서 붙잡히시고 공회 앞에 서신 것, 베드로의 부인 등을 기록하고 있습니다.

겟세마네에서의 예수님의 기도에 주목하면, "이르시되 아빠 아버지여 아버지께는 모든 것이 가능하오니 이 잔을 내게서 옮기시옵소서 그러나 나의 원대로 마시옵고 아버지의 원대로 하옵소서 하시고"(막 14:36) 인류 구원을 위한 예수님의 희생의 길을 잘 보여주고 있는 말씀입니다. 이 기도대로 예수님은 당신의 뜻을 버리고 하나님의 뜻을 따라

십자가의 희생의 길을 인내하며 걸어가셨습니다. 참혹한 십자가의 희생을 통해 온 인류의 구원의 길을 열어 놓으셨습니다. 따라서 이 희생으로 구원의 은혜를 얻은 우리도 예수님의 희생의 본을 따라 우리의 이웃을 위해 희생의 삶을 살아야 합니다. 우리를 위해 희생하신 예수님을 위해 이제는 우리가 희생하며 살아가야 합니다.

욥기 10장_주의 뜻을 위한 희생

욥의 계속된 답변으로, 하나님을 향해 원망하는 욥의 기도입니다. "내가 하나님께 아뢰오리니 나를 정죄하지 마시옵고 무슨 까닭으로 나와 더불어 변론하시는지 내게 알게 하옵소서"(욥 10:2) 왜 하나님께서 나와 더불어 변론하시는지 알고 싶다고 말하고 있는데, 이는 곧 그에게 왜 이런 고통을 겪게 하시고 궁지에 몰아 이렇게 하나님과 변론하게 하시는지 알고 싶다는 의미입니다. 다분히 하나님을 향한 원망이 담겨 있습니다.

그러나 하나님께는 더 큰 뜻이 있습니다. 욥은 이 큰 뜻을 보지 못했기에 까닭 없이 고난을 당한다고 생각하며 원망한 것입니다. 따라서 당장의 고난으로 하나님을 원망하기보다 하나님의 더 큰 뜻을 바라볼 수 있어야 합니다. 오늘의 까닭 없는 고난을 하나님의 더 큰 뜻을 위한 희생으로 생각하고 인내해야 합니다.

로마서 14장_주를 위한 희생

주를 위한 삶이 더 중요함을 가르치고 있습니다. 곧 로마 교회 안에 음식을 금하는 것과 어떤 특정한 날을 지키는 것으로 결을 달리하는 신앙인들이 있었습니다. 이것이 교회의 소란이 됐는데, 이에 대해 진정 중요한 것이 무엇인지를 가르친 것입니다. 곧 무엇을 먹고 또 먹지 말아야 하느냐는 구별보다, 또한 그 먹는 것이 죄냐 아니냐 논쟁하며 비판하고 정죄하는 것보다, 믿음의 형제 안에 서로 품고 이해하는 것이 더 중요하고, 또 주를 위해 살아가는 삶이 더 중요하다는 것입니다. 음식이라는 형식보다 주를 위한 삶이라는 내면이 더 중요하다는 것입니다. 따라서 바울은 이렇게 말했습니다. "우리가 살아도 주를 위하여 살고 죽어도 주를 위하여 죽나니 그러므로 사나 죽으나 우리가 주의 것이로다 이를 위하여 그리스도께서 죽었다가 다시 살아나셨으니 곧 죽은 자와 산 자의 주가 되려 하심이라"(롬 14:8~9)

예수 그리스도께서 십자가의 죽으심과 부활을 통해 우리의 주님이 되셨음을 기억하며 이제는 우리가 주를 위해 죽고 또 살아야 합니다. 주님을 위해 얼마든지 희생하며 살아야 합니다.

더 중요한 것

창세기 45장 | 마가복음 15장 | 욥기 11장 | 로마서 15장

맥체인성경365_265p

우리를 변호하며 그 분노를 푸는 것보다 주어진 사명의 길을 걸으며 하나님의 구원을 생각하는 것이 더 중요합니다. 이웃의 잘못을 비판하기보다 용서하며 위로하는 것이 더 중요하며, 우리 자신의 기쁨보다 이웃의 기쁨을 위해 살아가는 것이 더 중요합니다. 우리는 더 중요한 것을 선택하며 따라야 합니다.

창세기 45장_복수보다 더 중요한 구원

요셉이 형제들에게 자신을 알리고, 아직 남아 있는 흉년 중에 아버지 야곱과 그 가족들 모두를 돌볼 것을 약속하며, 아버지 야곱을 애굽으로 모셔오라고 한 말씀입니다. 무엇보다 주목할 말씀이, 요셉이 그 형들에게 자신을 팔았던 것으로 근심하지 말라고 안심시킨 말씀입니다. 곧 요셉은 하나님의 더 큰 구원을 바라보며, 그 구원을 이루는 일에 마음을 쏟았습니다. 하나님의 큰 구원의 계획 속에서 자신이 애굽에 오게 된 것이고, 이 구원을 이루시기 위해 하나님께서 자신을 애굽 온 땅의 통치자로 삼으셨음을 놓치지 않았습니다(창 45:7~8).

사실 요셉에게, 살려달라는 부르짖음을 외면하고 애굽에 종으로 판 형들에 대한 미움과 분노가 조금도 없다고는 할 수 없을 것입니다. 이제 자신에게는 과거 형들의 잘못을 징계하고 자신이 당한 억울함을 복수할 수 있는 충분한 힘이 있습니다. 그러나 요셉은 더 중요한 것을 바라보았습니다. 자신의 인생에 있었던 억울함을 보기 이전에 하나님의 큰 구원을 바라보았습니다. 그 모든 일이 하나님께서 자신과 가족들을 구원하고자 하신 뜻이었음을 생각했습니다. 따라서 자신의 모든 분노와 복수의 감정을 하나님의 큰 구원의 사명으로 바꾸고, 그 구원을 이루는 길을 선택했습니다.

우리가 바라봐야 하는 것도 하나님의 큰 계획과 구원입니다. 당장의 내 감정을 이기지 못하고 감정대로만 살아간다면, 하나님의 더 큰 계획과 구원은 우리 자신을 통해 이루어질 수 없습니다. 하나님의 큰 구원의 계획에 쓰임 받는 것이 큰 영광이며 축복인데, 우리는 그 축복을 놓치고 맙니다. 따라서 당장의 내 감정을 쏟아내는 것보다 하나님의 더 큰 계획, 곧 구원을 바라보아야 합니다. 내 감정을 이기고 하나님의 구원을 선택해 내 감정보다 더 중요한 하나님의 구원을 이루어야 합니다. 하나님의 구원에 쓰임 받는 축복의 주인공이 돼야 합니다.

마가복음 15장_변호보다 더 중요한 사명

예수님의 십자가의 수난과 죽음을 기록하고 있습니다. 특별히 주목할 말씀이, 대제사장들의 많은 고발을 전하며 대답을 요구하는 빌라도의 물음에 예수님께서 침묵하셨다는 것입니다. "빌라도가 또 물어 이르되 아무 대답도 없느냐 그들이 얼마나 많은 것으로 너를 고발하는가 보라 하되 예수께서 다시 아무 말씀으로도 대답하지 아니하시니 빌라도가 놀랍게 여기더라"(막 15:4~5)

사실 예수님은 당신의 무죄함을 충분히 입증하며 변호하실 수 있으셨습니다. 누구보다 뛰어난 말씀으로 대제사장들의 거짓 고발을 밝히시고, 십자가의 형벌을 피하실 수 있으셨습니다. 그러나 침묵하심으로 십자가의 길을 걸어가셨습니다. 예수님 당신의 무죄를 입증하는 것보다 십자가를 통해 온 인류를 구원하는 사명이 더 중요했기 때문입니다. 따라서 모든 거짓 고발을 묵묵히 들으시고, 십자가의 사형 언도를 거부하지 않고 받아들이시며, 온 인류를 구원하기 위한 십자가의 길을 걸어가셨습니다.

하나님의 구원과 이를 위해 우리에게 주신 사명보다 더 중요한 것은 없습니다. 이 구원과 사명을 위해 억울함과 분노의 감정도 참고, 고통 아픔의 시간도 인내해야 합니다. 더 중요한 구원과 이를 위한 사명을 선택하며 따라가야 합니다.

욥기 11장_비판보다 더 중요한 위로

소발의 첫 번째 말입니다. 그는 욥이 거듭 자신의 결백을 주장하며 의롭다 하는 것에 격분하며, 하나님께서 욥에게 내리신 벌이 욥의 죄악보다 가벼운 줄 알아야 한다고 주장했습니다(욥 11:4~6). 곧 소발도 다른 친구들과 마찬가지로 욥이 당하는 고통의 이유를 죄로 보았습니다. 하나님은 그 뛰어난 지혜로 죄인들을 다 아시고 악을 분간하신다고 주장하고 있는데(욥 11:11), 이는 결국 욥의 고난이 불의를 보신 하나님의 벌이라고 주장한 것입니다. 따라서 그 하나님을 기억하며 모든 불의에서 돌이키라고 욥을 책망했습니다. 소발도 고통 중에서 신음하는 욥을 따뜻함으로 위로하기보다 비판하며 정죄했습니다.

물론 욥의 불평이 옳다고 할 수 없습니다. 하나님 앞에서 자신의 의로움을 주장하는 것도 어리석은 일입니다. 그러나 지금 욥에게는 비판과 정죄가 아니라 따뜻한 위로와 사랑이 필요했습니다. 욥이 당하고 있는 고통의 크기를 생각하면, 그 죄를 찾고 비판하기 이전에 먼저 따뜻한 사랑으로 욥을 위로해야 했습니다. 만약 친구들이 그렇게 했다면, 아마 욥도 다른 태도를 보였을지 모릅니다. 자신의 의를 주장하며 하나님께 불평하기보다 다시 순전함을 지키며 하나님의 은혜를 구했을 수 있습니다. 곧 요한복음 8장에 예수님은 음행 중에 잡혀온 여인을 사랑으로 용서하셨습니다. 정죄하고자 하는 사람들에게 "너희 중에 죄 없는 자가 먼저 돌로 치라"(요 8:7)고 말씀하시며, 모든 사람에게 있는 죄를 돌아보게 하셨고, "나도 너를 정죄하지 아니하노니 가서 다시는 죄를 범하지 말라"(요 8:11)고 말씀하시며 음행한 여인을 사랑으로 용서하셨습니다. 정죄가 아닌 사랑의 용서로 그 여인을 변화시키셨습니다.

비판과 정죄만이 능사가 아닙니다. 그것으로 사람을 깨닫게 하고 바꾸고자 하는 것은 쉽지 않은 일입니다. 오히려 정죄와 비난이 아닌 사랑이 더 많은 사람을 변화시킵니다. 따라서 비판하고 비난하는 삶 이전에 먼저 따뜻한 사랑으로 품고 위로하는 삶을 살아야 합니다.

로마서 15장_나의 기쁨보다 더 중요한 이웃의 기쁨

연약한 자를 향한 배려에 대해 교훈하고 있습니다. 또한 이방인의 사도로 바울 자신을 세우신 주님의 은혜와 사역에 대해 전하고 있고, 또 바울의 여행 계획에 대해 전하고 있습니다. 연약한 자를 향한 배려의 말씀에 주목하면, "믿음이 강한 우리는 마땅히 믿음이 약한 자의 약점을 담당하고 자기를 기쁘게 하지 아니할 것이라 우리 각 사람이 이웃을 기쁘게 하되 선을 이루고 덕을 세우도록 할지니라"(롬 15:1~2) 믿음이 강한 사람은 약한 자를 돌보고 배려해야 한다는 것입니다. 그 약한 자의 약점이 공격의 대상이 아니라 돌봄과 배려의 대상이 되어야 한다는 것입니다. 또한 자신의 기쁨이 아니라 이웃의 기쁨을 위해 힘써야 하고, 따라서 선을 이루고 덕을 세워야 한다는 것입니다.

결국 이 말씀은 무엇이 더 중요한지 가르쳐주고 있습니다. 곧 우리는 그리스도의 사랑을 받은 신앙인으로서 우리 자신의 유익보다 연약한 이웃을 배려하고 세우는 것을 더 중요하게 여겨야 합니다. 우리의 기쁨보다 우리 이웃들의 기쁨을 더 중요하게 여기며 살아야 합니다.

오늘의 기도

1. 하나님의 구원과 이를 위해 주신 사명의 삶을 위해 내 감정도, 나를 변호하는 삶도 내려놓게 하소서.
2. 정죄와 비난의 삶이 아니라 이웃을 위한 더 큰 사랑과 위로의 삶을 살아가게 하소서.
3. 믿음이 연약한 자를 배려하고 돌보며, 이웃의 기쁨을 위해 살아가는 사랑의 사람이요 큰 믿음의 사람이 되게 하소서.

하나님의 선한 주권과 동행을 깨닫고, 사망의 권세를 이기신 주의 부활과 그 주님이 주신 사명을 깨달으면 두려워하지 않을 수 있습니다. 우리는 두려워하지 않는 삶을 살아야 합니다.

창세기 46장_하나님의 동행을 깨달으면 두렵지 않습니다.

야곱이 모든 소유를 이끌고 애굽으로 내려간 것과 애굽에서 요셉을 다시 만나게 된 것을 전하고 있습니다. 또한 애굽으로 내려간 야곱의 가족들의 명단을 기록하고 있습니다. 특별히 주목할 말씀이 두려움에 있는 야곱에게 하나님께서 찾아오셔서 함께하심을 약속하시며 담대함과 확신을 주신 말씀입니다(창 46:3~4). 곧 요셉이 살아 있다는 소식과 요셉이 애굽에서 야곱과 그의 가족들을 돌보고자 한다는 소식을 전해들은 야곱은 모든 소유를 이끌고 애굽을 향해 출발했습니다. 그러나 이미 기반을 잡고 익숙하게 살아온 땅을 떠나 낯선 땅에 이주하여 다시 자리를 잡고 삶을 시작한다는 것은 두려운 일이었습니다. 무엇보다 하나님께서 약속하신 가나안 땅을 떠나는 것이 과연 옳은 일인지 알 수 없기에 야곱 입장에서는 두려울 수밖에 없었습니다. 바로 그 두려움의 때에 하나님께서 야곱을 찾아오셔서 두려워하지 말고 애굽으로 내려가라고 말씀하신 것입니다. 하나님께서 함께하시며 또한 이후 다시 그 백성들을 가나안 땅으로 인도하시겠다고 약속하신 것입니다.

결국 야곱은 하나님의 말씀을 통해 두려움을 이기고 애굽으로 내려갈 수 있었습니다. 하나님께서 함께하신다는 말씀과 그 약속이 두려움을 이기게 한 것입니다. 이처럼 하나님의 함께하심을 깨닫고, 함께하시는 하나님의 약속을 붙잡으면 두려움을 이길 수 있습니다. 우리의 두려움은 하나님의 함께하심을 깨닫지 못하기에 있습니다. 따라서 믿음으로 기도하며, 언제나 우리와 함께하시는 하나님, 우리를 떠나지 않으시며 인도하시는 하나님을 깨닫

고 발견해야 합니다.

마가복음 16장_주의 부활을 깨달으면 두렵지 않습니다.

예수님의 부활을 전하는 말씀입니다. 십자가의 죽음으로 모든 것이 다 끝나고 오직 절망만 남은 것처럼 보였지만, 예수님께서 그 말씀대로 사망의 권세를 이기시고 부활하셨다는 것입니다. 특별히 예수님의 무덤을 찾았다가 부활을 목격한 여인들에 대한 말씀에 주목하면, "여자들이 몹시 놀라 떨며 나와 무덤에서 도망하고 무서워하여 아무에게 아무 말도 하지 못하더라"(막 16:8) 곧 여인들은 예수님께 바르기 위해 향품을 준비해 무덤을 찾았습니다. 그런데 무덤을 막은 돌은 굴려져 있었고, 무덤은 비어 있었으며, 흰 옷을 입은 청년이 있어 그로부터 예수님의 부활의 소식을 듣게 됐습니다. 그러나 당장 모든 상황에 놀라고 부활의 소식이 믿기지 않았던 여인들은 두려워할 수밖에 없었습니다. 그 벌어진 모든 상황이 믿기 어려운 놀라운 일이었기에 도망하고 무서워한 것입니다. 그러나 여인들이 예수님의 부활을 온전히 믿고 깨달았다면 도망하고 무서워하는 것이 아니라, 그 자리에서 크게 기뻐했을 것입니다. 단지 그 모든 상황이 예수님께서 죽음의 권세를 이기시고 부활하신 상황임을 깨닫지 못했기에 두려워했던 것입니다. 이후 부활의 예수님을 만나고 그 믿음을 가진 이후에는 두려움이 아닌 큰 기쁨으로 예수님의 부활의 소식을 전했던 것을 볼 수 있습니다.

이처럼 우리의 삶에도 두려워할 일이 아니라 기뻐해야 하는 일임에도 당장에 놀람과 불신으로 두려워하는 일이 있습니다. 그것이 하나님께서 행하

시는 놀라운 구원과 축복의 역사인데, 당장에 펼쳐진 상황만을 보고 두려워하며 절망하곤 합니다. 따라서 주님을 바라보는 믿음이 필요합니다. 우리의 주님께서 사망의 권세를 이기고 부활하셨으며, 그 주님이 우리와 함께하신다는 사실을 잊지 말아야 합니다.

욥기 12장_선한 주권을 깨달으면 두렵지 않습니다.

소발에 대한 욥의 첫 번째 대답입니다. 욥은 친구들이 자신의 곤경에 대해 전혀 관심을 갖지 않고, 오직 그 이유를 죄로 보고 책망하며 공격하는 것에 환멸을 느끼며 빈정대는 말로 대답했습니다. 무엇보다 욥은 하나님의 지혜와 권능과 주권에 대해 인정했지만, 그러나 그 주권이 일반적이지 않고, 이해할 수 없는 하나님의 마음대로 이루어진다고 불평하며 주장했습니다. 곧 모든 지혜와 권능과 주권이 하나님께 있고, 하나님께서 그 능력으로 모든 만물을 다스리고 주관하고 계시며, 하나님의 뜻하신 일을 누구도 막을 수 없고 거스를 수 없다는 것입니다(욥 12:13~15). 여기에는 다분히 욥의 불평과 원망이 담겨 있는데, 그 자신이 이해할 수 없는 고난을 당하고 있다는 생각 때문입니다. 그 모든 고난의 이유가 주권을 가지신 하나님께 있고, 이해할 수 없는 하나님의 뜻에 따라 아무 죄도 없는 자신이 고난을 당하고 있다는 것입니다. 아무 이유도 없이 오로지 하나님의 뜻대로 고난을 주시는 하나님을 원망하고 있는 것입니다. 한마디로 욥은 하나님을 무자비한 폭군으로 이해한 것입니다. 그러나 욥은 하나님이 무자비한 폭군이 아니라, 욥이 생각지 못한 더 큰 뜻으로 욥의 인생을 주관하고 있음을 깨달아야 했습니다. 하나님의 뜻은 언제나 선하고 의롭다는 사실과 큰 자비로 채워져 있다는 사실

을 깨달아야 했습니다. 그래야 그 입에서 고난으로 인한 원망과 불평을 걷어낼 수 있었고, 하나님을 향한 신뢰와 소망 속에서 두려움을 떨쳐낼 수 있었습니다.

결국 무엇입니까? 하나님의 주권과 그 주권의 선함을 깨달으면 두려워하지 않을 수 있습니다. 어떤 환난과 고난의 상황에서도 하나님의 선하신 주권을 믿으며 두려움을 이길 수 있습니다.

로마서 16장_복음의 사명을 깨달으면 두렵지 않습니다.

편지를 마무리하며 전하는 문안과 거짓 교사에 대한 경고의 말씀입니다. 바울은 감사하며 기억해야 하는 여러 사람들을 열거하며 문안을 전하고 있는데, 주목할 말씀이 브리스가와 아굴라에 대한 말씀입니다. 이 부부는 바울을 위해 자신의 목숨까지도 내놓았습니다. 바울의 동역자로 누구보다 복음을 위해 생명을 걸고 충성했습니다. "너희는 그리스도 예수 안에서 나의 동역자들인 브리스가와 아굴라에게 문안하라 그들은 내 목숨을 위하여 자기들의 목까지도 내놓았나니 나뿐 아니라 이방인의 모든 교회도 그들에게 감사하느니라"(롬 16:3~4)

브리스가와 아굴라가 바울을 위해 그 목숨까지 내놓았다는 것은 복음의 사명을 위해 그 무엇도 두려워하지 않았다는 것을 가르쳐줍니다. 복음의 사명을 깨닫기에 그 무엇도 두려워하지 않았다는 것입니다. 결국 이 말씀은 우리도 주어진 사명을 깨달으며 두려움 없이 살아가야 함을 도전합니다. 우리에게도 생명보다 더 귀한 복음의 사명이 있음을 깨닫고 두려움 없이 사명을 감당하는 삶을 살아가야 한다는 것입니다.

오늘의 기도

1. 언제나 함께하시며 인도하시는 하나님과, 우리를 향해 주어진 생명과 구원의 약속을 붙들고 담대한 삶을 살아가게 하소서.
2. 어떤 고난과 환난 중에서도 하나님의 선하신 주권과 그 뜻을 믿으며 두려워하지 않게 하소서.
3. 복음과 주님을 위해 생명까지도 아끼지 않고 내놓을 수 있는 담대한 믿음을 주소서.

소망

창세기 47장 | 누가복음 1장 1-38절 | 욥기 13장 | 고린도전서 1장

맥체인성경365_276p

고단한 인생길에서 주의 약속을 통해 주어진 천국이 우리의 소망이 됩니다. 따라서 영원한 나라를 위해 이 땅에 오신 예수 그리스도와 우리를 구원에 이르게 하는 복음의 능력이 소망이 되며, 천국에 이르기까지 고단한 삶을 이기게 하시는 하나님의 은혜가 소망이 됩니다.

창세기 47장_약속의 땅을 향한 소망

야곱이 바로 앞에 선 것과, 요셉이 양식을 내어주고 애굽 사람들의 가축과 토지를 산 것을 기록하고 있습니다. 또한 야곱의 마지막 소원을 전하고 있습니다. 곧 나이 들어 죽음을 앞둔 야곱은 자신이 죽어 가나안 땅 조상들의 묘지에 묻히기를 소원했고, 이것을 아들 요셉에게 부탁했습니다. "내가 조상들과 함께 눕거든 너는 나를 애굽에서 메어다가 조상의 묘지에 장사하라 요셉이 이르되 내가 아버지의 말씀대로 행하리이다"(창 47:30) 여기서 야곱이 그 몸은 애굽에 있었지만 그 마음은 약속의 땅인 가나안에 있었음을 알 수 있습니다. 하나님을 향한 믿음과 그 속에서 주어진 약속을 항상 소망 중에 품고 살았으며, 하나님께서 그 약속을 반드시 이루셔서 가나안 땅을 그 자손들에게 주실 것을 확신했던 것입니다.

야곱이 애굽에 들어와 바로 왕 앞에 섰을 때, 자신의 지나온 세월을 험악한 세월이라고 표현했습니다(창 47:9). 그만큼 고되고 힘겨운 삶을 살았다는 것입니다. 그 삶이 결코 만만치 않았다는 것입니다. 그러나 그에게는 하나님으로부터 주어진 약속이 있었고, 그 약속에 대한 믿음과 소망이 있었습니다. 바로 이 소망이 험악한 세월을 인내하며 이기게 하는 힘이 되지 않았겠습니까? 하나님과 그 약속에 대한 소망이 고단한 삶을 소망의 삶으로 바꾸어가게 하지 않았겠습니까?

우리도 고단한 인생을 살아가고 있습니다. 그러나 우리에게도 천국에 대한 약속과 소망이 주어져 있습니다. 따라서 우리도 야곱처럼 천국을 소망으로 두고 살아가면 고단한 인생을 소망의 인생으로 바꾸어갈 수 있습니다.

누가복음 1장 1~38절_예수의 탄생을 통한 소망

세례 요한의 출생과 예수님의 탄생을 예고한 말씀입니다. 곧 성전에서 분향하고 있는 제사장 사가랴를 천사 가브리엘이 찾아와 아들 요한을 낳을 것을 예고했고, 또 그 예고대로 그 아내 엘리사벳이 잉태했습니다. 또한 천사 가브리엘이 남자를 알지 못하는 마리아를 찾아와 예수의 탄생을 예고했고, 마리아는 이해할 수 없는 말씀에도 순종하며 그 말씀을 받아들였습니다.

"보라 네가 잉태하여 아들을 낳으리니 그 이름을 예수라 하라 그가 큰 자가 되고 지극히 높으신 이의 아들이라 일컬어질 것이요 주 하나님께서 그 조상 다윗의 왕위를 그에게 주시리니 영원히 야곱의 집을 왕으로 다스리실 것이며 그 나라가 무궁하리라"(눅 1:31~33) 천사가 마리아를 찾아와 아들 예수를 낳을 것과 그를 통해 이루어지는 영원한 나라와 그 통치를 전하고 있는 말씀입니다. 이 땅에 놀라운 소망을 전하고 있는 말씀입니다. 곧 예수님의 이 땅에 오심은 우리에게 소망이 됩니다. 우리를 구원하기 위해 이 땅에 오셨고, 그 이루시는 영원한 나라를 우리에게 선물로 주시기 때문입니다. 하나님께서 약속하신 천국에 대한 소망이 오직 예수님을 통해 주어지기 때문입니다.

따라서 예수님을 믿을 뿐만 아니라, 예수님을 통해 이루어지는 구원의 사역에 순종으로 참여해야 합니다. 소망이 되시는 예수님과 그 구원의 사역에 이해되지 않아도 순종하며 따라야 합니다. 곧 당장의 마리아는 남자를 알지 못하는 자신을 통해 예수님이 태어난다는 것이 이해되지 않았습니다. 또한 이를 통해 겪어야 할 고난도 작지 않았습니다. 죽음까지 각오해야 했습니다. 그러나 마리아는 "주의

여종이오니 말씀대로 내게 이루어지이다"(눅 1:38)라고 고백하며, 예수님을 통한 구원의 사역에 순종으로 참여했습니다. 순종으로 소망이 되신 예수님께서 이 땅에 오심에 헌신했습니다.

욥기 13장_하나님의 은혜를 통한 소망
계속된 욥의 대답입니다. 욥은 친구들이 하나님을 변론한다고 하지만, 거짓된 근거로 자신을 정죄하는 것에 대해 비난하며 자신의 의로움을 주장했습니다. 또한 하나님께 소송하여 자신의 의에 대해 입증 받기를 원하며 구했습니다. 그리고 자신의 죄가 무엇인지 물으며, 이해할 수 없는 고난에 대해 자신의 억울함을 호소하며 하나님을 원망했습니다.

"주께서 어찌하여 얼굴을 가리시고 나를 주의 원수로 여기시나이까 주께서 어찌하여 날리는 낙엽을 놀라게 하시며 마른 검불을 뒤쫓으시나이까 주께서 나를 대적하사 괴로운 일들을 기록하시며 내가 젊었을 때에 지은 죄를 내가 받게 하시오며 내 발을 차꼬에 채우시며 나의 모든 길을 살피사 내 발자취를 점검하시나이다"(욥 13:24~27) 욥의 원망의 기도입니다. 무자비한 하나님의 처사로 자신이 이와 같은 고난을 당하고 있다고 생각한 욥이 하나님을 원망하며 기도한 것입니다. 자신이 젊을 때에 한 일까지 들추어내어 자신을 벌하신다고 불평하며 절망하고 있는데, 결국 하나님에게서 은혜를 찾을 수 없기에 절망한 것입니다. 욥이 느끼기에 하나님께서 조금의 은혜도 없이 자신의 작은 죄까지도 들추어내어 징계하고 계시다는 것입니다. 그러나 하나님의 은혜는 의심될 수 없습니다. 욥의 고난은 하나님의 무자비함 때문이 아니라 더 큰 하나님의 뜻 속에서 주어진 것입니다. 욥을 향한 하나님의 은혜는 변함이 없었고, 단지 욥이 하나님의 큰 뜻과 은혜를 깨닫지 못했을 뿐입니다.

결국 하나님의 은혜를 느끼지 못해 절망한 욥을 통해 하나님의 은혜가 소망이 됨을 깨달을 수 있습니다. 어떤 고난의 상황에서도 하나님의 은혜를 깨닫고 느낄 수 있다면 그 은혜로 인해 소망을 가질 수 있습니다. 또한 이것은 우리가 언제나 소망을 가질 수 있음도 가르쳐줍니다. 하나님의 은혜는 결코 마르거나 중단되지 않기 때문입니다.

고린도전서 1장_복음의 능력을 통한 소망
공동체 안의 분열을 책망하고 있습니다. 곧 바울은 고린도 교회가 네 개의 분파로 나뉘어 분쟁과 다툼 중에 있다는 소식을 듣고 책망했습니다. 또한 하나님 앞에서 세상의 지혜의 어리석음을 전하고 있습니다. 곧 유대인들에게는 거리끼는 것이요, 이방인들에게는 미련한 것인 예수 그리스도의 십자가를 통해 하나님의 능력과 지혜를 나타내셨다는 것입니다.

"십자가의 도가 멸망하는 자들에게는 미련한 것이요 구원을 받는 우리에게는 하나님의 능력이라"(고전 1:18) 여기서 하나님의 능력은 곧 구원을 뜻합니다. 우리의 죄를 씻고 우리를 구원함이 예수님의 십자가와 그 믿음에 있다는 것입니다. 사람들이 미련하다고 생각하는 예수 그리스도의 십자가를 통해 구원의 길을 열어 놓으신 것이 하나님의 지혜라는 것입니다.

결국 무엇입니까? 예수 그리스도의 십자가, 곧 그 복음과 구원의 능력이 우리에게 소망이 됩니다. 우리가 천국을 향해 소망을 가질 수 있는 것은 바로 복음의 능력 때문입니다.

오늘의 기도

1. 천국에 대한 약속과 소망으로 고단한 세상의 삶을 이겨 가게 하소서.
2. 구원을 위해 이 땅에 오신 예수님을 믿고 소망할 뿐만 아니라, 주님의 구원의 사역에 순종으로 참여하게 하소서.
3. 십자가의 도를 붙들고 자랑하며, 그 능력으로 생명과 소망의 삶을 살아가게 하소서.

소망 (2)

창세기 48장 | 누가복음 1장 39-80절 | 욥기 14장 | 고린도전서 2장

우리는 소망으로 살아야 합니다. 하나님의 약속과 구원이 소망이 되고, 그 구원을 깨닫게 하는 성령이 소망이 됩니다. 우리의 삶에 베푸시는 하나님의 은혜가 소망이 됩니다.

창세기 48장_약속으로 인한 소망

임종을 앞둔 야곱이 에브라임과 므낫세를 축복한 말씀입니다. 먼저 야곱은 요셉의 아들 에브라임과 므낫세를 일종의 입양을 통해 야곱의 다른 아들들과 같은 자리에 놓았습니다. 이로 인해 요셉의 후손이 한 지파가 아니라 두 지파를 이룰 수 있게 했습니다. 그리고 손을 얹어 에브라임과 므낫세를 축복하는데, 동생인 에브라임이 더 큰 자가 될 것을 예언하며, 그 오른손을 에브라임의 머리에 얹어 축복했습니다. 특별히 주목할 말씀은 야곱이 요셉에게 하나님의 약속을 전한 말씀입니다. "요셉에게 이르되 이전에 가나안 땅 루스에서 전능하신 하나님이 내게 나타나사 복을 주시며 내게 이르시되 내가 너로 생육하고 번성하게 하여 네게서 많은 백성이 나게 하고 내가 이 땅을 네 후손에게 주어 영원한 소유가 되게 하리라 하셨느니라"(창 48:3~4) 곧 야곱은 병이 들었습니다. 이제 나이가 많아 더 이상 이 세상을 살아갈 소망이 없습니다. 파란만장한 삶을 이제는 정리해야 하고, 따라서 모든 것이 다 끝난 것처럼 보입니다. 그러나 야곱은 하나님의 약속을 바라보며 소망을 가졌습니다. 그의 죽음과 상관없이 하나님의 약속은 계속 되고, 반드시 하나님께서 그 약속을 이루신다는 것입니다.

이러한 야곱을 통해 하나님의 약속으로 인한 소망을 깨닫게 됩니다. 곧 하나님의 약속은 결코 변하지 않습니다. 소멸하거나 사라지지도 않습니다. 어떤 상황에서도 약속을 붙들면 그 약속을 통해 소망을 가질 수 있습니다. 따라서 우리는 상황에 매여 상황에 따라 흔들리며 살아가는 것이 아니라, 변하지 않는 하나님의 약속으로 상황과 관계없이 언제나 소망의 삶을 살아야 합니다.

누가복음 1장 39~80절_구원으로 인한 소망

마리아가 엘리사벳을 찾아 방문한 것과 마리아의 찬가를 기록하고 있습니다. 또한 세례 요한의 출생과 사가랴의 찬가를 기록하고 있습니다.

사가랴의 찬가에 주목하면, 사가랴는 아들을 낳아 팔 일이 되어 할례를 행하였고, 그 이름을 요한이라 지었습니다. 이후 불신으로 인해 말을 못하게 됐던 입이 열리게 되자 성령에 충만하여 하나님을 찬양했습니다. 특별히 그는 이제 곧 이루실 하나님의 구원에 대해 예언했습니다. 하나님께서 언약을 이루시어 구원자를 보내시고 그 백성들을 원수에게서 구원하신다는 것입니다. "우리를 위하여 구원의 뿔을 그 종 다윗의 집에 일으키셨으니 이것은 주께서 예로부터 거룩한 선지자의 입으로 말씀하신 바와 같이 우리 원수에게서와 우리를 미워하는 모든 자의 손에서 구원하시는 일이라"(눅 1:69~71)

하나님의 언약은 언약으로 끝나지 않습니다. 하나님은 반드시 그 언약을 성취하고 이를 통해 구원을 이루십니다. 이 구원이 고난 중에서도 약속을 붙든 백성들에게 소망이 됩니다. 따라서 하나님의 언약과 이를 통해 이루시는 구원을 믿고 붙잡아야 합니다.

욥기 14장_은혜로 인한 소망

계속된 욥의 대답입니다. 하나님께 한참 대들며 원망하던 욥은 깊은 체념에 빠져 인생의 빠름과 덧없음을 탄식하며, 그 어떤 사람도 하나님 앞에서 깨끗할 수 없음을 고백했습니다. 하나님의 은혜를 기대하며, 자신을 향한 하나님의 진노가 지날 때까지 자신을 숨겨 달라고 호소했습니다.

"장정이라도 죽으면 어찌 다시 살리이까 나는 나

의 모든 고난의 날 동안을 참으면서 풀려나기를 기다리겠나이다 주께서는 나를 부르시겠고 나는 대답하겠나이다 주께서는 주의 손으로 지으신 것을 기다리시겠나이다 그러하온데 이제 주께서 나의 걸음을 세시오니 나의 죄를 감찰하지 아니하시나이까 주는 내 허물을 주머니에 봉하시고 내 죄악을 싸매시나이다(욥 14:14~17) 욥의 소망을 보여주는 고백입니다. 너무도 큰 고통과 이해할 수 없는 고난으로 인해 절망하며 하나님을 원망했지만, 그럼에도 소망은 하나님의 은혜밖에 없음을 고백한 것입니다. 하나님의 은혜를 기대하며, 하나님께서 모든 고난을 풀어주실 때까지 기다리겠다는 것입니다. 자신을 보고 기뻐하시며, 자신의 허물을 봉하시고 덮으실 하나님을 기다리겠다는 것입니다.

우리의 소망은 하나님의 은혜에 있습니다. 이 은혜마저 기대하지 못한다면 우리의 삶은 절망일 수밖에 없습니다. 그러나 어떤 상황에서도 하나님의 은혜는 의심될 수 없습니다. 욥에게 그러하셨던 것처럼, 하나님께 더 큰 뜻이 있어 우리에게 계속된 고난이 있게도 하시지만, 그러나 그것이 결코 우리를 향한 하나님의 은혜가 끊어졌기 때문은 아닙니다. 우리를 향한 하나님의 사랑과 은혜는 끊어지지 않으며, 결국에는 그 은혜로 우리를 놀랍게 구원하시고 축복하십니다. 따라서 결코 하나님의 은혜를 의심하지 말고, 끝까지 은혜를 구하며 그 은혜로 소망을 가져야 합니다.

고린도전서 2장_성령으로 인한 소망

바울이 고린도에서 말이 아닌 능력으로 예수 그리스도의 십자가와 복음을 전하고자 한 사실을 전하고 있습니다. 또한 하나님의 지혜에 대한 가르침을 기록하고 있는데, 이 지혜는 하나님께서 우리의 영광을 위하여 만세 전에 미리 정하신 것으로(고전 2:7), 오직 성령으로 보고 알 수 있음을 가르치고 있습니다. 그리고 우리 믿음의 사람들은 이 성령을 받았고, 이 성령이 우리 믿음의 사람들로 하여금 하나님께서 은혜로 주신 것들을 깨달아 알게 함을 전하고 있습니다. "우리가 세상의 영을 받지 아니하고 오직 하나님으로부터 온 영을 받았으니 이는 우리로 하여금 하나님께서 우리에게 은혜로 주신 것들을 알게 하려 하심이라"(고전 2:12) 하나님의 지혜요 하나님이 은혜로 주신 선물은 곧 구원을 뜻합니다. 예수 그리스도의 십자가를 통한 구원이 하나님의 지혜이고 또 은혜의 선물입니다. 그리고 구원은 우리에게 소망이 됩니다. 곧 어떤 큰 환난과 핍박 속에서도 우리에게 하나님의 은혜로 주어진 생명이 있다는 사실을 깨달으면 소망을 가질 수 있습니다.

결국 무엇입니까? 성령은 우리에게 주어진 하나님의 은혜의 선물을 깨닫게 하고, 하나님의 은혜의 선물인 영생은 우리에게 소망을 줍니다. 곧 성령이 우리에게 소망을 줍니다.

1. 결코 하나님의 약속은 끊어지지 않음을 기억하고 끝까지 약속을 붙들고 소망의 삶을 살아가게 하소서.
2. 고난 중에서도 흔들리지 않고 하나님의 은혜를 믿고 끝까지 기다리게 하소서.
3. 성령을 통해 하나님이 주신 은혜의 선물을 깨닫고 날마다 감사와 기쁨과 소망 중에 살아가게 하소서.

16
Feb

축복
창세기 49장 | 누가복음 2장 | 욥기 15장 | 고린도전서 3장

맥체인성경365_286p

우리에게 축복은 우리의 힘이 되시는 하나님과, 우리의 구원자로 오신 예수님께 있습니다. 그 주님을 의지하며 겸손함으로 은혜를 구하고, 주를 믿는 믿음 위에서 복음을 위해 포기하지 않고 충성할 때, 주의 상급과 축복이 반드시 주어집니다.

창세기 49장_하나님으로 인한 축복

임종을 앞둔 야곱이 자기 아들들을 축복한 말씀과 야곱의 죽음을 기록하고 있습니다. 특별히 요셉에게 축복한 말씀을 주목하면, 하나님께서 요셉을 도우시고 복을 주심을 말씀하고 있습니다. "요셉의 활은 도리어 굳세며 그의 팔은 힘이 있으니 이는 야곱의 전능자 이스라엘의 반석인 목자의 손을 힘입음이라 네 아버지의 하나님께로 말미암나니 그가 너를 도우실 것이요 전능자로 말미암나니 그가 네게 복을 주실 것이라 위로 하늘의 복과 아래로 깊은 샘의 복과 젖먹이는 복과 태의 복이리로다"(창 49:24~25)

결국 이 말씀을 통하여 축복은 하나님께 있다는 사실을 새삼 돌아볼 수 있습니다. 하나님이 도우시고 또 축복하셔야 축복을 받고 누릴 수 있다는 것입니다. 따라서 "이는 야곱의 전능자 이스라엘의 반석인 목자의 손을 힘입음이라"는 말씀을 주목해야 합니다. 요셉이 강성하고 복을 누리는 것은 하나님의 손을 힘입기 때문이라는 것입니다. 하나님을 의지함이 강성함과 복을 받는 비결이라는 것입니다.

누가복음 2장_예수님으로 인한 축복

예수님의 탄생과 목자들의 경배를 기록하고 있습니다. 그리고 예루살렘 성전에서 시므온과 안나의 예수님에 대한 증언을 기록하고 있습니다. 또한 예수님의 어린 시절 성전에서 있었던 일을 기록하고 있습니다. 천사가 목자들을 찾아가 예수님의 탄생을 전한 말씀을 주목하면, 예수 그리스도께서 이 땅에 오심이 "온 백성에게 미칠 큰 기쁨의 좋은 소식"이라고 전하고 있습니다(눅 2:10~11). 곧 우리를 죄에서 구원할 구원자로서 예수님의 이 땅에 오심이 온 인류의 축복이 된다는 것입니다.

우리에게 가장 큰 축복은 구원과 영생입니다. 죄로 인한 심판에서 해방 되어 구원함을 얻고 영생을 소유하는 것보다 더 큰 축복은 있을 수 없습니다. 따라서 모든 죄를 짊어지고 우리의 구원을 이루기 위해 이 땅에 오신 예수님이 우리에게 축복입니다. 이 땅에서 권세를 얻고 부자가 되어 떵떵거리는 삶을 구할 것이 아니라 먼저 예수님을 구해야 합니다. 예수님의 이 땅에 오심과 구원자 되심을 가서 보고 믿어야 하며(눅 2:12), 찬양하고 경배하며 증거해야 합니다(눅 2:17, 20).

욥기 15장_겸손함으로 인한 축복

엘리바스의 두 번째 말입니다. 엘리바스는 자신들의 권고를 듣지 않는 욥으로 인해 분노하며 강하게 욥을 꾸짖었습니다. 자신들은 은밀하게 욥을 대하며 위로와 격려가 될 하나님의 말씀을 전해준다고 생각하고 있는데(욥 15:11), 이를 거부하는 욥을 하나님께 반항하는 악하고 교만한 자로 규정하고, 이런 악한 자들이 맞이하게 될 심판과 재앙을 전했습니다. 곧 엘리바스는 지혜로운 자들이 전해준 것이라고 말하며, 하나님을 대적하는 악인은 평강이 없으며(욥 15:21), 두려움에 쫓기고(욥 15:22), 환난과 역경이 닥치며(욥 15:24), 하나님의 저주를 받고(욥 15:28), 결코 부유할 수도 없으며(욥 15:29), 결국 죽음에 이르게 된다고(욥 15:32) 말했습니다.

엘리바스와 친구들이 욥을 위로하고 격려한 것이 맞는가? 과연 그들이 하나님의 말씀을 제대로 전하고 있는가? 욥이 그 친구들의 말로 인해 오히려 감정이 격해지고 있는 것을 볼 때에, 또한 이후 그 친구들이 하나님으로부터 책망 받게 되는 것을 볼 때에, 이것은 엘리바스의 혼자만의 착각이라 할 수 있습니다. 모든 고난의 이유를 죄로 보고, 욥을 죄인으로 몰아붙인 것은 결코 욥에게 위로와 격려가 될 수 없습니다. 그러나 엘리바스가 전하는 교훈 자체만을 떼어서 놓고 볼 때에, 이 교훈이 틀렸다고 말할 수 없습니다. 우리가 귀 기울여 듣고 가슴에 새겨야 하는 교훈입니다. 특별히 하나님을 대적하고 교만한 자에게 주어지는 결과를 대하며, 우리가 겸손해야 함을 교훈 받아야 합니다(욥 15:24~25).

교만함으로 하나님을 대적하는 것은 어리석은 일입니다. 교만한 자에게 주어지는 결과는 심판일 뿐입니다. 그러나 또한 이 말씀은 반대로 교만함이 아닌 겸손함으로 하나님 앞에 설 때, 하나님을 의지하며 하나님의 은혜를 구할 때, 재앙과 심판이 아닌 평강과 축복이 주어진다는 사실을 가르쳐줍니다. 하나님을 의지하는 자는 하나님께서 반드시 도우시고 지키시며 부요케 하십니다. 따라서 우리가 항상 겸손함으로 하나님 앞에 서야 합니다.

고린도전서 3장_공적으로 인한 축복

시기와 분쟁 중에 있는 고린도 교인들의 미성숙함을 전하고 있습니다. 곧 고린도교회는 네 개의 분파로 나뉘어 다투고 있었습니다. 고린도 교회에서 중요한 업적과 영향력을 나타낸 사람들을 고린도 교인들이 각각 추종하면서 분파가 만들어졌습니다. 이에 대해 바울은, 그 분파에서 추종하는 사람들이 한 일들은 아무 것도 아니요, 오직 교회를 세우고 자라게 하시는 분은 하나님이심을 강조했습니다. 곧 모든 주권은 하나님께 있고 오직 하나님만 따라야 함을 가르쳤습니다.

또한 각 사람이 그리스도 위에 세운 공적에 따라 상을 받게 됨을 가르치고 있습니다. "각 사람의 공적이 나타날 터인데 그 날이 공적을 밝히리니 이는 불로 나타내고 그 불이 각 사람의 공적이 어떠한 것을 시험할 것임이라 만일 누구든지 그 위에 세운 공적이 그대로 있으면 상을 받고"(고전 3:13~14) 여기서 공적은 헬라어로 '에르곤'인데 '수고'라는 뜻입니다. 곧 그리스도를 믿는 믿음 위에서 하나님의 나라와 복음을 위해 수고하고 헌신하며 충성하는 것을 뜻합니다. 그 공적이 결국에는 나타나게 되고 이에 따라 상급이 주어진다는 것입니다. 그런데, "이는 불로 나타내고 그 불이 각 사람의 공적이 어떠한 것을 시험할 것임이라" 그 공적에 대한 시험이 있고, 뜨거운 불의 고난이 있다는 것입니다. 이 불의 시험 가운데서 태워지지 않고 그대로 있어야 상을 받게 된다는 것입니다.

결국 시험의 불, 곧 고난과 시련 앞에서 넘어지지 않고, 그 수고와 충성을 중단하지 않아야 합니다. 고난과 시련 중에서도 오히려 기뻐하고 끝까지 수고하고 충성해야 상을 받게 됩니다. 이 땅에서 영광을 누리고 자랑하고자 하는 욕심으로 세우는 공적은 결코 시험의 불을 통과할 수 없습니다. 무엇보다 상급을 주시는 분은 주님이십니다. 내가 자랑하고 높이어 얻는 상급이 아니라, 시험의 불을 이긴 사람에게 주님께서 주시는 것입니다. 따라서 교회와 복음을 위한 우리의 헌신과 충성은 결코 헛되게 사라지지 않습니다. 그 공적은 반드시 나타나게 되고 하나님의 상급으로, 곧 축복으로 주어지게 됩니다. 따라서 어떤 환난과 고난 중에서도 중단하지 않고 교회와 복음을 위해 헌신하고 충성해야 합니다. 나를 드러내고 자랑하고자 하는 욕심이 아니라, 아무도 알아주지 않아도 주를 바라보며 묵묵히 충성해야 합니다.

오늘의 기도

1. 하나님의 손을 힘입어 강성함의 축복을 누리며 하나님의 도우심과 축복하심을 통해 하늘의 복과 깊은 샘의 복을 누리게 하소서.
2. 고난 중에서도 흔들리지 않고 하나님의 은혜를 믿고 끝까지 기다리게 하소서.
3. 환난과 고난의 시험 중에서도 넘어지지 않고 교회와 복음을 위해 충성하게 하소서.

행복

창세기 50장 | 누가복음 3장 | 욥기 16-17장 | 고린도전서 4장

맥체인성경365_292p

참 행복은 하나님을 신뢰하며 하나님께 소망을 두는 삶에 있습니다. 그리스도를 위한 삶, 곧 주신 사명과 이를 통해 맺어진 열매에 행복이 있고, 또 그렇게 살아가는 삶에서 용서하며 사랑하는 삶이 우리에게 행복을 줍니다.

창세기 50장_용서와 사랑으로 인한 행복

야곱의 장례를 기록하고 있고, 또 요셉의 형들에 대한 신실한 마음에 대해 전하고 있습니다. 그리고 이를 통한 요셉의 행복한 삶에 대해 말씀하고 있습니다. 곧 요셉이 그 형제들과 함께 애굽에 거주하며 110세까지 자녀들과 손자들을 양육하며, 화목하고 행복한 삶을 살았다는 것입니다(창 50:22~23). 그의 젊은 시절의 고단한 삶과는 달리 중년을 넘어 말년까지 순탄하고 평안한 삶을 살았음을 전하고 있습니다.

이런 요셉의 행복은 그의 신앙과 용서와 사랑 때문이었습니다. 신앙을 통해 그와 그의 가족들 가운데 있는 하나님의 구원의 섭리를 보았고, 그 섭리 속에서 형들을 용서하고 사랑했습니다. 이 용서와 사랑이 그 형제들과 함께 애굽에 거하며 화목하며 행복한 삶을 살아가게 했습니다. 만약 이 용서와 사랑이 없었다면 형제들과 또 그 가족들과 이런 평안함과 행복은 누릴 수 없었을 것입니다. 곧 요셉은 아버지 야곱의 장례 후, 두려움 중에 찾아온 형들을 안심시키며 다시 한 번 위로의 말을 전했습니다(창 50:19~21). 이미 형들을 진심으로 용서했지만, 형들의 입장에서는 지금까지 요셉이 아버지 야곱으로 인해 자신들에게 복수하지 않은 것이라는 생각을 가질 수밖에 없었습니다. 그렇기에 아버지 야곱이 죽고 장례를 마친 지금, 요셉으로부터 복수가 이루어질 수 있다는 두려움이 있을 수밖에 없었습니다. 이에 요셉은 두려워하지 말고 염려하지 말라고 형들을 안심시키며, 다시 한 번 형들에 대한 용서와 사랑을 전했습니다. 바로 이 용서와 사랑이 요셉을 화목하고 행복한 삶으로 이끌었습니다.

분노와 복수가 당장은 그 마음을 시원하게 할 수 있지만, 결국에는 불안과 두려움 그리고 외로움으로 그 삶을 고통스럽게 할 뿐입니다. 그러나 진정 용서하며 사랑하면 이를 통해 평안을 얻고 행복할 수 있습니다. 용서와 사랑이 그 삶에 무엇과도 바꿀 수 없는 행복을 만들어 줍니다.

누가복음 3장_사명과 열매로 인한 행복

요단 강에서 회개의 세례를 베풀며 백성들을 가르친 세례 요한에 대한 말씀입니다. 또한 예수님께서 세례 요한에게 세례를 받으신 것을 전하고 있고, 예수님으로부터 시작하여 아담에 이르기까지 예수님의 족보를 기록하고 있습니다.

세례 요한에 대한 말씀에 주목하면, 세례 요한의 회개의 선포에 무리들이 나와 반응했습니다. 세례 요한에게 어떻게 해야 하느냐고 물었고, 이에 세례 요한은 사랑과 나눔의 삶을 살 것을 가르쳤습니다(눅 3:10~11). 세리들도 또한 군인들도 세례 요한에게 나와 회개의 세례를 받으며 어떻게 해야 하는지 물었는데, 이에 세례 요한은 정직하고 의롭게 살아갈 것을 가르쳤습니다(눅 3:12~14).

결국 무엇입니까? 힘써 하나님께서 주신 사명의 삶을 살아가는 것이 세례 요한에게 행복이 아니었겠습니까? 무엇보다 그 사명의 삶에 사람들이 반응하여 회개하며 열매를 맺었는데, 이 열매가 행복이지 않았겠습니까? 세례 요한은 사명을 위해 편안한 집도 안락한 삶도 포기하고 광야에 거했습니다. 메뚜기와 석청을 먹으며 선지자로서의 고난의 삶을 피하지 않았습니다. 그러나 세례 요한은 사명과 사명으로 인한 열매로 행복한 삶을 살았습니다.

우리의 행복은 무엇에 있습니까? 우리의 행복도 사명과 열매에 있어야 하지 않습니까? 부귀와 명

예가 아니라 하나님이 주신 사명과 그 사명으로 인한 열매가 행복이어야 합니다.

욥기 16-17장_신뢰와 소망으로 인한 행복

엘리바스에 대한 욥의 두 번째 대답입니다. 위로는 커녕 오히려 자신을 더욱 고통스럽게 하는 친구들에 대한 불만과 이해할 수 없는 고난으로 친구들을 비롯한 사람들에게 조롱과 비웃음거리가 되어버린 자신의 현실을 바라보며, 하나님을 원망하고 탄식한 것입니다.

무엇보다 욥은 찾아온 친구들의 비난과 책망에 답답함을 느끼며, 만약 자신이 반대의 입장이었다면 어려움에 처한 친구에게 격려와 용기를 주는 말을 했을 것이라고 말했습니다(욥 16:4~5). 그만큼 지금 고통 중에 있는 욥에게 필요한 것은 책망과 비난이 아니라 격려와 위로였다는 것입니다. 그러나 찾아온 친구들에게서는 아무 격려도 위로도 받지 못했고, 따라서 욥은 다음과 같이 고백했습니다. "청하건대 나에게 담보물을 주소서 나의 손을 잡아 줄 자가 누구리이까"(욥 17:3) 결국 이 고백은 욥의 손을 잡아 줄 자가 하나님밖에 없다는 고백입니다. 욥에게 유일한 소망은 하나님이라는 것입니다. 그렇기에 욥은 하나님께 담보물을 달라고, 곧 자신의 보증이 되어 달라고 기도한 것입니다. 욥은 너무도 큰 고통 중에서 하나님까지도 원망하며 절망에 빠지기도 했지만, 결국 그가 붙잡고 신뢰하며 소망을 둘 분은 하나님이었습니다. 세상 그 누구에게도 소망을 둘 수 없지만, 하나님은 소망을 둘 유일한 분이 되신다는 것입니다.

결국 이 말씀은 하나님을 신뢰하며 소망할 때, 고통과 고난 속에서도 행복을 찾을 수 있음을 가르쳐줍니다. 하나님으로 인한 소망이 절망을 행복으로 바꾸어 갈 수 있습니다.

고린도전서 4장_그리스도로 인한 행복

고린도 교인들의 영적 교만을 책망하고 있는 말씀입니다. 그들이 가진 모든 것이 하나님의 선물임에도 불구하고 그들은 깨닫지 못하고 교만했으며, 이미 자신들은 구원의 목표에 이르렀다고 자만했습니다. 이에 대해 바울은 자신과 동역자들이 주의 사명을 따라 복음을 위해 수고하고 고난 받으며, 또 모든 비방과 아픔을 이기며 십자가의 길을 걸어가고 있는 사실을 전했습니다. 이를 통해 고린도 교인들이 가진 교만함과 그 어리석음을 나타냈습니다(고전 4:10~13).

이처럼 바울은 복음으로 수고하고 있는 자신과 동역자들의 모습을 전함으로 고린도교인들의 어리석음을 가르쳤는데, 그런데 또한 바울의 이와 같은 고백에서 그의 행복을 찾아볼 수 있습니다. 그리스도 때문에 고난을 받고 핍박을 참으며 수고하고 헌신하고 있지만, 사명에 매여 그리스도를 위해 살아가는 삶이 그에게는 무엇보다 큰 행복이라는 것입니다. 그리스도를 위한 삶보다 더 소중한 것은 없으며, 그 어떤 고난과 핍박도 그리스도를 위한 삶을 포기하게 못한다는 것입니다. 그리고 여기에는 남들이 알지 못하는 참 가치와 행복을 바울이 경험하고 있다는 것을 생각하게 합니다.

그리스도를 위한 삶에 행복이 있습니다. 우리도 바울처럼 이 행복을 경험하여 어떤 고난과 핍박에도 그 행복으로 참고 이길 수 있어야 합니다.

오늘의 기도

1. 하나님을 향한 절대적 신앙으로 사랑하며 용서하는 삶을 살게 하시고, 용서를 통한 행복의 삶을 살아가게 하소서.
2. 부귀와 명예가 아니라 하나님께서 주신 사명과 그 열매에 행복을 두고 따라가게 하소서.
3. 오직 하나님만을 유일한 소망으로 두고 따라가게 하시고, 하나님을 향한 소망이 만들어가는 행복을 경험할 수 있게 도와주소서.

18 Feb

하나님 경외
출애굽기 1장 | 누가복음 4장 | 욥기 18장 | 고린도전서 5장

하나님을 경외하는 자에게 하나님은 크게 축복하십니다. 따라서 우리의 영광과 욕심을 추구하라는 사탄의 유혹을 이기고, 세상의 사람들과 다른 거룩함으로 구별된 삶을 살아가며, 절대적으로 하나님을 의지하며 살아가야 합니다. 이것이 곧 하나님을 경외하는 삶입니다.

출애굽기 1장_하나님 경외의 축복

이스라엘 백성들이 애굽에서 학대를 받은 것과 학대 중에도 번성한 것을 전하고 있습니다. 그리고 여기에 하나님을 경외한 산파들이 중요한 역할을 했음을 전하고 있습니다. 곧 이스라엘 자손들이 번성하며 강성해지자 두려움을 느낀 애굽 왕 바로는 히브리 산파들로 하여금 히브리 여인이 딸을 낳으면 살리고 아들을 낳으면 죽이라는 명령을 내렸습니다. 그러나 산파들이 바로 왕이 아닌 하나님을 두려워하여 바로 왕의 명령을 어기고 아기를 살렸습니다. 이로 인해 이스라엘은 어려움 중에서도 계속해서 번성할 수 있었고, 하나님은 생명을 걸고 하나님을 경외하여 아이를 살린 산파들을 축복하셨습니다. "하나님이 그 산파들에게 은혜를 베푸시니 그 백성은 번성하고 매우 강해지니라 그 산파들은 하나님을 경외하였으므로 하나님이 그들의 집안을 흥왕하게 하신지라"(출 1:20~21)

하나님을 경외하는 삶에 하나님의 축복이 있습니다. 생명을 걸고 하나님을 경외하는 사람을 하나님은 축복하십니다. 그리고 그 경외를 통해 학대 중에서도 오히려 번성케 하시는 약속을 이루십니다. 따라서 학대와 고난의 상황에 굴복하고 타협하는 것이 아니라, 하나님의 축복을 바라보며, 또한 번성케 하시는 약속을 바라보며 더욱 하나님을 경외해야 합니다.

누가복음 4장_유혹을 이기는 삶을 통한 하나님 경외

예수님께서 광야에서 사탄에게 시험 받으신 것, 고향 나사렛에서 사람들에게 배척받으신 것, 가버나움의 회당에서 귀신 들린 사람을 치료하시고, 베드로의 장모의 열병과 온갖 병자들과 귀신들린 자를 치료하신 것을 기록하고 있습니다.

예수님께서 사탄에게 시험 받으신 말씀에 주목하면, 예수님은 말씀으로 사탄의 시험을 물리치셨습니다. "예수께서 대답하시되 기록된 바 사람이 떡으로만 살 것이 아니라 하였느니라"(눅 4:4) "예수께서 대답하여 이르시되 기록된 바 주 너의 하나님께 경배하고 다만 그를 섬기라 하였느니라"(눅 4:8) "예수께서 대답하여 이르시되 주 너의 하나님을 시험하지 말라 하였느니라"(눅 4:12) 곧 사탄은 "돌들을 떡이 되게 하라, 내게 절하면 모든 권위와 영광을 주리라, 성전 꼭대기에서 뛰어 내리라"고 말하며 예수님을 시험했습니다. 이는 양식의 시험, 인기와 명성의 시험, 권세의 시험으로 예수님께서 공생애 사역 기간 끊임없이 따라다녔던 유혹이었습니다. 이에 예수님은 말씀으로 사탄의 유혹을 이기셨고, 그럼으로 또한 공생애의 사역에서도 승리하셨습니다. 곧 예수님께서 가시는 곳마다 굶주림에 대한 문제가 있었습니다. 예수님께서는 오병이어, 칠병이어의 기적으로 돌을 떡으로 바꾸는 것 이상의 기적을 나타내셨지만 이것으로 넘어지지 않으셨습니다. 육의 양식보다 하나님의 말씀을 우선하여 가르치며, 백성들에게 영의 양식을 먹이는 일을 놓치지 않으셨습니다. 또한 예수님께서 가시는 곳마다 병자를 치유하고 기적을 일으켰기에 수많은 사람들이 따랐고 그로 인한 인기와 명성이 대단했습니다. 그러나 예수님은 이것으로도 넘어지지 않으셨습니다. 이 세상에서의 인기와 명성이 아닌 하나님의 나라에 집중하며, 하나님의 나라를 전하는 일에 힘을 다하셨습니다. 또한 예수님은 온 천하를 얻는 영광과 권세를 얻겠다고 넘어지지 않으셨습니다. 천하보다 한 영혼을 더 귀하게 여기셨고, 그 영혼을 구원하는 십자가의 길을 놓치지 않으셨습니다.

예수님께서 그 유혹을 이기시고 끝까지 하나님을 경외하며 사명의 길을 걸어가셨던 것처럼, 우리도 우리의 영광과 욕심을 추구하라는 사탄의 유혹을 이기고 절대적으로 하나님을 경외하는 삶을 살아야 합니다.

욥기 18장_의지의 삶을 통한 하나님 경외

빌닷의 두 번째 말입니다. 그는 욥의 탄식을 독선으로 이해하며 악인들이 겪을 운명 곧 심판에 대해 말했습니다. 곧 그는 욥의 악함을 경고한 것입니다.

욥을 악인으로 몰아가는 것이 과연 옳은 일인가? 이 질문에 대한 답은 논외로 하고, 악인의 결말에 대한 그의 주장만 놓고 보면, 우리가 귀 기울여 들어야 합니다. 곧 빌닷은 악인이 겪을 운명에 대해, 악인은 빛을 잃고, 재앙을 겪고, 덫에 걸려 넘어진다고 말하고 있습니다. 하나님의 심판으로 멸망한다는 것입니다. 무엇보다 악인이 의지하는 것의 헛됨을 강조하고 있습니다. 결국에는 믿고 살던 집에서 쫓겨나게 된다는 것입니다(욥 18:14).

하나님이 아닌 세상을 의지하는 것은 헛된 일입니다. 어리석게 악인들은 하나님이 아닌 세상을 의지하며, 불의한 방법도 서슴지 않습니다. 그것이 내게 복을 주고 생명을 줄 것이라고 착각합니다. 그러나 의지한 그 모든 것으로 인해 하나님의 심판에 이르게 됩니다. 따라서 하나님을 의지해야 합니다. 하나님을 의지하는 삶에 참 생명과 축복이 주어집니다. 그리고 그처럼 하나님을 의지하는 삶이 하나님을 경외하는 삶입니다. 세상을 의지하는 것의 헛됨을 깨닫고, 그 헛된 길에서 돌이켜 오직 하나님을 믿고 의지하는 삶이 하나님을 경외하는 삶입니다.

고린도전서 5장_구별의 삶을 통한 하나님 경외

교회 안의 음행한 자들을 추방해야 한다는 말씀입니다. 믿음의 형제들 중에서 음행과 탐욕과 우상숭배 등의 죄악을 행하는 자들을 판단하여 끊어내고 가까이 하지 말아야 한다는 것입니다. 곧 바울이 고린도 교회 안에 음행을 행하는 자가 있다는 소식을 들었는데, 그를 쫓아내지 않은 것에 대해 고린도 교인들을 책망한 것입니다(고전 5:1~2). 그처럼 믿음의 공동체 안에서 불의함을 행하는 자들을 판단하고 내쫓아 멀리해야 하고, 그럼으로 거룩함에 힘써야 한다는 것을 교훈한 것입니다.

따라서 바울은 철저한 구별의 삶을 강조했습니다. 죄와 불의 가운데서 단절된 삶을 살아가야 한다는 것입니다. "이제 내가 너희에게 쓴 것은 만일 어떤 형제라 일컫는 자가 음행하거나 탐욕을 부리거나 우상 숭배를 하거나 모욕하거나 술 취하거나 속여 빼앗거든 사귀지도 말고 그런 자와는 함께 먹지도 말라 함이라"(고전 5:11) "사귀지도 말고 함께 먹지도 말라"는 말씀은 그 단절의 삶이 철저해야 함을 가르쳐 줍니다. 무엇보다 주목할 말씀이 "형제라 일컫는 자"입니다. 물론 이 말씀은 단절할 대상을 한정한 것으로, 음행하며 우상을 숭배한다고 하여 세상 모든 사람과 단절하라는 것이 아님을 말씀한 것입니다. 그러나 또한 단절할 사람이 모르는 사람이 아닌 형제라는 것에서 형제와 단절하기가 쉽지 않음을 생각할 수 있습니다. 곧 모르는 사람과의 단절은 쉬울 수 있지만 가까운 사람과의 단절은 쉽지 않습니다. 그럼에도 단절하라는 것은 그만큼 죄에서 떠나 구별된 삶을 살아가는 삶이 중요하다는 것입니다. 그리고 그처럼 죄와 악을 떠나 구별되게 살아가는 삶이 하나님을 경외하는 삶입니다. 하나님을 경외하기에 죄와 악을 떠나 철저히 거룩한 삶에 힘쓰는 것입니다.

오늘의 기도

1. 세상의 권세자가 아니라 오직 하나님만을 두려워하며 하나님을 경외하는 삶을 살게 하시고, 이를 통해 하나님의 흥왕케 하시는 축복도 누리게 하소서.
2. 하나님을 경외하며 말씀에 굳게 서서, 말씀으로 사탄의 유혹을 이기게 하소서.
3. 죄와 악에서 떠나 철저히 구별된 삶을 살도록 힘을 더하여 주소서.

실패

출애굽기 2장 | 누가복음 5장 | 욥기 19장 | 고린도전서 6장

맥체인성경365_303p

내 힘과 지혜와 생각과 방법으로 행하면 실패합니다. 그 모든 내 방법을 내려놓고, 하나님의 방법을 따라야 합니다. 하나님의 힘을 의지하고, 그 말씀에 순종하며, 더 큰 하나님의 생각을 따라야 합니다. 그래야 실패하지 않고 하나님의 놀라운 승리를 경험할 수 있습니다.

출애굽기 2장_내 힘으로 행한 실패

모세의 출생과 나일강에 던져진 모세가 애굽의 공주에게 건짐 받은 것을 전하고 있습니다. 또한 공주의 양자로 자란 모세가 자신의 민족을 도우려 하다가 살인하고 미디안으로 도망한 것을 전하고 있습니다. 곧 모세는 애굽 공주의 아들로 자랐지만 자신이 히브리 사람인 것을 잊지 않았습니다. 그 형제의 고통과 아픔을 외면하지 않았습니다. 자신이 가진 힘으로 이스라엘 형제들을 돕고자 했습니다. 그러던 중 애굽 사람이 히브리 형제를 치는 것을 보고 분노해 애굽 사람을 죽이게 됐고, 이것이 탄로나 애굽 왕 바로를 피해 미디안 광야로 도망가게 됐습니다(출 2:13~15).

여기서 모세의 실패를 보게 됩니다. 모세는 자신의 동족이요 하나님의 백성을 구원하고자 하는 선하고 거룩한 뜻을 가졌습니다. 그러나 그 선한 뜻을 이루어가는 과정에서 하나님의 섭리와 하나님의 힘이 아닌 자신의 성급한 감정과 힘으로 행하다가 실패하고 말았습니다. 곧 아무리 선한 목적과 뜻을 가졌다고 해도 하나님의 시간에 하나님의 방법을 따라 하나님의 힘으로 하지 않으면 실패할 수밖에 없습니다. 따라서 하나님의 구원의 섭리와 시간을 분별하고 기다리는 지혜가 필요합니다. 내 힘을 내려놓고 하나님의 힘을 의지하는 겸손함이 필요합니다.

누가복음 5장_내 지혜로 행한 실패

예수님께서 베드로에게 그물이 찢어지도록 고기를 잡게 하신 말씀, 한센병 환자를 치유하신 말씀, 지붕을 뚫고 예수님 앞에 데리고 온 한 지체장애인을 치료하신 말씀, 세관에 앉아 있는 레위를 제자로 부르신 말씀, 금식에 대한 가르침 등을 기록하고 있습니다.

예수님께서 베드로에게 많은 고기를 잡게 하신 말씀에 주목하면, 베드로는 깊은 데로 가서 그물을 내려 고기를 잡으라는 예수님의 말씀에 순종하여 많은 고기를 잡을 수 있었습니다. "시몬이 대답하여 이르되 선생님 우리들이 밤이 새도록 수고하였으되 잡은 것이 없지마는 말씀에 의지하여 내가 그물을 내리리이다 하고 그렇게 하니 고기를 잡은 것이 심히 많아 그물이 찢어지는지라"(눅 5:5~6) 시몬의 대답에서 그의 실패를 보게 됩니다. 밤이 새도록 그물을 내려 고기를 잡았지만 한 마리도 잡지 못했다는 것입니다. 이는 곧 자신이 지금까지 어부로서 가진 경험과 지혜로 수고했지만 실패했다는 것을 보여줍니다. 우리는 경험과 지혜를 소중히 여기지만, 그것이 성공을 보장하는 것은 아니며, 그것이 우리를 쓰디 쓴 실패로 이끌 수 있다는 사실을 가르쳐줍니다. 그러나 베드로가 예수님의 말씀에 순종해 그물을 내렸을 때, 그물이 찢어지도록 많은 고기를 잡을 수 있었습니다. 다소 이해할 수 없는 예수님의 명령이었지만 순종했을 때, 지금까지 어부로서 한 번도 경험해 보지 못했을 결과를 경험할 수 있었습니다.

결국 이 말씀은 내 지혜가 아닌 주님의 지혜, 곧 그 말씀을 의지해야 함을 가르쳐줍니다. 내 경험과 지혜를 의지한 도전은 실패할 수 있습니다. 그것이 성공을 장담하지 못합니다. 그러나 주님과 함께 주님의 말씀에 순종한 도전은 반드시 놀라운 결과로 이어집니다. 따라서 내 지혜를 내려놓고 주님의 말씀에 귀를 기울이며 순종해야 합니다.

욥기 19장_내 생각으로 인한 실패

빌닷에 대한 욥의 두 번째 대답입니다. 욥은 의에 대한 자신의 주장과 고통을 들어주기는커녕 비난하기에 바쁜 친구들로 인해 답답함을 표현했습니다. 또한 형제들과 친척들도 모두 떠나 버리고, 심지어 아내까지도 자신을 싫어하여 홀로 고통 중에 있는 현실에 절망하며 탄식했습니다. 무엇보다 이 모든 이유가 하나님께 있다고 생각하며 하나님을 원망했습니다.

"내가 폭행을 당한다고 부르짖으나 응답이 없고 도움을 간구하였으나 정의가 없구나 그가 내 길을 막아 지나가지 못하게 하시고 내 앞길에 어둠을 두셨으며 나의 영광을 거두어가시며 나의 관모를 머리에서 벗기시고 사면으로 나를 헐으시니 나는 죽었구나 내 희망을 나무 뽑듯 뽑으시고 나를 향하여 진노하시고 원수 같이 보시는구나"(욥 19:7~11) 욥의 절망을 볼 수 있는 고백입니다. 억울하게 고통을 당하여 부르짖으나 어디서도 도움을 받지 못하고 있다는 것입니다. 더욱이 이 모든 재앙과 절망의 이유가 하나님께 있다고 말하고 있습니다. 자신의 앞길에 어둠을 두시고, 영광과 면류관을 거두어가시며, 사방에서 자신을 치고, 소망을 송두리째 뽑아 버리신 분이 하나님이라는 것입니다.

원망할 수밖에 없는 욥의 고통의 상황은 이해가 됩니다. 그러나 욥은 더 크신 하나님의 뜻과 생각을 봐야 했습니다. 그 큰 뜻과 생각을 보지 못하고 자신의 작은 생각으로 하나님을 판단하니 원망하며 절망할 수밖에 없었던 것입니다. 자신의 생각으로 절망이라는 실패를 만들고 만 것입니다. 만약 자신의 생각이 아닌 하나님의 생각으로 바라봤다면 오히려 하나님으로 인해 소망을 가졌을 것입니다. 자신의 고난 속에 담긴 하나님의 놀라운 뜻을 발견하며 감사와 기쁨을 가졌을 것입니다. 따라서 내 생각이 아니라 하나님의 생각을 가져야 합니다. 하나님의 뜻과 생각으로 삶을 바라볼 수 있도록 하나님의 도움을 구해야 합니다.

고린도전서 6장_내 방법으로 인한 실패

그리스도인들 사이의 소송 사건을 책망하는 말씀과, 우리의 몸이 하나님의 거룩한 성령의 전이 된다는 사실을 가르치는 말씀입니다.

그리스도인들 사이의 소송 사건을 책망하는 말씀에 주목하면, "내가 너희를 부끄럽게 하려 하여 이 말을 하노니 너희 가운데 그 형제간의 일을 판단할 만한 지혜 있는 자가 이같이 하나도 없느냐 형제가 형제와 더불어 고발할 뿐더러 믿지 아니하는 자들 앞에서 하느냐 너희가 피차 고발함으로 너희 가운데 이미 뚜렷한 허물이 있나니 차라리 불의를 당하는 것이 낫지 아니하며 차라리 속는 것이 낫지 아니하냐"(고전 6:5~7) 세상을 판단하고 천사도 판단할 믿음의 사람들이 형제들 사이의 분쟁을 교회 안에서 조정하고 판단하지 못하고, 세상 법정에 고발하여 믿지 아니하는 사람들 앞에서 판단 받는 것을 책망하고 있습니다. 형제들 사이에서 소송을 제기한 것부터가 실패한 것이며 허물이 된다는 것입니다. 차라리 불의를 당해주고 속아주라는 것입니다.

결국 세상 법정에 소송해서까지 문제를 풀겠다는 것은 내 방법입니다. 내 방법으로 어떻게 해서든지 문제를 풀고 해결하겠다는 것입니다. 그러나 그 결과는 실패일 뿐입니다. 내 방법이 아닌 하나님의 방법을 따라야 합니다.

부르심

출애굽기 3장 | 누가복음 6장 | 욥기 20장 | 고린도전서 7장

구원의 사명을 위해 주님은 우리를 특별히 부르셨습니다. 그 부르심을 따르며 주께 충성해야 합니다. 그 부르심을 따르는 삶은 헛되지 않습니다.

출애굽기 3장_사명을 위한 부르심

모세의 소명을 전하는 말씀입니다. 호렙산 떨기나무 불꽃 가운데 나타나신 하나님께서 애굽에서 학대 받고 고통 중에 있는 이스라엘 백성들의 구원을 위하여 모세를 부르신 말씀입니다. 모세에게 그 백성을 구원하라는 사명을 주신 말씀입니다. "이제 가라 이스라엘 자손의 부르짖음이 내게 달하고 애굽 사람이 그들을 괴롭히는 학대도 내가 보았으니 이제 내가 너를 바로에게 보내어 너에게 내 백성 이스라엘 자손을 애굽에서 인도하여 내게 하리라"(출 3:9~10)

하나님은 이스라엘 백성들의 부르짖음을 듣고 계셨습니다. 애굽 사람들의 학대로 인한 고통을 다 보고 계셨습니다. 결코 백성들의 고통을 모르지 않으셨습니다. 백성들의 고통을 함께 아파하셨고 사랑으로 고통 중에 있는 백성들을 구원하고자 하셨습니다. 이를 위해 모세를 부르시고 사명을 주셨습니다. 따라서 사명을 위해 부르심을 받은 모세도 하나님과 동일한 마음을 가져야 했습니다. 하나님의 백성들을 향한 애타는 마음을 갖지 않고는 그 사명을 감당할 수 없기 때문입니다. 하나님과 동일한 마음으로 백성들의 고통을 함께 아파해야 그 사명을 감당할 수 있습니다. 또한 당당함을 가져야 했습니다. 모세는 "내가 누구이기에 바로에게 가며 이스라엘 자손을 애굽에서 인도하여 내리이까"(출 3:11)라고 말하며 나약한 마음을 가졌는데, "이제 가라"라고 명령하시며 바로에게 그를 보내시는 분이 하나님이심을 기억하고 당당한 마음을 가져야 했습니다.

구원의 사명을 위해 모세를 부르신 하나님은 오늘 우리도 부르고 계십니다. 우리가 그 부르심과 주시는 사명을 깨달아야 하고, 하나님과 동일한 애타는 마음과 하나님으로부터 보내심을 받았다는 당당한 마음을 가져야 합니다. 그 마음을 가지고 사명을 감당해야 합니다.

누가복음 6장_특별한 부르심

제자들이 시장하여 안식일에 밀 이삭을 잘라 먹은 것으로 인해 바리새인과 논쟁한 사건, 안식일에 회당에서 손 마른 사람을 치유하신 사건, 열두 제자의 부르심, 그리고 원수 사랑과 용서에 가르침 등, 예수님의 평지설교를 기록하고 있습니다.

주목할 말씀이 예수님께서 제자들을 부르시기 전에 기도하셨다는 말씀입니다. "이 때에 예수께서 기도하시러 산으로 가사 밤이 새도록 하나님께 기도하시고 밝으매 그 제자들을 부르사 그 중에서 열둘을 택하여 사도라 칭하셨으니"(눅 6:12~13) 많은 제자들이 있었지만, 예수님께서는 특별히 열둘을 구별하여 세우셨는데, 이를 위해 예수님께서는 밤이 새도록 기도하셨습니다. 그만큼 제자들을 부르시고 또 특별히 열두 명의 사도를 선택하심이 중요했다는 것입니다. 예수님의 복음의 사역에 함께하고 땅 끝까지 이르러 복음을 전해야 하는 열두 사도의 사명이 너무도 중요했다는 것입니다.

이제는 예수님께서 우리를 예수님의 제자요 복음을 위한 특별한 일꾼으로 부르고 계십니다. 우리가 그 부르심에 응답하여 사도들처럼 헌신해야 합니다. 무엇보다 열 두 사도 중에 가룟 유다의 이름이 있는 것을 보면서, 우리가 예수님의 부르심에 실패의 제자가 되어서는 안 된다는 사실을 도전 받게 됩니다. 곧 예수님이 특별히 부르신 은혜를 기억하며 넘어지거나 돌아서지 말고 끝까지 사명의 길을 달려가야 합니다.

욥기 20장_헛되지 않은 부르심

소발의 두 번째 말입니다. 그는 악인의 운명에 대해 전하고 있는데, 고통 중에 부르짖고 있는 욥의 아픔은 외면하고, 죄 없이 고난당하고 있다는 그 주장도 귀 기울이지 않고, 오직 욥을 죄인으로 단정하며 그 심판의 결과를 전한 것입니다.

소발이 욥을 악인으로 단정하며 말하고 있는 것은 문제가 있지만, 그러나 그가 전하는 교훈 자체만을 놓고 보면 그 교훈이 틀리지 않습니다. 곧 그는 악인의 길의 헛됨을 전했습니다. "악인이 이긴다는 자랑도 잠시요 경건하지 못한 자의 즐거움도 잠깐이니라 그 존귀함이 하늘에 닿고 그 머리가 구름에 미칠지라도 자기의 똥처럼 영원히 망할 것이라 그를 본 자가 이르기를 그가 어디 있느냐 하리라 그는 꿈 같이 지나가니 다시 찾을 수 없을 것이요 밤에 보이는 환상처럼 사라지리라"(욥 20:5~8) 악인의 승리와 기쁨은 잠깐이요 영원하지 못하며, 하늘 높은 줄 모르는 교만도 결국에는 똥처럼 망하고 환상처럼 사라진다는 것입니다. 이처럼 당장의 영광과 승리와 기쁨을 찾는 악인의 길은 헛되다는 것입니다.

악인의 길의 헛됨을 대하며, 하나님의 부르심을 따르는 길에 대해 생각해볼 수 있습니다. 곧 하나님의 부르심을 따르는 길, 그 삶은 헛되지 않습니다. 당장은 부르심의 삶에서 고난과 아픔도 겪을 수 있지만, 결국에는 영원한 승리와 기쁨으로 이어지게 됩니다. 따라서 고난 중에도 소망으로 하나님의 부르심의 길을 따라가야 합니다.

고린도전서 7장_충성을 위한 부르심

결혼과 독신에 대해 바울이 전하는 가르침입니다. 결혼한 부부는 서로에 대해 책임을 다해야 하고, 신앙이 다르다는 이유만으로 이혼하지 말아야 함을 가르치고 있습니다. 결혼하지 않은 사람들에 대해서는 바울의 개인적 생각이라는 전제를 달며 결혼하지 않는 것이 좋다고 가르치고 있습니다. 곧 결혼을 하면 세상의 일을 염려하고, 어떻게 아내를 기쁘게 하고 남편을 기쁘게 할 것인가를 고민하여 주님께 향해야 하는 마음이 나뉠 수 있다는 것입니다.

또한 하나님의 부르심과 부르심을 받은 사람의 신분에 대해 가르침을 주고 있는데, 강조하고 있는 것이, 우리의 신분이나 형편과 상관없이 주님의 부르심을 받은 것이 중요하며, 그 부르심 속에서 그리스도의 종이 되어야 함을 가르치고 있습니다. "네가 종으로 있을 때에 부르심을 받았느냐 염려하지 말라 그러나 네가 자유롭게 될 수 있거든 그것을 이용하라 주 안에서 부르심을 받은 자는 종이라도 주께 속한 자유인이요 또 그와 같이 자유인으로 있을 때에 부르심을 받은 자는 그리스도의 종이니라 너희는 값으로 사신 것이니 사람들의 종이 되지 말라"(고전 7:21~23) "사람들의 종이 되지 말라"는 말씀에 주목할 필요가 있습니다. 이는 우리의 충성의 대상에 대해 가르쳐줍니다. 곧 우리는 그리스도의 종으로 사람들이 아닌 그리스도께 충성하고 순종해야 한다는 것입니다. 우리는 그리스도께 충성할 종으로 부르심을 받았고 그 값으로 사신 바 되었다는 것입니다.

오늘의 기도

1. 하나님과 동일한 마음, 곧 영혼을 향한 애타는 마음과 하나님으로부터 보내심을 받았다는 당당한 마음으로 사명을 감당하게 하소서.
2. 가룟 유다처럼 실패하지 않고 끝까지 주님의 부르심 안에서 사명의 삶을 살아가게 하소서.
3. 오직 주님의 종으로 주님께 충성하며 순종하는 삶을 살게 하소서.

고난 중에도 넘어지지 않으며, 주신 사명의 길을 걸어가기 위해 믿음이 필요합니다. 주의 응답을 위해 절대적 믿음이 필요하고, 믿음이 연약한 자를 세우기 위해 성숙한 믿음이 필요합니다.

출애굽기 4장_사명을 위한 믿음

하나님의 부르심과 그 주신 사명에 모세가 계속 거부한 것을 전하고 있습니다. 그 백성들을 구원하기 위해 모세를 부르신 하나님은 바로에게 가서 이스라엘 백성을 구원하라는 사명을 주셨지만, 모세는 자신의 연약함을 들어 그 사명을 감당할 수 없다고 대답했습니다. "모세가 대답하여 이르되 그러나 그들이 나를 믿지 아니하며 내 말을 듣지 아니하고 이르기를 여호와께서 네게 나타나지 아니하셨다 하리이다"(출 4:1) "모세가 여호와께 아뢰되 오 주여 나는 본래 말을 잘 하지 못하는 자니이다 주께서 주의 종에게 명령하신 후에도 역시 그러하니 나는 입이 뻣뻣하고 혀가 둔한 자니이다"(출 4:10) "모세가 이르되 오 주여 보낼 만한 자를 보내소서"(출 4:13) 그러나 계속된 모세의 거절에도 하나님은 모세가 가야 할 것을 말씀하셨습니다. 모세가 말하는 사명을 감당할 수 없는 이유와 문제에 대해 답을 주시며 강력하게 바로에게 갈 것을 명령하셨습니다. 결국 모세에게 주어진 이스라엘 백성을 구원하는 일은 피할 수 없는 숙명이었습니다. 따라서 모세는 불신이 아닌 믿음을 가져야 했습니다. 하나님의 절대적 명령에 믿음으로 응답해야 했습니다.

우리에게도 하나님께서 숙명처럼 주신 사명이 있습니다. 피할 수 없는 숙명인데 이를 거부하며 외면하는 것은 어리석은 일입니다. 피할 수 없는 일이요, 우리 자신이 반드시 해야 하는 사명이라면, 오히려 담대한 믿음으로 도전해야 합니다. 에스더가 그러했던 것처럼, "죽으면 죽으리이다"는 고백으로 도전해야 합니다.

누가복음 7장_응답을 위한 믿음

사랑하는 종을 위해 간구한 가버나움의 백부장에 대한 말씀, 나인 성의 과부의 죽은 아들을 살리신 말씀, 세례 요한의 물음과 예수님의 대답, 세례 요한에 대한 예수님의 증언, 죄 지은 한 여인이 예수님에게 향유를 부은 말씀 등을 기록하고 있습니다. 특별히 가버나움의 백부장에 대한 말씀에 주목하면, 믿음과 응답에 대한 교훈을 배우게 됩니다. 응답을 위해 주님께 간구하며 절대적 믿음을 가져야 한다는 것입니다. 곧 백부장은 예수님께서 말씀만으로도 자신의 하인의 병을 치료하실 수 있다고 믿었습니다. 굳이 자신의 집에까지 오실 필요가 없다는 것입니다. 자신은 이방인으로 예수님의 오심을 감당할 수 없다는 것입니다. 무엇보다 백부장은 예수님을 온 천하 모든 만물을 다스리며 주관하는 최고 주권자이심을 믿었습니다. 따라서 군대에서 상관의 명령에 부하가 절대 복종하듯, 예수님의 말씀 한 마디면 모든 만물이, 심지어 병든 육체와 그 악한 질병까지 순종하지 않을 수 없음을 믿었습니다(눅 7:7~8). 그리고 이 믿음이 예수님의 응답을 이끌어냈습니다. "내가 너희에게 이르노니 이스라엘 중에서도 이만한 믿음은 만나 보지 못하였노라"(눅 7:9)고 말씀하시며 예수님은 그 믿음을 칭찬하셨고, 또 그 믿음에 응답하여 하인의 병을 치료하셨습니다.

예수님은 믿음을 통해 일하셨습니다. 그 사람의 믿음을 보시고 눈을 뜨게 하시고, 귀를 열게 하시며, 지체 장애인을 일으켜 세우셨습니다. 여러 기적과 능력을 믿음을 통해 나타내셨습니다. 따라서 우리가 우리의 삶의 문제에 예수님께서 응답하시기를 원한다면, 무엇보다 먼저 믿음을 가져야 합니다.

믿음으로 예수님께 간구해야 합니다.

욥기 21장_넘어지지 않는 믿음

소발에 대한 욥의 두 번째 대답입니다. 욥은 악인의 심판과 멸망을 이야기한 소발의 주장을 반박하며 악인들의 형통을 말했습니다. "어찌하여 악인이 생존하고 장수하며 세력이 강하냐 그들의 후손이 앞에서 그들과 함께 굳게 서고 자손이 그들의 목전에서 그러하구나 그들의 집이 평안하여 두려움이 없고 하나님의 매가 그들 위에 임하지 아니하며 그들의 수소는 새끼를 배고 그들의 암소는 낙태하는 일이 없이 새끼를 낳는구나 그들은 아이들을 양 떼 같이 내보내고 그들의 자녀들은 춤추는구나 그들은 소고와 수금으로 노래하고 피리 불어 즐기며 그들의 날을 행복하게 지내다가 잠깐 사이에 스올에 내려가느니라"(욥 21:7~13) 하나님이 필요 없다고 거절하는 악인들이 오히려 장수하고 강성하며 평안하게 살아가는 등, 형통하고 행복하게 살아간다는 것입니다. 결국 욥은 자신이 겪는 재앙이 죄의 결과라는 친구들의 주장에, 악인들 중에 형통하게 살아가는 사람들을 말하며, 그들의 주장이 틀렸음을 주장한 것입니다. 자신이 재앙을 겪는 것으로 자신을 악인이라 말한다면, 악인으로 형통한 다른 사람들은 어떻게 설명할 수 있느냐는 것입니다. 그런데 또한 한편으로, 욥의 대답 속에서 원망이 담겨 있음도 생각해 볼 수 있습니다. 힘써 의를 따른 자신에게는 재앙과 고난이 주어진 반면, 하나님을 떠나 악을 행한 사람들에게는 형통과 평안과 행복이 주어졌기 때문입니다. 따라서 하나님의 의에 대해 의문을 제기하고, 하나님을 향해 원망하며 불평하고 있는 것입니다.

그러나 그럼에도 욥은 하나님을 믿어야 했습니다. 악인들의 형통을 보면서도 하나님을 향한 믿음을 놓치지 말고 넘어지지 말아야 했습니다. 결국에는 하나님께서 그 의를 드러내실 것을 믿고, 의의 길을 흔들림 없이 걸어가야 했습니다. 곧 이 말씀은 그럼에도 하나님을 믿고, 그 믿음에서 넘어지지 말아야 함을 가르쳐주고 있습니다. 그 어떤 이해할 수 없는 상황에서도 하나님을 향해 절대적 믿음을 가져야 한다는 것입니다.

고린도전서 8장_성숙한 믿음

우상에게 바쳐진 제물을 먹는 것에 대한 문제를 다루고 있습니다. 음식이 우상에게 바쳐졌던 것이라 할지라도, 사실 음식 자체는 아무 문제가 되지 않는다는 것입니다. 우리가 무엇을 먹느냐를 가지고 하나님 앞에서 인정받게 되는 것은 아니며, 우상에게 바쳐진 제물이라고 해도 거리낌 없이 먹을 수 있고 자유를 누릴 수 있다는 것입니다. 그러나 그것이 믿음이 약한 자들에게는 걸림돌이 될 수 있다는 것을 기억해야 함을 가르치고 있습니다. 곧 그 믿음이 연약한 자를 위해 거절하고 절제할 줄 아는 성숙함이 필요하다는 것입니다(고전 8:8~9).

믿음으로 얼마든지 모든 음식을 자유롭게 먹을 수 있습니다. 그러나 믿음이 약한 자들을 위해 우상 제물에 대해서는 구별하는 성숙한 믿음이 필요합니다. 이런 성숙한 믿음이 연약한 믿음의 사람들을 세우게 됩니다. 성숙한 믿음으로 당장의 옳고 그름을 넘어서 더 큰 일을 생각하고 따라야 합니다.

오늘의 기도

1. 주님께서 보내시는 사명의 길을 믿음으로 걸어가게 하시고, 믿음을 통해 나타내시는 주의 응답과 능력을 경험하게 하소서.
2. 악인들의 형통에 넘어지지 않게 하시고, 그럼에도 하나님을 믿고 의의 길을 흔들림 없이 걸어가게 하소서.
3. 성숙한 믿음과 배려로 믿음이 연약한 자를 세워가게 하소서.

구원

출애굽기 5장 | 누가복음 8장 | 욥기 22장 | 고린도전서 9장

구원을 위해 믿음이 필요합니다. 겸손함으로 주를 의지해야 합니다. 구원에 이르기까지 겪게 되는 진통을 이겨야 합니다. 더불어 구원을 위한 주의 은혜와 헌신을 기억하며 우리도 헌신해야 합니다.

출애굽기 5장_구원을 위한 진통

이스라엘 백성들이 더 가혹해진 억압과 고역에 시달린 것을 전하고 있습니다. 여기서 주목할 말씀이 아픔 중에 탄식하며 드린 모세의 기도입니다. 곧 모세는 아론과 함께 바로를 찾아가 '내 백성을 보내라'는 하나님의 말씀을 전했습니다. 그러나 이것이 바로의 화를 돋게 했고, 이스라엘 백성들에게 더 무거운 고역이 지워지게 됐습니다. 백성들은 벽돌을 만드는데 필요한 짚을 받지 못하고 똑같은 양의 벽돌을 만들어야 했습니다. 그리고 더 무거운 고역에 시달리게 된 백성들은 그 책임을 모세와 아론에게 돌리며, 원망과 분노를 쏟게 됐고, 모세는 그런 백성들의 고통과 원망을 대하며 탄식하며 기도할 수밖에 없었습니다(출 5:22~23). 하나님으로부터 구원의 사명을 받고 애굽 왕 바로를 찾았으나, 오히려 일이 더 어려워지고 이스라엘 백성들은 더 큰 고역에 처하게 된 상황을 대하며, 큰 아픔 중에 하나님께 기도한 것입니다.

그러나 이것은 구원을 위한 진통입니다. 진통 없이 해산할 수 없듯이 구원에서도 진통은 지나야 하는 하나의 과정입니다. 이 진통을 참을 수 없다고 거부한다면 구원의 기쁨도 누릴 수 없습니다. 따라서 백성들에게 더 무거운 고역이 지워진 것은 안타까운 일이나, 구원에는 진통이 따르며, 진통 후에 반드시 구원의 기쁨이 주어진다는 사실을 기억하며 이겨야 했습니다. 더 무거운 고역에 시달린 백성들도, 또 그 고통을 눈으로 보며 원망을 들어야 했던 모세도 이겨야 했습니다.

누가복음 8장_구원을 위한 믿음

씨 뿌리는 자에 대한 비유의 말씀, 빛과 올바른 들음에 대한 가르침, 예수의 참된 가족에 대한 가르침, 풍랑을 잔잔케 하신 말씀, 거라사의 귀신들린 자를 치유하신 말씀, 혈루증 앓는 여인을 치유하시고, 야이로의 죽은 딸을 살리신 말씀 등을 기록하고 있습니다. 여기서 구원을 위한 믿음에 대해 보게 됩니다. 곧 절망의 상황에서도 포기하지 않는 믿음이 주의 구원을 경험케 한다는 것입니다.

"예수께서 이르시되 딸아 네 믿음이 너를 구원하였으니 평안히 가라 하시더라"(눅 8:48) 예수님께서 혈루증에 걸렸던 여인에게 하신 말씀입니다. 열두 해를 혈루증을 앓으며 고통을 겪고 치료받지 못했던 여인이 예수님의 옷에 손만 대어도 치료될 수 있다는 믿음을 가졌습니다. 그리고 그 믿음대로 예수님의 옷에 손을 대어 치료를 받는 놀라운 기적을 경험했습니다. 이에 이 모든 것을 아신 예수님은 이 여인을 찾으셨고, 두려움 가운데 예수님 앞에 엎드린 여인에게 구원을 선언하셨습니다. 그 믿음이 그 여인을 구원하였다는 것입니다.

"예수께서 들으시고 이르시되 두려워하지 말고 믿기만 하라 그리하면 딸이 구원을 얻으리라 하시고"(눅 8:50) 그 딸이 죽었다는 소식을 듣고 절망할 수밖에 없는 회당장에게 예수님께서 하신 말씀입니다. 어떤 절망의 상황에서도 두려워하지 말고 믿음을 가지라는 것입니다. 믿음이 그 딸을 살리며 구원한다는 것입니다. 곧 예수님은 회당장의 딸을 치료하고자 하셨습니다. 회당장의 집으로 향하는 걸음을 멈추지 않았습니다. 그렇다면 그 무엇도 예수님의 걸음을 멈출 수 없고, 예수님께서 그 딸을 치료하여 일으키시는 것도 막을 수 없습니다. 따라서 포기하지 않고 끝까지 믿음을 가지면, 그 믿음을 통해 예수님께서 행하시는 구원을 경험할 수 있습니다.

구원은 주님께서 이루십니다. 우리에게는 구원이 불가능한 일이지만 주님께는 불가능한 일이 없습니다. 따라서 주님을 믿음으로 주님께서 이루시는 구원을 경험할 수 있습니다.

욥기 22장_구원을 위한 겸손
엘리바스의 마지막 말입니다. 그는 욥을 악인으로 단정하고, 욥이 불의함으로 하나님께 벌을 받았음을 주장했습니다. 악인들은 하나님께서 그 행위를 보지 못하고, 따라서 심판도 없다고 말하며 하나님을 경멸하는데, 욥이 그 길을 따라가고 있다고 비방했습니다. 그러면서 하나님과 화목하고 평안하며 하나님 앞에서 겸손하라고 충고했습니다.

욥을 악인으로만 몰아가고, 그 고난이 욥의 죄의 결과로 단정하는 엘리바스의 주장은 맞지 않습니다. 그는 잘못된 생각으로 욥을 악인으로 몰아갔습니다. 그러나 하나님을 의지하고 화목하며 하나님 앞에 겸손해야 한다는 교훈 자체는 귀 기울여 들어야 합니다. 곧 그는 겸손한 자에게 주어지는 구원에 대해 말했습니다. "사람들이 너를 낮추거든 너는 교만했노라고 말하라 하나님은 겸손한 자를 구원하시리라 죄 없는 자가 아니라도 건지시리니 네 손이 깨끗함으로 말미암아 건지심을 받으리라"(욥 22:29~30) 여기서 겸손함은 결국 하나님을 신뢰하며 의지하는 것을 뜻합니다. 곧 보화와 은금이 아니라 하나님을 선택해 붙잡아야 한다는 것입니다. 교만함으로 내 힘을 의지하다가 넘어지지 말고 겸손함으로 하나님을 의지해야 한다는 것입니다. 그처럼 겸손함으로 하나님을 의지하는 자에게 하나님의 구원이 주어진다는 것입니다.

우리 힘으로는 결코 구원을 이룰 수 없습니다. 세상의 금은보화도 우리에게 구원을 가져다주지 못합니다. 오직 구원은 하나님께 있고, 따라서 겸손함으로 하나님을 의지하며 그 은혜를 구해야 합니다. 이것이 우리가 구원에 이르는 유일한 길입니다.

고린도전서 9장_구원을 위한 헌신
사명에 대한 바울의 헌신과 사랑을 보여주고 있습니다. 곧 바울은 사도로서의 권리와 자유에 대해 말하고 있는데, 자신에게 복음을 전하는 사도로서 충분히 대가를 받을 권리가 있고 또 자유가 있다는 것입니다. 하지만 복음에 장애가 되지 않기 위해 그 모든 권리와 자유도 주장하지 않고 사용하지 않는다는 것입니다(고전 9:12). 복음으로 한 영혼이라도 더 구원하기 위해 바울은 스스로 그 권리를 포기하고 헌신한 것입니다. 뿐만 아니라 바울은 더 많은 사람들을 얻고 구원하기 위해 기꺼이 모든 사람의 종이 됐음을 고백했습니다(고전 9:19). 복음으로 영혼을 구원하기 위해 바울은 사람들의 종이 되는 헌신을 마다하지 않았다는 것입니다.

우리에게 주어진 하나님의 구원의 은혜를 기억하며, 우리 이웃의 구원을 위해 기꺼이 헌신해야 합니다. 이미 예수 그리스도께서 우리의 구원을 위해 십자가에서 희생 제물이 되는 헌신을 하셨음을 잊지 않으며 우리도 그 헌신의 길을 따라가야 합니다. 사람을 얻고 구원하는 것보다 더 소중한 것은 없음을 기억하며 얼마든지 희생하고 헌신해야 합니다.

오늘의 기도

1. 구원의 과정에서 주어지는 진통을 두려워하지 않게 하시고, 진통 후에 주어지는 구원과 기쁨을 생각하며 이기게 하소서.
2. 어떤 절망의 상황에서도 믿음을 포기하지 않게 하시고, 그 믿음으로 구원의 역사를 경험하게 하소서.
3. 주님을 통해 주어진 구원의 은혜를 기억하며 복음과 구원의 사명을 위해 기꺼이 헌신하게 하소서.

하나님의 계획

맥체인성경365_327p

출애굽기 6장 | 누가복음 9장 | 욥기 23장 | 고린도전서 10장

이스라엘 백성들의 출애굽의 구원을 계획하신 하나님은 예수 그리스도의 십자가를 통해 온 인류를 구원하고자 계획하셨고 이루셨습니다. 하나님께서 계획하신 구원을 어리석게 죄로 인해 심판으로 바꾸지 말아야 합니다. 따라서 하나님의 뜻하신 고난 중에 단련되고 순전한 믿음의 사람으로 세워지며, 자기 십자가를 지고 주님을 따라가야 합니다.

출애굽기 6장_이스라엘의 구원을 위한 하나님의 계획

모세에게 주신 하나님의 말씀입니다. 바로의 완강한 거절과 더 커진 고역으로 인한 백성들의 원망을 보며 탄식했던 모세에게 그 백성들에게 전하라며 주신 말씀입니다. 또한 모세와 아론이 중심이 된 레위 지파 후손들을 기록하고 있습니다.

하나님께서 모세에게 주신 말씀을 주목하면, 하나님께서 아브라함과 이삭과 야곱에게 하신 약속을 기억하신다는 것입니다. 따라서 이스라엘 자손을 애굽의 고통 가운데서 건지시고, 하나님께서 이스라엘의 하나님이 되어 약속한 땅으로 인도하신다는 것입니다. "그러므로 이스라엘 자손에게 말하기를 나는 여호와라 내가 애굽 사람의 무거운 짐 밑에서 너희를 빼내며 그들의 노역에서 너희를 건지며 편 팔과 여러 큰 심판들로써 너희를 속량하여 너희를 내 백성으로 삼고 나는 너희의 하나님이 되리니 나는 애굽 사람의 무거운 짐 밑에서 너희를 빼낸 너희의 하나님 여호와인 줄 너희가 알지라 내가 아브라함과 이삭과 야곱에게 주기로 맹세한 땅으로 너희를 인도하고 그 땅을 너희에게 주어 기업을 삼게 하리라 나는 여호와라 하셨다 하라"(출 6:6~8)

이 말씀은 하나님께서 그 백성을 향한 구원의 계획을 갖고 계심을 깨닫게 합니다. 또한 하나님의 때에 반드시 그 구원의 계획을 이루심을 알게 합니다. 따라서 그 계획이 이루어지기까지 고난과 고통이 계속되고 가중된다고 할지라도 믿음으로 인내하며 이겨야 합니다. 어리석게 가중된 고난으로 하나님을 원망하고 그 말씀에 불순종하지 않아야 합니다. 끝까지 그 구원의 계획을 바라보아야 합니다.

누가복음 9장_십자가와 부활을 통한 하나님의 계획

열두 제자의 파송, 헤롯이 예수님을 세례 요한이 살아난 것으로 오해한 것, 오병이어의 기적, 베드로의 신앙 고백, 예수님의 고난과 부활에 대한 예고, 자기를 부인하고 자기 십자가를 지고 예수님을 따라야 한다는 가르침, 예수님께서 산에 올라 변모하신 사건, 귀신들린 소년을 치유하신 일, 누가 크냐는 제자들의 다툼, 사마리아인들이 예수님을 거부한 일, 예수님을 따름에 대한 가르침 등을 기록하고 있습니다.

예수님의 고난과 부활 그리고 예수님을 따름에 대한 가르침에 주목하면, "이르시되 인자가 많은 고난을 받고 장로들과 대제사장들과 서기관들에게 버린 바 되어 죽임을 당하고 제삼일에 살아나야 하리라 하시고"(눅 9:22) 예수님께서 당하실 십자가의 고난과 죽음 그리고 이후의 부활에 대한 말씀입니다. 이것은 곧 하나님께서 그 아들 예수님을 이 땅에 보내신 목적이었으며, 온 인류를 구원하기 위한 계획이었습니다. 따라서 예수님은 이렇게 가르치셨습니다. "아무든지 나를 따라오려거든 자기를 부인하고 날마다 제 십자가를 지고 나를 따를 것이니라 누구든지 제 목숨을 구원하고자 하면 잃을 것이요 누구든지 나를 위하여 제 목숨을 잃으면 구원하리라"(눅 9:23~24) 십자가를 통한 구원의 계획을 바라보며 예수님을 따라가야 한다는 것입니다. 어리석게 자신의 생명을 구하겠다고 예수님을 거부하여 오히려 생명을 잃는 것이 아니라, 십자가를 통해 예수님께서 우리의 생명을 구원하셨음을 기

억하며, 예수님을 위해 생명을 걸고 따라가야 한다는 것입니다.

이미 예수님은 십자가와 부활을 통해 하나님의 구원의 계획을 이루셨습니다. 이제 남은 것은 우리가 예수님을 따르는 것입니다. 자기를 부인하고 날마다 자기 십자가를 지고 예수님을 따름으로 참된 생명을 얻고 구원에 이를 것이냐? 아니면 당장의 생명을 바라보고 그 따름을 거부하여 심판에 이를 것이냐? 바로 우리의 따름에 달려 있습니다.

욥기 23장_고난을 통해 연단하시는 하나님의 계획

엘리바스에 대한 욥의 세 번째 대답입니다. 욥은 엘리바스가 자신에게 둔 혐의가 맞지 않다고 여기기에 그의 권고도 귀에 담지 않았고, 그에 대한 대답도 하지 않았습니다. 오히려 하나님과 이야기를 나누고 싶지만, 어디서도 만날 수 없는 하나님으로 인해 답답해했습니다. 곧 자신은 하나님의 말씀을 지키며 정직하고 바르게 그 길을 따랐고, 하나님께서 그것을 모르지 않으실 텐데, 이렇게 하나님께서 자신을 정죄하며 고통당하게 하시는 것으로 인해 탄식했습니다. 그러나 또한 욥은 하나님을 향한 믿음으로 내일의 소망을 고백하기도 했습니다. "그러나 내가 가는 길을 그가 아시나니 그가 나를 단련하신 후에는 내가 순금 같이 되어 나오리라"(욥 23:10) 고난 중에서 하나님을 원망하는 우를 범하기도 했지만, 고난을 통해 자신을 순금처럼 정결하게 세우실 하나님의 계획을 확신하며 소망했습니다.

욥의 소망의 고백을 대하며, 우리를 향한 하나님의 계획도 바라보고 소망을 가져야 합니다. 곧 우리의 인생에도 하나님의 계획이 있습니다. 하나님은 우리가 가는 길을 아십니다. 다시 말해 우리의 모든 삶이 하나님의 손에 있습니다. 따라서 어떤 고난 속에서도 선하신 하나님의 손을 믿고 붙잡으며, 우리를 순금처럼 세우실 하나님의 계획을 바라보아야 합니다. 원망이 터져 나올 수밖에 없는 상황에도 우리를 더 크게 사용하고자 단련하시는 하나님의 계획을 바라보며 믿음을 가져야 합니다.

고린도전서 10장_바뀌어 버린 하나님의 계획

출애굽한 이스라엘이 하나님을 시험하고 원망함으로 심판 받았던 사실을 전하며 넘어지지 않도록 주의하라는 교훈과, 그리스도의 거룩한 피와 몸에 참여하는 성만찬을 가지면서 이방인의 제사와 식탁 교제에 참여하는 우상숭배를 책망한 말씀입니다. 또한 무엇을 먹고 어떤 것을 마시느냐, 이것이 중요한 것이 아니라 하나님의 영광이 더 중요함을 교훈하고 있습니다.

바울이 넘어지지 말 것을 교훈하며, 하나님의 심판을 받았던 이스라엘에 대해 전한 말씀에 주목하면, 출애굽한 이스라엘 백성들 중 많은 사람들이 우상 숭배와 음행과 주를 향한 시험과 원망으로 하나님의 심판을 받았고 멸망에 이르렀다는 것입니다(고전 10:7~10). 곧 하나님은 그 백성들 모두를 구원하여 약속하신 가나안 땅으로 인도하고자 계획하셨지만, 백성들의 죄악이 하나님의 구원의 계획을 심판으로 바꾸고 말았다는 것입니다. 죄악을 행한 백성들에게는 더 이상 하나님의 구원의 계획이 진행될 수 없었고 심판으로 바뀔 수밖에 없었다는 것입니다. 따라서 바울은 하나님의 구원의 계획을 믿음으로 따라가며 항상 깨어서 넘어지지 않도록 주의해야 함을 가르친 것입니다. 선 줄로 생각하는 자는 넘어질까 조심해야 한다는 것입니다(고전 10:12). 우리를 향한 하나님의 구원의 계획이 바뀌지 않도록 그 믿음의 길에서 넘어지지 말아야 한다는 것입니다.

오늘의 기도

1. 고난이 가중되고 계속된다 할지라도 우리를 구원하시며 인도하시는 하나님을 믿고 순종하게 하소서.
2. 십자가를 통해 이루신 주님의 구원을 기억하며, 자기를 부인하고 자기 십자가를 지고 주님을 따라가게 하소서.
3. 고난을 통해 우리를 순금처럼 정결하게 세우실 하나님의 계획을 믿음으로 바라보며 고난을 이기게 하소서.

순종
출애굽기 7장 | 누가복음 10장 | 욥기 24장 | 고린도전서 11장

맥체인성경365_334p

주의 뜻과 말씀에 대한 순종이 능력과 기쁨의 삶을 살아가게 합니다. 우리 안에 질서를 세우고 평안의 삶을 살게 합니다.

출애굽기 7장_순종의 능력

모세가 바로 앞에서 행한 첫 기적, 곧 지팡이를 뱀이 되게 한 것과, 애굽에 내린 첫째 재앙, 곧 나일 강의 물을 피로 변하게 한 것을 전하고 있습니다. 여기서 하나님의 말씀에 순종할 때, 순종을 통해 일하시는 하나님의 역사를 경험할 수 있음을 가르쳐주고 있습니다(출 7:6). 곧 모세와 아론은 하나님의 명령에 순종해 애굽 왕 바로를 다시 찾아가 하나님의 뜻을 전하며 이스라엘 백성의 출애굽을 요구했습니다. 이미 바로 왕으로부터 단호하게 거절당했기에 다시 찾아가는 일이 쉬운 일은 아니었습니다. 그러나 모세와 아론은 하나님의 말씀에 순종했고, 그때에 순종의 능력이 나타났습니다. 곧 애굽의 나일강이 피로 변했습니다(출 7:20~21). 하나님은 모세와 아론의 순종을 통해 놀라운 능력의 역사를 나타내시며 애굽을 심판하셨습니다. 반면 바로와 애굽은 불순종으로 하나님의 심판을 당해야 했습니다.

우리는 연약하지만 하나님은 강하십니다. 우리에게는 세상을 이길 힘이 없지만 하나님께는 넉넉한 힘이 있습니다. 연약한 우리는 세상을 이길 수 없지만 하나님께 순종할 수 있고, 그 순종으로 하나님의 힘을 경험할 수 있습니다. 순종을 통해 나타내시는 하나님의 능력으로 넉넉히 세상을 이길 수 있습니다. 하나님을 향한 순종이 하나님의 능력을 심판이 아닌 승리로 경험하게 합니다.

누가복음 10장_순종으로 인한 기쁨

예수님께서 칠십 인을 세워 각 동네와 지역으로 둘씩 파송하신 말씀과, 예수님의 하나님을 향한 찬양과 제자들을 향한 축복 선언, 그리고 선한 사마리아 사람에 대한 비유의 말씀, 마르다와 마리아에 대한 말씀을 전하고 있습니다.

칠십 인을 세워 파송하신 말씀에 주목하면, 예수님으로부터 파송을 받고 각 동네 각 지역으로 복음을 들고 나갔던 칠십 명의 제자들이 예수님께 돌아와 기쁨으로 사역을 보고했습니다(눅 10:17). 사실 처음 예수님의 명령을 따라 파송 받으며 두려움도 있었을 것입니다. 전대나 배낭 등 아무 것도 가지지 못하고 출발하기에 여러 염려도 있었을 것입니다. 그러나 예수님의 말씀에 순종하여 복음을 들고 나갔을 때에 귀신도 항복하는 등, 놀라운 역사들이 있었고, 이로 인한 큰 기쁨을 맛보게 됐습니다.

주님의 말씀에 순종하는 것이 때로 어렵고 힘들 수 있습니다. 순종하기 어려운 말씀이 주님으로부터 주어질 수 있습니다. 그러나 믿음으로 그 어려움을 이기고 순종하면 결국 기쁨의 결과를 보게 됩니다. 주님을 향한 순종은 반드시 기쁨으로 나타나게 됩니다. 무엇보다 우리가 기대할 수 있는 최고의 기쁨이 있는데, 주님은 이렇게 말씀하셨습니다. "그러나 귀신들이 너희에게 항복하는 것으로 기뻐하지 말고 너희 이름이 하늘에 기록된 것으로 기뻐하라 하시니라"(눅 10:20) 더 큰 기쁨은 그 이름이 하늘에 기록된 것에 있다는 것입니다. 다시 말해 주를 믿고 그 말씀에 순종하는 자에게는 그 이름이 하늘에 기록되는 생명과 이로 인한 기쁨이 주어진다는 것입니다. 따라서 이 생명의 기쁨을 기억하며 더욱 순종해야 합니다.

욥기 24장_순종으로 인한 평안

계속된 욥의 대답입니다. 욥은 악인들에 대한 하나님의 심판을 묘사하기도 했지만(18~24절), 그러나 또한 악인들에 대해 침묵하시며 방관하시는 하나님에 대해 불평하며 항의했습니다. "어찌하여 전능자는 때를 정해 놓지 아니하셨는고 그를 아는 자들이 그의 날을 보지 못하는고"(욥 24:1) 악인들이 악을 행하며 활보함에도 하나님께서 침묵하시며 심판하지 않으시는 것에 대해 항의한 것입니다. 악인들로 인해 고아와 가난한 자들 등, 사회적 약자들이 권리를 빼앗기고 고통을 겪고 있지만, 이에 대해 하나님은 아무런 조치도 행하지 않으신다는 것입니다.

결국 욥이 이렇게 말하는 것은, 자신은 죄가 없음에도 고난과 고통을 당하고 친구들로부터 악인이라고 정죄를 받고 있는데, 오히려 심판받아야 하는 악인들은 떵떵거리고 있기 때문입니다. 이로 인해 하나님의 공의에 대해 의심하며 불평한 것입니다. 그러나 욥은 하나님을 신뢰하며 믿어야 했습니다. 원망과 불평이 아닌 순종의 마음으로 하나님의 선한 역사를 기다려야 했습니다. 하나님의 주권적 역사가 당장 자신의 삶에 고통으로 나타나고, 이해할 수 없이 나타난다 할지라도 하나님을 믿고 그 주권적 역사에 순종하는 태도를 보여야 했습니다. 곧 하나님은 악인들을 방관하지 않으시고, 고통 중에서 부르짖는 의의 사람들을 외면하지 않으십니다. 반드시 하나님의 때에 선한 결과를 나타내시고 이를 통해 더 큰 뜻을 이루십니다.

만약 욥이 이런 하나님을 믿고 그 주권적 역사에 순종했다면, 고난 중에서도 평안을 누릴 수 있지 않았겠습니까? 하나님의 선한 역사를 믿고 기다리며 원망과 불평이 아닌 평안을 누리며 소망을 갖지 않았겠습니까? 곧 하나님을 믿고 순종하면 평안할 수 있습니다. 순종하는 우리의 모든 삶을 하나님께서 반드시 책임지시기 때문입니다. 하나님의 크고 선한 역사 속에서 우리의 삶을 세워주시기 때문입니다.

고린도전서 11장_순종으로 인한 질서

예배에서 벌어지는 불미스러운 일들에 대해 전하며 가르침을 주고 있는 말씀입니다. 곧 예배에서 여자들이 수건을 쓰는 등 질서를 지켜야 한다는 것과, 성만찬에 참여하며 배려와 하나 됨이 필요하고, 또 자기를 살피고 주의 몸을 분별하며 참여해야 하다는 것입니다.

교회의 질서에 대한 가르침에 주목하면, "그러나 나는 너희가 알기를 원하노니 각 남자의 머리는 그리스도요 여자의 머리는 남자요 그리스도의 머리는 하나님이시라 무릇 남자로서 머리에 무엇을 쓰고 기도나 예언을 하는 자는 그 머리를 욕되게 하는 것이요 무릇 여자로서 머리에 쓴 것을 벗고 기도나 예언을 하는 자는 그 머리를 욕되게 하는 것이니 이는 머리를 민 것과 다름이 없음이라"(고전 11:3~5) 교회 안에서 예배 시 여자들이 머리에 수건을 써야 할 것을 가르치는 말씀인데, 여기서 바울의 초점은 교회의 질서에 있음을 놓치지 말아야 합니다. 그리스도와 남자 그리고 남자와 여자 사이에서 각각 권위를 존중하고 순종하여 교회의 질서를 지켜갈 것을 강조하고 있는 것입니다.

결국 무엇입니까? 자신의 권위와 욕심을 주장하지 않고, 주어진 관습과 예절을 지키며 서로 존중하고 배려하고 섬길 때, 교회의 질서는 세워지고 또 평안할 수 있습니다. 주어진 말씀에 대한 순종이 교회 안에서 발생하는 문제와 소란을 해결하고 교회를 질서 있게 세워가게 합니다.

오늘의 기도

1. 모세와 아론처럼 힘써 주의 말씀에 순종하며 사명을 감당하게 하시고, 그 순종을 통해 나타나는 주의 능력도 경험하게 하소서.
2. 따르기 어려운 말씀이라도 믿음으로 순종하게 하시고, 순종을 통한 큰 기쁨을 누리게 하소서.
3. 서로의 권위를 존중하고 배려하고 또 질서를 지킴으로 평안함 가운데 아름답게 세워져가는 교회 되게 하소서.

간구

출애굽기 8장 | 누가복음 11장 | 욥기 25-26장 | 고린도전서 12장

맥체인성경365_340p

이렇게 간구해야 합니다. 거짓 없이 진실하게 간구하고 믿음으로 간구해야 합니다. 바른 것을 간구하고 인내하며 포기하지 말고 간구해야 합니다. 이 간구에 하나님은 반드시 응답하십니다.

출애굽기 8장_진실한 간구

애굽에 내린 둘째, 셋째, 넷째 재앙, 곧 개구리와 이와 파리 재앙을 기록하고 있습니다. 특별히 주목할 말씀은 바로의 진실하지 못한 간구입니다. 개구리 재앙으로 인해 고통을 당하자 바로는 모세와 아론을 불러 여호와께 구하여 개구리를 떠나게 해 달라고 간구했습니다. 더불어 하나님의 명령대로 이스라엘 백성을 보내겠다고 약속했습니다(출 8:8). 그러나 바로의 이러한 약속은 거짓이었습니다. 당장의 재앙을 모면하고자 거짓으로 약속하며 간구한 것이었고, 이후에도 바로는 계속해서 당장의 재앙을 피하고 모면하고자 거짓을 약속하며 간구했습니다. 물론 하나님은 바로의 거짓된 간구를 모르지 않으셨습니다. 그럼에도 당장은 그의 간구를 들어 재앙을 떠나게 해주셨습니다. 그의 거짓된 간구를 몰라서가 아니라 얼마든지 또 다른 재앙으로 그의 거짓을 심판하실 수 있기 때문이었습니다. 그의 거짓된 간구가 또 다른 재앙과 심판을 낳는다는 사실을 보여주신 것입니다.

결국 이 말씀은 거짓된 간구로는 아무런 해답을 볼 수 없음을 가르쳐줍니다. 진실함으로 드리는 간구가 하나님의 참된 응답을 가져온다는 것입니다. 곧 당장의 상황만 모면하려고 거짓으로 구하는 것은 어리석은 일입니다. 결코 하나님을 속일 수 없음을 깨닫고 진심으로 하나님 앞에 간구해야 합니다. 진실한 간구가 참된 응답으로 이어집니다.

누가복음 11장_인내의 간구

주기도문, 간구에 대한 가르침, 악한 귀신을 쫓아내신 예수님께서 불의한 생각을 가진 사람들을 책망하며 가르치신 말씀, 표적 요구에 대한 거부, 바리새인과 율법교사에 대한 저주 등을 기록하고 있습니다.

특별히 주목할 말씀이, 포기하지 않고 인내하며 기도하고 또 기도해야 한다는 예수님의 가르침입니다. "내가 너희에게 말하노니 비록 벗 됨으로 인하여서는 일어나서 주지 아니할지라도 그 간청함을 인하여 일어나 그 요구대로 주리라 내가 또 너희에게 이르노니 구하라 그러면 너희에게 주실 것이요 찾으라 그러면 찾아낼 것이요 문을 두드리라 그러면 너희에게 열릴 것이니 구하는 이마다 받을 것이요 찾는 이는 찾아낼 것이요 두드리는 이에게는 열릴 것이니라"(눅 11:8~10) 간청함이 침실에 누운 친구를 일어나게 하고 그 부탁을 들어주게 했다는 비유를 통해 포기하지 말고 하나님께 구하고 또 구할 것을 가르치신 것입니다. 포기하지 않는 간절한 간구가 하나님의 응답으로 이어진다는 것입니다.

믿음으로 구하고 바른 것을 구하는 간구는 반드시 응답으로 이어집니다. 단지 하나님께서 응답하시는 때가 있고, 그 때가 우리가 생각하는 때와 다를 뿐입니다. 우리는 당장을 바라지만 하나님은 최고의 때를 준비하십니다. 최고의 때를 통해 최고의 결과를 응답으로 주십니다. 따라서 끝까지 하나님을 믿고 인내해야 합니다. 그 믿음을 포기하지 않고, 하나님의 때를 기억하며 기도하고 또 기도해야 합니다.

욥기 25-26장_믿음의 간구

욥기 25장은 빌닷의 마지막 말입니다. 그는 하나님 앞에 그 누구도 의로울 수 없으며, 하나님의 크심과 위엄 앞에 구더기와 벌레 같은 하찮은 존재라고 말했습니다. 욥기 26장은 빌닷에 대한 욥의 세 번째 대답으로, 욥은 자신의 처지를 이해하고 생각해 주지 않는 그의 가르침에 빈정대는 말로 대구하며, 하나님의 권능과 주권에 대해 전했습니다. 곧 이것은 욥 자신도 창조주 하나님의 권능에 대해 그 친구들보다 더 잘 알고 또 더 잘 찬양할 수 있다는 것을 주장한 것으로 이해가 됩니다. 그 세 친구들이 생각하는 것처럼 자신이 하나님의 능력을 모르고, 그래서 하나님 앞에 범죄하고 이런 고통을 겪는 것이 아님을 항변한 것입니다. 오히려 그 친구들보다 더 잘 알고, 더 잘 찬양하며 높일 수 있다는 사실을 드러냄으로, 그들이 욥 자신에 대해 주장하며 비난하는 이야기들이 얼마나 잘못됐는가를 나타내고자 한 것입니다.

아무튼 욥이 전한 하나님의 권능에 대해 살펴보면, 헤아릴 수 없는 하나님의 크고 놀라운 권능과 주권을 전하고 있습니다(욥 26:14). 곧 욥은 하나님의 권능이 미치지 못하는 곳이 없으며(욥 26:5~6), 창조주로서 불가능한 것이 없고(욥 26:7~11), 모든 대적들을 능히 물리침을 말하였습니다(욥 26:12~13). 그런데 그 모든 것들이 하나님께서 하시는 일의 일부에 지나지 않는다는 것입니다. 하나님께서 행하시는 일은 사람이 결코 측량할 수 없을 만큼 크다는 것입니다.

이와 같은 하나님의 권능은 우리가 믿음으로 간구해야 한다는 사실을 가르쳐줍니다. 곧 권능의 하나님께서 능히 내 간구에 응답하실 수 있음을 믿고 간구해야 한다는 것입니다. 믿음의 간구가 응답으로 이어집니다.

고린도전서 12장_바른 간구

한 분 성령을 통해 나타나는 많은 은사에 대해 가르치고 있고, 또한 그리스도의 몸으로서 교회 공동체는 많은 지체가 있으나 결국은 한 몸을 이룸을 가르치고 있습니다.

"이 모든 일은 같은 한 성령이 행하사 그의 뜻대로 각 사람에게 나누어 주시는 것이니라"(고전 12:11) 성령의 다양한 은사들을 말씀하며, 이 은사들은 한 성령이 그 뜻에 따라 각 사람에게 나누어 주심을 전하는 말씀입니다. 이 말씀을 대하며 힘써 하나님께 우리에게 필요한 은사를 구해야 함을 깨닫게 됩니다. 곧 하나님의 교회를 세우고 사명을 감당하기 위해 하나님의 뜻대로 은사를 주시기를 바르게 구해야 한다는 것입니다.

"너희는 더욱 큰 은사를 사모하라 내가 또한 가장 좋은 길을 너희에게 보이리라"(고전 12:31) 더욱 큰 은사를 사모하라고 가르치고 있는데, 더욱 큰 은사는 사랑을 의미합니다. 곧 성령의 은사에 사랑을 사모하여 담지 아니하면 교회의 덕을 세워야 하는 은사가 문제를 나타낼 수 있습니다. 사실 바울이 고린도교회에 편지하며 "은사"에 대해 가르치는 것은 이미 고린도교회 안에 무분별하게 은사를 사용하는 사람들로 인해 교회의 질서가 깨지고 문제가 일어나고 있었기 때문입니다. 따라서 교회를 세우는 일을 위해 바르게 은사를 구할 뿐만 아니라 여기에 무엇보다 사랑을 사모하고 구해야 함을 가르친 것입니다.

결국 이 모든 가르침에서 우리가 바른 것을 구해야 함을 깨닫게 됩니다. 헛된 욕심을 구할 것이 아니라 하나님의 교회를 세우고 맡기신 사명을 위해 바른 것을 구해야 한다는 것입니다. 그리고 하나님께서는 우리의 바른 간구에 응답하십니다. 곧 성경은 이렇게 가르쳐줍니다. "구하여도 받지 못함은 정욕으로 쓰려고 잘못 구하기 때문이라"(약 4:3) 다시 말해 정욕이 아닌 하나님의 나라를 위해 바르게 간구하면 하나님은 반드시 응답하여 주신다는 것입니다.

오늘의 기도

1. 우리의 마음을 살피시는 하나님을 기억하며, 거짓된 마음을 버리고 진실함으로 하나님께 간구하게 하소서.
2. 하나님의 권능을 믿고, 또한 그 권능으로 우리의 간구에 응답하심을 믿고, 믿음으로 포기하지 않고 간구하게 하소서.
3. 하나님의 교회를 세우고 사명을 감당하기 위해 바르게 은사를 구하고 사랑을 구하게 하소서.

하나님 경외

맥체인성경365_346p

출애굽기 9장 | 누가복음 12장 | 욥기 27장 | 고린도전서 13장

하나님을 경외하는 자를 하나님께서 보호하시며 평안함을 주십니다. 그 어려움의 때에 부르짖는 기도에 응답하십니다. 따라서 하나님을 사랑함으로 참되게 하나님을 경외해야 합니다.

출애굽기 9장_하나님 경외와 보호

애굽에 내린 다섯째, 여섯째, 일곱째 재앙, 곧 애굽의 가축에 심한 돌림병이 있어 죽고, 사람과 짐승에 악성 종기가 생겨 고통을 당하며, 애굽 온 땅에 내린 우박으로 사람과 짐승을 막론하고 밭의 모든 채소가 상하고 나무가 꺾이게 된 것을 전하고 있습니다. 여기서 주목할 것이, 하나님을 끝까지 대적하는 자에게는 하나님의 심판이 주어지지만, 하나님의 말씀을 두려워하며 순종하는 자에게는 하나님의 은혜가 주어진다는 것입니다.

"요술사들도 악성 종기로 말미암아 모세 앞에 서지 못하니 악성 종기가 요술사들로부터 애굽 모든 사람에게 생겼음이라"(출 9:11) 하나님을 대항하며 하나님의 역사와 심판을 부정하고자 했던 요술사들이 하나님의 심판으로 더 이상 모세 앞에 서지 못했다는 것입니다. 하나님을 두려워하지 않고 끝까지 하나님의 반대편에 서서 하나님을 대항하고자 할 때 주어지는 결과는 심판일 수밖에 없다는 것입니다. "이튿날에 여호와께서 이 일을 행하시니 애굽의 모든 가축은 죽었으나 이스라엘 자손의 가축은 하나도 죽지 아니한지라"(출 9:6) "이스라엘 자손들이 있는 그 곳 고센 땅에는 우박이 없었더라"(출 9:26) 하나님을 경외하는 하나님의 백성들에게는 하나님의 은혜와 보호하심이 있었다는 것입니다. 애굽 사람들에게는 하나님의 심판이 있었지만, 하나님의 백성 이스라엘에게는 하나님의 보호하심의 은혜가 있어 심판의 중에도 한 마리의 가축도 죽지 않았다는 것입니다.

하나님께서 심판하고자 하시면 그 누구도 심판을 피할 수 없습니다. 오직 은혜만이 심판을 면할 수 있는 유일한 길입니다. 따라서 힘써 하나님을 경외해야 합니다. 하나님을 경외하는 자는 심판 중에도 보호하심의 은혜를 누립니다.

누가복음 12장_하나님 경외와 평안

바리새인의 외식을 주의하라는 가르침, 진정 두려워할 분에 대한 가르침, 탐욕에 대한 경고, 어리석은 부자에 대한 비유의 말씀, 잘못된 염려에 대한 가르침, 인자의 오심을 항상 준비해야 한다는 가르침, 예수님 때문에 생기는 분열에 대한 말씀, 시대를 분별해야 한다는 가르침 등을 기록하고 있습니다.

특별히 주목할 말씀이, 하나님을 두려워하는 자는 하나님의 보호하심 속에서 삶의 모든 두려움을 이기고 평안할 수 있다는 것입니다. 곧 진정 두려워할 분은 하나님입니다. 세상의 힘 있는 사람들이 그 가진 힘으로 우리 육신의 생명을 위협하기에 두려워하지만, 하나님은 육신의 생명뿐만 아니라 영혼의 생명까지 지옥에 던져 멸하실 수 있습니다. 따라서 예수님은 진정 두려워해야 할 분은 하나님임을 가르치셨습니다(눅 12:4~5). 그런데 또한 예수님은 하나님을 두려워하며 경외하는 하나님의 백성은 하나님께서 돌보심을 가르치셨습니다. 곧 우리의 머리털까지도 다 세실 만큼 우리의 형편과 상황을 잘 아시는 하나님께서 우리를 보호하신다는 것입니다(눅 12:7). 따라서 두려워하지 말라는 것입니다.

결국 무엇입니까? 진정 두려워해야 하는 하나님을 두려워하며 경외하면 세상의 헛된 두려움으로 인해 두려워하지 않을 수 있습니다. 영혼까지 책임지시는 하나님의 돌보심을 믿으며 평안할 수 있습니다. 하나님을 향한 두려움 곧 경외가 우리의 삶을 평안하게 합니다.

욥기 27장_하나님 경외와 응답

욥의 계속된 대답입니다. 친구들 특별히 나아마 사람 소발에게서 세 번째 말이 없자, 욥이 계속해서 대답을 이어갔는데, 욥은 자신을 불의하다고 몰아붙이는 친구들을 오히려 옳지 않다고 주장하며, 자신의 의로움을 굽히지 않았습니다. 더불어 자신을 치는 자들이 불의한 자가 되어 하나님의 심판에 이르기를 구했습니다. 곧 악인들을 향한 하나님의 심판에 대해 말하고 있는데, 자신을 치는 원수들이 심판에 이르기를 바란 것입니다. 무엇보다 욥은 경건하지 못한 자에 대해, 하나님의 심판 때에 그 어떤 소망도 없고 또 하나님의 응답도 없음을 전했습니다. "불경건한 자가 이익을 얻었으나 하나님이 그의 영혼을 거두실 때에는 무슨 희망이 있으랴 환난이 그에게 닥칠 때에 하나님이 어찌 그의 부르짖음을 들으시랴"(욥 27:8~9) 불경건한 자가 당장은 불의함으로 이득을 얻었다 할지라도, 그 불의함 때문에 하나님께서 심판하실 때에 아무런 희망을 가질 수 없다는 것입니다. 환난 중에 하나님께 부르짖어 봐야 하나님은 그 기도를 듣지 않으신다는 것입니다.

결국 이 말씀은 반대로 하나님을 경외하는 자의 응답에 대해 가르쳐주고 있습니다. 하나님을 경외하지 않는 자에게는 소망도 없고, 응답도 없지만, 하나님을 경외하는 자가 부르짖을 때에는 하나님께서 들으시고 응답하십니다. 그 환난 중에 하나님을 찾을 때에, 하나님께서 그 경외하는 자의 부르짖음을 결코 외면하지 않으십니다.

고린도전서 13장_하나님 경외와 사랑

사랑의 찬가입니다. 사랑이 중요하고 사랑이 없이 행하는 모든 은사와 사역의 헛됨과 어리석음을 전하고 있습니다.

"내가 사람의 방언과 천사의 말을 할지라도 사랑이 없으면 소리 나는 구리와 울리는 꽹과리가 되고 내가 예언하는 능력이 있어 모든 비밀과 모든 지식을 알고 또 산을 옮길 만한 모든 믿음이 있을지라도 사랑이 없으면 내가 아무 것도 아니요 내가 내게 있는 모든 것으로 구제하고 또 내 몸을 불사르게 내줄지라도 사랑이 없으면 내게 아무 유익이 없느니라"(고전 13:1~3) 사랑 없는 방언, 예언, 지식, 믿음, 구제, 희생 등은 아무 의미도 또한 유익도 없다는 말씀입니다. 반드시 사랑이 담겨야 한다는 것입니다. 사랑으로 말하고, 사랑으로 행하며, 사랑 때문에 섬기고, 사랑 때문에 희생해야 한다는 것입니다.

이것은 또한 하나님을 사랑함 없이 하나님을 경외함도 있을 수 없음을 깨닫게 합니다. 심판과 재앙으로 인해 단지 하나님을 두려워하는 것이 아니라, 크신 하나님을 사랑함으로 두려워하고 경외해야 한다는 것입니다. 곧 아무리 많은 은사들로 놀라운 일들을 나타내며 희생한다 할지라도 하나님을 사랑함으로 하는 것이 아니라면 그 모든 것들이 아무 의미가 없습니다. 하나님 사랑이 빠진 그 모든 사역과 희생을 하나님을 경외하는 것이라 말할 수 없습니다. 사랑이 빠진 하나님 경외는 있을 수 없습니다. 따라서 하나님을 사랑함으로 경외해야 합니다.

27
Feb

지혜
출애굽기 10장 | 누가복음 13장 | 욥기 28장 | 고린도전서 14장

지혜의 삶을 살아야 합니다. 하나님 앞에서 겸비하며, 그 죄를 깨닫고 회개하는 것이 지혜입니다. 죄에서 떠나 하나님을 경외하는 것이 지혜이고, 사명을 깨닫고 주신 은사를 통해 힘써 교회를 세우는 것이 지혜입니다.

출애굽기 10장_겸비함의 지혜

애굽에 내린 여덟째, 아홉째 재앙, 곧 메뚜기 재앙과 흑암의 재앙의 말씀입니다. 메뚜기 떼는 모든 것을 파괴하는 혼돈을 상징합니다. 하나님께서 내리신 우박의 재앙으로 수많은 농작물들이 피해를 입었지만, 그럼에도 남은 농작물들이 있었는데, 바로 그 농작물들이 메뚜기 떼에 의해서 사라지게 된 것입니다. 흑암은 태양신을 최고의 신으로 섬긴 애굽에게 큰 충격의 사건이었습니다. 애굽을 보호할 수 있는 신이 하나도 남아 있지 않게 된 것을 보여준 것입니다.

특별히 주목할 말씀이 바로 왕의 태도입니다. 하나님 앞에서 교만하지 않고 겸손하게 은혜를 구하는 것이 지혜인데, 바로는 어리석게 교만했습니다. 끝까지 하나님을 대항하며 그 명령을 따르지 않았습니다. 따라서 모세와 아론은 바로에게 하나님의 책망의 말씀을 전했습니다(출 10:3).

아마도 바로는 자신이 절대적 권력을 가진 왕이기에, 자신에게 모든 주권이 있다고 생각했을 것입니다. 자신이 가진 힘과 권력으로 자신이 원하는 모든 뜻을 이룰 수 있으며, 그 누구도 자신의 뜻을 꺾을 수 없다고 생각했을 것입니다. 그러나 모든 주권은 하나님께 있습니다. 하나님의 뜻에 따라 모든 것이 결정이 됩니다. 하나님께서 뜻하시면 그 누구도 막을 수 없고 거부할 수 없습니다. 하나님은 계속된 재앙과 심판을 통해 이러한 하나님의 주권과 권능을 보여주셨습니다. 그럼으로 또한 바로의 무력함을 보여주셨습니다. 자신의 것이라 생각했던 애굽의 모든 것을 심판으로 멸하심으로 그 주권이 하나님께 있음도 보여주셨습니다. 하나님께 대항하는 것은 어리석은 일이며, 오직 겸손함으로

은혜를 구해야 함도 가르치셨습니다.

결국 무엇입니까? 하나님 앞에서 겸비해야 합니다. 교만함으로 하나님을 대항하는 것이 아니라 겸손함으로 하나님의 은혜를 구해야 합니다. 이것이 지혜입니다.

누가복음 13장_회개함의 지혜

회개하지 않으면 망한다는 가르침, 열매를 얻지 못하는 무화과나무에 대한 비유의 말씀, 안식일에 등이 굽은 여자를 치유하신 말씀, 겨자씨와 누룩을 통해 하나님의 나라를 가르치신 말씀, 좁은 문으로 들어가기를 힘쓰라는 가르침, 헤롯의 적개심과 예루살렘에 대한 예수님의 탄식 등을 기록하고 있습니다.

특별히 회개에 대한 예수님의 가르침에 주목하면, "대답하여 이르시되 너희는 이 갈릴리 사람들이 이같이 해 받으므로 다른 모든 갈릴리 사람보다 죄가 더 있는 줄 아느냐 너희에게 이르노니 아니라 너희도 만일 회개하지 아니하면 다 이와 같이 망하리라"(눅 13:2~3) "너희에게 이르노니 아니라 너희도 만일 회개하지 아니하면 다 이와 같이 망하리라"(눅 13:5) 다른 사람들의 멸망을 보며 죄를 논하고 정죄하기 이전에 내 죄를 먼저 바라보며 회개함이 중요하다는 것입니다. 다시 말해 다른 사람들의 죄로 인한 심판을 보며, 내 죄를 돌아보고 회개해야 한다는 것입니다. 그러나 당시 유대 지도자들은 어리석게도 자기 의에 빠져서 자신의 죄를 먼저 돌아보지 못했습니다. 참 진리를 깨닫지 못하고 그릇된 가치와 율법에 빠져서 자신을 옭아매고 사람들을 옭아매는 그 어리석음을 보지 못했습니다. 예수님의 가르침과 치유의 사역 속에 담긴 참된 구원과

생명을 보지 못하고, 안식일을 범했다는 등 그릇된 율법의 잣대로 예수님을 대항하며 배척하는 어리석음을 보였습니다. 그럼으로 구원의 길에서 멀어지고 말았습니다.

하나님 앞에 의로울 수 있는 사람은 아무도 없습니다. 의롭지 못한 사람의 결과는 누구도 예외 없는 심판입니다. 따라서 하나님 앞에서 회개해야 하는 내 존재를 인식하며, 무엇보다 우선하여 온 마음으로 회개해야 합니다. 이것이 지혜입니다.

욥기 28장_경외함의 지혜
하나님의 지혜에 대한 노래입니다. 계속된 욥의 진술로 하나님의 지혜를 말하며 사람의 무지와 한계를 말하고 있습니다. 곧 사람은 금과 은과 철과 동을 얻기 위해 어둠을 뚫고 바위를 쪼갠다는 것입니다. 이와 같은 지식과 기술은 어떤 동물도 흉내 낼 수 없는 사람만의 탁월함이라는 것입니다. 그러나 이 탁월한 사람도 전혀 알 수 없고 이를 수 없는 것이 하나님의 지혜라는 것입니다. 땅속 길은 아는 사람이 자신의 인생의 길은 전혀 알지 못한다는 것입니다. 따라서 하나님을 경외하며 악에서 떠날 것을 교훈하고 있습니다. 곧 이것이 지혜이고 명철이라는 것입니다(욥 28:28). 무엇보다 주목할 것이 이 지혜는 금은보화로도 바꿀 수 없다는 것입니다. 따라서 이 지혜를 무엇보다 중요한 가치로 따라가야 하고, 금은보화보다 더 지혜를 구해야 한다는 것입니다(욥 28:15~19).

하나님을 경외하며 그 지혜를 구하고 따르는 삶이 가장 가치 있는 삶입니다. 세상의 사람들은 금은보화를 더 귀하게 여기며, 그 무엇보다 그것을 구하며 살아가고 있지만, 그보다 더 귀한 것이 하나님을 경외하는 삶임을 우리는 잊지 않아야 합니다. 우리는 믿음의 사람으로 하나님 경외의 가치를 바로 알고 바로 구해야 하고, 그 무엇보다 하나님을 경외함으로 그 지혜를 구하는 삶을 살아야 합니다.

고린도전서 14장_교회의 덕을 세우는 지혜
성령의 은사, 특별히 방언과 예언에 대한 가르침입니다. 방언은 자기의 덕을 세우는 반면 예언은 교회의 덕을 세우기에, 예언하기에 더욱 힘쓰라고 가르치고 있고, 또한 교회 안에서 질서 있게 사용하여야 함을 가르치고 있습니다. 곧 방언을 할 때는 통역하는 자가 있어야 하고, 통역하는 자가 없으면 교회에서 잠잠해야 하며, 예언은 둘이나 셋이나 말하고 또 분별이 필요함을 가르치고 있습니다. 결국 강조점은 교회의 덕에 있습니다. 영적인 은사들을 사모하며 풍성함을 구하되, 그것이 교회의 덕을 세우는 것에 목적이 있어야 한다는 것입니다. "그러므로 너희도 영적인 것을 사모하는 자인즉 교회의 덕을 세우기 위하여 그것이 풍성하기를 구하라"(고전 14:12) "그런즉 형제들아 어찌할까 너희가 모일 때에 각각 찬송시도 있으며 가르치는 말씀도 있으며 계시도 있으며 방언도 있으며 통역함도 있나니 모든 것을 덕을 세우기 위하여 하라"(고전 14:26)

성령을 통해 주어지는 은사는 자신을 드러내고 자랑함이 아니요, 교회의 성도들을 세우고 또 이를 통해 교회 공동체를 든든하게 세워감에 목적이 있습니다. 따라서 성령을 통해 주어지는 은사의 목적을 바로 분별하여 사용하는 것이 지혜입니다. 또한 이를 통해 교회를 세우고 그럼으로 하나님을 경외하는 것이 지혜입니다.

오늘의 기도

1. 교만함을 버리고 겸손함과 회개함으로 하나님 앞에 서게 하시고, 이를 통해 하나님의 은혜를 누리게 하소서.
2. 하나님을 경외함의 지혜보다 더 소중한 것은 없음을 깨닫게 하시고, 은금을 구하기보다 힘써 지혜를 구하게 하소서.
3. 성령의 은사를 풍성히 주시고, 성령의 은사를 통해 교회의 덕을 세워가게 하소서.

소망

28 Feb

출애굽기 11-12장 1-21절 | 누가복음 14장 | 욥기 29장 | 고린도전서 15장

헛된 소망을 버리고 주님을 통해 이루어질 내일의 소망, 곧 부활의 소망을 가져야 합니다. 이 소망을 위해 주의 은혜를 붙들고 포기하지 않고 기다려야 합니다.

출애굽기 11-12장 21절_기다림을 통한 소망

마지막 열째 재앙에 대한 예고입니다. 하나님께서 애굽 땅에 있는 모든 처음 난 것들을 죽이시겠다는 것입니다. 출애굽기 12:1~21절은 유월절 제정에 대한 말씀입니다. 식구 수에 따라 어린 양을 취하여 그 피를 집 좌우 문설주와 인방에 바르고, 그 밤에 고기를 불에 구워 무교병과 쓴 나물과 함께 먹으라는 것입니다. 그 밤에 하나님께서 애굽 땅에 다니며 모든 처음 난 것을 죽이실 때, 그 피를 보고 넘어가시겠다는 것입니다. 여기서 기다림을 통한 소망을 보게 됩니다. 하나님께서 이제 마지막 열 번째 재앙을 통해서 이스라엘 백성을 애굽에서 구원하시겠다는 것입니다. "여호와께서 모세에게 이르시기를 내가 이제 한 가지 재앙을 바로와 애굽에 내린 후에야 그가 너희를 여기서 내보내리라 그가 너희를 내보낼 때에는 여기서 반드시 다 쫓아내리니 백성에게 말하여 사람들에게 각기 이웃들에게 은금 패물을 구하게 하라 하시더니"(출 11:1~2) 첫 번째 재앙부터 아홉 번째 재앙에 이르기까지 계속된 하나님의 권능의 역사에 이스라엘 백성들이 흥분도 했겠지만 기다림도 있지 않았겠습니까? 애굽의 노예로 고역과 고통의 시간을 끝내고 하나님께서 약속하신 땅을 소망으로 품고 새로운 삶에 대해 기대하며, 하나님께서 이루실 구원의 날을 기다리고 또 기다리지 않았겠습니까? 그런데 이제 그 시간이 다가왔다는 것입니다.

하나님의 구원의 약속은 반드시 이루어집니다. 하나님의 말씀과 그 역사를 믿고 인내하며 기다리면 결국 하나님께서 이루시는 구원의 날이 확실한 소망으로 찾아옵니다. 따라서 하나님의 이루심을 의심하지 않고 끝까지 믿음으로 기다려야 합니다.

누가복음 14장_은혜로 인한 소망

안식일에 수종병 든 사람을 치유하신 말씀, 청함 받아 자리에 앉을 때 차라리 낮은 자리에 앉으라는 말씀, 곧 자기를 낮추는 자가 높아진다는 가르침, 잔치를 베풀어 사람을 청할 때 차라리 갚을 것이 없는 가난한 자들을 청하라는 가르침, 한 사람이 큰 잔치를 베풀고 사람들을 청했으나 거절한 것에 대한 비유의 말씀, 예수님을 따를 때 모든 가족과 심지어 자기 목숨까지 미워하는 등, 자기 십자가를 지고 모든 소유를 버리고 따라야 한다는 가르침 등을 기록하고 있습니다.

큰 잔치에 대한 비유의 말씀에 주목하면, "종이 돌아와 주인에게 그대로 고하니 이에 집 주인이 노하여 그 종에게 이르되 빨리 시내의 거리와 골목으로 나가서 가난한 자들과 몸 불편한 자들과 맹인들과 저는 자들을 데려오라 하니라 종이 이르되 주인이여 명하신 대로 하였으되 아직도 자리가 있나이다 주인이 종에게 이르되 길과 산울타리 가로 나가서 사람을 강권하여 데려다가 내 집을 채우라 내가 너희에게 말하노니 전에 청하였던 그 사람들은 하나도 내 잔치를 맛보지 못하리라 하였다 하시니라"(눅 14:21~24) 주인으로부터 먼저 초대된 사람들은 그 초대를 거부하여 잔치 자리에 참여하지 못하고, 이후 주인의 명에 따라 시내와 거리와 골목에서 초대된 가난한 자들과 몸 불편한 자들과 맹인들과 저는 자들이 잔치 자리에 참여했다는 것입니다. 여기서 기억할 것이, 가난한 사람들을 비롯한 모든 사람들이 잔치 자리에 초대되어 참여한 것은 자격이 아니라 오직 은혜였다는 것입니다. 그들은 자격이 되지 않기에 처음 초대되지 못했습니다. 그러나 주인의 은혜로 잔치 자리에 참여할 수 있었습니다.

이 비유에서 잔치 자리는 하나님의 나라를 뜻합니다. 그리고 은혜로 가난한 사람들을 비롯한 사람들이 잔치 자리에 초대되어 참여하듯, 하나님의 나라는 오직 은혜로 초대되어 자리 할 수 있음을 가르쳐주고 있습니다. 따라서 이것이 소망이 됩니다. 자격으로는 누구도 하나님의 나라에 초대되어 들어갈 수 없지만, 오직 하나님의 은혜로 우리가 하나님의 나라에 들어갈 수 있기 때문입니다.

욥기 29장_헛된 소망

욥이 이전에 누렸던 행복을 그리워하며 이야기하고 있는 말씀입니다. 지난 세월에 하나님의 도우심과 함께하심 속에서 형통하며 풍성함을 누리고 존경과 칭찬 속에서 살았다는 것입니다. 따라서 욥은 지난 세월로 돌아갈 수 있다면 좋겠다는 소망을 전했습니다. "나는 지난 세월과 하나님이 나를 보호하시던 때가 다시 오기를 원하노라 그 때에는 그의 등불이 내 머리에 비치었고 내가 그의 빛을 힘입어 암흑에서도 걸어다녔느니라"(욥 29:2~3)

그러나 욥의 소망은 이루어질 수 없는 소망입니다. 아무리 그가 그리워하며 소망한들 과거의 시간으로 돌이킬 수 없습니다. 그것을 소망으로 품는다면 헛된 소망일 수밖에 없습니다. 그러나 하나님은 살아 계시고, 연단을 위해 지금은 욥에게 고난을 주시지만, 내일의 더 아름다운 시간을 계획하고 계십니다. 따라서 욥은 지난 세월을 그리워하며 헛된 소망을 품을 것이 아니라 끝까지 하나님을 믿고 하나님을 통해 이루어질 내일의 시간을 소망으로 품어야 했습니다.

하나님은 우리의 절대적 소망이 되십니다. 하나님을 향한 믿음은 어떤 상황에서도 소망을 만듭니다. 따라서 이룰 수 없는 헛된 소망에 기대지 말고 오직 하나님을 믿음으로 소망을 가져야 합니다.

고린도전서 15장_부활의 소망

죽은 사람들의 부활에 대한 가르침입니다. 그리스도께서 죽음을 이기고 부활하셨고, 그 부활은 사실이며, 그 부활로 말미암아 믿음의 사람들에게도 부활이 있다는 것입니다. 다시 말해 그리스도께서 부활의 첫 열매가 되셨고, 그리스도를 믿는 우리도 그리스도를 통해 부활하여 새 삶을 살아가게 된다는 것입니다. "그러나 이제 그리스도께서 죽은 자 가운데서 다시 살아나사 잠자는 자들의 첫 열매가 되셨도다 사망이 한 사람으로 말미암았으니 죽은 자의 부활도 한 사람으로 말미암는도다 아담 안에서 모든 사람이 죽은 것 같이 그리스도 안에서 모든 사람이 삶을 얻으리라"(고전 15:20~22)

주님의 부활은 사실이며 또한 주님을 믿는 우리에게도 부활과 새 삶이 주어짐은 의심할 수 없는 사실입니다. 따라서 이 부활은 우리에게 소망이 됩니다. 어떤 절망의 상황에도 그리스도를 믿는 우리에게 부활은 확실한 약속이기에, 모든 절망을 이기는 소망이 됩니다.

오늘의 기도

1. 하나님의 약속은 확실함을 믿고 인내함과 기다림으로 소망을 이루어가게 하소서.
2. 헛된 소망에 마음 빼앗기지 않게 하시고, 오직 하나님과 그 은혜를 통해 소망을 갖게 하소서.
3. 우리에게 부활은 확실한 약속임을 믿고, 어떤 고통과 두려움 중에도 소망을 갖게 하소서.

기쁨

맥체인성경365_367p

출애굽기 12장 22-51절 | 누가복음 15장 | 욥기 30장 | 고린도전서 16장

어떤 고난의 상황에서도 하나님께서 주신 구원과 하나님을 통해 갖는 소망으로 기뻐할 수 있습니다. 하나님의 마음으로 잃어버린 영혼을 찾고 주신 사명에 최선을 다하며 이를 통해 맺는 열매로 기뻐해야 합니다.

출애굽기 12장 22-51절_구원의 기쁨

하나님께서 애굽의 처음 난 것들을 치신 것과 이를 통한 이스라엘의 출애굽, 곧 구원을 전하고 있습니다. 남자 장정만 약 육십만 명 되는 사람들이 나왔고, 수많은 잡족들이 함께했는데, 특별히 주목할 말씀이 급히 나오느라고 발교되지 못한 반죽만을 가지고 나와 그것으로 무교병을 구웠다는 것입니다. 무교병 외에 아무 양식도 준비하지 못했다는 것입니다. "이스라엘 자손이 라암셋을 떠나서 숙곳에 이르니 유아 외에 보행하는 장정이 육십만 가량이요 수많은 잡족과 양과 소와 심히 많은 가축이 그들과 함께 하였으며 그들이 애굽으로부터 가지고 나온 발교되지 못한 반죽으로 무교병을 구웠으니 이는 그들이 애굽에서 쫓겨나므로 지체할 수 없었음이며 아무 양식도 준비하지 못하였음이었더라"(출 12:37~39)

먹을 것이 고작 무교병이었습니다. 발교되지 못한 반죽 외에 그 어떤 음식도 준비할 수 없었고, 따라서 그것으로 무교병을 구워 먹는 것이 그들이 먹을 수 있는 것의 전부였습니다. 그러나 그렇다고 백성들이 불평했겠습니까? 오히려 출애굽으로 인한 기쁨이 가득하지 않았겠습니까? 발교되지 못한 반죽으로 무교병을 구워 먹으면서도 백성들은 애굽에서 자신들을 구원하신 하나님께 기쁨과 감사로 찬양했을 것입니다.

혹 삶에 여러 부족함이 있어도, 우리에게 주어진 놀라운 구원을 잊지 않으면 기뻐할 수 있습니다. 우리가 불평하고 원망하는 것은 구원의 감격에서 멀어졌기 때문입니다. 이후 이스라엘 백성들이 출애굽의 구원과 그 감격에서 멀어지자 광야에서 불평하고 원망하고 말았는데, 이처럼 구원의 감격에서 멀어져 버리면 원망과 불평만 가득하게 됩니다. 따라서 우리에게 주어진 구원의 감격을 잊지 않고 날마다 우리 마음에 새겨야 합니다.

누가복음 15장_찾음의 기쁨

잃은 양에 대한 비유, 잃은 동전에 대한 비유, 잃은 아들에 대한 비유의 말씀입니다. 여기서 주목할 것이 잃은 것을 찾았을 때의 기쁨입니다. 곧 그 잃은 것을 찾기까지 찾고, 또 돌아오기까지 기다리며, 그리고 찾았을 때 벗과 이웃을 불러 함께 기뻐하고 즐거워한다는 것입니다. "또 찾아낸즉 즐거워 어깨에 메고 집에 와서 그 벗과 이웃을 불러 모으고 말하되 나와 함께 즐기자 나의 잃은 양을 찾아내었노라 하리라"(눅 15:5~6) "또 찾아낸즉 벗과 이웃을 불러 모으고 말하되 나와 함께 즐기자 잃은 드라크마를 찾아내었노라 하리라"(눅 15:9) "이 네 동생은 죽었다가 살아났으며 내가 잃었다가 얻었기로 우리가 즐거워하고 기뻐하는 것이 마땅하다 하니라"(눅 15:32) 이는 하나님의 마음을 보여주는 것으로, 세상의 모든 사람들을 구원하고자 하시는 사랑의 마음을 알 수 있습니다. 온 천하보다 한 영혼이 더 소중하고, 따라서 한 영혼도 잃지 않고 구원하기를 바라신다는 것입니다. 그리고 그 한 영혼이 구원함을 얻을 때 그 무엇보다 기뻐하신다는 것입니다.

우리도 하나님의 마음을 가지고 잃어버린 영혼을 찾고 구원하기에 힘써야 합니다. 우리의 기쁨도 다른 무엇보다 잃어버린 영혼을 찾음에 있어야 합니다.

욥기 30장_소망의 기쁨

욥이 현재 겪는 불행에 대해 이야기하고 있는 말씀입니다. 곧 이전에 누렸던 행복을 이야기한 욥은 지금의 불행을 말하며 절망스러울 수밖에 없는 현실을 표현했습니다. 젊은 사람들까지 자신을 비웃고 조롱하고 있으며, 무엇보다 이 모든 고통의 원인 되시는 하나님께 도움을 구하며 부르짖으나 아무 응답이 없다는 것입니다. "내가 주께 부르짖으나 주께서 대답하지 아니하시오며 내가 섰사오나 주께서 나를 돌아보지 아니하시나이다 주께서 돌이켜 내게 잔혹하게 하시고 힘 있는 손으로 나를 대적하시나이다"(욥 30:20~21) 욥의 답답함과 원망을 볼 수 있는데, 그러나 그럼에도 욥은 소망을 가져야 했습니다. 욥이 생각하는 것처럼 하나님이 응답하지 않으시는 것이 아니며, 하나님께는 더 큰 생각을 가지고 욥을 다루고 계시다는 사실을 깨달아야 했습니다. 그 깨달음과 하나님을 향한 믿음으로 소망을 가져야 했습니다. 그렇게 소망을 가졌다면 소망으로 인해 원망이 아닌 기쁨을 가질 수 있었을 것입니다.

하나님은 언제나 우리와 함께하시고, 우리는 그 함께하시는 하나님을 통해 소망을 가질 수 있습니다. 어떤 절망의 상황에서도 하나님을 바라보며 소망을 가질 수 있습니다. 그리고 그 소망으로 기뻐할 수 있습니다.

고린도전서 16장_사명의 기쁨

성도를 위하는 연보에 대한 말씀과 바울의 앞으로의 여행 계획, 그리고 마지막 권면과 인사를 기록한 말씀입니다. 특별히 주목할 말씀이 고린도교회에서 온 스데바나와 브드나도, 그리고 아가이고로 인해 바울이 기뻐했다는 말씀입니다. 이들이 고린도교회에서 교인들에게 바울의 애정을 잘 전해주었고, 또 이들이 가져온 고린도교회 교인들의 바울에 대한 사랑이 마음을 시원하게 하고 기쁘게 했다는 것입니다. "내가 스데바나와 브드나도와 아가이고가 온 것을 기뻐하노니 그들이 너희의 부족한 것을 채웠음이라그들이 나와 너희 마음을 시원하게 하였으니 그러므로 너희는 이런 사람들을 알아 주라"(고전 16:17~18) 여기서 바울의 기쁨을 보게 됩니다. 곧 바울의 기쁨은 주께서 맡기신 사명과 이를 통한 열매에 있었습니다. 바울의 복음과 교회에 대한 애틋한 마음을 교회들이 이해하고 바른 믿음 안에서 아름답게 세워지는 것이 바울의 기쁨이었습니다.

우리의 기쁨도 바울처럼 사명에 있어야 합니다. 세상의 금은보화와 큰 권세에 기쁨이 있는 것이 아니라 주께서 주신 사명에 최선을 다하며, 이를 통해 맺어지는 열매에 기쁨이 있어야 합니다. 우리에게 섬기라고 맡겨주신 교회가 아름답게 세워지는 것에 기쁨이 있어야 합니다.

오늘의 기도

1. 구원의 감격을 잊지 않게 하시고 날마다 기쁨과 감사의 삶을 살아가게 하소서.
2. 하나님의 마음을 가지고 잃어버린 영혼을 찾는 일에 힘쓰게 하시고, 또한 이 일에 기쁨을 두게 하소서.
3. 스데바나와 브드나도와 아가이고처럼 사람들의 마음을 시원케 하며 기쁨이 되게 하소서.

믿음의 고백

맥체인성경365_372p

출애굽기 13장 | 누가복음 16장 | 욥기 31장 | 고린도후서 1장

하나님은 모든 것의 주인이 되십니다. 우리의 생명도, 가진 재물도, 또한 삶도 주님께 모든 주권이 있습니다. 따라서 그 모든 것을 주님께 드림으로 믿음을 고백하고, 환난 중에서도 모든 주권을 가지신 하나님을 의지하여 승리해야 합니다.

출애굽기 13장_초태생을 통한 믿음의 고백

초태생을 거룩히 구별하라는 말씀과 출애굽의 구원을 기억하며 무교절을 지키라는 말씀입니다. 또한 출애굽한 백성들을 하나님께서 구름 기둥과 불 기둥으로 인도하셨음을 전하고 있습니다. 초태생을 구별하라는 말씀에 주목하면, "이스라엘 자손 중에서 사람이나 짐승을 막론하고 태에서 처음 난 모든 것은 다 거룩히 구별하여 내게 돌리라 이는 내 것이니라 하시니라"(출 13:2) 모든 처음 태어난 것은 죽음을 맞이하는 열 번째 재앙 속에서, 하나님께서 그 백성들의 생명과 그 백성들에게 속한 가축들의 생명을 지켜주셨습니다. 따라서 모든 처음 태어난 것을 하나님께 돌리라고 말씀하신 것입니다. 그 생명의 주권이 하나님께 있다는 것입니다.

우리의 생명도 하나님께 있습니다. 예수 그리스도의 십자가를 통해 하나님께서 우리를 구원하시고 그 생명을 살리셨습니다. 하나님은 우리 생명의 주인이 되십니다. 따라서 날마다 우리 몸을 하나님이 기뻐하시는 거룩한 산 제물로 드려야 합니다(롬 12:1 참조). 우리의 생명을 오직 하나님이 기뻐하시는 일을 위해 사용해야 합니다. 이를 통해 하나님이 우리의 주인이 되심을 고백해야 합니다.

누가복음 16장_재물을 통한 믿음의 고백

부정직한 청지기에 대한 비유의 말씀, 하나님과 재물을 겸하여 섬길 수 없다는 가르침, 바리새인들의 외식을 책망하신 말씀, 부자와 나사로에 대한 비유의 말씀 등을 기록하고 있습니다.

부정직한 청지기에 대한 말씀에서 예수님은 재물보다 영주할 처소, 곧 천국이 더 중요함을 가르치셨습니다. "내가 너희에게 말하노니 불의의 재물로 친구를 사귀라 그리하면 그 재물이 없어질 때에 그들이 너희를 영주할 처소로 영접하리라"(눅 16:9) '재물로 친구를 사귀라'는 것은 결국 재물로 천국을 준비하라는 것입니다. 재물이 목적이 되지 말고, 재물을 천국을 준비하는 믿음의 삶을 위해 사용하라는 것입니다. 재물에 욕심을 내고 움켜쥐어 생명을 잃어버리는 어리석은 결과를 맞이하지 말고, 오히려 내일의 천국을 준비하는 지혜로운 삶을 살아야 한다는 것입니다.

따라서 또한 예수님은 이렇게 가르치셨습니다, "집 하인이 두 주인을 섬길 수 없나니 혹 이를 미워하고 저를 사랑하거나 혹 이를 중히 여기고 저를 경히 여길 것임이라 너희는 하나님과 재물을 겸하여 섬길 수 없느니라"(눅 16:13) 재물이 아닌 하나님을 선택하여 섬기는 것이 천국을 준비하는 지혜의 삶이라는 것입니다. 재물보다 하나님을 선택함으로 하나님이 더 소중하다는 믿음의 고백을 나타내고 또한 더 나아가 우리가 가진 모든 재물의 주인이 하나님이 되심을 고백해야 한다는 것입니다.

욥기 31장_의의 삶을 통한 믿음의 고백

욥이 자신의 정결함을 변호하고 있는 말씀입니다. 하나님께서 불의한 자를 심판하시고 그럼으로 불행을 맞이하게 하시는데, 자신은 그렇게 불의하지 않았음을 애절하고 호소하고 있는 말씀입니다. "그가 내 길을 살피지 아니하시느냐 내 걸음을 다 세지 아니하시느냐 만일 내가 허위와 함께 동행하고 내 발이 속임수에 빨랐다면 하나님께서 나를 공평한 저울에 달아보시고 그가 나의 온전함을 아시기를 바라노라"(욥 31:4~6) 자신의 걸음을 살피시는 하나님 앞에서 의롭고 온전하게 살았다는 욥의 고백입니다. 자신이 지금의 고통을 겪을 만큼 불의한 일을 행하지 않았다는 변론이며 탄식인 것입니다. 그러나 그럼에도 욥은 하나님을 신뢰해야 했습니다. 이해할 수 없는 고난에도 변함없이 의의 삶을 선택하며, 탄식과 원망이 아닌 하나님의 도움을 구해야 했습니다. 그럼으로 변함없는 믿음을 고백해야 했습니다. 언제나 내 삶의 주인은 하나님이시며, 어떤 환난과 고난도 그 믿음을 빼앗아가지 못한다는 사실을 변함없는 의의 삶으로 나타내야 했습니다.

우리의 삶에 이해할 수 없는 고난이 찾아올 수 있습니다. 그럼에도 우리는 하나님을 바라보며 의의 삶을 살아가야 합니다. 우리에게 찾아온 고난이 우리의 의의 삶을 흔들지 못하게 해야 합니다. 변함없는 의의 삶으로 하나님이 변함없는 내 주인이 되심을 고백해야 합니다.

고린도후서 1장_환난을 통한 믿음의 고백

환난 가운데 하나님께서 주신 위로에 대한 감사를 전하고 있습니다. 바울과 그 동료들이 아시아에서 복음을 전하며 죽음의 위험까지 직면했으나 하나님께서 건져주셨고, 무엇보다 고린도교회에서 들려온 소식이 큰 위로함이 되었다는 것입니다. 곧 고린도교회가 환난 중에서도 믿음을 지키며 바울의 고난에 참여했다는 것입니다. 이것이 고난 중에 있었던 바울과 그 동료들에게 큰 위로함이 되었다는 것입니다. 이에 대해 바울은 이렇게 고백했습니다. "우리의 모든 환난 중에서 우리를 위로하사 우리로 하여금 하나님께 받는 위로로써 모든 환난 중에 있는 자들을 능히 위로하게 하시는 이시로다 그리스도의 고난이 우리에게 넘친 것 같이 우리가 받는 위로도 그리스도로 말미암아 넘치는도다"(고후 1:4~5) 복음을 전하는 삶에서 끊임없는 환난을 겪어야 했지만, 환난보다 주님을 통한 위로가 더 크다는 것입니다. 주님께서 함께하시고 위로하시며 힘을 주시니 그 큰 환난도 능히 이길 수 있다는 것입니다. 또한 바울은 살 소망까지 끊어진 상황에서도 하나님을 의지했고, 또 그렇게 하나님을 의지함으로 결국 환난을 이겼음을 고백했습니다. 환난 때문에 넘어지는 것이 아니라, 오히려 그 환난이 더욱 하나님을 의지하게 했음을 고백했습니다. "형제들아 우리가 아시아에서 당한 환난을 너희가 모르기를 원하지 아니하노니 힘에 겹도록 심한 고난을 당하여 살 소망까지 끊어지고 우리는 우리 자신이 사형 선고를 받은 줄 알았으니 이는 우리로 자기를 의지하지 말고 오직 죽은 자를 다시 살리시는 하나님만 의지하게 하심이라"(고후 1:8~9)

결국 무엇입니까? 바울은 환난을 통해 하나님을 향한 흔들리지 않는 믿음을 고백했습니다. 환난이 넘어지는 걸림돌이 아니라, 믿음을 더욱 견고히 세우는 반석이 되게 했습니다. 이처럼 우리도 어떤 환난과 고난 중에도 변하지 않고 흔들리지 않는 믿음의 삶을 살아야 합니다. 오히려 더욱 주를 바라보고 의지하며 신뢰해야 하고, 또한 이를 통해 우리의 믿음을 고백해야 합니다.

믿음의 삶

출애굽기 14장 | 누가복음 17장 | 욥기 32장 | 고린도후서 2장

맥체인성경365_377p

믿음의 삶은 믿음의 능력을 깨닫고 그 능력으로 세상을 이기는 삶이요, 또한 그 믿음으로 하나님의 뜻과 의를 나타내고, 힘써 복음의 사명과 헌신의 삶을 살아가는 것입니다. 그렇게 믿음의 향기를 내는 삶입니다.

출애굽기 14장_믿음의 승리

홍해에서의 승리를 전하고 있습니다. 하나님께서 권능으로 홍해의 물을 갈라지게 하셔서 이스라엘 백성들을 마른 땅으로 건너게 하셨고, 뒤쫓아 오던 애굽의 군대는 홍해에서 심판하셨음을 전하고 있습니다. 그리고 이 모든 구원과 심판은 하나님의 계획 속에 있었음도 전하고 있습니다. 곧 구원과 심판을 위해 하나님께서 오도 가도 못하는 홍해 앞으로 백성들을 인도하셨다는 것입니다. 모세에게 명령하여 바알스본 맞은편 바닷가에 장막을 치게 하셨다는 것입니다.

따라서 또한 강조하고 있는 것이 믿음입니다. 하나님의 구원의 역사를 기다리며 원망이 아니라 믿음을 가져야 한다는 것입니다. 곧 변심한 바로가 군대를 이끌고 쫓아올 때, 이스라엘 백성들은 쫓아오는 애굽의 군대를 보며 두려워하고 원망했습니다. 애굽에 매장지가 없어서 우리를 이끌어 광야에서 죽게 하느냐고 원망을 쏟아냈습니다. 그러나 모세는 믿음을 가졌습니다. 두려워하며 원망하는 백성들에게 하나님을 바라보며 믿을 것을 전했습니다. "모세가 백성에게 이르되 너희는 두려워하지 말고 가만히 서서 여호와께서 오늘 너희를 위하여 행하시는 구원을 보라 너희가 오늘 본 애굽 사람을 영원히 다시 보지 아니하리라"(출 14:13)

결국 하나님께서는 모세가 전한 말대로 홍해에서 그 백성들을 구원하셨고 애굽의 군대는 심판하셨습니다. 믿음으로 순종하여 바다를 향해 내민 모세의 지팡이를 통해 홍해를 가르셨고, 백성들이 마른 땅으로 지나 구원을 얻게 하셨습니다. 반면 쫓아오던 애굽의 군대는 갈라진 홍해를 건너다가 전멸당하도록 심판하셨습니다. 하나님을 믿고 기다릴 때, 놀라운 구원과 승리를 이루어주심을 보여주셨습니다.

출애굽의 구원의 여정에서 변심한 바로가 쫓아와 이스라엘 백성들이 큰 위기를 만났듯이, 우리도 구원의 삶에서 위기를 만날 수 있습니다. 그때에 이스라엘 백성들처럼 원망하는 것이 아니라 모세처럼 믿음을 가져야 합니다. 하나님은 원망이 아닌 믿음을 보시고 놀라운 승리를 이루어주십니다. 우리가 이 믿음으로 승리를 누릴 수 있어야 합니다.

누가복음 17장_믿음의 능력

용서와 믿음의 능력에 대한 가르침, 보상을 바라지 말고 충성해야 한다는 가르침, 열 명의 한센병 환자를 치료하신 말씀, 하나님 나라의 도래에 대한 가르침 등을 기록하고 있습니다.

믿음의 능력에 대한 예수님의 가르침에 주목하면, "주께서 이르시되 너희에게 겨자씨 한 알만한 믿음이 있었더라면 이 뽕나무더러 뿌리가 뽑혀 바다에 심기어라 하였을 것이요 그것이 너희에게 순종하였으리라"(눅 17:6) 겨자씨 한 알만한 믿음만 있어도 명령 하나만으로 심겨진 나무를 바다에 옮겨 심을 수 있다는 것입니다. 믿음만 있으면 불가능한 일이 없다는 것입니다. 곧 사도들은 예수님께 믿음을 더해 달라고 부탁했습니다. 그러나 예수님은 겨자씨 한 알만한 믿음만 있어도 가능하다고 대답하셨습니다. 믿음이 부족하다는 생각으로 도전하지 않고 믿음의 크기가 더해지기만을 기다리는 것은 어리석은 일이라는 것입니다. 믿음의 능력은 그 믿음에 따라 도전하고 행동하는 것에서 나타난다는 것입니다. 따라서 믿음이 작다는 생각으로 움츠리지 말고 믿음으로 도전하라고 가르친 것입니다.

우리가 사는 세상이 만만치 않습니다. 신앙의 삶에서도 많은 위험과 환난이 있고 우리가 뜻하고 바라는 대로 되지 않아 낙심이 될 때도 많습니다. 그러나 하나님은 우리에게 세상을 이길 수 있는 무기인 믿음을 주셨습니다. 믿음의 능력으로 이 세상을 능히 이길 수 있습니다. 따라서 우리에게 있는 믿음의 능력을 믿고 세상을 향해 도전해야 합니다.

욥기 32장_믿음의 분노

엘리후의 첫 번째 변론입니다. 지금까지 욥과 세 친구들 사이의 변론을 듣고 있다가, 세 친구들이 더 이상 욥의 주장을 반박하지 못하자 엘리후가 변론에 개입한 것입니다. 주목할 말씀이, 엘리후가 욥과 세 친구 모두에게 화를 냈다는 말씀입니다. 곧 엘리후는 욥이 하나님 앞에서 자신의 의를 주장하며 하나님을 원망하는 것에 화를 냈습니다. 또한 이런 욥의 주장을 지금까지 욥의 세 친구가 정죄만 할 뿐, 바르게 변론하지 못하고 하나님의 뜻을 전하지 못한 것에 대해 화를 냈습니다(욥 32:2~3). 여기서 엘리후의 하나님을 향한 사랑과 믿음을 보게 됩니다. 그가 분노하며 욥과 세 친구의 대화에 참여하게 된 것은 하나님을 향한 사랑과 믿음 때문임을 알 수 있습니다. 곧 엘리후의 분노는 자신의 이익이 침범됐기 때문이거나 자신의 계획과 생각이 누군가에 의해 방해됐기 때문이 아니었습니다. 엘리후는 절대적으로 자신을 변호하기 위한 목적 때문이 아니라, 하나님을 향한 사랑과 믿음 때문이라는 선한 목적에서 분노하며 변론했습니다.

엘리후를 보면서 우리는 무엇 때문에 변론하며 분노하고 있는지 돌아봐야 하지 않습니까? 우리도 하나님을 향한 사랑과 믿음 때문에 분노해야 하지 않습니까? 하나님의 의를 증거하고 그 크심을 나타내는 일을 위해 힘을 다해야 하고, 하나님 편에 서서 하나님을 위해 분노할 수 있어야 합니다.

고린도후서 2장_믿음의 향기

고린도 교회를 향한 바울의 마음을 보게 하는 말씀입니다. 곧 자신이 고린도교회에 근심이 되지 않기를 원하고 또 그가 고린도교회에 보낸 편지가 고린도교회를 향한 넘치는 사랑으로 말미암은 것임을 전하고 있습니다. 또한 자신을 근심하게 할 뿐만 아니라 고린도의 성도 모두를 근심하게 한 사람에 대해 처벌 받음이 마땅하지만, 그러나 또한 용서하고 사랑을 나타낼 것을 전하고 있습니다.

특별히 주목할 말씀이 복음을 전하는 삶을 '그리스도의 향기'로 표현한 바울의 고백입니다. "항상 우리를 그리스도 안에서 이기게 하시고 우리로 말미암아 각처에서 그리스도를 아는 냄새를 나타내시는 하나님께 감사하노라 우리는 구원 받는 자들에게나 망하는 자들에게나 하나님 앞에서 그리스도의 향기니"(고후 2:14~15) 바울은 자신이 그리스도의 향기로서 그 주어진 복음의 사명을 인식하며, 또한 이를 통해 사람들에게 복음을 전하시는 하나님께 감사했습니다. 곧 바울은 복음과 사명과 헌신과 감사의 삶을 통해 믿음의 향기를 제대로 내고 있었습니다.

우리는 어떤 냄새를 내고 있습니까? 불의와 욕심으로 우리의 삶에서 악취를 내는 것이 아니라 믿음의 삶을 통해 그리스도라는 생명의 향기를 내야 합니다. 믿음의 향기를 통해 우리 이웃에게 기쁨을 주고 가까이 하고 싶은 사람이 돼야 합니다.

기도하라

4 Mar

출애굽기 15장 | 누가복음 18장 | 욥기 33장 | 고린도후서 3장

하나님은 우리에게 기도의 무기를 주셨습니다. 원망하지 말고 기도하면 됩니다. 낙심하거나 두려워하지 말고, 또한 반대로 교만하지 말고, 믿음과 겸손함으로 은혜를 구하며 기도하면 됩니다. 우리의 기도를 들으시고 하나님은 일하십니다.

출애굽기 15장_원망하지 말고 기도하라

모세의 찬양을 기록하고 있습니다. 홍해에서의 구원을 경험한 이후 모세가 하나님을 찬양한 것을 전하고 있습니다. 또한 모세가 이스라엘 백성들을 이끌고 수르 광야로 들어갔는데, 물을 얻지 못해 고통을 겪은 것과 마라의 쓴 물을 하나님께서 단 물로 바꾸신 것을 전하고 있습니다.

주목할 것이, 마라에서 쓴 물을 만났을 때, 모세와 백성들의 상반된 태도입니다. 곧 백성들은 수르 광야로 들어가 사흘 동안 물을 찾지 못하다가 마라에서 겨우 물을 찾았는데, 그 물이 써서 먹지 못하는 물이자 모세를 원망했습니다. 홍해의 놀라운 구원의 감격을 사흘 만에 잃어버리고 말았습니다. 반면 모세는 기도했습니다. 백성들은 원망했지만 모세는 하나님께 부르짖어 기도했습니다. 그리고 하나님께서는 백성들의 원망이 아니라 모세의 기도에 응답하셔서 마라의 쓴 물을 단 물로 바꾸셨습니다(출 15:24~25).

원망은 아무 해답이 되지 못합니다. 하나님께서는 시험하시기 위해, 다시 말해 하나님의 백성으로 훈련하시기 위해 백성들을 물 없는 광야로 인도하셨습니다. 광야의 훈련을 이기는 것은 원망이 아니라 기도입니다. 기도함으로 하나님을 끝까지 신뢰할 때, 이를 통해 하나님의 돌보심의 은혜를 계속해서 누릴 수 있고, 신뢰를 통해 하나님의 백성으로 굳건하게 세워져 갈 수 있습니다. 따라서 원망하지 말고 기도해야 합니다.

누가복음 18장_낙심하지 말고 기도하라

간청하는 과부의 비유와 바리새인과 세리의 기도를 통해 항상 기도하고 낙심하지 말아야 한다는 것과, 기도할 때 겸손히 자기를 낮추고 은혜를 구해야 한다는 것을 가르치고 있는 말씀입니다. 또한 예수님께서 아이들을 축복하신 것과 영생을 구하러 찾아온 부유한 청년을 통해 부의 위험을 가르치신 것, 주를 따를 때의 보상, 예수의 수난과 부활에 대한 예고, 여리고에서 한 시각장애인을 치유하신 것을 기록하고 있습니다.

기도에 대한 예수님의 가르침에 주목하면, "예수께서 그들에게 항상 기도하고 낙심하지 말아야 할 것을 비유로 말씀하여"(눅 18:1) 예수님께서 과부와 재판장의 비유의 말씀을 하셨는데, 그 목적이 항상 기도하고 낙심하지 말아야 할 것을 가르치기 위함이라고 말씀하고 있습니다. 어떤 문제와 고난에도 낙심하지 말고 기도하면 반드시 하나님께서 그 기도를 들어 응답하신다는 것입니다.

예수님은 비유의 결론을 이렇게 말씀하셨습니다. "하물며 하나님께서 그 밤낮 부르짖는 택하신 자들의 원한을 풀어 주지 아니하시겠느냐 그들에게 오래 참으시겠느냐 내가 너희에게 이르노니 속히 그 원한을 풀어 주시리라 그러나 인자가 올 때에 세상에서 믿음을 보겠느냐 하시니라"(눅 18:7~8) 의로우신 하나님은 반드시 그 부르짖는 기도에 응답하신다는 것입니다. 불의한 재판장과 달리 그 의로움과 사랑 때문에 속히 응답해 주신다는 것입니다. 그런데 8절 하반절 말씀을 놓치지 말아야 합니다. "그러나 인자가 올 때에, 세상에서 믿음을 찾아 볼 수 있겠느냐?"(눅 18:8b, 새번역) 믿음으로 낙심하지 않고 기도하는 사람을 찾기 어렵다는 것입니다. 다시 말해 예수님은 우리에게 믿음을 요구하신 것입니다. 우리가 믿음으로 낙심하지 않고 기도하는 사람이 돼야 한다는 것입니다.

욥기 33장_교만하지 말고 기도하라

계속된 엘리후의 변론입니다. 그는 인간의 어리석음과 하나님의 크심에 대해 말하며, 하나님께서 인간에게 주시는 고난과 질병을 경고와 교육적 조치로 설명했습니다. 곧 하나님은 질병 등의 고난을 통해서 사람을 깨닫게 하시고 바른 길로 이끄시며, 사람이 깨달아 정당함을 보일 때에 비로소 그를 불쌍히 여기시고 건지신다는 것입니다. 그를 회복시키시며 그의 기도에 은혜를 베풀어 주신다는 것입니다. 사람에게 주어진 고난의 이유가 단지 정죄에 있지 않고 그를 바르고 온전하게 세우는데 있다는 것입니다. "만일 일천 천사 가운데 하나가 그 사람의 중보자로 함께 있어서 그의 정당함을 보일진대 하나님이 그 사람을 불쌍히 여기사 그를 건져서 구덩이에 내려가지 않게 하라 내가 대속물을 얻었다 하시리라 그런즉 그의 살이 청년보다 부드러워지며 젊음을 회복하리라 그는 하나님께 기도하므로 하나님이 은혜를 베푸사 그로 말미암아 기뻐 외치며 하나님의 얼굴을 보게 하시고 사람에게 그의 공의를 회복시키시느니라"(욥 33:23~26) 여기서 "불쌍히 여기사"와 "은혜를 베푸사"라는 구절을 놓치지 말아야 합니다. 그를 깨닫게 하셔서 온전하게 다시 세우시는 것은 오직 하나님의 은혜입니다. 그가 바른 길로 돌이키고 의를 보였기 때문이 아닙니다. 따라서 우리의 기도는 겸손해야 합니다. 우리의 어떤 의를 주장할 수 없습니다. 욥은 자신의 의를 주장했고 그렇기에 하나님을 원망했지만, 그러나 그는 겸손히 하나님의 은혜를 구해야 했습니다.

교만하게 자기 의를 주장했던 바리새인의 기도는 하나님께서 듣지 않으셨습니다. 그러나 겸손함으로 자신의 죄를 고백하며 은혜를 구했던 세리의 기도는 하나님께서 들으셨습니다(눅 18:10~14). 우리가 드릴 기도도 은혜를 구하는 기도입니다. 하나님 앞에서 그 누구도 의를 주장할 수 없음을 깨닫고 겸손히 은혜를 구해야 합니다.

고린도후서 3장_두려워하지 말고 기도하라

영광스러운 새 언약의 직분에 대한 말씀입니다. 바울과 그 동료들이 새 언약의 일꾼 되었다는 것입니다. 하나님께서 자신들을 새 언약의 일꾼으로 세우셨다는 것입니다. 곧 고린도교회에서 율법을 지켜야 한다고 주장하며, 바울과 그 동료들에 대한 자격에 문제를 제기하고 공격하는 사람들이 있었습니다. 이에 대해 바울은 자신과 함께한 사람들이 새 언약의 일꾼이 되었고, 이 자격을 주신 분은 하나님이심을 전했습니다. 이것은 율법의 조문이 아닌 영을 통해 주어진 것임을 당당히 전했습니다(고후 3:4~6).

바울의 당당한 변론 속에서 하나님 편에 서 있는 바울의 모습을 보게 됩니다. 하나님 편에 서 있기에 그 어떤 공격에도 두려움이 없다는 것입니다. 바울의 이런 당당함을 우리도 동일하게 가질 수 있습니다. 어떤 환난과 핍박에도 두려워하지 않고 하나님 편에 서서 하나님을 신뢰하고 하나님께 기도하면 됩니다. 그러면 우리 편 되신 하나님께서 모든 환난과 공격 속에서 우리를 보호하실 뿐만 아니라 인정해주시고 세워주십니다.

관심
출애굽기 16장 | 누가복음 19장 | 욥기 34장 | 고린도후서 4장

우리의 관심은 어디에 있습니까? 우리를 구원하신 하나님과 하나님의 백성으로서의 믿음의 삶에 있어야 합니다. 하나님의 뜻을 이루고 모두를 구원하기 위해 순종하여 걸어가신 주님의 십자가에 있어야 하고, 따라서 하나님을 높이고 영혼을 구원하는 사명에 있어야 합니다.

출애굽기 16장_하나님의 관심

하나님께서 메추라기와 만나로 백성들을 먹이신 것을 전하고 있습니다. 여기서 백성들의 관심과 하나님의 관심을 비교해 볼 수 있습니다.

"이스라엘 자손이 그들에게 이르되 우리가 애굽 땅에서 고기 가마 곁에 앉아 있던 때와 떡을 배불리 먹던 때에 여호와의 손에 죽었더라면 좋았을 것을 너희가 이 광야로 우리를 인도해 내어 이 온 회중이 주려 죽게 하는도다"(출 16:3) 백성들의 관심을 보여줍니다. 그들의 관심은 당장의 필요였고, 먹을 양식이었습니다. 곧 출애굽한 이후 애굽에서 가져온 양식이 떨어지자 백성들은 불평하기 시작했습니다. 애굽에서는 고기도 먹고 배불리 먹었다는 과장되고 거짓된 이야기를 하며 모세를 원망하고 하나님을 원망했습니다. 당장의 필요에 관심을 가졌고, 그 필요가 채워지지 않은 것으로 인해 원망했습니다. 이후, 하나님께서 내려주신 양식, 만나를 대하고도 하나님께 감사하기보다는 더 거두고자 욕심을 냈습니다.

반면 하나님의 관심은 시험 곧 백성들의 훈련에 있었습니다. "그 때에 여호와께서 모세에게 이르시되 보라 내가 너희를 위하여 하늘에서 양식을 비 같이 내리리니 백성이 나가서 일용할 것을 날마다 거둘 것이라 이같이 하여 그들이 내 율법을 준행하나 아니하나 내가 시험하리라"(출 16:4) 양식으로 인해 원망하는 백성들에게 만나와 메추라기를 내려주시겠다고 약속하셨는데, 하나님께서는 이를 통해 그 백성들을 훈련하기를 원하셨습니다. 만나를 내려주시면서 그들이 하나님의 말씀에 순종하는가 안 하는가를 시험하여 훈련하고, 또 이를 통해 백성들을 가르치고자 하셨습니다. 하나님의 관심은 훈련을 통해 백성들을 하나님의 말씀에 순종하는 참 하나님의 백성으로 삼는 일에 있으셨습니다.

이스라엘 백성들의 관심과 하나님의 관심을 비교하여 보며, 오늘 우리의 관심은 무엇에 있는지 돌아봐야 합니다. 곧 우리의 관심이 백성들처럼 당장의 필요와 욕심에 있지 않아야 합니다. 이것으로 불평하고 원망하는 어리석음을 버려야 합니다. 오히려 하나님의 관심에 초점을 맞추고, 하나님의 뜻에 따라 훈련되기를 힘써야 합니다. 훈련을 통해 하나님께서 뜻하시는 성숙한 신앙인으로 세워질 수 있어야 합니다.

누가복음 19장_예수님의 관심

세리장 삭개오가 예수님을 영접하여 구원함을 받은 말씀, 맡긴 돈에 대한 비유의 말씀, 예수님께서 나귀를 타고 예루살렘 입성하신 말씀, 예루살렘을 바라보며 예수님께서 우신 말씀, 성전에 들어가 성전을 정화하신 말씀을 기록하고 있습니다.

삭개오가 예수님을 영접한 말씀에 주목하면, 예수님의 관심에 대해 알 수 있습니다. 곧 예수님은 삭개오를 향해 구원을 선포하신 후, 다음과 같이 말씀하셨습니다. "인자가 온 것은 잃어버린 자를 찾아 구원하려 함이니라"(눅 19:10) 예수님의 관심은 우리의 구원에 있었습니다. 하나님이신 예수님께서 인간의 몸을 입고 이 땅에 오심은 오직 세상의 모든 사람들을 구원함에 있었습니다. 따라서 또한 예수님의 관심은 십자가에 있었습니다. "예수께서 이 말씀을 하시고 예루살렘을 향하여 앞서서 가시더라"(눅 19:28) 예수님께서 예루살렘에 올라가심은 십자가를 지시기 위함이었습니다. 온 인류의 죄를 대속하기 위한 희생 제물로 십자가를 지시기 위해 주저함 없이 앞서 가셨습니다.

이처럼 예수님의 관심은 십자가와 구원에 있었습니다. 결코 영광에 있지 않고, 하나님의 말씀에 순종하여 구원의 사역을 이루는 십자가의 사명에 그 관심이 있으셨습니다. 그러나 예수님을 따르는 제자들과 많은 무리들은 십자가가 아닌 영광에 관심이 있었습니다. 예수님께서 예루살렘에 올라가당시 타락한 지도자들을 쫓아내고, 그 놀라운 능력으로 로마의 압제를 끊어버리고 이스라엘의 왕이 되실 것이라 믿었고, 바로 그때에 예수님의 좌우편에 앉고자 하는 욕심에 관심이 있었습니다.

우리는 무엇에 관심을 가지고 있습니까? 마땅히 예수님께서 가지신 십자가와 구원에 같은 관심을 가져야 합니다. 우리 자신의 영광에만 관심을 갖는 어리석음을 버려야 합니다. 예수님과 같은 관심으로 이웃들을 섬기고 구원하는 일에 우리의 힘을 다해야 합니다.

욥기 34장_엘리후의 관심

엘리후의 두 번째 변론입니다. 그는 하나님의 공의에 대해 변론하며 증거했습니다. 곧 욥이 자신의 무죄함을 주장하며, 자신을 이처럼 고난과 고통 가운데 처하게 하신 것은 하나님의 공의롭지 못한 처사라고 하나님을 원망하며 하나님의 공의를 부정했는데, 바로 이것에 대해 엘리후가 반박하며 하나님의 의로우심를 변론했습니다. 그 누구도 하나님의 의를 부정할 수 없으며, 하나님은 모든 생명의 주권자로서 모든 사람들을 감찰하여 하나님의 의로운 뜻대로 멸하시고 세우신다는 것입니다. "그러므로 너희 총명한 자들아 내 말을 들으라 하나님은 악을 행하지 아니하시며 전능자는 결코 불의를 행하지 아니하시고 사람의 행위를 따라 갚으사 각각 그의 행위대로 받게 하시나니 진실로 하나님은 악을 행하지 아니하시며 전능자는 공의를 굽히지 아니하시느니라"(욥 34:10~12)

여기서 엘리후의 관심을 보게 됩니다. 엘리후의 관심은 하나님께 있었습니다. 자신을 변호하고 자기 의를 주장하는 것에 있지 않았고, 하나님의 의로우심과 그 주권을 나타내며 변호하는 것이 그의 관심이었습니다.

고린도후서 4장_바울의 관심

사도의 직분과 생명을 위해 그리스도의 고난에 참여하는 바울과 동료들의 헌신을 전하고 있습니다. 그 관심이 오직 예수 그리스도, 복음에 있다는 것입니다. 그리스도 예수의 주 되심을 증거하고, 이 증거를 위해 얼마든지 자신은 종이 될 수 있다는 것입니다. "우리는 우리를 전파하는 것이 아니라 오직 그리스도 예수의 주 되신 것과 또 예수를 위하여 우리가 너희의 종 된 것을 전파함이라"(고후 4:5)

따라서 바울은 그 안에 품은 보배로운 예수 그리스도를 전하는 일, 그럼으로 생명을 전하는 일에 온 힘을 쏟았습니다. 이 일을 위해 박해를 받고 사방으로 욱여쌈을 당해도 낙심하지 않고, 죽음까지도 각오하고 주의 능력을 의지하며, 복음을 전하는 일에 힘을 다했습니다. 결코 바울은 자신을 전하고, 자신을 높이는 것에 관심을 두지 않았습니다.

답이 아니다

6 Mar

출애굽기 17장 | 누가복음 20장 | 욥기 35장 | 고린도후서 5장

맥체인성경365_394p

원망이 아닌 기도, 또한 주님께 겸손함으로 구하는 은혜가 우리 문제에 답을 줍니다. 따라서 믿음 없는 탄성을 버리고 먼저 주님을 찾고 의지해야 합니다. 무익한 자랑을 버리고 헌신과 섬김의 삶을 따라가야 합니다.

출애굽기 17장_원망이 답이 아니다.

므리바에서 물이 없어 원망하는 백성들에게 하나님께서 반석에서 물이 나게 하여 주신 것과 아말렉과 싸움에서 승리하게 하신 것을 전하고 있습니다.

므리바의 사건을 통해서 원망이 답이 아님을 깨달을 수 있습니다. 곧 백성들은 마실 물이 없자 모세를 원망했습니다(출 17:3). 백성들은 물을 달라고 모세와 다투었고, 또 이것으로 인해 하나님을 시험했습니다. 물이 없음으로 인해 하나님의 살아 계심까지 의심했습니다(출 17:7). 그러나 기억할 것이, 이런 원망과 시험은 아무런 해답이 되지 않는다는 것입니다. 곧 하나님은 원망하는 백성들의 소리를 듣고 응답하여 물을 주시지 않았습니다. 오히려 모세의 기도에 응답하여 물을 주셨습니다. "모세가 여호와께 부르짖어 이르되 내가 이 백성에게 어떻게 하리이까 그들이 조금 있으면 내게 돌을 던지겠나이다"(출 17:4) 모세의 부르짖는 기도에 응답하여 반석에서 물이 나오게 하셨고, 그럼으로 백성들의 갈증을 해결해 주셨습니다.

원망과 의심은 아무런 해답이 되지 않습니다. 오직 은혜를 구하며 믿음으로 드리는 기도가 하나님의 해답을 가져옵니다. 따라서 원망하지 말고 기도해야 합니다. 하나님의 은혜를 구하며 부르짖어야 합니다.

누가복음 20장_대적이 답이 아니다.

대제사장들과 서기관들과 장로들이 예수님의 권위에 대항하며 그 전권에 대해 물은 말씀, 예수님께서 백성들에게 전한 악한 포도원 농부들에 대한 비유의 말씀, 서기관들과 대제사장들이 예수님을 책잡고 옭아매려고 정탐들을 보내 가이사에게 세금을 바치는 것이 옳으냐고 물은 말씀, 부활이 없다고 주장하는 사두개인들이 부활에 대한 물은 말씀 등을 기록하고 있습니다.

여기서 예수님의 권위에 도전하고 책잡고자 하는 것은 아무런 유익도 또 해답도 되지 않음을 보게 됩니다. 곧 서기관들과 대제사장들은 예수님의 권위를 문제 삼고 도전했습니다. 예수님께서 성전을 정화하시며 그 그릇됨을 책망하신 것에 대해 무슨 권위로 이런 일을 행했느냐고 말하며 예수님의 자격에 도전했습니다(눅 20:2). 또한 서기관들과 대제사장들이 정탐들을 보내어 기회를 엿보다가 예수님을 책잡고자 했습니다(눅 20:20). 이들은 "가이사에게 세를 바치는 것이 옳으냐 옳지 않으냐"는 난감한 질문을 통해 예수님을 곤궁에 빠뜨려 책잡고자 했습니다. 그러나 이들의 모든 도전은 실패했습니다. 예수님의 지혜로운 답변에 오히려 그들은 그 입을 닫고 돌아서야 했습니다. 예수님을 대적한 결과 아무 유익도 없이 부끄러움만 당했습니다. 그런데 만약 그들이 공격과 논쟁이 아니라 은혜를 구하며 예수님 앞에 나왔다면 어떻게 됐겠습니까? 진리를 구하며 예수님의 뜻을 구했다면 어떻게 됐겠습니까? 예수님께서 그들의 간구를 외면하셨겠습니까? 그들 모두가 부끄러움 대신에 큰 은혜와 진리에 대한 깨달음 속에서 기쁨과 감격을 안고 돌아갔을 것입니다. 그 은혜와 진리가 그들의 삶에 해답이 됐을 것입니다.

예수님을 대적하는 것은 답이 아닙니다. 결코 예수님을 대적해 승리할 수도 없고 또 그 뜻한 바를 이룰 수도 없습니다. 오직 엎드려 은혜를 구하는 것이 답입니다. 그 주시는 말씀에 순종하는 것이 우리를 평안과 복으로 이끄는 답이 됩니다.

욥기 35장_탄성이 답이 아니다.

엘리후의 세 번째 변론입니다. 엘리후가 볼 때 욥은 자기의 의를 지나치게 강조하고 있었습니다. 마치 하나님께서 욥이 주장하는 그 의로움에 따라 움직이셔야 하는 것처럼 생각하며, 하나님께서 그렇게 움직이지 않으신다고 억울해 하는 것처럼 보였습니다. 이것이 무서운 교만이고, 따라서 엘리후는 하나님께서 인정하실 만한 사람의 의로움은 없으며, 누구든지 자기의 의로움을 갖고 하나님께 호소해서는 안 되고, 오히려 하나님의 긍휼에 기대어 도움을 구해야 한다고 주장했습니다. 자신의 고난과 괴로움을 들고 하나님을 찾고 하나님께 부르짖어 기도해야지, 고난 속에서 힘들다고 아우성치는 것은 어리석은 일이라는 것입니다. 곧 사람들이 학대로 인해 부르짖지만 하나님을 찾지 않는다는 것입니다. 고통 중에 소리치면서도 창조주이시며 소망을 주시고 참된 지혜를 주시는 하나님께 돌아가지 않는다는 것입니다(욥 35:9~11).

결국 무엇입니까? 고통 중에 무의미하게 부르짖는 외침은 결코 해답이 되지 않습니다. 그 부르짖음이 헛된 부르짖음이요 헛된 소리침입니다. 아무리 탄식하며 소리쳐 봐야 하나님께 돌이키지 않으면, 다시 말해 하나님을 찾고 의지하지 않으면 아무런 답도 찾을 수 없습니다. 믿음이 없는 탄성은 답이 되지 않습니다. 따라서 고통 중에 무엇보다 하나님을 찾아야 합니다. 하나님께 은혜를 구하며 엎드려 부르짖어야 합니다.

고린도후서 5장_외모가 답이 아니다.

하늘의 영원한 집에 대한 소망과 하나님과의 화목을 전하는 말씀입니다. 곧 바울은 육신의 장막을 벗고 하늘에 있는 영원한 처소로 덧입기를 바라는 자신의 소망을 전했습니다. 또한 그 소망 중에 자신이 이 땅에서 감당해야 하는 사명과 직분에 대해서도 전하고 있습니다. 하나님께서 그리스도 안에서 우리 인간을 하나님 당신과 화목하게 하시며, 그 화목하게 하는 직분을 바울에게 주셨다는 것입니다.

특별히 주목할 말씀이 외모로 자랑하는 자들에 대한 말씀입니다(고후 5:12). 이들은 바울의 대적들로서 거짓 선지자들입니다. 이들은 바울의 사도로서의 자격을 문제 삼으며, 자신들의 외적 요소들을 자랑했습니다. 곧 역사적 예수를 직접적으로 접했다는 것(고후 5:16), 예루살렘 교회의 공식적인 추천을 받았다는 것(고후 3:1), 환상을 보았다는 것(고후 12:1~7)입니다. 이들은 이런 무익한 자랑을 하며 고린도교회 안에서 대접을 받으려고 했습니다. 그러나 바울은 어떠한 외적 권위에도 의존하지 않고 오직 복음의 능력으로 고린도 교인들에게 인정받고자 했고, 대접받고 군림하기보다 오히려 자신은 종이라고 선언하며 철저히 섬겼습니다. 이런 바울의 섬김과 헌신은 다음의 구절에서 알 수 있습니다. "우리가 만일 미쳤어도 하나님을 위한 것이요 정신이 온전하여도 너희를 위한 것이니"(고후 5:13) 하나님과 고린도 교인들을 향한 바울의 절대적 헌신과 섬김을 보여주고 있는데, 바울의 관심은 오직 하나님을 위한 사명의 삶과 그 사명으로 맺은 영혼, 곧 고린도교인들이라는 것입니다. 하나님과 그 복음을 위해 바울은 미쳤다는 소리를 들을 만큼 헌신하고 있다는 것입니다.

바울과 그 대적들을 비교하며 외모가 아니라 복음이라는 사실을 깨닫게 됩니다. 외적 자격과 신분이 아니라 복음과 이를 위한 섬김과 헌신이 사람들을 구원하며 생명에 이르게 합니다. 복음 없이 외모를 내세우고 자랑해 봐야 그 누구도 생명에 이르게 할 수 없습니다. 헌신과 섬김 없이 대접 받고자 하는 것으로는 아무도 변화시킬 수 없습니다. 그것은 결코 답이 아닙니다.

오늘의 기도

1. 원망과 의심을 버리고 주님 앞에 엎드려 믿음으로 은혜를 구하게 하소서.
2. 헛된 부르짖음과 소리침을 그치고 먼저 주님을 찾고 의지하게 하소서
3. 외모에 넘어지지 않고 오직 복음과 이를 위한 헌신과 섬김에 마음을 두고 따라가게 하소서.

환난

맥체인성경365_399p

출애굽기 18장 | 누가복음 21장 | 욥기 36장 | 고린도후서 6장

모든 환난이 하나님 손에 있습니다. 따라서 환난 중에도 하나님을 떠나지 않아야 합니다. 하나님의 심판으로 인한 환난은 항상 기도하고 깨어서 피해야 하지만, 믿음과 사명의 길에서 찾아오는 환난은 피하지 말고 인내하여 이겨야 합니다. 환난을 이기고 구원과 승리의 기쁨을 누려야 합니다.

출애굽기 18장_환난을 이긴 기쁨

모세의 장인 이드로가 모세의 아내와 두 아들을 데리고 모세를 찾은 것과, 모세의 장인 이드로의 조언으로 천부장, 백부장, 오십부장, 십부장 등 모세를 도울 자들을 세운 것을 전하고 있습니다.

특별히 주목할 말씀은 가족들을 데리고 온 장인 이드로에게 모세가 전한 하나님의 구원의 역사입니다. 모세는 장인 이드로에게 하나님의 구원의 역사를 전하고 함께 기쁨을 나누며 하나님을 찬양했습니다(출 18:8~10). 여기서 환난을 이긴 기쁨을 볼 수 있는데, 곧 모세는 출애굽을 위해 애굽의 바로와 생명을 건 싸움을 해야 했습니다. 그 아내 십보라와 두 아들과도 함께 있을 수 없었습니다. 안전을 담보할 수 없기에 장인 이드로에게 보내야 했습니다. 그러나 흔들리지 않는 믿음으로 하나님의 놀라운 구원의 역사를 경험하고, 지금 헤어진 가족들을 만나 함께 구원의 기쁨을 나누게 된 것입니다. 하나님께서 행하신 놀라운 권능과 이를 통한 승리의 이야기를 기쁨 중에 나누게 된 것입니다. 곧 모세는 반가운 가족들의 얼굴을 대하며 또 장인 이드로에게 하나님의 구원을 전하며 이 구원의 기쁨을 다시 한 번 만끽하지 않았겠습니까?

이처럼 하나님을 믿고 사명을 감당하는 삶에 환난도 있습니다. 그 길을 걸어가는 것이 만만치 않습니다. 그러나 그 모든 환난을 믿음으로 이길 때, 그때에 누리게 되는 기쁨은 환난과 비교할 수 없습니다. 따라서 환난에 넘어지지 말아야 합니다. 끝까지 하나님 편에서 하나님을 믿고 의지함으로 환난을 이겨야 합니다.

누가복음 21장_피해야 하는 환난

예수님께서 과부의 헌금을 칭찬하신 말씀, 성전과 예루살렘의 종말, 그리고 인자가 구름을 타고 능력과 큰 영광으로 다시 오심에 대해 전하고 있습니다. 이 때를 분별하고 또한 깨어 있어야 함을 가르치고 있습니다.

특별히 주목할 말씀이 마지막 때에 환난을 이기고 또 피해야 한다는 것입니다. 그럼으로 온전한 승리와 구원을 누려야 한다는 것입니다. "이 모든 일 전에 내 이름으로 말미암아 너희에게 손을 대어 박해하며 회당과 옥에 넘겨 주며 임금들과 집권자들 앞에 끌어 가려니와"(눅 21:12) 주님 때문에 받는 핍박을 전하는 말씀입니다. 마지막 때의 징조로 믿음의 사람들에게 핍박과 이로 인한 환난이 있다는 것입니다. 주님을 믿고 그 이름을 증거하기에 박해와 갇힘과 위협을 당한다는 것입니다. 사실 주님을 부인하고 그 믿음을 포기하면 그 핍박을 피할 수 있습니다. 굳이 이런 핍박으로 두려워하지 않을 수 있습니다. 그러나 이 핍박을 피하면 영혼도 얻을 수 없습니다. 곧 주님은 이렇게 가르치고 있습니다. "너희의 인내로 너희 영혼을 얻으리라"(눅 21:19) 핍박을 이기고 인내할 때 영혼을 얻게 된다는 것입니다. 다시 말해 인내하지 못하고 핍박을 피하면 영혼도 얻지 못한다는 것입니다. 무엇보다 주님은 이렇게 약속하고 있습니다. "너희 머리털 하나도 상하지 아니하리라"(눅 21:18) 주님께서 그 환난과 핍박에서 그 믿음의 사람들을 반드시 보호하시고 지키신다는 것입니다. 따라서 이 약속을 믿고, 주를 믿음으로 받는 환난을 피하지 말아야 합니다. 인내함으로 환난을 이겨야 합니다.

그러나 또한 피해야 하는 환난이 있습니다. 마지

막 때의 하나님의 심판으로 인한 환난입니다. 그 날에는 아이 밴 자들과 젖먹이는 자들은 더 큰 고통을 겪게 된다는 것입니다(눅 21:23). 그만큼 환난이 크고 두렵다는 것입니다. 따라서 주님은 이렇게 가르치고 있습니다. "이러므로 너희는 장차 올 이 모든 일을 능히 피하고 인자 앞에 서도록 항상 기도하며 깨어 있으라 하시니라"(눅 21:36) 항상 기도하며 깨어 있으면 이 모든 환난을 피할 수 있다는 것입니다. 하나님의 심판을 피하고 이 땅에 다시 오시는 주님 앞에 설 수 있다는 것입니다. 마지막 때의 하나님의 심판과 이로 인한 환난은 반드시 이 세상에 있게 되는 막을 수 없는 사실이나, 기도하고 깨어 믿음에서 넘어지지 않으면 그 심판과 환난을 피할 수 있다는 것입니다.

결국 무엇입니까? 주를 향한 믿음에서 오는 핍박과 환난은 피하지 말아야 합니다. 인내하며 이겨야 합니다. 그러나 하나님의 심판으로 인한 환난은 항상 기도함으로 깨어 피해야 합니다.

욥기 36장_하나님 손에 있는 환난

엘리후의 마지막 변론입니다. 엘리후는 환난에서 건지시고 평안을 이끄시는 구원이 하나님의 손에 있음을 전했습니다. 곧 하나님은 곤고한 자를 그 곤고에서 구원하시고 또 이 모든 고통을 통해 사람을 가르치시는 기회로 삼으신다는 것입니다(욥 36:15~16). 따라서 엘리후는 환난 중에도 악을 거부하고 하나님을 붙들어야 한다는 사실을 강조했습니다. 곧 욥이 환난 중에 악을 택한 것을 책망했는데(욥 36:21), 환난이 계속된다 할지라도 악을 거부해야 한다는 것입니다. 악한 길을 택하느니 차라리 환난을 택해야 한다는 것입니다.

환난이 하나님의 손에 있습니다. 하나님은 환난을 계속되게 하실 수도 있고, 또 그 환난에서 구원하실 수도 있습니다. 그 환난이 침범하지 못하도록 막으시고 보호하실 수도 있습니다. 따라서 악에서 떠나 하나님을 붙들어야 합니다. 환난으로 인해 하나님을 떠나고 악의 길을 선택하는 것은 어리석은 일입니다. 환난 중에도 하나님을 붙들며 떠나지 않을 때, 하나님을 통해 환난이 나를 가르치고 믿음을 더 굳건히 세우는 성숙의 통로가 됩니다. 결국에는 환난에서 구원하시고 평안으로 인도하시는 하나님의 손길을 경험하게 합니다.

고린도후서 6장_피하지 않아야 하는 환난

사도의 직분을 감당하는 바울의 인내와 헌신을 전하는 말씀입니다. 이 직분이 비방 받지 않도록 환난과 궁핍과 고난과 매 맞음과 갇힘과 난동과 수고로움과 자지 못함과 먹지 못함 가운데서 참고 견디었다는 것입니다. 순결과 지식과 인내와 착한 마음을 가지고 성령의 도우심과 하나님의 능력으로 살아가고 있다는 것입니다(고후 6:4~7). 사도의 직분을 감당하기 위한 바울의 철저한 삶, 죄에 걸려 넘어지지 않고 작은 비방의 틈도 주지 않고자 하는 삶, 결코 환난을 피하지 않고 기꺼이 환난 한 가운데로 나아가는 삶을 볼 수 있는데, 이처럼 믿음과 사명의 삶에서 찾아오는 환난을 피하지 않아야 합니다. 곧 주님과 그 사명 때문에 환난을 겪을 수 있습니다. 그러나 결코 그 환난을 피하지 않아야 합니다. 오히려 환난 속에서 믿음과 사명의 길을 제대로 가고 있다는 사실을 깨달으며 기뻐해야 합니다. 끝까지 환난을 이겨 결국에는 구원과 승리의 자리에 서야 합니다.

오늘의 기도

1. 하나님의 손에 환난이 있음을 기억하며, 환난이 계속된다 할지라도 악한 길을 택하지 않게 하소서.
2. 항상 기도하고 깨어서 마지막 때의 주의 심판과 환난은 피하게 하시고, 주의 이름으로 말미암아 겪게 되는 핍박과 환난은 인내하여 이기게 하소서.
3. 믿음으로 환난을 이기고 구원과 승리의 자리에 서서 기쁨을 나누며 주를 찬양하게 하소서.

거룩함

출애굽기 19장 | 누가복음 22장 | 욥기 37장 | 고린도후서 7장

맥체인성경365_404p

거룩함에 힘써야 합니다. 하나님과의 언약을 통해 하나님의 백성이 되어 거룩해야 하고, 하나님을 두려워함으로 그 말씀을 지키고 모든 더러운 것에서 떠나 거룩해야 합니다. 십자가에서 찢기시고 흘리신 주님의 몸과 피를 믿고 받아들여 거룩함의 은혜를 누려야 합니다.

출애굽기 19장_언약을 통한 거룩함

이스라엘 백성들이 시내산에 도착한 것을 전하고 있습니다. 여기서 이스라엘이 하나님의 백성으로 언약을 체결하게 되는데, 주목할 말씀이 언약의 체결을 앞두고 하나님께서 모세에게 주신 말씀입니다. "세계가 다 내게 속하였나니 너희가 내 말을 잘 듣고 내 언약을 지키면 너희는 모든 민족 중에서 내 소유가 되겠고 너희가 내게 대하여 제사장 나라가 되며 거룩한 백성이 되리라 너는 이 말을 이스라엘 자손에게 전할지니라"(출 19:5~6) 언약을 통해 그 백성들이 하나님의 소유가 되며 거룩한 백성이 된다는 것입니다. 그 백성들이 결코 거룩할 수 없지만 하나님과 언약을 맺고 지킴으로 하나님의 백성이 되어 거룩할 수 있다는 것입니다. 하나님께서 거룩하다고 인정해 주신다는 것입니다. 따라서 하나님께서 강조하신 것이 순종입니다. 하나님을 두려워함으로 그 명령을 지켜야 한다는 것입니다. 결코 하나님이 정하신 경계를 넘어서지 말아야 한다는 것입니다. 곧 하나님께서는 그 임하신 산에 백성들이 오르지 못하도록 경고하며 경계를 정할 것을 명령하셨습니다. 누구든 그 경계를 침범하면 죽임을 당한다고 말씀하셨습니다(출 19:2). 바로 이 명령에 순종하며 하나님께서 금하신 경계를 지키는 것에서 거룩함은 시작됩니다.

하나님과의 언약을 통해 그 사랑 안에 거하고 하나님의 소유가 될 때 우리는 거룩함에 이를 수 있습니다. 하나님께서 우리를 거룩하다고 인정해 주십니다. 따라서 또한 우리는 하나님의 언약의 백성, 거룩한 백성으로 하나님을 경외하고 그 명령에 순종해야 합니다. 경외와 순종으로 하나님을 떠나지 않고 그 언약 안에 거해야 합니다. 이를 통해 하나님의 백성으로서의 거룩함을 잃어버리지 말고 지켜야 합니다.

누가복음 22장_주님의 몸과 피를 통한 거룩함

가룟 유다가 예수님을 배반하여 돈을 받고 예수님을 대제사장들과 서기관들에게 넘겨주기로 했다는 말씀, 예수님께서 제자들과 가지신 최후의 만찬, 누가 크냐는 제자들의 다툼에 섬기는 자가 되어야 한다는 예수님의 가르침, 베드로가 예수님을 세 번 부인하리라는 예언, 십자가를 앞두신 예수님께서 감람산에서 하나님께 드린 기도, 예수님의 체포, 베드로의 부인, 예수님께서 공회 앞에 서신 것 등을 기록하고 있습니다.

제자들과 가지신 유월절 만찬에 주목하면, 예수님은 떡과 포도주를 예수님의 몸과 피로 비유하여 이후 온 인류를 구원하기 위해 십자가에서 찢기시고 피 흘리실 것과, 이 찢기신 몸과 피를 받아들여야, 곧 십자가의 예수님을 믿어야 생명을 얻을 수 있음을 가르치셨습니다. "또 떡을 가져 감사 기도 하시고 떼어 그들에게 주시며 이르시되 이것은 너희를 위하여 주는 내 몸이라 너희가 이를 행하여 나를 기념하라 하시고 저녁 먹은 후에 잔도 그와 같이 하여 이르시되 이 잔은 내 피로 세우는 새 언약이니 곧 너희를 위하여 붓는 것이라"(눅 22:19~20)

십자가에서 우리의 죄를 대속하고 구원하신 예수님의 몸과 피가 우리의 죄를 씻고 거룩하게 합니다. 예수님의 십자가에서 찢기신 몸과 흘리신 피와 이를 믿는 믿음이 없이는 그 누구도 거룩할 수 없습니다. 예수님은 이 거룩함과 생명을 위해 기꺼이 십자가에 그 몸을 내어 주시고, 기꺼이 피 흘려 돌아가셨습니다. 우리가 그 희생의 몸과 피를 헛되이 하지 아야 합니다. 믿음으로 그 몸과 피를 받아 들여 우리를 거룩하게 세워야 합니다. 거룩함으로 생명에 이르러야 합니다.

욥기 37장_깨달음을 통한 거룩함

계속된 엘리후의 변론으로 하나님의 능력과 권능에 대해서 증거하고 있습니다. 하나님은 헤아릴 수 없는 크고도 오묘한 일을 행하신다는 것입니다. 따라서 당장 이해할 수 없다고 하나님을 의심하며 불의하다고 불평하지 말고 하나님의 오묘한 일을 깨달아야 한다는 것입니다. 그 누구도 하나님의 행하시는 놀라운 일들과 그 뜻을 파악할 수 없음을 깨달아야 한다는 것입니다(욥 37:5, 14).

우리의 불평과 원망 그리고 이를 통한 불의함은 하나님과 그 능력 그리고 그 큰 뜻을 제대로 깨닫지 못함에 있습니다. 하나님의 오묘한 일을 제대로 깨달으면 불평하지 않을 수 있고, 헤아릴 수 없는 큰 일을 이루시는 하나님 앞에서 겸손할 수 있습니다. 어리석게 하나님을 판단하며 원망하는 등, 불의한 일을 하지 않을 수 있고, 하나님을 믿고 신뢰하여 거룩함을 지켜갈 수 있습니다. 따라서 힘써 하나님을 알고 그 뜻을 깨달아야 합니다. 깨달음으로 우리 입술에서 원망과 불평이 아닌 찬양과 감사의 고백이 있어야 합니다. 이를 통해 우리를 거룩하게 세워야 합니다.

고린도후서 7장_두려움을 통한 거룩함

고린도교회 소식으로 인한 바울의 기쁨을 전하고 있습니다. 곧 바울이 마게도냐에서 곤고함과 환난, 그리고 다툼으로 인한 두려움 가운데 있었는데(고

후 7:5), 디도가 가져온 고린도교회의 소식으로 인해 큰 힘과 위로와 기쁨을 얻게 됐다는 것입니다.

특별히 바울이 전하는 교훈에 주목해야 하는데, 하나님을 두려워함이 온갖 더러운 것에서 자신을 깨끗하게 하여 거룩함을 이루는 길이라는 것입니다. 곧 우리가 거룩하신 하나님 앞에 서 있다는 사실을 늘 인식하면 우리가 죄에서 떠나 더욱 거룩함에 설 수 있다는 것입니다. "그런즉 사랑하는 자들아 이 약속을 가진 우리는 하나님을 두려워하는 가운데서 거룩함을 온전히 이루어 육과 영의 온갖 더러운 것에서 자신을 깨끗하게 하자"(고후 7:1) 바울은 항상 그 자신이 하나님 앞에 있음을 인식했고, 따라서 누구보다 거룩함을 사모했습니다. 곧 바울은 자신 안에 있는 불의함으로 인해 근심하며, 자신을 사로잡고 있는 죄의 법에서 벗어나기를 소망하며 간구했는데(롬 7:23~24), 이는 그가 하나님 앞에 서 있다는 사실을 인식했고 거룩함에 서기를 소망했다는 것을 보여줍니다.

따라서 또한 바울은 거룩함을 추구하며 맡겨진 사명에 힘을 다했습니다. "마음으로 우리를 영접하라 우리는 아무에게도 불의를 행하지 않고 아무에게도 해롭게 하지 않고 아무에게서도 속여 빼앗은 일이 없노라"(고후 7:2) 바울의 복음의 순수함과 오직 사명에 매여 살았던 삶을 보여주고 있는데, 바울은 어떤 유익을 얻고자 불의를 행하고 누구를 속여 무엇을 빼앗지 않았다는 것입니다. 오직 복음을 전하는 사명의 순수함만이 그에게 있었다는 것입니다. 바울은 오직 복음과 사명에 매여 힘을 다해 살았고, 그 삶이 곧 거룩함을 따라가는 삶이었습니다.

오늘의 기도

1. 하나님과의 언약을 통해 하나님의 거룩한 백성이 되며, 금하신 경계를 지키고 순종함으로 거룩함에 힘쓰게 하소서.
2. 십자가에서 찢기신 주님의 몸과 흘리신 피를 믿고 받아들여 모든 죄를 용서함 받고 거룩함에 서게 하소서.
3. 거룩하신 하나님 앞에 서 있음을 기억하고 모든 더러운 것에서 떠나 거룩함에 힘쓰게 하소서.

축복

출애굽기 20장 | 누가복음 23장 | 욥기 38장 | 고린도후서 8장

축복은 하나님께 있습니다. 하나님의 다스림 안에서 하나님의 말씀을 지키며 살아가는 삶이 축복입니다. 예수 그리스도의 십자가의 은혜로 구원함에 이른 것이 축복이며, 어려움 중에서도 이웃을 돌아보며 나눌 수 있는 넉넉한 마음을 가진 것이 축복입니다.

출애굽기 20장_계명을 지킴으로 누리는 축복

십계명이 기록되어 있습니다. 하나님께서 그 백성들과 언약을 맺으며, 하나님의 백성으로서 마땅히 지켜야 하는 계명을 주신 것입니다. 그런데 주목할 것이, 하나님께서 주신 십계명은 단순히 그 백성들을 속박하고 억압하기 위함이 아닙니다. 하나님께서는 그 계명과 함께 이렇게 약속하셨습니다. "나를 사랑하고 내 계명을 지키는 자에게는 천 대까지 은혜를 베푸느니라"(출 20:6) "네 부모를 공경하라 그리하면 네 하나님 여호와가 네게 준 땅에서 네 생명이 길리라"(출 20:12) 하나님은 계명과 함께 축복을 말씀하셨습니다. 하나님을 사랑함으로 진실하게 그 계명을 지키면 천 대까지, 곧 영원토록 은혜를 베푸신다고 약속하셨습니다. 무엇보다 하나님은 우상을 만들지 말고 섬기지 말 것을 말씀하시며, 하나님을 경외하며 예배할 것을 말씀하셨는데, 하나님을 위해 제단을 쌓고 하나님을 경외하는 자에게 하나님께서 복을 주신다고 약속하셨습니다. "내게 토단을 쌓고 그 위에 네 양과 소로 네 번제와 화목제를 드리라 내가 내 이름을 기념하게 하는 모든 곳에서 네게 임하여 복을 주리라"(출 20:24)

축복은 하나님께 있습니다. 하나님은 우리가 축복된 삶을 살기를 바라십니다. 따라서 "계명을 지키라", "하나님을 경외하라" 말씀하십니다. 하나님을 경외하며 계명을 지키는 것이 축복을 누리는 길입니다.

누가복음 23장_십자가의 은혜로 누리는 축복

예수님께서 빌라도에게 심문 받고 판결 받으신 것, 십자가에서 처형당해 죽으신 것, 그리고 아리마대 사람 요셉이 예수님의 시신을 가져다가 장례한 것 등을 기록하고 있습니다.

예수님의 십자가에 주목하면, 수많은 사람들의 조롱 속에서도 예수님은 하나님께 그들의 용서를 구하며 십자가의 고통을 끝까지 참으셨고, 이를 통해 구원을 완성하셨습니다. 따라서 예수 그리스도를 믿는 사람들에게 구원의 축복을 주셨습니다. 그 고통의 십자가를 은혜와 축복으로 만드셨습니다. 이와 같은 사실을 잘 보여주는 사건이 예수님께서 함께 십자가의 처형을 받은 한 행악자에게 구원을 선포하신 것입니다. "예수께서 이르시되 내가 진실로 네게 이르노니 오늘 네가 나와 함께 낙원에 있으리라 하시니라"(눅 23:43) 예수님을 비방하던 다른 행악자와는 달리, 그는 예수님을 믿고 은혜를 구했고, 예수님은 은혜를 구하는 그에게 구원을 선언하셨습니다. 그는 십자가형에 처해질 만큼 큰 죄를 지은 행악자였지만, 마지막 죽음의 순간에 죄를 용서받고 구원을 얻는 축복을 누렸습니다.

예수님께서 십자가를 지심은 모든 인류를 죄에서 구원하기 위함입니다. 십자가의 예수님이 우리의 죄를 위한 대속의 제물이 되심을 믿음으로 우리의 죄가 씻기고 구원에 이르게 됩니다. 예수님의 십자가의 은혜가 우리를 구원에 이르게 하는 축복이 됩니다.

욥기 38장_하나님의 다스리심으로 누리는 축복

지금까지 잠잠히 모든 변론을 듣고 계시던 하나님께서 폭풍우 가운데서 하신 말씀입니다. 욥의 질문과 원망들이 하나님의 나타나심과 그 말씀들을 통해 한 번에 해결됨을 보게 됩니다.

하나님은 하나님의 주권과 온 세상을 다스리시

는 놀라운 섭리와 신비를 말씀하시며, 욥에게 이것을 네가 아느냐고, 또한 이것을 네가 할 수 있느냐고 쉼 없이 다그치며 물으셨고, 또 대답을 요구하셨습니다. 곧 하나님은 자신을 의롭다 주장하며 하나님을 불의하다고 말한 욥의 불평이 얼마나 어리석은 일인지를 깨닫게 하신 것입니다. 욥은 하나님의 큰 지혜와 권능으로 행하시는 일과 그 속에서 물으시는 질문에 아무런 대답을 하지 못했습니다. 오히려 하나님께 쏟아냈던 불평과 원망이 얼마나 무지하고 어리석은 일인지 깨닫고 부끄러워할 수밖에 없었습니다.

결국 무엇입니까? 하나님의 질문에는 하나님께서 그 능력과 지혜로 세상을 다스리고 계심을 보여주고 있습니다. 감히 우리 인간이 측량할 수 없고 흉내 낼 수 없는 지혜와 능력으로 세상을 다스리고 계시다는 것입니다. 이 세상의 모든 만물이 한 치의 오차도 없이 정확하게 맞아 돌아가는 것은 오직 하나님의 지혜와 능력 때문인 것입니다. 따라서 하나님의 그 다스림 안에 있다는 것은 축복입니다. 하나님께서 이 세상을 다스리고 계시고 우리가 그 세상 가운데서 축복을 누리고 있다는 것을 깨달아야 합니다.

고린도후서 8장_환난 중에서도 나누는 축복

연보에 대한 말씀을 기록하고 있습니다. 마게도냐 교회들이 흉년으로 어려움 중에 있는 예루살렘 교회를 돕기 위해 기쁨과 자원으로 풍성히 연보를 한 것에 대해 소개하며, 고린도 교회도 이에 참여해

줄 것을 요청한 것입니다. 곧 고린도 교회도 이 연보에 기꺼이 참여할 것을 굳게 결의했는데, 그 결의를 실천해줄 것을 부탁한 것입니다.

바울은 마게도냐 교회의 연보에 대해서 이렇게 소개하며 감사했습니다. "환난의 많은 시련 가운데서 그들의 넘치는 기쁨과 극심한 가난이 그들의 풍성한 연보를 넘치도록 하게 하였느니라 내가 증언하노니 그들이 힘대로 할 뿐 아니라 힘에 지나도록 자원하여 이 은혜와 성도 섬기는 일에 참여함에 대하여 우리에게 간절히 구하니 우리가 바라던 것뿐 아니라 그들이 먼저 자신을 주께 드리고 또 하나님의 뜻을 따라 우리에게 주었도다"(고후 8:2~5) 마게도냐 교회들도 환난을 겪고 있으면서도 기쁨과 자원함과 넘침으로 연보에 참여했다는 것입니다. 바울이 요청한 것이 아니라 그들이 먼저 이 일에 참여할 수 있게 해달라고 요청했다는 것입니다.

결국 무엇입니까? 도움을 받는 위치가 아니라 도움을 주는 위치에 있다는 것이 축복이 아니겠습니까? 무엇보다 환난 중에 있고 어려움 중에 있지만, 더 어려운 사람들을 생각하며 돕고자 하는 마음을 가진 것 자체가 축복이 아니겠습니까? 무엇보다 교회가 어려움 중에서도 사랑으로 서로를 돌아봄으로 하나 됨을 이루어가니 이것 자체가 축복이며, 또 이런 교회를 하나님이 기뻐하시고 또 이것으로 축복하시지 않겠습니까?

10 Mar

행복

맥체인성경365_417p

출애굽기 21장 | 누가복음 24장 | 욥기 39장 | 고린도후서 9장

우리의 행복은 부활의 주님을 만나는 것에서 시작이 되고, 놀라운 하나님의 지혜와 능력에 우리의 모든 삶을 맡길 때에 계속 행복할 수 있습니다. 우리의 행복이 중요하듯 이웃의 행복도 중요하기에 하나님의 법규를 따르고 질서를 지킴으로 서로의 행복을 지켜주어야 하고, 또한 나눔을 통해 이웃을 행복하게 하며 더 큰 행복을 만드는 삶을 살아야 합니다.

출애굽기 21장_질서를 통해 만드는 행복

언약의 구체적 법규를 가르치고 있습니다. "네가 백성 앞에 세울 법규는 이러하니라"(출 21:1) 하나님께서 모세를 통해 백성들에게 지켜야 하는 여러 법규를 전하신 것입니다. 곧 어느 특정한 경우와 상황에 대해 어떻게 처리해야 하는지를 지시하고 있는데, 종에 관한 법, 사형에 처할 범죄들, 신체 상해에 관련한 규정, 짐승을 통해 입은 상해와 짐승의 손실에 대한 배상 등을 다루고 있습니다. 한 마디로 인간과 인간 사이에서 발생하는 여러 문제들을 원활하게 해결하기 위한 법규들입니다. 하나님의 백성으로서 지켜야 하는 법규인 동시에 서로의 행복을 위해 지켜야 하는 법규입니다. 이 법규를 지킴으로 하나님을 경외하는 신앙 안에서 서로의 행복이 지켜질 수 있다는 것입니다.

모두가 행복하기 위해서는 서로 질서를 지켜야 합니다. 일방적인 자기중심의 삶은 타인의 행복을 빼앗는 결과를 가져옵니다. 배려하고 양보하고 존중하며 서로 간에 정해진 법규를 준수할 때에 나의 행복뿐만 아니라 타인의 행복도 지켜질 수 있습니다.

누가복음 24장_부활의 예수님을 만남으로 누리는 행복

예수님의 부활과 부활하신 예수님께서 제자들을 찾아가 만나주신 말씀입니다. 낙심과 슬픔 중에 엠마오로 가던 두 제자에게도 찾아가 만나주셨고, 두려움 중에 있는 열한 제자에게도 찾아가 만나시고, 그 부활을 확실하게 보여주셨습니다. "그들의 눈이 밝아져 그인 줄 알아 보더니 예수는 그들에게 보이지 아니하시는지라 그들이 서로 말하되 길에서 우리에게 말씀하시고 우리에게 성경을 풀어 주실 때에 우리 속에서 마음이 뜨겁지 아니하더냐 하고"(눅 24:31~32) 낙망 중에 엠마오로 가던 두 제자들은 부활하신 예수님을 만나고, 낙망 대신 그 마음에 뜨거움을 회복하게 됐고, 기쁨과 소망으로 엠마오로 가던 걸음을 예루살렘으로 돌이킬 수 있었습니다. "그들이 너무 기쁘므로 아직도 믿지 못하고 놀랍게 여길 때에 이르시되 여기 무슨 먹을 것이 있느냐 하시니"(눅 24:41) 부활하신 예수님은 두려움과 막막함 중에 있던 열한 제자들을 찾아가셨고, 손과 발을 보이시며 그 부활을 확증해 주셨습니다. 제자들은 부활하신 예수님을 만나며 놀람과 더불어 큰 기쁨을 가질 수 있었습니다.

이처럼 제자들에게 있어서 부활하신 예수님과의 만남은 기쁨이고 행복이었습니다. 예수님께서 붙잡혀 고난당하시고 십자가에서 피 흘려 죽으심으로 제자들은 큰 절망과 낙담과 두려움에 처할 수밖에 없었지만, 예수님께서 그 죽음을 이기시고 말씀대로 부활하심으로 그 모든 절망과 두려움을 큰 기쁨과 소망과 행복으로 바꿀 수 있었습니다. 그리고 그 기쁨과 행복으로 생명 걸고 그 부활의 주님을 증거할 수 있었습니다.

우리도 부활의 주님을 만남으로 참 기쁨과 행복을 누릴 수 있습니다. 죽음을 이기신 부활의 주님을 통해 삶의 실패와 고난으로 맞게 되는 낙망과 두려움을 소망과 담대함으로 바꿀 수 있습니다. 현재의 상황을 초월해 참된 기쁨과 행복을 누리기를 원한다면 무엇보다 먼저 찾아오시는 부활의 주님을 만나야 합니다.

142

욥기 39장_하나님께 맡김으로 누리는 행복

38장에 이어서 계속된 하나님의 질문입니다. 자연세계의 질서와 하나님께서 세상을 다스리는 섭리에 대해 계속해서 욥에게 질문하신 말씀입니다. 곧 욥에게 계속해서 '아느냐?' 또한 '누가 했느냐?' 다시 말해 네가 할 수 있겠느냐는 질문을 통해 인간의 무지함과 무능함으로 하나님을 판단하는 것이 어리석음을 가르치신 것입니다.

"매가 떠올라서 날개를 펼쳐 남쪽으로 향하는 것이 어찌 네 지혜로 말미암음이냐 독수리가 공중에 떠서 높은 곳에 보금자리를 만드는 것이 어찌 네 명령을 따름이냐"(욥 39:26~27) 인간의 지혜와 능력의 한계를 보여주는 말씀입니다. "네 지혜로 말미암음이냐?" "네 명령을 따름이냐?"는 질문은 오직 하나님의 지혜와 명령으로 그 모든 일이 이루어진다는 것을 가르치고 있습니다. 곧 매가 겨울에 남쪽으로 이주하는 지혜는 하나님의 지혜이고, 독수리가 높은 곳에 보금자리를 만드는 힘과 능력은 하나님의 명령, 곧 하나님의 능력이라는 것입니다.

결국 이 말씀은 어리석은 우리 인간의 지혜와 능력을 신뢰하지 말고, 하나님의 지혜와 능력에 맡겨야 한다는 사실을 가르쳐줍니다. 측량할 수 없는 큰 지혜와 능력으로 세상을 다스리시는 하나님을 의심과 불평이 아닌 믿음과 신뢰로 따라야 한다는 것입니다. 그리고 그때에 우리 인간이 할 수 없는 놀라운 결과들을 볼 수 있다는 것입니다. 또한 그때에 우리는 진정 행복할 수 있습니다. 우리의 연약한 지혜와 능력으로 뜻을 정하고 또한 뜻한 바를 이루고자 하면, 맞이하는 한계 속에서 오히려 불행만 더하게 됩니다. 그러나 놀라운 지혜와 능력을 가지신 하나님께 맡기면, 그 모든 일이 하나님의 뜻대로 이루어지고, 우리는 그 속에서 행복을 누릴 수 있습니다. 하나님께 맡기는 것이 지혜이고 행복을 누리는 비결입니다.

고린도후서 9장_나눔의 삶으로 만드는 행복

8장에 이어서 계속해서 연보를 다루고 있는 말씀입니다. 고린도교회의 연보의 약속과 열심에 대해 바울이 자랑했는데, 그 자랑이 헛됨이 되지 않도록 해 달라는 당부를 전하고 있습니다. 따라서 연보를 미리 준비해줄 것과, 인색함이나 억지로 하지 말아야 함을 가르치고 있습니다. 또한 연보에 대해 이렇게 말하고 있는데, "이 봉사의 직무가 성도들의 부족한 것을 보충할 뿐 아니라 사람들이 하나님께 드리는 많은 감사로 말미암아 넘쳤느니라 이 직무로 증거를 삼아 너희가 그리스도의 복음을 진실히 믿고 복종하는 것과 그들과 모든 사람을 섬기는 너희의 후한 연보로 말미암아 하나님께 영광을 돌리고 또 그들이 너희를 위하여 간구하며 하나님이 너희에게 주신 지극한 은혜로 말미암아 너희를 사모하느니라"(고후 9:12~14) 자원함으로 드리는 연보가 성도들의 부족함을 채우고, 하나님께 감사와 영광이 넘치게 하며, 또한 고린도 교인들을 위한 간구로 이어지게 된다는 것입니다.

결국 무엇입니까? 나눔으로 인해 만들어진 행복을 볼 수 있지 않습니까? 예루살렘 교회 성도들은 어려움 중에 받는 도움으로 행복할 수 있고, 고린도 교인들은 나눔의 행복과 또 예루살렘교회 성도들의 기도로 행복할 수 있습니다. 또한 교회의 하나 됨과 하나님께 영광과 감사가 돌려짐으로 행복할 수 있습니다. 넉넉한 나눔의 삶이 우리와 이웃을 행복하게 합니다.

은혜

맥체인성경365_422p

출애굽기 22장 | 요한복음 1장 | 욥기 40장 | 고린도후서 10장

오직 은혜입니다. 우리의 죄와 불의에 배상을 요구하지 않으시는 하나님의 은혜, 오히려 독생자 예수 그리스도를 통해 그 모든 죄를 배상해주시는 은혜, 그리고 깨닫고 회개하기까지 깨우치시고 기다리시는 은혜만이 우리가 바라고 구할 소망입니다. 또한 그 은혜 안에서 힘써 은혜를 나누고 전하는 삶을 살아야 합니다.

출애굽기 22장_요구하지 않으시는 하나님의 은혜
계속해서 백성들이 지켜야 하는 구체적 법규들을 기록한 말씀입니다. 재산에 손해를 입혔을 경우에 대한 법규, 우상 숭배의 범죄에 대한 법규, 나그네와 과부와 고아 등 약자들의 보호에 대한 법규를 기록하고 있습니다.

이 법규들을 통해 하나님의 공의는 물론이요, 그 속에 담긴 자비와 은혜를 볼 수 있습니다. 곧 하나님은 타인의 재산에 손해를 입혔을 때 반드시 배상해야 함을 말씀하셨습니다. "해 돋은 후에는 피 흘린 죄가 있으리라 도둑은 반드시 배상할 것이나 배상할 것이 없으면 그 몸을 팔아 그 도둑질한 것을 배상할 것이요 도둑질한 것이 살아 그의 손에 있으면 소나 나귀나 양을 막론하고 갑절을 배상할지니라"(출 22:3~4) 도둑질한 것에 대해서는 반드시 갑절로 배상해야 한다고 규정하고 있는데, 무엇보다 주목할 말씀이 배상할 것이 없으면 몸을 팔아서라도 반드시 배상하라는 것입니다. 그 이웃에게 손해와 피해를 입힌 것에 대해서 결코 그냥 지나갈 수 없다는 것입니다. 그런데 만약 우리가 하나님께 범죄한 것에 대해 하나님께서 배상의 법을 그대로 적용하신다면 어떻게 되겠습니까? 과연 온전히 배상하여 그 죄에서 자유로울 수 있는 사람이 누가 있겠습니까? 우리의 몸을 판다고 한들 온전한 배상이 가능하겠습니까? 그 누구도 온전히 배상할 수 없어 모두가 심판으로 죽을 수밖에 없습니다. 따라서 배상에 관한 법을 대하며 하나님의 은혜를 생각할 수 있습니다. 하나님은 우리가 하나님께 범죄한 것, 곧 입힌 손해에 대해서는 동일하게 배상을 요구하지 않으셨습니다. 오히려 그 큰 사랑으로 모두 탕감해 주셨습니다. 독생자 예수 그리스도를 대신 희생하여 우리를 용서해 주셨습니다.

요한복음 1장_대신 갚으시는 하나님의 은혜
말씀이 되신 예수님께서 구원자로 이 땅에 오심을 전하고 있습니다. 또한 세례 요한의 증언과 제자들의 고백이 기록되어 있습니다. 세례 요한은 예수님을 "세상 죄를 지고 가는 하나님의 어린양"으로 증언했고, 예수님을 따르게 된 안드레는 그 형제 시몬에게 "우리가 메시야를 만났다"고 전하며 예수님을 메시야, 곧 구원자로 고백했습니다. 나다나엘도 예수님을 만나고 "당신은 하나님의 아들이요 당신은 이스라엘의 임금이로소이다"라고 고백했습니다.

이처럼 예수님께서 인간의 몸을 입고 이 땅에 오심은 우리의 구원에 있습니다. 우리의 죄를 대속하기 위해, 곧 우리 스스로 갚을 수 없는 죄를 대신 갚기 위해 하나님으로서의 모든 영광을 버리시고 이 땅에 오셨습니다. 하나님은 우리를 향한 사랑 때문에 독생자 예수 그리스도를 이 땅에 희생 제물로 보내셨습니다(요 1:29).

하나님께서 결코 우리 인간이 갚을 수 없는 죄를 친히 갚아주셨습니다. 그 몸을 팔아서도 갚을 수 없고, 따라서 절망 중에 심판 받을 수밖에 없는 우리를 위해 예수님을 이 땅에 보내시고, 그 모든 죄를 대신 갚아 주셨습니다. 뿐만 아니라 "영접하는 자 곧 그 이름을 믿는 자들에게는 하나님의 자녀가 되는 권세"까지 은혜로 주셨습니다(요1:12). 우리가 이 은혜를 잊지 않아야 합니다.

욥기 40장_기다리시는 하나님의 은혜

여호와에 대한 욥의 첫 번째 대답과 폭풍 가운데서 하신 여호와의 두 번째 말씀, 곧 계속된 하나님의 질문입니다. 이 질문을 통해 하나님의 창조의 능력과 주권, 그리고 이를 통한 세상의 다스리심을 전하고 있습니다.

욥의 대답을 주목하면, 계속된 질문에도 잠잠할 수밖에 없었던 욥이 하나님의 거듭된 대답의 요구에, 부끄러움 중에 대답할 수밖에 없었습니다. "욥이 여호와께 대답하여 이르되 보소서 나는 비천하오니 무엇이라 주께 대답하리이까 손으로 내 입을 가릴 뿐이로소이다 내가 한 번 말하였사온즉 다시는 더 대답하지 아니하겠나이다"(욥 40:3~5) 사실 하나님은 자기 의를 주장하며 하나님을 의롭지 못하다고 원망했던 욥의 불손에 대해 그저 심판하시면 됐습니다. 욥의 원망에 대해 답하실 필요도 없으셨고, 그의 불의함을 깨우치고 설명하실 필요도 없으셨습니다. 그렇게 심판하신다고 해도 그 크신 하나님의 주권으로 충분한 설명이 됐습니다. 그럼에도 하나님은 욥에게 나타나 욥의 질문에 대답하시며 그의 무지함을 깨우쳐주셨습니다. 그리고 이후, 회개하며 은혜를 구하는 욥을 용서하시고 오히려 놀라운 축복을 더해주셨습니다.

여기서 기다리시는 하나님의 은혜를 보게 됩니다. 그 은혜로 인한 하나님의 뜻은 심판이 아닌 구원임을 깨닫게 됩니다. 당장에 그 불의와 죄에 심판하실 수 있지만 구원을 위해 마지막까지 기다리신다는 것입니다. 독생자 아들 예수 그리스도까지도 내어주신 사랑은 우리 모두의 구원에 있고, 따라서 우리의 깨달음과 회개를 기다리신다는 것입니다.

고린도후서 10장_하나님의 은혜에 응답하는 삶

바울의 자기변호입니다. 고린도에서 바울을 비난하는 목소리에 대해 적극적으로 반박한 것입니다. 적대자들은 바울의 외모를 문제 삼고, 말이 시원치 않다고 비난했습니다. 이에 대해 바울은 자기 스스로를 칭찬하는 사람을 신뢰할 수 없음을 언급하며, 외모를 보고 판단할 것이 아니라 주께서 주신 권세로 그 영혼들을 세워가는 수고와 헌신, 그리고 복음에 대한 열정에 주목해야 함을 강조했습니다.

"우리는 남의 수고를 가지고 분수 이상의 자랑을 하는 것이 아니라 오직 너희 믿음이 자랄수록 우리의 규범을 따라 너희 가운데서 더욱 풍성하여지기를 바라노라 이는 남의 규범으로 이루어 놓은 것으로 자랑하지 아니하고 너희 지역을 넘어 복음을 전하려 함이라"(고후 10:15~16) 바울의 복음에 대한 열정과 오직 복음에 매인 삶을 보여주는 말씀입니다. 바울에게 중요한 것은 복음을 전하고 그리스도의 사람들을 세워가는 것이지 결코 자기 자랑이나 영광이 아니라는 것입니다. 복음을 위해 아무 수고하는 것도 없이 자기 자랑에 급급한 거짓 선지자들과 다르다는 것입니다. 바울에게 관심은 오직 고린도 교회들의 믿음의 풍성함이며, 더 나아가 고린도 지역을 넘어 그 복음을 확장하는 것에 있다는 것입니다.

바울의 이와 같은 삶에서 하나님의 은혜에 응답하는 삶을 배우게 됩니다. 곧 하나님의 은혜인 복음을 전하며 나누는 삶이요, 자기 자랑을 버리고 하나님의 은혜만을 자랑하며 높이는 삶입니다. 대적들의 비방도 있고, 그 수고를 알아주지 않는 외로움도 있고, 고난과 핍박도 있지만 그 모든 것을 이기는 삶입니다.

오늘의 기도

1. 갚을 수 없는 우리의 죄를 대신 갚으시기 위해 이 땅에 오신 예수 그리스도를 영접하여 그 은혜를 누릴 뿐만 아니라 하나님의 자녀 되는 권세도 누리게 하소서.
2. 단번에 심판하지 않으시고 깨우치시고 기다리시는 하나님의 은혜를 깨닫고, 겸손히 죄를 고백하며 그 은혜에 엎드리게 하소서.
3. 비방과 핍박과 고난 중에도 하나님으로부터 받은 은혜를 기억하며 힘써 은혜를 전하며 자랑하는 삶을 살게 하소서.

순종

출애굽기 23장 | 요한복음 2장 | 욥기 41장 | 고린도후서 11장

맥체인성경365_428p

우리는 연약한 존재입니다. 그러나 하나님을 향한 믿음과 순종으로 하나님의 능력을 경험할 수 있습니다. 그 하나님의 능력으로 삶의 문제를 기적으로 풀어가고, 또 승리를 만들어갈 수 있습니다. 참된 진리를 따르고 전하는 순종으로 우리와 우리 이웃이 함께 생명에 이를 수 있습니다.

출애굽기 23장_순종으로 경험하는 승리

계속된 법규들에 대한 말씀입니다. 공정한 재판을 할 것, 안식년과 안식일을 지킬 것, 매년 세 번의 절기, 곧 무교절, 맥추절, 수장절을 지킬 것, 약속의 땅에서 우상숭배를 금하고 하나님만을 섬길 것을 전하고 있습니다.

하나님의 말씀과 그 명령에 순종하는 것이 복입니다. 하나님께서 주신 법규에 따라 하나님의 백성으로 살아가는 것이 복된 삶입니다. 무엇보다 승리의 삶도 하나님을 경외하며 그 명령에 순종하는 삶에 있습니다. "네가 그의 목소리를 잘 청종하고 내 모든 말대로 행하면 내가 네 원수에게 원수가 되고 네 대적에게 대적이 될지라 내 사자가 네 앞서 가서 너를 아모리 사람과 헷 사람과 브리스 사람과 가나안 사람과 히위 사람과 여부스 사람에게로 인도하고 나는 그들을 끊으리니"(출 23:22~23) 순종하는 백성에게 주시는 하나님의 승리의 약속입니다. 하나님께서 앞서 보내신 사자의 말을 잘 청종하면, 하나님께서 이스라엘 백성들과 한 편 되어 대적들을 물리쳐 주신다는 것입니다. 약속하신 가나안 땅에 인도하시며 그 땅에 거주하는 민족들을 끊으시고 쫓아내신다는 것입니다. 뿐만 아니라 하나님을 경외하며 섬기는 삶에 하나님의 능력으로 양식과 물에 복을 내리고 병을 제하는 등의 축복을 더하여 주신다고 약속하고 있습니다(출22:25~26).

승리는 하나님께 있습니다. 따라서 하나님의 말씀에 순종하는 삶이 하나님을 통한 승리를 누리는 비결입니다.

요한복음 2장_순종으로 경험하는 기적

예수님께서 행하신 첫 번째 표적과 성전을 정화하신 말씀입니다. 곧 가나 혼인잔치에서 포도주가 떨어져 혼인잔치가 파하고 기쁨이 깨어질 위기에 처했습니다. 그때에 혼인잔치에 초대된 예수님께서 물을 포도주로 바꾸심으로 혼인잔치에 더 큰 기쁨을 더하셨습니다. 또한 유월절이 가까이 이르러 예루살렘에 올라가신 예수님께서 성전에 들어가 소와 양과 비둘기를 파는 사람들과 돈 바꾸는 사람들을 쫓아내시고 성전을 정화하셨습니다.

물을 포도주로 바꾸시는 예수님의 첫 번째 표적에서 주목할 것이 어머니 마리아의 믿음과 하인의 순종입니다. 마리아는 포도주가 떨어진 사실을 예수님께 전하며 도움을 구했습니다. 그리고 "너희에게 무슨 말씀을 하시든지 그대로 하라"고(요 2:5) 하인들에게 명령함으로 예수님을 향한 믿음을 보였습니다. 하인들은 돌 항아리에 물을 채우라는 예수님의 명령에 순종하여 아귀까지 물을 채웠습니다. 그리고 그 채운 물을 떠서 연회장에게 갖다 주라는 명령에 순종하여 돌 항아리에 채운 물을 연회장에게 갖다 주었습니다. 물을 왜 채워야 하는지 이해할 수 없고, 또 포도주를 찾는 연회장에게 물을 갖다 주는 것이 쉽지 않은 일이었지만 절대적으로 순종했습니다. 그리고 이 순종을 통해 물이 포도주로 바뀌는 예수님의 기적을 경험할 수 있었습니다. 예수님은 마리아의 믿음과 하인들의 순종을 통해 첫 번째 표적을 행하셨습니다(요 2:6~9).

주님을 향한 절대적 순종은 주님의 능력을 우리의 삶에 나타내게 합니다. 우리는 순종으로 불가능이 없으신 주님의 능력을 우리의 삶에서 경험할 수 있습니다.

욥기 41장_순종으로 경험하는 능력

욥기 41장은 계속된 하나님의 질문으로, 리워야 단(악어)을 통한 교훈을 전하고 있습니다. "네가 할 수 있겠느냐?"는 질문을 통해 그 누구도 리워 야단을 상대할 수 없지만, 하나님은 하실 수 있음을 말씀하며 하나님의 능력을 전하고 있습니다(욥 41:13~14). 또한 강조되고 있는 것이 이 놀라운 리 워야단을 창조하신 분이 하나님이시라는 사실입 니다. 그 어떤 용사라도 리워야단을 이길 수 없고 두려워 도망칠 수밖에 없음을 전하고 있는데(욥 41:25~28), 여기에 숨겨진 의미는 이런 놀라운 존재 를 하나님께서 창조하셨고 또 그 능력으로 리워야 단을 통제하며 다스려가고 계시다는 것입니다. 따 라서 이런 하나님을 원망하며 대항하고자 하는 것 은 어리석은 일이라는 것입니다.

연약한 우리가 능력의 하나님께 보여야 할 태도 는 원망과 대항인 아닌 믿음과 순종입니다. 큰 능 력과 지혜로 이 세상을 창조하시고 또 다스리시는 하나님을 믿고 그 삶을 맡기며 순종으로 따라가야 합니다. 그때에 하나님의 큰 능력을 우리의 삶에서 경험하며 살아갈 수 있습니다. 순종을 통해 하나님 의 능력이 우리를 멸하는 능력이 아니라, 우리를 돕고 살리는 능력이 됩니다.

고린도후서 11장_순종으로 경험하는 생명

거짓 사도들로 인한 바울의 분노를 전하고 있습니 다. 그들의 거짓됨을 깨닫지 못하고 용납하며, 그릇 된 자랑과 가르침을 받아들인 고린도교회를 향한 책망을 전한 것입니다. 바울은 이들의 거짓됨을 전 하기 위해 자신이 어떻게 복음을 전하며 헌신했는 지 떠올렸습니다. 또 자신도 거짓 사도들 이상으로 얼마든지 자랑할 수 있음을 말하며 육신의 자랑을 열거했습니다. 그러나 이런 육신의 자랑은 어리석 은 일이며, 따라서 바울은 교회를 향한 헌신과 교 회를 향한 염려, 그리고 이 속에서 겪는 자신의 연 약함을 자랑했습니다(고후 11:28~30).

바울의 가르침을 대하며, 그리스도의 참된 일꾼 으로 하나님의 생명의 말씀을 전하고자 했던 바울 의 가르침에 귀 기울이는 것, 그럼으로 참된 생명 의 말씀에 순종하고 거짓 사도들을 끊어버리는 것 이 생명에 이르는 길임을 깨닫게 됩니다. 불순종으 로 거짓 사도들을 따를 때에는 바울의 경고처럼 그 결과는 멸망일 수밖에 없습니다. 또한 바울의 헌 신된 삶과 생명의 삶을 따라 우리도 헌신과 생명 의 삶을 살아야 합니다. 바울은 생명을 전하기 위 해 철저히 자신을 쳐서 하나님께 순종했습니다. 그 리스도의 일꾼으로 넘치도록 수고하고, 옥에 갇히 고, 수 없이 매 맞고, 죽을 뻔 하고, 잠 못 자고, 여러 위험을 당하고, 애쓰고, 주리고, 춥고, 헐벗어야 했 음에도 순종하여 복음을 전했습니다. 무엇보다 교 회를 향한 걱정과 염려로 항상 마음 졸이며 살았습 니다. 바로 이런 사명에 대한 순종이 수많은 사람 들을 생명으로 이끌었습니다. 따라서 우리도 이를 따라 복음을 위해 헌신하여 생명의 삶을 살아야 합 니다. 참된 하나님의 말씀에 순종함으로 생명에 이 르러야 하고, 또한 순종으로 복음을 전하는 사명의 삶을 통해 사람들을 생명에 이르게 해야 합니다. 우리의 순종이 우리를 생명으로 이끌 뿐만 아니라 우리의 이웃도 생명에 이르게 합니다.

오늘의 기도

1. 말씀에 순종하고 하나님을 경외하는 삶을 통해 우리와 한 편 되어 우리를 위해 싸우시고 우리에게 승리를 주시 는 주의 축복을 누리게 하소서.
2. 믿음과 순종으로 주의 능력과 기적을 경험하고, 우리의 문제들을 이겨가게 하소서.
3. 참된 진리를 믿고 따름으로 생명에 이르고, 복음을 전하는 순종의 삶으로 우리의 이웃을 생명으로 이끄는 삶을 살게 하소서.

더 중요한 것

13 Mar

출애굽기 24장 | 요한복음 3장 | 욥기 42장 | 고린도후서 12장

무엇이 더 중요한가? 생명의 주님을 믿음으로 거듭나는 것이 더 중요합니다. 용서함의 은혜를 받고 더 크신 주님을 체험하고 알아가며 주님과 교제하며 살아가는 것이 더 중요합니다. 그 주님을 증거하며 살아가는 것이 더 중요합니다.

출애굽기 24장_더 중요한 하나님과의 교제

출애굽한 이스라엘 백성들이 하나님과 언약을 체결한 말씀과 모세와 아론과 나답과 아비후와 칠십인의 장로들이 하나님 가까이 나아가 교제한 말씀, 그리고 모세가 하나님의 명령에 따라 하나님의 계명을 친히 기록한 돌판을 받기 위해 시내 산에 사십 일을 머물렀음을 기록한 말씀입니다.

두려움의 하나님과 교제한 말씀에 주목하면, 모세가 전해준 하나님의 모든 말씀과 율례를 모든 백성들이 준행할 것을 약속하고, 언약의 피를 제단과 백성에게 뿌려 하나님과 백성 사이의 언약을 확증한 이후, 모세와 아론과 나답과 아비후 그리고 이스라엘 장로 칠십 인이 여호와 하나님께로 올라와서 하나님을 뵙고 교제했습니다. 그런데 하나님 앞에 서 있음에도 죽지 않고 하나님과 식탁 교제까지 나누었습니다. 그 누구도 하나님 바로 앞에 있을 수 없고, 또 그랬다가는 죽임을 당할 수밖에 없는데, 하나님께서 손을 대지 아니하셨습니다(출 24:9~11). 하나님의 언약 안에 있기에 가능했던 것입니다.

출애굽하여 노예의 고통을 벗어 버린 것도 기쁨입니다. 더 이상 노예로 압제와 고역 중에 살지 않게 된 것도 큰 기쁨입니다. 그러나 그 기쁨이 하나님의 언약의 백성으로서 하나님과 교제하는 삶으로 이어지지 않으면 의미 없을 수밖에 없습니다. 하나님의 출애굽의 구원은 그 백성을 하나님의 언약의 백성으로 삼고자 함에 있습니다.

요한복음 3장_더 중요한 거듭남

밤중에 예수님을 찾아온 니고데모와 예수님과의 대화를 기록하고 있습니다. 또한 "그는 흥하여야 하겠고 나는 쇠하여야 하리라"는 세례 요한의 예수님에 대한 증언을 기록하고 있습니다.

예수님과 니고데모의 대화에 주목하면, 표적을 보고 찾아온 니고데모에게 예수님은 거듭남에 대해 말씀하셨습니다. "그가 밤에 예수께 와서 이르되 랍비여 우리가 당신은 하나님께로부터 오신 선생인 줄 아나이다 하나님이 함께 하시지 아니하시면 당신이 행하시는 이 표적을 아무도 할 수 없음이니이다 예수께서 대답하여 이르시되 진실로 진실로 네게 이르노니 사람이 거듭나지 아니하면 하나님의 나라를 볼 수 없느니라"(요 3:2~3) 니고데모가 예수님께서 행하신 표적을 보고 왔다는 사실을 놓치지 말아야 합니다. 그 놀라운 표적으로 인해 예수님을 하나님께로부터 온 선생이라고 고백했습니다. 니고데모의 관심은 표적에 있었습니다. 그러나 예수님은 표적이 아닌 거듭남을 말씀하셨습니다. 예수님의 관심은 거듭남에 있었습니다. 거듭나지 않으면 하나님의 나라를 볼 수 없다고 말씀하시며 거듭남의 중요성을 말씀하셨습니다. 따라서 예수님을 믿음과 성령의 역사로 거듭나야 하며, 심판과 멸망이 아닌 영생에 이르러야 한다고 가르치셨습니다.

표적보다 중요한 것은 거듭남입니다. 거듭남과 생명에는 무관심하고 표적에만 집중한다면 어리석은 일입니다. 예수님께서 놀라운 표적을 나타내신 것은 그 표적을 통해 생명이신 예수님을 믿게 함에 있고, 그 믿음으로 거듭나 생명에 이르게 함에 있습니다.

욥기 42장_더 중요한 하나님을 경험함

욥의 회개와 이후 하나님께서 주신 축복을 기록하

고 있습니다. 곧 폭풍같이 쏟아지는 하나님의 질문에 아무 대답을 할 수 없었던 욥은 하나님 앞에 회개했습니다. 하나님의 질문 속에서 욥은 그 큰 지혜와 능력으로 세상을 주관하며 다스리시는 하나님을 깨달았고, 또한 자신의 연약한 지혜와 능력으로 하나님을 판단하고 원망했던 것이 얼마나 어리석고 부끄러운 일이었는지 깨닫고 회개했습니다. 하나님을 경험하고 나니 자신의 어리석음과 죄에 대해서 바로 볼 수 있었던 것이고, 또 이를 통해 진심으로 회개하게 된 것입니다(욥 42:5~6). 그리고 하나님은 욥의 회개를 받으시고 이후 그의 삶을 회복시켜주셨습니다. 욥의 곤경을 돌이키시고 욥이 잃었던 모든 소유를 회복시키셔서 이전의 소유보다 갑절을 주셨습니다(욥 42:10). 그의 모든 형제와 자매와 이전에 알던 모든 사람들과의 관계도 회복시켜 주셨습니다(욥 42:11). 또한 아들 일곱과 딸 셋 등, 자녀도 다시 주셔서 그 아픔을 위로하셨습니다(욥 42:13).

이처럼 욥은 잃었던 모든 것을 회복할 수 있었습니다. 하나님께서 처음보다 더 크게 주신 복을 받아 누릴 수 있었습니다. 이 모든 일이 욥에게 기쁘고 중요한 일이었습니다. 그러나 욥에게 더 중요한 일은 욥의 진실된 회개에 하나님께서 용서해주신 것이었습니다. 하나님의 용서의 은혜가 없었다면 앞서 말한 회복과 축복은 있을 수 없었습니다. 또한 무엇보다 욥에게 크게 기쁘고 중요했던 것은 막연히 귀로만 듣던 하나님을 확연히 체험하고 경험한 것이었습니다(욥 42:5). 그 얻은 갑절의 소유보다 하나님을 더 깊이 알고 만나고 경험한 것이 더 크고 중요한 복이었습니다.

고린도후서 12장_더 중요한 그리스도 증거

바울의 고린도 교회를 향한 사랑과 염려를 전하고 있습니다. 바울에게 있어서의 관심은 오직 그리스도를 증거하고 높이는 일이며, 그 속에서 구원함을 얻은 고린도 교인들이 그릇된 진리에 넘어지지 않고 생명을 지켜가는 것이었습니다. 따라서 바울은 거짓 사도들의 주장과 자랑의 헛됨을 증거하기 위해 자신이 이전에 주의 환상과 계시를 체험했던 사실을 전했습니다. 그러나 그 체험을 자랑하는 것은 어리석은 일이며, 진정 자랑할 것은 자신의 연약함임을 증거했습니다.

"내가 이런 사람을 위하여 자랑하겠으나 나를 위하여는 약한 것들 외에 자랑하지 아니하리라"(고후 12:5) 바울이 자랑할 수 있다고 말하는 "이런 사람"은 십사 년 전에 셋째 하늘에 올라가 하늘의 신비를 경험하고 놀라운 영적 체험을 한 바울 자신을 가리킵니다(고후 12:2~4). 곧 바울은 거짓 사도들이 그들의 권위를 내세우기 위해 자랑한 것보다 더 놀라운 영적 체험을 했고, 따라서 고린도 교인들에게 그가 본 하늘의 큰 계시를 자랑하며 말할 수 있음을 나타낸 것입니다. 그러나 그런 신비한 영적 체험을 자랑하며 자신을 드러내는 것은 어리석은 일이요, 오직 그리스도를 전하며 드러내는 것이 중요하기에 바울은 오히려 자신의 약함만을 자랑하겠다고 말한 것입니다. 따라서 바울은 누구나 눈앞에서 생생하게 보게 되는 그의 고난과 약함을 말하였고, 오히려 그 고난과 약함을 통해 주님께서 크게 일하심을 전하여 자신이 아닌 주님을 증거하며 높였습니다(고후 12:10). 거짓 사도들과 달리 바울의 관심은 자신을 자랑하고 드러내는 것이 아니라 그리스도를 전하며 나타내는 일이었습니다. 그리스를 믿음으로 세워진 교회가 거짓된 진리에 넘어지지 않고 바른 진리와 믿음 안에서 든든히 세워져 가는 것이었습니다. 바로 이것이 더 중요한 일이라는 것입니다.

예배

출애굽기 25장 | 요한복음 4장 | 잠언 1장 | 고린도후서 13장

우리가 하나님 앞에 나아가 예배함은 오직 하나님께서 우리를 용납하신 은혜입니다. 그 하나님께 영과 진리로 예배하며 우리의 경건한 삶으로 예배해야 합니다. 예배를 통해 그리스도와 함께 살게 된다는 소망을 가져야 합니다.

출애굽기 25장_주의 은혜로 드리는 예배

성막 건축에 대한 말씀입니다. 성막 건축을 위해 예물을 드려야 할 것과 언약궤, 진설병 상, 등잔대의 제작에 대한 말씀을 기록하고 있습니다.

성막은 하나님께서 거하시는 처소입니다. 또한 하나님을 예배하며 만나는 곳입니다. 하나님은 우리와의 만남과 그 죄를 해결해주시기 위해 성막을 만들 것을 명령하신 것입니다. 따라서 주목할 말씀이 속죄소입니다. "속죄소를 궤 위에 얹고 내가 네게 줄 증거판을 궤 속에 넣으라 거기서 내가 너와 만나고 속죄소 위 곧 증거궤 위에 있는 두 그룹 사이에서 내가 이스라엘 자손을 위하여 네게 명령할 모든 일을 네게 이르리라"(출 25:21~22) 속죄소는 증거궤를 덮는 덮개로 시은좌라고도 부릅니다. 은혜를 베푸는 자리라는 뜻입니다. 증거궤 안에는 증거판 곧 하나님의 율법이 담기게 되는데, 시은좌로 덮어 율법이 아닌 은혜로 우리를 만나시겠다는 의미를 담고 있습니다. 다시 말해 율법으로는 거룩하신 하나님 앞에 설 수 없고 하나님을 만날 수 없다는 것입니다. 오직 은혜로 하나님 앞에 서게 되고, 하나님을 만나 예배하며 그 죄를 용서함 받을 수 있다는 것입니다.

거룩하신 하나님 앞에 나아가 하나님을 만나야 우리의 죄의 문제가 해결될 수 있습니다. 그러나 죄인인 우리가 거룩하신 하나님 앞에 나아가 하나님 앞에 서는 것은 불가능한 일입니다. 그러나 하나님은 율법이 아닌 은혜로 우리가 하나님 앞에 서는 것을 용납해 주시고, 하나님 앞에서 죄의 용서를 구하며 예배할 때, 은혜로 그 모든 죄를 용서해 주십니다. 따라서 하나님을 예배하며 우리가 무엇보다 구하며 의지할 것은 은혜입니다.

요한복음 4장_영과 진리로 드리는 예배

예수님과 사마리아 여인과의 만남과 변화를 기록하고 있고, 또 갈릴리에서 왕의 신하를 만나 그 아들의 병을 고치신 말씀을 기록하고 있습니다. 예수님은 유대를 떠나 갈릴리로 가시는 길에 뜻을 가지고 사마리아를 지나셨고, 수가라 하는 동네 우물에서 남편이 다섯이나 있었던 한 여인을 만나셨습니다. 그 여인과의 대화를 통해 예수님이 메시야이심을 증언하셨고, 그 여인의 변화를 이끄셨습니다.

사마리아 여인과의 대화 중 예수님은 예배에 대한 질문에 이렇게 대답하셨습니다. "아버지께 참되게 예배하는 자들은 영과 진리로 예배할 때가 오나니 곧 이 때라 아버지께서는 자기에게 이렇게 예배하는 자들을 찾으시느니라 하나님은 영이시니 예배하는 자가 영과 진리로 예배할지니라"(요 4:23~24) 어디서 예배하느냐보다 참되게 예배하는 것이 더 중요하다는 것입니다. 하나님은 참되게 예배하는 자들, 곧 영과 진리로 예배하는 자들을 찾으신다는 것입니다. 하나님의 관심은 돈이 많은 부자도, 또 권력을 가진 어떤 사람에게도 있지 않고, 참되게 하나님을 예배하는 예배자에게 있으시다는 것입니다.

사마리아 여인에게 주신 예수님의 가르침은 오늘 우리의 예배를 돌아보게 합니다. 우리도 영과 진리, 곧 하나님을 아버지로 고백하게 하는 성령의 은혜와 진리 되신 예수 그리스도를 믿는 믿음으로 예배해야 합니다. 성령의 은혜와 그리스도를 믿는 믿음이 없이는 참되게 하나님을 예배할 수 없습니다.

잠언 1장_거룩한 삶으로 드리는 예배

잠언의 기록 목적을 전하고 있습니다. "지혜와 훈계를 알게 하며 명철의 말씀을 깨닫게 하며, 지혜롭게, 공의롭게, 정의롭게, 정직하게 행할 일에 대하여 훈계를 받게 하며 어리석은 자를 슬기롭게 하며 젊은 자에게 지식과 근심함을 주기 위함"(잠 1:2~4)에 그 목적이 있다는 것입니다. 따라서 지혜의 근본이 하나님을 경외하는 것임을 전하며, 늦기 전에 지혜의 부름에 귀 기울이고 따를 것을 교훈하고 있습니다.

또한 악한 자의 유혹에 주의할 것과 그들과 함께하지 말 것을 가르치고 있습니다. 온갖 보화를 얻어 집을 채울 수 있다고 달콤한 소리로 유혹한다 할지라도 악인의 길을 따르지 말아야 한다는 것입니다. "내 아들아 악한 자가 너를 꾈지라도 따르지 말라"(잠 1:10) "내 아들아 그들과 함께 길에 다니지 말라 네 발을 금하여 그 길을 밟지 말라"(잠 1:15)

이와 같은 가르침을 통해 예배의 삶을 생각할 수 있습니다. 곧 참된 예배는 삶의 예배로 이어져야 합니다. 하나님을 경외하며 그 말씀을 따라 죄의 유혹을 이기고 거룩한 삶을 살아야 하고, 그 삶을 통해 하나님을 예배해야 합니다. 삶을 통해 하나님을 예배함 없이 결코 참되게 하나님을 예배할 수 없습니다. 따라서 여호와를 경외하는 것이 지식의 근본임을 깨달아 하나님의 교훈과 책망을 멸시하거나 거부하지 말고 힘써 그 교훈과 말씀을 따라 살아야 합니다. 온갖 죄의 유혹을 이겨 거룩함으로 살아야 합니다.

고린도후서 13장_소망으로 드리는 예배

바울이 고린도 교회의 세 번째 방문을 앞두고 권고하고 있는 말씀입니다. 죄 지은 자들을 용서하지 않겠다는 엄한 경고와 더불어 고린도 교인들에게 그 믿음이 그리스도 안에 있는지 그 자신을 확증하라고 권고하고 있습니다. 특별히 주목할 말씀이, 바울은 자신이 약한 존재이고, 또 적대자들이 이것을 공격하여 문제 삼고 있지만, 그리스도께서 약하심으로 십자가를 지셨으나 하나님의 능력으로 살아 계심을 증언하며, 하나님을 믿는 우리들도 하나님의 능력으로 그리스도와 함께 살아서 고린도 교인들을 대할 것을 확신하며 전했습니다. "그리스도께서 약하심으로 십자가에 못 박히셨으나 하나님의 능력으로 살아 계시니 우리도 그 안에서 약하나 너희에게 대하여 하나님의 능력으로 그와 함께 살리라"(고후 13:4)

바울의 확신을 바라보며, 우리의 예배가 여기에 소망이 있어야 함을 배우게 됩니다. 곧 예수 그리스도의 십자가의 은혜가 우리를 죄에서 구원하고 하나님의 보좌 앞에 담대히 나아가 예배할 수 있게 했습니다(히 4:16). 또한 예수 그리스도를 믿는 우리에게 예수 그리스도와 함께 부활의 은혜에 참여하게 된다는 축복이 약속되어 있습니다. 따라서 우리는 소망으로 예배할 수 있고 또 그렇게 예배해야 합니다. 그리스도를 믿는 믿음 안에서 하나님 앞에 드리는 예배에 그리스도와 함께 산다는 소망, 곧 하나님께서 우리도 그리스도와 함께 살리신다는 소망을 담아야 합니다.

오늘의 기도

1. 영과 진리로 참되게 하나님을 예배하는 삶을 통해 하나님이 찾으시는 예배자 되게 하소서.
2. 악인의 꾀와 유혹을 철저히 물리치고 하나님을 경외하며 말씀에 따르는 삶을 살게 하시고, 그 거룩한 삶으로 하나님을 예배하게 하소서.
3. 그리스도를 살리신 하나님의 능력이 오늘 우리도 살게 함을 믿고 소망으로 살아가게 하소서.

구해야 할 것

출애굽기 26장 | 요한복음 5장 | 잠언 2장 | 갈라디아서 1장

맥체인성경365_444p

사람은 눈에 보이는 외모에 마음이 끌리고 이를 따라가게 됩니다. 그러나 더 중요한 가치는 항상 내면에 있습니다. 눈에 보이는 은금이 아닌 지혜에 있고 예수 안에 있는 생명에 있습니다. 따라서 이를 구해야 하고, 사람이 아닌 하나님을 의식하며 하나님의 기쁨을 구하며 살아야 합니다.

출애굽기 26장_외모가 아닌 내면을 구해야

성막 제작을 위한 구체적 지침들입니다. 성막을 덮을 휘장들, 성막을 세울 널판들, 널판 아래에 둘 받침들, 널판을 한데 묶을 띠, 그리고 성소와 지성소를 구분할 휘장과 성막의 문을 위한 휘장을 만들라는 말씀입니다. 특별히 성막을 덮을 휘장에 대해 주목하면, 중요한 교훈을 얻을 수 있습니다. 외적 아름다움보다는 내면의 아름다움을 추구해야 한다는 교훈을 찾을 수 있습니다. 곧 하나님은 세 겹의 휘장을 만들어 성막을 덮도록 하셨습니다. 가장 바깥에 덮는 휘장은 해달의 가죽으로 만들게 하셨습니다(출 26:14). 여기서 해달은 돌고래를 가리키는 것으로 보이는데, 어둡고 검푸른 해달의 가죽으로 성막의 가장 바깥쪽을 덮게 하셨습니다. 이를 통해 바람과 모래 등으로부터 성막을 튼튼하게 보호하는 효과를 얻도록 하신 것인데, 겉보기에는 화려하고 아름다운 모습일 수 없었습니다. 그러나 제일 안쪽의 휘장은 가늘게 꼰 베 실과 청색 자색 홍색 실로 그룹을 정교하게 수 놓은 휘장으로 덮어 아름다움을 나타내게 하셨습니다. 겉모습은 투박하고 볼품이 없지만, 그 안은 화려한 색으로 정교하게 수 놓은 그룹의 문양으로 매우 아름답게 하신 것입니다.

이와 같은 사실을 통해 외적 아름다움보다는 내면의 아름다움을 추구하는 것이 중요하다는 교훈을 얻을 수 있습니다. 무엇이든 외적 모습으로 판단하고 평가하지 말고 내적 아름다움을 볼 줄 아는 눈을 가져야 함을 가르쳐주고 있습니다.

요한복음 5장_율법이 아닌 예수를 구해야

예수님께서 안식일에 베데스다 못에 있는 38년 된 병자를 치료하신 말씀과 이를 통해 일어난 논쟁, 그리고 예수님의 가르침을 기록하고 있습니다. 곧 유대인들이 안식일이라는 이유로 예수님의 치료에 문제를 삼았고, 이후 예수님께서 하나님을 친 아버지라고 언급한 것으로 인해 분노하여 죽이고자 했습니다. 이에 대해 예수님께서 하나님의 아들로서 자신에게 주어진 전권을 주장하고, 또 아버지께서 주셔서 이루게 하시는 역사와 예수님을 보내신 하나님 아버지가 친히 자신을 증언함을 말씀하셨습니다.

유대인들에게 문제는 눈에 보이는 율법과 조문이라는 틀에 갇혀버렸다는 것입니다. 율법을 넘어선 은혜로 생명을 주고자 하시는 하나님의 사랑과 이를 통해 오신 예수 그리스도를 바로 보지 못하고 있었습니다. 따라서 예수님께서 행하신 생명과 은혜의 역사를 눈으로 보고도 율법을 들어 옳지 못하다는 어리석은 주장을 했습니다(요 5:10). 곧 예수님은 베데스다 못에서 물이 움직이기만을 기다렸던 서른여덟 해 된 병자를 찾아가 치료하셨습니다. 이를 통해 못에 천사가 내려와 물이 움직일 때에 제일 먼저 못에 들어가는 사람은 무슨 병이든 낫는다는 확인할 수 없는 전설을 믿고 소망을 두고 있었던 그에게, 예수님이 참된 생명이요 소망이 되심을 보여주셨습니다. 유대인들이 봐야 하는 것도 율법과 조문이 아닌 예수님 안에 있는 이 생명이었습니다(요 5:24).

율법과 조문으로는 결코 생명을 얻을 수 없습니다. 거기에 소망을 두는 것은 어리석은 일입니다. 그럼에도 유대인들은 결코 구원을 이룰 수 없는 율법의 조문에 사로잡혀 38년 된 병자에게 일어난 놀라운 구원과 생명을 눈으로 보고서도 예수님을 믿

지 못했습니다. 오히려 안식일을 범했다고 책망하는 어리석음을 보였습니다. 영생을 위해 성경을 연구하면서도 자기 생각과 자기 영광에 사로잡혀 정작 성경이 증언하고 있는 영생을 주시는 예수 그리스도를 믿지 못하고 거부하고 말았습니다. 이처럼 우리가 눈으로 보고 붙잡고 있는 그릇된 가치와 생각을 깨뜨리지 않으면 예수 안에 있는 참된 생명을 보지 못합니다. 따라서 우리의 그릇된 생각과 가치를 깨뜨려야 하고, 말씀을 통해 예수 안에 있는 참된 생명을 바라보고 구해야 합니다.

잠언 2장_은금이 아닌 지혜를 구해야

지혜의 유익에 대해 가르치고 있습니다. 지혜가 영혼을 즐겁게 하며, 악한 길과 음녀의 유혹에서 건져내고 구원하며, 선한 자의 길로 행하게 하여 의인의 길을 지키게 한다는 것입니다. 따라서 지혜를 구하고 명철을 얻기를 힘쓰라고 교훈하고 있습니다. 눈에 보이는 은금이 아니라 은금보다 더 소중한 가치를 가지는 지혜를 구하고 따라가라고 가르치고 있습니다.

"지식을 불러 구하며 명철을 얻으려고 소리를 높이며 은을 구하는 것 같이 그것을 구하며 감추어진 보배를 찾는 것 같이 그것을 찾으면"(잠 2:3~4) 이 말씀에서 깨닫게 되는 것이 사람들이 은과 보배는 힘써 찾고 구하지만 지혜는 그렇게 찾지 않는다는 것입니다. 은금과 보배는 귀하게 여기지만 지혜는 그렇게 여기지 않는다는 것입니다. 그러나 오직 하나님을 경외하는 지혜가 악의 길과 패망의 길에서 우리를 지키고 선한 길과 의의 길로 인도하여 생명과 구원에 이르게 합니다. 따라서 겉으로 보이는 은금과 보배에 마음을 빼앗기지 말고, 참 생명과 구원으로 인도하는 지혜, 곧 하나님을 경외하는 믿음에 우리의 온 마음을 두고 구해야 합니다.

갈라디아서 1장_사람이 아닌 하나님을 구해야

다른 복음은 없음을 전하는 바울의 가르침입니다. 예수 그리스도를 믿는 믿음으로 구원을 얻는다는 복음 외에 다른 복음이 있을 수 없다는 것입니다. 곧 갈라디아 교회가 그렇게도 빨리 다른 복음에 빠져드는 것을 이상하게 여긴 바울은 강력하게 그 그릇됨을 주장했습니다. 더불어 바울의 사도권을 부정하는 적대자들의 공격에 복음을 전하는 사도로 자신을 세우신 분은 오직 예수 그리스도이심을 주장했습니다.

여기서 바울이 사람이 아닌 하나님께 집중하고 있다는 사실을 볼 수 있습니다. 사람의 뜻이 아닌 예수 그리스도의 계시에 의해 자신이 사도가 됐다는 사실을 주장하며 그 직분을 감당하고 있는 것도, 다른 복음을 부정하며 오직 예수 그리스도를 믿는 믿음으로 구원에 이른다는 복음만을 타협하지 않고 전함도, 그가 사람을 의식하지 않고 하나님만을 바라보고 있다는 사실을 가르쳐주고 있습니다. 따라서 바울은 다음과 같이 고백했습니다. "이제 내가 사람들에게 좋게 하랴 하나님께 좋게 하랴 사람들에게 기쁨을 구하랴 내가 지금까지 사람들의 기쁨을 구하였다면 그리스도의 종이 아니니라"(갈 1:10) 사람들의 기쁨을 위해 복음에 타협하지 않겠다는 것입니다. 오직 그의 기쁨은 하나님께 있고, 따라서 고난과 핍박과 손해가 있더라도 다른 복음을 거절하며, 오직 예수 그리스도를 믿음으로 구원을 얻는다는 복음만 전하겠다는 것입니다.

우리가 바라보고 의식할 분도 오직 하나님입니다. 당장에 이득을 얻겠다고 사람을 바라보고 사람의 기쁨을 구하는 것은 어리석은 일입니다. 오직 우리도 하나님만 바라보며, 하나님의 기쁨을 구하며 살아야 합니다.

오늘의 기도

1. 외적 아름다움보다 내면의 아름다움을 구하게 하시고, 외모가 아닌 내면의 아름다움을 볼 줄 아는 눈을 갖게 하소서.
2. 은금과 보화가 아닌 하나님을 경외하는 지혜를 구하고 찾게 하소서.
3. 당장에 손해를 보고 불이익을 당한다 할지라도 사람들이 아닌 오직 하나님의 기쁨을 구하며 살게 하소서.

생명
출애굽기 27장 | 요한복음 6장 | 잠언 3장 | 갈라디아서 2장

맥체인성경365_449p

십자가에서 대속의 제물로 희생하신 예수 그리스도를 통해 우리는 생명을 누릴 수 있습니다. 이 생명은 하나님을 경외하며 그 말씀을 지키며 살아가는 지혜의 삶으로 지속됩니다. 또한 타협하지 않고 오직 복음만 붙들고 전함으로 그 생명을 전할 수 있습니다.

출애굽기 27장_희생을 통해 누리는 생명

계속된 성막 제작에 대한 말씀입니다. 번제단과 성막의 뜰 제작에 대한 말씀과 등불 관리에 대한 말씀을 기록하고 있습니다. 특별히 번제단에 대한 말씀을 주목해 보면, "너는 조각목으로 길이가 다섯 규빗, 너비가 다섯 규빗의 제단을 만들되 네모 반듯하게 하며 높이는 삼 규빗으로 하고 그 네 모퉁이 위에 뿔을 만들되 그 뿔이 그것에 이어지게 하고 그 제단을 놋으로 싸고"(출 27:1~2) 번제단은 인간의 죄를 대신해 짐승이 죽어 불에 태워질 곳으로, 우리의 대속의 제물로 피 흘려 죽으신 예수 그리스도의 십자가를 생각하게 합니다. 이 십자가에서 예수님께서 우리의 죄를 위한 희생의 제물이 되셨고, 이를 통해 우리가 구원과 생명을 얻을 수 있었습니다. 무엇보다 주목할 말씀이 번제단을 놋으로 싸라는 말씀입니다. 놋은 하나님의 공의와 심판을 상징합니다. 하나님의 공의 앞에서 그 누구도 심판을 피할 수 없음을 보여줍니다. 그러나 번제단에 어린 양의 피가 뿌려지게 됩니다. 그 희생의 피가 하나님의 공의가 아닌 은혜와 사랑을 불러와 그 죄를 용서 받고 심판을 피하게 한다는 것입니다.

우리가 죄를 용서 받고 생명을 얻은 것은 어린 양 되신 예수 그리스도의 희생 때문입니다. 십자가에서 피 흘리심으로 하나님의 공의가 아닌 은혜로 구원함을 얻고 생명을 누리게 됐습니다. 따라서 우리가 힘써 바라보고 또 구할 것은 예수 그리스도의 십자가입니다.

요한복음 6장_예수를 통해 누리는 생명

오병이어의 기적과 예수께서 생명의 떡이 되심을 전하신 말씀입니다. 곧 오병이어의 기적 이후, 사람들은 혈안이 되어 예수님을 찾았습니다. 심지어 예수님을 임금으로 삼고자 했습니다. 그 기적이 사람들의 욕심을 자극했기 때문입니다. 예수님이 임금이 되면 이와 같은 기적을 통해 항상 배부를 수 있다는 생각을 한 것입니다. 그들의 필요, 곧 육신의 양식에 대한 욕심이 예수님을 찾고 따르게 한 것입니다.

그러나 예수님은 그렇게 따르는 사람들을 기뻐하지 않으셨습니다. 그렇게 따르는 사람들에게 썩을 양식이 아닌 영생하도록 있는 양식을 구해야 함을 말씀하셨습니다. "예수께서 대답하여 이르시되 내가 진실로 진실로 너희에게 이르노니 너희가 나를 찾는 것은 표적을 본 까닭이 아니요 떡을 먹고 배부른 까닭이로다 썩을 양식을 위하여 일하지 말고 영생하도록 있는 양식을 위하여 하라 이 양식은 인자가 너희에게 주리니 인자는 아버지 하나님께서 인치신 자니라"(요 6:26~27) 곧 사람들은 오병이어의 기적 속에서 단순히 육신의 배부름을 채우고자 하는 욕심을 보았습니다. 그러나 그들이 봐야 할 것은 표적, 곧 생명의 떡 되시는 예수님을 발견해야 했습니다. 그 생명과 믿음 때문에 예수님을 찾았어야 했습니다. 따라서 예수님은 다음과 같이 말씀하셨습니다. "나는 생명의 떡이니 내게 오는 자는 결코 주리지 아니할 터이요 나를 믿는 자는 영원히 목마르지 아니하리라"(요 6:35)

구원자 되신 예수님을 통해 생명을 누릴 수 있습니다. 따라서 단순히 육신의 배부름이 아니라 생명을 구하며 예수님을 찾아야 합니다. 예수님을 믿는 믿음으로 예수님께 나아가야 합니다.

잠언 3장_지혜를 통해 누리는 생명

젊은이들에게 주는 교훈의 말씀입니다. 여호와의 명령을 마음을 다해 지켜야 한다는 말씀과 그 징계를 경히 여기지 말 것을 가르치고 있습니다. 또한 이웃에게 아낌없는 나눔의 삶을 살 것을 가르치고 있습니다. 무엇보다 지혜에 대해 이렇게 가르쳐주고 있습니다. "지혜는 그 얻은 자에게 생명 나무라 지혜를 가진 자는 복되도다"(잠 3:18) "내 아들아 완전한 지혜와 근신을 지키고 이것들이 네 눈 앞에서 떠나지 말게 하라 그리하면 그것이 네 영혼의 생명이 되며 네 목에 장식이 되리니"(잠 3:21~22) 지혜를 얻고 따르는 자에게 생명이 있다는 것입니다. 지혜가 이 땅에서 장수하게 할 뿐만 아니라(잠 3:16), 영혼의 생명이 된다는 것입니다. 따라서 은금과 진주보다 지혜가 나으며(잠 3:14~15), 재물과 소산물의 처음 열매로 지혜의 근본인 여호와를 공경하라고 말씀하고 있습니다(잠 3:9).

생명은 하나님께 있습니다. 따라서 지혜를 따라가면, 곧 그렇게 하나님을 경외하며 그 말씀 안에서 살아가면, 하나님을 통해 육신과 영혼의 생명을 누리고 뿐만 아니라 하나님이 주시는 참된 복을 누릴 수 있습니다.

갈라디아서 2장_복음을 통해 누리는 생명

베드로를 유대인의 사도로 삼으신 주님께서 바울 자신을 이방인의 사도로 삼으셨음을 주장하는 말씀과, 오직 믿음으로 말미암아 의롭게 된다는 진리를 바울이 붙잡게 된 배경을 전하고 있습니다. 곧 베드로는 안디옥에서 이방인들과의 식탁교제를 거부하지 않으며 믿음 안에서 그들과 하나 되었습니다. 그러나 야고보가 보낸 사람들이 안디옥에 오자, 그들을 두려워하여 이방인들과의 식탁교제를 거부하며 외식하였고, 안디옥교회를 이끌던 바나바까지도 베드로를 따라 그 외식에 유혹되고 말았습니다. 이에 바울은 베드로를 책망하며, 의롭게 되는 것은 오직 믿음으로 말미암는다는 복음을 분명하게 붙잡고 전하게 됐습니다.

"사람이 의롭게 되는 것은 율법의 행위로 말미암음이 아니요 오직 예수 그리스도를 믿음으로 말미암는 줄 알므로 우리도 그리스도 예수를 믿나니 이는 우리가 율법의 행위로써가 아니고 그리스도를 믿음으로써 의롭다 함을 얻으려 함이라 율법의 행위로써는 의롭다 함을 얻을 육체가 없느니라"(갈 2:16) 바울이 전하는 복음의 핵심입니다. 복음에 율법과 할례를 더해야 한다는 유대 기독교인들의 주장을 거부하며, 오직 예수 그리스도를 믿는 믿음으로 의롭게 되며 구원을 얻게 된다는 것입니다. 이 복음 외에 다른 복음도 없고, 이 복음에 그 어떤 율법적 행위도 넣을 수 없다는 것입니다.

오직 복음, 곧 예수 그리스도를 믿는 믿음이 우리를 의롭게 하고 또한 생명에 이르게 합니다. 따라서 오직 복음으로 생명을 누려야 합니다. 또한 바울처럼 타협 없이 복음을 전해 사람들로 생명에 이르게 해야 합니다.

---

1. 주님 안에 있는 생명을 바로 깨닫고 보게 하셔서, 육신의 필요를 채우고자 하는 욕심 때문이 아니라 그 안에 담긴 생명 때문에 주님을 찾고 따르게 하소서.
2. 은금이 아닌 지혜를 구하게 하시고 재물과 소산물의 처음 열매로 여호와를 경외하며 생명의 삶을 살게 하소서.
3. 타협하지 않고 오직 복음만을 붙들고 전함으로 생명을 누리며 나누게 하소서.

거룩한 옷

17 Mar

출애굽기 28장 | 요한복음 7장 | 잠언 4장 | 갈라디아서 3장

우리는 택하신 족속이요 왕 같은 제사장들로서 거룩한 옷을 입어야 합니다. 거룩한 옷을 입고 하나님 앞에 서야 합니다. 따라서 예수 그리스도를 믿음으로 의롭게 되어 그리스도로 옷 입어야 하고, 하나님을 경외하는 지혜의 삶으로 거룩함의 옷을 지켜가야 합니다.

출애굽기 28장_하나님 앞에서 입어야 하는 거룩한 옷

제사장의 옷에 관한 말씀입니다. 그 핵심은 거룩함에 있고, 옷을 통해 제사장의 특별한 지위와 임무를 나타내게 했습니다. 제사장의 옷에는 흉패, 에봇, 겉옷, 반포 속옷, 관, 띠 등이 포함되는데, 특히 관에는 금패로 '여호와께 성결'이라고 새기도록 하여 하나님의 거룩함을 모든 사람들이 보게 했습니다.

"네 형 아론을 위하여 거룩한 옷을 지어 영화롭고 아름답게 할지니 너는 무릇 마음에 지혜 있는 모든 자 곧 내가 지혜로운 영으로 채운 자들에게 말하여 아론의 옷을 지어 그를 거룩하게 하여 내게 제사장 직분을 행하게 하라"(출 28:2~3) 아론을 위해 거룩한 옷을 지으라는 하나님의 명령입니다. 하나님 앞에서 사역하기 위해 거룩한 옷을 입어야 한다는 것으로, 그 옷이 그를 거룩하게 하여 하나님 앞에서 제사장 직분을 행할 수 있게 한다는 것입니다. "아론과 그의 아들들이 회막에 들어갈 때에나 제단에 가까이 하여 거룩한 곳에서 섬길 때에 그것들을 입어야 죄를 짊어진 채 죽지 아니하리니 그와 그의 후손이 영원히 지킬 규례니라"(출 28:43) 아론뿐만 아니라 제사장으로 아론을 도와 사역할 아론의 아들들을 위해서도 거룩한 옷을 만들게 하셨습니다. 그런데 주목할 말씀이, 회막과 제단에서 사역 할 때 이 옷을 입어야 죄로 인해 죽지 않을 수 있다는 것입니다. 곧 거룩한 하나님 앞에서는 그 누구도 거룩하지 않으면 죽을 수밖에 없다는 것입니다. 따라서 하나님 앞에서 무엇보다 힘써야 하는 것이 거룩함이라는 것입니다.

옷은 그 사람의 신분과 지위와 하는 일 등을 드러내 주어 다른 사람과 구별되게 합니다. 하나님께서는 제사장의 옷을 만들어 입게 하심으로 그들이 하나님 앞에서 거룩한 일을 하는 자들임을 구별하게 하셨습니다. 뿐만 아니라 거룩한 하나님 앞에서 옷을 통하여 거룩하게 사역할 수 있게 하셨습니다. 성경은 우리가 왕 같은 제사장들이라고 말씀하고 있습니다. "그러나 너희는 택하신 족속이요 왕 같은 제사장들이요 거룩한 나라요 그의 소유가 된 백성이니..."(벧전 2:9) 따라서 우리도 거룩함의 옷을 입어야 합니다. 우리는 하나님의 제사장으로서 거룩함의 옷을 입고, 거룩함으로 하나님 앞에 서야 합니다.

요한복음 7장_예수를 통해 입을 수 있는 거룩한 옷

예수님으로 인해 일어난 쟁론과 예수님의 변호의 말씀입니다. 예수님께서 행하신 여러 놀라운 표적들로 인해 사람들 사이에서는 예수님이 좋은 사람이냐 아니냐에 대한 쟁론이 있었습니다. 대제사장들과 바리새인들은 예수님을 율법을 무시하고 범하는 자요, 자신들의 기득권을 해치는 자로 판단하고 잡고자 했습니다. 그 사이에서 예수님은 유대인들의 율법에 대한 그릇됨을 꼬집고 책망하며 당신에 대해 증언하셨습니다. "누구든지 목마르거든 내게로 와서 마시라 나를 믿는 자는 성경에 이름과 같이 그 배에서 생수의 강이 흘러나오리라"(요 7:37~38)고 말씀하시며, 예수님께 나아와 예수님을 믿어야 생명의 삶을 살 수 있음을 전하셨습니다. 그러나 사람들의 쟁론은 끝나지 않았습니다. 대제사장들과 바리새인들의 예수님을 잡고자 하는 공격도 멈추지 않았습니다(요 7:40~44).

멈추지 않는 쟁론과 반대를 대하며 안타까움을

보게 됩니다. 곧 우리의 생명은 예수님께 있습니다. 우리가 죄를 씻고 거룩하여 생명에 이르는 것은 예수님을 통해 옷 입을 때 가능합니다. 오직 예수님께서 우리의 구원자요 그리스도임을 믿는 믿음이 우리의 죄를 씻고 거룩하게 합니다. 예수님께서 우리를 구원하기 위해 지셨던 십자가가 우리의 죄를 깨끗하게 합니다. 따라서 쟁론과 반대가 아니라 예수님을 믿어야 합니다. 예수님을 믿고 예수님으로 옷을 입어야 합니다. 오직 예수의 거룩한 옷이 우리를 거룩하게 하여 생명에 이르게 합니다.

잠언 4장_지혜와 훈계를 통해 계속해서 입을 수 있는 거룩한 옷

계속된 훈계의 말씀입니다. 지혜를 얻고 명철을 얻으라는 것입니다. 그 지혜와 명철이 우리를 보호하고 지키며(잠 4:6), 우리에게 생명이 된다는 것입니다(잠 4:13). 또한 지혜를 따름으로 사악한 길을 떠나고 피할 것을 가르치고 있습니다. 마음을 지키고, 입에서 구부러지고 비뚤어진 말을 멀리하며, 그 눈으로 바로 보고 곧게 살피며, 그 발로 바른 걸음을 걷고 악에서 떠나게 하라는 것입니다.

무엇보다 지혜를 따를 때, 다음과 같은 유익이 있음을 가르치고 있습니다. "내가 지혜로운 길을 네게 가르쳤으며 정직한 길로 너를 인도하였은즉 다닐 때에 네 걸음이 곤고하지 아니하겠고 달려갈 때에 실족하지 아니하리라 훈계를 굳게 잡아 놓치지 말고 지키라 이것이 네 생명이니라"(잠 4:11~13) 지혜와 훈계를 따름으로 악한 길에 들어서지 않고 생명을 누릴 수 있다는 것입니다. 하나님의 말씀으로 훈계를 받고 하나님을 경외하는 지혜의 삶으로 우리의 믿음은 더욱 견고해지고 거룩함의 길에서 넘어지지 않을 수 있다는 것입니다. 곧 지혜와 훈계를 따르는 삶으로 우리는 그 입은 거룩한 옷을 벗지 않을 수 있습니다. 그 지혜와 훈계를 따르는 삶이 우리로 계속해서 거룩한 옷을 입고 지키게 합니다.

갈라디아서 3장_오직 믿음으로 입을 수 있는 거룩한 옷

바울이 갈라디아 교인들을 책망하고 있는 말씀입니다. 곧 그들은 이미 예수 그리스도를 믿음으로 구원에 이르고 성령을 통해 변화와 새롭게 하심의 은혜를 입었습니다. 그런데 어리석게 이 믿음에 율법을 더하여 율법의 행위를 통한 구원을 기대했습니다. 성령으로 시작하여 육체로 마치는 어리석은 길을 선택한 것입니다. 따라서 바울은 율법이 아닌 오직 믿음으로 의롭게 되며 따라서 믿음을 붙잡아야 함을 강력히 전했습니다(갈 3:11).

또한 바울은 하나님께서 미리 정하신 약속을 사백삼십 년 후에 생긴 율법이 폐기하거나 헛되게 하지 못함을 말하며, 율법은 그리스도께로 인도하는 초등교사로서, 이제 하나님의 약속 아래에서 예수 그리스도를 믿음으로 하나님의 아들이 된 지금, 우리는 율법 아래에 있지 않음을 가르치며 주장했습니다. 곧 우리는 율법이 아닌 믿음으로 세례를 받고 이미 그리스도로 옷 입었다는 것입니다(갈 3:26~27).

바울의 가르침 속에서 그리스도로 입는 옷, 곧 구원과 거룩함의 옷은 오직 믿음으로 가능하다는 사실을 놓치지 말아야 합니다. 오직 믿음을 통해 우리는 예수 그리스도로 옷 입게 되며, 죄에서 용서함을 받고, 의롭다 칭함을 받으며, 거룩함에 이를 수 있습니다.

오늘의 기도

1. 우리가 하나님의 택하신 족속이요 왕 같은 제사장임을 잊지 말고 힘써 거룩함의 옷을 입게 하소서.
2. 우리가 그리스도를 믿는 믿음과 세례로 그리스도와 하나 되고 그리스도로 옷 입었음을 기억하고 이에 부끄럽지 않은 삶을 살게 하소서.
3. 하나님을 경외하고 그 말씀을 따르는 지혜와 훈계의 삶으로 우리가 입은 옷을 더욱 거룩함으로 지켜가게 하소서.

자유

출애굽기 29장 | 요한복음 8장 | 잠언 5장 | 갈라디아서 4장

맥체인성경365_463p

예수 그리스도의 십자가와 용서의 사랑, 그리고 그를 믿음이 우리를 죄에서 자유케 합니다. 지혜와 지식의 훈계가 죄의 유혹에서 우리를 지키고 자유함을 지키게 합니다. 죄에서 자유한 우리는 택하신 족속이요 왕 같은 제사장으로서 십자가의 사랑으로 사람들을 죄에서 자유케 하는 사명을 감당해야 합니다.

출애굽기 29장_제사장의 거룩한 사역을 통해 누리는 자유

제사장 위임식에 대한 말씀입니다. 아론과 그의 아들들에게 제사장의 옷을 입히고, 속죄제, 번제, 화목제 등을 통해 제사장 위임식을 드리게 하신 말씀입니다. "아론과 그의 아들들에게 띠를 띠우며 관을 씌워 그들에게 제사장의 직분을 맡겨 영원한 규례가 되게 하라 너는 이같이 아론과 그의 아들들에게 위임하여 거룩하게 할지니라"(출 29:9)

이렇게 제사장으로 세워진 이들이 해야 하는 가장 중요한 사역은 제사를 통해 백성들의 죄를 사하고, 그 죄로부터 자유롭게 하는 일이었습니다. 아론과 그 아들들이 집례하는 속죄의 제사를 통해 백성들은 하나님으로부터 죄를 용서받고 죄에서 자유하게 되어 하나님과 화목함의 관계를 이어갈 수 있었습니다. 따라서 거룩함이 중요했습니다. 거룩하신 하나님을 만나고 그 하나님 앞에 서서 해야 하는 일이기에, 아론과 그 아들들을 제사장으로 세우는 위임식에서 무엇보다 중요하게 여겼던 것이 거룩함이었습니다. 곧 아론과 그 아들들은 무엇보다 먼저 속죄제를 통해 죄를 씻고 하나님 앞에 거룩하게 서야 했습니다(출 29:14).

이제는 우리가 하나님의 택하신 족속이요 왕 같은 제사장으로서(벧전 2:9), 맡겨진 사역을 통해 세상의 사람들을 죄에서 자유하게 해야 합니다. 예수 그리스도의 십자가의 대속을 전해 그들이 이를 통해 죄를 용서 받고 하나님과 화목함을 누릴 수 있게 해야 합니다. 따라서 우리도 거룩함에 힘써야 합니다. 먼저 예수 그리스도의 보혈로 죄를 용서받고 거룩하게 서야 합니다. 그리고 거룩함 속에서 세상을 향해 제사장의 사역을 감당해야 합니다.

요한복음 8장_예수 그리스의 용서의 사랑을 통해 누리는 자유

간음한 여인을 용서하신 말씀과 예수님께서 유대인들과 논쟁하며 그 자신을 증언하신 말씀입니다. 예수님은 세상의 빛이 되심을 증언하셨고, 예수님을 믿으며 그 안에서 진리를 깨달으면 이를 통해 자유할 수 있음을 가르치셨습니다. "그러므로 예수께서 자기를 믿은 유대인들에게 이르시되 너희가 내 말에 거하면 참으로 내 제자가 되고 진리를 알지니 진리가 너희를 자유롭게 하리라"(요 8:31~32) "그러므로 아들이 너희를 자유롭게 하면 너희가 참으로 자유로우리라"(요 8:36)

자유에 대한 구체적인 사례는 간음하다 현장에서 붙잡힌 여인을 통해서 생각해볼 수 있습니다. 예수님은 사랑으로 그 여인을 용서하셨습니다. 율법을 내밀며 어떻게 처리할지를 묻는 사람들에게, "너희 중에 죄 없는 자가 먼저 돌로 치라"(요 8:7)고 말씀하심으로 오히려 그 자신들의 죄를 먼저 돌아보게 하셨습니다. 그리고 죄가 없어 유일하게 그 여인을 정죄하실 수 있는 예수님께서 여인을 용서하심으로 죄의 심판으로부터 자유하게 하셨습니다(요 8:10~11).

오직 예수님의 십자가의 사랑과 그 사랑으로 인한 용서가 우리를 죄에서 자유하게 합니다. 이 용서의 사랑 없이는 그 누구도 죄에서 자유할 수 없습니다. 따라서 그 사랑과 용서의 은혜를 구하며, 길이요 진리요 생명이 되신 예수 그리스도를 바로 알고 믿어야 합니다.

잠언 5장_지혜의 훈계를 따름으로 누리는 자유

음녀를 조심하고 그 유혹에 넘어지지 말아야 함을

교훈하는 말씀입니다. 음녀의 유혹이 당장은 꿀처럼 달콤하지만 결국에는 써서 심판과 멸망에 이르게 한다는 것입니다(잠 5:3~5). 훈계를 따르지 않음으로 마지막에 이르러 크게 후회하게 된다는 것입니다(잠 5:11~14). 따라서 지혜와 명철에 귀 기울이고, 근신과 지식을 지켜야 함을 강조하고 있습니다. "내 아들아 내 지혜에 주의하며 내 명철에 네 귀를 기울여서 근신을 지키며 네 입술로 지식을 지키도록 하라"(잠 5:1~2)

바른 훈계를 따르지 못하고 죄악의 달콤한 유혹에 넘어지면 그 죄의 속박에 묶이게 됩니다. 그러나 지혜와 지식의 훈계를 따르고, 악을 멀리하여 하나님을 경외하며 말씀 안에서 살아가면 죄에서 자유할 수 있습니다. 하나님을 경외하며 지킨 지혜의 말씀이 우리를 생명으로 이끌고 자유하게 합니다.

갈라디아서 4장_그리스도를 믿음으로 누리는 자유
우리가 하나님의 아들로서 유업을 받을 자임을 전하고 있습니다. 예수 그리스도를 통해 율법 아래에서 속량함, 곧 자유함을 얻었고, 하나님의 아들이 되었다는 것입니다. 더 이상 종이 아니며, 하나님께서 보내주신 아들의 영으로 우리가 하나님을 아버지로 부르게 하셨다는 것입니다. "너희가 아들이므로 하나님이 그 아들의 영을 우리 마음 가운데 보내사 아빠 아버지라 부르게 하셨느니라 그러므로 네가 이 후로는 종이 아니요 아들이니 아들이면 하나님으로 말미암아 유업을 받을 자니라"(갈 4:6~7)

바울의 이와 같은 가르침은 갈라디아 교인들의 어리석은 선택 때문입니다. 율법에서 자유함을 누리고 하나님의 자녀가 된 사실을 잊고, 다시 율법의 종이 되는 길을 선택하여 바울의 복음의 수고를 헛되이 만들어가고 있었기 때문입니다. 따라서 바울은 육체를 따라 여종이 낳은 아들과 약속을 따라 자유 있는 여자가 낳은 아들, 곧 하갈이 낳은 아들과 사라가 낳은 아들을 비유로 설명하며 우리는 유업이 없고 종노릇하는 여종의 자녀가 아니라, 유업이 있는 자유 있는 여자의 자녀임을 전했습니다.

율법 아래에서는 결코 자유를 누릴 수 없습니다. 율법에서 우리를 자유케 하기 위해 이 땅에 오신 예수 그리스도를 믿는 믿음만이 오직 우리를 자유케 합니다.

향기

출애굽기 30장 | 요한복음 9장 | 잠언 6장 | 갈라디아서 5장

맥체인성경365_470p

하나님의 성령이 거하는 성전 된 우리는 아름다운 향기를 끊임없이 내야 합니다. 거룩하신 하나님을 따라 거룩함의 향기, 예수님을 구주로 믿고 따르는 믿음의 향기, 하나님을 기쁘시게 하는 기쁨의 향기, 그리고 성령의 열매를 통한 성령의 향기를 내야 합니다.

출애굽기 30장_거룩한 향기

분향단, 이스라엘 자손이 내야 하는 속전, 물두멍, 관유와 향에 대한 말씀을 기록하고 있습니다. 분향단에 대한 말씀에 주목하면, 하나님은 분향단을 만들어 성소에 두고 대제사장 아론이 아침과 저녁으로 끊임없이 향을 사를 것을 명령하셨습니다. 곧 아름다운 향이 하나님의 성소에서 끊이지 않아야 한다는 것입니다. "아론이 아침마다 그 위에 향기로운 향을 사르되 등불을 손질할 때에 사를지며 또 저녁 때 등불을 켤 때에 사를지니 이 향은 너희가 대대로 여호와 앞에 끊지 못할지며"(출 30:7~8)

그런데 또한 하나님은 분향단에 다른 향을 사르지 말라고 명령하셨고(출 30:9), 그 사르는 향도 하나님께서 가르쳐주신 대로 만들어 거룩한 향으로 오직 하나님의 성소에서만 사용되어야 한다고 말씀하셨습니다. 냄새를 즐기려고 사적으로 향을 만들어 사용하면 그 백성 중에서 끊어질 것이라고 경고하셨습니다(출 30 34~38). 결국 이것은 그 향이 하나님의 성소에서 거룩하게 사용돼야 함을 말씀하신 것입니다. 따라서 하나님의 명령대로 향을 만들어야 하고, 다른 향을 사르지 말아야 함을 강조하신 것입니다. 다시 말해 하나님의 성소에서 거룩한 향기가 나야 한다는 것입니다.

성경은 우리가 하나님의 성령이 거하시는 성전임을 말씀하고 있습니다(고전 3:16). 따라서 하나님의 성전 된 우리도 아침저녁으로 아름다운 향기를 내야 합니다. 악취가 아니라 거룩한 향기를 내야 하고, 또한 이 거룩한 향기가 끊어지지 않아야 합니다.

요한복음 9장_믿음의 향기

예수님께서 나면서부터 앞을 보지 못한 사람을 치유하신 말씀과 이로 인해 벌어진 논쟁을 기록하고 있습니다. 곧 예수님께서는 나면서부터 앞을 보지 못한 사람을 치료하여 보게 하심으로 예수님께서 세상에 빛이 되심을 나타내 주셨습니다. 그러나 유대인들은 예수님께서 나타내신 표적을 보고도 예수님을 믿지 못하고 오히려 안식일을 범한 죄인이라고 논쟁했고, 뿐만 아니라 치료 받은 그가 시각장애인으로 있다가 보게 된 것도 믿으려 하지 않았습니다(요 9:18). 예수님은 이런 유대인들의 불신에 그들이 진정 보지 못하는 시각장애인이라고 책망하셨습니다. 세상의 빛으로 하나님께로부터 오신 예수님을 바르게 눈을 떠서 보고, 또한 믿음으로 심판이 아닌 생명에 이르러야 하는데, 그들은 그렇게 하지 못하고 있다는 것입니다. 따라서 예수님은 치유하신 그를 다시 만나 "네가 인자(하나님의 아들)를 믿느냐"라고(요 9:35) 물으심으로 믿음이 중요함을 말씀하셨습니다. 그리고 처음 바리새인들이 묻는 질문에 예수님을 막연히 선지자라고 대답했던 그는 예수님을 다시 만난 자리에서 확실히 예수님을 보았고 "주여 내가 믿나이다"(요 9:38)라고 그의 믿음을 고백했습니다.

결국 이 모든 사건과 예수님의 가르침을 대하면서 우리가 힘써 내야 할 향기가 믿음의 향기임을 깨닫게 됩니다. 어리석게 영적 시각장애인이 되어 빛 되신 예수님을 보지 못하는 것이 아니라, 바르게 눈을 떠서 빛 되신 예수님을 만나고 바르게 믿음의 고백을 해야 합니다.

잠언 6장_기쁨의 향기

보증과 게으름과 거짓, 그리고 간음에 대해 경고하고 있는 말씀입니다. 특별히 하나님께서 미워하시는 것에 대한 가르침을 주고 있습니다. "여호와께서 미워하시는 것 곧 그의 마음에 싫어하시는 것이 예닐곱 가지이니 곧 교만한 눈과 거짓된 혀와 무죄한 자의 피를 흘리는 손과 악한 계교를 꾀하는 마음과 빨리 악으로 달려가는 발과 거짓을 말하는 망령된 증인과 및 형제 사이를 이간하는 자이니라"(잠 6:16~19)

하나님께서 불의와 죄악과 교만함 등을 미워하심을 말씀하고 있는데, 이 말씀을 대하며 우리가 하나님 앞에서 하나님께서 기뻐하시는 일을 따라가야 한다는 사실을 깨닫게 됩니다. 교만함이 아니라 겸손함을 보이고, 거짓과 불의와 악한 계교가 아닌 진실과 의와 거룩함을 따라서 하나님을 기쁘시게 해야 합니다. 그렇게 하나님께서 기뻐하시는 기쁨의 향기를 내야 합니다.

갈라디아서 5장_성령의 향기

율법 아래에서의 종이 아닌 그리스도 안에서의 자유함을 택해야 한다는 것과, 육체의 일을 버리고 성령 안에서 살아야 할 삶에 대해 가르치고 있습니다. 곧 육체의 일은 음행, 더러운 것, 호색, 우상 숭배, 주술, 원수 맺는 것, 분쟁, 시기, 분냄, 당 짓는 것, 분열함, 이단, 투기, 술 취함, 방탕함과 그와 같은 것들이라는 것입니다. 이 일을 행하는 하는 자들은 하나님의 나라를 유업으로 받지 못한다는 것입니다(갈 5:19~21). 따라서 우리 믿음의 사람들은 이런 육체의 일을 버리고 성령을 따라 행함으로 성령의 열매를 맺어야 함을 가르치고 있습니다. "오직 성령의 열매는 사랑과 희락과 화평과 오래 참음과 자비와 양선과 충성과 온유와 절제니 이같은 것을 금지할 법이 없느니라"(갈 5:22~23)

결국 이 말씀을 대하며, 우리가 성령을 따라 성령의 열매를 맺어야 하고, 또한 그럼으로 성령의 향기를 내야 함을 깨닫게 됩니다. 육체의 더러운 냄새를 지우고, 우리의 삶에 성령이 함께하심을 그 아름다운 향기로 나타내야 합니다.

오늘의 기도

1. 우리의 몸이 하나님의 성령이 거하시는 성전이 됨을 기억하고 거룩함과 믿음으로 아름다운 향기를 끊임없이 내게 하소서.
2. 하나님께서 미워하시는 교만과 거짓과 불의와 죄악을 버리고 겸손과 진실과 의와 거룩함을 따라서 하나님께서 기뻐하시는 삶을 살게 하소서.
3. 육체의 욕심을 깨뜨리고 성령을 따라 성령의 열매를 맺으며 살게 하소서.

그 결과

출애굽기 31장 | 요한복음 10장 | 잠언 7장 | 갈라디아서 6장

맥체인성경365_476p

죄의 유혹과 육체의 욕심을 때를 때, 그 결과는 심판과 멸망입니다. 그러나 선한 목자 되신 예수님의 부르심을 따르며, 성령을 따라 사명으로 살아갈 때, 그 결과는 영생과 기쁨입니다. 따라서 죄의 부름은 단호히 거절하고 주님과 성령님의 부름을 따라 살아야 합니다.

출애굽기 31장_하나님의 부르심을 따른 결과

성막 제작을 위해 브살렐과 오홀리압을 지명하여 세우라는 말씀과 안식일을 거룩하게 지키라는 말씀입니다. 곧 성막 제작과 안식일을 지키는 것은 불가분의 관계입니다. 성막을 제작해도 거기서 하나님과 교제하며 예배하지 아니하면 성막이 존재하는 가치를 잃게 됩니다. 안식을 거룩히 지켜 성막에서 하나님을 만나고 교제하는 예배가 끊임없이 있어야 합니다. 반대로 안식일을 거룩히 지켜 예배하고자 해도, 하나님을 예배할 성막이 준비되어 있지 않다면 안식을 거룩히 지키는데 막막할 수밖에 없습니다. 따라서 성막제작에 대한 말씀에 이어 안식일을 거룩히 지키라는 말씀을 주신 것이 의미가 있습니다.

성막을 제작하기 위해 브살렐과 오홀리압을 지명하셨는데, 주목할 것은 하나님께서 그 영을 충만하게 하시며 그 지혜를 주신다는 것입니다. 다시 말해 성막을 만드는 사명을 능히 감당할 수 있도록 하나님께서 도우신다는 것입니다. "내가 유다 지파 훌의 손자요 우리의 아들인 브살렐을 지명하여 부르고 하나님의 영을 그에게 충만하게 하여 지혜와 총명과 지식과 여러 가지 재주로 정교한 일을 연구하여 금과 은과 놋으로 만들게 하며 보석을 깎아 물리며 여러 가지 기술로 나무를 새겨 만들게 하리라"(출 31:2~5) 뿐만 아니라 하나님은 지혜로운 마음이 있는 사람들을 세워 성막을 만드는 일을 돕도록 하시겠다고 말씀하고 있습니다. "내가 또 단 지파 아히사막의 아들 오홀리압을 세워 그와 함께 하게 하며 지혜로운 마음이 있는 모든 자에게 내가 지혜를 주어 그들이 내가 네게 명령한 것을 다 만들게 할지니"(출 31:6)

결국 이 말씀은 하나님의 사명의 부르심에 못 한다고 거절하지 않고 순종하여 따라가면, 하나님께서 사명을 감당할 능력도 주시고, 도울 동역자도 보내주신다는 사실을 가르쳐줍니다. 그럼으로 그 사명을 아름답게 완수할 수 있도록 이끄신다는 것입니다. 따라서 힘써 하나님의 부르심에 순종하여 따라야 합니다. 어리석게 감당할 능력이 없다고 하나님의 부르심을 거절하거나 피하지 않아야 합니다. 기쁨으로 순종하며 따를 때, 하나님의 도우시는 은혜도 누리고, 사명 완수의 감격과 기쁨도 경험할 수 있습니다.

요한복음 10장_선한 목자의 부름을 따른 결과

예수님께서 양의 문이 되시며 선한 목자가 되신다는 선언과 이로 인해 발생한 분쟁을 기록하고 있는 말씀입니다. 곧 예수님은 선한 목자 되신 당신을 따라야 함을 가르치셨습니다. 이를 위해 강도와 선한 목자 되신 예수님을 대조하여 전하고 있는데, 예수님이 아닌 먼저 온 모든 자들은 절도요 강도이고, 그들을 따른 결과는 죽음과 멸망이라는 것입니다. 그러나 선한 목자로서 양의 문이 되신 예수님의 음성을 듣고 따를 때에 꼴을 얻고 구원과 생명을 풍성히 얻게 됨을 말씀하셨습니다. "나보다 먼저 온 자는 다 절도요 강도니 양들이 듣지 아니하였느니라 내가 문이니 누구든지 나로 말미암아 들어가면 구원을 받고 또는 들어가며 나오며 꼴을 얻으리라 도둑이 오는 것은 도둑질하고 죽이고 멸망시키려는 것뿐이요 내가 온 것은 양으로 생명을 얻게 하고 더 풍성히 얻게 하려는 것이라"(요 10:8~10) 무엇보다 예수님은 양으로 예수님의 음성을 듣고 따르는 자들에게 영생이 주어짐을 말씀하셨습니다. "내 양은 내 음성을 들으며 나는 그들을 알며 그들은 나를 따르느니라 내가 그들에게 영생을 주노니 영원히 멸망하지 아니할 것이요 또 그들을 내 손에서 빼앗을 자가 없느니라"(요 10:27~28)

우리가 누구의 음성을 듣고 누구를 따라야 하는가? 오늘 말씀은 그 선택을 분명히 가르쳐주고 있습니다. 절도요 강도로서 멸망에 이르게 하는 거짓된 음성과 부름에는 귀를 막고, 오직 예수님의 음성에 귀를 기울여야 합니다. 오직 예수님을 믿음으로 따라야 합니다. 예수님의 양이 되어 예수님의 음성을 분별하고 따라야 합니다.

잠언 7장_음녀의 부름을 따른 결과

거듭되는 경고의 말씀으로, 음녀의 길로 치우치지 말고 그 길에 미혹되지 말아야 함을 교훈하고 있습니다. 음녀의 부름, 곧 그 유혹에 넘어진 어리석은 젊은이가 맞이하는 결과는 파멸이며 비참한 죽음이라는 것입니다. 이것은 마치 도수장으로 끌려가는 소와 같고, 미련한 자가 쇠사슬에 매이러 가는 것과 같으며, 또 그물에 빠르게 들어가는 새와도 같다는 것입니다. "젊은이가 곧 그를 따랐으니 소가 도수장으로 가는 것 같고 미련한 자가 벌을 받으려고 쇠사슬에 매이러 가는 것과 같도다 필경은 화살이 그 간을 뚫게 되리라 새가 빨리 그물로 들어가되 그의 생명을 잃어버릴 줄을 알지 못함과 같으니라"(잠 7:22~23)

음녀의 부름, 곧 죄의 유혹을 이겨야 합니다. 처음부터 철저히 차단하고, '이쯤은 괜찮지'라는 안일한 생각을 버려야 합니다. 악은 어떤 모양이라도 버리는 철저함이 필요합니다(살전 5:22). 곧 어리석은 젊은이가 음녀의 유혹에 넘어진 시작이 그 발걸음을 음녀의 집쪽으로 향한 것에 있습니다(잠 7:8). 그곳이 음녀의 집이라면 근처도 가지 말아야 합니다. 그렇게 철저해야 죄의 유혹에서 이길 수 있습니다.

갈라디아서 6장_성령의 부름을 따른 결과

성령 안에서의 삶을 전하고 있습니다. 형제애를 가지고 범죄한 일에 대해 온유함으로 바로 잡아주며, 무거운 짐을 서로 지는 삶을 살아야 한다는 것입니다. 서로 속이지 말고 선을 행하며, 낙심하지 말고 착한 일에 힘써야 한다는 것입니다. 그리고 이처럼 성령 안에서 성령을 따라 살아갈 때, 결국에는 영생을 거두게 됨을 말씀하고 있습니다. 곧 육체에다 심는 사람은 썩을 것을 거두지만, 성령에다 심는 사람은 성령을 통해 영생을 거두게 된다는 것입니다. "자기의 육체를 위하여 심는 자는 육체로부터 썩어질 것을 거두고 성령을 위하여 심는 자는 성령으로부터 영생을 거두리라"(갈 6:8)

우리 안에 끊임없이 일어나는 육체의 욕심을 이기고 성령께서 이끄시는 대로 순종하여 따라가야 합니다. 그렇게 성령의 부르심을 따라 살아감으로 심판이 아닌 영생이라는 결과를 받고 누려야 합니다.

오늘의 기도

1. 선한 목자 되신 주님의 부름을 바로 분별하여 따르게 하시고, 주님께서 주시는 꼴과 구원과 생명을 풍성히 얻게 하소서.
2. 죄의 유혹과 육체의 욕심을 이기고 성령을 따라 성령을 위해 심게 하셔서 성령으로부터 영생을 거두게 하소서.
3. 사명을 위한 하나님의 부르심에 기쁨으로 순종하여 따르게 하시고, 능히 감당할 수 있는 하나님의 영도 충만히 받게 하시며, 하나님께서 붙여주시는 도움의 손길도 경험하게 하소서.

예수를 통한 축복

맥체인성경365_480p

출애굽기 32장 | 요한복음 11장 | 잠언 8장 | 에베소서 1장

부활이요 생명이 되신 예수 그리스도를 통해 생명과 하늘에 속한 모든 신령한 축복을 누릴 수 있습니다. 예수 그리스도의 중보의 기도는 용서와 회복의 축복을 누리게 하고, 예수 그리스도를 선택하는 삶은 참되고 영원한 재물의 축복을 누리게 합니다. 따라서 은금과 진주가 아닌 지혜 되신 예수님을 선택하며 믿고 따라야 합니다.

출애굽기 32장_모세의 중보로 누린 용서의 은혜와 축복

백성들의 우상숭배의 범죄와 용서를 구하는 모세의 중보기도를 기록한 말씀입니다. 곧 모세가 시내산에서 하나님의 계명을 받는 사이, 이스라엘 백성들이 타락하여 금송아지 우상을 만들고, 그것을 예배하며 범죄했습니다. 이로 인해 하나님의 진멸의 심판에 직면할 수밖에 없었습니다. 그러나 모세가 생명을 걸고 기도하여 용서하시는 하나님의 은혜를 누릴 수 있었습니다. "여호와께서 뜻을 돌이키사 말씀하신 화를 그 백성에게 내리지 아니하시니라"(출 32:14) 곧 하나님의 공의에 의하면 백성들 중 그 누구도 생명을 부지할 수 없었습니다. "그런즉 내가 하는 대로 두라 내가 그들에게 진노하여 그들을 진멸하고 너를 큰 나라가 되게 하리라"(출 32:10) 따라서 모세는 백성들의 생명을 구하기 위해 하나님의 사랑에 호소하여 간구해야 했습니다. 곧 "내가 하는 대로 두라"는 하나님의 말씀은 그대로 두면 결코 안 된다는 역설의 말씀이었습니다. 하나님의 용서의 사랑에 호소하여 기도해야 한다는 것으로, 모세는 생명을 걸고 기도하여 백성들을 살릴 수 있었습니다. 하나님께서 모세의 기도를 들으시고 그 뜻을 돌이켜 그 화를 백성에게 내리지 않으셨습니다.

모세의 생명을 건 중보기도가 은혜가 되고 감동이 됩니다. 모세는 백성들을 사랑하여 자신의 이름을 주의 기록하신 책에서 지울지언정 백성들은 용서해 달라고 기도했습니다. "모세가 여호와께로 다시 나아가 여짜오되 슬프도소이다 이 백성이 자기들을 위하여 금 신을 만들었사오니 큰 죄를 범하였

나이다 그러나 이제 그들의 죄를 사하시옵소서 그렇지 아니하시오면 원하건대 주께서 기록하신 책에서 내 이름을 지워 버려 주옵소서"(출 32:31~22) 그런데 이 기도는 예수 그리스도의 중보기도를 생각하게 합니다. 예수님께서도 십자가에서 피 흘려 죽으시면서도 당신을 십자가에 못 박은 사람들의 죄의 용서와 구원을 위해 기도했습니다. 그리고 지금도 우리의 죄의 용서와 구원을 위해 하나님 앞에서 끊임없이 기도하고 계십니다. 바로 이 중보기도를 통해 우리가 죄를 용서 받고 생명을 얻었습니다. 이 용서의 은혜와 생명이 무엇과도 비교할 수 없는 축복입니다. 모세의 중보기도로 이스라엘 백성들이 용서를 받고 생명을 얻는 축복을 누렸듯, 오늘 우리가 예수님의 중보기도를 통해 생명과 용서의 축복을 누리고 있습니다.

요한복음 11장_예수를 통해 누리는 생명의 축복

예수님께서 죽은 나사로를 살리신 말씀과 대제사장들과 바리새인들이 예수님을 죽이고자 모의한 말씀입니다. 곧 이미 죽어 무덤에 나흘이나 있었던 나사로를 예수님께서 살리셨고, 이를 통해 예수님께서 부활이요 생명이 되심을 보이셨습니다.

"예수께서 이르시되 나는 부활이요 생명이니 나를 믿는 자는 죽어도 살겠고 무릇 살아서 나를 믿는 자는 영원히 죽지 아니하리니 이것을 네가 믿느냐"(요 11:25~26) 슬픔 중에 있는 마르다에게 예수님께서 하신 말씀입니다. 예수님은 부활과 생명이 되시고, 따라서 예수님을 통해 생명의 은혜를 누릴 수 있다는 것입니다. 이 생명은 막연한 바람이나 먼 미래의 일이 아니라, 확실한 소망이며 지금 누

릴 수 있다는 것입니다.

예수님은 이 말씀과 더불어 죽은 나사로를 무덤에서 살리심으로, 이 사실을 증명해 보여주셨습니다. 따라서 중요한 것이 믿음입니다. "이것을 네가 믿느냐"고 예수님은 물으셨는데, 부활이요 생명이 되신 예수님을 통해 죽어도 살고, 영원히 죽지 아니하는 생명의 축복은 예수님을 믿는 믿음을 통해서 주어진다는 것입니다. 어떤 절망과 슬픔의 상황에서도 예수님을 믿는 그 믿음을 포기하지 않으면, 믿음을 통해 예수님께서 주시는 생명의 축복을 누릴 수 있습니다.

잠언 8장_지혜를 통해 누리는 재물과 생명의 축복

지혜의 초대입니다. 잠언 7장에 나오는 음란한 여인과 대조를 이루어 지혜의 부름을 전하고 있습니다. 곧 어리석게 음란한 여인의 부름을 따라가 멸망에 이를 것이 아니라, 지혜의 부름에 응답하라는 것입니다. 그러면 지혜를 통해 참된 재물의 축복을 누리게 된다는 것입니다. 지혜의 열매와 소득은 정금과 순은보다 낫다는 것입니다(잠 8:18~21). 지혜를 얻는 자에게 생명과 여호와의 은총이 있다는 것입니다. "누구든지 내게 들으며 날마다 내 문 곁에서 기다리며 문설주 옆에서 기다리는 자는 복이 있나니 대저 나를 얻는 자는 생명을 얻고 여호와께 은총을 얻을 것임이니라"(잠 8:34~35)

많은 사람들이 지혜가 아니라 당장의 재물을 구하고 선택합니다. 그러나 참된 재물을 얻는 길은 바로 지혜에 있습니다. 지혜를 통해 참되고 영원한 재물의 축복을 누릴 수 있습니다. 생명과 여호와의 은혜도 지혜에 있어 지혜를 따를 때에 영원한 생명의 은혜도 누릴 수 있습니다. 그런데 성경은 이 지혜가 태초부터 하나님과 함께하여 창조의 사역을

행했음을 말씀하고 있습니다(잠 8:22~31). 곧 이 지혜가 예수 그리스도라는 사실을 알 수 있는데, 결국 예수를 선택함이 참된 재물과 부귀의 축복, 그리고 생명의 은혜를 누리는 길이 됩니다.

에베소서 1장_그리스도를 통해 누리는 신령한 축복

하늘에 속한 신령한 축복을 전하고 있습니다. 곧 하나님의 풍성한 은혜로 죄 사함을 받고 거룩하고 흠 없게 되었으며, 하나님의 아들이 되고 기업이 되었다는 것입니다. 따라서 바울은 하나님을 찬양하고 있고, 또 우리가 힘써 하나님을 찬양해야 함을 가르치고 있습니다. "찬송하리로다 하나님 곧 우리 주 예수 그리스도의 아버지께서 그리스도 안에서 하늘에 속한 모든 신령한 복을 우리에게 주시되"(엡 1:3) "이는 그가 사랑하시는 자 안에서 우리에게 거저 주시는 바 그의 은혜의 영광을 찬송하게 하려는 것이라"(엡 1:6)

바울이 무엇보다 강조하고 있는 것이, 하늘에 속한 모든 신령한 복이 바로 예수 그리스도 안에서 주어졌다는 것입니다. 창세 전에 택하심도 그리스도 안에서 택하시고(엡 1:4), 하나님의 아들 되게 하시는 것도 그리스도로 말미암아 하셨다는 것입니다(엡 1:5). 우리의 죄 사함과 구원도 그리스도 안에서 주어졌다는 것입니다. "우리는 그리스도 안에서 그의 은혜의 풍성함을 따라 그의 피로 말미암아 속량 곧 죄 사함을 받았느니라"(엡 1:7)

결국 이 말씀은 우리가 힘써 예수님을 구하고 예수님 안에 거해야 함을 가르쳐줍니다. 하늘에 속한 신령한 축복은 오직 예수님을 통해 예수님 안에서 누릴 수 있음을 잊지 말고 예수님을 믿는 믿음에서 떠나지 않아야 한다는 것입니다.

1. 부활이요 생명이 되신 예수 그리스도를 믿음으로 생명의 축복과, 중보자 되신 예수 그리스도의 은혜로 용서와 회복의 축복을 누리게 하소서.
2. 은금이 아닌 지혜 되신 예수를 선택하고 따르게 하셔서 정금보다 나은 열매와 참되고 영원한 재물의 축복을 누리게 하소서.
3. 예수 그리스도 안에서 죄 사함의 은혜도 누리고 하나님의 아들 되는 신령한 복도 누리게 하소서.

그 은혜로

맥체인성경365_487p

출애굽기 33장 | 요한복음 12장 | 잠언 9장 | 에베소서 2장

오직 하나님의 은혜로 우리는 구원을 누리고, 또한 그 은혜로 하나님의 동행의 축복을 누립니다. 그 은혜에 마땅히 하나님을 경외하고 헌신하며 살아야 합니다.

출애굽기 33장_그 은혜로 인한 동행

하나님의 동행을 간절히 구하는 모세의 기도입니다. 곧 하나님은 백성들의 교만으로 인해 그들과 동행하지 않는 것이 좋겠다고 말씀하셨습니다. 그들의 교만이 결국 하나님의 심판으로 이어질 것을 염려하신 것입니다. 이에 모세는 하나님의 은혜와 약속을 붙들고 하나님의 동행을 간절히 구했습니다. 하나님께서 친히 동행하지 않으시면 우리도 가지 않게 해 달라고 결연함으로 기도했습니다. 그리고 결국 하나님의 동행의 약속을 받았습니다. 하나님께서는 모세의 기도에 응답하여 동행을 약속하셨습니다. 그 백성들의 교만과 죄에도 불구하고 은총을 베풀어 함께하심을 약속하셨습니다. "여호와께서 이르시되 내가 친히 가리라 내가 너를 쉬게 하리라 모세가 여호와께 아뢰되 주께서 친히 가지 아니하시려거든 우리를 이 곳에서 올려 보내지 마옵소서 나와 주의 백성이 주의 목전에 은총 입은 줄을 무엇으로 알리이까 주께서 우리와 함께 행하심으로 나와 주의 백성을 천하 만민 중에 구별하심이 아니니이까 여호와께서 모세에게 이르시되 네가 말하는 이 일도 내가 하리니 너는 내 목전에 은총을 입었고 내가 이름으로도 너를 앎이니라"(출 33:14~17)

사실 하나님께서는 동행은 거부하셨지만 성공은 약속하셨습니다. 사자를 앞서 보내어 가나안 족속들을 쫓아내고, 그 땅을 백성들이 차지할 수 있게 하시겠다고 약속하셨습니다. 그러나 하나님 없이 누리는 성공이 무슨 의미가 있습니까? 성공보다 중요한 것이 하나님과 함께하는 삶이 아니겠습니까? 하나님 없이 젖과 꿀이 흐르는 땅을 차지하고 큰 축복을 누린다고 한들 헛될 뿐입니다. 따라서 모세는 성공이 아닌 동행을 구하였고, 하나님은 그 기도에 응답하여 동행을 약속하셨습니다. 오늘 우리가 구할 것도 하나님의 동행입니다. 불의한 우리들이지만 그 은혜로 우리와 동행해 주시기를 구해야 합니다.

요한복음 12장_그 은혜로 인한 헌신

베다니에서 마리아가 예수님께 향유를 부은 것, 예수님께서 나귀를 타고 예루살렘에 입성하신 것, 예수님께서 영광 받으실 것을 말씀하신 것, 많은 표적들에도 불구하고 무리들이 예수님을 믿지 않은 것 등을 기록하고 있습니다. 여기서 예수님의 헌신과 이에 대한 마리아의 헌신 그리고 무리들의 불신을 비교하여 볼 수 있습니다. 곧 예수님은 그 은혜로 우리 모든 사람들을 살리는 구속의 사역을 위해 예루살렘에 입성하셨습니다. 한 알의 밀로 떨어져 죽어 많은 열매를 맺기 위한 헌신의 삶을 실천하셨습니다(요 12:24). 하나님의 영광을 위한 삶, 곧 모든 인류를 구원하기 위한 삶을 위해 고통과 괴로움 중에서도 기도하며 그 길을 걸어가셨습니다. 그러나 많은 무리들이 보였던 반응은 불신이었습니다. 사람의 영광을 하나님의 영광보다 더 사랑했습니다(요 12:42). 반면 마리아는 예수님의 헌신에 모범적으로 반응했습니다. 그 사랑과 헌신에 감사와 믿음으로 헌신했습니다. 예수님의 발에 삼백 데나리온이나 하는 값진 향유를 아낌없이 부어 드림으로 예수님의 헌신의 은혜에 믿음과 헌신의 모습을 보였습니다. "마리아는 지극히 비싼 향유 곧 순전한 나드 한 근을 가져다가 예수의 발에 붓고 자기 머리털로 그의 발을 닦으니 향유 냄새가 집에 가득하더라"(요 12:3)

마리아의 이런 헌신은 주님의 놀라운 은혜에 우리가 어떻게 반응하며 어떻게 살아야 하는지 보여주고 있습니다. 곧 그 은혜에 우리도 헌신하며 살아야 합니다. 예수님께서 헌신으로 이루신 구원을 믿음으로 얻고 누릴 뿐만 아니라, 감사함으로 힘써 헌신하는 삶을 살아야 합니다. 무엇보다 예수님만 바라보고 헌신해야 합니다. 사람들의 오해와 평가보다 중요한 것이 예수님의 평가입니다. 혹 주변의 사람들이 우리의 헌신을 오해하며 비난할 수도 있습니다. 마리아의 헌신을 가룟 유다가 비난했는데, 이처럼 우리의 헌신이 오해를 받고 비난받을 수도 있습니다. 그러나 '예수님께서 어떻게 바라보시는가?' 이것을 주목해야 합니다. 곧 예수님은 마리아의 헌신을 칭찬하셨습니다. 이처럼 우리의 헌신도 예수님이 칭찬하시면 됩니다. 우리의 헌신은 예수님을 향한 것이지 사람의 칭찬을 듣고자 함이 아닙니다. 그 은혜에 감사하여 헌신하는 것입니다.

잠언 9장_그 은혜로 인한 경외

지혜의 초대와 미련한 여인의 초대를 비교한 말씀입니다. 어리석음으로 미련한 여인의 초대에 응답하면 그 결과는 죽음이며 스올의 깊은 곳에 처하는 심판이지만(잠 9:18), 어리석음을 버리고 지혜의 초대에 응답하면 생명을 얻게 된다는 것입니다(잠 9:6). 따라서 지혜의 초대를 따를 것을 교훈하며, 지혜와 명철에 대해서 다음과 같이 가르치고 있습니다. "여호와를 경외하는 것이 지혜의 근본이요 거룩하신 자를 아는 것이 명철이니라 나 지혜로 말미암아 네 날이 많아질 것이요 네 생명의 해가 네게 더하리라"(잠 9:10~11)

지혜와 명철을 따라 하나님을 경외하며 살아가면 하나님의 생명과 이 땅에서의 축복을 누리며 살아갈 수 있습니다. 하나님은 우리에게 그 생명과 축복을 주고자 하시며, 이를 위해 지혜와 명철을 따르라고 교훈하십니다. 우리가 그 생명과 축복을 바라며 마땅히 지혜와 명철을 따라야 합니다. 뿐만 아니라 우리에게 생명을 주시고 축복을 주고자 하시는 하나님의 은혜를 기억하며 마땅히 하나님을 경외해야 합니다.

에베소서 2장_그 은혜로 인한 구원

하나님께서 베푸신 은혜의 선물과 이를 통해 누리는 구원, 곧 새로운 삶에 대해 가르치고 있습니다. 이방인으로서 그리스도 밖에 있었고 약속의 언약들에 대해 외인이었지만, 화평이신 그리스도를 통해 새 사람이 되고, 외인이 아닌 시민이요 하나님의 권속이 되었다는 것입니다. 특별히 은혜의 선물과 이를 통한 구원에 대해 바울은 이렇게 증거하고 있습니다. "너희는 그 은혜에 의하여 믿음으로 말미암아 구원을 받았으니 이것은 너희에게서 난 것이 아니요 하나님의 선물이라 행위에서 난 것이 아니니 이는 누구든지 자랑하지 못하게 함이라"(엡 2:8~9)

구원은 우리의 의와 공로로 주어지는 것이 아니라 오직 하나님의 은혜입니다. 믿음으로 말미암아 주어지는 은혜, 곧 예수 그리스도를 믿는 믿음을 보시고 하나님께서 주시는 은혜입니다.

더 큰 사랑

출애굽기 34장 | 요한복음 13장 | 잠언 10장 | 에베소서 3장

맥체인성경365_492p

오직 하나님의 은혜로 우리는 구원을 누리고, 또한 그 은혜로 하나님의 동행의 축복을 누립니다. 그 은혜에 마땅히 하나님을 경외하고 헌신하며 살아야 합니다.

출애굽기 34장_보응보다 더 큰 사랑

하나님께서 새로운 율법 증거판을 주신 말씀입니다. 백성들의 우상 숭배로 첫 번째 받았던 돌판은 깨져 버렸습니다. 그렇기에 모세는 다시 돌판을 만들어 다시 산에 올라 율법을 받아야 했습니다. 하나님은 은혜로 다시 율법을 새겨주셨고, 다시 언약을 체결하며 백성들이 지켜야 하는 말씀을 주셨습니다. 이방신을 거절하고 오직 하나님만을 섬기며, 하나님의 백성으로 안식일을 지키고 칠칠절, 수장절, 유월절 등을 지킬 것을 명령하셨습니다. 이 모든 것에서 하나님의 큰 은혜를 보게 됩니다. 다시 율법 증거판을 주신다는 것은 그 백성들의 죄를 용서하신다는 것입니다. 다시 언약을 체결하며 그 지켜야 할 계명을 주신다는 것은 이전의 죄는 잊으시고 다시 시작하신다는 것입니다. 이에 대해 하나님은 이렇게 말씀하셨습니다. "여호와께서 그의 앞으로 지나시며 선포하시되 여호와라 여호와라 자비롭고 은혜롭고 노하기를 더디하고 인자와 진실이 많은 하나님이라 인자를 천대까지 베풀며 악과 과실과 죄를 용서하리라 그러나 벌을 면제하지는 아니하고 아버지의 악행을 자손 삼사 대까지 보응하리라"(출 34:6~7) 하나님의 진노와 사랑을 비교하여 설명하고 있는데, 하나님의 진노로 인한 보응은 자손 삼사 대까지 이르지만, 하나님께서 베푸시는 사랑은 천대까지 이른다는 것입니다. 진노보다 그 사랑이 비교할 수 없이 크시다는 것입니다.

하나님은 의로우시기에 불의에 대해 반드시 진노하시며 보응하십니다. 그러나 하나님의 사랑은 끝이 없는 용서의 은혜로 나타납니다. 회개하며 돌이키는 백성에게 하나님은 용서하시고, 그 사랑으로 베푸시는 은혜는 천대까지, 곧 영원까지 이어집니다. 따라서 우리가 기대고 바라볼 것은 하나님의 사랑입니다. 더불어 그 하나님의 사랑에 응답하여 우리도 하나님을 사랑해야 합니다. 하나님께서 우상 숭배로 불의한 백성들을 용서하시고 다시 언약을 체결하시며 주신 계명들을 한 마디로 요약하면 '하나님 사랑'입니다. 하나님을 사랑하여 우상을 깨뜨리고 다른 신을 섬기지 말며 하나님만을 섬기고 예배하라는 것입니다. 철저히 하나님의 말씀과 가르침 안에서 살아가라는 것입니다. 하나님의 큰 사랑에 우리도 사랑으로 응답해야 합니다. 하나님보다 더 소중한 무엇이 없다고 고백하며 주님께 사랑을 고백해야 합니다.

요한복음 13장_목숨보다 더 큰 사랑

예수님께서 십자가의 죽음을 앞에 두고 제자들의 발을 씻어주신 말씀입니다. 이를 통해 섬김의 삶을 살아야 함을 가르치셨는데, 여기서 예수님의 큰 사랑을 볼 수 있습니다.

"유월절 전에 예수께서 자기가 세상을 떠나 아버지께로 돌아가실 때가 이른 줄 아시고 세상에 있는 자기 사람들을 사랑하시되 끝까지 사랑하시니라"(요 13:1) 십자가의 죽음을 눈앞에 둔 상황입니다. 많은 고민과 어려움이 있는 상황입니다. 그럼에도 예수님은 오히려 제자들을 생각하셨으며, 끝까지 제자들을 사랑하셨습니다. 곧 예수님의 제자들에 대한 사랑은 그 목숨보다 더 크셨습니다. 당장 당신의 목숨으로 인해 근심하는 것보다 제자들을 향해 근심하며 사랑하는 것이 더 크셨고, 따라서 겉옷을 벗고 수건을 가져다가 허리에 두르고 대야에 물을 떠서 친히 제자들의 발을 씻기셨습니다. 그럼으로 그 사랑을 표현해 주셨습니다.

또한 예수님은 제자들에게 이렇게 가르치셨습니다. "내가 주와 또는 선생이 되어 너희 발을 씻었으니 너희도 서로 발을 씻어 주는 것이 옳으니라"(요 13:14) 예수님은 제자들이 예수님의 사랑을 따라 서로 사랑하고 섬기며 살아가야 함을 가르치셨습니다. 예수님께서는 선생이라는 지위를 나타내는 것보다 제자들을 사랑하는 것이 더 크셨고, 또한 제자들에게 섬김의 사랑을 가르치시는 것이 더 크고 중요하셨습니다. 따라서 우리가 예수님의 사랑과 가르침에 따라 더욱 사랑하며 살아가야 합니다. 예수님께서 먼저 보이셨던 섬김의 사랑을 기억할 때, 사랑하며 섬기지 못할 사람이 없습니다. 우리도 예수님처럼 낮아져서 모두를 섬기며 사랑해야 합니다.

잠언 10장_허물보다 더 큰 사랑

지혜로운 자와 미련한 자, 의인과 악인 등을 비교하여 교훈하고 있습니다. 미움과 사랑을 비교하여 교훈하고도 있는데, 미움은 다툼을 만들지만, 사랑은 허물까지도 덮음을 가르치고 있습니다. "미움은 다툼을 일으켜도 사랑은 모든 허물을 가리느니라"(잠 10:12) 곧 사랑은 평화와 화목을 이룬다는 것입니다. 허물로 인한 문제와 분란이 사랑을 통해서 해결된다는 것입니다. 이것은 곧 사랑이 허물보다 더 크다는 것을 가르쳐주고 있습니다.

결국 무엇입니까? 허물 속에서도 우리의 사랑은 우리가 속한 공동체에 다툼을 줄이고 화목하게 합니다. 따라서 우리 안에 다툼이 있다면 누군가의 허물을 문제 삼고 정죄하려고만 할 것이 아니라, 그 전에 우리가 더 큰 사랑으로 허물을 덮지 못했음을 깨닫고 먼저 회개해야 합니다. 힘을 다한 사랑으로 허물을 덮고 허물을 이기는 공동체를 만들기를 힘써야 합니다.

에베소서 3장_환난보다 더 큰 사랑

바울이 이방인을 위한 사도의 직분을 받았음을 전하고 있습니다. 하나님께서 복음을 통해서 이방인들을 상속자가 되게 하셨고, 바울은 이 복음을 위해 하나님의 은혜 속에서 일꾼이 되었다는 것입니다.

바울은 이 사명과 또한 이로 인해 맺어진 열매를 무엇보다 소중히 여겼습니다. 곧 이방인의 사도로서 사명을 감당하며 환난을 당하고 있지만, 환난보다 그 사명과 사명으로 인한 영혼의 열매를 더 소중히 여겼습니다. "그러므로 너희에게 구하노니 너희를 위한 나의 여러 환난에 대하여 낙심하지 말라 이는 너희의 영광이니라"(엡 3:13) 바울의 영혼 사랑과 하나님 사랑을 볼 수 있는데, 바울은 복음을 전하다가 옥에 갇혀 환난 중에 있었습니다. 그러나 에베소 교인들에게 낙심하지 말라고 위로하며 오히려 이것이 그들의 영광임을 전했습니다. 곧 바울에게는 믿음 안에서 확실한 소망이 있었고(엡 3:12), 무엇보다 영혼을 향한 사랑과 주님을 향한 사랑이 환난보다 더 컸습니다. 따라서 그가 당하는 환난이 문제되지 않았던 것입니다. 자신은 옥에 갇혀 환난을 당하지만, 그 전한 복음이 에베소 교인들을 비롯한 수많은 사람들을 생명으로 인도하고, 또한 이를 통해 주님께서 맡기신 은혜의 사명을 감당하니, 결코 환난으로 낙심하지 않을 수 있었던 것입니다. 이처럼 바울에게는 환난보다 영혼에 대한 사랑과 이방인의 사도로 자신을 세워주신 주님에 대한 사랑이 더 컸습니다.

성령

출애굽기 35장 | 요한복음 14장 | 잠언 11장 | 에베소서 4장

성령은 우리를 돌보시고 지키십니다. 우리를 가르치고 인도하셔서 의와 생명의 길에 서게 합니다. 그 성령을 의지하여 악을 이기고 생명에 이를 뿐만 아니라, 우리의 마음을 감동케 하시는 성령의 인도하심을 따라 기쁨으로 주께 헌신하며, 그 주신 은사와 봉사의 직분을 따라 하나 되어 교회를 세워야 합니다.

출애굽기 35장_감동케 하시는 성령

회막을 위해 백성들이 예물을 드린 말씀입니다. 회막을 제작하기 위해 여러 물품들이 필요했고, 모세는 여호와의 명령을 따라 백성들에게 필요한 물품들을 예물로 드릴 것을 전했습니다. 이에 백성들이 그 물품들을 예물로 드렸는데, 주목할 것이 백성들의 마음이 감동되어 예물을 자원하여 드렸다는 것입니다. "마음이 감동된 모든 자와 자원하는 모든 자가 와서 회막을 짓기 위하여 그 속에서 쓸 모든 것을 위하여, 거룩한 옷을 위하여 예물을 가져다가 여호와께 드렸으니"(출 35:21) 모세도 "마음에 원하는 자"(출 35:4), 곧 자원하여 기쁨으로 예물을 드리라고 강조했고, 백성들도 감동된 마음으로 기쁨으로 드렸습니다. 뿐만 아니라 마음에 감동을 받은 슬기로운 여인, 곧 재주가 있는 여인은 손수 실을 뽑아 드리기도 했습니다(출 35:26).

얼마나 값지고 비싼 것을 드리느냐가 중요한 것이 아니라 마음에 감동하여 기쁨으로 드리는 것이 중요합니다. 하나님은 드린 예물의 가격보다 자원하여 기쁨으로 드리는 마음을 기뻐하시기 때문입니다. 따라서 중요한 것이 성령입니다. 백성들의 마음의 감동은 성령의 역사와 무관하지 않기 때문입니다. 결국 백성들의 마음을 감동케 하시고 자원하여 기쁨으로 예물을 드리도록 이끄신 분은 성령이시기 때문입니다.

성령은 우리의 마음을 감동케 하셔서 기쁨으로 주의 일을 행하며 헌신하게 합니다. 따라서 우리가 힘써 구할 것은 성령입니다. 성령께서 항상 우리 안에 임하셔서 우리의 마음을 감동케 하시고, 헌신하는 우리의 마음에 기쁨이 사라지지 않도록 이끌어 주시기를 구해야 합니다.

요한복음 14장_돌보시는 성령

13장부터 시작된 예수님의 고별사입니다. 이 고별사는 17장까지 이어집니다. 이제 예수님께서 하나님 아버지께로 다시 돌아가실 것과, 이후 제자들이 예수님 없이 살아가야 할 삶, 그리고 그런 제자들을 위한 약속을 전하고 있습니다.

무엇보다 예수님께서 제자들에게 주신 약속은 보혜사 성령입니다. "내가 아버지께 구하겠으니 그가 또 다른 보혜사를 너희에게 주사 영원토록 너희와 함께 있게 하리니 그는 진리의 영이라 세상은 능히 그를 받지 못하나니 이는 그를 보지도 못하고 알지도 못함이라 그러나 너희는 그를 아나니 그는 너희와 함께 거하심이요 또 너희 속에 계시겠음이라 내가 너희를 고아와 같이 버려두지 아니하고 너희에게로 오리라"(요 14:16~18) 예수님께서 이 땅에서의 사역을 마치고 하나님께로 돌아가시면, 이후 또 다른 보혜사 성령이 제자들에게 주어진다는 것입니다. 곧 예수님께서 보혜사로서 제자들과 함께하여 돌보시고 지키시고 가르치시며 인도하셨는데, 이제 또 다른 보혜사인 성령께서 오셔서 예수님께서 하셨던 모든 일들을 대신하신다는 것입니다. 예수님께서 아버지께로 돌아가신다고 결코 제자들을 고아처럼 두지 않으시고 성령을 통해 제자들을 돌보시고 인도하신다는 것입니다. 따라서 예수님은 제자들에게 두려워하지도 말고 근심하지도 말라고 말씀하셨습니다(요 14:26~27).

제자들에게 임하셔서 함께하신 성령은 오늘 우리와도 함께하십니다. 우리도 보호하시고 가르치시고 인도하십니다. 따라서 이 세상을 살아가며 그 무엇도 두려워할 필요도 없고 막막해 할 필요도 없습니다. 그저 우리 안에 있는 성령의 음성에 귀 기

올여 따르면 됩니다. 성령께서 우리의 길을 인도하시고 세상의 모든 풍파에서 능히 지키시고 보호하십니다.

잠언 11장_도우시는 성령

정직과 겸손과 공의와 구제 등을 가르치는 말씀입니다. 무엇보다 공의를 굳게 지켜야 사망이 아닌 생명에 이르게 됨을 가르치고 있습니다. "공의를 굳게 지키는 자는 생명에 이르고 악을 따르는 자는 사망에 이르느니라"(잠 11:19)

공의를 지키고 그 길에서 넘어지지 않기 위해, 곧 악한 유혹을 이기기 위해 성령이 필요합니다. 성령은 우리가 붙든 믿음뿐만 아니라 공의의 삶을 굳게 지키도록 도우시기 때문입니다. 성령은 모든 유혹을 능히 이길 수 있는 힘과 능력을 공급합니다. 따라서 힘써 성령을 구하고 성령을 의지해야 합니다. 재물은 진노의 날에 무익하고(잠 11:4), 자기의 재물을 의지하는 자는 패망합니다(잠 11:28). 그러나 우리가 구하여 의지한 성령은 우리를 의의 길에서 넘어지지 않도록 지키고 생명으로 인도합니다.

에베소서 4장_하나 되게 하시는 성령

성령 안에서의 하나 됨과 그 성령께서 주시는 다양한 은사와 직분에 대해 전하고 있습니다. 따라서 또한 주 안에서 유혹의 욕심을 따라 썩어져 가는 구습을 따르는 옛 사람을 벗어 버리고 하나님을 따라 의와 진리의 거룩함으로 지으심을 받은 새 사람을 입으라고 가르치고 있습니다.

성령 안에서 하나 됨의 말씀에 주목하면, "평안의 매는 줄로 성령이 하나 되게 하신 것을 힘써 지키라"(엡 4:3) 성령이 우리를 하나 되게 하심을 말씀하고 있고 또 이것을 지켜야 함을 말씀하고 있는데, 성령의 하나 됨을 지키기 위해 성령을 따라 온유함으로 겸손하고 인내하고 용납해야 합니다(엡 4:2). 교회 공동체 안에는 다양한 신분과 지위와 가치와 생각을 가진 사람들이 모여 있고, 내 생각을 따르고 내 주장을 앞세워서는 결코 하나 됨을 이룰 수 없습니다. 오직 온유와 겸손과 인내와 용납이 필요하고 따라서 이를 가능하게 도우시고 이끄시는 성령을 따라야 합니다.

이처럼 성령을 따라 하나 되어야 하는데, 이것이 중요한 것이, 하나 되어 각각의 직분을 통해 교회를 세워야 하기 때문입니다. "그가 어떤 사람은 사도로, 어떤 사람은 선지자로, 어떤 사람은 복음 전하는 자로, 어떤 사람은 목사와 교사로 삼으셨으니 이는 성도를 온전하게 하여 봉사의 일을 하게 하며 그리스도의 몸을 세우려 하심이라"(엡 4:11~12) 곧 교회 안에는 다양한 성령의 은사와 이를 통해 주어진 직분이 있습니다. 이 직분과 봉사를 통해 그리스도의 몸, 곧 교회를 세워야 합니다. 이를 위해 성령으로 하나 되어야 합니다.

성령께서 교회 안에서 각각의 봉사의 직분을 주심은 성도를 세우고 교회를 세우는 일에 있습니다. 따라서 하나 되지 않으면 성령께서 각자에게 주신 봉사의 직분을 통해 온전히 교회를 세울 수 없습니다. 성령은 필요에 따라 그 은사를 통해 각자에게 다른 봉사의 직분을 주시는데, 맡겨진 직분은 다르지만 성령을 따라 마음을 모으고 하나 되어 교회를 세워야 합니다.

오늘의 기도

1. 보혜사 성령의 함께하시며 돌보시고 인도하심을 기억하며 세상의 두려움도 또 막막함도 이기게 하소서.
2. 성령 안에서 주시는 감동을 따라 기쁨으로 헌신하는 삶을 살게 하소서
3. 성령이 하나 되게 하심을 지키고 주신 봉사의 직분에 충성해, 성도를 온전하게 하고 교회를 세워가게 하소서.

행복
출애굽기 36장 | 요한복음 15장 | 잠언 12장 | 에베소서 5장

주님 안에서 풍성한 열매를 맺고 생명을 얻는 삶이 행복한 삶입니다. 주의 훈계를 통해 그릇된 우리의 삶을 돌아보고 바른 길을 향할 수 있음이 행복입니다. 이 행복을 깨달으며 힘써 주 안에서 빛의 열매를 맺고 주를 위해 기쁨으로 헌신하는 삶을 살아야 합니다. 그리고 이것이 또한 행복이 되어야 합니다.

출애굽기 36장_넘치는 헌신의 행복

브살렐과 오홀리압 등이 백성들이 드린 예물을 통해 성막을 제작한 말씀입니다. 주목할 말씀이, 백성들이 날마다 드린 예물이 넘쳤다는 것입니다. 곧 백성들이 예물을 연하여 가져옴으로 쓰기에 충분하고 또 남았으며, 따라서 모세가 성소에 드릴 예물을 더는 헌납하지 말라고 진중에 공포했습니다. "...그러나 백성이 아침마다 자원하는 예물을 연하여 가져왔으므로 성소의 모든 일을 하는 지혜로운 자들이 각기 하는 일을 중지하고 와서 모세에게 말하여 이르되 백성이 너무 많이 가져오므로 여호와께서 명령하신 일에 쓰기에 남음이 있나이다 모세가 명령을 내리매 그들이 진중에 공포하여 이르되 남녀를 막론하고 성소에 드릴 예물을 다시 만들지 말라 하매 백성이 가져오기를 그치니 있는 재료가 모든 일을 하기에 넉넉하여 남음이 있었더라"(출 36:3~7)

하나님의 성막을 위해 백성들이 성령의 감동을 따라 넘치도록 헌신한 모습에서 행복을 보게 됩니다. 인색함으로 서로의 눈치만 보고, 그래서 성막을 만들 물품이 모자라 하나님께 예물을 더 드리라고 모세가 다시 진중에 공포했다면 씁쓸하지 않았겠습니까? 하나님도 그렇게 억지로 드려져 지어진 성막을 기뻐하지 않으셨을 것입니다. 그러나 백성들이 넘치도록 기쁨으로 예물을 드렸고, 이제 예물이 충분하니 그만 가져오라고 진중에 공포하는 모습에서 하나님도 기쁘시고, 모세도 기쁘고 또 예물을 드린 모든 백성들도 기뻤을 것입니다. 넘치는 하나님을 향한 사랑으로 인해 모두가 행복했을 것입니다. 이처럼 넘치는 헌신은 우리를 행복하게 합니다.

요한복음 15장_예수 안에 있는 행복

예수님께서 포도나무 되시며 우리는 그 가지가 된다는 비유를 통해 주신 가르침입니다. 예수님은 이 비유를 통해 우리가 주님 안에 거해야 함을 강조하셨습니다. 그래야 많은 열매를 맺게 된다는 것입니다. 주님 밖에 있으면 열매를 맺지 못하고 결국 심판을 피할 수밖에 없다는 것입니다. "나는 포도나무요 너희는 가지라 그가 내 안에, 내가 그 안에 거하면 사람이 열매를 많이 맺나니 나를 떠나서는 너희가 아무 것도 할 수 없음이라 사람이 내 안에 거하지 아니하면 가지처럼 밖에 버려져 마르나니 사람들이 그것을 모아다가 불에 던져 사르느니라 너희가 내 안에 거하고 내 말이 너희 안에 거하면 무엇이든지 원하는 대로 구하라 그리하면 이루리라"(요 15:5~7)

결국 이 말씀은 주 안에서 주님과 교제하는 삶이 행복임을 가르쳐줍니다. 주님 밖에서 많은 것을 얻고 행복할 것처럼 보이지만, 그러나 그 결과는 떨어진 가지처럼 밖에 버려져 말라 불에 던져지는 심판일 뿐이기 때문입니다. 그러나 주 안에서는 풍성한 열매를 맺을 뿐만 아니라 끊임없이 주님과 교제하고, 주의 말씀 속에서 바른 것을 구하며 또 구한 것에 대한 응답을 누림으로 행복할 수밖에 없습니다. 주 안에서 생명을 누리고 주님의 돌보심의 은혜를 누리니 행복할 수밖에 없습니다. 따라서 예수님께서 이렇게 가르치셨습니다. "내가 이것을 너희에게 이름은 내 기쁨이 너희 안에 있어 너희 기쁨을 충만하게 하려 함이라"(요 15:11)

잠언 12장_훈계를 따라 누리는 행복

계속된 교훈의 말씀으로, 선하고 지혜로운 사람은

하나님의 은총과 칭찬을 받고 축복과 평안을 누리지만, 악하고 미련한 사람은 정죄와 소멸과 재앙을 받게 된다는 것입니다. 따라서 강조하고 있는 말씀이 훈계를 달게 받을 수 있어야 한다는 것입니다. 결코 그 징계를 싫어하지 말라는 것입니다. "훈계를 좋아하는 자는 지식을 좋아하거니와 징계를 싫어하는 자는 짐승과 같으니라"(잠 12:1)

결국 무엇입니까? 훈계를 달게 받을 때 우리의 그릇된 삶을 고칠 수 있습니다. 우리 자신도 모르게 멸망의 길로 가는 삶에서 돌이켜 바른 생명의 길로 방향을 잡을 수 있습니다. 그리고 이것이 우리에게 행복입니다. 우리를 사랑하여 바른 길로 인도하고자 하는 주님의 훈계가 있고, 우리는 그 사랑을 깨닫고 주님의 훈계에 따라 우리의 삶을 바르고 아름답고 복 되게 세워가니 이것이 행복입니다.

에베소서 5장_주 안에서 열매 맺는 행복
빛 속의 삶에 대해 전하고 있습니다. 곧 이전에는 어두움이었지만 이제는 주 안에서 빛이 되었으니 빛의 자녀로 빛의 열매를 맺으며 살아가야 한다는 것입니다. 모든 음행과 더러운 것과 탐욕은 이제 이름조차 부르지 않으며, 착함과 의로움과 진실함을 따라 주를 기쁘시게 하는 삶을 살아야 한다는 것입니다. "너희가 전에는 어둠이더니 이제는 주 안에서 빛이라 빛의 자녀들처럼 행하라 빛의 열매는 모든 착함과 의로움과 진실함에 있느니라 주를 기쁘시게 할 것이 무엇인가 시험하여 보라"(엡 5:8~10)

주 안에서 빛의 열매를 맺는 삶, 모든 착함과 의로움과 진실함의 삶, 그럼으로 주님을 기쁘시게 하는 삶, 바로 이 삶이 행복한 삶입니다. 이전에 따르던 열매 없는 어둠의 일은 빛으로 말미암아 드러나 책망 받게 되고(엡 5:13), 하나님의 나라에서 기업을 얻지 못한다고 말씀하고 있습니다(엡 5:5). 이것은 곧 주를 기쁘시게 하는 열매 맺는 삶에는 칭찬이 있고, 하나님 나라의 기업을 얻게 된다는 사실을 가르쳐줍니다. 따라서 주 안에서 열매 맺는 삶을 통해 칭찬과 하나님 나라의 소망을 가질 수 있고, 이를 통해 행복할 수 있습니다.

1. 주 안에 있어 생명을 얻고 풍성한 열매를 맺게 하시고, 주의 훈계를 통해 그 생명의 길에서 넘어지지 않게 하소서.
2. 우리 안에 주님을 향한 넘치는 헌신이 있게 하시고, 그것이 우리의 행복이 되게 하소서.
3. 어둠의 일을 버리고 주 안에서 빛의 자녀로 착함과 의로움과 진실함의 열매를 맺으며 살게 하소서.

승리
출애굽기 37장 | 요한복음 16장 | 잠언 13장 | 에베소서 6장

이미 주님이 세상을 이기셨습니다. 따라서 주님의 승리를 통해 우리도 승리할 수 있습니다. 주의 은혜로 죄에서 승리할 수 있고, 주의 훈계로 바른 길을 걸어 승리할 수 있습니다. 주의 전신 갑주를 입어 마귀의 간계를 능히 대적하고, 영적 싸움에서도 승리할 수 있습니다.

출애굽기 37장_주의 은혜를 통해 누리는 승리

브살렐이 언약궤와 속죄소, 떡상, 등잔대, 분향단 등을 제작한 말씀입니다. 특별히 속죄소에 대해 주목하면, "순금으로 속죄소를 만들었으니 길이가 두 규빗 반, 너비가 한 규빗 반이며"(출 37:6) 속죄소는 하나님의 은혜를 보여주고 있습니다. 속죄소는 언약궤를 덮는 덮개인데, 또한 시은소라고도 부릅니다. 하나님께서 인간의 모든 죄를 덮어 주시고 은혜를 베풀어주신다는 의미를 갖고 있습니다. 곧 언약궤 안에 하나님의 율법이 들어가게 되는데, 속죄소로 덮게 하신 것입니다. 이것은 하나님께서 우리를 율법대로 판단하지 않으시고 은혜로 판단해 주신다는 의미를 갖습니다. 율법으로 판단하면 어느 누구도 구원 받을 수 없습니다. 모두가 율법에 따라 심판 받아 죽을 수밖에 없습니다. 따라서 속죄소로 덮으신다는 것입니다. 거기서 죄를 속해 주시고 은혜를 베풀어주신다는 것입니다.

결국 우리는 주의 용서의 은혜 때문에 죄에서 승리할 수 있습니다. 죄의 노예가 되어 결박당하고 심판과 죽음으로 패배할 수밖에 없었지만, 주의 용서의 은혜 때문에 죄를 이기고 승리할 수 있습니다.

요한복음 16장_주의 승리를 통해 누리는 승리

근심하는 제자들을 위로하신 말씀입니다. 예수님께서 아버지께로 가시면 성령께서 오시고, 그 성령께서 세상을 책망하시며 제자들을 인도하시고 가르치시며, 따라서 제자들에게 오히려 유익임을 말씀하셨습니다. 당장은 예수님과의 이별로 근심하겠으나, 곧 예수님을 다시 볼 것이요 이로 인해 기쁠 것이며, 이 기쁨을 빼앗을 자가 없을 것임을 말씀하셨습니다. 무엇보다 담대하라고 명령하시며 예수님의 승리를 말씀하셨습니다. "이것을 너희에게 이르는 것은 너희로 내 안에서 평안을 누리게 하려 함이라 세상에서는 너희가 환난을 당하나 담대하라 내가 세상을 이기었노라"(요 16:33) 예수님은 이 말씀대로 십자가와 부활을 통해 세상의 모든 죄의 권세를 이기셨습니다. 끝까지 포기하지 않고 십자가의 길을 걸어가셨고 그럼으로 온 인류의 죄를 대속하셨습니다. 그리고 이후 영광스러운 부활에 참여하셨습니다. 예수님은 이와 같은 십자가와 부활을 바라보고 계셨기에 제자들에게 두려워하지 말 것을 말씀하신 것입니다. 십자가와 더불어 제자들에게 환난이 닥치게 되지만, 예수님은 부활의 승리를 이루실 것이고, 그 승리에 제자들도 동참하게 될 것을 말씀하신 것입니다.

우리에게도 주님을 통해 승리가 주어집니다. 주님의 십자가와 부활의 승리는 우리에게도 동일한 은혜요 승리입니다. 따라서 우리도 두려워할 필요 없습니다. 우리가 주님의 십자가와 부활을 믿고 바라보는 한, 우리의 삶은 이미 승리로 정해졌습니다.

잠언 13장_주의 훈계를 통해 누리는 승리

훈계와 말씀을 귀담아 들어야 함을 교훈하고 있습니다. 그 훈계가 사망의 위험에서 벗어나게 하고 생명에 있게 한다는 것입니다. 어리석게 훈계를 거부하면 궁핍과 수욕에 이르지만, 훈계를 받아들이면 존경을 받게 된다는 것입니다. "지혜 있는 자의 교훈은 생명의 샘이니 사망의 그물에서 벗어나게 하느니라"(잠 13:14) "훈계를 저버리는 자에게는 궁핍과 수욕이 이르거니와 경계를 받는 자는 존영을 받느니라"(잠 13:18) 따라서 거만함으로 아비의 훈계를 거절할 것이 아니라, 훈계를 달게 듣는 지혜로운 아들이 되어야 함을 가르치고 있고(잠 13:1), 부모는 매를 아끼지 말고 사랑함으로 근실히 징계해야 함을 교훈하고 있습니다(잠 13:24).

결국 무엇입니까? 주의 훈계를 따르는 삶이 우리에게 승리가 됩니다. 사망에서 벗어나 생명에 이르는 승리의 삶과, 가난과 수치에서 벗어나 존경받는 승리의 삶을 살게 합니다. 주의 훈계가 우리를 바로 세우고 바른 길로 가게 하여 승리하게 합니다.

에베소서 6장_주의 전신 갑주를 통해 누리는 승리

자녀들과 종들에 대해 순종하라는 권면과 영적인 무장, 곧 하나님의 전신 갑주를 입어야 함을 가르치고 있습니다. 마귀의 간계를 대적하기 위해서는 하나님의 전신 갑주를 입어야 한다는 것입니다. 우리의 싸움은 혈과 육의 싸움이 아니라 영적 싸움, 곧 통치자들과 권세들과 어둠의 세상 주관자들과 하늘의 악한 영들과의 싸움이라는 것입니다. 따라서 이 싸움에서 승리하기 위해 하나님의 전신 갑주를 취해야 하고, 하나님의 전신 갑주를 취하면 능히 마귀의 간계를 대적할 수 있다는 것입니다. "마귀의 간계를 능히 대적하기 위하여 하나님의 전신 갑주를 입으라 우리의 씨름은 혈과 육을 상대하는 것이 아니요 통치자들과 권세들과 이 어둠의 세상 주관자들과 하늘에 있는 악의 영들을 상대함이라 그러므로 하나님의 전신 갑주를 취하라 이는 악한 날에 너희가 능히 대적하고 모든 일을 행한 후에 서기 위함이라"(엡 6:11~13)

하나님은 우리 믿음의 사람들에게 영적 싸움에서 승리할 수 있는 무기, 곧 하나님의 전신 갑주를 주셨습니다. 하나님의 전신 갑주를 취함으로 우리는 능히 세상을 이기며 승리의 노래를 부를 수 있습니다. 따라서 어리석게 내가 가진 힘으로 싸우려고 하다가 힘없이 패하지 말고 하나님의 전신 갑주를 입어야 합니다. 하나님이 주신 무기로 싸워야 합니다. 그럼으로 능히 악한 마귀의 계략을 이기고 승리의 영광을 하나님께 올려 드려야 합니다.

오늘의 기도

1. 세상을 이기신 주님을 더욱 믿고 의지하여 우리도 세상을 이기게 하시고, 환난 중에도 담대함과 평안을 누리게 하소서.
2. 주의 훈계를 따라 사망에서 벗어나 생명에 이르고, 궁핍과 수욕이 아닌 존경의 삶을 살게 하소서.
3. 하나님의 전신 갑주를 입어 마귀의 간계를 능히 대적하고 영적 싸움에서 승리하게 하소서.

사랑
출애굽기 38장 | 요한복음 17장 | 잠언 14장 | 빌립보서 1장

주님의 사랑은 크고 놀랍습니다. 마지막까지 제자들을 위해 기도하신 주님의 사랑은 오늘 우리를 향한 사랑을 보여줍니다. 그 사랑에 주님과 교회를 향한 헌신의 사랑으로, 맡겨진 사명을 따라 복음과 영혼에 대한 뜨거운 사랑으로, 그리고 어려운 이웃을 향한 긍휼의 사랑으로 응답해야 합니다.

출애굽기 38장_성전을 향한 수종드는 여인들의 사랑

브살렐이 번제단과 물두멍을 만들고 세마포 포장을 쳐서 성막의 뜰을 만들었다는 말씀입니다. 또 성소 건축 비용에 대해 기록하고 있습니다. 그런데 주목하게 되는 말씀이 물두멍을 만든 재료입니다. 물두멍을 회막 문에서 수종드는 여인들의 거울로 만들었다는 것입니다(출 38:8). 사실 성막을 만드는데, 백성들이 금은보석 등 많은 예물을 자원함으로 드렸습니다. 또한 연하여 예물을 드림으로 성막과 여러 기구들을 제작함에 남음이 있었습니다. 굳이 이 여인들의 거울까지 필요한 것이 아니었습니다. 그럼에도 이 물두멍을 만드는데 회막 문에서 수종드는 여인들의 거울이 사용되었는데, 이것은 여인들의 헌신을 보여주는 것입니다. 회막에서 수종드는 여인들의 거울을 사용해야 할 만큼 예물이 모자라서가 아니라, 여인들의 마음을 다한 헌신을 귀하게 받은 것입니다. 곧 이 여인들은 작은 것이지만 하나님을 향한 사랑에 가만히 있을 수 없었던 것이고, 성막을 세우고 기구들을 만드는 일에 자신들도 힘을 다해 참여한 것입니다. 결국 이 여인들이 예물로 드린 거울은 주님께서 칭찬하신 과부의 두 렙돈과 같은 것으로, 무엇과도 견줄 수 없을 만큼 가치 있는 것이었습니다. 이 여인들은 자신들의 단장보다 하나님과 그 성막을 세우는 일을 더 소중히 여긴 것이고, 내 육신의 소욕을 채우는 것보다 하나님의 영광을 위한 일에 우선순위를 둔 것입니다.

우리에게도 하나님 사랑과 교회를 향한 사랑이 있어야 합니다. 하나님은 크고 값비싼 것을 바라시는 것이 아니라 우리의 사랑을 바라십니다. 우리의 마음을 다한 사랑과 헌신을 무엇보다 값지게 여기십니다.

요한복음 17장_제자들을 향한 예수님의 사랑

예수님의 제자들을 위한 기도입니다. 세상에 남겨진 제자들을 하나님께서 보전해 달라는 것입니다. 악에 빠지지 않게 보전해 주시고 진리로 거룩하게 해 달라는 것입니다. 십자가의 사역을 앞에 두고 계신 예수님은 이제 모든 사역을 마치고 하나님께로 돌아가야 함을 생각하시며 세상에 남겨진 제자들과 그 공동체를 위해 기도하신 것입니다. 주님께서 떠나간 자리에 또 다른 보혜사 성령님께서 임하여 함께하시지만, 그러나 세상에 남겨진 제자들을 향한 사랑과 걱정에 그들을 지켜주시기를 기도하신 것입니다. "내가 그들을 위하여 비옵나니 내가 비옵는 것은 세상을 위함이 아니요 내게 주신 자들을 위함이니이다 그들은 아버지의 것이로소이다... 나는 세상에 더 있지 아니하오나 그들은 세상에 있사옵고 나는 아버지께로 가옵나니 거룩하신 아버지여 내게 주신 아버지의 이름으로 그들을 보전하사 우리와 같이 그들도 하나가 되게 하옵소서"(요 17:9~11)

이 기도 속에서 예수님의 제자들을 향한 뜨거운 사랑을 볼 수 있습니다. 이 기도가 있었기에 제자들이 그 모든 고난과 핍박을 이기고 끝까지 믿음의 승리를 할 수 있었음을 깨닫게 됩니다. 마찬가지로 오늘도 예수님은 믿음으로 예수님을 따르는 우리들을 위해서도 간절함으로 기도하고 계십니다. 그 기도로 우리가 평안함을 누리며, 넘어지지 않고 이 세상을 이기며 살아가고 있습니다. 이 사실도 깨달아야 합니다. 더불어 주님의 우리를 향한 기도를 기억하며 더욱 담대함과 믿음으로 주를 바라보며 살아야 합니다. 어떤 환난에도 근심하지 말고 넘어지지 말아야 합니다.

잠언 14장_어려운 이웃을 향한 사랑

지혜로운 자와 어리석은 자를 비교하여 교훈하고 있는데, 또한 이웃 사랑에 대한 교훈도 말하고 있습니다. 특별히 가난하고 궁핍한 자들을 향한 긍휼과 사랑을 교훈하고 있습니다. 곧 가난하고 궁핍하다고 학대하며 멸시하는 것은 결국 하나님을 멸시하는 일로 죄를 범하는 일이라는 것입니다. 반대로 빈곤한 자들을 불쌍히 여기는 자들에게는 복이 있다는 것입니다. 무엇보다 궁핍한 사람을 불쌍히 여기는 자는 주를 공경하는 자라고 말씀하고 있는데, 다시 말하면 주를 경외하는 믿음의 사람들은 마땅히 어려운 이웃들을 돌아보며 그들을 향한 사랑을 가져야 함을 가르쳐주고 있습니다(잠 14:21, 31).

하나님 사랑과 이웃 사랑은 주님께서 우리에게 가르쳐주신 핵심 계명입니다. 따라서 마음을 다해 하나님을 사랑할 뿐만 아니라, 어려운 이웃들을 외면하지 않고 돌아보는 풍성한 사랑이 있어야 합니다.

빌립보서 1장_성도들을 향한 바울의 사랑

빌립보 교인들을 향한 바울의 감사와 사랑 그리고 기도를 전하고 있습니다. 또한 바울의 복음에 대한 뜨거운 열정을 전하고 있는데, 자신이 갇힌 것과 상관없이 바울은 복음 전파로 인해 기뻐했으며(빌 1:18) 살든지 죽든지 자신의 몸에서 그리스도가 존귀하게 되는 것을 소망으로 두었습니다(빌 1:20).

빌립보 교인들을 향한 바울의 감사와 사랑의 말씀에 주목하면, 빌립보 교인들이 바울의 매임과 복음 전파에 참여하며 바울에게 큰 힘이 되어 주었습니다. 이에 대해 감사하며 바울이 그들을 얼마나 사랑하며 기도하고 있는지 전했습니다. "내가 예수 그리스도의 심장으로 너희 무리를 얼마나 사모하는지 하나님이 내 증인이시니라 내가 기도하노라 너희 사랑을 지식과 모든 총명으로 점점 더 풍성하게 하사 너희로 지극히 선한 것을 분별하며 또 진실하여 허물 없이 그리스도의 날까지 이르고 예수 그리스도로 말미암아 의의 열매가 가득하여 하나님의 영광과 찬송이 되기를 원하노라"(빌 1:8~11) 예수 그리스도의 심장으로 빌립보 교인들을 사모한다는 고백은 바울의 그 사랑의 깊이를 알게 합니다. 예수 그리스도께서 십자가에서 죽으시기까지 우리를 사랑하셨는데, 바울도 이 동일한 사랑으로 빌립보 교인들을 사랑한다는 것입니다. 바울의 예수 그리스도에 대한 사랑은 영혼에 대한 예수 그리스도의 사랑을 깨닫게 했고, 더불어 예수 그리스도와 같은 마음으로 영혼을 사랑하게 한 것입니다.

이런 바울의 사랑은 항상 감동과 도전이 됩니다. 주님의 사랑을 깨닫고 그 사랑 속에서 주어진 사명을 따라 힘을 다해 복음을 전하며 영혼을 사랑했던 바울의 사랑은 우리가 본받고 따라가야 할 모델입니다. 우리도 하나님으로부터 받은 사랑과 사명을 깨닫고, 우리 이웃에게 복음을 전하며 뜨겁게 사랑해야 합니다.

오늘의 기도

1. 뜨거운 사랑으로 하나님 앞에서 우리를 위해 간구하시는 주님의 기도를 기억하며, 두려워하지 말고 담대하여 세상을 이기게 하소서.
2. 하나님 사랑과 교회 사랑으로 마음을 다하여 헌신하는 삶을 살게 하시고, 작은 헌신에도 큰 기쁨으로 받으시는 하나님의 은혜도 누리게 하소서.
3. 바울처럼 그리스도의 심장으로 함께한 성도들을 사랑하게 하시고, 또한 그들을 위한 기도가 끊어지지 않게 하소서.

순종
출애굽기 39장 | 요한복음 18장 | 잠언 15장 | 빌립보서 2장

예수님의 관심은 하나님의 말씀을 이루시는 것이었습니다. 죽기까지 순종하심으로 하나님의 말씀을 이루셨고 또 이를 통해 순종의 본을 보이셨습니다. 우리도 그 순종의 본을 따라야 합니다. 말씀과 그 훈계를 따라 순종해야 합니다.

출애굽기 39장_말씀대로 따르는 순종

출애굽기 39장은 제사장의 옷을 만든 것과, 모든 성막의 역사를 마치고 모세가 준공검사를 했다는 말씀입니다. 곧 하나님의 명령대로 모든 것이 제작되었는지를 확인했는데, 여호와 하나님의 명령대로 되었다는 것입니다. "이스라엘 자손이 이와 같이 성막 곧 회막의 모든 역사를 마치되 여호와께서 모세에게 명령하신 대로 다 행하고"(출 39:32) "모세가 그 마친 모든 것을 본즉 여호와께서 명령하신 대로 되었으므로 모세가 그들에게 축복하였더라"(출 39:43)

성막과 그 기구들을 이왕이면 멋지고 보기 좋게 만드는 것도 필요한 일이라 할 수 있습니다. 브살렐과 오홀리압 등이 그 모든 기구들을 만들면서 자신이 생각하는 더 멋진 모양과 방법이 있었을 수 있습니다. 그러나 아무리 멋지고 보기 좋게 만들었어도 하나님의 명령에서 벗어나면 아무 의미가 없습니다. 멋지게 만드는 것보다 더 중요한 것이 하나님의 말씀대로 순종하여 만드는 것입니다. 그렇지 않으면 혹 사람에게는 칭찬 받을지 몰라도, 결코 하나님께는 칭찬 받을 수 없습니다. 그것은 실패작일 수밖에 없습니다. 멋지고 보기 좋게 만드는 것보다 하나님께서 명령하신 대로 만드는 것이 중요합니다. 하나님의 평가는 멋진 것에 있지 않고, 순종에 있습니다. 그리고 하나님의 말씀에 철저히 순종할 때 축복의 결과도 누릴 수 있습니다.

요한복음 18장_절대적으로 따르신 순종

예수님께서 대제사장들과 바리새인들에 의해 붙잡히시고 신문 받으신 말씀과, 예수님께서 붙잡혀 가신 대제사장의 집까지 따라갔던 베드로가 사람들의 질문에 예수님을 모른다고 부인한 말씀입니다. 여기서 주목할 것이 예수님께서 철저히 하나님의 말씀을 이루고자 하신 것입니다. "이는 아버지께서 내게 주신 자 중에서 하나도 잃지 아니하였사옵나이다 하신 말씀을 응하게 하려 함이러라"(요 18:9) "예수께서 베드로더러 이르시되 칼을 칼집에 꽂으라 아버지께서 주신 잔을 내가 마시지 아니하겠느냐 하시니라"(요 18:11) 예수님의 관심은 하나님의 말씀을 이루시는 것에 있었습니다. 따라서 선지자들을 통해 예언된 하나님의 말씀을 철저히 이루는 일에 힘을 다하셨고, 십자가의 고난의 길도 피하지 않으셨습니다.

사실 예수님은 그 가지신 능력으로 자신을 붙잡으러 오는 사람들을 물리치실 수 있으셨습니다. 당장에라도 천사들을 불러서 그 앞의 사람들을 진멸하실 수도 있으셨습니다. 마태복음에서는 예수님께서 이렇게 말씀하셨음을 전해주고 있습니다. "너는 내가 내 아버지께 구하여 지금 열두 군단 더 되는 천사를 보내시게 할 수 없는 줄로 아느냐 내가 만일 그렇게 하면 이런 일이 있으리라 한 성경이 어떻게 이루어지겠느냐 하시더라"(마 26:53~54) 그러나 예수님께서는 그 말씀을 이루시기 위해 저항하지 않으시고 순순히 붙잡히셨습니다. 자신을 잡으러 온 사람들임을 아시면서도 오히려 먼저 자신의 정체를 드러내시며 잡히셨고, 칼을 꺼내어 대항하는 베드로를 막으셨습니다. 그렇게 예수님께서는 이 땅에 오신 십자가의 사명, 곧 하나님의 뜻을 거부하지 않으시고 절대적으로 순종하셨습니다.

예수님의 순종이 우리에게 모델이 돼야 합니다. 우리의 관심도 하나님의 말씀을 이루는 일에 있어야 하고, 하나님의 말씀을 이루기 위해 기꺼이 고난과 고통의 자리로 나아갈 수 있어야 합니다.

잠언 15장_훈계를 따르는 순종

지혜 있는 자로 하나님을 경외하며, 이를 위해 훈계에 귀 기울이고 순종해야 함을 교훈하고 있습니다. "생명의 경계를 듣는 귀는 지혜로운 자 가운데에 있느니라 훈계 받기를 싫어하는 자는 자기의 영혼을 경히 여김이라 견책을 달게 받는 자는 지식을 얻느니라 여호와를 경외하는 것은 지혜의 훈계라 겸손은 존귀의 길잡이니라"(잠 15:31~33) 생명을 살리는 훈계에 귀 기울여 순종해야 한다는 말씀입니다. 어리석게 훈계를 저버리면 생명을 잃고 만다는 것입니다. 따라서 여호와를 경외하는 것이 지혜의 훈계라고 말씀하고 있는데, 곧 여호와를 경외하라는 훈계에 귀를 기울이고 순종할 때에 생명에 이르게 된다는 것입니다.

주의 훈계와 명령은 우리를 속박하고 제약하기 위함이 아니라 생명을 주기 위함입니다. 따라서 훈계 듣기를 거부하지 말아야 합니다. 아픔이 있어도 훈계를 달게 듣고, 또한 그 훈계를 따라 순종해야 합니다.

빌립보서 2장_죽기까지 따르신 순종

우리가 품어야 할 마음, 곧 그리스도의 겸손을 전하고 있습니다. 하나님이시지만 자기를 비워 종의 형체를 취하시고 사람으로 이 땅에 오셨고, 십자가에서 죽기까지 순종하셨다는 것입니다. "그는 근본 하나님의 본체시나 하나님과 동등됨을 취할 것으로 여기지 아니하시고 오히려 자기를 비워 종의 형체를 가지사 사람들과 같이 되셨고 사람의 모양으로 나타나사 자기를 낮추시고 죽기까지 복종하셨으니 곧 십자가에 죽으심이라"(빌 2:6~8)

예수님께서는 하나님이라는 자신의 절대적 지위와 권위, 그리고 생명을 잃고 죽어야 하는 고통과 아픔보다 하나님의 말씀에 대한 순종이 더 크셨습니다. 그럼으로 죽기까지 순종하셨습니다. 우리도 이 겸손과 순종을 본받아 하나님을 향한 순종이 무엇보다 커야 합니다. 우리도 죽기까지 하나님께 순종해야 합니다.

오늘의 기도

1. 예수님의 관심을 따라 우리도 하나님의 말씀을 이루는 일에 관심을 두게 하시고, 또한 그 일을 이루는데 어떤 고난도 피하지 않게 하소서.
2. 죽기까지 순종하신 예수님의 순종의 본을 따라 고난과 손해와 아픔이 있더라도 철저히 주의 말씀을 따르며 순종하게 하소서.
3. 주의 말씀과 훈계에 귀를 기울이고 또 힘써 따르게 하셔서 생명과 축복도 누리게 하소서.

주의 뜻

출애굽기 40장 | 요한복음 19장 | 잠언 16장 | 빌립보서 3장

맥체인성경365_526p

세상의 역사도 또한 우리의 삶도 주의 뜻대로 이루어집니다. 따라서 주께 모든 삶을 맡길 뿐만 아니라 힘써 주의 뜻을 찾고 따라야 합니다. 주의 뜻대로 살아갈 때 주의 영광이 임하여 함께하고, 주의 은혜와 생명이 주어집니다.

출애굽기 40장_주의 뜻대로 사는 자에게 임하시는 주의 영광

성막을 세우고 하나님 앞에 봉헌한 말씀입니다. 주목할 말씀이, 하나님의 명령대로 행하였다는 말씀과(출 40:16, 19, 21, 23, 25, 27, 29, 32), 성막에 여호와의 영광이 임하여 충만했다는 말씀입니다. "구름이 회막에 덮이고 여호와의 영광이 성막에 충만하매 모세가 회막에 들어갈 수 없었으니 이는 구름이 회막 위에 덮이고 여호와의 영광이 성막에 충만함이었으며"(출 40:34~35) 모세조차도 들어갈 수 없을 만큼 여호와의 영광이 성막에 충만했음을 말씀하고 있는데, 만약 성막이 하나님의 뜻과 관계없이 모세나 브살렐 등, 어느 사람의 뜻대로 제작되었다면 과연 하나님께서 성막에 영광으로 임하셨겠습니까? 하나님의 명령 곧 그 뜻을 따랐기에 하나님은 기뻐하시고 거기에 영광을 나타내신 것 아니겠습니까? 곧 모세를 비롯하여 그 제작자들이 철저히 하나님의 뜻을 따라 성막을 제작하였고, 이에 하나님은 그렇게 제작된 성막에 기쁨을 느끼시고 영광으로 임하셔서 성막을 당신의 처소로 삼으신 것입니다.

사실 우리 인간이 손으로 만든 곳에 그 크신 하나님을 담을 수 없습니다. 아무리 크고 화려하게 하나님의 전을 만든다 한들 하늘에 보좌를 두신 하나님을 만족케 할 수 없습니다. 그러나 하나님의 뜻대로 순종하여 하나님의 성전을 만들 때에 하나님은 그 순종을 기뻐하시고, 그곳에 임하여 당신의 처소를 삼으십니다. 마찬가지로 우리의 삶도, 우리 자신의 뜻이 아닌 오직 주의 뜻을 찾고 그 뜻대로 살아갈 때, 하나님은 영광으로 임하여 함께하십니다. 그 삶을 기뻐하시고 인도하시며 축복하십니다.

요한복음 19장_주의 뜻대로 이루어지는 세상 역사

예수님께서 빌라도에게 신문받으시고, 결국 십자가에 달리시고 죽으신 말씀입니다. 신문을 받으시는 중, 예수님께서는 자신의 권한을 강조하는 빌라도에게 모든 권한과 주권이 하나님께 있음을 말씀하셨습니다. 빌라도는 자신이 가진 권한이 누구보다 크다는 사실을 주장했지만, 그러나 하나님의 뜻 없이 그 권한이 사용될 수 없음을 말씀하셨습니다. "예수께서 대답하시되 위에서 주지 아니하셨더라면 나를 해할 권한이 없었으리니 그러므로 나를 네게 넘겨 준 자의 죄는 더 크다 하시니라"(요 19:11) 또한 십자가의 현장에서 예언된 성경의 말씀이 그대로 이루어졌음을 증언하고 있습니다. 하나님의 말씀대로 조금의 그릇됨도 없이 그대로 이루어졌다는 것입니다. "군인들이 서로 말하되 이것을 찢지 말고 누가 얻나 제비 뽑자 하니 이는 성경에 그들이 내 옷을 나누고 내 옷을 제비 뽑나이다 한 것을 응하게 하려 함이러라 군인들은 이런 일을 하고"(요 19:24) "이 일이 일어난 것은 그 뼈가 하나도 꺾이지 아니하리라 한 성경을 응하게 하려 함이라"(요 19:36)

결국 이 말씀은 이 세상이 세상 권력자들의 뜻에 의해 움직여지는 것이 아니라 오직 주의 주권에 따라 주의 뜻대로 움직여짐을 가르쳐줍니다. 사람은 그 가진 힘과 권력으로 스스로의 뜻을 이룰 수 있다고 착각하지만, 주의 뜻을 벗어나는 일은 그 무엇도 없습니다. 결코 하나님의 뜻을 넘어설 수 있는 사람은 아무도 없습니다. 따라서 내 힘과 뜻이 아니라 먼저 주의 뜻이 무엇인가 찾아야 합니다. 그리고 그 뜻에 겸손히 순종해야 합니다. 이것이 축복입니다. 주의 뜻이 이루어질 때, 주의 뜻에 순종한 나의 뜻도 함께 이루어지기에 축복입니다.

잠언 16장_주의 뜻대로 이루어지는 우리의 삶
우리의 삶은 주의 뜻대로 이루어짐을 교훈하고 있습니다. 우리가 뜻과 계획을 세워도 그 걸음을 인도하시는 분은 하나님이시기에, 우리가 세운 뜻이 아닌 하나님의 뜻대로 된다는 것입니다. "마음의 경영은 사람에게 있어도 말의 응답은 여호와께로부터 나오느니라"(잠 16:1) "사람이 마음으로 자기의 길을 계획할지라도 그의 걸음을 인도하시는 이는 여호와시니라"(잠 16:9)

따라서 우리의 삶을 하나님께 맡겨야 합니다. 우리의 인생을 계획하며 뜻을 세우는 것도 중요하지만, 더 중요한 것은 그 뜻을 이루시는 하나님께 맡기는 것입니다. 하나님의 뜻은 어디에 있으며, 우리의 뜻이 하나님의 뜻 안에 있는지 살피고, 하나님께 우리의 삶 전부를 맡겨야 합니다. "너의 행사를 여호와께 맡기라 그리하면 네가 경영하는 것이 이루어지리라"(잠 16:3) 또한 하나님을 기쁘시게 하는 일에 힘써야 합니다. 하나님의 뜻대로 되기에, 우리가 그 뜻을 이루기 위해 수고하며 힘쓰기에 앞서 하나님의 기쁨에 먼저 힘을 써야 합니다. 그러면 하나님께서 우리의 뜻을 이루십니다. 곧 성경은 우리가 하나님을 기쁘시게 하면 원수라도 화목하게 하신다고 말씀하고 있습니다. "사람의 행위가 여호와를 기쁘시게 하면 그 사람의 원수라도 그와 더불어 화목하게 하시느니라"(잠 16:7)

빌립보서 3장_주의 뜻대로 사는 자에게 주어지는 은혜
율법주의에 대한 경고의 말씀입니다. 곧 바울은 육체를 신뢰하고 자랑하며 율법과 할례를 강조하는 거짓 선교사들을 비판하며, 그들로 인해 흔들리지 말아야 함을 가르쳤습니다. 육체를 자랑한다면 바울이 그들보다 더 확실하게 자랑할 것이 많음을 열거하며, 그 자랑이 헛되고 무익하다는 사실을 전했습니다. 오직 자랑할 것은 예수 그리스도와 그를 믿는 믿음으로 말미암는 의뿐임을 강조했습니다. "그러나 무엇이든지 내게 유익하던 것을 내가 그리스도를 위하여 다 해로 여길뿐더러 또한 모든 것을 해로 여김은 내 주 그리스도 예수를 아는 지식이 가장 고상하기 때문이라 내가 그를 위하여 모든 것을 잃어버리고 배설물로 여김은 그리스도를 얻고 그 안에서 발견되려 함이니 내가 가진 의는 율법에서 난 것이 아니요 오직 그리스도를 믿음으로 말미암은 것이니 곧 믿음으로 하나님께로부터 난 의라"(빌 3:7~9) 바울은 다른 무엇이 아니라 믿음으로 구원을 얻게 하시는 주님의 뜻을 알았고, 그 뜻을 따라 세상의 헛된 것을 깨달을 수 있었습니다. 주의 뜻을 통해 거짓 선교사들이 내세우는 그 육신의 자랑이 더럽고 쓸모없는 배설물과 같다는 것을 깨닫고 내려놓을 수 있었습니다. 그 모든 헛된 것을 내려놓고 주의 뜻을 따라 믿음을 통한 의, 곧 주의 구원의 은혜를 누릴 수 있었습니다. 따라서 바울은 율법과 할례를 주장하고, 자기 의와 육체를 신뢰하며 자랑했던 자들에게는 심판이 있음을 전했습니다(빌 3:19). 주의 뜻을 모르고 육신의 자랑에 빠져 헛된 것을 구하는 그들은 결코 주의 은혜를 누릴 수 없다는 것입니다.

주의 기뻐하시는 뜻을 찾고 이를 따라 살아가는 자에게 주의 은혜가 주어집니다. 세상의 욕심이 아닌 그리스도를 구하며 추구할 때 그리스도가 우리의 전부 되시고 생명이 되십니다.

기쁨
레위기 1장 | 요한복음 20장 | 잠언 17장 | 빌립보서 4장

우리는 믿음의 사람으로 항상 기뻐할 수 있습니다. 주의 십자가의 은혜를 통한 죄의 용서로, 주의 부활을 믿고 소망함으로, 모든 염려와 근심을 주께 기도하며 맡김으로 기뻐할 수 있습니다. 따라서 우리는 믿음으로 주 안에서 항상 기뻐하며 강건한 삶을 살아야 합니다.

레위기 1장_죄의 용서로 인한 기쁨

번제에 대한 말씀입니다. 번제는 제물로 바치는 짐승을 가죽을 빼고 통째로 제단 위에서 불살라 드리는 온전한 제사입니다. 제물을 바치는 사람은 짐승의 머리에 안수함으로써 짐승과 함께 궁극적으로 자기 자신을 하나님께 내어드린다는 뜻을 표현했습니다. 하나님께서는 이것을 기쁨으로 받으시고 그의 죄를 용서해 주신다는 것입니다. "그는 번제물의 머리에 안수할지니 그를 위하여 기쁘게 받으심이 되어 그를 위하여 속죄가 될 것이라"(레 1:4)

번제를 통해 우리가 하나님께 온전히 드려지고 하나님께서 우리를 기쁨으로 받으신다는 것이 우리에게 기쁨입니다. 부족하고 연약한 존재이지만 우리가 주님께 드려지고 또 주님께서 기쁨으로 받으시는 것 자체가 기쁨이 됩니다. 더욱이 하나님께서 우리를 기쁨으로 받으시고 은혜로 그 죄까지 용서하시니 무엇보다 큰 기쁨이 됩니다.

번제는 예수 그리스도의 십자가를 생각하게 합니다. 예수님께서는 십자가에서 온전히 그 몸을 드려 모든 사람의 죄를 단번에 대속하셨습니다. 예수님께서 우리를 위한 희생 제물이 되어 주셨습니다. 그 예수님의 희생을 통해 우리의 죄의 문제가 해결됐습니다. 따라서 또한 이것이 기쁨일 수밖에 없습니다. 예수 그리스도의 십자가의 희생과 이를 통해 우리가 죄를 용서함 받은 것보다 더 큰 기쁨은 있을 수 없습니다.

요한복음 20장_부활의 소망으로 인한 기쁨

주님의 부활을 전하고 있습니다. 베드로와 요한이 빈 무덤을 확인한 것과, 마리아가 부활하신 예수님을 만난 것, 그리고 부활하신 예수님께서 제자들을 찾아와 부활을 확증해 주신 것 등을 기록하고 있습니다.

예수님의 십자가의 죽음으로 인해 절망과 두려움 중에 있었던 제자들에게 예수님의 부활은 무엇보다 큰 기쁨이었습니다. 사망의 권세를 이기신 부활의 주님을 목격한 제자들은 크게 기뻐하였습니다. "이 날 곧 안식 후 첫날 저녁 때에 제자들이 유대인들을 두려워하여 모인 곳의 문들을 닫았더니 예수께서 오사 가운데 서서 이르시되 너희에게 평강이 있을지어다 이 말씀을 하시고 손과 옆구리를 보이시니 제자들이 주를 보고 기뻐하더라"(요 20:19~20)

예수님은 십자가의 죽음으로 끝나지 않으시고 사망을 이기시고 부활하셨습니다. 예수님의 부활은 예수님을 따르는 우리에게 생명이요 소망이 됩니다. 예수님의 부활이 곧 우리의 부활로 이어지기 때문입니다. 예수님께서 사망을 이기시고 부활하신 것처럼 우리도 마지막 때에 부활하여 영원한 생명을 얻게 됩니다. 따라서 부활의 소망으로 항상 기뻐할 수 있습니다.

부활의 기쁨을 누리기 위해 믿음이 중요합니다. 부활하신 주님에 대한 믿음이 없이는 그 어떤 소망과 기쁨도 가질 수 없기 때문입니다. 곧 처음 부활을 믿지 못한 제자들은 근심하고 절망하며 두려워했습니다. 유대인들을 두려워해 모인 곳의 문들을 닫고 숨죽이며 있었습니다. 그러나 찾아오신 부활의 주님을 만나고 그 부활을 확신하게 되자, 더 이상 절망하며 두려워하지 않을 수 있었습니다. 그 믿음이 절망과 두려움을 오히려 소망과 기쁨으로 바꾸게 했습니다. 도마도 마찬가지입니다. 제자들 중 유일하게 예수님의 부활을 목격하지 못한 도마는 그 부활을 믿지 못했습니다. 예수님의 부활을 의심하며 제자들의 증거를 받아들이지 않았습니다. 따라서 부활하신 예수님께서 의심하는 도마에게 나타나셨습니다. 도마에게 나타나 손과 옆구리를 직접 만져보라 말씀하시며 그 부활을 확인시켜 주셨습니다. 믿음 없는 자가 되지 말고 믿는 자가 되라고 가르치셨습니다(요 20:27). 그만큼 부활에 대한 믿음이 중요함을 말씀하셨습니다.

예수님의 부활을 믿고 소망하면 기뻐할 수 있습니다. 따라서 제자들을 찾아가셨던 것처럼 오늘 우리를 찾아오시는 부활의 예수님을 만나야 합니다. 그 만남을 통해 부활을 확신해야 하고 또 이를 통해 소망과 기쁨의 삶을 살아야 합니다.

잠언 17장_기쁨으로 인한 강건한 삶

미련한 자로 인한 어려움과 근심을 전하고 있습니다. 미련한 자와의 만남은 새끼 빼앗긴 암곰을 만나는 것보다 더 큰 위험과 해가 된다는 것입니다(잠 17:12). 미련한 자를 낳고 그 아비가 되는 것은 근심과 고통이 되고 결코 기쁨을 누릴 수 없다는 것입니다(잠 17:21, 25). 그리고 그 근심은 뼈를 마르게 한다고 말씀하고 있습니다. "마음의 즐거움은 양약이라도 심령의 근심은 뼈를 마르게 하느니라"(잠 17:22)

결국 이 말씀은 우리가 미련한 자를 피하고 지혜로운 자와 함께하기를 힘써야 하고, 그것이 복 된 삶임을 가르쳐주고 있습니다. 미련한 자를 따르는 삶이 아닌 지혜로운 자를 따르는 삶이 기쁨이 되고, 그 기쁨이 우리의 병을 낮게 하고 강건케 한다는 것입니다. 곧 지혜의 근본인 하나님을 경외하며 하나님께 모든 행사를 맡기고, 하나님의 돌보심 속에서 기쁨으로 살아가면 영혼육이 강건한 삶을 살아갈 수 있습니다.

빌립보서 4장_주께 맡김으로 인한 기쁨

빌립보서 4장은 주 안에서 한 마음을 품고 항상 기뻐할 것을 교훈하고 있습니다. 염려하고 근심할 것이 아니라 주님께 기도하고 맡기라는 것입니다. 그러면 항상 기뻐할 수 있다는 것입니다. 모든 근심과 염려를 하나님께 맡기고 다만 감사함으로 기도하면 모든 것을 아시는 하나님께서 평강과 기쁨을 주신다는 것입니다. 마음과 생각을 지켜 염려의 상황 속에서도 기뻐하게 하신다는 것입니다. "주 안에서 항상 기뻐하라 내가 다시 말하노니 기뻐하라... 아무 것도 염려하지 말고 다만 모든 일에 기도와 간구로, 너희 구할 것을 감사함으로 하나님께 아뢰라 그리하면 모든 지각에 뛰어난 하나님의 평강이 그리스도 예수 안에서 너희 마음과 생각을 지키시리라"(빌 4:4~7)

주 안에서는 항상 기뻐할 수 있습니다. 우리에게는 불가능하여 염려하며 근심하는 것도 하나님은 능히 하실 수 있기에 주 안에서 주님께 맡김으로 항상 기뻐할 수 있습니다.

화목
레위기 2-3장 | 요한복음 21장 | 잠언 18장 | 골로새서 1장

맥체인성경365_537p

구약시대 화목제를 통해 인간과 화목을 이루신 하나님은 이제 화목제물이 되신 예수 그리스도를 통해 우리와 화목을 이루셨습니다. 예수님은 십자가에서 친히 화목제물이 되셨고, 사랑으로 우리를 회복시켜 우리가 화목의 축복을 누리게 하셨습니다. 이 놀라운 축복을 누린 우리들은 이제 우리 이웃과 화목을 이루어가야 합니다.

레위기 2-3장_화목제를 통한 화목

레위기 2장은 소제에 대한 말씀입니다. 소제는 피를 흘리지 않는 제사로서 수확물 또는 양식의 일부를 드렸습니다. 레위기 3장은 화목제에 대한 말씀입니다. 화목제는 하나님과 인간 사이의 분쟁을 종식하고 화평과 친교와 연합이 이루어졌음을 감사하여 드리는 제사입니다. 화목제에는 감사제, 서원제, 자원제가 있습니다. 감사제는 베풀어주신 축복과 구원에 대해 감사할 때 언제든지 자발적으로 드리는 제사이고, 서원제는 간구가 이루어진 경우 혹은 이루어질 줄 믿고 믿음으로 드리는 제사입니다. 그리고 자원제는 조건 없이 하나님께 대한 자신의 사랑을 표시할 때 그저 즐거운 마음으로 드리는 제사로 일명 낙헌제라고 불립니다.

하나님은 화목제를 통해 하나님과 인간의 관계를 회복하며 화평과 친교와 연합의 은혜를 누릴 수 있게 하셨습니다. 하나님의 뜻은 우리가 죄를 씻고 거룩함으로 하나님과 화목하는 것에 있다는 것입니다. 따라서 이 은혜에 감사하며 더욱 하나님과의 화목을 이루어가야 합니다. 하나님께서 미워하시는 죄를 철저히 배격하고 또 씻음 받고, 거룩함으로 하나님과 화목하며 교제해야 합니다.

요한복음 21장_주의 용서의 은혜를 통한 화목

부활하신 예수님께서 디베랴 호수에 나타나 제자들을 만나신 말씀입니다. 십자가 앞에서 실패한 베드로를 비롯한 제자들은 물고기나 잡으며 살겠다고 디베랴 호수로 갔는데, 예수님께서 그 제자들을 찾아가 만나주셨습니다. 그리고 실패로 낙망해 있는 제자들을 회복시켜 주셨습니다. "세 번째 이르시되 요한의 아들 시몬아 네가 나를 사랑하느냐 하시니 주께서 세 번째 네가 나를 사랑하느냐 하시므로 베드로가 근심하여 이르되 주님 모든 것을 아시오매 내가 주님을 사랑하는 줄을 주님께서 아시나이다 예수께서 이르시되 내 양을 먹이라"(요 21:17) 예수님께서 베드로를 회복시키신 말씀입니다. 그에게 "네가 나를 사랑하느냐?" 세 번 물으시고, 또 주님을 사랑한다는 그의 세 번의 대답을 통해서, 그가 십자가 앞에서 예수님을 세 번 부인했던 죄와 부끄러움을 용서하시고 회복시키셨습니다.

이처럼 예수님은 실패 가운데 있는 제자들, 특별히 베드로를 찾아와 그 실수를 회복케 하시고 화목의 길을 열어주셨습니다. 만선의 은혜를 다시 경험하게 하심으로 베드로가 처음 주님을 따랐을 때의 결단을 회상하게 하셨고, 숯불을 피워 가야바의 뜰 모닥불 아래에서 예수님을 모른다고 부인했던 실패의 때를 떠올리게 하셨으며, 세 번 나를 사랑하느냐 물으시고 또 사랑의 대답을 들으심으로 세 번 예수님을 부인했던 뼈저린 상처를 회복하게 하셨습니다.

우리는 실수하고 넘어지는 연약한 인간입니다. 베드로도 주와 함께 죽을지언정 결코 주를 부인하지 않겠다고 호언장담했지만 주님을 부인하며 넘어지고 말았습니다. 따라서 주의 용서의 은혜가 필요합니다. 사랑으로 먼저 찾아오시고 우리의 부끄러운 실수와 죄를 용서하시고 회복하시는 은혜가 필요합니다. 이 은혜 없이는 주님과의 화목을 이룰 수 없습니다. 죄와 실수에 연약한 우리들을 용서하시며 회복하시는 은혜 없이는 죄로 인해 넘어져 그대로 심판에 이를 수밖에 없습니다. 따라서 또한 우리를 용서하시고 회복하시며 은혜 베푸시는 주님의 사랑에 감사하며 응답해야 합니다. 베드로가 주님께 사랑을 고백하며 회복의 은혜를 얻고 다시 주님과 화목한 것처럼 우리도 주님께 사랑을 고백하며 주님과 화목을 이루어가야 합니다.

잠언 18장_이웃과의 화목

여러 교훈 중 이웃과의 화목이 중요함을 가르치고 있습니다.

"제비 뽑는 것은 다툼을 그치게 하여 강한 자 사이에 해결하게 하느니라"(잠 18:18) 제비뽑기를 통해 분쟁과 다툼을 해결할 수 있다는 말씀입니다. 결국 자신의 뜻을 이루며 오로지 자신의 욕심만을 채우고자 이웃과 분쟁하는 것은 옳지 않음을 교훈하는 말씀입니다. 다투고 분쟁하기보다 화목을 이루는 길과 방법을 찾는 지혜가 필요하다는 것입니다. "노엽게 한 형제와 화목하기가 견고한 성을 취하기보다 어려운즉 이러한 다툼은 산성 문빗장 같으니라"(잠 18:19) 한번 깨어진 관계는 다시 회복하기 어렵다는 사실을 교훈하는 말씀입니다. 따라서 과도한 자기주장과 욕심으로 형제와 다투며 그 마음을 상하게 하지 말고 지혜와 양보와 사랑과 소통으로 화목을 이루어야 합니다.

주님의 용서와 사랑을 통해 주님과의 화목의 은혜를 입은 우리들은 또한 이웃과 화목하기를 힘써야 합니다. 주님의 사랑을 통해 사랑에 빚진 자임을 기억하고 우리 이웃에게 사랑을 베푸는 삶, 또한 그럼으로 화목을 이루는 삶을 살아야 합니다.

골로새서 1장_그리스도의 십자가를 통한 화목

골로새 교회를 향한 바울의 감사와 기도, 그리고 예수 그리스도의 십자가를 통한 화평과 화목을 전하고 있습니다. 하나님께서 그리스도의 십자가의 피를 통해 우리가 하나님과 화목함을 이루기를 기뻐하셨다는 것입니다. 예수 그리스도의 십자가의 죽음으로 우리와 화해하셔서 우리를 하나님 앞에서 거룩하고 흠 없고 책망할 것이 없는 사람으로 세우셨다는 것입니다. "그의 십자가의 피로 화평을 이루사 만물 곧 땅에 있는 것들이나 하늘에 있는 것들이 그로 말미암아 자기와 화목하게 되기를 기뻐하심이라 전에 악한 행실로 멀리 떠나 마음으로 원수가 되었던 너희를 이제는 그의 육체의 죽음으로 말미암아 화목하게 하사 너희를 거룩하고 흠 없고 책망할 것이 없는 자로 그 앞에 세우고자 하셨으니"(골 1:20~22)

예수 그리스도께서 하나님과 인간 사이를 회복시키는 화목제물이 되어주셨습니다. 그 십자가를 통해 하나님과의 끊어진 관계를 회복하고 화목할 수 있는 놀라운 은혜를 주셨습니다. 따라서 믿음이 중요합니다. "만일 너희가 믿음에 거하고 터 위에 굳게 서서 너희 들은 바 복음의 소망에서 흔들리지 아니하면 그리하리라"(골 1:23) 믿음에 거하고 복음의 소망 안에서 흔들리지 않아야 하나님 앞에 거룩하게 서서 화목의 은혜를 누릴 수 있습니다.

복

1 / Apr

레위기 4장 | 시편 1-2편 | 잠언 19장 | 골로새서 2장

구약시대 화목제를 통해 인간과 화목을 이루신 하나님은 이제 화목제물이 되신 예수 그리스도를 통해 우리와 화목을 이루셨습니다. 예수님은 십자가에서 친히 화목제물이 되셨고, 사랑으로 우리를 회복시켜 우리가 화목의 축복을 누리게 하셨습니다. 이 놀라운 축복을 누린 우리들은 이제 우리 이웃과 화목을 이루어가야 합니다.

레위기 4장_죄 용서함의 복

속죄제에 대한 말씀입니다. 여호와의 계명 중 하나라도 범한 경우 반드시 속죄제를 통해 그 죄를 사함 받아야 한다는 것입니다. 제사장, 이스라엘 온 회중, 족장, 평민의 한 사람 등, 각각의 범죄에 대해 속죄제를 드리는 방법에 대한 가르침을 주고 있고, 속죄제를 통해 그 죄를 사함 받게 됨을 말씀하고 있습니다. "그 송아지를 속죄제의 수송아지에게 한 것 같이 할지며 제사장이 그것으로 회중을 위하여 속죄한즉 그들이 사함을 받으리라"(레 4:20)

결국 무엇입니까? 죄의 용서함을 받은 사람이 복이 있는 사람입니다. 죄를 용서받지 못하면, 하나님의 공의에 따라 심판 받고 멸망 받아야 합니다. 그러나 하나님의 은혜로 속죄제를 통해 죄를 용서받고, 거룩하신 하나님 앞에 서서 하나님과 교제하며 생명을 얻을 수 있습니다. 이것이 무엇과도 비교할 수 없는 복입니다. 따라서 속죄제를 통해 죄 사함의 길을 열어주신 하나님의 은혜에 감사하며, 끊임없이 속죄제를 하나님 앞에 올려드려야 합니다. 무엇보다 이제는 예수 그리스도의 십자가의 보혈로 우리의 죄를 씻으시고 구원하신 은혜에 감사하며 예수 그리스도의 십자가를 통한 회개의 고백을 중단 없이 해야 합니다.

시편 1-2편_주와 나누는 교제의 복

시편 1편은 의인의 길과 악인의 길에 대한 가르침이고, 시편 2편은 하나님의 승리와 그 아들의 통치에 대한 찬양입니다. 그런데 두 시편 모두 하나님과의 교제에 복이 있음을 가르치고 있습니다. 시편 1편은 악인들과 죄인들의 길을 따르지 않고 하나님의 말씀을 묵상하는 사람, 곧 그렇게 하나님과 교제하며 살아가는 사람이 하는 모든 일이 형통하며 복이 있음을 가르치고 있습니다. "복 있는 사람은 악인들의 꾀를 따르지 아니하며 죄인들의 길에 서지 아니하며 오만한 자들의 자리에 앉지 아니하고 오직 여호와의 율법을 즐거워하여 그의 율법을 주야로 묵상하는도다"(시 1:1~2) 시편 2편은 하나님을 경외하며 그 아들에 입맞추는 사람, 곧 하나님을 대항하지 않고 오히려 하나님을 의지하여 하나님께 피하는 사람이 복이 있음을 전하고 있습니다. "여호와를 경외함으로 섬기고 떨며 즐거워할지어다 그의 아들에게 입맞추라 그렇지 아니하면 진노하심으로 너희가 길에서 망하리니 그의 진노가 급하심이라 여호와께 피하는 모든 사람은 다 복이 있도다"(시 2:11~12)

은금을 얻고 부자가 되어 이 세상을 호의호식하며 떵떵거리고 사는 것이 복이 아닙니다. 참된 복은 하나님께 있습니다. 따라서 하나님을 경외하고 그 안에서 말씀에 순종하며, 하나님께서 기뻐하시는 의를 추구하고 하나님과 교제하며 사는 삶이 복이 있는 삶입니다. 우리가 이 복을 구하고 또 누리며 살아야 합니다.

잠언 19장_명철을 지키는 자의 복

지혜를 얻고 명철을 지키는 것, 곧 하나님을 알고 경외하는 것이 복임을 가르치고 있습니다. "지혜를 얻는 자는 자기 영혼을 사랑하고 명철을 지키는 자는 복을 얻느니라"(잠 19:8) 여호와 하나님을 경외하는 것이 지혜의 근본이고, 거룩하신 하나님을 아는 것이 명철입니다(잠 9:10). 따라서 지혜를 얻고 명철을 지키는 자가 복을 얻는다는 것은 하나님을 경외하며 하나님을 알고 교제하며 살아가는 자가 복을 얻는다는 것입니다. 이에 대해 성경은 여호와를 경외하는 자에게 생명이 있고 만족함이 있으며 재앙을 만나지 않는다고 가르치고 있습니다. "여호와를 경외하는 것은 사람으로 생명에 이르게 하는 것이라 경외하는 자는 족하게 지내고 재앙을 당하지 아니하느니라"(잠 19:23)

지혜를 얻고 명철을 지켜 여호와를 경외하는 자에게는 생명과 행복과 돌봄의 축복이 있습니다. 따라서 하나님을 경외하는 삶에서 떠나지 않아야 합니다. 어떤 유혹과 고난에도 넘어지지 말고 명철을 지켜야 합니다.

골로새서 2장_하나님의 비밀을 깨닫는 복
거짓 교사들의 가르침에 주의하고 넘어지지 말아야 할 것을 가르치고 있는 말씀입니다. 곧 교회 안에 철학과 헛된 속임수로 교인들을 유혹하며, 음식 규정과 명절들의 준수, 천사 숭배 등의 그릇된 가르침으로 믿음의 교인들을 비판하며 정죄하는 사람들이 있었습니다. 이에 대해 바울은 골로새 교인들에게 흔들리지 말 것을 가르친 것입니다.

이를 위해 바울은 하나님의 비밀인 그리스도 안에 지혜와 지식의 모든 보화가 감추어져 있음을 전했습니다. 이를 깨닫고 헛된 가르침에 속지 말라는 것입니다. "이는 그들로 마음에 위안을 받고 사랑 안에서 연합하여 확실한 이해의 모든 풍성함과 하나님의 비밀인 그리스도를 깨닫게 하려 함이니 그 안에는 지혜와 지식의 모든 보화가 감추어져 있느니라"(골 2:2~3)

하나님의 비밀인 예수 그리스도 안에 참된 복이 있습니다. 오직 그 안에서 그리스도와 함께 다시 살고, 죄 사함과 율법에서의 자유와 세상 모든 권세를 이기는 승리의 축복이 있습니다(골 2:13~15). 따라서 하나님의 비밀인 예수 그리스도를 깨닫고 믿어야 합니다. 그를 믿는 믿음을 통해 이 모든 축복을 누려야 합니다.

오늘의 기도

1. 하나님의 은혜를 통해 주어진 죄 사함의 복을 깨닫고 날마다 그 은혜를 누리게 하소서.
2. 오직 의를 따르고 말씀을 지키며 살아가게 하시고, 이를 통해 하나님의 인정과 돌보심을 받고, 철을 따라 열매 맺으며 형통한 삶을 살게 하소서.
3. 하나님의 비밀인 그리스도를 깨닫고 붙잡아 지혜와 지식의 모든 보화를 발견하여 누리는 삶을 살게 하소서.

다 아시는 주님

레위기 5장 | 시편 3-4편 | 잠언 20장 | 골로새서 3장

하나님은 우리의 삶의 형편도, 처한 고난과 두려움의 상황도 다 아십니다. 아시기에 우리의 형편에 은혜를 주시고, 우리의 기도에 응답하십니다. 따라서 모든 것을 아시는 하나님께 모든 삶을 믿음으로 맡기고 진실하게 살아야 합니다. 말씀을 따라 신실함으로 본을 보이며 충성의 삶을 살아야 합니다.

레위기 5장_우리의 형편을 아시는 주님

속죄제를 드려야 하는 몇 가지 경우에 대해 설명하고 있습니다. 불의한 일을 본 증인임에도 알리지 아니한 경우, 부정한 것들을 접촉한 경우, 거짓 맹세를 한 경우 등, 그 죄에 대해서 속죄제를 드려 허물을 속죄할 것을 명령하고 있습니다. 그런데 주목할 것이, 가난한 자들을 위한 속죄제에 대한 말씀입니다. 죄에 대해서 반드시 어린 양이나 염소 등으로 속죄제를 드려야 하는데, 그 힘이 어린 양을 바치는데 미치지 못하면 산비둘기 두 마리나 집비둘기 새끼 두 마리를 속죄제물로 드릴 수 있게 하셨습니다. 그리고 비둘기조차도 마련할 힘이 없으면 고운 가루 십분의 일 에바를 예물로 드려 그 죄를 속할 수 있게 하셨습니다(레 5:11~12).

죄를 씻고 하나님과의 관계를 이어가기 위해서 속죄제는 반드시 필요합니다. 죄를 씻지 않고는 하나님의 심판에 처할 수밖에 없습니다. 그런데 가난하여 제물을 준비할 수 없어 속죄제를 드릴 수 없다면, 이것은 너무도 큰 불행입니다. 그러나 하나님은 우리의 모든 형편을 잘 아십니다. 가난하여 비둘기조차 마련할 수 없는 사람의 형편을 아시고, 고운 가루를 통해서도 속죄제를 드릴 수 있게 하셨습니다. 결코 가난함이 속죄제를 통해 허물을 씻는데 장애가 되지 않게 하셨습니다. 그만큼 하나님은 우리의 형편을 잘 아시고, 우리를 사랑하시며, 우리 모두가 죄에서 해방되어 생명의 삶을 살기를 바라십니다. 이것이 놀라운 하나님의 은혜입니다.

시편 3-4편_우리의 고난을 아시는 주님

시편 3편은 아들 압살롬의 반역으로 인해 다윗이 왕궁을 버리고 급히 도망하는 중에 쓴 시이고, 시편 4편은 자신의 힘이 아니라 하나님을 신뢰해야 함을 노래하는 시입니다. 다윗은 사람들의 풍성한 곡식보다 하나님이 주시는 기쁨을 선택하겠다고 고백하고 있습니다.

다윗의 하나님을 향한 신뢰는 시편 3편에서 더욱 잘 드러나고 있습니다. 압살롬을 피해 도망가는 급박하고 절박한 상황으로 큰 두려움 중에 있을 수밖에 없었지만, 다윗은 하나님을 향한 믿음으로 그 두려움을 담대함으로 바꾸어 갔습니다. "내가 나의 목소리로 여호와께 부르짖으니 그의 성산에서 응답하시는도다 (셀라) 내가 누워 자고 깨었으니 여호와께서 나를 붙드심이로다 천만인이 나를 에워싸 진 친다 하여도 나는 두려워하지 아니하리이다"(시 3:4~6) 수많은 사람들이 압살롬 편에 서서, 곧 다윗을 치는 대적과 원수가 돼서 다윗은 절망할 수밖에 없었음을 고백하고 있습니다. 그러나 다윗은 하나님께 드린 기도와 그 응답의 확신으로 두려움을 평안으로, 절망을 소망으로 바꾸어갔습니다. 천만인이 에워싸 진 친다 해도 두렵지 않다고 고백할 만큼 하나님의 도우심을 확신했고, 무엇보다 하나님의 붙드시고 지키심을 확신하여 편히 자고 깰 수 있음을 고백했습니다. 곧 다윗은 자신의 모든 고난을 아시는 하나님을 믿고 바라본 것입니다. 결코 하나님은 그 고난과 두려움 속에서 고통하며 절망하는 자신의 상황을 모르지 않으시고, 또한 외면하지 않으심을 믿은 것입니다.

하나님은 우리의 고난을 모르지 않으십니다. 우리의 부르짖는 기도를 주의 성산에서 다 듣고 계십니다. 따라서 고난으로 두려워하지 말고 다윗처럼 주의 도우심과 승리를 믿고 확신해야 합니다. 두려움을 하나님을 향한 믿음으로, 또한 그로 인한 평안과 소망으로 바꾸어 가야 합니다.

잠언 20장_우리의 진실함을 아시는 주님

여러 교훈을 주고 있는데, 이를 통해 하나님을 속일 수 없음을 깨닫게 됩니다. 하나님 앞에 진실할 때, 하나님께서 그 진실을 아시고 갚아주심을 배울 수 있습니다.

"많은 사람이 각기 자기의 인자함을 자랑하나니 충성된 자를 누가 만날 수 있으랴"(잠 20:6) 사람들은 스스로를 믿을 수 있다고 말하나, 그 말을 모두 신뢰할 수 있는 것은 아님을 교훈하는 말씀입니다. 진정한 평가는 사람의 말이 아니라 하나님의 말씀과 뜻에 비추어 내릴 수 있다는 것입니다. 따라서 진정한 평가는 하나님께 있습니다. 하나님만이 그 사람의 진실함을 아시고 바르게 평가하십니다.

"한결같지 않은 저울 추와 한결같지 않은 되는 다 여호와께서 미워하시느니라"(잠 20:10) "한결같지 않은 저울 추는 여호와께서 미워하시는 것이요 속이는 저울은 좋지 못한 것이니라"(잠 20:23) 거짓과 속임수를 하나님께서 다 아신다는 말씀입니다. 그 거짓과 속임수로 결코 하나님을 속일 수 없다는 것입니다. 따라서 하나님 앞에서 진실해야 함을 가르쳐주고 있습니다. 어리석게 거짓과 속임수로 이득을 얻고 욕심을 차리려고 하지 말고, 오히려 진실하게 우리의 형편을 하나님께 아뢰고 은혜와 도움을 구해야 한다는 것입니다. 곧 우리의 거짓과 속임수를 아시는 하나님은 또한 우리의 진실함도 아시고, 그 진실함을 보시고 은혜 베풀어 주십니다.

따라서 다음의 말씀이 우리에게 도전이 됩니다. "너는 악을 갚겠다 말하지 말고 여호와를 기다리라 그가 너를 구원하시리라"(잠 20:22) 하나님을 믿고 하나님께 진실하면 됩니다. 진실함으로 하나님의 구원을 기다리면 됩니다. 그러면 우리의 진실함을 아시는 하나님께서 반드시 구원하십니다.

골로새서 3장_우리의 충성을 아시는 주님

그리스도와 함께 다시 살리심을 받은 새 사람으로 땅의 것이 아닌 위의 것을 생각하고 구해야 한다는 가르침입니다. 따라서 땅에 있는 지체, 곧 음란과 부정과 사욕과 악한 정욕과 탐심을 버리고, 하나님이 택하사 거룩하고 사랑 받는 자처럼 긍휼과 자비와 겸손과 온유와 오래 참음과 용서와 사랑의 삶을 살아가라고 가르치고 있습니다. 더불어 주 안에서 새 사람으로 살아가는 그리스도인으로서 남편과 아내, 부모와 자녀, 주인과 종들의 관계에서 따라야 할 교훈을 주고 있습니다.

특별히 주목할 말씀이, 믿음을 가진 종들에게 주고 있는 가르침으로, 육신의 상전들에게 신실함으로 순종하고 충성하라는 가르침입니다. 결코 눈가림으로 하지 말고 마음을 다해 주께 하듯 주인을 섬기라는 것입니다. 이것이 하나님의 나라를 유업으로 받은 믿음의 사람들이 살아가야 하는 바른 삶의 모습이라는 것입니다(골 3:22~24).

결국 종들에 대한 가르침은 우리가 이 세상을 살아가며 남다르고 모범된 모습으로 우리 이웃들을 진실함으로 섬겨야 한다는 사실을 가르쳐줍니다. 또한 이것은 우리가 하나님의 종으로서 하나님께 충성해야 함을 가르쳐줍니다. 무엇보다 주님은 우리의 이런 모범된 삶, 곧 충성의 삶을 다 아십니다. 우리가 흉내만 내는지 아니면 신실함으로 충성의 삶을 살아가는지 다 아십니다. 따라서 거짓 없는 진실함으로 섬기고 충성해야 합니다.

오늘의 기도

1. 하나님께서 우리의 삶의 형편과 처한 모든 고난을 아심을 기억하고, 두려움이 아니라 믿음으로 기도하며 맡기는 삶을 살게 하소서.
2. 거짓과 속임으로 헛된 욕심을 얻고자 하는 어리석은 생각을 버리고, 항상 하나님 앞에 서 있음을 기억하며 진실함으로 살아가게 하소서.
3. 눈가림으로 흉내 내는 삶이 아니라, 신실함으로 본이 되는 삶을 살게 하소서.

기도

3
Apr

레위기 6장 | 시편 5-6편 | 잠언 21장 | 골로새서 4장

우리는 무엇을 위해 기도하고 있는가? 하나님 앞에서 거룩하기를 위해 기도해야 하고, 따라서 회개를 위해 기도해야 합니다. 하나님과 한 편에 서서 하나님의 승리를 누리기 위해 기도해야 하고, 무엇보다 하나님께서 바라시는 복음의 승리를 위해 기도해야 합니다.

레위기 6장_거룩함을 위한 기도

5장 14절부터 이어진 속건제에 대한 규례를 전하고 있고, 이어서 제사장들에게 주는 제사 규례를 전하고 있습니다. 곧 번제, 소제, 속죄제를 드림에 있어서 그 모든 제사를 주관해야 하는 제사장들이 특별히 기억해야 하는 규례들을 가르치고 있습니다.

특별히 강조되고 있는 것은 거룩함입니다. 하나님의 제사를 집례하는 제사장으로서 거룩함이 무엇보다 중요함을 강조하고 있습니다. 따라서 그 입는 옷부터 구별돼야 하고, 제사장의 옷을 입고 함부로 출입해도 안 됨을 규정하고 있습니다. 곧 제사장들은 제사를 집례할 때, 세마포 긴 옷을 입어야 하고, 세마포 속바지로 하체를 가리라고 말씀하고 있습니다. 또한 세마포 옷을 입고 밖으로 나가서도 안 되고, 재를 버리기 위해 부득이 진영 밖으로 나갈 때는 다른 옷으로 갈아입어야 한다고 말씀하고 있습니다. 하나님의 거룩한 일을 위하여 지음받은 옷이 진 밖에서 부정한 것과 접촉하여 부정해져서는 안 된다는 것입니다(레 6:10~11).

거룩함의 강조는 소제를 드리고 난 후 제사장에게 주어진 몫을 먹을 때, 결코 누룩을 넣어 굽지 말라고 한 것(레 6:17)과, 속죄제 제물을 먹을 때 회막 뜰 거룩한 곳에서 먹고, 또 고기에 접촉하는 모든 것은 거룩하기에 옷은 빨고 토기는 깨뜨리고 유기는 그릇을 닦으라는 말씀(레 6:26~27)에서도 찾아볼 수 있습니다.

제사장은 거룩하신 하나님 앞에서 그 직무를 감당하는 존재로서 무엇보다 거룩함이 강조되는 것은 이상한 일이 아닙니다. 첫째도 거룩함, 둘째도 거룩함입니다. 결국 이 말씀은 택하신 족속이요 왕 같은 제사장들로서(벧전 2:9) 주께서 맡기신 사역을 감당해야 하는 우리에게도 무엇보다 중요한 것이 거룩함임을 가르쳐줍니다. 우리도 힘써 거룩함을 추구해야 합니다. 따라서 또한 우리가 힘써야 할 것이 거룩함을 위해 기도하는 것입니다. 하나님께서 그 은혜로 우리의 불의함을 용서하시고 거룩하게 세워주시기를 힘써 기도해야 합니다.

시편 5-6편_회개를 위한 기도

시편 5편은 오만하고 불의한 자들 가운데서 지켜주시기를 구하는 기도입니다. 다윗은 주께 피하는 자들은 주께서 보호하시고 따라서 영원히 기쁨을 누릴 것을 믿으며 기도했습니다. 시편 6편은 다윗의 참회의 기도입니다. 그 죄로 인해 여호와께서 책망하지 마시고 용서해주시기를 간절히 구하는 기도입니다. 다윗은 이를 위해 밤마다 눈물로 회개하며 하나님의 용서를 구했습니다. "내가 탄식함으로 피곤하여 밤마다 눈물로 내 침상을 띄우며 내 요를 적시나이다 내 눈이 근심으로 말미암아 쇠하며 내 모든 대적으로 말미암아 어두워졌나이다"(시 6:6~7) 그 눈물이 자신의 요를 적시며 침상을 띄운다는 표현은 다윗의 간절하고 철저한 회개와 그 죄를 용서 받기 위한 그의 진실한 마음을 보여줍니다. 곧 다윗은 불의한 자의 결과를 너무도 잘 알고 있었습니다. 주께서 그 죄를 미워하시고, 결코 죄인이 주님 앞에 서지 못하며, 그 결과는 멸망임을 알았습니다(시 5:4~6). 따라서 다윗은 자신의 불의한 죄를 보며, 그 죄를 용서함 받기를 무엇보다 소망하며 구한 것입니다. 주님 앞에 다시 설 수 있기를 간절히 기도한 것입니다.

거룩함을 위해 힘써 회개하며 기도해야 합니다. 우리의 죄를 용서 받고 하나님 앞에 거룩함으로 서는 것보다 더 중요한 일은 없습니다. 따라서 매일 밤 눈물을 흘려야 한다고 할지라도 죄의 용서를 위해 하나님께 힘을 다해 기도해야 합니다. 우리가 무엇보다 먼저 구할 것은 세상에서의 성공과 축복이 아니라 죄의 용서입니다. 죄를 용서 받고 하나님 앞에 서는 것보다 더 큰 축복은 없습니다.

잠언 21장_승리를 위한 기도

승리의 삶이 여호와 하나님께 있음을 교훈하고 있습니다. "지혜로도 못하고, 명철로도 못하고 모략으로도 여호와를 당하지 못하느니라 싸울 날을 위하여 마병을 예비하거니와 이김은 여호와께 있느니라"(잠 21:30~31) 하나님을 대적하는 것의 어리석음을 보여주는 말씀입니다. 인간의 지혜와 명철과 모략으로 결코 하나님을 이길 수 없습니다. 승리를 위해 마병을 준비해도 그것으로 승리를 장담할 수 없습니다. 승패는 마병의 많고 적음에 있지 않고 하나님께 있습니다. 따라서 인간의 지혜와 명철과 모략, 그리고 많은 마병으로 승리를 이루겠다고 꾀하는 것은 어리석은 일입니다. 오히려 그 모든 것을 내려놓고 하나님을 의지해야 합니다. 하나님 편에 서서 하나님의 도움을 구하며 하나님을 앞세워야 합니다. 하나님께서 승리 주시기를 힘써 구하며 기도해야 합니다. 따라서 또한 하나님께서 기뻐하시는 공의와 정의의 편에 서야 합니다(잠 21:3). 마음을 감찰하시는 하나님임을 기억하며 외적인 흉내가 아닌 진심으로 의의 편에 서야 합니다(잠 21:2). 악인과 죄인의 길에서 떠나 정의를 기뻐하고 공의와 인자를 따라 구해야 합니다(잠 21:12, 15, 21).

우리가 살아가는 세상이 만만치 않습니다. 그 어느 것 하나도 우리가 뜻하고 마음 먹은 대로 되지 않습니다. 그러나 하나님의 뜻대로 됩니다. 하나님을 통해 세상을 이길 수 있습니다. 따라서 힘써 하나님의 편, 곧 하나님께서 기뻐하시는 의의 편에 서서 하나님의 은혜와 도움을 구해야 합니다. 승리를 위해 하나님 편에 서서 하나님께 기도하며 하나님과 함께 싸워야 합니다.

골로새서 4장_전도를 위한 기도

계속 기도하며 바른 말을 하라는 권면과, 편지를 끝내며 전하는 바울의 마지막 부탁과 인사말입니다. 무엇보다 주목할 말씀이, 바울이 전도를 위해 기도해줄 것을 요청하는 말씀입니다. 곧 바울은 갇혀 있으나 복음을 전할 수 있기를 소망했고, 이를 위해 골로새 교인들에게 기도를 부탁한 것입니다. 바울의 관심은 오직 그리스도의 비밀을 전하여 사람들을 생명의 길에 서게 하는 것이었고, 따라서 이를 위해 힘을 다해 기도하고 있었던 것입니다. "또한 우리를 위하여 기도하되 하나님이 전도할 문을 우리에게 열어 주사 그리스도의 비밀을 말하게 하시기를 구하라 내가 이 일 때문에 매임을 당하였노라"(골 4:3)

'우리는 무엇에 관심을 갖고 있고, 따라서 또한 무엇을 위해 기도하고 있는가?' 바울이 골로새 교인들에게 전도를 위해 기도를 부탁하는 말씀을 보며, 우리의 관심과 기도에 대해 돌아봐야 하지 않습니까? 혹 우리의 필요에만 관심을 갖고 그 필요를 채우기 위해서만 기도하고 있지는 않은지 돌아보고, 만약 그렇다면 그 기도를 바꾸어야 하지 않습니까? 곧 우리의 기도를 복음과 영혼 구원을 위한 기도로 바꾸어야 합니다. 이것이 하나님께서 기뻐하시는 기도입니다.

오늘의 기도

1. 택하신 족속이요 왕 같은 제사장들로서 우리가 주님 앞에 더욱 거룩하게 서서 사명을 감당할 수 있도록 도와주소서.
2. 죄에 대해 미워하고 눈물로 철저히 회개하여 주의 용서의 은혜를 누리게 하소서.
3. 힘써 하나님 편에 서서 복음을 위해 살아가게 하시고, 복음의 열매와 승리로 인한 기쁨을 누리게 하소서.

보상

레위기 7장 | 시편 7-8편 | 잠언 22장 | 데살로니가전서 1장

하나님 편에 서서 하나님을 의지하고 경외하며 충성하는 자들에게 하나님은 보상해 주십니다. 필요를 채우시는 돌봄과 그 의에 대한 변호와 재물과 영광과 생명으로 보상해주시고, 그 사역의 열매로 보상해 주십니다.

레위기 7장_하나님께 충성하는 자에게 주어지는 보상

제사장들을 위한 제사 규정 중, 속건제와 화목제에 대한 말씀입니다. 특별히 제사장의 몫에 대한 말씀에 주목할 필요가 있습니다. "내가 이스라엘 자손의 화목제물 중에서 그 흔든 가슴과 든 뒷다리를 가져다가 제사장 아론과 그의 자손에게 주었나니 이는 이스라엘 자손에게서 받을 영원한 소득이니라"(레 7:34) 화목제물의 가슴과 오른쪽 뒷다리가 제사장의 몫으로 주어지게 된다는 것입니다. 이것이 제사장의 영원한 소득이 된다는 것입니다. 속건제를 드리는 제물도 죄를 속하여 주는 제사장의 몫이라 말씀하고 있고(레 7:7), 번제물에서 벗겨낸 가죽도, 화덕에 구운 소제물과 냄비나 철판에서 만든 소제물도 제사장에게 돌려진다고 말씀하고 있습니다(레 7:8~10)

제사장들은 욕심 없이 하나님께 헌신한 자들로, 하나님만을 바라보며 충성하는 자들입니다. 그렇게 헌신하며 충성할 때, 하나님은 그들에게 있어야 할 필요를 모르지 않으십니다. 따라서 넉넉히 채워주십니다. 그들의 충성에 보상해 주십니다. 마찬가지로 우리도 욕심 없이 하나님만을 바라보며 충성할 때, 우리의 삶에 필요한 요소들도 하나님께서 넉넉히 채우시며 보상해 주십니다.

시편 7-8편_하나님 편에 선 자에게 주어지는 보상

시편 7편은 자신의 무고함을 주장하며, 그 대적들을 물리쳐주시기를 구한 다윗의 기도입니다. 시편 8편은 온 땅에 가득한 주의 영광과 주께서 창조하신 세상을 우리로 다스리게 하신 은혜를 찬양하는 시편입니다.

시편 7편에서 다윗은 하나님께 판결을 구하고 있습니다. 자신의 의와 성실함을 따라 변호해 달라고 구했습니다. 곧 다윗은 하나님 편에 서서 힘써 하나님의 말씀을 따르며 하나님을 의지하고 있었기에 당당히 하나님의 판결을 구한 것입니다. 하나님께서 반드시 의로운 자신을 세우시고 악인을 끊으실 것을 확신한 것입니다. "여호와께서 만민에게 심판을 행하시오니 여호와여 나의 의와 나의 성실함을 따라 나를 심판하소서 악인의 악을 끊고 의인을 세우소서 의로우신 하나님이 사람의 마음과 양심을 감찰하시나이다"(시 7:8~9)

하나님께 피하여 하나님을 의지한 사람, 힘써 하나님의 의를 따르며 하나님 편에 선 사람에게 하나님께서 세우시는 축복이 있습니다. 하나님께서 그 의를 인정해주시고 세우심으로 보상해주십니다. 따라서 어떤 고난과 억울함 중에서도 하나님을 떠나지 말고 의를 지켜야 합니다. 끝까지 하나님 편에 서야 합니다.

잠언 22장_하나님을 경외하는 자에게 주어지는 보상

하나님을 경외하는 자에게 주어지는 보상에 대해 가르쳐주고 있습니다. 그 보상은 재물과 영광과 생명이라는 것입니다. "겸손과 여호와를 경외함의 보상은 재물과 영광과 생명이니라"(잠 22:4) 따라서 당장 눈앞에 보이는 재물을 선택하는 어리석음을 버려야 합니다. 은금이 아닌 하나님을 선택하고, 하나님의 은혜를 택해야 합니다. 겸손함으로 하나님을 경외해야 합니다. 또한 나누어야 합니다. 하나님을 경외하며 하나님의 뜻에 따라 가난한 이웃들에게 나누는 삶을 살아야 합니다. "선한 눈을 가진 자는 복을 받으리니 이는 양식을 가난한 자에게 줌이 니라"(잠 22:9) 하나님의 선한 뜻을 따라 나누는 사람에게 하나님의 복은 계속된다는 것입니다. 하나님께서 풍성한 복으로 보상해 주신다는 것입니다.

참된 복은 하나님께 있습니다. 따라서 당장 눈앞에 복이 있다고 은금을 따라가는 것은 어리석은 일입니다. 먼저 하나님을 경외하며 그 나라와 의를 구하는 것이 참 복을 누리는 지혜입니다. 하나님은 당신을 경외하는 자에게 그 보상으로 이 복을 더하여 주십니다.

데살로니가전서 1장_복음을 전하는 자에게 주어지는 보상

바울이 데살로니가 교인들로 인해 감사하며 기도하고 있다는 말씀입니다. 그들은 받은 복음을 따라 믿음의 역사와 사랑의 수고와 예수 그리스도에 대한 소망의 인내를 나타냈습니다. 이것으로 마게도냐와 아가야에 있는 모든 믿는 자들에게 본이 되었고(살전 1:7), 마게도냐와 아가야뿐만이 아니라 이를 넘어서 데살로니가 교인들에 대한 소문이 각처에 퍼졌습니다(살전 1:8). 바울은 복음을 전하여 세워진 데살로니가 교회가 흔들림 없이 믿음의 본을 보이고 있다는 소식을 들으며, 너무도 기쁘고 감사한 것입니다. "우리가 너희 모두로 말미암아 항상 하나님께 감사하며 기도할 때에 너희를 기억함은 너희의 믿음의 역사와 사랑의 수고와 우리 주 예수 그리스도에 대한 소망의 인내를 우리 하나님 아버지 앞에서 끊임없이 기억함이니"(살전 1:2~3)

결국 무엇입니까? 힘써 생명을 걸고 복음을 전한 바울에게 이것이 큰 보상이 아니었겠습니까? 힘을 다해 복음을 전한 영혼들이 믿음을 지키며 그 생명 안에 거하고, 또 그 세워진 교회가 든든히 서서 아름다운 소문을 전하고 선한 영향력을 나타낸다는 소식을 듣는 것이 무엇보다 큰 기쁨이지 않았겠습니까? 힘써 복음을 전하는 자에게 하나님은 보상하십니다. 하늘의 큰 상급을 약속하시고, 그 삶에 생명과 돌봄과 여러 역사들로 도우셔서 보상하십니다. 뿐만 아니라 그 복음의 열매를 통해서 보상하십니다. 따라서 그 복음의 열매를 바라보며 더욱 힘써 복음을 전하는 삶을 살아야 합니다.

사명

레위기 8장 | 시편 9편 | 잠언 23장 | 데살로니가전서 2장

우리는 주께서 맡기신 사명을 감당해야 합니다. 이를 위해 우리의 연약함을 덮으시는 주의 은혜와 성령의 도우심이 필요합니다. 본능적 욕구와 욕심을 이기는 절제와 목숨까지도 내어줄 수 있는 영혼을 향한 사랑이 있어야 합니다.

레위기 8장_성령 없이 감당 못하는 사명

아론과 그의 아들들에게 행해진 제사장 위임식입니다. 모세가 하나님의 명령에 따라 아론과 그의 아들들에게 제사장의 옷을 입히고, 관유를 바르고, 속죄제와 번제를 드리고, 이후 위임식의 숫양을 드려 아론과 그의 아들들을 제사장으로 세웠습니다.

특별히 주목할 것이 관유, 곧 기름을 붓고 바른 예식입니다. 모세가 관유를 가져다가 성막과 그 안에 있는 모든 것에 발라 거룩하게 하고, 또 아론의 머리에 붓고 발라 거룩하게 했습니다. "모세가 관유를 가져다가 성막과 그 안에 있는 모든 것에 발라 거룩하게 하고 또 제단에 일곱 번 뿌리고 또 그 제단과 그 모든 기구와 물두멍과 그 받침에 발라 거룩하게 하고 또 관유를 아론의 머리에 붓고 그에게 발라 거룩하게 하고"(레 8:10~12) 이 기름 부음은 전통적으로 하나님께서 어떤 특정인에게 사명을 주어 당신의 일꾼으로 삼는다는 임직의 의미가 있습니다. 그리고 하나님께서 당신의 능력을 위임하신다는 의미도 있습니다. 따라서 제사장으로서 그 사명을 감당하는데 이 기름 부음은 중요했습니다.

이 기름 부음은 오늘날 성령과 관련이 되고, 성령의 임하심으로 이해할 수 있습니다. 따라서 아론에게 관유를 붓고 발라 거룩하게 했다는 말씀은 성령을 통해 하나님께서 우리에게 위임하신 사명을 깨닫게 하고, 그 성령의 능력을 힘입어 그 사명을 감당해야 한다는 사실을 깨닫게 합니다. 성령 없이 우리 자신의 힘으로는 그 사명을 감당할 수 없다는 것입니다. 따라서 힘써 성령의 임하심을 간구해야 합니다. 내 힘으로 사명을 감당하겠다는 어리석음을 버리고 성령의 임하심 속에서 성령의 능력으로 사명을 감당하기를 힘써야 합니다.

시편 9편_은혜 없이 감당 못하는 사명

하나님의 구원에 대한 감사 찬송과, 고난 중에서 하나님의 구원을 구하는 기도입니다. 곧 다윗은 하나님께서 악인들을 멸하시고 행하셨던 구원의 은혜를 기억하며 찬양했고, 이어서 현재의 고난을 아뢰며 다시 하나님께서 구원하시기를 기도했습니다.

무엇보다 하나님의 구원을 바라며 은혜를 구하는 다윗의 기도가 인상적입니다. "여호와여 내게 은혜를 베푸소서 나를 사망의 문에서 일으키시는 주여 나를 미워하는 자에게서 받는 나의 고통을 보소서 그리하시면 내가 주의 찬송을 다 전할 것이요 딸 시온의 문에서 주의 구원을 기뻐하리이다"(시 9:13~14) 사망의 문을 시온의 문으로 바꾸기를 원하는 다윗의 간구를 볼 수 있는데, 주의 은혜가 고통과 죽음이 눈앞에 이른 자신의 현실을 바꿀 수 있다는 것입니다. 그 은혜로 사망의 문에서 벗어나 하나님의 구원을 힘써 증거하며 찬양하겠다는 것입니다. 자신의 삶에 놓인 사망의 문을 하나님을 찬양하는 시온의 문으로 바꾸겠다는 것입니다. 따라서 하나님께서 은혜를 베풀어주시기를 간구한 것입니다.

은혜를 구하는 다윗의 기도는 주의 은혜 없이는 살아갈 수 없는 연약한 우리의 모습을 보게 합니다. 또한 주를 찬양하며 기쁨 중에 그 구원을 전하는 사명의 삶도 주의 은혜가 있어야 함을 깨닫게 합니다. 우리의 삶에 필연처럼 찾아오는 사망의 문을 이기지 않고는 사명을 감당할 수 없고, 그 승리를 주를 향한 찬양과 증거로 전하기 위해서는 주의 은혜가 없이는 불가능합니다. 다시 말해 주의 은혜는 고통과 절망의 사망의 문을 기쁨과 찬양의 시온의 문으로 바꾸어 주어 능히 사명을 감당케 합니다. 그 은혜의 체험이 더욱 큰 기쁨으로 사명을 감당케 합니다.

잠언 23장_절제 없이 감당 못하는 사명

절제에 대한 교훈을 주고 있습니다. "네가 만일 음식을 탐하는 자이거든 네 목에 칼을 둘 것이니라 그의 맛있는 음식을 탐하지 말라 그것은 속이는 음식이니라"(잠 23:2~3) 탐식을 이기지 못하면 그것이 화를 당할 수 있음을 교훈하는 말씀입니다. 본성이 이끄는 대로 살지 말고 그 본성을 이겨야 한다는 가르침입니다. "술 취하고 음식을 탐하는 자는 가난하여질 것이요 잠 자기를 즐겨 하는 자는 해어진 옷을 입을 것임이니라"(잠 23:21) 술 취함과 탐식, 게으름을 경고하는 말씀입니다. 그것들이 가난을 불러온다는 것입니다. 따라서 그 모든 것에 대한 마음의 유혹에서 스스로를 지키고 절제해야 한다는 것입니다. 술도, 음식도, 잠도 절제가 필요하다는 것입니다. 특별히 술에 대한 경고는 계속해서 이어지고 있습니다. 그 술이 재앙과 근심과 분쟁과 원망 등을 일으키고 까닭 없는 상처를 만든다는 것입니다. 그 자신을 위험 한 가운데로 몰아간다는 것입니다(잠 23:29~35). 따라서 술의 유혹을 이겨야 함을 교훈하고 있습니다.

결국 무엇입니까? 주께서 맡기신 사명은 절제가 없이는 감당할 수 없습니다. 내 본능을 따라 욕심과 즐거움에 끊임없이 빠져서는 결코 사명을 감당할 수 없습니다. 본능을 이기고 그 모든 유혹과 욕심에서 절제하며 자신을 지켜야 온전히 사명을 감당할 수 있습니다. 내 본능적 욕구보다 사명을 더 중요하게 여기고 그 모든 것에서 절제해야 합니다.

데살로니가전서 2장_사랑 없이 감당 못하는 사명

복음을 전하며 교회를 세우기 위해 힘썼던 바울의 순수한 헌신을 전하고 있습니다. 곧 데살로니가에서 바울이 어떻게 사역했는지를 회상하고 있는데, 사도로서의 마땅한 권위를 주장하지 않고 오히려 수고와 헌신을 마다하지 않았다는 것입니다. 아무에게도 폐를 끼치지 아니하려고 밤낮 일하며 복음을 전했고, 목숨까지도 내어주기를 기뻐하며, 유모가 자녀를 기름 같이 데살로니가 교인들을 돌보며 사랑했다는 것입니다. "우리는 그리스도의 사도로서 마땅히 권위를 주장할 수 있으나 도리어 너희 가운데서 유순한 자가 되어 유모가 자기 자녀를 기름과 같이 하였으니 우리가 이같이 너희를 사모하여 하나님의 복음뿐 아니라 우리의 목숨까지도 너희에게 주기를 기뻐함은 너희가 우리의 사랑하는 자 됨이라 형제들아 우리의 수고와 애쓴 것을 너희가 기억하리니 너희 아무에게도 폐를 끼치지 아니하려고 밤낮으로 일하면서 너희에게 하나님의 복음을 전하였노라"(살전 2:7~9)

바울의 복음에 대한 열정과 영혼에 대한 뜨거운 사랑을 볼 수 있습니다. 더불어 주께서 맡기신 사명은 이런 사랑 없이는 감당할 수 없음을 깨닫게 합니다. 주님이 주시는 복음의 사명은 하나님을 향한 사랑뿐만 아니라, 그 복음을 전하는 사람을 향한 사랑이 절대적으로 필요합니다. 그래야 포기하지 않고 끝까지 사명을 감당할 수 있고, 또 사명의 열매도 맺을 수 있습니다.

오늘의 기도

1. 성령의 기름 부으심이 날마다 있게 하시고, 그 성령의 능력으로 능히 사명을 감당하게 하소서.
2. 고통 중에 주의 은혜를 경험하게 하시고, 힘써 그 은혜의 주님을 찬양하며 주의 구원을 전하게 하소서.
3. 바울과 같이 목숨까지도 내어줄 수 있는 영혼 사랑의 마음을 주시고, 그 사랑으로 포기하지 않고 사명의 삶을 살게 하소서.

6 Apr

응답
레위기 9장 | 시편 10편 | 잠언 24장 | 데살로니가전서 3장

하나님은 다 보고 계십니다. 하나님께 온 마음을 다해 드리는 예배도, 하나님을 의지하며 의를 따르는 믿음의 삶도, 교회와 영혼을 사랑하며 사명을 다하는 헌신도, 그리고 이웃의 고통을 외면하지 않고 돕는 선한 삶도 다 보고 계십니다. 다 보고 계시고 임재와 도움과 위로와 보응으로 응답하십니다.

레위기 9장_우리의 예배를 보시고 응답하시는 하나님

제사장 위임식을 마치고 아론과 그의 아들들이 첫 제사를 드린 말씀입니다. 모세는 아론과 그의 아들들과 이스라엘 장로들을 불러, 속죄제와 번제와 화목제를 드리기 위한 짐승을 각각 가져오라고 명령했고, 가져온 짐승들로 아론과 그 아들들이 하나님께서 모세를 통해 명령하신 대로 제사를 드렸습니다. 그리고 그때에 하나님께서 불을 내려 그 제사에 응답하셨습니다. 내리신 불을 통해 하나님께서 그 제사를 기뻐 받으셨음을 보여주셨습니다(레 9:23~24).

하나님께 드린 첫 제사입니다. 어떻게 제사해야 하는지 모세를 통해 하나님의 말씀을 들었고, 그 말씀에 따라 첫 제사를 집례하여 드린 것입니다. 아론과 그 아들들의 마음과 태도가 어떠했겠습니까? 얼마나 떨리는 마음으로 정성을 다해, 또한 하나님께서 명령하신 말씀에 따라 철저히 제사를 드렸겠습니까? 하나님은 그 마음을 다한 제사를 보셨고 또한 응답하신 것입니다.

하나님은 우리의 예배도 보십니다. 보시고 응답하십니다. 따라서 처음 떨리는 마음으로 하나님 앞에서 온 힘을 다해 드렸던 예배를 기억해야 합니다. 이미 익숙해져 형식적으로 변해버린 예배를 깨뜨려야 합니다. 항상 우리의 예배를 보시는 하나님을 기억하며 최선의 예배를 드려야 합니다.

시편 10편_우리의 믿음을 보시고 응답하시는 하나님

악인들의 교만함으로 인한 다윗의 탄원과 확신의 기도입니다. 곧 악인들이 교만함으로 하나님을 멸시하며 하나님의 감찰을 부정하고, 거짓과 포악을 일삼으며 가련한 자들을 공격한다는 것입니다. 따라서 하나님께서 일어나 가련한 자들을 도우시고 악인들을 심판하시기를 기도한 것입니다. 그리고 다윗은 하나님의 감찰과 구원을 확신했습니다. "주께서는 보셨나이다 주는 재앙과 원한을 감찰하시고 주의 손으로 갚으려 하시오니 외로운 자가 주를 의지하나이다 주는 벌써부터 고아를 도우시는 이시니이다"(시 10:14)

처음 다윗은 이런 교만한 악인들에 대해 하나님께서 어찌하여 침묵하고 계시느냐고 탄식하며 기도했습니다. 하나님을 멸시하며 그 감찰을 부정하는 악인들이 떵떵거리는 것이 이해할 수 없었기 때문입니다. 그러나 그 탄식은 하나님을 향한 믿음으로 바뀌었습니다. 하나님께서 모든 것을 다 보고 계심을 믿었기 때문입니다. 따라서 그 악인들의 교만함과 불의함을 심판으로 갚으심과, 악인들로 인해 고통당하는 중에도 주를 의지하는 자를 도우심을 확신했습니다.

하나님은 우리도 보고 계십니다. 고난 중에 타협하여 악인 편에서 함께 교만하며 불의를 행하고 있는지, 아니면 흔들림 없는 믿음으로 고난을 이기며 하나님을 의지하고 있는지 보고 계십니다. 그리고 보신 대로 응답하십니다. 불의한 자에게는 심판으로, 하나님을 의지하는 자에게는 도우심으로 응답하십니다. 따라서 어떤 고난에도 흔들림 없이 하나님을 의지해야 합니다. 결코 포기하거나 넘어지지 말고 하나님을 의지하며, 그 믿음을 보여야 합니다.

잠언 24장_우리의 선한 삶을 보시고 응답하시는 하나님

믿음의 선한 길을 끝까지 걸어가야 함을 교훈하고 있습니다. 따라서 악인의 형통에 부러워하지 말고 그와 함께 있으려고도 하지 말라고 가르치고 있습니다(잠 24:1, 19). 환난 중에도 낙담하지 말며(잠 24:10), 끝까지 의의 편에 서기를 교훈하고 있는데, 의인은 일곱 번 넘어질지라도 다시 일어난다는 것입니다(잠 24:15). 다시 말해 고난 중에 넘어질지라도 의의 길을 선택하여 다시 일어나라는 것입니다. 무엇보다 이웃의 고통과 멸망을 외면하지 않는 선한 삶을 살 것을 교훈하고 있는데, 주목할 말씀이, 이웃의 고통과 멸망을 몰랐다고 핑계 댈 수 없다는 것입니다. 하나님께서 우리의 마음을 통찰하여 다 아신다는 것입니다. 그리고 우리의 행위대로 보응하신다는 것입니다. "너는 사망으로 끌려가는 자를 건져 주며 살육을 당하게 된 자를 구원하지 아니하려고 하지 말라 네가 말하기를 나는 그것을 알지 못하였노라 할지라도 마음을 저울질 하시는 이가 어찌 통찰하지 못하시겠으며 네 영혼을 지키시는 이가 어찌 알지 못하시겠느냐 그가 각 사람의 행위대로 보응하시리라"(잠 24:11~12)

하나님께서는 우리의 모든 삶을 다 보고 계십니다. 우리의 행한 삶대로 갚아주십니다. 따라서 그 하나님의 보심을 기억하며 끝까지 의의 길과 선한 길을 따라가야 합니다. 그 마음에 유혹이 있고 고난 중에 흔들림이 있을 때, 하나님의 보고 계심을 기억하며 이겨야 합니다. 이웃의 고통과 멸망을 외면하고 우리 자신의 안위만을 생각하려고 할 때, 하나님의 보고 계심과 보응하심을 기억하며 바른 길을 선택해야 합니다. 그럼으로 의와 선한 길에 대한 하나님의 응답, 축복을 누려야 합니다.

데살로니가전서 3장_우리의 헌신을 보시고 응답하시는 하나님

디모데를 통해 전해진 데살로니가 교인들에 대한 소식으로 바울과 그 동료들이 기뻐하며 위로를 받았다는 말씀입니다. 환난과 시험 중에서도 데살로니가 교인들이 믿음으로 주님 안에 굳게 서 있었음을 디모데가 전한 것입니다. "지금은 디모데가 너희에게로부터 와서 너희 믿음과 사랑의 기쁜 소식을 우리에게 전하고 또 너희가 항상 우리를 잘 생각하여 우리가 너희를 간절히 보고자 함과 같이 너희도 우리를 간절히 보고자 한다 하니 이러므로 형제들아 우리가 모든 궁핍과 환난 가운데서 너희 믿음으로 말미암아 너희에게 위로를 받았노라"(살전 3:6~7)

바울은 데살로니가교회가 믿음의 환난을 겪고 있다는 소식을 듣고, 걱정하고 염려하여 디모데를 데살로니가에 보냈습니다(살전 3:2~3). 바울이 직접 가고 싶었지만 사탄이 이를 막아 갈 수 없었고(살전 2:18), 차선으로 디모데를 보낸 것입니다(살전 3:1~2). 여기서 바울의 교회와 영혼에 대한 애타는 사랑과 헌신을 볼 수 있습니다. 데살로니가에서 목숨까지도 내어주기를 기뻐하며 복음을 전했고(살전 2:8), 데살로니가를 떠난 이후에도 데살로니가 교인들에 대한 염려로 조금도 편할 수 없었다는 것입니다. 그렇게 바울은 복음을 전한 영혼들과 교회에 대하여 끊임없이 헌신했고, 하나님은 그 헌신을 다 보고 계셨습니다. 따라서 데살로니가 교회의 좋은 소식을 통해 그를 위로하며 그 헌신에 응답하신 것입니다.

하나님은 우리의 헌신도 보고 계십니다. 교회와 영혼을 사랑하고 그 주어진 사명에 힘을 다하는 헌신을 다 보고 계시고 그 헌신에 위로와 기쁨으로 응답하십니다.

거룩함(1)

맥체인성경365_569p

레위기 10장 | 시편 11-12편 | 잠언 25장 | 데살로니가전서 4장

하나님의 뜻은 우리의 거룩함에 있습니다. 하나님은 우리를 거룩하게 하고자 부르셨습니다. 따라서 우리를 거룩하게 하신 하나님의 은혜의 부름 속에서 철저히 말씀을 지키며, 힘써 악을 제거하고, 죄의 유혹에 넘어지지 않아야 합니다. 그럼으로 거룩함을 지켜야 합니다.

레위기 10장_말씀에 철저함으로 거룩해야

아론의 아들 나답과 아비후에게 임한 심판을 전하고 있습니다. 그들이 하나님께서 명령하신 불이 아닌 다른 불로 하나님 앞에 분향함으로 여호와 앞에서 죽었다는 것입니다. 곧 거룩하신 하나님 앞에서 사역하며 하나님의 말씀에 철저해야 하고 이를 통해 하나님 앞에 거룩하게 서야 합니다. 거룩하지 않고는 결코 하나님 앞에 설 수 없습니다. 그런데 나답과 아비후는 하나님의 말씀을 가볍게 여기고 그 명령하신 불이 아닌 다른 불로 분향하고 말았습니다. 그 스스로 하나님의 말씀을 가볍게 여김으로 거룩함에서 멀어지고 말았고, 그 결과 거룩하신 하나님의 심판에 이르고 말았습니다(레 10:1~3).

이후 하나님은 아론에게 성소에서 봉사할 때 포도주와 독주를 금하고 거룩한 것과 속된 것, 부정한 것과 정한 것을 분별해야 함을 엄히 말씀하셨는데(레 10:9~11), 이를 통해 나답과 아비후가 술에 취해 그런 실수를 범하고 죽음에 이르렀던 것임을 추측해 볼 수 있습니다. 더불어 거룩하신 하나님 앞에 설 때에 말씀을 통해 철저히 거룩한 것과 속된 것을 구별하여 거룩해야 한다는 사실도 새삼 깨닫게 됩니다. 곧 거룩하신 하나님은 우리를 향해 거룩하라고 요구하십니다. 거룩하신 하나님 앞에서 거룩하지 않으면 심판으로 죽을 수밖에 없습니다. 오직 거룩해야 살 수 있습니다. 따라서 하나님 앞에서 은혜를 구할 뿐만 아니라 힘써 말씀을 지켜 거룩해야 합니다. 하나님의 말씀을 가볍게 여기는 어리석음과 불의함을 버리고, 말씀에 철저하여 정한 것과 부정한 것을 구별하고 이를 통해 우리를 거룩하게 세워야 합니다.

시편 11-12편_넘어지지 않음으로 거룩해야

시편 11편은 하나님의 의를 신뢰하는 찬양이고, 시편 12편은 악인들이 득세하며 경건한 자들이 끊어지는 현실 속에서 탄식하며 하나님의 도우심을 구한 기도입니다. 이 시편의 말씀을 통해 어떤 유혹과 이해할 수 없는 상황에도 믿음을 지켜야 함을 깨닫게 됩니다.

"악인이 활을 당기고 화살을 시위에 먹임이여 마음이 바른 자를 어두운 데서 쏘려 하는도다 터가 무너지면 의인이 무엇을 하랴(시 11:2~3) 악인들로 인해 의인들이 큰 위험에 처했음을 표현하는 말씀입니다. 은밀한 곳에서 악인들이 활시위를 당겨 의인들을 겨누었고, 이제 당긴 그 손을 놓기만 하면 의인들은 끝이라는 것입니다. 그럼에도 의와 믿음을 지키려고 하느냐고 묻고 있는 것입니다. "터가 무너지면 의인이 무엇을 하랴?" 곧 기초가 송두리째 무너지는 이 마당에 의롭다는 게 무슨 소용이냐는 것입니다(공동번역). 악인들의 악한 방법에 의해 다 죽게 생겼는데, 그럼에도 하나님의 방법을 따르며 믿음을 지키겠다고 하는 그 모습이 어리석다는 사람들의 이야기입니다. 따라서 더 이상 하나님 의지하지 말고 "네 산"으로 도망가라(시 11:1) 곧 네 방법을 찾아보라는 것입니다. 시편 12편에서도 비열함으로 무장한 악인들이 믿음의 사람들을 끊어내며 높임을 받는 현실을 전하고 있습니다(시 12:8). 이런 이해할 수 없는 현실이 하나님을 향해 가진 믿음을 흔들리게 합니다. 믿음으로 의를 지키는 것이 바보와 같은 것이 아닌가 생각하게 합니다.

그러나 다윗은 그 믿음에서 흔들리지 않았습니다. 하나님의 감찰하심을 믿으며 하나님을 신뢰했습니다. 하나님께서 그 악인들을 끊으시고 믿음의 가련한 자들을 구원하심을 확신했습니다. "여호와께서는 그의 성전에 계시고 여호와의 보좌는 하늘에 있음이여 그의 눈이 인생을 통촉하시고 그의 안목이 그들을 감찰하시도다"(시 11:4) "여호와의 말씀에 가련한 자들의 눌림과 궁핍한 자들의 탄식으로 말미암아 내가 이제 일어나 그를 그가 원하는 안전한 지대에 두리라 하시도다"(시 12:5) 다윗은 당장 자신을 쏘고자 활을 겨누고 있는 악인들, 비열함으로 득세하는 악인들을 보지 않고 하나님을 보았습니다. 다급함과 이해할 수 없는 상황에서도 하나님을 신뢰함으로 넘어지지 않고 그 믿음, 곧 거룩함을 지켰습니다.

이런 다윗이 우리 믿음의 모델이 돼야 합니다. 곧 우리의 삶에도 하나님을 의지하는 믿음을 흔드는 여러 유혹과 상황이 찾아올 수 있습니다. 그때에 다윗처럼 하나님을 신뢰함으로 그 믿음과 의를 지키고 거룩함을 지켜야 합니다. 그 믿음의 거룩함에서 넘어지지 않아야 합니다.

잠언 25장_악을 제거함으로 거룩해야

그 삶에서 악을 제거함이 중요함을 가르치고 있습니다. "은에서 찌꺼기를 제하라 그리하면 장색의 쓸 만한 그릇이 나올 것이요 왕 앞에서 악한 자를 제하라 그리하면 그의 왕위가 의로 말미암아 견고히 서리라"(잠 25:4~5) 은에서 찌꺼기를 제거해야 순수한 은을 통해 세공업자가 그릇을 만들 수 있듯이, 왕 앞에서 악인을 없애야 왕위가 견고히 서게 된다는 말씀입니다. 곧 예나 지금이나 권력의 주변에는 사리사욕만 탐하며 아첨하는 모리배들이 모여들고, 이들로 인해 왕은 공정하고 바른 판단을 놓칠 수 있는데, 따라서 그런 악한 신하들을 제거

해야 바르고 의로운 통치가 이루어지고 왕위가 굳게 서게 된다는 것입니다.

결국 이 말씀은 우리 안에 그릇된 삶으로 유혹하는 악을 제거해야 한다는 사실을 가르쳐줍니다. 우리의 삶에도 하나님의 진리의 말씀을 못 듣게 막아서고, 그 뜻에서 멀어지게 하는 악이 있습니다. 이 악을 제거해야 하나님의 말씀을 바로 듣고, 그 뜻을 따라 거룩함으로 생명의 삶을 살 수 있습니다. 하나님께 쓰임 받는 깨끗한 그릇이 될 수 있습니다.

데살로니가전서 4장_하나님의 뜻, 거룩함

거룩함에 힘쓰라는 권면과 주님의 강림 때 죽은 자들의 부활에 대해 가르친 말씀입니다. 곧 주님의 강림을 소망하며 기다리던 데살로니가 교회 안에 그 강림을 기다리다 먼저 죽은 자들로 인해 혼란이 있었습니다. 주님의 강림 전에 죽은 자들은 어떻게 되느냐는 것입니다. 이에 대해 바울은 주님께서 강림하실 때에 그리스도 안에서 죽은 자들이 먼저 일어나 주님의 강림을 맞이할 것이라고 가르친 것입니다. 따라서 흔들리지 말고 주님의 강림을 소망하고 기다리며, 무엇보다 주님의 강림 때에 흠 없이 서도록 하나님의 기뻐하시는 뜻을 따라 거룩함에 힘쓰라고 권면한 것입니다. 하나님께서 우리를 부르신 뜻은 거룩하게 하심에 있다는 것입니다(살전 4:3~7).

하나님의 뜻은 거룩함에 있습니다. 우리가 무엇보다 힘쓸 것은 거룩함입니다. 우리의 구원과 믿음의 삶에서 일어나는 여러 의문과 혼란은 하나님께 맡기면 됩니다. 하나님과 그 약속을 믿음으로 맡기고, 오늘 하나님께서 우리에게 원하시는 뜻, 거룩함에 힘쓰면 됩니다.

오늘의 기도 ▶

1. 우리를 거룩하게 하고자 부르신 하나님의 뜻을 깨닫고, 그 은혜 안에서 힘써 구별된 삶으로 거룩함을 지켜가게 하소서.
2. 우리가 항상 거룩하신 하나님 앞에 서 있음을 기억하고 철저히 말씀을 지키며 더욱 거룩함에 힘쓰게 하소서.
3. 환난 중에서도 죄의 유혹에 넘어지지 않게 하시고, 오히려 우리 안에 악을 제거하여 하나님이 쓰시기에 합당한 그릇이 되게 하소서.

거룩함(2)

레위기 11-12장 | 시편 13-14편 | 잠언 26장 | 데살로니가전서 5장

거룩하라는 하나님의 명령을 따라 힘써 거룩해야 합니다. 하나님께서 우리의 삶을 감찰하심과, 감찰하심으로 드러난 죄의 결과는 심판이라는 사실과, 그 심판의 주의 날이 갑자기 임함을 기억하며, 항상 깨어 거룩해야 합니다.

레위기 11-12장_거룩하라는 하나님의 명령
정한 짐승과 부정한 짐승을 구별한 말씀과, 짐승의 주검을 만질 때 부정하게 된다는 말씀입니다. 레위기 12장은 산모의 정결 규정을 전하고 있습니다. 결국 핵심은 거룩함에 있습니다. 하나님께서 거룩하니 우리도 거룩해야 한다는 것입니다. 거룩하신 하나님 앞에서 하나님의 백성으로 끊임없이 교제하기 위하여 부정한 것을 피하고 거룩함을 지켜가야 한다는 것입니다. "나는 여호와 너희의 하나님이라 내가 거룩하니 너희도 몸을 구별하여 거룩하게 하고 땅에 기는 길짐승으로 말미암아 스스로 더럽히지 말라 나는 너희의 하나님이 되려고 너희를 애굽 땅에서 인도하여 낸 여호와라 내가 거룩하니 너희도 거룩할지어다"(레 11:44~45)

따라서 기억해야 할 것은 순종입니다. 거룩함의 핵심은 순종에 있습니다. 곧 레위기 11장에 음식의 구별을 통해서 거룩해야 함을 가르치고 있습니다. 먹어도 되는 정한 짐승과 먹지 말아야 하는 부정한 짐승을 구별하여 가르치고 있고, 이를 지킬 것을 말씀하고 있습니다. 그런데 여기서 중요한 것이 순종입니다. 왜 이것은 먹어도 되고, 왜 저것은 먹지 말아야 하는가? 왜 부정하고, 왜 정한 것인가? 의문을 가질 수 있는데, 그 '왜'보다 순종이 중요하다는 것입니다. 어떤 이유를 떠나서 하나님의 명령이기에 순종하는 것이 바로 거룩함의 출발점이 된다는 것입니다. 이유를 따지기보다 하나님의 말씀이기에 절대적으로 순종하는 것에서 거룩함이 시작된다는 것입니다.

시편 13-14편_하나님의 감찰을 기억하고 거룩하라.
시편 13편은 고난 중에 하나님의 구원을 구하는 다윗의 기도입니다. 시편 14편은 하나님이 없다고 말하며 서슴없이 불의함을 행하는 악인들의 어리석음을 전하고 있습니다. 곧 다윗은 하나님의 감찰하심을 이야기했습니다. 악인들은 하나님을 부정하며 아무 일도 일어나지 않음을 이야기하고 있지만, 하나님의 감찰하심은 부정할 수 없는 사실이라는 것입니다. 하나님은 그런 악인들 중에서 넘어지지 않고 하나님을 찾는 자, 곧 하나님을 믿고 거룩함을 지켜가는 자를 찾고 계시다는 것입니다. "어리석은 자는 그의 마음에 이르기를 하나님이 없다 하는도다 그들은 부패하고 그 행실이 가증하니 선을 행하는 자가 없도다 여호와께서 하늘에서 인생을 굽어살피사 지각이 있어 하나님을 찾는 자가 있는가 보려 하신즉"(시 14:1~2)

하나님께서 우리의 인생을 감찰하심을 기억하면 거룩함을 지켜갈 수 있습니다. 악인들이 형통은 잠깐이고, 하나님의 침묵은 그 악인들의 형통 속에서도 하나님을 향해 믿음을 지키는 자를 찾고 계신 것임을 깨달으면 넘어지지 않을 수 있습니다. 무엇보다 하나님께서 감찰로 끝나지 않으시고 반드시 악인들을 심판하심을 기억하면 더욱 거룩함에 힘쓸 수 있습니다.

잠언 26장_죄악의 결과를 기억하고 거룩하라.
미련한 자, 게으른 자, 거짓 말 하는 자에 대한 교훈입니다. 특별히 악함으로 거짓말하며 속이는 자에 대한 말씀에 주목하면, 다음과 같이 말씀하고 있습니다. "속임으로 그 미움을 감출지라도 그의 악이 회중 앞에 드러나리라 함정을 파는 자는 그것에 빠질 것이요 돌을 굴리는 자는 도리어 그것에 치이리라 거짓말 하는 자는 자기가 해한 자를 미

위하고 아첨하는 입은 패망을 일으키느니라"(잠 26:26~28) 아무리 입술로 꾸미고 그 악함을 감춘다 할지라도 결국에는 모두에게 드러나게 된다는 것입니다. 그리고 그 악한 결과가 결국은 자신을 파멸로 이끌게 된다는 것입니다. 곧 함정을 파는 자는 자기가 그 속에 빠지고, 돌을 굴리면 그 밑에 자신이 깔리게 된다는 것입니다. 남을 속이려고 하지만 결국은 자신이 속고 아첨으로 자기 신세만 망치게 된다는 것입니다(28절 공동번역 참조).

많은 사람들이 거짓과 속임으로 악을 행하고 또 이를 통해 유익을 얻고자 합니다. 그러나 그 결과는 멸망으로 돌아올 뿐입니다. 결코 그 거짓과 죄악은 숨길 수 없고, 심판과 파멸을 피할 수 없습니다. 따라서 거룩함에 힘써야 합니다. 죄악의 결과는 심판임을 기억하며 거룩함에 힘쓰고, 거룩함으로 하나님 앞에 서서 은혜를 구해야 합니다.

데살로니가전서 5장_주의 날을 기억하고 거룩하라.
주의 날을 기억하며 거룩함으로 깨어 있어야 한다는 교훈입니다. 사람들이 평안하며 안심하다고 하는 그때에 주의 날이 갑자기 이르고, 주의 날을 준비하지 못한 사람들은 멸망을 피하지 못한다는 것입니다. "주의 날이 밤에 도둑 같이 이를 줄을 너희 자신이 자세히 알기 때문이라 그들이 평안하다, 안전하다 할 그 때에 임신한 여자에게 해산의 고통이 이름과 같이 멸망이 갑자기 그들에게 이르리니 결코 피하지 못하리라"(살전 5:2~3) 따라서 바울은 빛의 아들로서 깨어 정신을 차리고 믿음과 사랑의 호심경을 붙이고 구원의 소망의 투구를 쓰라고 권면하고 있습니다(살전5:8). 사랑 안에서 서로 화목하며 게으르지 말고 선을 따르며, 하나님의 뜻을 헤아려 항상 기뻐하고, 쉬지 말고 기도하며, 범사에 감사하라고 가르치고 있고, 성령과 예언을 멸시하지 말고 악은 어떤 모양이라도 버리라고 가르치고 있습니다(살전 5:12~22).

주님께서 이 땅에 다시 오시는 주의 날, 곧 마지막 때를 기억하면 힘써 거룩할 수 있습니다. 무엇보다 주의 날이 예상하지 못하는 때에 갑자기 이르고, 주의 날을 준비하지 못한 결과는 심판이라는 사실을 기억하면 더욱 깨어 거룩할 수 있습니다.

공의
레위기 13장 | 시편 15-16편 | 잠언 27장 | 데살로니가후서 1장

맥체인성경365_578p

우리는 공의로우신 하나님과 교제하며 힘써 공의를 실천하고 작은 모양이라도 죄를 끊어내야 합니다. 우리의 연약함을 기억하며 공의를 넘어서 은혜를 구해야 하고, 하나님의 공의가 악인들에게는 심판으로 나타나지만, 하나님 편에서 믿음으로 서 있는 우리에게는 은혜로 나타남을 신뢰해야 합니다.

레위기 13장_하나님의 공의로 죄를 끊어내는 삶

나병 확정 규정에 대한 말씀입니다. 나병이 의심이 되는 사람이 있으면 제사장에게 가서 판별 받아야 하고, 제사장은 그렇게 찾아온 사람을 어떻게 판별해야 하는지 그 규정을 전하고 있는 말씀입니다. 곧 나병인 경우와 피부병인 경우를 설명해, 제사장의 판별에 기준을 제시해주고 있습니다. "만일 사람이 그의 피부에 무엇이 돋거나 뾰루지가 나거나 색점이 생겨서 그의 피부에 나병 같은 것이 생기거든 그를 곧 제사장 아론에게나 그의 아들 중 한 제사장에게로 데리고 갈 것이요 제사장은 그 피부의 병을 진찰할지니 환부의 털이 희어졌고 환부가 피부보다 우묵하여졌으면 이는 나병의 환부라 제사장이 그를 진찰하여 그를 부정하다 할 것이요"(레 13:2~3) 이처럼 제사장은 나병을 진찰하고 판명했고, 그 사람을 격리시키고 또 진영 밖으로 내보내는 등의 일을 했습니다. 그리고 이렇게 한 것이 나병의 전염성 때문이었습니다. 나병은 공동체 전체를 위험에 빠뜨릴 수 있을 만큼 전염성이 강했습니다. 조금이라도 느슨하게 대처했을 때, 나병으로 인해 수많은 사람들이 전염되고 공동체 전체가 혼란에 빠질 수 있었습니다. 따라서 세밀하게 진찰하며 격리하는 등의 철저한 조치를 취하게 한 것입니다.

이 나병을 보면서 죄에 대해서 생각할 수 있습니다. 죄는 나병보다 더 큰 전염성을 가지고 있습니다. 한 사람의 작은 죄가 순식간에 공동체 전체를 전염시켜 파멸로 몰아가게 할 수 있습니다. 그저 작은 것에 불과하다고 가볍게 여겨 방관했다가는 돌이킬 수 없는 후회와 고통의 결과를 보게 됩니다. 무엇보다 공의의 하나님은 결코 작은 죄라고 그냥 지나치지 않으십니다. 따라서 죄에 대해 철저

해야 합니다. 죄는 작은 모양이라도 용납하지 말아야 합니다. 하나님은 그 죄를 벌하시는 공의의 하나님이심을 기억하고 작은 모양이라도 그 죄를 끊어내야 합니다.

시편 15-16편_하나님의 공의를 실천하는 삶

시편 15편은 주의 장막, 곧 성산에 머무를 자에 대한 노래이고, 시편 16편은 주님을 복으로 삼고 그 주신 기업에 감사하는 다윗의 찬양입니다. 다윗은 주의 장막에 머무를 자에 대해 하나님을 경외하고 그 은혜 안에서 정직과 공의를 실천하며, 진실을 말하며 살아가는 자라고 말하고 있습니다. "여호와여 주의 장막에 머무를 자 누구오며 주의 성산에 사는 자 누구오니이까 정직하게 행하며 공의를 실천하며 그의 마음에 진실을 말하며"(시 15:1~2)

결국 이 말씀은 주의 장막 안에서 주님과 교제하며 그 은혜의 기쁨을 누리는 사람은 힘써 공의를 실천하며 살아가야 함을 가르치고 있습니다. 하나님의 백성으로 하나님의 말씀을 따라 정직하고 진실한 삶, 하나님의 의를 따르는 삶을 살아야 한다는 것입니다. 이것이 마땅하다는 것입니다.

잠언 27장_공의를 넘어 은혜를 구하는 삶

불확실한 미래에 대해 교훈을 주고 있습니다. 미래란 불확실하므로 미래에 대한 과신은 위험하다는 것입니다. "너는 내일 일을 자랑하지 말라 하루 동안에 무슨 일이 일어날는지 네가 알 수 없음이니라"(잠 27:1) 한 치 앞도 내다볼 수 없는 것이 우리의 인생입니다. 그 인생이 우리의 뜻과 계획대로 되는 것도 결코 아닙니다. 따라서 겸손히 하나님을 의지하며 하나님께 맡겨야 합니다. 결국 우리의 미

래가 불확실하니 자랑하지 말라는 교훈은 우리 인생에 하나님의 은혜가 필요하다는 것을 가르치고 있습니다. 우리가 아무리 철저히 내일을 준비한다고 할지라도 뜻하지 않는 일을 겪을 수 있기에 하나님의 은혜가 절대적으로 필요하다는 것입니다. 내일을 위해 최선을 다해 준비해야 하지만 또한 겸손히 하나님의 은혜도 구해야 한다는 것입니다.

우리의 공의의 삶도 마찬가지입니다. 힘써 우리가 공의를 따라 살아간다고 할지라도 그 공의의 삶이 온전할 수 없고, 또한 그 공의의 삶이 결코 내일을 보장하지 못합니다. 따라서 하나님의 은혜가 필요합니다. 힘써 공의의 삶을 살아가지만 그러나 우리의 연약함을 깨닫고 하나님의 은혜를 구해야 합니다. 내일을 하나님의 은혜에 맡겨야 합니다.

데살로니가후서 1장_하나님의 공의를 신뢰하는 삶
환난 중에 있는 교회를 향한 위로의 말씀입니다. 데살로니가 교회가 모든 박해와 환난 중에도 인내하며 믿음을 지켜 모든 교회의 자랑이 되고 있음을 칭찬한 것입니다. 하나님께서 반드시 그 인내의 믿음을 갚으시고, 환난을 받게 한 자들은 환난으로 갚으심을 전한 것입니다. 곧 이것이 하나님의 공의라는 것입니다. "너희로 환난을 받게 하는 자들에게는 환난으로 갚으시고 환난을 받는 너희에게는 우리와 함께 안식으로 갚으시는 것이 하나님의 공의시니 주 예수께서 자기의 능력의 천사들과 함께 하늘로부터 불꽃 가운데에 나타나실 때에 하나님을 모르는 자들과 우리 주 예수의 복음에 복종하지 않는 자들에게 형벌을 내리시리니 이런 자들은 주의 얼굴과 그의 힘의 영광을 떠나 영원한 멸망의 형벌을 받으리로다"(살후 1:6~9) 믿음의 사람들을 핍박하는 자들에게 환난을 받게 하시고, 믿음 때문에 환난 중에 있는 사람들에게는 안식으로 갚으시는 것이 하나님의 공의임을 전하고 있습니다. 하나님은 반드시 하나님 반대편에 서서 그 믿음을 거부하는 자들은 그 공의로 심판하시고, 환난 중에도 하나님 편에서 믿음을 지키는 자들은 반드시 은혜를 베푸신다는 것입니다. 따라서 박해와 환난 중에도 인내하며 믿음을 잃지 않고, 하나님의 공의를 신뢰해야 합니다. 악인들에게는 심판을 베푸시고 믿음의 우리들에게는 은혜를 베푸시는 하나님의 공의를 바라보고 소망해야 합니다.

오늘의 기도

1. 주의 은혜 안에서 주님과 교제 하며 동행하는 삶, 따라서 정직하고 진실하며 힘써 공의를 실천하는 삶을 살게 하소서.
2. 내일을 자랑하지 않고 겸손히 우리의 내일을 맡기오니 주께서 인도하시는 은혜를 누리게 하소서.
3. 믿음으로 인한 환난 중에도 하나님의 공의와 은혜를 확신하며 그 믿음에서 흔들리지 않게 하소서.

정결함

레위기 14장 | 시편 17편 | 잠언 28장 | 데살로니가후서 2장

죄를 용서받고 하나님 앞에서 정결하게 서는 것보다 더 중요한 가치는 없습니다. 정결한 자는 당당할 수 있고 주의 은혜 속에서 평안할 수 있습니다. 따라서 어떤 미혹에도 넘어지지 말고 인내하며 정결함의 삶을 지켜야 합니다.

레위기 14장_정결함의 가치

나병환자가 치료되고 정결하게 되는 날의 규례를 전하고 있는 말씀으로, 제사장을 통해 나병에서 치료됐다는 확증을 받고 하나님 앞에서 행해야 하는 정결예식을 전하고 있습니다. 곧 나병에서 완전히 치료되면 제사장이 진찰하여 확인하고 정결예식을 통해 진영 안으로 들어오게 했고, 칠일 동안 장막 밖에 머물다가 칠일 째에 모든 털을 밀고 옷을 빨고 몸을 물에 씻어 정하다는 인정을 받았고, 팔일 째에 속건제와 속죄제와 번제와 소제를 드려 모든 죄를 사하고 정결함을 받았습니다.

그런데 정결함을 위하여 드려야 하는 제물이 적지 않았습니다. 곧 정결함을 받은 사람은 여덟째 날에 흠 없는 어린 숫양 두 마리와 일 년 된 흠 없는 어린 암양 한 마리, 고운 가루 십분의 삼 에바에 기름 섞은 소제물과 기름 한 록을 준비하여 속건제와 속죄제와 번제와 소제를 드려야 했습니다(레 14:10). 가난한 자들도 속건제를 위한 어린 숫양 한 마리와 소제를 위해 고운 가루 십분의 일 에바에 기름 섞은 것과 기름 한 록, 그리고 속죄제와 번제물을 위해 산비둘기 둘이나 집비둘기 새끼 둘을 준비해야 했습니다(레 14:21~22). 이처럼 정결함을 위하여 부담스러울 만큼 제물을 준비해 드려야 했는데, 그러나 나병에서 치료되고, 정결함의 선언을 받고, 공동체 안으로 다시 들어와 생활하는 것보다 더 가치 있는 것이 있을 수 있겠습니까? 드려야 하는 제물이 결코 작지 않지만, 그러나 그보다 더 큰 것을 드려야 한다고 할지라도 부정함을 씻고 정결함의 자리에 서는 것이 더 소중하고 기쁘지 않았겠습니까? 곧 정결함의 자리에 섰을 때 누리는 감격과 기쁨은 그 무엇을 내어 놓는다 해도 아까울 수 없다는 것입니다.

우리의 삶도 마찬가지입니다. 우리가 거룩하게 살아가는 삶이 얼마나 큰 가치가 있는지 바르게 깨달아야 합니다. 죄를 용서받고 구원의 자리에 서는 것이 온 천하를 얻는 것보다 귀하다는 사실을 깨달아야 합니다. 정결함으로 하나님 앞에 바로 설 수 있다는 것에 최고의 가치를 두어야 합니다.

시편 17편_정결한 자의 당당함

주님께 자신의 무고함을 주장하며 악인들의 공격에서 자신을 구원해줄 것을 구하는 다윗의 기도입니다. 다윗은 주님께 자신을 판단하시며 살펴보시라고 말씀하며, 주께서 자신을 시험하시고 감찰하셨지만 흠을 찾지 못했다고 당당하게 고백하고 있습니다(시 17:2~3). 그만큼 다윗은 하나님을 믿는 믿음의 길에서 철저했고, 하나님의 말씀을 따라 살기를 힘썼습니다. 따라서 자신이 악인들에 의해 무고히 공격당하고 있음을 호소하며, 이 악인들의 손에서 구원해 달라고 기도한 것입니다. 물론 하나님의 기준에서 온전할 수 있는 사람은 아무도 없습니다. 성군이라고 불리는 다윗도 마찬가지입니다. 사실 그도 하나님의 감찰에서 온전함을 주장할 수는 없습니다. 그러나 다윗의 이와 같은 고백은 그가 철저히 하나님을 의지하며, 그 믿음 안에서 힘써 살고 있음을 표현하고 있는 것입니다. 그 믿음으로 자신을 정결하게 세워주신 하나님의 은혜를 확신하고 있는 것입니다. 따라서 하나님의 은혜 속에서 당당히 하나님의 판단을 구한 것입니다.

결국 무엇입니까? 믿음과 하나님의 은혜로 정결함에 서면 당당할 수 있습니다. 어떤 환난과 고난 속에서도 당당히 하나님께 기도할 수 있고, 무엇보

다 하나님의 도우심과 응답을 확신할 수 있습니다. 곧 다윗은 하나님 앞에서 그 의를 당당히 고백하며 한 가지를 확신했는데, 하나님이 자신의 기도에 반드시 응답하신다는 것입니다. 하나님 편에 서서 실족하지 않았기에 하나님께서 반드시 자신을 원수들과 악인들의 공격에서 구원해주신다는 것입니다.

잠언 28장_정결한 자의 평안함

정결한 자, 곧 죄를 용서 받고 의롭게 살아가는 자의 평안과 은혜를 가르쳐주고 있습니다. 곧 악인은 쫓아오는 자가 없어도 도망한다는 것입니다. 도둑이 제 발 저리 듯, 늘 불안함에 쫓기고 평안할 수 없다는 것입니다. 그러나 의인은 사자 같이 담대하다는 것입니다(잠 28:1). 그 무엇에도 부끄러움이 없기에 평안하다는 것입니다. 따라서 그 죄에 대해 숨기지 말고 자복하고 주의 은혜를 누려야 함을 교훈하고 있습니다. 죄를 숨기면 형통할 수 없지만, 죄를 자복하고 버리면 불쌍히 여기시는 주의 은혜를 누리게 된다는 것입니다. 그 은혜로 죄에서 용서함을 받고 평안하게 된다는 것입니다(잠 28:13).

무엇보다 죄의 결과에 대해서 성경은 분명하게 가르치고 있습니다. "사람의 피를 흘린 자는 함정으로 달려갈 것이니 그를 막지 말지니라"(잠 28:17) 이 말씀은 살인자가 사람의 법정에서는 벗어날 수 있겠지만 하나님의 벌이 그에게 닥치게 된다는 것입니다. 따라서 살인자는 달아나더라도 곧바로 죽음으로 치닫게 된다는 것이고, 아무도 그것을 막지 말아야 한다는 말씀입니다. 다시 말해 죄악을 행하고 심판을 모면할 수 없다는 것입니다. 사람의 눈은 속여도 하나님은 속일 수 없다는 것입니다. 하나님께서 다 보시고 반드시 심판하신다는 것입니다. 따라서 죄를 숨기려고 하는 것이 아니라 자복하고 용서의 은혜를 누려야 한다는 것입니다.

우리가 하나님 앞에 우리의 죄를 고백하며 회개할 때 하나님의 긍휼의 은혜를 누릴 수 있습니다. 그 긍휼의 은혜를 통해 죄를 용서받고 하나님 앞에서 의인으로 정결하게 설 수 있습니다. 그 누구도 완전하여 정결할 수 있는 사람은 없지만, 죄를 회개하고 고백하며 그 은혜를 주님께 구하는 자는 정결함의 은혜를 누릴 수 있고, 또 이를 통해 평안함에 이를 수 있습니다.

데살로니가후서 2장_정결한 자의 인내

데살로니가후서 2장은 그리스도의 강림에 대한 교훈의 말씀입니다. 곧 데살로니가 교회 안에 "주의 날이 이미 이르렀다"는 주장으로 말미암아 동요와 혼란이 있었고, 교인들은 당혹에 빠졌습니다. 이에 대해 바울은 어떤 소문에도 흔들리지 말고 두려워하지 말라고 가르친 것입니다. 또 그리스도 강림 전에 적대자의 출현은 당연한 수순임을 기억하고 그들에게 미혹되지 말고 바른 가르침을 고수하라고 전한 것입니다. "그러므로 형제들아 굳건하게 서서 말로나 우리의 편지로 가르침을 받은 전통을 지키라"(살후 2:15)

결국 이 말씀은 십자가의 믿음을 통해 거룩함에 선 주의 백성들이 주님께서 다시 오시는 그 날까지 그 믿음과 거룩함을 지켜가야 한다는 사실을 깨닫게 합니다. 곧 우리를 끊임없이 유혹하며 넘어뜨리고자 하는 악한 세력의 공격이 있는데, 여기서 쉽게 흔들려 넘어지지 말고 믿음에 굳건히 서야 한다는 것입니다. 주의 백성으로서 정결함의 삶을 끝까지 인내하며 지켜야 한다는 것입니다.

오늘의 기도

1. 정결함으로 하나님 앞에 서는 것보다 더 큰 축복이 없음을 깨닫고, 정결함을 위해 그 무엇도 아까워하지 않게 하소서.
2. 정결함으로 부끄럽지 않은 당당한 삶을 살게 하소서.
3. 죄를 숨기지 말고 자복하여 용서의 은혜도 누리고, 어떤 유혹에도 넘어지지 말고 인내하며 정결함의 삶을 지켜가게 하소서.

떠나야 하는 부정함

맥체인성경365_589p

레위기 15장 | 시편 18편 | 잠언 29장 | 데살로니가후서 3장

거룩하신 하나님을 기억하고 부정에서 떠나야 합니다. 부정에서 떠나지 않은 결과는 죽음과 멸망의 심판입니다. 그러나 부정에서 떠나 정결함을 지킨 결과는 구원과 승리의 축복입니다. 따라서 부정에서 떠나 기도하며 정결함을 지켜야 합니다.

레위기 15장_부정에서 떠나야 하는 이유

유출병과 설정함, 여인의 불결기의 유출 등으로 인해 부정하게 되는 경우를 설명한 말씀입니다. 눕는 침상도 부정하고, 앉았던 자리도 부정하고, 몸에 접촉하는 자도 부정하게 된다는 것입니다. 유출이 깨끗해진 이후에는 정결예식을 통해 정하게 될 수 있는데, 곧 유출이 멈추고 깨끗해지면, 이레를 센 후에 옷을 빨고 흐르는 물에 그 몸을 씻으면 정하게 된다는 것입니다. 그리고 여덟째 날에 산비둘기 두 마리나 집비둘기 새끼 두 마리로 속죄제와 번제를 드리라고 말씀하고 있습니다.

이처럼 부정함에서 떠나 정함을 지키는 것이 중요한 이유가, 그래야 죽지 않을 수 있기 때문입니다. 곧 부정에서 떠나지 않으면 하나님의 성막을 더럽힌 것이고, 그 부정함으로 인해 죽게 된다는 것입니다. "너희는 이와 같이 이스라엘 자손이 그들의 부정에서 떠나게 하여 그들 가운데에 있는 내 성막을 그들이 더럽히고 그들이 부정한 중에서 죽지 않도록 할지니라"(레 15:31)

하나님께서 우리에게 무엇보다 요구하시는 것은 거룩함입니다. 거룩하신 하나님 앞에서 거룩함으로 살아가기를 바라십니다. 따라서 또한 하나님은 그 부정을 씻고 정하게 되는 길도 정결예식을 통해 열어 주셨습니다. 부정함을 씻을 길이 없다면 죽음으로 우리의 삶이 끝날 수밖에 없지만, 하나님께서는 부정함을 씻고 거룩하게 되어 하나님 앞에서 생명과 축복을 누릴 수 있는 길을 열어주셨습니다. 따라서 그 은혜의 길을 머뭇거리지 말고 따라가야 합니다. 부정에서 떠나 죽음을 피하고 하나님의 생명과 축복을 누려야 합니다.

시편 18편_부정에서 떠난 축복

구원과 승리에 대한 다윗의 감사입니다. 곧 하나님께서 환난과 죽음의 위기 가운데서 건져주시고, 감당할 수 없었던 모든 원수들을 물리쳐 승리를 주셨다는 것입니다.

다윗은 그 구원과 승리에 대해 이렇게 표현하고 있습니다. "여호와께서 내 의를 따라 상 주시며 내 손의 깨끗함을 따라 내게 갚으셨으니 이는 내가 여호와의 도를 지키고 악하게 내 하나님을 떠나지 아니하였으며 그의 모든 규례가 내 앞에 있고 내게서 그의 율례를 버리지 아니하였음이로다"(시 18:20~22) "그러므로 여호와께서 내 의를 따라 갚으시되 그의 목전에서 내 손이 깨끗한 만큼 내게 갚으셨도다... 깨끗한 자에게는 주의 깨끗하심을 보이시며 사악한 자에게는 주의 거스르심을 보이시리니"(시 18:24~26) 하나님께서 다윗을 구원하시고 승리를 주신 것은 다윗이 끝까지 지켰던 믿음과 의와 깨끗함에 있다는 것입니다. 다윗은 여호와의 도를 지키고, 하나님을 떠나지 않으며, 그 율례를 버리지 않는 등 그 손의 깨끗함을 따랐고, 따라서 하나님께서 그 깨끗함을 따라 갚아주셨다는 것입니다.

결국 이 고백은 부정에서 떠나 하나님의 말씀을 지키며 그 정결함의 길을 따라가는 자에게 주시는 하나님의 축복을 깨닫게 합니다. 하나님은 힘써 정결함을 지키는 자를 돌보시고 축복하신다는 것입니다. 따라서 우리도 다윗처럼 환난 중에서도 정결함을 지켜야 합니다. 부정함을 버리고 하나님께서 기뻐하시는 의의 길에 서야 합니다.

잠언 29장_부정에서 떠나지 않은 결과

교만한 자와 악인의 멸망을 가르치고 있습니다. 계속해서 책망을 받지만 교만함으로 돌이키지 않는 사람은 갑자기 패망을 당하고 피하지 못한다는 것입니다. "자주 책망을 받으면서도 목이 곧은 사람은 갑자기 패망을 당하고 피하지 못하리라"(잠 29:1) "악인이 많아지면 죄도 많아지나니 의인은 그들의 망함을 보리라"(잠 29:16) 계속된 책망에도 돌이키지 않는 악인들의 심판의 결과를 보며, 부정에서 떠나지 않는 자의 심판을 생각하게 됩니다. 무엇보다 "갑자기"라는 단어에 주목해야 합니다. 악에서 떠나지 않고 그 책망에서 돌이키지 않아도 당장 떵떵거릴 수 있습니다. 아무 일도 일어나지 않고 그래서 하나님의 심판을 가볍게 여길 수 있습니다. 그러나 그 심판은 갑자기 이르게 된다는 것입니다. 지금의 떵떵거림이 결코 지속되지 못한다는 것입니다. 따라서 오늘 당장 돌이켜야 합니다. 아직 괜찮다는 어리석은 생각으로 교만하다가 돌이킬 수 없는 후회를 만들게 됩니다. 또한 믿음의 사람들은 부정에서 떠나지 않는 악인들의 당장의 번성에 마음 빼앗기지 말아야 합니다. 끝까지 의를 지키며 정결함의 삶을 살아야 합니다. 그러면 반드시 악인들의 멸망을 보게 됩니다. 우리가 정결함을 지키며 의의 길을 따른 것이 옳았음을 보게 됩니다.

부정에서 떠나지 않으면 결국 심판에 처할 수밖에 없습니다. 따라서 부정에서 떠나 정결함의 삶을 살아야 하고, 그 정결함의 삶을 끝까지 지켜가야 합니다.

데살로니가후서 3장_부정에서 우리를 지키는 방법

게으름에 대한 경고와 더불어 부당하고 악한 사람들에게서 지켜주시기를 기도해 달라는 바울의 부탁과, 데살로니가 교회가 바른 말씀 안에서 든든히 서고 주께서 인도해주시기를 바라는 바울의 소망을 기록하고 있습니다. "또한 우리를 부당하고 악한 사람들에게서 건지시옵소서 하라 믿음은 모든 사람의 것이 아니니라 주는 미쁘사 너희를 굳건하게 하시고 악한 자에게서 지키시리라"(살후 3:2~3) 바울의 기도의 부탁과 또 데살로니가 교회를 향한 소망에서, 부정함에서 우리를 지키는 방법을 깨달을 수 있습니다. 곧 악한 자들의 공격과 유혹이 정결함으로 하나님을 따르는 우리의 믿음을 흔들곤 합니다. 여기서 우리를 지키는 가장 확실한 방법은 기도라는 것입니다. 믿음에 굳게 서고 또 정결하기 위해 하나님의 도우심을 끊임없이 구하며, 모든 악에서 건지시고 지키시기를 기도해야 한다는 것입니다.

우리는 연약하여 스스로를 구원할 수 없을 뿐만 아니라 악의 유혹에 쉽게 넘어지곤 합니다. 그러나 하나님이 주시는 힘으로 그 유혹을 이기고 믿음을 지킬 수 있습니다. 정결함의 삶을 세워갈 수 있습니다.

오늘의 기도

1. "아직"이라는 안주함과 교만함을 버리고 "갑자기" 임하시는 하나님의 심판을 기억하며 부정함의 죄에서 오늘 돌이키게 하소서.
2. 정직함과 깨끗함으로 주의 말씀에 서게 하시고 그 속에서 주시는 풍성한 주님의 상을 받아 누리게 하소서.
3. 우리의 연약함을 기억하셔서 믿음에 굳건하게 하시고 모든 악에서 우리를 지켜 주소서.

12
Apr

속죄

레위기 16장 | 시편 19편 | 잠언 30장 | 디모데전서 1장

예수 그리스도의 십자가의 희생을 통한 속죄의 은혜를 기억하며 내 죄를 돌아보는 겸손함이 필요합니다. 속죄의 은혜 이후 경건함을 지켜가기 위한 일에도 힘을 다하며, 속죄의 은혜 속에서 사명을 발견하고 그 은혜를 전하는 일에 힘써야 합니다.

레위기 16장_속죄의 은혜

대속죄일에 대한 말씀으로, 우리의 죄가 짐승의 피를 통해 용서함을 받게 되는 대속의 은혜를 전하고 있습니다. 곧 아론의 두 아들이 여호와 앞에서 범죄하여 죽은 사건이 계기가 되어 속죄의 중요성이 더욱 인식되었고, 따라서 하나님은 속죄예식을 행할 것을 명령하신 것입니다. 무엇보다 이 속죄일을 영원히 지키라고 명령하셨습니다.

특별히 속죄 예식에서 주목할 것이 속죄제물로 준비하는 숫염소 두 마리입니다. 숫염소 두 마리를 제비 뽑아 하나는 속죄제로 드리고, 하나는 아사셀을 위하여 산 채로 광야로 보내게 하셨습니다. 곧 모든 죄를 그 염소에게 안수하여 전가한 후에 광야로 보내어 찢기게 한 것입니다. 백성들의 불의를 대신 짊어지고 광야에서 사나운 짐승들에게 찢겨 죽게 한 것입니다. "아론은 그의 두 손으로 살아 있는 염소의 머리에 안수하여 이스라엘 자손의 모든 불의와 그 범한 모든 죄를 아뢰고 그 죄를 염소의 머리에 두어 미리 정한 사람에게 맡겨 광야로 보낼지니 염소가 그들의 모든 불의를 지고 접근하기 어려운 땅에 이르거든 그는 그 염소를 광야에 놓을지니라"(레 16:21~22)

결국 아사셀을 위한 염소는 우리의 죄를 짊어지고 십자가에서 찢겨 죽으신 예수 그리스도를 나타내고 있습니다. 이를 통해 우리의 죄가 용서함 받고 살 수 있었습니다. 이 놀라운 은혜를 깨달아야 하고, 또한 감사와 믿음으로 그 희생을 통한 속죄의 은혜를 누려야 합니다.

시편 19편_속죄 후 따라야 할 경건의 길

피조 세계와 율법에 나타난 하나님의 영광을 찬양한 다윗의 시입니다. 무엇보다 죄에서 자유로울 수 있기를 구하는 다윗의 기도가 인상적입니다. 숨은 허물, 곧 미처 깨닫지 못한 죄에서도 벗어나게 해 달라고 구하고 있고, 죄인 줄 알면서 고의로 죄를 짓지 않도록 자신을 막아주시고 죄의 손아귀에 다시 잡히지 않게 해 달라고 기도하고 있습니다. "또 주의 종이 이것으로 경고를 받고 이것을 지킴으로 상이 크니이다 자기 허물을 능히 깨달을 자 누구리요 나를 숨은 허물에서 벗어나게 하소서 또 주의 종에게 고의로 죄를 짓지 말게 하사 그 죄가 나를 주장하지 못하게 하소서 그리하면 내가 정직하여 큰 죄과에서 벗어나겠나이다"(시 19:11~13)

다윗의 기도를 통해 속죄의 은혜를 경험한 이후도 중요함을 깨닫게 됩니다. 속죄의 은혜 속에서 경건한 삶을 살 수 있도록 힘써야 한다는 것입니다. 다시 죄에 빠지지 않고 넘어지지 않아야 한다는 것입니다. 따라서 다윗처럼 죄에서 자유로울 수 있도록 기도해야 합니다. 죄에서 벗어나 오직 주의 말씀을 따르며 경건한 삶을 살아가기를 위해 기도해야 합니다.

잠언 30장_속죄를 위해 먼저 그 깨달아야 하는 죄

아굴의 잠언입니다. 그는 어리석게 자신의 더러운 죄를 보지 못하고 스스로 깨끗한 자로 착각하는 교만한 사람들이 있음을 전하고 있습니다. "스스로 깨끗한 자로 여기면서도 자기의 더러운 것을 씻지 아니하는 무리가 있느니라 눈이 심히 높으며 눈꺼풀이 높이 들린 무리가 있느니라"(잠 30:12~13)

교만함으로 스스로의 죄를 돌아보지 못하면 속죄의 은혜 가운데 나아가지 못하고, 그 은혜를 경험하지 못합니다. 따라서 교만함을 버리고 겸손함으로 죄를 돌아보며 깨달아야 합니다. 곧 '내게 무슨 죄가 있느냐? 이만하면 의롭지 않느냐?' 이렇게 생각하는 교만함을 버리고 내 안에 있는 죄를 깨달아야 합니다. 그렇게 죄를 깨달아야 예수 그리스도의 십자가 앞에 그 죄를 내려놓을 수 있고 그 보혈로 죄를 씻을 수 있습니다.

디모데전서 1장_속죄 후에 힘써야 할 사명

거짓 율법 교사에 대한 경고와 바울 자신에게 직분을 맡겨주신 하나님의 긍휼의 은혜를 찬양하고 있습니다. "이 교훈은 내게 맡기신 바 복되신 하나님의 영광의 복음을 따름이니라 나를 능하게 하신 그리스도 예수 우리 주께 내가 감사함은 나를 충성되이 여겨 내게 직분을 맡기심이니"(딤전 1:11~12) "그러나 내가 긍휼을 입은 까닭은 예수 그리스도께서 내게 먼저 일체 오래 참으심을 보이사 후에 주를 믿어 영생 얻는 자들에게 본이 되게 하려 하심이라"(딤전 1:16) 이 찬양과 고백에서 자신에게 맡겨진 복음 선포의 사명을 잊지 않고 있는 바울을

보게 됩니다. 바울은 이 사명을 감사와 은혜로 여겼습니다. 또한 바울은 자신이 긍휼을 입은 까닭, 곧 속죄의 은혜를 입은 까닭에 대해서 말하고 있는데, 예수님의 오래 참으심의 사랑을 모두에게 드러내 보이고, 또 이를 통해 이후 예수님을 믿고 영생을 얻으려고 하는 사람들의 본보기로 삼고자 하신 것이라고 고백하고 있습니다. 곧 바울은 죄인 중의 괴수였던 자신에게까지도 속죄의 은혜가 주어진 사실을 통해 그 누구도 이 은혜가 미치지 못할 사람이 없음을 전한 것입니다. 따라서 자신이 경험한 이 은혜를 모두가 다 누리기를 바라는 마음을 표현한 것입니다.

바울은 자신에게 베풀어진 속죄의 은혜를 깨닫고 있었고, 그 은혜 속에서 주어진 사명을 잊지 않았습니다. 또한 속죄의 은혜는 그 은혜를 전하는 사명으로 이어져야 한다는 사실도 놓치지 않았습니다. 따라서 그 은혜를 전하는 사명에 온 힘을 다했습니다. 우리도 바울처럼 속죄의 은혜와 그 속에 담긴 사명을 잊지 않아야 합니다.

오늘의 기도

1. 아사셀의 염소처럼 우리의 모든 죄를 짊어지고 십자가에서 찢겨 희생하신 주님의 은혜를 기억하며 감사하는 삶을 살게 하소서.
2. 말씀과 기도로 속죄의 은혜에서 떠나지 않는 삶을 살게 하소서.
3. 속죄의 은혜 속에 주어진 사명을 발견하여 충성하게 하소서.

13 Apr

예배(경외)

레위기 17장 | 시편 20-21편 | 잠언 31장 | 디모데전서 2장

맥체인성경365_599p

먼저 하나님을 경외함이 마땅하고, 하나님을 경외하기에 거룩하고 선한 삶을 사는 것이 마땅합니다. 이처럼 힘써 하나님을 경외하는 자에게는 하나님의 칭찬과 그 예배를 받으시며 그 소원을 이루어주시는 하나님의 축복이 있습니다.

레위기 17장_먼저여야 하는 하나님 예배(경외)

성소에서만 짐승을 도살할 수 있다는 명령을 전하고 있습니다. 소나 어린 양이나 염소를 진영 안에서 잡든지 진영 밖에서 잡든지 먼저 회막 문으로 끌고 가서 여호와의 성막 앞에서 여호와께 예물로 드려야 한다는 것입니다. 그렇지 않으면 하나님의 심판이 있다는 것입니다. "먼저 회막 문으로 끌고 가서 여호와의 성막 앞에서 여호와께 예물로 드리지 아니하는 자는 피 흘린 자로 여길 것이라 그가 피를 흘렸은즉 자기 백성 중에서 끊어지리라"(레 17:4)

이와 같이 명령하신 것은 모든 생명의 주권이 하나님께 있기 때문입니다. 따라서 생명의 주권자 되신 하나님의 주권 안에서 짐승을 잡으라고 말씀하신 것입니다. 또한 이것은 하나님께 드리는 제사가 먼저여야 한다는 사실을 가르치신 것입니다. 우리가 자녀들에게 어른이 먼저 수저를 들고 음식을 먹고 난 후에야 수저를 들어 먹도록 가르치지 않습니까? 그렇게 어른 공경을 가르치듯이 하나님께 제사로 먼저 드림으로 하나님을 경외해야 함을 가르치고 있는 것입니다. 또한 하나님이 아닌 우상에게 제사하는 것을 막고, 오직 하나님께만 예배해야 함을 가르치신 것입니다. 5절에 "이스라엘 자손이 들에서 잡던 그들의 제물"이라는 표현이 있고, 7절에 "전에 음란하게 섬기던 숫염소에게 다시 제사하지 말라"고 말씀하고 있는데, 이는 당시 이방 족속들의 우상숭배 습관과 밀접한 연관이 있습니다. 곧 이방 족속들 사이에서 짐승을 잡을 때 짐승의 고기를 일부 떼어 먼저 우상에게 제사 지내는 풍습이 있었고, 이스라엘 백성들도 이러한 습관에 영향을 받고 있었던 것입니다. 따라서 이런 우상숭배를 차단하고 오직 하나님께만 예배하도록 한 것입니다.

우리가 예배하며 섬겨야 할 분은 오직 하나님 한 분입니다. 하나님을 먼저 섬기며 하나님께 우선순위를 두며 살아가는 것은 우리 신앙인의 마땅한 삶입니다.

시편 20-21편_하나님을 예배(경외)하는 자에게 주시는 응답

시편 20편은 전쟁의 곤경에 빠진 왕을 위한 백성의 기도입니다. 시편 21편은 왕을 도우시는 하나님을 향한 찬양입니다. 주목할 말씀이 왕의 구원을 기도하며 그가 드린 예배를 언급하고 있다는 것입니다. 하나님을 경외하며 예배했던 왕의 삶이 하나님의 구원과 응답으로 이어지기를 간구하고 있다는 것입니다. "성소에서 너를 도와 주시고 시온에서 너를 붙드시며 네 모든 소제를 기억하시며 네 번제를 받아 주시기를 원하노라 (셀라) 네 마음의 소원대로 허락하시고 네 모든 계획을 이루어 주시기를 원하노라"(시 20:2~4)

결국 무엇입니까? 이 간구 속에서 우리가 힘써 드리는 예배가 결코 헛되지 않음을 깨달을 수 있습니다. 하나님을 중심에 두고 경외하며 예배하는 삶을 하나님께서 기억하시고 응답하신다는 것입니다. 성소에서 도우시고 붙드시며, 모든 소제를 기억하시며 번제를 받아주신다는 것입니다. 그럼으로 마음의 소원과 계획을 이루어주신다는 것입니다. 따라서 우리가 힘써 하나님을 예배하며 경외하는 일에 힘써야 합니다. 모든 삶에 우선하여 하나님께 드리는 우리의 예배를 보시고, 하나님은 우리의 기도에 응답하심을 기억하고, 먼저 예배해야 합니다. 하나님께서 우리의 기도에 응답하시기를 원한다면

먼저 힘을 다해 하나님을 경외해야 합니다.

잠언 31장_하나님을 예배(경외)하는 자가 받는 칭찬

르무엘 왕이 받은 잠언, 곧 그의 어머니가 그를 훈계한 잠언입니다. 현숙한 아내에 대한 가르침도 전하고 있는데, 외모를 아름답게 치장하고 꾸며 칭찬받으려고 하기보다 하나님을 경외하는 신앙과 예배로 칭찬받는 것이 중요함을 가르치고 있습니다. 곧 외적 아름다움보다 하나님을 경외함이 참된 가치를 갖는다는 것입니다. 그 경외가 하나님의 칭찬으로 이어진다는 것입니다. "고운 것도 거짓되고 아름다운 것도 헛되나 오직 여호와를 경외하는 여자는 칭찬을 받을 것이라"(잠 31:30)

우리는 무엇으로 칭찬 받고자 합니까? 재물로, 지식으로, 남보다 앞선 성공으로 칭찬받으려고 하지 않습니까? 우리가 받아야 하는 칭찬은 예배와 하나님을 경외하는 믿음의 삶에 있어야 합니다. 우리는 무엇보다 하나님을 경외하며 예배하는 삶으로 칭찬 받아야 합니다.

디모데전서 2장_하나님을 예배(경외)하는 자가 살아야 하는 삶

힘써 기도하되, 세상 지도자를 위해 기도해야 한다는 것과 남자와 여자의 처신에 대한 가르침을 주고 있습니다. 특별히 하나님을 경외하는 남자들은 마땅히 분노와 다툼이 없이 기도해야 하고, 여자들은 금과 진주와 값진 옷이 아닌 선행으로 단장해야 한다고 가르치고 있습니다. 이것이 하나님을 경외하는 자들의 마땅한 모습이라는 것입니다. "그러므로 각처에서 남자들이 분노와 다툼이 없이 거룩한 손을 들어 기도하기를 원하노라 또 이와 같이 여자들도 단정하게 옷을 입으며 소박함과 정절로써 자기를 단장하고 땋은 머리와 금이나 진주나 값진 옷으로 하지 말고 오직 선행으로 하기를 원하노라 이것이 하나님을 경외한다 하는 자들에게 마땅한 것이니라"(딤전 2:8~10)

하나님을 경외한다고 하면서 그 삶이 거룩함과 선행으로 채워져 있지 않으면 그것은 거짓일 수밖에 없습니다. 하나님을 경외하기에 무엇보다 힘써 기도하며 거룩한 삶, 선을 행하는 삶을 살아야 합니다.

오늘의 기도

1. 하나님을 예배하며 경외하는 일에 무엇보다 우선순위를 두고 살아가게 하소서.
2. 예배의 삶을 통해 환난 중에 도우시는 하나님의 응답을 경험하게 하소서.
3. 경건한 기도와 착한 행실의 삶으로 칭찬 받고 인정받는 삶을 살게 하소서.

사는 길

레위기 18장 | 시편 22편 | 전도서 1장 | 디모데전서 3장

헛되지 않은 것, 곧 하나님을 경외하며 주의 말씀을 지키고, 죽음의 위기 속에서도 주를 의지하며 기도하는 것이 우리가 사는 길입니다. 또한 우리가 그렇게 살아 믿음으로 바로 세워지고, 모범으로 연약한 성도들을 가르치며 돌보고 세우는 것이 우리 교회가 사는 길입니다.

레위기 18장_주의 말씀을 지키는 것이 사는 길이다.
근친상간 금지에 대한 말씀과 그 외의 음란하고 가증한 죄를 금해야 한다는 가르침입니다. 이 가르침을 전하며 하나님은 다음과 같이 말씀하셨습니다. "너희는 너희가 거주하던 애굽 땅의 풍속을 따르지 말며 내가 너희를 인도할 가나안 땅의 풍속과 규례도 행하지 말고 너희는 내 법도를 따르며 내 규례를 지켜 그대로 행하라 나는 너희의 하나님 여호와이니라 너희는 내 규례와 법도를 지키라 사람이 이를 행하면 그로 말미암아 살리라 나는 여호와이니라"(레 18:3~5) "그로 인해 살리라"는 말씀이 유독 눈에 들어옵니다. 하나님의 규례와 법도를 지키고 행하면 살게 된다고 말씀하고 있는데, 이것은 곧 그 규례와 법도를 지키지 않으면 죽는다는 것을 전하고 있는 것입니다. 곧 하나님은 하나님의 규례와 법도를 지키지 않고 가증한 모든 일을 행하는 자는 그 백성 중에서 끊어진다고 말씀하고 있습니다(레 19:29).

우리의 생명은 하나님께 있고 그 명령을 지키는 데 있습니다. 그 명령을 지키는 것이 우리가 사는 길입니다. 애굽과 가나안의 풍속과 규례는 악하고 가증한 일이요, 하나님을 욕되게 하는 일로서 결국은 심판과 멸망의 길입니다. 결국 하나님께서 규례와 법도를 주시고, 이를 지키라 명령하시는 것은 단순히 우리를 억압하고 구속하고자 함이 아닙니다. 오히려 하나님의 뜻은 살리는 데 있습니다. 우리가 참 생명을 얻고 참 행복한 삶을 살아가게 하기 위해 말씀을 주시고, 그 말씀을 지키라 명령하시는 것입니다. 따라서 우리가 철저히 하나님의 말씀을 기준으로 두고 그 말씀을 지키며 살아야 합니다. 그 말씀을 통해 심판이 아닌 생명을 얻어야 합

니다.

시편 22편_주께 매달려 기도하는 것이 사는 길이다.
무자비한 원수들에 의해 둘러싸여 조롱을 받으며 생명의 위기 가운데 있던 다윗이 하나님께 구원을 구한 기도입니다. 고통 중에 다윗은 다음과 같이 기도했습니다. "여호와여 멀리 하지 마옵소서 나의 힘이시여 속히 나를 도우소서 내 생명을 칼에서 건지시며 내 유일한 것을 개의 세력에서 구하소서 나를 사자의 입에서 구하소서 주께서 내게 응답하시고 들소의 뿔에서 구원하셨나이다"(시 22:19~21) 이처럼 다윗은 하나님을 의지하며 그 도움을 절대적으로 구했습니다. 하나님 외에는 그 누구도 도울 자가 없다는 것입니다(시 22:11). 죽음의 위기 속에서 유일하게 자신을 구원할 분은 오직 하나님 한 분이라는 것입니다.

하나님의 도움을 구하는 다윗에게는 확신이 있었습니다. 하나님께서 그 백성의 기도를 외면하지 않으시고, 반드시 듣고 응답하시며 구원하신다는 확신이 있었습니다. 그 조상들이 주님을 의뢰하고 부르짖어 기도할 때, 그 기도를 들으시고 응답하셨던 것을 기억하고 떠올리며(시 22:5), 자신의 기도도 외면하지 않으시고, 응답하셔서 구원하실 것을 확신했습니다. 따라서 다윗은 다음과 같이 믿음으로 기도했습니다. "그는 곤고한 자의 곤고를 멸시하거나 싫어하지 아니하시며 그의 얼굴을 그에게서 숨기지 아니하시고 그가 울부짖을 때에 들으셨도다"(시 22:24)

주님을 의지하며 포기하지 않고 기도하는 것이 사는 길입니다. 환난과 위험 중에서 우리를 구원하며 건지실 수 있는 분은 오직 하나님이시고, 하나

님은 그 백성의 기도를 외면하지 않으십니다. 죽음의 위기 가운데서도 건지셔서 살게 하십니다. 따라서 포기하지 않고 하나님께 매달려 기도해야 합니다. 하나님을 의심하지 않고 끝까지 믿고 기도해야 합니다.

전도서 1장_헛되지 않은 것을 따르는 것이 사는 길이다.

세상의 모든 것이 다 헛됨을 전하고 있습니다. "내가 해 아래에서 행하는 모든 일을 보았노라 보라 모두 다 헛되어 바람을 잡으려는 것이로다"(전 1:14) 전도서 1장 2절에는 헛되다는 말을 무려 5번이나 쓰며 전도서를 시작하고 있습니다. 그만큼 세상의 모든 것이 다 헛됨을 강조한 것입니다. 특별히 전도자인 솔로몬은 지혜를 찾고 구하며 많은 지식을 만나 보았지만 그것도 헛되었다고 고백하고 있습니다. 이처럼 전도서는 모든 것이 헛됨을 전하고 있는데, 이것은 결국 헛되지 않은 한 가지를 강조하기 위함이었습니다. 곧 하나님을 믿고 경외하는 것만이 헛되지 않다는 것입니다. 따라서 하나님 밖에서 아무리 수많은 성취를 이루고 온갖 부귀와 영화를 누려봐야 헛되다는 것을 교훈한 것입니다. 그것이 참 생명과 행복을 보장하지 못한다는 것입니다. 오직 하나님을 경외하고 말씀을 지키며 살아가는 삶이 참 생명과 행복의 삶이 된다는 것입니다.

결국 무엇입니까? 헛되지 않은 것, 이것을 바로 깨닫고 따라가는 것이 생명을 얻고 사는 길입니다. 헛된 것을 구하며 따라가다 후회하며 멸망으로 끝나지 말고, 헛되지 않은 하나님 경외의 삶을 통해 생명을 누려야 합니다.

디모데전서 3장_사람을 바로 세우는 것이 사는 길이다.

감독과 집사의 자격에 대해서 전하는 말씀입니다. 곧 교회 안의 지도자로서 감독과 집사들은 신실함과 믿음과 충성으로 모든 성도들의 본이 되어야 한다는 것입니다. 그래야 하나님의 교회를 돌보며 세워갈 수 있다는 것입니다. 또한 바울은 감독과 집사의 자격을 전하는 등, 이 편지를 쓰는 이유에 대해서 설명하고 있습니다. 디모데에게 속히 가기를 바라지만, 그러나 늦어질 수 있기에, 교회 지도자들을 바르게 세우는 등, 하나님의 교회를 흔들림 없이 세워가도록 바른 지침과 도움을 주기 위해서라는 것입니다. "만일 내가 지체하면 너로 하여금 하나님의 집에서 어떻게 행하여야 할지를 알게 하려 함이니 이 집은 살아 계신 하나님의 교회요 진리의 기둥과 터니라"(딤전 3:15) 결국 바울의 이와 같은 가르침을 통해서 교회 지도자를 바로 세우는 것이 진리의 기둥과 터가 되는 살아 계신 하나님의 교회를 바로 세우는 중요한 요소가 됨을 알 수 있습니다.

인사가 만사라는 말이 있듯이 경건하고 모범된 교회 지도자가 세워져 구성원들을 바르게 가르치고 이끌 때에, 교회 공동체가 든든히 서는 것은 당연한 이치입니다. 따라서 경건하고 모범된 지도자를 양육하여 잘 세워가는 것이 교회가 사는 길이 됩니다. 따라서 또한 우리 자신이 그런 모범되고 경건한 지도자로 바로 서기를 힘써야 합니다. 단순히 수동적 생각으로 누군가가 훌륭한 지도자로 세워지기를 바라기보다, 내가 그런 모범적인 지도자로 세워져 연약한 사람들을 이끌고 세우는 일에 최선을 다해야 합니다. 그것이 바로 우리 교회가 사는 길이 됩니다.

오늘의 기도

1. 주의 말씀을 지키고 따르는 것이 사는 길임을 깨닫고 철저히 말씀을 따라 살게 하소서.
2. 어떤 상황에서도 믿음으로 주를 의지하며, 포기하지 않고 기도하여 주의 응답을 누리게 하소서.
3. 내가 바로 서는 것이 우리 교회 공동체가 사는 길임을 깨닫게 하셔서 더욱 말씀과 기도로 성숙하게 하시고, 경건한 믿음의 사람으로 세워지게 하소서.

거룩함

레위기 19장 | 시편 23-24편 | 전도서 2장 | 디모데전서 4장

거룩하신 하나님의 명령을 따라 우리도 거룩해야 합니다. 하나님 밖에서의 거룩하지 않은 삶의 헛됨을 깨닫고, 거룩함으로 하나님과 교제하며 하나님의 복을 받고 의를 얻어야 합니다. 거룩함으로 금생과 내생의 생명의 약속을 받을 뿐만 아니라, 힘써 거룩함을 가르치는 사명의 삶을 살아야 합니다.

레위기 19장_하나님의 명령인 거룩함

하나님의 백성으로 지켜야 하는 여러 규례와 법도에 대한 가르침입니다. 하나님을 경외하고 이웃들을 사랑하는 규례들과 우상을 섬기는 이방의 관습과는 다른 구별된 법도를 말씀하고 있습니다. 그리고 그 핵심은 거룩함입니다. 하나님이 거룩하시기에 그 백성도 하나님을 따라 거룩해야 한다는 것입니다. 너는 이스라엘 자손의 온 회중에게 말하여 이르라 너희는 거룩하라 이는 나 여호와 너희 하나님이 거룩함이니라"(레 19:2) 따라서 하나님은 모든 규례와 모든 법도를 지켜 행하라고 말씀하고 있습니다. "너희는 내 모든 규례와 내 모든 법도를 지켜 행하라 나는 여호와이니라"(레 19:37) 곧 이 규례와 법도를 지켜 행할 때에 거룩함에 이를 수 있게 된다는 것입니다. 하나님 사랑과 이웃 사랑의 규례와 우상을 숭배하는 이방인들과는 다른 구별된 법도가 그 백성을 거룩함으로 이끈다는 것입니다.

우리는 거룩해야 하는 하나님의 백성으로, 하나님은 우리에게도 거룩하라고 명령하십니다. 우리에게도 하나님 사랑과 이웃 사랑의 규례를 말씀하시며 세상의 사람들과 구별된 삶을 요구하십니다. 우리가 이 사실을 잊지 말고 힘써 하나님 사랑과 이웃 사랑의 삶을 실천하며, 세상의 사람들과 다른 구별된 삶을 힘써 살아가야 합니다.

시편 23-24편_거룩함으로 누리는 축복

시편 23편은 하나님께서 좋은 목자가 되심을 고백한 찬양이고, 시편 24편은 성전에 들어가며 하나님을 찬양한 시입니다. 특별히 성전에 들어가 하나님 앞에 서며, 하나님의 복을 받을 자가 누구인지를 노래하고 있는데, 손이 깨끗하고, 마음이 청결하며, 뜻을 허탄한 데 두지 아니하고, 거짓 맹세하지 아니하는 자, 곧 거룩한 자가 성전에 오를 수 있으며, 또한 이 사람이 여호와께 복을 받고 의를 얻는다고 말씀하고 있습니다. "여호와의 산에 오를 자가 누구며 그의 거룩한 곳에 설 자가 누구인가 곧 손이 깨끗하며 마음이 청결하며 뜻을 허탄한 데에 두지 아니하며 거짓 맹세하지 아니하는 자로다 그는 여호와께 복을 받고 구원의 하나님께 의를 얻으리니"(시 24:3~5)

거룩하면 하나님의 축복을 누리게 됩니다. 여호와 하나님의 산에 올라 거룩한 곳에 서는 축복을 누리고, 여호와 하나님이 주시는 복을 누리며, 구원의 하나님으로부터 의롭다 인정받아 결국 구원에 이르는 축복을 누리게 됩니다. "너희 하나님이 거룩하니 너희도 거룩하라"고 하나님께서 명령하시는 것은 바로 이 축복 때문이 아니겠습니까? 하나님께서 계시는 거룩한 곳에 올라 하나님과 교제하며, 그 속에서 풍성한 구원과 복을 주고자 하시는 뜻이 우리에게 거룩하라고 명령하시는 이유임을 깨달아야 합니다.

전도서 2장_거룩하지 않은 삶의 헛됨

계속해서 헛됨을 이야기하고 있습니다. 육신의 즐거움도 헛되고, 크게 사업을 일구고 은금과 보배를 쌓고 수많은 처첩을 두고 살아가는 것도 헛되며, 지혜자로 사는 것도 헛되고, 힘써 성실히 수고하며 살아가는 것도 헛되다는 것입니다. 전도자 솔로몬은 원하고 바라는 대로 그 마음에 즐거워하는 일을 추구하며 살았지만, 지난 후 돌아보니 그 모든 것들이 헛될 뿐이라는 것입니다. "그 후에 내가 생각해 본즉 내 손으로 한 모든 일과 내가 수고한 모든 것이 다 헛되어 바람을 잡는 것이며 해 아래에서 무익한 것이로다"(전 2:11)

결국 이 헛되다는 고백은 하나님 밖에서 이루고 행한 일들의 헛됨을 이야기하고 있습니다. 하나님 밖에서 큰 사업을 이루고, 하고 싶은 일들을 뜻대로 행하며, 세상 사람들이 부러워할 만한 것을 쌓고 누린다고 해도 의미 없고 헛될 뿐이라는 것입니다. 따라서 이 말씀을 통해 하나님 밖에서 살아가는 삶, 곧 거룩하지 않은 삶은 헛되고 무의미함을 깨달을 수 있습니다. 아무리 세상 사람들이 부러워하는 삶을 살아간다 할지라도 헛될 뿐입니다. 따라서 하나님 안에서 하나님과 함께하는 거룩한 삶을 살아야 합니다. 그 삶이 헛되지 않습니다.

디모데전서 4장_거룩함의 유익과 사명

참된 경건을 가르치는 말씀입니다. 잘못된 절제, 곧 혼인을 금하고 어떤 음식물을 먹지 말라는 가르치는 자들이 있는데, 이것으로 넘어지지 말라는 것입니다. 거룩함은 금욕적 삶을 통해서가 아니라 오직 말씀과 기도로 이루어진다는 것입니다. "하나님의 말씀과 기도로 거룩하여짐이라"(딤전 4:5) 무엇보다 바울은 참된 경건의 삶에 대해 이렇게 가르치고 있는데, 경건 곧 거룩함은 모든 면에서 유익하며 이 세상과 장차 올 세상에서 생명의 약속이 있다는 것입니다. "육체의 연단은 약간의 유익이 있으나 경건은 범사에 유익하니 금생과 내생에 약속이 있느니라"(딤전 4:8) 따라서 바울은 디모데에게 이것들을 명하고 가르치라고 권면하며, 말과 행실과 사랑과 믿음과 순결에 있어서 믿음의 사람들에게 본을 보이라고 가르치고 있습니다. "너는 이 것들을 명하고 가르치라 누구든지 네 연소함을 업신여기지 못하게 하고 오직 말과 행실과 사랑과 믿음과 정절에 있어서 믿는 자에게 본이 되어"(딤전 4:11~12)

거룩함의 삶은 금생과 내생에서의 생명의 유익을 얻게 합니다. 뿐만 아니라 힘써 가르쳐 사람들을 거룩함에 이르게 하는 것이 우리의 사명입니다. 따라서 우리가 먼저 말씀과 기도로 거룩함에 힘써, 생명의 유익을 누릴 뿐만 아니라, 또한 우리 이웃들에게 힘써 거룩함의 삶을 가르쳐야 합니다. 가르침의 거룩함의 사명을 힘써 감당해야 합니다.

축복을 누리는 사람이 돼야 합니다. 하나님을 경외함으로, 그 말씀을 따라 구별된 삶을 살아감으로, 그리고 힘을 다해 충성함으로 하나님께서 주시는 축복을 누려야 합니다. 하나님의 때까지 기다려 하나님께서 이루시는 아름다움의 축복을 누려야 합니다.

레위기 20장_구별된 자가 누리는 축복

우상숭배와 근친상간 등 백성 중에서 끊어지고 반드시 죽여야 하는 중죄에 대해서 기록하고 있습니다. 이 모든 가증한 죄를 주의하고 멀리함으로 거룩함을 지켜야 함을 가르치고 있습니다. 곧 하나님께서 명령하신 모든 규례와 법도를 지키고, 결코 가나안 땅의 풍습을 따르지 말아야 한다는 것입니다. 하나님은 그들의 풍습을 가증하게 여기고, 따라서 젖과 꿀이 흐르는 그 땅에서 그들을 내어 쫓으시고, 이스라엘 백성들에게 그 땅을 기업으로 주신다는 것입니다. "너희는 내가 너희 앞에서 쫓아내는 족속의 풍속을 따르지 말라 그들이 이 모든 일을 행하므로 내가 그들을 가증히 여기노라 내가 전에 너희에게 이르기를 너희가 그들의 땅을 기업으로 받을 것이라 내가 그 땅 곧 젖과 꿀이 흐르는 땅을 너희에게 주어 유업을 삼게 하리라 하였노라 나는 너희를 만민 중에서 구별한 너희의 하나님 여호와이니라"(레 20:23~24)

결국 이 말씀은 하나님께서 이스라엘 백성들에게도 동일하게 경고하신 것입니다. 이스라엘 백성들이 가나안 족속들과 마찬가지로 가증한 그 풍습을 따를 때에는 이스라엘 백성들도 동일하게 쫓겨날 수밖에 없다는 것입니다. 하나님께서 주시는 기업인 가나안 땅에서 쫓겨나지 않고 가나안 땅을 온전한 축복으로 받고 누리기 위해서는 하나님의 말씀을 따르는 구별된 삶을 살아가야 한다는 것입니다. 따라서 또한 이 말씀은 구별된 자가 누리는 축복에 대해 가르쳐주고 있습니다. 하나님의 구별된 백성으로 하나님의 말씀을 지키며 살아갈 때, 하나님께서 주시는 축복을 온전히 그리고 영원히 누릴 수 있다는 것입니다.

거룩하신 하나님은 당신의 소유로 삼기 위해 이스라엘 백성들을 만민 중에서 불렀고 또 기업의 축복까지 약속하셨습니다. 마찬가지로 하나님은 오늘 우리도 부르셨고 우리에게도 천국의 기업을 약속하셨습니다. 따라서 가증한 이방 풍습이 아니라 하나님의 말씀을 따르는 구별됨으로 거룩하여 하나님의 소유가 돼야 합니다. 말씀에 따라 구별된 사람, 곧 하나님의 소유된 백성으로 세상의 그릇된 풍습을 끊고 하나님의 명령을 따라 하나님의 축복을 누려야 합니다.

시편 25편_경외하는 자가 누리는 축복

하나님의 용서를 구하며, 고난과 환난 그리고 원수에게서 자신을 건져주시기를 구하는 다윗의 기도입니다. 이 기도에서 다윗은 하나님을 경외하는 자에게 주어지는 은혜와 복을 전했습니다. 곧 여호와를 경외하는 자에게는 그 선택해야 하는 길을 주께서 가르쳐주셔서 망설이거나 머뭇거림 없이 나아갈 수 있는 축복이 있고, 그 생애가 평안하여 그 기업을 자손에게까지 물려주게 되는 축복이 있으며, 하나님과 친밀함의 교제를 나누며 하나님의 언약이 신실하게 주어지는 축복이 있다는 것입니다. "여호와를 경외하는 자 누구냐 그가 택할 길을 그에게 가르치시리로다 그의 영혼은 평안히 살고 그의 자손은 땅을 상속하리로다 여호와의 친밀하심이 그를 경외하는 자들에게 있음이여 그의 언약을 그들에게 보이시리로다"(시 25:12~14)

하나님의 축복은 하나님을 경외하는 자에게 주어집니다. 하나님은 반드시 그 경외하는 자를 축복하십니다. 따라서 헛된 곳에서 복을 구하지 말고 힘써 하나님을 경외해야 합니다.

전도서 3장_기다리는 자가 누리는 축복

모든 일에 때가 있음을 교훈하고 있습니다. 무엇보다 하나님은 하나님의 때에 모든 것을 아름답게 하심을 말씀하고 있습니다. "하나님이 모든 것을 지으시되 때를 따라 아름답게 하셨고 또 사람들에게는 영원을 사모하는 마음을 주셨느니라 그러나 하나님이 하시는 일의 시종을 사람으로 측량할 수 없게 하셨도다"(전 3:11)

결국 이 말씀은 하나님의 때를 분별하는 사람, 그 때까지 조급해하지 않고 기다리는 사람, 그 때를 기다리며 하나님의 은혜를 깨닫고 감사하는 사람이 하나님께서 이루시는 아름다움의 축복을 누리게 됨을 가르쳐줍니다. 하나님의 때를 믿고 오늘 주신 은혜를 찾으며 자족함으로 감사하며 살아가는 삶이 하나님의 축복을 누리게 한다는 것입니다. 따라서 또한 전도서는 다음과 같이 말씀하고 있습니다. "사람들이 사는 동안에 기뻐하며 선을 행하는 것보다 더 나은 것이 없는 줄을 내가 알았고 사람마다 먹고 마시는 것과 수고함으로 낙을 누리는 그것이 하나님의 선물인 줄도 또한 알았도다"(전 3:12~13)

디모데전서 5장_충성한 자가 누리는 축복

과부와 교회 공동체 수장들에 대한 지침을 주고 있습니다. 과부로 명부에 올릴 자에 대한 자격과 처우에 대한 말씀, 그리고 교회 장로들에 대한 사례와 고발을 받은 경우 그에 대한 처리 등을 가르치고 있습니다.

구체적으로 참 과부를 존경하고 인정하라고 가르치고 있습니다. "참 과부인 과부를 존대하라"(딤전 5:3) 그리고 이 과부로 명부에 올릴 자에 대해서 다음과 같이 가르치고 있습니다. "과부로 명부에 올릴 자는 나이가 육십이 덜 되지 아니하고 한 남편의 아내였던 자로서 선한 행실의 증거가 있어 혹은 자녀를 양육하며 혹은 나그네를 대접하며 혹은 성도들의 발을 씻으며 혹은 환난 당한 자들을 구제하며 혹은 모든 선한 일을 행한 자라야 할 것이요"(딤전 5:9~10) 결국 참 과부로 명부에 올라가 존경과 높임을 받게 되는 사람은 그 삶으로 인정받은 사람임을 알 수 있습니다. 곧 신실함으로 선을 행하고 충성하며 섬기고 헌신했던 삶이 인정받아 참 과부의 명부에 올라가게 되고 존경과 높임을 받게 된다는 것입니다.

잘 다스리는 장로들에 대해서도 이렇게 말씀하고 있습니다. "잘 다스리는 장로들은 배나 존경할 자로 알되 말씀과 가르침에 수고하는 이들에게는 더욱 그리할 것이니라"(딤전 5:17) 잘 다스리는 장로들은 곧 말씀을 전하는 일과 가르치는 일을 잘 수행한 장로들을 말합니다. 다시 말해 누구보다 힘을 다해 교회를 위해 충성하고 헌신하는 자들이며, 바로 그런 장로들에게 충성에 대한 보상이 주어져야 함을 전하고 있는 것입니다.

이처럼 충성하는 자는 하나님이 아시고 축복하십니다. 그 수고와 헌신과 충성이 결코 하나님 앞에서 헛되지 않고, 반드시 보상과 축복으로 이어집니다.

경건
레위기 21장 | 시편 26-27편 | 전도서 4장 | 디모데전서 6장

하나님께서 우리에게 주신 거룩한 백성이요 왕 같은 제사장으로서의 직위를 깨닫고, 악한 자를 피하고 주의 제단을 가까이하여 경건에 힘써야 합니다. 자족하고 감사하는 마음으로 경건에 힘을 더하고, 믿음의 동료들과 서로 세워주고 붙들어 줌으로 경건을 지켜가야 합니다.

레위기 21장_거룩한 직위를 깨달아 이루는 경건

제사장의 행동 규정 및 자격 규정입니다. 제사장은 백성의 지도자요, 여호와 하나님 앞에서 거룩한 존재로 더 엄격한 거룩함이 요구된다는 것입니다. 또한 육체에 흠이 없어야 그 직분을 감당할 수 있다는 것입니다.

"그들의 하나님께 대하여 거룩하고 그들의 하나님의 이름을 욕되게 하지 말 것이며 그들은 여호와의 화제 곧 그들의 하나님의 음식을 드리는 자인즉 거룩할 것이라"(레 21:6) 일반 백성들과 달리 제사장들에게 더 높은 성결을 요구한 말씀입니다. 제사장들은 하나님께 드려진 존재요, 하나님께 제사를 올려드리는 존재로서 거룩해야 한다는 것입니다. 따라서 부모와 자녀, 그리고 형제 등의 장례를 제외하고 결코 어떤 시체도 만지지 말아야 한다고 명령하고 있습니다(레 21:1~2). "어떤 시체에든지 가까이 하지 말지니 그의 부모로 말미암아서도 더러워지게 하지 말며 그 성소에서 나오지 말며 그의 하나님의 성소를 속되게 하지 말라 이는 하나님께서 성별하신 관유가 그 위에 있음이니라 나는 여호와이니라"(레 21:11~12) 대제사장에게 주어진 말씀으로 일반 제사장들보다 더 엄격한 거룩함이 요구되고 있는 말씀입니다. 곧 대제사장은 부모라 할지라도 결코 시체를 가까이하여 더러워져서는 안 된다는 것입니다. 그는 하나님께서 특별히 기름을 부어 거룩하게 구별하고 대제사장으로 임명하셨다는 것입니다. 따라서 일반 제사장들에게는 허락되는 가족의 장례조차 금지되었다는 것입니다. 가족의 장례라고 해도 결코 그 시체를 만지지 말아야 한다는 것입니다.

하나님께서 제사장으로 또한 대제사장으로 거룩히 세우셨다는 사실을 기억하면 모든 일에 조심하여 거룩함에 힘쓸 수 있습니다. 하나님을 통해 선택되고 주어진 거룩한 직위가 우리를 더욱 경건에 힘쓰게 합니다. 따라서 우리가 하나님의 거룩한 백성이요 왕 같은 제사장이라는 사실을 잊지 말아야 합니다. 하나님이 주신 직위를 잊기에 우리가 거룩함에서 멀어지고 있지는 않은지 돌아봐야 합니다. 하나님께서 우리를 특별히 선택하시고 거룩한 직분을 주셨음을 잊지 말고, 또한 우리가 거룩하지 못하면 결국 하나님을 욕되게 하는 것임을 깨닫고 힘써 거룩한 삶을 살아가야 합니다.

시편 26-27편_악한 자를 피하여 이루는 경건

시편 26편은 자신의 무고함을 살피시고 판단해 달라는 다윗의 기도입니다. 시편 27편은 환난 중에도 믿음으로 흔들리지 않음을 고백하며, 비방 받는 가운데 하나님의 도우심을 구한 다윗의 기도입니다. 무엇보다 다윗은 무고함을 주장하며, 자신이 거룩함을 위해 힘쓰고 하나님과의 교제를 사모했음을 고백했습니다. "허망한 사람과 같이 앉지 아니하였사오니 간사한 자와 동행하지도 아니하리이다 내가 행악자의 집회를 미워하오니 악한 자와 같이 앉지 아니하리이다"(시 26:4~5) "여호와여 내가 주께서 계신 집과 주의 영광이 머무는 곳을 사랑하오니"(시 26:8) 다윗의 이와 같은 고백은, 경건함을 위해 누구와 함께 하느냐? 이것이 중요함을 가르쳐줍니다. 곧 경건을 위해 허망하고 간사하고 악한 사람들을 피하고 함께하지 않으며, 그들의 모임을 미워해야 한다는 것입니다. 오히려 주의 제단에 있기를 힘쓰며 주의 집과 그 영광이 머무는 곳을 사랑해야 한다는 것입니다.

악한 자들을 피하고 주의 전에서 주님과 교제하기를 힘쓸 때에 경건함은 지켜질 수 있습니다. 그때에 악한 자들의 불의한 일에 물들어 넘어지지 않고 하나님의 거룩함을 배우며 닮아갈 수 있습니다.

전도서 4장_믿음의 동료를 통해 이루는 경건

학대받는 인생, 쉼 없이 수고하나 이웃에게 시기를 받는 인생, 쉼 없는 수고로 많은 소유를 모았으나 물려줄 상속자 없이 쓸쓸함으로 끝나는 인생, 백성들로부터 지지를 받고 인기를 누렸으나 그 인기가 영원하지 않는 인생을 바라보며 그 모든 것이 헛됨을 주장하는 말씀입니다. 그런데 또한 헛된 인생 속에서 서로를 세워주고 일으켜주며 힘이 되는 사람이 있어 함께한다면 그 인생은 따뜻할 수 있으며 든든할 수 있음을 말씀하고 있습니다. "혹시 그들이 넘어지면 하나가 그 동무를 붙들어 일으키려니와 홀로 있어 넘어지고 붙들어 일으킬 자가 없는 자에게는 화가 있으리라 또 두 사람이 함께 누우면 따뜻하거니와 한 사람이면 어찌 따뜻하랴 한 사람이면 패하겠거니와 두 사람이면 맞설 수 있나니 세 겹 줄은 쉽게 끊어지지 아니하느니라"(전 4:10~12)

함께하는 것이 얼마나 가치 있고 힘이 되는가를 교훈하는 이 말씀을 통해, 경건의 삶도 함께하는 것이 큰 도움이 될 수 있음을 깨닫게 됩니다. 곧 혼자서는 쉽게 포기하고 넘어지지만, 함께하면 서로를 격려하고 붙들어 줌으로 경건의 삶을 함께 세워갈 수 있습니다. 따라서 우리에게 경건의 삶을 함께 경주할 수 있는 믿음의 동료들이 있음에 감사

해야 합니다. 더불어 함께한 우리 믿음의 동료들이 소중한 존재임도 깨달아야 합니다. 또한 내가 그런 소중한 존재로 함께한 사람들을 경건함으로 세워주는 긍정적 에너지가 돼야 합니다.

디모데전서 6장_자족하는 마음으로 이루는 경건

우리 주 예수 그리스도께서 다시 오실 때에 흠 없고 책망 받을 것이 없도록 경건함에 힘쓸 것을 교훈하고 있습니다. 그리고 이 경건을 이루는 중요한 요소로 욕심 내지 않고 자족하는 마음을 강조하고 있습니다. 곧 부하려고 욕심을 내고 돈을 사랑하여 따라가면, 그것이 경건을 깨뜨리고 사람을 파멸과 멸망으로 빠뜨리지만, 현재를 만족하고 감사하면 그것이 우리를 경건으로 이끌어 준다는 것입니다(딤전 6:6, 9~10). 따라서 바울은 이 모든 욕심을 피하고 의와 경건과 믿음과 사랑과 인내와 온유를 따르며 믿음의 선한 싸움을 싸우라고 권면하고 있습니다. "오직 너 하나님의 사람아 이것들을 피하고 의와 경건과 믿음과 사랑과 인내와 온유를 따르며 믿음의 선한 싸움을 싸우라 영생을 취하라 이를 위하여 네가 부르심을 받았고 많은 증인 앞에서 선한 증언을 하였도다"(딤전 6:11~12)

욕심은 우리의 믿음과 그 경건의 삶을 깨뜨리는 적입니다. 그러나 자족하며 감사하는 마음은 우리의 믿음을 더욱 굳건히 세우고 그 경건의 삶을 지켜가게 합니다. 따라서 힘써 믿음의 선한 싸움을 싸우며, 우리 안에 있는 욕심을 몰아내고 자족하는 마음을 채워야 합니다.

오늘의 기도

1. 우리가 하나님께서 택하신 거룩한 나라요 왕 같은 제사장임을 깨달아 거룩함에 힘쓰게 하소서.
2. 경건함을 위해 우리가 어디에 있어야 하는가? 누구와 함께 해야 하는가? 바로 판단할 수 있는 지혜를 주시고, 참 믿음의 동료들과 서로 붙들어주며 함께 경건한 삶을 세워가게 하소서.
3. 자족하며 감사하는 마음을 주시고, 오직 의와 경건과 믿음과 사랑과 인내와 온유를 따르는 삶을 살게 하소서.

높여야 할 주의 이름

맥체인성경365_620p

레위기 22장 | 시편 28-29편 | 전도서 5장 | 디모데후서 1장

거룩함과 기쁨으로 드리는 예배와 찬양으로 주의 이름을 높여야 합니다. 주신 은혜와 축복을 깨닫고 감사함으로, 또한 고난 중에도 두려워하거나 부끄러워하지 않고 복음에 충성함으로 주의 이름을 높여야 합니다.

레위기 22장_거룩하게 드리는 제사로 높이는 주의 이름

하나님의 이름을 욕되게 하지 말아야 함을 강조하고 있습니다. "아론과 그의 아들들에게 말하여 그들로 이스라엘 자손이 내게 드리는 그 성물에 대하여 스스로 구별하여 내 성호를 욕되게 함이 없게 하라 나는 여호와이니라"(레 22:2) 따라서 제사장과 그 가족 등 성물, 곧 하나님께 드려진 제물을 먹을 수 있는 사람과 그 전제조건에 대해 규정하고 있습니다. 곧 하나님께서는 제사장이 부정한 가운데 성물을 만지는 것(레 22:3)을 금하시고, 하나님께 드려진 제사 제물을 제사장과 그 가족 이외의 사람들이 먹는 것(레 22:10)을 금하셨습니다. 또한 하나님께 드리는 제사 제물을 결코 흠이 있는 것으로 드리지 말아야 함을 명령하셨습니다(레 22:20~22). 이처럼 하나님은 그 계명을 지키고 행함으로 하나님의 거룩한 이름을 욕되게 하지 말 것을 명령하셨습니다. "너희는 내 계명을 지키며 행하라 나는 여호와이니라 너희는 내 성호를 속되게 하지 말라 나는 이스라엘 자손 중에서 거룩하게 함을 받을 것이니라 나는 너희를 거룩하게 하는 여호와요 너희의 하나님이 되려고 너희를 애굽 땅에서 인도하여 낸 자니 나는 여호와이니라"(레 22:31~33)

결국 이 말씀은 우리가 하나님께 드리는 예배를 생각하게 합니다. 성결하지 못한 삶으로 하나님을 예배하는 것과 마음이 담기지 않은 형식적 예물로 하나님을 예배하는 것은 하나님의 거룩한 이름을 욕되게 하는 것이 됩니다. 따라서 예배 때 우리 자신을 돌아보아 회개하고, 마음을 다한 온전한 예물로 하나님께 예배해야 합니다. 거룩함으로 드리는 예배를 통해 주의 거룩한 이름을 높여야 합니다.

시편 28-29편_기쁨으로 드리는 찬양으로 높이는 주의 이름

시편 28편은 다윗의 기도와 찬양으로, 다윗은 죽음의 위기 속에서 하나님의 구원을 구했고, 또한 그 기도에 응답하여 구원하신 하나님을 찬양했습니다. "여호와를 찬송함이여 내 간구하는 소리를 들으심이로다 여호와는 나의 힘과 나의 방패이시니 내 마음이 그를 의지하여 도움을 얻었도다 그러므로 내 마음이 크게 기뻐하며 내 노래로 그를 찬송하리로다"(시 28:6~7) 시편 29편은 하나님의 영광과 능력에 대한 다윗의 찬양입니다. 무엇보다 그 능력으로 그 백성에게 힘과 평강을 주심을 찬양했습니다. "여호와께서 자기 백성에게 힘을 주심이여 여호와께서 자기 백성에게 평강의 복을 주시리로다"(시 29:11)

다윗의 찬양을 통해 하나님의 도우심과 구원, 그리고 복을 주심에 마땅히 찬양해야 함을 깨닫게 됩니다. 곧 하나님의 도우심과 은혜의 역사를 경험함에도 마땅히 하나님을 찬양하지 않는다면, 그것이 결국 주의 거룩하신 이름을 욕되게 하는 것이 되지 않겠습니까? 따라서 온전히 하나님의 은혜에 마땅한 찬양을 올려드려야 합니다. 다윗처럼 그 마음에 큰 기쁨으로 찬양해야 합니다. 하나님께서 베푸신 도움과 구원, 그리고 축복을 결코 헛되이 지나치지 말고 찬양을 통해 하나님의 이름을 높여야 합니다.

전도서 5장_은혜와 축복을 깨달음으로 높이는 주의 이름

삼가지 않는 예배 태도와 서원하고 갚지 아니하는

것에 대한 경고의 말씀을 전하고 있고, 또한 재물의 헛됨을 교훈하고 있습니다. 곧 재물은 믿을 것이 못 된다는 것입니다. 재물을 얻고자 악착같이 일하지만, 한순간에 사라져 버리는 것이 재물이고, 마지막은 빈손으로 돌아가게 된다는 것입니다(전 5:14~15).

따라서 전도자는 하나님의 은혜와 축복이 중요함을 교훈하고 있습니다. "사람이 하나님께서 그에게 주신 바 그 일평생에 먹고 마시며 해 아래에서 하는 모든 수고 중에서 낙을 보는 것이 선하고 아름다움을 내가 보았나니 그것이 그의 몫이로다 또한 어떤 사람에게든지 하나님이 재물과 부요를 그에게 주사 능히 누리게 하시며 제 몫을 받아 수고함으로 즐거워하게 하신 것은 하나님의 선물이라"(전 5:18~19) 우리의 한평생 인생이 짧고 덧없는 것이지만, 세상에서 애쓰고 수고하여 얻은 것으로 먹고 마시고 즐거워하는 것이 선하고 아름다운 일이라는 것입니다. 이것이 사람이 받은 몫으로 하나님께서 주셨다는 것입니다. 또한 어떤 사람에게든지 재물과 부요를 주셔서 누리게 하시고 정해진 몫을 받아 수고함으로 즐거워하게 하는데, 이 모든 것이 하나님께서 주신 선물이라는 것입니다.

결국 무엇입니까? 이 은혜와 행복을 깨달아 하나님의 이름을 높이며 감사해야 합니다. 모든 것이 하나님께서 주신 은혜이며 또한 그것이 참 행복인데 깨닫지 못하면, 불평만 하고 하나님의 거룩한 이름을 온전히 높이지 못합니다. 따라서 하나님의 은혜와 축복을 깨닫고, 이것으로 주의 이름을 높여야 합니다.

디모데후서 1장_복음을 부끄러워하지 않음으로 높이는 주의 이름

복음에 충성해야 함을 전하는 말씀입니다. 곧 바울은 디모데를 향해 두려워하지 말고 오직 하나님의 능력을 따라 복음과 함께 고난을 받으라고 권면했습니다. "하나님이 우리에게 주신 것은 두려워하는 마음이 아니요 오직 능력과 사랑과 절제하는 마음이니 그러므로 너는 내가 우리 주를 증언함과 또는 주를 위하여 갇힌 자 된 나를 부끄러워하지 말고 오직 하나님의 능력을 따라 복음과 함께 고난을 받으라"(딤후 1:7~8) 또한 바울은 복음에 대한 자신의 충성과 믿음을 전했습니다. 복음을 전하다가 옥에 갇히고, 또 이로 인해 큰 고난을 겪고 있음에도 불구하고 자신의 사명을 기억하고, 또 함께하시는 주님의 도우심과 지키심을 확신하기에 부끄럽지 않다는 것입니다. "내가 이 복음을 위하여 선포자와 사도와 교사로 세우심을 입었노라 이로 말미암아 내가 또 이 고난을 받되 부끄러워하지 아니함은 내가 믿는 자를 내가 알고 또한 내가 의탁한 것을 그 날까지 그가 능히 지키실 줄을 확신함이라"(딤후 1:11~12)

결국 무엇입니까? 복음을 부끄러워하지 않고 주님이 주신 사명을 기억하며, 담대히 그리고 기꺼이 복음을 위한 고난에 참여하며 살아가면 하나님께서 기뻐하시지 않겠습니까? 이것이 주의 거룩한 이름을 높이는 삶이 되지 않겠습니까? 따라서 바울처럼 복음의 사명을 깨닫고 고난 중에도 힘을 다해 복음을 전해야 합니다. 결코 두려워하거나 부끄러워하지 말고, 담대히 복음을 전하는 삶으로 주의 이름을 높여야 합니다.

오늘의 기도

1. 거룩한 삶과 마음을 담은 예물로 바르게 하나님을 예배함으로 주의 거룩한 이름을 욕되지 않게 하소서.
2. 주신 하나님의 은혜를 깨닫고, 참된 삶의 행복을 깨달아 날마다 주님께 감사하며 그 이름을 높이는 삶을 살게 하소서.
3. 복음을 부끄러워하지 아니하고 복음을 위한 고난의 삶을 담대히 살아가게 하소서.

하나님의 은혜

레위기 23장 | 시편 30편 | 전도서 6장 | 디모데후서 2장

맥체인성경365_625p

하나님의 은혜로 우리가 행복을 누릴 수 있습니다. 따라서 그 은혜는 소중합니다. 그 은혜를 기억하고 찬양해야 합니다. 그 은혜에 좋은 병사요 깨끗한 그릇이 되어 충성해야 합니다.

레위기 23장_기억해야 하는 하나님의 은혜

절기에 대한 말씀입니다. 하나님께서 제정하신 절기를 지키라는 명령입니다. "이스라엘 자손에게 말하여 이르라 이것이 나의 절기들이니 너희가 성회로 공포할 여호와의 절기들이니라"(레 23:2) "이는 내가 이스라엘 자손을 애굽 땅에서 인도하여 내던 때에 초막에 거주하게 한 줄을 너희 대대로 알게 함이니라 나는 너희의 하나님 여호와이니라"(레 23:43) 결국 이처럼 절기를 지키라는 것은 하나님의 은혜를 잊지 말라는 것입니다. 하나님께서 그 백성들에게 베푸신 구원과 돌보심 그리고 인도하심의 은혜가 각 절기 속에 담겨 있고, 따라서 절기를 지키며 그 은혜를 기억하게 하신 것입니다. 안식일은 천지 창조의 은혜, 유월절과 무교절은 출애굽의 구원의 은혜, 초실절과 칠칠절은 기업으로 주신 가나안 땅과 거기서 주신 소산의 은혜, 나팔절은 새해를 주시고 다시 시작할 수 있게 하신 은혜, 대속죄일은 죄를 씻고 거룩하게 세워주시는 대속의 은혜, 초막절은 광야에서의 인도하심의 은혜를 기억하라는 것입니다.

이처럼 하나님의 놀라운 은혜들을 기억하는 것이 절기의 목적인데, 우리의 삶에도 하나님이 베푸신 은혜들이 얼마나 많이 있습니까? 매일의 삶 속에서 그 은혜를 회상하며 감사해야 합니다.

시편 30편_찬양해야 하는 하나님의 은혜

죽음의 위협에서 건져주신 하나님의 은혜에 대한 다윗의 감사와 찬양입니다. 다윗은 하나님께서 자신의 슬픔을 기쁨으로 바꾸어주셨다고 고백하고 있습니다. 그의 죄와 실수로 인해 하나님이 진노하셨지만 그 진노는 잠깐이었고(시 30:5), 자신의 기

도에 응답하셔서 죄를 용서하시고 고난과 질병 중에서 건지시는 은혜를 베풀어주셨다는 것입니다. "주께서 나의 슬픔이 변하여 내게 춤이 되게 하시며 나의 베옷을 벗기고 기쁨으로 띠 띠우셨나이다"(시 30:11)

또한 다윗은 하나님께서 베푸신 은혜의 목적이 무엇인지 놓치지 않았습니다. 그 목적은 곧 주를 찬송케 하는 것에 있다는 것입니다. 따라서 다윗은 그 은혜에 기쁨으로 찬송하며 감사했습니다. "이는 잠잠하지 아니하고 내 영광으로 주를 찬송하게 하심이니 여호와 나의 하나님이여 내가 주께 영원히 감사하리이다"(시 30:12) 여기서 "내 영광으로 주를 찬송하게 하심이니"라는 고백에 주목할 필요가 있습니다. 곧 다윗은 자신에게 있는 영광이 주님의 은혜이며 주를 찬송하기 위한 재료임을 잊지 않았습니다. 그 영광이 결코 교만의 재료가 되게 하지 않았습니다.

오늘 우리에게 있는 많은 조건도 하나님을 찬양하도록 이끄시는 하나님의 은혜임을 잊지 말아야 합니다. 나를 잘 되게 하시고, 승리케 하시고, 형통케 하시고, 축복케 하신 하나님의 은혜를 깨달아 찬양해야 합니다. 내 삶의 그 모든 축복과 영광을 교만의 재료가 아니라 찬양의 재료로 만들어 가야 합니다.

전도서 6장_소중한 하나님의 은혜

바라는 대로 누리지 못하고 행복할 수 없는 우리 인생을 바라보며 그 헛됨을 말씀하고 있습니다. 곧 모두가 바라는 부와 재산과 명예를 부족함 없이 받아도 그것을 누릴 수 있는 것은 아니라는 것입니다. 하나님께서 허락하지 않으시면 누릴 수 없고,

다른 사람이 누리게 된다는 것입니다. "어떤 사람은 그의 영혼이 바라는 모든 소원에 부족함이 없어 재물과 부요와 존귀를 하나님께 받았으나 하나님께서 그가 그것을 누리도록 허락하지 아니하셨으므로 다른 사람이 누리나니 이것도 헛되어 악한 병이로다"(전 6:2) 또한 수많은 자녀를 낳고 장수를 한다고 해도, 그 삶이 반드시 행복한 것은 아님을 말씀하고 있습니다. 수많은 자녀와 장수라는 행복의 조건 속에서도 행복을 누리지 못할 수 있다는 것입니다. 그렇기에 차라리 낙태된 자가 더 행복할 수 있다고 말씀하고 있습니다. "사람이 비록 백 명의 자녀를 낳고 또 장수하여 사는 날이 많을지라도 그의 영혼은 그러한 행복으로 만족하지 못하고 또 그가 안장되지 못하면 나는 이르기를 낙태된 자가 그보다는 낫다 하나니"(전 6:3)

결국 이 말씀은 하나님의 은혜의 소중함을 깨닫게 합니다. 아무리 많은 재물과 자녀를 갖고 장수한다고 해도 그것을 누리며 행복하게 살아가는 것은 결국 하나님의 뜻에 달려있기 때문입니다. 하나님께서 뜻하지 않으시면 그 모든 것을 소유해도 누릴 수 없습니다. 예를 들어 질병이 있다면 그 모든 것을 행복으로 누릴 수 없습니다. 따라서 하나님의 은혜가 소중한 것입니다. 그 모든 것을 풍성히 받을 뿐만 아니라 누리게 하시는 하나님의 은혜가 끝까지 있어야 합니다. 하나님의 은혜 없이는 그 삶이 헛될 수밖에 없고, 따라서 하나님의 은혜의 소중함을 깨닫고, 겸손히 그리고 힘써 하나님의 은혜를 구해야 합니다.

디모데후서 2장_충성해야 하는 하나님의 은혜

그리스도의 좋은 병사가 되어 힘써 충성하며, 망령되고 헛된 말을 버리고 경건함에 힘써 주께 쓰임 받는 그릇이 되어야 한다는 가르침입니다. "너는 그리스도 예수의 좋은 병사로 나와 함께 고난을 받으라"(딤후 2:3) 디모데에게 주는 바울의 권면으로 그리스도 예수의 좋은 병사가 되어 함께 고난을 받자는 것입니다. "그러므로 누구든지 이런 것에서 자기를 깨끗하게 하면 귀히 쓰는 그릇이 되어 거룩하고 주인의 쓰심에 합당하며 모든 선한 일에 준비함이 되리라"(딤후 2:21) 그릇의 비유를 통한 교훈의 말씀으로, 깨끗함으로 하나님의 온갖 좋은 일에 요긴하게 쓰이는 성별된 그릇이 돼야 한다는 교훈입니다.

결국 무엇입니까? 하나님의 구원의 은혜를 경험한 자녀로서 그리스도의 군사가 되고 깨끗한 그릇이 되어 충성하며, 주께 쓰임 받는 것은 마땅한 일입니다. 따라서 우리도 베푸신 주의 은혜를 기억하며 힘써 충성의 삶을 살아가야 합니다.

20
Apr

기도해야

레위기 24장 | 시편 31편 | 전도서 7장 | 디모데후서 3장

맥체인성경365_629p

내 뜻이 아닌 주의 뜻을 구하며 먼저 기도해야 합니다. 우리의 연약함과 하나님의 능력을 기억하며 기도해야 하고, 고난과 핍박이 계속된다 할지라도 기도해야 합니다. 주께서 응답하시고 건지실 때까지 끝까지 기도해야 합니다.

레위기 24장_먼저 기도해야

등잔불과 진설병에 대한 규정을 기록하고 있습니다. 성소의 등잔대의 불을 항상 켜 두어야 하고, 성소의 떡상 위에 열두 개의 떡을 항상 진설해야 한다는 것입니다. 또한 하나님을 모독한 사람에 대한 처리 규정을 기록하고 있습니다. 누구든지 하나님을 저주하면 반드시 돌로 쳐 죽이라는 것입니다. 그런데 주목할 것이, 모세는 다툼 중에 여호와의 이름을 모독한 사건이 발생하자 스스로 판단하지 않고 하나님의 뜻을 기다렸습니다. 먼저 기도하며 하나님의 뜻을 물었습니다. 그리고 이후 내려진 하나님의 명령에 따라 처리했습니다. "그들이 그를 가두고 여호와의 명령을 기다리더니 여호와께서 모세에게 말씀하여 이르시되 그 저주한 사람을 진영 밖으로 끌어내어 그것을 들은 모든 사람이 그들의 손을 그의 머리에 얹게 하고 온 회중이 돌로 그를 칠지니라"(레 24:12~14) "모세가 이스라엘 자손에게 말하니 그들이 그 저주한 자를 진영 밖으로 끌어내어 돌로 쳤더라 이스라엘 자손이 여호와께서 모세에게 명령하신 대로 행하였더라"(레 24:23)

결국 이것은 어떤 사안에 대해 우리가 판단하고 행동하기 이전에 먼저 하나님께 기도해야 한다는 것을 가르쳐줍니다. 우리가 기도하지 않고 우리의 생각과 뜻을 따라 행하기에 어려움을 겪고 문제를 만납니다. 먼저 기도하여 하나님의 뜻을 묻고 움직이면 실수하지 않을 수 있고, 복되고 아름다운 결과를 볼 수 있습니다.

시편 31편_그럼에도 기도해야

고통과 근심 중에 하나님의 도움을 구한 다윗의 기도입니다. 곧 다윗은 대적들로 인해 고통과 모욕을

당하고, 사람들 사이에서 마치 죽은 사람처럼 잊혀져버렸다고 탄식하고 있습니다. 더욱이 자신을 치려는 대적들에 둘러싸여 아무 소망도 가질 수 없었다고 고백하고 있습니다. 그러나 그럼에도 다윗은 포기하지 않고 하나님께 기도했습니다. 하나님을 의지하고, 하나님은 내 하나님이라 고백하며, 하나님을 향한 신앙을 붙잡고, 원수들과 대적들의 손에서 건져달라고 기도했습니다. "여호와여 그러하여도 나는 주께 의지하고 말하기를 주는 내 하나님이시라 하였나이다 나의 앞날이 주의 손에 있사오니 내 원수들과 나를 핍박하는 자들의 손에서 나를 건져 주소서"(시 31:14~15)

다윗의 이와 같은 기도는 그럼에도 기도해야 함을 가르쳐줍니다. 당장 응답이 없어 답답하고 소망이 보이지 않아도, 그래도 기도하며 하나님의 뜻과 응답을 기다려야 합니다. 하나님을 의지하고 신뢰해야 합니다. 바로 이 기도가 결국에는 응답으로 이어집니다. 곧 다윗은 이렇게 기도함으로 주의 응답을 경험했습니다(시 31:22). 따라서 우리도 다윗처럼 기도해야 합니다. 당장 응답이 없고 고난과 고통이 계속된다고 할지라도, 하나님께 믿음을 두고 그럼에도 기도해야 합니다.

전도서 7장_그러므로 기도해야

지혜에 대해 논하고 있는데, 우리 인간의 한계와 연약함에 대해서 전하고 있습니다. 곧 하나님께서 굽게 하신 것을 아무도 곧게 할 수 없다는 것입니다. 그 누구도 하나님의 주권을 거스를 수 없다는 것입니다. 또한 우리 인생은 기쁜 날과 곤고한 날이 혼재해 있고, 아무도 우리의 앞날을 알지 못한다는 것입니다. "하나님께서 행하시는 일을 보라

하나님께서 굽게 하신 것을 누가 능히 곧게 하겠느냐 형통한 날에는 기뻐하고 곤고한 날에는 되돌아보아라 이 두 가지를 하나님이 병행하게 하사 사람이 그의 장래 일을 능히 헤아려 알지 못하게 하셨느니라"(전 7:13~14)

이와 같은 가르침은 우리가 힘써 기도해야 함을 깨닫게 합니다. 우리의 한계와 연약함을 깨닫고, 또한 하나님이 해답이 되심을 깨닫고, 그러므로 기도해야 한다는 것입니다. 하나님께서 뜻을 돌이켜 그 굽은 것을 곧게 하시고, 내일을 알 수 없는 우리 인생을 인도하시며 기쁨으로 채워주시도록 간구해야 합니다. 우리 힘으로는 할 수 없고 또 알 수 없지만, 하나님은 하실 수 있고 또 모든 것을 아시기에 힘써 하나님께 기도해야 합니다.

디모데후서 3장_끝까지 기도해야

말세에 있게 되는 경건의 타락을 전하고 있고, 또 바울이 받은 박해와 고난을 말하며, 경건한 자가 당하는 박해에 대해 교훈하고 있습니다. 곧 고난과 핍박 중에서도 바울은 변함없는 믿음과 주를 향한 충성의 삶을 살았다는 것입니다. 그리고 주님의 구원하심을 경험했다는 것입니다. "나의 교훈과 행실과 의향과 믿음과 오래 참음과 사랑과 인내와 박해를 받음과 고난과 또한 안디옥과 이고니온과 루스드라에서 당한 일과 어떠한 박해를 받은 것을 네가 과연 보고 알았거니와 주께서 이 모든 것 가운데서 나를 건지셨느니라"(딤후 3:10~11) "나를 건지셨다"는 바울의 고백에서 포기하지 않은 그의 기도를 생각해볼 수 있습니다. 곧 바울은 안디옥과 이고니온과 루스드라에서 박해를 당하고 큰 고통과 어려움에 처했지만 인내하며 이겨냈다는 것입니다. 핍박과 고난 중에서도 주님을 신뢰하며 사명의 길을 걸었고, 포기하지 않고 주의 구원이 있을 때까지 기도했다는 것입니다. 그리고 그 결과 건지시는 주의 구원을 보았다는 것입니다.

우리도 바울처럼 끝까지 기도해야 합니다. 변함없는 믿음과 주를 향한 신뢰로 주께서 응답하시고 구원하실 때까지 포기하지 않고 기도해야 합니다. 결국 포기하지 않는 기도가 주의 구원을 보게 합니다.

오늘의 기도

1. 우리 뜻을 따라 행동하기 전에 먼저 기도하며 주의 뜻을 기다려 따르게 하셔서 실수하지 않게 하소서.
2. 우리의 내일이 하나님의 손에 달려 있음을 깨닫고 은혜를 구하오니 우리의 삶을 기쁨으로 채워 주소서.
3. 응답이 없어 답답한 중에도 주님을 의지하며 그럼에도 끝까지 기도하는 믿음을 더하여 주소서.

21 Apr

복 (1)

레위기 25장 | 시편 32편 | 전도서 8장 | 디모데후서 4장

죄 사함의 은혜가 복입니다. 이 은혜 안에서 주의 섭리와 뜻을 믿고 그 삶을 맡기며, 주의 말씀에 순종하는 삶에 풍성함의 복이 있습니다. 믿음을 지키며 주신 사명에 충성할 때 의의 면류관과 천국의 복이 있습니다.

레위기 25장_순종에 주어지는 복

안식년과 희년에 대해 기록하고 있습니다. 육 년 동안은 파종하며 농사를 짓고 소출을 거두지만 칠 년째는 안식년으로 쉬게 하라는 것입니다. 씨도 뿌리지 말고 포도원도 가꾸지 말아야 한다는 것입니다. 또한 칠 년이 일곱 번 계수된 다음 해, 곧 오십 년째를 희년으로 지키라는 것입니다. 희년에는 모든 것을 원상태로 돌리라고 명령하시는데, 땅도 원래 주인에게 돌아가고, 가난하여 종 되었던 자들에게는 자유를 주라는 것입니다.

하나님은 안식년과 희년에 대해 말씀하시며 다음과 같이 약속하셨습니다. "너희는 내 규례를 행하며 내 법도를 지켜 행하라 그리하면 너희가 그 땅에 안전하게 거주할 것이라 땅은 그것의 열매를 내리니 너희가 배불리 먹고 거기 안전하게 거주하리라"(레 25:18~19) 사실 하나님의 말씀에 따라 안식년을 지키고 희년을 지키면 큰 손해를 볼 것 같습니다. 당장 안식년에 농사를 짓지 않으면, 무엇을 먹고 살아가야 할지 막막해 보입니다. 그런데 하나님은 또한 이렇게 약속하고 있습니다. "내가 명령하여 여섯째 해에 내 복을 너희에게 주어 그 소출이 삼 년 동안 쓰기에 족하게 하리라"(레 25:21)

결국 이 말씀은 모든 것이 하나님이 주신 것이며, 하나님이 주인 되신다는 사실을 말씀하고 계신 것입니다. 곧 내 것이라고 생각하면 안식년이라고 파종하지 않을 수 없고, 희년이라고 돌려주며 자유케 할 수 없습니다. 그러나 하나님의 것임을 기억하면 얼마든지 순종할 수 있습니다. 또한 당장의 소출보다 하나님과의 영적 관계가 중요함을 가르치고 있습니다. 당장 농사를 지어 소출을 더 얻고, 재산을 늘리는 것보다 말씀에 순종하여 하나님과

영적인 관계를 더욱 깊이 세워가는 것이 더 중요하다는 것입니다. 그리고 그렇게 순종하여 하나님의 주권을 인정하고, 하나님과의 영적 관계에 더욱 집중할 때, 하나님은 더욱 넉넉히 복을 주신다는 것입니다.

시편 32편_죄 사함의 복

죄를 용서함 받는 것이 복임을 노래한 다윗의 시입니다. 죄 사함을 받고 죄가 가려지며 정죄를 당하지 아니하는 자가 복이 있다는 것입니다. 곧 죄를 용서함 받는 것이 그 무엇보다 중요하다는 것입니다. "허물의 사함을 받고 자신의 죄가 가려진 자는 복이 있도다 마음에 간사함이 없고 여호와께 정죄를 당하지 아니하는 자는 복이 있도다"(시 32:1~2)

세상의 사람들은 부자가 되고, 성공하고, 명성을 얻고, 높은 지위에 오르는 것을 복이라고 말합니다. 그러나 진정한 복은 용서함의 은혜에 있습니다. 최고의 복은 하나님과 교제하는 삶에 있고, 따라서 용서의 은혜로 죄를 씻어 하나님과 교제할 수 있음이 무엇과도 비교할 수 없는 복입니다. 곧 죄는 거룩하신 하나님과의 교제를 막아섭니다. 하나님과 교제할 수 없는 것 자체가 멸망이고 고통입니다. 세상에서 얻는 풍요와 성공은 다음입니다. 우리가 먼저 추구해야 하는 복은 하나님과의 관계의 복입니다. 따라서 죄 사함의 은혜를 받기 위해 무엇보다 힘써야 합니다.

전도서 8장_맡김에 주어지는 복

지혜의 삶에 대해 가르치고 있습니다. 무엇보다 이해할 수 없는 중에서도 하나님의 선하신 뜻을 믿고 맡겨야 함을 가르치고 있습니다. 곧 하나님이 행하

시는 큰 섭리를 그 누구도 알 수 없다는 것입니다. 따라서 어리석게 그 섭리를 알아보겠다고 애쓸 것이 아니라 하나님을 믿고 맡겨야 한다는 것입니다. "또 내가 하나님의 모든 행사를 살펴 보니 해 아래에서 행해지는 일을 사람이 능히 알아낼 수 없도다 사람이 아무리 애써 알아보려고 할지라도 능히 알지 못하나니 비록 지혜자가 아노라 할지라도 능히 알아내지 못하리로다"(전 8:17)

악한 일에 대한 징벌이 속히 이루어지지 않아 악을 행하는 자들이 서슴없이 악을 행하고, 그렇게 수없이 죄를 행하면서도 장수하며 잘 살아갑니다(전 8:11~12). 때로 악인이 떵떵거리고, 하나님을 경외하는 사람들이 어려움을 겪기도 하여 이해할 수 없는 일들을 보기도 합니다(전 8:14). 그러나 하나님께 우리가 알지 못하는 더 큰 섭리와 뜻이 있음을 깨닫고, 믿음으로 하나님께 맡겨야 합니다. 그렇게 맡기며 기다리는 사람이 결국 하나님의 선하신 섭리 속에서 복을 누리게 됩니다. 악인은 형통할 수 없지만 하나님을 경외하며 그 앞에서 경건하게 살아가는 사람들은 형통하게 됩니다(전 8:12~13).

디모데후서 4장_충성에 주어지는 복

끝까지 충성할 것을 권고하는 말씀입니다. 사람들이 바른 진리에서 돌이키고 자기 욕심과 허탄한 이야기를 따르는 등, 복음을 전하기 어려운 현실에 이르더라도 말씀을 전하는 일을 포기하지 말라는

것입니다. 또한 충성의 삶과 더불어 소망을 이야기하고 있습니다. 맡겨진 사명에 충성할 때, 주께서 주시는 천국과 의의 면류관이 있다는 것입니다. 이것을 소망하라는 것입니다. 곧 바울은 힘을 다한 사명의 삶, 고난 중에도 믿음을 지키며 힘써 달려간 사명의 삶에 주님을 통해 주어질 의의 면류관과 천국을 확신하며 소망했습니다. 자신뿐만 아니라, 주의 재림을 소망하며 믿음과 사명의 길을 걸어가는 모든 사람에게 동일하게 주어질 것을 확신했습니다. "나는 선한 싸움을 싸우고 나의 달려갈 길을 마치고 믿음을 지켰으니 이제 후로는 나를 위하여 의의 면류관이 예비되었으므로 주 곧 의로우신 재판장이 그 날에 내게 주실 것이며 내게만 아니라 주의 나타나심을 사모하는 모든 자에게도니라"(딤후 4:7~8) "주께서 나를 모든 악한 일에서 건져내시고 또 그의 천국에 들어가도록 구원하시리니 그에게 영광이 세세무궁토록 있을지어다 아멘"(딤후 4:18)

주를 위해 달려가는 믿음과 충성의 삶은 결코 헛되지 않습니다. 그 믿음과 충성의 삶에서 고난과 아픔과 수고를 겪어야 하지만, 그 고난과 아픔과 수고와는 비교할 수 없는 상급과 축복이 주님을 통해 주어집니다. 우리에게 가장 큰 축복인 천국이 주어집니다. 우리는 이 땅이 아닌 주께서 주시는 상급과 축복에 소망을 두어야 하고, 이 소망을 품고 더욱 충성하며 복음의 삶을 살아야 합니다.

복 (2)

레위기 26장 | 시편 33편 | 전도서 9장 | 디도서 1장

하나님의 선택 안에서 하나님의 백성으로 하나님을 경외하는 삶에 복이 있습니다. 따라서 철저히 하나님의 명령에 순종하며 믿음으로 하나님의 주권에 우리의 삶을 맡겨야 합니다. 하나님의 약속을 붙들고 최고의 축복, 영생을 구하고 누려야 합니다.

레위기 26장_청종에 주어지는 복

순종과 불순종의 결과를 전하고 있습니다. 곧 순종하면 복을 받고, 불순종하면 저주를 받는다는 것입니다. 무엇보다 불순종으로 인한 징벌 중에도 깨닫고 돌이키지 않으면 일곱 배나 더 징벌하겠다고 엄히 말씀하고 있습니다. 곧 하나님께서는 불순종에서 돌이켜 순종함으로 그 백성들이 복을 받기를 원하신다는 것입니다.

주의 말씀을 듣고 순종할 때 주님은 이렇게 축복하시겠다고 약속하고 있습니다. 곧 철따라 비를 내려 소출과 열매가 풍성케 하셔서 배불리 먹게 하시고, 위험이나 전쟁 등을 막으시고 승리케 하셔서 평안하게 하시며, 수많은 자손들로 번성하고 창대케 하시겠다는 것입니다. "너희가 내 규례와 계명을 준행하면 내가 너희에게 철따라 비를 주리니 땅은 그 산물을 내고 밭의 나무는 열매를 맺으리라"(레 26:3~4) "너희의 원수들을 쫓으리니 그들이 너희 앞에서 칼에 엎드러질 것이라"(레 26:7) "내가 너희를 돌보아 너희를 번성하게 하고 너희를 창대하게 할 것이며 내가 너희와 함께 한 내 언약을 이행하리라"(레 26:9) 반면 하나님의 말씀을 청종하지 않을 때에 질병과 패배와 불안과 재앙과 주림과 쇠잔의 심판이 있을 것을 말씀하셨습니다(레 26:14 이하).

축복을 누리느냐? 재앙을 당하느냐? 말씀의 순종과 불순종에 달려 있습니다. 따라서 어리석게 불순종으로 재앙을 당할 것이 아니라 순종으로 축복을 누리는 삶을 살아가야 합니다.

시편 33편_선택에 주어지는 복

하나님의 창조와 다스림 그리고 돌보심을 찬양하는 시입니다. 하나님께서 권능으로 세상을 창조하셨을 뿐만 아니라 그 주권으로 다스리고 계시다는 것입니다. 그 나라들의 계획을 폐하시고 민족들의 사상을 무효하게 하시며, 하나님의 계획을 이루신다는 것입니다. 그리고 하나님의 백성을 살피시고 돌보시고 도우신다는 것입니다. 따라서 하나님을 자기 하나님으로 삼은 나라, 곧 하나님의 기업으로 선택된 백성은 복이 있다고 말씀하고 있습니다(시 33:12).

참된 복은 하나님께 있습니다. 하나님의 백성으로 하나님의 다스리심과 돌보심 안에서 살아가는 것이 복입니다. 따라서 하나님의 선택 안에서 여호와 하나님을 나의 하나님으로 삼고 흔들리지 말아야 합니다. 결코 세상 무엇에 유혹되어 하나님을 떠나지 말아야 합니다. 불의한 방법으로 축복을 만들겠다는 어리석음도 버려야 하고, 많은 군대가 승리함을 주리라는 착각 속에서 하나님이 아닌 군대를 의지하는 실수를 버려야 합니다(시 33:16~17). 오직 하나님을 나의 하나님으로 삼고 힘써 경외하며 따라야 합니다. "여호와는 그를 경외하는 자 곧 그의 인자하심을 바라는 자를 살피사 그들의 영혼을 사망에서 건지시며 그들이 굶주릴 때에 그들을 살리시는도다"(시 33:18~19)

하나님은 하나님의 백성, 곧 하나님을 경외하는 자들을 살피십니다. 그 백성들의 고통과 아픔을 모르지 않고 또 외면하지 않습니다. 따라서 그 놀라운 사랑으로 우리를 하나님의 기업으로 삼으시는 하나님의 선택을 거절하지 말고, 하나님을 나의 하나님으로 삼고 경외하며 따라가야 합니다.

전도서 9장_맡김에 주어지는 복

헛된 우리 인생에서 그 삶을 하나님께 맡기는 것이 중요함을 교훈하고 있습니다. 곧 의인이나 악인이나, 선한 자나 나쁜 자나, 깨끗한 자나 더러운 자나, 제사를 드리는 사람이나 드리지 않는 사람이나 모두가 죽음 앞에서 일반이라는 것입니다. 죽음이라는 일반적인 운명 앞에서는 선한 사람이나 악한 사람이나 모두 똑같다는 것입니다. 따라서 이 땅에 주어진 덧없는 모든 날 동안 아내와 함께 즐겁게 살아가라고 권하며, 이것이 그 삶의 몫이며 수고의 보상이라고 말하고 있습니다. 그러나 이것은 이 세상의 삶 이후에 주어지는 삶, 곧 하나님의 구원과 심판을 고려하지 않을 때 할 수 있는 이야기입니다. 이 세상의 삶이 전부이고, 하나님의 구원과 심판이 없다면, 정말 우리 인생은 덧없고 헛될 수밖에 없습니다. 그러나 하나님은 반드시 그 의와 불의에 따라 구원하시고 심판하십니다.

따라서 하나님의 말씀을 따라 의를 행하며 하나님을 예배하는 삶을 살아야 합니다. 무엇보다 모든 것이 하나님의 손에 달려 있음을 기억하고 그 삶을 하나님께 맡기며 하나님의 은혜를 구해야 합니다(전 9:1). 또한 겸손해야 합니다. 아무리 힘 있고 능력 있고 지혜가 있다고 승리와 결과를 만드는 것은 아닙니다. 그들도 불행과 재난을 만나고, 불행과 재난을 피할 수 있는 사람은 아무도 없습니다(전 9:11).

결국 모든 것은 하나님의 뜻대로 되고, 하나님의 손 안에 있음을 깨닫고, 내 힘과 능력을 의지하지 말고 겸손히 하나님을 의뢰해야 합니다. 하나님을 의지하며 맡길 때에 은혜로우신 하나님을 통해 내 일이 보장되는 축복이 주어집니다.

디도서 1장_약속에 주어지는 복

디도서 1장은 사도로서 바울에게 주어진 사명과, 장로와 감독으로 세울 사람의 자격, 그리고 불순종하고 헛된 말을 하며 속이는 할례파 이단에 대한 경고를 기록하고 있습니다. 특별히 바울은 자신이 사도 된 것은 택하신 자들의 영생의 소망을 위함이라고 고백하고 있습니다. 곧 전도를 통해 사람들로 하여금 영생의 은혜를 누리게 하는 것이 그의 사명이라는 것입니다. "하나님의 종이요 예수 그리스도의 사도인 나 바울이 사도 된 것은 하나님이 택하신 자들의 믿음과 경건함에 속한 진리의 지식과 영생의 소망을 위함이라 이 영생은 거짓이 없으신 하나님이 영원 전부터 약속하신 것인데 자기 때에 자기의 말씀을 전도로 나타내셨으니 이 전도는 우리 구주 하나님이 명하신 대로 내게 맡기신 것이라"(딛 1:1~3)

사도 바울이 사명으로 전하고 있는 하나님의 약속, 곧 영생의 은혜를 생각해 볼 때, 이것이 최고의 축복입니다. 이 땅에서 풍성한 소산을 얻고 평안과 승리와 번성함을 누리는 것도 중요한 축복이지만, 믿음으로 하나님의 약속인 영생을 누리는 것보다 중요하다 할 수 없습니다. 하나님은 예수 그리스도를 통해서 이 영생을 약속하셨고, 따라서 믿음으로 이 약속을 붙들어 영생의 축복을 받아 누려야 합니다.

오늘의 기도

1. 말씀에 순종하는 삶을 살게 하시고, 순종 가운데 약속하신 주의 축복을 누리게 하소서.
2. 오직 여호와 하나님을 나의 하나님으로 삼고, 하나님의 기업된 축복에서 떠나지 않게 하소서.
3. 영생이 최고의 축복임을 놓치지 말고, 예수 그리스도를 통해 약속하신 영생의 축복을 믿음으로 구하고 또 누리게 하소서.

신실함

23 Apr

레위기 27장 | 시편 34편 | 전도서 10장 | 디도서 2장

하나님은 신실하십니다. 따라서 신실하신 하나님 앞에 우리도 신실해야 합니다. 하나님 앞에서 약속한 서원을 지킴으로, 말의 절제와 그 말에 책임지는 태도로, 그리고 선하고 바른 행실로 신실함을 나타내야 합니다.

레위기 27장_서원을 지킴으로 나타내는 신실함

서원에 대한 말씀입니다. 하나님의 특별한 은혜에 감사하여 자신을 드리기로 서원하거나, 자신의 재산을 드리기로 서원했다면, 그 서원을 반드시 지킬 것을 말씀하고 있습니다. 하나님 앞에 온전히 드려진 것은 여호와께 지극히 거룩한 것이 되며, 사람이든 가축이든 기업의 밭이든 팔지 못하고 무르지 못한다는 것입니다. "이스라엘 자손에게 말하여 이르라 만일 어떤 사람이 사람의 값을 여호와께 드리기로 분명히 서원하였으면 너는 그 값을 정할지니"(레 27:2) "어떤 사람이 자기 소유 중에서 오직 여호와께 온전히 바친 모든 것은 사람이든지 가축이든지 기업의 밭이든지 팔지도 못하고 무르지도 못하나니 바친 것은 다 여호와께 지극히 거룩함이며 온전히 바쳐진 그 사람은 다시 무르지 못하나니 반드시 죽일지니라"(레 27:28~29)

서원을 지켜야 한다는 이 말씀에는 하나님의 신실하심이 담겨 있습니다. 하나님은 신실하심으로 우리와의 약속을 반드시 지키신다는 것입니다. 따라서 우리도 신실함으로 그 약속을 지키기를 바라신다는 것입니다. 다시 말해 신실하신 하나님 앞에 우리도 신실하기를 바라신다는 것입니다. 무엇보다 신실하신 하나님 앞에 우리도 신실함으로 서서 그 서원을 지켜 가면 우리와 하나님과의 관계는 더욱 깊어질 수밖에 없습니다. 하나님 앞에 신실하고자 하는 우리의 노력을 하나님께서 당연히 기뻐하시고, 또한 그 기쁨으로 우리에게 더욱 신실하심으로 그 언약을 이루셔서 은혜를 누리게 하십니다. 따라서 우리가 힘써 하나님 앞에 그 서원을 지키며 신실해야 합니다.

시편 34편_하나님의 신실하심

"다윗이 아비멜렉 앞에서 미친 체하다가 쫓겨나서 지은 시"입니다. 생명의 위기 속에서 미친 체함으로 위기를 벗어났고, 그 위기 속에서 보호하시고 건지신 하나님, 그 기도에 응답하여 구원하신 하나님을 찬양한 것입니다. 무엇보다 다윗은 하나님의 신실하심에 대해 찬양했습니다. 하나님은 그 믿음을 지키며 하나님 편에서 하나님을 경외하며 살아가는 자들을 반드시 지키시는 신실하신 분이라는 것입니다. 다윗은 이 신실하심을 경험했고, 따라서 세상 사람들에게 이 하나님의 신실하심을 맛보아 알라고 외치며 하나님을 찬양했습니다. "너희는 여호와의 선하심을 맛보아 알지어다 그에게 피하는 자는 복이 있도다 너희 성도들아 여호와를 경외하라 그를 경외하는 자에게는 부족함이 없도다"(시 34:8~9)

하나님은 신실하십니다. 그 약속을 반드시 지키시고 이루십니다. 따라서 우리가 다른 무엇이 아니라 오직 하나님만을 의뢰해야 하고, 신실하신 하나님 앞에 우리도 신실해야 합니다.

전도서 10장_말의 절제로 나타내는 신실함

지혜자와 우매자를 비교하여 교훈을 주고 있는 말씀입니다. 특별히 지혜자와 우매자의 말을 비교하여 교훈하고 있는 말씀을 볼 수 있는데, 이를 통해 말의 절제와 지혜로운 말의 중요성을 가르치고 있습니다. "지혜자의 입의 말들은 은혜로우나 우매자의 입술들은 자기를 삼키나니 그의 입의 말들의 시작은 우매요 그의 입의 결말들은 심히 미친 것이니라 우매한 자는 말을 많이 하거니와 사람은 장래 일을 알지 못하나니 나중에 일어날 일을 누가 그에게 알리리요"(전 10:12~14) "말 한마디로 천냥 빚을 갚는다"는 우리 속담처럼 지혜로운 말은 은혜롭고 덕을 보게 하지만, 우매한 자의 말은 말도 많거니와 그 말로 인해 망하게 된다는 것입니다. 어리석은 말로 시작하여 결국 사악하고 미친 소리를 내뱉다가 화를 입게 된다는 것입니다.

결국 무엇입니까? 신실함을 위해 말의 절제가 중요합니다. 많은 말로 지키지 못할 약속을 함부로 내뱉을 수 있고, 순간적인 감정으로 호언을 하거나 하나님 앞에 서원을 했다가 뒤늦게 후회할 수 있습니다. 따라서 책임지지 못할 많은 말을 어리석게 내뱉기보다 말에 절제하며, 지킬 수 있는 말 그리고 모두에게 덕이 되는 지혜로운 말을 해야 합니다. 이 말이 우리를 신실하게 세워줍니다.

디도서 2장_바른 행실로 나타내는 신실함

교회 안의 다양한 집단에 주는 교훈의 말씀입니다. 곧 나이 많은 남자, 나이 많은 여자, 젊은 여자, 젊은 남자, 종 등이 바른 모범을 보일 수 있도록 바르게 지도하고 가르쳐야 한다는 것입니다. 나이 많은 남자들은 절제하고 경건하고 신중하며, 믿음과 사랑과 인내에 온전해야 한다고 가르치고 있습니다(딛 2:2). 나이 많은 여자들도 거룩한 행실과 선한 것을 가르치는 자들이 되어야 한다고 가르치고 있고(딛 2:3), 젊은 여자들은 남편과 자녀를 사랑하며 신중하며 순전하며 가정을 잘 돌보아야 한다고 가르치고 있습니다(딛 2:4~5). 젊은 남자들은 신중하고 선한 일의 본을 보이고, 단정하고 바른 말에 힘써야 한다고 가르치고 있으며(딛 2:6~8), 또한 종들은 상전들에게 순종하고 성실해야 한다고 가르치고 있습니다(딛 2:9~10). 결국 이 모든 가르침을 한마디로 말한다면 신실해야 한다는 것입니다. 함께한 사람들에게 신실함으로 본을 보이고 또 인정받을 수 있어야 한다는 것입니다.

결국 무엇입니까? 하나님 앞에서의 신실함은 함께한 사람들 앞에서도 나타나야 합니다. 사람들에게 신실함으로 인정받지 못한다면 하나님 앞에서의 신실함은 온전한 것일 수 없습니다. 따라서 바른 행실로 하나님뿐만 아니라 함께한 사람들에게서도 신실함을 인정받아야 합니다.

오늘의 기도

1. 신실하신 하나님 앞에 신실하게 서는 사람이 되게 하소서.
2. 감정에 치우쳐 서원하지 않게 하시고 언제나 말에 주의하는 사람이 되게 하소서.
3. 신실함으로 함께한 사람들에게 인정받고 본을 보이는 삶을 살게 하소서.

은혜

민수기 1장 | 시편 35편 | 전도서 11장 | 디도서 3장

우리에게 영생의 소망을 주신 주의 구원의 은혜와 우리의 삶에 베푸신 복의 은혜는 크고 놀랍습니다. 돌아보고 세어보아 그 놀라운 은혜를 깨달아야 하고, 또한 오늘도 주의 은혜는 계속돼야 함을 깨닫고 오늘의 은혜를 구해야 합니다. 그리고 값없이 받은 은혜를 따라 마땅히 나누며 살아야 합니다.

민수기 1장_세어 보면 깨달을 수 있는 주의 은혜
하나님의 명령에 따라 출애굽한 이스라엘 자손의 각 남자의 수를 계수한 말씀입니다. 이십 세 이상의 싸움에 나갈 만한 남자의 숫자를 세었는데, 그 숫자가 육십만 삼천오백오십 명이었습니다. "너희는 이스라엘 자손의 모든 회중 각 남자의 수를 그들의 종족과 조상의 가문에 따라 그 명수대로 계수할지니"(민 1:2) "이같이 이스라엘 자손이 그 조상의 가문을 따라 이십 세 이상으로 싸움에 나갈 만한 이스라엘 자손이 다 계수되었으니 계수된 자의 총계는 육십만 삼천오백오십 명이었더라"(민 1:45~46) 애굽 땅에 이주한 야곱의 집 사람은 요셉이 낳은 두 아들까지 모두 칠십 명이었습니다. 그런데 그 숫자가 400년 만에 남자 장정만 육십만 명이 넘은 것입니다. 애굽에서 학대를 받고 핍박을 받으면서도 놀라운 번성을 이룬 것입니다. 세어 보지 않았을 때는 막연했는데, 세어 보니 놀라운 하나님의 은혜를 새삼 발견하고 깨닫게 된 것입니다.

이처럼 하나님의 은혜는 크고 놀랍습니다. 우리의 삶을 돌보시고 지키시며 베푸시는 은혜들은 결코 작지 않습니다. 그런데 그 은혜를 분명하게 세어보지 않으면 막연한 생각 속에서 그 은혜의 크기를 제대로 깨닫지 못합니다. 따라서 그 은혜를 돌아보며 세어보는 시간이 필요합니다. 그렇게 세어 볼 때, 그 하나님의 은혜가 이토록 크고 놀랍다는 것을 새삼 깨달을 수 있고, 그 풍성한 은혜 때문에 우리의 삶에 감사와 기쁨이 더욱 넘치게 됩니다.

시편 35편_계속 돼야 하는 주의 은혜
악한 적들에게서 건져달라는 다윗의 기도입니다. 악인들이 까닭 없이 자신을 잡고 해하려고 함정을 팠다는 것입니다. 악인들의 공격에 큰 어려움에 봉착했다는 것입니다. 따라서 주께서 그 악인들을 물리치시고 자신을 구원해주시기를 기도하고 있는 것입니다. "그들이 까닭 없이 나를 잡으려고 그들의 그물을 웅덩이에 숨기며 까닭 없이 내 생명을 해하려고 함정을 팠사오니 멸망이 순식간에 그에게 닥치게 하시며 그가 숨긴 그물에 자기가 잡히게 하시며 멸망 중에 떨어지게 하소서"(시 35:7~8)

다윗의 기도를 통해 주의 돌보시고 지키시며 구원하시는 은혜는 계속 돼야 함을 깨닫게 됩니다. 곧 연약한 우리 인생에 고난과 시련은 끝이 없습니다. 따라서 어제 경험한 주의 은혜는 오늘도 주어져야 하고 끝없이 주어져야 합니다. 어제의 은혜로 오늘을 사는 것은 안타깝고 어리석은 일입니다. 오늘 주어지는 주의 은혜를 또 누려야 합니다.

우리의 인생이 항상 좋은 일만 있지는 않습니다. 고난과 아픔을 주는 뜻밖의 일들이 있을 수 있습니다. 그러나 우리에게는 주님의 은혜가 있습니다. 그 은혜가 끝없이 주어지고 오늘도 주어집니다. 그 은혜로 고난과 아픔을 능히 이길 수 있습니다. 따라서 오늘도 주의 은혜를 구하고 또 누려야 합니다.

전도서 11장_넉넉함으로 나눠야 하는 은혜
내일을 예측할 수 없는 우리의 인생을 기억하며 오늘을 유익하게 보내야 한다고 가르치고 있습니다. 곧 내일을 알 수 없으니 너그럽게 베푸는 삶을 살아가며(전 11:1~2), 어리석게 내일 더 좋은 날이 있으리라 살피며 머뭇거리지 말고 오늘 도전하며(전 11:3~4), 내일 어떤 결과가 주어질지 알 수 없으니 오늘 주어진 일에 최선을 다해야 한다는 것입니다(전 11:5~8). 특별히 자선과 구제의 생활을 권면하는 말씀은 은혜 받은 자가 살아야 하는 삶에 대해 가르쳐주고 있습니다. 곧 받은 은혜를 넉넉함으로 나누는 삶을 살아야 한다는 것입니다. "너는 네 떡을 물 위에 던져라 여러 날 후에 도로 찾으리라 일곱에게나 여덟에게 나눠 줄지어다 무슨 재앙이 땅에 임할는지 네가 알지 못함이니라"(전 11:1~2) 남을 위해 선을 베풀고 쌓으면, 이내 그것이 좋은 결과로 자신에게 돌아온다는 교훈의 말씀입니다. 무엇보다 우리의 인생은 내일을 예측할 수 없고, 따라서 평소 넉넉할 때에 다른 사람들에게 덕을 베풂으로, 뜻하지 않은 재앙을 만났을 때에 도움을 받을 수 있다는 것입니다.

결국 이 말씀은 은혜 받은 자의 삶에 대해서 교훈을 주고 있습니다. 주님으로부터 끝없는 은혜를 받은 우리가 어떻게 살아야 하는지를 가르쳐주고 있습니다. 곧 주님으로부터 받은 은혜를 마땅히 나누며 살아야 합니다. 여러 날 후에 도로 찾고, 재앙을 만났을 때 보답을 받기 위해서만이 아니라, 주님으로부터 값없이 은혜를 받았으니, 우리도 값없이 나누며 사는 것이 마땅합니다. 이것이 은혜 받은 자의 마땅한 삶입니다.

디도서 3장_구원을 가능하게 하는 주의 은혜

오직 주의 은혜로 우리가 구원을 받았음을 말하고 있습니다. 바울은 디도에게 이를 힘써 전하여 성도들이 그 은혜에 맞는 삶을 살게 하라고 권하고 있습니다. "우리를 구원하시되 우리가 행한 바 의로운 행위로 말미암지 아니하고 오직 그의 긍휼하심을 따라 중생의 씻음과 성령의 새롭게 하심으로 하셨나니 우리 구주 예수 그리스도로 말미암아 우리에게 그 성령을 풍성히 부어 주사 우리로 그의 은혜를 힘입어 의롭다 하심을 얻어 영생의 소망을 따라 상속자가 되게 하려 하심이라 이 말이 미쁘도다 원하건대 너는 이 여러 것에 대하여 굳세게 말하라 이는 하나님을 믿는 자들로 하여금 조심하여 선한 일을 힘쓰게 하려 함이라 이것은 아름다우며 사람들에게 유익하니라"(딛 3:5~8)

우리에게 주어진 구원은 우리의 의로운 행위가 아니라 오직 주의 은혜로 주어졌습니다. 우리 구주 예수 그리스도로 말미암아 그 은혜를 힘입어 의롭게 되었고, 영생의 소망을 따라 상속자가 되었습니다. 따라서 우리가 무엇보다 구해야 하고 또 받아야 하는 것이 주의 은혜입니다. 예수 그리스도를 믿는 믿음을 통해 주의 은혜를 구해야 하고, 이를 통해 주어지는 은혜를 받아야 합니다. 또한 이 은혜를 기억하며 우리도 은혜의 삶을 살아야 합니다. 하나님의 긍휼하심의 은혜를 따라 우리도 은혜를 베풀며 살아야 합니다.

오늘의 기도

1. 우리의 구원이 행위가 아닌 오직 주의 은혜임을 깨닫게 하시고 그 은혜를 놓치지 않게 하소서.
2. 우리의 삶을 돌보시고 지키시고 번성케 하신 주의 복의 은혜도 발견하게 하시고, 구체적으로 세어 보아 풍성한 은혜를 깨닫고 감사하며 살게 하소서.
3. 오늘 누려야 하는 은혜도 구하여 누리게 하시고, 그 은혜로 오늘의 고난을 이기게 하시며, 또한 값없이 받은 은혜를 기억하며 넉넉히 나누는 삶을 살게 하소서.

구원받은 백성의 삶

민수기 2장 | 시편 36편 | 전도서 12장 | 빌레몬서 1장

맥체인성경365_653p

구원받은 하나님의 백성으로 하나님을 경외하며 하나님 중심의 삶을 살아야 합니다. 그 안에서 주시는 복락을 누리며 살아갈 뿐만 아니라 그 받은 사랑을 따라 넉넉히 나누는 삶을 살아야 합니다.

민수기 2장_구원받은 백성의 하나님 중심의 삶

출애굽의 구원을 경험한 이스라엘 백성들이 가나안 땅을 향해 나아가는 중, 어떻게 진을 치며 어떻게 행진해야 하는지를 가르치며 명령한 말씀입니다. 동쪽에는 유다 지파, 잇사갈 지파, 스블론 지파, 남쪽에는 르우벤 지파, 시므온 지파, 갓 지파, 서쪽에는 에브라임 지파, 므낫세 지파, 베냐민 지파, 북쪽에는 단 지파, 아셀 지파, 납달리 지파가 진을 치고 행진하게 했습니다. 그리고 그 중앙에는 회막과 레위인의 진영이 있게 했습니다. 곧 하나님께서 임재해 계신 회막이 그 중심에 있게 했습니다. "그 다음에 회막이 레위인의 진영과 함께 모든 진영의 중앙에 있어 행진하되 그들의 진 친 순서대로 각 사람은 자기의 위치에서 자기들의 기를 따라 앞으로 행진할지니라"(민 2:17)

이스라엘 백성들의 가나안을 향한 광야의 여정은 우리 믿음의 사람들이 천국을 향해 나아가는 이 땅의 삶을 보여주고 있습니다. 따라서 진을 칠 때도, 또한 행진할 때도 회막이 중심에 있었다는 말씀은 우리의 삶의 중심에 하나님을 두어야 한다는 사실을 가르쳐주고 있습니다. 구원받은 하나님의 백성으로서 천국을 향해 나아가는 여정에 하나님을 의식하고 하나님을 항상 가운데 모시며 하나님을 예배하며 살아가야 한다는 것입니다. 집 안에서 일을 하며 쉴 때도, 직장에서 또 밖에서 주어진 일을 할 때도, 항상 하나님이 중심이 돼야 한다는 것입니다.

시편 36편_구원받은 백성의 복락의 삶

하나님의 풍성한 자비와 복을 찬양하는 다윗의 시입니다. 곧 다윗은 주님의 날개 아래에 피한 그 백성들이 주님 안에서 누리는 축복을 찬양했습니다. "하나님이여 주의 인자하심이 어찌 그리 보배로우신지요 사람들이 주의 날개 그늘 아래에 피하나이다 그들이 주의 집에 있는 살진 것으로 풍족할 것이라 주께서 주의 복락의 강물을 마시게 하시리이다 진실로 생명의 원천이 주께 있사오니 주의 빛 안에서 우리가 빛을 보리이다"(시 36:7~9) 주의 인자하심은 풍성하기에 주의 날개 아래에 피할 수 있고, 그 속에서 주의 기름진 것으로 풍성함을 누리며 복락의 강물을 마실 수 있다는 것입니다.

하나님의 구원을 경험한 백성들은 주 안에서 풍성한 복을 누릴 수 있습니다. 주님 안에서 주께 있는 모든 것을 부족함 없이 누릴 수 있습니다. 그럼에도 내 방식을 고집하고 하나님이 아닌 세상의 무엇을 피난처로 삼아 주님의 복을 누리지 못한다면 안타깝고 어리석은 일이 아니겠습니까? 가나안이라는 천국을 목표로 광야의 세상을 지나가는 우리가 힘겹고 고달픈 시간을 보낼 수 있습니다. 우리를 시기하며 공격하는 악인들로 인해 어려움을 겪을 수도 있습니다. 그러나 그 날개 아래의 피난처로 우리를 숨기시고 보호해주시는 하나님도 함께하고 계십니다. 그 피난처에서 기름진 양식과 복락의 강물을 넘치도록 공급하시고 평안과 축복을 누리게 하십니다. 따라서 하나님을 사랑함으로 그 날개 아래에 거하고, 그 안에서 평안함과 풍성함의 축복을 누려야 합니다.

전도서 12장_구원받은 백성의 하나님 경외의 삶

헛되지 않은 한 가지, 곧 하나님 경외의 삶을 교훈하는 말씀입니다. 곧 지금까지 인생의 모든 것이 헛됨을 이야기한 전도자는 전도서의 결론을 내리

며, 늦기 전에 창조주 하나님을 기억하고 하나님을 경외하며 그 말씀을 지키라고 명령하고 있습니다. "일의 결국을 다 들었으니 하나님을 경외하고 그의 명령들을 지킬지어다 이것이 모든 사람의 본분이니라"(전 12:13)

먼저 "이것이 모든 사람의 본문이라"는 말씀에 주목해야 하는데, 곧 우리의 창조주요 구원자요 우리의 삶을 돌보시고 지키시고 복을 주시는 하나님을 경외하는 것은 우리들이 따라야 하는 마땅한 삶이라는 것입니다. 또한 "일의 결국을 다 들었다"는 말씀에도 주목해야 하는데, 무엇이 옳으며 무엇이 헛되지 않은지 우리는 말씀을 통해 분명히 가르침을 받았고, 따라서 모른다고 핑계 댈 수 없다는 것입니다. 곧 그 들은 말씀을 따라 헛되지 않은 한 가지, 곧 하나님을 경외하며 그 명령에 순종하는 삶을 살아가야 합니다. 하나님의 말씀을 듣고도 내 뜻을 고집하는 것은 어리석은 일입니다. 따라서 구원받은 하나님의 백성으로 마땅히 그 말씀에 순종하며 하나님을 경외하며 살아야 합니다.

빌레몬서 1장_구원받은 백성의 사랑의 삶

오네시모를 향한 바울의 변호와 간구입니다. 도망친 노예였던 오네시모를 위해 그 주인인 빌레몬에게 사랑을 구한 것입니다. "도리어 사랑으로써 간구하노라 나이가 많은 나 바울은 지금 또 예수 그리스도를 위하여 갇힌 자 되어 갇힌 중에서 낳은 아들 오네시모를 위하여 네게 간구하노라"(몬 1:9~10) 오네시모를 위한 간구에서 바울의 사랑을 보게 되는데, 그리스도의 사랑을 따라 옥에 갇히는 고난을 마다하지 않았을 뿐만 아니라, 그 사랑을 따라 오네시모를 위한 사랑의 수고도 마다하지 않은 것입니다. "나 바울이 친필로 쓰노니 내가 갚으려니와 네가 이 외에 네 자신이 내게 빚진 것은 내가 말하지 아니하노라 오 형제여 나로 주 안에서 너로 말미암아 기쁨을 얻게 하고 내 마음이 그리스도 안에서 평안하게 하라"(몬 1:19~20) 빌레몬도 바울에게 사랑의 빚을 졌음을 알게 하는 말씀입니다. 곧 바울은 과거 빌레몬을 위해 사랑의 수고를 마다하지 않았고, 빌레몬은 바울에게 이런 사랑의 빚을 졌습니다. 따라서 바울은 이 빚을 언급하며, 이제는 받은 그 사랑을 오네시모를 향해 베풀어야 하지 않겠느냐고 전한 것입니다. 오네시모를 용서하고 형제처럼 받아줌으로 그 받은 사랑의 빚을 갚고, 이로 인해 바울은 기쁨을 얻고 평안하기를 바란다고 전한 것입니다.

결국 무엇입니까? 바울처럼 주님을 통해 받은 사랑의 빚을 기억하며 힘써 사랑의 삶을 살아가는 것이 마땅합니다. 구원이라는 놀라운 사랑을 받은 우리가 이제는 우리 이웃을 향해 넉넉히 사랑을 베풀며 살아야 합니다. 하나님의 은혜와 사랑을 기억하고, 또 하나님의 사랑을 전해준 사람들의 섬김의 사랑을 기억하며, 내가 받은 사랑을 또 다른 사람들에게 나누며 살아야 합니다.

택함 받은 자들의 삶

민수기 3장 | 시편 37편 | 아가 1장 | 히브리서 1장

맥체인성경365_656p

우리는 택함 받은 하나님의 소유된 백성입니다. 하나님은 사랑으로 아무 조건 없이 우리를 선택하셨고 기뻐하셨으며, 선택 받은 우리를 돌보시고 축복하시며, 예수 그리스도와 함께 누릴 놀라운 영광을 약속하십니다.

민수기 3장_하나님의 소유된 택함 받은 자들

아론의 아들들과 제사장의 직무, 게르손, 고핫, 므라리 등 레위의 아들들과 그 종족과 직무 등을 기록하고 있습니다.

특별히 하나님은 레위인들을 구별하여 하나님의 소유로 삼으셨음을 전하고 있습니다. 하나님의 은혜로 구원함을 받은 모든 백성이 다 하나님의 소유이지만, 레위인들을 선별하여 하나님의 특별한 소유를 삼으시고 하나님 가까이서 직무와 봉사를 감당하게 하셨다는 것입니다. "보라 내가 이스라엘 자손 중에서 레위인을 택하여 이스라엘 자손 중에 태를 열어 태어난 모든 자를 대신하게 하였은즉 레위인은 내 것이라 처음 태어난 자는 다 내 것임은 내가 애굽 땅에서 그 처음 태어난 자를 다 죽이던 날에 이스라엘의 처음 태어난 자는 사람이나 짐승을 다 거룩하게 구별하였음이니 그들은 내 것이 될 것임이니라 나는 여호와이니라"(민 3:12~13)

이 말씀을 대하며 우리가 하나님의 택하신 족속이요 왕 같은 제사장들이며, 거룩한 나라요 하나님의 소유가 된 백성들(벧전 2:9)임을 기억해야 합니다. 이를 통해 우리의 삶은 많은 부분에서 달라져야 합니다. 우리가 하나님의 소유이니 우리가 가진 모든 것도 하나님의 것입니다. 하나님께 드리고 사용하는 것을 아까워할 수 없습니다. 하나님을 섬기는 일에 우리를 사용하기를 원하시니, 불평하거나 거절할 수 없고 말씀에 순종하여 기쁨으로 섬겨야 합니다. 무엇보다 구별된 하나님의 특별한 소유로 거룩함에 힘써야 합니다.

시편 37편_택함 받은 자들을 향한 축복

악인들의 형통에 넘어지지 말아야 함을 교훈하는 다윗의 시입니다. 당장은 그들이 번성하는 것 같지만, 결국에는 하나님의 심판으로 멸망당한다는 것입니다. 따라서 악인들의 형통으로 불평하지 말고 여호와 앞에서 잠잠히 참고 기다리라는 것입니다. 하나님을 경외하고 그 말씀을 지키며, 하나님의 선택 안에 있으면, 곧 그렇게 의인으로 하나님을 따라가면, 하나님께서 붙드셔서 기근 중에도 풍요를 누리고, 넘어진다 해도 하나님의 붙드심으로 아주 엎드러지지 않으며, 자손이 복을 누리고, 풍성함으로 베푸는 삶을 살며, 하나님의 보호하심과 땅을 차지하는 복을 누린다는 것입니다. "악인의 팔은 부러지나 의인은 여호와께서 붙드시는도다 여호와께서 온전한 자의 날을 아시나니 그들의 기업은 영원하리로다 그들은 환난 때에 부끄러움을 당하지 아니하며 기근의 날에도 풍족할 것이나"(시 37:17~19) "그는 넘어지나 아주 엎드러지지 아니함은 여호와께서 그의 손으로 붙드심이로다 내가 어려서부터 늙기까지 의인이 버림을 당하거나 그의 자손이 걸식함을 보지 못하였도다 그는 종일토록 은혜를 베풀고 꾸어 주니 그의 자손이 복을 받는도다 악에서 떠나 선을 행하라 그리하면 영원히 살리니 여호와께서 정의를 사랑하시고 그의 성도를 버리지 아니하심이로다 그들은 영원히 보호를 받으나 악인의 자손은 끊어지리로다 의인이 땅을 차지함이여 거기서 영원히 살리로다"(시 37:24~29)

하나님께서 택하신 하나님의 백성은 하나님께서 지키시고 돌보시고 축복하십니다. 따라서 악인들의 당장의 형통함으로 불평하거나 넘어지지 말아야 합니다. 끝까지 하나님을 믿고 우리의 길을 하나님께 맡겨야 합니다. 하나님께서 그 백성을 반드시 축복하심을 믿음으로 기다려야 합니다.

아가 1장_택함 받은 자들을 향한 사랑

택함 받은 자들을 향한 하나님의 특별한 사랑을 보게 합니다. "예루살렘 딸들아 내가 비록 검으나 아름다우니 게달의 장막 같을지라도 솔로몬의 휘장과도 같구나"(아 1:5) 술람미 여인의 고백으로, 자신의 검은 피부에도 자신을 아름답게 바라보는 솔로몬 왕으로 인해 기뻐하는 고백입니다. 곧 힘겨운 포도원 일로 인해 햇볕에 얼굴이 검게 그을렸는데, 그 모습조차도 사랑으로 아름답게 보았다는 것입니다. 또한 힘겹게 일해야 하는 평범한 농가의 딸이었습니다. 부잣집이나 권세가의 규수가 아니었습니다. 그럼에도 솔로몬 왕은 이 여인을 사랑했다는 것입니다. 화려한 조건 때문에 이 여인을 사랑한 것이 아니었다는 것입니다.

결국 이 말씀은 하나님께서 아무 조건 없이 우리를 선택하며 사랑하셨음을 깨닫게 합니다. 검게 그을린 모습처럼 더럽고 초라하여 하나님 앞에 서기조차 부끄러운 존재가 우리들입니다. 아무 조건도 내세울 수 없는 부족한 존재가 바로 우리들입니다. 그러나 하나님은 우리를 있는 그대로 기뻐하시며, 그 사랑 때문에 아름답다고 말씀하십니다. 우리를 조건 없이 선택하여 사랑하십니다. 이것이 하나님의 절대적 은혜입니다.

히브리서 1장_택함 받은 자들이 누릴 영광

천사보다 비교할 수 없이 더 높은 아들, 곧 예수 그리스도에 대한 찬양입니다. 무엇보다 그가 죄를 정결하게 하는 일을 하시고 하나님의 보좌 우편에 앉으셨음을 말씀하고 있습니다. 곧 하나님의 아들로서 이 땅에 오셔서 십자가를 통한 구원의 사역을 이루시고 부활하여 영광의 자리에 앉아 계시다는 것입니다. "이는 하나님의 영광의 광채시요 그 본체의 형상이시라 그의 능력의 말씀으로 만물을 붙드시며 죄를 정결하게 하는 일을 하시고 높은 곳에 계신 지극히 크신 이의 우편에 앉으셨느니라(히 1:3)

결국 이 말씀은 예수 그리스도를 믿고, 그 믿음 안에서 자녀로 선택받은 우리들에게 주시는 비전입니다. 하나님의 소유된 백성으로 예수님을 따라 믿음과 충성의 삶을 살아갈 때, 영광의 은혜를 누리게 된다는 것입니다. 영광의 보좌에 앉으신 예수 그리스도와 함께 영광을 누리게 하신다는 것입니다.

오늘의 기도

1. 하나님의 백성이요 특별한 소유로 선택하신 하나님의 절대적 사랑과 은혜에 감사하며 더욱 거룩한 삶을 살게 하소서.
2. 하나님의 선택된 백성으로 악을 버리고 선을 따라서 하나님이 주시는 보호와 영원한 기업의 축복을 누리게 하소서.
3. 하나님의 소유된 백성으로 더욱 거룩함으로 충성하여 예수 그리스도께서 누리신 영광에 함께 참여하게 하소서.

27
Apr

이렇게 살아야

민수기 4장 | 시편 38편 | 아가 2장 | 히브리서 2장

믿음의 사람들은 주를 의뢰하여 그 구원과 도움을 받는 삶을 살아야 합니다. 그 죄를 깨닫고 진실함으로 회개하여 용서의 은혜를 누리는 삶, 주의 사랑에 응답하여 주를 사랑하는 삶, 주신 사명을 따라 힘써 충성하는 삶을 살아야 합니다.

민수기 4장_믿음의 사람들이 살아야 하는 충성의 삶

고핫 자손, 게르손 자손, 므라리 자손 등 각각의 자손들의 숫자를 계수하여 회막에서 각각 봉사하게 하신 말씀입니다. 삼십 세 이상 오십 세까지의 사람을 계수하여 회막의 일을 담당하게 했습니다. "레위 자손 중에서 고핫 자손을 그들의 종족과 조상의 가문에 따라 집계할지니 곧 삼십 세 이상으로 오십 세까지 회막의 일을 하기 위하여 그 역사에 참가할 만한 모든 자를 계수하라"(민 4:2~3)

삼십 세에서 오십 세까지, 그 회막에서 일을 할 수 있는 나이가 제한되었다는 사실은 다음의 교훈을 깨닫게 합니다. 사역할 시간이 한정되어 있기에 나태하지 말고 정해진 시간에 최선을 다해야 한다는 것입니다. 삼십 세가 되어 일을 시작하기 전까지 잘 준비되고 훈련되어 낭비하는 시간이 없어야 한다는 것입니다. 또한 각 자손들마다 그 맡겨진 임무가 달랐습니다. 고핫 자손은 회막 안의 지성물들을 운반하는 일을 담당했습니다. 게르손 자손은 성막의 휘장들과 회막과 그 덮개와 회막 휘장문 등을 매어 운반하는 일을 담당했고, 므라리 자손은 장막의 널판들과 띠들과 기둥들과 받침들 등을 운반하는 일을 담당했습니다. 이처럼 그 임무가 달랐다는 것은 다음의 교훈을 깨닫게 합니다. 각각의 자손들은 다른 자손에게 주어진 임무에 한눈팔거나 간섭하는 일 없이, 자신에게 주어진 임무를 잘 숙지하여 충성해야 한다는 것입니다.

우리에게도 하나님의 교회에서 맡겨진 사명이 있습니다. 그 사명을 잘 숙지하고, 한눈팔지 말고 힘을 다해 충성해야 합니다. 또한 우리도 하나님께 충성할 수 있는 시간이 무한정 있지 않음을 깨닫고 오늘 힘을 다해 충성해야 합니다. 항상 건강할 수만은 없고, 또 하나님께서 언제 우리를 부르실지 모릅니다. 따라서 오늘 아직 힘이 있을 때, 내일로 미루지 말고 힘써 충성해야 합니다.

시편 38편_믿음의 사람들이 살아야 하는 회개의 삶

죄로 인한 질병 속에서 회개하며, 하나님의 은혜와 도움을 구한 다윗의 시입니다. 곧 다윗은 질병의 고통 속에서 하나님 앞에 그 죄를 고백하며 용서를 구했습니다. "내 죄악이 내 머리에 넘쳐서 무거운 짐 같으니 내가 감당할 수 없나이다 내 상처가 썩어 악취가 나오니 내가 우매한 까닭이로소이다"(시 38:4~5) 무엇보다 다윗은 오직 주님만을 절대적으로 바라보며 매달렸습니다. "주여 나의 모든 소원이 주 앞에 있사오며 나의 탄식이 주 앞에 감추이지 아니하나이다"(시 38:9) "여호와여 내가 주를 바랐사오니 내 주 하나님이 내게 응답하시리이다"(시 38:15) '나의 모든 소원이 주 앞에 있다'는 고백과 '내가 주를 바랐다'는 고백은 오직 주님만을 절대적으로 바라보며 매달리는 다윗의 간절함을 보게 합니다. 곧 다른 사람들은 조롱하고 비웃어도, 심지어 사랑하는 사람들과 친구들, 친척들은 다 자신을 외면하고 돌아서도, 오직 주님만은 외면하지 않으신다는 믿음을 가진 것입니다. 또한 주님마저도 외면하고 돌아서면 자신은 그 누구에게서도 소망도 가질 수 없음을 고백하고 있는 것입니다.

우리가 하나님 앞에 언제나 바르고 의로워야 하지만, 우리는 연약하여 죄의 유혹을 이기지 못하고 넘어지곤 합니다. 따라서 하나님 앞에 회개하는 일을 놓치지 말아야 합니다. 오직 소망은 하나님께만 있음을 깨닫고, 절대적으로 하나님만 바라보며 은혜를 구해야 합니다. 결코 포기하지 말고 믿음으로 하나님께 용서를 구해야 합니다.

아가 2장_믿음의 사람들이 살아야 하는 사랑의 삶

모든 것이 아름답게 보이게 하는 사랑에 대해 말씀하고 있습니다. 흔히 하는 이야기로 사랑하면 눈이 먼다고 하는데, 바로 이런 사실을 그대로 보여주고 있습니다. "여자들 중에 내 사랑은 가시나무 가운데 백합화 같도다 남자들 중에 나의 사랑하는 자는 수풀 가운데 사과나무 같구나 내가 그 그늘에 앉아서 심히 기뻐하였고 그 열매는 내 입에 달았도다"(아 2:2~3) 남자의 눈에 사랑하는 여인이 가시나무 가운데 백합화 같다는 것입니다. 곧 다른 모든 여인들은 가시나무로 밖에 안 보이고, 사랑하는 여인은 백합화로 보인다는 것입니다. 이것은 여자도 마찬가지입니다. 남자들 중에 그 사랑하는 사람은 수풀 가운데 사과나무 같다는 것입니다. 곧 다른 남자들은 다 수풀로, 거칠고 마르고 보잘것없이 보이지만, 자신의 사랑하는 남자는 사과나무로 단연 돋보이고 으뜸이 되어 보인다는 것입니다. 연인 사이의 애틋한 사랑의 모습을 보여주는데, 그만큼 사랑으로 서로에게 눈이 멀어 있음을 보여주고 있습니다.

결국 이 말씀은 우리를 향한 하나님의 사랑, 곧 하나님께서 우리를 향한 사랑 때문에 눈이 머셨다는 것을 깨닫게 합니다. 하나님께서 우리 한 영혼을 천하보다 더 소중하게 여기시고, 심지어 독생자 아들 예수 그리스도보다 더 귀하게 여기시지 않았습니까? 우리를 향한 사랑 때문에 그 무엇도 아까워하지 않으셨고, 포기 못한 그 무엇도 없으셨습니다. 따라서 이제 우리도 그 사랑에 응답하여 하나님 사랑에 눈이 멀어야 합니다. 오직 우리의 눈에도 하나님만 보여야 합니다.

히브리서 2장_믿음의 사람들이 살아야 하는 의뢰의 삶

예수 그리스도께서 우리의 죄를 속량하기 위해 친히 시험을 받아 고난을 당하셨고, 따라서 시험 받는 자들, 곧 우리들을 능히 도우실 수 있음을 말씀하고 있습니다. "그러므로 그가 범사에 형제들과 같이 되심이 마땅하도다 이는 하나님의 일에 자비하고 신실한 대제사장이 되어 백성의 죄를 속량하려 하심이라 그가 시험을 받아 고난을 당하셨은 즉 시험 받는 자들을 능히 도우실 수 있느니라"(히 2:17~18)

결국 이 말씀은 믿음의 사람들이 살아야 하는 의뢰의 삶을 깨닫게 합니다. 우리를 능히 그리고 온전히 그 죄에서 도우실 수 있는 분이 오직 주님이심을 깨닫고, 그 주님께 우리의 삶을 맡겨야 합니다. 우리를 구원하고 돕기 위해 그 모든 고난을 참고 이기셨고, 이를 통해 우리를 도우실 수 있는 유일한 분이 되셨는데, 우리가 그 주님을 의지하지 않는다면 주님의 희생을 헛되이 하는 것밖에 되지 않습니다. 따라서 예수 그리스도를 믿고 의지하여 구원의 도움을 받아야 합니다. 결코 헛된 사람들을 의지하고 그들의 도움을 구하는 어리석음을 버려야 합니다.

오늘의 기도

1. 신실하신 대제사장으로 우리의 죄를 속량하신 예수 그리스도를 의뢰함으로 날마다 주의 도움 속에서 시험을 이기게 하소서.
2. 진실함으로 죄를 고백하고 회개함으로 주의 용서와 구원의 은혜를 누리게 하소서.
3. 충성된 주의 일꾼으로 훈련되어 준비되게 하시고, 오늘 주어진 시간을 놓치지 않고 힘을 다해 주께 충성하며 살게 하소서.

28
Apr

죄
민수기 5장 | 시편 39편 | 아가 3장 | 히브리서 3장

죄는 하나님의 안식 곧 하나님의 나라에 들어가지 못하게 하며, 그 죄는 하나님 앞에서 결코 숨길 수 없습니다. 오직 진실하게 회개하여 하나님의 용서의 은혜를 얻는 것이 죄를 해결하는 유일한 길이며, 주님과의 사랑의 결실을 이루기까지 그 죄를 이겨야 합니다.

민수기 5장_하나님 앞에서 숨길 수 없는 죄

아내의 탈선과 이것에 대한 의심이 생겼을 때, 어떻게 그 죄를 가릴 수 있는지를 보여주고 있습니다. 곧 저주가 되게 할 쓴 물을 통해 여인의 정함과 부정함을 가릴 수 있다는 것입니다. 여인이 부정함을 행하였으면 그 저주가 되게 할 쓴 물이 해독이 되어 배와 넓적다리를 상하게 한다는 것입니다. 그러나 여인에게 부정함이 없으면 이 쓴 물이 오히려 약이 되어 이 여인의 생식 기능을 더욱 강화시키고 자녀를 잉태하는 보상과 축복으로 이어진다는 것입니다. "그 물을 마시게 한 후에 만일 여인이 몸을 더럽혀서 그 남편에게 범죄하였으면 그 저주가 되게 하는 물이 그의 속에 들어가서 쓰게 되어 그의 배가 부으며 그의 넓적다리가 마르리니 그 여인이 그 백성 중에서 저줏거리가 될 것이니라 그러나 여인이 더럽힌 일이 없고 정결하면 해를 받지 않고 임신하리라"(민 5:27~28)

이 말씀의 초점은 신뢰에 있습니다. 아내를 의심하고 그 죄를 가려내는 것에 목적이 있는 것이 아니라 의심을 씻고 신뢰를 회복하여 화목한 가정을 이루어 가는 것에 목적이 있습니다. 또한 이 말씀은 우리가 하나님 앞에 서 있음을 가르쳐줍니다. 하나님은 다 아시고 따라서 우리의 죄를 하나님 앞에서 숨길 수 없음을 보여주고 있습니다. 곧 저주가 되게 할 쓴 물 자체에 어떤 신비적인 효력이 있어서 그 여인의 정함과 부정함을 가려내는 것이 아닙니다. 하나님 앞에서의 맹세를 통해 그 모든 선악의 판단을 하나님께 맡긴다는 것입니다. 하나님 앞에서 그 죄를 숨길 수 없고, 또 하나님을 속일 수 없다는 것입니다.

시편 39편_하나님 앞에서 회개해야 하는 죄

질병으로 인한 고통 중에 하나님의 은혜와 구원을 구한 다윗의 기도입니다. 무엇보다 다윗은 그 죄를 고백하며 하나님께 용서를 구했습니다. 곧 죄로 인한 하나님의 징계와 질병의 고통 속에서 변명과 핑계가 아니라 진실한 고백과 회개로 하나님께 용서를 구했습니다. 눈물을 흘리며 간절함으로 하나님의 은혜를 구했습니다. "나를 모든 죄에서 건지시며 우매한 자에게서 욕을 당하지 아니하게 하소서... 주의 징벌을 나에게서 옮기소서 주의 손이 치심으로 내가 쇠망하였나이다... 여호와여 나의 기도를 들으시며 나의 부르짖음에 귀를 기울이소서 내가 눈물 흘릴 때에 잠잠하지 마옵소서 나는 주와 함께 있는 나그네이며 나의 모든 조상들처럼 떠도나이다 주는 나를 용서하사 내가 떠나 없어지기 전에 나의 건강을 회복시키소서"(시 39:8~13)

하나님 앞에서 죄는 숨길 수 없습니다. 따라서 죄를 해결할 수 있는 유일한 길은 회개뿐입니다. 진실한 회개로 하나님의 용서함의 은혜를 얻는 것이 죄를 해결하는 유일한 길입니다. 따라서 죄는 숨기려 하지 말고 회개해야 합니다. 다윗처럼 진실함과 간절함으로 하나님께 용서의 은혜를 구해야 합니다.

아가 3장_사랑의 결실까지 이겨야 하는 죄

술람미 여인의 뜨겁고 진실한 사랑이 아름답고 행복한 결혼으로 이어짐을 보여주고 있습니다. 곧 평범한 목자인 줄 알고 순수하게 솔로몬을 사랑하며 그 사랑을 지켰던 술람미 여인은 화려하고 멋진 가마를 준비하고 또 60명의 호위병을 거느리고 자신을 신부로 맞이하고자 찾아온 솔로몬 왕을 마주하게 됐고, 그 솔로몬 왕과 행복한 결혼식을 올리게 됩니다. "시온의 딸들아 나와서 솔로몬 왕을 보라 혼인날 마음이 기쁠 때에 그의 어머니가 씌운 왕관이 그 머리에 있구나"(아 3:11) 따라서 또한 주목할 말씀이 술람미 여인의 절대적 사랑입니다. 그 사랑하는 사람만을 찾고 바라보며 그 무엇에도 한눈팔지 않는 순수한 사랑을 주목해야 합니다. "그들을 지나치자마자 마음에 사랑하는 자를 만나서 그를 붙잡고 내 어머니 집으로, 나를 잉태한 이의 방으로 가기까지 놓지 아니하였노라"(아 3:4) 솔로몬을 향한 술람미 여인의 뜨거운 사랑, 포기하지 않고 놓치지 않고자 하는 간절한 사랑을 볼 수 있는 말씀입니다. 곧 사랑하는 사람 솔로몬을 애타게 찾고 또 찾아 만났고, 또 누구의 방해도 받지 않고 그와 오래도록 함께 하며 떨어지지 않고자 했다는 것입니다. 그 무엇도 그와 함께하며 나누는 사랑을 막거나 방해할 수 없다는 것입니다. 바로 이 사랑이 그 행복한 결실을 가능하게 했다는 것입니다.

술람미 여인과 솔로몬 왕의 사랑과 그 사랑의 결실은 우리와 주님과의 사랑과 그 결실을 보여줍니다. 순수하게 주님을 사랑하며 주님을 따르면 우리를 신부로 맞이하기 위해 이 땅에 다시 오시는 신랑 되신 주님을 만나 혼인하게 됩니다. 주님과 혼인하여 하나님 나라에서의 행복한 삶을 살아가게 됩니다. 따라서 우리도 오직 주님만을 절대적으로 바라보며 사랑해야 합니다. 주님과의 사랑에 그 무엇으로도 방해 받지 않아야 합니다. 무엇보다 죄가 주님과의 사랑을 방해함을 깨닫고, 그 죄를 이겨야 합니다. 신랑 되신 주님께서 우리를 맞이하러 오실 때까지 그 죄를 이기고 주님과의 사랑을 더욱 뜨겁게 만들어가야 합니다.

히브리서 3장_하나님의 안식에 못 들어가게 하는 죄

모세보다 더 높으신 그리스도를 전하며, 그 믿음 안에 거하고 순종할 것을 강조하고 있습니다. 불신의 악한 마음이 하나님에게서 떨어지게 하고, 죄의 유혹이 그 마음을 완고하게 한다는 것입니다. 따라서 이스라엘 조상들이 죄와 불신으로 말미암아 하나님의 진노의 심판을 받고 하나님의 안식에 들어가지 못했던 사실을 언급하며 죄의 유혹을 이기고 믿음 안에 거할 것을 가르치고 있습니다. "또 하나님이 사십 년 동안 누구에게 노하셨느냐 그들의 시체가 광야에 엎드러진 범죄한 자들에게가 아니냐 또 하나님이 누구에게 맹세하사 그의 안식에 들어오지 못하리라 하셨느냐 곧 순종하지 아니하던 자들에게가 아니냐 이로 보건대 그들이 믿지 아니하므로 능히 들어가지 못한 것이라"(히 3:17~19) 여기서 하나님의 안식은 출애굽 당시 이스라엘 백성들에게는 가나안 땅에 들어가는 것을 뜻하고, 신약 시대에는 영적인 의미의 안식으로 그리스도의 재림으로 인해 성취되는 하나님의 나라에 들어가는 것을 가리킵니다.

결국 무엇입니까? 죄에서 돌이키지 않으면 그 죄로 인해 하나님의 심판에 이를 수밖에 없습니다. 따라서 옛날 광야에서 하나님을 시험하며 거역하던 이스라엘 조상들의 전철을 밟지 말고, 죄를 씻고 회개하며 하나님을 신뢰함으로 하나님의 안식에 들어가야 합니다.

오늘의 기도

1. 하나님 앞에 결코 죄를 숨길 수 없음을 깨닫게 하시고, 죄에서 떠나 주를 향한 신뢰와 순종으로 하나님의 안식에 들어가게 하소서.
2. 우리의 죄에 대하여 변명과 핑계보다 겸손히 그 죄를 인정하고 고백하며 눈물로 회개하는 삶을 살게 하시고, 주의 용서의 은혜도 경험하게 하소서.
3. 오직 주님만 바라보는 절대적 사랑을 지켜가게 하시고, 그 사랑을 통한 아름다운 결실을 보게 하소서.

사랑함으로

민수기 6장 | 시편 40-41편 | 아가 4장 | 히브리서 4장

맥체인성경365_670p

주님을 향한 사랑은 자원하는 헌신으로 나타나야 합니다. 주님을 사랑하기에 즐거움으로 말씀을 지키며 어디든 주님을 따라 동행하고, 주님과 함께하는 천국의 삶을 소망해야 합니다.

민수기 6장_사랑함으로 드리는 헌신

나실인에 대한 율법을 기록하고 있습니다. "이스라엘 자손에게 전하여 그들에게 이르라 남자나 여자가 특별한 서원 곧 나실인의 서원을 하고 자기 몸을 구별하여 여호와께 드리려고 하면"(민 6:2) 나실인은 하나님께 자신을 드린 자들입니다. 따라서 자기 몸을 구별해야 했습니다. 곧 자기 몸을 구별하여 여호와께 드리는 날 동안은 포도주와 독주를 멀리하며, 삭도를 머리에 대지 말고, 시체를 가까이 하지 말아야 했습니다. 그렇게 몸을 구별하여 거룩함을 지키며 하나님을 섬겨야 했습니다.

나실인은 주님을 사랑함으로 주님의 일에 자원하여 헌신한 사람들입니다. 이들은 레위인이 아닙니다. 레위인들만 성별되어 성막에서 하나님의 일을 할 수 있는데, 일반인들 중에서 그 거룩한 일을 사모하여 나실인으로 서원하고, 일정 기간 또는 평생 동안 자신을 하나님께 드려 헌신하는 삶을 살았습니다. 우리가 주님을 사랑한다면 주님을 위한 거룩한 일을 사모함이 마땅합니다. 주님을 사랑하기에 자원하여 주님을 위해 헌신해야 하고, 그 헌신이 기쁨이 돼야 합니다.

시편 40-41편_사랑함으로 지키는 말씀

시편 40편은 고난 중에 기다림으로 주의 응답과 구원을 경험한 다윗의 감사의 기도입니다. 시편 41편은 질병 중에 하나님의 치료와 구원을 확신하는 다윗의 기도입니다.

다윗은 주님의 기쁨이 어디에 있는지 알았습니다. 곧 주님의 말씀에 순종하는 삶입니다. 이런 삶 없이 형식적으로 드리는 제사와 예물을 주님은 기뻐하지 않으신다는 것입니다. 값진 제물로 드리는

제사보다 주의 말씀을 지키며 순종하는 삶, 그 말씀을 즐거워하며 따르는 삶을 기뻐하신다는 것입니다. 따라서 다윗은 말씀을 따르기를 힘쓰며 즐거워했습니다. 주의 말씀을 항상 그 마음에 간직했습니다. "주께서 내 귀를 통하여 내게 들려 주시기를 제사와 예물을 기뻐하지 아니하시며 번제와 속죄제를 요구하지 아니하신다 하신지라 그 때에 내가 말하기를 내가 왔나이다 나를 가리켜 기록한 것이 두루마리 책에 있나이다 나의 하나님이여 내가 주의 뜻 행하기를 즐기오니 주의 법이 나의 심중에 있나이다 하였나이다"(시 40:6~8)

다윗은 하나님께서 베푸신 놀라운 기적과 그 많은 계획들을 깨닫고 있었습니다(시 40:5). 곧 고난과 고통의 위기 중에 있었지만, 하나님을 의지하며 기도하고 또 기다렸을 때에, 놀랍게 구원하시는 하나님의 은혜를 경험한 것입니다(시 40:2). 따라서 다윗은 하나님께서 기뻐하시는 일을 찾은 것입니다. 주님을 사랑하며 그 놀라운 은혜와 기적에 감사하여 주의 기뻐하시는 일, 곧 주의 뜻과 말씀을 지키는 일에 힘을 다한 것입니다.

결국 무엇입니까? 주의 은혜를 깨닫고 감사하며, 주님을 진심으로 사랑한다면 주님께서 기뻐하시는 일, 곧 말씀을 지키며 따르는 삶을 살아가는 것이 마땅합니다. 주의 말씀을 기준으로 그 삶을 살아가야 하고, 즐거움으로 주의 뜻과 그 말씀을 지키는 일에 힘을 다해야 합니다.

아가 4장_사랑함으로 함께하는 동행

신랑이 신부를 여러 가지 비유로 묘사하며 그 아름다움을 표현하고 있는 말씀입니다. 또한 그 사랑으로 신부에게 그 마음을 빼앗겼음을 고백하고 있습

니다.

특별히 주목할 말씀은 신랑이 사랑하는 신부를 향해 함께 왕궁으로 가기를 청하는 말씀입니다. "내 신부야 너는 레바논에서부터 나와 함께 하고 레바논에서부터 나와 함께 가자 아마나와 스닐과 헤르몬 꼭대기에서 사자 굴과 표범 산에서 내려오너라"(아 4:8) 여기서 '레바논'은 시적 표현으로 술람미 여인이 지금까지 살던 거주지를 뜻합니다. '아마나', '스닐', '헤르몬 꼭대기', '사자 굴', '표범 산' 등, 이 모두는 술람미 여인이 살았던 험준하고 열악한 지역을 표현하는 단어입니다. 곧 이제는 왕인 솔로몬과 결혼했으니 지금까지 살던 곳을 떠나 예루살렘 왕궁으로 가자는 것입니다. 이때에 신부는 마땅히 신랑을 따라가야 합니다. 이제 자신은 사랑하는 신랑을 따르는 신부임을 기억하고 순종하여 함께 따라가야 합니다. 지금까지 살던 이곳이 정이 들고 익숙하여 떠나기 싫다고 거절하는 것은 어리석은 일입니다. 사랑하는 신랑을 따라 어디든 함께 갈 수 있어야 합니다.

우리도 신랑 되신 주님을 사랑함으로 어디든 함께 해야 합니다. 이전까지 내가 주인이 되어 내 삶을 주장하고 살아왔다면, 이제는 신랑 되신 예수님을 주인으로 모시고, 예수님께서 이끄시는 대로 따라가야 합니다. 이전의 삶의 자리를 얼마든지 버리고 주님을 사랑함으로 주님과 함께해야 합니다.

히브리서 4장_사랑함으로 바라는 안식

3장에 이어 계속해서 안식에 들어가야 함을 강조하고 있습니다. 약속하신 하나님의 안식에 들어가기를 힘써야 한다는 것입니다. "그러므로 우리는 두려워할지니 그의 안식에 들어갈 약속이 남아 있을지라도 너희 중에는 혹 이르지 못할 자가 있을까 함이라"(히 4:1) "그러므로 우리가 저 안식에 들어가기를 힘쓸지니 이는 누구든지 저 순종하지 아니하는 본에 빠지지 않게 하려 함이라"(히 4:11) 여기서 안식은 구원 곧 천국에 들어가는 것을 의미합니다. 우리를 사랑하시는 대제사장 되신 예수 그리스도의 긍휼하심의 은혜로 구원의 길이 열렸습니다. 그런데 주목할 말씀이 그 안식에 이르지 못할 자가 있다는 것입니다. 곧 안식에 이르는 복음을 받고 들었음에도 믿지 아니하는 자는 이 안식에 들어갈 수 없다는 것입니다(히 4:2). 따라서 믿음으로 안식에 들어가기를 힘쓰며, 결코 그 안식을 놓치지 말아야 함을 강조하고 있습니다.

이 복음이 오늘 우리에게도 들려졌습니다. 그럼에도 우리가 믿음이 없어 구원의 자리에 이르지 못한다면 이는 안타까운 일이며, 주님의 희생을 헛되이 하는 것입니다. 따라서 이 구원에 이르지 못할 수도 있음을 두려워하며, 날마다 믿음과 순종으로 안식에 들어가기를 힘써야 합니다. 무엇보다 주님의 놀라운 사랑과 희생을 기억하고 그 사랑에 응답하여 우리도 주님을 사랑해야 합니다. 그 사랑으로 주님께서 열어 놓으신 안식을 사모해야 합니다. 주님과 함께하는 천국의 삶을 믿음으로 바라보고 소망하며 이 안식에 이르기를 힘써야 합니다.

기억하심
민수기 7장 | 시편 42-43편 | 아가 5장 | 히브리서 5장

주님은 주님을 찾고 따르는 우리의 뜨거운 사랑과 기쁨으로 드리는 예물을 기억하십니다. 고난 중에도 포기하지 않는 우리의 믿음의 인내와 부르짖는 기도도 기억하십니다. 모두 기억하시고 주님의 때에 놀라운 축복과 도움으로 응답하십니다.

민수기 7장_우리의 예물을 기억하심

회막이 건설되고 회막을 봉헌할 때 족장들이 드린 예물에 대해 기록한 말씀입니다. "모세가 장막 세우기를 끝내고 그것에 기름을 발라 거룩히 구별하고 또 그 모든 기구와 제단과 그 모든 기물에 기름을 발라 거룩히 구별한 날에 이스라엘 지휘관들 곧 그들의 조상의 가문의 우두머리들이요 그 지파의 지휘관으로서 그 계수함을 받은 자의 감독된 자들이 헌물을 드렸으니"(민 7:1~2) 그런데 주목할 것이 지파와 지도자의 이름만 바뀔 뿐 한 글자도 틀리지 않는 똑같은 내용이 12번 반복되어 기록되고 있습니다. 각 지파의 지도자들이 드린 예물이 똑같았고, 그 똑같은 내용을 한 글자도 다르지 않게 반복하여 기록하고 있습니다. 드린 예물이 똑같으니 처음만 기록하고, 두 번째부터는 아무개 지파 아무개가 동일하게 예물을 드렸다는 내용만으로 그 기록을 생략할 수 있습니다. 그러나 그렇게 하지 않고 12명의 지도자들이 드린 예물을 12번 반복하여 상세히 기록했습니다.

여기서 무엇을 깨달을 수 있습니까? 하나님은 그 모든 예물을 다 기억하시고, 각각의 사람들이 드린 예물을 동일하게 소중히 여기신다는 것입니다. 똑같은 예물로 예배가 반복된다고 그 어느 하나 가볍게 여기지 않으신다는 것입니다. 따라서 이 말씀은 우리가 매주 드리는 예배에 온 마음을 다해야 함을 가르쳐줍니다. 똑같은 형식과 예물로 매주일 동일한 예배가 드려진다고 결코 그 어느 하나도 가볍게 여길 수 없다는 것입니다. 하나님께서 우리의 모든 예배와 예물을 기억하시고 받으심을 깨닫고 최선을 다해야 합니다.

시편 42-43편_우리의 기도를 기억하심

시편 42편과 43편은 고라 자손의 기도로 원래 하나의 시였던 것으로 보이는데, 시련과 낙망 속에서도 포기하지 않고 스스로를 격려하며 하나님께 부르짖은 기도입니다. 곧 고라 자손은 당장의 고통과 또 대적들의 조롱 속에서 하나님께서 나를 잊으신 것은 아닌지 생각이 들기도 했습니다. 그러나 다시 생각을 돌이켜 그 불안을 하나님을 향한 소망으로 바꾸어 가라고 격려하며, 하나님께서 반드시 도우시고 기도에 응답하실 것을 믿고 하나님을 찬송했습니다. "낮에는 여호와께서 그의 인자하심을 베푸시고 밤에는 그의 찬송이 내게 있어 생명의 하나님께 기도하리로다 내 반석이신 하나님께 말하기를 어찌하여 나를 잊으셨나이까 내가 어찌하여 원수의 압제로 말미암아 슬프게 다니나이까 하리로다 내 뼈를 찌르는 칼 같이 내 대적이 나를 비방하여 늘 내게 말하기를 네 하나님이 어디 있느냐 하도다 내 영혼아 네가 어찌하여 낙심하며 어찌하여 내 속에서 불안해 하는가 너는 하나님께 소망을 두라 나는 그가 나타나 도우심으로 말미암아 내 하나님을 여전히 찬송하리로다"(시 42:8~11)

고라 자손의 믿음이 우리의 믿음이 돼야 합니다. 하나님은 결코 우리의 기도를 외면하지 않으십니다. 우리의 기도를 듣고 계시고, 하나님의 때에 반드시 응답하십니다. 이 믿음으로 끝까지 하나님께 소망을 두고 기도해야 합니다.

아가 5장_우리의 열정을 기억하심

술람미 여인의 방까지 찾아와 문을 두드렸지만 문을 열어주지 않음으로 떠나간 솔로몬 왕을 술람미 여인이 뒤늦게 후회하고 찾아 나선 말씀입니다. 순찰자들을 만나 고난을 당하는 등 쉽게 남편을 찾을 수 없었으나, 술람미 여인은 포기하지 않는 열정으로 남편을 찾고 또 찾았다는 것입니다. "성 안을 순찰하는 자들이 나를 만나매 나를 쳐서 상하게 하였고 성벽을 파수하는 자들이 나의 겉옷을 벗겨 가졌도다 예루살렘 딸들아 너희에게 내가 부탁한다 너희가 내 사랑하는 자를 만나거든 내가 사랑하므로 병이 났다고 하려무나"(아 5:7~8)

남편이 찾아와 문을 두드렸음에도 머뭇거리며 핑계를 대고 문을 열어주지 않는 등, 술람미 여인에게 찾아온 권태기와 어리석음으로 인해 둘 사이에 사랑의 위기가 찾아왔습니다. 그러나 사랑의 열정을 회복하여 그 위기를 극복할 수 있었음을 보여주고 있습니다. 결국 이 말씀은 우리도 우리의 연약함과 어리석음 때문에 주님과의 사랑에서 위기를 만날 수 있는데, 그때에 사랑의 열정을 다시 불러일으키는 노력이 있어야 하고, 또한 포기하지 않는 열정으로 그 위기를 극복해야 함을 가르쳐주고 있습니다. 곧 주님은 그 열정을 기뻐하시고 또한 기억하십니다. 그 열정을 통해 회복을 이루어 주십니다.

히브리서 5장_우리의 인내를 기억하심

예수 그리스도께서 진정한 대제사장 되심을 전하고 있습니다. 곧 예수님께서 인간의 몸을 입고 이 땅에 계실 때, 십자가의 고통 중에서도 의와 경건의 모습으로 인내하며 이기시고 하나님 앞에 눈물로 간구하여 응답을 얻으셨다는 것입니다. 이를 통해 영원한 구원의 근원이 되시고 멜기세덱의 반차를 따른 대제사장이 되셨다는 것입니다. "그는 육체에 계실 때에 자기를 죽음에서 능히 구원하실 이에게 심한 통곡과 눈물로 간구와 소원을 올렸고 그의 경건하심으로 말미암아 들으심을 얻었느니라 그가 아들이시면서도 받으신 고난으로 순종함을 배워서 온전하게 되셨은즉 자기에게 순종하는 모든 자에게 영원한 구원의 근원이 되시고 하나님께 멜기세덱의 반차를 따른 대제사장이라 칭하심을 받으셨느니라"(히 5:7~10)

예수님의 인내는 우리가 따라야 하는 모범입니다. 우리도 믿음의 고난 중에서 의와 경건의 모습을 지키고 인내하며 하나님께 기도해야 합니다. 하나님께서는 이 인내를 기억하시고, 예수님을 구원의 근원이 되시는 대제사장으로 세우신 것처럼, 우리도 영광과 승리의 자리에 세워주십니다.

그 사랑에

민수기 8장 | 시편 44편 | 아가 6장 | 히브리서 6장

우리를 향한 주님의 절대적인 사랑에 우리도 마땅히 사랑해야 합니다. 그 사랑에 마땅히 충성하며 변함없는 믿음과 포기하지 않는 인내를 나타내야 합니다.

민수기 8장_그 사랑에 마땅한 충성

레위인을 구별하여 세우고 회막에서 봉사하게 하신 말씀입니다. 곧 이스라엘 자손 중 레위인들이 하나님의 소유가 된다는 것입니다. 애굽에 내린 하나님의 열 번째 재앙, 곧 모든 초태생이 심판으로 죽는 재앙 속에서 하나님은 그 백성들을 지키시며 구원하셨고, 따라서 하나님께서 그 구원한 초태생을 대신해 레위인들을 선택하여 하나님의 소유를 삼으셨다는 것입니다. 그들을 하나님의 회막에서 봉사하게 하신다는 것입니다. "그들은 이스라엘 자손 중에서 내게 온전히 드린 바 된 자라 이스라엘 자손 중 모든 초태생 곧 모든 처음 태어난 자 대신 내가 그들을 취하였나니"(민 8:16)

하나님의 구원의 사랑에 응답하여 충성하고 헌신하는 것은 마땅한 일입니다. 하나님의 놀라운 사랑으로 그 생명을 구원 받았으니 그 생명을 다해 마땅히 하나님께 충성해야 합니다. 따라서 또한 중요한 것이 거룩함입니다. 거룩하신 하나님 앞에서 거룩하지 않고는 온전히 설 수 없으며 섬길 수 없기 때문입니다. 이를 위해 하나님은 정결예식을 통해 레위인들을 거룩하게 세우고(민 8:6) 또 레위인들을 요제로 드려 봉사하게 할 것을 명령하셨습니다(민 8:13). 그리고 모세는 그 명령에 따라 레위인들을 세워 성막에서 봉사하게 했습니다. "레위인이 이에 죄에서 스스로 깨끗하게 하고 그들의 옷을 빨매 아론이 그들을 여호와 앞에 요제로 드리고 그가 또 그들을 위하여 속죄하여 정결하게 한 후에 레위인이 회막에 들어가서 아론과 그의 아들들 앞에서 봉사하니라 여호와께서 레위인의 일에 대하여 모세에게 명령하게 하신 것을 따라 그와 같이 그들에게 행하였더라"(민 8:21~22)

우리를 구원한 하나님의 사랑에 충성과 섬김의 삶을 사는 것은 마땅한 일입니다. 그 충성의 삶에 어떤 큰 능력이나 실력이 요구되지도 않았습니다. 오직 요구된 것은 정결함이었습니다. 따라서 우리도 하나님의 구원의 사랑을 기억하며 충성해야 합니다. 그리고 이를 위해 힘써 정결해야 합니다.

시편 44편_그 사랑에 마땅한 믿음

조롱과 능욕과 비방 중에 하나님의 구원을 간구한 고라 자손의 기도입니다. 고라 자손은 하나님의 사랑으로 그 조상들에게 베푸셨던 구원과 기업의 축복을 회상했습니다. 조상들에게 힘이 있어서가 아니라 하나님의 절대적 은혜와 사랑으로 뭇 백성들을 쫓아내고 기업을 얻고 번성했음을 고백했습니다(시 44:2~3). 그러나 지금은 그 주신 땅에서 쫓겨나 여러 민족 중에 흩어졌으며 조롱과 능욕과 고통을 당하고 있다는 것입니다. 따라서 하나님께서 일어나 이전처럼 그 사랑으로 구원해주시기를 간구하고 있는 것입니다. 그런데 주목할 말씀이, 그런 능욕과 수치와 시련 중에도 그 백성들이 변하지 않는 믿음을 보였다는 것입니다. 하나님을 잊지 않고 떠나지 않으며, 결코 우상과 헛된 신들을 섬기지 않았다는 것입니다. "이 모든 일이 우리에게 임하였으나 우리가 주를 잊지 아니하며 주의 언약을 어기지 아니하였나이다 우리의 마음은 위축되지 아니하고 우리 걸음도 주의 길을 떠나지 아니하였으나 주께서 우리를 승냥이의 처소에 밀어 넣으시고 우리를 사망의 그늘로 덮으셨나이다 우리가 우리 하나님의 이름을 잊어버렸거나 우리 손을 이방 신에게 향하여 폈더면 하나님이 이를 알아내지 아니하셨으리이까 무릇 주는 마음의 비밀을 아시나이다"(시 44:17~21) 따라서 변하지 않는 우리의 믿음을 보시고 하나님께서 구원해주시기를 간구한 것입니다.

하나님의 사랑에 우리가 보여야 할 믿음은 변함없는 믿음입니다. 축복과 번성의 때에만 하나님의 사랑을 느끼고 하나님을 따르며, 고난과 시련의 때에는 믿음을 버리고 하나님을 돌아서는 것은 어리석은 일입니다. 축복의 때나 고난의 때나 변함없는 하나님의 사랑을 찾고 발견해야 하고, 또 변함없는 믿음의 모습을 보여야 합니다. 고난 중에도 끝까지 하나님을 신뢰하고 하나님의 구원을 믿으며 기다려야 합니다. 이것이 그 사랑에 마땅한 삶입니다.

아가 6장_그 사랑에 마땅한 사랑

솔로몬 왕의 술람미 여인을 향한 절대적 사랑을 표현하고 있습니다. "왕비가 육십 명이요 후궁이 팔십 명이요 시녀가 무수하되 내 비둘기, 내 완전한 자는 하나뿐이로구나 그는 그의 어머니의 외딸이요 그 낳은 자가 귀중하게 여기는 자로구나 여자들이 그를 보고 복된 자라 하고 왕비와 후궁들도 그를 칭찬하는구나"(아 6:8~9) 솔로몬 왕에게는 수많은 후궁들이 있었지만, "내 완전한 자는 하나뿐이로구나." 곧 솔로몬 왕은 오직 술람미 여인만 바라봤다는 것입니다.

이 말씀은 주님의 우리를 향한 절대적 사랑을 보여주고 있습니다. 세상에 주님을 믿고 따르는 성도들이 많이 있고, 그들 모두를 주님이 다 사랑하시지만, 그러나 그 각각의 사랑이 절대적이고, 일대일의 완전한 사랑이라는 것입니다. 우리를 그저 주님

을 따르는 수많은 사람 중의 한 사람으로 생각하지 않고, 누구와도 비교할 수 없는 최고의 존재로 여기고 온전한 사랑을 주신다는 것입니다.

이런 하나님의 놀라운 사랑에 우리도 절대적 사랑으로 응답함이 마땅합니다. 우리도 오직 주님만을 바라보는 사랑을 나타내 보여야 합니다. "부지중에 내 마음이 나를 내 귀한 백성의 수레 가운데에 이르게 하였구나"(아 6:12) 술람미 여인이 자신도 모르게 그 사랑하는 솔로몬 왕의 수레에 올랐다는 말씀인데, 이처럼 주님의 사랑에 이끌려 그 마음을 주님께 두어야 하고, 주님과 함께 어디든 가야 합니다.

히브리서 6장_그 사랑에 마땅한 인내

주님께서 그 사랑으로 이루신 구원의 약속을 믿음의 인내를 통해 이루고 누려야 함을 가르치고 있습니다. 곧 믿음의 길을 성실히 걸어가 하나님께서 약속하신 구원을 상속받아야 한다는 것입니다. "우리가 간절히 원하는 것은 너희 각 사람이 동일한 부지런함을 나타내어 끝까지 소망의 풍성함에 이르러 게으르지 아니하고 믿음과 오래 참음으로 말미암아 약속들을 기업으로 받는 자들을 본받는 자 되게 하려는 것이니라"(히 6:11~12)

하나님의 사랑과 예수 그리스도의 희생을 통해 구원이 우리에게 약속으로 주어져 있는데, 그 믿음의 길에서 힘겹다고 포기하여 약속을 놓치면 하나님의 사랑과 그리스도의 희생을 헛되이 하는 것입니다. 따라서 그 사랑과 희생에 마땅히 인내하며 약속하신 구원을 유업으로 받아야 합니다.

인도하심

민수기 9장 | 시편 45편 | 아가 7장 | 히브리서 7장

맥체인성경365_687p

우리의 뜻과 생각을 내려놓고 오직 주의 인도하심을 따라야 합니다. 주님은 우리를 사랑의 깊은 교제로 인도하시며, 영화와 축복으로 그리고 구원의 자리로 인도하십니다.

민수기 9장_주의 인도하심

이스라엘 백성이 출애굽한 이듬해 첫째 달에 유월절을 지킨 것을 전하고 있습니다. 시체로 말미암아 부정하여 유월절에 참석하지 못한 사람들은 둘째 달에 유월절을 지킬 수 있게 하셨음도 전하고 있습니다. 또한 하나님께서 구름기둥과 불기둥으로 그 백성을 인도하셨음을 전하고 있습니다. 백성들은 구름기둥과 불기둥을 통한 하나님의 명령에 순종했음을 말씀하고 있습니다. 곧 백성들은 주의 임재를 상징했던 성막의 구름기둥과 불기둥이 이끄시는 대로 행진하고 멈추어 섰습니다. 구름이 떠오르면 행진하고 구름이 머무는 곳에는 진을 쳤습니다. 행진과 멈춤이 백성들의 뜻과 형편에 있지 않았고 오직 하나님께 있었습니다. "항상 그러하여 낮에는 구름이 그것을 덮었고 밤이면 불 모양이 있었는데 구름이 성막에서 떠오르는 때에는 이스라엘 자손이 곧 행진하였고 구름이 머무는 곳에 이스라엘 자손이 진을 쳤으니 이스라엘 자손이 여호와의 명령을 따라 행진하였고 여호와의 명령을 따라 진을 쳤으며 구름이 성막 위에 머무는 동안에는 그들이 진영에 머물렀고 구름이 성막 위에 머무는 날이 오랠 때에는 이스라엘 자손이 여호와의 명령을 지켜 행진하지 아니하였으며"(민 9:16~19)

광야에서 이스라엘 백성들을 인도하신 하나님은 광야 같은 세상을 살아가는 우리의 인생도 인도하십니다. 그 인도하심에 철저히 순종하며 따를 때에 우리도 가나안 땅, 곧 천국에 무사히 이르게 됩니다. 따라서 우리의 삶을 이끌고 모든 일을 결정하는 판단을 우리의 생각과 뜻에 두지 말고 오직 하나님께 두어야 합니다. 하나님의 뜻은 어디 있는지 묻고 따라야 합니다. 하나님의 말씀이 우리가 나아가는 삶의 모든 방향의 중심이 돼야 합니다.

시편 45편_영화와 축복으로 인도하심

왕의 결혼식을 노래한 고라 자손의 시로, 왕과 결혼하는 왕후가 궁중에서 온갖 영화를 누리며 오색찬란한 옷을 입고 왕에게로 인도함을 받게 됨을 말씀하고 있습니다. "왕의 딸은 궁중에서 모든 영화를 누리니 그의 옷은 금으로 수 놓았도다 수 놓은 옷을 입은 그는 왕께로 인도함을 받으며 시종하는 친구 처녀들도 왕께로 이끌려 갈 것이라 그들은 기쁨과 즐거움으로 인도함을 받고 왕궁에 들어가리로다"(시 45:13~15)

결국 이 말씀은 왕이신 예수 그리스도와 결혼하게 되는 우리 성도들을 생각하게 합니다. 곧 믿음으로 주의 인도하심을 따를 때에 믿음의 사람들은 왕이신 예수 그리스도께 인도되어 혼인하고, 그 안에서 온갖 영화와 축복을 누리게 됩니다. 따라서 또한 주목할 말씀이 10~11절입니다. "딸이여 듣고 보고 귀를 기울일지어다 네 백성과 네 아버지의 집을 잊어버릴지어다 그리하면 왕이 네 아름다움을 사모하실지라 그는 네 주인이시니 너는 그를 경배할지어다"(시 45:10~11) 왕과 결혼한 왕후가 이전의 삶을 잊고 왕만을 사모하며 왕과 함께 새 삶을 시작해야 하듯, 우리 믿음의 사람들은 주님을 믿고 따르기 전에 살았던 내 삶의 방식들, 곧 따르고 추구했던 모든 것들을 잊어버려야 합니다. 오직 우리의 구원자 되시는 주님만 바라보며 따라가야 합니다.

아가 7장_사랑의 교제로 인도하심

솔로몬 왕과 술람미 여인 사이의 첫 사랑을 회복하

고, 그 사랑을 더욱 성숙시켜가는 모습을 보여주는 말씀입니다. "나는 내 사랑하는 자에게 속하였도다 그가 나를 사모하는구나 내 사랑하는 자야 우리가 함께 들로 가서 동네에서 유숙하자 우리가 일찍이 일어나서 포도원으로 가서 포도 움이 돋았는지, 꽃술이 퍼졌는지, 석류 꽃이 피었는지 보자 거기에서 내가 내 사랑을 네게 주리라"(아 7:10~12) 술람미 여인이 신랑인 솔로몬에게 제안하고 있는 말로, 한적한 곳에서 둘만의 깊은 사랑을 나누고자 하는 열망을 보여주는 말씀입니다. 이는 아가 2:10~13에서 솔로몬이 술람미 여인에게 했던 말을 이제는 술람미 여인이 하고 있는 것인데, 솔로몬 왕이 이끌었던 사랑을 이제는 술람미 여인이 적극적으로 따르고 있음을 보여주고 있습니다.

결국 무엇입니까? 주님은 우리를 주님과의 깊은 사랑의 교제로 인도하십니다. 우리를 향한 주님의 사랑과 이끄심에 우리도 순종하여 따라가야 하고, 이를 통해 주님과 더 깊은 사랑의 교제로 나아가야 합니다. 곧 주님의 사랑의 인도하심에 순종하여 따라갈 때, 더 깊은 주님과의 사랑을 경험할 수 있고, 그 경험한 사랑은 주님을 향한 우리의 사랑을 더욱 적극적으로 합니다. 적극적으로 주님을 향한 사랑의 교제로 나아가게 됩니다.

히브리서 7장_구원으로 인도하심

예수 그리스도께서 멜기세덱의 반차를 따르는 대제사장이 되심을 전하고 있습니다. 우리의 영원한 대제사장으로서 우리를 위해 간구하시며, 당신을 통해 하나님께 나아가는 자들을 온전히 구원하심을 말씀하고 있습니다. 단번에 자기를 드리신 제사를 통해 우리의 죄를 해결하셨다는 것입니다. "그러므로 자기를 힘입어 하나님께 나아가는 자들을 온전히 구원하실 수 있으니 이는 그가 항상 살아 계셔서 그들을 위하여 간구하심이라 이러한 대제사장은 우리에게 합당하니 거룩하고 악이 없고 더러움이 없고 죄인에게서 떠나 계시고 하늘보다 높이 되신 이라 그는 저 대제사장들이 먼저 자기 죄를 위하고 다음에 백성의 죄를 위하여 날마다 제사 드리는 것과 같이 할 필요가 없으니 이는 그가 단번에 자기를 드려 이루셨음이라"(히 7:25~27)

주의 인도하심을 따를 때에 우리에게 주어지는 결과는 구원입니다. 그 인도하심의 끝에서 대제사장 되신 예수 그리스도를 통해 그 죄를 씻고 구원의 자리에 서게 됩니다. 따라서 주님께서 어디로 이끄시든 순종하여 따라야 합니다. 그 목적지는 우리의 구원임을 깨닫고 얼마든지 순종하여 따라야 합니다.

평안

민수기 10장 | 시편 46-47편 | 아가 8장 | 히브리서 8장

주 안에서 평안함을 누릴 수 있습니다. 피난처 되신 주께 피하며 앞장서 인도하시는 주님을 따름으로 환난과 위험을 이기며 평안할 수 있습니다. 끊을 수 없는 주의 사랑과 새 언약의 중보자 되신 주의 은혜로 구원과 생명을 누리며 평안할 수 있습니다.

민수기 10장_주를 따름으로 누리는 평안

은 나팔을 2개 만들어 이를 통해 소집과 행진 등에 사용할 것과 이스라엘 백성들이 행진할 때 앞장 선 지파, 또 각 지파를 이끌었던 지도자들을 기록하고 있는 말씀입니다. 그러나 여기서 놓치지 말아야 하는 것이, 진정 앞장서 그 모든 백성들을 이끄신 분은 하나님이셨다는 사실입니다. 곧 백성들은 여호와의 언약궤와 구름을 보며 하나님의 인도하심을 따랐고, 모세는 앞장서 인도하시는 여호와 하나님께서 모든 대적들을 물리치시고 평탄하게 그 백성들의 길을 인도하시며 또 함께하여 평안함을 주시기를 기도했습니다. "그들이 여호와의 산에서 떠나 삼 일 길을 갈 때에 여호와의 언약궤가 그 삼 일 길에 앞서 가며 그들의 쉴 곳을 찾았고 그들이 진영을 떠날 때에 낮에는 여호와의 구름이 그 위에 덮였었더라 궤가 떠날 때에는 모세가 말하되 여호와여 일어나사 주의 대적들을 흩으시고 주를 미워하는 자가 주 앞에서 도망하게 하소서 하였고 궤가 쉴 때에는 말하되 여호와여 이스라엘 종족들에게로 돌아오소서 하였더라"(민 10:33~36)

우리 인생의 길도 하나님께서 인도하고 계십니다. 그 인도하시는 하나님을 한눈팔지 않고 바라보며 흔들림 없이 따라가면 됩니다. 어리석게 내 길을 고집하지 말아야 하고, 하나님의 인도하심을 따르는데, 머뭇거리거나 망설일 필요도 없습니다. 그러면 하나님께서 우리의 광야 인생길에서 앞서가시며 쉴 곳을 찾으시고, 우리의 길을 막아서며 위협하는 대적들을 물리쳐 주십니다. 우리는 우리를 인도하시는 하나님으로 인해 평안함을 누릴 수 있습니다.

시편 46-47편_주께 피함으로 누리는 평안

시편 46편은 우리의 피난처 되신 하나님을 찬양한 노래이고, 시편 47편은 온 땅의 왕이신 하나님을 찬양한 노래입니다. 따라서 또한 온 땅의 왕이요 피난처 되신 하나님께 피하여 평안함을 누릴 수 있음을 가르쳐주고 있습니다. 환난을 만나고 땅이 변하고 산이 흔들리며 바닷물이 솟아나는 등, 어떤 위험과 위기를 만나도 피난처 되신 하나님 안에서 두려워하지 않고 평안할 수 있다는 것입니다. "하나님은 우리의 피난처시요 힘이시니 환난 중에 만날 큰 도움이시라 그러므로 땅이 변하든지 산이 흔들려 바다 가운데에 빠지든지 바닷물이 솟아나고 뛰놀든지 그것이 넘침으로 산이 흔들릴지라도 우리는 두려워하지 아니하리로다 (셀라)"(시 46:1~3) 따라서 세상의 무엇이 아닌 하나님만을 피난처로 삼고, 무엇보다 하나님 안에서 하나님을 믿고 가만히 있어야 합니다(시 46:10). 피난처 되신 하나님의 능력을 의심하여 요동하지 않아야 합니다. 하나님을 절대적으로 믿고 하나님께 맡겨야 합니다.

하나님은 안전한 피난처 되십니다. 따라서 믿음으로 하나님께 피하여 그 안에 거하면 두려움도 이기고 평안할 수 있습니다. 항상 함께하셔서 지키시는 하나님으로 인해 그 무엇에도 흔들리지 않고 평안할 수 있습니다.

아가 8장_주를 사랑함으로 누리는 평안

솔로몬 왕과 술람미 여인의 행복한 사랑의 결말을 보여주는 말씀입니다.

"너는 나를 도장 같이 마음에 품고 도장 같이 팔에 두라 사랑은 죽음 같이 강하고 질투는 스올 같이 잔인하며 불길 같이 일어나니 그 기세가 여호의 불과 같으니라 많은 물도 이 사랑을 끄지 못하겠고 홍수라도 삼키지 못하나니 사람이 그의 온 가산을 다 주고 사랑과 바꾸려 할지라도 오히려 멸시를 받으리라"(아 8:6~7) 신랑의 끝없는 사랑에 신부가 한 말로, 도장 새기듯 마음에 나를 새기고, 팔에 나를 새겨 달라는 부탁입니다. 그 무엇보다 강하고 그 무엇으로도 끌 수 없고, 그 무엇으로도 살 수 없는 절대적 사랑을 신랑과 나누고자 하는 마음을 읽어볼 수 있습니다.

이처럼 신랑의 사랑에 신부가 응답하듯, 주님의 사랑에 우리가 응답하여 절대적 사랑을 주님께 두면, 그 사랑은 결코 끊어지거나 깨어질 수 없습니다. 주님의 강력한 사랑은 우리를 향해 영원토록 계속되고, 그 끊어지지 않는 영원한 사랑으로 인해 우리는 평안할 수 있습니다. 따라서 다시 다음의 말씀에 주목해야 합니다. "사람이 그의 온 가산을 다 주고 사랑과 바꾸려 할지라도 오히려 멸시를 받으리라"(아 8:7) 주님과의 사랑을 그 어떤 것과도 바꿀 수 없는 최고의 가치로 여겨야 합니다. 온 세상을 다 준다 해도 주님과의 사랑과 바꾸지 말아야 합니다.

히브리서 8장_주의 새 언약으로 누리는 평안

예수 그리스도께서 더 좋은 언약의 중보자, 곧 새 언약의 중보자가 되셨음을 말씀하고 있습니다. "그러나 이제 그는 더 아름다운 직분을 얻으셨으니 그는 더 좋은 약속으로 세우신 더 좋은 언약의 중보자시라"(히 8:6) 따라서 예수 그리스도를 통한 새 언약으로 생명과 구원을 얻고 또 이를 통해 평안을 누릴 수 있습니다. 곧 옛 언약은 이스라엘 백성들의 죄악으로 깨어지고 말았습니다. 백성들이 하나님의 언약 안에 머물러 있지 않음으로 하나님께서 그들을 돌보지 않으셨고 심판하실 수밖에 없으셨습니다(히 8:10). 그러나 하나님께서 다시 그 백성들과 새 언약을 맺으시고, 그 백성들의 하나님이 되셨으며(히 8:10), 그 백성들을 긍휼히 여기셔서 그 불의와 죄를 사해 주심을 약속하셨습니다(히 8:12). 바로 이 새 언약의 중보자가 예수 그리스도이고, 예수 그리스도를 통해 새 언약의 은혜를 누릴 수 있습니다. 예수 그리스도를 통한 새 언약의 은혜로 죄를 용서 받고 구원을 얻으며, 또한 이를 통해 평안할 수 있습니다.

오늘의 기도

1. 광야 같은 우리의 인생의 길을 인도하시는 주님을 믿음으로 따라서 막힘없는 삶과 평안의 삶을 살게 하소서.
2. 끊을 수 없는 주님의 사랑을 기억하며 그 사랑에 응답하게 하시고, 온 세상을 다 준다고 해도 주님과의 사랑을 바꾸지 않게 하소서.
3. 새 언약의 중보자 되신 예수 그리스 안에서 죄 용서의 은혜와 생명과 구원의 축복을 날마다 누리게 하소서.

심판

민수기 11장 | 시편 48편 | 이사야 1장 | 히브리서 9장

우리에게 하나님의 심판이 고통이 아닌 기쁨이 돼야 합니다. 따라서 믿음으로 하나님 편에 서야 합니다. 죄에서 돌이켜 하나님께서 기뻐하시는 의와 사랑의 삶을 살아가야 합니다. 오직 예수 그리스도의 피만이 영원한 속죄를 이룸을 깨닫고, 그 피를 믿고 의지해야 합니다.

민수기 11장_심판으로 인한 고통

모세를 보좌할 칠십 명의 장로를 세운 것과, 하나님께서 그들에게 하나님의 영을 부어주신 것을 전하고 있습니다. 또한 백성들의 원망과 불평, 그리고 이로 인한 하나님의 심판을 기록하고 있습니다. 곧 백성들이 악한 말로 원망했고 하나님은 그 원망을 들으시고 심판하셨습니다. 하나님의 불을 보내 백성들의 진영을 사르셨습니다. "여호와께서 들으시기에 백성이 악한 말로 원망하매 여호와께서 들으시고 진노하사 여호와의 불을 그들 중에 붙여서 진영 끝을 사르게 하시매"(민 11:1) 따라서 하나님께 원망과 불평이 아니라 부르짖어 기도해야 합니다. 곧 백성들의 원망에는 하나님께서 불의 심판을 내리셨지만, 모세의 부르짖는 기도에는 응답하셔서 진노를 거두시고 그 진영에 붙은 불을 꺼지게 하셨습니다. "백성이 모세에게 부르짖으므로 모세가 여호와께 기도하니 불이 꺼졌더라"(민 11:2)

원망과 불평의 어리석음은 이후 백성들이 고기를 먹고 싶다는 불평에서 다시 나타납니다. 백성들은 하나님께서 주신 놀라운 은혜인 만나에 감사하지 못하고 고기를 먹고 싶다고 욕심을 품고 불평했으며, 하나님은 그 욕심과 불평에 심판하셨습니다. 무엇보다 주목할 것이 백성들의 깨닫지 못하는 욕심입니다. 하나님은 백성들의 불평과 원망을 들으시고 그 권능으로 수많은 메추라기를 보내주셨습니다(민 11:20, 31). 여기에는 하나님의 뜻이 있었는데, 하나님의 큰 권능을 보며 백성들이 그 욕심을 깨닫고 회개하기를 바라셨던 것입니다. 그들의 불평이 권능의 하나님 앞에서 얼마나 어리석고 불의한 것이었는지 깨닫기를 바라셨다는 것입니다. 그런데 백성들은 깨닫지 못했고 회개하기는커녕 메추라기를 더 얻겠다는 욕심에 사로잡혔습니다. 다른 사람들보다 더 많이 거두겠다는 욕심에 하나님의 뜻을 돌아보지 못했고(민 11:32), 이로 인해 하나님의 심판으로 죽음의 고통을 당하게 됐습니다. 끝까지 깨닫지 못하고 욕심을 낸 백성들을 하나님께서 진노로 심판하셨습니다. "고기가 아직 이 사이에 있어 씹히기 전에 여호와께서 백성에게 대하여 진노하사 심히 큰 재앙으로 치셨으므로 그 곳 이름을 기브롯 핫다아와라 불렀으니 욕심을 낸 백성을 거기 장사함이었더라"(민 11:33~34)

하나님의 심판의 무서움과 고통을 깨달아야 합니다. 따라서 또한 악함과 탐욕으로 하나님께 원망하며 불평하는 일을 버려야 합니다. 하나님께 원망이 아니라 기도해야 합니다. 원망은 고통의 심판을 부르지만 기도는 은혜의 응답을 부릅니다.

시편 48편_심판으로 인한 기쁨

하나님의 성 시온의 아름다움과 견고함을 찬양하는 고라 자손의 시입니다. 하나님께서 그 성에 계셔서 쳐들어오는 모든 대적을 물리치고 심판하심을 말씀하고 있습니다. 따라서 시온 산과 그 백성들은 기뻐하라고 외치고 있습니다. "주의 심판으로 말미암아 시온 산은 기뻐하고 유다의 딸들은 즐거워할지어다"(시 48:11)

주의 심판이 하나님 편에 선 사람들에게는 승리이고 구원이고 축복입니다. 하나님의 반대편에 서서 하나님을 대적하는 자들은 하나님의 심판 앞에 쫓겨 도망가고 멸망당하기에 그 심판이 두려움이 되지만(시 48:4~7), 어려움 속에서도 하나님을 붙든 믿음의 사람들은 하나님의 심판이 구원의 기쁨이 됩니다. 무엇보다 그 믿음의 사람들은 끝까지 인도하시는 하나님의 은혜를 경험하게 됩니다(시 48:14). 따라서 언제나 믿음으로 하나님의 편에 서야 합니다.

이사야 1장_심판 중에 깨달아야 하는 것

하나님의 진노와 심판을 받을 수밖에 없는 백성들의 어리석음과 그 죄를 고발하고 있습니다. 그런데 또한 심판 중에도 아직 하나님의 은혜가 주어지고 있고 백성들에게 아직 기회가 있음도 전하고 있습니다. "만군의 여호와께서 우리를 위하여 생존자를 조금 남겨 두지 아니하셨더면 우리가 소돔 같고 고모라 같았으리로다"(사 1:9) 그 백성들의 죄로 인해 심판하시면서도 모두 진멸하지 않고, 생존자를 남겨 두셨다는 것입니다. 그만큼 하나님의 은혜는 크고 놀랍다는 것입니다. 심판 중에 이 은혜를 깨달아야 하고, 또한 이 은혜 때문에 아직 기회가 있음을 깨달아야 한다는 것입니다.

"너희는 스스로 씻으며 스스로 깨끗하게 하여 내 목전에서 너희 악한 행실을 버리며 행악을 그치고 선행을 배우며 정의를 구하며 학대 받는 자를 도와주며 고아를 위하여 신원하며 과부를 위하여 변호하라 하셨느니라 여호와께서 말씀하시되 오라 우리가 서로 변론하자 너희의 죄가 주홍 같을지라도 눈과 같이 희어질 것이요 진홍 같이 붉을지라도 양털 같이 희게 되리라"(사 1:16~18) 하나님께서 원하시는 것은 형식적 제사와 제물이 아니라(사 1:13) 마음을 깨뜨리고 죄를 회개하며, 악한 행실을 버리고 정의와 선을 행하는 것임을 가르쳐주는 말씀입니다. 곧 하나님께서 아직 기회를 주신 것은 바로 이 회개에 있다는 것입니다. 백성들이 하나님의 은혜를 깨닫고 회개하기를 바라셨다는 것입니다. 그러나 백성들은 이런 하나님의 뜻을 깨닫지 못하고, 죄에 대한 회개 없이 제사에만 집중했습니다. 값진 제물로 하나님께 제사하며, 이런 자신들을 하나님께서 돌보실 것이라 착각하고 있었습니다. 하나님의 의를 따르는 삶이 배제된 제사는 형식적 제사일 수밖에 없고, 결코 하나님께서 기뻐 받지 않으시는데, 그 어리석음을 깨닫지 못했습니다.

결국 무엇입니까? 우리는 하나님의 심판을 엄중히 대할 뿐만 아니라, 그 심판 속에 아직 담겨 있는 하나님의 은혜도, 또한 심판 중에 주신 그 은혜의 뜻도 깨달아야 합니다. 끝까지 큰 은혜로 기회를 주시고, 회개하고 돌이키기를 바라시는 그 뜻을 깨달아야 합니다.

히브리서 9장_심판을 피하는 길

대제사장으로 오신 예수 그리스도께서 친히 희생 제물이 되어 십자가에서 피 흘리셨고, 그 피가 우리의 영원한 속죄를 이룸을 전하고 있습니다. "그리스도께서는 장래 좋은 일의 대제사장으로 오사 손으로 짓지 아니한 것 곧 이 창조에 속하지 아니한 더 크고 온전한 장막으로 말미암아 염소와 송아지의 피로 하지 아니하고 오직 자기의 피로 영원한 속죄를 이루사 단번에 성소에 들어가셨느니라"(히 9:11~12)

우리의 죄를 씻고 하나님의 진노의 심판을 피하는 유일한 길은 예수 그리스도의 피밖에 없습니다. 그 피를 믿고 의지하여 속죄의 은혜를 얻어야 그 심판을 피할 수 있습니다.

오늘의 기도

1. 믿음으로 하나님 편에 서서 하나님의 심판이 승리요 기쁨이 되게 하소서.
2. 형식적 예배에 자만하지 말고 힘써 죄에서 돌이켜 회개하며 하나님께서 원하시며 기뻐하시는 의와 사랑의 삶을 살게 하소서.
3. 오직 그리스도의 피로 속죄함을 얻고 구원의 자리에 서게 됨을 깨닫고, 그 피의 공로를 의지하게 하소서.

실패

수기 12-13장 | 시편 49편 | 이사야 2장 | 히브리서 10장

맥체인성경365_700p

우상과 재물, 그리고 율법으로는 구원에 이를 수 없고 그 인생은 실패일 수밖에 없습니다. 구원과 승리를 위해 우상과 재물에서 돌이켜 하나님을 경외하고 의지해야 하며, 율법이 아닌 예수 그리스도의 보혈을 힘입어야 합니다. 내 생각과 판단이 아닌 하나님의 약속을 붙들어야 합니다.

민수기 12-13장_자기 판단을 의지하는 자의 실패

민수기 12장은 미리암과 아론이 모세를 비방하고 대적했다가 하나님의 진노를 받은 말씀입니다. 민수기 13장은 가나안 땅에 12명의 정탐꾼을 보낸 말씀입니다. 그런데 가나안 땅을 정탐하고 돌아온 정탐꾼 중 갈렙과 여호수아를 제외한 10명은 부정적 보고를 했습니다. "모세에게 말하여 이르되 당신이 우리를 보낸 땅에 간즉 과연 그 땅에 젖과 꿀이 흐르는데 이것은 그 땅의 과일이니이다 그러나 그 땅 거주민은 강하고 성읍은 견고하고 심히 클 뿐 아니라 거기서 아낙 자손을 보았으며 아말렉인은 남방 땅에 거주하고 헷인과 여부스인과 아모리인은 산지에 거주하고 가나안인은 해변과 요단 가에 거주하더이다"(민 13:27~29) 이들은 과연 하나님의 약속대로 젖과 꿀이 흐르는 것을 보았습니다. 그러나 거주민이 강하고 성읍이 크고 견고하며 아낙자손이 거하기에 능히 올라가서 그 백성을 치지 못한다고 보고했습니다(민 13:31). "과연 젖과 꿀이 흐르는 땅"이라는 보고가 무색하게 말을 바꾸어 "거주민을 삼키는 땅"이라고 그 땅을 악평했습니다(민 13:32).

하나님께서 가나안 땅에 정탐꾼을 보내신 이유는 무엇이겠습니까? 그냥 올라가라고 했으면 되는데, 굳이 정탐꾼을 보내어 견고한 성읍과 강한 거주민들을 보게 하신 이유는 무엇 때문이겠습니까? '그럼에도 하나님을 믿고 의지할 수 있느냐? 견고한 성읍과 강한 거주민들보다 하나님의 약속을 신뢰할 수 있느냐? 하나님의 약속대로 젖과 꿀이 흐르는 땅임을 바라볼 수 있느냐?' 하나님은 이것을 바라셨던 것이 아니겠습니까? 정탐꾼 중 갈렙과 여호수아는 하나님의 약속을 바라보며 더 신뢰했

지만, 나머지 10명의 정탐꾼은 하나님의 약속을 신뢰하지 못했습니다. 그 보이는 상황만을 보고 판단하여 부정적 생각을 가졌습니다. 그럼으로 그 앞에서 가나안 땅을 놓치는 안타까운 결과를 맞이하고 말았습니다.

하나님의 약속, 곧 하나님의 판단이 아닌 우리 스스로의 판단을 의지하며 따를 때에 실패할 수밖에 없습니다. 따라서 우리의 눈과 생각의 판단을 따르기 이전에 하나님의 약속과 말씀을 떠올려야 합니다. 언제나 내 판단을 내려놓고 하나님의 약속과 말씀으로 판단해야 합니다.

시편 49편_재물을 의지하는 자의 실패

재물을 의지하는 것이 헛되고 어리석음을 교훈하고 있습니다. 아무리 많은 재물로도 한 생명을 구원하지 못한다는 것입니다. 아무리 많은 재물을 쌓고 영광을 누렸어도, 죽음의 때에 단 한 푼도 가져가지 못한다는 것입니다. "자기의 재물을 의지하고 부유함을 자랑하는 자는 아무도 자기의 형제를 구원하지 못하며 그를 위한 속전을 하나님께 바치지도 못할 것은 그들의 생명을 속량하는 값이 너무 엄청나서 영원히 마련하지 못할 것임이라"(시 49:6~8) "사람이 치부하여 그의 집의 영광이 더할 때에 너는 두려워하지 말지어다 그가 죽으매 가져가는 것이 없고 그의 영광이 그를 따라 내려가지 못함이로다"(시 49:16~17)

세상의 많은 사람들은 재물의 힘을 바라고 구합니다. 사실 이 세상에서 재물이 갖는 힘이 결코 작지 않습니다. 재물로 참 많은 일을 할 수 있고 영화와 안락을 누릴 수 있습니다. 그러나 성경은 재물을 의지하는 것의 헛됨을 가르치고 있습니다. 그

재물이 영원을 보장하지 못하기 때문입니다. 세상에서의 힘과 영화를 위해 재물을 의지하다가 무엇보다 소중한 영생을 잃어버리기 때문입니다. 따라서 재물이 아닌 참 생명과 구원을 주시는 하나님을 의지해야 합니다. 재물을 의지하면 결국 실패의 인생으로 끝나지만, 하나님을 의지하면 승리하게 됩니다. 하나님은 우리를 사망의 권세에서 건지시고 구원하십니다. "그러나 하나님은 나를 영접하시리니 이러므로 내 영혼을 스올의 권세에서 건져내시리로다 (셀라)"(시 49:15)

이사야 2장_우상을 의지하는 자의 실패

그 날에 임할 하나님의 심판을 전하고 있습니다. 곧 그 백성들이 이방 풍속을 따르고 하나님이 아닌 은금과 마병을 의지했습니다. 무엇보다 자기 손으로 짓고 만든 우상을 의지하며 경배했습니다. 따라서 하나님의 심판에 이르게 된다는 것입니다. 은금과 마병과 우상이 가득하지만 하나님의 심판 때에 그것들이 아무 도움이 되지 못하고, 오히려 그것 때문에 용서받지 못하며 하나님의 심판을 겪게 된다는 것입니다. 하나님의 심판의 날에 자신들을 구원하리라 믿고 경배했던 은금 우상들이 아무 힘이 되지 못해, 두더지와 박쥐에게 던져 버리게 된다는 것입니다. "주께서 주의 백성 야곱 족속을 버리셨음은 그들에게 동방 풍속이 가득하며 그들이 블레셋 사람들 같이 점을 치며 이방인과 더불어 손을 잡아 언약하였음이라 그 땅에는 은금이 가득하고 보화가 무한하며 그 땅에는 마필이 가득하고 병거가 무수하며 그 땅에는 우상도 가득하므로 그들이 자기 손으로 짓고 자기 손가락으로 만든 것을 경배하여 천한 자도 절하며 귀한 자도 굴복하오니 그들을 용서하지 마옵소서"(사 2:6~9) "사람이 자기를 위하여 경배하려고 만들었던 은 우상과 금 우상을 그 날에 두더지와 박쥐에게 던지고"(사 2:20)

하나님이 아닌 우상을 의지할 때 그 결과는 심판일 수밖에 없습니다. 그 우상이 결코 하나님의 심판을 막거나 피하지 못하게 합니다. 그 인생은 심판으로 인해 실패로 끝날 수밖에 없습니다. 따라서 우상에서 돌이켜 하나님을 의지해야 합니다. 오직 하나님만이 심판으로 인한 실패의 인생을 바꿀 수 있습니다.

히브리서 10장_율법을 의지하는 자의 실패

율법의 제사가 죄를 회상시키는 효력은 있지만(히 10:3), 그 제사로 드리는 황소와 염소의 피가 온전히 그 죄를 제거할 수는 없음을 전하고 있습니다. 제사장이 날마다 같은 제사를 드리지만, 그 제사로는 온전히 죄를 깨끗이 할 수 없다는 것입니다. 그러나 예수 그리스도께서 죄를 위해 한 영원한 제사를 드리셨고, 그 제사로 거룩하게 된 자들을 영원히 온전하게 하셨음을 전하고 있습니다. "이는 황소와 염소의 피가 능히 죄를 없이 하지 못함이라"(히 10:4) "제사장마다 매일 서서 섬기며 자주 같은 제사를 드리되 이 제사는 언제나 죄를 없게 하지 못하거니와 오직 그리스도는 죄를 위하여 한 영원한 제사를 드리시고 하나님 우편에 앉으사 그 후에 자기 원수들을 자기 발등상이 되게 하실 때까지 기다리시나니 그가 거룩하게 된 자들을 한 번의 제사로 영원히 온전하게 하셨느니라"(히 10:11~14)

결국 무엇입니까? 율법을 의지하며 황소와 염소의 피를 의지하는 자는 영원히 그 죄를 해결할 수 없습니다. 그 죄로 인해 실패의 삶을 살 수밖에 없습니다. 따라서 예수 그리스도를 의지하며 예수의 피를 믿어야 합니다. 그 피가 우리를 온전히 구원하며 생명으로 인도합니다.

오늘의 기도

1. 우리 눈에 보이는 상황과 이로 인한 우리의 판단보다 하나님의 약속을 더 믿고 붙들게 하소서.
2. 재물의 한계를 바로 깨달아 재물에 마음 빼앗기지 않게 하소서.
3. 주의 보혈을 의지하고 힘입어 온전한 생명에 이르게 하소서.

하나님을 불신하고 거역하며 불의를 행한 결과는 심판이지만, 끝까지 하나님의 약속을 믿고 의를 행한 결과는 축복입니다. 무엇보다 예수 그리스도를 믿는 믿음의 결과는 온전한 구원입니다. 따라서 불신과 불의에서 돌이켜 믿음을 가져야 합니다. 그 불의는 하나님 앞에서 결코 숨길 수 없음을 깨닫고 돌이켜야 합니다.

민수기 14장_불신의 결과

10명의 정탐꾼들의 부정적 보고를 들은 백성들이 하나님을 불신하며 원망한 말씀과, 그 원망을 들으신 하나님의 심판을 전하고 있습니다. 곧 하나님은 가나안 땅을 그 백성들에게 주신다고 약속하셨습니다. 하지만 백성들은 그 약속을 믿지 못하고, 오히려 부정적 보고를 한 10명의 정탐꾼의 말을 더 신뢰하며 따랐습니다. 가나안의 견고한 성읍과 강한 거주민들보다 더 크고 강하신 하나님을 바라보지 못하고 두려움에 하나님을 원망했습니다. 그렇게 하나님을 멸시하였고, 이에 하나님은 그 백성들이 한 사람도 하나님께서 약속하신 가나안 땅을 보지 못하리라고 심판을 선언하셨습니다. 불신의 결과 가나안 땅의 축복을 놓쳐버리고 만 것입니다. "내 영광과 애굽과 광야에서 행한 내 이적을 보고서도 이같이 열 번이나 나를 시험하고 내 목소리를 청종하지 아니한 그 사람들은 내가 그들의 조상들에게 맹세한 땅을 결단코 보지 못할 것이요 또 나를 멸시하는 사람은 한 사람도 그것을 보지 못하리라"(민 14:22~23)

반면, 끝까지 하나님의 약속을 붙잡고 신뢰한 갈렙에게는 하나님의 축복이 선언됐습니다. 가나안 땅에 들어가리라는 확실한 약속뿐만 아니라, 그 땅을 차지하리라는 축복의 약속까지 받았습니다. "그러나 내 종 갈렙은 그 마음이 그들과 달라서 나를 온전히 따랐은즉 그가 갔던 땅으로 내가 그를 인도하여 들이리니 그의 자손이 그 땅을 차지하리라"(민 14:24)

하나님의 말씀과 그 약속에 대해 불신하며, 그 크신 하나님을 멸시한 결과는 심판으로 이어집니다. 그러나 끝까지 하나님의 약속을 붙들고 하나님을 신뢰하는 믿음은 약속의 성취, 곧 축복으로 이어집니다. 따라서 불신이 아니라 끝까지 하나님을 신뢰해야 합니다. 그 신뢰로 축복을 누려야 합니다.

시편 50편_불의의 결과

하나님께서 심판장으로서 그 불의한 일들을 심판하심을 말씀하고 있습니다. 악인들의 불의함이 결코 숨겨질 수 없고, 하나님은 그 모든 행위를 모두 알고 계시며, 반드시 그 악한 행위를 심판하신다는 것입니다. 곧 불의의 결과는 반드시 심판으로 이어진다는 것입니다. "네가 이 일을 행하여도 내가 잠잠하였더니 네가 나를 너와 같은 줄로 생각하였도다 그러나 내가 너를 책망하여 네 죄를 네 눈 앞에 낱낱이 드러내리라 하시는도다 하나님을 잊어버린 너희여 이제 이를 생각하라 그렇지 아니하면 내가 너희를 찢으리니 건질 자 없으리라"(시 50:21~22)

무엇보다 깨달아야 하는 것이 하나님의 인내입니다. 하나님께서 잠잠하심은 그 죄를 모르셔서가 아니라 깨닫고 회개하기를 기다리심에 있다는 것입니다. 그럼에도 깨닫지 못하고, 그 불의함에 대해 아무런 심판도 없고 평안하다고 그 심판을 무시하는 것은 어리석은 일입니다. 결국 깨닫지 못하고 돌이키지 않으면 그 죄가 낱낱이 드러나며, 그 몸이 찢겨지는 심판에 처해지게 됩니다. 따라서 늦기 전에 깨달아야 하고, 하나님을 찾고 돌이켜야 합니다.

이사야 3-4장_거역의 결과

하나님을 거역하고 불의함으로 맞이하게 된 예루살렘과 유다의 참혹한 상황을 전하고 있습니다. "예루살렘이 멸망하였고 유다가 엎드러졌음은 그들의 언어와 행위가 여호와를 거역하여 그의 영광의 눈을 범하였음이라 그들의 안색이 불리하게 증거하며 그들의 죄를 말해 주고 숨기지 못함이 소돔과 같으니 그들의 영혼에 화가 있을진저 그들이 재앙을 자취하였도다"(사 3:8~9)

여호와 하나님을 거역하며 불순종하고 불의했을 때 맞이하는 결과는 하나님의 심판으로 인한 멸망입니다. 하나님을 거역한 그 죄는 결코 숨길 수 없으며, 그 죄로 인해 재앙과 화가 임하게 됩니다. 모두가 불의하여 하나님을 거역하는 중에도 의를 행하는 자에게는 복, 곧 의의 열매가 있습니다(사 3:10). 그러나 악인에게는 화, 곧 그 악에 대한 보응이 있습니다(사 3:11). 따라서 악에서 돌이켜 의를 행하기를 힘써야 합니다. 헛되게 의뢰하는 것들을 버리고(사 3:1~3), 하나님만을 의뢰해야 합니다. 절대적 가치를 오직 하나님의 말씀에 두고 그 말씀만을 순종하며 따라야 합니다.

히브리서 11장_믿음의 결과

아벨로부터 시작하여, 에녹, 노아, 아브라함, 사라, 이삭, 요셉, 모세, 라합 등, 믿음의 선조들이 믿음을 통해 나타낸 놀라운 삶을 기록하고 있습니다. 수많은 믿음의 사람들이 믿음으로 하나님의 능력을 경험하며 그 삶을 승리로 이끌었다는 것입니다. 믿음으로 인정받는 삶을 살았다는 것입니다(히 11:2). "그들은 믿음으로 나라들을 이기기도 하며 의를 행하기도 하며 약속을 받기도 하며 사자들의 입을 막기도 하며 불의 세력을 멸하기도 하며 칼날을 피하기도 하며 연약한 가운데서 강하게 되기도 하며 전쟁에 용감하게 되어 이방 사람들의 진을 물리치기도 하며"(히 11:33~34)

하나님의 평가 기준은 다른 무엇이 아닌 믿음입니다. 하나님은 우리가 얼마나 많은 돈을 가졌느냐? 얼마나 많은 지식과 힘과 권력과 명성을 가졌느냐? 이것으로 평가하지 않으십니다. 얼마나 큰 믿음을 가졌느냐? 이 믿음으로 평가하십니다. 따라서 다음의 말씀을 주목해야 합니다. "이는 하나님이 우리를 위하여 더 좋은 것을 예비하셨은즉 우리가 아니면 그들로 온전함을 이루지 못하게 하려 하심이라"(히 11:40) 우리를 위해 예비하신 더 좋은 것은 예수 그리스도를 가리킵니다. 곧 예수 그리스도를 믿음으로 구원의 온전함을 경험할 수 있다는 것입니다. 구약 시대 믿음의 선조들은 받을 수 없었던 약속을 우리는 받았고, 따라서 예수 그리스도를 믿는 믿음으로 온전한 구원을 경험해야 한다는 것입니다. 예수 그리스도를 믿는 믿음의 결과는 온전한 구원이라는 것입니다.

오늘의 기도

1. 갈렙처럼 끝까지 하나님의 약속을 신뢰하여 하나님의 더 큰 축복을 확실한 약속으로 받게 하소서.
2. 하나님 앞에서 불의함은 숨길 수 없으며 하나님께서 회개하기를 기다리며 인내하고 계심을 깨닫고 속히 불의함에서 돌이키게 하소서.
3. 믿음의 선진들처럼 믿음으로 인정받으며 능력과 승리의 삶을 살아가게 하시고, 무엇보다 예수 그리스도를 믿음으로 온전한 구원을 경험하며 살게 하소서.

거룩함

민수기 15장 | 시편 51편 | 이사야 5장 | 히브리서 12장

거룩하신 하나님의 뜻은 우리의 거룩함에 있습니다. 이를 위해 하나님은 우리를 징계하십니다. 징계 속에 담긴 하나님의 뜻을 깨닫고 거룩함에 힘써야 합니다. 상하고 통회하는 마음으로 회개하여 거룩해야 하고, 하나님의 말씀을 기억하고 따름으로 거룩해야 합니다.

민수기 15장_말씀을 통한 거룩함

가나안 땅에 들어가 하나님 앞에 드릴 제사에 대해 가르치고 있습니다. 곧 하나님의 백성으로서 구별되어 거룩함으로 드려야 하는 제사로, 특별히 소제와 전제의 규례에 대해 가르치고 있습니다. 또한 부지중에 범한 죄와 고의로 범한 죄에 대해 다루고 있고, 안식일을 범한 자에게 주어진 형벌에 대해 전하고 있습니다. 또한 하나님의 모든 계명을 기억하고 지켜야 할 것도 가르치고 있는데, 곧 옷단 귀에 술을 만들고, 그 술을 통해 여호와의 모든 계명을 기억하고 준수할 것을 가르치고 있습니다. "이스라엘 자손에게 명령하여 대대로 그들의 옷단 귀에 술을 만들고 청색 끈을 그 귀의 술에 더하라 이 술은 너희가 보고 여호와의 모든 계명을 기억하여 준행하고 너희를 방종하게 하는 자신의 마음과 눈의 욕심을 따라 음행하지 않게 하기 위함이라 그리하여 너희가 내 모든 계명을 기억하고 행하면 너희의 하나님 앞에 거룩하리라"(민 15:38~40) 이는 곧 옷에 단 술이 하나님의 말씀을 기억하고 인식하게 하는 상징이 되어, 술을 볼 때마다 세상으로 향하던 눈을 돌려 하나님의 말씀을 기억하고, 구별되고 거룩한 삶을 살게 하신 것입니다. 우리의 욕심을 따라 살아가면 그릇되고 타락할 수밖에 없지만, 항상 하나님의 말씀을 기억하고 따르면 하나님 앞에서 거룩할 수 있다는 것입니다.

결국 무엇입니까? 우리를 향한 하나님의 뜻은 거룩함에 있습니다. 그리고 하나님께서 거룩함을 요구하시는 것은 교제 때문입니다. 하나님은 우리의 하나님이 되시고 우리는 하나님의 백성이 되어 끊임없이 교제하기를 바라십니다. 이를 위해 하나님은 그 백성을 애굽에서 구원하시고 인도하셨고 (민 15:41), 또 거룩함을 요구하시는 것입니다. 따라서 힘써 하나님의 말씀을 기억하고 지켜 행해야 합니다. 다른 무엇이 아니라 하나님의 계명을 기억하고 지켜 행할 때에 거룩할 수 있습니다.

시편 51편_회개를 통한 거룩함

다윗의 참회의 기도입니다. 그 표제에, "밧세바와 동침한 후 나단이 그에게 왔을 때"라고 기록하고 있습니다. 곧 다윗이 밧세바와 간음하고 밧세바의 남편 우리아를 전쟁터에서 죽게 한 이후, 선지자 나단이 그 범죄를 지적하고 책망했을 때, 깨닫고 전심으로 회개한 기도입니다. 무엇보다 주목할 것이 다윗은 자신을 그 큰 죄에서 건지실 수 있는 분은 오직 하나님 한 분밖에 없음을 알았습니다. 하나님께서 바라시는 것도 값비싼 제물로 드리는 제사가 아니라 상한 마음으로 통회하며 진실하게 회개하는 것임도 알았습니다. 오직 진실한 회개에 하나님께서 그 큰 은혜로 용서하시는 것만이 죄에서 건짐 받고 거룩해질 수 있다는 것입니다. "하나님이여 나의 구원의 하나님이여 피 흘린 죄에서 나를 건지소서 내 혀가 주의 의를 높이 노래하리이다... 주께서는 제사를 기뻐하지 아니하시나니 그렇지 아니하면 내가 드렸을 것이라 주는 번제를 기뻐하지 아니하시나이다 하나님께서 구하시는 제사는 상한 심령이라 하나님이여 상하고 통회하는 마음을 주께서 멸시하지 아니하시리이다"(시 51:14~17)

죄에 연약한 우리는 스스로 의로울 수 없습니다. 철저한 죄의 회개와 그 회개에 그 죄를 용서하시는 하나님의 은혜만이 우리를 거룩하게 합니다. 따라서 겸손함으로 우리의 죄를 돌아보고 상한 심령과 통회하는 마음으로 그 죄를 회개해야 합니다.

이사야 5장_거룩함의 하나님의 뜻

포도원의 비유를 통해 유다 백성들의 불의를 고발하고, 또 이로 인해 하나님께서 심판하심을 전하고 있습니다. 곧 하나님께서 기름진 산에 땅을 파고 돌을 제하고 극상품의 포도나무를 심었다는 것입니다. 그리고 할 수 있는 모든 일을 다 하고 좋은 포도, 곧 정의를 맺기를 바라고 기다렸다는 것입니다. 그런데 들포도를 맺었다는 것입니다. 거짓과 죄악의 열매를 맺었다는 것입니다. 따라서 하나님께서 울타리를 걷어 버리고 담을 헐어, 먹힘과 짓밟힘을 당하게 하겠다는 것입니다. 거룩하신 하나님의 율법을 버리고 그 말씀을 멸시한 백성들에게 노를 발하시고 손을 들어 그들을 치시겠다는 것입니다. 그 시체가 거리 가운데 가득하게 된다는 것입니다(사 5:24~25).

하나님께서 그 백성들에게 바라시는 것은 단지 정의와 공의였습니다. 그렇게 정의와 공의를 행하며 거룩하기를 바라셨습니다(사 5:7). 하나님께서 우리에게 요구하시는 것도 정의, 곧 거룩함입니다. 우리에게 부유함도, 성공도, 권세도, 어떤 뛰어난 지식과 능력도 요구하지 않으십니다. 혹 그런 모든 것은 부족하고 모자라도, 하나님의 말씀을 따라 정의를 따르고 공의의 삶을 살아가면 이를 무엇보다 기뻐하십니다. 우리 모두가 세상에서 다 성공하고 부유할 수 없습니다. 모두가 다 뛰어난 지식과 능력과 권세를 가질 수도 없습니다. 그러나 모두가 다 거룩할 수는 있습니다. 이것이 하나님의 뜻임을 기억하고 힘써 거룩함의 삶을 살아야 합니다.

히브리서 12장_징계를 통한 거룩함

그리스도인들이 걷는 믿음의 길에 대해 전하고 있습니다. 믿음의 주요 온전하게 하시는 예수를 바라보고, 우리를 위해 십자가를 참으신 예수를 생각하며, 피흘리기까지 죄와 싸워야 함을 가르치고 있습니다. 특별히 주목할 말씀이, 하나님의 징계의 목적이 거룩함에 있다는 것입니다. 당장의 징계가 고통을 줄 수 있으나, 징계를 통해 연단 받은 자들은 의와 평강의 열매를 맺게 된다는 것입니다. "그들은 잠시 자기의 뜻대로 우리를 징계하였거니와 오직 하나님은 우리의 유익을 위하여 그의 거룩하심에 참여하게 하시느니라 무릇 징계가 당시에는 즐거워 보이지 않고 슬퍼 보이나 후에 그로 말미암아 연단 받은 자들은 의와 평강의 열매를 맺느니라"(히 12:10~11)

따라서 하나님의 징계로 낙담하거나 하나님을 원망하지 말아야 합니다. 징계 속에 담긴 하나님의 사랑과 뜻을 발견하고, 힘써 우리의 삶을 거룩함으로 세워가야 합니다. 죄의 길에서 타협하고 있는 우리 자신을 발견하고 그 방향을 돌이켜야 하고, 징계로 인한 고통보다 이를 통해 세워질 거룩함의 모습을 바라볼 수 있어야 합니다. 무엇보다 거룩함 속에서 힘써 죄와 싸워야 합니다. "너희가 죄와 싸우되 아직 피흘리기까지는 대항하지 아니하고"(히 12:4) 결국 이 말씀은 피흘리기까지 죄에 대항해 싸워야 한다는 말씀인데, 죄에 대해 쉽게 타협하여 넘어지지 말고 생명 걸고 죄와 싸워 이겨야 한다는 것입니다. 죄와 싸워 이기고 거룩함에 서야 한다는 것입니다.

오늘의 기도

1. 하나님의 뜻은 우리의 부유함과 성공이 아니라 거룩함임을 깨닫고, 힘써 거룩함에 힘쓰게 하소서.
2. 징계 속에 담긴 하나님의 뜻을 깨닫고, 징계를 통해 연단 받고 거룩함으로 세워져 의와 평강의 열매를 맺게 하소서.
3. 상하고 통회하는 마음으로 주께 나아가 멸시하지 않으시는 주의 은혜를 누리게 하소서.

예배

민수기 16장 | 시편 52-54편 | 이사야 6장 | 히브리서 13장

우리의 예배는 감사와 기쁨으로 드리는 예배요, 선행과 나눔의 삶을 드리는 예배여야 합니다. 예배를 통해 하나님의 용서와 생명을 경험해야 하고, 하나님께서 주시는 사명을 발견해야 합니다.

민수기 16장_사람을 살리는 예배

고라가 다단과 아비람 등과 당을 짓고 반역을 일으켰다가 하나님의 심판을 받은 말씀입니다. 곧 레위 자손 중 고라와 루우벤의 자손 중 다단과 아비람과 온이 당을 지어 모세와 아론을 거스르며 대항을 했습니다. 고라는 자신들에게 주어진 성막에서의 사명을 귀하게 여기지 못하고, 아론과 그 아들들에게 주어진 제사장의 직분을 요구하며 반역을 일으켰고, 다단과 아비람 등은 하나님께서 모세에게 주신 지도력에 대항하여 고라와 함께 반역을 일으켰습니다. 이에 하나님께서 진노하셔서 다단과 아비람 등은 땅을 갈라 그 모든 소유와 함께 진멸하셨고, 고라와 이백오십 명의 사람들은 하나님의 불로 심판하셨습니다. 곧 그들은 각각의 향로를 가져다가 하나님께 분향하고 있었는데, 오히려 하나님께서 불을 보내 심판하셨습니다. 하나님 앞에 분향하며 드린 예배가 그들을 살리지 못하고 오히려 심판에 이르게 했습니다. "여호와께로부터 불이 나와서 분향하는 이백오십 명을 불살랐더라"(민 16:35)

반면 모세의 명령에 따라 아론이 하나님 앞에 드린 예배는 하나님의 진노의 심판 중에 백성들을 살렸습니다. "이에 모세가 아론에게 이르되 너는 향로를 가져다가 제단의 불을 그것에 담고 그 위에 향을 피워 가지고 급히 회중에게로 가서 그들을 위하여 속죄하라 여호와께서 진노하셨으므로 염병이 시작되었음이니라 아론이 모세의 명령을 따라 향로를 가지고 회중에게로 달려간즉 백성 중에 염병이 시작되었는지라 이에 백성을 위하여 속죄하고 죽은 자와 산 자 사이에 섰을 때에 염병이 그치니라"(민 16:46~48) 하나님의 심판으로 인한 염병의 재앙 중, 아론이 향로에 제단의 불을 담아 속죄

예배를 드렸을 때, 하나님의 진노가 그치고 수많은 백성들이 살 수 있었습니다. 곧 그 백성들이 고라와 다단과 아비람 등의 반역을 하나님께서 심판하심을 직접 보고서도, 오히려 모세와 아론을 원망하며 대항했습니다. 이에 하나님께서 그 백성들에게 진노하셨고, 그 진노를 보고 모세는 급히 아론에게 명령해 향로에 제단의 불을 담고 그 위에 향을 피워 백성들을 위한 속죄의 예배를 드리게 했습니다. 바로 이 예배를 통해 하나님은 그 백성들을 용서하신 것입니다.

서로 다른 결과를 보인 두 예배를 보며, 우리의 예배가 심판이 아니라 사람을 살리는 생명의 예배가 돼야 함을 깨닫게 됩니다. 하나님께서 우리의 예배를 받으시고 용서의 은혜를 베푸시도록 해야 한다는 것입니다. 따라서 고라와 그 무리들처럼 교만함으로 감사를 잊고 하나님을 거스르며 자기 의를 주장하는 예배가 아니라, 겸손히 하나님의 은혜를 구하는 예배가 돼야 합니다. 이를 통해 심판이 아닌 용서와 생명을 경험할 수 있어야 합니다.

시편 52-54편_기쁨이 넘치는 예배

시편 52편은 악과 거짓을 사랑하는 자를 향한 하나님의 심판을 전하는 말씀입니다. 시편 53편은 하나님이 없다고 생각하고 서슴없이 죄악을 행하는 자의 어리석음을 전하는 말씀입니다. 시편 54편은 자신의 생명을 노리는 원수에게서 구원해 달라는 다윗의 기도입니다. 무엇보다 다윗은 믿음의 고백과 결단을 보였습니다. 곧 하나님의 도우심과 구원을 확신하며 하나님께 낙헌제를 드리며 감사하겠다고 고백했습니다. "내가 낙헌제로 주께 제사하리이다 여호와여 주의 이름에 감사하오니 주의 이름이

선하심이니이다"(시 54:6)

낙헌제는 즐거운 마음으로 하나님께 예물을 드리는 제사입니다. 여기서 우리가 드리는 예배가 어떠한 예배여야 하는지 깨닫게 됩니다. 곧 우리도 다윗처럼 하나님을 믿음으로 모든 고난과 위기와 두려움은 하나님께 맡기고, 기쁨과 감사의 예배를 드려야 합니다. 아직 고난과 두려움 가운데 있다고 할지라도 하나님의 도우심과 구원을 확신하며, 우리의 예배에 감사와 기쁨을 더해야 합니다. 우리의 예배는 상황을 초월한 기쁨의 예배여야 합니다.

이사야 6장_사명을 발견하는 예배

이사야의 소명을 기록하고 있습니다. 곧 이사야가 성전에서 예배하는 중, 성전에 임하신 하나님을 경험했습니다. 그 경험한 하나님을 통해 부정함과 죄를 씻고, 하나님께서 주시는 사명으로 결단하여 나아갔습니다. "그 때에 그 스랍 중의 하나가 부젓가락으로 제단에서 집은 바 핀 숯을 손에 가지고 내게로 날아와서 그것을 내 입술에 대며 이르되 보라 이것이 네 입에 닿았으니 네 악이 제하여졌고 네 죄가 사하여졌느니라 하더라 내가 또 주의 목소리를 들으니 주께서 이르시되 내가 누구를 보내며 누가 우리를 위하여 갈꼬 하시니 그 때에 내가 이르되 내가 여기 있나이다 나를 보내소서 하였더니"(사 6:6~8)

우리도 예배를 통해 우리의 죄와 부끄러움을 볼 수 있어야 합니다. 거룩하신 하나님 앞에서 부정한 죄를 보고 회개하여 죄 사함의 은혜를 경험해야 합니다. 그리고 무엇보다 예배를 통해 하나님이 주시

는 사명을 깨닫고, 그 사명을 향해 결단해야 합니다. 우리의 예배가 하나님께서 주시는 사명을 발견하는 시간, 그리고 그 사명을 향해 결단하여 나아가는 시간이 돼야 합니다.

히브리서 13장_삶을 드리는 예배

마지막 권면들을 전하고 있습니다. 형제 사랑의 가르침, 결혼을 귀히 여기고 음행과 간음을 피하라는 가르침, 돈을 사랑하지 말고 있는 바를 감사하며 살아가라는 가르침, 다른 교훈에 유혹되지 말라는 가르침 등을 전하고 있습니다. 또한 하나님께서 기뻐하시는 제사에 대해서도 가르치고 있는데, 십자가에서 희생 제물로 우리를 거룩하게 하신 예수 그리스도를 통해 하나님을 찬양하며 제사할 뿐만 아니라, 선을 행하고 또 나눔을 실천하는 삶으로 하나님을 제사해야 함을 가르치고 있습니다. 이 제사가 하나님께서 기뻐하시는 제사라는 것입니다. "그러므로 우리는 예수로 말미암아 항상 찬송의 제사를 하나님께 드리자 이는 그 이름을 증언하는 입술의 열매니라 오직 선을 행함과 서로 나누어 주기를 잊지 말라 하나님은 이같은 제사를 기뻐하시느니라"(히 13:15~16)

결국 무엇입니까? 선행과 나눔의 삶 없이 드리는 예배는 하나님께서 기뻐하시지 않습니다. 삶이 빠진 예배는 형식적 예배일 수밖에 없고, 따라서 우리가 드리는 예배에 삶을 담아야 합니다. 하나님께서 기뻐하시는 의와 사랑의 삶을 하나님 앞에 드리는 예배의 제물로 드려야 합니다.

믿음

민수기 17-18장 | 시편 55편 | 이사야 7장 | 야고보서 1장

맥체인성경365_724p

고난과 시련 중에도 굳게 하나님을 믿으면 됩니다. 모든 고난의 짐을 믿음으로 하나님께 맡기며 충성하면 됩니다. 그 시련이 계속 된다고 할지라도 오히려 기뻐하며 믿음으로 인내하면 됩니다. 그 믿음이 우리를 성숙하게 하며 승리와 보상을 더하게 합니다.

민수기 17-18장_믿음의 보상

민수기 17장은 고라의 반역 이후, 하나님께서 오직 아론의 지팡이에서 움이 돋고 순이 나고 살구 열매가 열리게 하여, 아론에게 대제사장으로 주어진 사명과 권위를 인정하시고 드러내 보여주신 말씀입니다. 민수기 18장은 제사장과 레위인들의 직무를 기록한 말씀인데, 이들의 충성과 섬김의 보상에 대해서도 말씀하고 있습니다. 성막에서 하나님께 충성하는 제사장과 레위인들에게는 아무 기업도 또 분깃도 주어지지 않지만, 하나님께서 친히 분깃과 기업이 되어 주셔서, 그 삶을 책임지시고 그 필요를 채워주신다는 것입니다. 곧 레위인들에게 이스라엘의 십일조를 기업으로 주셔서 그들의 봉사와 충성을 갚으신다는 것입니다(민 18:20~21).

결국 이 말씀은 세상에서의 기업을 포기하고 하나님을 기업으로 삼고 하나님만 바라보며 충성할 때, 그 삶은 하나님께서 책임져주심을 가르쳐주고 있습니다. 우리의 필요를 아시는 하나님께서 그 충성과 섬김에 그 필요를 채우셔서 반드시 보상해 주신다는 것입니다. 따라서 하나님만 바라보며 믿음으로 충성하면 됩니다. 마음 졸이고 애태우며 우리의 필요를 쫓을 것이 아니라, 그 모든 필요는 하나님께 맡기고, 다시 말해 하나님을 믿고 힘을 다해 하나님께 충성하며 섬기면 됩니다.

시편 55편_믿음의 맡김

원수와 악인들의 압제와 핍박 속에서 하나님의 보호와 구원을 구한 다윗의 기도입니다. 무엇보다 다윗의 아픔과 고통은 이것이었습니다. 자신을 책망하며 미워하는 자가 믿었던 동료요 가까운 친구라는 것입니다(시 55:13~14). 만약 자신을 대적하는

자가 원수이고 원래 자신을 미워하는 자였다면 얼마든지 참고 피하여 넘겼을 텐데, 사랑하는 동료의 가까운 친구로부터 공격을 당하니 그 충격과 아픔이 컸던 것입니다.

결국 이 말씀은 우리가 절대적으로 신뢰하며 의지할 분은 하나님 한 분밖에 없음을 깨닫게 합니다. 그 어떤 사람도 신뢰와 의지의 대상이 되지 못한다는 것입니다. 따라서 다윗은 오직 하나님만을 의지하며 하나님께 그 모든 짐을 맡겨야 함을 고백했습니다. 하나님은 결코 그 믿음을 실망시키지 않으신다는 것입니다. "네 짐을 여호와께 맡기라 그가 너를 붙드시고 의인의 요동함을 영원히 허락하지 아니하시리로다 하나님이여 주께서 그들로 파멸의 웅덩이에 빠지게 하시리이다 피를 흘리게 하며 속이는 자들은 그들의 날의 반도 살지 못할 것이나 나는 주를 의지하리이다"(시 55:22~23)

고난과 아픔과 고통 중에 흔들릴 필요도 없고 근심하며 두려워할 필요도 없습니다. 오직 하나님을 의지하며 믿음으로 맡기면 됩니다. 곧 그렇게 맡기면 반드시 하나님께서 그 백성을 구원하시고 대적들을 물리치십니다.

이사야 7장_믿음의 승리

승리는 믿음에 달려 있음을 전하고 있습니다. 하나님께서 지키시고 보호하시며 적들의 계획을 막으실 것인데, 이것을 믿느냐, 바로 이 믿음에 그 결과가 주어진다는 것입니다. "주 여호와의 말씀이 그 일은 서지 못하며 이루어지지 못하리라 대저 아람의 머리는 다메섹이요 다메섹의 머리는 르신이며 육십오년 내에 에브라임이 패망하여 다시는 나라를 이루지 못할 것이며 에브라임의 머리는 사마리

아요 사마리아의 머리는 르말리야의 아들이니라 만일 너희가 굳게 믿지 아니하면 너희는 굳게 서지 못하리라 하시니라"(사 7:7~9) 유다에 큰 위기가 닥쳤습니다. 북 왕국 이스라엘과 아람이 손을 잡고 유다를 공격해 온 것입니다. 한 나라를 상대하는 것도 힘이 드는데, 두 나라가 연합하여 공격해 오니 유다로서는 감당하기가 쉽지 않은 상황이었습니다. 그러나 하나님께서 이사야를 통해 유다 왕 아하스에게 전하시는 말씀이 두려워하지 말라는 것입니다. 그들의 계획이 서지 못한다는 것입니다. 하나님을 굳게 믿으면 된다는 것입니다.

따라서 또한 하나님께서 하신 말씀이 모든 주권은 하나님께 있다는 것입니다. "아람의 머리는 다메섹이요 다메섹의 머리는 르신이며... 에브라임의 머리는 사마리아요 사마리아의 머리는 르말리야의 아들이니라"(사 7:8~9) 이 말씀은 아람과 이스라엘의 통치가 각각의 땅에 머문다는 것입니다. 아람의 수도는 다메섹일 뿐 예루살렘이 아니며, 이스라엘의 수도도 사마리아일 뿐이지 예루살렘이 아니라는 것입니다. 마찬가지로 르신의 주권이 그 다메섹에 국한될 뿐 예루살렘에는 미칠 수 없고, 르말리야의 아들 곧 베가의 주권과 통치도 사마리에 국한될 뿐이지 예루살렘에 미칠 수 없다는 것입니다. 예루살렘은 하나님의 주권과 통치 하에 있다는 것입니다. 모든 주권은 하나님께 있고 그 누구도 그 주권을 넘어서지 못한다는 것입니다.

따라서 믿음이 중요합니다. 하나님을 믿고 신뢰하지 못해서 스스로 이 위기를 벗어나겠다고 하면 결국 그 불신이 멸망을 가져오게 됩니다. 그 적들의 계획이 이루어지지 못한다고 하나님께서 분명히 말씀하셨지만, 하나님의 말씀을 믿지 못하고 하나님을 붙들지 않음으로 적들의 계획이 이루어지게 됩니다. 하나님이 신실하지 못하고, 하나님의 능력이 모자라서가 아니라, 그 백성들이 하나님을 믿지 못함이 그런 멸망을 가져오게 됩니다. 따라서 하나님의 말씀을 굳게 믿고 흔들리지 않아야 합니다. 끝까지 믿음으로 믿음의 결과, 곧 승리를 경험할 수 있어야 합니다.

야고보서 1장_믿음의 인내

믿음의 시련 중에 오히려 기뻐하며 인내해야 함을 교훈하고 있습니다. 인내를 온전히 이룰 때 온전하고 성숙한 믿음의 사람이 될 수 있다는 것입니다. "내 형제들아 너희가 여러 가지 시험을 당하거든 온전히 기쁘게 여기라 이는 너희 믿음의 시련이 인내를 만들어 내는 줄 너희가 앎이라 인내를 온전히 이루라 이는 너희로 온전하고 구비하여 조금도 부족함이 없게 하려 함이라"(약 1:2~4) 또한 믿음의 인내가 생명의 면류관을 얻게 함을 가르치고 있습니다. 곧 믿음으로 인한 시련 중에서 인내하며 이기는 자에게 주님께서 생명의 면류관을 약속하고 있다는 것입니다(약 1:12).

믿음의 삶에 믿음으로 인한 시련이 있습니다. 그러나 굳건히 믿음을 지키며 인내할 때 우리는 믿음의 사람으로 성숙함을 이루게 됩니다. 이것이 주님께서 우리에게 요구하시는 믿음의 분량입니다. 무엇보다 주님은 인내하는 자에게 생명의 면류관을 약속하고 계십니다. 따라서 어떤 믿음의 시련 중에도 넘어지지 말고 끝까지 인내해야 합니다. 이를 통해 성숙한 믿음의 사람으로 서고 생명의 면류관을 얻어야 합니다.

오늘의 기도

1. 하나님을 기업으로 삼고 충성하는 삶을 살게 하시고, 그 충성의 삶에 모든 필요를 넉넉히 채우시는 주의 은혜도 경험하게 하소서.
2. 흔들리지 않는 믿음으로 주의 말씀을 붙들게 하시고, 그 말씀대로 이루어지는 축복도 누리게 하소서.
3. 믿음의 시련 속에서 오히려 기뻐하며 인내하게 하시고, 온전한 인내를 통해 조금도 부족함 없는 성숙한 믿음의 사람으로 서게 하소서.

두려워하지 않을 수 있습니다

맥체인성경365_730p

민수기 19장 | 시편 56-57편 | 이사야 8-9장 1-7절 | 야고보서 2장

우리는 두려워하지 않을 수 있습니다. 하나님을 믿음으로 하나님의 나라가 약속되어 있고, 정결케 하시는 하나님의 은혜로 그 정결함을 지켜갈 수 있기 때문입니다. 진정 두려운 하나님이 우리와 함께하시고, 그 하나님을 의지할 수 있기에 두려워하지 않을 수 있습니다.

민수기 19장_정결케 하시는 하나님의 은혜로 두려워하지 않을 수 있습니다.

정결하게 하는 물과 이 물을 통한 정결예식을 기록하고 있습니다. 곧 우리 인간은 부정함에 노출되어 있고, 연약하여 부정함 가운데 넘어지곤 합니다. 그 부정함은 언약의 백성 가운데서 끊어지는 심판에 이르게 합니다. 그러나 하나님의 은혜는 부정함을 정결하게 할 수 있는 길을 열어주셨습니다. 정결하게 하는 물을 뿌리는 정결예식을 통해 부정함에서 정결하게 될 수 있게 하셨습니다(민 19:19~20).

우리가 연약함으로 부정함에 넘어지고, 구원의 백성에서 끊어지는 심판에 이를 수 있습니다. 이것이 우리에게 두려움입니다. 그런데 그 두려움을 정결케 하시는 하나님의 은혜로 이길 수 있습니다. 정결케 하시는 하나님의 은혜가 우리의 두려움을 물리쳐줍니다. 따라서 정결함의 은혜 가운데 힘써 나아가야 합니다. 하나님께서 정결하게 하는 길을 열어주셨는데, 그 은혜로 나아가지 않아 자신을 정결하게 하지 아니하고, 그 백성 중에서 끊어지는 심판에 이르는 것은 어리석은 일입니다.

시편 56-57편_하나님을 의지함으로 두려워하지 않을 수 있습니다.

시편 56편은 원수들로 인한 두려움 중에 하나님의 도우심과 은혜를 구한 다윗의 기도입니다. 시편 57편도 생명의 위기와 재앙 속에서 하나님의 은혜를 구한 다윗의 기도입니다. 그런데 주목할 것이 다윗의 믿음입니다. 하루 종일 수많은 원수들의 공격으로 인해 두려울 수밖에 없었지만 하나님을 의지함으로 그 두려움을 이길 수 있었다는 것입니다. 그 누구도 하나님을 의지한 자신을 어찌할 수 없다고

믿음을 가졌다는 것입니다. "내 원수가 종일 나를 삼키려 하며 나를 교만하게 치는 자들이 많사오니 내가 두려워하는 날에는 내가 주를 의지하리이다 내가 하나님을 의지하고 그 말씀을 찬송하올지라 내가 하나님을 의지하였은즉 두려워하지 아니하리니 혈육을 가진 사람이 내게 어찌하리이까"(시 56:2~4)

따라서 또한 다윗은 그 두려움의 상황에서 오히려 하나님을 찬양했습니다. 하나님께 피하여 안전함과 승리를 확신하며 하나님을 찬양했습니다. "하나님이여 내 마음이 확정되었고 내 마음이 확정되었사오니 내가 노래하고 내가 찬송하리이다 내 영광아 깰지어다 비파야, 수금아, 깰지어다 내가 새벽을 깨우리로다 주여 내가 만민 중에서 주께 감사하오며 뭇 나라 중에서 주를 찬송하리이다"(시 57:7-9)

우리의 삶에 두려움의 일들이 있습니다. 뜻하지 않는 고난과 어려움을 만나고, 또 믿음의 삶에서 겪게 되는 시련도 있습니다. 그 모든 고난과 어려움과 시련이 우리를 두렵게 하는 일들입니다. 그러나 믿음의 사람들에게는 그 두려움을 이기게 하는 하나님이 계십니다. 그 하나님을 의지함으로 두려워하지 않을 수 있습니다. 세상 그 무엇도 하나님을 대항하여 이길 수 없고, 따라서 그 하나님을 의지한 삶에 그 무엇도 두려움이 될 수 없습니다.

이사야 8-9장 7절_하나님의 함께하심으로 두려워하지 않을 수 있습니다.

하나님이 참된 의뢰자 되심을 전하고 있습니다. 앗수르를 의지하는 것도 어리석은 일이고, 그렇다고 북왕국 이스라엘과 아람 등이 주도하고 있는 반앗

수르 동맹에 참여하여 동맹한 나라들을 의지하는 것도 어리석은 일이라는 것입니다. 오직 하나님만이 참된 구원자 되시고 따라서 하나님을 의지해야 한다는 것입니다.

이사야는 하나님을 통해 그 모든 말씀을 들었고, 따라서 민족들의 헛된 계획에 대해 전했습니다. 곧 주변의 나라와 민족들의 침략이 오히려 패망으로 이어지고, 그 뜻과 계획이 서지 못하며, 끝내 시행되지 못한다는 것입니다. 그 이유가 하나님이 우리와 함께하시기 때문이라는 것입니다. 따라서 침략하는 나라와 백성들을 두려워하지 말 것을 전하며, 진정 두려워할 분은 함께하신 하나님이심을 전했습니다. 다시 말해 진정 두려운 하나님이 우리와 함께 하시기에 그 누구도 두려워할 이유가 없음을 전했습니다. "너희 민족들아 함성을 질러 보아라 그러나 끝내 패망하리라 너희 먼 나라 백성들아 들을지니라 너희 허리를 동이라 그러나 끝내 패망하리라 너희 허리에 띠를 따라 그러나 끝내 패망하리라 너희는 함께 계획하라 그러나 끝내 이루지 못하리라 말을 해 보아라 끝내 시행되지 못하리라 이는 하나님이 우리와 함께 계심이니라… 이 백성이 반역자가 있다고 말하여도 너희는 그 모든 말을 따라 반역자가 있다고 하지 말며 그들이 두려워하는 것을 너희는 두려워하지 말며 놀라지 말고 만군의 여호와 그를 너희가 거룩하다 하고 그를 너희가 두려워하며 무서워할 자로 삼으라"(사 8:9~12)

아무리 당장 형통해도 하나님이 함께하지 않으시면 이것으로 두려워해야 합니다. 하나님이 함께하지 않는 그 반대편에서는 심판만 있기 때문입니다. 그러나 어떤 고난의 상황이라도 하나님의 편에 서서 하나님과 함께하고 있다면 그 무엇도 두려워할 필요가 없습니다. 하나님을 통해 구원과 승리가 반드시 주어지기 때문입니다. 함께하시는 하나님을 의지하고 그 하나님을 바라봄으로 그 무엇도 두려워하지 않을 수 있습니다.

야고보서 2장_하나님을 믿음으로 두려워하지 않을 수 있습니다.

빈부에 따라 차별하지 말며, 오히려 이웃 사랑의 삶을 실천해야 함을 가르치고 있습니다. 행함이 없는 믿음은 죽은 믿음이고, 어려운 이웃을 돕고 사랑을 실천함으로 그 믿음을 보여야 한다는 것입니다. 무엇보다 차별 없는 사랑을 말하며 야고보는 다음과 같이 가르치고 있습니다. "내 사랑하는 형제들아 들을지어다 하나님이 세상에서 가난한 자를 택하사 믿음에 부요하게 하시고 또 자기를 사랑하는 자들에게 약속하신 나라를 상속으로 받게 하지 아니하셨느냐"(약 2:5) 하나님께서 사랑으로 우리를 택하시고 믿음 안에서 약속하신 나라를 상속하게 하셨다고 말씀하고 있는데, "세상에서 가난한 자를 택하셨다"는 말씀에서 하나님의 택하심은 절대적 은혜요 차별 없는 은혜임을 가르쳐 줍니다. 따라서 그 은혜를 기억하며 우리도 사람들을 빈부에 따라 차별하지 않아야 하고(약 2:1), 이웃 사랑을 실천해야 한다는 것입니다(약 2:8). 또한 하나님께서 믿음 안에서 그 사랑하는 자에게 하나님의 나라를 상속으로 받게 하셨다는 말씀은 믿음 안에서 우리가 두려워하지 않을 수 있음을 깨닫게 합니다. 곧 하나님의 선택과 약속하신 나라의 상속은 오직 절대적 은혜와 믿음에 있습니다. 따라서 하나님을 믿는 믿음으로 의롭다 하심을 얻고(약 2:23), 하나님의 나라를 상속 받을 수 있기에 그 무엇도 두려워하지 않을 수 있습니다.

오늘의 기도

1. 차별하지 않으시는 절대적 은혜와 사랑으로 우리를 택하시고 주의 나라를 약속하신 하나님께 감사하며 더욱 믿음과 사랑의 삶을 살게 하소서.
2. 주께서 열어 놓으신 정결함의 은혜를 놓치지 않게 하시고, 그 은혜로 날마다 정결하게 서서 그 백성 가운데서 끊어지지 않게 하소서.
3. 진정 두려우신 하나님이 우리와 함께 하심을 깨닫고, 그 하나님을 의지함으로 모든 두려움을 이기게 하소서.

절제해야 하는 말

민수기 20장 | 시편 58-59편 | 이사야 9장 8절-10장 4절 | 야고보서 3장

맥체인성경365_735p

우리는 두려워하지 않을 수 있습니다. 하나님을 믿음으로 하나님의 나라가 약속되어 있고, 정결케 하시는 하나님의 은혜로 그 정결함을 지켜갈 수 있기 때문입니다. 진정 두려운 하나님이 우리와 함께하시고, 그 하나님을 의지할 수 있기에 두려워하지 않을 수 있습니다.

민수기 20장_어리석은 불평의 말

미리암의 죽음, 므리바에서 백성들의 다툼, 에돔이 이스라엘이 지나가는 것을 허락하지 않은 것, 아론의 죽음 등을 기록하고 있습니다.

므리바에서 백성들이 다툰 말씀에 주목하면, 백성들의 어리석은 불평을 볼 수 있습니다. 곧 광야를 지나는 중 물을 찾지 못하자 백성들이 불평하며 다시 모세와 아론을 원망했습니다. 애굽에서 구원하시고 지금까지 인도하시며 돌보신 하나님의 은혜를 생각하며 감사하지 못하고 물이 없다는 이유로 불평을 쏟아냈습니다. "백성이 모세와 다투어 말하여 이르되 우리 형제들이 여호와 앞에서 죽을 때에 우리도 죽었더라면 좋을 뻔하였도다 너희가 어찌하여 여호와의 회중을 이 광야로 인도하여 우리와 우리 짐승이 다 여기서 죽게 하느냐 너희가 어찌하여 우리를 애굽에서 나오게 하여 이 나쁜 곳으로 인도하였느냐 이 곳에는 파종할 곳이 없고 무화과도 없고 포도도 없고 석류도 없고 마실 물도 없도다"(민 20:3~5)

백성들의 계속된 원망과 불평에 모세와 아론도 스스로를 절제하지 못하고 분노하고 말았습니다. 그래서 그만 하나님의 거룩하심을 드러내지 못하는 실수를 범하고 말았고, 이로 인해 모세와 아론도 하나님의 책망을 받고 말았습니다(민 20:12). 하나님은 이스라엘의 목전에서 하나님의 거룩하심을 나타내지 못했다고 모세와 아론을 책망하셨는데, 이 말씀에서, 하나님은 불평과 원망의 말이 아닌 하나님의 거룩함을 나타내는 말을 듣기를 원하심을 생각할 수 있습니다. 따라서 어리석게 순간의 감정에 따라 분노하며 불평하며 원망하는 말을 내뱉지 말고, 자신의 감정을 조절하고 또 그 말을 절제하여 하나님의 거룩하심을 나타내며 영광을 올려드리는 찬양의 말을 할 수 있어야 합니다.

시편 58-59편_어리석은 거짓의 말

시편 58편은 악한 통치자들에게 심판을 구하는 다윗의 기도입니다. 시편 59편은 악을 행하는 원수들로 인해 무고하게 위기와 두려움에 처한 다윗의 기도입니다. 다윗은 하나님의 구원을 구하며 악인들의 죄를 고발했습니다. 곧 그들은 '듣는 사람이 누가 있느냐'고 말하며 서슴없이 악한 말과 저주와 거짓된 말을 쏟아내고 있다는 것입니다. "그들의 입으로는 악을 토하며 그들의 입술에는 칼이 있어 이르기를 누가 들으리요 하나이다"(시 59:7) 그러나 다윗은 하나님께서 그 말을 다 듣고 계시며 (시 59:8), 결국에는 심판하실 것을 확신했습니다. "그들의 입술의 말은 곧 그들의 입의 죄라 그들이 말하는 저주와 거짓말로 말미암아 그들이 그 교만한 중에서 사로잡히게 하소서 진노하심으로 소멸하시되 없어지기까지 소멸하사 하나님이 야곱 중에서 다스리심을 땅 끝까지 알게 하소서 (셀라)"(시 59:12~13)

우리의 입술에서 거짓과 죄악된 말을 제거해야 합니다. 다윗이 확신했던 것처럼, 우리도 하나님이 모든 것을 듣고 계시고 반드시 심판하심을 깨닫고 믿어야 합니다. 따라서 어리석게 아무도 듣지 않을 것이라는 착각 속에서 거짓과 죄악된 말을 쏟아내는 것이 아니라, 오히려 다윗처럼 하나님을 신뢰하는 말과 찬양하는 말을 해야 합니다.

이사야 9장 8절-10장 4절_어리석은 교만의 말

북 왕국 이스라엘을 향한 하나님의 심판의 말씀입

니다. 곧 이스라엘은 자신들의 죄로 인한 하나님의 징계를 깨닫지 못하고, 교만함으로 자신들의 힘을 과시하며, 그 힘으로 얼마든지 잘 살 수 있다고 자만했습니다. 교만하고 완악한 말을 쏟아냈습니다. "모든 백성 곧 에브라임과 사마리아 주민이 알 것이어늘 그들이 교만하고 완악한 마음으로 말하기를 벽돌이 무너졌으나 우리는 다듬은 돌로 쌓고 뽕나무들이 찍혔으나 우리는 백향목으로 그것을 대신하리라 하는도다"(사 9:9~10) 이는 곧 자신들의 힘을 통해 더 좋은 것으로 대체하며 세워갈 수 있다고 자신들의 능력을 어리석게 과신한 것입니다. 벽돌을 다듬은 돌로, 뽕나무를 백향목으로 대신하며, 하나님 없이도 얼마든지 잘 살 수 있고, 하나님의 심판도 얼마든지 이겨낼 수 있다고 교만한 것입니다. 따라서 하나님께서 북왕국 이스라엘을 철저하게 심판하실 것을 말씀하셨는데, 너무도 어리석은 것이, 백성들은 심판 중에도 깨닫지 못하고, 하나님을 찾고 하나님께 돌아와 회개하지 않았습니다. "그리하여도 그 백성이 자기들을 치시는 이에게로 돌아오지 아니하며 만군의 여호와를 찾지 아니하도다"(사 9:13)

결국 무엇입니까? 하나님께서 북왕국 이스라엘 백성들에게서 듣기를 원하셨던 말은 무엇이었습니까? 바로 회개의 말이었습니다. 깨닫고 하나님 앞에 돌아와 겸손히 회개하며 용서를 구하기를 원하셨습니다. 그러나 백성들이 끝까지 회개를 거부하며 교만하였고, 하나님은 그 심판을 멈추지 않겠다고 말씀하셨습니다.

오늘 우리에게도 하나님께서 바라시는 것은 회개입니다. 교만의 말을 버리고 겸손함으로 주의 은혜를 구하기를 바라십니다.

야고보서 3장_말의 절제

말에 대해 교훈하고 있습니다. 곧 우리 입술에서 악하고 더럽고 거짓된 말을 끊어내야 한다는 것입니다. 따라서 우리가 혀를 잘 다스려 말에 실수가 없으면 온전한 사람으로 모든 일에서 자기 자신을 완전히 제어할 수 있다고 교훈하고 있습니다. "우리가 다 실수가 많으니 만일 말에 실수가 없는 자라면 곧 온전한 사람이라 능히 온 몸도 굴레 씌우리라"(약 3:2) 반대로 말을 절제하지 못하고 혀를 잘못 놀리면, 그 작은 말 한마디로 엄청난 화를 불러올 수 있음도 교훈하고 있습니다. "이와 같이 혀도 작은 지체로되 큰 것을 자랑하도다 보라 얼마나 작은 불이 얼마나 많은 나무를 태우는가 혀는 곧 불이요 불의의 세계라 혀는 우리 지체 중에서 온 몸을 더럽히고 삶의 수레바퀴를 불사르나니 그 사르는 것이 지옥 불에서 나느니라"(약 3:5~6)

따라서 말의 절제가 중요합니다. 혀를 길들이는 것이 결코 쉽지 않지만(약 3:8), 길들이지 못한 혀로 내뱉는 말이 불러오는 큰 참화를 인지하고, 혀를 길들여 그 말에 절제할 수 있어야 합니다. 무엇보다 우리의 입술로 저주가 아닌 찬송의 말을 해야 합니다. 결코 한 입으로 하나님을 찬송하고 또 사람을 저주하는 말을 하는 것은 옳지 않습니다. "이것으로 우리가 주 아버지를 찬송하고 또 이것으로 하나님의 형상대로 지음을 받은 사람을 저주하나니 한 입에서 찬송과 저주가 나오는도다 내 형제들아 이것이 마땅하지 아니하니라"(약 3:9~10)

하나님을 의지하는 자

맥체인성경365_740p

민수기 21장 | 시편 60-61편 | 이사야 10장 5-34절 | 야고보서 4장

하나님을 의지하는 자에게 구원과 승리가 있습니다. 따라서 헛된 믿음에서 돌이켜 하나님을 의지해야 하고, 겸손함과 포기하지 않는 믿음으로 하나님을 의지해야 합니다.

민수기 21장_하나님을 의지하는 자의 구원과 승리
네겝에 거주하는 가나안 사람들과의 싸움에서의 승리, 이스라엘 백성들의 불평으로 인한 불뱀의 심판, 아모리 왕 시혼과 바산 왕 옥을 물리친 승리를 기록하고 있습니다. 여기서 하나님을 의지하는 것이 중요함을 가르치고 있습니다. 곧 가나안 남부 지방의 아랏 왕이 이스라엘 백성이 아다림 길로 온다는 소식을 듣고 싸우러 나아와 그 백성들을 쳐서 몇 사람을 사로잡아 갔습니다. 갑작스런 공격에 이스라엘 백성들은 당황했지만 하나님의 도움을 구하며 하나님을 의지하였고, 그 결과 가나안 사람들을 물리치고 성읍을 멸하여 하나님이 주시는 승리를 경험할 수 있었습니다. 하나님을 의지할 때 하나님의 승리를 경험할 수 있었습니다. "여호와께서 이스라엘의 목소리를 들으시고 가나안 사람을 그들의 손에 넘기시매 그들과 그들의 성읍을 다 멸하니라 그러므로 그 곳 이름을 호르마라 하였더라"(민 21:3)

또한 백성들의 불평과 원망으로 인해 내린 하나님의 불뱀의 심판에서 하나님은 당신을 의지한 자들에게 구원의 은혜를 베푸셨습니다. 곧 모세에게 놋뱀을 만들어 장대에 매달게 하셨고, 그것을 보는 자는 살게 하셨습니다. 그렇게 하나님의 말씀을 믿고 의지하는 자를 구원하셨습니다. "모세가 놋뱀을 만들어 장대 위에 다니 뱀에게 물린 자가 놋뱀을 쳐다본즉 모두 살더라"(민 21:9)

또한 하나님을 의지한 백성들에게 아모리 왕 시혼을 물리치는 승리를 주셨고, 바산 왕 옥도 동일한 승리를 약속하시고 또 이루셨습니다. 곧 하나님을 의지하는 자에게는 계속적인 승리가 주어짐을 가르쳐주셨습니다. "여호와께서 모세에게 이르시되 그를 두려워하지 말라 내가 그와 그의 백성과 그의 땅을 네 손에 넘겼나니 너는 헤스본에 거주하던 아모리인의 왕 시혼에게 행한 것 같이 그에게도 행할지니라 이에 그와 그의 아들들과 그의 백성을 다 쳐서 한 사람도 남기지 아니하고 그의 땅을 점령하였더라"(민 21:34-35)

하나님을 의지하는 자에게는 승리와 구원이 있습니다. 그 승리와 구원은 하나님을 의지하는 그 믿음이 변하지 않는 한 계속됩니다. 하나님은 그 의지하는 자에게 끊임없이 승리와 구원을 주십니다. 따라서 어떤 상황에도 두려워하거나 불평하지 말고 하나님을 의지해야 합니다.

시편 60-61편_믿음으로 하나님을 의지해야
시편 60편은 모든 땅과 나라의 주권이 하나님께 있고 승리도 하나님께 있음을 고백하며 하나님의 함께하심과 승리를 구한 다윗의 기도입니다. 시편 61편은 피난처 되신 하나님의 날개 아래에서 하나님의 보호하심을 구한 다윗의 기도입니다. 여기서 다윗의 믿음을 볼 수 있습니다. 곧 다윗은 다음과 같이 기도했습니다. "우리를 도와 대적을 치게 하소서 사람의 구원은 헛됨이니이다 우리가 하나님을 의지하고 용감하게 행하리니 그는 우리의 대적을 밟으실 이심이로다"(시 60:11~12) 다윗은 '주께서 우리를 버리셨다'고 고백할 만큼 실패와 고통 중에 있었습니다. 하나님께서 우리의 군대와 함께 나가 싸우지 않으신다고 답답해하고 있었습니다(시 60:10). 그러나 그런 실패와 고통 중에서도 다윗은 하나님을 향한 믿음을 포기하지 않았습니다. 끝까지 하나님을 믿고 의지함으로 승리를 확신했습니다.

결국 무엇입니까? 하나님을 의지한다는 것은 그 믿음을 포기하지 않는 것입니다. 계속된 고통 중에도 믿음으로 하나님을 의지하고 또 의지하는 것입니다.

이사야 10장 5-34절_돌이켜 하나님을 의지해야

앗수르를 향한 심판을 전하고 있습니다. 곧 하나님께서 앗수르를 도구로 경건하지 아니한 나라를 심판하고자 하셨지만, 앗수르가 하나님의 도구임을 깨닫지 못하고 완악하며 교만했다는 것입니다. 따라서 앗수르를 심판하여 멸하실 것을 말씀하셨습니다.

그런데 또한 하나님은 이스라엘 백성들의 구원을 말씀하셨습니다. 곧 그 날에 야곱의 남은 자들이 참으로 의지할 분이 하나님임을 깨닫고 돌이켜 여호와 하나님을 진실하게 의지한다는 것입니다. 그 하나님께로 돌아오게 된다는 것입니다. "그 날에 이스라엘의 남은 자와 야곱 족속의 피난한 자들이 다시는 자기를 친 자를 의지하지 아니하고 이스라엘의 거룩하신 이 여호와를 진실하게 의지하리니 남은 자 곧 야곱의 남은 자가 능하신 하나님께로 돌아올 것이라"(사 10:20~21) 앗수르는 분을 거두지 않고 심판하시지만, 하나님의 백성은 분을 그치시고 구원하신다는 것입니다(사 10:25).

여기서 그 백성을 향한 하나님의 사랑을 깨닫게 되고, 또한 참 의지의 대상은 오직 하나님임을 깨닫게 됩니다. 사람을 의지하면 실망과 아픔만 겪을 뿐입니다. 그러나 우리를 사랑하시는 하나님은 결코 우리를 실망시키지 않으십니다. 따라서 헛되게 믿고 의지하고 있는 대상에서 돌이켜 하나님만을 의지해야 합니다.

야고보서 4장_겸손히 하나님을 의지해야

다툼과 교만에 대한 경고, 하나님께 복종하며 하나님을 가까이 해야 한다는 가르침, 형제를 비방하지 말고 판단하지 말라는 가르침, 그리고 허망한 생각에 대한 경고 등의 말씀입니다.

특별히 주목할 말씀은, 우리의 연약함과 그 인생의 허무함을 전하는 말씀입니다. 우리의 내일을 자랑하며 자만하는 것은 어리석은 일이라는 것입니다. 우리의 생명도, 또한 하는 모든 일도 다 하나님의 뜻에 달려 있음을 깨달아야 하고, 따라서 허탄한 자랑을 버리고 겸손히 하나님을 의지해야 한다는 것입니다. "내일 일을 너희가 알지 못하는도다 너희 생명이 무엇이냐 너희는 잠깐 보이다가 없어지는 안개니라 너희가 도리어 말하기를 주의 뜻이면 우리가 살기도 하고 이것이나 저것을 하리라 할 것이거늘 이제도 너희가 허탄한 자랑을 하니 그러한 자랑은 다 악한 것이라"(약 4:14~16)

무엇보다 하나님은 교만한 자를 물리치고 겸손한 자에게 은혜를 주심을 말씀하고 있습니다. "그러나 더욱 큰 은혜를 주시나니 그러므로 일렀으되 하나님이 교만한 자를 물리치시고 겸손한 자에게 은혜를 주신다 하였느니라"(약 4:6) 따라서 우리의 연약함을 깨닫고 하나님을 의지해야 합니다. 교만한 자는 물리치고 겸손한 자에게는 은혜 베푸시는 하나님을 깨닫고 겸손함으로 하나님을 의지해야 합니다.

오늘의 기도

1. 사람의 구원은 헛됨을 깨닫게 하시고, 오직 하나님께 돌이켜 진실하게 하나님만을 의지하게 하소서.
2. 교만함을 깨뜨리고 오직 겸손함으로 주의 은혜를 구하며, 믿음으로 주님을 바라보아 주의 생명을 누리게 하소서.
3. 하나님만을 의지함으로 모든 두려움을 이기고 주의 구원과 계속적인 승리를 누리게 하소서.

소망

민수기 22장 | 시편 62-63편 | 이사야 11-12장 | 야고보서 5장

맥체인성경365_745p

참된 소망은 하나님께 있습니다. 따라서 고난과 두려움의 상황에서도 흔들리지 말고 하나님께 소망을 두고, 내 욕심이 아닌 하나님의 소망을 붙잡아야 합니다. 주께서 소망을 이루시는 그 날까지 인내하고 기다리며 오늘의 고난을 이겨야 합니다.

민수기 22장_하나님의 소망 곧 그 뜻을 따라야

모압 왕 발락이 이스라엘 백성들의 강성함을 보고 두려워하여, 그들을 저주하고자 발람을 청한 말씀입니다. 곧 발락은 두 번이나 신하들을 보내 많은 복채를 약속하고 발람을 청했습니다. 발람은 하나님의 뜻만을 따른다고 말하면서도 발락이 약속한 복채에 대한 욕심 때문에 발락의 초빙에 응했습니다.

하나님의 뜻은 이스라엘의 축복이었습니다. 이스라엘 백성들이 그 약속의 땅을 차지하고 하나님과의 교제 속에서 번성하기를 바라며 소망하셨습니다. 따라서 발람에게 그 백성을 저주하지 말라고 명령하셨습니다. "하나님이 발람에게 이르시되 너는 그들과 함께 가지도 말고 그 백성을 저주하지도 말라 그들은 복을 받은 자들이니라"(민 22:12)

처음 발람은 하나님의 뜻을 따라 모압 왕 발락의 초빙을 거절했습니다. 그러나 모압 왕 발락이 더 높은 신하들을 보내고 더 많은 복채를 제시하자 욕심에 이끌리고 말았습니다. 하나님의 소망, 곧 그 뜻이 어디에 있는지 알면서도 그 뜻을 부정하고 자기의 욕심을 따라갔습니다. 따라서 하나님은 초빙을 받아 가는 발람의 길에 심판의 사자를 보내셨습니다. 칼을 빼어 들고 서서 발람의 길을 막아서게 하셨습니다. 발람의 나귀는 그 사자를 보고 나아가는 것을 멈추었으나, 발락은 그 사자를 보지 못해 멈추어 앞으로 나아가지 않는 나귀를 채찍질하고 때렸습니다(민 22:22~27). 이 말씀은 풍자적 표현입니다. 영적 능력을 지녔다고 소문 난 발람이 욕심에 눈이 멀어 짐승인 나귀조차도 보는 심판의 사자를 그 자신이 보지 못했다는 것을 표현한 것입니다. 곧 욕심에 눈이 멀면 그 앞에 닥친 심판도 어리

석게 보지 못하게 된다는 것입니다.

결국 발람의 어리석은 모습을 보며, 우리가 바라고 구하는 소망이 하나님의 소망, 곧 그 뜻과 일치해야 함을 깨닫게 됩니다. 따라서 중요한 것이 우리의 욕심을 내려놓는 것입니다. 그 욕심이 우리의 눈을 가리고, 하나님의 소망을 보지 못하게 하기 때문입니다. 그 욕심이 하나님의 소망과는 다른 길로 인도한다는 것입니다. 그러나 우리가 욕심을 내려놓으면 하나님의 소망이 보이고, 우리의 소망도 하나님의 소망과 같아질 수 있습니다.

시편 62-63편_오직 하나님을 소망하며 바라야

시편 62편은 오직 하나님만 바라며 하나님께 소망을 둔 다윗의 기도입니다. 시편 63편도 하나님을 앙모하며 그 도움과 승리를 구하고 확신한 다윗의 기도입니다. 곧 다윗은 고난과 시련 속에서 흔들리거나 요동함 없이 하나님께 소망을 두었습니다. 하나님만이 참 소망이 되심을 깨닫고 그 스스로에게 하나님만을 소망하라고 격려하며, 그 소망과 믿음에서 흔들리지 않을 것을 다짐했습니다. "나의 영혼아 잠잠히 하나님만 바라라 무릇 나의 소망이 그로부터 나오는도다 오직 그만이 나의 반석이시요 나의 구원이시요 나의 요새이시니 내가 흔들리지 아니하리로다"(시 62:5~6)

내 방법이나 세상의 악한 방법으로 상황을 바꾸려고 하거나 세상의 힘 있는 어느 대상을 바라보고 의지하고자 하는 것은 어리석은 일입니다. 다윗이 오직 하나님께만 소망을 두었던 것처럼, 우리도 하나님께만 절대적 소망을 두어야 합니다. 하나님께 소망을 두고 하나님이 기뻐하시는 의의 방법을 따라가야 합니다. 우리의 절망을 바꿀 수 있는 유일

한 분이 하나님이심을 깨달아야 합니다.

이사야 11-12장_그 날을 소망하며 오늘을 이겨야

그 날에 이루시는 하나님의 구원과 회복 그리고 평화를 전하고 있습니다. 그 날에 하나님의 구원을 경험하며 하나님을 찬양하게 된다는 것입니다. "그 날에 이새의 뿌리에서 한 싹이 나서 만민의 기치로 설 것이요 열방이 그에게로 돌아오리니 그가 거한 곳이 영화로우리라 그 날에 주께서 다시 그의 손을 펴사 그의 남은 백성을 앗수르와 애굽과 바드로스와 구스와 엘람과 시날과 하맛과 바다 섬들에서 돌아오게 하실 것이라"(사 11:10~11) "그 날에 너희가 또 말하기를 여호와께 감사하라 그의 이름을 부르며 그의 행하심을 만국 중에 선포하며 그의 이름이 높다 하라 여호와를 찬송할 것은 극히 아름다운 일을 하셨음이니 이를 온 땅에 알게 할지어다 시온의 주민아 소리 높여 부르라 이스라엘의 거룩하신 이가 너희 중에서 크심이니라 할 것이니라"(사 12:4~6)

'이새의 뿌리에서 나는 한 싹'은 메시야를 뜻합니다. 곧 메시야를 통해 놀라운 구원과 회복과 은혜와 평화가 이루어진다는 것입니다. 그 날에 하나님의 거룩한 산 모든 곳에서 서로 해치거나 파괴하는 일이 없게 되고(사 11:9), 쫓겨나고 흩어졌던 백성들이 다시 돌아오게 된다는 것입니다.

결국 무엇입니까? 지금은 적들의 침략과 수탈로 고통과 파괴와 황폐함의 시간을 보내고 있습니다. 하루하루를 절망의 시간으로 보내고 있습니다. 그러나 하나님을 통한 그 날이 약속되어 있다는 것입니다. 그 날에 놀라운 회복과 구원이 이루어진다는 것입니다. 따라서 그 날을 소망함으로 오늘의 절망을 이기라는 것입니다. 오늘의 절망의 상황이 아닌 내일의 소망을 바라보라는 것입니다. 구원의 그 날은 하나님의 약속이며, 또한 메시야가 오셔서 이루시는 것이기에 반드시 이루어진다는 것입니다.

야고보서 5장_그 날을 소망하며 인내해야

부한 자들의 사치와 방종과 불의함을 경고하며 그 형제들에게 주께서 다시 오시는 날까지 인내하며 그 믿음을 지킬 것을 교훈하는 말씀입니다. 곧 당장에 고난이 있고 어려움이 있고 답답함이 있어도 주의 날까지 기다리며 이겨야 한다는 것입니다. "그러므로 형제들아 주께서 강림하시기까지 길이 참으라 보라 농부가 땅에서 나는 귀한 열매를 바라고 길이 참아 이른 비와 늦은 비를 기다리나니 너희도 길이 참고 마음을 굳건하게 하라 주의 강림이 가까우니라"(약 5:7~8)

주의 날은 우리에게 구원과 승리의 날로써 소망의 날입니다. 그러나 그 날을 맞이하기까지 인내가 필요합니다. 오늘 고난이 주어진다고 그 믿음을 포기하지 말아야 합니다. 끝까지 소망을 품고 인내하며 믿음을 지킬 때, 그 날을 구원과 승리의 날로 맞이할 수 있습니다.

14 May

이깁니다

민수기 23장 | 시편 64-65편 | 이사야 13장 | 베드로전서 1장

하나님의 축복은 사람의 저주로 막을 수 없고, 여러 시련을 이기고 반드시 주어집니다. 하나님의 심판도 사람의 묘책과 강성함으로 막을 수 없고 반드시 주어집니다. 따라서 하나님의 사랑 안에서 하나님의 축복 안에 거해야 하고, 교만함을 버리고 겸손함으로 하나님의 은혜를 구해야 합니다.

민수기 23장_저주를 이기는 축복

발람이 이스라엘을 축복한 말씀입니다. 모압 왕 발락은 발람을 통해 이스라엘을 저주하고자 했지만, 오히려 발람은 이스라엘을 축복했습니다. 이 축복은 하나님의 뜻이었습니다. 하나님은 발람을 통해 이스라엘을 향한 축복의 뜻을 나타내신 것입니다. 발람에게 이스라엘을 축복하는 말씀을 주신 것입니다. 이에 대해 발람은 모압 왕 발락에게 다음과 같이 말했습니다. "하나님이 저주하지 않으신 자를 내가 어찌 저주하며 여호와께서 꾸짖지 않으신 자를 내가 어찌 꾸짖으랴"(민 23:8) "내가 축복할 것을 받았으니 그가 주신 복을 내가 돌이키지 않으리라"(민 23:20) 결코 하나님의 뜻을 거슬러 이스라엘을 저주할 수 없다는 것입니다. 하나님의 사랑은 이스라엘 백성들에게 있었고, 그 백성들을 축복하고 번성케 함이 하나님의 뜻이며, 그 뜻을 거슬러 저주할 수 없다는 것입니다. 따라서 발람은 하나님의 뜻을 따라 오히려 이스라엘을 축복했습니다.

결국 무엇입니까? 하나님께서 축복하고자 하는 사람을 그 누구도 막을 수 없습니다. 그 어떤 저주로도 그 축복을 빼앗을 수 없습니다. 하나님의 축복은 그 어떤 저주도 이깁니다. 따라서 하나님의 축복 안에 거해야 합니다. 하나님의 뜻이 우리를 향한 축복일 수 있도록 하나님의 사랑 안에 거해야 합니다.

시편 64-65편_묘책을 이기는 심판

시편 64편은 악을 꾀하는 자들의 음모에서 자신을 지켜주시기를 구한 다윗의 기도입니다. 시편 65편은 영육의 복에 대한 다윗의 감사 찬양입니다.

시편 64편에서 다윗은 하나님의 반대편에서 죄악을 꾸미는 자들에 대해 말하고 있습니다. 그들로 인해 고통 중에 있었지만, 그러나 하나님께서 그들을 심판하시고 자신을 지켜주실 것을 믿었습니다. 곧 악인들이 은밀하게 음모를 꾸미고 일을 진행하여 아무도 모를 것이라 생각하지만, 그러나 하나님은 아시고 반드시 그를 심판하신다는 것입니다. 그들은 묘책을 찾았다고 말하지만, 그 묘책이 하나님 앞에서는 헛될 뿐이며, 하나님의 심판을 피하지 못한다는 것입니다. 무엇보다 당장은 아무 일도 일어나지 않고 자신들의 악한 음모가 성공을 거두는 것으로 생각하지만, 하나님의 심판이 갑자기 임하게 된다는 것입니다. "그들은 죄악을 꾸미며 이르기를 우리가 묘책을 찾았다 하나니 각 사람의 속 뜻과 마음이 깊도다 그러나 하나님이 그들을 쏘시리니 그들이 갑자기 화살에 상하리로다"(시 64:6~7)

그 누구도 하나님을 속일 수 없습니다. 그 어떤 지혜와 방법으로도 하나님의 지혜를 이길 수 없습니다. 사람들에게는 묘책일지 몰라도 하나님 앞에서는 헛된 계략에 불과합니다. 따라서 겸손히 하나님의 편에 서서 은혜를 구해야 합니다. 사람의 지혜를 버리고 하나님의 지혜를 구하며 따라야 합니다.

이사야 13장_교만을 이기는 심판

바벨론을 향한 하나님의 심판의 말씀입니다. 그 나라가 강성하고 온갖 영화와 부귀를 누리며 교만했지만, 하나님의 심판 앞에 그 모든 것이 사라진다는 것입니다. 그 교만으로 인해 하나님께서 멸하신다는 것입니다. 그 모든 영광을 심판으로 멸하여 소돔과 고모라 같이 되게 하신다는 것입니다. "내가 세상의 악과 악인의 죄를 벌하며 교만한 자의 오만을 끊으며 강포한 자의 거만을 낮출 것이며 내가 사람을 순금보다 희소하게 하며 인생을 오빌의 금보다 희귀하게 하리로다"(사 13:11~12) "열국의 영광이요 갈대아 사람의 자랑하는 노리개가 된 바벨론이 하나님께 멸망 당한 소돔과 고모라 같이 되리니"(사 13:19)

그 어떤 영화와 강성함도 하나님의 심판의 때에 아무런 힘이 되지 못합니다. 아무리 영화롭고 부유하며 힘이 있다 할지라도 그 부유함과 힘으로 하나님의 심판을 막아서지 못합니다. 하나님께서 심판하시기로 뜻하신 이상, 세상의 그 어떤 힘도 하나님의 뜻을 막을 수 없습니다. 따라서 교만함을 버려야 합니다. 그 영화와 힘과 부유함을 믿고 교만한 순간, 하나님의 심판에 이르기 때문입니다. 당장은 그 가진 힘으로 인해 하나님의 심판도 피할 수 있을 것 같고, 그 힘이 영원할 것 같지만, 결코 하나님의 심판을 피할 수 없고, 그 힘도 잠시 잠깐일 뿐입니다. 오히려 그 모든 힘을 내려놓고 겸손히 하나님을 의지하며 은혜를 구해야 합니다.

베드로전서 1장_시험을 이기는 축복
그리스도를 통해 주어진 산 소망을 기억하고 고난

을 이기며 거룩함에 힘쓸 것을 교훈하는 말씀입니다. 무엇보다 여러 시험 중에도 변하지 않는 믿음으로 그 시험을 이기는 자에게는 칭찬과 영광과 존귀가 있을 것임을 말씀하고 있습니다. "그러므로 너희가 이제 여러 가지 시험으로 말미암아 잠깐 근심하게 되지 않을 수 없으나 오히려 크게 기뻐하는도다 너희 믿음의 확실함은 불로 연단하여도 없어질 금보다 더 귀하여 예수 그리스도께서 나타나실 때에 칭찬과 영광과 존귀를 얻게 할 것이니라"(벧전 1:6~7)

하나님의 편에 서서 그리스도를 소망 중에 붙들고 믿음으로 살아가는 삶에 시험, 곧 시련과 고난이 있고, 이로 인해 근심할 수 있습니다. 그러나 성경은 그 근심이 잠깐임을 가르쳐주고 있습니다. 반면 예수 그리스도께서 다시 오셔서 주시는 칭찬과 영광과 존귀는 영원합니다. 따라서 영원한 칭찬과 영광과 존귀, 곧 하나님의 축복을 기억하며 오늘의 잠깐의 시험을 이겨야 합니다. 그 시험이 결코 하나님의 축복을 막아설 수 없음을 우리의 변하지 않는 믿음과 이를 통한 축복으로 분명하게 나타내 보여야 합니다.

하나님의 백성

민수기 24장 | 시편 66-67편 | 이사야 14장 | 베드로전서 2장

맥체인성경365_756p

우리는 택함 받은 하나님의 거룩한 백성입니다. 하나님의 백성에게는 용서하시고 회복하시는 하나님의 은혜와 시험을 통해 단련하시고 존귀하게 하시는 하나님의 축복이 있습니다. 따라서 그 은혜와 단련과 축복을 기억하고 주의 거룩한 백성에서 떨어지지 않아야 합니다.

민수기 24장_축복하시는 하나님의 백성

계속된 발람의 축복입니다. 발람은 하나님께서 이스라엘을 축복하심을 선히 여기심을 보고 계속해서 이스라엘 백성을 향해 축복했습니다. 발람을 통해 이스라엘을 저주하고자 했던 모압 왕 발락은 그 뜻을 이루지 못했습니다. "발락이 발람에게 노하여 손뼉을 치며 말하되 내가 그대를 부른 것은 내 원수를 저주하라는 것이어늘 그대가 이같이 세 번 그들을 축복하였도다 그러므로 그대는 이제 그대의 곳으로 달아나라 내가 그대를 높여 심히 존귀하게 하기로 뜻하였더니 여호와께서 그대를 막아 존귀하지 못하게 하셨도다"(민 24:10~11)

하나님은 그 어떤 저주도 축복으로 바꾸시고 그 백성을 축복하십니다. 따라서 세상의 축복이 아닌 하나님의 축복을 사모하며 구해야 합니다. "내가 그대를 높여 심히 존귀하게 하기로 뜻하였더니 여호와께서 그대를 막아 존귀하지 못하게 하셨도다." 발락이 발람에게 한 말에서 중요한 교훈을 깨달아야 합니다. 곧 당장의 세상 축복에 마음을 빼앗겨서 하나님의 축복을 놓치지 말아야 합니다. 세상의 축복을 놓친다 할지라도 하나님의 말씀을 따라 하나님의 축복을 붙잡아야 합니다. 세상의 존귀함이 아니라 하나님이 존귀하게 세워주시는 축복을 선택해야 합니다.

시편 66-67편_단련하시는 하나님의 백성

시편 66편은 출애굽에서부터 가나안 땅까지 인도하셨던 하나님의 은혜와 역사에 대한 찬양이고, 시편 67편은 온 세계 위에 복을 내리시는 하나님을 향한 찬양입니다. 그런데 시편 66편에서, 하나님께서 그 백성을 고난과 시련을 통해 단련하시고 크고

아름답게 세우심을 말씀하고 있습니다. 곧 출애굽 후 그 백성들을 인도하시는 과정에서 하나님은 그 백성들을 고난과 시련을 통해 단련하셨다는 것입니다. 단련을 통해 그 백성을 풍부한 곳으로 인도하시고 축복하셨다는 것입니다. "하나님이여 주께서 우리를 시험하시되 우리를 단련하시기를 은을 단련함 같이 하셨으며 우리를 끌어 그물에 걸리게 하시며 어려운 짐을 우리 허리에 매어 두셨으며 사람들이 우리 머리를 타고 가게 하셨나이다 우리가 불과 물을 통과하였더니 주께서 우리를 끌어내사 풍부한 곳에 들이셨나이다"(시 66:10~12)

하나님의 뜻은 그 백성을 축복하심에 있습니다. 그 축복을 위해 백성들을 단련하시고, 단련을 통해 그 축복을 받을 수 있는 튼튼한 그릇을 만드십니다. 따라서 단련하고자 하시는 하나님의 시험을 피하지 말아야 합니다. 우리를 끌어 그물에 걸리게 하시고, 무거운 짐을 우리의 허리에 매어 두셨다고 원망하지 말아야 합니다. 우리를 고통의 불과 물 가운데를 지나게 하신다고 하나님의 인도하심을 거부하지 말아야 합니다. 단련하셔서 축복하고자 하시는 하나님의 뜻을 깨닫고 끝까지 하나님의 인도하심에 순종해야 합니다.

이사야 14장_용서하시는 하나님의 백성

바벨론 왕을 비롯해, 앗수르와 블레셋에 대한 하나님의 심판을 전하고 있습니다. 그 교만과 죄악으로 인해 하나님께서 심판하시는데, 그 영화를 스올에 떨어뜨리시며(사 14:15), 그 이름과 후손을 끊으시고(사 14:22), 그 나라를 땅에서 파하고 짓밟으며(사 14:25), 기근과 살륙을 당하게 하신다는 것입니다(사 14:30). 반면 하나님의 백성은 그 긍휼로 용

서시시고 회복하시며 다시 기회를 주심을 말씀하고 있습니다. 곧 하나님께서 이스라엘 백성들을 다시 택하여 그 땅으로 다시 돌아오게 하시고, 그 백성들을 사로잡고 압제하던 자들을 도리어 사로잡고 주관하게 하는 등, 역전의 은혜와 축복이 있게 하신다는 것입니다. "여호와께서 야곱을 긍휼히 여기시며 이스라엘을 다시 택하여 그들의 땅에 두시리니 나그네 된 자가 야곱 족속과 연합하여 그들에게 예속될 것이며 민족들이 그들을 데리고 그들의 본토에 돌아오리니 이스라엘 족속이 여호와의 땅에서 그들을 얻어 노비로 삼겠고 전에 자기를 사로잡던 자들을 사로잡고 자기를 압제하던 자들을 주관하리라"(사 14:1~2)

결국 무엇입니까? 하나님께서는 그 이방 민족들의 죄와 교만은 용서함 없이 심판하시지만, 그 백성을 향해서는 놀라운 긍휼의 은혜를 베푸십니다. 그 백성들도 그 죄로 인해 심판하시고 흩으시지만, 그러나 그 사랑으로 그들을 용서하시고 다시 회복시키십니다. 따라서 이방 민족이 아닌 하나님의 백성의 편에 서야 합니다. 하나님의 은혜의 선택을 거부하지 말고 그 손을 붙들어 하나님의 백성 안에 있어야 합니다. 하나님의 백성으로 용서의 은혜를 누려야 합니다.

베드로전서 2장_택하신 하나님의 백성
우리가 택하신 하나님의 거룩한 나라요 백성이 되었음을 전하고 있습니다. 그리고 우리가 하나님의 백성이 된 것은 오직 하나님의 긍휼 때문임을 가르치고 있습니다. "그러나 너희는 택하신 족속이요 왕 같은 제사장들이요 거룩한 나라요 그의 소유가 된 백성이니 이는 너희를 어두운 데서 불러 내어 그의 기이한 빛에 들어가게 하신 이의 아름다운 덕을 선포하게 하려 하심이라 너희가 전에는 백성이 아니더니 이제는 하나님의 백성이요 전에는 긍휼을 얻지 못하였더니 이제는 긍휼을 얻은 자니라"(벧전 2:9~10)

여기서 무엇보다 주목할 말씀이 "이제는"입니다. 이방인으로서 하나님의 긍휼을 입지 못했던 이전의 삶이 아니라, 이제 하나님의 백성으로 변화된 오늘이 중요하다는 것입니다. 이제 하나님의 긍휼로 하나님의 백성이 됐으니 하나님의 백성다운 삶을 살아야 한다는 것입니다. 이전에 이방인으로서의 죄악된 삶을 버리고 순전하고 신령한 젖을 사모하며(벧전 2:2), 하나님의 말씀을 따라 거룩한 삶을 추구해야 한다는 것입니다. 또한 주목할 말씀이, 택함 받은 우리에게 사명이 있다는 것입니다. 우리를 택하심은 하나님의 아름다운 덕, 곧 복음을 전하게 하시는 하나님의 뜻이 있다는 것입니다. 따라서 하나님의 백성으로 힘써 거룩함을 추구해갈 뿐만 아니라, 주신 사명을 따라 복음의 삶을 살아가야 한다는 것입니다.

하나님은 그 놀라운 긍휼로 우리를 하나님의 거룩한 백성으로 삼으셨습니다. 그 긍휼을 잊지 말고 이제는 우리가 하나님의 백성답게 살아야 합니다. 그 긍휼을 헛되이 하지 말고 하나님의 백성으로 거룩한 삶, 사명의 삶을 살아야 합니다.

심판

민수기 25장 | 시편 68편 | 이사야 15장 | 베드로전서 3장

하나님의 심판은 엄중하며 그 누구도 피할 수 없습니다. 따라서 죄에서 떠나 우리를 의롭게 하시는 예수 그리스도의 은혜를 힘입어야 합니다. 오직 그것만이 하나님의 심판을 멈출 수 있습니다. 하나님의 심판이 두려운 것이지만 우리를 의롭게 하시는 그리스도를 믿음으로 그 심판을 두려워하지 않을 수 있습니다.

민수기 25장_심판을 멈추는 길

백성들의 바알브올 우상 숭배와 비느하스의 여호와를 위한 열심을 보여주고 있습니다. 곧 이스라엘 백성들이 싯딤에서 모압 여인들과 음행하며 이방 신에게 절하는 등, 바알브올에 가담했습니다. 이로 인해 하나님께서 진노하셨고, 그 백성들을 심판하셨습니다.

하나님의 심판을 대하며 모세는 백성의 수령을 중심으로 바알브올에 가담한 사람들을 여호와 앞에서 목매어 달게 했습니다. 그래야 하나님의 진노가 떠날 수 있다는 것입니다. 하나님의 심판을 멈추는 길은 그 죄악을 제거하는 것에 있다는 것입니다. "여호와께서 모세에게 이르시되 백성의 수령들을 잡아 태양을 향하여 여호와 앞에 목매어 달라 그리하면 여호와의 진노가 이스라엘에게서 떠나리라 모세가 이스라엘 재판관들에게 이르되 너희는 각각 바알브올에게 가담한 사람들을 죽이라 하니라"(민 25:4~5)

또한 아론의 손자 비느하스는 살루의 아들 시므리가 음행한 미디안 여인을 진영 안까지 데리고 오자, 창을 들고 일어나 시므리와 그 데려온 여인을 죽였습니다. 하나님을 향한 열심 때문에 그 가증한 죄악을 그대로 볼 수 없었던 것입니다.

결국 하나님은 비느하스의 하나님에 대한 열심을 보고 이스라엘 자손에게 내린 염병의 심판을 멈추셨습니다. 그리고 비느하스의 열심에 대해 이렇게 말씀하셨습니다. "제사장 아론의 손자 엘르아살의 아들 비느하스가 내 질투심으로 질투하여 이스라엘 자손 중에서 내 노를 돌이켜서 내 질투심으로 그들을 소멸하지 않게 하였도다"(민 25:11)

하나님의 말씀에서 중요한 사실을 깨달을 수 있

습니다. 바알브올에 가담한 사람들을 잡아 죽이고, 비느하스가 하나님을 향한 열심으로 살루의 아들 시므리를 죽이지 않았다면, 하나님의 심판은 백성들을 모두 소멸하기까지 이어졌다는 것입니다. 하나님과 같은 마음으로 질투하며, 그 죄를 범한 사람들을 죽여 그 죄를 백성 중에서 제거했기에 하나님께서 그 심판을 멈추셨다는 것입니다.

하나님의 엄중한 심판을 멈출 수 있는 길은 그 죄를 제거하는 것입니다. 하나님과 같은 마음을 품고 죄를 미워하며, 속히 죄악된 요소를 제거하고 끊어버려야 하나님의 심판을 멈출 수 있습니다.

시편 68편_심판이 아닌 은혜의 길

하나님의 승리를 찬양하는 다윗의 시인데, 연약한 자를 향한 하나님의 돌보심의 은혜도 찬양하고 있습니다. 곧 하나님께서 그 거역하는 자들에게는 메마른 땅의 심판을 주시지만, 고아와 과부 등 고독한 자들, 곧 겸손히 하나님을 의지하며 하나님의 은혜를 구하는 자들에게는 형통함의 은혜를 주신다는 것입니다. 흡족한 비의 축복과 은혜를 주신다는 것입니다. "그의 거룩한 처소에 계신 하나님은 고아의 아버지시며 과부의 재판장이시라 하나님이 고독한 자들은 가족과 함께 살게 하시며 갇힌 자들은 이끌어 내사 형통하게 하시느니라 오직 거역하는 자들의 거처는 메마른 땅이로다"(시 68:5~6) "하나님이여 주께서 흡족한 비를 보내사 주의 기업이 곤핍할 때에 주께서 그것을 견고하게 하셨고 주의 회중을 그 가운데에 살게 하셨나이다 하나님이여 주께서 가난한 자를 위하여 주의 은택을 준비하셨나이다"(시 68:9~10)

결국 무엇입니까? 심판 아래 거할 것이냐? 은혜

아래에 거할 것이냐? 우리가 분명히 선택해야 합니다. 곧 하나님은 거역하며 죄를 범하는 자들은 심판하시지만, 하나님을 의지하는 자들에게는 은혜와 축복을 더하십니다. 따라서 겸손히 하나님을 믿고 의지함으로 하나님의 심판이 아닌 은혜 아래에 거해야 합니다.

이사야 15장_피할 수 없는 하나님의 심판

모압에 대한 심판의 말씀입니다. 하나님의 심판에 사람들이 도피하지만, 그 도피한 자들까지도 심판하시며 또 그 땅에 남은 자들까지도 심판하시는 하나님의 엄중한 심판을 말씀하고 있습니다. 곧 하나님의 심판은 누구도 피할 수 없다는 것입니다. 죽음의 피가 가득함에도 하나님의 심판은 멈추지 않고 계속될 만큼 참혹하다는 것입니다. 그 모든 죄의 값이 치러지기까지 심판은 계속된다는 것입니다. "디몬 물에는 피가 가득함이로다 그럴지라도 내가 디몬에 재앙을 더 내리되 모압에 도피한 자와 그 땅에 남은 자에게 사자를 보내리라"(사 15:9)

결국 이런 하나님의 엄중한 심판을 대하며, 우리가 구할 것은 은혜임을 깨닫게 됩니다. 곧 하나님의 심판이 임하면 누구도 피할 수 없기에, 늦기 전에 회개하며 죄의 용서를 구하고 하나님의 은혜를 구해야 합니다. 그 은혜만이 심판을 멈추고 피하는 유일한 길입니다.

베드로전서 3장_심판을 두려워하지 않는 길

하나님의 새 백성으로서 아내들과 남편들에 대한 권고와 전체 회중에 대한 권고를 기록하고 있습니다. 또한 그리스도께서 십자가의 죽으심으로 우리의 불의를 씻으시고 구원하셨음을 전하고 있습니다. 우리의 죄와 불의는 우리를 하나님 앞에 서지 못하게 하고, 그 앞에서 심판을 피할 수 없게 하지만, 예수 그리스도의 십자가의 희생으로 심판을 피하고 우리가 하나님 앞에 설 수 있음을 말씀하고 있습니다. "그리스도께서도 단번에 죄를 위하여 죽으사 의인으로서 불의한 자를 대신하셨으니 이는 우리를 하나님 앞으로 인도하려 하심이라 육체로는 죽임을 당하시고 영으로는 살리심을 받으셨으니"(벧전 3:18)

따라서 우리는 그리스도를 주로 믿는 믿음 안에서 심판을 두려워하지 않을 수 있습니다. 그 믿음과 의의 삶에서 고난이 있지만, 이미 그리스도를 통해 주어진 구원을 기억하며, 그 고난을 두려워하지 말고 믿음을 지키며 의의 삶을 살아가면 됩니다. 곧 성경은 이렇게 가르치고 있습니다. "그러나 의를 위하여 고난을 받으면 복 있는 자니 그들이 두려워하는 것을 두려워하지 말며 근심하지 말고 너희 마음에 그리스도를 주로 삼아 거룩하게 하고 너희 속에 있는 소망에 관한 이유를 묻는 자에게는 대답할 것을 항상 준비하되 온유와 두려움으로 하고"(벧전 3:14~15)

우리가 진정 두려워할 것은 하나님의 심판입니다. 그러나 그리스도를 통해 심판을 피하고 하나님 앞에 설 수 있으니 그 무엇도 두려워할 필요가 없습니다. 세상에서 맞이하는 그 어떤 고난과 핍박도 결코 두려움이 되지 않습니다.

오늘의 기도

1. 겸손히 하나님을 의지하는 하나님의 백성이 되게 하시고, 하나님께서 주시는 흡족한 비의 축복과 은택을 누리게 하소서.
2. 철저히 죄를 미워하고 제거하여 하나님의 심판을 멈추게 하는 사람이요, 하나님이 기뻐하시는 사람이 되게 하소서.
3. 의를 위한 고난을 기쁨으로 이겨 복이 있는 자가 되게 하시고, 주를 믿는 믿음 안에서 심판을 두려워하지 않는 삶을 살게 하소서.

고난 중에도

민수기 26장 | 시편 69편 | 이사야 16장 | 베드로전서 4장

마지막 때를 살아가는 믿음의 삶에 고난은 있습니다. 그러나 고난 중에 두려워하지 말고 하나님께 돌이켜 믿음으로 기도하면 됩니다. 고난 중에 오히려 기뻐하며, 하나님의 약속을 붙들고, 영광 중에 다시 오실 주님을 바라보면 됩니다.

민수기 26장_고난 중에 약속을 붙들어야

두 번째 인구 조사의 말씀입니다. 출애굽 후에 하나님의 명령에 따라 싸움에 나갈 만한 모든 사람을 조사했고, 이후 광야 40년의 삶을 지내고 두 번째로 인구를 조사한 것입니다. 여기서 하나님의 약속의 신실함, 곧 하나님의 약속은 반드시 이루어짐을 볼 수 있습니다.

"이는 여호와께서 그들에게 대하여 말씀하시기를 그들이 반드시 광야에서 죽으리라 하셨음이라 이러므로 여분네의 아들 갈렙과 눈의 아들 여호수아 외에는 한 사람도 남지 아니하였더라"(민 26:65) 가데스 바네아에서 하나님을 신뢰하지 못하고, 10명의 정탐꾼들의 말을 더 신뢰한 백성들을 향해 하나님은 심판을 말씀하셨습니다. 모두가 광야에서 죽게 되며, 한 사람도 가나안 땅에 들어가지 못하게 될 것을 말씀하셨습니다. 오직 신실함으로 하나님을 신뢰하고 의지한 여호수아와 갈렙만 가나안 땅에 들어가게 될 것을 말씀하셨습니다. 그런데 바로 그 말씀이 그대로 이루어졌다는 것입니다. 갈렙과 여호수아 외에는 한 사람도 남지 아니하고 광야에서 죽었다는 것입니다.

여호수아와 갈렙에게 하나님의 말씀은 약속이었습니다. 하나님을 신실하게 붙든 그들을 광야를 지나는 고난 중에서 반드시 지키시고 가나안 땅까지 인도하신다는 약속이었습니다. 그리고 그 약속은 하나님의 신실하심을 통해 그대로 이루어졌습니다. 우리가 이 말씀을 대하며, 우리의 인생의 광야에서도 어떤 고난을 만난다 할지라도 하나님의 약속만 붙들면 된다는 사실을 깨닫게 됩니다. 아무리 고난이 크다고 할지라도 하나님의 약속은 더 크고 확실하기에, 그 약속을 붙들어 승리할 수 있습니다.

시편 69편_고난 중에 믿음으로 기도해야

대적들로 인해 시련과 수치와 고통을 겪고 있는 다윗이 하나님의 구원을 구한 기도입니다. 무엇보다 다윗은 주님 때문에 비방을 받고 수치를 당하며 고난 중에 있었습니다(시 69:7). 하나님을 향한 열성과 뜨거움이 오히려 원수들의 모욕거리와 조롱거리가 되어 돌아왔다고 말하고 있습니다(시 69:9~11). 그러나 다윗은 넘어지지 않고 오히려 기도함으로 고난을 이겼습니다. 하나님의 은혜와 응답을 확신하며 고난 중에 넘어지지 않았습니다. "여호와여 나를 반기시는 때에 내가 주께 기도하오니 하나님이여 많은 인자와 구원의 진리로 내게 응답하소서 나를 수렁에서 건지사 빠지지 말게 하시고 나를 미워하는 자에게서와 깊은 물에서 건지소서 큰 물이 나를 휩쓸거나 깊음이 나를 삼키지 못하게 하시며 웅덩이가 내 위에 덮쳐 그것의 입을 닫지 못하게 하소서 여호와여 주의 인자하심이 선하시오니 내게 응답하시며 주의 많은 긍휼에 따라 내게로 돌이키소서 주의 얼굴을 주의 종에게서 숨기지 마소서 내가 환난 중에 있사오니 속히 내게 응답하소서"(시 69:13~17)

다윗의 믿음의 간구를 보며, 어떤 고난 중에도 우리도 믿음으로 흔들리지 말아야 함을 배우게 됩니다. 곧 고난 중에 하나님을 믿고 기도하면 됩니다. 그 누구도 신뢰할 수 없고 그 은혜를 기대할 수 없으나, 하나님은 절대적으로 신뢰할 수 있고 놀라운 은혜를 기대할 수 있습니다. 하나님은 그 믿음의 기도에 반드시 응답하여 구원하십니다.

이사야 16장_고난 중에 깨닫고 돌이켜야

15장에 이어서 모압의 교만과 그 심판을 전하고 있

습니다. 곧 모압이 헛된 교만을 자랑하였고, 이로 인해 하나님께서 심판으로 그 교만을 깨뜨리신다는 것입니다. 하나님의 심판으로 그들이 통곡하며 심히 근심하게 된다는 것입니다. "우리가 모압의 교만을 들었나니 심히 교만하도다 그가 거만하며 교만하며 분노함도 들었거니와 그의 자랑이 헛되도다 그러므로 모압이 모압을 위하여 통곡하되 다 통곡하며 길하레셋 건포도 떡을 위하여 그들이 슬퍼하며 심히 근심하리니"(사 16:6~7)

무엇보다 주목할 말씀이 그들의 수고와 기도가 소용이 없다는 것입니다. 곧 하나님의 심판을 대하며 자신들의 산당과 성소를 찾고 제사하며 기도하지만 그것이 헛될 뿐이라는 것입니다. 그들의 제사와 기도가 하나님의 심판을 막지 못한다는 것입니다. "모압이 그 산당에서 피곤하도록 봉사하며 자기 성소에 나아가서 기도할지라도 소용없으리로다"(사 16:12)

결국 이 말씀은 돌이킬 수 없는 심판을 보여줍니다. 이미 결정된 하나님의 심판은 그 무엇으로도 돌이킬 수 없다는 것입니다. 아무리 그들이 산당과 성소를 찾고 쉬지 않고 제사하며 기도해 봐야 하나님의 심판을 멈출 수 없다는 것입니다. 또한 어리석고 헛된 노력을 보여줍니다. 심판의 주권은 하나님께 있습니다. 따라서 하나님이 아닌 우상을 찾고 구해 봐야 헛될 뿐입니다. 심판을 멈추는 유일한 길은 하나님을 찾는 것입니다. 하나님을 찾아 회개하고 하나님의 은혜를 구하는 것입니다. 그럼에도 깨닫지 못하고 모압은 자신들의 산당과 성소를 찾아 우상들에게 구했습니다. 아무 도움도 또한 구원도 얻을 수 없는 우상을 찾는 어리석은 모습을 보였습니다.

하나님의 심판과 이로 인한 고난 중에 깨달아야 하는 것은 바로 하나님께 돌이키는 것입니다. 헛된 교만과 자랑에 빠져 하나님의 반대편에 서서 하나님을 대항한 죄를 깨닫고 돌이켜야 합니다. 헛된 대상을 의지하며 구하던 것에서 돌이켜 하나님을 의지하고 하나님께 구해야 합니다. 오직 이것만이 하나님의 심판을 멈추고 그 고난에서 벗어나는 길입니다.

베드로전서 4장_고난 중에 오히려 기뻐해야

그리스도인들의 고난에 대해 교훈하고 있습니다. 그 닥친 고난을 그리스도께서 하신 것처럼 받아들이고, 고난을 통해 죄를 이기는 수단을 깨달아야 한다는 것입니다. 고난 속에 담긴 연단을 깨닫고, 고난을 이상히 여기지 말고 오히려 그리스도의 고난에 참여하는 것으로 즐거워해야 한다는 것입니다. "사랑하는 자들아 너희를 연단하려고 오는 불시험을 이상한 일 당하는 것 같이 이상히 여기지 말고 오히려 너희가 그리스도의 고난에 참여하는 것으로 즐거워하라 이는 그의 영광을 나타내실 때에 너희로 즐거워하고 기뻐하게 하려 함이라"(벧전 4:12~13)

성경이 증언하는 것처럼 우리는 종말의 삶을 살아가고 있습니다. 만물의 마지막이 가까이 왔습니다(벧전 4:7). 따라서 더욱 힘써 기도하며 믿음을 지켜야 합니다. 무엇보다 마지막이 가까이 올수록 믿음의 사람들에게 큰 시험과 고난이 있음을 깨달아야 합니다. 여기에 넘어지지 말고 오히려 그리스도의 고난에 참여하는 것임을 기억하고 즐거워해야 합니다. 그리스도께서 영광 중에 다시 오실 때에 함께 누릴 영광을 생각하며 기쁨으로 이겨야 합니다.

오늘의 기도

1. 만물의 마지막이 가까이 왔음을 기억하며 더욱 깨어 기도하게 하시고, 영광 중에 다시 오실 주님을 바라보며 고난 중에도 오히려 기뻐하게 하소서.
2. 교만과 헛된 자랑을 버리고 헛된 믿음의 대상에서 돌이켜 오직 하나님만 의지하고 바라보게 하소서.
3. 고난 중에 하나님의 약속이 더 크고 확실함을 깨닫고, 하나님의 약속을 붙들고 고난을 이기게 하소서.

마지막까지 하나님의 말씀을 거역한 결과는 심판입니다. 따라서 깨닫고 속히 돌이켜야 하고, 오히려 마지막까지 하나님의 말씀에 순종해야 합니다. 고난과 마귀의 공격에도 마지막까지 믿음을 지키며, 마지막까지 주의 복음을 전해야 합니다.

민수기 27장_마지막까지 따라야 하는 명령

슬로브핫의 딸들에게 상속권이 주어져야 한다는 말씀과, 모세의 후계자로 여호수아를 세운 말씀입니다. 무엇보다 여기서 모세의 순종, 마지막까지 하나님의 명령을 따르는 순종을 보게 됩니다. "모세가 여호와께서 자기에게 명령하신 대로 하여 여호수아를 데려다가 제사장 엘르아살과 온 회중 앞에 세우고 그에게 안수하여 위탁하되 여호와께서 모세에게 명령하신 대로 하였더라"(민 27:22~23)

모세는 가나안 땅을 눈앞에 두고 있었고 따라서 욕심이 날 법도 했습니다. 그러나 "여기까지"라는 하나님의 말씀에 순종하여 욕심 내지 않고 모든 사역을 내려놓았습니다. 여호수아를 후계자로 세우고 모든 권한을 그에게 넘겼습니다. 그렇게 마지막까지 하나님의 말씀에 순종했습니다. 물론 모세도 사람인지라 실수한 때도 있었습니다. 신 광야에서 하나님의 명령을 거역하고 그 거룩함을 나타내지 못했습니다(민 27:14). 이로 인해 가나안 땅까지 들어가지 못하고 아바림 산에서 그 땅을 바라보는 것으로 만족해야 했습니다(민 27:12). 그러나 그는 항상 하나님께 물어 그 말씀을 들었고, 또 그 말씀에 순종하여 백성들을 이끌었습니다(민 27:5~6). 그리고 마지막까지 하나님의 말씀에 순종하여 여호수아를 후계자로 세우고 모든 삶과 사역을 내려놓았습니다. 그렇게 마지막까지 하나님께 충성했습니다.

모세의 이런 모습에서 아름다운 은퇴의 모습을 보게 됩니다. 하나님께서 기회를 주시는 데까지 힘을 다해 순종하며 충성하고, 또 "여기까지"라는 하나님의 말씀에 미련 없이 내려놓으며 순종하는 모습이 아름답다는 것입니다. 지나온 시간 동안 맡겨진 사명에 최선을 다했기에 미련 없이 내려놓을 수 있는 것 아니겠는가 생각도 들고, 따라서 아직 사명이 주어진 시간에 후회하지 않도록 최선을 다해야 한다는 사실도 깨닫게 됩니다. 그리고 마지막까지 순종하여 아름다운 마무리를 보였던 모세의 본을 따라 마지막까지 충성하며 하나님의 명령을 따라야 한다는 사실도 깨닫게 됩니다.

시편 70-71편_마지막까지 전파해야 하는 교훈

시편 70편은 적들로 인한 고난 중에서 하나님의 도우심을 구한 다윗의 기도입니다. 시편 71편은 나이 들어 연약해도 하나님께서 함께하여 힘을 주시고 도와주시기를 간구한 한 신앙인의 기도입니다. 무엇보다 그는 하나님의 도움을 구하며 마지막까지 하나님의 힘과 능력을 전하겠다고 고백했습니다. "하나님이여 나를 어려서부터 교훈하셨으므로 내가 지금까지 주의 기이한 일들을 전하였나이다 하나님이여 내가 늙어 백발이 될 때에도 나를 버리지 마시며 내가 주의 힘을 후대에 전하고 주의 능력을 장래의 모든 사람에게 전하기까지 나를 버리지 마소서"(시 71:17~18)

한 신앙인의 간구 속에서, 왜 하나님의 힘과 능력을 구해야 하는가? 왜 건강을 원하고 하나님의 은혜를 바라야 하는가? 그 정답을 볼 수 있습니다. 단지 우리 자신의 유익과 행복을 위해서가 아닙니다. 바로 하나님을 전하기 위해서입니다. 하나님이 기뻐하시는 일을 행하며, 맡기신 사명에 끝까지 충성하기 위해서입니다. 우리가 이것을 목적으로 하나님의 힘과 은혜를 구해야 합니다. 우리도 하나님의 은혜와 힘을 얻고 마지막까지 충성하며 복음을 전해야 합니다.

이사야 17-18장_마지막까지 거역한 말씀

이사야 17장은 다메섹과 북왕국 이스라엘을 향한 심판의 말씀입니다. 이사야 18장은 구스 땅을 향한 하나님의 말씀입니다. 특별히 북왕국 이스라엘을 향한 심판의 말씀에 주목하면, 하나님을 잊어버리고 우상숭배에 빠져 끝까지 하나님의 말씀을 거역한 그 백성들 향해 심판을 말씀하고 있습니다. "그 날에 그 견고한 성읍들이 옛적에 이스라엘 자손 앞에서 버린 바 된 수풀 속의 처소와 작은 산 꼭대기의 처소 같아서 황폐하리니 이는 네가 네 구원의 하나님을 잊어버리며 네 능력의 반석을 마음에 두지 아니한 까닭이라 그러므로 네가 기뻐하는 나무를 심으며 이방의 나무 가지도 이종하는도다"(사 17:9~10)

하나님은 이스라엘에 끊임없이 선지자들을 보내셔서 회개하고 돌아오라고 말씀하셨습니다. 그러나 백성들은 끝까지 거역하고 돌아오지 않았습니다. 따라서 하나님의 심판의 선언이 내려질 수밖에 없었습니다. 마지막까지 하나님의 말씀을 거역한 결과는 심판일 수밖에 없었습니다.

결국 이 말씀을 대하며 하나님의 심판이 이르기 전에 그 말씀을 듣고 돌이켜야 함을 깨닫게 됩니다. 결코 우리의 구원이 되시며 능력의 반석이 되시는 하나님을 잊지 않고 마음에 두어야 함을 깨닫게 됩니다.

베드로전서 5장_마지막까지 지켜야 하는 믿음

장로들과 젊은 자들에 대한 권면의 말씀입니다. 특별히 젊은 자들을 향해 믿음에 굳건히 서서 흔들리지 않아야 함을 가르치고 있습니다. 곧 믿음의 삶에서 마귀의 공격이 있다는 것입니다. 마귀가 우는 사자 같이 두루 다니며 삼킬 자를 찾는다는 것입니다. 이 마귀의 공격에 넘어지지 말고, 오히려 마귀를 대적하여 승리해야 한다는 것입니다. 믿음의 고난을 당하는 우리를 하나님께서 온전하게 하시며 굳게 세워주시고 힘을 주시며 흔들리지 않게 하심을 기억하고, 그 하나님의 도우심을 힘입어 믿음을 지켜야 한다는 것입니다. "근신하라 깨어라 너희 대적 마귀가 우는 사자 같이 두루 다니며 삼킬 자를 찾나니 너희는 믿음을 굳건하게 하여 그를 대적하라 이는 세상에 있는 너희 형제들도 동일한 고난을 당하는 줄을 앎이라 모든 은혜의 하나님 곧 그리스도 안에서 너희를 부르사 자기의 영원한 영광에 들어가게 하신 이가 잠깐 고난을 당한 너희를 친히 온전하게 하시며 굳건하게 하시며 강하게 하시며 터를 견고하게 하시리라"(벧전 5:8~10)

대적 마귀의 공격과 이로 인한 고난은 잠깐이지만 그리스도를 통해 주어지는 영광은 영원하다는 말씀을 놓치지 말아야 합니다. 따라서 잠깐의 고난 때문에 믿음에서 넘어지지 말아야 합니다. 오히려 영원한 영광을 바라보며 마지막까지 그 믿음을 지켜야 합니다.

오늘의 기도

1. 마지막까지 변함없이 주의 말씀에 귀 기울이고 순종하며 살아가게 하소서.
2. 마귀를 대적하여 승리하며, 믿음의 고난 중에도 넘어지지 말고 끝까지 믿음을 지키게 하소서.
3. 주의 복음을 전해야 하는 사명을 잊지 않고, 마지막 힘을 다하는 순간까지 그 사명의 삶을 살게 하소서.

예배하는 자의 축복

맥체인성경365_776p

민수기 28장 | 시편 72편 | 이사야 19-20장 | 베드로후서 1장

우리는 주의 부르심과 택하심에 합당한 삶, 곧 예배하는 삶을 살아야 합니다. 예배하는 우리에게 용서의 축복, 주의 다스림의 축복, 영원한 나라의 축복이 주어집니다.

민수기 28장_마땅한 예배

제사에 대한 가르침입니다. 매일 드려야 하는 상번제, 안식일 제사, 매월 초하루에 드리는 제사, 유월절 제사, 칠칠절 제사 등을 가르치고 있습니다. 곧 정한 시기에 마땅히 하나님께 예배해야 한다는 것입니다. "이스라엘 자손에게 명령하여 그들에게 이르라 내 헌물, 내 음식인 화제물 내 향기로운 것은 너희가 그 정한 시기에 삼가 내게 바칠지니라"(민 28:2)

하나님의 부르심과 구원의 은혜를 기억한다면 하나님께 예배함은 마땅합니다. 더욱이 그 삶을 다스리며 인도하시는 하나님을 기억하며 그 말씀에 따라 힘써 예배해야 합니다. 그 예배가 계속적인 하나님의 통치와 은혜와 복을 더해줍니다.

시편 72편_다스림의 축복

솔로몬의 시로서 왕의 의의 통치와 이를 통한 은혜와 축복을 전하고 있습니다. 곧 주의 판단력을 받은 왕이 주의 공의를 따라 가난한 백성들 편에 서서 그 나라를 통치할 때, 그 나라와 백성들에게 놀라운 축복이 주어진다는 것입니다. 의인이 흥왕하고 평강이 풍성하며 긍휼을 통한 생명이 넘치고 곡식이 풍성하게 된다는 것입니다. "그가 가난한 백성의 억울함을 풀어 주며 궁핍한 자의 자손을 구원하며 압박하는 자를 꺾으리로다"(시 72:4) "그의 날에 의인이 흥왕하여 평강의 풍성함이 달이 다할 때까지 이르리로다"(시 72:7) "그는 궁핍한 자가 부르짖을 때에 건지며 도움이 없는 가난한 자도 건지며 그는 가난한 자와 궁핍한 자를 불쌍히 여기며 궁핍한 자의 생명을 구원하며"(시 72:12~13) "산 꼭대기의 땅에도 곡식이 풍성하고 그것의 열매가 레바논 같이 흔들리며 성에 있는 자가 땅의 풀 같이 왕성하리로다"(시 72:16)

결국 의로운 왕의 통치와 축복은 우리의 영원한 왕 되신 예수 그리스도의 통치와 축복을 예표하고 있습니다. 곧 힘써 하나님을 예배하며 그 통치 안에 거할 때에 우리의 삶은 이를 통한 생명과 평강과 축복이 넘치게 된다는 것입니다. 따라서 더욱 힘써 예배하며 주의 통치 안에 거해야 합니다.

이사야 19-20장_용서의 축복

이사야 19장은 애굽을 향한 하나님의 심판을 전하고 있고, 이사야 20장은 애굽과 구스가 앗수르에 패할 것을 예언한 말씀입니다. 그런데 또한 그 날에 애굽에 주어지는 은혜와 축복도 전하고 있습니다. 하나님께서 심판하셨으나 깨닫고, 모든 우상을 물리치고 하나님께 예배하며 은혜를 구할 때, 하나님께서 그 간구에 응답하셔서 용서하시고, 구원과 치료와 회복의 은혜를 주신다는 것입니다. "그 날에 애굽 땅 중앙에는 여호와를 위하여 제단이 있겠고 그 변경에는 여호와를 위하여 기둥이 있을 것이요 이것이 애굽 땅에서 만군의 여호와를 위하여 징조와 증거가 되리니 이는 그들이 그 압박하는 자들로 말미암아 여호와께 부르짖겠고 여호와께서는 그들에게 한 구원자이자 보호자를 보내사 그들을 건지실 것임이라 여호와께서 자기를 애굽에 알게 하시리니 그 날에 애굽이 여호와를 알고 제물과 예물을 그에게 드리고 경배할 것이요 여호와께 서원하고 그대로 행하리라 여호와께서 애굽을 치실지라도 치시고는 고치실 것이므로 그들이 여호와께로 돌아올 것이라 여호와께서 그들의 간구함을 들으시고 그들을 고쳐 주시리라"(사 19:19~22)

모든 민족 모든 백성을 구원하기를 원하시는 하나님의 마음과 사랑을 알 수 있습니다. 이방인들도 하나님의 통치 안에서 회복과 구원을 누리기를 원하신다는 것입니다. 따라서 그 하나님의 사랑을 깨닫고 하나님께 돌이켜야 합니다. 힘써 하나님을 예배하며 그 통치 안에 거하고 용서의 축복을 누려야 합니다.

베드로후서 1장_영원한 나라의 축복

그리스도인들의 삶에 대한 권고로, 하나님의 부르심과 택하심에 마땅한 삶을 살아가야 함을 가르치고 있습니다. 세상에서 썩어질 것을 피하고 신성한 성품에 참여해야 한다는 것입니다. 따라서 힘써 믿음에 덕을, 덕에 지식을, 지식에 절제를, 절제에 인내를, 인내에 경건을, 경건에 형제 우애를, 형제 우애에 사랑을 더하라고 교훈하고 있고(벧후 1:5~7), 이를 통해 믿음에서 실족하지 않으면, 넉넉히 영원한 나라에 들어가게 됨을 말씀하고 있습니다. 곧 하나님께서 약속하신 하나님의 나라의 축복을 보장하신다는 것입니다. "그러므로 형제들아 더욱 힘써 너희 부르심과 택하심을 굳게 하라 너희가 이것을 행한즉 언제든지 실족하지 아니하리라 이같이 하면 우리 주 곧 구주 예수 그리스도의 영원한 나라에 들어감을 넉넉히 너희에게 주시리라"(벧후 1:10~11)

하나님의 부르심과 택하심에 마땅한 삶은 곧 하나님을 예배하는 삶이라 할 수 있습니다. 흔들리지 않는 믿음과 거룩함을 통해 삶으로 예배하는 것입니다. 이 예배의 삶을 변함없이 지속할 때, 하나님의 나라는 넉넉히 주어집니다. 하나님께서 영원한 나라의 축복을 주십니다. 따라서 우리가 힘써 예배의 삶으로 이 영원한 나라의 축복을 누려야 합니다.

오늘의 기도

1. 힘써 주님을 예배하며 주님의 의와 긍휼의 통치 안에 거하게 하시고, 주님이 주시는 풍성한 은혜와 축복을 누리게 하소서.
2. 믿음의 사람으로 마땅히 하나님 앞에 드려야 하는 예배를 힘써 드리게 하소서.
3. 주의 부르심과 택하심에 굳게 서서 삶의 예배를 드리며, 믿음에서 실족하지 않아 약속하신 영원한 나라에 넉넉히 들어가게 하소서.

예배

민수기 29장 | 시편 73편 | 이사야 21장 | 베드로후서 2장

하나님께 드리는 예배는 타협할 수 없습니다. 하나님께 드리는 예배는 헛되지 않아 심판에서 우리를 구원합니다. 믿음의 유혹과 시험에서 넘어지지 않도록 지켜줍니다.

민수기 29장_타협할 수 없는 예배

28장에 이어서 계속된 제사에 대한 가르침입니다. 나팔절 제사, 대속죄일 제사, 초막절 제사 등, 각 절기와 그때에 드려야 하는 제사에 대해 전하고 있습니다. 그런데 주목할 말씀이, 각 절기에 제사가 겹친다고 한 번으로 모아서 제사할 수 없다는 것입니다. 모두 각각의 제사를 드려야 한다는 것입니다. 절기의 제사도 드리고, 매일 드려야 하는 다른 제사도 동일하게 드려야 한다는 것입니다. "너희가 이 절기를 당하거든 여호와께 이같이 드릴지니 이는 너희의 서원제나 낙헌제로 드리는 번제, 소제, 전제, 화목제 외에 드릴 것이니라"(민 29:39)

결국 이와 같은 가르침은 하나님 앞에 드리는 제사, 곧 예배는 타협할 수 없다는 사실을 깨닫게 합니다. 편리에 따라 예배를 타협하지 말고 힘을 다해 모든 예배를 드려야 한다는 것입니다. 각각의 예배에 의미를 담고 가치를 담고 우리의 마음을 담아야 한다는 것입니다. 그런데 또한 이것은 하나님께서 우리가 드리는 모든 예배에 각각의 새 은혜와 복을 주기를 원하신다는 사실도 깨닫게 합니다. 우리가 어느 한 예배도 소홀히 하지 않고 온 힘을 다할 때, 하나님께서도 각각의 모든 예배에 준비하신 은혜와 복을 더해 주신다는 것입니다. 따라서 우리가 어느 한 예배도 소홀히 하거나 타협하지 말고, 온 마음과 정성을 다해 예배해야 합니다.

시편 73편_넘어지지 않게 하는 예배

악인들의 형통과 번영으로 인한 고통 중에 하나님께 드린 아삽의 기도입니다. 무엇보다 주목할 말씀이, 아삽은 악인들의 형통에 질투하며 고통 중에 넘어질 뻔했지만, 성소에서 예배를 통해 넘어지지

않을 수 있었다는 것입니다. 곧 아삽은 악인들의 평안과 번성함으로 인해 마음이 상하고 낙심하여 믿음의 어려움을 겪어야 했습니다. 이해할 수 없는 상황으로 인해, 의를 지키는 믿음의 삶에 흔들림이 있었습니다. 악인의 형통함으로 인해 거의 넘어질 뻔했습니다(시 73:2~3). 교만함과 악함으로 평안하고 재물이 늘어가는 것으로 인해 질투하여 넘어질 뻔했습니다. 그러나 하나님의 성소에 들어가 예배하는 가운데 악인들의 종말에 대해 깨닫고 믿음의 시험에서 이길 수 있었습니다. 하나님 앞에 나아가 예배하는 중에 하나님의 뜻을 깨닫고 믿음을 지킬 수 있었습니다. 곧 악인들이 당장은 형통하며 번영을 누리지만, 결국에는 하나님의 심판을 피할 수 없다는 것입니다. 하나님께서 결코 교만한 악인을 방관하지 않으시고 반드시 심판하신다는 것입니다. "하나님의 성소에 들어갈 때에야 그들의 종말을 내가 깨달았나이다 주께서 참으로 그들을 미끄러운 곳에 두시며 파멸에 던지시니 그들이 어찌하여 그리 갑자기 황폐되었는가 놀랄 정도로 그들은 전멸하였나이다"(시 73:17~19)

이처럼 예배는 하나님의 더 깊고 놀라운 뜻을 깨닫게 합니다. 우리의 믿음을 지켜 넘어지지 않게 합니다. 예배를 통한 하나님과의 만남은 신앙의 위기를 이기는 힘이요 능력이 됩니다.

이사야 21장_헛되지 않은 예배

바벨론 멸망에 대한 환상과 두마와 아라비아에 대한 경고의 말씀입니다. 무엇보다 바벨론의 멸망에 대해 다음과 같이 말씀하고 있습니다. "보소서 마병대가 쌍쌍이 오나이다 하니 그가 대답하여 이르시되 함락되었도다 함락되었도다 바벨론이여 그들

이 조각한 신상들이 다 부서져 땅에 떨어졌도다 하시도다"(사 21:9)

바벨론은 앗수르라는 대제국을 무너뜨리고 남왕국 유다까지 멸망시킨 나라입니다. 현재 누구도 바벨론이 무너지리라 상상조차 할 수 없었습니다. 그러나 그들의 교만함은 하나님의 심판으로 이어지게 되고, 영원할 것 같았던 제국은 하나님의 심판으로 무너지게 된다는 것입니다. 그런데 주목할 말씀이, "그들의 조각한 신상들이 다 부서져 땅에 떨어졌다"는 말씀입니다. 심판 때에 그 우상과 신상들이 아무 구원이 되지 못한다는 것입니다. 지금까지 그 신상들 앞에서 수없이 많은 예배를 드렸을 텐데, 그 예배가 헛될 뿐이라는 것입니다.

결국 이 말씀을 대하며 우리가 하나님께 드리는 예배를 생각해야 합니다. 거짓된 우상들과 신상들 앞에서 드린 예배는 헛되지만, 하나님을 찾고 하나님께 드리는 예배는 결코 헛되지 않습니다. 심판의 때에 이방 신상들이 아무 구원이 되지 못하지만, 하나님은 그 심판에서 우리를 능히 구원하십니다.

베드로후서 2장_유혹을 이기는 예배
거짓 선지자에 대한 경고와 하나님의 심판을 전하고 있습니다. 성도들 주변에 거짓 선지자들이 있고, 이들이 이단을 끌어들여 성도들을 멸망으로 몰고 가고 있다는 것입니다. "그러나 백성 가운데 또한 거짓 선지자들이 일어났었나니 이와 같이 너희 중에도 거짓 선생들이 있으리라 그들은 멸망하게 할 이단을 가만히 끌어들여 자기들을 사신 주를 부인하고 임박한 멸망을 스스로 취하는 자들이라"(벧후 2:1) 따라서 거짓 선지자들을 주의하고 더욱 경건함에 힘써야 함을 강조하고 있습니다. 주께서 불의한 자는 심판하시지만 경건한 자는 시험에서 건지신다는 것입니다. 거짓 선지자들의 불의한 유혹에서 지키시고 보호하신다는 것입니다. "주께서 경건한 자는 시험에서 건지실 줄 아시고 불의한 자는 형벌 아래에 두어 심판 날까지 지키시며"(벧후 2:9)

결국 무엇입니까? 경건한 삶을 위해 무엇보다 힘써야 할 것은 예배입니다. 하나님을 예배하며 하나님과의 교제가 끊어지지 않을 때, 우리의 경건한 삶은 유지되며, 그 어떤 시험과 유혹에서도 흔들리지 않고 믿음을 지킬 수 있습니다. 예배하며 경건함을 지켜가는 우리를 하나님께서 보호하시고 지키십니다.

약속

민수기 30장 | 시편 74편 | 이사야 22장 | 베드로후서 3장

맥체인성경365_786p

주의 약속은 더디지 않고 반드시 주님의 때에 이루어집니다. 따라서 주의 약속을 믿음으로 붙들고, 고난과 절망 중에서도 주의 약속을 통해 소망을 가져야 합니다. 반드시 약속을 이루시는 신실하신 주님 앞에 우리도 약속을 지키며 신실해야 합니다.

민수기 30장_우리도 지켜야 하는 약속

서원에 대한 가르침입니다. 하나님 앞에 서원하고 서약한 것은 지켜야 한다는 것입니다. 따라서 경솔히 서원하지 말아야 함과 일시적 감정으로 무분별하게 서원하지 말아야 함을 가르치고 있습니다. "사람이 여호와께 서원하였거나 결심하고 서약하였으면 깨뜨리지 말고 그가 입으로 말한 대로 다 이행할 것이니라"(민 30:2) 또한 여자가 스스로 한 서원에 대해 다루고 있는데, 옛 이스라엘에서 여자는 아버지나 남편의 뜻에 좌우되었기 때문에 그 서원도 아버지 또는 남편의 뜻에 따라 무효가 될 수 있음을 가르치고 있습니다.

결국 이 말씀은 우리가 하나님 앞에 드린 약속을 신실함으로 지켜야 함을 가르치고 있습니다. 곧 하나님은 신실하십니다. 신실하신 하나님은 그 약속을 지키십니다. 따라서 우리도 신실함으로 하나님과의 약속을 지켜가기를 바라십니다. 하나님의 약속이 내 삶에 이루어지기를 바란다면 오늘 우리도 하나님 앞에서 약속을 지켜가야 합니다. 신실하신 주님께서 그 약속을 지키심을 기억하고 우리도 신실함으로 주님과의 약속을 지켜가야 합니다. 신실하신 하나님께 우리도 신실해야 합니다.

시편 74편_끝까지 붙잡아야 하는 주의 약속

성전의 파괴와 예루살렘의 멸망 속에서 애통함으로 하나님께 드린 아삽의 기도입니다. 불타버리고 더럽혀진 성소를 바라보며 너무도 큰 절망에 처한 아삽은 어떻게 하나님의 성전과 도성이 대적들에 의해 짓밟히며 파괴될 수 있는지 큰 의문 가운데서 고통을 느끼며 기도한 것입니다. 그러나 아삽은 하나님의 약속을 붙잡고 긍휼과 구원을 기도했습니다. 큰 고통과 절망 중에서도 하나님께서 그 백성에게 하신 언약을 붙잡고, 그 원수들을 물리치시기를 기도했습니다. "주의 멧비둘기의 생명을 들짐승에게 주지 마시며 주의 가난한 자의 목숨을 영원히 잊지 마소서 그 언약을 눈여겨 보소서 무릇 땅의 어두운 곳에 포악한 자의 처소가 가득하나이다 학대 받은 자가 부끄러이 돌아가게 하지 마시고 가난한 자와 궁핍한 자가 주의 이름을 찬송하게 하소서"(시 74:19~21)

우리의 소망은 주의 약속에 있습니다. 주님은 신실하시고 그 약속은 반드시 이루어지기 때문입니다. 따라서 어떤 절망과 고통 중에도 그 약속을 끝까지 붙들어야 합니다. 주의 약속을 붙들어 신실하신 하나님의 은혜, 곧 약속의 성취를 누려야 합니다. 주의 약속을 통해 우리가 언제나 소망을 가질 수 있음을 잊지 말아야 합니다.

이사야 22장_끝까지 의지해야 하는 주의 약속

예루살렘의 오만함에 대한 하나님의 심판의 말씀입니다. 곧 끝까지 하나님께 돌이키지 않고 또 하나님을 의지하지 않는 그 백성들을 향한 심판을 전하고 있습니다. 또한 셉나와 엘리아김에 대해 말씀하고 있는데, 하나님께서 궁중의 최고 관리였던 셉나를 그 거만함으로 인해 쫓아내고 엘리아김에게 그 지위를 주게 될 것임을 말씀하고 있습니다.

예루살렘의 오만함과 심판에 대한 말씀을 보면, "너희가 또 옛 못의 물을 위하여 두 성벽 사이에 저수지를 만들었느니라 그러나 너희가 이를 행하신 이를 앙망하지 아니하였고 이 일을 옛적부터 경영하신 이를 공경하지 아니하였느니라 그 날에 주 만군의 여호와께서 명령하사 통곡하며 애곡하며 머

리 털을 뜯으며 굵은 베를 따라 하셨거늘 너희가 기뻐하며 즐거워하여 소를 죽이고 양을 잡아 고기를 먹고 포도주를 마시면서 내일 죽으리니 먹고 마시자 하는도다"(사 22:11~13) 어리석게 하나님을 의지하지 않은 백성들의 모습을 전하는 말씀입니다. 적의 침략을 막기 위해 무기를 준비하고, 물을 저장하고, 성벽을 견고하게 하고(사 22:8~10), 또 성벽 사이에 저수지를 만드는 등, 여러 방비를 하면서도 정작 가장 중요한 하나님을 앙망하지 않았다는 것입니다. 그 죄에 대해 통곡하고 애곡하며 회개하라는 하나님의 말씀에 귀 기울이지 않고, 먹고 마시며 즐기기에 바빴다는 것입니다. 모든 재앙을 그치시고 대적들의 침략을 막으실 하나님을 의지하지 않았다는 것입니다.

하나님의 약속은 하나님을 의지하며, 겸손히 은혜를 구하는 자에게 구원과 생명으로 나타납니다. 하나님의 약속을 믿고 바란다는 것은 결국 하나님을 신뢰하며 의지하는 것입니다. 그러나 하나님을 앙망하며 의지하지 않는 자에게 하나님의 약속은 깨어질 수밖에 없고, 결국 그들에게는 생명과 구원이 아닌 심판과 멸망이 주어질 수밖에 없습니다. 따라서 하나님의 언약이 이루어지기를 바라며 소망한다면 끝까지 하나님을 앙망하며 의지해야 합니다.

베드로후서 3장_끝까지 기다려야 하는 주의 약속

주의 재림과 그 심판의 확실함에 대해 전하고 있습니다. 곧 주의 강림을 부정하며 조롱하는 거짓 선지자들에 대해 말씀하고 있는데, 그들의 주장과 가르침을 주의해야 한다는 것입니다. 주의 약속은 더디지 않으며 주님의 때에 반드시 이루어진다는 것입니다. 단지 주께서 모두가 회개하고 구원에 이르기를 바라시고, 그 사랑으로 오래 참고 계시다는 것입니다. 따라서 주의 약속은 믿음으로 끝까지 기다려야 함을 가르치고 있습니다. "주의 약속은 어떤 이들이 더디다고 생각하는 것 같이 더딘 것이 아니라 오직 주께서는 너희를 대하여 오래 참으사 아무도 멸망하지 아니하고 다 회개하기에 이르기를 원하시느니라"(벧후 3:9)

주님의 때와 우리가 생각하는 때가 다름을 깨달아야 합니다. 주님은 더 크고 깊은 생각으로 우리의 생각을 넘어서 하나님의 때를 정하십니다. 따라서 주의 약속이 더디다고 그 약속을 의심하지 말아야 하고, 또 주님의 약속의 때가 멀었다는 생각으로 어리석게 방탕하지 말아야 합니다. 끝까지 주님의 약속을 붙들고 기다리며 믿음의 길을 걸어야 합니다.

오늘의 기도

1. 주님의 약속은 더디지 않음을 깨닫고, 주님의 오래 참음의 사랑을 기억하며, 믿음으로 그 약속을 기다리게 하소서.
2. 큰 환난과 고통을 만나도 끝까지 주의 약속을 붙들어 소망을 갖게 하소서.
3. 경솔히 서원하지 않게 하시고, 주님 앞에 드린 서원은 힘을 다해 지켜감으로, 신실하신 하나님 앞에 신실한 삶을 살게 하소서.

22 May

하나님께 있습니다

민수기 31장 | 시편 75-76편 | 이사야 23장 | 요한일서 1장

모든 것이 하나님께 있습니다. 우리의 삶의 승리와 패배도, 높아짐과 낮아짐도, 존귀함과 비천함도, 그리고 정죄와 죄 사함도 모두 하나님께 있습니다. 따라서 겸손히 하나님의 뜻에 순종하며 그 은혜를 구하며 살아야 합니다.

민수기 31장_하나님께 있는 승리와 패배

미디안과의 싸움에서의 승리를 기록하고 있습니다. 곧 하나님께서 바알브올의 죄를 범하도록 유혹한 당사자인 미디안을 쳐서 멸하도록 모세에게 명령하셨습니다. 모세는 하나님의 명령에 순종하여 백성들을 모아 싸움에 나가도록 했고, 그렇게 하나님의 명령에 따라 순종하여 싸웠을 때, 미디안의 다섯 왕을 비롯한 미디안의 모든 남자들과 이 모든 범죄에 이스라엘 백성들이 빠지도록 주도한 브올의 아들 발람을 죽이고 승리를 거둘 수 있었습니다. "그들이 여호와께서 모세에게 명령하신 대로 미디안을 쳐서 남자를 다 죽였고 그 죽인 자 외에 미디안의 다섯 왕을 죽였으니 미디안의 왕들은 에위와 레겜과 수르와 후르와 레바이며 또 브올의 아들 발람을 칼로 죽였더라"(민 31:7~8)

결국 여기서 깨닫게 되는 것이 무엇입니까? 하나님의 명령에 순종하여 싸울 때 승리할 수 있다는 것입니다. 이기고 지는 승패가 하나님의 손 안에 있고, 따라서 하나님의 명령을 따를 때, 하나님의 승리를 누릴 수 있다는 것입니다.

우리의 모든 삶도 다 하나님께 있습니다. 삶의 승리와 패배가 하나님의 손 안에서 결정이 됩니다. 따라서 하나님의 뜻을 따르며 순종하는 것이 승리의 비결입니다. 하나님의 명령에 순종하는 삶을 살아가는 이상, 우리의 삶에 승리는 계속됩니다.

시편 75-76편_하나님께 있는 높아짐과 낮아짐

시편 75편과 76편은 아삽의 시로서, 시편 75편은 오만한 자들을 심판하시는 하나님을 찬양하고 있고, 시편 76편은 경외 받으실 하나님을 향한 찬양하고 있습니다.

무엇보다 주목할 말씀이 높아짐과 낮아지심이 하나님의 손에 있다는 고백입니다. 곧 내가 높아지고 싶다고 높아질 수 있는 것도 아니고, 또 어떤 힘 있는 사람이 나를 높이는 것도 아니라는 것입니다. 높이시고 낮추시는 모든 주권은 하나님께 있다는 것입니다. "무릇 높이는 일이 동쪽에서나 서쪽에서 말미암지 아니하며 남쪽에서도 말미암지 아니하고 오직 재판장이신 하나님이 이를 낮추시고 저를 높이시느니라"(시 75:6~7)

결국 이 말씀은 우리가 겸손히 하나님을 의지하고 바라보며, 하나님께 우리의 인생을 맡겨야 함을 가르쳐줍니다. 또한 악인이 교만하여 스스로를 높이며 당장 떵떵거린다고, 그것 때문에 낙심하고 넘어질 필요도 없음을 가르쳐줍니다. 높아짐과 낮아짐은 하나님의 손에 있고, 하나님께서는 반드시 오만한 악인을 심판하시기에 하나님을 믿고 하나님께 맡기면 됩니다.

이사야 23장_하나님께 있는 존귀와 멸시

두로와 시돈을 향한 심판의 말씀입니다. 존귀한 자들이었던 두로가 하나님의 심판으로 말미암아 비천하게 되고 멸시를 받게 된다는 것입니다. "면류관을 씌우던 자요 그 상인들은 고관들이요 그 무역상들은 세상에 존귀한 자들이었던 두로에 대하여 누가 이 일을 정하였느냐 만군의 여호와께서 그것을 정하신 것이라 모든 누리던 영화를 욕되게 하시며 세상의 모든 교만하던 자가 멸시를 받게 하심이라"(사 23:8~9)

특별히 이 말씀에서 주목할 것이, 존귀와 영화를 누리는 것, 또한 멸시 받고 비천하게 되는 것, 그 모든 것을 결정하시는 분은 하나님이시라는 것입니다. 하나님의 주권에 따라 존귀하고 영화롭게도 되고 멸시와 비천함에 처하게도 된다는 것입니다. 곧 두로는 동부 지중해 연안에 위치한 고대 페니키아의 주요한 네 성읍 가운데 하나였습니다. 유명한 항구 도시로 일찍이 바다를 개척하여 지중해를 통한 해상 무역에 활발히 종사했고, 이를 통해서 엄청난 부를 축적하여 부귀와 영화를 누렸습니다. 그러나 하나님의 심판으로 멸망당해 무너지고 그 모든 부귀와 영화를 잃어버리게 된다는 것입니다.

두로의 심판은 교만한 자를 향한 하나님의 심판을 보여주고 있습니다. 하나님의 심판 앞에 그 부귀와 영화가 헛되고 소용이 없음을 가르쳐주고 있습니다. 하나님 밖에서 영화를 누려 봐야 하나님의 심판으로 한 순간에 다 날아가 버린다는 것입니다. 따라서 존귀와 영화도 하나님의 손 안에 있음을 기억하고, 겸손히 하나님을 의지해야 합니다. 무엇보다 그 모든 부귀와 영화를 통해 하나님의 영광을 올려드려야 합니다.

요한일서 1장_하나님께 있는 정죄와 죄 사함

빛 속에 사는 삶에 대해 가르쳐주고 있습니다. 곧 하나님은 빛이시고, 빛 되신 하나님 안에서 진실하게 죄를 고백하고 죄를 용서 받는 삶을 살아야 한다는 것입니다. 성경이 분명히 말씀하고 있는 것은, 겸손히 우리의 죄를 깨닫고 주님 앞에 진실하게 고하면 신실하시고 의로우신 주님이 우리의 모든 죄를 사하시고 깨끗하게 하신다는 것입니다. 그러나 교만함으로 그 죄를 깨닫지 못하고 부정하면 하나님도 부정하는 것이요 죄 사함의 어떤 은혜도 누릴 수 없다는 것입니다. "만일 우리가 죄가 없다고 말하면 스스로 속이고 또 진리가 우리 속에 있지 아니할 것이요 만일 우리가 우리 죄를 자백하면 그는 미쁘시고 의로우사 우리 죄를 사하시며 우리를 모든 불의에서 깨끗하게 하실 것이요 만일 우리가 범죄하지 아니하였다 하면 하나님을 거짓말하는 이로 만드는 것이니 또한 그의 말씀이 우리 속에 있지 아니하니라"(요일 1:8~10)

정죄와 죄 사함, 곧 심판과 구원이 하나님께 있습니다. 따라서 어리석게 스스로를 의롭다고 여기며 교만하거나 하나님 밖에서 구원을 찾지 말고, 겸손히 하나님 앞에 나아가 회개하며 은혜를 구해야 합니다. 오직 주님의 은혜로 죄 사함을 얻는 것이 유일한 구원의 길입니다.

오늘의 기도

1. 삶의 승리가 주님께 있음을 깨닫고, 헛된 방백이 아니라 오직 주님만을 의지하게 하소서.
2. 겸손하게 주님을 의지함으로 주님께서 높이시고 영화롭게 하시는 은혜와 축복을 누리게 하소서.
3. 진실함과 겸손함으로 우리의 죄를 자백하여 미쁘시고 의로우신 주님의 죄 사함의 은혜를 누리게 하소서.

진노

민수기 32장 | 시편 77편 | 이사야 24장 | 요한일서 2장

하나님의 진노와 이로 인한 심판은 그 누구도 피할 수 없습니다. 하나님의 진노는 우리를 멸망으로 이끌며, 두려움과 절망에 이르게 합니다. 따라서 예수 그리스도밖에 없습니다. 오직 화목 제물 되신 예수 그리스도만이 우리의 죄를 씻고 하나님의 진노를 은혜로 바꿉니다.

민수기 32장_하나님의 진노로 인한 멸망

요단 동편의 땅을 루우벤 지파와 갓 지파 그리고 므낫세 반 지파에게 나누어 준 말씀입니다. 그런데 처음 요단 동편의 땅을 이 지파들에게 나누어 주는 과정에서 오해가 있었습니다. 곧 루우벤 자손과 갓 자손이 모세를 찾아와 요단 동편의 땅을 기업으로 요구했을 때, 모세는 이들이 가나안 민족과의 싸움은 거부하고 자신들만의 안위와 기업만을 추구하는 이기적 생각을 가진 것으로 오해했습니다. 그러나 이들이 먼저 요단 동편에 기업을 얻지만, 나머지 지파를 위해 앞장서 싸울 것을 약속하며 오해를 풀었고, 결국 이들에게 요단 동편의 땅이 기업으로 주어지게 됐습니다.

그런데 주목할 말씀이 모세가 요단 동편의 땅을 기업으로 요구한 루우벤과 갓 자손에게 한 말입니다. 오해 속에서 한 말이지만, 그러나 중요한 가르침을 주고 있습니다. 곧 모세는 이전 하나님의 진노를 떠올렸는데, 가데스 바네아에서 하나님을 불신하고 순종하지 않아 출애굽 1세대들이 광야에서 40년을 방황하며 심판 받았다는 것입니다. 따라서 요단 동편의 땅에 만족하여 다시 가나안 땅으로의 진격을 거부한다면 다시 하나님의 진노 아래에 거할 수밖에 없다는 것입니다. 그 누구도 하나님의 진노를 피할 수 없고, 하나님의 진노로 모든 백성이 멸망당하게 된다는 것입니다(민 32:13~15).

하나님을 향한 불신과 불순종은 하나님의 진노로 이어집니다. 그 진노를 피해 숨을 수 있는 사람은 아무도 없으며, 그 진노의 결과는 멸망입니다. 따라서 하나님을 신뢰하며 그 말씀에 순종해야 합니다. 끝까지 하나님 편에 서야 합니다. 불신과 불순종의 결과는 심판이지만 신뢰와 순종의 결과는 축복임을 잊지 말아야 합니다.

시편 77편_하나님의 진노로 인한 두려움

환난 중에 불안함과 두려움을 느끼며 하나님의 은혜를 구한 아삽의 기도입니다. 곧 아삽은 환난으로 인한 불안과 근심 속에서 하나님의 은혜와 긍휼이 끝나고, 그 약속이 영원히 폐하여진 것은 아닌가 생각할 수밖에 없었습니다. 하나님의 진노로 그 긍휼이 그친 것은 아닌지 두려워했습니다. "주께서 영원히 버리실까, 다시는 은혜를 베풀지 아니하실까, 그의 인자하심은 영원히 끝났는가, 그의 약속하심도 영구히 폐하였는가, 하나님이 그가 베푸실 은혜를 잊으셨는가, 노하심으로 그가 베푸실 긍휼을 그치셨는가 하였나이다 (셀라)"(시 77:7~9) 그러나 이후 아삽은 자신의 생각이 잘못됐음을 고백하고, 이전에 하나님께서 행하신 놀라운 일들과 속량을 기억하며 하나님의 구원을 믿고 소망했습니다.

이런 아삽의 고백은 하나님의 진노가 아닌 은혜에 거하는 것이 얼마나 중요한가를 새삼 깨닫게 합니다. 그 죄로 인해 하나님의 은혜가 그치고 진노가 내려질 때, 우리는 두려움에 처할 수밖에 없습니다. 따라서 내 삶에 죄로 인해 하나님의 은혜가 그치지 않도록, 하나님의 진노를 두려워하며 죄에서 돌이켜야 합니다. 무엇보다 힘써 하나님의 은혜를 구하고 또 구해야 합니다.

이사야 24장_하나님의 진노로 인한 절망

땅에 대한 하나님의 심판을 전하고 있습니다. 하나님의 진노로 심판이 내려질 때, 모든 것이 파괴되고, 기쁨이 그치고, 슬픔과 절망 속에 처할 수밖에 없다는 것입니다. 다시 말해 하나님의 진노의 심판 속에서는 절망만 있을 뿐, 아무 소망도 찾을 수 없다는 것입니다. "그러므로 저주가 땅을 삼켰고 그 중에 사는 자들이 정죄함을 당하였고 땅의 주민이 불타서 남은 자가 적도다 새 포도즙이 슬퍼하고 포도나무가 쇠잔하며 마음이 즐겁던 자가 다 탄식하며 소고 치는 기쁨이 그치고 즐거워하는 자의 소리가 끊어지고 수금 타는 기쁨이 그쳤으며 노래하면서 포도주를 마시지 못하고 독주는 그 마시는 자에게 쓰게 될 것이라 약탈을 당한 성읍이 허물어지고 집마다 닫혀서 들어가는 자가 없으며 포도주가 없으므로 거리에서 부르짖으며 모든 즐거움이 사라졌으며 땅의 기쁨이 소멸되었도다"(사 24:6~11)

이처럼 하나님의 진노의 심판이 시작되면 그 누구도 피할 수 없습니다. 하나님의 진노 아래에 있는 사람은 절망뿐입니다. 따라서 하나님의 진노가 아닌 은혜 아래에 거해야 합니다. 하나님을 경외하고 그 믿음을 끝까지 지킴으로 하나님의 편에 서서 그 진노를 피해야 합니다.

요한일서 2장_하나님의 진노를 피하는 길

우리의 대언자요 죄를 위한 화목 제물 되신 예수 그리스도에 대한 말씀, 형제 사랑의 새 계명에 대한 가르침, 세상과 세상에 있는 것들을 사랑하지 말고 하나님의 뜻을 행하는 자가 되라는 가르침, 예수께서 그리스도이심을 부인하는 적그리스도의 미혹에 넘어지지 말고, 끝까지 예수 그리스도 안에 거하라는 가르침 등을 전하고 있습니다.

특별히 주목할 말씀이, 예수 그리스도를 통해 우리의 죄를 해결할 수 있다는 가르침입니다. 곧 우리가 죄를 범하지 않아야 하지만 그러나 연약함으로 죄를 범할 때, 대언자 되시며 화목제물 되신 예수 그리스도를 통해 죄를 해결할 수 있다는 것입니다. "나의 자녀들아 내가 이것을 너희에게 씀은 너희로 죄를 범하지 않게 하려 함이라 만일 누가 죄를 범하여도 아버지 앞에서 우리에게 대언자가 있으니 곧 의로우신 예수 그리스도시라 그는 우리 죄를 위한 화목 제물이니 우리만 위할 뿐 아니요 온 세상의 죄를 위하심이라"(요일 2:1~2)

우리가 죄를 해결하면 하나님의 진노는 더 이상 두려워할 필요가 없습니다. 예수 그리스도를 통해 죄를 용서받은 이상, 하나님의 진노는 우리에게 내리지 않습니다. 따라서 힘써 예수 그리스도를 믿고, 그 믿음에서 흔들리지 않아야 합니다. 예수께서 그리스도이심을 부인하며 거짓을 말하는 적그리스도의 유혹에 넘어지지 말아야 합니다. 곧 성경은 이렇게 말씀하고 있습니다. "거짓말하는 자가 누구냐 예수께서 그리스도이심을 부인하는 자가 아니냐 아버지와 아들을 부인하는 그가 적그리스도니 아들을 부인하는 자에게는 또한 아버지가 없으되 아들을 시인하는 자에게는 아버지도 있느니라"(요일 2:22~23) 예수 그리스도를 신뢰하며 믿는 자들에게, "아버지도 있느니라" 곧 하나님 아버지를 모시며 생명과 구원 안에 있다는 것입니다. 어리석게 예수 그리스도를 부인하지 않고 믿는 것이 하나님의 진노를 피하고 하나님을 모시며 살아가는 삶, 곧 그 은혜 안에 거하는 길이 된다는 것입니다.

오직 예수 그리스도만이 우리의 죄로 인한 하나님의 진노를 피하는 유일한 길입니다. 하나님 앞에서 우리의 대언자가 되시고, 우리와 온 세상의 죄를 위한 화목 제물이 되시는 예수 그리스도를 믿고 영접할 때, 하나님의 진노는 우리 안에서 은혜로 바뀌게 됩니다.

오늘의 기도

1. 하나님을 믿고 그 말씀에 순종하여 하나님의 진노에서 떠난 삶을 살게 하소서.
2. 하나님의 진노가 아닌 은혜를 통해 두려움과 절망이 아닌 확신과 소망의 삶을 살게 하소서.
3. 화목 제물 되신 예수 그리스도를 믿는 믿음에서 떠나지 않아 하나님의 진노가 아닌 은혜를 계속해서 누리게 하소서.

인도하심

민수기 33장 | 시편 78편 1-37절 | 이사야 25장 | 요한일서 3장

맥체인성경365_800p

하나님은 우리의 삶을 인도하십니다. 그 인도하심의 목적지는 구원이고 영광입니다. 따라서 인도하심의 과정에서 고통의 광야를 지난다 할지라도 하나님을 불신하고 배반하지 말아야 합니다. 끝까지 거룩함의 삶과 사랑의 삶으로 주의 인도하심을 따라야 합니다.

민수기 33장_하나님의 인도하심

이스라엘 백성들의 광야 노정을 기록한 말씀입니다. 또한 아론의 죽음과 가나안 거민을 다 몰아내라는 명령을 기록하고 있습니다.

광야 노정의 말씀에 주목하면, 모세는 여호와 하나님의 명령에 따라 지금까지 지나온 노정을 정리하여 기록하였습니다(민 33:2). 그런데 기록한 노정 곳곳에서 하나님의 은혜를 찾아볼 수 있습니다. 장자를 멸하시고 출애굽의 놀라운 구원의 역사를 나타내신 것을 비롯하여 홍해를 마른 땅으로 건너게 하시고 애굽의 군대를 홍해에서 멸하신 승리의 사건, 쓴물을 단물로 바꾸신 사건, 반석에서 물을 내어 백성들을 먹이신 사건, 만나와 메추라기를 통해 백성들에게 양식을 공급하신 사건 등, 하나님은 백성들의 필요를 아시고 공급하시며 그 광야에서의 삶을 돌보시고 인도하셨습니다. 그 노정 속에 하나님의 은혜를 찾아볼 수 있습니다.

이처럼 하나님은 우리의 삶을 선하게 인도하십니다. 그 인도하심 속에 놀라운 은혜를 베푸시고 필요를 채우시는 등 보호하시고 돌보십니다. 따라서 하나님의 인도하심에 순종하며 따라야 합니다. 인도하시는 길이 항상 평탄한 것만은 아닙니다. 그러나 하나님의 은혜와 도우심을 믿고 순종하여 따르면 결국 하나님이 인도하시는 목적지, 축복의 땅에 이르게 됩니다.

시편 78편 1-37절_하나님의 인도하심을 불신한 결과

이스라엘 역사 가운데 나타난 그 백성들의 죄와 심판을 전하고 있습니다. 하나님의 놀라운 은혜와 인도하심에도 불구하고 그 백성들이 하나님을 배반하며 믿지 아니하고 의지하지 아니하였다는 것입니다. 그리고 그 결과 하나님의 심판이 있었다는 것입니다.

"낮에는 구름으로, 밤에는 불빛으로 인도하셨으며 광야에서 반석을 쪼개시고 매우 깊은 곳에서 나오는 물처럼 흡족하게 마시게 하셨으며 또 바위에서 시내를 내사 물이 강 같이 흐르게 하셨으나 그들은 계속해서 하나님께 범죄하여 메마른 땅에서 지존자를 배반하였도다 그들이 그들의 탐욕대로 음식을 구하여 그들의 심중에 하나님을 시험하였으며"(시 78:14~18) 하나님의 인도하심의 은혜와 백성들의 불의함을 대비하여 볼 수 있는 말씀입니다. 하나님은 놀라운 은혜로 백성들을 돌보시고 선하게 인도하셨지만, 백성들은 욕심으로 끊임없이 불평하고 하나님을 시험하며 배반했다는 것입니다. "그러나 그들이 그들의 욕심을 버리지 아니하여 그들의 먹을 것이 아직 그들의 입에 있을 때에 하나님이 그들에게 노염을 나타내사 그들 중 강한 자를 죽이시며 이스라엘의 청년을 쳐 엎드러뜨리셨도다"(시 78:30~31) 하나님의 인도하심에 불평하고 욕심을 버리지 않은 백성들의 결과를 보여주고 있습니다. 그들에게 하나님의 진노와 심판이 있었다는 것입니다. 그 백성들을 죽이시고 엎드러뜨리셨다는 것입니다.

하나님의 인도하심의 은혜를 깨닫고 순종하며 따르면 하나님의 인도하시는 목적지 곧 축복의 땅에 이르게 됩니다. 그러나 불평하고 시험하며 하나님의 인도하심을 불신하면 심판의 결과를 맞이할 수밖에 없습니다. 사실 광야의 삶이 평안할 수는 없습니다. 그 가는 길이 불편하고 여러 부족함이 있을 수밖에 없습니다. 그러나 거기에 필요를 채우시고 돌보시는 하나님의 은혜가 있습니다. 무엇보다 하나님은 축복의 땅 가나안을 바라보며 그 백성들을 인도하십니다. 따라서 불평과 원망 대신 기도와 믿음을 보여야 합니다. 당장의 부족함과 불편함보다 내일에 이르게 될 가나안의 축복을 바라봐야 합니다.

이사야 25장_하나님이 인도하시는 목적지

하나님의 심판 이후 구속받은 자들의 감사와 찬양을 기록한 말씀입니다. 무엇보다 주목할 말씀이, 하나님께서 내일에 이루실 회복과 축복입니다. 하나님께서 거룩한 산에서 만민을 위해 기쁨의 잔치를 베푸신다는 것입니다. 사망을 영원히 멸하시고, 그 백성들의 눈물과 수치를 씻기시고 제하시며, 구원과 기쁨을 더하신다는 것입니다. "만군의 여호와께서 이 산에서 만민을 위하여 기름진 것과 오래 저장하였던 포도주로 연회를 베푸시리니 곧 골수가 가득한 기름진 것과 오래 저장하였던 맑은 포도주로 하실 것이며 또 이 산에서 모든 민족의 얼굴을 가린 가리개와 열방 위에 덮인 덮개를 제하시며 사망을 영원히 멸하실 것이라 주 여호와께서 모든 얼굴에서 눈물을 씻기시며 자기 백성의 수치를 온 천하에서 제하시리라 여호와께서 이같이 말씀하셨느니라 그 날에 말하기를 이는 우리의 하나님이시라 우리가 그를 기다렸으니 그가 우리를 구원하시리로다 이는 여호와시라 우리가 그를 기다렸으니 우리는 그의 구원을 기뻐하며 즐거워하리라 할 것이며"(사 25:6~9)

결국 무엇입니까? 이 구원과 기쁨이 그 백성들을 향한 하나님의 뜻이며 그 백성을 인도하시는 목적지입니다. 하나님은 이 구원과 축복을 목적지로 두시고 그 백성들을 인도하십니다. 때로 훈련을 위해 고난과 고통의 광야 길로 인도하시기도 하지만, 그것은 과정일 뿐 결코 그 고난과 고통의 광야가 목적지가 아닙니다. 따라서 당장은 고통의 광야를 지난다 할지라도 불평하며 하나님의 인도하심을 거부할 것이 아니라, 하나님께서 인도하시는 구원의 목적지를 바라보며 끝까지 하나님을 따라야 합니다. 하나님께서 인도하시는 목적지에서 누릴 구원과 기쁨을 생각하며 오늘의 광야를 이겨야 합니다.

요한일서 3장_하나님의 인도하심을 따르는 거룩한 삶

하나님의 자녀로서 장래에 누릴 영광에 대해 말씀하고 있습니다. 따라서 이 영광을 소망하며 죄를 이기는 거룩한 삶, 진실함과 행함으로 형제를 사랑하는 삶을 살아야 함을 가르치고 있습니다. "주를 향하여 이 소망을 가진 자마다 그의 깨끗하심과 같이 자기를 깨끗하게 하느니라"(요일 3:3) "그 안에 거하는 자마다 범죄하지 아니하나니 범죄하는 자마다 그를 보지도 못하였고 그를 알지도 못하였느니라 자녀들아 아무도 너희를 미혹하지 못하게 하라..."(요일 3:6~7) "자녀들아 우리가 말과 혀로만 사랑하지 말고 행함과 진실함으로 하자 이로써 우리가 진리에 속한 줄을 알고 또 우리 마음을 주 앞에서 굳세게 하리니"(요일 3:18~19)

하나님을 통해 주어진 영광을 소망하며 하나님의 자녀로서 거룩함의 삶과 사랑의 삶을 살아감은 마땅합니다. 그 삶이 그 자녀를 영광으로 이끄시는 하나님의 인도하심을 따르는 삶입니다. 어리석게 하나님의 인도하심의 삶에서 넘어져 내일의 영광을 놓치지 말고, 죄와 싸워 이기고 그 미혹을 물리치며 힘써 사랑의 삶을 살아야 합니다. 세상의 사람들이 우리를 미워한다 할지라도 우리는 내일의 영광이 보장된 하나님의 자녀임을 기억하고, 오히려 행함과 진실함으로 사랑해야 합니다.

오늘의 기도

1. 하나님의 인도하심과 그 속에 담긴 은혜를 날마다 깨닫고 감사와 순종으로 주님을 따르게 하소서.
2. 물 없는 척박한 광야를 지나며 고난의 시간을 보낸다 할지라도 하나님께서 인도하시는 구원과 축복의 목적지를 바라보며 오늘의 고난을 이기게 하소서.
3. 내일의 영광을 바라보며 하나님의 자녀로 거룩함의 삶과 사랑의 삶을 살아가게 하소서.

25
May

비전

민수기 34장 | 시편 78편 38-72절 | 이사야 26장 | 요한일서 4장

하나님은 그 백성을 향한 구원과 축복의 비전을 주십니다. 죄와 불순종으로 그 비전을 잃어버리지 말아야 하고, 하나님 사랑을 통해 다시 꿈꾸게 하시는 비전을 놓치지 말아야 합니다. 그 비전을 위해 기꺼이 희생하신 하나님의 사랑을 기억하고 우리도 기꺼이 희생하며 사랑해야 합니다.

민수기 34장_하나님이 주시는 비전

이스라엘 백성들이 차지할 가나안 땅의 경계선에 대해 전하고 있습니다(민 34:2). 하나님께서는 그 백성들이 기업으로 얻을 땅이 어디서부터 어디까지인지 말씀을 통해 구체적으로 그려주셨습니다(민 34:3~12). 이것은 곧 하나님께서 그 백성들에게 주시는 비전이었습니다. 이 하나님의 비전은 백성들로 하여금 그 땅에 대한 설렘과 소망과 기대를 갖게 하기에 충분했을 것입니다. 그 땅을 차지하기 위해 강성한 적들과 싸워야 하고, 여러 고난과 두려움도 이겨야 하는데, 그 하나님의 비전은 능히 그 모든 고난과 두려움을 이기는 충분한 힘이 됐을 것입니다.

하나님은 약속하시고 그 약속을 우리에게 구체적 비전으로 보여주십니다. 그리고 그 약속을 이루십니다. 우리가 그 약속을 놓치지 않고 끝까지 붙들어 믿음으로 도전하는 이상, 하나님의 약속은 반드시 이루어집니다. 따라서 하나님께서 우리에게 구체적으로 보여주신 비전을 붙잡고 믿음을 가져야 합니다. 비전을 이루는 과정에 강성한 대적이 있다고 두려워하거나 머뭇거리지 말고, 오히려 하나님이 주신 비전으로 두려움을 이겨야 합니다. 하나님께서 이루심을 믿고 끝까지 도전해야 합니다.

시편 78편 38-72절_잃어버린 비전

계속된 하나님의 은혜와 권능의 역사에도 그 백성들이 하나님을 시험하고 불순종하며 배반하고 거짓을 행했음을 전하고 있습니다. 하나님께서 주신 약속의 땅에서 그 조상들과 같이 하나님께 범죄하며 우상을 숭배 하였다는 것입니다. 그리고 결국 이로 인해 하나님의 진노가 있었다는 것입니다(시 78:56~58).

하나님은 사랑으로 그 백성들에게 놀라운 비전도 주시고 또 그것을 이루어 주시기도 하지만, 또한 진노와 심판으로 그 비전을 빼앗기도 하십니다. 하나님을 거역하고 불순종하는 불의와 죄는 하나님의 진노와 심판을 불러오고, 그 진노와 심판은 하나님이 주신 비전을 잃어버리게 합니다. 이후 죄악을 행하며 끝까지 돌이키지 않았던 백성들이 하나님의 심판으로 그 땅을 잃어버리고 포로로 잡혀갔던 것을 이스라엘의 역사를 통해서 확인할 수 있습니다. 따라서 하나님이 주신 축복의 비전을 믿음으로 도전하여 이루는 것도 중요하지만 그 비전을 잃어버리지 않는 것도 중요함을 잊지 말아야 합니다. 변하지 않는 믿음으로 하나님을 경외하고 순종하여 끝까지 하나님의 비전을 지키며 누릴 수 있어야 합니다.

결국 주의 은혜 밖에 없습니다. 다시 선택하시고 다시 시작하게 하시는 주의 은혜로 그 잃어버린 비전을 다시 붙잡을 수 있습니다. 곧 하나님은 유다 지파와 시온을 선택하시고, 하나님의 백성을 인도할 대리자로서 다윗을 선택하심으로 하나님의 비전을 그 백성을 통해 이어가셨습니다(시 78:68~70). 바로 이 은혜만이 우리의 죄악으로 잃어버린 비전을 다시 붙잡게 합니다.

이사야 26장_다시 꿈꾸는 비전

그 날에 부르게 될 하나님의 백성의 기쁨의 노래와 세상을 심판하시고 이스라엘을 회복시켜 주시기를 구하는 백성들의 기도입니다. 곧 현재는 심판으로 고통과 참혹한 멸망 중에 있지만, 하나님의 은혜와 사랑을 통해 회복될 그 날을 꿈꾸며 기도한 것입니다. 하나님의 은혜를 구하며 돌이켜 하나님을 의지하는 백성들에게 하나님께서 다시 회복의 역사를 나타내주실 것을 믿으며 기도한 것입니다(사 26:19).

결국 무엇입니까? 하나님의 심판으로 그 비전을 잃어버리고 절망할 수밖에 없는 상황에서 오직 하나님의 은혜만이 잃어버린 비전을 다시 붙잡게 하고, 다시 꿈꿀 수 있게 합니다. 따라서 주를 앙모하며 간절히 기도해야 합니다. 주의 은혜를 구하며 기도하고 또 기도해야 합니다. "여호와여 그들이 환난 중에 주를 앙모하였사오며 주의 징벌이 그들에게 임할 때에 그들이 간절히 주께 기도하였나이다 여호와여 잉태한 여인이 산기가 임박하여 산고를 겪으며 부르짖음 같이 우리가 주 앞에서 그와 같으니이다 우리가 잉태하고 산고를 당하였을지라도 바람을 낳은 것 같아서 땅에 구원을 베풀지 못하였고 세계의 거민을 출산하지 못하였나이다"(사 26:16~18) 구원과 회복을 구하는 백성들의 기도입니다. 해산할 때가 이르러 산고를 겪지만 아무 것도 낳지 못하는 여인처럼, 우리 스스로는 아무 구원을 낳지 못한다는 것입니다. 우리 힘으로 구원을 이룰 수 없다는 것입니다. 오직 구원을 이루실 수 있는 분은 하나님이시고 따라서 하나님만 앙모하며 기도한다는 것입니다.

우리에게 구원을 주시고, 다시 꿈꿀 수 있도록 비전을 주시는 분은 하나님이십니다. 우리 힘으로 어떤 구원도, 회복도 이룰 수 없고 비전도 가질 수 없습니다. 오직 하나님만이 이 일을 가능케 합니다. 따라서 하나님만 바라보며 구원과 회복을 기도해야 합니다. 다시 꿈꿀 수 있도록 비전을 주시기를 구해야 합니다.

요한일서 4장_비전을 위한 희생과 사랑

진리의 영과 거짓의 영을 분별해야 한다는 가르침과 하나님의 사랑을 말하며 우리도 서로 사랑하는 것이 마땅하다는 가르침을 전하고 있습니다. "하나님의 사랑이 우리에게 이렇게 나타난 바 되었으니 하나님이 자기의 독생자를 세상에 보내심은 그로 말미암아 우리를 살리려 하심이라 사랑은 여기 있으니 우리가 하나님을 사랑한 것이 아니요 하나님이 우리를 사랑하사 우리 죄를 속하기 위하여 화목 제물로 그 아들을 보내셨음이라 사랑하는 자들아 하나님이 이같이 우리를 사랑하셨은즉 우리도 서로 사랑하는 것이 마땅하도다"(요일 4:9~11) 하나님의 사랑이 독생자 예수 그리스도를 이 땅에 보내시고 우리의 죄를 속하기 위한 화목 제물이 되게 하셨다는 것입니다. 그 사랑으로 우리의 죄가 속해졌고 따라서 하나님의 사랑을 기억하며 우리도 서로 사랑하는 것이 마땅하다는 것입니다.

하나님은 우리를 살리는 구원의 비전을 위해 독생자 아들 예수 그리스도를 희생하셨습니다. 다시 말해 구원의 비전을 위해 희생이 따라야 했는데, 하나님은 우리를 향한 사랑으로 예수 그리스도를 화목 제물로 내어주시는 희생을 마다하지 않으셨습니다. 이 희생과 사랑으로 구원의 비전이 우리에게 주어졌습니다. 따라서 우리가 이 희생과 사랑을 잊지 말아야 하고, 또한 이 희생과 사랑을 통해 주어진 구원의 비전을 헛되이 하지 말아야 합니다. 무엇보다 우리가 받은 구원의 비전을 우리의 이웃들에게 전하는 일에 우리도 기꺼이 희생하고 사랑해야 합니다.

오늘의 기도

1. 하나님이 주신 비전을 붙잡고 오늘의 고난과 두려움을 이기게 하시며 소망의 삶을 살게 하소서.
2. 죄와 불순종으로 하나님의 비전을 잃어버리지 않게 하시고, 주를 앙모하고 의지하여 그 크신 사랑으로 다시 주시는 하나님의 비전을 붙잡게 하소서.
3. 우리의 구원을 위해 주께서 보이신 희생과 사랑을 기억하며 우리도 더욱 희생하고 사랑하며 살게 하소서.

하나님의 긍휼

민수기 35장 | 시편 79편 | 이사야 27장 | 요한일서 5장

맥체인성경365_810p

하나님은 긍휼로 우리를 용서하시고 구원하십니다. 따라서 힘써 그 긍휼을 구하고 그 긍휼 안에 거해야 합니다. 그 긍휼로 이 세상에 보내신 예수 그리스도를 믿어야 합니다.

민수기 35장_하나님의 긍휼 안에 거해야

레위인의 성읍과 도피성에 대한 말씀입니다. 이스라엘 자손이 받은 기업에서 레위인들이 거주할 성읍과 초장을 주어야 한다는 것입니다. 또한 가나안 땅에 들어가면 요단강 동편과 서편에 각각 세 개씩 여섯 개의 도피성을 정해야 한다는 것입니다.

도피성은 악의가 없이 뜻하지 않게 살인을 범한 사람이 그곳에 피하여 목숨을 보존할 수 있게 한 성읍입니다. 곧 살인이라고 하는 사실과 결과만 놓고 보면 살인한 사람은 죽음의 심판을 피할 수 없습니다. 고대 율법인 "눈에 눈 이에는 이"라는 동태복수법에 따라 피의 복수자에 의해 쫓기게 되고 죽임을 당할 수밖에 없습니다. 악한 목적에서 살인했다면 마땅히 죽임을 당해야 하지만, 그러나 악의 없이 실수나 뜻하지 않은 상황으로 살인을 한 경우라면 이렇게 죽임을 당하는 것이 옳지 않습니다. 따라서 이런 죽임에 놓인 사람들을 위한 구원의 장소로 도피성을 마련하도록 하나님께서 명령하셨습니다(민 35:25).

여기서 하나님의 긍휼의 은혜를 생각할 수 있습니다. 곧 율법에 의하면 우리는 죽을 수밖에 없습니다. 결코 죽음을 피할 수 없습니다. 그러나 하나님은 우리에게 은혜와 생명의 도피성을 만들어 주셨습니다. 이 도피성에서 우리의 생명이 보호 받도록 긍휼을 베푸셨습니다. 따라서 하나님의 긍휼의 은혜를 붙잡아야 합니다. 하나님만이 유일한 소망이라는 사실을 잊지 말아야 하고, 또한 하나님께서 베푸신 도피성, 곧 긍휼의 은혜 안에 머물러야 합니다. 긍휼의 은혜를 떠나지 말아야 합니다. 곧 살인자가 도피성 안에서는 생명을 보호 받을 수 있지만 도피성 밖에서는 보호 받을 수 없습니다. 도피성 밖에서 피의 보복자에 의해 죽임을 당해도 법적으로 아무 문제가 되지 않습니다. 오직 도피성을 떠난 그 사람의 책임이 됩니다(민 35:26~28).

시편 79편_하나님의 긍휼을 구해야

이방 나라들의 침략으로 인한 참화 속에서 하나님의 긍휼과 구원을 구한 아삽의 기도입니다. 곧 성전은 더럽혀지고, 예루살렘은 돌무더기처럼 무너졌으며, 수많은 사람들이 죽어 시체가 되고, 그 백성들은 비방과 조소와 조롱거리가 되었다는 것입니다. 따라서 아삽은 하나님의 긍휼로 백성들을 용서하시고 구원하시기를 기도한 것입니다. 오직 하나님의 긍휼밖에 없기에 간절히 긍휼을 기도한 것입니다. "우리 조상들의 죄악을 기억하지 마시고 주의 긍휼로 우리를 속히 영접하소서 우리가 매우 가련하게 되었나이다 우리 구원의 하나님이여 주의 이름의 영광스러운 행사를 위하여 우리를 도우시며 주의 이름을 증거하기 위하여 우리를 건지시며 우리 죄를 사하소서"(시 79:8~9) 우리 조상들의 죄악을 기억하지 말아 달라는 기도에 주목해야 합니다. 곧 그 죄악은 부정할 수 없고, 죄악의 결과는 심판입니다. 따라서 아삽은 긍휼을 구한 것입니다. 오직 하나님의 긍휼만이 그 죄를 해결하고, 이 참혹한 심판에서 구원 받을 수 있는 유일한 길이라는 것입니다.

우리의 생명과 구원도 오직 하나님의 긍휼로 가능합니다. 우리의 죄를 사하시는 긍휼의 은혜만이 우리의 죄의 문제를 해결하고 우리를 심판에서 떠나 생명과 구원에 이르게 합니다. 따라서 우리도 힘써 하나님의 긍휼을 구하며 기도해야 합니다.

이사야 27장_하나님의 긍휼로 인한 구원

포도원에 관한 새 노래입니다. 하나님의 백성 이스라엘을 포도원으로, 하나님을 포도원지기로 비유하여, 그 날에 하나님께서 그 백성을 구원하시고 회복하심을 노래한 것입니다. 여기서 주목할 것이 하나님의 긍휼입니다.

"주께서 그 백성을 치셨던들 그 백성을 친 자들을 치심과 같았겠으며 백성이 죽임을 당하였던들 백성을 죽인 자가 죽임을 당함과 같았겠느냐 주께서 백성을 적당하게 견책하사 쫓아내실 때에 동풍 부는 날에 폭풍으로 그들을 옮기셨느니라 야곱의 불의가 속함을 얻으며 그의 죄 없이함을 받을 결과는 이로 말미암나니 곧 그가 제단의 모든 돌을 부서진 횟돌 같게 하며 아세라와 태양상이 다시 서지 못하게 함에 있는 것이라"(사 27:7~9) 하나님의 긍휼을 보게 하는 말씀입니다. 하나님께서 그 백성들을 치심은 멸함이 아니라 바로잡음이 목적이었다는 것입니다. 그들의 죄 때문에 징계하셨지만 완전히 멸하지 않으셨고, 그 백성의 원수들과 대적들을 치심과 같지 않았으며, 적당하게 견책하시고 쫓아내셨다는 것입니다. 그리고 이를 통해 그 백성들이 깨닫고 모든 우상들을 깨뜨리기를 바라셨다는 것입니다. "그 날에 큰 나팔을 불리니 앗수르 땅에서 멸망하는 자들과 애굽 땅으로 쫓겨난 자들이 돌아와서 예루살렘 성산에서 여호와께 예배하리라"(사 27:13) 하나님의 최종 목적을 보여주는 말씀입니다. 그 날에 하나님께서 그 백성들을 모으시고 회복하심이 하나님의 뜻이라는 것입니다. 결국에는 그 백성들을 그 큰 긍휼로 용서하시고 구원하신다는 것입니다. 그 흩어진 곳에서 돌아오게 하셔서 회복을 이루게 하신다는 것입니다.

하나님의 긍휼은 크고 놀랍습니다. 그 긍휼 때문에 우리가 죄를 용서 받고 구원의 은혜를 누릴 수 있습니다. 따라서 우리가 의지하고 바랄 것은 하나님의 긍휼입니다.

요한일서 5장_하나님의 긍휼을 믿어야

예수께서 그리스도이심을 믿는 자마다 하나님께로 난 자요, 하나님께로부터 난 자마다 세상을 이기며, 예수께서 하나님의 아들이심을 믿는 자에게 영생이 있음을 가르치고 있습니다. 또한 죄 짓는 형제를 위한 중보 기도에 대해 말씀하고 있습니다.

예수 그리스도를 믿는 믿음으로 세상을 이길 수 있다는 말씀에 주목하면, 우리 힘으로는 세상을 이길 수 없으나 예수께서 하나님의 아들이심을 믿는 자는 세상을 능히 이길 수 있다는 것입니다(요일 5:4~5). 세상을 이긴다는 것은 세상의 죄와 그 죄로 인한 죽음을 이긴다는 것입니다. 하나님께 속한 자녀로서 세상의 악한 권세를 이긴다는 것입니다. 또한 하나님의 아들 예수 그리스도는 하나님의 긍휼을 보여줍니다. 곧 예수 그리스도는 이 땅에 오신 우리의 구원자로, 우리를 향한 하나님의 긍휼의 표현이었습니다. 따라서 예수 그리스도를 믿는다는 것은 하나님의 긍휼의 은혜를 믿는다는 것입니다. 이 믿음이 세상을 이기게 한다는 것입니다.

오직 믿음이 세상을 이기게 합니다. 하나님의 긍휼인 예수 그리스도를 믿음이 세상을 이기는 유일한 무기입니다. 따라서 세상의 악한 권세들의 공격에 직면하고 이를 통해 고난을 당한다고 할지라도, 믿음을 포기하지 말아야 합니다. 승리는 오직 믿음에 있기에 끝까지 믿음을 붙들어 결국에는 믿음의 승리를 누려야 합니다.

오늘의 기도

1. 주의 징계 속에 담긴 긍휼을 깨닫고, 속히 주께 돌이켜 용서와 구원의 은혜를 누리게 하소서.
2. 주의 긍휼로 베푸신 구원의 도피성에 피하여 안식을 누리게 하시고, 결코 주 구원의 날까지 도피성을 떠나지 않게 하소서.
3. 어리석은 우리의 힘을 의지하지 말고, 오직 예수 그리스도를 믿는 믿음을 앞세워 능히 세상을 이기며 살게 하소서.

27
May

기업
민수기 36장 | 시편 80편 | 이사야 28장 | 요한이서 1장

하나님 나라의 기업, 곧 천국을 잃어버리지 말고 지켜야 합니다. 세상을 의지한 헛된 맹약으로는 그 기업을 지킬 수 없고, 따라서 하나님의 은혜를 구해야 합니다. 오직 하나님을 의지하고 하나님의 새 언약을 붙들며, 거짓 교훈의 미혹에서 넘어지지 않아야 합니다.

민수기 36장_사명으로 지켜야 하는 기업

므낫세 지파 슬로브핫의 딸들에게 분배되는 기업으로 인해 논의된 말씀입니다. 슬로브핫이 아들이 없이 일찍 죽어 그 딸들에게 기업이 분배된다는 결정이 내려졌습니다. 그런데 이 딸들이 다른 지파의 사람들과 결혼하게 되면 그 기업이 결혼한 남자가 속한 지파의 것이 되어 버리고, 므낫세 지파는 그만큼 기업을 잃어버리게 됩니다. 이것에 대해 므낫세 지파에 속한 길르앗 자손 종족들의 수령들이 모세를 찾아와 문제를 제기한 것입니다.

그 모든 내용을 들은 모세는 하나님의 말씀을 따라 이렇게 명령했습니다. 슬로브핫의 딸들은 자유롭게 결혼을 하지만 같은 지파의 사람과 결혼하여 기업을 지키라는 것입니다(민 36:6~7). 이에 슬로브핫의 딸들은 그 말씀에 순종하여 숙부의 아들들과 결혼했고, 이런 순종과 헌신을 통해 그 지파의 기업을 지켜갔습니다.

분배된 기업을 지키고자 하는 것은 단순히 기업에 대한 물질적 욕심 때문이 아닙니다. 각 지파에 분배된 기업은 하나님께서 주신 축복이며 사명이었습니다. 하나님의 축복을 잃어버리지 않고 지키며, 그 속에서 더욱 번성하여 그 사명을 지키고자 한 것입니다. 따라서 이 말씀은 하나님께서 우리에게 주신 기업, 곧 천국의 기업을 잃어버리지 말고 지켜가야 한다는 사실을 교훈하고 있습니다. 그 무엇에도 이 기업을 빼앗기지 말아야 하고 또 잃어버리지 말아야 합니다.

시편 80편_회복을 구해야 하는 기업

파괴된 '하나님의 포도나무'를 위한 기도입니다. 곧 이스라엘을 포도나무로 비유하고 있는데, 하나님께서 심으시고 가꾸시고 자라게 하신 포도나무가 하나님의 면책 속에서 멸망하고 있다는 것입니다. 대적들에 의해 불타고 베임을 당하고 있다는 것입니다. 따라서 하나님께서 돌아와 은혜를 베푸시고 구원해주시기를 기도한 것입니다. "만군의 하나님이여 구하옵나니 돌아오소서 하늘에서 굽어보시고 이 포도나무를 돌보소서 주의 오른손으로 심으신 줄기요 주를 위하여 힘있게 하신 가지니이다 그것이 불타고 베임을 당하며 주의 면책으로 말미암아 멸망하오니 주의 오른쪽에 있는 자 곧 주를 위하여 힘있게 하신 인자에게 주의 손을 얹으소서 그리하시면 우리가 주에게서 물러가지 아니하오리니 우리를 소생하게 하소서 우리가 주의 이름을 부르리이다"(시 80:14~18)

하나님의 말씀에서 떠나면 하나님의 심판에 이를 수밖에 없습니다. 교만함과 죄악으로 불순종하며 하나님에게서 돌아서면 하나님의 엄중한 심판에 이를 수밖에 없습니다. 하나님께서 주신 기업에 심겨 하나님의 돌봄 속에서 누리던 번성과 영화도 잃어버릴 수밖에 없습니다. 그 주신 기업은 빼앗기고, 그 기업에서 쫓겨나 고통과 멸망에 이를 수밖에 없습니다. 따라서 하나님의 말씀 안에 있어야 합니다. 결코 죄악으로 하나님을 떠나지 않아야 합니다. 혹 어리석어 죄악으로 심판 받고 기업을 잃어버렸을 때 속히 깨닫고 돌이켜 회개해야 합니다. 회복할 수 있는 유일한 길은 하나님의 은혜밖에 없음을 깨닫고 간절히 하나님께 구해야 합니다. 하나님의 긍휼을 의지하며 하나님께서 그 은혜로 돌아오시고 회복시켜 주시기를 구해야 합니다.

이사야 28장_헛된 맹약으로 지키지 못하는 기업

사마리아와 예루살렘에 대한 심판의 말씀입니다. 북 왕국 이스라엘의 수도인 사마리아의 교만한 면류관을 땅에 던져 밟으시고, 예루살렘의 제사장들과 예언자들, 그리고 예루살렘의 지배층의 불의와 오만에 대해서 심판하신다는 것입니다.

그런데 주목할 말씀이 예루살렘 지배층의 헛된 맹약입니다. 곧 이들은 사망과 언약하였고, 스올과 맹약했기에 넘치는 재앙이 밀려와도 안전하다고 자만했습니다. "너희가 말하기를 우리는 사망과 언약하였고 스올과 맹약하였은즉 넘치는 재앙이 밀려올지라도 우리에게 미치지 못하리니 우리는 거짓을 우리의 피난처로 삼았고 허위 아래에 우리를 숨겼음이라 하는도다"(사 28:15) 사망과 더불어 세운 언약과 스올과 더불어 맺은 맹약은 어리석게 하나님을 의지하지 않고 주변의 나라를 의지하고 그들과 맺은 언약, 곧 정치적 동맹을 뜻합니다. 예루살렘의 지도자들은 그 동맹을 통해 스스로 안전하다고 교만했던 것입니다. 그러나 하나님께서 그 맹약을 꺾으셔서 서지 못하게 하시며, 그들이 믿은 이 헛된 언약으로 인해 멸망당할 것을 말씀하셨습니다(사 28:18).

하나님의 심판을 피하고 그 주신 기업을 지키는 것은 오직 하나님을 의지하는 것밖에는 없습니다. 오직 하나님을 신뢰하며 하나님께서 은혜로 주시는 새 언약을 붙잡는 것만이 그 주신 기업을 지키는 유일한 길입니다. 곧 하나님은 이렇게 약속하셨습니다. "그러므로 주 여호와께서 이같이 이르시되 보라 내가 한 돌을 시온에 두어 기초를 삼았노니 곧 시험한 돌이요 귀하고 견고한 기촛돌이라 그것을 믿는 이는 다급하게 되지 아니하리로다"(사 28:16) "한 돌을 시온에 두어 기초를 삼았다"는 말씀은 하나님께서 구원의 반석이 되신다는 약속입니다. 바로 이 약속을 믿고 의지해야 하나님의 돌봄을 경험할 수 있고 또 하나님이 주신 기업을 지킬 수 있습니다. 따라서 헛된 맹약과 헛된 신뢰를 버려야 합니다. 오직 하나님만을 의지하고 하나님의 약속만을 붙들어야 합니다.

요한이서 1장_넘어지지 않아야 지킬 수 있는 기업

진리와 사랑 안에서 살아야 한다는 교훈을 전하고 있습니다. 또한 거짓 교사에 대한 경고의 말씀도 전하고 있는데, 예수 그리스도께서 육체로 오심을 부인하는 거짓 교사와 그 교훈을 주의해야 한다는 것입니다. "미혹하는 자가 세상에 많이 나왔나니 이는 예수 그리스도께서 육체로 오심을 부인하는 자라 이런 자가 미혹하는 자요 적그리스도니 너희는 스스로 삼가 우리가 일한 것을 잃지 말고 오직 온전한 상을 받으라"(요이 1:7~8) '우리가 일한 것'은 예수 그리스도에 대한 참 교훈을 뜻합니다. 이 교훈을 잃어버리지 않아야 온전한 상을 받게 된다는 것입니다. 다시 말해 예수 그리스도에 대한 참된 가르침, 곧 말씀에 서서 거짓된 가르침을 배척하고 넘어지지 않아야 하나님이 주시는 영생인 천국의 기업을 받게 된다는 것입니다.

하나님의 기업 곧 천국을 향해 나아가는 믿음의 삶에 미혹하는 자가 있습니다. 이 미혹하는 자로부터 넘어지지 않고 믿음을 지켜야 천국을 잃어버리지 않고 지킬 수 있습니다. 따라서 더욱 굳건하게 하나님의 말씀에 서야 합니다. 오직 예수 그리스도를 온전히 믿는 믿음에서 흔들리지 말아야 합니다.

오늘의 기도 ▶

1. 주께서 약속하신 하나님 나라의 가치를 바로 깨닫고, 그 기업을 잃어버리지 않고 지켜가게 하소서.
2. 오직 주를 의지하며 세상의 헛된 약속이 아닌 주의 약속을 소망으로 붙잡아 천국의 기업을 지켜가게 하소서.
3. 미혹하는 자들의 거짓 교훈에 넘어지지 말고, 예수 그리스도에 대한 믿음에 더욱 굳건히 서서 온전한 상을 받아 누리게 하소서.

28
May

불신
신명기 1장 | 시편 81-82편 | 이사야 29장 | 요한삼서 1장

하나님을 향한 불신은 약속하신 하나님의 축복을 상실하게 합니다. 뿐만 아니라 하나님과의 관계도 깨뜨리고, 구원의 지혜도 잃어버리게 하며, 하나님으로부터 버림받는 심판에 이르게 합니다. 따라서 입술만이 아닌 온 마음으로 하나님을 경외하고 신뢰하며, 선한 믿음의 본을 따라 참 믿음을 세워야 합니다.

신명기 1장_불신으로 상실한 축복

불신으로 인해 그 앞에서 가나안 땅을 놓친 이전 출애굽 1세대들의 실패에 대해 전하고 있습니다. "이 일에 너희가 너희의 하나님 여호와를 믿지 아니하였도다"(신 1:32) 약속하신 가나안 땅을 주시고자 하나님은 백성들을 이끌어 가나안 땅 앞에까지 이르게 하셨습니다. 그러나 백성들은 하나님을 믿지 못하고, 가나안 땅에 거하는 장대한 백성들과 크고 견고한 성읍들을 보고 두려워했습니다. 승리케 하신다는 하나님을 신뢰하여 그 땅을 차지하기 위해 도전하기보다 강성한 가나안 백성들을 물리칠 수 없다고 두려워하며 하나님을 원망했습니다. 결국 출애굽 1세대는 불신으로 말미암아 약속하신 축복의 땅을 상실하고 말았습니다. 하나님은 그들의 불신에 진노하시며, 그들은 약속의 땅에 들어갈 수 없다는 심판을 선언하셨습니다(신 1:34~35).

하나님을 향한 불신은 축복의 상실로 이어집니다. 하나님을 신뢰하여 믿음으로 도전하면 하나님께서 약속하신 축복을 받아 누리게 되지만, 하나님을 믿지 못해 그 말씀에 불순종하면 결국 그 약속하신 축복도 잃어버리게 됩니다. 따라서 절대적으로 하나님을 신뢰해야 합니다. 눈앞에 보이는 강성한 대적보다 더 크신 하나님을 봐야 하고, 또 그 말씀을 믿고 순종해야 합니다.

시편 81-82편_불신으로 버려진 백성

시편 81편은 명절 축제에 부른 찬양이고, 시편 82편은 하나님께서 가장 높은 심판자 되심을 전하는 시입니다.

시편 81편의 말씀에 주목하면, 이 시편은 아마도 초막절에 부른 찬양으로 보입니다. 명절을 지키며 모인 회중들에게 여러 권고의 말씀을 전하고 있는데, 무엇보다 하나님을 신뢰하며 순종해야 함을 강조하고 있습니다. 곧 광야를 지나는 이스라엘의 역사 속에서 그 백성들이 하나님을 불신하며 불순종했던 사실을 떠올리며, 그것의 어리석음을 전하고 있습니다. "너희 중에 다른 신을 두지 말며 이방 신에게 절하지 말지어다 나는 너를 애굽 땅에서 인도하여 낸 여호와 네 하나님이니 네 입을 크게 열라 내가 채우리라 하였으나 내 백성이 내 소리를 듣지 아니하며 이스라엘이 나를 원하지 아니하였도다"(시 81:9~11) 그 백성들의 벌린 입을 채우시고 축복하시는 분은 하나님이십니다. 그러나 백성들은 자신들의 입을 채우실 하나님을 신뢰하며 섬기기보다 이방 신을 섬기며 예배했다는 것입니다. 하나님께서 그 신의 헛됨을 말씀하셨지만 백성들은 그 말씀에 귀 기울이지 않았고, 그 백성들을 구원하고 축복으로 채우실 하나님을 불신하며 거부했다는 것입니다. 따라서 하나님은 그 백성들을 향한 심판을 말씀하셨습니다. 그 백성들을 그 완악한 죄로 인해 심판에 이르게 하신다는 것입니다(시 81:12).

하나님을 불신하면 주어지는 결과는 심판뿐입니다. 끝까지 하나님을 신뢰하는 자는 하나님께서 반드시 붙드시고 구원하시지만, 끝까지 하나님을 불신하는 자는 하나님께서 버리실 수밖에 없습니다.

이사야 29장_불신으로 잃어버린 지혜

심판과 구원을 동시에 전하고 있습니다. 예루살렘과 그 백성들의 심판을 말하면서도 하나님의 도우심과 그 날의 구원을 약속하고 있습니다. 이는 곧 백성들의 죄와 하나님의 포기하지 않는 사랑을 보여주고 있는 것입니다.

그 백성들의 죄에 대해 주목해 보면, 예언자들을 비롯해 백성들이 눈이 멀어 하나님의 말씀을 보지 못하고 깨닫지 못하고 있었습니다. 애굽을 통해 구원을 받고자 하는 헛된 계획에 빠져 하나님에게서 멀어져 있었습니다. 무엇보다 입술만의 공경, 곧 마음이 빠진 형식적 예배를 드리며 하나님을 경외하고 있다고 착각하고 있었습니다. 따라서 하나님은 그 백성들에게서 지혜와 총명이 사라지고 가려지리라고 말씀하셨습니다(사 29:13~14). 이는 곧 하나님의 심판 때에 지혜와 총명이 없어 생명의 길을 찾지 못하게 된다는 것입니다. 참 지혜와 총명이 있어야 그 심판의 위기를 벗어날 수 있는데, 하나님을 향한 불신으로 지혜와 총명을 잃고 피할 수 없는 심판을 맞이하게 된다는 것입니다.

입술만으로는 참되게 하나님을 경외하지 못합니다. 마음이 빠진 형식적 예배로는 하나님을 신뢰하는 참 믿음에 이를 수 없습니다. 그리고 그 믿음이 없이는 결코 구원과 생명의 길을 찾는 지혜와 총명도 가질 수 없습니다. 하나님을 신뢰하며 경외하는 것이 참 지혜이기에 이 믿음 없이는 구원에 이르는 그 어떤 지혜도 가질 수 없습니다. 따라서 불신에서 돌이켜 하나님을 신뢰해야 합니다. 입술만이 아닌 온 마음으로 하나님을 신뢰하며 겸손히 하나님을 의지해야 합니다. 그렇게 겸손히 하나님을 신뢰하며 경외하는 자에게 하나님은 기쁨과 구원을 더하시며 총명을 더하십니다(사 29:24).

요한삼서 1장_불신으로 깨어진 관계

디오드레베의 불의함에 대해 전하고 있습니다. 그는 으뜸 되기를 좋아하고, 복음 전도자를 영접하지 아니할 뿐만 아니라 영접하고자 하는 형제를 금하여 내쫓았다는 것입니다. 따라서 요한이 직접 교회를 방문하여 디오드레베를 엄히 징계하겠다고 말하고 있습니다(요삼 1:10).

결국 이와 같은 디오드레베의 행위는 참 믿음의 행위라 할 수 없습니다. 하나님을 불신하는 행위라 할 수 있고, 이런 불신은 서로 사랑하며 하나 되어야 하는 교회를 미움과 다툼으로 몰아가고 교회의 하나됨을 깨뜨리게 됩니다. 따라서 요한은 "악한 것을 본받지 말고 선한 것을 본받으라"(요삼 11)고 가르쳤습니다. 본받지 말아야 할 악한 것은 디오드레베의 행위를 뜻하고, 본받아야 하는 선한 것은 가이오의 믿음과 사랑을 뜻합니다. 가이오는 사랑을 실천하여 복음에 힘쓰는 복음 전도자들을 영접하고 힘을 다해 섬겼습니다(요삼 5~8). 따라서 디오드레베는 본받지 말아야 하지만 가이오는 본받아야 한다는 것입니다. 가이오의 형제 사랑을 본받아 교회 안의 형제 사랑의 관계를 이어가야 한다는 것입니다. 그런데 또한 "선한 행위를 본받아 따르면 하나님께 속하게 되지만, 반대로 악을 본받아 따르면 하나님을 뵈옵지 못한다"(요삼 11)고 말씀하고 있는데, 곧 믿음으로 선을 행하면 하나님께 속하여 하나님과 교제하며 그 관계를 이어가지만, 악을 행하는 자는 하나님과 대면하지 못하며 교제할 수 없다는 것입니다. 하나님과의 관계는 깨어지고 그 결과는 심판일 수밖에 없다는 것입니다.

결국 이 말씀은 악한 행위, 곧 불신의 삶은 믿음의 사람들과의 관계도 깨드릴 뿐만 아니라, 하나님과의 관계마저도 깨뜨린다는 사실을 교훈합니다. 따라서 악한 행위는 멀리하고 선한 것은 본받아 따라감으로 우리의 믿음을 굳건하게 세워야 합니다. 이 믿음을 통해 하나님께 속하여 하나님과의 관계를 더욱 깊고 친밀하게 세워가야 합니다.

오늘의 기도

1. 불신이 아닌 절대적 믿음과 순종으로 하나님의 약속하신 축복을 온전히 누리게 하소서.
2. 입술만으로 하나님을 경외하는 흉내 내는 신앙을 버리고, 온 마음으로 하나님을 경외하며 따르게 하소서.
3. 악한 것과 선한 것을 바르게 분별할 수 있는 믿음의 눈을 주셔서 악한 행위는 멀리하고 선한 행위는 본받아 바른 믿음을 세우게 하소서.

주님은 주님을 사모하며 기쁨으로 예배하는 자에게 복을 주십니다. 주신 분복에 감사하고 순종하는 자, 오직 주를 의뢰하고 그 은혜를 기다리는 자, 믿음을 지키며 주의 긍휼을 기다리는 자에게 복을 주십니다.

신명기 2장_순종하는 자에게 주시는 축복

이스라엘 백성들이 에서의 자손이 거하는 세일과, 룻의 자손인 모압과 암몬이 거하는 지역을 지나고, 헤스본 왕 시혼과 싸워 승리하여 그 성읍을 차지한 것을 회상한 말씀입니다. 곧 하나님께서는 에서의 자손과 모압과 암몬과는 싸우지 말라고 말씀하셨습니다. 그 땅은 에서의 자손과 룻의 자손에게 주신 땅이라는 것입니다. 반면 헤스본 왕 시혼과는 싸우라고 말씀하셨습니다. 그 땅은 이스라엘 백성에게 기업으로 주셨다는 것입니다. 이 말씀에 이스라엘은 순종하였고, 순종한 결과 헤스본 왕 시혼을 물리치고 그 성읍을 기업으로 차지할 수 있었습니다. 다시 말해, 하나님이 정하여 주고자 하신 땅은 믿음으로 도전하여 싸우고, 하나님이 허락하지 않으신 땅은 욕심내지 않고 돌아설 때에 하나님의 승리가 있었습니다. 하나님을 향한 절대적 순종이 승리와 더불어 땅을 차지하는 축복으로 이어질 수 있었습니다(신 2:36~37).

결국 무엇입니까? 순종하는 자에게 주어지는 승리와 축복이 있습니다. 하나님의 인도하심을 따라 순종할 때, 곧 싸우라 할 때 싸우고 멈추라 할 때 멈추는 등, 하나님의 말씀에 순종할 때 하나님의 승리를 누릴 수 있습니다. 결코 하나님께서 허락하지 않으신 것에 욕심내지 않고, 하나님께서 정하신 구역에 감사할 때, 하나님이 주시는 기업을 얻고 차지하는 축복을 누릴 수 있습니다.

시편 83-84편_사모하는 자에게 주시는 축복

시편 83편은 적들의 동맹으로 위기에 처한 주의 백성을 돌보시고 동맹한 적들을 물리쳐주시기를 구한 아삽의 기도입니다. 시편 84편은 하나님의 집에 거하는 기쁨을 찬양한 고라 자손의 시입니다. 곧 그는 하나님과의 교제와 성전에서의 예배를 사모했습니다. 그렇게 사모하는 자에게 하나님의 참된 축복이 있음을 알았습니다. "주의 집에 사는 자들은 복이 있나니 그들이 항상 주를 찬송하리이다 (셀라) 주께 힘을 얻고 그 마음에 시온의 대로가 있는 자는 복이 있나이다 그들이 눈물 골짜기로 지나갈 때에 그 곳에 많은 샘이 있을 것이며 이른 비가 복을 채워 주나이다"(시 84:4~6) 주의 집에 사는 자들은 곧 제사장들과 레위인들을 뜻합니다. 그들에게 복이 있음을 말하고 있습니다. 또한 그 마음에 시온의 대로가 있는 자에게 복이 있음을 말하고 있습니다. 그 마음에 시온의 대로가 있다는 것은 한 마디로 진실한 마음을 가졌다는 것입니다. 거짓되거나 형식적이지 않고 마음에서 우러나 주님을 따라가는 것을 뜻합니다. 그런데 자세히 그 의미를 생각해 보면, 시온은 하나님이 계신 성전을 뜻하고, 그 성전까지 가는 길이 대로라는 것입니다. 막힘이 없고, 머뭇거리거나 지체하지 않는다는 것입니다. 그 마음이 빨리 가서 하나님을 만나고 싶다는 것으로, 그 무엇도 막아서거나 유혹하거나 방해할 수 없다는 것입니다. 다시 말해 하나님을 만나고 예배하는 것을 무엇보다 사모한다는 것입니다. 바로 그 사람에게 복이 있다는 것입니다. 하나님을 사모하며 예배하는 삶에 하나님께서 많은 샘과 이른 비의 복을 주신다는 것입니다.

결국 시편 84편 말씀은 세상에서 부귀와 영화를 누리는 것이 복이 아니라 하나님과의 교제 속에서 하나님을 찬양하고 예배하며 하나님의 돌봄 속에 살아가는 것이 복임을 가르쳐주고 있습니다. 하나님을 사모하는 삶, 그리고 그 속에서 하나님이 돌보시는 삶, 바로 이 삶이 복입니다.

이사야 30장_기다리는 자에게 주시는 축복

하나님이 아니라 애굽의 도움을 구하는 자들을 향한 경고와 심판의 말씀입니다. 곧 앗수르의 침략을 앞에 두고 유다는 하나님께 묻고 도움을 구하기보다 애굽에 사신을 보내 동맹을 맺고 도움을 구하고자 했습니다. 애굽의 군대와 힘이면 쳐들어오는 대적으로부터 우리의 안전을 지킬 수 있다 믿었습니다. 바로 이것에 대해 하나님의 심판을 전한 것입니다. 구원은 애굽의 군대가 아니라 하나님께 있다는 것입니다.

그러나 또한 하나님의 자비도 전하고 있습니다. 헛되게 애굽을 의지하는 것이 아니라 하나님을 의지하며 하나님을 기다리는 자에게 하나님께서 복을 주신다는 것입니다. 그에게 통곡이 그치고 하나님의 은혜가 주어지며 응답의 축복이 있게 된다는 것입니다. 하나님은 이 은혜 베풀기를 기다리고 계시다는 것입니다. "그러나 여호와께서 기다리시나니 이는 너희에게 은혜를 베풀려 하심이요 일어나시리니 이는 너희를 긍휼히 여기려 하심이라 대저 여호와는 정의의 하나님이심이라 그를 기다리는 자마다 복이 있도다 시온에 거주하며 예루살렘에 거주하는 백성아 너는 다시 통곡하지 아니할 것이라 그가 네 부르짖는 소리로 말미암아 네게 은혜를 베푸시되 그가 들으실 때에 네게 응답하시리라"(사 30:18~19)

참 축복과 구원은 하나님께 있습니다. 따라서 애굽이 아니라, 세상의 힘 있는 사람이 아니라 하나님을 의지하고 하나님께 구해야 합니다. 하나님께서 우리에게 은혜와 복을 주시고자 기다리고 계심을 깨닫고, 우리의 시선을 하나님께 돌려야 합니다. 우리도 하나님을 기다려야 합니다.

유다서 1장_기다리는 자에게 주시는 축복

거짓 교사들에게 내릴 심판에 대해 전하고 있습니다. 이들은 예수 그리스도를 부인하고(유 4), 헛된 환상과 계시를 주장하며 육체를 더럽히고 하나님과 천사들을 멸시했습니다(유 8). 따라서 이들에 대해 가인의 길을 걸으며 발람의 길에 빠지며, 고라의 반역을 따르는 자들로 표현하며, 그들처럼 멸망받게 될 것을 전하고 있습니다(유 11). 따라서 또한 이런 거짓 교사들의 미혹에 넘어지지 말고, 유일한 구원자 되신 예수 그리스도를 향한 확실한 믿음 안에서 구원을 위해 그의 긍휼을 기다려야 한다고 가르치고 있습니다. "사랑하는 자들아 너희는 너희의 지극히 거룩한 믿음 위에 자신을 세우며 성령으로 기도하며 하나님의 사랑 안에서 자신을 지키며 영생에 이르도록 우리 주 예수 그리스도의 긍휼을 기다리라"(유 1:20~21)

예수 그리스도의 긍휼을 기다리는 자가 영생에 이르게 됩니다. 그 어떤 미혹에도 넘어지지 않고, 예수 그리스도를 향한 믿음에 서는 자가 구원의 축복을 누리게 됩니다. 우리의 삶에도 믿음의 유혹이 있습니다. 환난과 시련으로 인한 유혹도 있습니다. 그러나 흔들리지 않고 끝까지 믿음을 지켜야 할 이유가 여기에 있습니다. 믿음에서 흔들리지 않고 주님의 긍휼을 기다려야 결국에는 하나님의 축복, 곧 구원을 누리게 됩니다. 따라서 우리가 어떤 환난과 유혹에도 흔들리지 않아야 합니다. 예수 그리스도의 긍휼을 기다리는 자리에 끝까지 서야 합니다.

오늘의 기도

1. 욕심 내지 않고 주님 주신 분복에 감사하고 순종하여 주님이 주시는 승리와 이를 통한 기업의 축복을 누리게 하소서.
2. 마음에 시온의 대로를 두고 기쁨으로 주의 성전을 찾아 예배하게 하시며, 그 속에서 많은 샘과 이른 비의 축복도 누리게 하소서.
3. 어떤 환난과 유혹에도 흔들리지 않고 믿음을 지키며 그리스도의 긍휼을 기다려서 구원과 영생의 축복을 누리게 하소서.

다시 돌아오리라

신명기 3장 | 시편 85편 | 이사야 31장 | 요한계시록 1장

맥체인성경365_831p

이 땅에 다시 돌아오리라는 주님의 약속을 기억하고, 다시 돌아오라는 주님의 명령에 따라 주님께 돌아가야 합니다. 그 죄를 용서하시고 다시 돌아오게 하시는 주의 은혜도 누리고, 끝까지 사명에 충성하여 평안으로 돌아가게 하시는 주의 축복도 누려야 합니다.

신명기 3장_다시 돌아가게 하시는 축복

바산 왕 옥을 물리친 것을 회상한 말씀과 요단 동편의 땅을 분배한 것에 대한 말씀을 기록하고 있습니다. 곧 헤스본 왕 시혼에 이어 바산 왕 옥까지 물리치고 차지한 요단 동편 땅을 르우벤과 갓 그리고 므낫세 반 지파에게 기업으로 주었다는 것입니다. 그런데 요단 동편의 땅을 분배하면서 그 지파들에게 주어진 조건이 있음을 말하고 있습니다. 이미 기업을 받았다고 요단을 건너 치러야 하는 가나안 땅 정복 전쟁에 소홀히 하지 않아야 한다는 것입니다. 오히려 자신들은 이미 기업을 받았으니 다른 지파들의 기업을 얻는 일을 위해 앞장서 싸워야 한다는 것입니다. 싸움에서 승리하고 다른 모든 지파들이 모두 기업을 얻을 때에 비로소 요단 동편의 기업으로 돌아갈 수 있다는 것입니다. "여호와께서 너희에게 주신 것 같이 너희의 형제에게도 안식을 주시리니 그들도 요단 저쪽에서 너희의 하나님 여호와께서 그들에게 주시는 땅을 받아 기업을 삼기에 이르거든 너희는 각기 내가 준 기업으로 돌아갈 것이니라 하고"(신 3:20)

이 말씀에서 중요한 교훈을 깨달을 수 있습니다. 나의 기업만 생각하는 이기적 마음을 버려야 한다는 것입니다. 모두의 기업을 생각해야 하고, 모두가 하나님의 기업을 누리고 평안을 얻을 때까지 같은 마음으로 싸워야 한다는 것입니다. 하나님께서 주신 사명은 나의 기업만이 아니라 모두의 기업을 얻을 때까지임을 기억하고 끝까지 충성해야 한다는 것입니다. 그리고 그렇게 충성할 때, 결국에는 내 기업으로 돌아가게 되는 평안과 축복이 있다는 것입니다. 곧 하나님께서는 반드시 그 모든 싸움을 끝내시고 평안하게 돌아가게 하시는 축복을 주신

다는 것입니다.

이기적 욕심으로 모두의 기업을 위한 싸움에 동참하지 않으면, 모든 싸움을 마치고 자신의 기업으로 돌아가는 평안은 누릴 수 없습니다. 끝까지 충성하며 사명을 다한 자만이 이 평안을 누리게 됩니다. 그리고 하나님은 그 사명을 깨닫고 끝까지 충성하는 자에게 반드시 돌아가게 하시는 평안과 축복을 더하십니다. 따라서 하나님께서 평안히 돌아가게 하시는 은혜를 기억하며 오늘 주어진 사명에 충성해야 합니다. 그 모든 평안과 축복은 하나님께 맡기고 힘써 앞장서서 믿음의 싸움을 싸워야 합니다.

시편 85편_다시 돌아오게 하시는 은혜

다시 복을 주시기를 구하는 고라 자손의 기도입니다. 곧 하나님께서 포로로 잡혀갔던 백성들이 돌아오게 하셨다는 것입니다. 그 백성들의 죄악을 사하시고 죄를 덮으시는 은혜를 베푸셨다는 것입니다. 따라서 그 백성들이 다시 돌아온 땅에서 하나님을 경외하며, 하나님께서 주시는 좋은 것과 땅의 산물을 누리기를 기도한 것입니다.

이처럼 하나님은 그 백성들에게 영원히 진노하지 않으십니다. 그 사랑으로 회개하며 은혜를 구하는 자에게 용서의 은혜와 다시 돌아오게 하시는 회복의 은혜를 베푸십니다. "여호와여 주께서 주의 땅에 은혜를 베푸사 야곱의 포로 된 자들이 돌아오게 하셨으며 주의 백성의 죄악을 사하시고 그들의 모든 죄를 덮으셨나이다(셀라)"(시 85:1~2) 따라서 속히 회개하여 주님께로 돌아가야 합니다. 회개하며 주님께로 돌아가면, 주님께서 용서하시고 다시 돌아오게 하시는 은혜를 베풀어 주심을 기억하고,

주님께로 돌아가야 합니다. 헛된 곳에서 헛된 방법을 구하지 말고 주님께로 돌아가 주님께서 우리를 돌아오게 하시는 회복의 은혜를 누려야 합니다.

이사야 31장_다시 돌아오라는 명령

애굽이 아니라 하나님이 참된 구원자 되심을 전하고 있습니다. 도움을 구하러 어리석게 애굽으로 내려가지 말라는 것입니다. 그것은 헛될 뿐이고, 오히려 하나님을 앙모하며 하나님을 구해야 한다는 것입니다. 애굽의 병거와 마병이 아니라 하나님이 참 도움이 되시고, 따라서 하나님을 의지하고 하나님께 돌이켜 도움을 구해야 한다는 것입니다. "도움을 구하러 애굽으로 내려가는 자들은 화 있을진저 그들은 말을 의지하며 병거의 많음과 마병의 심히 강함을 의지하고 이스라엘의 거룩하신 이를 앙모하지 아니하며 여호와를 구하지 아니하나니"(사 31:1)

하나님께서는 앗수르를 심판하시고 시온을 구원하신다고 약속하고 계십니다. 그 백성들을 보호하시고 호위하시며 건지시고 구원하신다는 것입니다(사 31:5). 따라서 헛된 우상과 불신을 버리고 구원의 하나님께 돌아오라고 말씀하셨습니다. "이스라엘 자손들아 너희는 심히 거역하던 자에게로 돌아오라"(사 31:6) "심히 거역하던 자"라는 말씀에 주목해야 합니다. 곧 백성들은 하나님을 그렇게 심히 거역했습니다. 그러나 구원은 오직 그 백성들이 심히 거역하던 하나님께 있습니다. 따라서 그 하나님께 돌이키는 것 외에 다른 구원의 길이 없다는 것입니다. 또한 하나님은 그 백성들이 그렇게 심히 거역했지만, 포기하지 않고 돌아오라고 말씀하셨습니다. 그렇게 심히 거역한 백성들임에도 회개하고 돌아오면 용서하시고 구원하신다는 것입니다. 그 놀라운 사랑으로 그 거역한 백성들까지도 돌아오기를 기다리신다는 것입니다.

요한계시록 1장_다시 돌아오리라는 약속

요한이 받은 사명과 환상을 전하고 있습니다. 곧 요한은 밧모섬에 유배되어 있는 중, 성령에 감동되어 하나님께서 주시는 환상을 보고, 에베소, 서머나, 버가모, 두아디라, 사데, 빌라델비아, 라오디게아 등 일곱 교회에 그 본 환상을 전하라는 사명을 받았습니다. 이 사명에 따라 편지를 쓰고 있음을 밝히고 있는데, 주목할 말씀이, 일곱 교회에 편지를 보내는 인사말에서 예수 그리스도의 재림을 확신하며 전한 것입니다. 곧 주님의 다시 오심은 모두가 확연히 목격하게 되는 분명한 사실이며, 무엇보다 이 날은 주님을 끝까지 거부한 사람들에게는 심판의 날이요 애곡의 날이 된다는 것입니다. "볼지어다 그가 구름을 타고 오시리라 각 사람의 눈이 그를 보겠고 그를 찌른 자들도 볼 것이요 땅에 있는 모든 족속이 그로 말미암아 애곡하리니 그러하리라 아멘"(계 1:7)

십자가의 사랑으로 우리를 구원하시고 승천하신 주님은 다시 이 땅에 오십니다. 승천하심을 본 그대로 다시 오심을 약속하셨습니다. 무엇보다 처음 이 땅에 오신 주님은 구원의 주로 오셨습니다. 그러나 다시 오시는 주님은 심판의 주로 오십니다. 따라서 늦기 전에 주님께로 돌이켜야 합니다. 주님께서 반드시 다시 오심을 기억하며 믿음에서 흔들리지 않아 주님을 심판이 아닌 구원의 주로 맞이해야 합니다.

이겨야 합니다

맥체인성경365_835p

신명기 4장 | 시편 86-87편 | 이사야 32장 | 요한계시록 2장

우리는 환난과 핍박 중에서도 믿음을 지키며 이기는 자가 돼야 합니다. 말씀과 기도와 성령으로 세상을 이기며, 생명과 권세와 축복을 누려야 합니다.

신명기 4장_말씀으로 이겨야

하나님의 규례와 법도 곧 말씀을 지켜야 한다는 가르침입니다. 그 말씀을 따라 그 어떤 형상의 우상도 만들지 말며, 유일하신 하나님만을 경외하라는 것입니다. 그때에 생명을 얻고, 하나님께서 약속하신 땅을 얻으며, 우리와 우리 후손이 복을 받아 장수한다는 것입니다. "이스라엘아 이제 내가 너희에게 가르치는 규례와 법도를 듣고 준행하라 그리하면 너희가 살 것이요 너희 조상의 하나님 여호와께서 너희에게 주시는 땅에 들어가서 그것을 얻게 되리라 내가 너희에게 명령하는 말을 너희는 가감하지 말고 내가 너희에게 내리는 너희 하나님 여호와의 명령을 지키라"(신 4:1~2) "오늘 내가 네게 명령하는 여호와의 규례와 명령을 지키라 너와 네 후손이 복을 받아 네 하나님 여호와께서 네게 주시는 땅에서 한 없이 오래 살리라"(신 4:40)

하나님의 말씀을 지키며 살아가는 것이 우리를 생존케 하는 길입니다. 적들을 물리치고 하나님의 약속하신 기업을 차지하는 길이며, 자자손손 복을 받아 누리는 축복의 길입니다. 다시 말해 우리를 두렵게 하는 세상의 대적과 고난과 죽음을 이기는 삶이 바로 말씀에 있습니다. 말씀으로 그 모든 것을 이길 수 있습니다. 따라서 하나님의 말씀에 철저해야 합니다. 모세는 하나님의 말씀을 가감하지 말라고 가르치고 있는데, 우리의 생각과 판단으로 하나님의 말씀을 재단하며 타협하는 순간, 말씀에 균열이 생기고, 그 균열은 우리를 무너뜨리고 말씀에서 벗어나게 합니다. 그리고 벗어난 말씀으로는 결코 세상을 이길 수 없습니다. 따라서 절대적으로 하나님의 말씀에 서서 순종해야 합니다.

시편 86-87편_기도로 이겨야

시편 86편은 환난 날에 하나님의 구원을 구한 다윗의 기도입니다. 시편 87편은 고라 자손의 시로 시온에 대한 찬양입니다. 시온이 모든 민족들의 어머니가 된다는 것입니다.

특별히 시편 86편 말씀에 주목하면 환난 중에 기도로 이길 수 있음을 깨닫게 됩니다. 곧 다윗은 교만한 자들이 일어나 치고 포악한 자의 무리가 그 목숨을 노리는 환난의 상황에서 하나님께 기도했고(시 86:14), 또 하나님의 응답을 확신했습니다. 하나님께 기도함으로 삶에서 만난 환난을 이긴 것입니다. "여호와여 나의 기도에 귀를 기울이시고 내가 간구하는 소리를 들으소서 나의 환난 날에 내가 주께 부르짖으리니 주께서 내게 응답하시리이다"(시 86:6~7)

우리도 삶에서 견디기 힘든 환난을 만날 수 있습니다. 그러나 우리도 기도할 수 있습니다. 하나님은 우리에게 기도의 무기를 주셨습니다. 기도함으로 환난을 이기고 믿음을 지킬 수 있습니다. 하나님께서 주시는 기도의 응답으로 환난을 축복으로 바꾸어 갈 수 있습니다.

이사야 32장_성령으로 이겨야

장래에 임할 의의 나라에 대해 전하고 있습니다. 곧 장차 한 왕이 공의로 그 나라를 통치하게 된다는 것입니다. 그런데 주목할 것이 하나님께서 부어주시는 영을 통해 일어나는 회복입니다. 하나님의 심판으로 인해 황폐해진 땅이 하나님께서 위에서부터 부어주시는 영을 통해 아름다운 밭이 된다는 것입니다. "마침내 위에서부터 영을 우리에게 부어주시리니 광야가 아름다운 밭이 되며 아름다운 밭

을 숲으로 여기게 되리라"(사 32:15)

이사야 32장 9절 이하를 보면, "안일한 여인들"에 대해 말씀하고 있습니다. 이 여인들은 염려 없이 '평강할 것이다. 축복을 누릴 것이다'라고 생각한 여인들입니다. 이 여인들이 의지했던 것은 좋은 밭과 풍성한 열매였습니다. 이를 통해 안일한 생각을 가졌던 것입니다. 그러나 하나님께서는 그 모든 것으로 인해 가슴을 치게 됨을, 곧 그 의지했던 것으로 아픔을 당하게 됨을 말씀하셨습니다(사 32:12).

좋은 밭과 풍성한 열매 등, 세상에서 가진 소유를 의지하고 이를 통해 안일하고 교만하면 그 결과는 실패입니다. 하나님의 심판으로 인한 멸망입니다. 그러나 하나님께서 부어주시는 영은 그 실패를 축복으로, 곧 승리로 바꿉니다. 따라서 우리가 구하고 의지할 것은 하나님의 영, 곧 성령입니다. 결코 그 가진 소유로 세상을 이기지 못하고, 오히려 그 소유를 의지하면 실패할 수밖에 없음을 깨닫고, 성령을 의지해야 합니다. 성령을 통해 세상을 이겨야 합니다.

요한계시록 2장_이기는 자
소아시아 일곱 교회 중, 에베소 교회, 서머나 교회, 버가모 교회, 두아디라 교회에 전하는 말씀입니다.

그런데 모든 교회에 주시는 메시지 중, 이기는 자에게 상급을 주신다는 것입니다. 이기는 자에게 생명나무의 열매가 주어지고, 이기는 자가 둘째 사망의 해를 받지 아니하고, 이기는 자가 감추었던 만나와 흰 돌을 받게 되고, 이기는 자가 만국을 다스리는 권세를 받게 된다는 것입니다. "귀 있는 자는 성령이 교회들에게 하시는 말씀을 들을지어다 이기는 그에게는 내가 하나님의 낙원에 있는 생명나무의 열매를 주어 먹게 하리라"(계 2:7) "귀 있는 자는 성령이 교회들에게 하시는 말씀을 들을지어다 이기는 자는 둘째 사망의 해를 받지 아니하리라"(계 2:11) "귀 있는 자는 성령이 교회들에게 하시는 말씀을 들을지어다 이기는 그에게는 내가 감추었던 만나를 주고 또 흰 돌을 줄 터인데 그 돌 위에 새 이름을 기록한 것이 있나니 받는 자 밖에는 그 이름을 알 사람이 없느니라"(계 2:17) "이기는 자와 끝까지 내 일을 지키는 그에게 만국을 다스리는 권세를 주리니"(계 2:26)

초대 교회는 신앙의 핍박을 받던 시대로 신앙인들에게 참혹한 환난이 있었습니다. 그러나 그 환난 때문에 변절하고 신앙을 포기하는 것이 아니라 환난과 핍박을 이겨야 한다는 사실을 강조한 것입니다. 그래야 생명과 권세와 축복을 받아 누리게 된다는 것입니다.

이것으로 누리는 복

맥체인성경365_843p

신명기 5장 | 시편 88편 | 이사야 33장 | 요한계시록 3장

하나님을 경외함이 보배입니다. 하나님을 경외함으로 계명을 지킬 때 천 대까지의 복을 누릴 수 있습니다. 환난과 믿음의 시련 중에도 넘어지지 않고 기도하며 이길 때에 하나님의 약속하신 복을 누릴 수 있습니다.

신명기 5장_계명을 지킴으로 누리는 복

십계명의 말씀입니다. 하나님의 계명을 받을 당시 시내산에 있었던 출애굽 1세대는 이미 죽었고, 모세는 그 자녀들인 출애굽 2세대들에게 다시 한 번 하나님의 계명을 가르치며 전한 것입니다. 그런데 주목할 것이 그 계명을 지키는 자에게 주어지는 복입니다. 곧 하나님께서 그 계명을 주심은 억압에 있지 않고 축복에 있음을 가르쳐주고 있습니다. "나를 사랑하고 내 계명을 지키는 자에게는 천 대까지 은혜를 베푸느니라"(신 5:10) "다만 그들이 항상 이같은 마음을 품어 나를 경외하며 내 모든 명령을 지켜서 그들과 그 자손이 영원히 복 받기를 원하노라"(신 5:29) 하나님은 그 백성들이 계명을 통해 복을 받기를 원하십니다. 하나님은 계명을 지키는 자에게 천 대까지 은혜를 베푸심을 약속하고 있습니다. 이는 곧 그 백성들이 하나님을 경외하고 계명을 지켜서 영원히 복 받기를 원하신다는 것입니다. 따라서 하나님이 주시는 명령에서 흔들리지 말아야 합니다. 철저히 하나님의 명령을 지키며, 좌로나 우로나 치우치지 않아야 합니다. 오직 하나님의 명령을 따라 철저히 그 계명을 지켜야 하고, 이를 통해 생명과 복과 장수의 축복을 누려야 합니다(신 5:32~33).

하나님은 그 백성들이 자자손손 복을 누리며 살아가기를 원하십니다. 따라서 하나님은 계명을 주시고 그 계명을 지키라고 명령하십니다. 그 계명을 지키며 하나님과 교제하는 삶에서 하나님의 복을 누릴 수 있기 때문입니다. 따라서 어리석게 하나님이 주시는 계명을 속박으로 받아들이지 말아야 합니다. 그 속에 담긴 하나님의 복을 깨닫고 발견하며, 기쁨으로 계명을 지켜야 합니다.

시편 88편_포기하지 않는 기도로 누리는 복

큰 고독과 죽음에 직면하여 하나님께 드린 고라 자손의 기도입니다. 곧 고라 자손 고통 중에서 간절히 하나님을 찾으며 기도했습니다. "곤란으로 말미암아 내 눈이 쇠하였나이다 여호와여 내가 매일 주를 부르며 주를 향하여 나의 두 손을 들었나이다"(시 88:9) "매일 주님을 불렀다"는 말씀과 "주를 향하여 두 손을 들었다"는 표현은 그가 얼마나 간절히 하나님의 은혜를 구하며 바랐는지 알게 합니다. 또한 고라 자손은 오랜 시간 포기하지 않고 기도했습니다. "내가 어릴 적부터 고난을 당하여 죽게 되었사오며 주께서 두렵게 하실 때에 당황하였나이다"(시 88:15) 그 고난이 어릴 적부터 시작됐다는 고백은 그 고난의 길이를 알게 합니다. 뿐만 아니라, 고라 자손의 포기하지 않는 기도를 알게 합니다. 곧 오랜 시간 고난 중에 있고, 죽음을 눈앞에까지 두었음에도 불구하고 포기하지 않고 기도했다는 것입니다. 그 오랜 시간에도 그 기도를 멈추지 않고, 하나님의 은혜를 믿으며 기도했다는 것입니다. 무엇보다 그는 하나님의 응답을 확신했습니다. "여호와여 오직 내가 주께 부르짖었사오니 아침에 나의 기도가 주의 앞에 이르리이다"(13절) 고라 자손은 이 밤에 간절히 드린 기도가 다음 날 눈을 뜬 아침에 반드시 하나님의 응답으로 이어질 것을 확신했습니다. 이 밤에는 아픔과 고통 중에 기도하지만, 내일 아침에 응답으로 인한 기쁨의 시간을 맞이할 것을 믿고 소망했다는 것입니다.

고난 중에 우리는 하나님을 찾아 기도할 수 있고 그리고 그 기도에 하나님은 반드시 응답하십니다. 우리의 고난과 아픔을 토로하며 기도할 수 있는 하나님이 계시다는 것이 복이며, 또한 그 하나님께서 그 기도를 외면하지 않으시고 반드시 응답하신다는 것이 복입니다. 포기하지 않는 기도로 하나님의 응답의 복을 누릴 수 있습니다.

이사야 33장_하나님을 경외함으로 누리는 복

하나님께서 일어나 시온을 구원하시고, 친히 그 백성들을 다스려 평화와 풍요를 선사하신다는 말씀입니다. 따라서 여호와를 경외함이 보배임을 전하고 있습니다. "네 시대에 평안함이 있으며 구원과 지혜와 지식이 풍성할 것이니 여호와를 경외함이 네 보배니라"(사 33:6) 여호와를 경외하며 살아갈 때 평안이 주어지고, 구원과 지혜와 지식을 풍성히 누릴 수 있기에 여호와를 경외하는 것이 보배라는 것입니다. 따라서 이 말씀은 세상의 재물과 권세에 취하여 살아가는 것이 아니라 하나님을 경외하며 살아야 함을 가르치고 있습니다. 참된 복은 세상의 권세와 재물에 있는 것이 아니라 그 모든 것을 가능케 하시는 하나님께 있음을 깨닫고 힘써 하나님을 경외해야 한다는 것입니다. 이를 잘 보여주는 것이 7절 이하의 말씀입니다. 곧 유다는 앗수르에 평화의 사신들을 보냈습니다. 앗수르의 공격을 피하고 평화조약을 맺고자 힘썼습니다. 이 조약에 소망을 두었습니다. 그런데 그 결과, "보라 그들의 용사가 밖에서 부르짖으며 평화의 사신들이 슬피 곡하며"(사 33:7) 소망을 가졌던 조약이 깨졌습니다. 앗수르가 유다와 맺기로 한 조약을 일방적으로 파기했습니다(사 33:8).

결국 이 말씀은 우리가 믿고 앙망할 대상은 오직 하나님 한 분임을 깨닫게 합니다. 세상의 힘 있는 나라를 의지하고 거기에 소망을 두는 것의 헛됨을 가르쳐줍니다. 곧 우리를 구원하고 참된 생명과 평안의 복을 주시는 분은 하나님이시고, 따라서 하나님을 경외함이 그 복을 누리는 길임을 전하고 있습니다.

요한계시록 3장_환난을 이김으로 누리는 복

2장에 이어 소아시아 일곱 교회 중 사데 교회, 빌라델비아 교회, 라오디게아 교회에 전하는 말씀입니다. 이 세 교회를 향해서도 환난과 핍박과 믿음의 시험을 이겨야 함을 강조하고 있는데, 이기는 자에게 생명책에서 지워지지 않는 복, 성전 기둥이 되는 복, 보좌에 함께 앉게 하시는 복을 주실 것임을 약속하고 있습니다. 환난을 이김으로 복을 누리게 된다는 것입니다. "이기는 자는 이와 같이 흰 옷을 입을 것이요 내가 그 이름을 생명책에서 결코 지우지 아니하고 그 이름을 내 아버지 앞과 그의 천사들 앞에서 시인하리라"(계 3:5) "이기는 자는 내 하나님 성전에 기둥이 되게 하리니 그가 결코 다시 나가지 아니하리라 내가 하나님의 이름과 하나님의 성 곧 하늘에서 내 하나님께로부터 내려오는 새 예루살렘의 이름과 나의 새 이름을 그이 위에 기록하리라"(계 3:12) "이기는 그에게는 내가 내 보좌에 함께 앉게 하여 주기를 내가 이기고 아버지 보좌에 함께 앉은 것과 같이 하리라"(계 3:21)

믿음의 삶에 고난도 시험도 유혹도 있습니다. 그럼에도 넘어지지 않고 믿음을 지키며 이기는 자가 하나님의 복을 누립니다. 때로 하나님은 환난을 통해 우리의 믿음을 연단하여 더욱 굳게 세우고자 하십니다. 여기서 넘어지지 말아야 합니다. 능히 믿음을 지키고 이김으로 연단되어 더욱 굳건한 믿음의 사람으로 세워져야 합니다. 그리고 이를 통해 주어지는 하나님의 복도 누려야 합니다.

오늘의 기도

1. 하나님을 경외함이 가장 큰 보배임을 깨달아 하나님을 경외하는 일에 온 힘을 다하게 하소서.
2. 하나님이 주시는 말씀에 순종하여 천 대까지 주시는 주의 은혜를 받아 누리게 하소서.
3. 믿음의 시련에서 이기게 하셔서 이기게 하시는 자에게 약속하신 축복을 누리게 하소서.

찬양 받으실 하나님

맥체인성경365_848p

신명기 6장 | 시편 89편 | 이사야 34장 | 요한계시록 4장

하나님은 그 말씀에 순종하는 자에게는 복을 주십니다. 말씀에서 떠나 죄악을 행하는 자는 심판하시지만, 회개하며 은혜를 구하는 자에게는 용서의 은혜를 베푸시고, 그 기도에 응답하여 신원하십니다. 이런 하나님을 찬양함은 마땅합니다.

신명기 6장_복 주시는 하나님

하나님을 사랑하고 그 말씀에 순종하라는 권고입니다. 하나님을 사랑함으로 순종하는 자에게는 하나님께서 복을 주신다는 것입니다. 하나님은 그 백성에게 복을 주시기를 원하시고, 따라서 그 말씀을 듣고 지켜 행하는 자에게 약속하신 땅에서 크게 번성하는 복을 내리신다는 것입니다. "이스라엘아 듣고 삼가 그것을 행하라 그리하면 네가 복을 받고 네 조상들의 하나님 여호와께서 네게 허락하심 같이 젖과 꿀이 흐르는 땅에서 네가 크게 번성하리라"(신 6:3)

그러나 또한 하나님의 말씀에서 떠나 우상을 숭배하는 자에게는 하나님의 축복이 아닌 심판이 있음을 경고하고 있습니다. 하나님을 잊고 그 땅의 신들과 우상들을 섬길 때에 하나님은 그 백성들을 심판하신다는 것입니다. 하나님의 말씀을 지키며 하나님과 교제하는 삶을 살아가면 번성케 하시는 하나님의 축복이 있지만, 풍요로움에 빠져 하나님을 잊고 어리석게 우상을 섬기면 멸절케 하시는 하나님의 심판이 있게 된다는 것입니다. "너는 조심하여 너를 애굽 땅 종 되었던 집에서 인도하여 내신 여호와를 잊지 말고 네 하나님 여호와를 경외하며 그를 섬기며 그의 이름으로 맹세할 것이니라 너희는 다른 신들 곧 네 사면에 있는 백성의 신들을 따르지 말라 너희 중에 계신 너희의 하나님 여호와는 질투하시는 하나님이신즉 너희의 하나님 여호와께서 네게 진노하사 너를 지면에서 멸절시키실까 두려워하노라 너희 중에 계신 너희의 하나님 여호와는 질투하시는 하나님이신즉 너희의 하나님 여호와께서 네게 진노하사 너를 지면에서 멸절시키실까 두려워하노라"(신 6:12~15)

번성케 하시는 하나님의 축복을 누리느냐? 멸절케 하시는 하나님의 심판을 당하느냐? 바로 우리 자신에게 달려 있습니다. 따라서 하나님의 은혜와 사랑, 그리고 그 주신 축복을 잊지 말아야 합니다. 하나님이 주신 축복이 감사가 되어 더욱 말씀에 순종하고, 이를 통해 하나님의 축복을 더욱 풍성히 이어가야 합니다. 결코 하나님의 축복이 교만이 되고 안주함이 되지 않아야 합니다.

시편 89편_심판하시는 하나님

현재 이스라엘이 처한 패배와 수치 속에서 하나님께서 다윗 왕에게 하신 약속을 떠올린 말씀입니다. 곧 다윗 왕에게 주신 약속을 따라 현재의 곤경에서 구원해주시기를 구한 것입니다.

"그러나 주께서 주의 기름 부음 받은 자에게 노하사 물리치셔서 버리셨으며 주의 종의 언약을 미워하사 그의 관을 땅에 던져 욕되게 하셨으며 그의 모든 울타리를 파괴하시며 그 요새를 무너뜨리셨으므로 길로 지나가는 자들에게 다 탈취를 당하며 그의 이웃에게 욕을 당하나이다"(시 89:38~41) 현재 이스라엘이 처한 고통의 상황을 아픔 중에 고백한 기도입니다. 여기서 하나님의 심판을 깨달을 수 있습니다. 하나님의 은혜 속에서 그 백성들에게 복을 약속하고(시 89:15), 다윗과 맺은 언약으로 대적들을 물리치는 승리를 약속하셨지만(시 89:19~24), 그 약속이 깨어질 만큼, 백성들이 죄와 불의로 하나님에게서 돌아섰고, 계속된 그 죄와 불의에 대해 하나님은 진노하지 않으실 수 없었다는 것입니다.

하나님은 그 백성에게 구원을 약속하고 축복을 약속하지만, 우리의 계속된 죄와 돌아서지 않는 불의는 그 약속을 깨뜨리고 심판에 이르게 합니다.

따라서 그 약속이 깨어지지 않도록 죄에서 돌이켜야 합니다. 무엇보다 우리의 죄로 깨어진 약속을 회복하고 다시 이어갈 수 있는 것은 하나님의 은혜밖에 없습니다. 따라서 오늘 신앙인이 다윗에게 하신 하나님의 약속을 떠올리며 은혜를 구한 것처럼, 우리도 그 약속을 붙들고 은혜를 구해야 합니다. 하나님의 심판을 돌이키는 유일한 길은 하나님의 은혜밖에 없음을 기억하고 힘써 은혜를 구해야 합니다. "여호와여 언제까지니이까 스스로 영원히 숨기시리이까 주의 노가 언제까지 불붙듯 하시겠나이까"(시 89:46)

이사야 34장_신원하시는 하나님

열방에 대한 심판, 특별히 에돔에 대한 심판의 말씀입니다. 에돔은 형제 국가임에도 불구하고 유다가 멸망할 때에 피난하는 백성들을 돕기는커녕 무자비하게 대했습니다. 이로 인해 유다 백성들은 더 큰 고통에 처할 수밖에 없었는데, 바로 이것에 대해 하나님께서 에돔을 심판하여 원수를 갚고 그 백성들을 신원해주신다는 것입니다. "대저 여호와께서 열방을 향하여 진노하시며 그들의 만군을 향하여 분내사 그들을 진멸하시며 살륙 당하게 하셨은즉"(사 34:2) "이것은 여호와께서 보복하시는 날이요 시온의 송사를 위하여 신원하시는 해라"(사 34:8)

하나님은 그 은혜로 용서를 구하는 그 백성들의 기도에 응답하십니다. 그 죄로 인해 진노하셨지만, 그 사랑 때문에 용서하시고 은혜를 구하는 백성들의 기도를 들어 주십니다. 무엇보다 그 백성들의 고통과 아픔을 외면하지 않으십니다. 고통 중에 부르짖는 기도를 들으시고 그 아픔과 원통함을 풀어 주십니다. 그 원수들을 멸하심으로 신원해주십니다. 따라서 죄에 대해서 회개하며, 끊임없이 하나님의 은혜를 구해야 합니다. 누구와도 비교할 수 없는 큰 사랑으로 우리를 용서하시고 우리의 아픔을 풀어주시는 유일한 분이 하나님임을 잊지 말아야 합니다.

요한계시록 4장_찬양 받으실 하나님

요한이 환상 중에 하늘로 올라가 본 천상의 예배입니다. 하나님의 보좌 주위의 네 생물과 보좌를 둘러서 앉아 있던 이십사 장로들이 쉬지 않고 하나님의 거룩함을 찬양했다는 것입니다. 영광과 존귀와 감사를 하나님께 돌리며 경배했다는 것입니다. "네 생물은 각각 여섯 날개를 가졌고 그 안과 주위에는 눈들이 가득하더라 그들이 밤낮 쉬지 않고 이르기를 거룩하다 거룩하다 거룩하다 주 하나님 곧 전능하신 이여 전에도 계셨고 이제도 계시고 장차 오실 이시라 하고 그 생물들이 보좌에 앉으사 세세토록 살아 계시는 이에게 영광과 존귀와 감사를 돌릴 때에 이십사 장로들이 보좌에 앉으신 이 앞에 엎드려 세세토록 살아 계시는 이에게 경배하고 자기의 관을 보좌 앞에 드리며 이르되"(계 4:8~10)

우리를 구원하시며 복을 주시는 하나님, 우리의 죄에 대해 진노하시고 심판하시지만, 그러나 다시 용서하시고 그 기도에 응답하여 신원하시는 하나님을 찬양하는 것은 마땅합니다. 하나님은 우리의 찬양과 예배를 받으시기를 원하십니다. 끊임없이 하나님을 찬양하고 예배하며 그 교제를 이어가기를 바라시고, 또한 그 속에서 계속된 복을 더하시기를 원하십니다. 우리가 천국에 올라가 할 일도 예배이고, 따라서 이 땅에서도 하나님의 은혜와 구원을 기억하며 하나님을 찬양하고 예배해야 합니다.

오늘의 기도

1. 하나님의 말씀을 듣고 지킴으로 그 약속하신 복을 누리게 하소서.
2. 하나님의 진노 중에도 그 약속을 붙들고 기도하여, 그 약속을 다시 이어가시는 하나님의 은혜와 우리의 아픔을 신원해주시는 응답을 누리게 하소서.
3. 쉬지 않고 헌신으로 하나님을 찬양하며 예배하는 삶을 살게 하소서.

3
Jun

연약함을 깨닫고

맥체인성경365_853p

신명기 7장 | 시편 90편 | 이사야 35장 | 요한계시록 5장

연약한 우리는 생명도, 행복도, 삶의 승리와 축복도 스스로 열어갈 수 없습니다. 따라서 우리의 연약함을 깨닫고, 주의 약속을 붙들고 주의 은혜를 구하며 주의 능력을 힘입어야 합니다. 승리하신 주님께 소망을 두어야 합니다.

신명기 7장_연약함을 깨닫고, 붙들어야 하는 주의 약속

언약을 맺고 혼인을 하는 등, 이방인들과 사귀지 말라는 말씀입니다. 그들이 유혹하여 이방신을 섬기게 하고, 이로 인해 하나님의 진노에 이르게 된다는 것입니다. 오히려 이방신과 우상을 깨뜨리고 불사르며 하나님의 말씀을 지키라고 명령하고 있습니다. 그러면 하나님께서 언약을 지켜 복을 주시고 번성케 하신다는 것입니다. 가나안의 민족들을 쫓아내고 승리를 주신다는 것입니다. 승리와 축복은 이방 신이 아니라 하나님께 있고 그 약속에 있다는 것입니다.

이에 대해 모세는 다음과 같이 전하고 있습니다. "여호와께서 너희를 기뻐하시고 너희를 택하심은 너희가 다른 민족보다 수효가 많기 때문이 아니니라 너희는 오히려 모든 민족 중에 가장 적으니라 여호와께서 다만 너희를 사랑하심으로 말미암아, 또는 너희의 조상들에게 하신 맹세를 지키려 하심으로 말미암아 자기의 권능의 손으로 너희를 인도하여 내시되 너희를 그 종 되었던 집에서 애굽 왕 바로의 손에서 속량하셨나니 그런즉 너는 알라 오직 네 하나님 여호와는 하나님이시요 신실하신 하나님이시라 그를 사랑하고 그의 계명을 지키는 자에게는 천 대까지 그의 언약을 이행하시며 인애를 베푸시되"(신 7:7~9) 이스라엘 민족이 모든 민족 중에 가장 적다는 말씀에 주목해야 합니다. 하나님께서 이스라엘 민족을 선택하심은 그 민족의 강성함에 있지 않고 하나님의 사랑과 약속에 있다는 것입니다. 그 민족이 연약함에도 하나님은 이스라엘을 향한 사랑과 그 조상들에게 주신 약속 때문에 이스라엘을 선택하시고 구원하셨다는 것입니다.

결국 이 말씀은 우리가 붙잡고 의지할 것이 하나님의 약속임을 깨닫게 합니다. 어리석게 교만하여 우리의 힘을 의지할 것이 아니라, 우리의 연약함을 깨닫고 하나님의 사랑을 구하며 하나님의 약속을 붙들어야 한다는 것입니다. 곧 하나님께서 우리를 택하시고 자녀 삼으심은 우리가 강성하고 뛰어나기 때문이 아니라 예수 그리스도를 통한 사랑과 약속 때문입니다. 이를 깨닫고 예수 그리스도를 향한 믿음 안에 거하여 그 약속을 붙들어야 합니다.

시편 90편_연약함을 깨닫고, 붙들어야 하는 주의 은혜

인생의 덧없음을 고백하며 하나님의 은혜를 구한 모세의 기도입니다. 곧 모세는 인생의 유한함과 연약함을 고백했습니다(시 90:10). 많은 사람들이 그 능력을 자만하지만, 그러나 우리는 유한한 존재로서 티끌과 같고(시 90:3), 잠깐 자라다 시들어버리는 풀과 같다는 것입니다(시 90:5). 그 짧은 인생도 수고와 슬픔뿐이라는 것입니다. 따라서 모세는 주의 은혜를 구했습니다. 주의 은혜와 사랑이 덧없는 인생을 즐겁고 기쁘게 한다는 것입니다. 주의 은총이 우리가 하는 일을 견고하게 하고, 헛되지 않게 한다는 것입니다(시 90:14, 17).

이 세상에서 아무리 부귀와 영화를 누리며 살아간다고 할지라도, 우리의 인생은 하나님의 영원한 시간을 기억하면 순간에 불과합니다. 헛되이 사라지는 연약한 인생일 뿐입니다. 그러나 주의 은혜는 덧없는 우리 인생을 가치 있고 행복하게 합니다. 무엇보다 영원한 삶을 가능하게 합니다. 따라서 우리의 연약함을 깨달으며 하나님의 은혜를 구하고 또 붙들어야 합니다.

이사야 35장_연약함을 깨닫고 붙들어야 하는 주의 능력

장래에 이루어질 구원과 평화의 나라를 전하고 있습니다. 지금은 하나님의 심판으로 멸망과 고통과 수치 가운데 있지만, 하나님께서 그 백성들을 용서하시고 회복하시며 구원하실 것을 약속하고 있는 것입니다. 따라서 그 백성들에게 힘을 내고 두려워하지 말라고 격려하고 있습니다. 하나님께서 그 백성들의 아픔과 원수를 갚아주시고 또 그 백성들을 구원하심을 말씀하고 있습니다. "너희는 약한 손을 강하게 하며 떨리는 무릎을 굳게 하며 겁내는 자들에게 이르기를 굳세어라, 두려워하지 말라, 보라 너희 하나님이 오사 보복하시며 갚아 주실 것이라 하나님이 오사 너희를 구하시리라 하라"(사 35:3~4)

약한 손과 떨리는 무릎은 그 백성들의 연약함을 잘 보여주고 있습니다. 사실 백성들이 가진 연약한 힘으로는 지금의 현실을 조금도 바꿀 수 없습니다. 따라서 떨며 겁을 내고 두려워할 수밖에 없습니다. 그러나 하나님은 연약하지 않으십니다. 모든 능력이 하나님께 있고, 하나님은 그 백성들의 모든 두려움과 절망을 단번에 바꾸실 수 있습니다. 그리고 바꾸시겠다고 약속하고 있습니다. 따라서 연약한 자신을 보며 두려워 떨지 말고, 능력의 하나님을 바라보아야 합니다. 그 연약한 자신의 능력을 의지하겠다는 어리석음도 버리고, 그렇다고 그 연약함으로 인해 두려워 떨고만 있지도 말고, 하나님의 능력을 붙들어 힘을 내고 소망을 가져야 합니다. 더욱 하나님의 능력을 의지하며 하나님께서 이루실 내일의 평화와 구원을 바라보아야 합니다.

요한계시록 5장_연약함을 깨닫고 붙들어야 하는 주의 승리

일곱 인으로 봉한 두루마리에 대한 말씀입니다. 어린 양 되신 예수 그리스도께서 봉인한 인을 떼고 이 두루마리를 펴기에 합당하다는 것입니다. 따라서 하나님과 더불어 예수 그리스도를 찬양하고 있는 말씀입니다.

처음 요한은 능히 그 두루마리를 펴거나 볼 수 있는 사람을 찾지 못해 크게 울었습니다. 곧 인을 떼고 두루마리를 펼친다는 것은 하나님의 심판을 단행하여 세상의 모든 악한 권세들을 물리친다는 것을 뜻합니다. 악한 권세들에 의해 핍박 받고 고통 받는 성도들에게 승리를 주신다는 것을 말합니다. 그런데 그 심판을 단행하기 위해 두루마리를 펴거나 보거나 할 자를 찾을 수 없어 슬퍼할 수밖에 없었던 것입니다. 그러나 승리하신 예수 그리스도께서 그 인을 떼시고 두루마리에 적힌 심판을 단행하신다는 말씀을 듣게 된 것입니다(계 5:3~5).

세상 그 누구도 두루마리를 펴서 하나님의 심판을 단행할 수 없습니다. 그 누구도 우리의 고통과 아픔의 눈물을 씻고 승리를 줄 수 없습니다. 우리 스스로도 할 수 없습니다. 그렇게 우리는 연약한 존재입니다. 그러나 사망의 모든 권세를 이기신 예수 그리스도께서 능히 하실 수 있습니다. 아무도 할 수 없지만 예수 그리스도께서 이미 모든 악한 권세를 물리치고 승리하셨기에 이를 행하실 수 있습니다. 따라서 우리가 예수 그리스도를 의지해야 합니다. 이미 승리하신 예수 그리스도께서 하나님의 심판을 단행하시며, 이를 통해 우리에게 승리를 주심을 기억하고 예수 그리스도의 승리를 붙들어야 합니다.

오늘의 기도

1. 우리의 연약함을 깨닫게 하셔서 겸손히 주님을 붙들고, 주님께서 주시는 영원을 사모하게 하소서.
2. 연약한 우리를 택하신 주의 사랑을 깨닫고, 그 사랑에 응답하여 천 대까지 언약을 이행하시며 인애를 베푸시는 주의 축복을 누리게 하소서.
3. 주의 능력과 승리를 붙들어 두려움을 이기고 주께서 주시는 승리를 누리게 하소서.

4 Jun

고난을 통한 축복

신명기 8장 | 시편 91편 | 이사야 36장 | 요한계시록 6장

하나님은 고난을 통해 우리를 축복하십니다. 따라서 하나님의 인도하심을 따르며, 만나는 고난으로 인해 두려워하지 말고 오히려 축복을 소망해야 합니다. 고난 중에 포기하지 않고 하나님을 신뢰하고 기도하며 기다려야 합니다.

신명기 8장_고난을 통한 축복

사십 년 광야 길에서 베푸신 하나님의 은혜를 전하며 감사하라는 말씀입니다. 무엇보다 광야 길에서 만난 고난까지도 하나님의 은혜임을 전하며 감사할 것을 말씀하고 있습니다. 그 고난이 백성들로 하여금 하나님의 말씀을 붙들도록 하기 위한 하나님의 훈련이었다는 것입니다. "너를 낮추시며 너를 주리게 하시며 또 너도 알지 못하며 네 조상들도 알지 못하던 만나를 네게 먹이신 것은 사람이 떡으로만 사는 것이 아니요 여호와의 입에서 나오는 모든 말씀으로 사는 줄을 네가 알게 하려 하심이니라"(신 8:3)

하나님의 말씀을 붙들고 살아야 하나님의 돌보심 속에서 축복을 누릴 수 있습니다. 고난을 통한 하나님의 뜻은 축복입니다. 곧 하나님은 광야를 지나며 겪는 고난을 통해 그 백성들을 하나님을 의지하는 겸손한 백성으로 훈련하시고 결국 복을 주고자 하셨습니다. 하나님이 주시는 고난은 고난 자체에 목적이 있지 않고 복에 있었습니다. "네 조상들도 알지 못하던 만나를 광야에서 네게 먹이셨나니 이는 다 너를 낮추시며 너를 시험하사 마침내 네게 복을 주려 하심이었느니라"(신 8:16)

고난을 좋아하는 사람은 없습니다. 그러나 하나님은 고난을 통해 우리를 훈련하기를 원하십니다. 고난 속에서 하나님만 절대적으로 붙드는 참 믿음의 사람으로 세워가기를 원하시고, 그 모든 과정을 통해 하나님의 복을 주기를 원하십니다. 따라서 하나님을 따르는 믿음의 삶에서 만나는 고난으로 인해 근심하지 말고, 오히려 고난 이후에 주실 하나님의 복을 바라보며 기뻐해야 합니다.

시편 91편_고난 중의 기도

하나님 안에서의 보호하심과 은혜를 전하는 시입니다. 하나님을 피난처로 삼고 보호를 요청할 때, 하나님께서 전쟁과 전염병 등, 모든 두려움과 재앙과 환난에서 건지시고 보호하신다는 것입니다. 따라서 주목할 말씀이 믿음의 간구입니다. 하나님을 사랑하고 신뢰하며 포기하지 않고 하나님께 기도해야 한다는 것입니다. 포기하지 않는 기도가 결국에는 하나님의 응답과 축복으로 이어지게 된다는 것입니다. "하나님이 이르시되 그가 나를 사랑한즉 내가 그를 건지리라 그가 내 이름을 안즉 내가 그를 높이리라 그가 내게 간구하리니 내가 그에게 응답하리라 그들이 환난 당할 때에 내가 그와 함께 하여 그를 건지고 영화롭게 하리라"(시 91:14~15)

포기하지 않는 믿음의 기도에 하나님께서 반드시 응답하시고 구원하십니다. 환난과 고난이 계속되지만 하나님을 향한 사랑과 그 믿음의 교제가 중단되지 않을 때, 곧 그 기도가 포기되지 않을 때, 하나님은 그 기도에 응답하시고 건지시며 높이십니다. 따라서 환난과 고난이 계속된다 할지라도 우리는 기도를 멈추지 말아야 합니다. 하나님의 때에 반드시 응답이 있고, 그 고난이 축복으로 바뀌게 될 것을 믿고 포기하지 말고 기도해야 합니다.

이사야 36장_고난 중의 신뢰

앗수르가 유다를 침략한 사건을 전하는 말씀입니다. 히스기야 왕 때 앗수르의 왕 산헤립이 올라와 유다의 여러 성을 쳐서 취하였습니다. 이후 라기스에서 랍사게로 하여금 대군을 거느리고 가서 예루살렘을 포위하게 했는데, 예루살렘을 포위한 랍사게는 항복하라고 소리치며 히스기야와 그 백성들이 믿는 하나님을 조롱했습니다. 곧 누구도 자신들의 손에서 예루살렘을 구원할 자가 없다는 것입니다. 하나님도 구원하지 못한다는 것입니다. "혹시 히스기야가 너희에게 이르기를 여호와께서 우리를 건지시리라 할지라도 속지 말라 열국의 신들 중에 자기의 땅을 앗수르 왕의 손에서 건진 자가 있느냐 하맛과 아르밧의 신들이 어디 있느냐 스발와임의 신들이 어디 있느냐 그들이 사마리아를 내 손에서 건졌느냐 이 열방의 신들 중에 어떤 신이 자기의 나라를 내 손에서 건져냈기에 여호와가 능히 예루살렘을 내 손에서 건지겠느냐 하셨느니라 하니라"(사 36:18~20)

사실 흘러가는 상황은 랍사게의 말이 틀리지 않은 것처럼 보입니다. 예루살렘을 둘러싼 앗수르의 대군을 보며, '과연 저 많은 군사의 공격을 막아낼 수 있을까?'라고 생각하며 낙담할 수밖에 없는 상황입니다. 정말 하나님도 돕지 못할 것처럼 보입니다. 반면 항복하면 각각 자기의 포도와 자기의 무화과를 먹고, 자기의 우물 물을 마시게 될 것이며, 지금의 땅과 같은 곡식과 포도주와 떡과 포도원이 있는 땅으로 데려가 정착시키겠다(사 36:16~17)는 말이 달콤하게 들립니다. 당장의 힘은 하나님이 아닌 앗수르 왕에게 있는 것처럼 보입니다. 그러나 그럼에도 흔들리지 말고 믿어야 합니다. 어떤 고난의 상황을 만나고 절망의 소리가 들린다고 해도 흔들리지 말고, 그럼에도 하나님은 구원하실 수 있음을 확신해야 합니다. 곧 이사야 36장의 말씀은 그럼에도 하나님을 의지하고 신뢰해야 한다는 사실을 가르치고 있습니다. 그 신뢰가 결국에는 하나님의 뜻하신 축복에 이르게 한다는 것입니다.

요한계시록 6장_고난 중의 인내

인 재앙을 전하는 말씀입니다. 곧 어린 양 되신 예수 그리스도께서 두루마리의 인을 떼실 때마다 세상에 내려지는 하나님의 심판을 전하고 있습니다. 그런데 다섯째 인이 떼어질 때, 믿음을 지키다가 순교한 영혼들의 간구가 나옵니다. 하나님께서 신원해주시기를 간구하며 언제까지 기다려야 하느냐는 영혼들의 부르짖음이 있게 됩니다. 그때에 주어진 대답이, 순교자의 수가 차기까지 더 기다려야 한다는 것입니다. "다섯째 인을 떼실 때에 내가 보니 하나님의 말씀과 그들이 가진 증거로 말미암아 죽임을 당한 영혼들이 제단 아래에 있어 큰 소리로 불러 이르되 거룩하고 참되신 대주재여 땅에 거하는 자들을 심판하여 우리 피를 갚아 주지 아니하시기를 어느 때까지 하시려 하나이까 하니 각각 그들에게 흰 두루마기를 주시며 이르시되 아직 잠시 동안 쉬되 그들의 동무 종들과 형제들도 자기처럼 죽임을 당하여 그 수가 차기까지 하라 하시더라"(계 6:9~11)

결국 이 말씀은 고난 중에도 하나님의 시간까지 기다려야 함을 가르쳐줍니다. 우리는 지금 당장을 이야기하지만 하나님께는 하나님의 시간이 있습니다. 따라서 고난이 계속된다 할지라도 하나님의 시간을 바라보며 인내해야 합니다. 우리의 시간을 고집하며 절망하지 말고 하나님의 시간까지 기다리는 인내가 있어야 합니다. 분명한 사실은, 하나님께서는 하나님의 시간에 반드시 그 뜻을 이루신다는 것입니다. 순교한 영혼들의 신원에 응답하시고, 반드시 그 아픔을 갚아주십니다.

오늘의 기도

1. 고난 속에 담긴 하나님의 축복을 깨닫고 바라보게 하시며, 소망 중에 고난을 이기게 하소서.
2. 고난 중에도 하나님을 향한 사랑과 믿음의 교제를 이어가게 하시고, 이를 통해 건지시고 높이시는 하나님의 응답을 누리게 하소서.
3. 고난 중에도 끝까지 하나님을 신뢰하고 의지하며, 하나님의 시간까지 인내하여 결국에는 주의 축복을 누리게 하소서.

하나님 안에서

신명기 9장 | 시편 92-93편 | 이사야 37장 | 요한계시록 7장

맥체인성경365_860p

하나님 안에 거하면 됩니다. 믿음으로 약속을 붙들고 그 안에서 흔들리지 않으면 어떤 환난과 심판에서도 보호하심의 축복을 누릴 수 있습니다. 그 죄를 용서하시고, 그 기도에 응답하시며, 그 안에서 승리케 하시고 번성케 하시는 축복, 영원한 생명의 축복을 누릴 수 있습니다.

신명기 9장_하나님 안에서의 은혜

겸손하라는 권고의 말씀입니다. 곧 하나님께서 가나안 땅의 민족들을 쫓아내시고 백성들에게 아름다운 땅을 기업으로 주심은 그 백성들에게 이유가 있지 않고, 오직 하나님께 있다는 것입니다. 그 백성들이 공의롭고 정직하기에 승리를 주시고 축복을 주시는 것이 아니며, 하나님께서 신실하시기에 그 약속을 이루시어 가나안 땅을 기업으로 주신다는 것입니다. 오히려 백성들은 목이 곧은 백성들로 하나님께 교만하며 범죄했는데, 그럼에도 하나님은 은혜로 그 땅을 축복으로 주신다는 것입니다. 따라서 겸손해야 한다는 것입니다. "네가 가서 그 땅을 차지함은 네 공의로 말미암음도 아니며 네 마음이 정직함으로 말미암음도 아니요 이 민족들이 악함으로 말미암아 네 하나님 여호와께서 그들을 네 앞에서 쫓아내심이라 여호와께서 이같이 하심은 네 조상 아브라함과 이삭과 야곱에게 하신 맹세를 이루려 하심이니라 그러므로 네가 알 것은 네 하나님 여호와께서 네게 이 아름다운 땅을 기업으로 주신 것이 네 공의로 말미암음이 아니니라 너는 목이 곧은 백성이니라"(신 9:5~6)

모세는 지나온 시간 이스라엘 백성들이 불순종했던 사건들을 떠올리며, 하나님의 심판을 막기 위해 생명을 걸고 드렸던 간구, 그리고 하나님의 용서하심의 은혜를 전했습니다(신 9:19~21, 25~29). 이런 용서하심의 은혜가 있었기에 그 백성들이 이제 가나안 땅을 눈앞에 두게 되었고, 또 그 땅의 민족들을 쫓아내고 그 땅을 기업으로 차지하게 되는 축복을 누릴 수 있게 됐다는 것입니다. 하나님의 은혜가 아니면 축복이 아니라, 진작 심판으로 멸망받을 수밖에 없었다는 것입니다.

결국 이 말씀은 하나님 안에서 은혜를 누리는 것이 무엇보다 중요함을 가르쳐주고 있습니다. 하나님을 떠나지 않고 그 약속을 놓치지 않아 우리의 연약함과 부족함에도 불구하고 이루시는 하나님의 은혜를 누려야 한다는 것입니다. 이 은혜 없이는 우리에게 아무 소망이 없다는 것입니다.

시편 92-93편_하나님 안에서의 번성

시편 92편은 하나님께서 행하신 일로 인해 기쁨 중에 하나님을 찬양한 시입니다. 시편 93편은 영원하신 왕 되신 하나님과 그 다스리심을 찬양한 시입니다. 여기서 주목할 것이, 하나님 안에서 누리는 번성입니다. "의인은 종려나무 같이 번성하며 레바논의 백향목 같이 성장하리로다 이는 여호와의 집에 심겼음이여 우리 하나님의 뜰 안에서 번성하리로다"(시 92:12~13) 당장은 악인들이 흥왕하는 것처럼 보여도 결국에는 영원히 멸망하고(시 92:7), 의인 곧 여호와의 집에 심겨지고 하나님의 뜰 안에 있는 사람들에게 번성과 성장의 축복이 있게 된다는 것입니다. 따라서 하나님의 다스리심과 하나님께서 행하신 일이 기쁨이 되며, 또 그런 하나님을 찬양하지 않을 수 없다는 것입니다.

하나님 안에 있으면 번성하게 됩니다. 하나님께서 돌보시고 힘을 주시니 번성하지 않을 수 없습니다. 따라서 당장에 악인들의 흥왕함으로 흔들리지 말아야 합니다. 끝까지 하나님 안에 있어야 합니다. 결코 하나님을 떠나지 않고 하나님의 말씀을 따라 의의 길을 걸어가야 합니다.

이사야 37장_하나님 안에서의 응답

이사야 37장은 하나님의 응답 곧 구원을 전하고 있

습니다. 곧 유다를 침략한 앗수르의 수많은 군대와 하나님을 모욕하고 조롱하며 항복하라는 앗수르 왕 산헤립이 보낸 글을 대하며, 유다와 히스기야 왕은 아무 것도 할 수 없었습니다. 이 큰 위기 앞에 적들을 맞아 싸울 수도 없었고, 그 적들을 감당할 힘도 없었습니다. 오직 하나님 앞에 나아가 엎드려 기도하는 것만이 유일하게 할 수 있는 일이었습니다. 그때에 하나님은 그 기도를 들으시고 응답하여 앗수르를 물리치고 유다를 구원할 것을 약속하셨습니다. "왕이여 이것이 왕에게 징조가 되리니 올해는 스스로 난 것을 먹을 것이요 둘째 해에는 또 거기에서 난 것을 먹을 것이요 셋째 해에는 심고 거두며 포도나무를 심고 그 열매를 먹을 것이니이다"(사 37:30) "대저 내가 나를 위하며 내 종 다윗을 위하여 이 성을 보호하며 구원하리라 하셨나이다 하니라"(사 37:35) 그리고 이 약속대로 하나님은 그 사자를 보내어 앗수르의 십팔만 오천 명의 군사들을 단번에 물리치셨습니다(사 37:36). 히스기야와 유다 백성들은 하나님의 구원과 승리를 경험했습니다.

어떤 환난과 위기 속에서도 하나님을 떠나지 않고 기도하면 반드시 하나님의 응답을 경험하게 됩니다. 따라서 아무리 상황이 끝이 보이지 않는 어둠이라 할지라도 결코 포기하거나 하나님을 떠나지 않아야 합니다. 하나님 안에서 끝까지 기다리며 기도해야 합니다.

요한계시록 7장_하나님 안에서의 보호
요한계시록 7장은 인침을 받은 사람들에 대한 말씀입니다. 일곱째 인이 떼어지고 이후 더 큰 재앙과 심판이 내려지기 전, 하나님께서 천사를 보내 하나님의 종들에게 인을 쳐서 그 심판으로부터 하나님의 종들을 보호하신다는 것입니다. 이 큰 심판에 하나님의 백성들에게 해가 가지 않도록 잠시 심판을 멈추고, 하나님의 백성들을 구별하여 그 백성들을 보호하신다는 것입니다. "이르되 우리가 우리 하나님의 종들의 이마에 인치기까지 땅이나 바다나 나무들을 해하지 말라 하더라"(계 7:3)

또한 요한계시록 7장은 큰 무리의 찬양을 전하고 있습니다. 각 나라와 족속과 백성과 방언에서 능히 셀 수 없는 큰 무리가 나와 흰 옷을 입고, 손에 종려가지를 들고, 보좌 앞과 어린 양 앞에 서서 큰 소리로 찬양하고, 이후 모든 천사가 하나님을 경배하며 찬양한다는 것입니다. 그런데 흰 옷을 입은 큰 무리에 대해서 이렇게 말씀하고 있습니다. "...이는 큰 환난에서 나오는 자들인데 어린 양의 피에 그 옷을 씻어 희게 하였느니라"(계 7:14) 곧 이들은 환난 중에도 어린 양 되신 예수 그리스도의 보혈을 의지한 신앙인들입니다. 죽기까지 예수 그리스도를 믿는 믿음에서 떠나지 않은 사람들입니다. 바로 이들이 흰 옷을 입고 기쁨으로 하나님을 찬양하게 된다는 것입니다.

무엇보다 이들에게 다음의 약속이 주어지고 있습니다. "그들이 다시는 주리지도 아니하며 목마르지도 아니하고 해나 아무 뜨거운 기운에 상하지도 아니하리니 이는 보좌 가운데에 계신 어린 양이 그들의 목자가 되사 생명수 샘으로 인도하시고 하나님께서 그들의 눈에서 모든 눈물을 씻어 주실 것임이라"(계 7:16~17) 환난 중에도 믿음으로 하나님을 떠나지 않은 자들에게 하나님의 위로와 축복이 있다는 것입니다. 영원한 생명이 그들에게 주어진다는 것입니다. 하나님은 심판으로 모두를 멸하는 중에도, 하나님 안에 거하는 자들을 한 사람도 놓치지 않고 보호하셔서 영원한 생명으로 인도하신다는 것입니다.

오늘의 기도
1. 어떤 환난과 위기 속에서도 끝까지 하나님을 의지하고 하나님께 기도하여 하나님의 응답과 기막힌 승리를 경험하게 하소서.
2. 하나님 안에서 인 치심을 받고 참혹한 심판 중에도 돌보심의 은혜를 누리게 하소서.
3. 하나님의 집에 심겨져 하나님의 돌보심 속에서 번성의 축복을 누리게 하소서.

기도

신명기 10장 | 시편 94편 | 이사야 38장 | 요한계시록 8장

우리의 기도는 하나님의 보좌 앞까지 올라갑니다. 하나님은 그 기도를 들으시고 응답하십니다. 따라서 믿음으로 포기하지 않고 기도하고, 눈물로 간절히 기도해야 합니다. 우리의 이웃을 위해 중보하며 기도하고 또 기도해야 합니다.

신명기 10장_하나님께서 들으시는 중보기도

하나님께서 돌판에 십계명을 다시 새겨주시고 그 백성들을 용서하신 것을 회상한 말씀입니다. 곧 백성들의 우상숭배로 처음 주신 십계명 돌판이 깨어졌지만, 하나님께서 큰 사랑으로 그 백성들의 죄를 용서하시고 다시 십계명 돌판을 주셨다는 것입니다. 따라서 모세는 하나님을 사랑하고 경외하며 그 명령과 규례를 힘써 지켜야 함을 그 백성들에게 가르쳤습니다. 그런데 여기서 주목할 말씀이 모세의 중보기도입니다. 모세는 백성들의 우상숭배와 범죄로 인한 하나님의 진노를 대하며, 사십 주 사십 야를 다시 산에 머물며 그 죄를 용서해주시기를 구했다는 것입니다. 그리고 하나님은 그 기도를 들으시고 백성들을 멸하지 않으시고 용서하셨다는 것입니다. "내가 처음과 같이 사십 주 사십 야를 산에 머물렀고 그 때에도 여호와께서 내 말을 들으사 너를 참아 멸하지 아니하시고"(신 10:10).

여기서 중보기도의 능력과 응답을 생각할 수 있습니다. 우리 자신의 문제를 위한 기도에도 하나님은 응답하시지만, 우리 이웃의 아픔과 문제를 놓고 함께 아파하며 기도하는 중보기도를 더욱 응답하십니다. 따라서 모세가 그 백성들을 위해 생명 걸고 기도한 것처럼 우리도 우리의 이웃과 믿음의 삶을 살아가는 신앙의 동료들을 위해 힘을 다해 기도해야 합니다. 무엇보다 기도하고 또 기도하며, 그 기도를 멈추지 말아야 합니다. 곧 앞의 10절 말씀에서 "그 때에도"라는 구절이 큰 은혜가 됩니다. 하나님은 응답하시고 또 응답하신다는 것입니다. 한 번의 응답으로 더 이상 응답하지 않으시고 그 응답을 멈추시는 것이 아니라, 우리의 믿음의 기도가 멈추지 않는 이상 또 응답하신다는 것입니다. 따라서 하나님께 드리는 기도는 중단하지 말아야 합니다. 기도하고 또 기도해야 하고 이를 통해 또 응답하시는 하나님의 은혜를 누려야 합니다.

시편 94편_하나님께서 들으시는 믿음의 기도

시편 94편은 압제 받는 하나님의 백성이 하나님의 도우심을 구한 기도입니다. 무엇보다 그는 믿음으로 기도했습니다. 곧 그는 행악자들로 인해 고통 중에 있었습니다. 따라서 누가 나를 위해 일어나서 행악자들을 치겠느냐고 탄식하며 기도했습니다(시 94:16). 그런데 이어서 하나님이 도움이 되셨기에 자신이 미끄러지지 않고 그 영혼이 평안할 수 있었음을 고백했습니다. 발이 미끄러진다 말할 때 주님께서 그 은혜로 붙드시고, 근심 중에 두려워하고 있을 때 주님께서 평안을 주시고 즐거움을 주셨다는 것입니다. "여호와께서 내게 도움이 되지 아니하셨더면 내 영혼이 벌써 침묵 속에 잠겼으리로다 여호와여 나의 발이 미끄러진다고 말할 때에 주의 인자하심이 나를 붙드셨사오며 내 속에 근심이 많을 때에 주의 위안이 내 영혼을 즐겁게 하시나이다"(시 94:17~19) 여기서 놓치지 말아야 하는 것은 하나님의 백성이 악인들로 인해 고난을 당하며 다급한 중에도 하나님을 믿으며 그 기도를 멈추지 않았다는 것입니다. 바로 그 기도에 하나님께서 응답하신 것입니다. 포기하지 않는 믿음의 기도가 하나님의 응답으로 이어진 것입니다. 이처럼 믿음의 기도는 반드시 하나님의 응답으로 이어집니다. 따라서 포기하지 말고 하나님을 바라보며 기도해야 합니다. 믿음으로 그 기도를 중단하지 말아야 합니다.

이사야 38장_하나님께서 들으시는 눈물의 기도

이사야 38장은 히스기야의 병과 치유 그리고 그의 감사의 기도를 기록하고 있습니다. 곧 후사가 없이 병이 들어 죽음을 눈앞에 두었던 히스기야 왕은 얼굴을 벽으로 향하고 간절히 하나님의 은혜를 구하며 기도했습니다(사 38:2). 얼굴을 벽으로 향한다는 것은 세상의 모든 것을 포기하고 오직 여호와하나님만 바라본다는 각오를 표현한 것입니다. 그만큼 히스기야는 하나님께 매달려 간절히 기도한 것입니다. 이에 하나님은 그 기도를 들으시고 그의 병을 치료해 주셨습니다. 히스기야에게 15년의 생명을 연장시켜 주시겠다고 약속하셨으며, 앗수르의 위협에서도 돌보시고 구원하실 것을 약속하셨습니다. "너는 가서 히스기야에게 이르기를 네 조상 다윗의 하나님 여호와께서 이같이 말씀하시기를 내가 네 기도를 들었고 네 눈물을 보았노라 내가 네 수한에 십오 년을 더하고 너와 이 성을 앗수르 왕의 손에서 건져내겠고 내가 또 이 성을 보호하리라"(사 38:5~6)

"내가 네 기도를 들었고 네 눈물을 보았다"는 말씀이 큰 은혜가 됩니다. 하나님은 우리의 기도도 듣고 계시고, 우리가 간절함으로 기도하며 흘리는 눈물도 보고 계십니다. 우리의 기도와 눈물이 결코 헛되이 사라지지 않게 하십니다. 따라서 감당 못할 고난을 만났다고 절망만 하지 말고, 눈물로 간절히 기도해야 합니다. 눈물의 기도가 하나님의 응답으로 이어집니다.

요한계시록 8장_하나님 앞에 올라가는 성도의 기도

요한계시록 8장은 일곱째 인을 뗌과 동시에 나타나는 나팔 재앙에 대해 기록하고 있습니다. 그런데 주목할 말씀이, 천사가 금 향로에 모든 성도의 기도를 담아 하나님의 보좌 앞에 드리게 된다는 말씀입니다. 향연이 성도의 기도와 함께 하나님 앞으로 올라가게 되고, 이후 천사는 향로에 제단의 불을 담아 땅에 쏟으게 되는데, 이를 통해 우레와 음성과 번개와 지진이 나고, 이후 나팔 재앙이 시작하게 됩니다. 곧 성도의 기도가 응답으로 나타나게 되는 것입니다. "또 다른 천사가 와서 제단 곁에 서서 금 향로를 가지고 많은 향을 받았으니 이는 모든 성도의 기도와 합하여 보좌 앞 금 제단에 드리고자 함이라 향연이 성도의 기도와 함께 천사의 손으로부터 하나님 앞으로 올라가는지라 천사가 향로를 가지고 제단의 불을 담아다가 땅에 쏟으매 우레와 음성과 번개와 지진이 나더라"(계 8:3~5)

결국 이 말씀은 우리의 기도가 헛되이 사라지지 않음을 가르쳐줍니다. 그 기도는 반드시 하나님 앞에 올라가게 되고, 반드시 응답으로 이어지게 됩니다. 따라서 하나님께 드리는 기도를 중단하지 말아야 합니다. 당장에 응답이 없다고 실망할 것이 아니라, 우리의 모든 기도는 천사를 통해 하나님께 올라가고, 하나님의 때에 반드시 응답으로 이어진다는 것을 기억하며, 포기하지 말고 기도해야 합니다.

오늘의 기도

1. 우리의 기도가 헛되이 사라지지 않고 천사를 통해 하나님 앞에 올라감을 기억하고, 포기하지 않고 기도하게 하소서.
2. 히스기야처럼 간절히 눈물로 기도하여 "네 기도를 들었고 네 눈물을 보았노라"는 하나님의 말씀도 듣고 또 응답도 누리게 하소서.
3. 우리 자신을 위한 기도를 넘어서 우리의 이웃을 위해 힘을 다해 중보하며 기도하게 하소서.

저주

신명기 11장 | 시 95- 96편 | 이사야 39장 | 요한계시록 9장

하나님은 우리 앞에 축복과 저주를 두셨습니다. 교만과 불의와 불신과 불순종은 하나님의 저주를 불러와 심판에 이르게 합니다. 따라서 겸손과 믿음과 순종으로 저주가 아닌 축복을 누려야 합니다. 하나님의 종으로 인침 받고 보호하심의 은혜를 누려야 합니다.

신명기 11장_불순종으로 인한 저주

순종의 복과 불순종의 저주에 대해 전하고 있습니다. 하나님의 명령을 지키면 약속하신 땅을 차지할 것이며, 그 땅에서 살아가는 날이 장구할 것이며, 이른 비와 늦은 비를 내리시는 등, 하나님의 돌보심 속에서 곡식과 포도주와 기름을 얻고 배부르게 된다는 것입니다. 그러나 하나님의 말씀에서 돌이켜 그 명령을 따르지 아니하고 다른 신들을 따를 때 저주를 받는다는 것입니다.

"내가 오늘 복과 저주를 너희 앞에 두나니 너희가 만일 내가 오늘 너희에게 명하는 너희의 하나님 여호와의 명령을 들으면 복이 될 것이요 너희가 만일 내가 오늘 너희에게 명령하는 도에서 돌이켜 떠나 너희의 하나님 여호와의 명령을 듣지 아니하고 본래 알지 못하던 다른 신들을 따르면 저주를 받으리라"(신 11:26~28) 복과 저주를 우리 앞에 두셨다는 말씀을 주목해야 합니다. 곧 복을 누리느냐? 저주를 누리느냐? 그 결과는 우리 자신에게 달려 있다는 것입니다. 우리가 하나님의 말씀에 순종하느냐? 불순종하느냐? 이것에 따라 우리가 복을 누릴 수도 있고 반대로 저주를 받을 수도 있다는 것입니다.

하나님의 말씀에 순종하는 것이 복을 누리는 길입니다. 성경은 다른 무엇을 말씀하지 않습니다. 오직 말씀에 순종할 때에 모든 강성한 적들을 물리치는 승리와 발바닥으로 밟는 모든 땅을 소유하는 축복을 누리게 됩니다. 그러나 하나님의 명령에서 돌이켜 그 말씀을 듣지 않으면 저주를 받게 됩니다. 하나님께서 진노하심으로 하늘을 닫아 비를 내리지 않으시고, 이를 통해 땅이 소산을 내지 않게 하십니다. 그 백성들을 그 아름다운 땅에서 속히 멸망케 하십니다(신 11:17). 불순종의 삶으로 축복을 기대하는 것은 어리석은 일입니다. 불순종의 결과는 저주입니다. 따라서 불순종에서 돌이켜 순종의 삶을 살아야 합니다. 불순종이 아닌 순종으로 저주가 아닌 하나님의 복을 붙잡아야 합니다.

시편 95-96편_불신으로 인한 저주

시편 95편은 창조주 되신 하나님을 경배하며 순종해야 함을 전하는 시입니다. 시편 96편은 온 세상의 창조주요 심판자 되신 하나님을 찬양하는 시입니다. 따라서 주목할 말씀이 불순종으로 인한 저주와 심판입니다. 창조주 되신 하나님께 경배와 순종이 아닌 시험과 불순종을 보일 때, 주어지는 결과는 저주와 심판이라는 것입니다. 이에 대해 광야에서 백성들이 완악함으로 하나님을 시험하여 하나님의 심판에 이르렀던 사실을 떠올리고 있습니다. 곧 백성들이 지금까지 베푸셨던 하나님의 기적과 은혜를 잊고, 므리바에서 물이 떨어지자 완악한 마음으로 하나님을 의심하며 시험했습니다. 그렇게 하나님을 믿지 않았고, 그 결과 하나님의 안식에 들어오지 못한다는 저주, 곧 심판의 말씀을 들었습니다. "너희는 므리바에서와 같이 또 광야의 맛사에서 지냈던 날과 같이 너희 마음을 완악하게 하지 말지어다 그 때에 너희 조상들이 내가 행한 일을 보고서도 나를 시험하고 조사하였도다 내가 사십 년 동안 그 세대로 말미암아 근심하여 이르기를 그들은 마음이 미혹된 백성이라 내 길을 알지 못한다 하였도다 그러므로 내가 노하여 맹세하기를 그들은 내 안식에 들어오지 못하리라 하였도다"(시 95:8~11)

창조주 되신 하나님께 우리가 보여야 하는 태도

는 경배와 순종입니다. 우상에 불과한 모든 신들과 달리 참되고 유일한 신이요, 그 큰 능력으로 온 세상을 창조하며 다스리시는 하나님을 경배하며 순종하는 것은 마땅한 일입니다. 존귀와 위엄의 하나님을 시험하며 불순종하는 것은 어리석은 일이며, 그때에 하나님의 심판을 피할 수 없습니다. 하나님이 주시는 안식, 곧 구원에서 배제되는 저주에 이를 수밖에 없습니다.

이사야 39장_교만으로 인한 저주

히스기야 왕의 교만으로 인한 실수와 이로 인해 선언된 하나님의 심판의 말씀입니다. 곧 앗수르를 물리치고 하나님의 은혜로 질병에서도 치료함을 받은 히스기야 왕은 바벨론에서 보낸 사신을 맞이하며 교만하고 말았습니다. 교만함으로 모든 궁전의 창고 곧 은금과 향료와 보배로운 기름과 모든 무기고에 있는 것을 사신들에게 보여주었습니다(사 39:5). 이로 인해 하나님의 심판, 곧 저주의 말씀이 선언됐는데, 교만함으로 보여주었던 그 모든 소유와 쌓아둔 보물들을 바벨론에 빼앗기게 된다는 것입니다. "보라 날이 이르리니 네 집에 있는 모든 소유와 네 조상들이 오늘까지 쌓아 둔 것이 모두 바벨론으로 옮긴 바 되고 남을 것이 없으리라 여호와의 말이니라 또 네게서 태어날 자손 중에서 몇이 사로잡혀 바벨론 왕궁의 환관이 되리라 하셨나이다 하니"(사 39:6~7)

교만함이 저주를 불러옵니다. 교만은 하나님의 은혜를 잊게 하고 그 말씀을 놓치게 합니다. 그리고 그 결과 심판에 이르게 합니다. 따라서 언제나 교만함을 버리고 겸손해야 합니다.

요한계시록 9장_불의함으로 인한 저주

다섯 번째와 여섯 번째의 나팔 재앙의 말씀입니다. 특별히 다섯 번째 나팔 재앙에서 하나님의 심판으로 인한 참혹함과 참을 수 없는 고통을 보게 됩니다. 그 심판을 겪는 사람들이 차라리 죽기를 구할 만큼 고통스럽다는 것입니다. "그들에게 이르시되 땅의 풀이나 푸른 것이나 각종 수목은 해하지 말고 오직 이마에 하나님의 인침을 받지 아니한 사람들만 해하라 하시더라 그러나 그들을 죽이지는 못하게 하시고 다섯 달 동안 괴롭게만 하게 하시는데 그 괴롭게 함은 전갈이 사람을 쏠 때에 괴롭게 함과 같더라 그 날에는 사람들이 죽기를 구하여도 죽지 못하고 죽고 싶으나 죽음이 그들을 피하리로다"(계 9:4~6) 하나님의 심판이 이마에 인침을 받지 아니한 사람들에게만 주어진다는 사실을 주목해야 합니다. 곧 여섯 번째 인 재앙의 심판이 내려지고 이후 더 큰 심판을 앞둔 상황에서, 하나님의 종들에게는 인침의 은혜가 있었습니다. 이렇게 인침을 받은 사람들은 이 끔찍한 고통의 심판을 맞이하지 않는다는 것입니다. 그들은 하나님의 심판에서 보호받는다는 것입니다. 오직 인침을 받지 못한 사람들, 곧 하나님을 믿지 아니하는 불의한 사람들에게 저주의 참혹한 심판이 내려진다는 것입니다.

고난과 핍박 중에도 믿음으로 하나님을 따르는 의인들에게는 그 어떤 저주와 심판도 있지 않습니다. 하나님은 그 믿음의 사람들을 보호하시고 은혜를 베푸십니다. 그러나 그 믿음에서 떠난 사람들, 곧 불의한 사람들에게는 피할 수 없는 심판이 주어집니다. 그들에게는 하나님의 그 어떤 은혜도 없고 보호도 없습니다. 오직 저주와 심판만 있을 뿐입니다.

오늘의 기도

1. 말씀에 순종함으로 주께서 약속하신 땅에서 번성과 승리의 축복을 누리게 하소서.
2. 교만하여 넘어지지 않게 하시고 언제나 겸손함으로 하나님의 은혜와 축복 안에 거하게 하소서.
3. 불의함에서 떠나 하나님의 종으로 인침 받고 주의 보호하심의 은혜를 누리게 하소서.

영원한 하나님

신명기 12장 | 시편 97-98편 | 이사야 40장 | 요한계시록 10장

영원 전부터 영원토록 살아계신 하나님은 창조하신 이 세상을 영원토록 통치하십니다. 마르거나 시들지 않는 영원한 말씀으로 영원한 축복을 주십니다. 따라서 헛되고 유한한 세상이 아니라 영원한 하나님께 소망을 두고 그 통치를 기뻐하며 순종해야 합니다.

신명기 12장_영원한 축복

하나님께서 기업으로 주시는 가나안 땅에서 백성들이 드려야 하는 제사에 대해 말씀하고 있습니다. 하나님께서 택하실 곳에서 제사를 드려야 하고, 잡은 가축의 고기는 마음에 원하는 만큼 먹을 수 있지만 피는 먹지 말아야 함을 가르치고 있습니다. 더불어 이 모든 명령을 반드시 듣고 지켜야 함을 가르치고 있는데, 그때에 하나님께서 복을 주심을 말씀하고 있습니다. "내가 네게 명령하는 이 모든 말을 너는 듣고 지키라 네 하나님 여호와의 목전에 선과 의를 행하면 너와 네 후손에게 영구히 복이 있으리라"(신 12:28)

하나님께서 주시는 복이 영원한 복임을 주목해야 합니다. "너와 네 후손에게 영구히 복이 있다"는 것입니다. 곧 하나님의 말씀을 지키며 그 말씀에서 떠나지 않는 이상, 하나님은 영원한 복을 주신다는 것입니다. 따라서 세상의 유한한 복에 마음을 빼앗기지 말아야 합니다. 당장에 세상의 복을 붙잡겠다고 하나님의 말씀에서 떠나지 않아야 합니다. 당장은 손해를 보고 어려움을 겪더라도 하나님의 말씀을 붙들어 우리 자신과 우리의 후손까지 끊임없이 주시는 영원한 복을 누려야 합니다.

시편 97-98편_영원한 통치

시편 97편은 하나님께서 온 땅을 다스리심을 전하며 기뻐하고 즐거워하라는 시입니다. 시편 98편은 하나님의 사랑의 구원과 공의의 심판을 전하며, 왕이신 하나님 앞에서 즐거이 소리치고 노래하며 찬양하라는 시입니다.

"여호와께서 다스리시나니 땅은 즐거워하며 허다한 섬은 기뻐할지어다"(시 97:1) 여호와 하나님께서 온 땅을 다스리심을 즐거워하며 기뻐하라고 외치고 있는데, 하나님은 그 주권과 권능으로 온 세상을 통치하고 계시고, 따라서 그 하나님의 통치에 기뻐해야 한다는 것입니다. 기쁨으로 하나님의 통치를 인정하고 찬양하며 그 안에 거해야 한다는 것입니다. "여호와여 주는 온 땅 위에 지존하시고 모든 신들보다 위에 계시니이다 여호와를 사랑하는 너희여 악을 미워하라 그가 그의 성도의 영혼을 보전하사 악인의 손에서 건지시느니라"(시 97:9~10) 여호와 하나님의 통치 안에서 보호하시고 구원하시는 하나님의 복을 전하고 있습니다. 하나님만이 온 땅을 다스리는 가장 높은 분이요, 참된 신임을 깨닫고, 헛된 신들에게서 돌이켜 하나님만을 사랑하며 그 통치 안에 거할 때, 그 영혼을 보전하시고 구원하시는 하나님의 축복을 누리게 된다는 것입니다.

하나님만이 온 세상의 참된 통치자요, 유일한 통치자이십니다. 가장 높은 곳에서 모든 악을 물리치고 심판하시며, 그 백성들을 돌보시고 구원하십니다. 무엇보다 그 하나님의 통치는 영원하십니다. 그 누구도 하나님의 통치를 거스르고 막아설 수 없기 때문입니다. 온 땅 위에 지존하신 하나님을 그 누구도 대항하여 이길 수 없기 때문입니다. 따라서 하나님의 통치를 기뻐하며 그 안에 거하는 백성들은 하나님의 영원한 통치 아래에서 영원한 은혜와 축복을 누릴 수 있습니다.

이사야 40장_영원한 말씀

이사야 40장은 하나님께서 그 백성들을 위로하시는 말씀입니다. 이사야를 통하여 하나님의 영광과 하나님께서 이루실 놀라운 구원과 회복 그리고 보호와 인도하심을 전하고 있습니다. 그리고 이 모든 일을 행하시는 하나님의 권능을 말씀하고 있는데, 곧 하나님은 창조주요 권능의 하나님으로 그 놀라운 일을 그 백성들에게 능히 행하신다는 것입니다.

무엇보다 주목할 말씀이 하나님의 말씀의 신실함과 영원함입니다. 그 백성들의 구원을 전하는 하나님의 말씀은 결코 사라지지 않고 영원히 선다는 것입니다. 반드시 그 백성들에게 이루어진다는 것입니다. "말하는 자의 소리여 이르되 외치라 대답하되 내가 무엇이라 외치리이까 하니 이르되 모든 육체는 풀이요 그의 모든 아름다움은 들의 꽃과 같으니 풀은 마르고 꽃이 시듦은 여호와의 기운이 그 위에 붊이라 이 백성은 실로 풀이로다 풀은 마르고 꽃은 시드나 우리 하나님의 말씀은 영원히 서리라 하라"(사 40:6~8)

우리 인생을 풀과 꽃에 비유한 말씀이 인상적입니다. 곧 우리의 인생은 풀과 꽃처럼 결국 마르고 시든다는 것입니다. 혹 이 세상에서 아름다움을 자랑할지 모르나 그 아름다움은 영원할 수 없다는 것입니다. 반면 유한한 인생과 달리 하나님의 말씀은 영원함을 전하고 있습니다. 이는 곧 우리가 끝까지 의지하고 붙잡아야 할 것이 하나님의 말씀임을 가르쳐줍니다. 당장 아름답고 좋아 보인다고 할지라도 결국 사라지는 헛된 세상의 인생을 따라가지 말고, 오직 여호와 하나님의 말씀을 붙들어야 한다는 것입니다. 영원한 하나님의 말씀에 우리의 소망이 있다는 것입니다.

요한계시록 10장_영원한 하나님

요한계시록 10장은 작은 두루마리를 가진 천사에 대한 말씀입니다. 구름을 입고 하늘에서 내려온 힘 센 다른 천사가 심판이 지체되지 않음을 외치는데, 곧 일곱째 천사가 부는 나팔로 시작되는 일곱 대접의 재앙을 통해(계 10:7) 하나님의 심판이 본격화됨을 전한 것입니다. 그리고 그 천사가 손에 펴 놓은 작은 두루마리를 들고 있었는데, 요한은 하늘에서 들리는 음성을 따라 천사의 손에서 작은 두루마리를 받아먹게 됩니다. 이는 요한을 비롯한 교회가 이 하나님의 말씀을 전해야 한다는 사실을 보여줍니다.

특별히 주목할 말씀이, 힘 센 다른 천사가 말씀을 전하며 맹세한 대상, 곧 하나님에 대한 표현입니다. 하나님은 세세토록 살아 계신 분이요, 모든 세상을 창조하신 분이시라는 것입니다. 하나님은 영원한 하나님이시라는 것입니다. "세세토록 살아 계신 이 곧 하늘과 그 가운데에 있는 물건이며 땅과 그 가운데에 있는 물건이며 바다와 그 가운데에 있는 물건을 창조하신 이를 가리켜 맹세하여 이르되 지체하지 아니하리니"(계 10:6)

하나님께서 영원하시다는 것은 우리의 찬양도 영원해야 한다는 것을 깨닫게 합니다. 우리의 믿음도 의지도 섬김도 충성도 영원해야 하며 변하지 말아야 한다는 것을 깨닫게 합니다. 그리고 또한 그때에 우리의 생명과 소망도 영원하신 하나님과 그 은혜를 통해 영원할 수 있다는 것을 깨닫게 합니다. 따라서 영원하신 하나님만 바라보아야 합니다. 결코 유한한 세상에 마음 두지 말고 오직 하나님만을 소망하며 따라가야 합니다.

오늘의 기도

1. 유한한 세상의 아름다움에 마음 빼앗기지 말고, 오직 영원한 하나님의 말씀을 붙들고, 그 말씀에 순종하며 살게 하소서.
2. 하나님의 말씀에 철저히 순종하여 우리의 자녀들에게까지 이르는 영구한 복을 받아 누리게 하소서.
3. 하나님을 사랑하고 하나님의 통치 안에 거하여 우리의 영혼을 보존하시고 악인의 손에서 건지시는 하나님의 은혜를 누리게 하소서.

믿음

신명기 13-14장 | 시편 99-101편 | 이사야 41장 | 요한계시록 11장

우리의 믿음의 대상은 오직 여호와 하나님이십니다. 믿음의 삶에 유혹도 있고 환난도 있지만 붙드시고 도우시는 하나님의 은혜도 있고 놀라운 승리도 있습니다. 따라서 믿음의 유혹과 환난을 이기고, 끝까지 하나님을 믿음으로 믿음의 은혜와 승리를 누려야 합니다.

신명기 13-14장_믿음의 유혹

신명기 13장은 거짓 선지자들과 우상 숭배를 유혹하는 자들을 죽이라는 말씀입니다. 신명기 14장은 하나님의 성민으로서 이방 상례를 금해야 한다는 것, 정하고 부정한 음식을 구별해야 한다는 것, 그리고 십일조를 드려야 한다는 것을 교훈하는 말씀입니다.

신명기 13장 말씀을 다시 보면, 하나님께서 주신 가나안 땅에 정착하여 살아갈 때, 거짓 선지자들 등 하나님을 경외하는 믿음에 유혹이 있음을 말씀하고 있습니다. 거짓 선지자들이 나타나 하나님의 명령에서 떠나도록 꾀고, 주변 사람들이 하나님이 아닌 다른 신들을 섬기자고 꾀는 유혹이 있다는 것입니다. 이 유혹에서 단호해야 한다는 것입니다. 결코 그를 따르지 말고, 긍휼히 여기지 말며, 덮어 숨기지 말고, 용서 없이 죽여야 한다는 것입니다. 그럼으로 그 믿음의 유혹에서 넘어지지 말아야 한다는 것입니다. "너는 그를 따르지 말며 듣지 말며 긍휼히 여기지 말며 애석히 여기지 말며 덮어 숨기지 말고 너는 용서 없이 그를 죽이되 죽일 때에 네가 먼저 그에게 손을 대고 후에 뭇 백성이 손을 대라 그는 애굽 땅 종 되었던 집에서 너를 인도하여 내신 네 하나님 여호와에게서 너를 꾀어 떠나게 하려 한 자이니 너는 돌로 쳐죽이라"(신 13:8-10)

하나님을 믿고 그 말씀 안에서 살아가고자 하는 삶에 유혹이 있습니다. 악한 사탄은 우리를 믿음에서 넘어뜨리고자 끊임없이 유혹합니다. 하나님 밖에서 더 좋은 삶이 있고, 더 복되고 평안한 삶이 있다고 달콤하게 유혹합니다. 때로 이적과 기사를 보여 우리를 놀라게 하며 그 마음을 흔들기도 합니다(신 13:1). 그러나 그 어떤 유혹에도 넘어지지 말고 이겨야 합니다. 단호하게 모든 유혹을 물리치고 더욱 말씀에 서고 하나님을 붙들어야 합니다.

시편 99-101편_믿음의 대상

시편 99편은 하나님의 거룩하심을 전하며 찬양하라는 시입니다. 시편 100편은 여호와가 우리의 하나님이심을 알고 감사하며 찬양하라는 시입니다. 시편 101편은 통치의 모범을 보이겠다는 다윗의 시입니다. 곧 완전한 길을 따라 악을 미워하고, 불의하고 교만한 자를 멀리하며, 충성된 자를 가까이 하겠다는 것입니다.

이 말씀을 통해 우리가 믿고 의지할 분은 오직 여호와 하나님임을 확인하게 됩니다. 곧 여호와 하나님은 우리의 하나님으로 우리의 창조주이실 뿐만 아니라 우리를 기르시고 돌보시고 계시다는 것입니다. "여호와가 우리 하나님이신 줄 너희는 알지어다 그는 우리를 지으신 이요 우리는 그의 것이니 그의 백성이요 그의 기르시는 양이로다"(시 100:3) 또한 여호와 하나님은 우리의 통치자 되신다는 것입니다. 온 세상을 다스리고 계시고, 따라서 그 하나님의 통치에 두려워하며 순복해야 한다는 것입니다. "여호와께서 다스리시니 만민이 떨 것이요 여호와께서 그룹 사이에 좌정하시니 땅이 흔들릴 것이로다"(시 99:1)

우리를 창조하셨을 뿐만 아니라 우리를 통치하며 다스리시는 분, 돌보시며 지키시는 분은 오직 하나님이십니다. 따라서 우리가 믿음으로 의지하며 따라갈 분도 오직 하나님이십니다. 우리의 믿음의 대상은 오직 하나님이심을 깨달아야 합니다. 이 믿음에서 흔들리지 말아야 하고, 흔들림 없이 그 하나님의 통치와 다스리심을 인정하고, 우리를 기르시며 돌보시는 은혜에 감사하고 찬양해야 합니다.

이사야 41장_믿음의 은혜

하나님께서 그 백성들을 붙드시고 돌보심을 약속하고 있습니다. 곧 하나님께서 택하신 하나님의 백성은 하나님께서 그 오른손으로 붙들어 힘을 주시고 지키신다는 것입니다. 그 모든 대적들을 하나님께서 친히 물리치고 그 백성들을 도우신다는 것입니다. 따라서 하나님의 도우심을 믿고 두려워하지 말라는 것입니다. "두려워하지 말라 내가 너와 함께 함이라 놀라지 말라 나는 네 하나님이 됨이라 내가 너를 굳세게 하리라 참으로 너를 도와 주리라 참으로 나의 의로운 오른손으로 너를 붙들리라 보라 네게 노하던 자들이 수치와 욕을 당할 것이요 너와 다투는 자들이 아무것도 아닌 것 같이 될 것이며 멸망할 것이라 네가 찾아도 너와 싸우던 자들을 만나지 못할 것이요 너를 치는 자들은 아무것도 아닌 것 같고 허무한 것 같이 되리니 이는 나 여호와 너의 하나님이 네 오른손을 붙들고 네게 이르기를 두려워하지 말라 내가 너를 도우리라 할 것임이니라"(사 41:10~13)

결국 이 말씀은 하나님의 선택된 백성으로 끝까지 하나님을 믿고 붙들면 하나님의 붙드심과 도우심의 은혜를 경험하게 됨을 가르쳐줍니다. 곧 믿음의 삶에서 시련을 겪고 환난에 처할 수 있고, 또 이로 인해 두려워할 수 있습니다. 그러나 하나님의 백성으로 끝까지 믿음을 잃지 않으면 하나님의 붙드시고 도우시는 은혜가 있습니다. 하나님께서 그 강력한 오른 손으로 우리를 붙드시고, 우리는 그

하나님의 손을 통해 그 어떤 시련과 환난에도 넘어지지 않고 이길 수 있습니다.

요한계시록 11장_믿음의 승리

두 증인에 대한 말씀입니다. 두 증인은 마지막 때에 하나님의 권능을 받아 하나님의 말씀을 예언하고 증언하는 선지자입니다(계 11:3). 이들은 천이백육십 일을 예언하여 그 사명을 마친 후, 무저갱으로부터 올라오는 짐승에 의해 순교하게 됩니다(계 11:7~8). 그처럼 핍박받아 순교하고 장사도 지내지 못할 만큼 참담한 모욕과 수치를 겪게 됩니다. 세상의 대적들은 이 두 증인의 죽음을 기뻐하고, 그렇게 믿음의 헌신이 비극적 결말로 끝나는 것처럼 보입니다. 그러나 하나님께서 순교한 두 증인을 다시 살리시고 모두가 보는 앞, 특별히 그 원수들이 보는 앞에서 하늘로 올리심을 말씀하고 있습니다. 하나님의 말씀을 예언하다가 순교한 두 증인을 하나님께서 죽음 가운데서 살리시고, 모두가 보는 앞에서 하늘로 올리시어 모든 사람들을 두렵게 한다는 것입니다. "삼 일 반 후에 하나님께로부터 생기가 그들 속에 들어가매 그들이 발로 일어서니 구경하는 자들이 크게 두려워하더라 하늘로부터 큰 음성이 있어 이리로 올라오라 함을 그들이 듣고 구름을 타고 하늘로 올라가니 그들의 원수들도 구경하더라"(계 11:11~12)

두 증인에 대한 말씀은 믿음의 승리를 보여줍니다. 환난과 핍박 중에도 믿음을 지키며 끝까지 사명을 감당하면 결국에는 승리의 결과를 맞이하게 된다는 것입니다. 하나님은 반드시 그 믿음에 승리를 더해 주신다는 것입니다.

오늘의 기도

1. 우리의 창조주요 하나님 되시며, 우리를 돌보시고 기르시는 하나님을 더욱 믿고 따르게 하소서.
2. 믿음에 굳게 서서 주의 택한 백성으로, 그 오른손으로 붙드시고 도우시는 주의 힘과 은혜를 누리게 하소서.
3. 환난과 핍박에도 믿음과 사명의 길을 걷게 하시고, 하나님이 주시는 승리와 영광을 누리게 하소서.

연약한 자

신명기 15장 | 시편 102편 | 이사야 42장 | 요한계시록 12장

하나님은 겸손히 하나님을 의지하는 연약한 자의 기도를 들으시고 구원하십니다. 세상의 핍박과 고난 중에 있는 연약한 주의 백성들을 보호하십니다. 따라서 교만함을 버리고 겸손함으로 하나님을 의지해야 합니다. 또한 연약한 자를 돕는 사명의 삶도 살아야 합니다.

신명기 15장_연약한 자를 향한 사명

면제년에 대한 말씀과 히브리 종의 해방에 대한 말씀입니다. 매 칠 년 끝에 빚을 면제하고 그 형제나 이웃에게 독촉하지 말라는 것입니다. 동족 히브리 종들은 일곱째 해에 놓아 자유롭게 하라는 것입니다. 그때에 하나님께서 기업으로 주신 땅에서 반드시 복을 주신다는 것입니다.

또한 가난한 자를 향한 사랑과 나눔에 대해서도 가르치고 있습니다. 함께 거주하는 자들 중에 가난한 자가 있다면 움켜쥐지 말고 손을 펴서 그가 필요한 대로 넉넉히 꾸어주고 아낌없이 베풀어야 한다는 것입니다. "네 하나님 여호와께서 네게 주신 땅 어느 성읍에서든지 가난한 형제가 너와 함께 거주하거든 그 가난한 형제에게 네 마음을 완악하게 하지 말며 네 손을 움켜 쥐지 말고 반드시 네 손을 그에게 펴서 그에게 필요한 대로 쓸 것을 넉넉히 꾸어주라"(신 15:7~8)

무엇보다 주목할 말씀이 가난한 자를 돕는 일은 사명이라는 사실입니다. "너는 반드시 그에게 줄 것이요, 줄 때에는 아끼는 마음을 품지 말 것이니라 이로 말미암아 네 하나님 여호와께서 네가 하는 모든 일과 네 손이 닿는 모든 일에 네게 복을 주시리라 땅에는 언제든지 가난한 자가 그치지 아니하겠으므로 내가 네게 명령하여 이르노니 너는 반드시 네 땅 안에 네 형제 중 곤란한 자와 궁핍한 자에게 네 손을 펼지니라"(신 15:10~11) "반드시" 해야 한다는 명령은 궁핍한 자를 돕는 일이 사명임을 깨닫게 합니다. "땅에는 언제든지 가난한 자가 그치지 않는다"는 말씀은 우리가 돕고 나누어야 할 사명의 삶이 중단될 수 없다는 사실을 깨닫게 합니다. 또한 이로 말미암아 하나님께서 "모든 일에 복

을 주신다"는 말씀은 힘을 내서 사명을 감당하라는 격려인 동시에, 이 복이 또한 다시 가난한 자들을 위한 사명으로 이어지기를 바라시는 하나님의 뜻이 있음도 깨달을 수 있습니다.

하나님은 하나님의 백성들 모두가 평안하고 행복하기를 원하십니다. 이를 위해 가난하고 연약한 자를 우리 옆에 두시고 우리에게 돕는 사명을 주셔서 함께 행복을 누리기를 원하십니다. 연약한 자를 도움으로 얻게 되는 행복, 또 이웃의 도움을 받음으로 얻게 되는 행복, 그리고 그 배후에 하나님의 복 주심과 도우심의 은혜가 있음을 깨달아 얻게 되는 행복을 받아 누리기를 원하십니다.

시편 102편_연약한 자의 기도 응답

시편 102편은 고난과 고통 중에 아파하며 하나님의 도우심을 구한 한 신앙인의 기도입니다. 무엇보다 시온을 긍휼히 여기시고 재건해 주시기를 구하고 있는데, 이 신앙인에게는 믿음이 있었습니다. 빈궁한 자의 기도와 갇힌 자의 탄식을 하나님께서 반드시 들어주신다는 것입니다. "여호와께서 빈궁한 자의 기도를 돌아보시며 그들의 기도를 멸시하지 아니하셨도다"(시 102:17) "이는 갇힌 자의 탄식을 들으시며 죽이기로 정한 자를 해방하사"(시 102:20) 빈궁한 자와 갇힌 자는 곧 연약한 자이며, 하나님을 의지하며 하나님의 도우심을 구하는 자입니다. 연약하기에 하나님의 도우심 없이는 살 수 없고, 지금의 환난을 이겨낼 수 없음을 깨달으며, 절대적으로 하나님만을 의지하며 은혜를 구하는 자입니다. 하나님은 그렇게 하나님만을 의지하는 자의 기도를 반드시 응답하신다는 것입니다.

하나님은 거만한 자를 비웃으시며 겸손한 자에

게 은혜를 베푸십니다(잠 3:34). 하나님 없이 내 힘으로도 충분히 살아갈 수 있다고 교만하며 자기 힘을 의지하는 자는 물리치시고, 하나님의 은혜 없이는 살아갈 수 없다고 겸손히 그 은혜를 구하는 자는 돌보십니다. 따라서 하나님 앞에서 겸손해야 합니다. 우리는 연약하며 하나님의 은혜 없이는 살아갈 수 없음을 깨닫고, 겸손히 하나님을 의지하며 그 도우심을 간구해야 합니다.

이사야 42장_연약한 자에게 주시는 구원

이사야 42장은 하나님께서 붙드시는 종에 대해 말씀하고 있습니다. 하나님의 마음에 기뻐하는 자요, 하나님의 택함을 받은 그는 하나님의 영을 받아 이방에 정의를 베풀게 된다는 것입니다. 구체적으로 그가 하게 되는 일에 대해 다음과 같이 말씀하고 있습니다. "상한 갈대를 꺾지 아니하며 꺼져가는 등불을 끄지 아니하고 진실로 정의를 시행할 것이며"(사 42:3) "네가 눈먼 자들의 눈을 밝히며 갇힌 자를 감옥에서 이끌어 내며 흑암에 앉은 자를 감방에서 나오게 하리라"(사 42:7) 상한 갈대, 꺼져가는 등불, 눈먼 자들, 갇힌 자, 흑암에 앉은 자 등, 이 모두는 연약함으로 하나님의 은혜가 필요한 백성들을 뜻합니다. 하나님께서 그들의 필요를 외면하지 않으시고, 하나님께서 그 택한 종을 통해 그들을 돌보시고 구원하신다는 것입니다. 이것이 하나님의 정의라는 것입니다.

하나님은 연약하다고 버리거나 포기하지 않으십니다. 연약하기에 오히려 더 큰 사랑으로 돌보시고 구원하십니다. 하나님의 정의는 연약한 자의 편에서 그를 구원하시는 것입니다. 따라서 세상이 아닌 하나님을 의지해야 합니다. 연약한 자를 향한 어떤 배려와 사랑도 없는 세상이 아니라, 연약한 자, 곧 우리를 도우시고 구원하시는 하나님을 의지하며 소망을 두어야 합니다.

요한계시록 12장_연약한 자를 향한 돌봄

요한계시록 12장은 여자와 용에 대한 말씀입니다. 용은 하나님을 대적하는 사탄을 가리키고, 여자는 교회를 상징합니다. 사탄은 계속해서 교회를 핍박하며 삼키고자 하지만, 하나님의 돌보심을 통해 그 위기를 벗어남을 말씀하고 있습니다.

"그 여자가 광야로 도망하매 거기서 천이백육십일 동안 그를 양육하기 위하여 하나님께서 예비하신 곳이 있더라"(계 12:6) 여자가 용의 핍박을 피해 도망한 광야에 하나님께서 예비하신 피난처가 있었다는 것입니다. 그곳에서 하나님이 교회를 지키시고 돌보셨다는 것입니다. "그 여자가 큰 독수리의 두 날개를 받아 광야 자기 곳으로 날아가 거기서 그 뱀의 낯을 피하여 한 때와 두 때와 반 때를 양육 받으매 여자의 뒤에서 뱀이 그 입으로 물을 강 같이 토하여 여자를 물에 떠내려 가게 하려 하되 땅이 여자를 도와 그 입을 벌려 용의 입에서 토한 강물을 삼키니"(계 12:14~16) 사탄이 계속해서 교회를 핍박하여 교회에 위기가 있었지만, 그 때마다 하나님의 돌보심의 기막힌 은혜가 있었다는 것입니다.

결국 무엇입니까? 세상에서 우리 교회와 믿음의 사람들이 연약함 가운데 핍박과 고난 중에 있을 수 있지만 하나님께서 지키시고 돌보시는 은혜도 있습니다. 따라서 그 돌보심의 은혜를 기억하며 그 믿음을 포기하지 말아야 합니다.

오늘의 기도

1. 하나님께서 들으시고 응답하심 믿고, 하나님을 의지하는 연약한 자로 힘써 기도하게 하소서.
2. 세상의 핍박에도 하나님을 붙들고 의지하는 믿음에서 흔들리지 않아 하나님의 돌보심과 구원의 은혜를 누리게 하소서.
3. 가난한 자를 돕는 사명에도 힘을 다하게 하시고, 이를 통해 행복함도 누리고, 또 하나님이 주시는 복도 누리게 하소서.

하나님 경외

신명기 16장 | 시편 103편 | 이사야 43장 | 요한계시록 13장

우리는 마땅히 하나님을 경외해야 합니다. 하나님은 그 경외하는 자에게 영원한 긍휼의 은혜를 주십니다. 어리석게 하나님을 경외하는 삶에서 돌아서지 말고, 순교하기까지 믿음을 지키며 하나님을 경외해야 합니다.

신명기 16장_하나님 경외의 마땅한 삶

무교절, 칠칠절, 초막절에 대한 말씀입니다. 이는 이스라엘의 3대 절기로 모든 백성이 구별하여 지켜야 한다는 것입니다. 특별히 이 절기에 이스라엘의 모든 남자들은 반드시 성전에 올라 하나님을 예배해야 함을 가르치고 있습니다(신 16:16~17). 무교절, 칠칠절, 초막절은 하나님의 구원과 돌보심 그리고 풍성한 축복의 의미를 담고 있습니다. 따라서 이 절기를 지키라는 것은 하나님의 그 모든 은혜를 잊지 말고 기억하라는 것이며, 또한 그렇게 기억하며 마땅히 하나님을 경외해야 한다는 것입니다.

우리를 구원하시고 돌보시며 복을 주시는 하나님을 찾아 경외하는 것은 마땅한 일입니다. 하나님께서 주신 축복의 소산을 예물로 드리며 하나님의 은혜에 감사하는 일도 마땅한 일입니다. 그런데 우리의 문제는 그 마땅한 일을 행하지 않음에 있습니다. 과분하고 특별한 일을 행하지 않아서가 아니라, 마땅한 일임에도 행하지 않는 것이 사실 우리의 문제입니다. 하나님은 우리에게 마땅히 하나님을 경외할 것을 명령하고 계시고, 따라서 우리는 이 명령에 따라 마땅히 하나님을 경외해야 합니다.

시편 103편_하나님을 경외하는 자에게 주시는 긍휼

하나님의 자비로우심을 높이 찬양하는 다윗의 시입니다. 무엇보다 주목할 말씀이 하나님을 경외하는 자에게 주시는 긍휼입니다. 곧 하나님은 그 경외하는 자에게 인자하심이 크시다는 것입니다. 하나님을 경외하는 자를 용서하시며 긍휼히 여기신다는 것입니다(시 103:11~13). 더욱이 하나님의 긍휼은 영원하며 그 자손의 자손에게까지 이름을 말씀하고 있습니다. 그만큼 하나님의 긍휼은 크고 놀랍다는 것입니다. 또한 하나님을 경외하는 것은 그 언약과 법도를 지키는 것임을 말씀하고 있습니다. 하나님을 경외하기에 그 말씀을 가벼이 여기지 않고, 힘을 다해 순종해야 한다는 것입니다. "여호와의 인자하심은 자기를 경외하는 자에게 영원부터 영원까지 이르며 그의 의는 자손의 자손에게 이르리니 곧 그의 언약을 지키고 그의 법도를 기억하여 행하는 자에게로다"(시 103:17~18)

하나님을 경외하는 자에게 하나님은 영원한 긍휼의 은혜를 베풀어주십니다. 이 긍휼로 우리의 죄가 계속해서 용서받을 수 있고 구원의 은혜를 누릴 수 있습니다. 따라서 멈추지 말고 하나님을 경외해야 합니다.

이사야 43장_하나님을 경외하지 못한 백성들

하나님의 구원을 전하고 있습니다. 하나님께서 그 백성을 구속하시고 바벨론에서 끌어내신다는 것입니다. 따라서 또한 하나님께서 그 백성들의 죄를 용서하시고 기억하지 않으심을 말씀하고 있습니다. 그 백성들이 죄악으로 하나님의 심판과 징벌에 처할 수밖에 없었지만, 하나님께서 그 큰 긍휼로 용서하신다는 것입니다.

백성들의 죄에 대해 주목해 보면, 그 백성들의 죄는 한 마디로 마땅히 경외할 하나님을 경외하지 않은 것입니다. 하나님을 경외함으로 드려야 하는 그 어떤 제물도, 유향도, 향품도, 기름도 드리지 않고 준비하지 않았고, 오히려 온갖 불의와 죄악으로 하나님을 괴롭게 했다는 것입니다. 따라서 하나님은 그 백성들을 징벌하실 수밖에 없었다는 것입니다. "네 번제의 양을 내게로 가져오지 아니하였고 네 제물로 나를 공경하지 아니하였느니라 나는 제물로 말미암아 너를 수고롭게 하지 아니하였고 유향으로 말미암아 너를 괴롭게 하지 아니하였거늘 너는 나를 위하여 돈으로 향품을 사지 아니하며 희생의 기름으로 나를 흡족하게 하지 아니하고 네 죄짐으로 나를 수고롭게 하며 네 죄악으로 나를 괴롭게 하였느니라"(사 43:23~24)

하나님께서 바라시는 것은 경외하는 마음이었습니다. 값비싼 제물을 바라시는 것이 아니었습니다. "나는 제물로 말미암아 너를 수고롭게 하지 아니하였고 유향으로 말미암아 너를 괴롭게 하지 아니하였다"는 말씀이 이것을 알게 합니다. 하나님은 그 마음으로 최선을 다해 하나님을 경외하기를 바라셨다는 것입니다. 하나님께서 우리에게 요구하시는 것도 하나님을 사랑하는 마음입니다. 그 마음으로 하나님을 경외하기를 원하십니다. 이를 위해 끊임없이 우리를 용서하시며 새 일을 행하시고 놀라운 구원의 역사를 나타내십니다(사 43:19). 이러한 하나님의 바람을 기억하고 마땅히 하나님을 경외해야 합니다.

요한계시록 13장_순교하기까지 하나님을 경외한 성도들

두 짐승에 대한 말씀입니다. 바다에서 나온 한 짐승이 용, 곧 사탄으로부터 권세를 받아 하나님을 비방하고 성도들을 핍박하며 사람들로부터 경배받는다는 것입니다. 또한 이후 또 다른 짐승이 나와 처음 짐승과 같은 권세를 행하며 자신에게 경배하지 않는 자들을 죽인다는 것입니다.

두 짐승의 횡포에 의해 성도들은 큰 환난과 핍박에 처할 수밖에 없습니다. 그러나 환난과 핍박을 피하겠다고 하나님을 포기하고 짐승을 경배할 수 없습니다. 이에 대해 성경은 죽음까지도 각오하고 인내하며 믿음을 지켜야 함을 가르치고 있습니다. "죽임을 당한 어린 양의 생명책에 창세 이후로 이름이 기록되지 못하고 이 땅에 사는 자들은 다 그 짐승에게 경배하리라 누구든지 귀가 있거든 들을지어다 사로잡힐 자는 사로잡혀 갈 것이요 칼에 죽을 자는 마땅히 칼에 죽을 것이니 성도들의 인내와 믿음이 여기 있느니라"(계 13:8~10) 짐승에게 경배하는 사람들은 "죽임을 당한 어린 양의 생명책에 창세 이후로 이름이 기록되지 못하고 이 땅에 사는 자들"이라는 말씀에 주목해야 합니다. 곧 예수 그리스도의 생명책에 기록되어 성도로 서기 위해서는 짐승에게 경배하지 않아야 한다는 것입니다. 짐승에게 있는 큰 힘과 권세로 인해 핍박을 당하지만, 참된 경배의 대상이 되시는 하나님에게서 돌아서 짐승을 경배하는 것을 거절해야 한다는 것입니다. 오히려 인내와 믿음으로, 사로잡히고 칼에 죽임을 당하는 순교의 길을 걸어가야 한다는 것입니다.

당장에 세상의 힘과 권세 때문에 참된 경외의 대상이 되시는 하나님에게서 돌아서는 것은 어리석은 일입니다. 환난과 핍박을 당하며 심지어는 생명을 잃는다 할지라도 타협하지 말고 하나님을 경외해야 합니다. 순교하기까지 믿음을 지키며 하나님을 경외하는 삶을 살아야 합니다.

세상을 창조하신 하나님은 또한 세상을 다스리며 우리를 돌보십니다. 우리의 죄를 용서하시고 구원하시는 구원의 하나님이 되십니다. 그러나 죄에 대해서는 엄히 심판하시는 두려움의 하나님이시요 심판의 하나님이십니다. 따라서 하나님을 두려워하며 죄악을 제하여 버리고, 하나님께 돌이켜 용서와 구원의 은혜를 누려야 합니다.

신명기 17장_두려움의 하나님

우상숭배에 대한 처벌, 재판에 불복하는 자들에 대한 처결, 왕에 대한 율법을 기록하고 있습니다. 여기서 무엇보다 주목할 것이 악과 불의에 대해 보여야 하는 단호한 태도입니다. 곧 모세는 이방 신과 일월성신 등 우상을 섬기는 자에 대해서 반드시 죽여 이스라엘 공동체 안에서 악을 제거해야 한다고 가르치고 있습니다. "이런 자를 죽이기 위하여는 증인이 먼저 그에게 손을 댄 후에 뭇 백성이 손을 댈지니라 너는 이와 같이 하여 너희 중에서 악을 제할지니라"(신 17:7) 악은 하나님께서 가증히 여기는 것입니다(신 17:4). 악을 가볍게 여기고 방치할 때 주어지는 결과는 피할 수 없는 하나님의 심판입니다. 따라서 단호하게 그 악을 제거해야 한다는 것입니다.

또한 모세는 하나님의 말씀에 따른 제사장의 판결에 불복하는 자들에 대해서, 그들을 죽여 이스라엘 공동체 안에서 악을 제거하라고 가르치고 있습니다. "사람이 만일 무법하게 행하고 네 하나님 여호와 앞에 서서 섬기는 제사장이나 재판장에게 듣지 아니하거든 그 사람을 죽여 이스라엘 중에서 악을 제하여 버리라 그리하면 온 백성이 듣고 두려워하여 다시는 무법하게 행하지 아니하리라"(신 17:12~13) 이런 불복은 하나님의 말씀을 중심으로 세워진 이스라엘 공동체의 질서를 파괴하고, 결국은 하나님의 심판에 이르게 합니다. 따라서 단호하게 악을 제거하여 사람들로 두려움을 갖고 하나님의 말씀에 순종하게 해야 한다는 것입니다.

결국 이스라엘 공동체 안에서 우상숭배와 판결에 대한 거부 등, 죄악에 대해 철저할 것을 요구하는 것은 하나님을 향한 두려움이 반영되어 있음을 알 수 있습니다. 하나님은 놀라운 사랑의 하나님이시지만 그러나 악에 대해서는 단호히 심판하시는 두려움의 하나님이십니다. 따라서 하나님을 두려워하며 죄악을 철저히 끊어내야 합니다.

시편 104편_창조주 하나님

창조주 하나님을 향한 찬양입니다. 하나님께서 온 세상과 세상의 모든 생물들을 창조하셨다는 것입니다. 무엇보다 하나님께서 지혜로 온 세상 만물을 창조하셨음을 말씀하고 있습니다(시 104:24~25). 또한 창조주 하나님께서 창조한 세상을 놀라운 섭리로 다스리시며, 모든 생물을 돌보시고 기르심을 찬양하고 있습니다. 곧 물의 경계를 정하여 넘치지 못하게 하시고, 돌아와 땅을 덮지 못하게 하셨으며(시 104:9), 골짜기마다 샘물이 솟아나게 하시고 산 사이로 흐르게 하셔서 들짐승들이 마시고 해갈하게 하셨고(시 104:10~11), 공중의 새들도 샘 곁에서 깃들며 우거진 나뭇잎 사이에서 살게 하셨다는 것입니다(시 104:12). 풀과 채소를 자라게 하셔서 가축과 사람이 먹게 하시고, 포도주와 기름과 양식을 주셨다는 것입니다(시 104:14~15). 무엇보다 모든 생물의 생사가 하나님의 주권 안에 있음을 말씀하고 있습니다. "주께서 주신즉 그들이 받으며 주께서 손을 펴신즉 그들이 좋은 것으로 만족하다가 주께서 낯을 숨기신즉 그들이 떨고 주께서 그들의 호흡을 거두신즉 그들은 죽어 먼지로 돌아가나이다"(시 104:28~29)

하나님은 모든 만물을 창조하셨고, 놀라운 지혜와 능력으로 모든 만물을 다스리시며, 그 안에 사는 모든 생물들을 돌보고 계십니다. 그 생사가 하나님의 손에 있습니다. 따라서 하나님의 다스리심과 돌보심 그리고 그 주권에 우리의 모든 삶을 맡겨야 합니다. 무엇보다 하나님 안에서 은혜를 구하며 살아야 합니다.

이사야 44장_구원의 하나님

여호와 하나님만이 참된 신이시고, 따라서 그 하나님이 이스라엘을 구속하고 영광을 나타내실 것을 전하고 있습니다. 곧 하나님은 헛된 우상과 비교할 수 없다는 것입니다. 그 우상은 땔감으로 쓰는 나무와 다를 것이 없고 그 누구도 구원하지 못하지만, 여호와 하나님은 살아 계신 참된 하나님으로 그 백성들의 죄를 용서하고 구속하신다는 것입니다. 따라서 하나님은 그 백성들에게 내게로 돌아오라고 말씀하고 있습니다. "내가 네 허물을 빽빽한 구름 같이, 네 죄를 안개 같이 없이하였으니 너는 내게로 돌아오라 내가 너를 구속하였음이니라 여호와께서 이 일을 행하셨으니 하늘아 노래할지어다 땅의 깊은 곳들아 높이 부를지어다 산들아 숲과 그 가운데의 모든 나무들아 소리내어 노래할지어다 여호와께서 야곱을 구속하셨으니 이스라엘 중에 자기의 영광을 나타내실 것임이로다"(사 44:22~23)

하나님은 구원의 하나님이십니다. 그 백성들의 죄에도 불구하고 용서하시고 구속하기를 원하십니다. 포기할 수 없는 사랑이 그 백성들의 용서와 구원을 약속하게 하십니다. 따라서 하나님의 부름에 응답하여 하나님께 나아가야 합니다. 그 큰 사랑과 능력을 믿고 하나님께 나아가 죄를 용서받고 구속의 은혜를 누려야 합니다.

요한계시록 14장_심판의 하나님

속량함을 받은 십사만 사천의 사람들이 부르는 찬양과, 세 천사를 통해 전해진 마지막 심판의 소식, 그리고 예수 그리스도의 구원의 추수와 천사의 심판의 추수를 기록하고 있습니다. 곧 어린 양 되신 예수 그리스도를 따라 구원에 이른 주의 백성들은 하나님과 예수 그리스도를 영광스럽게 찬양하는 자리에 서게 됩니다. 그러나 짐승의 표를 받고 짐승에게 경배한 사람들에게는 하나님의 심판이 있게 된다는 것입니다. 영원토록 불과 유황으로 고통을 받고 쉼을 얻지 못하게 된다는 것입니다(계 14:9~11).

하나님은 마지막까지 그 백성들의 구원을 위한 사랑을 나타내십니다. 그 죄의 용서를 약속하며 돌아오라고 말씀하십니다. 그러나 끝까지 돌이키지 않고 하나님을 대적하며 사탄의 편에 서는 자들에 대해서는 심판을 단행하십니다. 그 심판은 누구도 피할 수 없고, 다시 구원의 기회도 주어지지 않습니다. 따라서 하나님의 진노의 심판이 임하기 전에 돌이켜야 하고, 무엇보다 끝까지 인내하며 믿음을 지켜야 합니다. 믿음의 고난과 핍박에 결코 넘어지지 말아야 합니다. 곧 성경은 이렇게 가르치고 있습니다. "성도들의 인내가 여기 있나니 그들은 하나님의 계명과 예수에 대한 믿음을 지키는 자니라"(계 14:12).

오늘의 기도

1. 우리를 창조하시고 돌보시는 하나님께 우리의 모든 인생을 맡기고, 하나님을 찬양하며 살게 하소서.
2. 돌아오라는 말씀을 따라 하나님께 돌이켜 안개와 같이 우리의 죄를 없이 하시며 우리를 구속하시는 은혜를 누리게 하소서.
3. 환난과 핍박 중에서도 하나님의 말씀과 예수님에 대한 믿음을 지켜 성도의 인내를 보이게 하소서.

선택

신명기 18장 | 시편 105편 | 이사야 45장 | 요한계시록 15장

맥체인성경365_900p

약속과 구원을 이루시고 말씀을 전하시기 위해 우리를 선택하시는 하나님의 은혜와 사명을 깨달아야 합니다. 심판을 위해 천사를 선택하여 세우심도 깨닫고, 속히 구원의 자리에 서야 합니다.

신명기 18장_말씀을 전하시기 위한 선택

제사장과 레위인이 받을 몫에 대해 전하고 있고, 또한 가나안 땅에서 점쟁이, 길흉을 말하는 자, 요술하는 자, 무당, 진언자, 신접자, 박수, 초혼자 등을 용납하지 말 것을 전하고 있습니다. 이런 거짓 예언은 끊어내고 바른 예언의 말씀, 곧 하나님의 참된 말씀을 듣고 따라야 한다는 것입니다. 이를 위해 하나님께서 모세와 같은 선지자를 세워 하나님의 말씀을 끊임없이 전하고 가르치심을 약속하고 있습니다. "내가 그들의 형제 중에서 너와 같은 선지자 하나를 그들을 위하여 일으키고 내 말을 그 입에 두리니 내가 그에게 명령하는 것을 그가 무리에게 다 말하리라"(신 18:18) 따라서 하나님은 선지자를 통해 전하는 말씀을 그 백성들이 반드시 지켜야 한다는 것과, 또한 하나님의 말씀을 받은 선지자가 하나님께서 명령하지 않으신 말씀을 제 마음대로 전하지 말아야 함을 경고하셨습니다. 만약 하나님의 말씀이 아닌 다른 말씀을 전할시 죽임을 당하게 된다는 것입니다(신 18:19~20).

하나님의 말씀에 생명과 복이 있습니다. 따라서 하나님은 그 말씀을 듣고 전할 선지자를 선택하여 세우십니다. 선지자를 통해 하나님의 말씀을 끊임없이 전달하고, 또 그 말씀을 통해 백성들이 생명과 복을 누리기를 바라시기 때문입니다. 따라서 그 하나님의 말씀을 잘 분별하여 듣고, 그 말씀에 절대적으로 순종해야 합니다.

시편 105편_약속을 이루시기 위한 선택

시편 105편은 이스라엘 초기 역사를 회고하며 하나님의 신실하심의 행사를 감사하는 찬양입니다. 아브라함과 언약을 맺으신 것부터 출애굽의 구원과 광야의 인도하심의 은혜까지, 하나님께서 이스라엘에 행하신 일들을 전하고 있습니다.

특별히 주목할 말씀이 하나님께서 그 약속을 이루시기 위해 요셉을 선택하신 말씀입니다. 그를 선택하시고 또 종으로 팔아 애굽에 보내시고 말씀으로 단련하셨다는 것입니다. "그가 한 사람을 앞서 보내셨음이여 요셉이 종으로 팔렸도다 그의 발은 차꼬를 차고 그의 몸은 쇠사슬에 매였으니 곧 여호와의 말씀이 응할 때까지라 그의 말씀이 그를 단련하였도다"(시 105:17~19)

이 말씀을 통해, 하나님께서 그 약속을 이루시는 방법을 깨닫게 됩니다. 곧 신실하신 하나님은 그 약속을 이루시기 위해 우리를 선택하십니다. 친히 그 약속을 이루실 수 있지만 선택한 우리를 사용하여 하나님의 약속을 이루어가십니다. 그리고 그 과정에 환난을 통한 단련의 시간을 지나게 하십니다. 따라서 약속을 이루시는 하나님의 신실하심을 믿고 단련의 시간을 인내하며 이겨야 합니다. 지금의 고난이 약속을 이루기 위한 축복의 과정임을 깨닫고 오히려 기뻐할 수 있어야 합니다.

이사야 45장_구원을 주시기 위한 선택

이사야 45장은 바사의 고레스 왕이 하나님의 도구임을 전하고 있습니다. 하나님께서 바사의 고레스 왕을 선택하여 세우시고, 그를 통해 이스라엘을 구원하신다는 것입니다. "네게 흑암 중의 보화와 은밀한 곳에 숨은 재물을 주어 네 이름을 부르는 자가 나 여호와 이스라엘의 하나님인 줄을 네가 알게 하리라 내가 나의 종 야곱, 내가 택한 자 이스라엘 곧 너를 위하여 네 이름을 불러 너는 나를 알지 못하였을지라도 네게 칭호를 주었노라"(사 45:3~4)

이방의 왕을 통해 그 백성의 구원을 이루시는 하나님의 섭리를 통해, 먼저 하나님의 주권을 생각하게 됩니다. 세상의 모든 나라와 왕들도 하나님의 주권 안에 있고, 하나님의 뜻에 따라 사용된다는 것입니다. 이방 나라이고 또 힘을 가진 왕이라 할지라도 하나님의 주권을 벗어날 수 없다는 것입니다. 또한 구원의 사명을 이루기 위한 모든 힘과 능력은 하나님께서 주심을 깨달을 수 있습니다. 다시 말해 사명을 감당할 수 있는 능력은 하나님이 주심을 믿고 사명에 충성하고 순종해야 한다는 것입니다. 마지막 교만하지 말아야 함도 깨닫게 됩니다. 그 힘과 권세가 사명을 위해 하나님께서 주신 것으로 하나님의 힘과 권세이지 내 힘과 권세가 아닙니다. 따라서 겸손해야 하고 또한 그 힘과 권세로 자신의 욕심이 아니라 맡기신 사명에 최선을 다해야 합니다. 하나님께서 구원을 위해 선택하셨음을 깨닫고, 그 구원의 사역에 힘을 다해야 합니다.

요한계시록 15장_심판을 내리시기 위한 선택

요한계시록 15장은 승리자들의 노래와 일곱 재앙을 가진 일곱 천사에 대해 말씀하고 있습니다. 곧 마지막 하나님의 심판을 앞에 두고, 짐승과 그의 우상과 그의 이름의 수를 이기고 벗어난 사람들이 불이 섞인 유리 바다 가에서 하나님의 거문고를 가지고 찬양한다는 것입니다. 그리고 일곱 천사들은 마지막 하나님의 심판을 수행할 자들로, 하나님의 진노가 가득 담긴 일곱 대접을 받아 하나님의 심판을 단행하게 된다는 것입니다. "또 하늘에 크고 이상한 다른 이적을 보매 일곱 천사가 일곱 재앙을 가졌으니 곧 마지막 재앙이라 하나님의 진노가 이것으로 마치리로다"(계 15:1) "일곱 재앙을 가진 일곱 천사가 성전으로부터 나와 맑고 빛난 세마포 옷을 입고 가슴에 금 띠를 띠고 네 생물 중의 하나가 영원토록 살아 계신 하나님의 진노를 가득히 담은 금 대접 일곱을 그 일곱 천사들에게 주니"(계 15:6~7)

일곱 천사는 마지막 하나님의 심판을 위해 선택된 자들이라 할 수 있습니다. 그리고 기억할 것이, 마지막 심판을 위해 일곱 천사가 선택되어 세워지면, 이 땅의 그 누구도 심판을 피할 수 없다는 것입니다. 선택된 일곱 천사가 주어진 진노의 일곱 대접을 이 땅에 쏟아 부으면 모든 것이 무너지고 사라지게 됩니다. 따라서 하나님께서 천사들을 선택하시고 심판을 단행하시기 전에 구원의 자리에 서 있어야 합니다. 신앙의 모든 핍박과 유혹을 이기고, 유리 바다 가에서 하나님을 찬양하는 무리들 가운데 함께 서 있어야 합니다.

따라야 할 의

14 Jun

신명기 19장 | 시편 106편 | 이사야 46장 | 요한계시록 16장

하나님은 의로 심판하시고 또 구원하십니다. 따라서 불신과 거역 등 불의에서 돌이켜 하나님의 의를 따르고, 순교하기까지 의를 지켜 심판이 아닌 구원에 이르러야 합니다.

신명기 19장_의를 따라야 하는 백성들

도피성을 성별하라는 말씀과 조상이 정한 네 이웃의 경계표를 옮기지 말라는 것, 그리고 위증하지 말라는 말씀입니다. 도피성 성별에 대한 말씀에 주목하면, 본래 원한이 없이 부지중에 이웃을 죽인 경우, 그를 피의 복수자로부터 보호하기 위해 도피성을 구별하라고 명령하신 것입니다. 불의함으로 이웃을 죽인 경우 심판 받아 마땅하지만, 의도하지 않게 실수나 사고로 이웃을 죽인 경우는 그 상황을 고려하여 보호함이 마땅하다는 것입니다. 도피성을 통하여 무죄한 피를 흘리지 않게 해야 한다는 것입니다. "또 너희가 오늘 내가 너희에게 명하는 이 모든 명령을 지켜 행하여 네 하나님 여호와를 사랑하고 항상 그의 길로 행할 때에는 이 셋 외에 세 성읍을 더하여 네 하나님 여호와께서 네게 기업으로 주시는 땅에서 무죄한 피를 흘리지 말라 이같이 하면 그의 피가 네게로 돌아가지 아니하리라"(신 19:9~10)

무죄한 피를 흘리지 않게 하는 것이 하나님의 의입니다. 하나님은 가나안 땅이라는 축복을 그 백성들에게 주셨고, 백성들은 그 축복을 누리며 하나님의 의를 실천하는 것은 마땅합니다. 무엇보다 하나님의 말씀에 순종하고 그 의를 실천하는 것이 하나님의 축복을 계속해서 누리는 길입니다. 곧 "무죄한 피를 흘리지 않아야 그 피가 네게로 돌아가지 않는다"는 말씀을 기억해야 합니다. 하나님의 의를 따르지 않아 무죄한 피를 흘리면 그것이 그 자신에게로 돌아가게 된다는 것입니다.

시편 106편_의를 따르지 못한 백성들

하나님의 은혜와 이스라엘의 배은망덕을 전하고 있습니다. 곧 하나님께서 큰 능력과 기적으로 이스라엘을 구원하시고 인도하시고 돌보시며 가나안 땅을 기업으로 주시는 등 은혜를 베푸셨지만, 백성들은 하나님을 불신하고 거역하고 불평하고 원망하며 우상을 숭배하는 등, 불의를 행했다는 것입니다.

계속된 불의는 하나님의 심판으로 이어지고 말았음을 전하고 있는데, 하나님께서 노하셔서 그 백성을 이방 나라의 손에 넘기셨다는 것입니다(시 106:40~42). 그러나 또한 그럼에도 하나님의 은혜는 중단되지 않았음도 전하고 있는데, 백성들의 계속된 불의로 심판하셨음에도 불구하고, 하나님께서 백성들의 부르짖음을 들으시고, 그들의 고통을 돌보시며, 그 놀라운 사랑으로 뜻을 돌이켜 백성들을 구원하셨다는 것입니다(시 106:44~46).

결국 이 말씀에서 백성들의 불의와 하나님의 크신 사랑이 대비되고 있음을 보게 됩니다. 또 하나님의 크고 놀라운 사랑과 은혜를 대하며 그 불의에서 돌이켜야 한다는 사실도 깨닫게 됩니다. 따라서 비느하스에 대한 말씀에 집중해야 하는데, 곧 비느하스처럼 의를 행하여 하나님께 인정받아야 한다는 것입니다. "그 때에 비느하스가 일어서서 중재하니 이에 재앙이 그쳤도다 이 일이 그의 의로 인정되었으니 대대로 영원까지로다"(시 106:31~32) 백성들이 바알브올의 범죄에 빠져 하나님의 진노의 심판 중에 있을 때, 비느하스가 범죄한 시므리와 시므리가 장막 안까지 데려온 미디안 여인을 죽임으로 하나님의 심판을 멈추었던 사건을 떠올린 말씀입니다. 이와 같은 비느하스의 행동이 의를 실천한 행동이었고, 이렇게 인정된 의가 영원까지 기억된다는 사실을 전하고 있는 것입니다.

하나님 앞에서 행한 불의는 하나님의 심판으로

이어집니다. 그러나 비느하스를 통해 살핀 것처럼 하나님 앞에서 실천한 의는 그 심판을 멈춥니다. 하나님의 기쁨과 칭찬 그리고 대대에 이르는 축복으로 이어집니다. 따라서 불의가 아닌 힘써 의를 실천해야 합니다. 불의를 따르는 것에서 돌이켜 하나님의 의를 따르고, 하나님의 심판이 아닌 기쁨과 칭찬이 돼야 합니다.

이사야 46장_의로 구원하시는 하나님

하나님의 놀라운 구원을 약속하고 있습니다. 하나님은 벨과 느보와 같은 무력한 신이 아니고, 금이나 은으로 만든 우상도 아니며, 살아 계신 참 신으로, 하나님의 손으로 지은 그 백성들을 업고 품고 구하여 내실 것을 말씀하고 있습니다.

무엇보다 주목할 말씀이, 백성들이 하나님의 공의에서 멀리 떠났지만, 하나님께서 그 공의를 가깝게 하시며, 멀지 않아 그 백성들을 구원하신다는 것입니다. "마음이 완악하여 공의에서 멀리 떠난 너희여 내게 들으라 내가 나의 공의를 가깝게 할 것인즉 그것이 멀지 아니하나니 나의 구원이 지체하지 아니할 것이라 내가 나의 영광인 이스라엘을 위하여 구원을 시온에 베풀리라"(사 46:12~13) 하나님의 공의와 하나님의 구원이 같은 의미로 사용되고 있음을 주목해야 합니다. 하나님의 공의가 가까이 이르는 것이 곧 하나님의 구원이 가까이 이르는 것으로 말씀하고 있다는 것입니다. 이는 공의에서 멀리 떠난 백성들을 용서하여 그 공의에 가까이 이르게 한다는 것이며, 또한 불의한 이방 나라들을 속히 그 공의로 심판하여 억압과 고통 중에 있는 백성들을 구원한다는 것임을 알 수 있습니다. 하나님께서 그렇게 의로 그 백성들을 구원하신다는 것입니다.

하나님은 그 의로 백성들을 구원하기를 원하십니다. 따라서 우리가 하나님의 의를 붙잡아야 합니다. 어리석게 완악함으로 하나님의 의에서 멀리 떠나지 말고, 믿음으로 은혜를 구하며 하나님의 의를 가까이 해야 합니다. 그 놀라운 사랑으로 우리를 의롭게 하시며 구원하시는 주의 은혜를 누려야 합니다.

요한계시록 16장_의로 심판하시는 하나님

요한계시록 16장은 일곱 대접의 심판을 전하고 있습니다. 하나님의 진노의 대접을 가진 일곱 천사가 그 대접을 땅에 쏟음으로 이 땅에 하나님의 심판이 있게 된다는 것입니다. 무엇보다 주목할 말씀이, 하나님의 심판이 의롭다는 말씀입니다. 곧 세 번째 대접의 심판이 내려지고, 이후 천사가 그 심판의 의로움을 찬양하고, 또한 천사의 찬양에 제단에서도 응답하여 그 의로움을 찬양한다는 것입니다. "내가 들으니 물을 차지한 천사가 이르되 전에도 계셨고 지금도 계신 거룩하신 이여 이렇게 심판하시니 의로우시도다 그들이 성도들과 선지자들의 피를 흘렸으므로 그들에게 피를 마시게 하신 것이 합당하니이다 하더라 또 내가 들으니 제단이 말하기를 그러하다 주 하나님 곧 전능하신 이시여 심판하시는 것이 참되시고 의로우시도다 하더라"(계 16:5~7)

하나님의 의의 심판이 순교의 피를 흘린 성도들과 선지자들에게는 그 흘린 피에 대한 신원이요 또 승리라는 사실을 놓치지 말아야 합니다. 곧 하나님은 의로 세상의 불의한 자들을 심판하시지만, 또한 환난 중에도 믿음을 지킨 성도들을 구원하십니다. 따라서 하나님의 의의 편에 서야 합니다. 피 흘리기까지 믿음을 지켜야 합니다. 이를 통해 하나님의 의의 심판을 구원과 승리로 맞이해야 합니다.

오늘의 기도

1. 하나님이 주신 축복 속에서 끊임없이 의를 실천하여 그 축복을 놓치지 않게 하소서.
2. 하나님 앞에서 힘써 의를 실천하여 하나님의 기쁨과 칭찬이 되게 하소서.
3. 피 흘리기까지 의를 따르고 믿음을 지켜 하나님의 의의 심판을 승리와 구원으로 맞이하게 하소서.

함께하시는 하나님

신명기 20장 | 시편 107편 | 이사야 47장 | 요한계시록 17장

맥체인성경365_910p

하나님은 우리와 함께 있어 싸우시고 응답하시며 승리를 주십니다. 교만한 대적은 심판하십니다. 따라서 눈앞의 대적과 고난의 상황이 아니라 함께하신 하나님을 바라보며 기도해야 합니다. 겸손함으로 하나님과 함께하며 결코 하나님을 떠나지 말아야 합니다.

신명기 20장_함께 있어 싸우시는 하나님

전쟁에 관한 율법입니다. 적들과 싸울 때 따라야 하는 여러 가르침을 주고 있는데, 새집을 건축하고 낙성식을 행하지 못한 자, 포도원을 만들고 그 과실을 먹지 못한 자, 약혼하고 결혼하지 못한 자, 두려워서 마음이 허약한 자 등은 싸움에 앞서 집으로 돌아가게 하라고 말씀하고 있습니다. 또한 싸움에 앞서 먼저 화평을 선언하고, 화평을 거절하는 경우에 싸울 것이며, 싸우는 성읍이 주시는 가나안 땅에서 멀리 있는 경우는 여자들과 유아들과 가축들을 탈취물로 삼지만, 하나님께서 기업을 주시는 땅의 민족들의 성읍에서는 호흡 있는 자를 하나도 살리지 말고 진멸하라고 말씀하고 있습니다. 이를 통해 우상숭배 등의 가증한 일로 하나님께 범죄할 가능성을 차단하라는 것입니다.

무엇보다 주목할 말씀은 그 싸움에 하나님께서 함께하여 함께 싸우신다는 것입니다. 따라서 그 민족들이 강성하다고 두려워하지 말라고 가르치며, 제사장들은 싸움에 앞서 백성들에게 두려워하지 말 것과 하나님께서 함께하여 싸우시고 구원하실 것을 전하라고 말씀하고 있습니다(신 20:1, 3~4).

싸움 중에 강성한 적을 보면 두려울 수밖에 없습니다. 머뭇거리며 뒷걸음질 칠 수밖에 없습니다. 그러나 하나님이 함께하시고 그 함께하신 하나님이 더 강하시며, 또한 그 강하신 하나님이 앞장서 싸우심을 바라보면 두려워하지 않을 수 있습니다. 따라서 눈앞의 적을 보지 말고 함께하신 하나님을 바라보며 담대해야 합니다.

시편 107편_함께 있어 응답하시는 하나님

구속받은 자들의 감사시입니다. 고통 중에 하나님을 찾고 하나님께 부르짖어 기도할 때, 하나님께서 들으시고 응답하셨다는 것입니다. 고통에서 건지시고 바른 길로 인도하셨다는 것입니다. "그들이 광야 사막 길에서 방황하며 거주할 성읍을 찾지 못하고 주리고 목이 말라 그들의 영혼이 그들 안에서 피곤하였도다 이에 그들이 근심 중에 여호와께 부르짖으매 그들의 고통에서 건지시고 또 바른 길로 인도하사 거주할 성읍에 이르게 하셨도다"(시 107:4~7) 13절, 19절, 29절, 41절에도 고통 중에 부르짖는 사람들의 기도에 하나님께서 응답하시고, 그들을 구원하며 인도하심을 말씀하고 있습니다. 여기서 하나님의 함께하심을 알 수 있습니다. 고통 중에 고통 받는 그들만 혼자 있는 것이 아니라, 그 고통의 현장에 하나님도 함께하고 계시다는 것입니다. 혹 그들은 고통 중에 부르짖으며 하나님은 어디 계시냐고 찾았을지 모르나, 하나님은 변함없이 함께하고 계셨다는 것입니다.

무엇보다 그들의 고통이 그들의 죄악으로 인한 것이며, 그들을 돌이키게 하기 위한 하나님의 징계였다는 말씀에 주목해야 합니다(11~12절, 17절). 하나님의 말씀을 거역하고 죄악의 길을 따르며 악을 범하였기에 하나님께서 고통으로 징계하셨고, 고통 중에 깨닫고 돌이켜 부르짖는 그들을 하나님께서 구원하셨다는 것입니다. 결국 그들이 당한 고통도 하나님이 함께하심을 보여준 증거였습니다. 결코 그들이 죄악으로 멸망 받지 않고 생명의 길로 돌이키게 하신 하나님의 함께하심의 은혜였다는 것입니다.

하나님은 우리와 함께하십니다. 함께하여 그 부르짖는 기도에 응답하십니다. 따라서 고통 중에 원망이 아니라 기도해야 합니다. 고통 중에 혹 내게

불의함이 없는지 돌아봐야 합니다. 원망이 아닌 기도로, 불의에서 돌이킨 부르짖음으로 함께하시는 하나님의 응답과 구원을 경험해야 합니다.

이사야 47장_함께 있어 심판하시는 하나님

바벨론의 심판을 전하는 말씀입니다. 바벨론이 유다를 무너뜨리고 그 백성들을 포로로 잡아간 것은 하나님께서 그 백성들을 넘겨주셨기 때문입니다. 하나님께 범죄한 백성들을 심판하시기 위해 바벨론을 도구로 사용하신 것입니다. 그런데 바벨론이 이를 깨닫지 못하고 교만하였습니다. 하나님의 뜻에서 지나쳐 하나님의 백성들을 잔인하게 대했습니다. 어리석게 그 모든 주권이 하나님께 있음을 인정하지 않았습니다. 이로 인해 하나님께서 바벨론을 심판하시겠다고 말씀하신 것입니다(사 47:6~7).

무엇보다 주목할 말씀이, 바벨론은 악을 행하면서 "나를 보는 자가 없다"고 생각하며 그 악을 그치지 않았다는 것입니다. 이에 대해 하나님께서 심판하심을 말씀하셨는데, 여기서 하나님께서 다 보고 계셨다는 것을 가르쳐주고 있습니다. 곧 하나님은 함께 있어 그 모든 교만과 죄악을 다 보고 계시고, 그 교만과 죄악에 대해 반드시 심판하신다는 것입니다(사 47:10~11).

하나님은 모든 것을 다 보고 계십니다. 결코 이 세상과 멀리 떨어져 계시지 않습니다. 그 주권으로 이 세상을 다스리시며, 교만과 죄악 등 불의에 대해 심판하십니다. 따라서 함께 계신 하나님, 이 세상을 다스리시는 하나님을 기억하며, 교만을 버리고 죄악에서 떠나야 합니다. 하나님의 주권 앞에 겸손함으로 은혜를 구해야 합니다.

요한계시록 17장_함께 있어 누리는 승리

요한계시록 17장은 큰 음녀 바벨론에 대한 말씀입니다. 진노의 대접 심판이 이미 내려졌고, 따라서 이제 곧 멸망하게 될 바벨론에 대한 실체를 보여주고 있는 것입니다. 여기서 주목할 말씀은, 어린 양 되시는 예수 그리스도의 승리입니다. 예수 그리스도께서 악한 대적들을 물리치고 승리하시며, 또한 그와 함께 있는 자들도 승리하게 된다는 것입니다. "그들이 어린 양과 더불어 싸우려니와 어린 양은 만주의 주시요 만왕의 왕이시므로 그들을 이기실 터이요 또 그와 함께 있는 자들 곧 부르심을 받고 택하심을 받은 진실한 자들도 이기리로다"(계 17:14)

우리 힘으로는 능력과 권세를 가진 악한 세상과 그 세력들을 대적할 수 없고 또 이길 수 없습니다. 그러나 주님을 통해 이길 수 있습니다. 주님의 능력과 권세는 그 악한 세력들을 능히 물리쳐 이기며, 그 함께한 자도 승리하게 하십니다. 따라서 주님 편에 서서 믿음을 지켜야 합니다. 악한 권세로 인한 핍박 때문에 믿음을 포기하지 말고, 부르심을 받고 택하심 받은 진실한 자로서 끝까지 주님과 함께해야 합니다. 주님과 함께 있어 주님을 통한 승리를 누려야 합니다.

죄

신명기 21장 | 시편 108-109편 | 이사야 48장 | 요한계시록 18장

죄는 하나님의 축복을 가로 막고 하나님의 심판을 불러옵니다. 따라서 죄에서 속히 떠나야 하고, 그 어떤 죄도 방관하지 말고 속죄해야 합니다.

신명기 21장_방관할 수 없는 죄

범인을 모르는 살인에 대한 속죄, 사로잡은 여인을 사랑하여 혼인하는 경우, 장자의 권리 등을 기록하고 있습니다. 특별히 범인을 모르는 살인죄에 대한 속죄에 대해 주목하면, 피살된 시체를 발견했지만 그를 죽인 범인을 알지 못할 때, 그 죄에 대해서 그냥 지나치지 말 것을 가르치고 있습니다. 곧 살인이 일어난 곳에서 가장 가까운 성읍의 장로들이, 아직 부리지 아니하고 멍에를 메지 아니한 암송아지를 취하여, 물이 항상 흐르고 갈지도 않고 씨를 뿌린 일도 없는 골짜기에서, 송아지의 목을 꺾어 죽이고 손을 씻음으로 그 죄에 대해서 무죄함을 나타내 보여야 한다는 것입니다. 이 예식을 통해서 그 죄를 제거해야 한다는 것입니다(신 21:9).

사실 나와 아무런 관계가 없는 사건이고, 또 누가 살인의 죄를 범한 것인지 알 수 없기에, 그냥 덮고 넘어갈 수 있다고 생각할 수 있습니다. 그러나 하나님은 어떤 죄든지 속죄의 과정을 반드시 지나야 함을 말씀하셨습니다. 결코 죄는 가볍게 넘기지 말고 철저히 처리해야 한다는 사실을 교훈하고 있는 것입니다. 그 어떤 죄도 씻고 속하지 않으면 반드시 그 책임을 물으신다는 것입니다. 결국 무엇입니까? 처리되지 않은 죄는 우리 안에 스며들어 우리를 넘어뜨리고 파괴합니다. 따라서 작은 죄라 할지라도 결코 가볍게 여기거나 나와 상관이 없다고 방관하지 말아야 합니다. 철저히 제거하고 속죄해야 합니다.

시편 108-109편_심판을 불러오는 죄

시편 108편은 하나님을 찬양하고 신뢰하며, 대적과의 싸움에 하나님께서 함께 싸우시고 도우시기를 구한 다윗의 기도입니다. 시편 109편은 적들의 죄가 드러나고 그 죄에 따라 심판 받기를 구한 다윗의 기도입니다. 곧 다윗은 자신이 베푼 선과 사랑이 오히려 악과 대적함으로 돌아왔고, 이로 인해 큰 아픔과 고통에 처할 수밖에 없었습니다(시 109:4~5). 따라서 하나님께서 그 적들의 죄를 기억하시며 심판해주시고 자신을 아픔과 고통 중에서 위로하시고 건져주시기를 기도한 것입니다. "여호와는 그의 조상들의 죄악을 기억하시며 그의 어머니의 죄를 지워 버리지 마시고 그 죄악을 항상 여호와 앞에 있게 하사 그들의 기억을 땅에서 끊으소서"(시 109:14~15)

다윗의 기도 속에서 그 죄는 반드시 하나님의 심판으로 이어짐을 깨닫게 됩니다. 당장은 그 죄에 대해 아무런 보응도 받지 않는 것처럼 보입니다. 오히려 서슴없이 행하는 죄를 통해 의를 따르는 사람들을 고통에 밀어 넣고 그 자신은 영화를 누립니다. 그러나 하나님 앞에서 그 죄는 용납될 수 없고, 하나님은 반드시 그 죄에 따라 심판하십니다. 다윗은 이런 죄에 대한 하나님의 심판을 확신했고, 따라서 "그들의 죄가 항상 여호와 앞에 있어서 그들에 대한 기억을 이 땅에서 끊어 달라"고 기도한 것입니다. 하나님 앞에서 지워지지 않는 죄는 반드시 심판으로 이어질 것을 믿고 기도한 것입니다.

죄는 반드시 하나님의 심판으로 이어집니다. 그러나 포기하지 않고 의를 따르며 믿음으로 드리는 기도는 하나님의 구원으로 이어집니다. 곧 다윗은 그 적들이 죄에 따라 하나님의 심판을 받을 것을 믿고 구할 뿐만 아니라, 적들로 인해 고통당하면서도 의를 따르며 하나님께 기도한 자신은 하나님께서 반드시 구원해주실 것을 믿었습니다. 적들의 오른쪽에는 사탄이 서지만(시 109:6), 궁핍한 자신의 오른쪽에는 하나님이 서심을 믿었습니다(시 109:31). 따라서 죄에서 돌이켜야 합니다. 하나님 앞에서 우리의 죄가 그 놀라운 사랑으로 지워지기를 기도해야 합니다. 더불어 어떤 고난과 시련을 만나고 억울한 일을 겪어도 의를 따르는 믿음에서 넘어지지 말아야 합니다. "나는 기도할 뿐이라"(시 109:4) 하나님을 믿고 맡기며 기도해야 합니다.

이사야 48장_축복을 가로막는 죄

배신한 이스라엘을 향한 하나님의 은혜와 구원을 전하고 있습니다. 곧 하나님께서는 하나님의 이름과 영광을 위하여 배신한 이스라엘을 향해 노하기를 더디 하며 멸절하지 아니하신다는 것입니다. 오히려 그 사랑하는 자를 통해 바벨론을 멸하시며 이스라엘을 구속하신다는 것입니다. 그런데 주목할 말씀이, 이스라엘을 향해 하신 말씀입니다. 이스라엘을 구속하시어 바벨론에서 돌아오게 하실 것임을 말씀하시며, 애초에 이스라엘이 하나님의 명령에 따랐다면 지금의 고통이 아니라 놀라운 번성과 축복을 누렸다는 것입니다. 그 백성들이 하나님의 명령에 순종하지 않음으로 축복과 번성을 누리지 못하고, 하나님 앞에서 끊어지고 없어지는 심판에 이르렀다는 것입니다(사 48:18~19). 결국 하나님께서 이처럼 말씀하심은 이제라도 그 말씀에 순종하여 후회의 길에서 돌이켜야 한다는 것을 교훈하신 것입니다. 이제 하나님께서 구속하실 때에 깨닫고 하나님의 말씀에 철저히 순종하여 하나님께서 이루시는 놀라운 번성의 축복을 놓치지 말고 누리라는 것입니다.

하나님의 말씀에 대한 순종은 하나님의 축복을 누리게 합니다. 그러나 말씀에 불순종하는 죄는 하나님의 축복을 가로막습니다. 따라서 우리가 무엇보다 힘써 제거해야 하는 것이 죄입니다. 죄를 제거하고 철저히 하나님의 말씀에 순종해야 합니다. 이를 통해 하나님이 주시는 축복을 놓치지 말고 누려야 합니다.

요한계시록 18장_떠나야 하는 죄

바벨론의 멸망을 전하고 있습니다. 음행한 바벨론이 부와 영화를 자랑하며 교만했지만, 하루아침에 하나님의 심판으로 멸망함을 전하고 있습니다. 이는 곧 하나님을 부인하고 대항한 악한 세상의 심판을 전하는 것입니다. 당장은 그 힘과 권세를 자랑하며 교만하지만 하나님의 심판을 피할 수 없고, 한순간에 심판으로 무너짐을 전하는 것입니다. 따라서 주목할 말씀이, 바벨론에서 떠나고 그 죄에 참여하지 말아야 한다는 것입니다. 바벨론에서 나오지 않고, 그 죄에서 떠나지 않으면 바벨론에 내려진 재앙을 함께 받고 결국 함께 패망하게 된다는 것입니다(계 18:4~6).

바벨론은 부귀와 영화가 가득한 곳이었습니다. 사람들은 그렇게 화려하고 찬란했던 성읍이 한순간에 무너지리라고 생각하지 못했습니다. 따라서 사람들에게 바벨론에서 떠나라는 경고가 우스운 소리로밖에 들리지 않았을 것입니다. 많은 사람들이 그 경고를 듣고도 가볍게 여기며 무시했을 것입니다. 혹 바벨론에서 부귀와 영화를 누리고 있는 사람이라면, 그 부귀와 영화를 포기하고 떠나야 하는 것에 망설여질 수밖에 없었을 것입니다. 그러나 떠나지 않으면 멸망할 수밖에 없습니다. 헛된 부귀와 영화에 취해 하나님의 심판과 그 경고를 놓친다면 돌이킬 수 없는 후회만 남게 된다는 것입니다. 따라서 떠나야 합니다. 죄악의 성 바벨론과 함께 멸망당하지 않기 위해 그 죄에서 떠나야 합니다. 떠나는 것만이 살 수 있는 유일한 길입니다.

하나님의 백성

신명기 22장 | 시편 110-111편 | 이사야 49장 | 요한계시록 19장

맥체인성경365_920p

하나님은 그 백성에게 기업과 양식의 복을 주시고, 돌보시고 지키시는 복을 주십니다. 그 큰 긍휼로 용서와 회복의 은혜를 주시고 어린 양의 혼인 잔치에 초대하시는 구원의 복을 주십니다. 따라서 약속을 붙들고 믿음을 지키며 거룩한 하나님의 백성으로 그 자리를 떠나지 말아야 합니다.

신명기 22장_돌보심을 받는 하나님의 백성

길 잃은 소나 양 등을 못 본체 하지 말고 그 주인을 찾아주어야 한다는 말씀을 비롯해, 그 백성들이 가나안 땅에서 지키고 따라야 하는 여러 규정들을 전하고 있습니다. 그런데 주목할 말씀이 그 규정들이 결국 그 백성들을 돌보시고 축복하고자 하시는 하나님의 뜻이 담겨 있다는 것입니다.

"어미는 반드시 놓아 줄 것이요 새끼는 취하여도 되나니 그리하면 네가 복을 누리고 장수하리라"(신 22:7) 자연을 향한 사랑과 보호를 교훈하는 말씀과 그 말씀에 순종할 때에 복을 누리고 장수한다는 말씀입니다. 곧 하나님은 그 백성들이 그 말씀에 순종하고, 하나님께서 창조하신 자연 세계를 사랑하고 보호하여 하나님이 주시는 복을 누리기를 원하신다는 것입니다.

"네가 새 집을 지을 때에 지붕에 난간을 만들어 사람이 떨어지지 않게 하라 그 피가 네 집에 돌아갈까 하노라 네 포도원에 두 종자를 섞어 뿌리지 말라 그리하면 네가 뿌린 씨의 열매와 포도원의 소산을 다 빼앗길까 하노라"(신 22:8~9) 집을 지을 때 난간을 만들어 실수로 사람들이 떨어질 위험을 방지하라는 말씀과 두 종자를 섞어 뿌리지 말라는 말씀입니다. 두 종자를 섞어 뿌리지 말라는 말씀은 하나님께서 창조하신 순수한 상태를 그대로 보존하며 여호와 신앙의 순수성을 생활 속에서 지켜야 한다는 영적 교훈을 담고 있습니다. 아무튼 이를 통해 그 피가 네 집에 돌아가지 않고, 씨의 열매와 포도원의 소산을 다 빼앗기지 않게 된다고 말씀하고 있는데, 여기서도 그 백성을 돌보시고 축복하고자 하시는 하나님의 뜻을 볼 수 있습니다.

하나님은 그 백성들을 돌보시고, 그 백성들이 복된 삶을 살아가기를 원하십니다. 끊임없이 말씀으로 가르쳐 그 백성들을 바르고 복된 길로 인도하시며 돌보십니다. 따라서 하나님의 말씀에 순종해야 합니다. 주시는 하나님의 말씀 속에 하나님의 돌보심의 은혜가 있음을 깨닫고, 혹 당장 그 말씀이 이해되지 않는다고 할지라도 순종해야 합니다. 순종으로 돌보시는 하나님의 은혜를 누려야 합니다.

시편 110-111편_뭇 나라의 기업을 받는 하나님의 백성

시편 110편은 영원한 왕이요 제사장이신 예수 그리스도를 바라보며 찬양한 다윗의 시입니다. 시편 111편은 하나님께서 행하시는 크신 일들과 기적을 찬양하는 시입니다. 곧 하나님은 하나님을 경외하는 백성에게 양식을 주시고 그 언약을 영원히 기억하시며, 뭇 나라의 기업을 주신다는 것입니다. 그 백성을 속량하시고 영원한 언약을 세우셨다는 것입니다. "여호와께서 자기를 경외하는 자들에게 양식을 주시며 그의 언약을 영원히 기억하시리로다 그가 그들에게 뭇 나라의 기업을 주사 그가 행하시는 일의 능력을 그들에게 알리셨도다"(시 111:5~6) "여호와께서 그의 백성을 속량하시며 그의 언약을 영원히 세우셨으니 그의 이름이 거룩하고 지존하시도다"(시 111:9)

따라서 성경은 이렇게 말씀하고 있습니다. "여호와를 경외함이 지혜의 근본이라 그의 계명을 지키는 자는 다 훌륭한 지각을 가진 자이니 여호와를 찬양함이 영원히 계속되리로다"(시 111:10) 여호와를 찬양함이 영원히 계속된다는 말씀에 주목해야 합니다. 우리가 하나님의 백성으로 하나님을 경외함이 중단되지 않으면 하나님의 약속하신 기업과

양식의 축복도 계속되고, 따라서 하나님을 찬양함이 계속된다는 것 아니겠습니까? 우리가 하나님의 약속을 붙들고 하나님의 백성으로 하나님을 경외하며 살아가면 하나님의 약속하신 축복은 변함없이 주어집니다.

이사야 49장_긍휼함을 받는 하나님의 백성

하나님의 종이요, 이스라엘의 구원이며, 이방의 빛이 되시는 예수 그리스도에 대한 예언의 말씀과, 하나님께서 그 백성들을 구원하시며 회복하심을 약속하고 있는 말씀입니다.

무엇보다 주목할 말씀이, 하나님의 긍휼입니다. 백성들의 구원과 회복이 하나님의 긍휼로 이루어진다는 것입니다. "그들이 주리거나 목마르지 아니할 것이며 더위와 볕이 그들을 상하지 아니하리니 이는 그들을 긍휼히 여기는 이가 그들을 이끌되 샘물 근원으로 인도할 것임이라"(사 49:10) "하늘이여 노래하라 땅이여 기뻐하라 산들이여 즐거이 노래하라 여호와께서 그의 백성을 위로하셨은즉 그의 고난 당한 자를 긍휼히 여기실 것임이라"(사 49:13) 하나님의 긍휼을 전하고 있는데, 하나님께서 죄로 인해 이스라엘을 심판하셨지만 그러나 그 백성들을 용서하시고 다시 돌아오게 하셔서 그 나라를 회복하신다는 것입니다. 회복을 위해 돌아오는 그 길에 하나님께서 긍휼을 베푸신다는 것입니다. 그 긍휼로 그 모든 회복이 반드시 이루어진다는 것입니다. 또한 하나님은 그 긍휼에 대해 이렇게 말씀하고 계십니다. "여인이 어찌 그 젖 먹는 자식을 잊겠으며 자기 태에서 난 아들을 긍휼히 여기지 않겠느냐 그들은 혹시 잊을지라도 나는 너를 잊지 아니할 것이라"(사 49:15) 그 백성들을 향한 하나님의 긍휼은 끊어질 수 없다는 것입니다. 젖먹이 자녀를 향한 어머니의 사랑보다 더 크시다는 것입니다.

요한계시록 19장_어린 양의 혼인 잔치에 청함을 받는 하나님의 백성

바벨론의 멸망에 대한 허다한 무리의 환성과 찬송, 백마를 타고 그 군대와 함께 오시는 그리스도, 짐승과 거짓 선지자의 최후에 대해 기록하고 있습니다.

주목할 말씀이 어린 양의 혼인 잔치입니다. 곧 천사가 어린 양의 혼인 잔치에 청함을 받는 자들은 복이 있다고 전하고 있습니다. "천사가 내게 말하기를 기록하라 어린 양의 혼인 잔치에 청함을 받은 자들은 복이 있도다 하고 또 내게 말하되 이것은 하나님의 참되신 말씀이라 하기로"(계 19:9) 이 혼인 잔치에 청함을 받는 사람들은 누구이겠습니까? 어린 양의 혼인날이 이르러 어린 양의 신부에게 빛나고 깨끗한 세마포 옷이 주어지는데, 이 세마포 옷은 성도들의 옳은 행실이라고 말씀하고 있습니다(계 19:8). 곧 환난과 핍박 중에서도 예수 그리스도를 부인하지 않고 믿음을 지킨 성도들에게 빛나고 깨끗한 세마포 옷이 주어진다는 것입니다. 그리고 이 세마포 옷을 받은 성도들, 곧 주의 백성들이 어린 양의 혼인 잔치에 참여한다는 것입니다.

어린 양의 혼인 잔치는 구원을 뜻합니다. 주님과 더불어 누리게 되는 영생의 삶을 뜻합니다. 바로 이것이 우리가 바라고 소망할 최고의 축복입니다. 따라서 옳은 행실로 믿음을 지키며, 주의 거룩한 백성으로 어린 양의 혼인 잔치에 청함을 받기를 무엇보다 소망해야 합니다.

오늘의 기도

1. 여호와를 경외하며 힘써 그 계명을 지키게 하시고, 약속을 이루시고 기업과 양식을 주시는 주의 복을 누리게 하소서.
2. 주의 크신 긍휼의 은혜를 누리게 하시고, 그 긍휼로 용서와 회복의 삶을 살게 하소서.
3. 날마다 거룩함과 옳은 행실로 빛나고 깨끗한 세마포 옷을 준비하게 하시고, 어린 양의 혼인 잔치에 참여할 날을 소망하게 하소서.

복 (1)

신명기 23장 | 시편 112-113편 | 이사야 50장 | 요한계시록 20장

여호와의 총회에 들어와 여호와를 경외하며 그 도우심 안에서 살아가는 것이 복입니다. 첫째 부활에 참여하여 그리스도와 함께 영원한 생명을 누리는 것이 복입니다. 따라서 환난과 핍박 중에도 그 믿음을 지켜야 합니다.

신명기 23장_여호와의 총회에 들어오는 복

여호와의 총회에 들어올 수 있는 자격에 대한 말씀, 진을 정결하게 보존하라는 말씀, 백성들의 생활에 관한 계명 등을 전하고 있습니다. 특별히 여호와의 총회에 들어올 수 있는 자격에 대해 전하는 말씀에 주목하면, 고환이 상한 자와 음경이 잘린 자, 사생자 그리고 암몬과 모압 사람은 영원히 여호와의 총회에 들어오지 못한다고 말씀하고 있습니다(신 23:1~3). 그러나 에돔 사람과 애굽 사람은 삼 대 후에 여호와의 총회에 들어올 수 있다고 말씀하고 있습니다(신 23:7~8). 곧 여호와의 총회는 이스라엘이 하나님께 드리는 거국적인 공식 집회나 예배로 이해할 수 있습니다. 이 집회와 예배에 신앙에 귀의했다 할지라도 에돔 사람과 애굽 사람은 삼대 후에 참여할 수 있다는 것이고, 암몬과 모압 사람 등, 앞서 말씀드린 사람들은 영원히 참여하지 못한다는 것입니다.

여호와의 총회를 영적 의미를 두고 이해하면 구원의 공동체라 할 수 있습니다. 하나님을 예배하고 그 은혜를 누리며 살아가는 구원의 백성들의 모임이라 할 수 있습니다. 따라서 이 총회에 들어오는 것이 복입니다. 그러나 거룩하지 못한 사람은 이 총회에 들어올 수 없습니다. 곧 고환이 상한 자와 음경이 잘린 자 등은 단순히 신체적인 장애인을 뜻하는 것이 아니라 영적으로 거룩하지 못한 사람들로 이해해야 합니다. 따라서 오직 거룩한 자만이 여호와의 총회에 들어와 하나님 앞에 서고 그 은혜와 복을 누릴 수 있습니다.

그런데 사실 더 중요한 것은 사모함입니다. 여호와의 총회에 참여함이 최고의 복임을 깨닫고 이 자리에 서기를 사모하는 것이 더 중요합니다. 여호와의 총회의 가치를 깨닫지 못하고 따라서 사모함도 없다면, 총회에 누가 들어올 수 있느냐 없느냐를 논하는 것은 더 이상 중요한 문제가 되지 않기 때문입니다. 따라서 오늘 우리가 이 가치를 바로 깨닫고 이 자리를 얼마나 사모하고 있는지 돌아봐야 합니다.

시편 112-113편_여호와를 경외함의 복

시편 112편은 여호와를 경외하는 자에게 주시는 복을 교훈하는 시입니다. 시편 113편은 모든 나라보다 높으시고 가난하고 연약한 자를 돌보시는 하나님의 은총을 찬양하는 시입니다. 특별히 시편 112편의 말씀에 주목하면, 여호와를 경외하며 즐거움으로 그 말씀을 따라가는 사람에게 복이 있다고 가르치고 있습니다. 후손의 복, 부와 재물의 복 등이 있다는 것입니다. "할렐루야, 여호와를 경외하며 그의 계명을 크게 즐거워하는 자는 복이 있도다 그의 후손이 땅에서 강성함이여 정직한 자들의 후손에게 복이 있으리로다 부와 재물이 그의 집에 있음이여 그의 공의가 영구히 서 있으리로다"(시 112:1~3)

성경은 다른 무엇이 아니라 하나님을 경외하며 말씀을 지키는 자가 하나님의 복을 받게 됨을 말씀하고 있습니다. 하나님은 그 경외하는 자와 말씀을 지키는 자에게 복을 주신다는 것입니다. 따라서 복을 받기를 원한다면 무엇보다 하나님을 경외하며 말씀을 따라 살아야 합니다.

이사야 50장_여호와의 도우심의 복

고난에 처한 하나님의 종에 대해 전하고 있습니다. 매 맞음과 수치와 모욕의 고통을 당하고 있는데,

주목할 것이 피하지 않는다는 것입니다. 때리는 자에게 등을 맡기고, 수염을 뽑는 자들에게 뺨을 맡기며, 모욕과 침 뱉음을 당해도 얼굴을 가리지 않는다는 것입니다(사 50:6). 그 모든 고난을 저항 없이 감수한다는 것입니다. 그리고 이에 대해 다음과 같이 고백하고 있습니다. "주 여호와께서 나를 도우시므로 내가 부끄러워하지 아니하고 내 얼굴을 부싯돌 같이 굳게 하였으므로 내가 수치를 당하지 아니할 줄 아노라 나를 의롭다 하시는 이가 가까이 계시니 나와 다툴 자가 누구냐 나와 함께 설지어다 나의 대적이 누구냐 내게 가까이 나아올지어다 보라 주 여호와께서 나를 도우시리니 나를 정죄할 자 누구냐 보라 그들은 다 옷과 같이 해어지며 좀이 그들을 먹으리라"(사 50:7~9) 하나님의 도우심을 확신하고 있기에 하나님의 종은 아무 저항 없이 고난을 감수하는 것임을 알 수 있습니다. 그 도우심으로 부끄러워하지 아니하고 수치를 당하지 아니하며, 자신의 의로움을 인정해주시는 하나님이 계시기에 자신을 정죄하는 대적들 앞에서 당당할 수 있다는 것입니다. 곧 하나님의 종은 고난의 상황이 아닌 하나님의 도우심에 그 무게를 둔 것입니다. 그 고난보다 하나님의 도우심이 더 크다는 사실을 깨닫고 바라본 것입니다.

하나님의 도우심 안에서 하나님께 인정받으며 살아가는 것이 복입니다. 설령 환난과 핍박을 당하며 사람들의 조롱을 받으며 살아간다고 할지라도, 그것이 하나님의 도우심보다 클 수 없고, 그 인정하시는 의를 바꿀 수 없습니다. 고난의 상황, 그리고 사람들의 평가가 아니라, 하나님의 도우심을 경험하는 삶, 그리고 하나님께서 인정하시는 삶, 바로 그 삶 자체가 복입니다.

요한계시록 20장_첫째 부활에 참여하는 복

천년 왕국, 곡과 마곡의 싸움, 흰 보좌의 심판 곧 최후의 심판에 대해 기록하고 있습니다. 주목할 말씀이, 천년 왕국에서 그리스도와 더불어 왕 노릇하는 사람들입니다. 이들은 복음과 하나님의 말씀으로 순교한 자들이요, 짐승의 표를 받지 아니하고 우상을 경배하지 않은 사람들입니다. 이들이 살아서 천년 왕국의 축복을 누리게 된다는 것입니다. 그리고 이 부활을 첫째 부활이라고 말씀하고 있습니다. "또 내가 보좌들을 보니 거기에 앉은 자들이 있어 심판하는 권세를 받았더라 또 내가 보니 예수를 증언함과 하나님의 말씀 때문에 목 베임을 당한 자들의 영혼들과 또 짐승과 그의 우상에게 경배하지 아니하고 그들의 이마와 손에 그의 표를 받지 아니한 자들이 살아서 그리스도와 더불어 천 년 동안 왕 노릇 하니 (그 나머지 죽은 자들은 그 천 년이 차기까지 살지 못하더라) 이는 첫째 부활이라 이 첫째 부활에 참여하는 자들은 복이 있고 거룩하도다 둘째 사망이 그들을 다스리는 권세가 없고 도리어 그들이 하나님과 그리스도의 제사장이 되어 천 년 동안 그리스도와 더불어 왕 노릇 하리라"(계 20:4~6)

첫째 부활에 참여하는 자들은 둘째 사망이 없다는 말씀에 주목해야 합니다. 곧 다시 죽지 아니하고 영원한 생명의 삶을 살아간다는 것입니다. 따라서 첫째 부활에 참여하는 것이 무엇과도 비교할 수 없는 복입니다. 따라서 또한 믿음에서 흔들리지 말아야 합니다. 믿음의 유혹이 있고 핍박이 있다고 할지라도, 심지어는 그 믿음으로 인해 생명을 걸어야 한다고 할지라도, 첫째 부활의 복을 기억하며 믿음을 지켜야 합니다. 첫째 부활에 참여하여 주님과 함께 누리는 내일의 영원한 생명과 축복을 소망하며 끝까지 믿음의 자리에 서야 합니다.

복 (2)
신명기 24장 | 시편 114-115편 | 이사야 51장 | 요한계시록 21장

하나님은 하나님을 경외하며 그 명령에 따라 어려운 이웃에게 나누는 자에게 복을 주십니다. 의를 따르며 믿음을 지키는 자에게 위로와 회복과 영원한 생명의 축복을 주십니다.

신명기 24장_나누는 자에게 주시는 복

약자와 가난한 자를 향한 배려와 나눔을 가르치고 있습니다. 가난한 자의 전당물은 해가 지기 전에 돌려주고, 곤궁하고 빈한한 품꾼을 학대하지 말며, 품삯도 당일에 주고, 객이나 고아의 송사를 억울하게 하지 말며, 과부의 옷을 전당 잡지 말라고 가르치고 있습니다. 또한 밭에서 곡식을 거둘 때에 나그네와 고아와 과부를 위해 남겨두라고 말씀하고 있습니다. 이에 대해 하나님은 그 구속의 은혜를 기억하며 말씀에 순종하는 것이 마땅하고, 또한 어렵고 고통당했던 때를 잊지 않고 사랑으로 어려운 이웃을 돌보는 것이 마땅하다고 가르치고 있습니다. "너는 애굽에서 종 되었던 일과 네 하나님 여호와께서 너를 거기서 속량하신 것을 기억하라 이러므로 내가 네게 이 일을 행하라 명령하노라"(신 24:18) 무엇보다 주목할 말씀이 하나님은 이를 통해 복을 주기를 원하신다는 것입니다. "해 질 때에 그 전당물을 반드시 그에게 돌려줄 것이라 그리하면 그가 그 옷을 입고 자며 너를 위하여 축복하리니 그 일이 네 하나님 여호와 앞에서 네 공의로움이 되리라"(신 24:13) "네가 밭에서 곡식을 벨 때에 그 한 뭇을 밭에 잊어버렸거든 다시 가서 가져오지 말고 나그네와 고아와 과부를 위하여 남겨두라 그리하면 네 하나님 여호와께서 네 손으로 하는 모든 일에 복을 내리시리라"(신 24:19)

고통과 아픔 가운데서 우리를 구원하신 하나님은 그 구원의 은혜 속에서 우리 모두가 복되게 살아가기를 원하십니다. 따라서 "이렇게 살아가라"고 명령하십니다. 무엇보다 어려운 이웃을 향한 사랑과 배려와 나눔을 통해 함께 복된 삶을 살아가라고 명령하십니다. 그리고 여기에 또한 복된 삶을 담아 놓으셨습니다. 곧 하나님의 명령에 따라 어려운 이웃들을 도우며 사랑을 나누며 살아가면, 우리가 하는 모든 일에 복을 내리셔서 그 복을 또 누리게 하십니다.

시편 114-115편_경외하는 자에게 주시는 복

시편 114편은 출애굽 때에 행하신 하나님의 놀라운 일들을 찬양하는 시입니다. 시편 115편은 오직 하나님만이 영광 받으실 분이심을 찬양하는 시입니다. 특별히 하나님을 의지하고 경외할 것을 전하고 있는데, 하나님은 그 경외하는 자들을 도우시고 지키시며 복을 주신다는 것입니다. "여호와를 경외하는 자들아 너희는 여호와를 의지하여라 그는 너희의 도움이시요 너희의 방패시로다 여호와께서 우리를 생각하사 복을 주시되 이스라엘 집에도 복을 주시고 아론의 집에도 복을 주시며 높은 사람이나 낮은 사람을 막론하고 여호와를 경외하는 자들에게 복을 주시리로다"(시 115:11~13)

"우리를 생각하사"라는 구절이 유독 눈에 들어옵니다. 하나님의 생각 곧 그 관심은 하나님을 경외하며 의지하는 자에게 있다는 것입니다. 하나님은 하나님을 의지하며 경외하는 자를 주목하시고 그에게 복을 주신다는 것입니다. 따라서 또한 주목할 말씀이 "높은 사람이나 낮은 사람을 막론하고"입니다. 하나님은 복을 주심에 차별이 없으시다는 것입니다. 하나님께서 복을 주시는 유일한 기준은 하나님을 경외하며 의지함에 있다는 것입니다. 따라서 우리의 지위와 신분과 환경 등에 매이거나 핑계 대지 말고 힘써 하나님을 경외해야 합니다. 하나님을 경외하고 의지함으로 하나님의 복을 누려야 합니다.

이사야 51장_의를 따르는 자에게 주시는 복

하나님이 이루시는 구원과 위로와 회복을 전하고 있습니다. 여호와 하나님께서 위로를 통해 황폐한 땅을 여호와의 동산 같이 회복시키시고 기쁨과 찬송이 넘치게 하신다는 것입니다. 하나님께서 그 죄로 인한 심판으로 열국을 통해 그 땅을 황폐케 하셨지만, 그러나 다시 시온을 회복시키고 영원토록 구원하신다는 것입니다. "나 여호와가 시온의 모든 황폐한 곳들을 위로하여 그 사막을 에덴 같게, 그 광야를 여호와의 동산 같게 하였나니 그 가운데에 기뻐함과 즐거워함과 감사함과 창화하는 소리가 있으리라"(사 51:3) 그런데 주목할 말씀이, 그 위로와 구원이 바로 의를 따르며 여호와를 찾아 구하는 자에게 있다는 것입니다. "의를 따르며 여호와를 찾아 구하는 너희는 내게 들을지어다 너희를 떠낸 반석과 너희를 파낸 우묵한 구덩이를 생각하여 보라"(사 51:1) "의를 아는 자들아, 마음에 내 율법이 있는 백성들아, 너희는 내게 듣고 그들의 비방을 두려워하지 말라 그들의 비방에 놀라지 말라"(사 51:7) 결국 이것은 하나님의 구원과 회복을 위해 불의에서 돌이켜야 함을 가르쳐줍니다. 불의에 머물러서는 그 어떤 구원도, 위로도, 회복도 누릴 수 없습니다. 오직 그 죄를 회개하고 돌이켜 하나님을 찾고 구해야 하나님의 구원과 회복의 은혜와 복을 누리를 수 있습니다.

하나님은 그 죄로 인해 백성들을 심판하셨지만, 그러나 그 사랑으로 그 백성들을 다시 위로하시고 회복하시며 복 주시기를 원하십니다. 따라서 돌이켜 하나님을 찾고 구해야 합니다. 하나님의 심판을 불러왔던 불의함을 버리고 하나님의 말씀과 의를 따라야 합니다.

요한계시록 21장_믿음을 지키는 자에게 주시는 복

새 예루살렘에 대한 말씀입니다. 최후의 심판이 끝나고 하나님께로부터 하늘에서 새 예루살렘이 내려온다는 것입니다. 모든 악한 세력이 사라지고 죽음과 애통과 슬픔과 아픔이 없는 새 예루살렘에서 영원한 삶을 살아가게 된다는 것입니다. "모든 눈물을 그 눈에서 닦아 주시니 다시는 사망이 없고 애통하는 것이나 곡하는 것이나 아픈 것이 다시 있지 아니하리니 처음 것들이 다 지나갔음이러라"(계 21:4) "모든 눈물을 그 눈에서 닦아 주신다"는 말씀에 주목해야 합니다. 곧 새 예루살렘에서의 영원한 생명과 기쁨을 누리는 사람은 아픔과 고통으로 인해 눈물 흘려야 했던 사람이라는 것입니다. 그렇게 눈물 흘리면서도 믿음을 지킨 사람들입니다. 또한 "다시는 사망이 없다"는 말씀도 놓치지 말아야 하는데, 이들은 그렇게 믿음을 지키다가 순교한 사람들이라는 것입니다. 죽기까지 믿음을 지킨 사람들이라는 것입니다. 바로 그 사람들이 새 예루살렘에서 위로를 받고 영원한 생명과 축복을 누리게 된다는 것입니다. 다음의 구절이 이와 같은 사실을 더욱 분명히 가르쳐줍니다. "이기는 자는 이것들을 상속으로 받으리라 나는 그의 하나님이 되고 그는 내 아들이 되리라"(계 21:7) 믿음의 유혹과 핍박 속에서도 넘어지지 않고 이기는 사람들이 새 예루살렘을 비롯한 모든 것들을 상속으로 받게 된다는 것입니다.

죽기까지 믿음을 지키고 그 믿음에서 승리하는 자가 새 예루살렘과 영원한 생명의 축복을 누립니다. 따라서 믿음의 싸움에서 넘어지지 말아야 합니다. 당장은 예수 그리스도를 믿는 믿음 때문에 핍박을 당하고 눈물을 흘려야 한다고 할지라도, 하나님께서 그 눈물을 닦아주실 날을 기억하고 또 이기는 자에게 주어지는 하나님 나라의 상속을 바라보며 믿음을 지켜야 합니다.

오늘의 기도

1. 하나님을 경외하며 그 명령을 따라 나눔과 이웃 사랑의 삶을 살아가게 하소서.
2. 의를 따르고 하나님을 찾고 구하여, 황폐한 우리의 삶에 주시는 하나님의 위로와 회복과 기쁨을 누리게 하소서.
3. 믿음을 지키고 승리하여 하나님의 아들로 그 나라를 상속 받는 축복을 누리게 하소서.

신앙인의 삶

신명기 25장 | 시편 116편 | 이사야 52장 | 요한계시록 22장

맥체인성경365_934p

주의 구원과 축복의 은혜를 받은 신앙인으로서 정직한 삶을 살아야 합니다. 고난 중에도 믿음으로 기도하는 삶, 사명으로 복음을 전하는 삶을 살아야 합니다. 무엇보다 주의 다시 오심을 기다리며 소망의 삶을 살아야 합니다.

신명기 25장_정직한 삶

공정한 재판과 태형의 규례, 계대 결혼법, 남자의 음낭을 잡은 여인에 대한 징계, 공정한 저울추와 되를 사용해야 한다는 명령 등을 기록하고 있습니다.

공정함을 지키는 삶에 대한 가르침에 주목하면, 공정함을 지키는 삶, 곧 정직한 삶은 하나님의 은혜 속에서 가나안 땅을 기업으로 받은 백성이 마땅히 살아가야 하는 삶입니다. 자신의 이득을 위해 불의함으로 이웃을 속이는 것은 하나님의 백성으로서 그 은혜를 저버리는 것이며, 하나님의 영광을 가리는 것입니다. 따라서 힘써 정직한 삶을 살아야 하고, 또 그때에 하나님께서 복을 주심을 약속하고 있습니다. "너는 네 주머니에 두 종류의 저울추 곧 큰 것과 작은 것을 넣지 말 것이며 네 집에 두 종류의 되 곧 큰 것과 작은 것을 두지 말 것이요 오직 온전하고 공정한 저울추를 두며 온전하고 공정한 되를 둘 것이라 그리하면 네 하나님 여호와께서 네게 주시는 땅에서 네 날이 길리라"(신 25:13~15)

하나님은 의로우시며 불의를 기뻐하지 않으십니다. 주의 은혜와 복을 누리고 있는 성도로서 하나님께서 기뻐하지 않으시는 불의함을 버리고 의를 따라 정직한 삶을 살아가는 것은 마땅합니다. 어리석게 작은 이익을 위해 불의와 타협할 것이 아니라, 의와 정직함으로 세상에 모범이 돼야 하고, 또 이를 통해 하나님의 복을 받아 누려야 합니다.

시편 116편_기도의 삶

죽음의 위기에서 건져주신 하나님의 은혜에 감사하며, 하나님께 서원한 것을 지키겠다고 결단하며 드린 기도입니다. 곧 이 신앙인은 환난과 슬픔을 만나고 죽음의 고통 중에서 하나님의 구원을 구하며 기도했습니다. 그 절박한 상황에서도 그 삶을 포기하지 않았고, 하나님을 의지하며 그 구원을 믿었습니다. 그 어떤 사람이 아닌 하나님에게서 해답을 찾고 하나님께 매달렸습니다. "사망의 줄이 나를 두르고 스올의 고통이 내게 이르므로 내가 환난과 슬픔을 만났을 때에 내가 여호와의 이름으로 기도하기를 여호와여 주께 구하오니 내 영혼을 건지소서 하였도다"(시 116:3~4) 그 결과 그의 기도는 응답으로 이어졌습니다. 긍휼의 하나님께서 순수함으로 하나님을 바라보며 간구한 그의 기도에 응답하셨고(시 116:5~6), 따라서 그는 하나님께서 사망과 눈물과 넘어짐에서 건지셨음을 고백하며 감사했습니다(시 116:8~9). 더불어 그 고난 중에 하나님께 드렸던 서원을 지키겠다고 결단했습니다(시 116:14, 18).

이 신앙인의 기도는 믿음의 삶을 살아가는 우리에게 큰 도전과 가르침을 줍니다. 곧 주의 은혜 속에서 살아가는 믿음의 삶에도 환난과 고통이 있습니다. 죽음의 위기를 만나는 때도 있습니다. 그때에 믿음을 잃고 주님을 향한 소망을 잃어버리는 것은 어리석은 일입니다. 믿음의 삶에 환난과 고통도 있지만, 그러나 도우시는 하나님의 은혜도 있음을 잊지 말아야 합니다. 따라서 기도함으로 이겨야 합니다. 믿음으로 하나님의 도우심과 구원을 기도하며, 그 기도의 삶을 중단하지 말아야 합니다.

이사야 52장_전도의 삶

구원의 기쁜 소식에 대해 말씀하고 있습니다. 곧 하나님께서 그 백성들을 구원하시고 포로 가운데서 돌아오게 하실 것을 약속하셨고, 그 약속이 이루어져 기쁨의 소식을 가지고 전령들이 산을 넘어올 텐데, 그 산을 넘어오는 전령들의 발이 아름답다는 것입니다. 이를 보고 파수꾼이 기쁨으로 소리치며 노래한다는 것입니다. "좋은 소식을 전하며 평화를 공포하며 복된 좋은 소식을 가져오며 구원을 공포하며 시온을 향하여 이르기를 네 하나님이 통치하신다 하는 자의 산을 넘는 발이 어찌 그리 아름다운가 네 파수꾼들의 소리로다 그들이 소리를 높여 일제히 노래하니 이는 여호와께서 시온으로 돌아오실 때에 그들의 눈이 마주 보리로다 너 예루살렘의 황폐한 곳들아 기쁜 소리를 내어 함께 노래할지어다 이는 여호와께서 그의 백성을 위로하셨고 예루살렘을 구속하셨음이라"(사 52:7~9)

구원의 기쁜 소식을 전하기 위해 산을 넘는 전령들을 바라보며, 오늘 신앙인들이 살아가야 하는 삶에 대해 교훈을 받게 됩니다. 곧 우리가 하나님의 구원의 복음을 전하는 전령으로서, 그 사명의 삶을 살아야 합니다. 하나님의 구원의 은혜를 누리고 있는 우리가 이제는 힘써 그 구원의 복음을 전하는 것은 마땅합니다. 우리의 발이 아름다운 소식을 전하는 발이 돼야 합니다.

요한계시록 22장_소망의 삶

주께서 다시 오심을 전하는 말씀입니다. 속히 다시 오심을 말씀하시며, 그 주신 말씀을 지키고 거룩한 삶과 소망의 삶을 살아갈 것을 교훈하고 있습니다. "보라 내가 속히 오리니 이 두루마리의 예언의 말씀을 지키는 자는 복이 있으리라 하더라"(계 22:7) "보라 내가 속히 오리니 내가 줄 상이 내게 있어 각 사람에게 그가 행한 대로 갚아 주리라"(계 22:12) "이것들을 증언하신 이가 이르시되 내가 진실로 속히 오리라 하시거늘 아멘 주 예수여 오시옵소서"(계 22:20)

주님께서 다시 오심이 우리에게 소망이 돼야 합니다. 주님의 다시 오신다는 약속의 말씀을 붙들고 소망의 삶을 살아야 합니다. 따라서 "예언의 말씀을 지키는 자가 복이 있다"는 말씀과, "각 사람에게 행한 대로 갚으신다"는 말씀에 주목해야 합니다. 곧 주님의 다시 오심을 심판이 아닌 축복으로 맞이해야 합니다. 말씀을 따라 순종하며 그 믿음을 지킴으로, 주님께서 다시 오셔서 행한 대로 갚으실 때, 그 갚으심이 책망이나 저주가 아닌 칭찬과 구원이 돼야 합니다. 그래야 주님의 다시 오심이 소망이 될 수 있습니다. 소망 중에 주의 약속을 붙들고 주께서 속히 다시 오시기를 기다릴 수 있습니다.

하나님은 우리를 위한 구원의 계획을 세우시고, 그 구원을 위해 고난과 희생을 마다하지 않으셨습니다. 따라서 하나님을 신뢰함으로 의의 편에 서서 그 구원을 누리고 또 그 구원을 기억하며 마땅히 감사해야 합니다.

신명기 26장_구원의 마땅한 감사

첫 열매에 대한 말씀입니다. 하나님께서 기업으로 주셔서 차지하게 되는 가나안 땅에서 거둔 첫 열매를 하나님께서 택하신 곳으로 가지고 가 드려야 한다는 것입니다. 또한 셋째 해에 드리는 십일조, 곧 레위인과 객과 고아와 과부에게 주어지는 십일조에 대해 말씀하고 있습니다. 주목할 말씀은 하나님 앞에 예물을 드리며 해야 하는 고백입니다. 하나님께서 행하신 출애굽의 구원과 인도하심, 그리고 기업을 주심을 고백하며 감사해야 한다는 것입니다. 그리고 하나님께서 복을 주심으로 인해 레위인과 객과 함께 즐거워하라고 말씀하고 있습니다. "여호와여 이제 내가 주께서 내게 주신 토지 소산의 맏물을 가져왔나이다 하고 너는 그것을 네 하나님 여호와 앞에 두고 네 하나님 여호와 앞에 경배할 것이며 네 하나님 여호와께서 너와 네 집에 주신 모든 복으로 말미암아 너는 레위인과 너희 가운데에 거류하는 객과 함께 즐거워할지니라"(신 26:10~11)

하나님께서 놀라운 손길로 그 백성을 구원하셨습니다. 노예로 고역하며 고통을 겪어야 했던 애굽에서 구원하시고, 광야의 길에서 인도하셔서 가나안 땅을 기업으로 주셨습니다. 이 놀라운 구원과 축복을 잊지 않는 것이 마땅하고, 따라서 예물을 하나님 앞에 드리며 감사하는 것이 마땅합니다. 하나님께서 주신 복을 돌아보며 하나님을 찬양하며 즐거워하는 것이 마땅합니다. 결코 구원의 은혜와 축복을 잊지 않고 기억하고 고백하며 감사해야 합니다.

시편 117-118편_구원을 위한 신뢰

시편 117편은 모든 나라들, 곧 이방을 향해 하나님을 찬양하라고 명령한 시입니다. 시편 118편은 하나님의 도우심과 구원하심을 감사한 시입니다.

"여호와는 나의 능력과 찬송이시요 또 나의 구원이 되셨도다 의인들의 장막에는 기쁜 소리, 구원의 소리가 있음이여 여호와의 오른손이 권능을 베푸시며 여호와의 오른손이 높이 들렸으며 여호와의 오른손이 권능을 베푸시는도다"(시 118:14~16) 하나님이 나의 구원이 되셨음을 찬양하고 있는데, 주목할 것이 의인들의 장막에 구원의 소리가 있다는 말씀입니다. 곧 하나님이 나의 구원이 되셨다는 것은 내가 의인들의 장막에 있다는 것입니다. 그리고 내가 의인의 장막에 있다는 것은 고통 중에 사람이나 고관들이 아닌 여호와 하나님을 신뢰하며, 하나님께 부르짖어 도움을 구했다는 것입니다. 하나님께 피하고 그 안에서 하나님의 도우심과 구원을 확신했다는 것입니다. 곧 시편 118편의 신앙인은 이렇게 고백하고 있습니다. "여호와께서 내 편이 되사 나를 돕는 자들 중에 계시니 그러므로 나를 미워하는 자들에게 보응하시는 것을 내가 보리로다 여호와께 피하는 것이 사람을 신뢰하는 것보다 나으며 여호와께 피하는 것이 고관들을 신뢰하는 것보다 낫도다"(시 118:7~9)

구원을 위해 하나님을 신뢰해야 합니다. 하나님은 의의 편에 서는 사람, 곧 끝까지 하나님을 의지하며 신뢰하는 사람을 구원해 주십니다. 그 오른손의 권능을 오직 하나님만을 신뢰하는 사람들에게 나타내십니다.

이사야 53장_구원을 위한 고난

고난 받는 종, 곧 예수 그리스도의 십자가의 고난

과 이를 통한 우리의 구원을 전하고 있습니다. 이 땅에 오시는 예수 그리스도께서 고난당하심으로 우리의 죄와 허물을 씻고 해결하신다는 것입니다. 우리의 모든 죄악을 예수 그리스도께서 담당하여 우리를 구원하신다는 것입니다. "그가 찔림은 우리의 허물 때문이요 그가 상함은 우리의 죄악 때문이라 그가 징계를 받으므로 우리는 평화를 누리고 그가 채찍에 맞으므로 우리는 나음을 받았도다 우리는 다 양 같아서 그릇 행하여 각기 제 길로 갔거늘 여호와께서는 우리 모두의 죄악을 그에게 담당시키셨도다"(사 53:5~6)

희생 없이 우리의 죄가 해결되지 않습니다. 우리의 죄가 사해지고 우리가 구원에 이르는 것은 오직 예수 그리스도의 고난과 희생 때문입니다. 오직 이 은혜로 우리가 구원에 이름을 잊지 말아야 합니다. 따라서 또한 우리를 구원하기 위해 그 모든 고난의 길을 묵묵히 걸어가셨던 예수 그리스도께 감사해야 합니다. 더불어 우리도 그 은혜로 인한 구원을 기억하며, 우리 이웃의 구원을 위해 고난 받고 희생하기를 마다하지 않아야 합니다.

마태복음 1장_구원을 위한 계획

예수 그리스도의 계보와 탄생을 전하고 있습니다. 곧 하나님께서 예수 그리스도를 통한 구원의 계획을 세우시고 이를 이루셨음을 보여주고 있습니다. "아브라함과 다윗의 자손 예수 그리스도의 계보라"(마 1:1) 아브라함을 시작으로 예수 그리스도까지, 우리의 구원을 위해 이 땅에 오신 예수 그리스도의 계보를 통해, 그 구원이 하나님의 계획 속에서 이루어졌음을 깨달을 수 있습니다. 곧 하나님은 우리를 향한 구원의 계획을 세우시고 하나님의 시간에 그 구원을 이루셨다는 것입니다. "아들을 낳으리니 이름을 예수라 하라 이는 그가 자기 백성을 그들의 죄에서 구원할 자이심이라 하니라 이 모든 일이 된 것은 주께서 선지자로 하신 말씀을 이루려 하심이니 이르시되 보라 처녀가 잉태하여 아들을 낳을 것이요 그의 이름은 임마누엘이라 하리라 하셨으니 이를 번역한즉 하나님이 우리와 함께 계시다 함이라"(마 1:21~23) 천사가 요셉에게, 예수께서 구원을 위해 이 땅에 오심을 전하고 있는데, 주목할 것이, 이 모든 것이 이미 선지자를 통해 예언 되었다는 것입니다. 이는 곧 하나님께는 구원의 모든 계획이 이미 세워져 있었다는 것을 가르쳐줍니다. 그리고 이 모든 것에서 하나님의 구원에 대한 의지를 보게 됩니다. 하나님의 놀라운 사랑은 우리의 구원을 무엇보다 바라셨다는 것입니다. 따라서 구원의 계획을 이미 세우셨다는 것입니다.

이 놀라운 사랑과 구원의 계획에 따라 예수 그리스도께서 이 땅에 오시고 또 우리가 그 예수 그리스도를 통해 구원의 은혜를 누릴 수 있었습니다. 그 놀라운 하나님의 사랑에 감사해야 하고, 또한 하나님의 구원의 계획을 기억하며 어떤 상황에도 그 계획 안에 있어야 합니다.

오늘의 기도

1. 구원의 계획 속에서 이 땅에 오시고 모든 고난과 희생을 감내하신 예수 그리스도를 영접하고 그 믿음에서 떠나지 않게 하소서.
2. 오직 하나님만을 신뢰하며 따르는 의의 편에 서서 하나님께서 베푸시는 권능과 구원의 은혜를 누리게 하소서.
3. 하나님의 구원을 기억하며 마땅히 감사하며 살게 하소서.

복의 길

신명기 27-28장 1-19절 | 시편 119편 1-24절 | 이사야 54장 | 마태복음 2장

하나님께서 우리 앞에 저주의 길과 복의 길을 두셨습니다. 하나님의 말씀에 순종하고 그 인도하심 안에서 살아가는 것이, 또한 하나님의 긍휼을 구하고 누리는 것이 복의 길을 선택하여 따르는 것입니다.

신명기 27-28장 19절_저주의 길과 복의 길

신명기 27장은 요단강을 건너 가나안 땅에 들어가면 에발산에 율법을 기록한 기념비를 세우라는 말씀과 열두 가지 저주의 말을 기록하고 있습니다. 신명기 28장 1~19절은 하나님의 말씀을 지킬 때의 축복과 그 말씀을 순종하지 않을 때의 저주를 전하고 있습니다.

"내가 오늘 너희에게 명령하는 그 말씀을 떠나 좌로나 우로나 치우치지 아니하고 다른 신을 따라 섬기지 아니하면 이와 같으리라"(신 28:14) 하나님의 말씀에 순종하고 힘을 다해 하나님을 섬기면, "이와 같으리라." 곧 약속한 하나님의 복을 누리게 된다는 것입니다. 세계 모든 민족 위에 뛰어나게 하시고, 모든 일에서 복을 받으며 승리와 높음과 풍성한 소산 등의 축복을 누리게 된다는 것입니다. "네가 만일 네 하나님 여호와의 말씀을 순종하지 아니하여 내가 오늘 네게 명령하는 그의 모든 명령과 규례를 지켜 행하지 아니하면 이 모든 저주가 네게 임하며 네게 이를 것이니"(신 28:15) 하나님의 말씀에 순종하면 복을 누리지만, 그 말씀에 순종하지 아니할 때, 복이 아닌 저주가 임하게 된다는 것입니다. 구체적인 저주의 내용은 신명기 28장 20절 이하에서 나열하고 있습니다.

복을 받느냐? 저주를 받느냐? 그것은 말씀에 순종하느냐? 불순종하느냐? 바로 여기에 달려 있습니다. 복과 저주는 하나님의 손에 있지만, 하나님은 말씀에 순종하는 자에게는 복을, 불순종하는 자에게는 저주를 내리십니다. 따라서 우리가 순종하느냐? 불순종하느냐? 우리의 선택에 따라 복과 저주를 받습니다.

시편 119편 1-24절_하나님의 말씀의 복

여호와의 율법, 곧 그 말씀을 따라 행하는 자에게, 또한 온 마음으로 하나님을 찾고 구하는 자에게 복이 있음을 말씀하고 있습니다. "행위가 온전하여 여호와의 율법을 따라 행하는 자들은 복이 있음이여 여호와의 증거들을 지키고 전심으로 여호와를 구하는 자는 복이 있도다"(시 119:1~2)

하나님의 복을 누리는 길은 다른 무엇이 아니라, 그 말씀에 순종함에 있습니다. 복의 근원 되시는 하나님을 힘써 구하고 그 주신 말씀에 순종하여 우리의 삶을 온전하게 세워갈 때, 하나님께서 주시는 복을 누리게 됩니다. 따라서 재물을 얻기를 즐거워하듯, 하나님의 말씀을 듣고 따르기를 즐거워해야 합니다. 아니 재물보다 하나님의 말씀에 그 무게를 두고 따라야 합니다. 참된 복은 하나님께 있음을 깨닫고 재물을 얻고 기뻐하는 것 이상으로 하나님의 말씀에 기쁨을 두어야 합니다. "내가 모든 재물을 즐거워함 같이 주의 증거들의 도를 즐거워하였나이다"(시 119:14)

이사야 54장_하나님의 긍휼의 복

하나님의 은혜와 이로 인해 주어지는 새로운 미래에 대해 전하고 있습니다. 곧 하나님께서 죄로 인해 그 백성을 버리셨으나 긍휼로 다시 모으시고 회복케 하신다는 것입니다. 하나님의 긍휼로 용서받은 백성들이 돌아와 예루살렘을 재건하고, 그 자녀들은 하나님으로부터 직접 그 말씀을 가르침 받으며, 하나님의 공의와 돌보심 속에서 평안을 누리게 된다는 것입니다.

하나님의 긍휼에 대해 다음과 같이 말씀하고 있습니다. "내가 잠시 너를 버렸으나 큰 긍휼로 너를 모을 것이요 내가 넘치는 진노로 내 얼굴을 네게서 잠시 가렸으나 영원한 자비로 너를 긍휼히 여기리라 네 구속자 여호와께서 말씀하셨느니라"(사 54:7~8) 여기서 주목할 말씀이, '잠시'와 '영원히'입니다. 버림과 진노는 잠시이지만 다시 모으시고 베푸시는 긍휼은 영원하다는 것입니다. 여기서 하나님의 마음은 우리를 향한 긍휼에 있음을 알 수 있습니다. 그 죄 때문에 진노하시고 심판하시지만, 결국 그 백성들을 큰 긍휼로 구원하기를 원하신다는 것입니다.

이 긍휼이 복입니다. 하나님의 긍휼의 은혜를 누리는 것이 복입니다. 우리가 어리석음으로 하나님의 말씀을 떠나 저주를 받고 심판에 처할 때, 이 저주의 길에서 복의 길로 다시 돌이킬 수 있는 것은 하나님의 긍휼밖에 없기 때문입니다. 따라서 하나님의 긍휼이 복이고, 우리가 힘써 하나님의 긍휼을 구해야 합니다.

마태복음 2장_하나님의 인도하심의 복

동방박사의 경배를 기록하고 있습니다. 별을 보고 찾아와 이 땅에 오신 예수 그리스도를 경배하고 예물을 드렸다는 것입니다. 그런데 주목할 말씀이 하나님의 인도하심입니다. "박사들이 왕의 말을 듣고 갈새 동방에서 보던 그 별이 문득 앞서 인도하여 가다가 아기 있는 곳 위에 머물러 서 있는지라"(마 2:9) "그들은 꿈에 헤롯에게로 돌아가지 말라 지시하심을 받아 다른 길로 고국에 돌아가니라"(마 2:12) 동방의 박사들이 이 땅에 왕으로 오신 예수 그리스도를 찾아와 경배하는데, 별을 통해 하나님의 인도하심을 받았습니다. 그 인도하심을 통해 만왕의 왕으로 오신 예수 그리스도를 만나고 경배할 수 있었습니다. 또 고국으로 돌아가는데, 꿈을 통해 하나님의 인도하심을 받았습니다. 그 인도하심을 통해 헤롯 왕의 위험을 피해 고국으로 돌아갈 수 있었습니다.

하나님의 인도하심의 은혜는 요셉과 마리아에게도 있었습니다. 주의 사자가 요셉에게 현몽하여 애굽으로 피하게 했고, 이를 통해 헤롯의 칼로부터 그 생명을 지킬 수 있었습니다. "그들이 떠난 후에 주의 사자가 요셉에게 현몽하여 이르되 헤롯이 아기를 찾아 죽이려 하니 일어나 아기와 그의 어머니를 데리고 애굽으로 피하여 내가 네게 이르기까지 거기 있으라 하시니"(마 2:13)

하나님의 인도하심 속에서 살아가는 것이 복입니다. 하나님의 인도하심 속에서 구원자 되신 예수 그리스도를 만나고 예배하는 복을 누릴 수 있습니다. 우리의 삶에서 만나는 여러 위험을 피하고 그 생명을 지킬 수 있습니다. 하나님의 인도하심 속에 실패가 없고 두려움이 없습니다. 오히려 승리가 있고 평안이 있습니다. 따라서 하나님의 말씀을 듣고 순종해야 합니다. 곧 하나님의 인도하심 속에서 살아간다는 것은 그 말씀을 듣고 순종한다는 것입니다. 그렇게 순종하는 것이 하나님의 인도하심 속에서 살아가는 것이고, 또한 그것이 복을 선택하여 누리는 길입니다.

오늘의 기도

1. 주의 말씀을 힘써 따르게 하시고, 이를 통해 모든 사람들 중에 뛰어나게 하시며, 모든 일에 복을 받아 누리게 하소서.
2. 전심으로 회개하고 긍휼을 구할 때, 하나님의 영원한 긍휼이 우리 안에 있게 하소서.
3. 주를 찾아 예배하는 길에도, 또한 삶의 현장으로 돌아와 그 삶을 살아가는 길에도 주의 인도하심의 은혜를 누리게 하소서.

23
Jun

말씀 (1)

신명기 28장 20-68절 | 시편 119편 25-48절 | 이사야 55장 | 마태복음 3장

맥체인성경365_947p

하나님의 말씀을 두려워하고, 그 말씀을 통해 죄를 깨닫고 돌이켜 진노와 심판을 피해야 합니다. 또한 말씀을 사모하고 신뢰하여 생명과 은혜를 누려야 합니다.

신명기 28장 20-68절_두려워해야 하는 말씀

저주의 말씀입니다. 하나님의 말씀에 순종하지 않고 악을 행할 때, 파멸과 질병과 패배와 실패 등 하나님의 재앙을 받게 된다는 것입니다. "네가 만일 이 책에 기록한 이 율법의 모든 말씀을 지켜 행하지 아니하고 네 하나님 여호와라 하는 영화롭고 두려운 이름을 경외하지 아니하면 여호와께서 네 재앙과 네 자손의 재앙을 극렬하게 하시리니 그 재앙이 크고 오래고 그 질병이 중하고 오랠 것이라"(신 28:58~59) 무엇보다 신명기 28장 61절은 이렇게 말씀하고 있습니다. "또 이 율법책에 기록하지 아니한 모든 질병과 모든 재앙을 네가 멸망하기까지 여호와께서 네게 내리실 것이니"(신 28:61) 여기에 기록된 재앙이 전부가 아니라는 것입니다. 수많은 재앙을 열거하고 있지만, 하나님께서는 이것 외에 더 많은 재앙을 내리신다는 것입니다. 그 말씀을 지켜 행하지 아니한 결과 그 백성들이 멸망할 때까지 내리신다는 것입니다.

결국 이것은 하나님을 경외하며 그 말씀을 두려워해야 함을 가르쳐줍니다. 그 말씀을 가볍게 여기고 지키지 않을 때, 얼마나 큰 재앙을 그 결과로 맞이하게 되는지 깨닫고, 하나님의 말씀을 두려워해야 한다는 것입니다. 하나님을 경외하며 두려움으로 그 말씀을 지켜야 한다는 것입니다.

시편 119편 25-48절_사모해야 하는 말씀

주의 법도들 곧 그 말씀을 사모해야 함을 전하고 있습니다.

"주께서 내 마음을 넓히시면 내가 주의 계명들의 길로 달려가리이다 여호와여 주의 율례들의 도를 내게 가르치소서 내가 끝까지 지키리이다"(시 119:32~33) 주의 말씀을 사모한 신앙인의 간구입니다. "주의 계명들의 길로 달려간다"는 말씀과 "주의 율례들의 도를 내게 가르쳐 달라"는 간구는 신앙인의 말씀에 대한 사모함을 알게 합니다. 따라서 또한 그는 이렇게 기도하고 있습니다. "내가 주의 법도들을 사모하였사오니 주의 의로 나를 살아나게 하소서"(시 119:40) 그는 말씀을 사모했고, 또 사모한 그 말씀에 생명과 구원의 은혜가 있음을 깨닫고 있었습니다. 따라서 "주의 의로 나를 살아나게 해 달라고" 구원을 간구한 것입니다.

결국 무엇입니까? 하나님의 저주와 재앙이 아닌 복을 누리기 위해 철저히 말씀을 지키고 따라야 합니다. 따라서 또한 말씀을 사모해야 합니다. 사모하고 따른 말씀이 우리를 살리는 생명과 구원의 축복에 이르게 합니다.

이사야 55장_신뢰해야 하는 말씀

하나님께로 돌아오라는 말씀입니다. 하나님의 값 없는 은혜를 기억하며 하나님께 나와 그 말씀을 듣고 생명을 얻으라는 것입니다. 그 불의함에서 떠나 하나님께 돌아와 긍휼히 여기시고 용서하시는 하나님의 은혜를 누리라는 것입니다.

그러나 백성들은 하나님의 용서와 구원을 쉽게 믿을 수 없었습니다. 과연 그 놀라운 일이 이루어질 수 있을까 의심했습니다. 하나님의 크고 높은 생각을 깨닫지 못하고 자신들의 작고 제한된 생각으로 하나님의 생각을 재고 판단하고자 했습니다. 따라서 하나님은 그 생각이 사람들의 생각과 다르고, 사람들이 상상할 수 없을 만큼 크고 높음을 말씀하셨습니다. 뿐만 아니라 하나님의 말씀은 헛되이 되돌아오지 않고 반드시 이루어짐을 말씀하셨습니다. "이는 내 생각이 너희의 생각과 다르며 내 길은 너희의 길과 다름이니라 여호와의 말씀이니라 이는 하늘이 땅보다 높음 같이 내 길은 너희의 길보다 높으며 내 생각은 너희의 생각보다 높음이니라"(사 55:8~9) "내 입에서 나가는 말도 이와 같이 헛되이 내게로 되돌아오지 아니하고 나의 기뻐하는 뜻을 이루며 내가 보낸 일에 형통함이니라"(사 55:11)

결국 이 말씀은, 내 작은 생각으로 하나님의 생각을 판단하고, 또 하나님의 약속과 말씀을 의심하는 것은 어리석은 일임을 가르쳐줍니다. 우리는 결코 생각할 수 없는 크고 높은 생각으로, 하나님께서 우리를 용서하시고 구원하심을 깨달아야 한다는 것입니다. 무엇보다 하나님의 말씀을 신뢰해야 함을 가르쳐줍니다. 하나님의 입술에서 선포된 말씀은 결코 헛되지 않고, 반드시 하나님께서 이루심을 믿어야 한다는 것입니다.

마태복음 3장_깨달아야 하는 말씀

회개를 외치며, 회개의 세례를 베푼 세례 요한에 대한 말씀입니다. 세례 요한은 요단강에서 속히 회개해야 함을 외쳤고, 또 죄를 자복하고 나아온 수많은 사람들에게 세례를 베풀었습니다. 무엇보다 주목할 말씀이, 세례 요한이 바리새인들과 사두개인들을 향해 외친 말입니다. "요한이 많은 바리새인들과 사두개인들이 세례 베푸는 데로 오는 것을 보고 이르되 독사의 자식들아 누가 너희를 가르쳐 임박한 진노를 피하라 하더냐 그러므로 회개에 합당한 열매를 맺고 속으로 아브라함이 우리 조상이라고 생각하지 말라 내가 너희에게 이르노니 하나님이 능히 이 돌들로도 아브라함의 자손이 되게 하시리라 이미 도끼가 나무 뿌리에 놓였으니 좋은 열매를 맺지 아니하는 나무마다 찍혀 불에 던져지리라"(마 3:7~10) 세례 요한은 바리새인들과 사두개인들을 향해 아주 적나라하게 그 죄를 책망하고 있는데, 바리새인들과 사두개인들은 이런 세례 요한의 외침을 통해 깨달아야 했습니다. 책망의 말을 들으며 부정하며 분노하는 것이 아니라 깨달아야 했습니다. 자신들이 그 죄로 아브라함의 자손이 아니라 독사의 자식들임을 깨달아야 했습니다. 자신들에게 구원이 아닌 하나님의 진노와 심판이 임박했다는 사실도 깨달아야 했습니다. 따라서 회개에 합당한 열매를 맺어야 함도 깨달아야 했습니다.

결국 무엇입니까? 우리는 하나님의 말씀을 통해 우리 자신을 성찰하고 돌아볼 수 있어야 합니다. 말씀을 통해 우리의 현실을 깨닫고, 생명을 위해 무엇을 해야 하는지 깨달아야 합니다. 하나님의 말씀이 주어질 때, 깨닫지 못하면 헛될 뿐입니다. 말씀을 통해 깨달아야 하고, 또 우리 자신을 바꾸고 변화시켜 가야 합니다.

---

1. 말씀을 사모하여 끊임없이 가르침 받고, 끝까지 말씀을 지키며 살게 하소서.
2. 하나님의 말씀을 믿고 돌이켜 값 없이 주시는 은혜를 누리게 하소서.
3. 말씀을 통해 하나님의 진노와 심판을 깨닫고 생명과 축복의 자리에 서게 하소서.

말씀 (2)

신명기 29장 | 시편 119편 49-72절 | 이사야 56장 | 마태복음 4장

맥체인성경365_953p

하나님의 말씀은 천천 금은보다 귀합니다. 하나님의 말씀은 우리에게 복이 되고, 우리의 삶을 형통케 하며, 마귀의 시험을 이기게 합니다.

신명기 29장_형통케 하는 말씀

하나님과의 언약 체결을 전한 말씀입니다. 곧 호렙산에서 출애굽 1세대들이 하나님과 언약을 체결한 이후, 다시 모압 땅에서 출애굽 2세대들에게 하나님과의 언약을 확인하며 이 언약에 참여할 것을 전한 것입니다. 이 언약에 참여함으로 하나님이 우리의 하나님이 되시고, 우리는 하나님의 백성이 됨을 전한 것입니다.

무엇보다 모세는 지금까지 베푸셨던 하나님의 은혜와 승리를 떠올리며 그 언약의 말씀을 지켜 행할 때, 모든 일에 형통하게 됨을 전했습니다. "그런즉 너희는 이 언약의 말씀을 지켜 행하라 그리하면 너희가 하는 모든 일이 형통하리라"(신 29:9) 곧 지금까지 베푸셨던 하나님의 은혜와 승리가 언약의 말씀을 지키는 한 계속된다는 것입니다. 그러나 그 말씀에서 떠나 우상을 섬기며 모든 민족의 신들을 섬길 때, 그 말씀에 기록된 모든 언약의 저주대로 재앙이 있음도 전했습니다.

결국 무엇입니까? 하나님의 말씀에 형통의 길이 있습니다. 말씀을 지키며 하나님의 백성으로 그 언약을 이어갈 때, 하나님께서 돌보시는 은혜와 모든 대적들을 물리치는 승리가 계속됩니다. 하나님의 말씀을 지키는 것이 우리의 인생을 형통케 하는 길입니다.

시편 119편 49-72절_천천 금은보다 귀한 말씀

말씀의 가치에 대해 전해주고 있습니다. 곧 하나님의 말씀은 고난보다 크고 천천 금은보다 귀하다는 것입니다. "고난 당한 것이 내게 유익이라 이로 말미암아 내가 주의 율례들을 배우게 되었나이다 주의 입의 법이 내게는 천천 금은보다 좋으니

이다"(시 119:71~72) 고난 속에서 주의 율례, 곧 말씀을 배우고 소유했고, 그 말씀이 크고 가치 있기에 고난 당한 것이 유익이라고 고백하고 있습니다. 더 나아가 모두가 가치 있게 여기고 소유하고 싶어 하는 천천 금은보다 더 좋다고 고백하고 있습니다. 따라서 이 시편을 기록한 신앙인은 주의 말씀이 자신의 재산이라고 고백하고 있습니다. "내 소유는 이것이니 곧 주의 법도들을 지킨 것이니이다"(시 119:56) 이 말씀은 곧 은금을 소유로 쌓고 모으기보다 말씀을 쌓고 모으겠다는 것 아니겠습니까? 또 그 가진 은금 재산을 자랑하기보다 그 가진 하나님의 말씀을 자랑한다는 것입니다. 말씀의 가치를 제대로 깨닫고 있는 신앙인의 모습을 볼 수 있습니다.

우리는 천천 은금보다 더 소중한 말씀의 가치를 바로 깨닫고 있는지요? 은금을 자랑하기보다 말씀을 지키는 삶을 자랑하며 내 재산은 주의 말씀이라고 고백하고 있는지요? 겸손히 우리 자신을 돌아보며, 은금보다 더욱 말씀을 추구해야 합니다.

이사야 56장_복이 되는 말씀

하나님의 회중에 속하게 되는 기준을 제시하고 있습니다. 그 기준이 신체적, 혈통적 조건에 있지 않고 하나님을 사랑하고 그 말씀을 지키는 것에 있음을 전하고 있습니다. 곧 신명기 23장에 의하면 고환이 상한 자나 음경이 잘린 자, 그리고 암몬과 모압 등의 이방인은 여호와의 총회에 들어올 수 없다고 말씀하고 있습니다. 그러나 이사야 선지자를 통해 하나님께서 다시 주시는 말씀이, 하나님의 언약의 말씀을 굳게 잡고 따르며 하나님과 연합하고 있다면, 고자도 또한 이방인도 하나님의 성산에서 영

원한 이름을 얻고, 하나님께 예배할 수 있다는 것입니다. 하나님의 회중에 속하게 된다는 것입니다. 따라서 하나님의 의를 행하며 안식일을 지키는 사람, 곧 하나님의 말씀을 굳게 잡고 지키는 사람이 복이 있다고 말씀하고 있습니다. "여호와께서 이와 같이 말씀하시기를 너희는 정의를 지키며 의를 행하라 이는 나의 구원이 가까이 왔고 나의 공의가 나타날 것임이라 하셨도다 안식일을 지켜 더럽히지 아니하며 그의 손을 금하여 모든 악을 행하지 아니하여야 하나니 이와 같이 하는 사람, 이와 같이 굳게 잡는 사람은 복이 있느니라"(사 56:1~2)

하나님의 백성으로 하나님과 교제하며 하나님께 예배함이 복입니다. 하나님께서 기뻐하는 존재로 하나님께서 그 예배를 받으심이 복입니다. 따라서 하나님의 백성이 되게 하는 그 언약의 말씀이 복입니다. 우리가 참된 복을 누리기를 원한다면 무엇보다 의를 행하며 하나님의 말씀을 지켜야 합니다.

마태복음 4장_시험을 이기는 말씀

예수님께서 마귀에게 시험 받으신 것과 갈릴리에서의 사역을 시작하신 것, 그리고 첫 제자들을 부르신 것을 기록하고 있습니다. 마귀에게 시험 받으신 말씀에 주목하면, 마귀는 예수님을 찾아와 시험하며 예수님을 넘어뜨리고자 했습니다. 그때에 예수님은 기록된 하나님의 말씀으로 마귀의 시험을 이기셨습니다. "예수께서 대답하여 이르시되 기록되었으되 사람이 떡으로만 살 것이 아니요 하나님의 입으로부터 나오는 모든 말씀으로 살 것이라 하였느니라 하시니"(마 4:4) 마귀의 첫 번째 시험에 대한 예수님의 대답입니다. 40일을 금식하여 주리신 예수님께 마귀는 돌을 떡으로 만들라고 시험하였고, 예수님은 사람은 떡이 아닌 하나님의 말씀으로 살아야 한다는 신명기 8장 3절 말씀으로 마귀의 시험을 이기셨습니다. 이후 마귀는 높은 성전 꼭대기에서 뛰어 내리라, 내게 엎드려 경배하라 등, 두 번째, 세 번째 시험을 통해 예수님을 넘어뜨리고자 했는데, 그 모든 시험에서도 예수님은 기록된 하나님의 말씀을 통해 이기셨습니다(마 4:7, 10).

마귀의 이 시험은 양식에 대한 시험, 인기와 명성에 대한 시험, 권력에 대한 시험으로 정리할 수 있습니다. 이것은 예수님의 공생애 사역 기간 내내 부딪혀야 했던 문제들이었습니다. 그러나 예수님은 말씀으로 그 모든 시험을 이기셨고(마 4:4, 7, 10), 그럼으로 하나님의 말씀이 모든 시험을 이기는 능력이 됨을 보여주셨습니다.

우리의 믿음의 삶에도 마귀는 끊임없이 우리를 넘어뜨리고자 시험합니다. 우리 힘으로는 결코 마귀를 대항할 수 없고 그 시험을 이길 수 없습니다. 하지만 하나님의 말씀으로 능히 대항하며 이길 수 있습니다. 따라서 하나님의 말씀을 붙잡고 앞세워 마귀의 시험을 이기고 믿음을 지켜야 합니다.

오늘의 기도

1. 천천 금은보다 말씀이 귀함을 깨닫고, 말씀을 자산으로 삼고 추구하게 하소서.
2. 하나님의 의를 따르고 그 말씀을 굳게 잡아 하나님의 백성으로 복을 누리게 하소서.
3. 믿음의 유혹에 넘어지지 말고, 말씀을 붙들고 앞세워 예수님처럼 승리하게 하소서.

하나님의 말씀에서 떠나지 말아야 합니다. 오히려 말씀을 기억하고 돌이켜야 하고, 고난 중에도 말씀을 포기하지 말아야 합니다. 예수로 완전케 되는 말씀을 바르게 붙들어야 합니다.

신명기 30장_기억해야 하는 말씀

생사화복이 하나님의 말씀에 있음을 전하고 있습니다. 하나님을 사랑하고 그 명령과 규례와 법도를 지키면 생존하고 번성하며, 그 차지하는 땅에서 하나님의 복을 누리게 된다는 것입니다. 그러나 마음을 돌이켜 우상과 이방신을 섬기면 반드시 망하고 그 생명이 길지 못하다는 것입니다. 따라서 하나님의 말씀에 생사화복이 있음을 깨닫고, 여호와 하나님을 사랑하며 그 말씀을 지켜 생명을 택하라고 가르치고 있습니다.

특별히 주목할 말씀이 하나님의 말씀을 기억해야 한다는 것입니다. 하나님의 말씀을 지켜 생명과 복을 택해야 하지만, 어리석어 말씀에서 돌이킴으로 하나님의 심판에 이르렀을 때, 그 심판 속에서 깨닫고 하나님의 말씀을 기억해야 한다는 것입니다. "내가 네게 진술한 모든 복과 저주가 네게 임하므로 네가 네 하나님 여호와로부터 쫓겨간 모든 나라 가운데서 이 일이 마음에서 기억이 나거든"(신 30:1) 이 일이 마음에서 기억이 난다는 것은 하나님의 말씀의 신실함을 깨닫는다는 것입니다. 심판 속에서 하나님의 말씀대로 이루어진 사실을 깨닫고, 하나님께로 돌이켜 말씀대로 이루어지는 생명과 축복을 경험해야 한다는 것입니다. 곧 그때라도 말씀을 기억하고 돌이키면 하나님께서 긍휼히 여기시고 구원하신다는 것입니다. 하나님께서 그 흩으신 모든 백성 중에서 다시 모으시고 다시 약속한 땅을 차지하게 하셔서 번성케 하신다는 것입니다(신 30:3~5).

하나님의 말씀은 신실합니다. 그 말씀은 거짓되지 않고 헛되지 않습니다. 그러나 우리는 어리석어 그 말씀을 잊고 심판의 길을 선택하곤 합니다. 따라서 말씀을 깨닫고 기억하는 것이 중요합니다. 늦지 말고 기억해 하나님의 긍휼로 다시 주시는 축복과 생명을 놓치지 말아야 합니다. 무엇보다 성경은 이렇게 말씀하고 있습니다. "오직 그 말씀이 네게 매우 가까워서 네 입에 있으며 네 마음에 있은즉 네가 이를 행할 수 있느니라"(신 30:14) 말씀은 가까이 있습니다. 따라서 능히 그 말씀으로 돌이키고 말씀을 따를 수 있습니다. 너무 멀리 있어 말씀을 기억하지 못했고 또 따를 수 없었다는 등의 핑계를 댈 수 없습니다. 가까이 있기에 속히 그 말씀을 기억해야 하고 또한 그 말씀을 따라야 합니다.

시편 119편 73-96절_포기하지 않아야 하는 말씀

어떤 고난과 고통 속에서도 말씀을 잊지 않고 붙들어야 함을 가르쳐주고 있습니다. "내가 연기 속의 가죽 부대 같이 되었으나 주의 율례들을 잊지 아니하나이다"(시 119:83) "그들이 나를 세상에서 거의 멸하였으나 나는 주의 법도들을 버리지 아니하였사오니"(시 119:87) 연기에 그을린 가죽 부대처럼 될 만큼 고난과 고통에 처했지만 주의 율례들을 잊지 않았다는 것입니다. 대적들로 인해 죽음 직전까지 이를 만큼 환난에 처했지만 주의 법도들을 버리지 아니했다는 것입니다. 어떤 고난과 환난 중에서도 하나님의 말씀을 포기하지 않고, 그 말씀을 의지하고 그 말씀에 소망을 두었다는 것입니다.

이 시편의 신앙인이 끝까지 말씀을 포기하지 않을 수 있는 것에 대해 다음과 같이 고백하고 있습니다. "주의 법이 나의 즐거움이 되지 아니하였더면 내가 내 고난 중에 멸망하였으리이다"(시 119:92) 주의 말씀이 즐거움이 됐기에 그 말씀을 포기하지 않을 수 있었다는 것입니다. 고난 중에서도 말씀을 통해 즐거워 할 수 있었고, 그 즐거움으로 인해 고난을 이길 수 있었다는 것입니다. 또한 그는 이렇게 고백하고 있습니다. "내가 주의 법도들을 영원히 잊지 아니하오니 주께서 이것들 때문에 나를 살게 하심이니이다"(시 119:93) 그는 하나님의 말씀 속에 생명이 있음을 깨닫고 있었습니다. 이 고난에서 자신을 살리는 유일한 길은 말씀에 있다는 것입니다. 따라서 말씀을 잊지 않는다고, 곧 말씀을 포기할 수 없다고 고백한 것입니다.

주의 말씀에 생명이 있고 구원이 있고 축복이 있습니다. 따라서 환난과 고통 중에 무엇보다 잊지 않고 붙잡아야 하는 것이 하나님의 말씀입니다. 말씀을 포기하지 않으면 어떤 고난 중에서도 소망을 가질 수 있습니다.

이사야 57장_말씀에서 떠난 사람들

말씀에 순종하고 하나님을 경외해야 하는 백성들이 말씀에서 떠나 우상을 숭배하며 가증한 일을 행했음을 전하고 있습니다. 나무 사이와 아래에서 또 골짜기 가운데서 끊임없이 우상을 숭배하며 예물을 가져다가 헛된 제사를 드렸으며, 자녀를 제물로 바치는 몰렉숭배까지 행했다는 것입니다(사 57:5~6). 또한 기념표를 문과 문설주 뒤에 두었다고 말씀하고 있습니다(사 57:8). 기념표는 새긴 이방 우상의 신상을 가리킵니다. 곧 문과 문설주에는 하나님의 말씀을 새겨야 합니다. 그런데 그곳에 하나님의 말씀이 아니라 우상을 두었다는 것입니다. 하나님의 말씀을 새기고 따르는 것보다 우상을 숭배하며 따르는 것을 더 중히 여겼다는 것입니다.

하나님의 말씀을 떠난 결과는 심판일 수밖에 없습니다. 백성들은 그 우상들이 자신들을 구원하리라 믿었지만, 하나님은 단호히 말씀하셨습니다. 백성들이 구원을 위해 부르짖을 때에 그 우상들은 다

바람에 날려가게 된다는 것입니다. 오직 구원은 하나님께 있습니다. 하나님은 통회하며 겸손히 하나님을 의지하는 자에게 구원을 약속하고 계십니다(사 57:15~16). 따라서 말씀으로 다시 돌아가야 합니다. 말씀에서 떠난 그 길에서 돌이켜야 합니다.

마태복음 5장_예수로 완전케 되는 말씀

산상수훈의 말씀으로, 팔복에 대한 가르침과 빛과 소금으로 살아야 한다는 가르침을 주고 있습니다. 또한 살인, 간음, 맹세, 보복, 원수 사랑에 대한 새로운 가르침을 주고 있습니다. 곧 지금까지 율법을 따라 옳다고 여긴 기준에, 예수님께서 "나는 너희에게 이르노니"라는 말로 시작하며 새로운 기준을 제시하셨습니다. 지금까지의 율법의 가르침을 부분적으로는 심화시키기도 하시고, 또 부분적으로는 교정하고 폐기시키기도 하셨습니다. 이에 대해 예수님은 구약의 말씀을 폐하러 온 것이 아니라 완전하게 하기 위해 오셨다고 말씀하셨습니다. "내가 율법이나 선지자를 폐하러 온 줄로 생각하지 말라 폐하러 온 것이 아니요 완전하게 하려 함이라 진실로 너희에게 이르노니 천지가 없어지기 전에는 율법의 일점 일획도 결코 없어지지 아니하고 다 이루리라"(마 5:17~18)

구약의 말씀은 예수 그리스도께서 이 땅에 오셔서 구원을 이루신다는 것이 핵심입니다. 따라서 예수님의 이 땅에 오심과 그 사역을 통해 이루시는 구원은 구약의 말씀을 성취하며 완전케 하는 것입니다. 그 말씀과 가르침은 예수님의 말씀과 가르침을 통해 온전해지는 것입니다. 따라서 더욱 말씀을 붙들어야 합니다. 무엇보다 예수 그리스도를 통해 온전케 되고 완전케 된 말씀을 바르게 붙들고, 구원의 은혜와 축복을 누려야 합니다.

오늘의 기도

1. 하나님의 말씀을 기억하고 돌이켜, 모으시고 번성케 하시는 축복을 누리게 하소서.
2. 고난 중에도 말씀을 포기하지 않으며, 말씀으로 생명의 축복을 누리게 하소서.
3. 예수께서 성취하시고 완전케 하신 말씀을 붙들고 순종하여 구원의 축복을 누리게 하소서.

말씀 (4)

신명기 31장 | 시편 119편 97-120절 | 이사야 58장 | 마태복음 6장

신실하고 복된 하나님의 말씀을 듣고 또 들어야 합니다. 그 들은 말씀을 실천하되, 진실함으로 실천해야 합니다. 따라서 그 말씀을 사랑해야 합니다. 곧 사랑하면 진실함으로 실천할 수 있습니다.

신명기 31장_듣고 또 들어야 하는 말씀

하나님의 말씀을 잊지 말아야 한다는 사실을 가르치고 있습니다. 따라서 또한 하나님의 말씀을 듣고 또 들어야 한다는 사실을 가르치고 있습니다. 곧 모세는 율법을 써서 레위 자손 제사장들에게 주며, 칠년마다 모든 백성 앞에서 낭독하라고 명령했습니다. 매 칠년 끝 해, 곧 면제년의 초막절에 아이들과 타국인을 포함한 남녀 모든 백성들을 불러 모아 하나님의 말씀을 낭독하여 듣게 해야 한다는 것입니다. 백성들이 그 말씀을 듣고 배워 잊지 않으며, 그 말씀을 지켜 행하게 해야 한다는 것입니다(신 31:11~12).

하나님의 말씀을 잊지 않기 위해 듣고 또 들어야 합니다. 이미 들었다고 그 말씀 듣기를 소홀히 할 수 없습니다. 그 말씀이 생명이요 축복이기에 듣고 또 들어 잊지 말아야 하고, 또한 그 말씀을 지켜 행해야 합니다. 말씀대로 살아 말씀에 담긴 생명과 축복을 누려야 합니다. 결코 말씀을 잊어 저주와 심판에 이르지 않아야 합니다. 따라서 하나님은 모세로 하여금 노래를 써서 백성들에게 가르치게 했습니다. 그 노래가 증거가 되게 했습니다. 곧 그 백성들이 말씀을 떠나 하나님의 심판에 이르고, 환난과 재앙을 당할 때, 하나님이 이미 이를 경고했음을 그 노래가 증언해야 한다는 것입니다(신 31:19). 결국 하나님은 그 노래를 통해 경고를 받고 백성들이 말씀에서 떠나지 않기를 바라신 것입니다. 그 말씀에서 떠나 심판에 이르렀을 때, 이 노래를 통해 속히 깨닫고 말씀으로 다시 돌아오기를 바라신 것입니다. 그 노래가 말씀을 기억하게 하고, 말씀을 잊지 않게 한 것입니다.

하나님의 말씀을 듣고 또 들어 가슴에 새겨야 합니다. 결코 하나님의 말씀을 잊어버릴 수 없습니다. 결코 하나님의 말씀을 잊고 말씀에서 떠난 삶, 말씀과 무관한 삶을 살 수 없습니다. 따라서 말씀을 듣기를 멈추지 말아야 하고, 또한 그 들은 말씀을 따라 살아야 합니다.

시편 119편 97-120절_사랑해야 하는 말씀

말씀을 사랑해야 함을 가르쳐주고 있습니다. 곧 이 시편의 신앙인은 주의 법, 곧 그 말씀을 사랑하였고, 따라서 종일 그 말씀을 묵상했음을 고백하고 있습니다. 그 말씀이 꿀보다 더 달다고 고백하고 있습니다(시 119:97, 103).

힘써 말씀을 듣고 또 들어야 하지만, 말씀에 대한 사모함이 없으면 그 듣는 말씀이 헛되고 무의미할 수 있습니다. 그저 흘려들으면 아무 유익도 없다는 것입니다. 따라서 말씀을 사랑함이 중요합니다. 말씀을 사랑하면 귀 기울여 말씀을 듣게 되고, 말씀의 달콤함에 빠져 종일 말씀을 묵상하며 말씀 안에서 살게 됩니다. 말씀을 사랑하기에 그 어떤 상황과 환난에도 말씀을 포기하지 않게 됩니다. 곧 이 시편의 신앙은 이렇게 고백합니다. 말씀을 사랑하기에 악인들의 공격과 생명의 위기 속에서도 말씀을 잊지 않고 떠나지 않는다는 것입니다. 말씀을 사랑함으로 결코 말씀을 포기하지 않는다는 것입니다(시 119:109~110).

또한 이 시편의 신앙인은 말씀을 사랑하기에 악인들을 미워하며, 악인들의 길을 따르기를 거절했음을 고백하고 있습니다(시 119:113, 15). 이는 곧 말씀을 떠난 그 거짓된 삶이 헛되고 무의미함을 인식한 것이고, 또 거기에 있는 하나님의 심판을 깨닫고, 오직 주의 말씀을 지키는 삶에서 흔들리지 않았던 것입니다.

이사야 58장_실천해야 하는 말씀

거짓 금식과 참 금식에 대해 전하고 있습니다. 곧 백성들은 자신들이 금식하며 하나님을 찾지만 하나님께서 알아주지 않는다고 불평했습니다. 이에 대해 하나님은 그 백성들이 금식하며 오락을 구하고, 사람들을 압제하며, 논쟁과 다툼과 악을 행하고 있음을 지적하셨습니다. 곧 이렇게 하는 금식은 거짓된 금식이라는 것입니다.

하나님은 참된 금식, 곧 하나님께서 기뻐하시는 금식에 대해 이렇게 말씀하셨습니다. "내가 기뻐하는 금식은 흉악의 결박을 풀어 주며 멍에의 줄을 끌러 주며 압제 당하는 자를 자유하게 하며 모든 멍에를 꺾는 것이 아니겠느냐 또 주린 자에게 네 양식을 나누어 주며 유리하는 빈민을 집에 들이며 헐벗은 자를 보면 입히며 또 네 골육을 피하여 스스로 숨지 아니하는 것이 아니겠느냐"(사 58:6~7) 한 마디로 참된 금식은 삶이 담긴 금식이라는 것입니다. 형식적으로 음식만 금하는 것이 아니라, 그 삶에서 구체적으로 하나님 사랑의 삶을 실천해야 한다는 것입니다. 고통과 억압과 어려움 중에 있는 자들을 향한 구체적 사랑의 실천이 있어야 한다는 것입니다. 이것이 참된 금식이고, 이런 사랑의 삶의 실천 없이 하나님을 사랑한다고 형식적으로 금식해 봐야 하나님은 그 금식을 기뻐하지 않으신다는 것입니다.

동일한 맥락으로, 하나님의 말씀도 마찬가지입니다. 많이 듣고 가르침을 받아 말씀을 안다고 한들, 그 말씀이 삶에서 나타나고 실천되지 않으면 무익할 수밖에 없습니다. 그 말씀을 많이 아는 것만으로는 결코 하나님께 기쁨이 될 수 없습니다. 말씀을 듣고 배워 많이 알 뿐만 아니라, 그 말씀을 삶에서 실천해야 합니다. 이것이 하나님을 기쁘시게 합니다.

마태복음 6장_진실해야 하는 말씀

구제, 기도, 금식에 대한 예수님의 가르침을 전하고 있습니다. 이 세 가지는 유대교에서 매우 중요한 경건 행위였습니다. 따라서 하나님을 예배하며 섬기는 유대인들이라면 마땅히 지키며 실천했습니다. 곧 고아와 과부를 돌보며 가난한 사람들을 구제하는 일에 힘썼고, 하루 3번 회당에서 기도하는 일을 습관화 했습니다. 또한 일주일에 이틀을 금식했는데, 물도 마시지 않으며 금식하는 사람들도 있었습니다. 그러나 문제는 이 모든 경건의 행위가 사람에게 보이기 위한 외식적인 행동으로 흘러 버렸습니다. 그 안에 진심이 없이 자신의 경건을 드러내며 자랑하는 도구가 되고 말았습니다. 따라서 예수님은 이를 비판하며, 남에게 보이기 위하여 이렇게 행동하는 것은 옳지 않다고 가르치셨습니다. "사람에게 보이려고 그들 앞에서 너희 의를 행하지 않도록 주의하라 그리지 아니하면 하늘에 계신 너희 아버지께 상을 받지 못하느니라"(마 6:1) 여기서 의는 앞서 언급한 유대인들의 세 가지 경건 행위, 곧 구제, 기도, 금식을 뜻합니다. 예수님은 이에 대해 사람에게 보이려고 하지 말고, 은밀하게 구제하고 기도하며 금식하라고 가르치신 것입니다.

결국 진실함이 중요함을 깨달을 수 있습니다. 하나님의 말씀을 따라 그 의를 실천할 때, 사람들을 의식하고 자신을 드러내 보이기 위해 흉내 내는 것은 옳지 않습니다. 그것은 참된 말씀의 실천일 수 없습니다. 하나님을 사랑하고 또 그 말씀을 사랑하기에 진실한 마음으로 실천해야 합니다. 그것이 참된 말씀의 실천입니다.

오늘의 기도

1. 더욱 말씀을 듣고 가르침 받을 뿐만 아니라, 또한 말씀을 사랑하여 환난과 고난 중에도 말씀을 포기하지 않게 하소서.
2. 행함이 없는 믿음은 죽은 믿음임을 기억하고, 듣고 배운 말씀을 삶에서 힘써 실천하게 하소서.
3. 사람을 의식하고 또 보이기 위해서가 아니라 진실함으로 하나님의 말씀을 지켜가게 하소서.

하나님의 말씀은 의롭고 영원합니다. 내일의 심판을 준비하는 지혜가 되며 우리를 살리는 생명이 됩니다. 따라서 말씀으로 죄를 이기고 반석 위에 우리의 믿음을 세워야 합니다.

신명기 32장_생명의 말씀

모세의 노래, 곧 하나님께서 백성들에게 가르쳐 그들의 입으로 부르게 하고 또 이를 통해 증거가 되게 하라는 노래를 기록하고 있습니다. 모세는 이 노래를 이스라엘 총회에서 백성들에게 끝까지 읽어 듣게 했습니다.

모세의 노래에는 하나님의 사랑과 축복, 백성들의 불의와 배신, 이로 인한 하나님의 심판, 그러나 용서하시고 회복하시는 하나님의 은혜가 기록되어 있습니다. 한 마디로 생사화복의 모든 주권이 하나님께 있음을 전하며, 하나님만을 의지하고 신뢰해야 함을 교훈하고 있습니다. 따라서 모세도 그 노래를 백성들에게 들려준 이후, 하나님의 말씀이 생명이 됨을 전하며, 하나님의 말씀을 마음에 두고 지킬 뿐만 아니라, 그 자녀들에게도 가르쳐 지키게 하라고 권고했습니다. 곧 하나님의 말씀이 결코 끊어져서는 안 되고 자자손손 전해지고 기억돼야 한다는 것입니다. 그 후손에게까지 그 말씀이 이어지고 지켜져 생명의 축복을 누려야 한다는 것입니다. "그들에게 이르되 내가 오늘 너희에게 증언한 모든 말을 너희의 마음에 두고 너희의 자녀에게 명령하여 이 율법의 모든 말씀을 지켜 행하게 하라 이는 너희에게 헛된 일이 아니라 너희의 생명이니 이 일로 말미암아 너희가 요단을 건너가 차지할 그 땅에서 너희의 날이 장구하리라"(신 32:46~47)

하나님의 말씀은 생명입니다. 우리가 말씀을 가까이 하고 힘써 말씀을 따라 살아갈 때, 그 말씀은 우리에게 생명이 되어 우리로 살게 합니다. 따라서 우리가 말씀으로 이 생명을 누려야 합니다.

시편 119편 121-144절_의로운 말씀

하나님의 말씀의 의로움을 전하고 있습니다. 무엇보다 주의 말씀은 영원히 의롭다고 전하고 있습니다. "주께서 명령하신 증거들은 의롭고 지극히 성실하니이다"(시 119:138) "주의 의는 영원한 의요 주의 율법은 진리로소이다"(시 119:142) 따라서 신앙인은 주의 말씀을 피곤할 만큼 사모한다고 고백하며, 그 의로운 말씀을 깨달아 생명의 삶을 살기를 간구했습니다. 곧 의로운 말씀을 깨달아 따를 때에 죄에서 스스로를 지키고 생명의 삶을 살아갈 수 있다는 것입니다. "내 눈이 주의 구원과 주의 의로운 말씀을 사모하기에 피곤하니이다"(시 119:123) "주의 증거들은 영원히 의로우시니 나로 하여금 깨닫게 하사 살게 하소서"(시 119:144) 따라서 또한 그는 하나님의 말씀을 통해 굳건히 의를 따르고 결코 어떤 죄악도 자신을 지배하지 못하게 해 달라고 기도했습니다. 곧 하나님의 의로운 말씀에서 벗어나는 자신의 연약함과 어리석음을 잘 알기에 하나님의 의로우신 말씀에서 벗어나지 않고자 하나님의 도우심을 간구한 것입니다. "나의 발걸음을 주의 말씀에 굳게 세우시고 어떤 죄악도 나를 주관하지 못하게 하소서"(시 119:133)

하나님의 말씀은 의롭습니다. 그 의로운 말씀을 따라 살아갈 때, 죄에 유혹을 이기고 죄로 인한 심판과 멸망에서 벗어날 수 있습니다. 하나님의 말씀은 영원히 의로움을, 곧 변하지 않고 우리가 따라야 할 의의 기준이요 생명임을 깨닫고 힘써 주의 말씀을 따라야 합니다.

이사야 59장_영원한 말씀

그 백성들의 죄를 이기고 하나님께서 구원하심을

전하고 있습니다. 곧 그 백성들은 불의함으로 아무리 부르짖고 소망해도 구원을 얻을 수 없었습니다. 하나님을 배반하고 속이며, 포악과 배역과 거짓을 말한 자신들의 죄와 허물로 인해 결코 구원을 기대할 수 없었습니다. 그러나 하나님께서 이 모든 사실을 살피시고 친히 개입하셔서 구원함을 이루신다는 것입니다. 그 죄과를 떠나는 자에게 구속자가 임하여 구원을 베푸신다는 것입니다. "여호와의 말씀이니라 구속자가 시온에 임하며 야곱의 자손 가운데에서 죄과를 떠나는 자에게 임하리라"(사 59:20)

무엇보다 하나님은 그 언약의 영원함을 말씀하셨습니다. 곧 하나님의 약속의 말씀을 영원하도록 자자손손 전하라고 명령하셨는데, 이는 곧 하나님의 말씀의 영원함을 가르쳐줍니다. 그 백성들이 죄에서 돌이켜 그 말씀을 지키고, 또 그 말씀을 후손의 후손까지 끊임없이 가르쳐 그 후손들도 말씀 안에 서면, 하나님의 언약의 말씀은 변함없이 이어진다는 것입니다. "여호와께서 이르시되 내가 그들과 세운 나의 언약이 이러하니 곧 네 위에 있는 나의 영과 네 입에 둔 나의 말이 이제부터 영원하도록 네 입에서와 네 후손의 입에서와 네 후손의 후손의 입에서 떠나지 아니하리라 하시니라 여호와의 말씀이니라"(사 59:21)

하나님의 약속, 곧 그 말씀은 영원하며 변하지 않습니다. 따라서 중요한 것이 우리가 변함없이 그 말씀을 붙들고 지키는 것입니다. 우리가 그 말씀에서 떠나지 않고 말씀을 따르는 이상, 영원한 하나님의 말씀은 우리의 삶에 생명과 구원으로 성취됩니다.

마태복음 7장_지혜의 말씀

산상수훈의 마지막 장으로, 비판에 대한 가르침, 힘써 기도하라는 가르침, 생명의 좁은 문으로 들어가라는 가르침, 거짓 선지자들을 조심하라는 가르침 등을 기록하고 있습니다.

무엇보다 주목할 말씀은 산상수훈의 결론으로 주고 있는 지혜로운 자와 어리석은 자에 대한 가르침입니다. 예수님의 말씀을 듣고 따르는 자는 반석 위에 집을 지은 지혜로운 사람과 같지만, 그 말씀을 듣고도 행하지 아니하는 자는 모래 위에 집은 지은 어리석은 사람과 같다는 것입니다. "그러므로 누구든지 나의 이 말을 듣고 행하는 자는 그 집을 반석 위에 지은 지혜로운 사람 같으리니 비가 내리고 창수가 나고 바람이 불어 그 집에 부딪치되 무너지지 아니하나니 이는 주추를 반석 위에 놓은 까닭이요 나의 이 말을 듣고 행하지 아니하는 자는 그 집을 모래 위에 지은 어리석은 사람 같으리니 비가 내리고 창수가 나고 바람이 불어 그 집에 부딪치매 무너져 그 무너짐이 심하니라"(마 7:24~27)

비바람과 창수는 내일의 심판과 환난을 뜻합니다. 곧 주님의 말씀으로 반석 위에 집을 짓는 준비를 통해 내일의 심판과 환난을 이길 수 있다는 것입니다. 말씀을 듣고도 어리석게 아무 것도 행하지 않으면 심판과 환난에 속수무책으로 무너질 수밖에 없지만, 주님의 말씀을 지키고 따름으로 내일의 심판과 환난을 준비할 수 있고 또 이를 통해 두려워하지 않을 수 있다는 것입니다. 이처럼 주의 말씀이 내일의 심판을 준비하고 이기게 하는 지혜가 됩니다. 따라서 지혜의 말씀을 통해 우리가 내일의 심판을 준비하는 지혜로운 자가 돼야 합니다.

오늘의 기도

1. 의로운 주의 말씀 위에 우리의 발걸음을 굳게 세워 어떤 죄악도 틈타지 못하게 하소서.
2. 주의 말씀을 지켜 생명을 누리게 하시고, 힘써 자녀들에게 가르쳐 그 약속의 말씀을 우리의 자녀에게까지 이어가게 하소서.
3. 주의 말씀을 듣고 순종하여 내일의 환난과 심판을 준비하는 지혜로운 사람 되게 하소서.

28
Jun

행복
신명기 33-34장 | 시편 119편 145-176절 | 이사야 60장 | 마태복음 8장

맥체인성경365_974p

주의 용서의 은혜와 구원을 누림이 행복입니다. 주의 말씀으로 평안을 누리고, 그 능력으로 모든 문제를 이김이 행복입니다. 따라서 이 모든 것을 누리고 있는 우리는 행복한 사람입니다.

신명기 33-34장_주의 구원이 행복입니다.

모세는 각 지파를 축복한 이후, 이스라엘을 향해 행복한 사람이라고 전하고 있습니다. 하나님의 구원과 도우심과 보호하심의 은혜를 입고 있기 때문입니다. "이스라엘이여 너는 행복한 사람이로다 여호와의 구원을 너 같이 얻은 백성이 누구냐 그는 너를 돕는 방패시요 네 영광의 칼이시로다 네 대적이 네게 복종하리니 네가 그들의 높은 곳을 밟으리로다"(신 33:29) 행복은 하나님께 있고 하나님의 은혜를 누리며 하나님과 교제하며 살아가는 사람이 행복한 사람입니다. 참 행복은 결코 재물이나 성공에 있지 않고, 주의 구원을 누리며 주님과 함께하는 삶에 있습니다.

그런 점에서 모세는 참으로 행복한 사람이었습니다. 비록 가나안 땅에 백성들과 함께 들어가지 못하고, 그 땅 바로 앞에서 마지막 시간을 맞이해야 했지만, 그의 지나온 인생은 행복한 인생이라 말할 수 있습니다. 단지 하나님의 기적을 그의 손으로 나타내며 이스라엘 백성들을 성공적으로 이끌어 위대한 지도자요 선지자로 인정받았기 때문이 아닙니다. 실패의 인생에 하나님께서 찾아오셔서 그를 붙들어 사용하셨기 때문에 행복한 사람이었습니다. 하나님의 구원의 사역을 가장 앞에 서서 경험하며 체험했기에 행복한 사람이었습니다. 따라서 우리도 주의 손에 붙들려 쓰임 받기를 기도해야 합니다. 우리의 삶에도 찾아오시는 주님을 영접하고 그 주님께 우리의 인생을 맡겨야 합니다. 그때에 우리도 주님과 함께 행복한 삶을 열어갈 수 있습니다.

시편 119편 145-176절_주의 말씀이 행복입니다.

풍성한 재물을 얻는 것보다 말씀을 듣고 지키며 살아가는 삶이 진정 행복한 삶임을 보여주고 있습니다. "사람이 많은 탈취물을 얻은 것처럼 나는 주의 말씀을 즐거워하나이다"(시 119:162) 주의 말씀의 즐거움을 사람들이 많은 탈취물을 얻어 즐거워하는 것에 비교하고 있습니다. 사람들은 많은 탈취물을 얻어 재물을 쌓고 부유해지는 것에 즐거워하지만 이 시편의 신앙인은 주의 말씀이 즐거움이 된다는 것입니다. 곧 천천 금은보다 하나님의 말씀이 더 가치 있음을 깨닫고, 그 말씀을 통해 행복을 누리고 있었던 것입니다. 뿐만 아니라 신앙인은 주의 말씀 안에서 평안을 누리고 형통함의 축복을 누리며, 이를 통해 행복할 수 있음도 고백하고 있습니다. "주의 법을 사랑하는 자에게는 큰 평안이 있으니 그들에게 장애물이 없으리이다"(시 119:165) 말씀이 그 삶을 인도하니 장애물이 있을 수 없는 것입니다. 말씀을 사랑하며 말씀을 통해 하나님과 교제하는 삶에서 하나님이 주시는 평안으로 행복할 수 있는 것입니다.

행복은 다른 무엇이 아닌 하나님의 말씀에 있습니다. 하나님의 말씀 속에 참 가치를 깨달으면 그 말씀 속에서 행복할 수 있고, 그 말씀을 따르는 삶에서 하나님의 인도하심과 형통케 하시는 은혜를 누리니 행복할 수 있습니다. 우리가 이 행복을 바로 깨닫고 누려야 합니다.

이사야 60장_주의 은혜가 행복입니다.

장래 예루살렘의 영광을 전하고 있습니다. 하나님의 영광이 임하여 예루살렘이 빛을 발하며, 영화롭게 하시는 하나님의 놀라운 축복을 누리게 된다

362

는 것입니다. 그런데 주목할 말씀이 이 영광과 영화가 하나님의 용서하심의 은혜로 가능하다는 것입니다. 그 죄를 용서하시고 긍휼히 여기셔서 다시 회복케 하시는 하나님의 은혜로 예루살렘이 영광의 기쁨을 누리고 또 영화를 누리게 된다는 것입니다. "내가 노하여 너를 쳤으나 이제는 나의 은혜로 너를 불쌍히 여겼은즉 이방인들이 네 성벽을 쌓을 것이요 그들의 왕들이 너를 섬길 것이며"(사 60:10) "전에는 네가 버림을 당하며 미움을 당하였으므로 네게로 가는 자가 없었으나 이제는 내가 너를 영원한 아름다움과 대대의 기쁨이 되게 하리니"(사 60:15) '전에는'과 '이제는'의 단어를 주목하고 비교해야 합니다. 전에는 하나님께서 그 백성의 죄로 인해 노하시며 징계하셨습니다. 그 징계로 백성들은 버림받고 이방 나라들에 의해 고통과 압제의 삶, 흑암의 삶을 살아야 했습니다. 그러나 이제는 하나님께서 은혜로 용서하신다는 것입니다. 전에 주어진 진노와 징계가 계속되지 않고, 그 큰 사랑으로 이제는 용서하시고, 회복과 영광과 기쁨을 주신다는 것입니다. 영원한 아름다움과 대대의 기쁨이 되게 하신다는 것입니다.

하나님의 놀라운 사랑이 '전에는'의 진노를 멈추고 '이제는'의 은혜가 시작되게 합니다. 그 사랑으로 '이제는'의 은혜를 누리며 영원한 아름다움과 영광을 소망할 수 있습니다. 바로 이것이 행복입니다. '전에는'의 진노가 계속되지 않음이 행복이고, 하나님의 은혜로 '이제는'의 영화로운 삶을 소망할 수 있음이 행복입니다.

마태복음 8장_주의 능력이 행복입니다.
예수님의 치유와 기적을 기록하고 있습니다. 곧 한 나병환자의 치유, 한 백부장의 하인의 중풍병 치유, 베드로 장모의 열병 치유, 가다라 지방에서 두 귀신 들린 자의 치유, 그리고 바다를 건너가던 중 만난 풍랑을 잔잔케 하신 기적 등을 기록하고 있습니다. 그 외에도 예수님께 나온 수많은 병자들과 귀신들린 자를 그 능력으로 치료하셨음을 전하고 있습니다. "저물매 사람들이 귀신 들린 자를 많이 데리고 예수께 오거늘 예수께서 말씀으로 귀신들을 쫓아 내시고 병든 자들을 다 고치시니 이는 선지자 이사야를 통하여 하신 말씀에 우리의 연약한 것을 친히 담당하시고 병을 짊어지셨도다 함을 이루려 하심이더라"(마 8:16~17)

결국 이 말씀은 주님을 따르며 함께하는 삶에서 주님의 치유와 기적을 함께 경험하며, 이를 통해 삶의 문제와 장애들을 이길 수 있음을 가르쳐줍니다. 그리고 이것으로 행복할 수 있음을 가르쳐줍니다. 곧 주님과 함께하는 삶을 통해 질병도, 풍랑도, 귀신도, 또 다른 그 어떤 것도 결코 문제가 되지 않으며, 이런 능력의 경험으로 행복할 수 있다는 것입니다. 따라서 주님과 함께하는 삶에 힘써야 합니다. 삶에서 만나는 질병과 고난 등으로 절망할 것이 아니라 더욱 주님과 함께하며 능력을 구해야 합니다. 풍랑이 두렵다고 주님을 떠나거나 그 말씀을 거부하지 말고, 주님이 건너가자고 말씀하시면 순종하여 어디든 따라가야 합니다.

오늘의 기도

1. 주의 구원으로 행복을 누리며, 말씀의 삶을 통해 평안과 형통의 삶을 살게 하소서.
2. 날마다 주의 용서의 은혜를 구하고 누리며, 이를 통해 영원한 아름다움과 대대의 기쁨이 되게 하소서.
3. 풍랑이 일렁이는 바다라도 순종하여 주님과 함께 가는 믿음을 주시고, 그 속에서 경험하는 주의 능력으로 행복한 삶을 살게 하소서.

29 Jun

하나님

여호수아 1장 | 시편 120-122편 | 이사야 61장 | 마태복음 9장

하나님은 생명을 위해 우리를 부르시고, 그 생명을 전하기 위해 우리를 보내십니다. 또한 그 보내심을 따라 걸어가는 사명의 길에 함께하시고 도우십니다. 따라서 그 하나님을 바라보며 순종하고, 두려움 없이 사명의 길을 걸어가야 합니다.

여호수아 1장_함께하시는 하나님

여호수아를 향한 하나님의 격려의 말씀입니다. 모세의 뒤를 이어 이스라엘 백성들을 이끌 지도자로 세워진 여호수아에게 하나님께서 용기를 주신 말씀입니다. 여호수아는 하나님의 말씀으로 두려움을 이기고, 그 백성의 관리들에게 명하여 약속의 땅인 가나안에 들어갈 준비를 할 수 있었습니다. 따라서 주목할 말씀 하나님께서 함께 하신다는 약속입니다. "내가 네게 명령한 것이 아니냐 강하고 담대하라 두려워하지 말며 놀라지 말라 네가 어디로 가든지 네 하나님 여호와가 너와 함께 하느니라 하시니라"(수 1:9).

사실 여호수아는 두려울 수밖에 없었습니다. 위대한 지도자였던 모세의 뒤를 이었으니 두려울 수밖에 없었고, 또한 이제는 백성들을 이끌고 가나안 땅으로 진격하여 가나안의 백성들과 생명을 걸고 싸워야 하니 두려울 수밖에 없었습니다. 그러나 하나님께서 함께하시겠다고 약속하셨고, 따라서 함께 하시는 하나님을 바라보며 두려움을 이길 수 있었습니다. 어디를 가든지 함께 하시겠다는 하나님의 약속을 신뢰하고, 함께 하시는 하나님을 바라보며 담대할 수 있었습니다. 무엇보다 여호수아는 하나님의 말씀을 따르고 있었습니다. 그가 백성들의 지도자가 된 것도, 또한 가나안 땅으로 진격하여 가나안의 백성들과 싸우고자 하는 것도, 그의 욕심으로 인한 것이 아니었습니다. 하나님께서 그를 모세의 뒤를 잇는 지도자로 세우셨고, 하나님의 약속과 명령을 따라 가나안 땅을 차지하기 위해 진격하여 싸우고자 한 것입니다. 따라서 하나님의 함께하심의 약속은 의심할 수 없는 사실이었고, 그렇기에 여호수아는 함께하시는 하나님을 확신하며 더

더욱 두려움을 이길 수 있었습니다.

오늘 우리도 말씀에 순종하고 주께서 맡기신 사명의 길을 걸어가고 있다면, 하나님의 함께하심은 의심할 수 없는 사실입니다. 하나님은 우리가 걸어가는 사명의 길에 함께하십니다. 따라서 그 함께하시는 하나님을 확신하며 우리도 그 삶에서 만나는 두려움을 이겨야 합니다. 눈앞의 두려움이 아닌 함께 하시는 하나님을 바라봐야 합니다.

시편 120-122편_도우시는 하나님

시편 120편은 거짓을 말하는 악인들 속에서 하나님의 도우심과 구원을 간구한 기도입니다. 시편 121편은 신실하신 하나님의 도우심과 지키심을 확신한 노래입니다. 시편 122편은 예루살렘의 평안과 축복을 기원한 노래입니다. 여기서 하나님의 도우심을 확신할 수 있습니다. 삶에서 여러 환난과 위험을 만나고 악인들로 인한 모함과 비방으로 인해 고통에 처할 수 있지만 믿음의 사람들에게는 하나님의 도우심이 있다는 것입니다. 그 도우심으로 모든 어려움과 문제를 이길 수 있고, 또 하나님의 도우심을 통해 평안과 축복을 누릴 수 있다는 것입니다. 따라서 우리도 고난과 문제 앞에서 이렇게 고백해야 합니다. "내가 산을 향하여 눈을 들리라 나의 도움이 어디서 올까 나의 도움은 천지를 지으신 여호와에게서로다"(시 121:1~2) 주의 성전을 찾아 나아가는 길에 하나님의 도우심이 있음을 확신한 고백입니다. 곧 하나님을 만나고 예배하기 위해 성전을 찾아 나아가는 길이 만만치 않습니다. 많은 고난과 위험이 있고 뜻하지 않는 장애들을 만나 어려움을 겪기도 합니다. 그러나 그 길에 하나님의 도우심도 있다는 것입니다. 따라서 성전을 찾아 나

아가는 순례자는 하나님의 도우심을 바라보며 그 고난의 길을 이겨간다고 고백한 것입니다.

사명의 길을 걸어가는 우리의 여정에도 고난과 시련이 있습니다. 우리를 넘어뜨리고자 하는 유혹도 있습니다. 그러나 또한 하나님의 도우심도 있음을 기억해야 합니다. 고난과 유혹으로 넘어지는 것이 아니라 하나님의 도우심을 바라보며 고난과 유혹을 이기고 끝까지 사명의 길을 걸어가야 합니다.

이사야 61장_보내시는 하나님

시온에 이루어질 영광과 기쁨의 소식을 전하는 말씀입니다. 특별히 이 아름다운 소식을 전하며 고통 중에 있는 백성들을 위로하는 일에 이사야 선지자가 선택 받았음을 전하고 있습니다. 하나님께서 그 영을 내려주시고 선지자로 하여금 고통 중에 있는 백성들에게 위로와 소망의 말씀을 전하며 사역하도록 보내고 계신다는 것입니다. "주 여호와의 영이 내게 내리셨으니 이는 여호와께서 내게 기름을 부으사 가난한 자에게 아름다운 소식을 전하게 하려 하심이라 나를 보내사 마음이 상한 자를 고치며 포로된 자에게 자유를, 갇힌 자에게 놓임을 선포하며"(사 61:1) 물론 이 말씀은 보다 근본적으로는 이사야 선지자가 아니라 메시야에 대한 언급과 그에게 주어진 사명으로 해석이 됩니다. 예수님께서 공생에 사역을 시작하며 성령을 받으셨고, 또 누가복음 4:18~21절에서 이 말씀을 자신에 관한 예언으로 명시하셨기 때문입니다. 그러나 이 말씀 속에서 보내시는 하나님의 뜻은 의심할 수 없습니다. 고통과 슬픔과 절망 가운데 있는 사람들을 위로하며, 그들에게 구원의 소식을 전하여 소망의 삶을 살게 하기를 원하시는 하나님의 사랑을 읽을 수 있습니다.

따라서 보내시는 사명의 자리에 우리가 서야 합니다. 우리를 부르셔서 생명의 자리에 서게 하신 하나님의 은혜를 깨닫고, 또한 우리를 보내어 우리의 이웃도 생명의 자리에 서게 하기를 원하시는 하나님의 뜻을 따라야 합니다. 무엇보다 보내심의 사명을 주시는 하나님은 사명을 감당할 수 있도록 성령을 보내주심도 기억해야 합니다. 따라서 그 사명을 감당할 수 없다고 물러서지 말고, 주신 성령의 능력을 믿고 힘써 사명의 길에 서야 합니다. 또한 사명을 감당할 때, 내 힘으로 감당하겠다는 어리석은 생각을 버리고 성령의 능력을 힘입어 감당해야 합니다.

마태복음 9장_부르시는 예수님

예수님의 치유의 사역을 기록하고 있습니다. 곧 중풍병자의 치유, 혈루증 앓는 여인의 치유, 야이로의 딸을 살리심, 시각장애인 둘과 귀신 들려 말 못하는 사람의 치유 등을 기록하고 있습니다. 그런데 또한 세관에 앉아 있던 마태를 제자로 부르신 말씀도 기록하고 있습니다(마 9:9).

마태는 사람들이 손가락질하는 세리였습니다. 지금까지 비난 받고 조롱받는 삶을 살았습니다. 그러나 주님은 그런 마태를 제자로 부르셨고 마태는 순종하여 따랐습니다. 그리고 이를 통해 마태의 삶은 더 이상 세리로 조롱받는 삶이 아닌 주님의 제자의 삶이요, 주님이 주신 사명을 감당하는 위대한 삶으로 바뀌게 됐습니다.

예수님은 오늘 우리도 부르십니다. 우리도 불러 우리의 삶을 바꾸십니다. 우리가 이전에 어떤 사람이었고, 또 어떤 삶을 살았는지 개의치 않으십니다. 예수님은 과거를 보지 않으시고 부르심에 응답하여 변화될 내일을 보십니다. 따라서 우리가 이 부르심에 응답해야 합니다. 우리가 응답할 때, 우리의 삶도 지금까지의 삶과 상관없이 위대한 삶으로 바뀔 수 있습니다.

하나님 편에서

여호수아 2장 | 시편 123-125편 | 이사야 62장 | 마태복음 10장

맥체인성경365_985p

하나님의 편에 선 자에게 고난이 있습니다. 그러나 보호하시는 은혜가 있고 구원이 있으며 영광이 있습니다. 따라서 하나님의 편에 서서 흔들리지 말아야 하고, 무엇보다 하나님의 편에 서기를 힘써야 합니다.

여호수아 2장_하나님 편에 선 자의 구원

여리고 정탐꾼들과 이를 숨겨준 라합에 대한 말씀입니다. 곧 여호수아는 싯딤에서 여리고로 정탐꾼들을 보냈습니다. 그러나 이 사실이 여리고 왕에게 알려져 정탐꾼들이 붙잡힐 위기에 처했는데, 라합이 정탐꾼들을 숨겨주고 도와줌으로 정탐꾼들이 그 위기를 면할 수 있었습니다.

라합이 정탐꾼들을 숨겨주고 도와준 것은 생명을 건 일이었습니다. 이 사실이 여리고 왕에게 발각되면 죽음을 면하지 못합니다. 반면 정탐꾼들을 밀고하면 여리고 왕으로부터 큰 상을 받을 수 있습니다. 그러나 라합은 여호와 하나님이 하늘과 땅의 유일한 하나님이심을 믿었습니다. 따라서 당장의 이득이나 또 당장의 위험보다, 내일의 생명과 구원을 바라보며 하나님을 붙잡았습니다. 하나님께 생명을 걸며 하나님 편에 섰습니다. 곧 라합은 정탐꾼들에게 이렇게 말했습니다. "그러므로 이제 청하노니 내가 너희를 선대하였은즉 너희도 내 아버지의 집을 선대하도록 여호와로 내게 맹세하고 내게 증표를 내라 그리고 나의 부모와 나의 남녀 형제와 그들에게 속한 모든 사람을 살려 주어 우리 목숨을 죽음에서 건져내라"(수 2:12~13)

결국 라합은 하나님 편에 섬으로 구원을 얻을 수 있었습니다. 여리고 사람으로, 하나님께서 여리고를 무너뜨리실 때에 함께 멸망 받을 존재였지만, 돌이켜 하나님 편에 섬으로 생명과 구원을 얻을 수 있었습니다. 이처럼 하나님 편에 서면 생명을 얻고 구원을 얻습니다. 하나님의 반대편에서는 심판과 멸망이 있을 뿐입니다. 혹 당장은 하나님의 반대편에서 영화와 권세를 누릴 수 있으나, 그 결과가 심판이라는 사실은 변하지 않습니다. 따라서 믿음으로 하나님의 편에 서야 합니다. 당장의 욕심보다 내일의 생명을 바라보며, 라합처럼 하나님께 생명을 걸어야 합니다.

시편 123-125편_하나님 편에 선 자의 보호

시편 123편은 하나님의 은혜를 바라보며 구하는 기도입니다. 시편 124편은 우리 편에 계신 하나님과 이를 통해 경험한 보호를 찬양하는 시입니다. 시편 125편은 하나님께서 자기 백성을 두르시고 보호하심을 찬양하는 시입니다. 곧 이 시편의 말씀은 하나님께서 하나님 편에 선 그 백성을 보호하시고 지키심을 전하고 있습니다.

"이스라엘은 이제 말하기를 여호와께서 우리 편에 계시지 아니하셨더라면 우리가 어떻게 하였으랴 사람들이 우리를 치러 일어날 때에 여호와께서 우리 편에 계시지 아니하셨더라면"(시 124:1~2) 하나님께서 우리 편에 계셨기에 적들의 공격으로 인한 큰 위기 속에서 적들을 물리치고 생명을 지킬 수 있었음을 고백하는 말씀입니다. 하나님이 우리 편 되어 우리와 함께하시며 우리를 지키셨다는 것입니다. "여호와를 의지하는 자는 시온 산이 흔들리지 아니하고 영원히 있음 같도다 산들이 예루살렘을 두름과 같이 여호와께서 그의 백성을 지금부터 영원까지 두르시리로다"(시 125:1~2) 하나님께서 그 백성들을 보호하시고 지키심을 찬양하는 말씀입니다. 하나님을 의지하는 자, 곧 하나님 편에 선 그 백성들을 산이 예루살렘을 두름같이 영원토록 두르시고 보호하신다는 것입니다.

우리는 하나님을 믿고 경외하는 하나님의 백성입니다. 하나님은 우리 편 되시는 우리의 하나님이십니다. 따라서 우리는 하나님의 두르심, 곧 보호하심 안에 있습니다. 그 어떤 대적도 또한 위험과 환난도 하나님께서 두르시고 보호하시는 손길을 물리칠 수 없습니다. 하나님이 우리 편 되시고, 우리가 하나님 안에서 하나님의 편에 서 있는 한, 우리는 하나님의 보호하심 안에서 안전합니다.

이사야 62장_하나님 편에 선 자의 영광

시온의 장래 영광에 대해 전하고 있습니다. 하나님께서 예루살렘을 기뻐하시고 영광스럽게 세우실 것을 믿음으로 바라보며 전하고 있습니다. "다시는 너를 버림 받은 자라 부르지 아니하며 다시는 네 땅을 황무지라 부르지 아니하고 오직 너를 헵시바라 하며 네 땅을   라라 하리니 이는 여호와께서 너를 기뻐하실 것이며 네 땅이 결혼한 것처럼 될 것임이라 마치 청년이 처녀와 결혼함 같이 네 아들들이 너를 취하겠고 신랑이 신부를 기뻐함 같이 네 하나님이 너를 기뻐하시리라"(사 62:4~5)

예루살렘에 '헵시바'와 '   라'라는 새 이름을 주고 있는데, '헵시바'는 '나의 기쁨은 그에게 있다'는 뜻으로 예루살렘이 하나님의 기쁨의 대상이 된다는 것입니다. '   라'는 '결혼한 여자'를 뜻하는데, 결혼했다가 이혼 당한 여인, 곧 버림을 받은 여인에게 사용되는 용어입니다. 따라서 예루살렘을 '   라'라고 부르심은 버림받은 그 성읍이 하나님의 은혜로 다시 용서함을 받았음을 나타내고 있습니다. 결국 이 말씀은 하나님께서 예루살렘을 그 죄로 심판하셨지만, 그 큰 사랑으로 다시 기뻐하시며 회복하심을 말씀하고 있습니다. 하나님의 사랑은 하나님의 은혜를 구하며 하나님 편에 서는 그 백성을 용서하시며 다시 영광스럽게 세우심을 가르쳐주고 있습니다.

마태복음 10장_하나님 편에 선 자의 고난

전도를 위해 열두 제자를 파송한 말씀과 주의 제자들이 겪을 박해와 고난에 대해 전하고 있습니다. 제자들이 공회에 넘겨지고 회당에서 채찍질 당하게 된다는 것입니다. 예수로 말미암아 총독들과 임금들 앞에 끌려가게 되고, 또 모든 사람에게 미움을 받게 된다는 것입니다(마 10:17~18, 22)

예수님의 제자로 예수님을 믿으며 살아간다는 것은 곧 하나님 편에서 살아가는 것입니다. 그리고 그 삶에 만만치 않은 핍박과 고난이 있습니다. 하나님 편에서 살아간다고 항상 승리와 축복만이 있는 것은 아닙니다. 하나님 편에서 예수님을 믿는 것 때문에 고난을 당하고 미움을 당합니다. 그러나 고난이 있다고 하나님의 편에 서기를 피하지 않아야 합니다. 하나님의 편에 서지 않을 때, 하나님의 두려움, 곧 심판을 마주해야 하기 때문입니다(마 10:28). 반면 하나님의 편에서는 하나님의 돌보심과 은혜를 경험할 수 있습니다. 곧 성경은 이렇게 가르쳐주고 있습니다. "너희를 넘겨 줄 때에 어떻게 또는 무엇을 말할까 염려하지 말라 그 때에 너희에게 할 말을 주시리니"(마 10:19) "두려워하지 말라 너희는 많은 참새보다 귀하니라"(마 10:31) 끌려간 총독들과 임금들 앞에서 당당히 할 말을 가르쳐주시고, 참새 한 마리도 돌보시는 하나님께서 비교할 수 없이 귀한 우리를 그 모든 위협에서 지키신다는 것입니다.

하나님 편에 서서 우리가 바라볼 것은 핍박과 고난이 아닌 하나님의 돌보심과 은혜입니다. 무엇보다 하나님께서 주시는 생명을 바라봐야 합니다. 그 생명을 바라보며 하나님의 편에 굳게 서야 합니다.

주님 손 안에

여호수아 3장 | 시편 126-128편 | 이사야 63장 | 마태복음 11장

맥체인성경365_991p

모든 것이 주님의 손 안에 있습니다. 우리의 삶을 세우시고 높이시는 축복도, 모든 아픔과 억울함을 갚아 주심도, 우리의 죄 짐을 벗기시고 참 쉼과 평안을 주시는 구원도 주님의 손 안에 있습니다. 따라서 주님을 믿고 의지하며 우리의 모든 삶을 주님께 맡겨야 합니다.

여호수아 3장_주께서 높여주셔야

이스라엘 백성들이 요단을 건넌 말씀입니다. 당시 요단이 곡식 거두는 시기로 언덕까지 물이 넘치는 때였는데, 언약궤를 멘 제사장들의 발이 물 가에 잠기자 위에서부터 흘러내리던 물이 그쳐 끊어졌고, 이로 인해 백성들이 마른 땅으로 요단을 건너갔다는 것입니다. 하나님께서 기이한 일을 행하셨다는 것입니다. 여호수아는 요단을 건너기 전 이미 백성들에게 하나님께서 기이한 일들을 행하실 것을 전했는데, 그 전한 말대로 하나님께서 이루신 것입니다. 그리고 이를 통해 하나님은 백성들 앞에서 여호수아가 전한 말의 권위를 세우시고 또 그를 높여주셨습니다. 곧 하나님께서 여호수아에게 이렇게 약속하셨습니다. "여호와께서 여호수아에게 이르시되 내가 오늘부터 시작하여 너를 온 이스라엘의 목전에서 크게 하여 내가 모세와 함께 있었던 것 같이 너와 함께 있는 것을 그들이 알게 하리라"(수 3:7)

모세가 백성들 앞에서 크고 존귀한 자로 지도력을 발휘할 수 있었던 것은 하나님께서 함께하셨기 때문입니다. 함께하신 하나님은 모세 편에서 큰 권능을 나타내 주셨고, 이를 본 백성들은 하나님께서 함께하시는 모세를 따르며 존경하지 않을 수 없었습니다. 그런데 이제 하나님께서 여호수아와 함께하시고 동일하게 큰 권능을 나타내셔서 여호수아를 백성들 앞에서 크게 하시겠다고 말씀하셨고 또 이루셨습니다. 여기서 중요한 사실을 깨달아야 합니다. 크고 높아지는 것은 하나님의 손에 있습니다. 하나님께서 크게 높이셔야 진정 높아집니다. 스스로 높아지고자 하는 것은 어리석은 일입니다. 그것은 교만이고, 교만은 패망의 선봉이 됩니다(잠

18:12). 따라서 하나님께 맡겨야 합니다. 하나님께서 함께하셔서 높이시기를 구하며 맡겨야 합니다.

시편 126-128편_주께서 세워주셔야

시편 126편은 여호와께서 시온의 포로를 돌려 보내신 큰 일을 바라보며 여호와를 찬양한 시입니다. 시편 127편은 만사가 하나님의 손에 있음을 고백한 찬양입니다. 시편 128편은 여호와를 경외하는 가정에 복이 있음을 전하는 찬양입니다.

특별히 시편 127편의 말씀을 주목하면, 우리의 집, 일터, 또한 모든 삶이 하나님의 손 안에 있고, 따라서 하나님께서 세우시고 지키시기고 또한 경영해 주셔야 함을 가르치고 있습니다. 그렇지 않으면 헛되다는 것입니다. "여호와께서 집을 세우지 아니하시면 세우는 자의 수고가 헛되며 여호와께서 성을 지키지 아니하시면 파수꾼의 깨어 있음이 헛되도다 너희가 일찍이 일어나고 늦게 누우며 수고의 떡을 먹음이 헛되도다 그러므로 여호와께서 그의 사랑하시는 자에게는 잠을 주시는도다"(시 127:1~2)

결국 이 말씀은 하나님께 맡겨야 함을 가르쳐주고 있습니다. 하나님 안에서 하나님과 함께 행해야 한다는 것입니다. 하나님 없이 하나님 밖에서 내가 세우고, 지키고 경영해 봐야 헛된 결과만 낳을 뿐이라는 것입니다. 따라서 하나님 밖에서 성공을 이룰 것처럼 주위의 사람들이 유혹한다고 해도 단호히 거절해야 합니다. 우리의 인생 모든 것이 하나님의 손 안에 있음을 깨닫고, 절대적으로 하나님께 맡기며 하나님 안에서 하나님과 함께 세워가야 합니다.

이사야 63장_주께서 갚아주셔야

에돔에 대한 하나님의 심판을 전하는 말씀과 하나님의 백성의 회개 및 간구의 기도를 기록하고 있습니다. 에돔은 유다의 대표적인 대적으로서 예루살렘이 멸망할 때 그것을 기뻐했을 뿐만 아니라, 바벨론을 피해 피난을 가던 유다 백성들을 잔인하게 대했습니다. 이것에 대해 하나님께서 원수를 갚으신다는 것입니다. 그리고 원수 갚는 날이 그 백성들에게는 구속의 해가 된다는 말씀하고 있는데, 하나님의 원수 갚는 날이 이스라엘의 대적들에게는 심판의 날이지만, 이스라엘 백성들에게는 구원의 날이 된다는 것입니다. "이는 내 원수 갚는 날이 내 마음에 있고 내가 구속할 해가 왔으나 내가 본즉 도와 주는 자도 없고 붙들어 주는 자도 없으므로 이상하게 여겨 내 팔이 나를 구원하며 내 분이 나를 붙들었음이라 내가 노함으로 말미암아 만민을 밟았으며 내가 분함으로 말미암아 그들을 취하게 하고 그들의 선혈이 땅에 쏟아지게 하였느니라"(사 63:4~6) "도와주는 자도 없고 붙들어 주는 자도 없었다"는 말씀에 주목해야 합니다. 여기서 하나님의 구원의 사역은 그 누구도 조력하지 않으며 또 조력할 수도 없다는 것을 역설적으로 표현하고 있습니다. 곧 우리의 원수를 갚아주시고 우리를 구속하실 수 있는 분은 오직 하나님 한 분임을 깨닫게 합니다. 다시 말해 이 말씀은 우리의 원수를 갚으시는 것이 하나님의 손 안에 있음을 깨닫고, 따라서 스스로 원수를 갚으려고 하기보다 하나님께 맡겨야 함을 가르쳐줍니다.

다윗은 자신을 죽이려고 했던 사울 왕도, 압살롬의 반역에 쫓겨 도망가던 자신을 조롱한 시므이도 하나님께 맡겼습니다. 원수를 갚을 기회가 있었지만 하나님께 맡겼고, 이를 통해 하나님께서 온전히 갚아주시는 은혜를 누렸습니다. 우리도 하나님께 맡겨야 합니다. 억울함과 원통함을 하나님께 맡겨야 하고 또 믿음으로 기다려야 합니다. 그러면 우리를 사랑하시고, 우리 편 되신 하나님께서 하나님의 마음에 있는 날에 그 원수를 반드시 갚아주시고 우리를 구속해 주십니다.

마태복음 11장_주께서 쉼을 주셔야

세례 요한의 예수님을 향한 물음과 예수님의 대답, 예수님의 세례 요한에 대한 증언, 갈릴리 도시들에게 내릴 재앙, 예수님의 구원의 초대 등을 기록하고 있습니다. 주목할 말씀은 예수님의 구원의 초대입니다. 우리의 참된 쉼과 평안은 오직 예수 그리스도를 통한 구원에 있고, 따라서 우리의 쉼을 주님의 손에 맡겨야 함을 가르쳐주고 있습니다. "수고하고 무거운 짐 진 자들아 다 내게로 오라 내가 너희를 쉬게 하리라 나는 마음이 온유하고 겸손하니 나의 멍에를 메고 내게 배우라 그리하면 너희 마음이 쉼을 얻으리니"(마 11:28~29)

수고하고 무거운 짐은 죄의 짐을 뜻합니다. 또한 예수님께서 말씀하시는 쉼은 단순히 육체적 쉼이나 마음의 평안을 뜻하는 것이 아니라 전인적인 구원을 뜻합니다. 이 구원은 율법이라는 멍에를 통해서는 이룰 수 없고, 오직 예수 그리스도의 멍에 곧 믿음을 통해서 이룰 수 있다는 것입니다. 따라서 율법의 멍에를 내려놓고 예수 그리스도를 믿음으로 예수님께서 주시는 멍에를 메야 한다는 것입니다. 그때에 예수를 통해 죄의 짐을 벗고 구원을 누리며, 이를 통해 참 평안과 쉼도 누릴 수 있다는 것입니다.

오늘의 기도

1. 주께서 우리의 삶과 가정과 사업장을 세우시고 지키시고 경영하여 주소서.
2. 큰 권능으로 함께하시는 주님을 더욱 의지하며, 주께서 높이시고 크게 하시는 은혜를 누리게 하소서.
3. 수고하고 무거운 죄의 짐을 주님 앞에 내려놓고, 참 쉼과 평안을 누리게 하소서.

구해야 할 것

여호수아 4장 | 시편 129-131편 | 이사야 64장 | 마태복음 11장

맥체인성경365_995p

주님 앞에 무엇을 구해야 하는가? 사유하심의 은혜로 우리의 죄를 용서하시고 구원하시며, 우리의 삶을 인도하시기를 구해야 합니다. 따라서 표적이 아닌 십자가의 은혜를 구해야 하고, 주께서 우리의 삶에 강림하시기를 구해야 합니다.

여호수아 4장_인도하심의 은혜를 구해야

이스라엘이 하나님의 기적을 통해 요단강을 건넌 사건을 기록하고 있습니다. 특별히 하나님의 기적과 그 은혜를 잊지 않기 위해 열두 개의 돌을 취하여 기념이 되게 했음을 전하고 있습니다(수 4:6~7).

이스라엘 백성들이 요단을 건넌 시기는 곡식을 거두는 시기로 요단의 물이 언덕까지 넘쳐흐르고 있었습니다(수 1:15 참조). 그러나 하나님께서 요단의 물을 멈추고 끊어지게 하시는 기적을 베푸셨고, 이를 통해 그 백성들이 마른 땅으로 문제없이 건너갈 수 있게 하셨습니다. 하나님께서 인도하시는 길에 그 어떤 장애도 문제되지 않으며, 그 무엇도 막아설 수 없음을 보여주셨습니다. 그리고 하나님은 열두 개의 돌을 세워서 그 기적을 기념하며, 그 자손들까지 기억하도록 하셨는데, 이는 곧 그 자손들도 기억하고 하나님을 의지하기를 바라신 것임을 생각할 수 있습니다. 하나님께서 인도하시는 길에는 그 어떤 장애도 문제 되지 않음을 깨닫고, 그 자손들도 하나님의 그 인도하심을 구하고 따르며, 또 그 은혜와 기적을 누리기를 바라신 것입니다.

하나님께서 인도하시는 길에는 막힘이 없습니다. 그 어떤 장애도 문제가 되지 않습니다. 하나님의 권능은 모든 장애를 가르고 깨뜨립니다. 따라서 힘써 하나님의 인도하심의 은혜를 구해야 합니다. 요단을 건너 가나안까지 이스라엘 백성들을 인도하셨던 것처럼, 하나님께서 오늘 우리의 삶을 인도해주시기를 구해야 합니다.

시편 129-131편_용서의 은혜를 구해야

시편 129편은 억눌림의 고통 중에 하나님의 도우심을 구하고 또 확신한 믿음의 고백입니다. 시편 130편은 깊은 곤경 중에서 주의 용서하심의 은혜를 간절히 구한 기도입니다. 시편 131편은 겸손함으로 하나님의 품 안에서 평안함을 누리고 있는 한 신앙인의 기도입니다.

특별히 시편 130편에 주목하면, 우리가 힘써 하나님의 은혜를 구해야 함을 깨닫게 됩니다. "여호와여 주께서 죄악을 지켜보실진대 주여 누가 서리이까 그러나 사유하심이 주께 있음은 주를 경외하게 하심이니이다"(시 130:3~4) 하나님은 거룩하시고 거룩하신 하나님 앞에 그 누구도 설 수 없다는 말씀입니다. 그 누구도 죄에서 자유로울 수 없기 때문입니다. 그러나 하나님께 사유하심의 은혜가 있고, 그 은혜로 하나님 앞에 설 수 있음을 말씀하고 있습니다. 따라서 이 시편의 신앙인은 여호와 하나님을 기다린다고 고백하고 있습니다. "나 곧 내 영혼은 여호와를 기다리며 나는 주의 말씀을 바라는도다 파수꾼이 아침을 기다림보다 내 영혼이 주를 더 기다리나니 참으로 파수꾼이 아침을 기다림보다 더하도다"(시 130:5~6) 결국 이 고백은 여호와 하나님의 용서의 은혜를 기다린다는 것입니다. 그 인자하심과 풍성한 속량을 바란다는 것입니다(시 130:7).

우리의 연약함은 죄에서 자유로울 수 없게 합니다. 또한 그 죄는 거룩하신 하나님 앞에 서지 못하게 합니다. 그리고 그 결과는 심판입니다. 따라서 우리가 항상 하나님께 기도하며 구해야 하는 것은 용서의 은혜입니다. 우리의 죄를 씻고 기억하지 않으시며 그 은혜로 품어주시기를 간절히 구해야 합니다.

이사야 64장_강림하심의 은혜를 구해야

하나님의 강림을 구하는 이사야의 기도입니다. 강림하신 하나님께서 모든 원수와 대적들을 물리치시고 승리의 은혜를 주시기를 기도하고 있습니다. "원하건대 주는 하늘을 가르고 강림하시고 주 앞에서 산들이 진동하기를 불이 섶을 사르며 불이 물을 끓임 같게 하사 주의 원수들이 주의 이름을 알게 하시며 이방 나라들로 주 앞에서 떨게 하옵소서"(사 64:1~2)

하나님의 강림을 구하는 이사야의 기도에는 또한 하나님의 용서하심의 은혜를 구하는 기도가 포함되어 있습니다. 곧 하나님은 그 백성들의 죄로 인해 진노하시며 그 얼굴을 숨기시고, 그 백성들을 소멸되게 심판하셨습니다(사 64:5~7). 따라서 이제는 그 분노를 멈추고, 그 큰 사랑으로 용서하시며(사 64:9), 다시 강림하시기를 구한 것입니다. 다시 강림하시어 그 백성과 함께하시고, 황폐해진 예루살렘과 그 성전을 다시 회복해주시기를 구한 것입니다(사 64:10~12). 또한 이사야의 기도에는 오직 해답은 하나님께만 있다는 절대적 믿음이 담겨 있습니다. 결코 그 백성들 스스로 원수들을 물리치고 회복을 이룰 수 없다는 것입니다. 오직 하나님만이 모든 원수들을 물리치시고 회복을 이루게 하신다는 것입니다. 따라서 이사야는 하나님께서 하늘을 가르고 강림하시기를 간절함으로 구하고 있는 것입니다.

오늘 우리도 하나님의 강림하심을 간절히 구해야 하지 않습니까? 우리의 삶의 문제의 해답도, 삶의 회복과 축복도 오직 하나님께 있고 따라서 하나님께서 우리의 삶에 강림해 주셔야 하지 않습니까? 따라서 우리도 이사야처럼 주께서 우리의 삶에 강림하시고, 우리의 삶에 개입해주시기를 간절히 기도해야 합니다.

마태복음 12장_십자가의 은혜를 구해야

바리새인들과 벌인 안식일 논쟁, 예수님께서 귀신을 쫓아내시고 치유하심으로 인해 일어난 논쟁, 서기관과 바리새인들의 표적 요구, 예수의 진정한 가족에 대한 가르침 등을 기록하고 있습니다.

서기관과 바리새인들이 예수님을 찾아와 표적을 요구했던 말씀을 주목하면, 예수님께서는 그들의 요구의 그릇됨을 지적하시며, 오직 선지자 요나의 표적 밖에는 보일 표적이 없다고 말씀하셨습니다. 요나가 밤낮 사흘을 물고기 배속에 있다가 구원 받은 것 같이, 예수님도 십자가에서 죽으시고 사흘을 무덤에 계시다가 이후 부활하신다는 것입니다(마 12:38~40).

예수님의 대답을 통해 우리가 집중하고 구해야 하는 것이 무엇인가를 가르침 받게 됩니다. 곧 초자연적 능력으로서의 표적이 아니라 십자가의 은혜를 구해야 합니다. 사람들은 예수님이 행하시는 표적에 환호했고, 또 그 표적을 보고 예수님을 따랐습니다. 서기관들과 바리새인들은 그 표적조차도 바알세불의 힘을 빌어서 한 것이라고 평가절하하고 다른 표적을 더 보이라고 말하며 예수님을 대적했습니다. 그러나 표적이 우리를 구원하는 것이 아니라 예수 그리스도의 십자가의 은혜가 우리를 구원합니다. 예수님께서 표적을 행하심도 이 십자가의 구원으로 이끄시기 위함이었습니다. 따라서 표적이 아닌 십자가의 은혜를 구해야 합니다. 십자가의 은혜와 이를 통한 구원을 바라보며 예수님 앞에 나와야 합니다.

이것이 먼저입니다

맥체인성경365_1000p

여호수아 5-6장 5절 | 시편 132-134편 | 이사야 65장 | 마태복음 13장

우리는 천국을 소망하며 살아가는 하나님의 백성들로 하나님의 부르심에 응답하여 무엇보다 먼저 죄에서 돌이켜야 합니다. 당장의 목숨과 이익보다 먼저 거룩함을 추구하고, 당장의 편안함보다 먼저 하나님을 경험하는 예배를 사모해야 합니다.

여호수아 5-6장 5절_거룩함이 먼저

요단강을 건넌 이스라엘 백성들이 하나님의 명령에 따라 할례를 행했다는 말씀입니다(수 5:2~3) 애굽에서 나온 백성들은 다 할례를 받았지만, 애굽에서 나온 후 광야 길에서 태어난 사람들은 할례를 받지 못했습니다(수 5:5). 길에서 할례를 행할 수 없었기 때문입니다(수 5:7). 따라서 하나님은 가나안 땅 정복 전쟁을 앞에 두고 먼저 할례를 명령하셨습니다. 할례를 통해 애굽에서의 모든 죄악된 습성을 끊고, 하나님의 언약의 백성으로서의 삶을 결단하는 정결 예식을 가지라는 것입니다(수 5:9). 그럼으로 하나님 앞에 거룩하게 서라는 것입니다. 이에 여호수아는 하나님의 명령에 순종하여 백성들에게 할례를 행했습니다. 사실 여호와의 명령에 순종하여 할례를 행하는 것이 쉬운 일은 아니었습니다. 요단강을 건너기 전이라면 모를까 요단강을 건너 여리고의 적들을 눈앞에 둔 지금 할례를 행하는 것은 참으로 위험한 일이었습니다. 그럼에도 하나님은 할례를 명하셨고, 여호수아와 백성들은 순종했습니다. 결국 무엇입니까? 할례를 통해 하나님의 백성으로 거룩하게 서는 것이 그 무엇보다 중요하다는 것입니다. 당장 눈앞에 있는 가나안 땅을 차지하는 것보다 거룩함이 먼저라는 것입니다. 설령 위험에 처하고 심지어 모두가 생명을 잃는다 할지라도 하나님의 거룩한 백성으로 하나님 앞에 서는 것이 더 중요하다는 것입니다.

거룩함이 먼저입니다. 우리는 하나님의 나라에 소망을 두고 하나님의 백성으로 살아가야 합니다. 당장 눈앞의 기업을 차지하는 것보다 하나님과의 교제를 이어가는 것이 더 중요합니다. 육신의 생명보다 거룩함을 더 중요하게 여겨야 합니다.

시편 132-134편_예배함이 먼저

시편 132편은 여호와의 성소에 대한 축복과 약속에 대한 말씀입니다. 시편 133편은 형제 화합의 복을 노래하는 시입니다. 시편 134편은 밤에 성전에서 부르는 찬송입니다.

시편 132편의 말씀을 통해 하나님의 백성으로 당장의 평안함보다 수고와 불편을 감수할지라도 예배하는 일에 우선순위를 두어야 한다는 사실을 깨닫게 됩니다. 삶의 평안에 안주하여 하나님을 만나고 예배하는 일에 소홀히 하는 것은 어리석은 일이며 힘써 하나님을 찾아야 함을 배우게 됩니다. "내가 내 장막 집에 들어가지 아니하며 내 침상에 오르지 아니하고 내 눈으로 잠들게 하지 아니하며 내 눈꺼풀로 졸게 하지 아니하기를 여호와의 처소 곧 야곱의 전능자의 성막을 발견하기까지 하리라 하였나이다"(시 132:3~5) '야곱의 전능자의 성막'은 하나님의 언약궤를 뜻합니다. 곧 다윗은 하나님의 언약궤를 찾기를 무엇보다 사모했다는 것입니다. 이 언약궤를 찾기까지 집에 들어가지 아니하고, 침상에 오르지 아니하며, 잠도 자지 않을 것을 작정할 만큼 사모했다는 것입니다. 그런데 또한 하나님의 언약궤를 찾기를 사모했다는 것은 하나님을 만나고 그 임재하심을 경험하는 예배를 사모했다는 것입니다.

다윗은 왕으로서 누구보다 편안한 삶을 추구하여 누릴 수 있었습니다. 그러나 다윗은 당장의 편안함보다 하나님을 예배하는 삶을 더 소중히 여겼습니다. 하나님을 만나고 그 임재를 경험하며, 하나님께 예배하고 은혜를 받아 누리는 것보다 더 소중한 것은 없음을 보여주었습니다. 우리도 하나님의 백성으로 당장의 편안함보다 하나님을 예배하는 일에 힘을 쏟아야 합니다. 육신의 쉼보다 하나님을 만나고 예배하며 누리게 되는 영혼의 쉼을 더 구해야 합니다. 이것이 하나님의 백성으로서 우선해야 하는 삶입니다.

이사야 65장_돌이킴이 먼저

보응과 은혜를 전하고 있고, 또 새 하늘과 새 땅의 약속을 전하고 있습니다. 곧 여호와 하나님을 구하지 아니하는 자들, 하나님을 버리고 우상을 섬긴 자들에 대해서는 하나님의 심판이 주어지고, 신실한 하나님의 종들에게는 은혜와 기쁨이 주어진다는 것입니다. 특별히 하나님께서 새 하늘과 새 땅을 창조하실 것을 약속하고 있는데, 거기에는 생명과 평화와 축복이 있음을 말씀하고 있습니다. 따라서 주목할 말씀이 회개입니다. 돌이키라는 하나님의 말씀을 듣고 그 부르심에 응답해야 한다는 것입니다. "내가 너희를 칼에 붙일 것인즉 다 구푸리고 죽임을 당하리니 이는 내가 불러도 너희가 대답하지 아니하며 내가 말하여도 듣지 아니하고 나의 눈에 악을 행하였으며 내가 즐겨하지 아니하는 일을 택하였음이니라"(사 65:12) 하나님의 부르심에 응답하지 않고 돌이키지 않은 백성들을 향해 하나님의 심판이 있음을 전하는 말씀인데, 하나님은 응답하시고 만나주고자 하셨지만 그 백성들이 구하지 않고 찾지 않고 그 이름을 부르지 않았다는 것입니다(사 65:1). 오히려 가증한 일을 행하며 헛된 신을 섬겼다는 것입니다(사 65:11). 따라서 칼에 맞아 죽는 신세가 되게 하고, 살육당하는 자 앞에 엎드러지게 하는 심판을 단행하시겠다는 것입니다.

결국 무엇입니까? 하나님께서 원하시는 뜻은 무엇입니까? 그 죄에서 돌이키라는 것입니다. 헛된 우상과 신들을 섬기며 바라보는 것에서 돌이켜 하나님을 바라보라는 것입니다. 하나님을 찾고 그 이름을 부르며 또 하나님께 구하면 하나님께서 응답하시겠다는 것입니다. 돌이켜 주의 종으로 살아가는 자들에게 먹고 마시는 배부름이 주어지고, 기쁨과 즐거움의 노래가 불러지게 되며, 새 이름의 은혜가 주어진다는 것입니다. 무엇보다 하나님께서 창조하신 새 하늘과 새 땅에서 살아가는 축복이 있다는 것입니다.

마태복음 13장_깨달음이 먼저

비유의 말씀입니다. 씨뿌리는 사람에 대한 비유, 가라지 비유, 겨자씨와 누룩의 비유, 밭에 감추인 보물과 값진 진주의 비유, 그물의 비유 등, 예수님께서 비유로 천국을 전하신 말씀입니다. 이 말씀을 통해 우리가 천국을 가장 소중한 가치로 두고 소망하며 따라가야 함을 배우게 되는데, 또한 이를 위해 깨달음이 중요하다는 사실도 배우게 됩니다. "그러므로 내가 그들에게 비유로 말하는 것은 그들이 보아도 보지 못하며 들어도 듣지 못하며 깨닫지 못함이니라"(마 13:13) 천국의 가치를 깨닫지 못하는 사람들을 향한 예수님의 답답함이 표현된 말씀입니다. 무엇보다 천국의 가치를 깨닫고 추구해야 한다는 사실을 역설적으로 표현하고 있는 말씀입니다.

이미 천국의 말씀은 주님을 통해서 선포되었고 우리에게 주어졌습니다. 그러나 이를 깨닫지 못하면 그 가치도 모를 뿐만 아니라 천국에 대한 소망도 갖지 못합니다. 아무리 천국이 그 앞에 주어져도 소유하지 못하고 또 누리지 못합니다. 따라서 깨달음이 먼저 있어야 합니다. 주님을 찾아가 묻고 그 비유의 해석을 들어야 합니다. 그렇게 듣고 천국의 참 가치를 깨달아 이 세상의 그 무엇보다도 최고의 가치를 두고 따라가야 합니다. 이 땅에서 가진 모든 것을 다 팔아 천국을 소유해야 합니다.

오늘의 기도

1. 천국의 가치를 바로 깨닫고 항상 천국에 소망을 두고 살아가게 하소서.
2. 하나님 앞에서 거룩하게 서는 일을 목숨보다 더 소중히 여기게 하소서.
3. 하나님을 경험하며 예배하는 것이 최고의 기쁨이게 하소서.

기이한 일

여호수아 6장 6-27절 | 시편 135-136편 | 이사야 66장 | 마태복음 14장

맥체인성경365_1006p

주께서는 기이한 일들을 통해 그 백성들을 위로하시고 돌보시며 승리를 주십니다. 따라서 주의 기이한 일들에 감사하고 찬양해야 합니다.

여호수아 6장 6-27절_기이한 일을 통한 승리

여리고성을 정복한 말씀입니다. 곧 하나님의 권능으로 여리고성이 무너졌고 이스라엘 백성들이 그 성을 점령했습니다(수 6:20~21)

여리고성은 당시의 무기로 무너뜨릴 수 없는 난공불락의 성이었습니다. 그러나 하나님의 말씀에 순종하여 매일 성을 돌고 또 마지막 날 소리를 질렀을 때, 성이 무너지는 놀라운 역사가 일어났습니다. 하나님께서 기이한 일을 나타내신 것입니다. 이를 통해 이스라엘 백성들은 여리고성을 점령하고 승리를 거두었습니다.

우리에게 불가능한 문제도 하나님의 기이한 일을 통해 해결할 수 있습니다. 하나님의 기이한 일이 대적들에게는 두려움이 됩니다. 그 일이 그들에게는 심판으로 나타나기 때문입니다. 그러나 하나님의 백성에게는 하나님의 기이한 일이 승리로 나타납니다. 따라서 우리 앞에 있는 대적과 불가능한 문제들로 인해 두려워하고 낙담할 필요가 없습니다. 하나님 편에 서서 하나님의 권능을 의지하면 됩니다. 절대적으로 하나님의 말씀에 순종하면 됩니다. 하나님은 우리의 순종에 그 권능으로 기이한 일을 나타내시고, 또 그 기이한 일을 통해 승리를 주십니다.

시편 135-136편_기이한 일로 인한 찬양

시편 135편은 하나님께서 행하신 일로 인해 찬양하라는 시입니다. 시편 136편은 하나님께서 행하신 기이한 일들로 감사하라는 시입니다.

"이스라엘 족속아 여호와를 송축하라 아론의 족속아 여호와를 송축하라 레위 족속아 여호와를 송

축하라 여호와를 경외하는 너희들아 여호와를 송축하라"(시 135:19~20) 여호와 하나님을 송축하라고 말씀하고 있는데, 하나님의 행하신 놀라운 일들로 인해 송축하며 찬양하라는 것입니다. 그 백성들을 특별한 소유로 택하시고, 애굽에서 구원하시며, 모든 나라들을 물리치고 그 백성들에게 기업을 주셨다는 것입니다. 이런 놀라운 일들을 행하신 하나님을 찬양함이 마땅하다는 것입니다.

"홀로 큰 기이한 일들을 행하시는 이에게 감사하라 그 인자하심이 영원함이로다"(시 136:4) 큰 기이한 일들을 행하시는 이, 곧 하나님께 감사하라고 말씀하고 있습니다. 창조와 구원과 승리와 기업의 축복 등, 하나님께서 그 백성들을 위해 큰 기적을 행하셨고 따라서 감사해야 한다는 것입니다. 특별히 "홀로"라는 구절을 주목해야 합니다. 하나님은 그 누구의 도움도 필요치 않으시다는 것입니다. 홀로 그 백성들을 위한 기적을 능히 행하신다는 것입니다. 따라서 우리의 찬양도 오직 하나님만을 향해야 합니다. 우리의 의지의 대상도 오직 하나님 한 분이어야 합니다.

이사야 66장_기이한 일을 통한 위로

예루살렘의 장래 구원과 악인들에 대한 심판의 말씀입니다. 곧 하나님의 말씀에서 떠나 가증하고 불의한 일을 행하는 자들은 심판을 당하지만, 하나님의 구원을 신뢰하며 그 은혜를 구하는 자들에게는 하나님의 기쁨과 위로와 평강이 있다는 것입니다.

무엇보다 주목할 말씀이, 많은 사람들이 하나님의 구원의 약속을 신뢰하지 못했다는 것입니다. 오히려 하나님께서 예루살렘에 행하실 구원을 믿는 사람들을 미워하고 쫓아내며, "여호와께서는 영광

을 나타내사 너희 기쁨을 우리에게 보이시기를 원한다"고 조롱했습니다(사 66:5). 곧 그만큼 하나님의 구원의 약속이 상상할 수 없는 놀라운 일이었다는 것입니다. 그러나 하나님께서 그 누구도 듣지 못하고 보지 못한 기이한 일을 행하셔서, 그 약속대로 구원을 이루시고, 그 구원을 신뢰한 사람들에게 기쁨을 주심을 말씀하고 있습니다. 하나님의 구원을 신뢰하지 못한 자들은 수치를 당하지만, 고난 중에서도 하나님의 구원을 신뢰한 자들은 하나님께서 기쁨과 영광과 평안을 주시고 위로하신다는 것입니다. "예루살렘을 사랑하는 자들이여 다 그 성읍과 함께 기뻐하라 다 그 성읍과 함께 즐거워하라 그 성을 위하여 슬퍼하는 자들이여 다 그 성의 기쁨으로 말미암아 그 성과 함께 기뻐하라 너희가 젖을 빠는 것 같이 그 위로하는 품에서 만족하겠고 젖을 넉넉히 빤 것 같이 그 영광의 풍성함으로 말미암아 즐거워하리라"(사 66:10~11) '예루살렘을 사랑하는 자들'은 하나님의 성읍과 성전을 사모하며 하나님의 은혜를 구한 자들입니다. '그 성을 위하여 슬퍼하는 자들'은 예루살렘 성읍의 멸망을 바라보며 애통해하고 그 죄를 돌아본 자들입니다. 이들이 회복된 성읍에서 기쁨과 풍성함을 누리며 위로함을 얻는다는 것입니다.

하나님은 그 권능으로 우리가 상상할 수 없는 기이한 일을 행하시고 구원을 이루십니다. 그리고 그 구원을 통해 하나님을 신뢰하며 고통 중에도 끝까지 하나님 편에 선 자를 위로하십니다. 따라서 어떤 환난과 고난에도 하나님의 기이한 일과 구원을 바라보며 하나님을 떠나지 않아야 합니다.

마태복음 14장_기이한 일을 통한 돌봄
세례 요한의 죽음과 오병이어의 기적, 그리고 주님께서 바다 위를 걸어 제자들에게 가신 말씀을 기록하고 있습니다. 이 말씀에서 하나님의 기이한 일을 통한 돌보심을 볼 수 있습니다. 곧 주님은 빈 들이지만 주님을 바라보고 나아온 무리들을 보시고 불쌍히 여기사 그 중에 있는 병자들을 고쳐주셨습니다. 뿐만 아니라 그들의 굶주림을 아시고 그 주린 배를 채워주셨습니다. 그 백성들을 돌보시는 일에 망설임 없이 그 권능으로 기적을 나타내셨는데, 남자만 오천 명이나 되는 사람들을 떡 다섯 개와 물고기 두 마리로 배불리 먹이시고 남기시는 상상할 수 없는 기이한 일을 행하셨습니다(마 14:20~21). 또한 주님은 바다 위를 걸어 제자들에게 가셨습니다. 바다 한 가운데서 거스르는 바람과 물결로 인해 고난을 겪고 있는 제자들을 보시고, 바다 위를 걸어서 제자들에게 가셨습니다(마 14:25). 또한 자신도 물 위를 걷고 싶다는 베드로의 청을 들으시고 베드로도 물 위를 걷는 기적을 경험케 하셨고, 또 물 위를 걷다가 바람을 보고 무서워하여 물속에 빠지는 베드로를 그 즉시 손을 내밀어 붙잡아 구원하셨습니다. 하나님의 기이한 일들을 경험하는 중에 어느 한 사람도 놓치지 않고 돌보심을 보여주셨고, 또한 기이한 일 가운데 의심하지 말고 끝까지 믿어야 함을 가르치셨습니다(마 14:31).

주님은 우리의 필요와 문제와 아픔을 아시고, 또 우리가 당하는 고난과 고통을 보고 계십니다. 그리고 그 기이한 일을 통해 우리의 문제와 고통을 해결하시고 돌보십니다. 우리를 위해 그 기이한 일 행하시기를 주저하지 않으십니다. 따라서 아무 것도 없는 빈 들이어도 주님을 보고 나아가야 합니다. 굶주림과 고통 중에 있어도 결코 주님을 떠나지 말아야 하고, 주님을 따르는 길에서 어떤 풍랑을 만나고 위험에 처해도 의심하지 말고 끝까지 주님을 신뢰해야 합니다.

오늘의 기도
1. 주께서 우리를 위해 행하시는 놀라운 기적들을 깨닫고 찬양하며 살게 하소서.
2. 여리고 성의 장벽 앞에 좌절하지 않고, 믿음과 순종을 통한 주의 기적으로 장벽을 무너뜨리게 하소서.
3. 빈 들이어도 또한 고난이 있어도 주님을 떠나지 않아 우리의 필요를 채우시고 우리를 돌보시는 주님의 은혜를 경험하게 하소서.

죄 (1)

여호수아 7장 | 시편 137-138편 | 예레미야 1장 | 마태복음 15장

하나님은 모든 죄를 보고 계시고, 그 죄에 대해 심판하십니다. 따라서 내 죄를 깨달아야 합니다. 아픔으로 이끄는 죄의 결과도 깨달아야 합니다. 무엇보다 속히 죄를 제거해야 합니다.

여호수아 7장_제거해야 하는 죄

아간의 범죄와 이로 인한 아이성 전투의 패배를 전하고 있습니다. 곧 여리고성에서 하나님의 놀라운 승리를 경험한 이스라엘은 아이성의 첫 전투에서 어이없이 패하고 말았습니다. 그 결정적 이유가 아간의 범죄 때문이었습니다. 여리고에서 승리한 이후, 하나님께 온전히 바친 물건을 그가 탐내어 가졌습니다. 이로 인해 하나님은 진노하셨고, 아이성과의 첫 전투에서 패배하게 하셨습니다. 이에 대해 하나님은 여호수아에게 그 죄가 패배의 이유임을 말씀하시며, 그 죄를 제거하기까지는 결코 이스라엘과 함께하지 않으심을, 곧 이스라엘이 결코 승리할 수 없음을 말씀하셨습니다. "이스라엘이 범죄하여 내가 그들에게 명령한 나의 언약을 어겼으며 또한 그들이 온전히 바친 물건을 가져가고 도둑질하며 속이고 그것을 그들의 물건들 가운데에 두었느니라 그러므로 이스라엘 자손들이 그들의 원수 앞에 능히 맞서지 못하고 그 앞에서 돌아섰나니 이는 그들도 온전히 바친 것이 됨이라 그 온전히 바친 물건을 너희 중에서 멸하지 아니하면 내가 다시는 너희와 함께 있지 아니하리라"(수 7:11~12)

결국 이스라엘은 하나님의 말씀을 통해 아간의 죄를 밝혀내고 이를 제거했고, 그 이후에야 함께하시고 도우시는 하나님을 통해 아이성을 정복하고 승리할 수 있었는데, 이처럼 죄는 하나님의 심판을 불러옵니다. 우리 인생을 실패로 이끕니다. 이 심판과 실패를 바꿀 수 있는 길은 오직 죄를 제거하는 것입니다. 죄를 제거하지 않고는 결코 하나님의 승리를 경험할 수 없습니다.

시편 137-138편_아픔을 겪게 하는 죄

시편 137편은 바벨론에 포로로 잡혀간 사람들이 고통을 말하며 하나님께 탄원한 시입니다. 시편 138편은 하나님의 도우심에 대에 감사하며 하나님의 구원을 확신하며 고백한 시입니다.

시편 137편에 주목하면, 예루살렘은 멸망당하고 포로로 잡혀와 설움과 아픔 속에 있는 한 신앙인의 현실을 볼 수 있습니다. "이는 우리를 사로잡은 자가 거기서 우리에게 노래를 청하며 우리를 황폐하게 한 자가 기쁨을 청하고 자기들을 위하여 시온의 노래 중 하나를 노래하라 함이로다"(시 137:3) 예루살렘에서 하나님의 기쁨을 위해 찬양하며 불러야 하는 노래를 이방 땅에서 자신을 사로잡은 사람들의 기쁨을 위해 불러야 하는 처량한 현실을 표현하고 있습니다. 죄로 인한 심판의 결과가 얼마나 큰 아픔과 고통에 이르게 하는지, 이를 잘 보여주고 있습니다. 곧 범죄로 하나님의 심판에 이르렀습니다. 예루살렘은 파괴되고 이방 땅에 포로로 잡혀 왔습니다. 이제는 자신의 의지와 뜻대로 살아갈 수 없고, 자신을 사로잡은 사람의 기쁨을 위해 살아야 합니다. 예루살렘에서 자유롭게 하나님을 찬양하던 옛날을 기억할 때, 설움이 복받치고 눈물만 흐르는 것입니다. 하나님께 부르짖어 탄원하며 그 고통을 말할 수밖에 없고, 하나님의 은혜와 구원을 기도할 수밖에 없는 것입니다.

이처럼 죄는 하나님의 심판을 불러오고 그 결과는 우리를 아픔과 고통에 이르게 합니다. 따라서 뒤늦게 후회하지 말고 속히 죄에서 떠나야 합니다. 심판의 현실을 바꿀 수 있는 유일한 길은 죄를 제거하고 돌이키는 것임을 잊지 말아야 합니다.

예레미야 1장_숨길 수 없는 죄

예레미야의 소명을 기록하고 있습니다. 하나님께서 그를 여러 나라와 왕국에 하나님의 말씀을 전하는 선지자로 세우셨다는 것입니다.

하나님은 예레미야를 선지자로 세우시며 그 사명을 명확히 해주는 두 가지 환상을 보여주셨습니다. 그 첫째가 살구나무 가지 환상입니다. "여호와의 말씀이 또 내게 임하니라 이르시되 예레미야야 네가 무엇을 보느냐 하시매 내가 대답하되 내가 살구나무 가지를 보나이다 여호와께서 내게 이르시되 네가 잘 보았도다 이는 내가 내 말을 지켜 그대로 이루려 함이라 하시니라"(렘 1:11~12) '살구나무'와 '지켜보고 있다'의 히브리어는 각각 '샤케드'와 '쇼케드'입니다. 발음이 비슷한 이 두 단어를 재미있게 연관시켜 표현하고 있는 것입니다. 살구나무 가지 환상을 통해 하나님께서 그 백성들의 죄를 지켜보고 계심을 말씀하신 것입니다. 또한 둘째로 끓는 가마 환상을 보여주셨습니다(렘 1:13). 윗면이 북에서부터 기울어진 끓는 가마 환상을 보여주셨는데, 이는 그 죄를 지켜보고 계시는 하나님께서 북방 나라들을 통해 그 백성을 심판하실 것임을 말씀하신 것입니다.

결국 이 말씀은 결코 우리의 죄를 숨길 수 없음을 가르쳐줍니다. 우리는 우리의 죄가 은밀하여 아무도 보지 못한다고 어리석게 생각하곤 하는데, 하나님은 다 보고 계십니다. 결코 하나님의 눈을 피할 수 없습니다. 또한 당장에 아무런 심판이 내려지지 않는다는 것으로 하나님의 심판이 없다고 착각하며 서슴없이 죄를 행하는데, 하나님은 반드시 심판하십니다. 하나님의 때에 심판하셔서 그 죄에 대한 책임을 물으십니다. 따라서 죄를 보고 계신 하나님을 의식해야 합니다. "코람 데오!" 우리가 하나님 앞에 서 있다는 사실을 기억하고 죄를 떠나 거룩함에 힘써야 합니다.

마태복음 15장_깨달아야 하는 죄

정결함과 부정함에 대한 논쟁과 예수님의 가르침을 기록하고 있습니다. 곧 떡을 먹을 때에 손을 씻지 않아 장로들의 전통을 범했다고, 바리새인과 서기관들이 제자들을 비난하며 이를 문제 삼았습니다. 이에 대해 예수님은 바리새인과 서기관들의 외식적 행동과 그 내면의 죄와 불의를 말씀하시며 그들을 책망하셨습니다. 진실하게 하나님을 경외하지 못하고 장로들의 전통 등 율법과 조문에 사로잡혀 외식에 빠져 있는 사실을 지적하셨습니다. 더불어 무엇이 사람을 더럽게 하는 죄가 되는지 모여 있는 무리들에게 가르치셨습니다. "무리를 불러 이르시되 듣고 깨달으라 입으로 들어가는 것이 사람을 더럽게 하는 것이 아니라 입에서 나오는 그것이 사람을 더럽게 하는 것이니라"(마 15:10~11) 여기서 깨달으라는 주의 말씀에 주목해야 합니다. 음식을 어떻게 먹느냐의 문제가 사람을 더럽히는 것이 아니라 그 마음에서 나오는 악한 생각과 살인과 간음과 도둑질과 거짓 증언과 비방이 사람을 더럽게 한다는 것입니다(마 15:17~18).

결국 이 논쟁과 예수님의 가르침을 통해 자신의 죄를 깨닫고 발견하는 것이 중요함을 배우게 됩니다. 어리석게 바리새인과 서기관들처럼 자신의 의로움에 빠져 있지 말아야 합니다. 자신의 의에 빠져 다른 사람의 허물을 꼬집고 책망만 하는 것이 아니라, 먼저 자신의 죄를 바로 보고 깨달아야 합니다.

오늘의 기도

1. 하나님 앞에서 죄를 숨길 수 없으며, 하나님께서 그 죄를 지켜보고 계심을 기억하고 죄를 멀리하게 하소서.
2. 아픔과 고통과 파멸을 불러오는 죄의 결과를 깨닫고, 속히 죄에서 떠나게 하소서.
3. 항상 죄를 돌아보며 철저히 회개하고 죄를 제거함으로 하나님의 함께하심과 또한 이를 통해 주시는 승리를 누리게 하소서.

죄 (2)

여호수아 8장 | 시편 139편 | 예레미야 2장 | 마태복음 16장

죄는 항상 주의해야 하고 무엇보다 먼저 해결해야 합니다. 따라서 결코 죄를 숨기지 말고 부정하지 말아야 합니다. 오직 주께 진실함으로 죄를 고백하여 은혜를 구해야 합니다.

여호수아 8장_먼저 해결해야 하는 죄

아이성과의 두 번째 전투에서 승리하여 성을 점령하고 모든 주민들을 진멸한 말씀입니다. 첫 번째 전투에서 어이없이 패했던 것을 두 번째 전투의 승리를 통해 만회한 것입니다. 이 승리의 결정적 요인은 바로 아간의 죄를 제거한 것에 있습니다. 첫 번째 패배를 통해 아간의 죄를 알게 된 여호수아와 이스라엘은 아골 골짜기에서 아간을 돌로 치고, 그의 물건들도 돌로 치고 불사름으로 그의 죄를 제거했습니다. 그 결과 다시 하나님께서 함께하시고 승리를 약속하셨습니다(수 8:1~2상).

승리는 하나님께 있고, 따라서 하나님께서 함께하시느냐 아니냐가 승리의 관건이 됩니다. 따라서 무엇보다 먼저 죄의 문제를 해결해야 합니다. 죄를 품고서는 결코 하나님의 동행을 기대할 수 없습니다. 하나님의 승리는커녕 심판을 피할 수 없습니다. 하나님의 승리를 원한다면 죄를 가볍게 여겨 방치하지 말고 무엇보다 힘써 죄를 제거해야 합니다.

시편 139편_결코 숨길 수 없는 죄

모든 것을 아시고 어디에나 계시는 하나님을 찬양하는 다윗의 시입니다. 따라서 그 무엇도 하나님께 숨길 수 없고, 또 하나님을 피해 숨을 수 없음을 고백하고 있습니다. "나의 모든 길과 내가 눕는 것을 살펴 보셨으므로 나의 모든 행위를 익히 아시오니 여호와여 내 혀의 말을 알지 못하시는 것이 하나도 없으시니이다"(시 139:3~4) 하나님께서 모든 것을 아신다는 고백입니다. 우리의 모든 행위도 아시고 우리가 하려는 말까지 다 아신다는 것입니다. 더 나아가 하나님께서는 우리의 생각까지도 아신다고 고백하고 있습니다(시 139:2). "내가 주의 영을 떠

나 어디로 가며 주의 앞에서 어디로 피하리이까 내가 하늘에 올라갈지라도 거기 계시며 스올에 내 자리를 펼지라도 거기 계시니이다"(시 139:7~8) 하나님께서는 모든 곳에 계신다는 고백입니다. 따라서 하나님을 피해 숨을 수 있는 곳이 없다는 것입니다. 모든 곳에 계신 하나님께서 우리의 삶을 보고 계시다는 것입니다.

결국 이 말씀은 하나님 앞에 진실해야 함을 가르쳐줍니다. 무엇보다 우리의 죄를 숨길 수 없음을 가르쳐줍니다. 우리의 생각까지도 아시며 모든 행위를 감찰하시는 하나님께 우리의 죄를 숨기려고 하는 것은 어리석은 일이라는 것입니다. 따라서 하나님 앞에서는 진실하게 서서 은혜를 구해야 합니다. 오직 은혜만이 우리의 죄를 해결할 수 있는 유일한 길임을 깨닫고, 우리도 다윗처럼 고백해야 합니다. "하나님이여 나를 살피사 내 마음을 아시며 나를 시험하사 내 뜻을 아옵소서 내게 무슨 악한 행위가 있나 보시고 나를 영원한 길로 인도하소서"(시 139:23~24)

예레미야 2장_결코 부정할 수 없는 죄

하나님을 배반한 백성들의 죄에 대해 전하고 있습니다. 곧 백성들이 그들을 구원하고 인도하며, 가나안 땅의 기업을 주시고 축복한 하나님을 찾지 않고 헛된 이방신들을 찾고 섬겼다는 것입니다. 불의하고 가증한 죄를 행하면서도 그 죄를 부정하며, 죄를 범하지 아니했다고 어리석게 주장했다는 것입니다.

"주 여호와의 말씀이니라 네가 잿물로 스스로 씻으며 네가 많은 비누를 쓸지라도 네 죄악이 내 앞에 그대로 있으리니 네가 어찌 말하기를 나는 더럽

혀지지 아니하였다 바알들의 뒤를 따르지 아니하였다 하겠느냐..."(렘 2:22~23상) 그 백성들이 우상을 숭배하며 범죄하였음에도 불구하고 그 죄를 부정하고 있었습니다. 따라서 그 죄가 그대로 있을 것임을 강조하고 있는 것입니다. 곧 죄는 오직 하나님의 은혜로만 해결할 수 있습니다. 하나님께 진실하게 죄를 고백하고 은혜를 구할 때, 하나님의 용서하심의 은혜를 통해서 비로소 죄를 지울 수 있습니다. 그러나 백성들이 죄를 인정하며 은혜를 구하기보다 그 죄를 부정하며 인정하지 않으니 죄가 그대로 있을 수밖에 없다는 것입니다. 따라서 하나님은 심판을 선언하셨습니다. 결코 하나님 앞에 그 죄를 숨길 수 없고, 더욱이 그 죄의 증거가 확연하게 보임에도 불구하고 자신들은 무죄하다고 그 죄를 부정하니, 그 백성들에게 심판이 선언될 수밖에 없었습니다(렘 2:34~35).

결국 이 말씀은 하나님 앞에서 죄를 부정하지 말고 직면해야 함을 가르쳐줍니다. 곧 죄는 부정한다고 지워지거나 덮어지지 않습니다. 그리고 지워지지 않은 죄는 반드시 심판으로 이어집니다. 따라서 죄를 부정하기보다 직면해야 하고, 하나님 앞에 죄를 고백하며 용서의 은혜를 구해야 합니다. 부정이 아닌 직면이, 그 직면으로 구한 은혜만이 죄를 해결하고 하나님의 심판을 피하게 합니다.

마태복음 16장_항상 주의해야 하는 죄
바리새인과 사두개인들의 누룩, 곧 그 교훈을 주의해야 한다는 가르침과, 베드로의 신앙고백과 예수님의 수난에 대한 말씀을 전하고 있습니다. 이 말씀들을 통해 죄에 대해 항상 주의해야 함을 가르침 받을 수 있습니다.

"어찌 내 말한 것이 떡에 관함이 아닌 줄을 깨닫지 못하느냐 오직 바리새인과 사두개인들의 누룩을 주의하라 하시니 그제서야 제자들이 떡의 누룩이 아니요 바리새인과 사두개인들의 교훈을 삼가라고 말씀하신 줄을 깨달으니라"(마 16:11~12) 바리새인과 사두개인들의 교훈은 구원의 참 믿음에서 벗어나게 하는 거짓된 교훈입니다. 율법과 전통과 외식에 사로잡혀 참 교훈인 예수님의 말씀을 거부하는 교훈입니다. 결국 이 거짓된 교훈이 우리를 죄에서 벗어나지 못하게 합니다. 생명의 길을 막아서고 죄에 계속 머물게 합니다. 따라서 거짓된 교훈을 삼가고 참 교훈인 예수님의 말씀에 서야 한다는 것입니다. 거짓된 교훈을 타고 들어오는 죄를 주의해야 한다는 것입니다.

"베드로가 예수를 붙들고 항변하여 이르되 주여 그리 마옵소서 이 일이 결코 주께 미치지 아니하리이다 예수께서 돌이키시며 베드로에게 이르시되 사탄아 내 뒤로 물러 가라 너는 나를 넘어지게 하는 자로다 네가 하나님의 일을 생각하지 아니하고 도리어 사람의 일을 생각하는도다 하시고"(마 16:22~23) "주는 그리스도시요 살아 계신 하나님의 아들이시니이다"라는 바른 신앙고백으로 반석이라는 칭찬을 들었던 베드로가 걸림돌이라는 책망을 들었습니다. 칭찬이 교만이 되었는지, 이내 베드로는 예수님의 십자가의 길을 막아서며 항변했고, 이로 인해 예수님께 걸림돌이 되고 말았습니다. 결국 이것은 순간에 틈타오는 죄로 인해 우리가 넘어질 수 있음을 가르쳐줍니다. 믿음의 고백으로 복음의 사역을 세우는 반석이 될 수 있고, 순간의 교만으로 복음의 사역을 막아서는 걸림돌이 될 수 있다는 것입니다. 언제든 죄가 우리의 방심과 교만을 틈타고 들어와 우리를 넘어지게 할 수 있다는 것입니다. 따라서 항상 죄에 대해 주의해야 함을 가르쳐주고 있습니다.

오늘의 기도

1. 언제든 죄로 인해 넘어질 수 있음을 깨닫고, 작은 죄라도 철저히 피하고 멀리하게 하소서.
2. 죄를 숨기거나 부정하는 어리석음을 버리게 하시고, 진실하게 죄를 고백하며 회개함으로 주의 용서의 은혜를 누리게 하소서.
3. 주의 은혜로 죄를 해결하고 주의 함께하심과 승리케 하시는 축복을 누리게 하소서.

기도

여호수아 9장 | 시편 140-141편 | 예레미야 3장 | 마태복음 17장

연약한 우리는 기도해야 실수하지 않을 수 있고, 악의 유혹에서 우리를 지킬 수 있으며, 배우고 성장할 수 있습니다. 무엇보다 진심으로 돌이켜 기도해야 주의 용서의 은혜를 누릴 수 있습니다.

여호수아 9장_실수하지 않게 하는 기도

가나안에 거주하는 기브온 족속의 꾀에 속아서 이스라엘이 기브온과 화친의 조약을 맺은 말씀입니다. 하나님은 가나안의 모든 민족들을 진멸하라고 말씀하셨습니다. 그러나 기브온 사람들이 먼 곳에서 왔다는 말만을 믿고 여호수아와 이스라엘의 족장들은 그들과 조약을 맺었고, 이 조약으로 인해 기브온의 사람들을 살릴 수밖에 없었습니다. 백성들이 원망했지만, 하나님 여호와로 맹세했기에 그들을 칠 수 없었습니다.

이에 대해 성경은 다음과 같이 말씀하고 있습니다. "무리가 그들의 양식을 취하고는 어떻게 할지를 여호와께 묻지 아니하고 여호수아가 곧 그들과 화친하여 그들을 살리리라는 조약을 맺고 회중 족장들이 그들에게 맹세하였더라"(수 9:14~15) 여호수아와 족장들이 기브온에 속아 실수하고 후회의 결정을 내린 이유가 하나님께 묻지 않았기 때문이라는 것입니다. 하나님께 물었다면, 곧 기도했다면 기브온에 속지 않고 실수하지 않을 수 있었다는 것입니다.

연약한 우리는 언제든 거짓에 속고 실수하여 넘어질 수 있습니다. 악한 세상은 거짓과 속임으로 우리를 유혹하며 넘어뜨리고자 합니다. 따라서 기도해야 합니다. 기도하여 주의 말씀을 듣고 행동해야 합니다. 그러면 세상의 거짓에 속지 않을 수 있고 넘어지지 않을 수 있습니다. 기도를 통해 실수하지 않고 후회하지 않는 삶을 살 수 있습니다.

시편 140-141편_악에 빠지지 않게 하는 기도

시편 140편은 악한 원수들에게서 건져주시기를 구하는 다윗의 기도입니다. 시편 141편은 악한 자들의 유혹에서 지켜주시기를 구하는 다윗의 기도입니다. 곧 기도해야 악인들의 꾀와 공격도 이기고, 또 그들의 유혹도 이길 수 있음을 가르쳐주고 있습니다. 기도해야 악에 굴복하거나 물들지 않을 수 있다는 것입니다. 따라서 다윗은 다음과 같이 기도하며 결단했습니다. "내 마음이 악한 일에 기울어 죄악을 행하는 자들과 함께 악을 행하지 말게 하시며 그들의 진수성찬을 먹지 말게 하소서 의인이 나를 칠지라도 은혜로 여기며 책망할지라도 머리의 기름 같이 여겨서 내 머리가 이를 거절하지 아니할지라 그들의 재난 중에도 내가 항상 기도하리로다"(시 141:4~5) 악인들과 함께 악을 도모하는 유혹과 그들이 제공하는 진수성찬의 유혹을 기도함으로 이기고 있는 다윗의 모습을 볼 수 있습니다. 무엇보다 의인의 사랑의 매와 책망을 보배롭게 여기며 달게 받고자 하는 다윗의 노력과 기도가 인상적인데, 곧 다윗은 의인들의 매와 책망으로 바른 길을 정하고, 또 끊임없는 기도로 믿음을 지켜갔다는 것입니다. 여기서 의인의 책망은 의로우신 하나님의 책망으로도 해석할 수 있는데, 다윗은 하나님의 책망을 피하지 않고, 오히려 그 책망을 통해 의의 길을 따라가기를 무엇보다 구했다는 것입니다.

믿음의 길을 걸어가는 우리 신앙인의 삶에 악인들의 공격과 유혹이 있습니다. 이 공격과 유혹을 이기고 넘어지지 않기 위해 기도해야 합니다. 기도해야 우리의 믿음을 지키고 악의 유혹을 이길 수 있습니다. 기도하지 않으면, 곧 하나님의 도우심을 구하지 않고 내 힘으로 이겨보겠다고 하면, 악에 패하고 넘어질 수밖에 없습니다. "우리를 시험에 빠지지 않게 하시고, 악에서 구하소서." 주님께서 가르쳐주신 기도를 주님 앞에 끊임없이 드려야 합니다.

예레미야 3장_용서의 은혜를 누리게 하는 기도

이스라엘과 유다의 배역과 배신, 그리고 이로 인한 심판을 말씀하며, 깨닫고 돌아오라는 하나님의 말씀입니다. 곧 백성들은 애타는 하나님의 마음에도 불구하고 깨닫지 못하고, 돌이키지 않고 있었습니다.

"그러므로 단비가 그쳤고 늦은 비가 없어졌느니라 그럴지라도 네가 창녀의 낯을 가졌으므로 수치를 알지 못하느니라"(렘 3:3) 백성들의 죄로 인해 하나님께서 비를 그치고 재앙을 내리셨습니다. 그런데 그 백성들이 깨닫지 못했다는 것입니다. 재앙에 담긴 하나님의 마음, 곧 깨닫고 돌이키기를 바라는 마음, 용서의 은혜를 주시고자 하는 마음도 알지 못할 뿐만 아니라, 그 죄로 인한 부끄러움도 깨닫지 못했다는 것입니다. "이 모든 일이 있어도 그의 반역한 자매 유다가 진심으로 내게 돌아오지 아니하고 거짓으로 할 뿐이니라 여호와의 말씀이니라"(렘 3:10) 하나님의 마음은 그 백성들의 돌이킴에 있었음을 알게 하는 말씀입니다. '이 모든 일'이 돌이키기를 바라는 하나님의 손길이었다는 것입니다. 그러나 백성들이 거짓으로 할 뿐, 진심으로 하나님께 돌이키지 않았다는 것입니다.

재앙 중에 백성들이 기도하기는 했습니다. 하나님을 아버지와 보호자라 부르며 하나님을 찾기는 했습니다. 그러나 단순히 눈앞에 있는 재앙만 피하고 멈추고자 하는 기도였습니다. 그 악에서 돌이켜 진심으로 하나님을 찾는 기도는 아니었습니다(렘 3:4~5). 여기에는 하나님의 응답도, 용서의 은혜도 있을 수 없었습니다.

결국 무엇입니까? 심판 중에 깨닫고 하나님께 돌이켜야 합니다. 형식이 아닌 진심으로 하나님을 찾고 기도해야 합니다. 하나님은 그 진심의 기도를 들으시고 용서의 은혜를 베푸십니다. 그 심판을 멈추십니다. 따라서 22절 하반절 이하의 기도에 주목해야 합니다. 돌아오라는 하나님의 애타는 말씀에 백성들이 진실함으로 회개하며 기도하고 있습니다. 이것이 하나님께서 요구하시는 것입니다. 진심의 기도로 하나님께 돌이키기를 원하시고, 하나님은 그 기도를 들으시며 사랑으로 그 백성들을 용서하기를 원하십니다. 진심의 기도가 하나님의 용서의 은혜를 누리게 합니다.

마태복음 17장_배우고 성장하게 하는 기도

예수의 변모 사건, 귀신 들린 아이의 치유, 성전세 납부에 대한 말씀 등을 기록하고 있습니다.

특별히 귀신 들린 아이의 치유 사건과 이후 제자들이 예수님을 찾아와 묻고 가르침을 받는 말씀에서, 기도를 통해 우리가 배우고 성장할 수 있음을 깨닫게 됩니다. 곧 귀신 들린 아이를 치료하지 못하고 쩔쩔맸던 제자들이, 이후 조용히 예수님을 찾아와 물었습니다. "우리는 어찌하여 쫓아내지 못하였나이까?" 이에 예수님은 믿음이 작은 때문이라고 대답하셨고, 믿음이 있으면 믿음을 통해 모든 것을 할 수 있음을 가르치셨습니다(마 17:19~20).

이처럼 제자들은 예수님의 가르침을 통해 그들의 문제도 또한 부족함도 배울 수 있었습니다. 이것이 그들의 믿음의 성장으로 이어졌음은 충분히 예상할 수 있는 일입니다. 오늘 우리도 기도함으로 주님을 찾고 또 물어야 합니다. 우리의 문제와 부족함을 묻고 또 주님의 가르침을 들어야 합니다. 이를 통해 우리의 문제도 깨닫고, 부족함도 채우고, 우리의 믿음도 더욱 성장케 해야 합니다. 주님을 찾고 그 말씀을 듣는 기도가 우리로 하여금 배우고 성장케 함을 잊지 말아야 합니다.

오늘의 기도

1. 기도로 주의 인도하심을 따르며, 악한 세상의 거짓과 속임에서 넘어지지 않게 하소서.
2. 기도로 끊임없이 주님께 묻고 가르침 받아 더 큰 믿음의 성숙을 이루어가게 하소서.
3. 죄를 깨닫고 돌이키는 진심의 기도로 주의 놀라운 용서의 은혜를 누리며 살게 하소서.

멈추지 않습니다

맥체인성경365_1031p

여호수아 10장 | 시편 142-143편 | 예레미야 4장 | 마태복음 18장

하나님의 승리도 또한 심판도 멈추지 않습니다. 심판이 아닌 승리를 위해 멈추지 않고 기도해야 합니다. 멈추지 않는 용서의 은혜를 구하며, 우리도 멈추지 않고 용서해야 합니다.

여호수아 10장_멈추지 않는 승리

계속된 이스라엘의 승리를 전하고 있습니다. 이스라엘과 화친을 맺은 기브온을 공격한 아모리 족속의 다섯 왕들을 물리치고, 이후 막게다, 립나, 라기스, 게셀, 에글론, 헤브론, 드빌 등을 점령한 말씀을 기록하고 있습니다. 가는 곳마다 적들을 물리치고 승리했다는 것입니다. 여기서 놓치지 말아야 할 것이, 그 승리가 하나님께서 주신 승리라는 것입니다. 여호수아와 이스라엘 백성들이 용기를 내고 힘을 다해 싸운 것도 간과할 수는 없지만, 그들의 힘과 용기 때문에 승리한 것이 아니라, 하나님께서 승리를 이루어 주셨습니다.

"여호와께서 하늘에서 큰 우박 덩이를 아세가에 이르기까지 내리시매 그들이 죽었으니 이스라엘 자손의 칼에 죽은 자보다 우박에 죽은 자가 더 많았더라"(수 10:11) 이스라엘 자손의 칼보다 하나님이 내리신 우박에 죽은 자가 더 많았다는 말씀은 이 모든 승리가 하나님께 있다는 것을 단적으로 보여주고 있습니다. 또한 "여호와께서 또 그 성읍과 그 왕을 이스라엘의 손에 붙이신지라"(수 10:30), "여호와께서 라기스를 이스라엘의 손에 넘겨 주신지라"(수 10:32), "이스라엘의 하나님 여호와께서 이스라엘을 위하여 싸우셨으므로"(수 10:42) 등의 말씀도, 하나님께서 그 백성들에게 승리를 주셨다는 사실을 보여주고 있습니다.

따라서 교만하지 말고 겸손함으로 하나님을 의지하며 앞세워야 합니다. 내 힘으로 승리를 이룰 수 있다는 착각도, 또한 내 힘으로 승리를 이루었다는 교만도 버려야 합니다. 결코 하나님보다 앞서지 않고 뒤에서 순종하며 하나님을 따라야 합니다. 그때에 하나님이 주시는 승리를 계속해서 누릴 수 있습니다.

시편 142-143편_멈추지 않는 간구

시편 142편은 극심한 곤경 가운데 하나님의 도우심을 구한 다윗의 기도입니다. 시편 143편은 참회시로, 하나님의 용서의 은혜를 구한 다윗의 기도입니다. 여기서 우리의 간구는 멈추지 말아야 함을 깨닫게 됩니다. 우리는 하나님의 도우심과 은혜가 필요한 존재로, 따라서 포기하지 말고 기도하고 기도해야 한다는 것입니다.

"내가 소리 내어 여호와께 부르짖으며 소리 내어 여호와께 간구하는도다 내가 내 원통함을 그의 앞에 토로하며 내 우환을 그의 앞에 진술하는도다"(시 142:1~2) 고난과 억울함 중에서도 다윗은 포기하지 않고 하나님 앞에 기도했습니다. 이유 없이 고난을 당하며 대적들로 인해 고통을 겪어야 했기에 멈추지 않고 하나님의 도우심을 구한 것입니다. 하나님의 도우심 외에는 방법이 없다는 것입니다. "오른쪽을 살펴 보소서 나를 아는 이도 없고 나의 피난처도 없고 내 영혼을 돌보는 이도 없나이다"(시 142:4) 다윗은 오직 하나님만이 유일한 소망임을 고백하고 있습니다. 하나님께서 돕지 않으시면 절망밖에 없다는 것입니다. 따라서 다윗은 멈추지 않고 하나님의 도우심을 구한 것입니다.

"주의 종에게 심판을 행하지 마소서 주의 눈 앞에는 의로운 인생이 하나도 없나이다"(시 143:2) 멈추지 않고 기도해야 하는 이유를 또 깨닫게 하는 고백입니다. 곧 그 누구도 하나님 앞에서 의로울 수 없고, 심판을 피할 수 없다는 것입니다. 따라서 은혜를 구하며 멈추지 않고 기도해야 합니다. 하나님의 측량할 수 없는 사랑과 은혜로 우리의 죄를 용서하시고 의롭게 인정해 주시기를 기도해야 합니다. "여호와여 속히 내게 응답하소서 내 영이 피곤하니이다 주의 얼굴을 내게서 숨기지 마소서 내가 무덤에 내려가는 자 같을까 두려워하나이다"(시 143:7)

예레미야 4장_멈추지 않는 심판
유다와 예루살렘을 향한 하나님의 심판의 말씀과 이로 인한 예레미야의 애통을 기록한 말씀입니다. 곧 하나님께서는 백성들에게 돌아오라고 말씀하셨지만(렘 4:1~2), 백성들은 돌이키지 않았습니다. 따라서 하나님의 심판은 단행될 수밖에 없다는 것입니다. 회개하지 않는 백성들을 향해 심판은 멈추지 않고 계속된다는 것입니다.

"슬프고 아프다 내 마음속이 아프고 내 마음이 답답하여 잠잠할 수 없으니 이는 나의 심령이 나팔 소리와 전쟁의 경보를 들음이로다 패망에 패망이 연속하여 온 땅이 탈취를 당하니 나의 장막과 휘장은 갑자기 파멸되도다"(렘 4:19~20) 계속된 재난으로 인한 예레미야의 탄식입니다. 그 땅의 참혹함을 미리 내다 보며 참을 수 없는 아픔을 고백한 것입니다. '패망에 패망이 연속하여 온 땅이 탈취를 당한다'는 말씀은 하나님의 심판이 멈추지 않고 계속됨을 가르쳐주고 있습니다.

결국 회개밖에 없습니다. "예루살렘아 네 마음의 악을 씻어 버리라 그리하면 구원을 얻으리라 네 악한 생각이 네 속에 얼마나 오래 머물겠느냐"(렘 4:14) 하나님은 심판을 말씀하시면서도 동시에 그 백성들에게 회개를 요구하시며 그 구원의 길을 열어 놓으셨습니다. 그 땅을 심판하여 황폐하게 하시지만 진멸하지 않으신다고 말씀하시며(렘 4:27), 그 백성들을 구원할 기회를 남겨 놓으셨습니다. 여기에 우리의 소망이 있습니다. 이제라도 돌이켜 회개하면 됩니다. 그러면 계속되던 심판도 멈추게 됩니다.

마태복음 18장_멈추지 않는 용서
천국에서 큰 자에 대한 가르침, 남을 넘어지게 하는 것에 대한 경고, 잃은 양에 대한 가르침, 공동체 내의 훈도와 기도에 대한 말씀을 기록하고 있습니다. 그리고 또한 용서에 대한 가르침을 전하고 있는데, 곧 만 달란트 빚진 자와 백 데나리온 빚진 자에 대한 비유를 통해서 하나님의 끝없는 용서의 은혜를 말씀하고 있습니다. 이 비유에서 주인의 만 달란트의 탕감은 우리를 향한 하나님의 용서의 은혜를 뜻합니다. 하나님의 용서의 은혜는 이처럼 크고 놀라우며 끝이 없다는 것입니다. 따라서 또한 이 은혜를 받은 우리가 우리의 이웃을 향해 넉넉히 용서하며 살아야 함을 가르치고 있습니다. "내가 너를 불쌍히 여김과 같이 너도 네 동료를 불쌍히 여김이 마땅하지 아니하냐 하고"(마 18:33) 비유 속의 주인이 만 달란트 탕감을 받았던 종에게 심판을 선언하며 전한 말입니다. 놀라운 은혜로 만 달란트를 탕감 받았으니 백 데나리온을 빚진 동료에게 넉넉함으로 은혜를 베푸는 것이 마땅하다는 것입니다. 곧 용서에 대해 예수님은 이 비유를 말씀하시며 이렇게 가르치셨습니다. "예수께서 이르시되 네게 이르노니 일곱 번뿐 아니라 일곱 번을 일흔 번까지라도 할지니라"(마 18:22)

하나님은 우리를 향해 멈추지 않고 용서하십니다. 우리가 진심으로 돌이켜 하나님 앞에 회개하면, 용서하시고 또 용서하십니다. 이런 놀라운 용서의 은혜를 받은 우리가 이웃을 향해 용서하며 살아가는 것은 마땅합니다. 하나님이 우리를 멈추지 않고 용서하신 것처럼, 우리도 멈추지 않고 용서해야 합니다.

오늘의 기도
1. 하나님을 의지하고 앞장서신 하나님을 겸손히 따라서 멈추지 않는 승리를 누리게 하소서.
2. 하나님의 놀라운 사랑과 이를 구하는 멈추지 않는 기도로 주의 은혜와 응답의 축복을 누리게 하소서.
3. 하나님께 받은 놀라운 용서의 은혜를 기억하며 일곱 번씩 일흔 번까지라도 우리 이웃을 용서하며 살게 하소서.

하나님의 백성

여호수아 11장 | 시편 144편 | 예레미야 5장 | 마태복음 19장

하나님의 백성 됨이 복입니다. 하나님은 그 백성에게 승리와 기업과 풍요의 복을 주십니다. 끝까지 포기하지 않으시는 사랑과 용서의 복, 그리고 천국과 영생의 복을 주십니다.

여호수아 11장_하나님의 백성에게 주시는 승리의 복

메롬 전투의 승리와 북부 가나안을 정복한 말씀입니다. 곧 하솔 왕 야빈을 비롯한 북부 가나안의 왕들이 연합하여, 모든 군대를 거느리고 이스라엘과 싸우려고 메롬 물 가에 진을 쳤습니다. 성경은 그 군사의 숫자가 많아 해변의 수많은 모래 같다고 표현하고 있고, 또 말과 병거도 심히 많았다고 말씀하고 있습니다. 여호수아와 이스라엘로서는 그 많은 군사와 말과 병거를 보며 두려울 수밖에 없었습니다. 그러나 그때에 하나님께서 여호수아에게 승리를 약속하며 말씀하셨습니다(수 11:6).

승리는 군사와 병거에 있지 않고 하나님께 있습니다. 하나님은 그 백성에게 승리를 약속합니다. 따라서 해변의 모래처럼 많은 군사도, 또 말과 병거도 아무 문제가 되지 않습니다. 하나님께서 승리를 약속한 이상, 그 약속은 깨어지지 않습니다. 결국 하나님의 약속대로 여호수아와 이스라엘은 메롬 물 가에 진을 친 가나안 북부 연합군을 물리치고 승리를 거두었습니다(수 11:8~9). 이를 통해 가나안의 온 땅을 점령할 수 있었습니다. 이처럼 하나님은 그 백성에게 승리를 주십니다. 그 백성이 하나님 편에서 떠나지 않는 이상, 곧 하나님을 붙들고 의지하며 하나님을 앞세우는 이상, 그 승리는 계속됩니다.

시편 144편_하나님의 백성이 되는 복

하나님께서 강림하셔서 모든 원수들을 물리치고 구원하시기를 구하는 기도와 하나님의 백성에게 주어지는 복을 전하는 다윗의 시입니다. 곧 다윗은 하나님의 백성 됨이 복임을 전했습니다. "이러한 백성은 복이 있나니 여호와를 자기 하나님으로 삼

는 백성은 복이 있도다"(시 144:15)

하나님의 백성에게 복이 있음은 하나님의 돌보심을 통해 모든 것을 얻고 누릴 수 있기 때문입니다. 다윗은 여호와를 나의 하나님으로 삼아 하나님의 백성 된 자들에게 주어지는 축복을 다음과 같이 고백하고 있습니다. "우리 아들들은 어리다가 장성한 나무들과 같으며 우리 딸들은 궁전의 양식대로 아름답게 다듬은 모퉁잇돌들과 같으며 우리의 곳간에는 백곡이 가득하며 우리의 양은 들에서 천천과 만만으로 번성하며 우리 수소는 무겁게 실었으며 또 우리를 침노하는 일이나 우리가 나아가 막는 일이 없으며 우리 거리에는 슬피 부르짖음이 없을진대"(시 144:12~14) 하나님의 백성에게 자손의 축복, 산업의 축복, 평안의 축복이 있음을 말씀하고 있는데, 따라서 하나님 아닌 세상의 무엇에 마음을 빼앗기지 말아야 합니다. 세상의 무엇을 얻겠다고 참 복이 되시는 하나님을 놓치는 어리석은 일은 하지 말아야 합니다.

예레미야 5장_하나님의 백성에게 주시는 용서의 복

불의하고 범죄한 백성들이 더 이상 용서받을 수 없음을 전하고 있습니다. 하나님께서 강한 한 나라를 통해 그 백성들을 심판하실 것임을 말씀하고 있습니다. 그러나 심판을 말씀하는 중에도 하나님의 용서의 은혜와 사랑은 끊어지지 않음을 볼 수 있습니다.

"너희는 예루살렘 거리로 빨리 다니며 그 넓은 거리에서 찾아보고 알라 너희가 만일 정의를 행하며 진리를 구하는 자를 한 사람이라도 찾으면 내가 이 성읍을 용서하리라"(렘 5:1) 예루살렘 성읍에 정의와 진리를 구하는 사람을 한 사람도 찾을 수 없고, 따라서 심판하실 수밖에 없음을 전하고 있습니

다. 그만큼 모든 백성들이 타락했고, 따라서 하나님께서 심판하실 수밖에 없다는 것입니다. 그러나 또한 이 말씀에서 하나님의 간절한 바람을 읽을 수 있습니다. 한 사람이라도 정의를 행하며 진리를 구하는 사람이 있기를 바란다는 것입니다. 그 한 사람을 통해 그 백성들을 용서하고 다시 기회를 주기를 원하신다는 것입니다. 이것이 하나님의 간절한 마음이라는 것입니다.

"여호와의 말씀이니라 내가 어찌 이 일들에 대하여 벌하지 아니하겠으며 내 마음이 이런 나라에 보복하지 않겠느냐"(렘 5:9) 불의한 백성들을 향해 하나님께서 심판을 선언하고 있습니다. 어찌 벌하지 않고 보복하지 않겠느냐는 말씀에서 하나님의 심판이 합당함을 보여줍니다. 그러나 이 말씀에서도, 그럼에도 용서하기를 원하시는 사랑을 읽어볼 수 있습니다. 곧 이렇게 불의하며 가증한 일을 행함에도 이때까지 참으신 하나님의 사랑을 볼 수 있고, 또한 용서하기를 원하시는데 끝까지 돌이키지 않는 백성들로 인해 답답해하는 하나님의 마음도 읽어볼 수 있습니다. 결정적으로, 다음의 말씀에서 끝까지 포기할 수 없는 하나님의 큰 사랑을 볼 수 있습니다. "여호와의 말씀이니라 그 때에도 내가 너희를 진멸하지는 아니하리라"(렘 5:18) 심판하시지만 진멸하지 않으신다는 말씀에서 마지막까지 포기하지 않으시며 회복의 기회를 한 번 더 주시는 하나님의 놀라운 사랑을 볼 수 있습니다. 바로 이 사랑이, 곧 그 백성을 용서하여 구원하고자 하시는 사랑이 복입니다.

마태복음 19장_하나님의 백성에게 주시는 천국의 복
혼인과 이혼과 독신에 대한 예수님의 가르침, 예수님께서 어린 아이를 축복하신 말씀, 영생을 구하며 예수님께 나온 한 부자 청년에 대한 말씀, 모든 것을 버리고 예수님을 따를 때에 주어지는 보상 등을 기록하고 있습니다.

영생을 구하며 예수님께 나온 한 부자 청년의 이야기에 주목하면, 그가 영생을 구하며 예수님께 나왔지만, "네 소유를 팔아 가난한 자들에게 주고 와서 나를 따르라"는 예수님의 말씀을 따르지 못해, 곧 그 가진 재물을 포기하지 못해 근심하며 돌아갔습니다. 이에 예수님께서 부자는 천국에 들어가기가 어렵다는 말씀을 하셨습니다. 얼마나 어려운지 낙타가 바늘귀로 들어가는 것보다 어렵다고 말씀하셨습니다(마 19:23~24). 하나님을 주인으로 삼지 않고 재물을 주인으로 삼아서는 결코 천국을 선물로 받을 수 없음을 말씀하신 것입니다. 따라서 또한 이 말씀은 하나님을 주인으로 삼고 따라가는 백성에게는 천국이 선물로 주어짐을 가르쳐주고 있습니다. 낙타가 바늘귀로 들어가는 것보다 어려운 천국이 하나님을 나의 하나님으로 삼고 믿음으로 따르는 백성들에게는 은혜로 주어진다는 것입니다. 무엇보다 예수님은 믿음으로 예수님을 따르는 사람들을 향해 이렇게 말씀하셨습니다. "예수께서 이르시되 내가 진실로 너희에게 이르노니 세상이 새롭게 되어 인자가 자기 영광의 보좌에 앉을 때에 나를 따르는 너희도 열두 보좌에 앉아 이스라엘 열두 지파를 심판하리라 또 내 이름을 위하여 집이나 형제나 자매나 부모나 자식이나 전토를 버린 자마다 여러 배를 받고 또 영생을 상속하리라"(마 19:28~29)

하나님을 주인으로 삼고, 그 아들 예수 그리스도를 믿음으로 따르는 하나님의 백성들에게는 영생의 축복이 있습니다. 이 땅에서의 고난과 희생을 마다하지 않은 그 백성들에게 하나님께서는 천국과 영광의 복을 주십니다. 이 천국의 복이 무엇과도 견줄 수 없는 복입니다.

오늘의 기도

1. 하나님을 나의 하나님으로 삼고 따르는 복 있는 백성 되게 하소서.
2. 하나님의 백성으로 끊임없이 주시는 승리와 기업의 복, 그리고 자녀와 산업과 평강의 복을 받아 누리게 하소서.
3. 하나님을 주인으로 삼고 믿음으로 예수님을 따라서 천국을 상속받게 하소서.

가야 할 길

여호수아 12-13장 | 시편 145편 | 예레미야 6장 | 마태복음 20장

우리는 선한 길을 찾아가야 합니다. 그 길은 하나님을 경외하며 사랑하는 길입니다. 하나님을 신뢰하며 순종하는 길이며, 섬김과 순종의 길입니다.

여호수아 12-13장_신뢰와 순종의 길

여호수아 12장은 요단 동편과 서편에서 각각 정복한 왕들의 명단을 기록한 말씀입니다. 여호수아 13장은 각 지파별로 땅을 나누어 분배하라는 하나님의 말씀입니다. 그런데 주목할 것이, 아직 점령하지 못한 땅이 많이 남아 있었다는 것입니다. 더욱이 여호수아는 이제 나이가 많아 더 이상 앞장서서 정복 전쟁을 이끌지 못하는 상황이 됐습니다. 그럼에도 하나님은 각 지파에게 땅을 분배하라고 말씀하셨다는 것입니다.

이러한 하나님의 말씀이 당장은 이해하기 어려운 말씀이었습니다. 앞장서서 백성들을 이끄는 여호수아가 건재하면 모를까, 아직 정복해야 하는 땅이 많이 남아 있는 상황에서 지파별로 먼저 땅을 분배한다는 것은 김칫국부터 마시는 것이 될 수 있기 때문입니다. 이스라엘에게는 여호수아가 나이가 많아 늙은 것도, 또 아직 정복해야 할 땅이 많이 남아 있는 것도 근심이며 문제일 수밖에 없었습니다. 그러나 하나님께서는 이렇게 말씀하셨습니다. "...내가 그들을 이스라엘 자손 앞에서 쫓아내리니 너는 내가 명령한 대로 그 땅을 이스라엘에게 분배하여 기업이 되게 하되 너는 이 땅을 아홉 지파와 므낫세 반 지파에게 나누어 기업이 되게 하라"(수 13:6~7) 여호수아가 나이 많아 늙은 것도 또한 아직 점령해야 하는 땅이 많이 남아 있는 것도 문제가 되지 않는다는 것입니다. 하나님께서 변함없이 가나안의 족속들을 쫓아내신다는 것입니다. 따라서 하나님은 아직 기업을 분배받지 못한 아홉 지파 반의 기업을 분배하라고 말씀하신 것입니다.

결국 이 말씀은 하나님의 말씀을 믿고 순종하면 된다는 사실을 가르쳐줍니다. 아직 손에 잡힌 것이 없고 상황은 어렵게 돌아간다고 할지라도, 지금까지 함께하셔서 승리를 주신 하나님께서 변함없이 함께하셔서 승리를 주신다는 것입니다. 이것을 믿고 도전하면 된다는 것입니다. 바로 이것이, 곧 하나님을 신뢰하고 순종하는 것이, 우리가 따라야 하는 선한 길이요, 하나님께서 기뻐하시는 길입니다.

시편 145편_경외와 사랑의 길

여호와 하나님의 위대하심과, 크고 놀라운 은혜와 긍휼을 찬양하는 다윗의 시입니다. 따라서 다윗은 하나님을 경외하며 사랑하는 자들에게 구원과 응답이 있음을 확신했습니다. "여호와께서는 자기에게 간구하는 모든 자 곧 진실하게 간구하는 모든 자에게 가까이 하시는도다 그는 자기를 경외하는 자들의 소원을 이루시며 또 그들의 부르짖음을 들으사 구원하시리로다 여호와께서 자기를 사랑하는 자들은 다 보호하시고 악인들은 다 멸하시리로다"(시 145:18~20)

결국 이 말씀에서 우리가 따라야 하는 선한 길을 찾게 됩니다. 그 크신 하나님의 능력과 사랑을 믿고 하나님을 경외하는 것입니다. 하나님을 사랑함으로 결코 하나님을 떠나지 않으며 진실함으로 하나님의 은혜를 구하는 것입니다. 이처럼 하나님을 경외하며 사랑하며 살아가는 것이 우리가 따라가야 하는 선한 길입니다.

예레미야 6장_가야 할 선한 길

그 죄악과 가증한 일로 그 백성들이 심판 받아 마땅함을 전하고 있습니다. 백성들이 그 가증한 일을 행하면서도 전혀 부끄러워하지 않는다는 것입니다. 하나님의 가르침과 경고에 귀 기울이지 않는다는 것입니다. 따라서 심판이 내려질 수밖에 없다는 것입니다.

곧 하나님은 그 백성들이 가야 할 선한 길을 말씀하셨습니다. 백성들에게 그 선한 길을 찾고 그리로 가라고, 그 길에서 평강을 얻을 것이라고 가르치셨습니다. 그러나 백성들이 그 말씀을 듣기를 거절했다는 것입니다. "여호와께서 이와 같이 말씀하시되 너희는 길에 서서 보며 옛적 길 곧 선한 길이 어디인지 알아보고 그리로 가라 너희 심령이 평강을 얻으리라 하나 그들의 대답이 우리는 그리로 가지 않겠노라 하였으며"(렘 6:16) 뿐만 아니라 하나님은 끊임없이 그 백성들에게 경고하며 하나님의 말씀을 전했습니다. 그러나 백성들은 그 말씀 듣기를 거절했고 하나님의 심판의 경고를 무시했다는 것입니다(렘 6:17). 따라서 하나님은 그 백성들에게 재앙을 내리실 것을 말씀하셨습니다. 하나님의 말씀을 따라 선한 길을 찾고 따르지 않은 결과, 하나님의 경고의 말씀을 듣기를 거절한 결과, 그 백성들에게 하나님의 심판이 내려지게 된다는 것입니다. "땅이여 들으라 내가 이 백성에게 재앙을 내리리니 이것이 그들의 생각의 결과라 그들이 내 말을 듣지 아니하며 내 율법을 거절하였음이니라"(렘 6:19)

결국 이 말씀은 우리가 힘써 하나님의 말씀을 듣고, 그 말씀에 따라 선한 길을 찾고 따라가야 함을 가르쳐줍니다. 심판이 아닌 평강과 생명을 주기 위해 선한 길을 찾고 따라가라는 하나님의 말씀을 결코 거부하지 않아야 합니다.

마태복음 20장_섬김과 종의 길

포도원 일꾼을 통해 주신 천국 비유의 말씀과 섬김과 종의 길을 따라야 한다는 가르침을 전하고 있습니다. 곧 세베대의 아들의 어머니가 예수님을 찾아와 주의 나라에서 두 아들을 좌우편에 앉게 해 달라는 청탁을 했습니다. 이 사실을 알게 된 다른 제자들이 분개했고, 이에 예수님께서 제자들을 불러다가 가르치셨습니다. 예수님을 따르는 제자는 높임과 욕심을 버리고, 섬기고 희생하는 종의 길을 걸어야 한다는 것입니다. 예수님께서는 이를 위해 이 땅에 오셨다는 것입니다. "너희 중에는 그렇지 않아야 하나니 너희 중에 누구든지 크고자 하는 자는 너희를 섬기는 자가 되고 너희 중에 누구든지 으뜸이 되고자 하는 자는 너희의 종이 되어야 하리라 인자가 온 것은 섬김을 받으려 함이 아니라 도리어 섬기려 하고 자기 목숨을 많은 사람의 대속물로 주려 함이니라"(마 20:26~28)

오늘도 예수님은 우리를 향해 섬김과 종의 길을 말씀하십니다. 그것이 천국을 소망하며 예수님의 제자로서 살아가는 우리들이 걸어가야 하는 선한 길입니다. 예수님께서 이미 그 길을 걸어가셨고, 따라서 예수님을 따르는 제자로서 우리도 그 길을 걸어가야 합니다.

하나님의 기쁨

여호수아 14-15장 | 시편 146-147편 | 예레미야 7장 | 마태복음 21장

맥체인성경365_1050p

하나님께서 기뻐하시는 자가 돼야 합니다. 따라서 하나님을 경외하며 그 은혜를 구하는 자, 하나님을 신뢰하며 그 말씀에 충성하는 자, 회개하여 불순종의 삶에서 돌이키고, 진실하고 의로운 삶을 살아가는 자가 돼야 합니다.

여호수아 14-15장_하나님의 기쁨은 충성에 있습니다.

여호수아 14장은 갈렙의 기업에 대한 말씀입니다. 갈렙은 45년 전의 하나님의 약속을 전하며 헤브론을 기업으로 요구했습니다. 여호수아 15장은 유다 지파의 땅과 성읍들을 기록하고 있고 또 갈렙이 헤브론을 얻고 정복한 사실을 전하고 있습니다. 이 말씀을 통해 하나님의 기쁨은 충성에 있음을 보게 됩니다. 하나님은 신실함으로 하나님을 믿고 그 말씀에 절대적으로 충성하는 사람, 그리고 그 주신 약속을 변함없이 믿어 그 약속에 충성하는 사람을 기뻐하심을 알 수 있습니다. 곧 갈렙은 45년 전 가나안 땅을 정탐하고 보고하는 자리에서 하나님께 충성된 모습을 보였습니다. 다른 10명의 정탐꾼들의 부정적 보고와 달리, 하나님을 신뢰하며 하나님께서 가나안의 족속들을 물리치고 우리를 그 땅으로 인도하실 것을 확신하며 보고했습니다. 이로 인해 갈렙은 하나님의 축복의 약속을 받았습니다(수 14:7~9). 하나님을 불신하고 부정적인 보고를 한 10명의 정탐꾼들은 하나님의 심판을 받았지만, 오히려 갈렙은 하나님의 축복을 약속받았습니다. 갈렙의 충성이 하나님께 기쁨이 된 것입니다. 또한 갈렙은 하나님의 약속을 변함없이 믿었습니다. 45년이라는 오랜 세월이 지났음에도 불구하고, 그 약속을 의심하지 않고 하나님의 약속을 믿는 충성을 보였습니다. 그 결과 하나님은 그 약속대로 헤브론을 갈렙에게 주셨습니다. 갈렙이 요구한 헤브론이 갈렙과 그의 후손의 기업이 되게 하셨습니다. 45년 전의 약속을 붙들고 흔들리지 않는 믿음으로 충성을 보인 갈렙을 하나님은 기뻐하신 것입니다.

하나님의 기쁨은 하나님을 신뢰하는 사람, 그 약속을 끝까지 믿고 그 약속을 붙드는 사람, 그렇게 하나님께 충성하는 사람에게 있습니다. 그리고 하나님은 충성하는 사람을 축복하십니다. 따라서 우리도 갈렙처럼 충성함으로 하나님의 기쁨이 되어야 합니다.

시편 146-147편_하나님의 기쁨은 경외에 있습니다.

시편 146편은 하나님의 신실하심과 그 은혜를 찬양하며, 따라서 귀인들이 아니라 하나님을 의지해야 함을 전하는 시입니다. 시편 147편은 피조 세계와 이스라엘을 다스리시며 축복하시는 하나님을 찬양하는 시입니다. 주목할 말씀이 하나님의 기쁨은 하나님을 경외하는 자에게 있다는 것입니다. "여호와는 말의 힘이 세다 하여 기뻐하지 아니하시며 사람의 다리가 억세다 하여 기뻐하지 아니하시고 여호와는 자기를 경외하는 자들과 그의 인자하심을 바라는 자들을 기뻐하시는도다"(시 147:10~11)

하나님은 힘과 능력이 있는 자가 아니라, 하나님을 경외하며 겸손히 은혜를 구하는 자들을 기뻐하십니다. 따라서 능력을 추구하기 이전에 거룩함을 추구하며 거룩함으로 하나님을 경외해야 합니다. 자신의 힘을 찾고 자랑하기보다 겸손히 하나님의 은혜를 바라봐야 합니다. 세상은 능력 있는 자를 찾고 대우하지만 하나님은 거룩함으로 하나님을 경외하는 자를 찾고 높이심을 기억해야 합니다.

예레미야 7장_하나님의 기쁨은 순종에 있습니다.

백성들의 잘못된 성전 신앙, 그리고 우상숭배와 거짓된 예배를 전하고 있습니다. 곧 하나님의 명령을 따라 예레미야가 성전을 찾는 백성들에게 선포한

말씀이 그 길과 행위를 바르게 해야 한다는 것입니다. 그래야 살 수 있다는 것입니다. 다시 말해 길과 행위를 바르게 하지 않으면 심판을 피할 수 없다는 것입니다.(렘 7:3).

이처럼 바른 길과 행위를 강조한 것이, 백성들이 잘못된 성전 신앙을 갖고 있었기 때문입니다. 백성들은 성전을 찾으며, "이것이 여호와의 성전이라, 여호와의 성전이라, 여호와의 성전이라"(렘 7:4) 곧 이 성전에 하나님께서 계시기에 자신들은 안전할 것이라고 믿음을 가지고 있었습니다. 그 믿음으로 안전을 이야기 했습니다. 그러나 하나님은 "거짓말을 믿지 말라"(렘 7:4) 백성들의 말이 믿지 못할 거짓말이라고 말씀하시며 그 믿음이 잘못된 믿음임을 말씀하셨습니다. 곧 백성들은 이방인과 고아와 과부를 압제하며 무죄한 자의 피를 흘리는 등, 그 불의를 그치지 않고 있었습니다. 그처럼 불의를 행하면서도, 성전을 찾아 예배하는 것으로 어리석게 하나님의 돌보심을 기대하고 있었습니다. 따라서 하나님은 그들의 헛된 믿음을 지적하시며 먼저 그 행위를 바르게 해야 함을 말씀하신 것입니다. 그 행위를 바르게 하지 않는 이상, 아무리 성전을 찾아 예배하고 또 성전을 통해 믿음을 가져도, 그 예배와 믿음이 헛될 뿐임을 말씀하신 것입니다. 하나님의 말씀을 따르는 바른 삶 없이 그 갖는 예배와 믿음은 형식적 예배와 믿음일 뿐임을 말씀하신 것입니다. 하나님께서 기뻐하시는 것은 형식적 예배와 믿음이 아닌 하나님의 말씀에 순종하는 삶, 곧 의를 행하는 삶에 있다는 것입니다(렘 7:23).

하나님의 기쁨은 순종에 있습니다. 값진 제물로 드리는 형식적 제사로 결코 하나님을 기쁘시게 할 수 없습니다. 따라서 무엇보다 힘써 하나님의 말씀에 순종해야 합니다. 내 삶과 행동이 하나님의 말씀 안에 있고, 그 말씀에 순종하고 있는지 항상 살펴야 합니다.

마태복음 21장_하나님의 기쁨은 회개에 있습니다.
예수님의 예루살렘 입성, 성전정화, 예수의 전권에 대한 대제사장들과 장로들의 질문, 악한 포도원 소작인에 대한 비유 등을 기록하고 있습니다.

주목할 말씀이 두 아들에 대한 비유의 말씀입니다. 곧 예수님은 그 전권에 대한 대제사장들과 장로들의 불순한 질문을 지혜롭게 대처하시면서 두 아들에 대한 비유를 말씀하셨습니다. 포도원에 가서 일하라는 아버지의 말씀에 처음에는 가겠다고 대답했지만 가지 않은 맏아들과, 처음에는 가기 싫다고 대답했지만 뉘우치고 순종하여 포도원에 간 둘째 아들에 대해 말씀하셨습니다. 첫째 아들은 당시 대제사장들과 바리새인들 등, 스스로 의롭다 생각한 종교지도자들을 비유한 것이고, 둘째 아들은 당시의 사람들이 비난하던 세례와 창녀들을 비유한 것입니다. 그리고 이 둘째 아들, 곧 세리와 창녀들이 하나님 아버지의 뜻대로 행한 자들이며, 이들이 먼저 하나님의 나라에 들어가게 됨을 말씀하셨습니다(마 21:30~31).

결국 이 비유의 말씀은 순종의 행위는 보이지 않고 말만 앞세우는 당시 대제사장들과 장로들의 그릇됨을 책망하신 것입니다. 반대로 당시 죄인이라고 손가락질 받던 세리들과 창녀들이지만, 이들이 회개와 믿음을 통해 하나님의 기쁨이 되고 천국의 은혜를 누리게 됨을 말씀하신 것입니다. 다시 말해 말로만 순종을 이야기하는 외식적 신앙의 삶이 아니라, 불순종의 잘못을 깨닫고 돌이켜 하나님의 말씀을 진실하게 따르며 순종하는 삶을 살아야 한다는 것입니다. 이렇게 회개한 사람이 하나님의 기쁨이 되는 사람이요, 따라서 천국에 들어가는 사람이라는 것입니다.

오늘의 기도

1. 세상의 권세와 힘을 구하는 일이 아니라 거룩함으로 하나님을 경외하는 일에 힘쓰게 하셔서 하나님의 기쁨이 되는 삶을 살게 하소서.
2. 진실함과 의로움의 삶을 담아 형식적 예배가 아닌 하나님께서 기뻐하시는 예배를 드리게 하소서.
3. 말로만의 외식적 신앙을 버리고 진실함으로 하나님의 말씀에 순종하는 삶을 살게 하소서.

거절하지 않아야

맥체인성경365_1058p

여호수아 16-17장 | 시편 148편 | 예레미야 8장 | 마태복음 22장

하나님의 구원의 초대를 거절하지 말아야 합니다. 따라서 죄에서 돌이켜 하나님께 돌아가기를 거절하지 말며, 하나님을 가까이 하기를 거절하지 말아야 합니다. 또한 하나님과 더불어 믿음으로 도전하는 삶도 거절하지 말아야 합니다.

여호수아 16-17장_도전하기를 거절하지 않아야 합니다.

요셉 자손 곧 므낫세와 에브라임 지파가 분배받은 기업에 대해 기록하고 있습니다. 그런데 요셉 자손이 그 기업에 만족하지 못하고, 여호수아에게 기업을 더 요구하며 불평했음을 전하고 있습니다. 그들은 자신들에게 두 분깃이 필요하다고 요구한 것입니다. 산림에 올라가 스스로 개척하라는 여호수아의 명령에도, 산지도 넉넉하지 못하고 골짜기 땅에 거주하는 가나안 족속에게는 철 병거가 있어 어렵다고 불평했습니다(수 17:16). 이에 대해 여호수아는 소극적으로 안주하며 거저 얻기를 바라지 말고, 그 안에 충분한 힘과 능력이 있음을 깨닫고, 그 힘으로 용기 내어 도전하라고 다시 명령했습니다. 능히 철 병거를 가진 가나안의 족속들을 쫓아내고 땅을 차지할 수 있다는 것입니다. "여호수아가 다시 요셉의 족속 곧 에브라임과 므낫세에게 말하여 이르되 너는 큰 민족이요 큰 권능이 있은즉 한 분깃만 가질 것이 아니라 그 산지도 네 것이 되리니 비록 삼림이라도 네가 개척하라 그 끝까지 네 것이 되리라 가나안 족속이 비록 철 병거를 가졌고 강할지라도 네가 능히 그를 쫓아내리라 하였더라"(수 17:17~18)

안주함에 빠져서 도전하기를 거절하며 불평하는 요셉 자손을 보며, 우리 자신을 돌아봐야 합니다. 곧 우리는 믿음의 사람으로 하나님께서 주신 충분한 힘이 있음을 깨닫고 힘써 도전하는 삶을 살아야 합니다. 안주함과 평계에 우리 스스로를 가두어 어리석게 도전하기를 거절하지 말고, 적극적 자세와 믿음으로 도전하는 삶을 살아야 합니다.

시편 148편_가까이 하기를 거절하지 않아야 합니다.

하늘의 천군 천사를 비롯해 세상의 모든 존재를 향해 하나님을 찬양하라고 명령하는 시입니다. 곧 하나님의 창조와 그것을 보존하시고 지키시는 은혜를 기억할 때, 하나님을 찬양하는 것은 마땅하다는 것입니다. 무엇보다 하나님께서 그 백성을 높이시고 강하게 하심을 기억하며 마땅히 찬양해야 한다는 것입니다.

"그가 그의 백성의 뿔을 높이셨으니 그는 모든 성도 곧 그를 가까이 하는 백성 이스라엘 자손의 찬양 받을 이시로다 할렐루야"(시 148:14) 그의 백성의 뿔을 높이셨다는 것은 그의 백성을 영화롭고 복 되게 세우셨다는 것입니다. 따라서 하나님은 그의 백성, 곧 이스라엘 자손의 찬양 받을 이시라고 말씀하고 있습니다. 그런데 주목할 말씀이 그를 가까이 하는 백성입니다. 곧 하나님께서 높이시고 세우시는 백성은 하나님을 가까이 하는 백성이라는 것입니다. 따라서 하나님의 높이시는 축복을 누리기를 원한다면 힘써 하나님을 가까이 해야 함을 가르쳐주고 있습니다. 결코 하나님과 교제하며 가까이 하기를 거절하지 않아야 한다는 것입니다.

예레미야 8장_돌아가기를 거절하지 않아야 합니다.

돌이키지 않는 어리석은 백성들과 거짓과 가증한 일을 서슴없이 행하는 지도자들에 대해 전하며, 그들에게 이루어질 심판을 말씀하고 있습니다. 하나님께서는 백성들이 돌아오기를 바라고 기다리셨지만, 그 백성들이 하나님께 돌아가기를 거절했다는 것입니다.

"이 예루살렘 백성이 항상 나를 떠나 물러감은 어찌함이냐 그들이 거짓을 고집하고 돌아오기를 거절하도다 내가 귀를 기울여 들은즉 그들이 정직을 말하지 아니하며 그들의 악을 뉘우쳐서 내가 행한 것이 무엇인고 말하는 자가 없고 전쟁터로 향하여 달리는 말 같이 각각 그 길로 행하도다"(렘 8:5~6) 돌아오지 않는 백성들로 인한 하나님의 답답함을 볼 수 있습니다. 돌아오기를 바라시는 하나님의 기대와 달리 어리석게 백성들이 거짓을 고집하며 회개하지 않았다는 것입니다. 따라서 백성들이 맞이할 결과는 심판임을 전하고 있는데, 그들에게 평강이 사라지고 피할 수 없는 파멸로 절망의 탄식만 있게 된다는 것입니다. "우리가 어찌 가만히 앉았으랴 모일지어다 우리가 견고한 성읍들로 들어가서 거기에서 멸망하자 우리가 여호와께 범죄하였으므로 우리 하나님 여호와께서 우리를 멸하시며 우리에게 독한 물을 마시게 하심이니라 우리가 평강을 바라나 좋은 것이 없으며 고침을 입을 때를 바라나 놀라움뿐이로다"(렘 8:14~15)

하나님께 돌아가기를 거절하지 말아야 합니다. 하나님의 애타는 부르심과 기다리심을 깨닫고, 죄와 불의를 떠나 하나님께 나아가야 합니다.

마태복음 22장_하나님의 초대를 거절하지 않아야 합니다.

왕실 혼인 잔치의 비유와 바리새인들과 사두개인들 등 유다 지도자들의 예수님을 향한 공격을 전하고 있습니다. 곧 구원자로 이 땅에 오신 예수 그리스도를 영접하고, 하나님의 구원의 초대에 응답하지 못하는 어리석은 자들의 모습을 전하고 있습니다.

"천국은 마치 자기 아들을 위하여 혼인 잔치를 베푼 어떤 임금과 같으니 그 종들을 보내어 그 청한 사람들을 혼인 잔치에 오라 하였더니 오기를 싫어하거늘"(마 22:2~3) 왕실 혼인 잔치의 비유는 천국에 대한 비유의 말씀입니다. 하나님께서 천국 잔치를 베풀어 사람들을 초대하고 있다는 것입니다. 그러나 어리석게 그 사람들이 하나님의 구원의 초대를 거절했다는 것입니다. 이는 곧 예수 그리스도께서 천국의 말씀을 전하며 그 구원으로 초대했지만, 바리새인들과 사두개인들 등 유대인들이 그 구원의 초대를 거절하고, 오히려 예수님을 대적하며 넘어뜨리고자 했던 사실과 그 맥을 같이하고 있습니다(마 22:15). 바리새인들은 가이사에게 세금을 바치는 문제로 예수님을 올무에 걸리게 하고자 했고(마 22:15~17), 사두개인들은 부활 논쟁으로 예수님을 곤란에 빠뜨리고자 했으며(마 22:23~28), 한 율법사는 율법 중에서 가장 큰 계명이 무엇이냐는 질문으로 예수님을 시험했습니다(마 22:34~36). 이들은 자신들이 믿고 있는 가치가 옳다는 어리석은 생각과, 그 누리고 있는 특권을 놓치지 않겠다는 욕심으로 예수님을 대적하며 넘어뜨리고자 했습니다. 그러나 예수님은 명쾌한 대답을 통해 오히려 사람들을 놀라게 하시고, 또한 질문한 그들을 부끄럽게 하셨습니다.

바리새인들과 사두개인들의 어리석은 모습을 보며, 예수 그리스도를 영접하고 하나님의 구원의 초대에 응하는 것이 얼마나 중요한지를 깨닫게 됩니다. 결코 하나님의 구원의 초대를 자신의 그릇된 가치와 욕심으로 거절하지 말아야 합니다. 하나님의 초대와 이를 통해 누리는 구원의 절대적 가치를 깨닫고, 이 초대에 기쁨으로 응해야 합니다.

오늘의 기도

1. 하나님을 가까이 하는 백성으로, 영화롭게 하시며 높이시는 하나님의 축복을 누리게 하소서.
2. 하나님의 구원의 초대에 절대적 가치를 두고 기쁨으로 응답하는 삶을 살게 하소서.
3. 가까이 계신 하나님이 힘을 주시고 승리케 하심을 믿고 안주하지 말고 도전하며 살게 하소서.

13 Jul

기뻐하시는 백성 vs 진노하시는 백성

여호수아 18-19장 | 시편 149-150편 | 예레미야 9장 | 마태복음 23장

하나님의 기뻐하시는 백성이 되느냐? 진노의 백성이 되느냐? 하나님의 기뻐하시는 백성에게는 구원과 승리와 기업의 축복이 주어집니다. 그러나 하나님의 진노하시는 백성에게는 화와 재앙의 심판이 주어집니다. 따라서 겸손히 은혜를 구하며 하나님을 의지함으로 하나님이 기뻐하시는 백성이 돼야 합니다.

여호수아 18-19장_기쁨의 백성에게 주시는 축복

아직 땅을 분배 받지 못한 일곱 지파들에 대한 말씀입니다. 여호수아는 각 지파에 세 사람씩 선정하여 두루 다니며 그 땅을 그리게 했습니다. 유다와 요셉 족속이 이미 분배 받은 땅을 제외하고 일곱 부분으로 그려 가지고 돌아오게 했고, 또 이것을 바탕으로 실로에서 제비를 뽑아 그 땅을 각 지파들에게 분배했습니다. "여호수아가 그들을 위하여 실로의 여호와 앞에서 제비를 뽑고 그가 거기서 이스라엘 자손의 분파대로 그 땅을 분배하였더라"(수 18:10)

결국 이것은 가나안 땅이 하나님의 약속대로 모든 지파들에게 주어졌음을 보여줍니다. 이스라엘 백성들은 하나님의 약속대로 가나안 땅을 기업으로 차지한 것입니다. 여기서 하나님의 약속의 신실함을 볼 수 있고, 하나님은 그 기뻐하시는 백성에게 약속을 이루고 축복하심을 알게 됩니다. 따라서 축복을 구하기 이전에 하나님의 기쁨을 구해야 합니다. 하나님의 기쁨이 되는 삶은 뒤로 한 채, 축복만을 쫓는 것은 어리석은 일입니다. 무엇보다 힘써 믿음과 순종으로 하나님께서 기뻐하시는 백성이 되면, 하나님을 통한 축복은 반드시 그 뒤를 이어 따라오게 됨을 놓치지 않아야 합니다.

시편 149-150편_하나님이 기뻐하시는 백성

하나님을 찬양하라는 시입니다. 새 노래로 여호와를 찬양하며, 호흡이 있는 모든 자마다 여호와를 찬양하라는 것입니다. 이처럼 하나님을 찬양함은 하나님께서 자기 백성을 기뻐하시고 구원과 승리를 주신다는 것입니다.

"여호와께서는 자기 백성을 기뻐하시며 겸손한 자를 구원으로 아름답게 하심이로다"(시 149:4) 하나님께서 그 백성을 기뻐하시고 구원하심을 말씀하고 있는데, 특별히 "겸손한 자" 곧 짓눌린 자들에게 승리와 영광을 주신다는 것입니다. 곧 겸손함으로 하나님의 은혜를 구하는 자, 짓눌린 고통 중에서도 하나님을 포기하지 않고 의지하는 자를 하나님께서 기뻐하시며, 그 기뻐하시는 백성에게 구원과 승리의 영광을 주신다는 것입니다. "성도들은 영광 중에 즐거워하며 그들의 침상에서 기쁨으로 노래할지어다 그들의 입에는 하나님에 대한 찬양이 있고 그들의 손에는 두 날 가진 칼이 있도다 이것으로 뭇 나라에 보수하며 민족들을 벌하며"(시 149:5~7) 성도들, 곧 하나님이 기뻐하시는 백성은 영광 중에 하나님을 찬양하라고 말씀하고 있는데, 곧 하나님께서 두 날 가진 칼을 주시고 이것을 통해 뭇 나라와 민족들에게 복수하며 벌하게 하신다는 것입니다. 하나님께서 기뻐하시는 백성에게 승리를 주신다는 것입니다.

겸손히 하나님의 은혜를 구하는 자, 짓눌림 중에서도 하나님을 의지하는 자를 하나님께서 기뻐하십니다. 하나님께서 그 기뻐하시는 백성에게 승리와 영광을 주십니다.

예레미야 9장_하나님이 진노하시는 백성

거짓과 죄악을 일삼으며, 하나님의 말씀에 불순종하고, 그 마음의 완악함을 따라 우상을 섬기는 백성들에게 하나님은 진노하시며 심판하신다는 말씀입니다.

"그들의 혀는 죽이는 화살이라 거짓을 말하며 입으로는 그 이웃에게 평화를 말하나 마음으로는 해를 꾸미는도다 내가 이 일들로 말미암아 그들에게 벌하지 아니하겠으며 내 마음이 이런 나라에 보복하지 않겠느냐 여호와의 말씀이니라"(렘 9:8~9) 그 백성들의 죄와 불의함으로 하나님께서 진노하며 심판하실 수밖에 없음을 전하는 말씀입니다. 하나님을 떠나 거짓과 죄악에 힘쓰는 그 백성들을 어찌 심판하지 않을 수 있겠느냐는 것입니다. "여호와께서 말씀하시되 이는 그들이 내가 그들의 앞에 세운 나의 율법을 버리고 내 목소리를 순종하지 아니하며 그대로 행하지 아니하고 그 마음의 완악함을 따라 그 조상들이 자기에게 가르친 바알들을 따랐음이라"(렘 9:13~14) 말씀에 대한 불순종과 완악함과 우상숭배가 하나님의 심판으로 이어졌음을 전하는 말씀입니다. 하나님께서 그 불순종과 죄악의 백성에 대해서는 진노하신다는 것입니다.

죄와 불의함으로 하나님의 기쁨을 바랄 수 없습니다. 하나님의 말씀을 거부하는 불순종으로 결코 하나님을 기쁘시게 할 수 없습니다. 그 불의와 불순종의 결과는 하나님의 진노의 심판입니다. 불의와 불순종의 삶에서 떠나지 않으며 하나님의 진노를 피하기를 바라는 것은 어리석은 일입니다. 불의함에서 속히 떠나 회개하고, 끝까지 사랑으로 기다리며 주시는 하나님의 말씀에 순종하는 것만이 진노를 피하는 길입니다. 그것이 오직 하나님의 기쁨을 기대할 수 있는 길입니다.

마태복음 23장_진노의 백성에게 주시는 재앙

서기관들과 바리새인들을 향한 예수님의 화의 선언입니다. 겉모습은 경건하고 하나님을 참되게 경외하는 듯하지만, 그 모든 것이 외식이었고, 그 속은 불의로 가득했으며, 당시 지도자들로서 그릇된 가르침으로 다른 사람들까지 멸망으로 이끌었던 서기관들과 바리새인들을 향해 예수님께서 화가 있을 것임을 선언하셨습니다. "화 있을진저 외식하는 서기관들과 바리새인들이여 너희는 천국 문을 사람들 앞에서 닫고 너희도 들어가지 않고 들어가려 하는 자도 들어가지 못하게 하는도다"(마 23:13)

16절, 23절, 25절, 27절, 29절 등에서도 계속해서 예수님의 화가 선언되고 있는데, 이는 불의함으로 하나님의 진노에 서 있는 자들에게는 하나님의 화, 곧 심판이 주어진다는 사실을 분명히 가르쳐주고 있습니다. 결코 겉모습으로 하나님을 속일 수 없고, 형식적인 경건으로 하나님께 인정받을 수 없음도 가르쳐주고 있습니다. 따라서 형식적인 경건함을 버리고 진실함과 겸손함으로 하나님 앞에 서서 은혜를 구해야 합니다. 오직 하나님의 은혜로 하나님의 기뻐하시는 백성에 서는 것만이 하나님의 진노를 피하는 유일한 길임을 잊지 말아야 합니다.

오늘의 기도

1. 하나님을 찬양하며 겸손히 하나님을 의지함으로 하나님의 기뻐하시는 백성이 되게 하소서.
2. 하나님의 기뻐하시는 백성으로 구원과 승리 그리고 기업의 축복을 누리게 하소서.
3. 바리새인처럼 외식적 신앙에 빠져 있지 않은지 늘 돌아보고, 진실함으로 하나님 앞에 서게 하소서.

하나님의 약속

여호수아 20-21장 | 사도행전 1장 | 예레미야 10장 | 마태복음 24장

맥체인성경365_1071p

하나님의 약속은 반드시 이루어집니다. 따라서 하나님의 약속을 심판이 아닌 구원으로 붙잡고 그 약속을 믿고 기다리며 충성해야 합니다. 고난과 핍박과 유혹 속에서도 약속으로 이겨야 합니다.

여호수아 20-21장_하나님의 약속대로 이루어집니다.

여호수아 20장은 도피성을 구별하라는 말씀입니다. 여호수아 21장은 레위인들이 거주할 성읍에 대한 말씀입니다. 각 지파에서 레위인들이 거주할 성읍들과 목초지들을 제공했고, 이에 따라 그핫과 게르손과 므라리 자손들이 각각 받은 성읍들을 기록하고 있습니다.

주목할 말씀이 하나님의 약속이 모두 이루어졌다는 것입니다. 곧 각 지파는 물론이요 레위인들이 거주할 성읍까지 모든 기업의 분배가 마쳐진 후, 여호와께서 약속하신 대로 가나안의 모든 민족들을 물리치고 그 땅을 이스라엘에게 주셨음을 확인할 수 있었습니다. 하나님께서 약속하신 말씀대로 응하지 않은 것이 하나도 없을 만큼 다 이루어졌다는 것입니다(수 21:43~45).

요단강을 건너기 전 그 백성들의 마음에는 의심도 있었을 것입니다. '과연 저 견고한 성읍과 강성한 민족들을 깨뜨리고 가나안 땅을 차지할 수 있을까?' 요단 동편에서 모세가 그 백성들에게 하나님의 말씀을 다시 한 번 강조하여 가르치며, 하나님의 말씀을 믿고 담대할 것을 명령했는데, 이것은 그만큼 백성들 중에 두려워하며 확신하지 못한 사람들이 있었다는 것을 보여줍니다. 그런데 돌아보니 말씀대로 이루어졌다는 것입니다. 하나님의 약속은 결코 헛되지 않으며 반드시 이루어진다는 것입니다. 따라서 하나님의 약속을 믿고 붙들어야 합니다. 결코 의심하지 않고 끝까지 약속을 붙들면, 약속대로 이루어지는 축복을 누리게 됩니다.

사도행전 1장_하나님의 약속을 믿고 기다려야 합니다.

성령의 약속과 예수님의 승천을 기록하고 있습니다. 그런데 주목할 말씀이, 승천하신 예수님께서 다시 오신다는 것입니다. "이르되 갈릴리 사람들아 어찌하여 서서 하늘을 쳐다보느냐 너희 가운데서 하늘로 올려지신 이 예수는 하늘로 가심을 본 그대로 오시리라 하였느니라"(행 1:11)

예수님은 천사들을 통해 이 땅에 다시 오심을 전하셨습니다. 구원의 주로 이 땅에 오신 예수님은 심판의 주로 이 땅에 다시 오십니다. 믿음에서 떠난 사람들에게 예수님의 재림의 날은 심판의 날이 됩니다. 그러나 구원의 주로 오신 예수님을 믿음으로 붙든 사람들에게는 예수님의 재림은 승리와 구원의 날이 됩니다. 따라서 다시 오신다는 예수님의 약속을 붙들고 믿음으로 기다려야 합니다. 그 약속은 반드시 이루어짐을 깨닫고 그 기다림을 포기하지 말아야 합니다. 무엇보다 그 기다림의 시간에 충성해야 합니다. 곧 승천하시기 전 예수님은 제자들에게 이렇게 명령하셨습니다. "사도와 함께 모이사 그들에게 분부하여 이르시되 예루살렘을 떠나지 말고 내게서 들은 바 아버지께서 약속하신 것을 기다리라"(행 1:4) 아버지께서 약속하신 것은 성령입니다. 성령을 받기까지 예루살렘을 떠나지 말라고 말씀하신 것입니다. 그리고 성령을 받으면, 예루살렘과 온 유대와 사마리아와 땅 끝까지 이르러 예수님의 증인 된다고 말씀하셨습니다(행 1:8). 이는 곧 약속하신 성령을 받고 증인의 사명을 감당해야 한다는 것을 말씀하신 것입니다. 예수님의 다시 오심을 기다리며 성령 받고 땅 끝까지 이르러 증인이 되는 사명을 감당해야 한다는 것입니다. 그렇게 충성의 삶을 살아가야 한다는 것입니다.

주의 재림의 약속은 반드시 이루어집니다. 따라서 그 약속을 붙들고 믿음으로 기다리며 충성의 삶을 살아야 합니다. 그 충성의 삶으로 다시 오실 주님 앞에서 부끄럽지 않은 모습을 보여야 합니다.

예레미야 10장_하나님의 약속이 심판이 되지 않아야 합니다.

우상의 헛됨을 전하고 있습니다. 곧 우상을 섬기며 우상에 소망을 두는 백성들의 어리석음을 전하고 있습니다. 우상은 사람의 손으로 만들어 금과 은으로 꾸민 것으로 생명도 없고, 아무 힘도 없으며, 어떤 화나 복도 주지 못한다는 것입니다(렘 10:5). 무엇보다 하나님의 심판의 날에 구원도 주지 못하고 아무 도움도 되지 못하며, 오히려 우상으로 말미암아 수치를 당하게 된다는 것입니다. "사람마다 어리석고 무식하도다 은장이마다 자기의 조각한 신상으로 말미암아 수치를 당하나니 이는 그가 부어 만든 우상은 거짓 것이요 그 속에 생기가 없음이라 그것들은 헛 것이요 망령되이 만든 것인즉 징벌하실 때에 멸망할 것이나"(렘 10:14~15) 그러나 야곱의 분깃 곧 여호와 하나님은 이같지 않다고 말씀하고 있습니다. 하나님은 헛된 우상과 달리 창조주요 살아 계신 분으로, 하나님을 믿고 소망을 두는 사람에게 생명과 구원이 된다는 것입니다. 하나님을 향한 소망과 믿음은 결코 수치로 돌아오지 않는다는 것입니다. "야곱의 분깃은 이같지 아니하시니 그는 만물의 조성자요 이스라엘은 그의 기업의 지파라 그 이름은 만군의 여호와시니라"(렘 10:14~15)

우상이 아닌 하나님께 소망이 있고 생명이 있습니다. 따라서 그 헛된 우상에서 돌이켜 하나님을 붙잡아야 합니다. 그러나 백성들은 거듭된 하나님의 말씀에도 돌이키지 않았습니다. 그렇기에 그 백성들에게 심판, 곧 구원의 약속이 아닌 심판의 약속이 선언될 수밖에 없었습니다. "여호와께서 이와 같이 말씀하시되 보라 내가 이 땅에 사는 자를 이번에는 내던질 것이라 그들을 괴롭게 하여 깨닫게 하리라 하셨느니라"(렘 10:18)

하나님은 사랑으로 우리를 구원하시기를 원하십니다. 우리에게 구원을 약속하십니다. 그러나 그 약속을 믿고 붙들지 않는 자에게는 그 구원의 약속이 심판으로 바뀔 수밖에 없습니다. 따라서 헛된 우상이 아닌 하나님께 소망을 두고, 하나님의 구원의 약속을 놓치지 말아야 합니다.

마태복음 24장_하나님의 약속으로 이겨야 합니다.

마지막 때에 있을 환난과 예수 그리스도께서 다시 오심을 예언하며 깨어 있을 것을 교훈하는 말씀입니다. 무엇보다 예수님은 제자들에게 이렇게 가르치셨습니다. "그 때에 사람들이 너희를 환난에 넘겨 주겠으며 너희를 죽이리니 너희가 내 이름 때문에 모든 민족에게 미움을 받으리라그 때에 많은 사람이 실족하게 되어 서로 잡아 주고 서로 미워하겠으며 거짓 선지자가 많이 일어나 많은 사람을 미혹하겠으며불법이 성하므로 많은 사람의 사랑이 식어지리라그러나 끝까지 견디는 자는 구원을 얻으리라"(마 24:9~13) 믿음의 사람들에게 환난과 핍박 그리고 유혹이 있다는 것입니다. 이 모든 것에서 이겨야 하고, 끝까지 견디며 넘어지지 말아야 한다는 것입니다. 그래야 구원을 얻는다는 것입니다.

끝까지 견디는 자가 얻는 구원은 예수님의 약속입니다. 그 믿음을 지킬 때 구원을 주신다는 것으로, 따라서 이 약속을 붙들고 그 모든 고난과 핍박과 유혹을 이겨야 합니다. 그 고난과 핍박과 유혹이 아무리 크고 두려울지라도 구원의 약속을 붙들고 넘어지지 말아야 합니다.

오늘의 기도

1. 하나님의 약속은 반드시 이루어짐을 기억하며 하나님의 약속을 소망으로 붙잡게 하소서.
2. 다시 오신다는 주님의 약속을 믿고 기다리며, 증인으로서의 충성의 삶을 살게 하소서.
3. 주의 구원의 약속을 붙들고 고난과 핍박과 유혹에도 끝까지 견디며 이기게 하소서.

약속을 믿고

맥체인성경365_1078p

여호수아 22장 | 사도행전 2장 | 예레미야 11장 | 마태복음 25장

주의 약속을 믿고 순종하며 충성해야 합니다. 약속을 따라 내일을 준비해야 하고, 포기하지 말고 약속을 기다려야 합니다. 그러면 약속대로 이루어져 평안과 응답과 기업과 천국의 축복을 누리게 됩니다.

여호수아 22장_약속을 믿고 충성한 결과

가나안 땅 정복 전쟁을 마치고, 전쟁에서 앞장서서 싸웠던 루우벤과 갓과 므낫세 반 지파를 요단 동편 그들이 기업을 얻은 곳으로 돌려보낸 것을 기록하고 있습니다. "이제는 너희의 하나님 여호와께서 이미 말씀하신 대로 너희 형제에게 안식을 주셨으니 그런즉 이제 너희는 여호와의 종 모세가 요단 저쪽에서 너희에게 준 소유지로 가서 너희의 장막으로 돌아가되"(수 22:4)

이 두 지파 반은 요단 동편에서 이미 기업을 분배 받았습니다. 하지만 나머지 지파의 기업을 위해 약속을 따라 기꺼이 선봉이 되어 요단강을 건넜고, 가나안 족속들과의 싸움에 앞장섰습니다. 자신들은 이미 기업을 얻었다고 가나안 땅 정복 전쟁에 무관심하거나 소극적이지 않았습니다. 먼저 기업을 얻은 축복에 사명이 있음을 깨닫고 나머지 지파가 기업을 얻는 일에 힘을 다해 싸우며 충성했습니다.

그 결과 가나안 땅 정복전쟁이 승리로 마무리 되고, 나머지 지파들도 요단 서편에서 기업을 분배 받을 수 있었습니다. 이제는 요단강을 건너 자신들의 기업으로, 곧 가족들이 기다리는 땅으로 돌아가게 되는 시간을 맞이할 수 있었습니다. 동족들을 위해 힘써 싸우며 충성한 이들에게는 여호수아의 축복이 주어졌고(수 22:7), 또 가나안 족속들과의 싸움에서 얻은 수많은 재물이 주어졌습니다(수 22:8). 무엇보다 이들에게는 충성했기에 가질 수 있는 보람과 기쁨과 성취와 평안이 주어졌습니다. 만약 충성하지 않았다면 결코 이 모든 결과들을 누릴 수 없었을 것입니다. 이처럼 약속을 믿고 충성하면 하나님의 축복과 평강과 기쁨이 주어집니다.

사도행전 2장_약속을 믿고 기다린 결과

오순절에 임한 성령의 강림을 기록하고 있습니다. 그리고 이후 세워진 초대교회 공동체 대해 전하고 있습니다. 곧 주의 약속을 믿고 마가의 다락방에서 모여 기도하던 제자들에게 성령이 임하여 성령의 충만함을 받았고, 이후 제자들은 천하 각국으로부터 와서 예루살렘에 머물러 있던 디아스포라 유대인들에게 각 언어로 하나님의 큰 일, 곧 복음을 전했습니다. "홀연히 하늘로부터 급하고 강한 바람 같은 소리가 있어 그들이 앉은 온 집에 가득하며 마치 불의 혀처럼 갈라지는 것들이 그들에게 보여 각 사람 위에 하나씩 임하여 있더니 그들이 다 성령의 충만함을 받고 성령이 말하게 하심을 따라 다른 언어들로 말하기를 시작하니라"(행 2:2~4) 결국 이 말씀은 제자들에게 주의 약속이 이루어졌음을 보여줍니다. 곧 부활하신 예수님은 제자들에게 예루살렘을 떠나지 말고 아버지께서 약속하신 것을 기다리라고 명령하셨습니다(행 1:4~5). 이 명령을 따라 제자들은 마가의 다락방에 모여 기도하며 기다렸고, 그 결과 약속하신 성령의 충만함을 받았습니다.

약속을 믿고, 그 믿음으로 인내하며 기다리는 사람에게는 하나님의 약속이 반드시 이루어집니다. 그리고 이루어진 약속이 축복이 됩니다. 따라서 약속을 믿고 인내하며 기다려야 합니다. 당장에 약속이 이루어지지 않는다고 실망하거나 돌아서지 말아야 하고, 끝까지 믿음으로 기다려야 합니다.

예레미야 11장_약속을 믿고 순종한 결과

언약을 깨뜨린 백성들과 이로 인한 그 결과를 전하고 있습니다.

"내가 또 너희 조상들에게 한 맹세는 그들에게 젖과 꿀이 흐르는 땅을 주리라 한 언약을 이루리라 한 것인데 오늘이 그것을 증언하느니라 하라 하시기로 내가 대답하여 이르되 아멘 여호와여 하였노라"(렘 11:5) 현재 유다 백성들이 살고 있는 가나안 땅이 하나님의 약속과 백성들의 순종의 결과로, 확실한 증언이 됨을 전하는 말씀입니다. 곧 하나님은 젖과 꿀이 흐르는 가나안 땅을 약속하셨고, 그 백성들이 약속을 믿고 순종한 결과 가나안 땅을 차지했으며, 현재 그 후손들이 그 땅을 누리며 살고 있다는 것입니다. 하나님의 언약을 믿고 순종하면, 하나님은 반드시 그 언약을 이루셔서 그 백성들을 축복하신다는 것입니다. 그러나 그 약속의 축복을 누리고 있는 백성들이 이제는 하나님의 말씀에 순종하기를 거부하고 있고, 따라서 순종으로 약속의 축복을 누렸던 백성들이 이제는 불순종으로 저주를 받게 된다는 것입니다(렘 11:3). 하나님은 하나님의 말씀 듣기를 거부하고 이방 신들을 섬김으로 하나님과의 언약을 파기한 백성들을 향해, 그 어떤 부르짖는 기도도 듣지 않으실 것이고, 고통 중에서도 구원하지 않으실 것이며, 어떤 제물로 예배해도 그 예배를 받지 않으실 것을 말씀하고 있습니다(렘 11:11~17).

하나님의 약속을 믿고 순종하면 하나님의 약속이 성취되고, 이를 통해 축복을 누립니다. 하나님의 약속의 성취는 순종을 통해서 이루어집니다. 그러나 순종에서 떠나 불순종할 때, 하나님의 약속은 파기되고 그 축복은 심판으로 이어지게 됩니다. 따라서 약속을 믿고 순종해야 합니다. 끝까지 순종함으로 하나님의 약속의 성취와 축복을 놓치지 말고 누려야 합니다.

마태복음 25장_약속을 믿고 준비한 결과

열 처녀의 비유, 달란트 비유, 양과 염소의 비유를 기록하고 있습니다. 특별히 열 처녀의 비유를 주목하면, 약속을 믿고 준비한 결과에 대해 가르침 받을 수 있습니다. 곧 기름을 준비한 다섯 명은 혼인 잔치에 들어갔지만, 기름을 준비하지 못한 다섯 명은 혼인 잔치에 들어가지 못했습니다. "그들이 사러 간 사이에 신랑이 오므로 준비하였던 자들은 함께 혼인 잔치에 들어가고 문은 닫힌지라 그 후에 남은 처녀들이 와서 이르되 주여 주여 우리에게 열어 주소서 대답하여 이르되 진실로 너희에게 이르노니 내가 너희를 알지 못하노라 하였느니라"(마 25:10~12) 결국 이 비유는 항상 깨어서 믿음을 지켜야 한다는 교훈을 주고 있습니다(마 25:13). 어느 날에 주님이 임할지 모른다는 말씀을 기억하고 잠시도 그 믿음에서 안주하지 말아야 한다는 것입니다. 믿음의 등불을 꺼뜨리지 않도록 기름을 준비해야 하고, 그렇게 준비하여 믿음의 등불을 켤 때, 신랑으로 오시는 예수님을 맞이하여 함께 천국의 축복을 누리게 된다는 것입니다.

주님의 다시 오심의 약속을 믿고, 또 그 믿음으로 주님의 다시 오심을 준비하면 반드시 천국의 기쁨을 누리게 됩니다. 어리석게 당장 주님이 오시지 않는다고 그 믿음의 기다림에서 넘어지지 말아야 합니다. 말씀과 기도, 그리고 이를 통한 성령으로 끊임없이 믿음의 기름을 공급하여 믿음의 등불을 밝히고, 또 그렇게 주님의 다시 오심을 준비하여 천국의 기쁨을 누려야 합니다.

오늘의 기도

1. 주의 약속을 믿고 순종하고 충성하게 하시며, 이를 통한 승리와 평안의 축복을 누리게 하소서.
2. 주의 약속을 믿고 포기하지 않고 기다려 약속대로 이루어지는 축복을 누리게 하소서.
3. 약속을 믿고 깨어 믿음을 지키고 주님의 다시 오심을 준비하게 하셔서 천국의 축복을 누리게 하소서.

주를 가까이 해야

맥체인성경365_1087p

여호수아 23장 | 사도행전 3장 | 예레미야 12장 | 마태복음 26장

주를 가까이하는 삶, 그럼으로 승리하는 삶을 살아야 합니다. 따라서 회개로, 마음으로, 십자가로 주를 가까이해야 합니다.

여호수아 23장_주를 가까이 해야

여호수아의 마지막 훈계의 말입니다. 그 모인 백성의 대표자들에게 모세의 율법에 기록된 말씀을 지켜 행하며, 여호와 하나님을 가까이 할 것을 전한 것입니다. 곧 지금까지의 승리가 하나님을 가까이 했기 때문이라는 것입니다. 하나님을 가까이 한 결과, 하나님께서 앞장서 싸우셨고, 아무도 우리와 맞서지 못했다는 것입니다. 따라서 여호와 하나님을 가까이 하기를 계속 힘써야 한다는 것입니다(수 23:8~9). 또한 여호수아는 하나님을 가까이 하는 것에서 돌이키면 승리가 아닌 심판이 있음도 전했습니다. 하나님이 아닌 가나안 민족들을 가까이 하면, 곧 서로 혼인하고 왕래하며 그 문화와 종교에 젖어들면 하나님의 승리는 더 이상 주어지지 않는다는 것입니다. 오히려 하나님의 심판으로 이 땅에서 멸망당하게 된다는 것입니다(수 23:12~13).

승리는 하나님께 있습니다. 따라서 힘써 하나님을 가까이 해야 합니다. 재물도 아니고 권력도 아닙니다. 세상 부귀영화와 권세가 아니라 오직 하나님을 가까이 해야 합니다.

사도행전 3장_회개로 가까이 해야

베드로와 요한이 성전 미문에서 구걸하던 한 지체장애인을 예수 그리스도의 이름으로 일으킨 말씀과, 이를 보고 놀라워하던 사람들에게 예수 그리스도를 전한 말씀입니다. 무엇보다 베드로는 죄에서 돌이켜 회개할 것을 강조했습니다. 곧 그 지체장애인을 치료하고 일으켜 그에게 새 삶을 주신 분은 예수 그리스도라는 것입니다. 그 이름을 믿음으로 치료했다는 것입니다(행 3:16). 따라서 예수님을 거부하고 멀리한 것에서 회개하고 돌이킴으로 예수

님을 가까이 해야 하고, 그럼으로 새 삶을 살아야 한다는 것입니다(행 3:19).

따라서 또한 베드로가 강조하며 전한 것이 그들이 예수님을 거부하고 십자가에 못 박아 죽인 것과 하나님께서 그 예수님을 다시 살리신 사실입니다. "너희가 거룩하고 의로운 이를 거부하고 도리어 살인한 사람을 놓아 주기를 구하여 생명의 주를 죽였도다 그러나 하나님이 죽은 자 가운데서 그를 살리셨으니 우리가 이 일에 증인이라"(행 3:14~15) 하나님께서 예수 그리스도를 죽음 가운데 다시 살리심으로 돌이켜 회개할 수 있는 기회를 주셨다는 것입니다. 그러므로 다시 어리석게 예수님을 거부하지 말고 이제는 돌이켜 예수님을 믿고 영접하라는 것입니다. 이를 통해 예수님을 가까이 하라는 것입니다.

주를 가까이 하기 위해 회개해야 합니다. 어리석어 주님을 거부하고 멀리했던 것에서 돌이켜 회개함으로 주를 가까이해야 합니다. 그리고 이를 통해 새로운 삶을 살아야 합니다.

예레미야 12장_마음으로 가까이 해야

악인의 번영으로 인한 예레미야의 질문과 하나님의 답변을 전하고 있습니다. 곧 예레미야는 악인들이 형통하고 평안한 것으로 인해 이해할 수 없었고, 또 고통 중에 거하여 견디기 힘들다고 하나님께 불평했습니다. 이에 하나님은 예레미야에게 냉혹하게 대답하셨는데, 현재의 이 고난을 견디기 어렵다고 말하면 이후에 닥칠 더 큰 일은 어떻게 이기겠냐는 것입니다. 더 큰 고난이 있음을 말씀하며 굳건한 마음을 가져야 한다고 훈계하셨습니다. 그런데 주목할 말씀이, 예레미야가 하나님께 질문하

며 악인들에 대해 꼬집고 있는 말씀입니다. 그들은 말로는 하나님과 가까운 척 하지만, 그 마음은 멀리 떨어져 있다는 것입니다. 진정 하나님을 가까이 하지 않으며 흉내만 내고 있다는 것입니다. "주께서 그들을 심으시므로 그들이 뿌리가 박히고 장성하여 열매를 맺었거늘 그들의 입은 주께 가까우나 그들의 마음은 머니이다"(렘 12:2)

결국 이 말씀은 우리가 진정 하나님을 가까이 하는 길에 대해 가르쳐주고 있습니다. 곧 입술만으로 하나님과 가까이 할 수 없습니다. 외식적으로 흉내 내는 신앙으로 하나님과의 가까움을 주장할 수 없습니다. 진실한 마음으로 하나님을 사랑하며 믿고 따라야 하고, 이것이 진정 하나님을 가까이 하는 것입니다.

마태복음 26장_십자가로 가까이 해야

한 여인이 예수님께 향유를 부어 드린 사건, 최후의 만찬과 겟세마네에서의 기도, 유다의 배신과 예수님의 붙잡히심, 예수님의 심문 받으심과 베드로의 부인 등을 기록하고 있습니다. 이 말씀을 통해 십자가의 고난을 피하지 말아야 한다는 사실과, 주님께서 걸어가신 십자가의 길에 함께 참여해야 한다는 사실을 가르침 받게 됩니다.

"그 때에 예수께서 제자들에게 이르시되 오늘 밤에 너희가 다 나를 버리리라 기록된 바 내가 목자를 치리니 양의 떼가 흩어지리라 하였느니라"(마 26:31) 예수님의 십자가 앞에 제자들이 예수님을 버리고 뿔뿔이 흩어지고 도망갈 것을 예언하신 말씀입니다. 예수님의 십자가 고난에 가까이하지 못하는 연약한 제자들의 모습을 말씀하신 것입니다. "제자들에게 오사 그 자는 것을 보시고 베드로에게 말씀하시되 너희가 나와 함께 한 시간도 이렇게 깨어 있을 수 없더냐"(마 26:40) 예수님의 십자가의 아픔과 고통을 이해하지 못하고 또 가까이하지

못한 제자들의 모습을 보여주는 말씀입니다. 십자가를 앞에 두신 예수님은 제자들이 깨어서 함께 기도해주기를 바라셨지만, 제자들이 피곤함을 이기지 못하고 함께 기도하지 못했다는 것입니다. "베드로가 멀찍이 예수를 따라 대제사장의 집 뜰에까지 가서 그 결말을 보려고 안에 들어가 하인들과 함께 앉아 있더라"(마 26:58) 예수님께서 붙잡혀 가신 대제사장 가야바의 집 뜰에까지 베드로가 따라갔다는 말씀입니다. 그런데 주목할 말씀이 '멀찍이'입니다. 베드로는 두려움에 예수님을 가까이 따르지 못했다는 것입니다. 예수님의 제자인 것을 숨기고 멀찍이 따랐고, 용기 내어 예수님의 십자가의 고난에 함께 참여하지 못했습니다. 그리고 결국 두려움에 예수님을 모른다고 세 번 부인하고 말았습니다(마 26:70, 72, 74).

잘 되고 축복된 일에만 가까이 한다면, 그것이 진정 주님을 가까이 하는 것이 아닙니다. 십자가의 고난의 길도 피하지 않고 기꺼이 함께하는 것, 곧 고난을 겪고 심지어 생명을 내어놓아야 한다고 할지라도 주님께서 걸어가신 십자가의 길을 함께 따라가는 것이 진정 주님을 가까이 하는 것입니다. 따라서 예수님의 십자가 앞에서 향유를 부은 여인을 주목해야 합니다. "이 여자가 내 몸에 이 향유를 부은 것은 내 장례를 위하여 함이니라"(마 26:12) 제자들은 낭비했다고 비난한 것과 달리 예수님은 당신의 장례를 위한 것이라고 말씀하시며 예수님의 머리에 향유를 부은 여인을 칭찬하셨습니다.

'누구든지 나를 따라오려거든 자기를 부인하고 자기 십자가를 지고 나를 따를 것이니라'(마 16:24) 고 예수님께서 가르치셨습니다. 기꺼이 고난을 마주하고 십자가의 길을 걸어가지 않고는 결코 주님을 가까이할 수 없습니다. 따라서 우리에게 주어진 십자가를 지고 주님을 따라야 합니다.

오늘의 기도

1. 주님을 가까이하기 위해 기꺼이 그 모든 부귀와 권세와 영광도 포기하게 하소서.
2. 입술만이 아닌 진실한 마음과 사랑으로 주를 가까이 하며 따르게 하소서.
3. 고난과 고통에도 피하지 않고 주의 십자가에 참여하게 하셔서 진정 주를 가까이 하는 삶을 살게 하소서.

택해야 하는 것

여호수아 24장 | 사도행전 4장 | 예레미야 13장 | 마태복음 27장

맥체인성경365_1094p

십자가에서 주님은 당신의 생명이 아닌 우리의 구원을 택하셨습니다. 따라서 우리도 주님만을 택하고 섬겨야 합니다. 겸손함으로 하나님의 말씀을 듣고 따르기를 택해야 합니다.

여호수아 24장_여호와만 섬기기를 택해야

세겜에서 여호수아가 각 지파의 대표자들을 불러 모아 전한 말입니다. 가나안 정복 전쟁을 마치고, 이제 나이 들어 죽음을 눈앞에 둔 여호수아가 모인 그들에게 지금까지 행하신 하나님의 위대한 일을 전하며 결단을 요구한 말씀입니다. 다시 말해 이방 신과 우상들을 버리고 여호와 하나님만을 섬기라는 것입니다. 자신과 자신의 집은 오직 여호와를 섬기겠다는 것입니다. "그러므로 이제는 여호와를 경외하며 온전함과 진실함으로 그를 섬기라 너희의 조상들이 강 저쪽과 애굽에서 섬기던 신들을 치워 버리고 여호와만 섬기라 만일 여호와를 섬기는 것이 너희에게 좋지 않게 보이거든 너희 조상들이 강 저쪽에서 섬기던 신들이든지 또는 너희가 거주하는 땅에 있는 아모리 족속의 신들이든지 너희가 섬길 자를 오늘 택하라 오직 나와 내 집은 여호와를 섬기겠노라 하니"(수 24:14~15) 결국 백성들, 곧 모인 각 지파의 대표자들도 오직 하나님만을 섬기고, 결단코 여호와를 버리고 다른 신들을 섬기지 않겠다고 결단하며 약속했습니다.

우상도 섬기고 하나님도 섬기는 등, 둘 모두를 택하여 섬길 수 없습니다. 둘 모두를 택하여 섬기는 것은 결코 하나님을 섬기는 것이 아닙니다. 온전히 하나님을 섬기는 것은 하나님만 택하여 섬기는 것입니다. 모든 우상과 이방신을 버리고 하나님만을 택하는 결단이 필요합니다. 따라서 우리도 결단해야 합니다. 너무도 큰 우상이 돼버린 돈과 하나님 중 무엇을 택할 것인지 결단해야 합니다. "한 사람이 두 주인을 섬기지 못할 것이니 혹 이를 미워하고 저를 사랑하거나 혹 이를 중히 여기고 저를 경히 여김이라 너희가 하나님과 재물을 겸하여 섬기지 못하느니라"(마 6:24) 예수님의 가르침을 기억하며 하나님만을 택하고 섬기기를 결단해야 합니다. 우리가 따르고 섬길 분은 오직 하나님 한 분입니다.

사도행전 4장_하나님의 말씀만을 듣기를 택해야

베드로와 요한이 공회에 선 것을 전하고 있습니다. 곧 베드로와 요한이 성전 미문에 앉아 있는 나면서부터 걷지 못하던 장애인을 예수 그리스도의 이름으로 치료했습니다. 이로 인해 수많은 사람들이 이들을 주목하고 그 전하는 예수 그리스도를 믿고 따랐습니다. 이에 위기감을 느낀 제사장들과 사두개인들이 베드로와 요한을 잡아 가두고 다음 날 공회에 세운 것입니다.

공회에서 대제사장들과 장로들을 비롯한 지도자들은 베드로와 요한에게 더 이상 예수의 이름으로 전하지 말고 가르치지 말라고 위협했습니다. 예수의 이름이 더 이상 사람들에게 알려지는 것을 막고자 한 것입니다. 그러나 베드로와 요한은 위협하는 사람들 앞에서 이렇게 대답했습니다. "그들을 불러 경고하여 도무지 예수의 이름으로 말하지도 말고 가르치지도 말라 하니 베드로와 요한이 대답하여 이르되 하나님 앞에서 너희의 말을 듣는 것이 하나님의 말씀을 듣는 것보다 옳은가 판단하라"(행 4:18~19)

공회의 위협에도 두려워하지 않으며 당당히 하나님의 말씀을 선택한 사도들의 모습이 우리가 본받아야 할 모습입니다. 사도들처럼 힘 있는 사람들의 위협적인 말이 아니라 하나님의 말씀만을 듣기를 택해야 합니다. 당장 하나님의 말씀을 택하는 것이 손해가 되고, 불이익이 되며, 더 나아가 큰 위

협이 된다 할지라도, 하나님의 말씀을 택하는 믿음을 보여야 합니다. 하나님의 말씀을 선택하는 것은 결코 타협의 대상이 될 수 없습니다.

예레미야 13장_마음의 겸손함을 택해야

썩어서 쓸 수 없게 된 베 띠를 통해 백성들의 교만을 전하고 있습니다. 백성들이 교만함으로 그 마음의 완악함을 따르고, 하나님의 말씀을 따르지 않음으로 하나님의 심판이 임하게 된다는 것입니다.

"여호와께서 이와 같이 말씀하시니라 내가 유다의 교만과 예루살렘의 큰 교만을 이같이 썩게 하리라 이 악한 백성이 내 말 듣기를 거절하고 그 마음의 완악한 대로 행하며 다른 신들을 따라 그를 섬기며 그에게 절하니 그들이 이 띠가 쓸 수 없음 같이 되리라 여호와의 말씀이니라 띠가 사람의 허리에 속함 같이 내가 이스라엘 온 집과 유다 온 집으로 내게 속하게 하여 그들로 내 백성이 되게 하며 내 이름과 명예와 영광이 되게 하려 하였으나 그들이 듣지 아니하였느니라"(렘 13:10~11) 하나님께서 그 백성을 하나님의 이름과 명예와 영광이 되게 하고자 하셨다는 말씀에 주목해야 합니다. 이것이 하나님의 마음이었다는 것입니다. 그러나 백성들이 교만함으로 하나님의 말씀을 듣기를 거절했고, 이로 인해 하나님은 영광이 아닌 심판을 결정하실 수밖에 없다는 것입니다.

"너희가 이를 듣지 아니하면 나의 심령이 너희 교만으로 말미암아 은밀한 곳에서 울 것이며 여호와의 양 떼가 사로잡힘으로 말미암아 눈물을 흘려 통곡하리라"(렘 13:17) 교만으로 하나님의 말씀을 듣지 않을 때, 그 백성들에게 심판이 있고, 이 심판으로 인해 사로잡히고 통곡하게 됨을 전하고 있습니다. 따라서 교만함을 버려야 합니다. 완악한 마음 아닌 겸손한 마음을 택해야 합니다. 겸손함으로 하나님의 말씀에 귀를 기울이고 순종해야 합니다. 이를 통해 심판이 아닌 영광을 맞이해야 합니다.

마태복음 27장_우리의 구원만을 택하시고

예수님의 수난과 십자가의 죽음을 기록하고 있습니다. 빌라도에게 심문을 받으시고, 무지한 무리들이 바라바를 놓아주고 예수님을 십자가에 못 박으라는 소리를 들으시며, 군병들에 의해 희롱을 당하고 십자가에 달려 고통 중에 죽어 가시면서도, 예수님은 묵묵히 십자가의 길을 걸어가셨습니다. 십자가의 길을 걸어가며 당신의 생명이 아닌 우리의 생명을 선택하였습니다.

이를 잘 설명해주고 있는 구절이 다음의 구절입니다. "그가 남은 구원하였으되 자기는 구원할 수 없도다 그가 이스라엘의 왕이로다 지금 십자가에서 내려올지어다 그리하면 우리가 믿겠노라"(마 27:42) 대사장들과 서기관들과 장로들이 십자가에 달리신 예수님을 조롱한 말인데, 그들의 말처럼 예수님은 십자가에서 내려오실 수 없었습니다. 내려올 능력이 없어서가 아니라 우리를 향한 사랑과 구원을 포기할 수 없기에 내려오실 수 없었습니다. 십자가에서 내려오면 십자가를 통한 구원을 이룰 수 없고, 모든 인류에게 구원의 길을 열어줄 수 없기에 예수님은 십자가에서 모든 조롱을 들으면서도 인내하셨습니다. 그렇게 예수님은 당신의 생명은 포기하시며 우리의 생명을 구원하셨습니다. 십자가에서 예수님 당신이 아닌 우리의 구원을 택하셨습니다.

오늘의 기도

1. 십자가에서 당신의 생명을 포기하고 우리를 구원하신 주님의 사랑과 은혜를 놓치지 않게 하소서.
2. 어떤 손해와 사회적 불이익에도 주의 말씀을 선택하며 따르게 하소서.
3. 재물이 아닌 하나님을 선택하며, 오직 하나님만을 섬기기를 결단하오니, 그 결단이 흔들리지 않도록 지켜주소서.

함께하심

사사기 1장 | 사도행전 5장 | 예레미야 14장 | 마태복음 28장

맥체인성경365_1102p

세상 끝날까지 주님은 우리와 함께하십니다. 그 함께하시는 주님을 기억하며 담대해야 합니다. 함께하시는 주님을 통해 평강을 누리고 승리를 누려야 합니다.

사사기 1장_주의 함께하심으로 인한 승리

여호수아의 사후에 진행된 가나안 정복전쟁을 전하고 있습니다. 가나안 정복전쟁을 앞에서 이끌던 여호수아가 죽었고, 이것이 이스라엘에게는 큰 위기라 할 수 있었지만, 하나님의 함께하심으로, 각 지파별로 남겨진 가나안 족속들을 물리치며 계속된 승리를 거둘 수 있었습니다. 곧 백성들은 하나님께 묻고 또 하나님께서 주신 음성에 따라 순종하여 싸웠고, 하나님은 변함없이 함께하여 승리를 주셨습니다. 여호수아의 부재와 상관없이 이스라엘은 함께하시는 하나님으로 인해 승리를 누릴 수 있었습니다. 이를 잘 보여주는 구절이 다음의 구절입니다. "요셉 가문도 벧엘을 치러 올라가니 여호와께서 그와 함께 하시니라"(삿 1:22) 요셉 가문이 벧엘을 치는데 하나님께서 함께하셨음을 말씀하고 있는데, 곧 그 함께하심으로 승리하여 벧엘을 점령할 수 있었다는 것입니다. 승리는 하나님의 함께하심에 있다는 것입니다.

우리의 삶의 승리도 하나님께서 함께하시느냐 아니냐에 달려 있습니다. 결코 내 힘과 능력에 승리가 있지 않습니다. 하나님의 말씀에 순종하며 하나님과 함께하는 것이 승리의 길입니다.

사도행전 5장_주의 함께하심으로 인한 용기

아나니아와 삽비라의 사건, 곧 이 부부가 하나님과 교회를 속이려고 하다가 심판 받은 사건을 기록하고 있습니다. 또한 베드로를 비롯한 사도들이 공회에 선 사건을 기록하고 있습니다. 곧 사도들이 대제사장과 그와 함께 있는 사람들의 시기로 옥에 갇혔다가 주의 권능을 경험하고 이후 공회에 서게 됐습니다. 그러나 공회의 위협에도 불구하고 두려워하거나 굴하지 않고 담대히 하나님 편에 서고 그 복음의 길을 중단하지 않았습니다.

"이르되 우리가 이 이름으로 사람을 가르치지 말라고 엄금하였으되 너희가 너희 가르침을 예루살렘에 가득하게 하니 이 사람의 피를 우리에게로 돌리고자 함이로다 베드로와 사도들이 대답하여 이르되 사람보다 하나님께 순종하는 것이 마땅하니라"(행 5:28~29) 공회의 위협과 사도들의 대답을 전하고 있는 말씀입니다. 곧 사도들은 예수를 전하며 가르치는 것을 문제 삼고 위협한 공회의 대제사장을 비롯한 사람들을 두려워하지 않았습니다. 오히려 하나님을 두려워하였고 따라서 하나님의 말씀에 순종하는 것이 마땅하다고 대답했습니다. 결코 그 위협에 굴하여 예수님을 전하는 일을 포기하지 않았고, 오히려 더욱 담대히 예수님의 부활과 그를 통한 구원을 증거했습니다(행 5:30~32).

십자가 앞에서 두려움에 도망쳤던 사도들이었습니다. 그런데 이처럼 변하여 담대할 수 있었던 것은 무엇 때문이겠습니까? 부활하신 주님을 목격하고 오순절 성령을 체험한 후 그 함께하시는 주님을 확신하고 있었기 때문 아니겠습니까? 자신들을 위협하는 공회의 지도자들이 아니라 더 큰 힘으로 자신들을 지키고 보호하시는 주님의 함께하심을 바라보고 있었기 때문 아니겠습니까? 곧 우리의 두려움은 주의 함께하심을 바르게 보지 못하고 믿지 못하는 것에 있습니다. 우리가 주의 함께하심을 확신하고 깨달으면 어떤 상황에서도 담대할 수 있습니다. 함께하시는 주님으로 인해 용기를 가질 수 있습니다.

예레미야 14장_주의 함께하심으로 인한 평강

가뭄의 재앙 중에 예레미야의 기도와 하나님의 말씀을 기록하고 있습니다. 곧 예레미야는 가뭄으로 인한 참혹한 상황으로 인해 그 백성들을 위해 하나님께 간구했습니다. 그러나 하나님께서는 그 백성들의 돌이키지 않고 멈추지 않는 죄로 인해 심판하심을 말씀하셨습니다. 예레미야에게 그 백성들을 위해 복을 구하지 말라고 말씀하셨습니다.

무엇보다 주목할 말씀이, 이처럼 하나님은 심판을 말씀하셨지만, 당시 많은 선지자들은 이런 하나님의 심판을 깨닫지 못하고 평강을 예언하고 있었다는 것입니다. 하나님께서 기근과 전쟁이 아닌 평강을 주신다고 예언하며 백성들로부터 인기를 얻고 있었고, 또 백성들에게 헛된 소망을 주고 있었습니다. 따라서 하나님의 심판의 말씀을 듣고 있는 예레미야로서는 거짓을 예언하는 선지자들과 이를 믿고 헛된 소망을 갖는 백성들로 인해 탄식할 수밖에 없었습니다. "이에 내가 말하되 슬프도소이다 주 여호와여 보시옵소서 선지자들이 그들에게 이르기를 너희가 칼을 보지 아니하겠고 기근은 너희에게 이르지 아니할 것이라 내가 이 곳에서 너희에게 확실한 평강을 주리라 하나이다"(렘 14:13) 하나님은 이런 선지자들에 대해 심판을 말씀하셨는데, 하나님께서 보내지 않으셨음을 분명히 전하시며, 결코 이 땅에 이르지 않을 것이라고 말한 칼과 기근에 그들이 멸망할 것임을 말씀하셨습니다.

결국 이런 거짓 선지자들의 헛된 평강의 예언과 하나님의 심판을 대하며, 하나님의 뜻과 다르게 예언된 평강으로는 결코 평강을 이룰 수 없다는 사실, 곧 하나님이 함께하지 않는 삶에는 평강이 있

을 수 없다는 사실을 깨닫게 됩니다. 아무리 선지자들이 평강을 말해 봐야 하나님께서 평강을 주시지 않는 이상 그 평강은 이루어지지 않는다는 것입니다. 참된 평강은 하나님께 있고 따라서 하나님께서 함께하셔서 그 평강을 주셔야 합니다. 따라서 또한 우리가 먼저 불의에서 돌이켜야 합니다. 그렇게 돌이켜 하나님의 은혜를 구하고, 하나님께서 사랑으로 우리를 용서하시고 다시 함께해 주실 때, 그 함께하시는 하나님을 통해 평강을 누릴 수 있습니다.

마태복음 28장_주의 함께하심의 약속

예수님의 부활과 선교 명령을 기록하고 있습니다. 곧 죽음을 이기시고 부활하셔서 하늘과 땅의 모든 권세를 가지신 예수님께서는 그 제자들에게 모든 민족을 제자로 삼으라는 명령을 주시며 함께하심을 약속하셨습니다. 세상 끝날까지 함께하시겠다고 약속하셨습니다. "그러므로 너희는 가서 모든 민족을 제자로 삼아 아버지와 아들과 성령의 이름으로 세례를 베풀고 내가 너희에게 분부한 모든 것을 가르쳐 지키게 하라 볼지어다 내가 세상 끝날까지 너희와 항상 함께 있으리라 하시니라"(마 28:19~20)

주님의 함께하심은 주님의 약속이기에 의심할 수 없는 사실이며 반드시 이루어질 사실입니다. 따라서 주님의 함께하심을 기억하며 힘써 맡겨진 사명, 곧 복음을 전하는 일에 힘을 다해야 합니다. 어떤 고난과 두려움 중에서도 주의 함께하심의 약속을 붙들고 그 고난과 두려움을 이겨야 합니다.

오늘의 기도

1. 모든 권세를 가지신 주님의 함께하심의 약속을 믿으며 사명에 충성하게 하소서.
2. 함께하시는 주님을 기억하며 어떤 두려움도 이기게 하시고 세상 앞에서 당당하게 하소서.
3. 함께하시는 주님이 주시는 승리와 평강을 누리게 하소서.

하나님의 손

사사기 2장 | 사도행전 6장 | 예레미야 15장 | 마가복음 1장

하나님의 손은 재앙과 심판의 손이요, 또한 구원과 축복의 손입니다. 따라서 죄에서 떠나 하나님께 돌아가 은혜를 구함으로 하나님의 손을 구원의 손이요 축복의 손으로 맞이해야 합니다.

사사기 2장_하나님의 재앙의 손

사사 시대의 불순종을 전하고 있습니다. 하나님께서 이스라엘을 위해 행하신 큰 일을 경험하지 못하고 알지 못하는 세대들이 하나님에게서 멀어져 악을 행하고 바알들을 섬김으로 하나님의 진노가 있게 됐다는 것입니다. 하나님께서 사사들을 세우셔서 그 백성들을 구원하셨지만, 사사들이 죽은 후에는 그 백성들이 돌이켜 더욱 타락했고, 하나님이 다시 진노하실 수밖에 없었다는 것입니다.

"그들이 어디로 가든지 여호와의 손이 그들에게 재앙을 내리시니 곧 여호와께서 말씀하신 것과 같고 여호와께서 그들에게 맹세하신 것과 같아서 그들의 괴로움이 심하였더라"(삿 2:15) 여호와 하나님을 버리고 바알과 아스다롯을 섬긴 이스라엘 백성들에게 하나님께서 재앙을 내리셨다는 말씀인데, 주목할 말씀이 '어디로 가든지'입니다. 하나님을 섬기며 그 말씀에 순종했을 때에는 하나님께서 그 백성들이 '어디로 가든지' 승리케 하셨습니다. 그 어느 대적도 이스라엘을 당하지 못하게 하셨습니다. 그러나 하나님에게서 돌아서 우상을 섬기며 불순종하자 하나님께서 그들이 '어디로 가든지' 재앙을 내리셨다는 것입니다. 이스라엘 백성들을 대적의 손에 넘기셔서 다시는 대적을 당하지 못하게 하셨다는 것입니다(삿 2:14).

결국 이 말씀은 하나님의 손이 우리에게 구원의 손이요 승리의 손이 될 수 있지만, 또한 재앙의 손이요 멸망의 손이 될 수 있음도 가르쳐주고 있습니다. 따라서 중요한 것이 순종임을 잊지 말아야 합니다. 절대적 순종으로 하나님 편에 설 때, 하나님의 손을 심판이 아닌 구원의 손으로 맞이할 수 있습니다.

사도행전 6장_하나님의 부흥의 손

예루살렘 교회가 일곱 집사를 선출한 말씀입니다. 곧 구제의 문제로 교회 안에서 헬라파 유대인들과 히브리파 유대인들 사이에 갈등이 있었고, 이를 해결하고 구제하는 일을 담당하기 위해 성령과 지혜가 충만하여 칭찬 받는 사람 일곱을 선택했다는 것입니다. 그리고 그 결과 하나님께서 예루살렘 교회에 큰 부흥을 더 하셨음도 말씀하고 있는데, 제자들의 수도 많아지고 제사장들도 이 복음에 복종하는 일도 있게 됐다는 것입니다. 하나님께서 그 손으로 교회의 부흥을 이루신 것입니다. "하나님의 말씀이 점점 왕성하여 예루살렘에 있는 제자의 수가 더 심히 많아지고 허다한 제사장의 무리도 이 도에 복종하니라"(행 6:7)

주목할 말씀이, 이처럼 하나님께서 예루살렘 교회에 부흥의 손을 펼치신 결정적 요인입니다. 곧 사도들이 보여주었던 중요한 모습이 있습니다. "우리는 오로지 기도하는 일과 말씀 사역에 힘쓰리라 하니"(행 6:4) 구제의 문제로 교회 내에 갈등이 빚어지고 헬라파 유대의 과부들의 원망이 있을 때, 사도들은 그 갈등과 원망을 해결하겠다고 기도와 말씀을 놓치는 어리석은 모습을 보이지 않았습니다. 교회 안에 있던 갈등의 문제를 믿음의 바른 우선순위 속에서 해결해 갔습니다. 그 문제 앞에서 무엇이 중요하고 무엇이 우선순위에 있는지 놓치지 않았습니다. 따라서 일곱 집사를 선출하여 구제의 사역을 담당하게 했고, 자신들은 기도하며 말씀을 전하는 일에 힘을 다했습니다. 그 결과 갈등과 문제가 오히려 교회의 부흥으로 이어지는 전화위복의 결과를 맞이할 수 있었습니다. 하나님께서 그 손으로 교회를 축복하신 것입니다. 이처럼 하나님 중심으로 바른 우선순위의 삶을 살아갈 때 하나님의 손은 부흥의 손으로, 다시 말해 축복의 손으로 나타나게 됩니다.

예레미야 15장_여호와의 심판의 손

죄악을 행하며 돌이키지 않는 백성들을 향해 하나님의 심판을 전하고 있는 말씀입니다. 하나님께서 예루살렘을 더 이상 불쌍히 여기지 않으신다는 것입니다.

"여호와께서 이르시되 네가 나를 버렸고 내게서 물러갔으므로 네게로 내 손을 펴서 너를 멸하였노니 이는 내가 뜻을 돌이키기에 지쳤음이로다 내가 그들을 그 땅의 여러 성문에서 키로 까불러 그 자식을 끊어서 내 백성을 멸하였나니 이는 그들이 자기들의 길에서 돌이키지 아니하였음이라"(렘 15:6~7) 하나님의 손이 그 백성들을 멸하며 심판하셨음을 전하고 있습니다. 그 백성들이 하나님을 버렸고 하나님에게서 떠나갔음으로 하나님은 그 손으로 백성들을 심판하실 수밖에 없었다는 것입니다. 무엇보다 주목할 말씀이, '하나님께서 그 뜻을 돌이키기에 지쳤다'는 말씀과 그 백성들이 '자기들의 길에서 돌이키지 않았다'는 말씀입니다. 곧 하나님은 그 백성들이 그 죄에서 돌이키기를 끊임없이 기다리셨다는 것입니다. 하나님을 버리고 떠난 백성들이 돌아오기를 기다리고 또 기다리셨다는 것입니다. 그러나 하나님의 기다림에도 백성들은 돌이키지 않았고, 결국 심판하실 수밖에 없었다는 것입니다.

하나님을 떠난 결과, 그리고 기다리시는 하나님께로 끝까지 돌아오지 않은 결과는 심판일 수밖에 없습니다. 하나님께서 펴신 손은 그 백성을 향한 심판의 손으로 나타날 수밖에 없습니다. 따라서 늦지 말고 돌이켜야 합니다. 기다리시는 하나님께로 돌이켜야 하고, 이를 통해 하나님의 심판의 손을 은혜의 손으로 바꾸어야 합니다.

마가복음 1장_예수님의 구원의 손

예수님께서 제자들을 부르시고 이후 행하신 말씀과 치유의 사역을 전하고 있습니다. 곧 가버나움 회당에서 더러운 귀신 들린 자를 치유하셨고, 시몬의 장모의 열병을 치료하셨으며, 온 갈릴리를 다니시며 여러 회당에서 전도하시고 귀신들을 내쫓으셨고, 또 한 나병환자를 치료하셨습니다.

특별히 주목할 말씀이 예수님께서 내미신 손입니다. 예수님은 그 손을 내밀어 시몬의 장모의 손을 잡아 일으키셨고, 이를 통해 그 열병을 치료하셨습니다. "나아가사 그 손을 잡아 일으키시니 열병이 떠나고 여자가 그들에게 수종드니라"(막 1:31) 또한 예수님은 나병환자를 불쌍히 여기셔서 손을 내밀어 그에게 대시고, 이를 통해 그를 치료하셨습니다. "예수께서 불쌍히 여기사 손을 내밀어 그에게 대시며 이르시되 내가 원하노니 깨끗함을 받으라 하시니"(막 1:41)

이처럼 예수님의 손은 치료와 구원의 손입니다. 예수님은 우리를 구원하기 위해 이 땅에 오셨고, 그 손으로 우리의 모든 아픔과 죄와 질병을 치료하기를 마다하지 않으십니다. 따라서 우리가 그 앞에 나아가 은혜를 구하며 그 구원의 손을 경험해야 합니다.

오늘의 기도

1. 하나님의 손을 통해 가는 곳마다 승리를 누리게 하소서.
2. 믿음의 우선순위를 분명히 하고 기도와 말씀을 놓치지 않아서 하나님께서 그 손으로 이루시는 부흥과 축복을 경험하게 하소서.
3. 주의 은혜를 구하며 주님 앞에 나아가 주님의 치료와 구원의 손을 경험하게 하소서.

보십니다

사사기 3장 | 사도행전 7장 | 예레미야 16장 | 마가복음 2장

하나님은 다 보십니다. 우리의 죄악된 행위도 마음의 악한 생각도 보시고, 회개의 부르짖음도 생명을 건 헌신도 보십니다. 우리가 하나님 앞에 무엇을 보여드리고 있는가? 마땅히 회개하는 모습과 헌신하는 모습을 보여드려야 합니다.

사사기 3장_회개의 부르짖음을 보십니다.

사사 옷니엘과 에훗 그리고 삼갈에 대한 말씀입니다. 주목할 말씀이 하나님께서 회개의 부르짖음을 보신다는 것입니다. 고통 중에 깨닫고 회개하며 하나님의 도우심을 구하는 백성들을 보시고 그 기도를 들으신다는 것입니다.

"이스라엘 자손이 여호와께 부르짖으매 여호와께서 이스라엘 자손을 위하여 한 구원자를 세워 그들을 구원하게 하시니 그는 곧 갈렙의 아우 그나스의 아들 옷니엘이라"(삿 3:9) 이스라엘 백성들의 부르짖음의 기도에 하나님께서 옷니엘을 세워 그 백성들을 구원하게 하셨다는 말씀입니다. 곧 이스라엘 백성들이 하나님에게서 돌아서 가나안의 민족들과 통혼하며 가나안의 신들을 섬기는 등 범죄했습니다. 그 모든 범죄를 보고 계셨던 하나님은 진노하여 그 백성들을 메소보다미아 왕 구산 리사다임의 손에 파셨고, 이로 인해 백성들은 구산 리사다임을 섬기며 고통을 겪어야 했습니다. 고통 속에서 비로소 그 죄를 깨달은 백성들은 회개하여 하나님께 부르짖어 기도했고, 그 부르짖는 백성들을 보신 하나님께서 그 기도에 응답하여 옷니엘을 세워 그 백성들을 구원하셨습니다.

이처럼 하나님은 그 백성들의 불의와 죄악도 보시고, 또 고통 중에 부르짖어 회개하는 모습도 보십니다. 불의와 죄악은 보시고 진노하시고, 회개의 부르짖음은 보시고 용서하여 구원하십니다. 따라서 우리가 무엇을 보여드릴 것인가? 불의가 아닌 신실함으로 의를 따르는 모습, 날마다 우리 자신을 돌아보며 작은 죄에도 회개하는 모습, 하나님께 은혜를 구하는 모습을 보여드려야 합니다.

사도행전 7장_생명을 건 증언을 보십니다.

스데반의 설교와 순교를 전하고 있습니다. 스데반은 이스라엘의 역사를 회고하며, 아브라함에게서 시작하여 예수님에게 이르기까지 그 속에 담긴 하나님의 구원을 전했습니다. 반면 이스라엘은 점점 더 하나님의 뜻을 거역하며 하나님께서 보내신 구원자를 배척했음도 전했습니다. 그러나 공회에 모인 무리들은 귀를 막고 그 말씀 듣기를 거부했고, 스데반을 돌로 쳐 죽였습니다. 그렇게 스데반은 하나님의 말씀을 전하다가 순교했습니다. 그런데 주목할 말씀이, 스데반이 백성들의 돌에 맞아 순교하는 순간, 하나님의 영광과 그 우편에 계신 예수님을 보았다는 말씀입니다. "스데반이 성령 충만하여 하늘을 우러러 주목하여 하나님의 영광과 및 예수께서 하나님 우편에 서신 것을 보고"(행 7:55) 결국 이 말씀은 하나님께서도 스데반을 보고 계셨다는 것을 깨닫게 합니다. 스데반이 무리들에게 담대히 예수님께서 구원자 되심을 증언하는 것도, 구원자 되신 예수님을 죽인 그들의 죄를 고발하는 것도, 또 그 예수님이 부활하여 하나님의 우편에 계심을 증언하는 것도 다 듣고 보고 계셨다는 것입니다. 생명도 아끼지 않고 주의 복음을 전하는 스데반을 다 보고 계셨다는 것입니다.

하나님은 우리의 삶도 다 보고 계십니다. 하나님을 사랑하여 수고하는 그 헌신을 보고 계시고, 고난과 눈물 중에도 포기하지 않고 힘쓰는 복음의 삶도 보고 계십니다. 따라서 우리도 그 하나님만 바라봐야 합니다. 스데반이 이를 갈며 자신을 죽이려는 사람들이 아니라, 하나님의 영광과 그 우편에 계신 예수님을 바라보고 그 죽음도 두려워하지 않았던 것처럼, 우리도 하나님만 바라보며 더욱 헌신하고 복음의 삶을 살아야 합니다.

예레미야 16장_죄악된 행위를 보십니다.
예레미야 16장은 피할 수 없는 심판에 대해 말씀하고 있습니다. 이를 상징적으로 암시하며 나타내기 위해 하나님은 예레미야에게 혼인하고 가정을 이루는 것을 포기하라고 말씀하셨고, 또 장례와 혼인식 잔치에도 참여하지 말라고 명령하셨습니다. 그만큼 다가오는 하나님의 심판이 크고 참혹할 것임을 나타내신 것입니다. 그리고 하나님께서 이처럼 심판하시는 것에 대해 이렇게 말씀하셨습니다. "이는 내 눈이 그들의 행위를 살펴보므로 그들이 내 얼굴 앞에서 숨기지 못하며 그들의 죄악이 내 목전에서 숨겨지지 못함이라"(렘 16:17) 하나님께서 그 백성들의 행위를 다 보고 계시다는 것입니다. 그 죄악을 하나님 앞에서 숨길 수 없다는 것입니다. 따라서 하나님은 그 죄에 따라 심판하신다는 것입니다. 무엇보다 그 악과 죄를 배나 갚으시겠다고 말씀하셨습니다(렘 16:18).

결국 이 말씀은 우리가 죄악된 행위에서 돌이켜야 한다는 사실을 가르치고 있습니다. 내 행위가 은밀하고 아무도 보지 못한다는 어리석은 생각이 서슴없이 죄악을 행하게 하는데, 하나님께서 다 보고 계심을 기억하며 죄악된 행위에서 돌이켜야 합니다. 모든 것을 보고 계시는 하나님 앞에 죄를 행하는 모습이 아니라, 회개하며 은혜를 구하는 모습을 보여드려야 합니다.

마가복음 2장_마음의 생각을 보십니다.
마가복음 2장은 중풍병자의 치유, 레위를 제자로 부르심, 금식에 대한 사람들의 질문과 예수님의 대답, 안식일 논쟁 등을 기록하고 있습니다. 특별히 중풍병자를 치유하는 말씀에서 예수님은 사람들의 마음의 생각까지 보신다는 사실을 가르쳐주고 있습니다. 예수님께서는 결코 우리의 생각도 숨길 수 없다는 것입니다.

"이 사람이 어찌 이렇게 말하는가 신성 모독이로다 오직 하나님 한 분 외에는 누가 능히 죄를 사하겠느냐 그들이 속으로 이렇게 생각하는 줄을 예수께서 곧 중심에 아시고 이르시되 어찌하여 이것을 마음에 생각하느냐"(막 2:7~8) 예수님께서 서기관들의 마음의 생각까지 아셨다는 말씀에 주목해야 합니다. 곧 사람들이 지붕을 뚫고 예수님 앞에 중풍병자를 누워 있는 침상 째 달아 내려 치료를 부탁했습니다. 예수님은 그들의 믿음을 보시고 중풍병자를 치료하셨는데, 먼저 죄 사함을 선언하셨습니다. 바로 이 죄 사함의 선언이 거기 있던 서기관들의 마음을 불편하게 했고, 따라서 이들은 그 마음속으로 이는 신성 모독이며 예수님의 죄 사함에 문제가 있다고 생각을 했습니다. 그런데 예수님께서 그 마음의 생각을 아셨다는 것입니다. 예수님은 그 마음의 생각까지 보신다는 것입니다.

예수님 앞에 숨길 수 있는 것이 무엇이겠습니까? 우리의 마음의 생각이라 할지라도 숨길 수 있겠습니까? 예수님은 우리의 행위뿐만 아니라 그 생각까지 다 보시고 감찰하십니다. 따라서 우리의 마음을 숨기거나 속이려는 어리석은 생각은 버려야 합니다. 오직 예수님 앞에서는 진실함으로 서야 합니다. 그리고 구할 것은 오직 은혜입니다.

오늘의 기도

1. 하나님께서 우리의 모든 행위를 감찰하심을 기억하고 죄에서 떠나 거룩함에 힘쓰게 하소서.
2. 우리의 마음의 생각까지 다 아시는 주님께 더욱 진실함으로 서게 하소서.
3. 우리의 수고와 헌신을 보시는 주님을 기억하며, 포기하지 않고 헌신하게 하소서.

따르는 삶

맥체인성경365_1121p

사사기 4장 | 사도행전 8장 | 예레미야 17장 | 마가복음 3장

무엇을 따르며 살아야 하는가? 주의 뜻과 명령을 따르고 이끄시는 성령을 따라야 합니다. 고난과 핍박 속에서도 포기하지 않고 주의 사명을 따라야 합니다.

사사기 4장_주의 명령을 따르는 삶

사사 드보라와 바락에 대한 말씀입니다. 드보라가 바락과 함께 가나안 왕 야빈의 군대장관 시스라를 이기고 이스라엘 자손을 고통에서 구원한 것을 기록하고 있습니다. 그리고 이 승리와 구원에는 하나님의 명령을 들어 전하고, 또 그 명령을 온전히 따른 순종에 있음을 가르쳐주고 있습니다. 곧 드보라는 하나님의 말씀을 듣고 납달리와 스블론 자손의 지도자 바락을 불러 오게 했고, 그에게 시스라와 싸우라는 하나님의 명령을 전했습니다(삿 4:6~7). 사실 바락의 입장에서는 철 병거를 거느린 가나안과의 싸움이 두려울 수밖에 없었을 것입니다. 무엇보다 이 전쟁에서 승리는 하지만 그 영광은 얻지 못할 것이라는 말씀이 전해졌는데(삿 4:9), 이로 인해 망설일 수 있었습니다. 목숨을 걸고 싸우는데 정작 그 영광은 한 여인이 얻게 된다고 하니 누가 싸울 수 있겠습니까? 그럼에도 바락은 순종했고, 이 순종을 통해 가나안의 군대를 물리치고 승리할 수 있었습니다. 아무 얻는 영광이 없었지만 하나님의 말씀이기에 순종하며 그 백성들을 구원하는 사명을 감당했습니다.

누가 뭐라 해도 승리는 하나님께 있습니다. 따라서 하나님의 명령에 절대적으로 순종할 때, 하나님이 주시는 승리를 누릴 수 있습니다. 곧 하나님의 명령이 주어지면, 두렵고 힘들어도, 또 아무 영광이 없어도 절대적으로 순종해야 합니다. 어렵고 힘들다는 우리의 판단과 상황이 아니라 하나님이 주신 명령에 무게를 두어야 합니다. 내 영광이 아닌 하나님의 영광을 위해 순종하며 따라야 합니다.

사도행전 8장_주의 영을 따르는 삶

빌립이 사마리아에 복음을 전하여 열매를 맺은 것과 광야에서 에디오피아 내시를 만나 복음을 전한 것을 기록하고 있습니다. 무엇보다 주목할 것이 빌립이 철저히 성령이 이끄시는 대로 순종했다는 것입니다. "주의 사자가 빌립에게 말하여 이르되 일어나서 남쪽으로 향하여 예루살렘에서 가사로 내려가는 길까지 가라 하니 그 길은 광야라"(행 8:26) "성령이 빌립더러 이르시되 이 수레로 가까이 나아가라 하시거늘"(행 8:29) 아무도 없는 광야였습니다. '왜 아무도 없는 광야로 가라고 하시는 것인가?' 당장은 이해할 수 없었습니다. 하지만 빌립은 주의 사자의 명령에 순종해 광야로 나아갔고, 거기서 에디오피아 여왕 간다게의 모든 국고를 맡은 관리인 내시를 만날 수 있었습니다. 또한 성령의 지시를 따라 수레로 가까이 나아가 그 내시에게 복음을 전하고(행 8:29), 복음을 받아들인 그에게 세례까지 줄 수 있었습니다(행 8:38).

이처럼 당장 이해되지 않아도 주의 말씀에 순종하며, 성령에 이끌리는 삶을 살아야 합니다. 더 큰 뜻과 생각을 가진 주님께서 성령을 통해 우리를 인도하심을 기억하고, 내 생각을 내려놓고 철저히 성령의 이끄심을 따라야 합니다. 그리고 무엇보다 성령을 따라 아무 영광이나 대가도 바라지 않는 성숙함도 보여야 합니다. "둘이 물에서 올라올새 주의 영이 빌립을 이끌어간지라 내시는 기쁘게 길을 가므로 그를 다시 보지 못하니라"(행 8:39) 에디오피아 내시에게 세례를 주고 난 이후, 주의 영이 빌립을 이끌어갔음을 말씀하고 있는데, 광야까지 찾아가 그에게 귀한 복음을 전해주고 그를 생명으로 이끌어 주었음에도 감사하다는 인사 한 마디도 들을 시간도 주지 않고 성령이 빌립을 이끌어갔다는 것입니다. 곧 빌립이 복음을 전한 사람은 에디오피아의 고위 관리로 여왕 간다게의 모든 국고를 책임지고 있었습니다. 그가 가진 힘과 지위가 작지 않았습니다. 따라서 생명의 복음을 전해준 빌립에게 그가 사례한다고 하면 결코 작지 않은 사례를 할 수 있었습니다. 그러나 성령은 즉시 빌립을 이끌어갔고 빌립도 이에 순종했습니다. 결국 이 말씀은 아무 영광과 대가가 없어도 성령을 따르는 삶을 살아야 함을 가르쳐줍니다. 성령을 따르는 그 삶에 가치를 두고 어디로 이끄시던지 아무 영광 바라지 말고 순종하며 따라야 한다는 것입니다.

예레미야 17장_주의 사명을 따르는 삶

고난과 시련 속에서 드린 예레미야의 기도를 기록하고 있습니다. 이 기도에서 예레미야는 결코 주께서 주신 사명을 포기하지 않았음을 고백하고 있습니다. 곧 그를 향한 수많은 비난과 핍박이 있었고, 또한 이를 통해 참기 힘든 고통을 겪어야 했지만, 그는 목자의 직분에서 물러가지 않았다는 것입니다. 하나님의 말씀을 전하고 그 말씀에 따라 하나님의 심판을 선언하며 백성들로부터 공격과 고통을 받아야 했지만, 그 사명을 포기하지 않고 주를 따랐다는 것입니다. "나는 목자의 직분에서 물러가지 아니하고 주를 따랐사오며 재앙의 날도 내가 원하지 아니하였음을 주께서 아시는 바라 내 입술에서 나온 것이 주의 목전에 있나이다"(렘 17:16)

주께서 주신 사명을 따라 살아가는 삶에 항상 보람과 기쁨만 있지 않습니다. 고난도 비난도 오해도 아픔도 있습니다. 그러나 포기하지 않고 사명을 따라 살아야 합니다. 생명보다 사명을 더 귀하게 여기는 믿음이 있어야 합니다.

마가복음 3장_주의 뜻을 따르는 삶

안식일에 손 마른 자를 치료하신 말씀, 열두 제자를 부르신 말씀, 귀신이 들렸다는 오해, 참된 가족에 대한 말씀 등을 기록하고 있습니다. 먼저 예수님의 참된 가족에 대한 말씀에 주목하면, 예수님은 예수님을 따르며 함께 고난과 수고와 아픔을 견디고 있는 사람들을 가족이라고 말씀하셨습니다. 곧 가족의 범주를 혈연적 관계를 넘어서 예수님의 뜻에 함께한 자들에게 두셨습니다(막 3:34~35). 이처럼 예수님께서 참된 가족에 대해 정의하게 되신 배경은 이렇습니다. 예수님에 대한 오해와 부정적 소문이 있었고, 이로 인해 예수님의 친족들이 예수님을 붙들러 오기도 했으며, 또 그 어머니와 동생들이 예수님을 찾기도 했습니다. 그때에 예수님은 가족들이 찾아왔다는 소리를 들으며, 그 가족의 참된 의미를 말씀하신 것입니다. 아무리 혈연적 관계에서 가족이라 할지라도, 고난에 함께하지 않으며, 주님의 뜻과 반대편에 서 있다면 참된 가족이라 할 수 없음을 가르치신 것입니다.

이는 또한 당시 예수님과 대척점에 서 있었던 바리새인들과 서기관들 등 당시 지도자들에게도 해당이 됩니다. 이들은 자신들의 욕심을 따라 예수님의 사역에 사사건건 반대하며 방해했습니다. 하나님의 뜻을 따라 행하시는 예수님의 사역의 반대편에 서서 예수님을 대항했습니다. 이처럼 예수님의 반대편에서 그 뜻을 거부하고 자기 욕심만을 구하는 자들은 결코 예수님의 참된 가족이 될 수 없습니다. 따라서 예수님의 구원의 사역을 오해하고 거부하고 반대하는 것이 아니라 예수님과 한 뜻으로 그 사역을 이루어가야 합니다. 예수님의 반대편이 아니라 예수님과 한편 되어야 합니다. 설령 예수님과 한편 되어 그 뜻을 따르는 삶으로 고난을 당한다 할지라도 기쁨으로 주와 함께하며 그 뜻을 따라야 합니다.

22
Jul

말씀으로 맺어야 하는 열매
사사기 5장 | 사도행전 9장 | 예레미야 18장 | 마가복음 4장

말씀의 풍성한 열매를 맺어야 합니다. 어리석게 말씀을 거부하지 말고, 그 말씀을 온전히 받아들여 말씀으로 회개와 변화의 열매를 맺어야 합니다. 생명을 걸고 말씀에 순종하여 헌신의 열매를 맺어야 합니다.

사사기 5장_말씀에 순종해 헌신한 사람들

가나안 왕 야빈을 물리친 이후, 드보라와 바락이 승리를 주신 하나님을 찬양하며 부른 노래입니다. 그런데 이 노래에서 주목할 것이 기쁨으로 헌신한 사람들과 그렇지 못한 사람들을 비교하여 전하고 있다는 것입니다.

"이스라엘의 영솔자들이 영솔하였고 백성이 즐거이 헌신하였으니 여호와를 찬송하라"(삿 5:2) "내 마음이 이스라엘의 방백을 사모함은 그들이 백성 중에서 즐거이 헌신하였음이니 여호와를 찬송하라"(삿 5:9) "스불론은 죽음을 무릅쓰고 목숨을 아끼지 아니한 백성이요 납달리도 들의 높은 곳에서 그러하도다"(삿 5:18) 수많은 방백들과 백성들이 즐거이 헌신했고, 특별히 스불론과 납달리의 백성들은 죽음을 무릅쓰고 목숨을 아끼지 않고 헌신하여 승리를 이루어냈음을 말씀하고 있습니다.

"네가 양의 우리 가운데에 앉아서 목자의 피리 부는 소리를 들음은 어찌 됨이냐 르우벤 시냇가에서 큰 결심이 있었도다 길르앗은 요단 강 저쪽에 거주하며 단은 배에 머무름이 어찌 됨이냐 아셀은 해변에 앉으며 자기 항만에 거주하도다"(삿 5:16~17) 요단 동편에 거주한 르우벤 지파는 평안한 목자 생활에 안주하여 탁상공론만 벌이며 참여하지 않고, 길르앗, 단, 아셀 등도 자신들의 안위와 욕심만 생각하며 헌신하지 않았음을 말씀하고 있습니다.

결국 무엇입니까? 하나님의 말씀이 주어질 때, 세상의 염려와 욕심에 빠지면 결코 말씀을 따라 헌신하지도 못하고 열매도 맺을 수 없습니다. 따라서 그 모든 염려와 유혹과 욕심을 이기고 말씀에 충성해야 합니다. 상황을 고려하고 형편을 논하려고 하지 말고, 하나님의 말씀은 무조건적으로 순종해야 합니다. 그 충성과 순종으로 열매를 맺어야 합니다.

사도행전 9장_말씀으로 변화된 사람

사울의 회개와 변화를 기록하고 있습니다. 사울은 예수 믿는 사람을 잡아들이기 위해 가던 다메섹 도상에서 찾아오신 예수님을 만났고, 그 만남과 주신 말씀을 통해 회개하고 변화하게 됐습니다.

"즉시로 각 회당에서 예수가 하나님의 아들이심을 전파하니 듣는 사람이 다 놀라 말하되 이 사람이 예루살렘에서 이 이름을 부르는 사람을 멸하려던 자가 아니냐 여기 온 것도 그들을 결박하여 대제사장들에게 끌어 가고자 함이 아니냐 하더라 사울은 힘을 더 얻어 예수를 그리스도라 증언하여 다메섹에 사는 유대인들을 당혹하게 하니라"(행 9:20~22) 예수님을 믿는 사람들을 핍박하고 잡아들이던 사울이 변화되어 예수님이 하나님의 아들이요 그리스도이심을 전했다는 말씀입니다. 사울은 예수님께서 그를 향해 가지신 놀라운 계획을 듣고 받아들였으며, 이를 통해 예수님을 핍박하는 자에서 예수님을 전하는 자로 변화되었습니다. 이런 변화로 인해 유대인들의 핍박과 위협이 있었고 그 생명까지도 해하려는 공격도 있었지만, 사울은 그 모든 환난과 박해를 이기고 앞장서 복음을 전하는 이방인의 사도 바울이 되었습니다.

결국 이 말씀은 주께서 주신 말씀을 거부하지 말아야 함을 가르쳐줍니다. 그 말씀으로 우리 자신을 돌아보는 지혜를 가져야 한다는 것입니다. 곧 사울은 하나님을 향한 열정으로 옳다고 추구했던 일이 그릇된 일이었다는 사실을 찾아오신 주님의 말씀으로 깨닫고 돌이켰는데, 이처럼 우리가 옳다고 여기고 달려가고 있는 방향이 잘못된 방향이 아닌지 말씀으로 확인하고 바른 방향을 잡아야 합니다. 말씀이 기준이 되어 돌이키는 회개와 변화의 열매를 맺어야 합니다.

예레미야 18장_말씀을 거부한 사람들

토기장이의 비유를 통해 악한 그 백성들을 심판하겠다는 하나님의 뜻을 전하고 있습니다. 곧 토기장이가 그릇을 만들던 진흙이 터지자 그 진흙으로 다른 그릇을 만드는 것처럼, 하나님께서 능히 그 악한 백성을 그렇게 하실 수 있다는 것입니다. 진흙이 토기장이의 손에 있는 것 같이 그 백성이 하나님의 손에 있다는 것입니다. 따라서 하나님은 말씀을 통해 그 백성들에게 바른 길, 곧 생명의 길을 제시하셨습니다. 예레미야를 통해 그 백성들에게 재앙을 예고하며, 악한 길에서 돌이키고 행위를 아름답게 하라고 말씀하셨습니다.

그러나 그 백성들이 예레미야를 통해 전하신 하나님의 말씀을 듣지 않았습니다. 길가처럼 그 마음이 딱딱하여 하나님의 말씀을 받아들이지 않고, 자신들의 악한 계획과 뜻대로 행하겠다고 결정했습니다. "그러므로 이제 너는 유다 사람들과 예루살렘 주민들에게 말하여 이르기를 여호와의 말씀에 보라 내가 너희에게 재앙을 내리며 계책을 세워 너희를 치려 하노니 너희는 각기 악한 길에서 돌이키며 너희의 길과 행위를 아름답게 하라 하셨다 하라 그러나 그들이 말하기를 이는 헛되니 우리는 우리의 계획대로 행하며 우리는 각기 악한 마음이 완악한 대로 행하리라 하느니라"(렘 18:11~12) 결국 하나님은 말씀을 거부하고 돌이키지 않는 백성들을 향해 원수 앞에서 흩어버리시겠다고 심판을 말씀하셨습니다(렘 18:17).

하나님의 말씀을 거부하여 그 말씀으로 열매 맺지 않으면, 그 결과는 심판일 수밖에 없습니다. 따라서 말씀에 귀 기울이고, 우리의 마음 밭을 좋은 밭으로 만들어가야 합니다. 하나님께서 주시는 생명의 말씀으로 풍성한 열매를 맺고 생명의 길을 흔들림 없이 따라가야 합니다.

마가복음 4장_말씀으로 맺어야 하는 열매

씨 뿌리는 자의 비유와 그 해석, 씨의 성장과 겨자씨를 통한 하나님 나라에 대한 가르침, 광풍을 잔잔케 하신 말씀 등을 기록하고 있습니다.

씨 뿌리는 자의 비유에 주목하면, 예수님께서 길가, 흙이 얕은 돌밭, 가시떨기, 좋은 땅에 떨어진 씨의 비유를 통해 무리들과 제자들을 가르치셨습니다. 이 비유에서 씨는 말씀을 뜻하는데, 길가에 떨어진 씨는 말씀을 빼앗김으로 열매 맺지 못했고, 흙이 얕은 돌밭에 떨어진 씨는 환난과 박해를 이기지 못해 열매 맺지 못했으며, 가시떨기에 떨어진 씨는 세상 염려와 재물의 유혹과 기타 욕심으로 인해 열매 맺지 못했다는 것입니다. 그러나 좋은 땅에 떨어진 씨는 말씀을 듣고 받아 삼십 배나 육십 배나 백 배의 결실이 있었다는 것입니다. "좋은 땅에 뿌려졌다는 것은 곧 말씀을 듣고 받아 삼십 배나 육십 배나 백 배의 결실을 하는 자니라"(막 4:20)

여기서 놓치지 말아야 하는 것이 씨, 곧 말씀은 문제가 없습니다. 말씀이 열매 맺지 못하는 쭉정이가 아니라는 것입니다. 반드시 백 배의 결실을 할 수 있습니다. 따라서 중요한 것이 마음의 밭입니다. 우리의 마음의 밭이 길가나 흙이 얕은 돌밭이나 가시떨기가 아니어야 한다는 것입니다. 딱딱한 길가라면 곡괭이로 갈아엎어야 하고, 흙이 얕은 돌밭이라면 그 돌을 모두 깨뜨리고 골라내야 합니다. 가시떨기 밭이라면 그 가시를 모두 뽑아 버려야 합니다. 그렇게 좋은 땅 만들어 말씀을 받아들이고 말씀의 열매를 풍성히 맺어야 합니다.

오늘의 기도

1. 우리의 마음에 좋은 땅 만들어 말씀의 풍성한 열매를 맺게 하소서.
2. 말씀을 통해 회개와 변화의 삶을 살게 하소서.
3. 세상의 유혹과 욕심에 넘어지지 말고, 말씀을 따라 충성하고 헌신하게 하소서.

주의 함께하심으로 승리를 이루고, 구원과 치료의 은혜를 경험할 수 있습니다. 따라서 힘써 주를 경외해야 합니다. 주님은 경외하는 자와 함께하십니다. 결코 불의와 불순종으로 주의 함께하심을 거부하지 말아야 합니다.

사사기 6장_주의 함께하심으로 인한 승리

기드온에 대한 말씀입니다. 기드온을 이스라엘의 사사로 부르시고, 기적의 사건들을 통해 그 사명을 확증케 하신 말씀입니다. 무엇보다 하나님은 기드온에게 함께하심과 이를 통한 승리를 약속하셨습니다. 곧 기드온은 하나님의 사사로 부르심에 자신의 연약함을 바라보았습니다. 자신의 힘으로는 그 명령을 수행할 수 없고, 미디안과 싸워 이길 수 없다고 두려워했습니다. 이에 하나님은 반드시 기드온과 함께할 것이며 이를 통해 미디안을 물리치고 승리하게 될 것을 말씀하셨습니다. "그러나 기드온이 그에게 대답하되 오 주여 내가 무엇으로 이스라엘을 구원하리이까 보소서 나의 집은 므낫세 중에 극히 약하고 나는 내 아버지 집에서 가장 작은 자니이다 하니 여호와께서 그에게 이르시되 내가 반드시 너와 함께 하리니 네가 미디안 사람 치기를 한 사람을 치듯 하리라 하시니라"(삿 6:15~16)

승리는 하나님의 함께하시느냐 아니냐에 달려 있습니다. 결코 내가 가진 힘에 달려 있지 않습니다. 비록 내가 가진 힘이 연약해도 하나님께서 함께하시면 능히 승리할 수 있습니다. 따라서 무엇보다 힘써 구해야 하는 것이 하나님의 함께하심입니다. 내가 가진 힘이 작다고 움츠릴 것이 아니라, 하나님의 함께하심을 구하며 담대해야 합니다. 그리고 무엇보다 하나님은 우리의 간구에 응답하셔서 반드시 함께하심을 믿어야 합니다.

사도행전 10장_주를 경외하는 자와 함께하심

백부장 고넬료에 대한 말씀입니다. 하나님을 경외하고 유대 온 족속에게 칭찬 받던 그가 그의 가족과 더불어 성령을 받고 베드로를 통해 세례를 받았다는 말씀입니다. 곧 베드로는 주님께서 보여주신 환상을 통해 깨달음을 얻고, 이방인이었던 고넬료의 청을 받아 그의 집을 방문하게 됐습니다. 그리고 고넬료가 기도 중에 천사를 만났고, 천사가 자신을 청하게 했다는 사실도 듣게 됐습니다.

고넬료와의 만남은 베드로로 하여금 선민의식과 이방인에 대한 배타적 사고 속에서 가졌던 믿음의 제한을 깨뜨리는 계기가 되게 했습니다. "베드로가 입을 열어 말하되 내가 참으로 하나님은 사람의 외모를 보지 아니하시고 각 나라 중 하나님을 경외하며 의를 행하는 사람은 다 받으시는 줄 깨달았도다"(행 10:34~35) 베드로는 이때까지 유대인으로서 율법적 사고를 벗어나지 못했고, 이방인들과 교제하며 복음을 전하는 일에 부정적 생각을 가지고 있었습니다. 그러나 하나님께서 보여주신 환상과 명령에 따라 고넬료를 만나며 그 생각이 깨어질 수 있었습니다. 하나님의 판단은 혈통이나 민족 등의 외모에 있지 않고 경외함에 있다는 것을 새삼 깨닫게 된 것입니다. 하나님은 혈통이나 신분 등의 외모에 따라 차별하지 않으시고, 하나님을 경외하는 모든 사람들을 받아주시고 또 함께하신다는 것입니다. 결국 이 깨달음 속에서 베드로는 고넬료와 그 가족들에게 복음을 전하게 됐고, 또한 복음을 듣는 모든 사람들에게 하나님께서 성령을 주시는 놀라운 경험도 하게 됐습니다(행 10:45).

하나님은 하나님을 경외하는 자와 함께하십니다. 지위와 혈통과 신분 등에 따라 차별하지 않으십니다. 따라서 하나님의 함께하심을 구하며 힘써 하나님을 경외해야 합니다. 하나님을 경외함으로 하나님의 함께하심도 경험하고, 또 함께하시는 하나님께서 주시는 은혜와 구원도, 그리고 성령의 임하심의 축복도 누려야 합니다.

예레미야 19장_주의 함께하심을 거부한 백성들

깨진 옹기를 통해 하나님의 심판을 전한 말씀입니다. 곧 하나님은 예레미야에게 토기장이의 옹기를 사서 백성의 어른들과 제사장의 어른들 앞에서 하나님의 심판을 선언하고, 그 옹기를 깨뜨리라고 명령하셨습니다. 상징적 행동을 명령하신 것인데, 한 번 내던져 깨어진 옹기는 다시 원상 복구할 수 없듯이 이처럼 하나님께서 그 백성을 심판하시겠다고 말씀하신 것입니다.

이와 같은 하나님의 심판의 선언은 그 백성들이 불순종과 우상숭배 등의 죄악으로 하나님을 버렸기 때문입니다. 곧 백성들이 그처럼 불순종하고 죄악을 행한 것은 하나님의 함께하심을 거부한 것이고, 그 결과는 하나님의 심판일 수밖에 없다는 것입니다. "이는 그들이 나를 버리고 이 곳을 불결하게 하며 이 곳에서 자기와 자기 조상들과 유다 왕들이 알지 못하던 다른 신들에게 분향하며 무죄한 자의 피로 이 곳에 채웠음이며 또 그들이 바알을 위하여 산당을 건축하고 자기 아들들을 바알에게 번제로 불살라 드렸나니 이는 내가 명령하거나 말하거나 뜻한 바가 아니니라"(렘 19:4~5)

하나님의 함께하심의 은혜를 거절한 사람들, 하나님의 말씀에 불순종하고 하나님을 버리고 떠난 사람들, 그럼으로 하나님께서 함께하지 않은 사람들에게 주어지는 결과는 심판일 뿐입니다. 따라서 돌이켜야 합니다. 하나님의 은혜를 구하며 하나님 앞에 나아가 용서하시고 품으시는 하나님의 은혜를 누려야 합니다. 그 은혜 속에서 하나님과 함께해야 합니다.

마가복음 5장_주의 함께하심으로 인한 치유

거라사의 귀신들린 사람을 치유하신 말씀, 혈루병 걸린 여자의 치유, 그리고 야이로의 죽은 딸을 살리신 말씀을 전하고 있습니다. 여기서 주의 함께하심으로 인한 치유를 보게 됩니다. 주님이 함께하시는 현장에 주의 권능을 통한 치유의 기적이 있다는 것입니다.

"예수께 이르러 그 귀신 들렸던 자 곧 군대 귀신 지폈던 자가 옷을 입고 정신이 온전하여 앉은 것을 보고 두려워하더라"(막 5:15) 예수님은 바다를 건너 거라사인의 지방에 찾아가 그 누구도 제어하고 맬 수 없었던 귀신 들린 자를 치료하셨습니다. "예수께서 이르시되 딸아 네 믿음이 너를 구원하였으니 평안히 가라 네 병에서 놓여 건강할지어다"(막 5:34) 예수님의 옷에만 손을 대어도 치료될 수 있다는 믿음으로 예수님께 나아온, 열두 해를 혈루증으로 앓아온 한 여인을 예수님께서 치료하셨습니다. "그 아이의 손을 잡고 이르시되 달리다굼 하시니 번역하면 곧 내가 네게 말하노니 소녀야 일어나라 하심이라 소녀가 곧 일어나서 걸으니 나이가 열두 살이라 사람들이 곧 크게 놀라고 놀라거늘"(막 5:41~42) 회당장의 간곡한 간구에 예수님은 회당장의 집까지 찾아가 이미 죽었지만 그 딸을 죽음에서 살려 일으키셨습니다.

이처럼 주님과 함께하는 현장에 치유의 능력이 있습니다. 따라서 찾아오시는 주님을 거절하지 말고 영접해야 합니다. 주님이 계신 곳까지 나아가 엎드려 은혜와 도우심도 간구해야 합니다. 그리고 끝까지 포기하지 말고 주님께서 치료하심을 믿어야 합니다.

오늘의 기도

1. 반드시 함께하신다는 말씀을 주의 약속으로 붙잡게 하시고, 그 함께하시는 하나님으로 승리의 삶을 살게 하소서.
2. 불의함과 불순종을 버리고 힘써 하나님을 경외함으로 차별하지 않고 함께하시는 하나님의 은혜를 누리게 하소서.
3. 주님과 늘 함께하며, 그 속에서 치료의 기적과 은혜를 누리게 하소서.

하나님의 구원

사사기 7장 | 사도행전 11장 | 예레미야 20장 | 마가복음 6장

구원은 하나님께서 이루시는 절대적 은혜입니다. 그런데 그 구원의 은혜를 우리의 절대적 믿음의 헌신, 두려움 중에도 복음을 전하는 헌신, 고통 중에도 사명의 길을 걸어가는 헌신, 그리고 이해할 수 없어도 순종하는 헌신을 통해 이루어 가십니다.

사사기 7장_믿음의 헌신을 통해 이루시는 하나님의 구원

기드온이 미디안과의 전쟁에서 승리한 말씀입니다. 주목할 말씀이 믿음으로 헌신한 삼백 명을 통해 그 승리를 이루어 냈다는 것입니다. 곧 미디안과의 싸움을 위해 처음 삼만 이천 명의 사람들이 모여들었습니다. 그러나 메뚜기 떼와 같고 해변의 모래와 같은 미디안의 군사를 생각할 때(삿 7:12), 턱없이 부족한 숫자였습니다. 그럼에도 하나님은 그 백성의 숫자가 많다고 두려워 떠는 사람들을 돌려보내셨습니다. 그래서 남은 숫자가 만 명이었는데, 그럼에도 하나님은 아직 백성이 많다고 말씀하시며, 싸움에 나갈 사람들을 직접 추리시겠다고 하셨습니다(삿 7:4). 그리고 이를 통해 추리신 숫자가 삼백 명이었습니다. 수많은 미디안의 군사들을 생각할 때 삼백 명은 전쟁을 하기에 무모한 숫자였습니다. 미디안과의 전쟁을 생각조차 할 수 없는 숫자였습니다. 그럼에도 하나님은 이 삼백 명으로 미디안을 물리치고 이스라엘을 구원하시겠다고 말씀하셨습니다(삿 7:7).

기드온을 비롯한 백성들은 두렵고 떨릴 수밖에 없었을 것입니다. 삼만 천 칠백 명을 돌려보내고, 삼백 명으로 무모한 싸움을 벌이시겠다는 하나님을 이해할 수 없었을 것입니다. 그러나 기드온과 선택된 삼백 명의 용사들은 하나님의 말씀을 믿고 헌신했습니다. 누가 봐도 죽을 수밖에 없는 싸움에 하나님을 믿고 생명을 걸었습니다. 그리고 하나님은 이런 이들의 믿음의 헌신을 통해 미디안의 군대를 물리치고 이스라엘 백성을 건지시는 놀라운 구원을 이루셨습니다.

사도행전 11장_두려움 없는 헌신을 통해 이루시는 하나님의 구원

베드로의 해명을 기록하고 있습니다. 곧 베드로가 이방인 고넬료의 집을 방문하고 교제한 것에 대해 문제를 제기하는 사람들이 있었고, 이에 대해 베드로는 그것이 성령께서 인도하신 일이었음을 전했습니다.

또한 안디옥교회가 설립된 것을 기록하고 있습니다. 스데반의 일로 일어난 환난으로 흩어진 자들이, 흩어지는 중에도 복음을 전했고 이로 인해 안디옥 교회가 세워졌음을 전하고 있습니다(행 11:19~21). 스데반의 일은 스데반이 복음을 전하다가 유대인들에 의해 순교한 것을 뜻합니다. 이를 시작으로 예루살렘 교회에 환난과 핍박이 있었습니다. 이로 인해 수많은 성도들이 예루살렘을 떠나 흩어지게 됐습니다. 그런데 핍박을 피해 흩어지는 중에도 복음을 전하는 일에 힘을 다했다는 것입니다. 그리고 이렇게 전해진 복음 통해 수많은 사람들이 믿고 주께 돌아오는 놀라운 구원의 역사가 있게 됐다는 것입니다. 결국 이를 통해 안디옥에 교회가 세워지고, 예루살렘 교회에서 바나바를 파송하여 이 교회가 든든히 서게 됐습니다(행 11:22~24). 그리고 후에 바울이 합류하여 바나바와 함께 이 교회에서 사역하였고(행 11:25~26), 이후 안디옥 교회가 이방 선교의 전초기지의 역할을 하게 됐습니다.

핍박을 통해 흩어지며 피난을 가는 중이었습니다. 그 생명이 다급한 상황이었습니다. 그럼에도 불구하고 흩어지는 성도들은 복음을 전하는 일을 놓치지 않았습니다. 그리고 하나님은 이 두려움을 이긴 헌신을 통해 구원의 놀라운 역사를 이루어가셨습니다. 이처럼 하나님은 고난과 핍박 중에서도 두려워하지 않고 충성하는 사람들의 헌신을 통해 그 구원을 이루어가십니다.

예레미야 20장_사명의 헌신을 통해 이루시는 하나님의 구원

예레미야가 하나님의 말씀을 전함으로 받은 고난과 그 속에서 드린 기도를 기록하고 있습니다. 곧 예루살렘의 파멸과 멸망을 전함으로 성전의 총감독인 바스홀에 의해 채찍질 당하고 매이는 핍박을 받았습니다. 또 사람들로부터 끊임없이 조롱과 치욕과 모욕을 당해야 했고, 이런 고통 속에서 예레미야는 그 아픔을 토로하며 하나님께 부르짖어 기도하지 않을 수 없었습니다.

"내가 말할 때마다 외치며 파멸과 멸망을 선포하므로 여호와의 말씀으로 말미암아 내가 종일토록 치욕과 모욕 거리가 됨이니이다 내가 다시는 여호와를 선포하지 아니하며 그의 이름으로 말하지 아니하리라 하면 나의 마음이 불붙는 것 같아서 골수에 사무치니 답답하여 견딜 수 없나이다"(렘 20:8~9) 예레미야의 참을 수 없는 아픔과 고통을 볼 수 있는 말씀입니다. 백성들의 기대와 다른 내용의 하나님의 말씀을 전하면서 그가 겪어야 했던 고통과 핍박이 결코 작지 않았음을 알게 합니다. 따라서 그 고통으로 인해 몇 번이나 하나님의 말씀을 전하는 사명을 포기하고자 했지만, 예레미야는 그 사명을 포기할 수 없었다는 것입니다. 그 안에 불붙듯 일어나는 사명감과 하나님의 말씀을 전하지 않으면 견딜 수 없는 답답함 때문에 포기할 수 없었다는 것입니다. 결국 하나님은 이런 예레미야의 포기하지 않는 사명과 그 헌신을 통해 하나님의 뜻, 곧 심판과 구원의 사역을 이루어가셨습니다. 하나님은 고난 중에도 사명을 포기하지 않는 헌신하는 사람들을 통해 구원을 이루십니다.

마가복음 6장_순종의 헌신을 통해 이루시는 하나님의 구원

예수님께서 복음 전파를 위해 열두 제자를 파송하신 말씀을 기록하고 있습니다. 여기서 순종의 헌신을 통해 이루시는 하나님의 구원을 보게 됩니다. 곧 예수님께서 열두 제자를 둘씩 짝지어 복음을 전하는 현장에 보내시는데 지팡이 외에는 아무 것도 가지지 말게 하셨습니다(막 6:7~9). 여행에 필요한 최소한의 물품조차 가지고 가지 못하게 하셨습니다. 제자들로서는 이해할 수 없는 명령이었지만 제자들은 순종했습니다. 아무 것도 가진 것 없이 이 전도 여행의 사역을 감당할 수 있을지 의문이 들 수 있었지만 순종했고, 이를 통해 풍성한 열매를 맺을 수 있었습니다(막 6:12~13, 30).

예수님께서 전도 여행을 위해 아무 것도 가지지 않게 하신 것은 그만큼 복음을 전하는 일이 급박하다는 것을 보여주는 것 아니겠습니까? 여행의 물품을 준비할 시간이 없다는 것입니다. 지금 당장 출발하라는 것입니다. 또한 절대적으로 주님만 의지해야 한다는 것과 주님이 반드시 먹이시고 돌보신다는 것을 믿으라는 것 아니겠습니까? 곧 전도 여행을 떠나는 제자들에게 가진 것이 아무 것도 없기에 더욱 절실히 주님만을 의지할 수밖에 없고, 또 주님이 먹이시고 입히시며 돌보신다는 믿음을 가져야 했다는 것입니다. 이처럼 주님은 더 큰 뜻과 계획으로 구원의 사역을 이루어 가십니다. 따라서 중요한 것이 순종입니다. 당장에 이해할 수 없는 명령에도 주님의 더 큰 뜻과 계획을 기억하고 순종하며 헌신해야 합니다. 주님은 그 순종과 헌신을 통해 구원을 이루어 가십니다.

오늘의 기도

1. 믿을 수 없는 상황에서도 끝까지 하나님을 믿음으로 하나님의 승리와 구원을 경험하게 하소서.
2. 핍박 중에서도 두려움을 이기고 복음을 앞세워 안디옥교회를 세웠던 초대교회 성도들처럼, 복음의 헌신으로 주의 교회를 세워가게 하소서.
3. 예레미야처럼 사명에 뜨거운 마음을 갖게 하셔서 포기하지 않고 사명을 감당하며 헌신하게 하소서.

길 vs 길

사사기 8장 | 사도행전 12장 | 예레미야 21장 | 마가복음 7장

맥체인성경365_1149p

하나님은 우리 앞에 생명의 길과 사망의 길을 두셨습니다. 내 뜻을 내려놓고 하나님의 말씀에 순종하며 그 앞에 엎드려 은혜를 구함으로 생명의 길을 걸어야 합니다. 사람이 아닌 하나님이 기뻐하시는 일을 따르며 끝까지 헌신함으로 생명의 길을 걸어야 합니다.

사사기 8장_헌신의 길과 안주의 길

기드온이 미디안의 두 왕을 잡아 죽이고, 숙곳과 브누엘 사람들을 징계한 것을 기록하고 있습니다. 곧 기드온과 삼백 명의 용사들은 미디안의 적들을 몰아붙여, 도망치던 미디안의 두 왕 세바와 살문나를 잡고 남은 군사를 격파했습니다. 이들은 하나님이 주신 사명을 따라 끝까지 헌신했습니다. 그런데 기드온과 삼백 명의 용사들이 그렇게 헌신하며 미디안의 남은 적들을 쫓는 중, 숙곳 사람들과 부누엘 사람들은 자기의 안위만 생각하며 그 싸움을 방관했습니다. 도움을 구하는 기드온의 청을 거절했습니다(삿 8:5~6, 8). 곧 숙곳 사람들과 브누엘 사람들은 싸움의 결과가 어떻게 될지 모르는 상황에서 굳이 위험을 무릅쓰려고 하지 않은 것입니다. 기드온과 용사들은 그 백성들을 구원하기 위해 생명을 걸고 헌신하며, 수고와 고생을 마다하지 않았지만, 숙곳 사람들과 브누엘 사람들은 오직 자신의 안위만을 추구한 것입니다.

이 둘을 비교하며 우리가 어떤 길을 따라 걸어야 하는지 분명한 가르침을 받게 됩니다. 곧 안주의 길이 아닌 헌신의 길을 걸어야 합니다. 힘겹고 위험한 길은 피하려는 어리석음을 버리고, 주님께서 주신 사명을 따라 힘써 헌신의 길을 걸어야 합니다. 그때에 승리와 기쁨을 누릴 수 있습니다. 헌신을 피하고 안주의 길을 걸을 때에는 결국 심판과 멸망에 이르게 되지만, 당장 힘겹고 어려워도 헌신의 길을 걸을 때 승리와 기쁨을 누릴 수 있습니다. 곧 희생과 헌신을 마다하지 않았던 기드온과 그 용사들은 승리의 기쁨을 누릴 수 있었습니다. 그러나 자신의 안위와 욕심만을 생각했던 숙곳 사람들과 브누엘 사람들은 미디안을 물리치고 승리하여 돌아오는 기드온과 그 용사들에 의해 징벌과 멸망을 당했습니다. 안주와 욕심의 길의 결과는 멸망이지만 수고와 헌신의 길의 결과는 생명과 기쁨입니다.

사도행전 12장_하나님이 기뻐하시는 길과 사람이 기뻐하는 길

사도 야고보의 순교와 베드로의 석방을 기록하고 있습니다. 곧 헤롯 왕은 사도 야고보를 잡아 죽이자 유대인들이 기뻐하는 것을 보고 베드로도 죽이려고 잡아 옥에 가두었습니다. 유대인들의 환심을 더욱 사기 위해 베드로까지 죽이고자 한 것입니다(행 12:3~4). 그러나 교회는 베드로를 위해 간절히 기도했고, 하나님은 천사를 보내 베드로를 그 갇힌 옥에서 건져주셨습니다.

여기서 하나님이 기뻐하시는 길과 사람이 기뻐하는 길에 대해 보게 됩니다. 곧 유대인들의 기뻐하는 모습을 보고 베드로까지 잡아 죽이고자 했던 헤롯 왕에게서 철저히 사람의 기쁨을 위해 살아가는 삶을 보게 됩니다. 사람의 기쁨을 위해 불의도 마다하지 않는 모습을 보게 됩니다. 반면 베드로를 비롯한 사도들은 철저히 하나님의 기쁨을 위해 살았습니다. 붙잡히고 옥에 갇히는 등, 그 고난을 피하지 않고 주의 복음을 전했습니다. 결코 그 믿음과 사명에 타협하지 않았습니다. 그 결과 베드로는 하나님이 보내신 천사에 의해 옥에서 구원함을 받는 은혜를 누렸습니다(행 4:11). 그러나 헤롯 왕은 하나님의 심판으로 벌레에게 먹혀 죽임을 당했습니다(행 4:23).

우리의 기쁨은 사람이 아닌 하나님께 있어야 합니다. 설령 이로 인해 사람들의 미움을 사고 핍박을 받는다 할지라도 결코 하나님이 기뻐하시는 길에서 타협하지 말아야 합니다. 생명을 걸고 하나님이 기뻐하시는 길을 걸어야 합니다. 결국에는 그 길이 생명과 축복의 길이 됩니다.

예레미야 21장_생명의 길과 사망의 길

예레미야가 시드기야 왕에게 예루살렘의 멸망을 예고한 말씀입니다. 곧 시드기야 왕이 예레미야에게 바스홀과 스바냐를 보내 하나님의 권능으로 바벨론 느브갓네살의 손에서 구원함을 얻게 해 달라고 하나님께 간구해 줄 것을 요청했습니다. 그러나 예레미야는 이미 하나님께서 바벨론의 손을 통해 예루살렘 멸망의 뜻을 정하셨음을 말했습니다. 그러면서 하나님께서 말씀하신 생명의 길과 사망의 길에 대해 전했습니다(렘 21:8~9). 곧 생명의 길은 여호와 하나님의 말씀에 순종하여 바벨론에 항복하는 것에 있다는 것입니다. 항복은 치욕스러운 일이라고 그 말씀을 거부하고 끝까지 싸우는 자는 사망에 이르게 된다는 것입니다. 그러나 바벨론에 항복하라는 하나님의 말씀은 백성들 입장에서 이해가 되지 않는 말씀이었습니다. 치욕스럽게 바벨론에 항복하느니 죽음을 무릅쓰고 결사항전 하는 것이 의로운 일이라고 생각했습니다. 따라서 백성들은 하나님의 말씀을 전하는 예레미야를 핍박하며 그 말씀을 거부했습니다. 예레미야가 전하는 말씀이 하나님의 말씀이 아니라고 부정하며 끝까지 자기 뜻을 꺾지 않았습니다. 그러나 하나님의 말씀을 거부하고 자기 생각이 옳다고 고집하는 결과는 사망일뿐이라는 것입니다. 자신의 뜻과 달라도, 그 뜻을 꺾고 하나님의 말씀을 따를 때에 생명을 얻을 수 있다는 것입니다.

생명의 길은 결코 내가 옳다고 여기는 것에 있지 않습니다. 하나님의 말씀에 순종하는 것에 있습니다. 따라서 이해되지 않아도 내 뜻과 생각을 접고 하나님의 말씀을 따라야 합니다.

마가복음 7장_은혜의 길과 대립의 길

정결례 문제로 인한 예수님의 책망과 가르침, 수로보니게 여인의 귀신 들린 딸을 위한 간구와 치유, 귀 먹고 말 더듬는 사람의 치유를 기록하고 있습니다. 여기서 대립의 길과 은혜의 길을 보게 되고, 대립의 길이 아닌 은혜의 길을 걸어야 한다는 사실을 가르침 받게 됩니다. 곧 주님의 사역과 가르침에 대립하고 반대하는 것이 아니라, 겸손히 주님 앞에 나아가 절대적인 은혜를 구해야 한다는 것입니다. 주님이 주시는 이 은혜가 생명의 길이 된다는 것입니다.

"이에 바리새인들과 서기관들이 예수께 묻되 어찌하여 당신의 제자들은 장로들의 전통을 준행하지 아니하고 부정한 손으로 떡을 먹나이까"(막 7:5) 예수님의 제자들이 손을 씻지 않고 음식을 먹는 등 장로들의 전통을 준행하지 않았다고 바리새인들과 서기관들이 예수님을 공격한 말씀입니다. 곧 바리새인들과 서기관들은 끊임없이 예수님의 반대편에 서서 예수님과 대립하며 예수님을 공격했습니다. 이에 대해 예수님은 그들의 외식과 위선을 지적하셨습니다. 전통을 지키고자 오히려 하나님의 말씀을 폐하는 그릇된 모순을 책망하셨습니다(마 7:8~9,13). 반면 수로보니게 여인은 이방인이라고 예수님께 모욕을 당하면서도 포기하지 않고 은혜를 구했습니다. 이방인이라고 외면하시는 예수님을 원망하며 대립하는 것이 아니라 끝까지 매달려 은혜를 구했습니다. 그 결과 놀라운 주님의 은혜와 치료의 기적을 경험했습니다(막 7:28~30).

주님과 대립하고 그 뜻과 사역을 반대하는 길은 결코 생명으로 이어질 수 없습니다. 오직 주님 앞에 엎드려 겸손히 은혜를 구하는 길에 생명이 있습니다. 따라서 내 뜻을 내려놓고 주님을 따르며 포기하지 않고 은혜를 구해야 합니다.

오늘의 기도

1. 이해할 수 없어도 철저히 주의 말씀을 따르고 순종하여 사망이 아닌 생명의 길에 서게 하소서.
2. 이기적 욕심과 안주함을 버리고 주신 사명을 따라 희생하고 헌신하여 생명의 길에 서게 하소서.
3. 사람의 기쁨이 아니라 오직 하나님의 기쁨을 위해 살게 하소서.

따른 결과 (1)

사사기 9장 | 사도행전 13장 | 예레미야 22장 | 마가복음 8장

무엇을 따라 살아갈 것인가? 자기 욕심을 따르고 이를 위해 불의를 따라 살아갈 때, 그 결과는 심판과 멸망입니다. 그러나 성령을 따르고 주님을 따를 때에 기쁨과 생명과 영광이 있습니다.

사사기 9장_욕심을 따르는 삶과 그 결과

아비멜렉의 왕정 그리고 심판으로 인한 죽음을 기록하고 있습니다. 곧 기드온이 죽은 후, 기드온이 세겜의 첩에게서 낳은 아들 아비멜렉이 세겜 사람들의 지원을 받아 다른 모든 형제들, 곧 기드온의 아들 70명을 죽이고 스스로 왕이 되어 이스라엘을 다스렸습니다. 하나님의 부르심을 따라 사명을 받고 사사로 선택되어 이스라엘을 다스린 것이 아니라, 자기 욕심을 따라 불의함을 통해 스스로 왕이 됐습니다. 그리고 당장은 자신의 욕심을 따라 불의한 방법으로 왕이 되어 권세와 영화를 누렸습니다. 그러나 그 권세와 영화가 영원할 수 없었습니다. 하나님께서 그 불의함을 결코 방관하시거나 용납하시지 않기 때문입니다.

"이는 여룹바알의 아들 칠십 명에게 저지른 포학한 일을 갚되 그들을 죽여 피 흘린 죄를 그들의 형제 아비멜렉과 아비멜렉의 손을 도와 그의 형제들을 죽이게 한 세겜 사람들에게로 돌아가게 하심이라"(삿 9:24) "아비멜렉이 그의 형제 칠십 명을 죽여 자기 아버지에게 행한 악행을 하나님이 이같이 갚으셨고 또 세겜 사람들의 모든 악행을 하나님이 그들의 머리에 갚으셨으니 여룹바알의 아들 요담의 저주가 그들에게 응하니라"(삿 9:56~57) 아비멜렉과 세겜 사람들을 향한 하나님의 심판을 보여주는 말씀입니다. 하나님은 아비멜렉과 세겜 사람들의 불의함을 용납하지 않으셨습니다. 자기 욕심을 따라 왕이 되어 이스라엘을 다스렸던 아비멜렉과 그를 도왔던 세겜은 비극적 결말로 끝이 났는데, 세겜 사람들의 배신으로 아비멜렉과 세겜 사람들 사이에 전쟁이 있었고, 이로 인해 세겜 사람들도 멸망당하고 아비멜렉도 비참한 최후를 맞이하게

됐습니다. 이처럼 자기 욕심을 따른 결과는 하나님의 심판으로 인한 멸망입니다. 하나님께서 자기 욕심에 사로잡혀 행하는 그 모든 불의를 용납하지 않으십니다.

사도행전 13장_성령을 따르는 삶과 그 결과

바울의 제1차 선교여행을 기록하고 있습니다. 성령의 명령에 따라 바울과 바나바가 선교사로 파송받아 구브로와 비시디아 안디옥에서 복음을 전한 말씀을 기록하고 있습니다. "주를 섬겨 금식할 때에 성령이 이르시되 내가 불러 시키는 일을 위하여 바나바와 사울을 따로 세우라 하시니 이에 금식하며 기도하고 두 사람에게 안수하여 보내니라"(행 13:2~3)

사실 바나바와 바울은 안디옥 교회의 핵심 사역자였습니다. 따라서 얼마든지 안디옥 교회 안에서 자신들의 지위와 권위를 누릴 수 있었습니다. 또한 안디옥 교회도 교회 사역의 핵심이 되는 바나바와 바울을 선교사로 파송하는 것이 큰 부담이 아닐 수 없었습니다. 그러나 성령의 이끄심을 따라 순종하였습니다. 그 결과, "이방인들이 듣고 기뻐하여 하나님의 말씀을 찬송하며 영생을 주시기로 작정된 자는 다 믿더라 주의 말씀이 그 지방에 두루 퍼지니라"(행 13:48~49) 바나바와 바울이 전하는 복음을 통해 수많은 사람들이 복음을 받아들이고 영생을 얻었습니다. 이 둘의 헌신에 성령은 놀라운 능력을 나타내주셨고 복음의 풍성한 열매를 맺게 하셨습니다. 이처럼 내 생각을 내려놓고 성령께서 이끄시는 대로 따르면 복음의 풍성한 열매를 맺을 수 있습니다.

예레미야 22장_불의를 따르는 삶과 그 결과

유다 왕가에 내리는 경고와 심판의 말씀입니다. 곧 하나님은 유다의 왕들에게 정의와 공의를 행하고, 무죄한 자의 피를 흘리지 말며, 이방인과 고아와 과부 등, 약자를 돌보고 보호할 것을 명령하셨습니다. 하나님의 이 명령을 지키면 영원토록 왕위를 지켜줄 것이라고 약속하셨습니다(렘 22:3~4). 그러나 하나님의 명령은 지켜지지 않았고, 따라서 하나님은 심판을 말씀하셨습니다(렘 22:6~7).

"그가 이르기를 내가 나를 위하여 큰 집과 넓은 다락방을 지으리라 하고 자기를 위하여 창문을 만들고 그것에 백향목으로 입히고 붉은 빛으로 칠하도다"(렘 22:14) 요시야 왕의 아들 여호야김 왕에 대한 말씀입니다. 그는 가난한 자와 궁핍한 자의 편에 섰던 아버지 요시야 왕과 달리 자기 욕심을 따라 살며 정의와 공의를 행하지 않았습니다. 자기 욕심을 채우기에 급급했습니다. 그 결과 여호야김 왕을 향하여 하나님의 심판이 선언됐습니다. 그가 비참한 최후를 맞이하게 된다는 것입니다. "그러므로 여호와께서 유다의 왕 요시야의 아들 여호야김에게 대하여 이와 같이 말씀하시니라 무리가 그를 위하여 슬프다 내 형제여, 슬프다 내 자매여 하며 통곡하지 아니할 것이며 그를 위하여 슬프다 주여 슬프다 그 영광이여 하며 통곡하지도 아니할 것이라 그가 끌려 예루살렘 문 밖에 던져지고 나귀 같이 매장함을 당하리라"(렘 22:18~19)

하나님의 공의를 버리고 불의함을 따르며 자기 욕심을 따를 때, 그 결과는 심판일 수밖에 없습니다. 하나님께서 미워하시는 불의함을 따르며 아름다운 결과를 기대하는 것은 어리석은 일입니다. 오직 불의함에서 돌이켜 하나님의 말씀을 따르고 그 은혜를 구하는 것만이 심판을 피하고 구원에 이르는 유일한 길입니다.

마가복음 8장_주님을 따르는 삶과 그 결과

칠병이어의 기적, 바리새인과 헤롯의 누룩을 주의하라는 가르침, 한 시각장애인의 치유, 베드로의 신앙고백과 따름에 대한 가르침을 기록하고 있습니다. 여기서 주님을 따르는 삶에 대한 바른 가르침 받을 수 있습니다.

"예수께서 돌이키사 제자들을 보시며 베드로를 꾸짖어 이르시되 사탄아 내 뒤로 물러가라 네가 하나님의 일을 생각하지 아니하고 도리어 사람의 일을 생각하는도다 하시고 무리와 제자들을 불러 이르시되 누구든지 나를 따라오려거든 자기를 부인하고 자기 십자가를 지고 나를 따를 것이니라"(막 8:33~34) 주님을 따르는 삶에 자기를 부인하고 자기 십자가를 지는 희생과 헌신이 필요하다는 주님의 가르침입니다. 이것 없이는 결코 주님을 따를 수 없다는 것입니다. 그런 십자가의 고난과 희생이 있다 할지라도 주님을 따라야 한다는 것입니다.

그러나 이렇게 주님을 따를 때, 주의 돌보심의 은혜도 있습니다. 주님은 그 따르는 자들을 긍휼히 여기시며, 그들의 형편과 필요를 아시고 채우십니다. 곧 주님은 주님께 나아온 무리들의 굶주림의 형편을 아시고 떡 일곱 개와 생선 두 마리로 그들을 배불리 먹이시며 그 굶주림을 채워주셨습니다(막 8:2~10). 앞을 보지 못하는 장애인의 간구를 외면하지 않으시고 그를 치료하셨습니다(막 8:22~26).

무엇보다 주님을 따를 때에 생명과 영광이 있습니다. 생명을 걸고 주님을 따르는 자에게 구원이 있고 천하보다 귀한 생명이 주어집니다(마 8:35~36). 영광 중에 주님께서 다시 오실 때에 그를 부끄러워하지 않으신다고 말씀하고 계신데, 곧 주님의 영광에 참여하여 그 영광을 누리게 됩니다(행 8:38).

오늘의 기도

1. 자기 욕심을 따르는 어리석음에서 돌이키게 하시고 철저히 주님의 영광을 따르는 삶을 살게 하소서.
2. 성령의 음성에 귀를 기울일 뿐만 아니라 철저히 성령에 따라 순종하는 삶을 살게 하소서.
3. 자기를 부인하고 자기 십자가를 지는 희생과 헌신을 통해 온전히 주님을 따르는 삶을 살게 하소서.

주의 말씀으로

사사기 10-11장 11절 | 사도행전 14장 | 예레미야 23장 | 마가복음 9장

오직 듣고 따라야 하는 말씀은 주의 말씀으로, 주의 말씀이 생명으로 인도합니다. 따라서 주의 말씀으로 거짓된 말씀을 분별하고 그릇된 길에서 돌이켜야 합니다. 또한 주의 말씀으로 멸망으로 걸어가는 사람들을 구원의 하나님께로 돌아오게 해야 합니다.

사사기 10-11장 11절_주의 말씀으로 돌이켜야 합니다.

사사 돌라와 야일 그리고 입다에 대한 말씀입니다. 여기서 주의 말씀을 통해 깨닫고 오직 구원의 주님에게로 돌이키는 것이 중요함을 배울 수 있습니다. "너희가 나를 버리고 다른 신들을 섬기니 그러므로 내가 다시는 너희를 구원하지 아니하리라 가서 너희가 택한 신들에게 부르짖어 너희의 환난 때에 그들이 너희를 구원하게 하라 하신지라"(삿 10:13~14) 다시 범죄하여 하나님에게서 돌아선 백성들을 향해 하나님께서 주신 말씀입니다. 다시는 구원하지 않으시겠다고 말씀하고 계신데, 이는 하나님 외에는 구원의 방법이 없으며, 따라서 하나님의 공의가 아닌 그 은혜만이 유일한 구원의 길임을 보여주고 있습니다. 곧 그 백성들이 어리석게 선택한 이방신들에게 부르짖고 구원을 기대해 봐야 헛될 뿐이라는 것입니다. 구원은 오직 하나님께 있고, 따라서 하나님께 돌이켜 은혜를 구해야 한다는 것입니다.

주의 말씀은 구원의 바른 방향을 제시합니다. 생명의 길에서 어긋나 있는 우리의 모습을 깨닫게 합니다. 따라서 말씀을 통해 생명과 구원의 바른 길로 돌이킬 수 있어야 합니다.

사도행전 14장_주의 말씀으로 돌아오게 해야 합니다.

13장에 이어서 바울의 제1차 선교여행을 기록한 말씀입니다. 바나바와 더불어 이고니온과 루스드라와 더베에서 유대인들의 핍박을 이기며 복음을 전하고, 이후 안디옥으로 돌아온 것을 기록하고 있습니다. 특별히 주목할 말씀이 루스드라에서 있었던 일입니다. 곧 루스드라에서 바울이 나면서부터 걷지 못하던 한 사람을 일으켜 걷게 했습니다. 이로 인해 성읍 사람들은 바나바와 바울을 사람의 형상으로 내려온 신이라 생각하며 그들에게 제사하고자 했습니다. 이에 당황한 바울이 이를 말리며 다음과 같이 말했습니다. "이르되 여러분이여 어찌하여 이러한 일을 하느냐 우리도 여러분과 같은 성정을 가진 사람이라 여러분에게 복음을 전하는 것은 이런 헛된 일을 버리고 천지와 바다와 그 가운데 만물을 지으시고 살아 계신 하나님께로 돌아오게 함이라"(행 14:15) 바울은 자신이 복음을 전하는 목적에 대해 말했는데, 헛된 일에서 돌이켜 참되고 살아 계신 하나님께 나아가게 하는 것, 곧 생명의 하나님에게 돌아와 생명과 구원을 얻게 하는 것에 복음을 전하는 목적이 있다는 것입니다.

바울의 이와 같은 말은 우리에게 중요한 가르침, 우리가 복음을 전하는 목적에 대해서 분명한 가르침을 주고 있습니다. 곧 복음을 전하는 목적이, 이를 통해 우리 자신의 인기와 명성을 얻고자 함에 있지 않아야 합니다. 오직 사람들로 하여금 참된 하나님께 돌아오게 하고 그 하나님을 통해 구원과 생명을 누리게 함에 있어야 합니다. 이것 외에 다른 목적이 있을 수 없습니다. 따라서 힘을 다해 말씀을 전하고, 또 이를 통해 헛된 길, 심판의 길로 걸어가는 사람들을 생명의 길로 돌아오게 해야 합니다.

예레미야 23장_주의 말씀으로 분별해야 합니다.

거짓 선지자들에 대한 말씀입니다. 그들이 헛된 자신의 말을 하나님의 말씀이라고 거짓되게 전하고 있다는 것입니다. 따라서 하나님께서 그들을 심판하시겠다고 말씀하고 있습니다. 곧 당시 하나님의 심판의 말씀을 전하는 예레미야와 달리 평강을 이야기하는 거짓 선지자들이 있었습니다. 그들은 하나님이 임하여 계시는 예루살렘과 성전은 결코 무너지지 않으며, 적들은 떠나가고 평강이 있을 것이라고 거짓 예언을 했습니다. 하나님의 말씀을 듣고 그 들은 말씀을 전한 것이 아니라, 자신의 욕심을 따라 사람들의 귀를 즐겁게 하기 위해 거짓을 예언한 것입니다. 따라서 하나님은 그들의 예언을 듣지 말라고 말씀하셨습니다. 그들의 예언은 거짓으로 백성들에게 아무 유익이 없으며, 따라서 그 거짓 예언자들을 심판하실 것을 말씀하셨습니다. "만군의 여호와께서 이와 같이 말씀하시되 너희에게 예언하는 선지자들의 말을 듣지 말라 그들은 너희에게 헛된 것을 가르치나니 그들이 말한 묵시는 자기 마음으로 말미암은 것이요 여호와의 입에서 나온 것이 아니니라"(렘 23:16) "여호와의 말씀이니라 보라 거짓 꿈을 예언하여 이르며 거짓과 헛된 자만으로 내 백성을 미혹하게 하는 자를 내가 치리라 내가 그들을 보내지 아니하였으며 명령하지 아니하였나니 그들은 이 백성에게 아무 유익이 없느니라 여호와의 말씀이니라"(렘 23:32)

여기서 주의 말씀을 통해 참과 거짓을 분별하고, 참된 길 곧 생명의 길에 서야 함을 깨닫게 됩니다. 주의 참된 말씀을 통해 바른 진리에 서서 분별하지 않으면, 거짓 선지자들이 전하는 거짓된 말에 넘어질 수밖에 없습니다. 따라서 달콤하고 듣기 좋다는 이유로 거짓된 말씀을 따라가는 것이 아니라, 당장은 가슴을 찌르고 아프다고 할지라도 참된 하나님의 말씀에 귀를 기울여야 합니다. 참된 하나님의 말씀으로 거짓된 말씀을 분별하여 그 말씀을 단호히 거절하고, 이를 통해 심판과 멸망이 아니라 생명의 길에 서야 합니다.

마가복음 9장_주의 말씀을 들어야 합니다.

높은 산에서 예수님께서 영광스럽게 변모하신 말씀, 귀신 들린 소년의 치유, 예수의 수난과 부활에 대한 가르침, 제자들의 서열 다툼, 죄의 유혹에 대한 경고의 말씀 등을 기록하고 있습니다.

예수님께서 높은 산에서 변모하신 말씀을 주목할 때, 여기서 하나님의 말씀을 듣고 집중하는 것이 더 중요하다는 사실을 깨달을 수 있습니다. 곧 높은 산에서 제자들이 예수님께서 놀랍게 변모하신 모습을 목격했을 뿐만 아니라, 그 속에서 들려오는 하나님의 말씀을 들었습니다. 놀랍고 신비한 사건을 목격하며 놀라움과 두려움 중에 있는 제자들에게 하나님은 예수님이 하나님의 아들이 됨을 증언하시며 그의 말씀을 들으라고 말씀하셨습니다. "마침 구름이 와서 그들을 덮으며 구름 속에서 소리가 나되 이는 내 사랑하는 아들이니 너희는 그의 말을 들으라 하는지라"(막 9:7)

사실 제자들은 예수님께서 놀랍게 변모하신 신비한 사건과 그 장면에 마음을 빼앗길 수밖에 없었을 것입니다. 온 정신이 그 신비한 사건에 머물러 다른 무엇을 생각할 수 없었을 것입니다. 그러나 신비한 사건보다 더 중요한 것은 들려온 하나님의 말씀입니다. 하나님께서 이처럼 신비한 사건을 나타내심의 본질은 제자들에게 그 말씀을 확실하게 전하고자 함에 있기 때문입니다. 따라서 본질인 말씀은 놓치고 신비한 사건에만 머물러 있다면 어리석은 일일 수밖에 없습니다. 신비한 사건 속에서 전해진 하나님의 말씀, 곧 예수님이 하나님의 아들이 되신다는 것과 그의 말씀에 순종하며 따르라는 말씀이 더 중요함을 잊지 말아야 합니다. 신비한 사건에 가려 말씀을 놓치지 말고 그 본질인 주의 말씀을 듣는 일에 힘을 다해야 합니다.

28
Jul

앞설 수 없습니다

사사기 11장 12-40절 | 사도행전 15장 | 예레미야 24장 | 마가복음 10장

주님이 주시는 영생보다 앞설 수 있는 것은 아무 것도 없습니다. 따라서 그 무엇도 주님과의 관계 회복보다 앞설 수 없고, 구원을 전하는 복음보다 앞설 수 없습니다. 우리의 연약함과 실수를 이기는 주의 신실함과 그 은혜보다 앞설 수 없습니다.

사사기 11장 12-40절_주의 신실함보다 앞설 수 없습니다.

입다가 암몬을 물리치고 승리한 말씀입니다. 그런데 입다는 암몬과 싸우기 전 그릇된 서원을 하고 말았습니다. 암몬과의 전쟁에서 승리케 하시면 누구든 제일 먼저 맞으러 나오는 사람을 하나님께 번제물로 드리겠다고 한 것입니다. "그가 여호와께 서원하여 이르되 주께서 과연 암몬 자손을 내 손에 넘겨 주시면 내가 암몬 자손에게서 평안히 돌아올 때에 누구든지 내 집 문에서 나와서 나를 영접하는 그는 여호와께 돌릴 것이니 내가 그를 번제물로 드리겠나이다 하니라"(삿 11:30~31) 싸움을 앞두고 가진 두려움이 이런 서원을 하게 한 것이 아닌가 생각해 볼 수 있습니다. 무엇보다 그가 서원한 인신제사는 결코 하나님이 기뻐하시는 일일 수 없습니다. 여기서 입다의 연약함과 실수를 보게 됩니다. 그러나 그럼에도 하나님은 승리를 주셔서 이스라엘을 구원하셨습니다. 입다의 서원과 관계없이 하나님의 신실하심으로 구원을 이루어 주셨습니다.

입다의 연약함과 실수는 우리의 연약함과 실수를 생각하게 합니다. 우리도 입다처럼 연약하여 실수합니다. 따라서 우리가 의지하고 소망할 것은 하나님의 신실하심입니다. 우리의 연약함을 넘어서 그 신실함으로 이루시는 은혜를 의지하며 구해야 합니다. 그 무엇도 하나님의 신실하심보다 앞설 수 없고 또 앞세워서는 안 된다는 사실을 깨달아야 합니다.

사도행전 15장_복음보다 앞설 수 없습니다.

예루살렘 사도회의에 대한 말씀입니다. 곧 믿는 사람들 중에 이방인에게 할례를 행하고 율법을 지키게 해야 한다고 주장하는 사람들이 있었습니다(행 15:5). 바리새파 중에 믿음을 갖게 된 사람들인데, 이들은 복음보다 율법을 앞세우고자 했습니다. 이로 인해 논쟁이 있었고, 이것을 해결하기 위해 사도와 장로들이 모여 회의를 갖게 됐습니다. 이때 베드로는 우리 유대인들도 지기 어려운 율법을 이방인들에게도 지게 하는 것은 옳지 않으며, 무엇보다 유대인이나 이방인이나 복음 앞에 평등하며 모두가 동일하게 은혜로 구원을 얻음을 주장했습니다. "그런데 지금 너희가 어찌하여 하나님을 시험하여 우리 조상과 우리도 능히 메지 못하던 멍에를 제자들의 목에 두려느냐 그러나 우리는 그들이 우리와 동일하게 주 예수의 은혜로 구원 받는 줄을 믿노라 하니라"(행 15:10~11) 결국 이 회의를 통해, 우상의 제물과 피와 목매어 죽인 것과 음행을 멀리해야 하다는 것 외에는 이방인들에게 율법과 할례를 강요하는 것은 옳지 않다는 결론을 내리게 됐습니다.

율법이 아니라 주의 은혜, 곧 복음이 구원에 이르게 합니다. 따라서 율법이 복음보다 앞설 수 없습니다. 이방인들은 물론이요 모든 사람들을 하나님 앞으로 돌아오게 하며 구원에 이르게 하는 복음보다 그 무엇도 앞설 수 없습니다. 결코 그 무엇으로도 복음을 제약할 수 없으며, 복음을 전하여 영혼들을 하나님 앞으로 돌아오게 하는 것보다 더 중요한 것은 있을 수 없습니다.

예레미야 24장_주님과의 관계 회복보다 앞설 수 없습니다.

무화과 두 광주리에 대한 환상의 말씀입니다. 곧 여호야긴 왕과 유다 고관들을 비롯한 사람들이 포로로 잡혀간 후에 하나님께서 예레미야에게 좋은 무화과와 나쁜 무화과 환상을 보여주셨습니다. 이를 통해 포로로 잡혀간 사람들을 위로하셨습니다. 곧 당시 사람들은 예루살렘에 남은 사람들이 심판을 피했으며 하나님의 돌보심 안에 있다고 생각을 했고, 포로로 잡혀간 사람들이 하나님의 심판과 저주 아래에 있다고 생각했습니다. 그러나 하나님은 그 반대의 말씀을 하셨습니다. 예루살렘에 남은 사람들은 나쁜 무화과와 같이 여겨 버리실 것이라 말씀하시며, 그들을 향한 심판을 말씀하셨습니다. 반면 포로로 잡혀간 사람들이 좋은 무화과로 하나님의 돌보심 안에 있다고 말씀하셨습니다. 당장은 포로로 잡혀가 고난과 수모를 겪겠지만, 하나님께서 거기서 돌보시고 지키실 뿐만 아니라, 그들로 전심으로 하나님께 돌아오게 하여 하나님과의 관계를 회복케 하고 참 하나님의 백성이 되게 하신다는 것입니다. "내가 여호와인 줄 아는 마음을 그들에게 주어서 그들이 전심으로 내게 돌아오게 하리니 그들은 내 백성이 되겠고 나는 그들의 하나님이 되리라"(렘 24:7)

포로로 잡혀간 사람들에게 주신 말씀을 통해서 하나님과의 관계 회복이 무엇보다 중요하다는 사실을 깨달을 수 있습니다. 곧 당장은 고난과 수모를 겪을 수 있습니다. 참기 힘든 고난의 시간을 보내야 할 수 있습니다. 그러나 하나님의 뜻이 여기에 있고 결국에는 이 모든 과정을 통해 하나님을 향한 신앙과 그 잃어버린 관계를 회복할 수 있다면 이를 선택해야 합니다. 당장의 평안을 누리며 내일의 심판을 맞이할 것이 아니라, 고난과 수모를 겪는다 할지라도 하나님과의 관계 회복에 힘을 다하고 이를 통해 생명과 구원을 누려야 합니다.

마가복음 10장_영생보다 앞설 수 없습니다.
이혼에 대한 가르침, 영생을 구하며 찾아온 부자 청년, 따름에 대한 보상, 예수의 수난과 부활에 대한 가르침, 섬김에 대한 가르침, 여리고에서 시각장애인 바디매오를 치료하신 말씀 등을 기록하고 있습니다.

영생을 구하며 예수님을 찾아왔던 부자 청년의 사건에서 그 무엇도 영생보다 앞설 수 없음을 깨닫게 됩니다. 곧 예수님은 그 부자 청년에게 모든 재산을 팔아 가난한 자들에게 나눠주고 나를 따르라고 말씀하셨습니다. 그 무엇도 내려놓고 예수님을 믿고 따르는 삶에 영생이 있다는 것입니다. "예수께서 그를 보시고 사랑하사 이르시되 네게 아직도 한 가지 부족한 것이 있으니 가서 네게 있는 것을 다 팔아 가난한 자들에게 주라 그리하면 하늘에서 보화가 네게 있으리라 그리고 와서 나를 따르라 하시니"(막 10:21) 그러나 부자 청년은 그 많은 재물로 인해 근심하며 돌아갔습니다. 예수님을 믿고 따르는 것보다 재물을 더 소중히 여긴 것입니다. "그 사람은 재물이 많은 고로 이 말씀으로 인하여 슬픈 기색을 띠고 근심하며 가니라"(막 10:22) 이로 인해 그는 재물을 포기하지 못해 영생을 소유하지 못했습니다. 그가 바라고 구하며 예수님 앞에 나아갔지만 재물을 포기하지 못하는 어리석음으로 인해 영생을 소유할 수 없었습니다.

사실 그가 예수님께 구했던 영생보다 더 중요한 것이 무엇이 있을 수 있겠습니까? 모든 재물을 다 팔아 내어준다 할지라도 영생을 소유할 수 있다면 결코 손해가 아닙니다. 영생보다 더 가치 있는 것은 없고, 따라서 성경은 이렇게 가르치고 있습니다. "천국은 마치 밭에 감추인 보화와 같으니 사람이 이를 발견한 후 숨겨 두고 기뻐하며 돌아가서 자기의 소유를 다 팔아 그 밭을 사느니라"(마 13:44) 천국 곧 영생은 최고의 가치를 가지고 추구해야 합니다.

따른 결과 (2)

29
Jul

사사기 12장 | 사도행전 16장 | 예레미야 25장 | 마가복음 11장

주의 뜻을 거절하고 우리의 뜻과 당장의 감정을 따를 때에 그 주어지는 결과는 불행과 후회와 심판입니다. 그러나 우리의 생각을 내려놓고 주의 말씀을 따르고 성령을 따르면 더 풍성하고 아름다운 결과를 보게 됩니다.

사사기 12장_자기감정을 따른 결과

사사 입다가 에브라임과 싸운 말씀입니다. 곧 입다가 암몬과의 전쟁에서 승리하자, 에브라임 사람들이 시비를 걸어왔습니다. 정작 다급하고 어려울 때는 돕기를 마다하고서, 힘겹게 암몬을 물리치고 승리하자 전쟁에 자신들을 부르지 않았다고 시비를 걸어온 것입니다. 이에 화가 난 입다는 길르앗 사람들을 모아 동족 에브라임과의 전쟁을 벌이게 됐고, 이로 인해 사만 이천 명이나 되는 에브라임 사람들이 죽게 되는 비극이 있게 됐습니다(삿 12:6).

이전 기드온이 미디안을 물리쳤을 때에도 비슷한 일이 있었습니다. 그때 기드온은 시비를 거는 에브라임에게 이렇게 말했습니다. "내가 이제 행한 일이 너희가 한 것에 비교되겠느냐 에브라임의 끝물 포도가 아비에셀의 맏물 포도보다 낫지 아니하냐 하나님이 미디안의 방백 오렙과 스엡을 너희 손에 넘겨 주셨으니 내가 한 일이 어찌 능히 너희가 한 것에 비교되겠느냐"(삿 8:2~3) 기드온은 에브라임을 추켜세우며 서로간의 싸움을 막을 수 있었습니다. 그러나 입다는 온유함으로 에브라임을 대하기보다 당장의 화가 나는 자기감정을 따랐고, 이로 인해 동족간의 비극적인 전쟁과 희생이 있게 됐습니다. 만약 입다가 당장에 일어난 감정을 누르고 하나님의 뜻을 구하는 시간을 가졌다면 그 헛된 전쟁을 막을 수 있지 않았겠습니까? 이처럼 자기 뜻과 감정을 따를 때, 비극적 결과를 피할 수 없습니다. 지금 당장의 감정보다 하나님의 뜻을 찾고 그 말씀을 따라야 합니다. 그래야 아름다운 결과를 맞이할 수 있습니다.

사도행전 16장_성령을 따른 결과

바울의 제2차 선교여행을 전하고 있는데, 빌립보에서 이루어진 놀라운 사역과 열매를 기록하고 있습니다. 사실 바울은 1차 선교여행 때 세운 교회들을 돌아보려고 했고, 또 루스드라에서 바울이 가장 신뢰하는 새 동역자 디모데를 얻기도 했습니다. 그러나 이후 성령이 아시아에서 복음을 전하는 것을 허락하지 않아 어려움을 겪어야 했습니다. 무시아 앞에 이르러 비두니아로 가고자 애를 썼지만 이것도 되지 않았습니다(행 16:6~7).

아마도 바울은 뜻하고 계획한 대로 이루어지지 않아 답답한 마음이었을 것입니다. 그러나 그는 결코 자신의 뜻을 이루겠다고 고집하지 않았습니다. 철저히 성령의 인도하심 속에서 모든 것을 바라보며 판단했고, 끝까지 성령을 따르고자 힘썼습니다. 그 결과 환상을 통해 성령의 인도하심을 깨달아 마게도냐로 건너가 복음을 전하게 됐고(행 16:9), 루디아와 빌립보의 간수 등, 놀라운 복음의 열매를 맺게 됐습니다(행 16:14~15, 16:31~32). 이후 그의 계획을 넘어선 더 큰 복음의 사역을 열어갈 수 있었습니다.

성령을 따를 때에 우리가 기대하지 못한 것까지 이루어지는 놀라운 결과를 경험할 수 있습니다. 하나님은 우리보다 더 큰 계획을 갖고 계시고 성령을 통하여 우리의 삶을 인도하십니다. 따라서 당장에 내 뜻이 이루어지지 않고, 원하던 길이 계속 막힌다고 낙망하지 말아야 합니다. 그럴수록 오히려 성령께서 인도하시는 길이 어디인지를 찾고 그 음성에 더욱 귀를 기울여야 합니다.

예레미야 25장_자기 생각을 따른 결과

하나님의 말씀을 거부한 백성들에게 심판을 전하는 말씀입니다. 바벨론에 의해 멸망당해 칠십 년 동안 바벨론을 섬기게 될 것을 말씀하고 있고, 또 유다는 물론이요 애굽과 블레셋과 에돔과 모압과 암몬과 두로와 시돈 등, 모든 민족들이 마실 하나님의 진노의 잔에 대해 전하고 있습니다.

하나님은 예레미야를 통해서 끊임없이 그 백성들에게 악한 길에서 돌아오라고 말씀하셨습니다. 예레미야도 그 자신이 오늘까지 이십삼 년 동안 여호와의 말씀을 전했다고 강조하고 있습니다(렘 25:3). 그러나 그 백성들이 끝까지 하나님의 말씀 듣기를 거부했습니다. 자기 생각을 따라 하나님이 아닌 다른 신과 우상을 따르며, 그 악한 길에서 돌이키지 않았습니다(렘 25:5~7). 그 결과 하나님은 심판을 말씀하셨습니다. 하나님의 말씀으로 돌이키지 않고 끝까지 자기 생각을 따라 우상을 숭배한 결과는 하나님의 심판이라는 것입니다. 하나님은 바벨론의 왕 느브갓네살을 통해 그 백성들을 심판하여 그 땅을 폐허가 되게 하시고, 그 백성들의 기쁨의 소리를 끊으시며, 칠십 년 동안 바벨론 왕을 섬기게 하실 것임을 말씀하셨습니다(렘 25:9~11).

하나님의 생각이 아닌 자기 생각을 따른 결과의 책임은 자기가 질 수밖에 없습니다. 하나님은 생명으로 인도하고자 하나님의 생각, 곧 하나님의 뜻을 전하시지만, 그 뜻을 거부하고 자기 생각을 따를 때, 그 결과는 멸망일 수밖에 없습니다. 따라서 자기 생각을 내려놓고 하나님의 생각을 따라야 합니다. 하나님이 주시는 말씀으로 그 생각을 돌이켜야 합니다.

마가복음 11장_주의 말씀을 따른 결과

예수님께서 나귀를 타고 예루살렘에 입성하신 말씀을 기록하고 있습니다. 또한 예루살렘에 입성하셔서 성전을 정화하신 말씀과, 대제사장들과 서기관들과 장로들에게 그 권위에 대한 질문을 받으신 말씀을 기록하고 있습니다.

예수님께서 나귀를 타고 예루살렘에 입성하신 말씀에서 주의 말씀을 따르면 그대로 이루어지는 아름다운 결과에 대해 가르침 받을 수 있습니다. 곧 예수님은 예루살렘 입성을 앞두고 제자들을 맞은편 마을로 보내어 아무도 타 보지 않은 나귀 새끼를 풀어 끌어오게 했습니다. 그리고 누가 묻거든 "주가 쓰시겠다"고 대답하면 된다는 말씀을 하셨습니다. 그러면 나귀 새끼를 내어준다는 것입니다(막 11:3). 이에 제자들은 순종했고, 순종을 통해 예수님의 말씀대로 이루어지는 결과를 보게 됐습니다. 곧 제자들이 나귀를 풀어가는 것을 본 사람들이 이것을 문제 삼았지만, 예수님께서 이르신 말씀대로 대답했을 때, 그들은 더 이상의 말없이 나귀를 풀어가도록 허락했습니다. "제자들이 예수께서 이르신 대로 말한대 이에 허락하는지라"(막 11:6)

이해되지 않고 또 내 뜻과 달라도 철저히 내 생각을 내려놓고 주의 말씀에 따르면, 그 말씀대로 이루어지는 아름다운 결과를 보게 됩니다. 따라서 우리의 선택은 우리의 생각과 뜻이 아닌 주님의 말씀이어야 합니다.

사명

사사기 13장 | 사도행전 17장 | 예레미야 26장 | 마가복음 12장

주께서 주신 사명은 거룩함으로 이루어 가야 합니다. 온 힘을 다하는 열정과 흔들리거나 타협하지 않는 굳건함으로 이루어가야 합니다. 무엇보다 하나님 사랑과 이웃 사랑의 뜨겁고 순수한 마음으로 이루어가야 합니다.

사사기 13장_거룩함으로 이루어가는 사명

삼손의 출생에 대해 전하는 말씀입니다. 곧 하나님의 사자가 임신하지 못하던 마노아의 아내를 찾아와 임신하여 아들을 낳게 될 것을 전했습니다. 또한 그 태어날 아이는 태중에서부터 나실인으로 선택된 존재로 이스라엘을 구원할 사명을 감당해야 함을 전했습니다. 따라서 태중에서부터 거룩함으로 구별되어야 하기에 임신한 그 어머니가 포도주와 독주를 금하고 부정한 것을 피하여 거룩함을 지키라고 명령했습니다. "그러므로 너는 삼가 포도주와 독주를 마시지 말며 어떤 부정한 것도 먹지 말지니라 보라 네가 임신하여 아들을 낳으리니 그의 머리 위에 삭도를 대지 말라 이 아이는 태에서 나옴으로부터 하나님께 바쳐진 나실인이 됨이라 그가 블레셋 사람의 손에서 이스라엘을 구원하기 시작하리라 하시니"(삿 13:4~5)

주께서 주신 사명은 거룩함으로 이루어가야 합니다. 주께서 사용하시는 사람은 거룩하고 깨끗한 사람입니다. 금 그릇이든 질그릇이든 그 가치와 상관없이 깨끗해야 주인의 쓰임에 합당합니다(딤후 2:20~21). 거룩하지 않고는 주께 쓰임 받을 수 없고, 그 사명도 감당할 수 없습니다. 따라서 사명을 위해 무엇보다 거룩함에 힘써야 합니다.

사도행전 17장_열정으로 이루어가는 사명

바울의 제2차 선교여행 중, 데살로니가와 베뢰아 그리고 아덴에서의 전도와 열매에 대해 전하고 있습니다. 유대인들의 방해가 계속 됐지만 바울은 온 힘을 다해 열정으로 복음을 전했음을 말씀하고 있습니다.

"그들이 암비볼리와 아볼로니아로 다녀가 데살로니가에 이르니 거기 유대인의 회당이 있는지라"(행 17:1) "밤에 형제들이 곧 바울과 실라를 베뢰아로 보내니 그들이 이르러 유대인의 회당에 들어가니라"(행 17:10) "바울을 인도하는 사람들이 그를 데리고 아덴까지 이르러 그에게서 실라와 디모데를 자기에게로 속히 오게 하라는 명령을 받고 떠나니라"(행 17:15) 바울의 복음의 열정을 보여주는 말씀입니다. 바울은 암비볼리아, 아볼로니아, 데살로니가, 베뢰아, 아덴 등을 다니며 유대인들의 반대와 핍박과 여러 어려움 속에서도 포기하지 않고 복음을 전했습니다. 곧 데살로니가에 이르러 3주 동안을 힘써 복음을 전하며 회당에 들어가 성경을 강론했습니다. 이를 통해 경건한 헬라인의 큰 무리와 적지 않은 귀부인들을 전도할 수 있었습니다(행 17:3~4). 그러나 유대인들의 시기와 핍박으로 인해 3주 만에 데살로니가를 급히 떠나야 했습니다. 하지만 바울의 복음의 열정은 식지 않았습니다. 데살로니가를 떠나 베뢰아에 이르러 복음을 전하고 또 다시 아덴에 이르러 복음을 전하는 등 뜨거운 열정으로 쉼 없이 복음을 전했습니다.

주께서 주신 사명은 최선을 다해 감당해야 합니다. 주신 사명을 감당하는 것보다 앞설 수 있는 일은 없습니다. 바울의 복음과 그 사명에 대한 열정을 보며 우리의 게으름을 돌아봐야 합니다. 주께서는 우리가 바울처럼 열정으로 사명을 감당하기를 바라심을 기억하고 게으름에서 깨어나야 합니다. 그 주신 사명에 식지 않는 열정으로 응답해야 합니다.

예레미야 26장_굳건함으로 이루어가는 사명

하나님의 심판의 말씀을 전함으로 예레미야가 겪

어야 했던 위협과 고난에 대해 전하고 있습니다. 곧 하나님은 예레미야에게 한 마디도 감하지 말고 하나님의 말씀을 전하게 하셨습니다. 그리고 그 전한 말씀은 유다 백성들, 특별히 제사장들과 당시의 선지자들을 분노케 했습니다. 그들의 죄를 고발하고 하나님의 심판으로 인한 예루살렘의 멸망과 성전의 파괴를 전했기 때문입니다. 성전과 예루살렘 성읍의 평안을 확신하며 예언하던 제사장들과 선지자들로서는 예레미야의 예언이 불편할 수밖에 없었고, 따라서 예레미야를 붙잡아 죽이고자 했습니다. 그러나 예레미야는 그들의 위협과 이로 인한 생명의 위기 속에서도 그 전하는 하나님의 말씀을 포기하거나 타협하지 않았습니다. 당당히 하나님의 말씀을 전했습니다. "예레미야가 모든 고관과 백성에게 말하여 이르되 여호와께서 나를 보내사 너희가 들은 바 모든 말로 이 성전과 이 성을 향하여 예언하게 하셨느니라 그런즉 너희는 너희 길과 행위를 고치고 너희 하나님 여호와의 목소리를 청종하라 그리하면 여호와께서 너희에게 선언하신 재앙에 대하여 뜻을 돌이키시리라"(렘 26:12~13)

하나님이 주신 사명을 감당하는 사람은 이처럼 굳건하여 흔들리지 말아야 합니다. 어떤 핍박과 위협에도 그 사명에 타협하지 말아야 합니다. 그 어떤 고난과 위협에도 흔들리거나 두려워하지 말고 굳건함으로 사명을 감당해야 합니다.

마가복음 12장_사랑으로 이루어가는 사명

악한 포도원 농부들에 대한 비유, 세금에 관한 물음, 부활에 관한 질문, 최고의 계명에 대한 물음, 율법학자들에 대한 경고, 과부의 헌금 등을 기록하고 있습니다.

특별히 서기관 중 한 사람이 예수님을 찾아와 최고의 계명에 대해 물었던 말씀에 주목하면, 예수님은 그 질문에 하나님 사랑과 이웃사랑으로 대답을 하셨습니다. 이 사랑이 모든 계명의 첫째요 핵심이라는 것입니다. "예수께서 대답하시되 첫째는 이것이니 이스라엘아 들으라 주 곧 우리 하나님은 유일한 주시라 네 마음을 다하고 목숨을 다하고 뜻을 다하고 힘을 다하여 주 너의 하나님을 사랑하라 하신 것이요 둘째는 이것이니 네 이웃을 네 자신과 같이 사랑하라 하신 것이라 이보다 더 큰 계명이 없느니라"(막 12:29~31)

예수님의 대답을 통해, 사명을 감당함도 이와 동일함을 생각하게 됩니다. 곧 그 사명을 감당하는 동기가 사랑이라는 뜨겁고 순수한 마음에 있어야 합니다. 아무리 힘을 다해 헌신적으로 사명을 감당한다 해도 그 동기가 사랑이 아니면 무의미하고 그릇될 수밖에 없습니다. 인정받고자 하는 자기 욕심이나 마지못해 어쩔 수 없이 하는 것이라면 그 사명의 삶이 헛될 수밖에 없습니다. 오직 하나님 사랑과 이웃 사랑이라는 순수한 마음에서 이루어져야 하고, 그때에 그 사명의 삶이 하나님께 기쁨이 될 수 있습니다.

1. 주님께서 쓰시기에 합당하도록 깨끗한 그릇 되게 하소서.
2. 핍박과 위협에도 타협하지 않는 굳건한 믿음과 안주하지 않는 뜨거운 열정으로 사명을 감당하게 하소서.
3. 하나님 사랑과 이웃 사랑의 순수한 마음으로 그 맡겨진 사명에 힘을 다하게 하소서.

31
Jul

주의 말씀
사사기 14장 | 사도행전 18장 | 예레미야 27장 | 마가복음 13장

오직 주의 말씀만이 진리이며 우리를 생명으로 인도합니다. 고통과 아픔의 삶에 참된 위로가 됩니다. 따라서 달콤하다고 거짓된 말씀을 따르는 것이 아니라 주의 말씀을 따라야 합니다. 오직 주의 말씀만을 신뢰해야 합니다.

사사기 14장_신뢰할 수 있는 주의 말씀

삼손의 결혼을 전하는 말씀입니다. 곧 삼손이 딤나에 사는 블레셋 여인에게 마음을 빼앗겨 부모의 반대에 불구하고 결혼을 하게 됐습니다. 그런데 주목할 말씀이 결혼을 하고 베푼 잔치에서 아내에게 배신을 당하는 아픔을 겪게 된 것입니다. 곧 삼손이 결혼식에 참석했던 사람들에게 내기를 걸고 수수께끼를 냈습니다. 그리고 계속된 부탁에 아내를 신뢰하고, 그의 부모에게도 말하지 않은 수수께끼의 답을 이야기해주었습니다. 아마도 누구에게도 말하지 말라고 신신당부했을 것이고, 그 아내도 그렇게 하겠다고 약속했을 것입니다. 그러나 그 약속은 지켜지지 않았습니다(삿 14:17). 삼손의 아내는 블레셋 사람들에게 그 정답을 알려주었고, 이로 인해 삼손은 낭패를 보게 됐습니다(삿 14:18). 그 사랑하는 아내에게서 배신의 아픔을 겪고 말았습니다.

결국 이 사건을 통해서 깨달아야 하는 것은 하나님의 신실하심입니다. 하나님은 결코 우리를 실망시키지 않으시고, 그 말씀을 반드시 이루시고 지키십니다. 사람들의 약속은 쉽게 깨지고 지켜지지 않는 경우도 많아 절대적으로 신뢰할 수 없습니다. 그러나 하나님의 약속은 결코 깨어지지 않고 반드시 지켜집니다. 따라서 하나님의 말씀만은 절대적으로 신뢰할 수 있습니다. 결코 변하지 않는 사랑으로 우리를 사랑하는 분은 하나님 한 분이며, 따라서 오직 하나님과 그 말씀만을 신뢰해야 합니다.

사도행전 18장_위로가 되는 주의 말씀

바울의 고린도에서의 선교사역을 기록하고 있습니다. 고린도에서 동역자 아굴라와 브리스길라를 만났고, 회당장 그리스보와 수많은 고린도 사람들에게 복음을 전하여 세례를 주었으며, 일 년 육 개월을 머물며 하나님의 말씀을 가르쳤음을 전하고 있습니다.

주목할 말씀이, 주께서 바울에게 주신 위로의 말씀입니다. 바울이 일 년 육 개월이나 고린도에 머물며 복음을 전할 수 있었던 것은 바로 주께서 주신 위로의 말씀 때문이었습니다. 곧 바울은 복음을 거부하는 유대인들로 인해 지칠 수밖에 없었습니다. 계속된 유대인들의 방해와 비방으로 두려움의 마음도 가질 수밖에 없었습니다. 그때에 주님께서 환상 중에 찾아오셔서 바울에게 위로의 말씀을 주셨습니다. "밤에 주께서 환상 가운데 바울에게 말씀하시되 두려워하지 말며 침묵하지 말고 말하라 내가 너와 함께 있으매 어떤 사람도 너를 대적하여 해롭게 할 자가 없을 것이니 이는 이 성중에 내 백성이 많음이라 하시더라"(행 18:9~10) 결국 바울은 이 말씀을 듣고 담대함으로 용기를 내어 일 년 육 개월을 고린도에 머물며 하나님의 말씀을 가르칠 수 있었습니다(행 18:11).

믿음과 사명의 삶에 고난과 고통과 아픔이 있습니다. 주님을 따르는 삶은 자기 부인과 자기 십자가를 지는 헌신과 인내 없이는 불가하기 때문입니다. 그러나 그 고난과 고통과 아픔의 삶에 찾아오셔서 주시는 주의 말씀이 있고, 이 말씀이 위로가 됩니다. 가까운 사람들의 따뜻한 말도 위로가 되지만, 우리의 모든 삶을 보시는 주님의 말씀보다 더 큰 위로는 없습니다. 따라서 고난과 아픔 중에 낙망하여 주저앉아만 있지 말고 주의 말씀에 귀를 기울여야 합니다. 우리를 향해 주시는 주의 말씀으로 위로를 받고 힘을 내어 끝까지 믿음과 사명의 길을 가야 합니다.

예레미야 27장_생명이 되는 주의 말씀

바벨론의 왕 느브갓네살을 섬겨야 살 수 있다는 하나님의 말씀입니다. 곧 하나님은 예레미야에게 줄과 멍에를 만들어 목에 걸게 하시고, 시드기야 왕과 온 사신들 앞에서 이처럼 바벨론의 왕의 멍에를 메지 않으면 하나님의 심판을 받게 될 것을 전하게 하셨습니다.

당시 많은 선지자들은 예루살렘이 평안할 것이며 결코 바벨론 왕을 섬기게 되지 않을 것이라고 예언했습니다. 당시 왕이나 백성들은 평안을 예언하는 선지자들의 말에 마음이 기울 수밖에 없었습니다. 그러나 이에 대해 하나님은 그 선지자들을 보내지 않으셨고, 평안을 말하는 예언은 하나님의 뜻이 아닌 거짓 예언임을 말씀하시며, 그 거짓 예언을 따를 때에 함께 멸망하게 될 것을 말씀하셨습니다(렘 27:15). 반면 예레미야는 치욕스럽지만 바벨론에 항복하고 바벨론 왕의 멍에를 메는 것이 사는 길이라고 하나님의 말씀을 전했습니다. 하나님은 예레미야에게 하나님의 말씀을 주셨고, 예레미야는 그 말씀을 따라 왕과 백성들에게 하나님의 말씀, 곧 생명의 길을 전했습니다. "내가 이 모든 말씀대로 유다의 왕 시드기야에게 전하여 이르되 왕과 백성은 바벨론 왕의 멍에를 목에 메고 그와 그의 백성을 섬기소서 그리하면 사시리라"(렘 27:12)

달콤하고 듣기 좋지만 거짓을 말하는 선지자들과, 듣기 거북하고 어렵지만 하나님의 말씀을 전하는 예레미야를 비교해 보며 무엇이 생명의 길인지 분명히 깨달을 수 있습니다. 귀에 달콤한 말이 아니라, 듣기 거북하고 따르기 어려워도 하나님의 말씀이 생명에 이르게 합니다. 따라서 무엇이 하나님의 말씀인가? 거짓된 말씀 속에서 참된 하나님의 말씀을 분별해야 합니다. 또한 당장 이해되지 않고 따르기 어려워도 주의 말씀이라면 끝까지 붙잡고 순종해야 합니다. 달콤한 말이 아닌 주의 말씀이 우리를 생명으로 인도함을 잊지 말아야 합니다.

마가복음 13장_진리가 되는 주의 말씀

세상 종말에 관한 말씀입니다. 거짓 그리스도들의 미혹과, 전쟁과 지진과 기근이 있으며, 믿음의 사람들에게 핍박과 큰 환난이 있게 된다는 것입니다. 그러나 그때에 또한 예수님께서 다시 오심을 기억하며 깨어 있어야 한다는 것입니다.

무엇보다 주목할 말씀이 거짓 그리스도들의 미혹에 넘어지지 말아야 한다는 것입니다. "그 때에 어떤 사람이 너희에게 말하되 보라 그리스도가 여기 있다 보라 저기 있다 하여도 믿지 말라 거짓 그리스도들과 거짓 선지자들이 일어나서 이적과 기사를 행하여 할 수만 있으면 택하신 자들을 미혹하려 하리라"(막 13:21~22) 마지막 때에 우리를 현혹하며 유혹하는 거짓 말씀이 있고, 특별히 거짓 그리스도들과 거짓 선지자들이 이적과 기사를 통해 믿음의 사람들을 미혹하고자 한다는 것입니다. 이 거짓된 말씀에 넘어지지 말고 생명과 진리가 되는 주의 말씀을 붙들어야 한다는 것입니다. 곧 주님은 이렇게 말씀하셨습니다. "천지는 없어지겠으나 내 말은 없어지지 아니하리라"(막 13:31) 오직 주의 말씀만이 영원하다는 것입니다. 그 말씀이 영원하다는 것은 그 말씀이 진리라는 것이며, 그 말씀대로 이루어진다는 것입니다. 따라서 우리에게 주어진 주의 말씀을 붙들고, 거짓된 말씀을 이겨야 합니다.

오늘의 기도

1. 사람의 말을 신뢰하다 실망하지 않게 하시고, 오직 신실하신 주의 말씀만 신뢰하며 따르게 하소서.
2. 달콤하고 귀에 듣기 좋다고 거짓된 말씀에 미혹되지 않게 하시고, 오직 주의 참된 말씀만을 분별하여 따르게 하셔서 생명의 길에 서게 하소서.
3. 믿음의 삶에서 고난과 아픔으로 낙심하고 두려워할 때에 항상 주의 말씀을 주셔서 듣게 하시고, 이 말씀으로 위로 받고 용기를 얻게 하소서.

성령과 악한 영

맥체인성경365 1199p

사사기 15장 | 사도행전 19장 | 예레미야 28장 | 마가복음 14장

욕심으로 악한 영을 따를 때의 결과는 후회와 심판과 멸망입니다. 그러나 성령을 따를 때 그 결과는 그 놀라운 능력으로 인한 구원과 승리입니다. 성령을 따르느냐? 악한 영을 따르느냐? 마땅히 성령을 따라야 합니다.

사사기 15장_성령으로 행하는 구원과 승리

삼손이 홀로 블레셋 사람들과 싸운 말씀을 기록하고 있습니다. 라맛 레히에서는 블레셋 사람 천 명을 죽였음을 전하고 있습니다.

삼손이 이처럼 홀로 블레셋의 수많은 사람들과 싸우고 또 승리할 수 있었던 힘은 여호와의 영에 있었습니다. 곧 유다 사람은 블레셋 사람들을 두려워하여 삼손을 결박하여 블레셋 사람들에게 내어주었습니다. 그러나 여호와의 영이 삼손에게 임하여 묶인 결박을 풀게 했고, 또 삼손에게 힘을 주어 블레셋 사람 천 명을 물리치게 했습니다. "삼손이 레히에 이르매 블레셋 사람들이 그에게로 마주 나가며 소리 지를 때 여호와의 영이 삼손에게 갑자기 임하시매 그의 팔 위의 밧줄이 불탄 삼과 같이 그의 결박되었던 손에서 떨어진지라 삼손이 나귀의 새 턱뼈를 보고 손을 내밀어 집어들고 그것으로 천 명을 죽이고"(삿 15:14~15)

사실 삼손은 나실인이요 이스라엘의 사사임에도 불구하고 온전하고 바르지 못했습니다. 이방 여인을 사랑하고 그와 결혼하는 등 그 삶은 거룩함과 거리가 멀었습니다. 그러나 하나님의 영, 곧 성령은 변함없이 삼손에게 임하였습니다. 하나님은 삼손의 부족함과 상관없이 삼손에게 하나님의 영을 보내시고 또 그를 사용하셔서 하나님의 구원의 역사를 이루어 가셨습니다. 삼손의 부족함이 결코 하나님의 구원을 막아서는 장애가 되지 못했습니다.

결국 이 말씀은 나의 부족함과 연약함과 상관없이 내게 주의 영, 곧 성령이 임하고, 그 성령을 따라 사역할 때 놀라운 사역의 결과를 볼 수 있음을 가르쳐줍니다. 따라서 나의 연약함을 바라보며 움츠리거나 반대로 교만함으로 내가 가진 어리석은 힘을 앞세우는 것이 아니라, 힘써 성령을 구하고 성령을 따라 사역해야 합니다. 그렇게 성령으로 행하는 사역에 놀라운 구원과 승리가 있습니다.

사도행전 19장_성령으로 행하는 치유와 능력

바울의 에베소에서의 사역을 기록하고 있습니다. 곧 바울은 이미 에베소에 형성되어 있던 소규모 그리스도인 공동체를 만나 성령을 전하여 그들이 성령을 받도록 도왔고, 두란노 서원에서 이 년 동안 주의 말씀을 강론하며 복음을 전했습니다. 무엇보다 바울은 하나님께서 행하시는 능력을 따라 병든 사람을 치료하고 악한 영을 물리치는 기적을 나타냈습니다. "하나님이 바울의 손으로 놀라운 능력을 행하게 하시니 심지어 사람들이 바울의 몸에서 손수건이나 앞치마를 가져다가 병든 사람에게 얹으면 그 병이 떠나고 악귀도 나가더라"(행 19:11~12) 이는 곧 하나님께서 성령을 통하여 행하시는 역사였고, 이것이 에베소의 수많은 사람들에게 반향을 일으켜 믿음을 갖게 하고 자복하게 했으며, 또 마술을 행하던 사람들의 변화와 회개도 이끌었습니다.

주께서 주신 사명을 따라 순종할 때 주님은 사명을 감당할 수 있도록 성령도 주십니다. 그 주시는 성령을 따르며 성령과 함께 사역할 때 놀라운 능력을 경험할 수 있습니다. 곧 우리의 사역을 이끄시는 성령은 사역의 열매를 위해 치유와 기적도 나타내십니다.

예레미야 28장_악한 영으로 행하는 거짓과 심판

예언자 하나냐가 예레미야에게 맞서 거짓을 예언한 말씀입니다. 그는 하나님께서 바벨론의 멍에를 꺾으시고, 이 년 안에 성전의 모든 기구를 되돌리시며, 또 포로로 잡혀간 사람들도 돌아오게 하신다고 예언했습니다. "만군의 여호와 이스라엘의 하나님이 이같이 일러 말씀하시기를 내가 바벨론의 왕의 멍에를 꺾었느니라 내가 바벨론의 왕 느부갓네살이 이 곳에서 빼앗아 바벨론으로 옮겨 간 여호와의 성전 모든 기구를 이 년 안에 다시 이 곳으로 되돌려 오리라 내가 또 유다의 왕 여호야김의 아들 여고니야와 바벨론으로 간 유다 모든 포로를 다시 이 곳으로 돌아오게 하리니 이는 내가 바벨론의 왕의 멍에를 꺾을 것임이라 여호와의 말씀이니라 하시니라"(렘 28:2~4) 하나냐는 이것이 하나님으로부터 들은 말씀이라고 단언했지만, 그러나 하나님은 예레미야를 통해 그 예언이 거짓임을 말씀하셨습니다(렘 28:15). 곧 하나냐는 하나님의 말씀을 듣고 하나님의 영에 이끌린 것이 아니라, 자기 욕심을 따라 악한 영에 이끌렸고, 이를 통해 거짓을 전한 것입니다. 따라서 하나님은 예레미야를 통해 하나냐를 향한 심판, 곧 죽음을 말씀하셨고, 그 말씀대로 이루어졌습니다(렘 28:16~17). 성령이 아닌 악한 영을 따라 거짓을 추구한 결과, 하나냐는 심판이라는 참혹하고 후회스러운 결과를 맞이하고 만 것입니다.

성령을 따를 때, 구원과 승리의 놀라운 능력을 경험합니다. 그러나 성령이 아닌 자기 욕심을 따르고, 이로 인해 악한 영에 이끌릴 때, 거짓과 죄악을 행하고 이로 인한 심판과 멸망에 이르게 됩니다. 악한 영을 따른 결과는 심판일 뿐입니다.

마가복음 14장_악한 영으로 행하는 배반과 비극
예수를 잡고자 하는 대제사장들과 서기관들의 계획, 베다니에서 한 여인이 예수님께 향유를 부은 사건, 유다의 배반, 최후의 만찬, 겟세마네 동산에서의 기도, 예수님께서 붙잡히시고 공회 앞에 서신 것, 베드로의 부인 등을 기록하고 있습니다.

유다가 예수님을 배반하고 예수님을 넘겨주고자 대제사장들을 찾아가 모의한 말씀을 주목하면, 이는 자기 욕심을 따르고 악한 영을 따른 결과임을 알 수 있습니다. "열둘 중의 하나인 가룟 유다가 예수를 넘겨 주려고 대제사장들에게 가매 그들이 듣고 기뻐하여 돈을 주기로 약속하니 유다가 예수를 어떻게 넘겨 줄까 하고 그 기회를 찾더라"(막 14:10~11) 곧 사탄이 가룟 유다에게 들어갔고(눅 22:3 참조), 예수님을 팔려는 생각을 넣었습니다(요 13:2 참조). 가룟 유다는 그 악한 영에 따라 예수님을 배반하고, 돈을 받고 예수님을 넘겨주기로 한 것입니다.

유다는 삼 년 동안을 예수님과 함께하며 가르침을 받았습니다. 그러나 한 순간 욕심으로 악한 영을 따를 때, 예수님을 배반하는 불의한 일을 서슴없이 행하고 말았습니다. 그리고 그 결과 뒤늦게 후회하며 상황을 돌이켜 보려 했지만 돌이킬 수 없었고, 결국 자살이라는 비극으로 그 삶을 마감하고 말았습니다.

성령이 아닌 악한 영을 따른 결과는 후회일 수밖에 없습니다. 당장은 욕심 때문에 악한 영을 따르지만, 그렇게 악한 영을 따를 때, 멸망과 비극적 결말을 피할 수 없습니다. 따라서 악한 영을 따르는 것에서 돌이켜 성령을 따라야 합니다.

무엇에 매여 있는가?

사사기 16장 | 사도행전 20장 | 예레미야 29장 | 마가복음 15장

무엇에 매여 살아가고 있는가? 헛된 정욕이 아니라 성령과 복음에 매여 살아가야 합니다. 거짓된 말씀에 속아 헛된 소망에 매이지 말고, 우리를 향한 사랑에 매여 십자가에서 우리를 구원하신 주님께 참 소망을 두어야 합니다.

사사기 16장_헛된 정욕에 매여 있는 사람

삼손의 어리석음을 보여주는 말씀입니다. 곧 사명을 잃고 헛된 정욕에 매여 살아간 그의 모습을 보게 합니다.

"삼손이 가사에 가서 거기서 한 기생을 보고 그에게로 들어갔더니"(삿 16:1) "이 후에 삼손이 소렉 골짜기의 들릴라라 이름하는 여인을 사랑하매"(삿 16:4) 헛된 정욕에 매여 있는 삼손을 보게 하는 말씀입니다. 사사요 나실인으로서 사명에 매여 살아가야 하는데, 여인들과의 쉬운 사랑에 빠져 사명을 뒷전에 두고 말았습니다. 딤나의 이방 여인을 사랑하여 결혼하더니 이후 가사에 있는 한 기생을 사랑했고, 또 소렉 골짜기의 들릴라라 이름 하는 여인을 사랑했습니다. 물론 사랑 자체는 문제일 수는 없습니다. 그러나 나실인이요 사사로서 그 사랑의 대상이 이방 여인이라는 것과, 진실한 사랑이라기보다는 안목의 정욕에 이끌린 사랑이라는 것이 문제입니다. 무엇보다 문제는 이로 인해 그에게 주어진 사명을 중요하게 생각하지 않았다는 것입니다. 사명을 뒷전으로 두고 제대로 감당하지 않았다는 것입니다. 곧 삼손은 여인과의 사랑으로 인해 여러 차례 위험에 빠지고 하나님과의 관계는 점점 멀어짐에도 불구하고, 어리석게 헛된 정욕에 묶여 거기서 빠져나오지 못했습니다. 급기야는 그의 힘의 근원이요 하나님과의 관계를 잇는 마지막 보루라 할 수 있는 머리카락의 비밀까지도 여인의 유혹에 넘어가 공개하여 그 머리카락이 다 밀리고 말았습니다. 결국 하나님은 그에게서 떠나시고, 하나님을 통해 그에게 주어진 힘은 소멸되어 그는 블레셋 사람들에게 붙잡히게 됐습니다. 눈이 뽑히고 놋줄에 매여 옥에서 맷돌을 돌리는 비참한 신세가 되고 말았습니다(삿 16:20~21).

물론 옥에서 머리카락은 다시 자라고(삿 16:22), 하나님의 은혜로 다시 한 번 기회를 얻어서, 삼손은 마지막 온 힘을 다해 블레셋 사람들을 멸하며 함께 죽었지만, 성경은 다음과 같이 말씀하고 있습니다. "그의 형제와 아버지의온 집이 다 내려가서 그의 시체를 가지고 올라가서 소라와 에스다올 사이 그의 아버지 마노아의 장지에 장사하니라 삼손이 이스라엘의 사사로 이십 년 동안 지냈더라"(삿 16:31) 삼손이 이십 년 동안 사사로 있었지만, 다른 사사들의 경우처럼 이스라엘을 구원했다는 말씀도, 또한 이스라엘에 평안이 있었다는 말씀도 없습니다. 사명이 아닌 헛된 정욕에 매여 살아간 결과였습니다.

사도행전 20장_성령과 복음에 매여 있는 사람

바울이 예루살렘을 향해 가는 길을 기록하고 있습니다. 마게도냐와 그리스를 거쳐 드로아에 이르고, 드로아에서 창에서 떨어져 죽은 유두고를 살렸습니다. 이후 밀레도를 거쳐 에베소에 이르는데, 에베소의 장로들에게 마지막 고별 연설을 하게 됐습니다. 곧 바울은 예루살렘에 이르게 될 때, 그가 거기서 겪어야 할 결박과 환난을 알고 있었던 것입니다. 따라서 에베소의 장로들에게 이렇게 말했습니다. "보라 이제 나는 성령에 매여 예루살렘으로 가는데 거기서 무슨 일을 당할는지 알지 못하노라 오직 성령이 각 성에서 내게 증언하여 결박과 환난이 나를 기다린다 하시나 내가 달려갈 길과 주 예수께 받은 사명 곧 하나님의 은혜의 복음을 증언하는 일을 마치려 함에는 나의 생명조차 조금도 귀한 것으로 여기지 아니하노라"(행 20:22~24)

바울의 고백에서 성령과 복음에 매여 있는 바울을 보게 됩니다. 곧 그는 사명에 매인 삶을 살았습니다. 결박과 환난이라는 두려움의 상황이 펼쳐질 것을 알면서도 성령을 따르고 복음을 앞세웠습니다. 생명을 걸고 사명의 삶을 살아갔습니다. 따라서 바울은 생명까지도 위험하다는 것을 알고 주변 동료들이 만류함에도 불구하고, 사명에 매여 두려움을 이기고 예루살렘에 올라가고자 했습니다. 그렇게 바울은 사명에 매인 삶으로 교회를 세우고 수많은 복음의 열매를 맺었습니다.

예레미야 29장_헛된 소망에 매여 있는 사람들

예레미야가 바벨론에 포로로 잡혀간 사람들에게 보낸 편지입니다. 여기서 헛된 소망에 매여 있는 사람들을 보여주고 있습니다. 곧 예레미야는 거짓 선지자들의 말에 현혹되지 말고 그 예언을 믿지 말라고 전했습니다. "만군의 여호와 이스라엘의 하나님께서 이와 같이 말하노라 너희 중에 있는 선지자들에게와 점쟁이에게 미혹되지 말며 너희가 꾼 꿈도 곧이 듣고 믿지 말라"(렘 29:8)

포로로 잡혀간 사람들은 곧 예루살렘으로 돌아간다는 기대를 하고 있었습니다. 하나님께서 머지않아 바벨론을 무너뜨리시고 그 백성들을 구원하셔서 고국으로 돌아가게 하실 것이라는 거짓 선지자들의 예언을 믿고 있었습니다. 하나냐는 2년 안에 하나님께서 포로로 잡혀간 사람들과 성전 모든 기구를 되돌리실 것이라고 예언을 하기도 했습니다(렘 28:3). 포로로 잡혀간 사람들은 이 예언을 믿고 소망을 가지고 있었습니다. 그러나 이 예언은 거짓된 예언으로, 그들이 가진 소망은 헛된 소망일 수밖에 없었습니다. 따라서 예레미야는 하나님의 말씀을 따라 그들에게 편지를 보내 거짓된 선지자들의 예언을 믿지 말고, 오히려 거기서 집을 짓고 일을 하고 결혼을 하고 자녀를 낳는 등 정착하여 살아가라고 전했습니다(렘 29:5~6). 하나님의 말씀으로 그들에게 바른 소망을 갖게 했습니다.

결국 무엇입니까? 하나님의 말씀이 아니면 그 가진 소망이 헛될 수밖에 없습니다. 아무리 큰 소망을 가져 봐야 이루어질 수 없는 헛된 소망입니다. 따라서 하나님의 말씀으로 소망을 가져야 합니다. 그것이 참 소망이 됩니다.

마가복음 15장_사랑과 구원에 매여 있는 주님

예수님의 십자가의 수난과 죽음을 기록하고 있습니다. 여기서 사랑과 구원에 매여 있는 주님을 보게 됩니다.

"새벽에 대제사장들이 즉시 장로들과 서기관들 곧 온 공회와 더불어 의논하고 예수를 결박하여 끌고 가서 빌라도에게 넘겨 주니"(막 15:1) 여기서 '결박'이라는 단어에 주목해야 합니다. 예수님께서 대제사장들과 장로들에게 결박되어 빌라도에게 넘겨졌고, 이후 십자가의 형장으로 끌려가 온 인류의 죄를 위해 피 흘려 죽으셨습니다. 당장은 예수님께서 대제사장들과 장로들의 줄에 의해 결박된 것으로 보입니다. 그러나 진정 예수님께서 묶이신 것은 대제사장들과 장로들의 줄이 아니라 우리를 향한 사랑과 구원의 줄이었습니다. 곧 예수님은 대제사장들과 장로들의 결박을 끊으실 수 있으셨습니다. 하지만 우리를 향한 사랑과 구원 때문에 그 결박을 끊지 않고 묵묵히 십자가를 지셨습니다. 결코 우리를 향한 사랑과 구원의 결박은 끊으실 수 없으셨던 것입니다. 바로 이 사랑과 구원, 그리고 끝까지 그 결박을 끊지 않으시고 십자가를 지신 예수님이 우리의 참 소망이 됩니다.

소망

사사기 17장 | 사도행전 21장 | 예레미야 30-31장 | 마가복음 16장

하나님과 그 말씀을 잃어버리면 소망도 없습니다. 참된 소망은 하나님의 말씀에 있고 약속에 있습니다. 말씀대로 부활하신 주님은 확실한 소망이 됩니다. 따라서 주님을 소망으로 바라보고 두려움 없이 달려가는 삶, 곧 사명의 삶을 살아야 합니다.

사사기 17장_소망이 없는 삶

미가의 신상과 그의 제사장에 대한 말씀입니다. 서슴없이 신상을 만들어 집안에 두고, 또 개인 제사장을 두는 등, 하나님 앞에 불의를 행하면서도 이를 통해 하나님께 복을 것이라고 어리석게 기대를 하는 등, 당시의 타락했던 모습을 보여주고 있습니다. 곧 하나님의 말씀이 아니라 자신이 옳다고 여기는 생각을 따라 살았던 사사 시대의 전형적인 타락의 모습을 보여주고 있습니다.

"그 때에는 이스라엘에 왕이 없었으므로 사람마다 자기 소견에 옳은 대로 행하였더라"(삿 17:6) 이스라엘의 참된 왕은 하나님이십니다. 따라서 이스라엘에 왕이 없었다는 표현은 그 백성들이 왕이신 하나님을 온전히 믿고 따르지 않았다는 것입니다. 하나님의 말씀도 없고, 그 말씀을 분별하고 따르고자 하는 의지도 없으며, 그 말씀을 대언하며 가르치며 이끄는 선지자나 사사도 없었다는 것입니다. 하나님 대신 백성들 스스로가 왕이 되었다는 것입니다. 또한 스스로가 왕이 되어 자기 소견에 옳은 대로 행했다고 말씀하고 있는데, 무엇이 옳고 그른지 분별하는 가치와 기준도 없었다는 것입니다. 자신이 좋은 것, 옳다 여기는 것이 가치 기준이 되었다는 것입니다. 따라서 그 기준 아래에서 백성들은 서슴없이 불의와 우상 숭배의 죄악을 행하였고, 우상숭배를 하나님 경외의 신앙으로 연결하는 불경한 일까지 행하였습니다(삿 17:3).

결국 무엇입니까? 소망 없는 삶을 보여줍니다. 참된 왕이 되신 하나님과 그 말씀을 잃어버리니 소망 없이 자기 뜻과 욕심대로 살아가는 헛된 삶을 보여주고 있습니다. 하나님과 그 말씀이 참된 생명이 되고, 또 그 말씀이 우리를 생명의 길로 인도하여 소망이 됩니다. 그런데 하나님과 그 말씀을 잃어버리니 생명의 길도 잃고, 스스로 옳다고 여기는 길, 곧 멸망의 길로 소망 없이 살아가고 있는 것입니다. 따라서 하나님과 그 말씀을 놓치지 말아야 합니다. 우리의 삶에 스스로를 왕위에 올려놓고 있다면, 속히 그 위에서 내려와 하나님만을 참된 왕으로 모셔야 합니다. 스스로 옳다고 여기는 소견을 버리고 오직 하나님의 말씀만을 진리로 따라야 합니다. 그때에 우리의 삶에 소망이 있을 수 있습니다.

사도행전 21장_소망을 향해 달려가는 삶

바울이 죽음을 각오하고 예루살렘에 올라간 말씀입니다. 믿음의 동료들은 바울이 예루살렘에서 겪을 고난을 예상하며 이를 말렸지만, 바울은 복음을 위해 죽을 것도 각오했음을 전하며 예루살렘에 올라갔습니다. 곧 예루살렘에 올라가면 유대인들의 핍박이 있고 결박당해 이방인들의 손에 넘겨질 것이라는 예언이 있었습니다. 따라서 동료들은 걱정하며 바울을 만류했습니다. 그러나 바울은 복음과 사명을 위해 생명을 걸고 예루살렘을 향해 나아갈 것을 고백했습니다. "바울이 대답하되 여러분이 어찌하여 울어 내 마음을 상하게 하느냐 나는 주 예수의 이름을 위하여 결박 당할 뿐 아니라 예루살렘에서 죽을 것도 각오하였노라 하니"(행 21:13)

참된 소망은 주님께 있고, 주님을 통해 주어진 복음에 있습니다. 바울은 이 소망을 바라보았기에 두려움 없이 달려간 것 아니겠습니까? 무엇보다 바울은 그 달려가는 사명의 삶의 끝에 하늘의 상급과 면류관이 있음을 알았습니다. 바울은 이것을 소망으로 두고 있었습니다. 이 세상에서의 영광이 아니라 주님을 소망으로 두고 있었고, 따라서 어떤 환난과 두려움에도 흔들리지 않을 수 있었습니다. 오직 자신에게 주어진 사명과 주님에게 있는 소망을 바라보며 멈추지 않고 달려갔습니다.

우리도 소망 되신 주님과 그 복음을 바라보며 흔들림 없이 달려가야 합니다. 어리석게 세상에 소망을 두어 참 소망이신 주님을 놓치는 것이 아니라, 오히려 주님만을 소망으로 두고 그 어떤 세상의 공격과 고난도 이겨야 합니다.

예레미야 30-31장_주의 약속을 통한 소망의 삶

하나님께서 그 백성들을 포로에서 다시 돌아오게 하시겠다는 약속입니다. 흩어졌던 곳에서 다시 돌아와 하나님의 복을 누리고, 다시 하나님의 백성으로 새 언약을 주시겠다는 것입니다. "그 날에 내가 네 목에서 그 멍에를 꺾어 버리며 네 포박을 끊으리니 다시는 이방인을 섬기지 않으리라"(렘 30:8) "내가 너를 먼 곳으로부터 구원하고 네 자손을 잡혀가 있는 땅에서 구원하리니 야곱이 돌아와서 태평과 안락을 누릴 것이며 두렵게 할 자가 없으리라"(렘 30:10) "처녀 이스라엘아 내가 다시 너를 세우리니 네가 세움을 입을 것이요 네가 다시 소고를 들고 즐거워하는 자들과 함께 춤추며 나오리라"(렘 31:4)

당시 유다는 하나님의 심판으로 멸망을 향해 가고 있었습니다. 수많은 사람들이 포로로 잡혀갔고, 많은 성읍들이 폐허로 변해 있었습니다. 이 모든 상황 속에서 백성들은 고통을 겪으며 절망할 수밖에 없었습니다. 그러나 하나님께서 그 백성들을 용서하시고 구원하신다는 것입니다. 그 모든 멍에와 포박을 끊고 포로 가운데서 다시 돌아와 회복을 이루고 평안과 기쁨을 누리게 하신다는 것입니다. 하나님께서 이것을 약속하신 것입니다. 따라서 백성들에게 이런 하나님의 약속은 그 절망을 이기게 하는 소망이었습니다.

이처럼 하나님의 약속은 소망이 됩니다. 삶의 환경이 아무리 어둡고 캄캄해도 하나님의 말씀이 있고 약속이 있으면 소망을 가질 수 있습니다. 그 말씀에 능력이 있고, 하나님의 약속은 반드시 성취되기 때문입니다. 따라서 우리가 무엇보다 힘써 구해야 하는 것은 하나님의 말씀이고 약속입니다. 그 약속이 그 어떤 절망도 끊고 소망을 더해줍니다.

마가복음 16장_주의 부활로 인한 소망의 삶

예수님의 부활을 전하는 말씀입니다. 십자가의 죽음으로 모든 것이 다 끝나고 오직 절망만 남은 것처럼 보였지만, 예수님께서 그 말씀대로 사망의 권세를 이기시고 부활하셨습니다. 그 절망을 소망으로 바꾸시고 그 말씀의 확실한 소망을 보여주셨습니다. "청년이 이르되 놀라지 말라 너희가 십자가에 못 박히신 나사렛 예수를 찾는구나 그가 살아나셨고 여기 계시지 아니하니라 보라 그를 두었던 곳이니라"(막 16:6)

주의 부활은 우리에게 소망이 됩니다. 부활하신 주님께서 그 말씀을 붙들고 믿음으로 살아가는 사람들에게도 동일한 부활을 약속하셨기 때문입니다. 따라서 어떤 절망의 상황에서도 부활의 주님과 그 약속을 기억하며 확실한 소망의 삶을 살아야 합니다.

오늘의 기도

1. 내 소견에 옳은 대로가 아니라 주의 말씀이 명령하시는 대로 살아가게 하소서.
2. 어떤 환난과 절망의 상황에서도 부활의 주님을 바라보고 그 약속을 붙들어 소망 중에 살아가게 하소서.
3. 세상의 영광이 아니라 주님과 그 약속하신 상급에 소망을 두고 두려움 없이 사명의 삶을 살게 하소서.

주의 복

사사기 18장 | 사도행전 22장 | 예레미야 32장 | 시편 1-2편

참된 복은 주께 있습니다. 따라서 주님에게서 멀어지지 말아야 합니다. 주의 말씀을 지키고 주께 피하며 주를 가까이 해야 합니다. 주께 돌이키고 주께 순종해야 합니다.

사사기 18장_주의 복에서 떠난 사람들

단 지파의 거주지에 대한 말씀입니다. 가나안의 최북단에 위치한 라이스라는 땅을 발견하여, 그 땅 주민들을 멸하고 그 땅을 차지했다는 것입니다. 사실 단 지파가 여호수아 때에 분배받은 기업은 유다 산지 북서쪽 비탈이었습니다. 그러나 주어진 기업을 믿음으로 도전하여 차지하지 못했고(삿 1:34 참조), 오히려 차지하기에 쉽고 편한 땅을 찾아 가나안의 최북단에 위치한 라이스까지 이르게 된 것입니다. 이곳은 가나안 본토에서 멀리 떨어져 있어 다른 지파들과의 교류가 어려운 땅이었습니다. 결국 단 지파는 분배 받은 기업을 믿음으로 싸우고 도전하여 차지하기보다, 손쉽게 차지하기 쉬운 땅을 찾다가 열두 지파 공동체에서 멀어지고 말았습니다. 또한 이들은 자기들을 위한 신상을 세우고 불의를 행하며, 미가의 집에서 데려온 요나단을 제사장으로 세우는 등 하나님의 말씀에서도 멀어지고 말았습니다(삿 18:30~31). 그 결과 단 지파에 대한 기록은 이후 성경에서 찾아볼 수 없게 됩니다. 곧 단 지파는 우상숭배와 불의함 속에서 소멸되고 그 축복의 기업에서 떨어져 나가고 만 것입니다.

단 지파의 이러한 모습은 주의 복에서 멀어진 사람들, 주의 복에서 떠난 사람들을 보여줍니다. 참된 복은 하나님께 있습니다. 따라서 하나님을 가까이 해야 하고 하나님이 주신 기업, 곧 그 복을 소중히 해야 합니다. 어떤 어려움과 고난에도 하나님이 주신 기업을 지키며 하나님을 가까이함을 생명보다 소중히 여겨야 합니다. 그래야 하나님의 복을 잃어버리지 않을 수 있고, 더 풍성한 하나님의 복을 누릴 수 있습니다.

사도행전 22장_주께 돌이킴으로 누리는 복

바울의 연설입니다. 예루살렘에서 바울로 인해 소동이 일어났고, 유대인들은 바울을 잡아 죽이고자 했습니다. 이때에 바울이 유대인들 앞에서 자신을 변호하며 연설한 것입니다. 곧 그가 힘써 예수를 믿는 사람들을 잡아 옥에 가두는 등 복음을 박해하는 일에 앞장서다가, 이방인의 사도가 되어 복음을 전하는 일에 앞장서게 된 변화를 간증한 것입니다. 다메섹 도상에서 찾아오신 예수님과 그 예수님을 만나고 변화된 사실을 전한 것입니다. "내가 말하기를 주님 내가 주를 믿는 사람들을 가두고 또 각 회당에서 때리고 또 주의 증인 스데반이 피를 흘릴 때에 내가 곁에 서서 찬성하고 그 죽이는 사람들의 옷을 지킨 줄 그들도 아나이다 나더러 또 이르시되 떠나가라 내가 너를 멀리 이방인에게로 보내리라 하셨느니라"(행 22:19~21)

바울의 간증을 통해서 주께 돌이킴으로 누리게 되는 복을 보게 됩니다. 곧 참된 복은 하나님께 있고, 따라서 하나님의 뜻에서 어긋난 삶을 깨닫고 돌이켜야 하나님의 복을 누릴 수 있습니다. 무엇보다 예수 그리스도를 믿는 믿음으로 구원을 얻는다는 복음보다 더 큰 복은 없습니다. 바울은 처음, 이 하나님의 뜻에서 어긋나 있었고, 이 구원의 복의 반대편에 서 있었습니다. 그러나 주님을 만나고 변화되어 주님께 돌이킴으로 하나님의 뜻에 서고, 또 복음을 통한 구원의 복을 누릴 수 있었습니다. 따라서 우리도 우리의 삶이 하나님의 뜻과 복음에서 어긋나 있지 않은지 돌아봐야 합니다. 만일 그렇다면 우리도 바울처럼 주님께로 돌이켜야 합니다. 찾아오시는 주님을 만나고, 주님을 통해 어긋난 우리의 삶을 깨닫고, 또 주님께로 돌이켜 참된 복을 누

려야 합니다.

예레미야 32장_주께 순종함으로 누리는 복
하나님께서 예레미야로 하여금 미래의 징표로 밭을 사게 하신 것과 이를 통해 주신 구원의 말씀입니다. 여기서 주의 말씀에 순종할 때 복을 누리게 된다는 사실을 깨달을 수 있습니다. 곧 하나님은 이렇게 약속하셨습니다. "너희가 말하기를 황폐하여 사람이나 짐승이 없으며 갈대아인의 손에 넘긴 바 되었다 하는 이 땅에서 사람들이 밭을 사되 베냐민 땅과 예루살렘 사방과 유다 성읍들과 산지의 성읍들과 저지대의 성읍들과 네겝의 성읍들에 있는 밭을 은으로 사고 증서를 기록하여 봉인하고 증인을 세우리니 이는 내가 그들의 포로를 돌아오게 함이니라 여호와의 말씀이니라"(렘 32:43~44) 지금은 심판으로 갈대아인에 의해 멸망당하고 포로로 잡혀가지만, 그러나 하나님께서 회복시키고 그 땅으로 다시 돌아와 밭을 사고파는 등의 정상적 거래가 이루어지게 하신다는 것입니다. 빼앗겼던 그 땅의 주권을 회복시켜 주신다는 것입니다. 이에 대한 징표로 하나님께서 예레미야에게 아나돗에 있는 하나멜의 밭을 사게 하신 것입니다.

당장은 멸망하여 황폐해지고 그 소유가 바벨론으로 넘어갈 땅을 값을 치르고 산다는 것은 어리석은 일이었습니다. 예레미야가 하나님 앞에 드린 기도에도 이러한 사실을 잘 고백하고 있습니다(렘 32:24~25). 그러나 머지않아 하나님께서 그 백성들을 구원하여 이 땅으로 다시 돌아오게 하시고, 그 땅의 소유를 다시 그 백성들에게 돌려주신다는 것입니다. 결국 예레미야는 하나님의 말씀을 따라 아나돗에 있는 하나멜의 밭을 은 십칠 세겔에 사고, 매매증서를 받았습니다. 당장은 어리석은 일처럼 보이는 그 일을 하나님을 믿고 순종했습니다.

그 결과 그 매매증서는 하나님께서 이 땅을 회복시키신다는 약속의 증서가 됐습니다. 그 순종이 결코 헛되지 않다는 사실을 보여주는 축복이 됐습니다.

하나님을 향한 순종은 반드시 복으로 이어집니다. 당장은 이해할 수 없어도 하나님의 더 큰 뜻을 믿고 순종할 때, 순종의 열매를 복으로 거둘 수 있습니다. 따라서 이해할 수 없다고 거절하는 것이 아니라 하나님을 믿고 절대적으로 순종해야 합니다. 순종으로 하나님의 복을 누려야 합니다.

시편 1-2편_주를 가까이 함으로 누리는 복
시편 1편은 의인의 길과 악인의 길에 대한 가르침이고, 시편 2편은 하나님의 승리와 그 아들의 통치에 대한 찬양입니다. 여기서 하나님을 가까이 할 때 복을 누릴 수 있음을 가르치고 있습니다. 곧 참된 복은 하나님께 있고 따라서 하나님께 피하고 하나님을 가까이 하는 자가 그 복을 누린다는 것입니다.

"복 있는 사람은 악인들의 꾀를 따르지 아니하며 죄인들의 길에 서지 아니하며 오만한 자들의 자리에 앉지 아니하고 오직 여호와의 율법을 즐거워하여 그의 율법을 주야로 묵상하는도다"(시 1:1~2) 악인들과 죄인들의 편에 서지 않는 사람, 여호와의 율법을 즐거워하며 묵상하는 사람, 곧 하나님을 가까이 하는 사람이 복이 있는 사람임을 말씀하고 있습니다.

"그의 아들에게 입맞추라 그렇지 아니하면 진노하심으로 너희가 길에서 망하리니 그의 진노가 급하심이라 여호와께 피하는 모든 사람은 다 복이 있도다"(시 2:12) 여호와께 피하는 자, 곧 하나님과 함께하며 하나님을 신뢰하며 의지하는 자에게 복이 있음을 말씀하고 있습니다.

오늘의 기도
1. 주를 가까이 하고 주의 말씀을 즐거워하여 결코 주의 복에서 멀어지지 않게 하소서.
2. 주의 복의 반대편에 서 있지 않은가 돌아보고 주의 말씀으로 돌이키게 하소서.
3. 이해되지 않아도 말씀에 순종하여 말씀에 담긴 축복을 누리게 하소서.

주의 말씀

사사기 19장 | 사도행전 23장 | 예레미야 33장 | 시편 3-4편

맥체인성경365 1228p

주의 말씀을 놓치면 타락과 절망의 삶을 살아갈 수밖에 없습니다. 그러나 주의 말씀을 붙잡으면 그 말씀이 소망이 됩니다. 힘과 용기가 되고, 평안과 기쁨이 됩니다.

사사기 19장_말씀이 없는 절망과 타락

베냐민 땅 기브아에서 일어난 범죄에 대해서 전하고 있는데, 말씀이 없는 절망과 타락을 보여주고 있습니다. 진정한 왕이요 통치자 되신 하나님을 인정하지 않고 그 다스림 안에 거하지 않으며, 자기 소견에 옳은 대로 행했던 사사 시대의 암흑의 상황을 보여주고 있습니다.

"이스라엘에 왕이 없을 그 때에 에브라임 산지 구석에 거류하는 어떤 레위 사람이 유다 베들레헴에서 첩을 맞이하였더니 그 첩이 행음하고 남편을 떠나 유다 베들레헴 그의 아버지의 집에 돌아가서 거기서 넉 달 동안을 지내매"(삿 19:1~2) 하나님께 구별되어 거룩하게 사역해야 하는 레위인이 첩을 두었다는 말씀과 또한 그 첩이 남편을 버리고 행음하는 일을 했다는 말씀을 주목해야 합니다. 그만큼 타락했던 당시의 시대를 잘 보여주고 있습니다. "기브아에 가서 유숙하려고 그리로 돌아 들어가서 성읍 넓은 거리에 앉아 있으나 그를 집으로 영접하여 유숙하게 하는 자가 없었더라"(삿 19:15) 이 레위인이 베냐민 지파의 땅인 기브아에 유숙하고자 들어갔지만, 그를 영접한 사람이 없어 오랜 시간 성읍 넓은 거리에 앉았다는 것은 곧 나그네 대접하기를 힘쓰라는 말씀이 지켜지지 않고 있었다는 것을 보여줍니다. 마땅히 지켜야 하는 하나님의 말씀이 당시 사람들에게서 외면당하고 있었다는 것입니다. "집 주인 그 사람이 그들에게로 나와서 이르되 아니라 내 형제들아 청하노니 이같은 악행을 저지르지 말라 이 사람이 내 집에 들어왔으니 이런 망령된 일을 행하지 말라"(삿 19:23) 어렵게 이 레위인을 영접하는 노인이 있어 그 집에 유숙했지만, 한 밤중에 레위인과 관계하겠다는 불량배들이 있

었음을 말씀하고 있는데, 그 불의한 일을 아무 거리낌 없이 행하겠다고 하고, 또 이 악행을 막고 제지하는 사람이 없었다는 것에 주목해야 합니다.

이 시대의 타락상은 이후의 말씀에서 더욱 분명히 확인할 수 있는데, 곧 노인은 서슴없이 자신의 딸과 레위인의 첩을 대신 내어주겠으니 그들을 욕보이든지 마음대로 하라고 하고(삿 19:24), 레위인은 자기 살겠다고 자신의 첩을 불량배들에게 내어주었으며, 불량배들은 그 첩을 밤새 능욕했습니다(삿 19:25). 그리고 이로 인해 첩이 죽자 레위인은 이 문제를 처리하겠다고 그 죽은 첩의 시체를 12조각을 내어 이스라엘 각 지파에 보냈습니다(삿 19:29). 결국 이 모든 말씀은 하나님의 말씀이 없고, 그 말씀의 기준대로 살아가지 않으며, 자기 생각에 옳은 대로 살아갈 때, 얼마나 돌이킬 수 없을 만큼 타락하게 되는지 보여줍니다. 거기에는 소망이 없고 오직 불의함과 죄악으로 인한 절망뿐일 수밖에 없습니다.

사도행전 23장_용기가 되는 주의 말씀

바울이 공회 앞에 선 것과, 바울을 죽이려는 음모, 그러나 그 속에서 돌보신 주님의 은혜를 기록하고 있습니다. 무엇보다 주목할 말씀이 주님께서 바울에게 용기를 주신 말씀입니다. 곧 바울은 그를 반대하며 대적하는 대제사장을 비롯한 유대인들로 인해 두려울 수밖에 없었습니다. 죽음도 각오하고 예루살렘에 올라온 바울이지만, 그로 인해 일어난 소동과 그를 죽이고자 하는 사람들 속에서 두려움과 불안함이 깃들 수밖에 없었습니다. 그때 주님께서 바울을 찾아와 위로와 용기의 말씀을 주셨습니다. "그 날 밤에 주께서 바울 곁에 서서 이르시되

담대하라 네가 예루살렘에서 나의 일을 증언한 것같이 로마에서도 증언하여야 하리라 하시니라"(행 23:11)

담대하라는 주의 말씀을 통해 바울이 두려워하고 있었다는 사실을 생각할 수 있는데, 그러나 주의 이 말씀이 바울에게 큰 위로와 힘이 되지 않았겠습니까? 바울은 주님의 말씀을 들으며 두려움 대신 용기를 갖고 힘을 냈을 것입니다. 로마까지 가서 복음을 전해야 한다는 사명을 마음 깊이 새기며 각오를 다졌을 것입니다. 이처럼 믿음의 삶에 고난과 시련이 있고, 또 이로 인해 두려움을 겪을 수 있습니다. 그러나 주님의 말씀은 능히 그 모든 두려움을 이기는 힘이 됩니다. 그 말씀으로 힘을 얻고 용기를 얻을 수 있습니다.

예레미야 33장_소망이 되는 주의 말씀

예루살렘과 유다의 회복에 대한 약속의 말씀입니다. 하나님은 시위대 뜰에 갇혀 있는 예레미야에게, 얼굴을 가리어 돌아보지 않았던 예루살렘 성읍을 치료하며 고쳐 낫게 하고, 유다와 이스라엘의 포로들을 돌아오게 할 것이라고 말씀하셨습니다. 그 성읍을 기쁨과 찬송과 영광과 축복의 성읍으로 회복시킬 것을 말씀하셨습니다(렘 33:6~9).

하나님의 이 말씀이 예레미야에게 큰 소망이 되지 않았겠습니까? 시위대 뜰에 갇혀 점점 멸망으로 향해 가는 나라를 바라보며 절망할 수밖에 없었던 예레미야에게, 그 나라의 구원과 회복은 그 절망을 이기기에 충분한 소망이 되지 않았겠습니까? 자신이 시위대 뜰에 갇혀 그 내일의 생명을 장담하지 못한 것도, 그 나라가 끝없는 멸망으로 치달아 가는 것도, 주의 말씀으로 인한 소망으로 더 이상 문제되지 않았을 것입니다. 이처럼 주의 말씀이 소망이 됩니다. 그 어떤 절망의 상황에서도 주의 말씀을 통해 내일을 꿈꾸며 소망을 가질 수 있습니다.

시편 3-4편_평안과 기쁨이 되는 주의 말씀

시편 3편은 아들 압살롬의 반역으로 인해 다윗이 왕궁을 버리고 급히 도망하는 중에 쓴 시입니다. 시편 4편은 자신의 힘이 아니라 하나님을 신뢰해야 함을 노래하는 시입니다. 여기서 주의 말씀이 평안과 기쁨이 됨을 보여주고 있습니다. 주의 말씀이 어떤 환난과 위기의 상황에서도 두려워하지 않게 하며 그 무엇과 비교할 수 없는 기쁨을 누리게 함을 전하고 있습니다.

"천만인이 나를 에워싸 진 친다 하여도 나는 두려워하지 아니하리이다"(시 3:6) 둘러싸 있는 수많은 대적들로 인해 두려울 수밖에 없는 상황이지만, 다윗은 하나님 앞에 도움을 구했고, 그 주신 응답, 곧 말씀 속에서 평안함을 누릴 수 있었다는 것입니다. "주께서 내 마음에 두신 기쁨은 그들의 곡식과 새 포도주가 풍성할 때보다 더하니이다 내가 평안히 눕고 자기도 하리니 나를 안전히 살게 하시는 이는 오직 여호와이시니이다"(시 4:7~8) 주께서 주신 기쁨은 주의 은혜와 응답 속에서 누리는 기쁨입니다. 곤궁함 중에 다윗은 기도했고 주님의 응답을 확신하며 기쁨을 누릴 수 있었다는 것입니다. 또한 주님의 돌보심과 보호하심을 확신하며 평안을 누릴 수 있었다는 것입니다.

우리의 삶에 환난이 있고 고난과 두려움의 상황이 있지만, 우리는 하나님 앞에 기도할 수 있고, 하나님은 그 기도를 들으시고 응답의 말씀을 주십니다. 바로 그 말씀이 우리를 평안케 하고 기쁘게 합니다. 아직 상황은 변하지 않았어도, 주의 말씀이 있으면, 그 말씀은 확실한 말씀이기에 평안할 수 있고 기뻐할 수 있습니다.

오늘의 기도

1. 주의 말씀으로 죄와 불의를 이기고 소망의 삶을 살게 하소서.
2. 어떤 두려움의 상황에도 넘어지지 말고, 주께서 찾아와 주시는 말씀으로 힘과 용기를 얻게 하소서.
3. 주님 주시는 소망의 말씀을 믿고 붙들어 절망을 이기고 평안과 기쁨의 삶을 살게 하소서.

6

Aug

돌이킴

사사기 20장 | 사도행전 24장 | 예레미야 34장 | 시편 5-6편

맥체인성경365 1234p

죄에 대해 돌이켜 회개해야 합니다. 자신의 죄를 부정하고 돌이키기를 거부하는 것은 어리석은 일입니다. 죄에서 돌이켜 회개했다면 변화된 삶을 끝까지 보여야 합니다. 잠시 회개했다가 다시 죄의 길에 서는 것은 참 회개가 아닙니다.

사사기 20장_돌이키지 않는 사람들

베냐민 지파에 대한 형벌을 기록한 말씀입니다. 곧 베냐민 기브아 사람들이 행한 불의로 인해 나머지 지파 사람들이 모였고, 베냐민과 싸워 그 불의함을 징치한 말씀입니다. 그런데 주목할 말씀이 베냐민 지파 사람들이 그 죄를 인정하지 않은 것입니다. "그런즉 이제 기브아 사람들 곧 그 불량배들을 우리에게 넘겨 주어서 우리가 그들을 죽여 이스라엘 중에서 악을 제거하여 버리게 하라 하나 베냐민 자손이 그들의 형제 이스라엘 자손의 말을 듣지 아니하고 도리어 성읍들로부터 기브아에 모이고 나가서 이스라엘 자손과 싸우고자 하니라"(삿 20:13~14)

베냐민 지파 기브아 사람들의 죄는 숨길 수 없는 사실입니다. 그들은 망령되고 가증한 죄를 범했습니다. 따라서 나머지 지파들이 모여 그 죄에 대해 물을 때 응답해야 했습니다. 망령된 일을 행한 사람들을 처리해 악을 제거해야 한다고 제시할 때, 어떤 형태이든 협력하여 그 악을 제거해야 했습니다. 그러나 베냐민 지파는 형제 이스라엘 자손의 말을 거부하고, 도리어 이스라엘 자손과 싸우고자 했습니다. 그 죄악을 제거하고 돌이키기를 거부했습니다. 이로 인해 같은 민족끼리 서로 죽이는 비극적 전쟁이 벌어지게 됐습니다.

결국 이 말씀은 죄를 깨닫고 돌이키지 않을 때, 그 죄가 얼마나 비극적 사건으로 이어지는가를 보여주고 있습니다. 죄를 깨닫고 죄의 문제를 해결했다면 동족 간의 비극적 상잔은 벌어지지 않았을 것입니다. 그 죄와 돌이키기를 거부한 불의가 참혹한 결과를 만들고 말았습니다.

사도행전 24장_돌이켜 변화된 사람

바울이 벨릭스 총독 앞에서 자신을 변호한 말씀입니다. 곧 대제사장과 장로들이 변호사 더둘로와 함께 바울을 고발했고, 이에 대해 바울은 무죄를 주장하며 자신을 변호했습니다. 그런데 주목할 말씀이 바울은 복음과 그에 대한 믿음을 부인하지 않았다는 것입니다. 자신을 변호하고 위기를 모면하겠다고 그들이 이단이라 하는 도, 곧 예수님을 향한 신앙을 부인하거나 숨기지 않았고, 오히려 당당히 자신의 신앙을 고백했습니다. "그러나 이것을 당신께 고백하리이다 나는 그들이 이단이라 하는 도를 따라 조상의 하나님을 섬기고 율법과 선지자들의 글에 기록된 것을 다 믿으며 그들이 기다리는 바 하나님께 향한 소망을 나도 가졌으니 곧 의인과 악인의 부활이 있으리라 함이니이다 이것으로 말미암아 나도 하나님과 사람에 대하여 항상 양심에 거리낌이 없기를 힘쓰나이다"(행 24:14~16)

복음에 서서 당당히 그 신앙을 고백하는 바울의 모습에서, 그의 변화된 삶을 분명히 보게 됩니다. 또한 그릇된 길에서 돌이켜 변화된 삶을 살아가는 사람의 참된 모습은 어떠해야 하는지 그 모델을 보게 됩니다. 곧 바울은 다메섹 도상에서 예수님을 만나 회개한 이후, 흔들리거나 중단하는 일 없이 예수님 편에 서서 복음의 사명을 감당하며 변화된 삶을 살았습니다. 결코 자신의 안위와 유익을 위해 복음과 그 믿음에서 타협하지 않았습니다. 결국 무엇입니까? 참 회개는 입술만의 회개로 그치지 않고 삶의 회개로 나타나야 합니다. 바울과 같이 변화된 모습을 삶에서 나타내 보이는 것이 참 회개입니다.

440

예레미야 34장_돌이킴에서 다시 떠난 사람들

그 백성들이 여호와 앞에서 세운 언약을 범한 것에 대해 전하는 말씀입니다. 곧 시드기야 왕이 예루살렘에 있는 모든 백성들과 하나님 앞에서 언약했습니다. 율법에 따라 히브리 남녀 노비를 놓아주고, 다시는 동족 유다인을 종으로 삼지 않겠다는 것입니다. 나라가 위태로운 상황에서 하나님의 말씀으로 돌아가 신앙으로 위기를 이겨가고자 결단한 것입니다. 그런데 애굽의 지원군이 다가오고 바벨론 군대가 얼마 동안 물러가 있어서 형편이 나아지자, 고관들과 백성들의 마음이 바뀌고 말았습니다. 하나님 앞에서 맺은 약속을 깨뜨리고 말씀을 따라 놓아준 노비들을 다시 노비로 삼았습니다. "후에 그들의 뜻이 변하여 자유를 주었던 노비를 끌어다가 복종시켜 다시 노비로 삼았더라"(렘 34:11) "너희가 돌이켜 내 이름을 더럽히고 각기 놓아 그들의 마음대로 자유롭게 하였던 노비를 끌어다가 다시 너희에게 복종시켜 너희의 노비로 삼았도다"(렘 34:16) 따라서 하나님은 약속을 깨뜨린 백성들을 대적하여 반드시 심판하실 것을 말씀하셨습니다 (렘 34:17~22).

여기서 돌이킴에서 다시 떠난 사람들을 보게 됩니다. 회개하여 하나님의 말씀을 지키기로 약속하고서, 다시 그 약속을 깨뜨리고 이전의 죄악으로 돌아간 어리석은 사람들을 보게 됩니다. 곧 하나님 앞에서의 회개는 순간의 감정으로 잠시 잠깐 돌이키는 것이 아니어야 합니다. 소나기를 피하듯 잠시 위기를 피하고자 하는 마음으로 하는 것도 옳지 않습니다. 진심이 담겨야 하고, 그 삶의 변화까지 이루어져야 하며, 또 끝까지 그 변화를 지켜가야 합니다. 이것이 참 회개입니다.

시편 5-6편_돌이켜 회개하는 사람

시편 5편은 오만하고 불의한 자들 가운데서 지켜주시기를 구한 다윗의 기도입니다. 다윗은 주께 피하는 자들은 주께서 보호하시고 따라서 영원히 기쁨을 누릴 것을 믿으며 기도했습니다. 시편 6편은 다윗의 참회의 기도로, 다윗은 그 죄로 인해 회개하며, 여호와께서 책망하지 마시고 용서해주시기를 간절히 했습니다.

"여호와여 돌아와 나의 영혼을 건지시며 주의 사랑으로 나를 구원하소서"(시 6:4) 하나님 앞에 범죄하고 병들어 고통 중에 있는 다윗의 회개의 기도입니다. 그는 하나님이 돌아오시기를 간절히 구하며 또한 주의 사랑으로 구원해주시기를 기도하고 있는데, 여기서 하나님께 진심으로 돌이킨 다윗의 회개의 마음을 알 수 있습니다. "내가 탄식함으로 피곤하여 밤마다 눈물로 내 침상을 띄우며 내 요를 적시나이다"(시 6:6) 다윗은 눈물로 침상을 띄울 만큼 많이 울었다고 고백하고 있는데, 여기서 눈물은 죄의 고통으로 인해 나오는 눈물이기도 하지만, 또한 하나님이 떠나 계시다는 슬픔으로 인한 눈물로서, 이 눈물 속에서도 그의 진심의 회개를 알 수 있습니다.

사실 우리는 연약하며, 완벽한 존재가 아니기에 하나님 앞에 실수하기도 하고 또 죄를 범하기도 합니다. 물론 그 실수와 죄를 연약함이라는 말로 정당화 하는 것은 옳지 않습니다. 그러나 우리의 연약함을 아시는 하나님은 회개를 통해 그 실수와 죄를 해결할 수 있는 은혜의 길을 열어주셨습니다. 따라서 기회가 있을 때 돌이켜 회개하며 진심으로 하나님 앞에 나와야 합니다. 돌이키기를 거부하고 자신의 죄를 부정하는 것은 어리석은 일이며, 하나님의 심판이 있기 전에 회개하여 그 기회를 놓치지 않아야 합니다.

오늘의 기도

1. 어리석게 우리의 죄를 부정하고 회개를 거부하지 않게 하시고, 회개의 기회를 잃어버리지 않게 하소서.
2. 잠시 상황만 모면하려고 하는 형식적 회개를 버리게 하시고, 죄에 대해 마음을 찢고 울며 진심으로 회개하게 하소서.
3. 죄에서 돌이킨 삶이 순간으로 그치지 않게 하시고, 그 삶에서 변화된 모습이 흔들리지 않고 계속되게 하소서.

재판

맥체인성경365 1241p

사사기 21장 | 사도행전 25장 | 예레미야 35장 | 시편 7-8편

사람은 그 연약함과 욕심으로 불의하게 판결하기도 하고, 그 불의한 판결은 비극적 결과를 만들곤 합니다. 그러나 하나님은 의로우신 재판장으로 의롭게 판결하십니다. 따라서 의로우신 하나님의 판단에 우리의 삶을 맡겨야 합니다.

사사기 21장_사람의 어리석은 재판의 결과

베냐민 지파를 징벌한 이후 결정한 사건들에 대해 기록하고 있는데, 여기서 어리석은 사람들의 재판과 그 결과를 보게 됩니다. 하나님의 말씀에서 떠나 자기 생각대로 내린 판단과 결정이 얼마나 큰 비극적 재앙과 후회의 상황을 가져오는지 보여주고 있습니다.

"그 때에 이스라엘에 왕이 없으므로 사람이 각기 자기의 소견에 옳은 대로 행하였더라"(삿 21:25) 사사 시대의 특징을 그대로 보여주는 말씀입니다. 왕이 없었다는 것은 하나님의 말씀과 기준이 없었다는 것이며, 그 말씀을 가르치고 이끌 지도자도 없었다는 것입니다. 왕 되신 하나님을 인정하지 않고 따르지 않았다는 것이며, 하나님의 말씀과 상관없이 자신이 옳다고 여기는 것을 따라 살았다는 것입니다. 그 결과 불의하고 불행하고 비극적인 일들이 벌어질 수밖에 없었습니다. 동족간의 전쟁으로 서로 죽이는 참사가 있었고, 또 그렇게 죽이고 난 후, 베냐민 지파가 행했던 죄는 잊어버리고, 그 지파가 끊어지게 생겼다고 탄식하며 후회했습니다(삿 21:3). 이 총회에 야베스 길르앗 사람들이 한 사람도 참여하지 않았다는 이유로 군사들을 보내 길르앗 사람들을 죽이는 끔찍한 살육을 저질렀습니다(삿 21:10~11). 그리고 처녀 400명을 붙잡아 와 베냐민 사람의 아내로 주는 등, 서슴없이 그릇된 일들을 벌였고(삿 21:14), 그처럼 그릇되고 불의한 일들을 스스로의 판단에 따라 행하면서도 그것이 그릇되고 불의한 일인 줄 생각조차 하지 못했습니다.

하나님의 말씀을 떠나 자기 소견에 옳은 대로 판단하고 행동할 때, 다시 말해 하나님의 말씀이 아닌 자신의 생각을 판단의 기준으로 삼을 때, 그 결과는 불행과 비극입니다. 따라서 내 생각을 버리고 하나님의 말씀을 따라야 합니다. 하나님의 말씀을 떠난 우리의 판단은 그릇되고 불의하며 불행한 결과를 만들어 낸다는 사실을 잊지 말아야 합니다.

사도행전 25장_사람의 치우친 재판

바울이 베스도 총독 앞에서 재판을 받은 말씀입니다. 여기서 사람의 치우친 재판을 보게 됩니다. 하나님이 아닌 사람의 재판은 의로움을 장담할 수 없음을 보여줍니다. 곧 사람은 연약하여 잘못 재판하기도 하고, 또 자기 이권과 욕심을 따라 그릇되게 재판하는데, 베스도 총독의 재판은 자기 이권에 따른 그릇된 재판을 보여주고 있습니다.

"베스도가 유대인의 마음을 얻고자 하여 바울더러 묻되 네가 예루살렘에 올라가서 이 사건에 대하여 내 앞에서 심문을 받으려느냐"(행 25:9) 총독 베스도의 공정하지 못한 재판을 보여주고 있습니다. 그는 이미 유대인들의 환심을 얻고자 하는 치우친 마음을 가지고 있었고, 그렇기에 바울을 예루살렘으로 데려가 재판하고자 했습니다. "내가 이 일에 대하여 어떻게 심리할는지 몰라서 바울에게 묻되 예루살렘에 올라가서 이 일에 심문을 받으려느냐 한즉"(행 25:20) 베스도는 아그립바 왕에게 어떻게 심리할지 몰라서 예루살렘에서의 재판을 제안했다고 말하고 있지만, 그는 이미 바울이 무죄하다는 사실을 알고 있었습니다. 유대인들의 종교와 예수의 부활에 대한 논쟁일 뿐, 법적으로는 바울에게 아무 죄가 없음을 알고 있었습니다. 그럼에도 바울에게 무죄 선고를 내리지 않았는데, 이는 다분히 유대인들을 의식한 정치적 판단 때문이었습니다.

이처럼 사람이 재판장이 되어 진행하는 재판은

의롭지 못합니다. 그 욕심에 따라 불의하게 치우친 재판하기도 합니다. 따라서 오직 의로우신 하나님을 우리의 재판장으로 삼고 그 하나님의 판단에 우리의 삶을 맡기며 살아가는 것이 지혜입니다.

예레미야 35장_하나님의 의의 판결

레갑 족속의 모범을 전하고 있는 말씀입니다. 곧 레갑 사람들은 선조 레갑의 아들 요나답의 유훈을 따라 포도주를 금하고, 정착할 집을 짓지 않으며, 포도원이나 밭 등을 소유하지 않고, 또 농사하지 않고, 철저히 유목민의 삶을 살아갔습니다. 이스라엘 신앙의 변질이 결국 가나안 땅의 이질적 문화와 관련이 있고, 또한 그것이 농경문화와 결부되어 있다고 생각하여 하나님을 향한 신실한 믿음을 지키고자 그처럼 교훈한 것입니다. 그리고 오랜 시간이 흘렀지만 그 후손들은 선조 요나답의 유훈을 지켜갔습니다(렘 35:8~10). 반면 유다 백성들은 오랜 시간 하나님의 끊임없는 명령에도 불구하고 하나님의 말씀을 지키지 않았습니다. 레갑의 후손들은 그 선조의 유훈까지도 지켰는데, 유다 백성들은 하나님의 말씀임에도 지키지 않았습니다. 따라서 하나님은 그 백성들에게는 심판을 판결하시고, 레갑의 후손들에게는 축복을 판결하셨습니다(렘 35:17, 19).

하나님의 이와 같은 판결에서 의의 판결을 보게 됩니다. 곧 하나님께 순종하며 그 의를 지키는 자에게는 축복을 선언하시고, 불순종하며 죄악을 행하는 자에게는 심판을 선언하시는 것에서 하나님의 의의 판결을 보게 됩니다. 하나님의 판결은 결코 불의한 욕심을 따르지 않고, 오직 순종과 불순종, 의와 불의에 따라 이루어집니다.

시편 7-8편_의로운 재판장 되시는 하나님

시편 7편은 자신의 무고함을 주장하며, 그 대적들을 물리쳐주시기를 구한 다윗의 기도입니다. 시편 8편은 온 땅에 가득한 주의 영광과 주께서 창조하신 세상을 우리로 다스리게 하신 은혜를 찬양하는 시편입니다.

시편 7편에서 하나님은 의로운 재판장 되심을 말씀하고 있습니다. 곧 다윗이 자신의 무고함을 주장하며 하나님의 판단을 구할 수 있는 것은 하나님께서 의로운 재판장 되심을 바라보았기 때문입니다. 하나님은 불의한 자를 진노로 심판하시고, 하나님 앞에서 의와 성실함으로 살아가는 사람들을 구원하신다는 것입니다. 결코 하나님의 재판에는 불의함과 억울함이 있지 않다는 것입니다.

"하나님은 의로우신 재판장이심이여 매일 분노하시는 하나님이시로다"(시 7:11) 하나님께서 의로우신 재판장이심을 말씀하고 있습니다. 그 불의한 자를 향해 분노하시며 심판하신다는 것입니다. 따라서 의로우신 재판장 되신 하나님 앞에서 불의함을 버리고 의롭게 서기를 힘써야 합니다. 불의한 자가 결코 하나님의 심판을 피할 수 없음을 기억하고, 불의함에서 떠나 하나님께 칭의의 은혜를 구해야 합니다. 또한 불의한 세상의 판단이 아니라 의로우신 하나님의 판단에 우리의 삶을 맡겨야 합니다. 어리석게 세상의 불의한 방법과 판단으로 우리의 문제를 해결하려고 하지 말고, 하나님의 의로운 판단에 맡겨야 합니다. 곧 다윗은 절대적으로 하나님의 심판에 자신을 맡겼습니다. 원수에 의해 무고히 박해를 받고 고통을 받아야 했는데, 절대적으로 의로우신 재판장 되시는 하나님께 맡겨 하나님께서 의를 따라 판단하시고 심판하시기를 구했습니다(시 7:8).

오늘의 기도

1. 세상의 불의한 방법이 아니라 의로우신 재판장 되시는 하나님께 우리의 모든 삶과 문제를 맡기게 하소서.
2. 말씀에 순종하고 신실하게 주님을 따름으로 하나님의 축복의 약속을 받게 하소서.
3. 내가 옳다 여기는 생각을 고집하지 않게 하시고, 철저히 하나님의 말씀을 기준으로 삼고 따라가게 하소서.

주의 은혜

룻기 1장 | 사도행전 26장 | 예레미야 36-37장 | 시편 9편

맥체인성경365 1246p

하나님의 은혜는 믿음으로 그 은혜를 구하는 모든 자에게 주어집니다. 따라서 어리석게 자기 방법을 고집하며 주의 은혜를 거부하지 말고, 겸손히 하나님께 돌이켜 은혜를 구해야 합니다. 또한 그 은혜를 경험하고 그 은혜에 응답하는 삶, 곧 은혜를 전하는 삶을 살아야 합니다.

룻기 1장_주의 은혜를 구하는 사람들

나오미가 며느리 룻과 함께 다시 베들레헴으로 돌아온 것을 기록하고 있습니다. 여기서 주의 은혜를 구하는 사람들을 보게 됩니다. 또한 주님은 겸손히 은혜를 구하는 자를 결코 외면하지 않으심을 깨닫게 됩니다. 곧 나오미와 그 가정은 흉년으로 인해 베들레헴을 떠나 모압으로 이주했지만, 모압 땅에서 남편과 두 아들을 잃고 또 가지고 간 모든 재산을 잃어버리는 불행을 겪었습니다. 잘살아보겠다고 이주한 이방 땅에서 오히려 모든 것을 잃어버리고 곤궁함에 처하게 된 것입니다. 그러던 중 하나님께서 그 백성들을 돌보시고 양식을 주셨다는 소식을 듣고, 하나님의 은혜를 구하며 고향 땅 베들레헴으로 돌아가기를 결정했습니다. "그 여인이 모압 지방에서 여호와께서 자기 백성을 돌보시사 그들에게 양식을 주셨다 함을 듣고 이에 두 며느리와 함께 일어나 모압 지방에서 돌아오려 하여"(룻 1:6)

나오미가 베들레헴으로 돌아가고자 할 때에, 모압 여인으로 나오미의 며느리가 되었던 룻은 끝까지 나오미를 붙쫓았습니다. 또 다른 며느리 오르바는 나오미의 말을 따라 부모의 집으로 돌아갔지만, 룻은 끝까지 어머니를 따르고 또 어머니의 하나님을 섬기겠다고 고백했습니다. "룻이 이르되 내게 어머니를 떠나며 어머니를 따르지 말고 돌아가라 강권하지 마옵소서 어머니께서 가시는 곳에 나도 가고 어머니께서 머무시는 곳에서 나도 머물겠나이다 어머니의 백성이 나의 백성이 되고 어머니의 하나님이 나의 하나님이 되시리니"(룻 1:16)

룻은 이방 여인이었지만 하나님을 향한 믿음을 갖고, 시어머니 나오미와 함께 하나님의 은혜 안에 거하기를 소망했습니다. 따라서 죽는 일 외에는 어머니 나오미를 떠나지 않겠다고 고백하며 나오미를 따랐습니다. 그 결과 룻은 나오미와 함께 하나님의 은혜를 구하며 베들레헴으로 돌아와 그 은혜를 누리는 대표적 사람이 됐습니다. 곧 하나님은 그 은혜를 구하며 하나님을 찾은 가련한 이 두 여인을 외면하지 않으셨고, 두 여인을 향해 놀라운 계획을 진행하셨습니다. 그럼으로 겸손히 하나님을 의지하며 그 은혜를 구하는 자를 하나님은 결코 외면하지 않으심을 보여주셨습니다.

사도행전 26장_주의 은혜에 응답한 사람

바울이 아그립바 왕과 베스도 총독 앞에서 자신을 변호한 말씀입니다. 여기서 바울은 다메섹 도상에서 찾아오신 주님과 그 주님을 만나고 변화된 사실을 간증하며 복음을 전했습니다.

"바울이 이르되 말이 적으나 많으나 당신뿐만 아니라 오늘 내 말을 듣는 모든 사람도 다 이렇게 결박된 것 외에는 나와 같이 되기를 하나님께 원하나이다 하니라"(행 26:29) 주의 은혜에 응답한 바울을 보게 되는데, 그 주신 은혜에 감사하고 그 은혜를 증거하며 결코 그 믿음에서 떠나지 않는 삶을 살아간 바울의 모습을 보게 됩니다. 곧 바울은 다메섹 도상에서 자신을 찾아오신 주님의 은혜를 잊지 않은 것입니다. 그렇기에 유대인들의 고소로 붙잡혀 있는 상황에서도 자신을 위한 변호에만 집착하지 않고, 아그립바 왕과 베스도 총독 앞에서 자신의 변화를 간증하며, 자신이 만난 예수 그리스도를 증거하는 일에 힘을 다한 것입니다.

크고 놀라운 주의 은혜를 제대로 누리는 것은 은혜에 응답하여 그 은혜를 전하는 삶을 살아가는 것입니다. 나 자신만이 아니라 우리 이웃과 함께 은혜를 전하여 누리는 것이 제대로 누리는 것입니다. 그리고 이것이 은혜를 주신 주님의 뜻입니다. 따라서 주의 은혜를 받은 자로서 은혜에 응답하여 마땅히 그 은혜를 전하는 삶을 살아야 합니다.

예레미야 36장_주의 은혜를 거부한 사람들
하나님의 심판의 예언을 적은 두루마리 책에 대한 말씀입니다. 예레미야는 하나님의 명령에 따라 바룩에게 하나님의 예언의 말씀을 두루마리 책에 기록하게 했습니다. 그리고 또한 이를 성전에서 낭독하게 했습니다.

하나님께서 그 말씀을 기록하고 또 낭독하게 하신 것은 백성들이 그 말씀을 통해 회개하기를 바라셨기 때문입니다. 하나님은 그 백성들의 회개를 바라보며 그들의 죄를 용서하고 은혜를 베풀고자 하셨습니다. "유다 가문이 내가 그들에게 내리려 한 모든 재난을 듣고 각기 악한 길에서 돌이키리니 그리하면 내가 그 악과 죄를 용서하리라 하시니라"(렘 36:3) 그러나 백성들은 하나님의 바람과 달리 회개하지 않았고, 왕은 그 기록된 심판의 말씀을 부정하며 불에 태워 버렸습니다(렘 36:23). 하나님의 은혜를 거부했습니다. 그 말씀으로 생명의 길을 전하며 은혜를 베푸셨으나, 그 은혜를 거부하고 자기 생각을 따르고 말았습니다. 이로 인해 하나님은 그 말씀대로 심판하실 것을 말씀하셨고, 다시 예레미야에게 명령해 두루마리에 예언의 말씀을 기록하게 하셨습니다. "이에 예레미야가 다른 두루마리를 가져다가 네리야의 아들 서기관 바룩에게 주매 그가 유다의 여호야김 왕이 불사른 책의 모든 말을 예레미야가 전하는 대로 기록하고 그 외에도 그 같은 말을 많이 더 하였더라"(렘 36:32) 이는 곧 하나님의 말씀은 불에 태운다고 사라지지 않음을 보여주신 것입니다. 그 말씀은 반드시 그대로 이루어짐을 나타내신 것입니다.

하나님은 그 말씀을 통해 은혜를 베푸십니다. 그 말씀에 순종할 때, 말씀을 통한 은혜를 누릴 수 있습니다. 그러나 어리석게 우리 자신의 생각을 따르며 말씀을 거부할 때, 하나님의 은혜도 거부되고 맙니다.

시편 9편_외면치 않으시는 하나님의 은혜
하나님의 구원에 대한 감사 찬송과, 고난 중에서 하나님의 구원을 구하는 다윗의 기도입니다. 곧 다윗은 하나님께서 악인들을 멸하시고 행하셨던 구원의 은혜를 기억하며 찬양했고, 이어서 현재의 고난을 아뢰며 다시 하나님께서 구원하시기를 기도했습니다. 무엇보다 다윗은 하나님께서 그 구하는 은혜를 외면하지 않으심을 믿었습니다. "여호와여 주의 이름을 아는 자는 주를 의지하오리니 이는 주를 찾는 자들을 버리지 아니하심이니이다"(시 9:10) "궁핍한 자가 항상 잊어버림을 당하지 아니함이여 가난한 자들이 영원히 실망하지 아니하리로다"(시 9:18)

하나님은 가난한 자, 곧 하나님의 은혜 없으면 살아갈 수 없는 자, 그렇기에 오직 하나님의 은혜를 구하는 자를 외면하지 않으시고 잊지 않으십니다. 그들이 구하는 은혜에 응답하시고, 그들을 곤궁함 가운데서 건지셔서 결코 실망하지 않게 하십니다. 따라서 하나님과 그 은혜를 기대며 소망해야 합니다.

감찰하시는 하나님

맥체인성경365 1253p

룻기 2장 | 사도행전 27장 | 예레미야 38장 | 시편 10편

하나님은 불의한 일을 행하는 악인은 감찰하여 심판하십니다. 그러나 은혜를 구하며 믿음으로 살아가는 자는 감찰하여 돌보시고, 두려움 가운데서 힘을 주시며, 위험과 환난 중에서 건지십니다.

룻기 2장_감찰하여 돌보시는 하나님

룻이 보아스의 밭에서 이삭을 줍게 된 것을 기록한 말씀입니다. 여기서 하나님의 돌보심을 보게 됩니다. 곧 하나님은 보아스를 통해, 하나님의 은혜를 구하며 나아온 룻을 돌보셨습니다.

"보아스가 그에게 대답하여 이르되 네 남편이 죽은 후로 네가 시어머니에게 행한 모든 것과 네 부모와 고국을 떠나 전에 알지 못하던 백성에게로 온 일이 내게 분명히 알려졌느니라 여호와께서 네가 행한 일에 보답하시기를 원하며 이스라엘의 하나님 여호와께서 그의 날개 아래에 보호를 받으러 온 네게 온전한 상 주시기를 원하노라 하는지라"(룻 2:11~12) 룻이 행한 선한 일에 대한 소문이 백성들에게 알려지고 또 보아스도 알고 있다는 것은 하나님께서도 다 알고 계시고 보고 계시다는 것을 말해 줍니다. 하나님은 그 은혜를 구하며 하나님의 날개 아래로 나아온 룻의 삶에 무관심하지 않으시다는 것입니다. 그의 신실한 믿음과 나오미를 향한 공경의 삶을 하나님은 다 보시고 알고 계시다는 것입니다. 따라서 또한 하나님은 은혜를 구하는 자를 돌보시고 그 필요를 채우신다는 것입니다. 곧 하나님께서 룻에게 은혜를 베푸시고 온전한 상을 주시기를 구하는 보아스의 축복은 하나님을 통해 이 일이 반드시 이루어질 것을 암시하고 있습니다.

하나님은 그 은혜를 구하며 하나님 품 안에 나아와 신실함으로 살아가고자 힘쓰는 사람들을 감찰하십니다. 감찰하여 돌보시고 그 필요를 채워주십니다.

사도행전 27장_감찰하여 힘주시는 하나님

바울이 로마로 가던 중 만난 풍랑과 이로 인한 파선을 기록하고 있습니다. 그런데 주목할 것이, 풍랑과 파선으로 내일의 생명을 장담하지 못하는 두려움에 있을 때, 주님께서 바울을 찾아오셔서 위로와 힘이 되는 말씀을 주신 것입니다. "바울아 두려워하지 말라 네가 가이사 앞에 서야 하겠고 또 하나님께서 너와 함께 항해하는 자를 다 네게 주셨다 하였으니 그러므로 여러분이여 안심하라 나는 내게 말씀하신 그대로 되리라고 하나님을 믿노라"(행 27:24~25) 여기서 감찰하여 힘을 주시는 주님을 보게 됩니다. 주님은 믿음의 자녀들이 겪는 고난과 위험을 모르지 않으시며, 그 고난의 현장에 함께하시고 말씀을 통해 용기를 주신다는 것입니다. 곧 광풍을 만나 배가 파선되고 계속된 풍랑으로 내일을 알 수 없는 두려움과 절망 중에, 주님이 주신 말씀은 바울에게 그 모든 두려움과 절망을 이기는 넉넉한 힘이 되지 않았겠습니까? 바울은 주님의 말씀과 그 말씀에 대한 믿음을 통해 두려움을 이길 수 있었고, 뿐만 아니라 배에 있는 사람들을 안심시키며 용기를 줄 수 있었습니다.

환난과 위험 중에 주님의 함께하심을 잊지 말아야 합니다. 주님은 그 백성을 감찰하여 그 위험 중에 돌보시고 또 용기와 힘을 주십니다. 주님이 주시는 그 힘으로 두려움을 이기고 믿음의 길과 또한 사명의 길을 멈추지 말고 걸어가야 합니다.

예레미야 38장_감찰하여 건지시는 하나님

예레미야가 구덩이 속에 갇혔다가 건짐 받은 말씀입니다. 곧 예레미야는 바벨론에 항복하는 것이 사는 길이라는 하나님의 말씀을 전함으로, 바벨론에 끝까지 대항하고자 하는 고관들에 의해 구덩이에 던져져 갇히게 됐습니다. 구덩이 속에서 꼼짝 없이 죽을 위기에 처하게 됐습니다. 그러나 그때 왕궁 내시 구스인 에벳멜렉의 도움으로 구덩이에서 건짐 받을 수 있었습니다. "그들이 줄로 예레미야를 구덩이에서 끌어낸지라 예레미야가 시위대 뜰에 머무니라"(렘 38:13)

여기서 감찰하여 건지시는 하나님의 은혜를 보게 됩니다. 하나님 편에 서서 사명을 감당하는 백성들의 위기와 환난을 하나님께서 모르지 않으시며, 그 위험에서 건지신다는 것입니다. 따라서 두려움 없이 사명을 감당해야 합니다. 당장의 환난과 이 환난을 조성하는 힘을 가진 사람들을 의식하며 두려워하는 것이 아니라, 생명 걸고 그 사명을 감당하는 백성을 감찰하여 건지시는 하나님만 바라보며 두려움의 없이 사명의 길을 걸어 가야 합니다.

시편 10편_감찰하여 심판하시는 하나님

악인들의 교만함으로 인한 다윗의 탄원입니다. 악인들로 인해 고통 중에 있었던 다윗이 하나님의 도우심과 구원을 구한 기도입니다. 주목할 말씀이, 다윗이 하나님의 감찰하심과 그 악인들을 향한 심판, 그리고 이를 통한 구원을 확신했다는 것입니다.

"주께서는 보셨나이다 주는 재앙과 원한을 감찰하시고 주의 손으로 갚으려 하시오니 외로운 자가 주를 의지하나이다 주는 벌써부터 고아를 도우시는 이시니이다"(시 10:14) 악인들은 불의함으로 이득을 취하며 의로운 사람들을 멸시하면서도, 하나님께서 이를 감찰하지 아니하신다고 어리석게 생각했습니다. 심지어 하나님은 계시지 않는다고 말하며, 어떤 환난도 자신에게는 없을 것이라 확신하고 있었습니다. 따라서 그 불의함과 포악함을 멈추지 않았습니다(시 10:4~6). 그러나 이것이 어리석은 생각이라는 것입니다. 하나님은 살아 계시고, 그 악인의 불의함과 교만함을 감찰하고 계시다는 것입니다. 다윗은 이것을 확신했고 따라서 악인들의 심판과 그 백성들의 구원을 바라보았습니다.

하나님은 모든 것을 감찰하고 계십니다. 악인의 불의함도 감찰하고 계시고, 그 속에서 고통당하는 믿음의 사람들의 원한도 감찰하고 계십니다. 따라서 결국에는 악인을 심판하시고, 하나님의 편에 서 있는 가련한 사람들을 구원하십니다. 하나님은 결코 하나님을 의지하는 자를 외면하지 않으시며 또한 불의한 자를 방관하지 않으십니다.

---

1. 하나님의 은혜를 구하며 그 날개 아래 거하게 하시고, 그 속에서 돌보시며 공급하시는 하나님의 손길을 누리게 하소서.
2. 어떤 두려움의 상황에서도 주님의 함께 하심을 기억하고, 그 주시는 말씀으로 담대한 마음을 갖게 하소서.
3. 하나님 편에 서서 타협하지 않고 사명의 길을 가게 하시고, 죽음의 구덩이에서 건지시는 하나님의 기막힌 은혜의 손길도 누리게 하소서.

주의 말씀

룻기 3-4장 | 사도행전 28장 | 예레미야 39장 | 시편 11-12편

하나님의 말씀은 신실하여 그 말씀대로 이루어집니다. 그 말씀대로 심판도 또한 구원도 이루어집니다. 따라서 그 말씀을 통해 심판이 아닌 구원의 길을 걸어야 합니다. 신실하신 말씀을 따라 우리도 신실한 삶을 살아야 합니다.

룻기 3-4장_말씀대로 살아야 하는 삶

보아스가 기업 무를 자가 되어 룻을 아내로 맞이하고 오벳을 낳았다는 말씀입니다. 여기서 하나님의 말씀을 따라 신실한 삶을 살아가야 함을 배우게 됩니다. 순결하고 신실한 하나님의 말씀을 따라 우리도 신실하게 그 말과 약속에 책임을 지는 삶을 살아야 한다는 것입니다.

"이 밤에 여기서 머무르라 아침에 그가 기업 무를 자의 책임을 네게 이행하려 하면 좋으니 그가 그 기업 무를 자의 책임을 행할 것이니라 만일 그가 기업 무를 자의 책임을 네게 이행하기를 기뻐하지 아니하면 여호와께서 살아 계심을 두고 맹세하노니 내가 기업 무를 자의 책임을 네게 이행하리라 아침까지 누워 있을지니라 하는지라"(룻 3:13) 보아스가 룻에게 한 약속입니다. 기업 무를 자로서 우선순위가 앞서는 친족이 기업 무르기를 포기한다면 반드시 자신이 책임을 지고 기업을 무를 것을 약속한 말씀입니다. 보아스는 이 약속대로, 먼저 기업 무를 자가 되는 친족이 기업 무르기를 포기하자 자신이 기업 무를 자가 되어 룻을 아내로 맞이하고 그 기업을 사서 책임을 다했습니다. 그런데 주목할 말씀이 먼저 기업 무를 자가 되는 친족이 기업 무르기를 포기한 이유입니다. "그 기업 무를 자가 이르되 나는 내 기업에 손해가 있을까 하여 나를 위하여 무르지 못하노니 내가 무를 것을 네가 무르라 나는 무르지 못하겠노라 하는지라"(룻 4:6) 기업 무를 자가 되는 것이 큰 손해가 되는 일이었다는 것입니다. 곧 룻을 아내로 맞이하여 책임져야 했고, 값을 치르고 산 기업을 자신이 아닌 죽은 엘리멜렉의 아들의 기업으로 세워야 했습니다. 그렇기에 이 친족은 기업 무르기를 포기한 것입니다. 그런데 보아스는 포기하지 않았습니다. 자신에게도 손해가 되는 일이었지만 기업 무르기를 포기하지 않았고, 그 약속에 책임을 다했습니다. 이를 통해 그 신실함을 나타내 보였습니다.

하나님의 말씀은 신실합니다. 그 말씀대로 반드시 이루어집니다. 따라서 그 말씀을 믿고 따르는 우리도 신실함의 삶을 살아야 합니다. 그 말과 약속에 책임지는 삶을 살아야 합니다.

사도행전 28장_말씀대로 이루어진 구원

바울이 멜리데 섬에서 구조 받은 후, 로마에까지 이르러 2년 동안 자유롭게 복음을 전했다는 말씀입니다. "우리가 로마에 들어가니 바울에게는 자기를 지키는 한 군인과 함께 따로 있게 허락하더라"(행 28:16) "바울이 온 이태를 자기 셋집에 머물면서 자기에게 오는 사람을 다 영접하고 하나님의 나라를 전파하며 주 예수 그리스도에 관한 모든 것을 담대하게 거침없이 가르치더라"(행 28:30~31) 여기서 주의 말씀의 신실함과 그 말씀대로 위험과 환난 중에 바울을 구원하신 은혜를 보게 됩니다. 곧 주님께서는 계속해서 위험과 환난 중에 있는 바울을 찾아와 담대할 것과 바울이 로마에 이르게 될 것을 말씀하셨습니다. 지금의 위험과 환난이 결코 바울을 해하지 못함을 말씀하셨습니다(행 23:11, 27:24 참조). 그런데 그 말씀대로 바울이 환난과 위험을 이기고 마침내 로마에 이르게 된 것입니다. 신실한 말씀대로 환난과 위기 가운데서 구원을 받은 것입니다.

하나님의 말씀은 신실합니다. 신실하기에 그 말씀대로 이루어집니다. 따라서 우리를 향해 선포된 구원도 그 말씀대로 이루어집니다. 우리의 의로움 때문이 아니라 하나님의 말씀의 신실함 때문에 이루어집니다. 따라서 우리가 신실하신 하나님의 말씀을 의지하며 믿음으로 그 말씀을 붙잡아야 합니다.

예레미야 39장_말씀대로 이루어진 심판

예루살렘의 함락을 전하는 말씀입니다. 하나님의 말씀대로 성이 함락되어 왕궁과 백성의 집은 불태워지고, 성벽은 허물어지며, 시드기야 왕을 비롯한 수많은 백성들이 바벨론에 포로로 잡혀갔다는 것입니다. "유다의 시드기야 왕의 제구년 열째 달에 바벨론의 느부갓네살 왕과 그의 모든 군대가 와서 예루살렘을 에워싸고 치더니 시드기야의 제십일년 넷째 달 아홉째 날에 성이 함락되니라 예루살렘이 함락되매"(렘 39:1~2)

거짓 선지자들은 예루살렘의 평안을 전했습니다. 그러나 하나님께서는 선지자 예레미야를 통해서 끊임없이 예루살렘의 멸망과 심판을 전하며, 바벨론에 항복하는 것이 사는 길이라고 말씀하셨습니다. 많은 사람들은 하나님의 말씀보다 평안을 전하는 거짓 선지자들의 달콤한 말에 귀를 기울였습니다. 그러나 거짓 선지자들의 달콤한 말이 아니라 신실하신 하나님의 말씀대로 심판이 이루어졌습니다. 그리고 결국 하나님의 말씀이 아닌 거짓 선지자들의 말에 귀를 기울인 시드기야 왕을 비롯한 고관들과 수많은 백성들은 하나님의 말씀대로 죽임과 결박과 수치와 고통의 심판을 맞이하고 말았습니다(렘 39:6~7).

주의 말씀은 신실하기에 구원도 그 말씀대로 이루어지고 심판도 그 말씀대로 이루어집니다. 따라서 오직 하나님의 말씀에 귀를 기울여야 합니다. 내가 듣고 싶은 달콤한 말이 아니라 가슴을 찌르고 아프더라도 하나님의 말씀에 귀를 기울여야 하고, 그 말씀에 순종해야 합니다.

시편 11-12편_신실한 하나님의 말씀

시편 11편은 하나님의 의를 신뢰하는 찬양이고, 시편 12편은 악인들이 득세하며 경건한 자들이 끊어지는 현실 속에서 탄식하며 하나님의 도우심을 구한 기도입니다. 여기서 하나님의 말씀의 신실함을 보게 됩니다. 곧 하나님의 말씀은 선포된 말씀대로 이루어지고, 따라서 고난과 핍박 중에서도 그 신실한 말씀을 붙들고 믿음을 지켜야 한다는 것입니다.

"여호와의 말씀은 순결함이여 흙 도가니에 일곱 번 단련한 은 같도다"(시 12:6) 하나님의 말씀을 흙 도나기에 일곱 번 단련한 은으로 비유하고 있습니다. 그 어떤 찌꺼기가 조금도 섞이지 않은 순수함을 표현하고 있는데, 하나님의 말씀은 절대적으로 신뢰할 수 있음을 강조하고 있는 것입니다. 그런데 그 하나님이 그 신실한 말씀으로 구원을 약속하고 계시다는 것입니다. "여호와의 말씀에 가련한 자들의 눌림과 궁핍한 자들의 탄식으로 말미암아 내가 이제 일어나 그를 그가 원하는 안전한 지대에 두리라 하시도다"(시 12:5) 결국 이 말씀은 하나님의 말씀은 신실하기에 반드시 그 구원이 이루어진다는 사실을 나타내고 있습니다. 따라서 악인들이 인생 중에 높임 받고 곳곳에서 날뛰며(시 12:8), 그 속에서 믿음을 가진 우리들이 고통과 아픔을 당한다 할지라도, 거기서 넘어지지 말고 하나님의 구원의 말씀을 믿고 이겨야 함을 가르치고 있습니다. 하나님의 말씀은 신실하고 그 말씀대로 이루어지기에, 하나님의 신실한 약속의 말씀을 끝까지 믿고 붙들어야 한다는 것입니다.

오늘의 기도

1. 하나님의 말씀의 신실함을 믿고, 어떤 상황에서도 말씀을 붙들어 두려움을 이기고 소망의 삶을 살게 하소서.
2. 신실한 하나님의 말씀을 믿고 순종하게 하셔서 말씀을 통한 생명과 구원의 은혜를 누리게 하소서.
3. 신실한 하나님의 말씀을 따라 약속을 지키며 말에 책임을 지는 신실한 삶을 살아가게 하소서.

어리석지 않은 삶

맥체인성경365 1264p

사무엘상 1장 | 로마서 1장 | 예레미야 40장 | 시편 13-14편

불순종과 불의함과 우상숭배의 어리석음에서 돌이켜야 합니다. 살아계신 하나님을 인정하고 은혜를 구하며 신실함으로 하나님을 경외하는 어리석지 않은 삶을 살아야 합니다.

사무엘상 1장_어리석지 않은 삶

기도하는 여인 한나에 대한 말씀입니다. 한나를 통해 지혜, 곧 어리석지 않은 삶에 대해 배우게 됩니다.

"한나가 마음이 괴로워서 여호와께 기도하고 통곡하며"(삼상 1:10) 문제와 괴로움 속에서 한나는 하나님을 찾아 기도했습니다. 자식이 없다는 문제와 남편의 다른 아내요 적수인 브닌나가 자신을 격분케 함으로 겪는 괴로움 속에서 눈물만 흘리고 있지 않았습니다. 하나님의 살아 계심과 전능하심을 믿었고, 그 하나님께서 자신의 문제와 괴로움을 해결하실 수 있음을 믿었습니다. 따라서 헛된 곳에서 눈물을 흘리지 않고 하나님을 찾아가 기도하며 눈물을 흘리는 지혜를 보였습니다.

"이르되 당신의 여종이 당신께 은혜 입기를 원하나이다 하고 가서 먹고 얼굴에 다시는 근심 빛이 없더라"(삼상 1:18) 한나는 하나님의 응답을 확신했습니다. 제사장 엘리의 선포에 하나님께서 응답해주신다는 믿음을 가졌고, 그 믿음을 통해 다시 근심하지 않는 지혜로운 모습을 보였습니다. 곧 믿음이 없어 근심과 두려움 속에서 계속 살아가는 어리석은 모습을 보이지 않았습니다.

"이 아이를 위하여 내가 기도하였더니 내가 구하여 기도한 바를 여호와께서 내게 허락하신지라 그러므로 나도 그를 여호와께 드리되 그의 평생을 여호와께 드리나이다 하고 그가 거기서 여호와께 경배하니라"(삼상 1:27~28) 한나는 신실함으로 하나님과의 약속을 지켰습니다. 하나님의 은혜로 자녀 사무엘을 낳게 되자 하나님께 서원한 대로 그 아들 사무엘을 하나님께 드렸습니다. 결코 마음이 변하여 하나님과의 약속을 깨뜨리는 어리석은 일을 행하지 않았고, 신실함으로 하나님과의 약속을 지켜 하나님을 경외하는 지혜를 보였습니다. 결국 이 지혜로 하나님 앞에 드려진 사무엘은 하나님의 큰 일꾼이요 민족의 지도자로 세워질 수 있었습니다.

문제 앞에서 불평하며 절망하지 않고 하나님의 살아 계심을 믿고 기도하는 것이 지혜입니다. 하나님을 경외하며 기도함으로 눈앞의 문제를 오히려 축복으로 만들어가는 삶이 어리석지 않은 삶, 곧 지혜로운 삶입니다.

로마서 1장_우상숭배의 어리석음

바울이 이방인의 사도가 된 것과 로마에 가고자 하는 소원, 그리고 하나님의 능력인 복음에 대해 전하고 있습니다. 또한 이방인의 불경건함에 대해 전하고 있는데, 하나님의 뜻과 진리를 알기를 거절하며 헛된 우상을 택하여 섬기는 그들의 어리석음에 대해 전하고 있습니다.

"스스로 지혜 있다 하나 어리석게 되어 썩어지지 아니하는 하나님의 영광을 썩어질 사람과 새와 짐승과 기어다니는 동물 모양의 우상으로 바꾸었느니라"(롬 1:22~23) 영원하신 하나님이 아닌 썩어질 헛된 우상을 섬기는 어리석음에 대해 말씀하고 있습니다. 곧 이방인들은 스스로 지혜 있다고 말하나 헛된 우상에 소망을 두는 어리석은 삶을 살고 있다는 것입니다. 살아 계셔서 참된 생명과 은혜를 주시는 분은 오직 하나님 한 분이시고, 그 하나님께서 피조물 가운데 당신을 분명히 알리셨습니다. 그러나 그 하나님을 알고 경외하기를 거부하고, 하나님이 아닌 헛된 우상을 섬기며, 그 우상에게 생명과 복을 기대하고 있다는 것입니다. 따라서 하나님은 그들을 내버려두신다고 말씀하고 있습니다(롬

1:26). 곧 그대로 내버려두시는 것이 심판이라는 것입니다. 내버려 두어 불의를 행하고 죄악을 행하며 썩어질 헛된 우상을 숭배하다 멸망하게 하신다는 것입니다.

어리석게 썩어질 세상에 소망을 두고 세상의 물질과 영화를 우상처럼 섬기며 따라가고 있지는 않은지 우리 자신을 돌아봐야 합니다. 그 헛된 우상에서 돌이켜 참된 생명과 소망이 되시는 하나님을 섬기며 따라가는 삶이 지혜로운 삶입니다.

예레미야 40장_불순종의 어리석음

포로로 함께 잡혀가던 예레미야가 풀려나 유다에 머물기를 결정한 것과, 그다랴가 유다의 총독으로 임명된 것을 전하고 있는 말씀입니다. 그런데 주목할 말씀이, 바벨론의 사령관 느브사라단이 예레미야를 풀어주며 한 말입니다. "여호와께서 그가 말씀하신 대로 행하셨으니 이는 너희가 여호와께 범죄하고 그의 목소리에 순종하지 아니하였으므로 이제 이루어졌도다 이 일이 너희에게 임한 것이니라"(렘 40:3) 유다 백성들이 하나님의 말씀에 불순종함으로 이런 비극적 결과를 맞이했음을 말하고 있는데, 이방인을 통해 이와 같은 말을 듣는 것이 참으로 부끄럽고 가슴 아픈 일일 수밖에 없습니다. 하나님은 순종할 것을 끊임없이 말씀하셨습니다. 그러면 살게 된다는 것입니다. 그러나 백성들은 어리석게 끝까지 불순종했고 결국 예루살렘이 멸망당하고 그들 자신들은 비참한 결과를 보게 됐습니다.

이처럼 불순종은 비참한 심판을 맞이하게 합니다. 따라서 하나님의 말씀에 불순종하고 있다면, 그 어리석은 불순종에서 속히 돌이켜야 합니다. 속히 순종으로 바꾸어 심판이 아닌 하나님의 은혜를 누려야 합니다.

시편 13-14편_하나님을 부정하는 어리석음

시편 13편은 고난 중에 하나님의 구원을 구하는 다윗의 기도입니다. 시편 14편은 하나님이 없다고 말하며 서슴없이 불의함을 행하는 악인들의 어리석음을 전하고 있는 시입니다.

"어리석은 자는 그의 마음에 이르기를 하나님이 없다 하는도다 그들은 부패하고 그 행실이 가증하니 선을 행하는 자가 없도다"(시 14:1) 하나님은 살아계십니다. 살아계신 하나님은 이 세상을 감찰하십니다. 죄악을 행하는 자는 심판하시고 하나님을 의지하며 은혜를 구하는 자에게는 은혜를 베푸십니다. 그러나 어리석은 자는 그 하나님의 살아계심을 부정하며 이 세상을 감찰하심을 생각하지 않는다는 것입니다. 불의한 일을 서슴없이 행하고 또 멈추지 않는다는 것입니다. 따라서 결국 악인들은 두려움의 하나님의 심판을 맞이하게 되는데, 곧 살아계신 하나님은 의인의 편에 서 계시고, 그 의인에게는 은혜를 베푸시지만 그 악인들은 심판하십니다. 그 심판 속에서 악인들은 두려워할 수밖에 없는데, 어리석게 하나님을 부정한 결과 심판의 두려움에 처할 수밖에 없습니다. "그러나 거기서 그들은 두려워하고 두려워하였으니 하나님이 의인의 세대에 계심이로다"(시 14:5)

오늘의 기도

1. 살아 계셔서 우리의 모든 삶을 감찰하시는 하나님을 늘 인식하게 하셔서 경건하고 의로운 삶을 살게 하소서.
2. 하나님의 말씀에 순종하여 심판을 피하고 축복을 누리는 삶을 살게 하소서.
3. 문제 앞에서 불평하며 절망하지 않고, 하나님 앞에 나아가 기도함으로 문제를 축복으로 바꾸어가게 하소서.

심판과 구원

사무엘상 2장 | 로마서 2장 | 예레미야 41장 | 시편 15-16편

맥체인성경365 1270p

하나님을 경외하며 믿고 의지하는 자에게는 생명과 구원이 주어집니다. 그러나 하나님을 믿지 않는 자와 멸시하는 자, 그리고 그 돌이키지 않는 자에게는 하나님의 심판이 주어집니다.

사무엘상 2장_멸시함으로 받는 심판

한나의 찬송을 기록하고 있고, 또한 제사장 엘리의 아들들의 불의함과 이로 인해 엘리의 집에 내려진 심판을 기록하고 있습니다. 곧 엘리의 두 아들이 엘리의 뒤를 이어 제사장으로 사역하며 하나님 앞에 드리는 제사를 멸시했습니다. 제사 제물을 탐하였고, 회막 문에서 수종 드는 여인들과 동침하는 등 죄악을 행했습니다. 엘리는 그 아들들의 불의함과 죄악된 행동들을 듣고도 강력하게 제지하고 처벌하여 그 죄를 끊어내지 않았습니다. 하나님을 경외하는 것보다 아들을 더 소중히 여겼기 때문입니다(삼상 2:29). 이에 대해 하나님은 한 예언자를 엘리에게 보내 심판을 선언하셨습니다. 하나님을 섬기는 제사장의 직무를 영원히 행할 수 없으며, 하나님 앞에서 끊어져 버리게 될 것을 말씀하셨습니다. "그러므로 이스라엘의 하나님 나 여호와가 말하노라 내가 전에 네 집과 네 조상의 집이 내 앞에 영원히 행하리라 하였으나 이제 나 여호와가 말하노니 결단코 그렇게 하지 아니하리라 나를 존중히 여기는 자를 내가 존중히 여기고 나를 멸시하는 자를 내가 경멸하리라 보라 내가 네 팔과 네 조상의 집 팔을 끊어 네 집에 노인이 하나도 없게 하는 날이 이를지라"(삼상 2:30~31) 반면 사무엘은 하나님 앞에서 하나님을 신실하게 섬기며 경외했습니다. 그 결과 하나님과 사람들에게 사랑과 은총을 받으며 자라갔고(삼상 2:26), 하나님은 그를 충실한 제사장으로 일으켜 세우고 그의 집을 견고히 세워 제사장의 직분을 영구히 행하게 하심을 약속하셨습니다(삼상 2:35).

하나님을 경외하며 살아가는 사람은 하나님께서 세우시고 축복하십니다. 그러나 하나님 앞에서 불의하며 그 죄를 끊어내지 못하는 사람, 하나님께 드리는 예배를 멸시함으로 하나님을 멸시하는 사람은 하나님께서 심판하십니다.

로마서 2장_돌이키지 않음으로 받는 심판

하나님의 심판의 척도에 대해 말씀하고 있습니다. 하나님은 결코 외모나 혈통에 따라 차별하지 않으시고 오직 선악에 따라 심판하신다는 것입니다. 선민이라 말하며 율법을 가지고 있다고 말하는 유대인이라 할지라도 율법을 온전히 지키지 못하면 심판 받는다는 것입니다. 결국 하나님의 은혜만이 구원에 이르는 길임을 전하고 있는 것인데, 곧 하나님의 놀라운 은혜와 사랑을 깨닫고 그 은혜의 길로 돌이켜야 한다는 것입니다. 그 누구도 율법으로 완전할 수 없고 의로움에 이를 수 없음을 기억하고, 하나님의 풍성하신 인자하심과 용납하심, 그리고 길이 참으심을 의지하며 하나님께 돌이켜야 한다는 것입니다. 그렇지 않으면 하나님의 심판을 피할 수 없다는 것입니다. 그러나 유대인들은 어리석게 율법을 고집하고, 율법 속에서 스스로 의롭다 착각하며 하나님의 은혜를 구하지 않았습니다. 하나님께 돌이키지 않음으로 그 풍성한 은혜를 멸시했습니다. 그럼으로 하나님의 진노의 심판을 쌓았습니다. "혹 네가 하나님의 인자하심이 너를 인도하여 회개하게 하심을 알지 못하여 그의 인자하심과 용납하심과 길이 참으심이 풍성함을 멸시하느냐 다만 네 고집과 회개하지 아니한 마음을 따라 진노의 날 곧 하나님의 의로우신 심판이 나타나는 그 날에 임할 진노를 네게 쌓는도다"(롬 2:4~5)

회개하고 돌이켜 하나님의 은혜를 구하지 않으면 그 누구도 하나님의 심판을 피할 수 없습니다.

하나님의 심판을 피하는 유일한 길은 회개하고 하나님의 풍성한 은혜를 구하는 것입니다.

예레미야 41장_믿지 않음으로 받는 심판

그다랴가 이스마엘에게 암살당한 것을 전하는 말씀입니다. 곧 바벨론이 유다의 총독으로 세운 그다랴를 이스마엘이 암살하고 미스바에 남아 있던 백성들을 붙잡아갔습니다. 뒤늦게 요하난이 이스마엘을 쫓아가 붙잡혀 있던 백성들을 구해낼 수 있었고, 이스마엘은 그 따르는 여덟 사람과 함께 요하난을 피해 암몬으로 도망을 쳤습니다. 이것이 예레미야 41장의 내용인데, 주목할 말씀이 이후 요하난이 그 구해낸 백성들과 함께 미스바로 돌아가지 않고, 애굽으로 방향을 정하고 말았다는 것입니다. 바벨론이 총독으로 세운 그다랴가 살해당한 것으로 인해 바벨론으로부터 해를 당할 것을 두려워했기 때문입니다. "애굽으로 가려고 떠나 베들레헴 근처에 있는 게롯김함에 머물렀으니 이는 느다냐의 아들 이스마엘이 바벨론의 왕이 그 땅을 위임한 아히감의 아들 그다랴를 죽였으므로 그들이 갈대아 사람을 두려워함이었더라"(렘 41:17~18) 사실 하나님은 예레미야를 통해 "이 땅에 머물러 살라. 내가 너희를 세우고 헐지 않을 것이다. 바벨론 왕을 겁내지 말라. 내가 함께 있어 구원할 것이다"(렘 42:10~12)라고 말씀하셨습니다. 따라서 요하난이 그 말씀을 믿고 순종했다면, 하나님의 생명과 평안을 누릴 수 있었습니다. 그러나 요하난을 비롯한 백성들은 하나님과 그 말씀을 신뢰하지 못하고 바벨론을 두려워하여 애굽을 고집하여 갔습니다. 그 말씀에 대한 불순종으로 하나님께서 이 땅에서 예비한 생명과 평안을 누리지 못한 것입니다.

결국 무엇입니까? 하나님을 믿고 그 말씀에 순종하면 하나님을 통한 생명과 평안의 축복을 누릴 수 있습니다. 그러나 그 말씀을 믿지 못하고 따라서 순종하지 않으면 그 놀라운 생명을 누릴 수 없습니다. 아니 하나님을 믿지 못하고 그 말씀에 순종하지 아니한 결과는 심판일 수밖에 없습니다.

시편 15-16편_경외함과 믿음으로 받는 구원

시편 15편은 주의 장막, 곧 성산에 머무를 자에 대한 노래이고, 시편 16편은 주님을 복으로 삼고 그 주신 기업에 감사하는 다윗의 찬양입니다. 곧 하나님을 항상 앞에 모시는 경외와 순종, 그리고 하나님의 구원에 대한 신뢰와 의뢰는 생명과 기쁨을 만든다는 것입니다. 하나님은 하나님을 경외하며 의지하는 백성을 스올에 버리지 않으시고 멸망시키지 않으시며 생명의 길로 인도하신다는 것입니다. "내가 여호와를 항상 내 앞에 모심이여 그가 나의 오른쪽에 계시므로 내가 흔들리지 아니하리로다 이러므로 나의 마음이 기쁘고 나의 영도 즐거워하며 내 육체도 안전히 살리니 이는 주께서 내 영혼을 스올에 버리지 아니하시며 주의 거룩한 자를 멸망시키지 않으실 것임이니이다 주께서 생명의 길을 내게 보이시리니 주의 앞에는 충만한 기쁨이 있고 주의 오른쪽에는 영원한 즐거움이 있나이다"(시 16:8~11)

오늘의 기도

1. 하나님께 드리는 예배를 멸시하지 않고 힘을 다해 하나님을 경외함으로 하나님께서 세우시는 은혜를 누리게 하소서.
2. 하나님의 풍성한 인자하심과 오래 참으심을 기억하고, 죄와 불의에서 돌이켜 주의 생명을 누리게 하소서.
3. 하나님을 항상 앞에 모시고 따라감으로 흔들리지 않는 삶, 주님 주시는 생명으로 기쁨의 삶을 살게 하소서.

더 중요한 것

사무엘상 3장 | 로마서 3장 | 예레미야 42장 | 시편 17편

맥체인성경365 1275p

말씀을 듣고 아는 것도 중요합니다. 그러나 그 말씀에 순종하는 것은 더 중요합니다. 말씀을 통해 깨달은 죄를 회개하고 하나님의 은혜를 구하는 것, 말씀을 붙들고 끝까지 인내하는 것은 더 중요합니다.

사무엘상 3장_더 중요한 회개

하나님께서 사무엘을 부르신 말씀입니다. 하나님은 어린 사무엘을 부르셨고 그에게 엘리 집안의 죄악과 심판에 대해 말씀하셨습니다. 여기서 회개가 더 중요하다는 사실을 깨닫게 되는데, 곧 하나님의 말씀을 듣고 그 죄를 발견하는 것도 중요하지만, 돌이키는 것이 더 중요하다는 것입니다.

"내가 그의 집을 영원토록 심판하겠다고 그에게 말한 것은 그가 아는 죄악 때문이니 이는 그가 자기의 아들들이 저주를 자청하되 금하지 아니하였음이니라"(삼상 3:13) "그가 아는 죄악 때문이니"라는 구절을 주목해야 합니다. 엘리는 이미 그 죄를 알고 있었습니다. 하나님께서 보내신 사자를 통해 이미 그 죄에 대해 듣고 심판의 말씀을 들었습니다(삼상 2:27~36 참조). 그러나 엘리는 그 죄와 심판에 대해 듣고 알고 있었음에도 회개하지 않았습니다. 아들들이 행하는 죄의 문제를 강력하게 처리하고 또 하나님 앞에 나아가 눈물로 죄를 회개하는 등, 그 죄를 씻지 못했습니다. 그 죄를 방관했고, 따라서 하나님은 그의 집을 영원히 심판하시겠다고 다시 말씀하셨습니다(삼상 3:18). 엘리는 사무엘을 통해서 다시 한 번 그 죄와 죄로 인한 하나님의 심판의 말씀을 들었습니다. 심판의 말씀을 들은 엘리가 무엇보다 먼저 해야 하는 것은 회개였습니다. 하나님의 큰 은혜에 기대서 눈물을 흘리며 진심으로 회개해야 했습니다. 그러나 엘리는 하나님의 심판의 말씀에 소극적인 반응만 보일 뿐, 구체적인 회개의 모습은 보이지 않았습니다.

아무리 하나님의 말씀을 통해 그 죄를 깨닫고 발견해도 회개하지 않으면 아무 의미가 없습니다. 깨닫는 것으로 죄의 문제가 해결되지 않기 때문입니다. 오직 죄의 문제는 회개하여 하나님의 은혜 속에서 용서받을 때 해결될 수 있습니다. 그래야 심판을 피할 수 있습니다. 따라서 하나님의 말씀을 듣고 그 죄를 깨닫는 것도 중요하지만 더 중요한 것은 회개하는 것입니다.

로마서 3장_더 중요한 은혜

율법 아래의 모든 사람의 불의함과 오직 믿음으로 얻는 의에 대해 가르치고 있습니다. 여기서 믿음으로 얻는 의, 곧 은혜가 더 중요함을 깨닫게 됩니다. 율법을 통해 죄를 깨닫는 것, 내가 죄인이라는 사실을 발견하는 것도 중요합니다. 그러나 율법으로는 죄를 깨닫게 할 뿐 의롭다하심을 얻을 육체가 없습니다. "그러므로 율법의 행위로 그의 앞에 의롭다 하심을 얻을 육체가 없나니 율법으로는 죄를 깨달음이니라"(롬 3:20) 오직 예수 그리스도를 믿음으로 말미암아 하나님의 은혜로 의롭다 하심을 얻을 수 있습니다. "그리스도 예수 안에 있는 속량으로 말미암아 하나님의 은혜로 값 없이 의롭다 하심을 얻은 자 되었느니라"(롬 3:24) 따라서 율법 곧 말씀을 많이 알아 죄를 깨닫는 것도 중요하지만, 그러나 더 중요한 것은 하나님의 은혜로 죄를 용서함 받는 것입니다. 곧 이방인보다 유대인의 나음은 하나님의 말씀을 맡은 것에 있다고 전하고 있습니다(롬 3:2). 그러나 유대인이나 헬라인이나 모두 죄아래 놓였고, 유대인들이 맡은 율법의 의로는 구원함을 얻을 수 있는 사람이 아무도 없습니다. 따라서 유대인이나 헬라인이나 예수 안에 있는 속량으로 말미암는 하나님의 은혜가 필요합니다. 율법을 맡은 것보다 더 중요한 것이 은혜입니다. 이 은혜는 유대인이나 헬라인이나 차별함이 없습니다(롬

3:22).

예레미야 42장_더 중요한 순종

애굽으로 이주하지 말라는 하나님의 말씀을 전하고 있습니다. 곧 요하난을 비롯한 사람들은 예레미야에게 기도하여 하나님의 뜻이 어디 있는지 알려달라고 부탁했습니다(렘 42:3). 이스마엘이 바벨론의 왕이 세운 총독 그다랴를 살해하고 도망한 상황에서, 유다 땅에 머물러 있어도 바벨론의 화가 없을지, 아니면 바벨론을 피해 애굽으로 피난을 가야 하는지 판단하기 어려웠기 때문입니다. 따라서 요하난을 비롯한 사람들은 예레미야에게 하나님의 뜻을 물어줄 것을 부탁하며, 하나님께서 이르시는 말씀이 우리에게 좋든지 그렇지 않든지 하나님의 말씀대로 순종하겠다고 약속했습니다(렘 42:5~6). 이에 예레미야는 하나님께 기도했고, 십일 후에 하나님의 말씀이 있었습니다. 하나님은 바벨론 왕을 두려워하지 말고 이 땅에 눌러 앉아 살라고 말씀하셨습니다. 하나님께서 세우고 헐지 않으시며 심고 뽑지 않으시겠다고 말씀하셨습니다(렘 42:7~12). 그러나 백성들은 하나님의 말씀에 순종하지 않았습니다. 무슨 말씀이든 순종하겠다고 약속했지만, 정작 자신들이 뜻한 바와 다르게 애굽으로 내려가지 말고 이 땅에 머물라는 말씀이 주어지자, 그 말씀을 거부했습니다(렘 42:21).

하나님의 말씀을 듣고 그 뜻을 분별하는 것도 중요합니다. 그러나 그보다 더 중요한 것은 그 말씀을 따라 순종하는 것입니다. 아무리 하나님의 말씀을 듣고 그 뜻을 깨달아도 순종하지 않으면 그 말씀의 들음과 깨달음이 헛될 수밖에 없습니다. 따라서 힘써 하나님의 말씀도 들어 그 뜻을 알고 깨달을 뿐만 아니라, 더욱 힘써 그 들은 말씀대로 순종해야 합니다.

시편 17편_더 중요한 믿음의 인내

주님께 자신의 무고함을 주장하며 악인들의 공격에서 자신을 구원해줄 것을 구하는 다윗의 기도입니다. 여기서 믿음의 인내가 중요함을 보게 됩니다. 곧 하나님의 말씀을 붙들고 의의 삶을 살기에 힘쓰는데, 오히려 말씀이 없이 살아가는 교만한 악인들이 형통합니다. 믿음의 걸음을 걷는 신앙인을 압제하며 공격합니다. 이로 인해서 환난과 곤고함에 처하게 됩니다. 그래도 인내하며 믿음의 걸음을 걸어야 한다는 것입니다. 결코 그 말씀을 붙들고 굳게 주의 길을 걸어가는 삶을 포기하지 말아야 한다는 것입니다.

"여호와여 의의 호소를 들으소서 나의 울부짖음에 주의하소서 거짓 되지 아니한 입술에서 나오는 나의 기도에 귀를 기울이소서"(시 17:1) "내 앞에서 나를 압제하는 악인들과 나의 목숨을 노리는 원수들에게서 벗어나게 하소서"(시 17:9) 고통 중에 부르짖는 다윗의 기도를 보게 됩니다. 하나님 편에 서서 말씀을 지키며 의의 길을 걸어가고 있지만, 악인들의 압제와 목숨을 노리는 공격으로 큰 환난과 고통의 시간을 보내야 했다는 것입니다. 따라서 하나님의 도우심과 구원을 간구한 것입니다. 여기서 다윗의 믿음의 인내를 볼 수 있습니다. 악인의 형통함 중에도, 또한 믿음의 삶을 살아가는 자신에게 고난이 있음에도 결코 믿음을 잃지 않고 인내했다는 것입니다. 악인의 형통함에 마음 빼앗기지 않았고 주의 형상 곧 주님과 교제하며 그 은혜를 누리는 것에 만족했다는 것입니다(시편 17:15).

하나님의 말씀을 붙들며 살아가는 삶에 고난이 있기도 합니다. 말씀 때문에 겪는 고난도 있습니다. 따라서 말씀의 삶을 살아가며 더 중요한 것은 믿음으로 인내하는 것입니다. 그 말씀의 삶을 포기하지 않는 것입니다.

오늘의 기도

1. 말씀을 통해 주의 뜻을 알고 깨달을 뿐만 아니라, 말씀에 따라 돌이키며 또한 순종하는 삶을 살게 하소서.
2. 오직 차별함 없는 예수 그리스도의 속량의 은혜만이 우리를 생명으로 이끎을 깨닫고, 주의 은혜를 구하며 그 안에 거하게 하소서.
3. 주의 길을 걸어가는 걸음에 환난이 있다 할지라도 인내하며 그 걸음을 포기하지 않게 하소서.

믿음

사무엘상 4장 | 로마서 4장 | 예레미야 43장 | 시편 18편

형식적 믿음과 자기본위의 믿음으로는 아무 능력도 또한 선한 결과도 볼 수 없습니다. 믿을 수 없는 상황에서도 믿는 진실하고 절대적인 믿음과 그 믿음을 삶에서 보이는 행동하는 믿음이 주의 능력과 축복을 보고 경험하게 합니다.

사무엘상 4장_형식적 믿음과 그 헛됨

이스라엘이 블레셋과의 전쟁에서 패하고 언약궤를 빼앗긴 것을 기록하고 있습니다. 또한 언약궤와 함께 있던 홉니와 비느하스도 죽고 또 소식을 전해 듣던 엘리도 죽게 된 것을 기록하고 있습니다.

여기서 형식적 믿음과 그 헛됨을 보게 됩니다. 형식적 믿음으로는 하나님의 도움과 구원을 이끌어내지 못한다는 것입니다. 곧 블레셋과의 싸움에서 어려움에 처한 이스라엘이 실로에서 여호와의 언약궤를 가져왔습니다. 언약궤를 앞세워 싸우면 승리하리라는 기대 때문이었습니다. 백성들은 이 언약궤로 인해 이제 전세를 바꾸고 승리할 수 있다고 환호하며 소리쳤습니다. "여호와의 언약궤가 진영에 들어올 때에 온 이스라엘이 큰 소리로 외치매 땅이 울린지라"(삼상 4:5) 그러나 그 결과는 이스라엘의 처참한 패배였습니다. 하나님의 궤를 통한 승리를 장담했지만, 블레셋에 패하여 수많은 사람들이 죽었고, 언약궤는 빼앗겼으며 언약궤를 지키던 엘리의 두 아들 홉니와 비느하스도 죽고 말았습니다. "하나님의 궤는 빼앗겼고 엘리의 두 아들 홉니와 비느하스는 죽임을 당하였더라"(삼상 4:11)

승리는 언약궤에 있지 않고 하나님께 있습니다. 언약궤는 하나님의 임재를 상징하는 성물이지만, 그 백성들은 진실함으로 하나님을 붙들며 의지하지 않았고, 따라서 하나님은 앞장서 싸우지 않으셨습니다. 그 백성들과 함께하지 않으셨습니다. 결국 하나님의 함께 함 없이, 형식적 믿음으로 언약궤만 앞세워 싸운 이스라엘 백성들은 블레셋과의 싸움에서 패할 수밖에 없었습니다. 하나님의 힘이 모자라서가 아니라 하나님을 향한 믿음이 바르지 못한 결과, 그 백성들은 힘이 되신 하나님의 아무런 도움과 구원도 경험하지 못한 것입니다.

로마서 4장_진실한 믿음과 축복

믿음의 조상 아브라함에 대한 말씀입니다. 그의 진실한 믿음과 그 축복에 대해 전하고 있습니다. 곧 아브라함은 바랄 수 없는 중에도 하나님을 믿는 절대적 믿음을 가졌다는 것입니다. 그 믿음이 약해지지 않고 끝까지 하나님의 약속을 신뢰하며, 불가능한 상황을 넘어서 하나님이 능히 이루실 것을 믿었다는 것입니다. 이 믿음으로 의롭다하심을 받았고 또 약속대로 이루시는 하나님의 축복도 누렸다는 것입니다. "아브라함이 바랄 수 없는 중에 바라고 믿었으니 이는 네 후손이 이같으리라 하신 말씀대로 많은 민족의 조상이 되게 하려 하심이라 그가 백 세나 되어 자기 몸이 죽은 것 같고 사라의 태가 죽은 것 같음을 알고도 믿음이 약하여지지 아니하고 믿음이 없어 하나님의 약속을 의심하지 않고 믿음으로 견고하여져서 하나님께 영광을 돌리며 약속하신 그것을 또한 능히 이루실 줄을 확신하였으니 그러므로 그것이 그에게 의로 여겨졌느니라"(롬 4:18~22)

진실하지 않은 형식적 믿음으로는 아무 능력도 또한 선한 결과도 볼 수 없습니다. 하나님을 향한 진실한 믿음과 믿을 수 없는 상황에서도 흔들리지 않는 절대적 믿음이 결국 하나님의 능력과 이를 통한 축복을 경험하게 합니다.

예레미야 43장_자기본위의 믿음과 그 헛됨

요하난을 비롯한 백성들이 예레미야를 통해 주신 하나님의 말씀을 부정하고 거부한 말씀입니다. 곧 하나님은 예레미야를 통해 유다 땅에 머물라는 말씀을 주셨습니다. 유다 땅에서 하나님께서 지키시고 돌보시고 구원하실 것을 약속하셨습니다. 그러나 요하난을 비롯한 오만한 사람들은 예레미야를 통해 주시는 하나님의 말씀을 거짓이라고 몰아붙이며 거부했습니다. 어떤 말씀이든지 따르겠다고 했던 처음 말과 달리 자신들의 생각과 다른 말씀이 주어지자, 그 말씀을 거짓된 말씀이라고 단정하며 거부했습니다. "호사야의 아들 아사랴와 가레아의 아들 요하난과 모든 오만한 자가 예레미야에게 말하기를 네가 거짓을 말하는도다 우리 하나님 여호와께서 너희는 애굽에서 살려고 그리로 가지 말라고 너를 보내어 말하게 하지 아니하셨느니라 이는 네리야의 아들 바룩이 너를 부추겨서 우리를 대적하여 갈대아 사람의 손에 넘겨 죽이며 바벨론으로 붙잡아가게 하려 함이라 이에 가레아의 아들 요하난과 모든 군 지휘관과 모든 백성이 유다 땅에 살라 하시는 여호와의 목소리를 순종하지 아니하고"(렘 43:2~4) 여기서 자기본위의 믿음과 그 헛됨을 보게 됩니다. 하나님의 말씀이 믿음의 기준이 되지 않고 자기 생각이 믿음의 기준이 되어 판단하고 따라가는 어리석은 모습을 보게 됩니다. 곧 요하난과 그 백성들은 하나님의 말씀보다 자신들의 생각을 더 옳다고 믿고 따른 것입니다. 어떤 말씀이든지 듣고 따르겠다고 했지만, 정작 자신들이 듣고 싶은 말씀만 듣고자 한 것입니다.

결국 자기본위의 믿음과 불순종으로 말미암아, 요하난과 그 백성들은 도우시고 돌보시며 구원하시겠다는 하나님의 은혜를 경험하지 못했습니다. 오히려 그들 스스로의 판단을 따라 애굽을 선택함으로 하나님의 심판 아래 놓이게 됐습니다(렘 42:21~22).

시편 18편_행동하는 믿음과 그 축복

구원과 승리에 대한 다윗의 감사입니다. 하나님께서 환난과 죽음의 위기 가운데서 건져주시고, 감당할 수 없었던 모든 원수들을 물리쳐 승리를 주셨음을 감사하며 찬양한 것입니다. 여기서 주목하게 되는 것이 다윗의 믿음입니다. 그는 하나님을 믿고, 그 믿음을 행동으로 나타내 보였습니다. "내가 주를 의뢰하고 적군을 향해 달리며 내 하나님을 의지하고 담을 뛰어넘나이다 하나님의 도는 완전하고 여호와의 말씀은 순수하니 그는 자기에게 피하는 모든 자의 방패시로다"(시 18:29~30) 적군을 향해 달리며 담을 뛰어넘는다는 말씀에서 다윗의 절대적 믿음과 그 행동을 보게 됩니다. 곧 하나님의 말씀에 대한 절대적 믿음이 적군을 향해 달리며 담을 뛰어넘는 행동으로 이어지게 했다는 것입니다. 결국 이 믿음의 도전으로 다윗은 하나님의 승리를 경험할 수 있었습니다.

그 믿음을 삶으로 나타내 보이는 믿음이 진실한 믿음입니다. 하나님을 믿기에 그 믿음의 행동이 그 삶에서 나타나야 합니다. 행함이 없는 믿음은 죽은 믿음이고, 입술만의 믿음이 아닌 행동하는 믿음이 참 믿음입니다. 그리고 그 행동하는 참 믿음에 하나님의 능력과 승리의 축복도 주어지게 됩니다.

오늘의 기도

1. 흉내만 내는 형식적 믿음을 깨뜨리게 하시고, 진실함으로 하나님을 구하고 따르는 믿음으로 하나님의 구원과 승리를 경험하게 하소서.
2. 우리의 생각이 아니라 철저히 하나님의 말씀에 믿음의 근거를 두고 따라가게 하셔서, 말씀에 담긴 하나님의 도우심과 구원의 은혜를 누리게 하소서.
3. 바랄 수 없는 중에도 바라고 믿는 믿음을 통해 하나님의 놀라운 은혜와 축복을 누리게 하소서.

순종

사무엘상 5-6장 | 로마서 5장 | 예레미야 44장 | 시편 19편

불순종의 결과는 하나님의 진노와 심판입니다. 그러나 순종하면 진노와 심판의 두려움을 피하고, 화목과 구원 그리고 큰 상의 축복을 누리게 됩니다.

사무엘상 5-6장_순종으로 피할 수 있는 두려움

여호와의 궤로 인해 겪는 재앙과 두려움을 기록하고 있습니다. 곧 블레셋이 이스라엘과의 전쟁에서 승리한 후, 여호와의 궤를 빼앗아 자신들이 섬기는 다곤의 신전에 두었습니다. 여호와의 궤를 일종의 전리품으로 생각한 것이고, 또한 자신들이 섬기는 신이 승리했고 이스라엘의 신이 그 앞에서 패하여 굴복했다는 것을 표현한 것입니다. 그런데 굴복했다고 생각한 이스라엘의 신, 곧 여호와의 궤를 통해 다곤의 신상이 넘어지고 끊어지며(삼상 5:3~4), 블레셋의 땅에 재앙이 내리는 등, 블레셋 사람들은 심판을 겪으며 두려워할 수밖에 없었습니다(삼상 5:6). 자신들이 섬기는 신이 이스라엘의 신을 이겼고, 이스라엘의 신 하나님이 패했다고 생각했는데, 그 생각이 틀렸다는 사실을 깨닫게 된 것입니다. 온 세상의 주권자 되시며 진정 두려워해야 할 참 신은 여호와 하나님이심을 깨닫게 된 것입니다. 이에 블레셋 사람들은 두려움의 재앙을 막기 위해 하나님의 궤를 다른 지역으로 옮겨 보냈습니다. 재앙을 일으키는 하나님의 궤를 떠나보내기에 급급했고, 그렇게 떠나보냄으로 그 재앙을 피하고자 했습니다. 그러나 이것이 해답이 되지 못했는데, 하나님의 궤가 옮겨가는 지역마다 하나님의 재앙이 임했기 때문입니다(삼상 5:8~9).

사실 해답은 경외에 있고 순종에 있었습니다. 두려움과 심판의 하나님은 또한 사랑과 축복의 하나님이 되시기 때문입니다. 따라서 단순히 하나님을 두려워해 다른 지역으로 옮겨 그 하나님을 피하고자 할 것이 아니라, 교만했던 죄를 회개하고 겸손히 하나님을 경외해야 했습니다. 그리고 만약 그렇게 하나님을 경외하며 그 말씀에 순종했다면, 그 심판과 재앙을 은혜와 축복으로 바꿀 수 있었을 것입니다. 두려움의 하나님이 아니라 사랑의 하나님을 경험할 수 있었을 것입니다.

로마서 5장_순종으로 이룬 화목과 구원

하나님과 더불어 누리는 평화에 대해 전하고 있습니다. 곧 예수 그리스도의 십자가의 죽으심으로 죄인이요 원수가 됐던 우리가 하나님과 화목을 이루고 구원을 얻게 됐다는 것입니다. "곧 우리가 원수 되었을 때에 그의 아들의 죽으심으로 말미암아 하나님과 화목하게 되었은즉 화목하게 된 자로서는 더욱 그의 살아나심으로 말미암아 구원을 받을 것이니라 그뿐 아니라 이제 우리로 화목하게 하신 우리 주 예수 그리스도로 말미암아 하나님 안에서 또한 즐거워하느니라"(롬 5:10~11)

예수 그리스도의 죽으심은 하나님을 향한 순종이었습니다. 이 순종을 통해 모든 사람이 하나님과 화목하고 구원에 이를 수 있게 됐습니다. 곧 한 사람 아담의 불순종으로 말미암아 죄가 세상에 들어오고 이 죄로 말미암아 사망이 들어왔습니다. 많은 사람이 죄인이 되었습니다. 그러나 한 사람 예수 그리스도의 순종으로 말미암아 많은 사람이 의인이 될 수 있었습니다. "한 사람이 순종하지 아니함으로 많은 사람이 죄인 된 것 같이 한 사람이 순종하심으로 많은 사람이 의인이 되리라"(롬 5:19)

따라서 우리도 믿음의 순종을 해야 합니다. 곧 예수 그리스도께서 십자가를 통해 이루신 하나님과의 화목은 오직 믿음으로 이룰 수 있습니다. "그러므로 우리가 믿음으로 의롭다 하심을 받았으니 우리 주 예수 그리스도로 말미암아 하나님과 화평을 누리자"(롬 5:1) 이 말씀에 순종하여 우리가 믿음으로 하나님과 화목함을 이루어가야 합니다. 예수님께서 십자가의 순종으로 이루신 하나님과의 화목을 믿음의 순종을 통해 누려야 합니다.

예레미야 44장_불순종으로 인한 진노와 심판

애굽 땅에 사는 유다 백성들과 그 땅에 머물기로 한 백성들을 향한 심판의 말씀입니다. 곧 애굽 땅에 사는 백성들이 하나님을 버리고 우상을 숭배하는 것으로 인해 하나님의 심판이 있음을 전하고 있고, 또 하나님의 말씀에 불순종하여 애굽에 머물러 살기로 한 백성들에 대해서도 그 불순종으로 인해 심판이 있을 것임을 전하고 있습니다.

"어찌하여 너희가 너희 손이 만든 것으로 나의 노여움을 일으켜 너희가 가서 머물러 사는 애굽 땅에서 다른 신들에게 분향함으로 끊어 버림을 당하여 세계 여러 나라 가운데에서 저주와 수치 거리가 되고자 하느냐"(렘 44:8) 애굽에 사는 유다 백성들을 향한 하나님의 심판의 말씀입니다. 하나님이 아닌 우상을 섬기는 것으로 인해 하나님께서 심판하실 수밖에 없음을 전하고 있는 것입니다. 이에 대해 하나님은 유다와 예루살렘의 불순종과 멸망을 언급하셨습니다. 하나님께서 끊임없이 돌이킬 것을 말씀하셨지만 그 백성들이 그 말씀을 듣지 않고 우상을 섬김으로 하나님의 진노와 심판이 있게 됐다는 것입니다(렘 44:2~6). 마찬가지로 애굽에 사는 그 백성들도 우상을 숭배하며 하나님께 불순종하는 것으로 인해 심판이 있다는 것입니다. 어디에 살든지 하나님의 말씀에 불순종한 결과는 심판이라는 것입니다.

"내가 또 애굽 땅에 머물러 살기로 고집하고 그리로 들어간 유다의 남은 자들을 처단하리니 그들이 다 멸망하여 애굽 땅에서 엎드러질 것이라 그들이 칼과 기근에 망하되 낮은 자로부터 높은 자까지 칼과 기근에 죽어서 저주와 놀램과 조롱과 수치의 대상이 되리라"(렘 44:12) 하나님의 말씀에 불순종하고 애굽을 선택해 간 백성들을 향한 하나님의 심판의 말씀입니다. 하나님은 유다의 남은 자들에게 그 땅에 머물러 있을 것을 말씀하셨습니다. 하지만 백성들은 그 말씀에 불순종하고 애굽에 머물러 살기를 고집했습니다. 따라서 하나님은 그 말씀에 불순종한 자들에게 심판이 있을 것을 말씀하셨습니다.

구원과 축복은 하나님을 경외하며 그 말씀에 순종하는 것에 있습니다. 그 말씀을 듣기를 거부하고 그 말씀에 불순종하면 주어지는 결과는 심판일 뿐입니다.

시편 19편_순종으로 받는 상

피조 세계와 율법에 나타난 하나님의 영광을 찬양한 다윗의 시입니다. 무엇보다 주목할 말씀이 하나님의 말씀을 지킴으로 하나님의 큰 상이 있음을 전하는 말씀입니다. "또 주의 종이 이것으로 경고를 받고 이것을 지킴으로 상이 크니이다"(시 19:11) 곧 하나님의 말씀은 영혼을 소성시키고, 우둔한 자를 지혜롭게 하며, 마음을 기쁘게 하고, 눈을 밝게 할 뿐만 아니라(시 19:7~8), 그 말씀으로 스스로를 살피고 그 말씀을 지키며 순종할 때, 하나님께서 주시는 큰 상을 받게 된다는 것입니다.

주께서 주시는 생명

맥체인성경365 1292p

사무엘상 7-8장 | 로마서 6장 | 예레미야 45장 | 시편 20-21편

생명은 주님께 있습니다. 죄에서 떠나 주께 돌이키는 자, 주를 믿고 의지하는 자, 그리고 주께 맡기는 자에게 주의 구원과 생명이 주어집니다.

사무엘상 7-8장_주께 돌이킴으로 누리는 생명

사무엘상 7장은 이스라엘 백성들의 회개와 승리를 전하는 말씀입니다. 사무엘상 8장은 이스라엘 백성들이 왕을 열망하며 구한 말씀입니다. 사무엘상 7장에서 주께 돌이킴으로 누리는 생명을 보게 됩니다. 구원과 생명은 하나님께 있고, 따라서 우상을 버리고 죄에서 떠나 하나님께 돌이킬 때, 하나님의 구원을 누리고 이를 통한 생명을 얻을 수 있다는 것입니다. 곧 사무엘은 백성들에게 회개하며 하나님께 돌이킬 것을 명령했습니다. 지금까지 생명과 복을 주리라고 믿고 섬기던 모든 우상과 이방신들을 버리고 하나님만을 섬길 것을 명령했습니다. 그러면 하나님께서 구원하신다는 것입니다. "사무엘이 이스라엘 온 족속에게 말하여 이르되 만일 너희가 전심으로 여호와께 돌아오려거든 이방 신들과 아스다롯을 너희 중에서 제거하고 너희 마음을 여호와께로 향하여 그만을 섬기라 그리하면 너희를 블레셋 사람의 손에서 건져내시리라"(삼상 7:3)

백성들은 사무엘의 명령을 따랐습니다. 그동안 의지하며 섬기던 모든 우상들을 제거하고 여호와 하나님만을 섬겼습니다. 무엇보다 그 돌이킨 마음을 끝까지 지켰습니다. 위기와 환난 중에도 변하지 않고 하나님께 돌이킨 마음에서 떠나지 않았습니다. 곧 회개하며 하나님께 돌이킨 백성들에게 블레셋의 공격이 있었습니다. 회개하고자 미스바에 모인 것이 오히려 공격의 빌미를 제공한 것입니다. 백성들은 충분히 하나님을 원망할 수 있었고, 하나님께 돌이킨 믿음에 흔들림이 있을 수 있었습니다. 그러나 흔들리지 않고 하나님을 더욱 의지했습니다. 하나님의 도우심과 구원을 구하는 기도를 사무엘에게 부탁하며 그 돌이킨 믿음을 잃어버리지 않

았습니다. "이스라엘 자손이 사무엘에게 이르되 당신은 우리를 위하여 우리 하나님 여호와께 쉬지 말고 부르짖어 우리를 블레셋 사람들의 손에서 구원하시게 하소서 하니"(삼상 7:8) 곧 백성들은 순간적 감정으로 하나님께 잠시 돌이킨 것이 아니었습니다. 진심으로 돌이키며 하나님을 의지했고, 끝까지 하나님을 붙들며 그 돌이킴을 지켰습니다. 그 결과 하나님이 주시는 승리와 구원을 경험할 수 있었습니다. 쳐들어 온 블레셋 군대를 물리치고 벳갈 아래에까지 추격하는 놀라운 승리를 경험할 수 있었습니다(삼상 7:11). 하나님께 돌이켜 흔들리지 않은 결과 하나님의 구원을 경험하고 그 생명을 지킬 수 있었습니다.

생명은 주님께 있습니다. 따라서 헛된 믿음과 우상에서 주님께 돌이켜야 생명을 누릴 수 있습니다. 무엇보다 잠시 잠깐 상황만 모면하기 위해 돌이키는 것이 아니라, 진심으로 돌이키고 변하지 않고 끝까지 돌이켜야 합니다. 그 돌이킴에 하나님의 구원이 있고 그 구원을 통한 생명을 누릴 수 있습니다.

로마서 6장_주를 믿음으로 누리는 생명

세례와 새 삶에 대해 전하고 있습니다. 곧 우리의 세례는 예수 그리스도와 함께 죽고 그 안에서 다시 새 생명을 얻는 것임을 가르치고 있습니다. 무엇보다 예수께서 죽음을 이기시고 부활하신 것처럼 우리도 그리스도와 함께 살고 다시 죽지 아니하며 영원한 생명을 누리게 됨을 가르치고 있습니다. "만일 우리가 그리스도와 함께 죽었으면 또한 그와 함께 살 줄을 믿노니 이는 그리스도께서 죽은 자 가운데서 살아나셨으매 다시 죽지 아니하시고 사망

이 다시 그를 주장하지 못할 줄을 앎이로라"(롬 6:8~9)

우리가 그리스도와 함께 죽는다는 것은 그리스도를 믿고 예수 그리스도께서 걸어가신 십자가의 삶을 살아간다는 것을 의미합니다. 죄악을 따르는 옛 사람을 십자가에 못 박는다는 것이고, 그때에 그리스도와 함께 부활의 삶, 새 생명의 영원한 삶이 주어집니다. 예수 그리스도를 믿는 믿음을 통해 하나님의 은혜로 영원한 생명이 주어집니다. "그러나 이제는 너희가 죄로부터 해방되고 하나님께 종이 되어 거룩함에 이르는 열매를 맺었으니 그 마지막은 영생이라 죄의 삯은 사망이요 하나님의 은사는 그리스도 예수 우리 주 안에 있는 영생이니라"(롬 6:22~23)

생명은 오직 예수님을 믿음으로 주어집니다. 예수 그리스도께서 십자가에서 우리의 죄를 위해 피 흘려 죽으심을 믿는 믿음만이 우리에게 생명을 주고 구원에 이르게 합니다.

예레미야 45장_주께 맡김으로 누리는 생명

예레미야의 동역자였던 바룩에게 하신 하나님의 말씀입니다. 곧 하나님께서 바룩에게 구원을 약속하셨습니다. "네가 너를 위하여 큰 일을 찾느냐 그것을 찾지 말라 보라 내가 모든 육체에 재난을 내리리라 그러나 네가 가는 모든 곳에서는 내가 너에게 네 생명을 노략물 주듯 하리라 여호와의 말씀이니라"(렘 45:5) 스스로를 위해 큰 일을 찾는 바룩에게 그것을 찾지 말라고 말씀하시며, 하나님께서 그 생명을 지켜주시겠다는 말씀에서 하나님께 맡겨야 한다는 교훈을 찾게 됩니다. 세운 것을 헐기도 하시고 심은 것을 뽑기도 하시는 분이 하나님이십니다(렘 45:4). 모든 주권이 하나님께 있습니다. 따라

서 하나님을 의지하며 맡기면 된다는 것입니다. 생명을 위해 스스로 무엇을 해야 한다는 부담과 짐을 내려놓고, 주의 말씀을 따라 순종하며 맡기면, 그 생명은 하나님께서 책임지신다는 것입니다.

생명은 하나님께 있습니다. 따라서 하나님의 편에서 그 말씀에 순종하며 살고 있다면 생명은 하나님께서 책임지십니다. 생명으로 인해 불안해하고 두려워할 필요가 없습니다. 하나님께 맡기면 됩니다.

시편 20-21편_주를 의지함으로 누리는 생명

시편 20편은 전쟁의 곤경에 빠진 왕을 위한 백성의 기도입니다. 시편 21편은 왕을 도우시는 하나님을 향한 찬양입니다. 여기서 주를 의지할 때 누리게 되는 생명을 보게 됩니다.

"어떤 사람은 병거, 어떤 사람은 말을 의지하나 우리는 여호와 우리 하나님의 이름을 자랑하리로다"(시 20:7) 다윗은 병거와 말이 아니라 하나님을 의지함을 고백했습니다. 승리는 군사의 많고 적음에 있지 않고 하나님께 있음을 믿은 것입니다. 힘 있는 군대가 아니라 하나님이 나를 구원하시고 그 생명을 지키심을 믿은 것입니다. "그가 생명을 구하매 주께서 그에게 주셨으니 곧 영원한 장수로소이다 주의 구원이 그의 영광을 크게 하시고 존귀와 위엄을 그에게 입히시나이다"(시 21:4~5) 하나님께서 그 간구에 영원한 장수, 영원토록 긴 날을 주심을 찬양하는 말씀입니다. 곧 하나님을 의지하는 자의 생명을 하나님께서 지켜주시고, 위기 가운데서 구원하신다는 겁니다. 모든 대적들을 멸하게 하실 뿐만 아니라(시 21:8~9), 그 생명을 해하려는 음모에도 지켜주신다는 것입니다(시 21:11).

오늘의 기도

1. 말과 병거가 아니라 하나님을 의지하고, 그 의지함으로 생명과 구원을 누리게 하소서.
2. 스스로 생명을 찾고자 바둥거리는 것이 아니라, 하나님께 맡겨 그 뜻대로 주시는 생명을 누리게 하소서.
3. 예수 그리스도를 믿고 십자가에 참여함으로 주님과 함께 부활의 생명을 누리게 하소서.

해답

맥체인성경365 1296p

사무엘상 9장 | 로마서 7장 | 예레미야 46장 | 시편 22편

우리의 삶의 문제의 해답은 하나님께 있습니다. 죄를 해결하고 생명에 이르는 해답은 예수 그리스도에게 있습니다. 따라서 하나님인 아닌 다른 무엇에서 해답을 찾지 말아야 합니다. 하나님께 해답을 두고 인내하며 기다려야 합니다.

사무엘상 9장_하나님을 통해 찾는 해답

사울이 사무엘을 찾아가 만난 말씀입니다. 아버지의 잃어버린 암나귀들을 찾아 헤매던 중 사환의 제안으로 사무엘을 찾아가 만나게 된 것을 기록하고 있습니다. "사환이 사울에게 다시 대답하여 이르되 보소서 내 손에 은 한 세겔의 사분의 일이 있으니 하나님의 사람에게 드려 우리 길을 가르쳐 달라 하겠나이다 하더라"(삼상 9:8) "사울이 그의 사환에게 이르되 네 말이 옳다 가자 하고 그들이 하나님의 사람이 있는 성읍으로 가니라"(삼상 9:10)

사울은 선지자 사무엘을 만나 나귀들의 행방에 대한 해답은 물론이요, 그 자신을 향한 하나님의 선택과 그가 살아가야 할 삶의 방향에 대한 해답도 듣게 됐습니다. 곧 하나님께서는 사울을 이스라엘의 왕으로 선택하셨고 이에 대한 말씀을 사울에게 주셨습니다. "사흘 전에 잃은 네 암나귀들을 염려하지 말라 찾았느니라 온 이스라엘이 사모하는 자가 누구냐 너와 네 아버지의 온 집이 아니냐 하는지라"(삼상 9:20) "성읍 끝에 이르매 사무엘이 사울에게 이르되 사환에게 우리를 앞서게 하라 하니라 사환이 앞서가므로 또 이르되 너는 이제 잠깐 서 있으라 내가 하나님의 말씀을 네게 들려 주리라 하더라"(삼상 9:27)

선지자를 찾아 물었다는 것은 곧 하나님을 찾아 물었다는 것을 의미합니다. 하나님에게서 해답을 찾은 것입니다. 우리 인생에도 풀리지 않는 문제가 발생하고 그 해답을 찾을 수 없어 답답할 때 하나님을 찾을 수 있어야 합니다. 하나님이 우리의 인생의 방향을 정하고 참된 길을 인도하시는 해답이 되심을 깨달아야 합니다.

로마서 7장_예수 그리스도를 통해 찾는 해답

율법으로부터의 자유함에 대해 가르치고 있습니다. 그리스도께 속한 우리는 율법에 종속되어 있지 않고, 그리스도의 몸으로 말미암아 이 율법에서 벗어나게 됐다는 것입니다. 또한 율법 아래 있는 인간에 대해 가르치고 있습니다. 율법을 통해 죄를 깨닫지만 그 깨닫게 하는 죄로 인해 사망에 이를 수밖에 없는 우리의 현실을 전하고 있습니다. 곧 그리스도를 통해 율법에서 자유함을 얻지 못할 때 우리의 운명은 절망스러울 수밖에 없다는 것입니다. 따라서 바울은 죄에 팔려 원하는 바 선은 행하지 아니하고 원하지 않는 악을 행함으로 사망에 이르고 있는 그 연약함을 전하며 이렇게 탄식했습니다. "오호라 나는 곤고한 사람이로다 이 사망의 몸에서 누가 나를 건져내랴"(롬 7:24) 죄를 따르는 육신으로 인해 사망을 맞이할 수밖에 없고, 따라서 사망에서 벗어날 해답을 간절히 찾고 있는 바울의 모습을 볼 수 있습니다. 그러나 바울은 이어서 이렇게 고백했습니다. "우리 주 예수 그리스도로 말미암아 하나님께 감사하리로다 그런즉 내 자신이 마음으로는 하나님의 법을 육신으로는 죄의 법을 섬기노라"(롬 7:25) 바울은 죄와 사망의 문제를 예수 그리스도를 통해서 찾았습니다. 그 스스로 죄와 사망의 문제를 해결할 수 없어 답답해하고 절망할 수밖에 없었지만, 예수 그리스도를 통해 죄와 사망의 문제를 해결할 수 있음을 찾았고, 따라서 예수 그리스도를 통해 해답을 주신 하나님께 감사했습니다.

우리 인생에서 가장 중요한 해답, 곧 죄의 문제를 해결하고 생명에 이르게 하는 해답은 오직 예수 그리스도에게 있습니다. 바울의 고백처럼 연약한 우리의 육신은 죄의 문제를 해결할 수 없고, 죄의 노예처럼 죄의 지배를 받고 속박되어 있습니다. 그러나 예수 그리스도께서 십자가를 통해 그 죄의 문제를 단번에 해결하고 우리에게 자유와 생명을 주셨습니다. 예수 그리스도를 통해 죄에서의 자유와 생명의 해답을 찾을 수 있습니다.

예레미야 46장_하나님 아닌 헛된 해답

애굽을 향한 심판의 말씀입니다. 하나님께서 애굽을 심판하여 그 날을 원수 갚는 보복의 날로 삼으신다는 것입니다(렘 46:10). 여기서 하나님 아닌 헛된 해답을 보게 됩니다. 자신이 가진 어떤 힘과 능력을 의지하며, 거기서 해답을 찾는 것이 헛되고 어리석은 일임을 보게 된다는 것입니다.

"너희 장사들이 쓰러짐은 어찌함이냐 그들이 서지 못함은 여호와께서 그들을 몰아내신 까닭이니라 그가 많은 사람을 넘어지게 하시매 사람이 사람 위에 엎드러지며 이르되 일어나라 우리가 포악한 칼을 피하여 우리 민족에게로, 우리 고향으로 돌아가자 하도다"(렘 46:15~16) 애굽의 심판과 멸망을 전하고 있는데, 특별히 주목할 말씀이 "장사들"입니다. 곧 애굽은 막강한 군대를 가지고 있었습니다. 그 군대로 인해 교만했고 하나님의 심판의 말씀을 경시했습니다. 우상을 숭배하고 죄악을 행하며 하나님의 반대편에 섰습니다. 이스라엘 백성들도 애굽의 말과 병거를 의지하며 거기서 해답을 찾았습니다. 위기 때마다 하나님이 아니라 애굽을 의지하며 도움을 얻고자 했습니다. 그런데 그 장사들이 쓰러지고 서지 못한다는 것입니다. 여호와 하나님께서 몰아내신다는 것입니다.

참 의지의 대상은 하나님께 있습니다. 하나님을 의지할 때 승리할 수 있고 평안할 수 있습니다. 하나님을 통해 승리와 평안의 해답을 찾을 수 있습니다. 그럼에도 하나님이 아닌 다른 힘을 의지하며 그 힘에서 해답을 찾고자 한다면 그 결과는 헛되고 어리석을 뿐입니다. 오직 해답은 하나님께 있고, 따라서 하나님이 아닌 다른 무엇에서 해답을 찾는 어리석음에서 돌이켜야 합니다.

시편 22편_인내와 기다림을 통해 찾는 해답

무자비한 원수들에 의해 둘러싸여 조롱을 받으며 생명의 위기 가운데 있던 다윗이 하나님께 구원을 구한 기도입니다. 여기서 인내하고 기다려야 한다는 사실을 배우게 됩니다. 곧 하나님께 참된 해답이 있음을 깨달았다면 포기하지 말고 하나님을 믿으며 기다려야 한다는 것입니다. 당장에 해답이 주어지지 않는다고 실망하거나 돌아서지 말아야 한다는 것입니다.

"내 하나님이여 내 하나님이여 어찌 나를 버리셨나이까 어찌 나를 멀리 하여 돕지 아니하시오며 내 신음 소리를 듣지 아니하시나이까 내 하나님이여 내가 낮에도 부르짖고 밤에도 잠잠하지 아니하오나 응답하지 아니하시나이다"(시 22:1~2) 환난과 고통 속에서 하나님께 드린 다윗의 기도입니다. 원수들의 비방과 조롱 속에서 포기하지 않고 하나님의 도움을 구한 것입니다. 무엇보다 주목할 말씀이, 당장에 응답이 없지만 그럼에도 다윗은 포기하지 않고 밤낮을 쉬지 않고 부르짖었다는 것입니다. 곧 다윗은 포기하지 않고 하나님을 바라보며 그 믿음에서 흔들리지 않았습니다. 해답되신 하나님에게서 돌아서지 않았습니다. 그리고 그 결과 하나님의 구원을 확신할 수 있었습니다(시 22:21 이하).

오늘의 기도

1. 삶의 문제로 헤매지 말고 해답이 되신 하나님을 찾아 엎드리게 하소서.
2. 예수 그리스도의 은혜로 죄를 이기고 생명과 자유함의 해답을 누리게 하소서.
3. 당장의 응답이 없어도 해답 되신 하나님을 믿으며 포기하지 않고 인내하며 기도하게 하소서.

인도하시는 하나님

맥체인성경365 1302p

사무엘상 10장 | 로마서 8장 | 예레미야 47장 | 시편 23-24편

하나님은 우리를 푸른 풀밭과 쉴 만한 물 가로 인도하십니다. 인도하심의 과정에서 힘을 주시고 우리의 연약함을 도우시며 대적들을 물리쳐주셔서 능히 축복의 목적지까지 이르게 하십니다. 따라서 흔들림 없이 믿음으로 인도하시는 하나님을 따라가야 합니다.

사무엘상 10장_힘을 주시는 하나님

사무엘이 사울에게 기름을 부어 왕으로 세운 말씀입니다. 무엇보다 사무엘은 사울에게 하나님의 영이 임하고 새 사람이 될 것을 예언했는데 그대로 이루어졌음을 전하고 있습니다. 곧 하나님은 이스라엘의 첫 번째 왕으로 사울을 선택하시고 또한 그에게 여호와의 영을 보내주셔서 그를 새롭게 하시고 영적으로 힘을 더해 주셨습니다. "네게는 여호와의 영이 크게 임하리니 너도 그들과 함께 예언을 하고 변하여 새 사람이 되리라"(삼상 10:6) "그가 사무엘에게서 떠나려고 몸을 돌이킬 때에 하나님이 새 마음을 주셨고 그 날 그 징조도 다 응하니라 그들이 산에 이를 때에 선지자의 무리가 그를 영접하고 하나님의 영이 사울에게 크게 임하므로 그가 그들 중에서 예언을 하니"(삼상 10:9~10)

여기서 하나님은 그 따르는 백성에게 사명을 주시고, 또한 그 사명을 감당할 힘을 주심을 깨닫게 됩니다. 곧 하나님을 따르는 삶에 주어지는 사명이 있습니다. 주시는 사명을 따라 살아가는 삶이 결국 하나님의 인도하심을 따르는 삶입니다. 그런데 사명을 주시는 하나님은 그 사명을 감당할 수 있는 성령도 주십니다. 우리 힘으로는 맡겨주신 사명을 감당할 수 없지만, 하나님께서 주시는 성령으로 능히 사명을 감당할 수 있습니다. 따라서 하나님을 따르며 주어지는 사명에 두려워할 필요도 없고, 머뭇거리며 물러설 필요도 없습니다. 성령을 통해 감당할 힘을 주심을 믿고 순종하면 됩니다.

로마서 8장_도우시는 하나님

성령 안에서의 삶을 전하고 있습니다. 성령 안에서 생명의 성령의 법을 통해 죄와 사망의 법에서 해방되고, 죽음을 이기고 생명의 삶을 살아가며, 하나님의 자녀요 상속자로 살게 된다는 것입니다. 무엇보다 성령은 우리의 연약함을 도우심을 말씀하고 있습니다. 우리가 무엇을 기도해야 할지 알지 못하는 막막한 때에도 성령은 알고 계시며, 우리를 위해 간구하시고 이를 통해 도우심을 말씀하고 있습니다. "이와 같이 성령도 우리의 연약함을 도우시나니 우리는 마땅히 기도할 바를 알지 못하나 오직 성령이 말할 수 없는 탄식으로 우리를 위하여 친히 간구하시느니라"(롬 8:26)

하나님은 성령을 통해 하나님을 따르는 믿음의 사람들, 곧 우리를 도우십니다. 우리를 하나님의 자녀로 삼으시고 죄와 사망의 법에서 구원하여 생명을 주실 뿐만 아니라, 막막함과 두려움의 이 세상을 능히 이길 수 있도록 성령을 통해 도우십니다. 따라서 하나님께서 우리에게 주시는 성령, 곧 도우시는 성령을 통해 담대해야 합니다. 두려워하며 아무 것도 못하는 것이 아니라, 믿음으로 성령의 인도하심을 따라야 합니다.

예레미야 47장_물리쳐주시는 하나님

블레셋을 향한 하나님의 심판의 말씀입니다. 블레셋은 하나님의 백성인 이스라엘을 고통스럽게 했던 대적이었습니다. 바로 그들을 하나님께서 심판하신다는 것입니다. 이를 통해 대적을 물리쳐주시고 그 아픔을 갚아주신다는 것입니다. "이는 블레셋 사람을 유린하시며 두로와 시돈에 남아 있는 바 도와 줄 자를 다 끊어 버리시는 날이 올 것임이라 여호와께서 갑돌 섬에 남아 있는 블레셋 사람을 유린하시리라"(렘 47:4)

하나님은 그 따르는 백성에게 승리를 주십니다.

그 백성을 고통과 어려움 가운데 몰아넣었던 대적들, 그 힘으로 어찌할 수 없었던 대적들을 물리쳐 주시고 그 아픔을 갚아 주십니다.

시편 23-24편_인도하시는 하나님

시편 23편은 하나님께서 좋은 목자가 되심을 고백한 다윗의 찬양입니다. 시편 24편은 성전에 들어가며 하나님을 찬양한 다윗의 시입니다. 무엇보다 시편 23편을 통해 인도하시는 하나님을 보게 됩니다. 하나님은 그 백성을 선하고 아름다운 곳으로 인도하신다는 것입니다.

"여호와는 나의 목자시니 내게 부족함이 없으리로다 그가 나를 푸른 풀밭에 누이시며 쉴 만한 물 가로 인도하시는도다"(시23:1~2) 하나님의 인도하심을 말씀하고 있는데, 주목할 말씀이 그 목적지가 푸른 풀밭이며 쉴 만한 물 가라는 것입니다. 하나님은 우리를 생명과 축복의 장소로 인도하신다는 것입니다. 이를 위해 하나님은 힘을 주십니다. 영혼을 회복시키시고 새 힘을 주셔서 넉넉히 주의 인도하심을 따라가게 하십니다(시 23:3). 또한 도우십니다. 하나님의 인도하심을 따라가는 길에 만나는 여러 위험과 환난에서 그 백성을 지켜주십니다. 주의 지팡이와 막대로 안위하시고 사망의 음침한 골짜기를 능히 지나게 하십니다(시 23:4). 또한 물리쳐주십니다. 우리를 조롱하고 공격하던 원수들을 물리치실 뿐만 아니라 그들 앞에서 우리를 높이시고 영화롭게 하십니다(시 23:5). 따라서 하나님만 바라보고 그 인도하시는 목적지만 바라보며 따라가면 됩니다. 그 과정에서 만나는 사망의 음침한 골짜기와 우리를 조롱하는 대적들로 인해 낙망하거나 두려워할 필요 없습니다. 하나님이 능히 도우시고 최종 목적지로 결국 인도하심을 믿고 따라가면 됩니다.

오늘의 기도

1. 주께서 인도하시는 목적지, 곧 푸른 풀밭과 쉴 만한 물 가를 바라보며 흔들림 없이 주의 인도하심을 따르게 하소서.
2. 주를 따라가는 길에서 성령을 통해 도우시며 우리를 위해 간구하시는 은혜를 누리게 하소서.
3. 우리의 길을 막아서며 조롱하는 대적들로 인해 두려워하지 않게 하시고, 능히 대적들을 물리치며 승리를 주시는 주님을 바라보며 더욱 주님을 의지하게 하소서.

주를 바라는 자들

사무엘상 11장 | 로마서 9장 | 예레미야 48장 | 시편 25편

맥체인성경365 1307p

주를 거부한 자들에게는 심판이 있지만, 주를 바라며 믿고 경외하며 힘입는 자들에게는 구원과 축복과 승리가 있습니다.

사무엘상 11장_주를 바라며 힘입은 자들의 승리

사울이 암몬 사람들을 물리친 말씀입니다. 곧 암몬이 길르앗 야베스를 공격하고자 진을 쳤고, 길르앗 야베스의 다급함의 소식을 들은 사울이 하나님의 영에 감동되어 군사들을 모았습니다. "사울이 이말을 들을 때에 하나님의 영에게 크게 감동되매 그의 노가 크게 일어나 한 겨리의 소를 잡아 각을 뜨고 전령들의 손으로 그것을 이스라엘 모든 지역에 두루 보내어 이르되 누구든지 나와서 사울과 사무엘을 따르지 아니하면 그의 소들도 이와 같이 하리라 하였더니 여호와의 두려움이 백성에게 임하매 그들이 한 사람 같이 나온지라"(삼상 11:6~7) '그의 노가 크게 일어났다'는 말씀에 주목해야 합니다. 곧 사울은 암몬의 침략 소식을 듣고 두려워하지 않았다는 것입니다. 길르앗 야베스 사람들은 암몬의 군대를 보고 화친하고자 했습니다. 결코 그 군대를 이길 수 없다고 생각한 것이고, 또 암몬의 군대를 두려워했다는 것입니다. 그러나 하나님의 영이 크게 임한 사울에게는 결코 그 암몬의 군대가 두려움이 되지 않았습니다. 오히려 전령들을 보내 이스라엘 백성들을 군사로 소집하며 그 백성들에게 하나님의 두려움을 전했습니다. 곧 참된 두려움의 대상이 되시는 하나님을 바라보며 의지한 사울에게는 그 무엇도 두려움이 되지 않았습니다. 오히려 그 하나님께서 주시는 영과 힘으로 두려움 없이 암몬과 싸울 수 있었고 또 승리할 수 있었습니다. "이튿날 사울이 백성을 삼 대로 나누고 새벽에 적진 한 가운데로 들어가서 날이 더울 때까지 암몬 사람들을 치매 남은 자가 다 흩어져서 둘도 함께 한 자가 없었더라"(삼상 11:11)

주를 바라는 사람들, 곧 하나님을 소망하며 의지하는 사람들에게 하나님은 그 영을 통해 힘을 더해 주십니다. 그 길을 인도하시고 승리를 주십니다. 내 힘을 의지하면 패하고 넘어질 수밖에 없지만, 주를 바람으로 주의 힘을 입을 때 언제나 승리할 수 있습니다.

로마서 9장_주를 바라며 믿는 자들의 구원

믿음으로 말미암는 의에 대해 전하고 있습니다. 율법으로는 결코 의에 이를 수 없지만 하나님의 약속에 따라 믿음으로 의에 이를 수 있음을 가르치고 있습니다. 이것을 설명하기 위해 육신의 자녀가 아닌 약속의 자녀가 하나님의 자녀로 인정받는다는 것을 전하고 있고, 또 토기장이를 예를 들며 모든 주권이 하나님께 있고 하나님께서 그 뜻에 따라 자유롭게 선택하신다는 것을 전하고 있습니다.

"그런즉 우리가 무슨 말을 하리요 의를 따르지 아니한 이방인들이 의를 얻었으니 곧 믿음에서 난 의요 의의 법을 따라간 이스라엘은 율법에 이르지 못하였으니 어찌 그러하냐 이는 그들이 믿음을 의지하지 않고 행위를 의지함이라 부딪칠 돌에 부딪쳤느니라"(롬 9:30~32) 이방인과 이스라엘을 비교하고 있는데, 율법의 의가 아닌 믿음의 의로 이방인들은 의, 곧 구원을 얻었지만, 이스라엘은 율법의 의, 곧 행위로 의롭게 되고자 추구하다가 구원에 이르지 못했음을 말씀하고 있습니다.

결국 무엇입니까? 연약하고 모자라지만 주를 바라며 믿는 자들은 주의 은혜를 통한 구원에 이르게 됩니다. 그 행위를 통해서 완전함을 추구하고 율법의 의를 따르는 것으로는 그 어떤 사람도 구원에 이를 수 없습니다. 따라서 오직 주께 소망을 두고 은혜를 구하며 믿음을 가져야 합니다.

예레미야 48장_주를 거부한 자들의 심판

모압을 향한 심판의 말씀입니다. 그들은 하나님이 아닌 보물을 의지하고 헛된 신인 그모스를 의지했습니다. 교만함으로 하나님을 거슬렀습니다. 그 결과 하나님의 심판으로 멸망을 당하고 다시 나라를 이루지 못하게 된다는 것입니다.

"네가 네 업적과 보물을 의뢰하므로 너도 정복을 당할 것이요 그모스는 그의 제사장들과 고관들과 함께 포로되어 갈 것이라"(렘 48:7) 보물의 헛됨을 보여주는 말씀입니다. 그것이 결코 구원을 가져다 주지 못하며 심판 때에 자신을 보호하고 지키지 못함을 가르쳐주고 있습니다. "이스라엘 집이 벧엘을 의뢰하므로 수치를 당한 것 같이 모압이 그모스로 말미암아 수치를 당하리로다"(렘 48:13) 믿고 신뢰했던 신 그모스가 아무런 도움이 되지 못함을 전하는 말씀입니다. 그모스가 자신들을 구원하고 복을 주리라 믿고 섬겼지만, 오히려 그것이 하나님의 심판에 이르게 한다는 것입니다. 하나님이 아닌 헛된 신을 믿고 따른 결과는 심판일 뿐임을 가르쳐주고 있습니다. "모압이 여호와를 거슬러 자만하였으므로 멸망하고 다시 나라를 이루지 못하리로다"(렘 48:42) 여호와 하나님을 거부할 때 주어지는 결과는 오직 심판뿐임을 전하는 말씀입니다. 오직 구원은 하나님께 있고 따라서 교만함이 아닌 겸손함으로 하나님의 은혜를 구해야 한다는 사실을 가르쳐주고 있습니다.

주를 바라며 은혜를 구하는 자들에게는 주의 은혜와 구원이 주어집니다. 그러나 교만함으로 주를 거부한 자들은 수치를 당하고 멸망하게 됩니다. 하나님의 심판을 피할 수 없습니다. 하나님이 아닌 그 어떤 재물도, 신도, 우상도 구원을 보장하지 못합니다. 따라서 오직 하나님만을 바라며 의지해야 합니다. 교만함을 버리고 겸손함으로 주님의 은혜를 구해야 합니다.

시편 25편_주를 바라며 경외하는 자들의 축복

하나님의 용서와 인도를 구하는 다윗의 기도입니다. 이 기도에서 다윗은 하나님을 경외하는 자에게 주어지는 은혜와 복에 대해 전하고 있습니다. 곧 여호와를 바라며 경외하는 자는 수치를 당하지 않으며, 하나님께서 그 길을 가르쳐 인도하시고, 평안과 기업과 자녀의 축복을 주신다는 것입니다. 주님의 친밀함의 사랑이 주어져 주님과 깊은 사랑의 교제를 나누게 되고, 하나님께서 그 언약을 보이신다는 것입니다. 곧 그 언약의 진실함을 확인해 주신다는 것입니다. "주를 바라는 자들은 수치를 당하지 아니하려니와 까닭 없이 속이는 자들은 수치를 당하리이다"(시 25:3) "여호와를 경외하는 자 누구냐 그가 택할 길을 그에게 가르치시리로다 그의 영혼은 평안히 살고 그의 자손은 땅을 상속하리로다 여호와의 친밀하심이 그를 경외하는 자들에게 있음이여 그의 언약을 그들에게 보이시리로다"(시 25:12~14)

---

1. 주의 힘을 입어서 모든 대적을 물리치고 승리함의 축복을 누리게 하소서.
2. 주를 바라고 믿음으로 누리는 구원의 은혜를 놓치지 않게 하소서.
3. 주님을 바라고 경외함으로 인도와 평안과 자녀와 기업과 교제와 약속 등, 주의 축복을 누리게 하소서.

20
Aug

무엇을 구하고 있는가?

맥체인성경365 1313p

사무엘상 12장 | 로마서 10장 | 예레미야 49장 | 시편 26-27편

우리가 구할 것은 눈에 보이는 왕도, 세상의 재물과 군사도 아닙니다. 진정 생명과 구원 되신 하나님을 구해야 하고, 그 하나님을 통한 영혼 구원을 구해야 합니다.

사무엘상 12장_왕을 구한 백성들

사무엘이 사사직에서 물러나며 백성들에게 전한 말입니다. 무엇보다 그들이 왕을 구한 잘못을 전하고 있습니다. 곧 이미 사울을 왕으로 세웠지만, 그 백성들이 하나님께서 왕이 되심에도 불구하고 눈에 보이는 왕을 구한 것은 잘못된 일이었음을 지적하며 책망했습니다. "너희가 암몬 자손의 왕 나하스가 너희를 치러 옴을 보고 너희의 하나님 여호와께서는 너희의 왕이 되심에도 불구하고 너희가 내게 이르기를 아니라 우리를 다스릴 왕이 있어야 하겠다 하였도다 이제 너희가 구한 왕, 너희가 택한 왕을 보라 여호와께서 너희 위에 왕을 세우셨느니라"(삼상 12:12~13)

사실 하나님의 통치와 다스림으로 충분히 힘 있고, 충분히 안전하고, 충분히 부강하며 행복할 수 있었습니다. 그럼에도 백성들은 다른 나라들과 같이 왕이 있어야 강력한 군대를 구성하고 나라를 강하게 세워갈 수 있으며, 적들과의 전쟁에서 승리할 수 있다는 어리석은 생각을 하며 왕을 달라고 하나님께 구했습니다. 그리고 그 백성들의 뜻대로 왕이 세워졌습니다. 하나님은 그 백성들이 구한 대로 사울을 왕으로 세워주셨습니다. 그러나 사무엘은 우레와 비를 하나님께 구하여 내리게 해 백성들을 두려워하게 했고, 또 이를 통해 그 백성들이 왕을 구한 것은 죄악된 일이었으며 하나님께서 기뻐하지 않으시는 일이었음을 전했습니다. 그리고 무엇보다 세워진 왕과 더불어 하나님의 목소리를 듣고 그 명령을 지키며, 하나님만을 경외해야 함을 가르쳤습니다.

결국 무엇입니까? 하나님의 뜻은 무엇이겠습니까? 하나님께서 기뻐하지 않으시는 일임에도 그

백성들의 간구에 응답하여 왕을 세우신 것은 무엇 때문이겠습니까? 하나님께서 그 백성들을 시험하고자 하신 것 아니겠습니까? 곧 세워진 왕으로 인해 하나님을 향한 마음을 잃는 것이 아니라, 오히려 왕과 더불어 더욱 하나님을 경외하며, 참된 왕은 하나님이심을 잊지 않기를 바라신 것입니다. 눈에 보이는 왕이 아니라 하나님이 참된 왕이심을 깨닫고 하나님을 구하기를 바라신 것입니다.

오늘 말씀을 통해 우리 자신을 돌아봐야 합니다. 그리고 우리가 진정 구해야 하는 것 하나님임을 놓치지 말아야 합니다.

로마서 10장_이스라엘의 구원을 구한 바울

믿음으로 말미암는 의에 대해 전하고 있습니다. 율법이 아닌 믿음, 곧 입으로 예수를 주로 시인하고, 하나님께서 죽은 자 가운데서 예수를 살리신 것을 마음에 믿으면 구원을 얻는다는 것입니다. 이는 헬라인이나 유대인이나 차별이 없다는 것입니다. 그러나 이스라엘은 하나님께 열심은 있지만 하나님의 의를 모르고, 율법을 통해 자기 의를 세우고자 힘쓰며, 하나님의 의에 복종하지 못하고 있었습니다. 바울은 이를 안타까워했고, 따라서 자신의 형제 이스라엘이 구원함을 받기를 원하며 하나님께 구했습니다. 결코 사람으로는 이룰 수 없는 율법의 의가 아니라, 믿음을 통한 하나님의 의로 구원함에 이르기를 구했습니다. "형제들아 내 마음에 원하는 바와 하나님께 구하는 바는 이스라엘을 위함이니 곧 그들로 구원을 받게 함이라"(롬 10:1)

그 백성의 구원을 구했던 바울의 모습을 보며, 우리는 무엇을 구하고 있는지 돌아봐야 합니다. 우리도 우리의 가족과 이웃이 하나님께 돌아와 구원

의 은혜, 곧 예수 그리스도 십자가의 은혜를 누리기를 구해야 합니다. 재물을 구하고 성공을 구하고 축복을 구할 수 있지만, 그러나 무엇보다 먼저 우리의 형제와 이웃들이 구원받기를 구해야 합니다.

예레미야 49장_헛된 것을 구한 나라들

암몬, 에돔, 다메섹, 게달과 하솔, 엘람에 대한 심판의 말씀입니다. 그들이 의지했던 것의 헛됨을 전하며, 하나님께서 심판하심을 말씀하고 있습니다. 곧 그들은 참 생명과 구원이 되시는 하나님이 아니라 자신들이 가진 재물과 요새와 군사와 병기 등을 의뢰했습니다. "패역한 딸아 어찌하여 골짜기 곧 네 흐르는 골짜기를 자랑하느냐 네가 어찌하여 재물을 의뢰하여 말하기를 누가 내게 대적하여 오리요 하느냐"(렘 49:4) "바위 틈에 살며 산꼭대기를 점령한 자여 스스로 두려운 자인 줄로 여김과 네 마음의 교만이 너를 속였도다 네가 독수리 같이 보금자리를 높은 데에 지었을지라도 내가 그리로부터 너를 끌어내리리라 이는 여호와의 말씀이니라"(렘 49:16) "이는 만군의 여호와의 말씀이니라 그런즉 그 날에 그의 장정들은 그 거리에 엎드러지겠고 모든 군사는 멸절될 것이며"(렘 49:26) "만군의 여호와가 이같이 말하노라 보라 내가 엘람의 힘의 으뜸가는 활을 꺾을 것이요"(렘 49:35) 다시 정리하면, 암몬은 기름진 땅과 풍성한 재물을 의뢰하며 자랑했고(렘 49:4), 에돔은 산꼭대기 바위틈에 만들어진 자신들의 요새를 의뢰했습니다(렘 49:16). 다메섹은 군사를 의지했고(렘 49:26), 엘람은 으뜸가는 활, 곧 그들의 병기를 의지했습니다(렘 49:35). 그 모든 나라들은 그 의뢰한 것들로 안전하다 생각하며 교만했고, 하나님을 구하지도 않고 의뢰하지도 않았습니다. 따라서 하나님께서 그 나라들을 심판

하고 멸하셔서 그 의뢰한 재물과 요새와 군사와 병기가 헛됨을 보이시겠다고 말씀하신 것입니다. 사방에서 적들이 오게 하여 무너뜨리시고, 아무리 높은 바위틈에 요새를 지었다 할지라도 하나님께서 끌어내리시고, 그 장정과 군사들은 멸절시키시며, 그 의지한 활은 꺾어 버리신다는 것입니다. 참 생명 되신 하나님을 구하지 않고 또 의뢰하지 않은 어리석음을 여실히 보여주시겠다는 것입니다.

하나님을 구하지 않을 때, 다시 말해 하나님이 아닌 헛된 것을 구하고 의지할 때, 그 결과는 심판이고 멸망일 수밖에 없습니다. 따라서 헛된 것을 구하고 의지하던 것에서 돌이켜 무엇보다 하나님을 구해야 합니다.

시편 26-27편_하나님을 구한 다윗

시편 26편은 자신의 무고함을 살피시고 판단해 달라는 다윗의 기도입니다. 시편 27편은 환난 중에도 믿음으로 흔들리지 않음을 고백하며, 비방 받는 가운데 하나님의 도우심을 구한 다윗의 기도입니다. 무엇보다 주목할 것이 다윗은 다른 무엇이 아니라 오직 하나님만을 구했습니다. "내가 여호와께 바라는 한 가지 일 그것을 구하리니 곧 내가 내 평생에 여호와의 집에 살면서 여호와의 아름다움을 바라보며 그의 성전에서 사모하는 그것이라"(시 27:4)

다윗은 진정 구해야 하는 것이 무엇인지 알았습니다. 그에게 참 생명과 구원을 주고, 참 행복을 주는 것이 무엇인지 알았습니다. 따라서 그는 세상의 부귀와 권세를 구하지 않았고 또 영광을 구하지도 않았습니다. 오직 그는 성전에서 하나님을 예배하며 하나님과 교제하는 삶을 소망하며 구했습니다. 오직 하나님만을 구했습니다.

기다림

21 Aug

사무엘상 13장 | 로마서 11장 | 예레미야 50장 | 시편 28-29편

하나님의 약속을 믿고 그 날을 소망하며 기다려야 합니다. 결코 어리석게 기다림에서 실패하지 말아야 합니다. 고난 중에도 인내하며 기다릴 때, 결국 응답과 구원을 경험하게 됩니다.

사무엘상 13장_기다림과 인내

블레셋과의 전쟁이 시작된 것을 기록하고 있습니다. 그런데 주목할 말씀이 사울 왕이 사무엘을 기다리지 못하고 스스로 번제를 드린 것입니다. 곧 사울의 아들 요나단이 게바에 있는 블레셋의 수비대를 쳤고, 이를 들은 블레셋이 수많은 군사와 병거와 마명을 이끌고 올라와 벧아웬 동쪽 믹마스에 진을 쳤습니다. 이스라엘도 군사를 모았지만 수많은 블레셋 군대를 보며 두려움에 떨 수밖에 없었고, 숨고 도망가는 사람들도 많았습니다. 이런 중에 길갈에서 사무엘을 기다리던 사울 왕은 백성들이 자신에게서 흩어지자 불안하여 약속한 시간까지 사무엘을 기다리지 못하고, 사무엘이 드려야 하는 제사를 자신이 드리고 말았습니다. "사울은 사무엘이 정한 기한대로 이레 동안을 기다렸으나 사무엘이 길갈로 오지 아니하매 백성이 사울에게서 흩어지는지라 사울이 이르되 번제와 화목제물을 이리로 가져오라 하여 번제를 드렸더니"(삼상 13:8~9) 그러나 번제를 마치고 아직 화목제를 드리기 전에 사무엘이 도착했는데(삼상 13:10), 이때에 사무엘이 도착했다는 것은 사무엘이 약속한 시간에 늦지 않았다는 것을 보여줍니다. 사울 왕은 정한 이레를 기다렸고, 그래도 사무엘이 오지 않아 번제를 드렸다고 변명하겠지만, 사무엘을 믿고 조금 더 기다리지 못하는 어리석음, 곧 불신과 불순종을 보이고만 것입니다. 그리고 스스로 번제를 드리는 망령된 일을 행한 것입니다. 결국 이런 사울 왕의 불신과 불순종 그리고 망령된 일을 통해, 사울 왕은 하나님의 버림을 받게 됐고, 그 왕조가 영원할 수 없다는 하나님의 심판의 메시지를 듣게 됐습니다(삼상 13:13~14).

사울 왕의 어리석음을 보며, 하나님의 말씀을 끝까지 믿고 기다리며 인내하는 것이 중요하다는 사실을 깨닫게 됩니다. 당장 다급하고 위험한 일이 벌어지고, 두려움이 눈앞까지 이른다 할지라도 하나님의 말씀을 끝까지 붙들고 순종하는 믿음이 필요합니다. 그 믿음으로 기다리며 인내해야 하고, 어리석게 기다림에 실패하지 말아야 합니다.

로마서 11장_기다림과 구원

이스라엘의 구원을 바라는 바울의 마음을 보게 하는 말씀입니다. 곧 모든 이스라엘이 완악해진 것이 아니고, 하나님께서 은혜로 택하심을 따라 남은 자가 있다는 것입니다. 또한 이스라엘의 실족으로 말미암아 이루어진 이방의 구원이 이스라엘에게 자극이 되어 이스라엘의 구원으로 이어지게 된다는 것입니다. 무엇보다 하나님은 모든 사람에게 긍휼을 베풀기를 원하시고, 이방인의 충만한 수가 채워지면, 온 이스라엘을 향한 구원도 이루어지게 될 것을 전하고 있습니다. 따라서 바울은 하나님의 놀라운 구원에 대해 이렇게 찬양했습니다. "깊도다 하나님의 지혜와 지식의 풍성함이여, 그의 판단은 헤아리지 못할 것이며 그의 길은 찾지 못할 것이로다"(롬 11:33) 여기서 바울의 기다림을 보게 됩니다. 동족 이스라엘을 향한 사랑과 하나님의 구원을 바라는 기다림을 보게 됩니다. 더불어 기다림 속에서 반드시 구원이 이루어질 것을 믿는 믿음을 보게 됩니다. 하나님의 크고 놀라운 구원의 계획과 이를 통해 이루어질 구원을 믿는 믿음을 보게 됩니다.

하나님을 향한 믿음은 결코 헛되지 않습니다. 반드시 열매로 맺어집니다. 따라서 바울의 믿음의 기다림은 구원이라는 열매로 반드시 맺어지게 됩니다. 우리에게도 이 믿음의 기다림이 필요합니다. 당장의 열매가 없다고 절망하고 포기하지 말고 끝까지 믿음으로 기다려야 합니다. 그 기다림의 결과로 구원의 열매를 맺어야 합니다.

예레미야 50장_기다림과 소망

바벨론의 멸망과 이스라엘의 구원을 전하는 말씀입니다. 하나님께서 교만한 바벨론을 멸하시고 이스라엘의 죄를 용서하여 구원하신다는 것입니다. 포로로 잡혀갔던 그 백성들을 다시 돌아오게 하시고 하나님과의 관계를 회복시키신다는 것입니다. "여호와의 말씀이니라 그 날 그 때에 이스라엘 자손이 돌아오며 유다 자손도 함께 돌아오되 그들이 울면서 그 길을 가며 그의 하나님 여호와께 구할 것이며 그들이 그 얼굴을 시온으로 향하여 그 길을 물으며 말하기를 너희는 오라 잊을 수 없는 영원한 언약으로 여호와와 연합하라 하리라"(렘 50:4~5)

바벨론에 의해 나라가 멸망당하고, 백성들이 바벨론에 포로로 잡혀갈 때, 그 때의 절망이 얼마나 컸겠습니까? 지금도 바벨론에 포로로 잡혀와 아픔과 수치를 겪고, 끝이 보이지 않는 고통을 당하며 얼마나 큰 절망의 시간을 보내고 있겠습니까? 그러나 그런 그들을 향해 하나님의 구원이 선포됐습니다. 그 백성들을 절망으로 몰아넣었던 바벨론을 하나님께서 심판하시며, 그 백성들을 구원하시겠다고 약속하셨습니다.

결국 무엇입니까? 하나님의 약속은 그 어떤 절망도 이기는 능력이 됩니다. 그 절망을 바꾸어 소망이 되게 합니다. 따라서 그 약속을 믿고 기다리면 됩니다. 그렇게 기다리며 하나님의 약속을 통해 소망을 가지면 됩니다. 그 약속은 반드시 하나님께서 이루시고, 따라서 약속을 붙잡고 기다리는 기다림은 헛되지 않습니다. 그 기다림 중에 갖는 소망도 헛되지 않습니다.

시편 28-29편_기다림과 응답

시편 28편은 보호하심의 간구와 그 응답에 대한 다윗의 감사 찬양입니다. 시편 29편은 하나님의 영광과 능력에 대한 다윗의 찬양입니다. 시편 28편에서 다윗의 기다림과 응답을 보게 됩니다. 낙망의 상황에서도 하나님을 믿고 기다리면, 반드시 하나님의 응답의 구원을 보게 된다는 것입니다.

"여호와여 내가 주께 부르짖으오니 나의 반석이여 내게 귀를 막지 마소서 주께서 내게 잠잠하시면 내가 무덤에 내려가는 자와 같을까 하나이다"(시 28:1) 다윗은 악인들로 인한 고통과 죽음의 위기 속에서 하나님을 찾고 기도했습니다. 포기하지 않고 기도하며 주의 응답을 기다렸습니다. 그리고 그 결과, 주의 응답을 경험할 수 있었습니다. 곧 다윗은 하나님의 응답을 경험하고 기쁨으로 하나님을 찬양했습니다. "여호와를 찬송함이여 내 간구하는 소리를 들으심이로다 여호와는 나의 힘과 나의 방패이시니 내 마음이 그를 의지하여 도움을 얻었도다 그러므로 내 마음이 크게 기뻐하며 내 노래로 그를 찬송하리로다"(시 28:6~7)

고통 중에도 하나님을 믿고 기다리면 반드시 하나님의 응답이 주어집니다. 따라서 아무리 큰 고난과 고통이 있어도 하나님을 포기하지 말아야 합니다. 그 기도를 중단하지 말아야 합니다. 끝까지 하나님을 바라보며 믿음으로 기다려야 합니다.

오늘의 기도

1. 결코 절망하며 넘어지지 않고, 다윗처럼 믿고 인내하며 기도하게 하시고, 이를 통해 응답하시는 하나님의 축복을 누리게 하소서.
2. 사울처럼 조급함과 불안함에 기다림을 포기하는 어리석음이 없게 하시고, 끝까지 하나님을 믿고 기다려 승리와 영광의 자리에 서게 하소서.
3. 주의 약속의 말씀을 붙들어 언제나 소망을 갖게 하시며, 소망 중에 기다림으로 주께서 이루시는 구원의 축복을 누리게 하소서.

하나님의 뜻

맥체인성경365 1326p

사무엘상 14장 | 로마서 12장 | 예레미야 51장 | 시편 30편

하나님의 기뻐하시는 뜻을 분별하고 따라가야 합니다. 그 뜻은 하나님을 의뢰하며 두려워하지 않는 것입니다. 하나님의 구원을 찬양하며 거룩함으로 살아가는 것입니다.

사무엘상 14장_하나님의 뜻 : 두려워하지 않음

블레셋과의 전쟁에서 이스라엘이 승리한 것을 전하고 있습니다. 이 승리에 요나단의 용맹함이 결정적 역할을 했음을 전하고 있습니다. 곧 요나단은 블레셋의 수많은 군사를 보고 두려워하지 않았습니다. 전쟁의 승패는 군사의 많고 적음에 있지 않고 하나님께 있음을 믿었습니다. 따라서 적들을 향해 나아가는 것을 두려워하지 않았고, 무기를 든 젊은 병사에게 하나님께서 우리를 위해 싸우심을 믿고 담대할 것을 전했습니다. "요나단이 자기의 무기를 든 소년에게 이르되 우리가 이 할례 받지 않은 자들에게로 건너가자 여호와께서 우리를 위하여 일하실까 하노라 여호와의 구원은 사람이 많고 적음에 달리지 아니하였느니라"(삼상 14:6)

결국 요나단의 믿음대로 하나님께서 승리를 주셨습니다. 이스라엘의 군사력이 절대적으로 불리한 상황이었지만, 요나단이 믿음으로 적들에게 건너가 싸움을 시작한 이후, 하나님의 도우심 속에서 블레셋 군대를 물리치고 승리할 수 있었습니다(삼상 14:23). 여기서 하나님의 기뻐하시는 뜻은 하나님을 절대적으로 신뢰하며, 그 승리를 믿는 것임을 알 수 있습니다. 눈앞의 상황으로 인해 두려워하여 낙담하고 절망하는 것이 아니라, 함께하시는 하나님을 통해 담대하며, 그 하나님을 바라보며 소망을 갖는 것이 하나님의 뜻입니다.

로마서 12장_하나님의 뜻 : 거룩함

예배의 삶, 사역의 삶, 사랑의 삶을 가르치고 있습니다. 거룩한 삶을 통해 삶의 예배를 드려야 한다는 것과, 각각 주신 은사에 따라 교회를 위해 봉사하며 사역해야 하는 것, 그리고 공동체 안에서 사랑과 나눔과 축복의 삶을 살아야 한다는 것을 가르치고 있습니다.

특별히 예배의 삶에 주목하면, 우리의 몸을 거룩한 산 제물로 드리는 영적 예배의 삶이 하나님의 뜻임을 강조하고 있습니다. 곧 악한 이 세대를 따르지 않는 삶과 하나님의 기뻐하시는 온전한 뜻을 분별하여 따르는 삶을 통해 하나님을 예배해야 한다는 것입니다. "그러므로 형제들아 내가 하나님의 모든 자비하심으로 너희를 권하노니 너희 몸을 하나님이 기뻐하시는 거룩한 산 제물로 드리라 이는 너희가 드릴 영적 예배니라 너희는 이 세대를 본받지 말고 오직 마음을 새롭게 함으로 변화를 받아 하나님의 선하시고 기뻐하시고 온전하신 뜻이 무엇인지 분별하도록 하라"(롬 12:1~2)

우리의 삶은 우리 자신의 기쁨과 만족이 아니라 하나님의 기쁨을 위해 살아야 합니다. 하나님의 기쁨이 우리의 기쁨이 돼야 합니다. 따라서 하나님의 기뻐하시는 뜻을 날마다 찾고 분별해야 합니다. 곧 멸망으로 치닫는 악한 세상을 본받는 삶이 아니라, 생명으로 이끄는 말씀의 삶과 거룩한 삶이 하나님의 뜻입니다. 이 거룩한 삶을 통해 끊임없이 하나님을 예배하는 삶이 하나님의 기뻐하시는 뜻입니다.

예레미야 51장_하나님의 뜻 : 하나님을 의뢰함

하나님의 심판으로 바벨론이 멸망할 것을 예언한 말씀입니다. 이를 통해 하나님을 의뢰하는 것이 중요함을 가르치고 있습니다. 어리석게 교만하여 하나님의 사명에서 벗어나지 않고, 헛된 힘을 자랑하지 않으며 하나님을 의뢰해야 한다는 것입니다. 이것이 결국 하나님의 뜻입니다.

"많은 물 가에 살면서 재물이 많은 자여 네 재물

의 한계 곧 네 끝이 왔도다"(렘 51:13) 바벨론의 교만을 보여주는 말씀입니다. 바벨론은 자신들이 가진 많은 재물을 의지했고, 또 이를 통해 교만했습니다. 바로 이 교만으로 인해 하나님의 심판의 끝에 이르게 됐다는 것입니다. 곧 하나님은 세상을 심판하고 죄악된 유다 백성들을 심판하는 도구로 바벨론을 사용하셨습니다. 예레미야 51장 20절에, 바벨론을 하나님의 철퇴 곧 무기라고 말씀하고 있는데, 죄악된 국가와 말과 병거와 사람들을 분쇄하도록 하나님께서 선택한 무기라는 것입니다. 따라서 바벨론은 그 주어진 힘이 스스로의 힘이 아니라 하나님이 주신 힘임을 깨닫고 겸손해야 했고, 더욱 하나님을 의뢰해야 했습니다. 그러나 바벨론은 그 힘이 자신들의 힘이라 착각하고 교만했으며, 잔혹함으로 하나님이 주신 사명에서 벗어났습니다. 하나님이 아닌 재물을 의뢰하며 헛된 우상을 의뢰했습니다. 따라서 하나님은 바벨론을 멸하시며 심판하실 것을 말씀하셨습니다.

"그러므로 보라 날이 이르리니 내가 바벨론의 우상들을 벌할 것이라 그 온 땅이 치욕을 당하겠고 그 죽임 당할 자가 모두 그 가운데에 엎드러질 것이며 하늘과 땅과 그 안에 있는 모든 것이 바벨론으로 말미암아 기뻐 노래하리니 이는 파멸시키는 자가 북쪽에서 그에게 옴이라 여호와의 말씀이니라 바벨론이 이스라엘을 죽여 엎드러뜨림 같이 온 세상이 바벨론에서 죽임을 당하여 엎드러지리라"(렘 51:47~49) 바벨론을 향한 심판을 예언하는 말씀입니다. 교만했던 바벨론이 치욕을 당하고 파멸 당할 것을 전하고 있습니다. 무엇보다 주목할 말씀이, 바벨론으로 말미암아 모두가 기뻐 노래한다는 것입니다. 바벨론의 침략으로 멸망당했던 나라들이, 이제는 바벨론이 심판으로 멸망당하는 것

을 보고 기뻐한다는 것으로, 이 기쁨에는 이스라엘도 포함이 됩니다. 바벨론에 의해 아픔과 고통을 당했던 백성들이 하나님께서 이스라엘을 위해 갚아주시는 보복으로 기뻐하게 되며, 또한 회복을 이루게 된다는 것입니다.

시편 30편_하나님의 뜻 : 하나님을 찬송함

죽음의 위협에서 건져주신 하나님의 은혜에 대한 다윗의 감사와 찬양입니다. 무엇보다 다윗은 하나님을 찬양하는 것이 하나님의 뜻임을 알고 고백했습니다. 하나님의 진노보다 은혜가 더 크고, 따라서 고통과 아픔보다 하나님의 구원의 기쁨이 더 크다는 것을 깨닫고 하나님을 찬양했습니다. 곧 다윗은 질병으로 인한 고통과 위기 속에서 고통보다 더 큰 하나님의 은혜를 경험했습니다. 그리고 이 경험을 통해 하나님을 찬양함이 마땅하며, 하나님께서 바라시는 뜻이 찬양에 있음을 깨달았습니다. 따라서 다윗은 영원히 주님께 감사한다고 고백하며 하나님을 찬양했습니다. "주께서 나의 슬픔이 변하여 내게 춤이 되게 하시며 나의 베옷을 벗기고 기쁨으로 띠 띠우셨나이다 이는 잠잠하지 아니하고 내 영광으로 주를 찬송하게 하심이니 여호와 나의 하나님이여 내가 주께 영원히 감사하리이다"(시 30:11~12)

하나님의 진노와 이로 인한 고통보다 하나님의 은혜와 이로 인한 기쁨은 더 큽니다. 하나님의 놀라운 은혜와 사랑은 우리의 생각보다 크고 놀랍습니다. 그리고 이 은혜 속에서 하나님은 우리의 찬양을 바라십니다. 곧 하나님께서 베푸신 은혜와 구원 속에서 하나님을 찬양함이 마땅하며 또한 이것이 하나님의 뜻입니다. 따라서 영원히 하나님께 감사하며 찬양해야 합니다.

오늘의 기도

1. 하나님만을 절대적으로 의뢰하게 하시고, 결코 교만함으로 하나님을 떠나지 않게 하소서.
2. 수많은 대적으로 인해 두려워하지 않게 하시고, 오히려 함께하시는 하나님과 그 구원을 바라보며 담대하게 하소서.
3. 하나님이 베푸신 은혜의 이유를 깨달아 더욱 하나님을 찬양하며 감사하는 삶을 살게 하소서.

23 Aug

진실함

사무엘상 15장 | 로마서 13장 | 예레미야 52장 | 시편 31편

맥체인성경365 1334p

진실함이 결여된 순종과 예배로는 하나님을 기쁘시게 할 수 없습니다. 오직 진실함으로 하나님을 사랑하며 그 말씀에 순종할 때, 하나님의 기뻐하심과 보호하심의 축복을 누릴 수 있습니다.

사무엘상 15장_진실함에서 떠난 순종

사울 왕의 불순종과 버림받음을 전하는 말씀입니다. 곧 사울 왕은 아말렉을 쳐서 진멸하라는 하나님의 명령을 받고도 순종하지 않았습니다. 아말렉을 쳐서 모든 백성과 가치 없고 하찮은 것 등을 진멸하기는 하였으나, 아각과 그의 양과 소의 가장 좋은 것 등을 남기고 진멸하기를 즐겨 아니했습니다(삼상15:9). 그럼에도 아말렉을 진멸하라는 하나님의 명령에 순종했다고 뻔뻔스럽게 대답했습니다. "사무엘이 사울에게 이른즉 사울이 그에게 이르되 원하건대 당신은 여호와께 복을 받으소서 내가 여호와의 명령을 행하였나이다 하니"(삼상 15:13)

무엇보다 사울 왕은 자신의 잘못을 회개하고 용서를 구하기보다 변명만 늘어놓았습니다. 곧 양과 소의 가장 좋은 것을 남기고 진멸하지 않은 것에 대해 사무엘이 책망하자 하나님께 제사하기 위해 남겨둔 것이라고 둘러대며 변명했습니다(삼상15:15). 따라서 사무엘은 사울 왕에게 순종이 제사보다 낫다는 사실과 하나님의 말씀을 버려 불순종한 사울 왕을 하나님도 버리셨음을 전했습니다. "사무엘이 이르되 여호와께서 번제와 다른 제사를 그의 목소리를 청종하는 것을 좋아하심 같이 좋아하시겠나이까 순종이 제사보다 낫고 듣는 것이 숫양의 기름보다 나으니 이는 거역하는 것은 점치는 죄와 같고 완고한 것은 사신 우상에게 절하는 죄와 같음이라 왕이 여호와의 말씀을 버렸으므로 여호와께서도 왕을 버려 왕이 되지 못하게 하셨나이다 하니"(삼상 15:22~23)

진실한 마음으로 하나님의 말씀에 절대적으로 따르는 순종이 참 순종입니다. 하나님의 말씀을 따르는 척 흉내 내는 순종은 참 순종일 수 없고, 그런 순종으로 하나님을 속일 수 없습니다. 하나님은 값진 제물의 제사보다 진실함으로 그 말씀을 따르는 순종을 원하시고 기뻐하십니다. 따라서 우리의 모든 마음을 다해 진실함으로 주의 말씀에 순종해야 합니다.

로마서 13장_진실함으로 행하는 순종

국가 권력에 대해 가져야 하는 태도를 가르치고 있습니다. 하나님으로부터 비롯된 세상의 권세를 존중하고 존경하며 따라야 한다는 것입니다. 무엇보다 진노 때문에 어쩔 수 없이 복종하고 따르는 것이 아니라 양심을 따라 복종해야 함을 가르치고 있습니다. 다시 말해 처벌이 두려워 그 권세에 복종하는 것이 아니라, 하나님께서 주신 권세라면 진실한 마음으로 따라야 한다는 것입니다. "그러므로 복종하지 아니할 수 없으니 진노 때문에 할 것이 아니라 양심을 따라 할 것이라"(롬 13:5)

여기서 순종은 진실함으로 해야 함을 보게 됩니다. 참 순종은 억지로가 아니라 그 마음을 담아 진심으로 해야 한다는 것입니다. 무엇보다 진실함이 결여된 채 억지로 하는 순종은 하나님을 기쁘시게 할 수 없습니다. 하나님은 우리의 진실한 마음까지 원하십니다. 진실함으로 행하는 순종을 기뻐하십니다.

예레미야 52장_진실함의 예배가 결여된 성전

예루살렘이 함락되고, 성전이 훼파되며, 백성들이 바벨론에 포로로 잡혀간 것을 기록한 말씀입니다. 특별히 성전의 멸망을 보면서 진실함의 예배가 결여된 성전의 헛됨을 깨닫게 됩니다. 진실함으로 하

나님께 드리는 예배가 끊어지고 외형만 있는 성전은 헛될 뿐이라는 것입니다.

"여호와의 성전과 왕궁을 불사르고 예루살렘의 모든 집과 고관들의 집까지 불살랐으며"(렘 52:13) "갈대아 사람은 또 여호와의 성전의 두 놋기둥과 받침들과 여호와의 성전의 놋대야를 깨뜨려 그 놋을 바벨론으로 가져갔고 가마들과 부삽들과 부집게들과 주발들과 숟가락들과 섬길 때에 쓰는 모든 놋그릇을 다 가져갔고 사령관은 잔들과 화로들과 주발들과 솥들과 촛대들과 숟가락들과 바리들 곧 금으로 만든 물건의 금과 은으로 만든 물건의 은을 가져갔더라"(렘 52:17~19) 예루살렘 성전을 비롯한 왕궁과 성읍이 불타고 허물어졌으며, 하나님을 예배하는데 사용한 성전의 기구들이 바벨론에 넘어갔음을 전하는 말씀입니다. 당시 거짓 선지자들과 백성들은 하나님이 계신 성전은 무너질 수 없다고 주장했습니다. 하나님의 성전이 있는 예루살렘 성읍도 평안할 것이라 믿었습니다. 그러나 이미 진실함으로 하나님께 드리는 예배가 사라지고, 오히려 우상을 숭배하고 가증한 일을 행하였던 성전에 하나님은 계시지 않으셨습니다. 이미 성전을 떠나셨고, 당시 거짓 선지자들과 백성들의 바람과 달리 바벨론에 의해 불타고 허물어졌습니다.

진실함으로 하나님께 드리는 예배가 사라지고, 하나님께서 떠나신 성전은 아무 의미와 가치도 없습니다. 아무리 화려하고 웅장한 성전이라 할지라도 외형만 있는 성전은 건물 이상의 의미를 갖지 못합니다. 따라서 중요한 것은 진실함입니다. 진실함으로 하나님을 예배하는 것이 중요합니다. 아무리 작고 초라한 성전이라 할지라도 진실함으로 하나님 앞에 드리는 예배가 있고, 하나님께서 거기에 임하여 그 예배를 받으신다면, 바로 그 성전에 가치가 있고 의미가 있습니다. 따라서 우리 교회가 무엇보다 힘써야 할 것은 진실함으로 하나님을 예배하는 것입니다. 하나님께서 우리 교회에 임하여 계시고 또 그 예배를 받으시도록 힘써야 합니다.

시편 31편_진실함으로 누리는 보호

고통과 근심 중에 하나님의 도움을 구한 다윗의 기도입니다. 다윗은 대적들로 인해 고통과 위험 중에 있었지만, 하나님을 피난처로 두고 하나님의 은혜를 구하는 자는 하나님께서 반드시 돌보시고, 그 간구를 외면하지 않으심을 믿었습니다.(시 31:1~2). 하나님께 진실한 자의 보호를 확신했습니다. 곧 교만한 자는 엄중히 심판하시지만 하나님을 진실하게 사랑하는 자는 보호하신다는 것입니다. "너희 모든 성도들아 여호와를 사랑하라 여호와께서 진실한 자를 보호하시고 교만하게 행하는 자에게 엄중히 갚으시느니라"(시 31:23) 따라서 다윗은 어떤 환난과 비방과 위기 가운데서도 하나님을 포기하지 않고 그 믿음에서 흔들리지 않았습니다. 그럼에도 하나님을 의지하고 하나님을 나의 하나님이라 고백했습니다(시 31:14).

형통하고 복될 때에만 하나님을 사랑하는 것은 진실한 사랑이라 할 수 없습니다. 고난 중에도, 곧 하나님을 사랑하는 것으로 인해 환난을 당하는 중에도 변하지 않고 하나님을 사랑하는 것이 진실한 사랑입니다. 그 진실한 사랑으로 하나님을 따를 때에 하나님은 그 사랑에 응답하십니다. 반드시 그를 보호하시고 복을 더해 주십니다.

오늘의 기도

1. 형식적이고 흉내 내는 순종을 버리고 온 마음을 다해 주의 말씀에 순종하게 하시고, 순종으로 주님의 기쁨이 되는 삶을 살게 하소서.
2. 고난 중에도 '하나님은 내 하나님이십니다' 고백하며 진실한 사랑으로 하나님을 따르게 하시고, 이를 통한 보호하심의 은혜도 누리게 하소서.
3. 진실함으로 하나님께 드리는 예배가 끊어지지 않게 하시고, 그 예배를 받으시는 하나님의 임재를 날마다 경험하는 교회 되게 하소서.

더 중요한 것

사무엘상 16장 | 로마서 14장 | 예레미야애가 1장 | 시편 32편

무엇이 더 중요한가? 죄 사함의 은혜가 더 중요하고, 그 은혜와 영광을 오늘도 누리는 것이 더 중요합니다. 주를 위한 삶이 더 중요하고, 따라서 내 감정과 판단이 아니라, 하나님의 뜻과 판단, 그리고 이를 따르는 사명이 더 중요합니다.

사무엘상 16장_하나님의 판단이 더 중요합니다.

다윗이 하나님의 선택을 받고 왕으로 기름 부음을 받은 말씀입니다. 여기서 내 감정과 판단보다 하나님의 뜻과 판단이 더 중요하다는 사실을 깨닫게 됩니다. 곧 사무엘은 사울 왕의 불순종으로 인해 상심하며 슬퍼했습니다. 이스라엘에 첫 번째로 세워진 사울 왕이 범죄하고 하나님으로부터 버림받은 것으로 인해 크게 낙담했습니다. 그러나 그런 그를 향해 하나님은 이렇게 말씀하셨습니다. "내가 이미 사울을 버려 이스라엘 왕이 되지 못하게 하였거늘 네가 그를 위하여 언제까지 슬퍼하겠느냐 너는 뿔에 기름을 채워 가지고 가라 내가 너를 베들레헴 사람 이새에게로 보내리니 이는 내가 그의 아들 중에서 한 왕을 보았느니라"(삼상 16:1) 하나님은 이미 새 왕을 선택하시고 그를 통해 이스라엘을 이끌어가고자 하신다는 것입니다. 지금은 낙담하고 있을 때가 아니라 하나님의 새 일을 바라봐야 한다는 것입니다. 현재 슬픔의 감정보다 더 중요한 것이 하나님의 새 일이라는 것입니다. 사울 왕이라는 과거가 아니라 하나님이 선택하신 새 왕, 그리고 그를 통한 내일을 바라보는 것이 더 중요하다는 것입니다.

무엇이 더 중요한가에 대한 평가는 하나님께서 선택하시는 기준을 통해서도 볼 수 있습니다. 곧 사무엘은 외모를 보았습니다. 하나님께서 선택한 사람에게 기름을 붓기 위해 이새의 아들들을 청해 보면서 용모와 키를 보고 하나님의 선택하신 사람으로 판단했습니다. 그러나 하나님은 이렇게 말씀하셨습니다. "그의 용모와 키를 보지 말라 내가 이미 그를 버렸노라 내가 보는 것은 사람과 같지 아니하니 사람은 외모를 보거니와 나 여호와는 중심을 보느니라"(삼상 16:7)

하나님은 외모가 아닌 중심을 보십니다. 다시 말해 외모보다 중요한 것이 그 마음에 담긴 진심입니다. 하나님을 사랑하는 마음이 더 중요하다는 것입니다. 결국 무엇입니까? 무엇이 더 중요한가? 항상 기준은 하나님께 있어야 합니다. 내 감정과 내 판단보다 하나님의 뜻과 하나님의 판단 그리고 그 속에서 주어진 사명이 더 중요합니다.

로마서 14장_주를 위한 삶이 더 중요합니다.

주를 위한 삶이 더 중요함을 가르치고 있습니다. 곧 로마 교회 안에 음식을 금하는 것과 어떤 특정한 날을 지키는 것으로 결을 달리하는 신앙인들이 있었습니다. 이것이 교회의 소란이 됐는데, 이에 대해 진정 중요한 것이 무엇인지를 가르친 것입니다. 곧 무엇을 먹고 또 먹지 말아야 하느냐는 구별보다, 또한 그 먹는 것이 죄냐 아니냐 논쟁하며 비판하고 정죄하는 것보다, 믿음의 형제 안에 서로 품고 이해하는 것이 더 중요하고, 또 주를 위해 살아가는 삶이 더 중요하다는 것입니다. 음식이라는 형식보다 주를 위한 삶이라는 내면이 더 중요하다는 것입니다. 따라서 바울은 이렇게 가르치고 있습니다. "우리가 살아도 주를 위하여 살고 죽어도 주를 위하여 죽나니 그러므로 사나 죽으나 우리가 주의 것이로다"(롬 14:8)

무엇이 더 중요한가? 주를 위해 살아가는 삶이 무엇보다 더 중요합니다. 따라서 우리가 중요하다고 여기며 따라가는 삶이 진정 주를 위한 삶인지, 아니면 우리의 개인적 주장과 욕심을 따르는 삶인지 늘 돌아봐야 합니다. 우리의 삶의 기준이 우리 자신이 아니라 주님께 있고 또 그 기쁨에 있어야 합니다.

예레미야애가 1장_오늘의 영광이 중요합니다.
예루살렘의 멸망으로 인해 울부짖으며 도움을 구한 기도입니다. 여기서 오늘의 영광이 더 중요하다는 사실을 깨닫게 됩니다. 과거에 아무리 영광스러운 삶을 살았어도, 교만함과 죄악으로 모두 잃어버리고 수치를 겪고 있다면 아무 의미가 없다는 것입니다. 따라서 과거의 영광을 잃어버리지 않고 오늘과 내일로 이어가는 것이 중요하다는 사실과, 또한 끝까지 하나님 편에 서서 하나님의 은혜를 구하는 것이 중요하다는 사실을 배울 수 있습니다.

"예루살렘이 크게 범죄함으로 조소거리가 되었으니 전에 그에게 영광을 돌리던 모든 사람이 그의 벗었음을 보고 업신여김이여 그는 탄식하며 물러가는도다"(애 1:8) 예루살렘이 범죄함으로 그 모든 영광을 잃어버렸음을 말씀하고 있습니다. 시온의 영광이던 하나님도 떠나셨고, 에루살렘을 향해 영광을 돌리던 모든 사람들이 오히려 조소하며 탄식하고 있다는 것입니다. 결국 이 말씀을 통해 이전에 아무리 하나님이 함께하시고 그 속에서 큰 영광을 누렸다고 할지라도 오늘 하나님이 떠나시고 그 영광을 잃어버리면 헛되다는 사실과, 과거의 영광

이 아닌 오늘의 영광이 더 중하다는 사실을 깨달을 수 있습니다. 따라서 또한 오늘의 영광에 취하지 않아야 합니다. 교만함으로 하나님의 은혜와 그 주시는 영광을 잃지 않도록 주의해야 합니다. 겸손함으로 하나님의 은혜를 끊임없이 구해야 합니다.

시편 32편_죄 사함이 더 중요합니다.
죄를 용서함 받는 것이 복임을 노래한 다윗의 시입니다. 죄 사함을 받고 죄가 가려지며 정죄를 당하지 아니하는 자가 복이 있다는 것입니다. 곧 죄를 용서함 받는 것이 그 무엇보다 중요하다는 것입니다. "허물의 사함을 받고 자신의 죄가 가려진 자는 복이 있도다 마음에 간사함이 없고 여호와께 정죄를 당하지 아니하는 자는 복이 있도다"(시 32:1~2)

세상에서 풍성함과 형통의 복을 누리는 것도 중요합니다. 그러나 죄 사함의 은혜를 누리고 그 은혜 속에서 구원의 자리에 서는 것은 더 중요합니다. 따라서 우리가 무엇보다 힘써 구해야 할 것은 그 죄를 덮으시고 씻으시는 은혜입니다. 그 크신 은혜로 우리의 죄를 용서해주시기를 구해야 합니다.

오늘의 기도

1. 내 판단을 따라 결정하는 어리석음을 버리고 철저히 하나님의 뜻과 판단을 묻고 따르게 하소서.
2. 주의 은혜로 허물의 사함을 얻고 죄가 가려지고 정죄를 당하지 않는 복을 누리게 하소서.
3. 과거의 은혜와 영광에 취해 교만하지 않게 하시고, 겸손함으로 하나님 앞에 서서 그 은혜와 영광을 오늘도 또한 내일도 이어가게 하소서.

승리

사무엘상 17장 | 로마서 15장 | 예레미야애가 2장 | 시편 33편

승리는 하나님께 있습니다. 따라서 승리를 위해 군사와 병거가 아니라 하나님을 의지하고 하나님을 앞세워야 합니다. 하나님과 원수가 된 반대편이 아니라 하나님과 한편이 되어야 합니다. 겸손히 하나님을 높여야 합니다.

사무엘상 17장_하나님께 있는 승리

다윗이 골리앗을 물리친 말씀입니다. 골리앗에 대한 두려움으로 이스라엘 사람 그 누구도 맞서 싸우지 못했지만, 하나님의 군대를 모독하는 것을 참고 볼 수 없었던 다윗이 용기 내어 골리앗과 싸워 골리앗을 물리쳤다는 것입니다.

다윗이 용기 내어 골리앗과 싸울 수 있었던 것은 승리는 하나님께 있다는 믿음 때문이었습니다. 곧 다윗은 창과 칼과 단창을 앞세운 골리앗에 하나님의 이름을 앞세워 싸웠습니다(삼상 17:45). 여호와의 구원하심, 곧 승리케 하심이 칼과 창에 있지 않으며 하나님께 있음을 믿은 것입니다. 따라서 다윗은 골리앗과의 싸움을 앞두고 다음과 같이 믿음으로 외쳤습니다. "오늘 여호와께서 너를 내 손에 넘기시리니 내가 너를 쳐서 네 목을 베고 블레셋 군대의 시체를 오늘 공중의 새와 땅의 들짐승에게 주어 온 땅으로 이스라엘에 하나님이 계신 줄 알게 하겠고 또 여호와의 구원하심이 칼과 창에 있지 아니함을 이 무리에게 알게 하리라 전쟁은 여호와께 속한 것인즉 그가 너희를 우리 손에 넘기시리라"(삼상 17:46~47) 그리고 그 믿음의 외침대로 골리앗을 물리치고 하나님이 주시는 승리를 경험할 수 있었습니다(삼상 17:50~51). 승리는 하나님께 있음을 모든 사람으로 분명히 알게 했습니다.

승리는 하나님께 있습니다. 군사의 많고 적음에 있지 않고, 그 가진 힘의 유무에 있지도 않습니다. 따라서 군사나 내가 가진 힘을 의지하지 않고, 또 내가 가진 힘이 작다고 두려워하지 않으며, 하나님을 앞세워 싸우면 하나님을 통해 승리를 얻을 수 있습니다.

로마서 15장_주를 높이고 앞세워야 누리는 승리

연약한 자를 향한 배려에 대해 교훈하고 있습니다. 또한 이방인의 사도로 바울 자신을 세우신 주님의 은혜와 사역에 대해 전하고 있고, 또 바울의 여행 계획에 대해 전하고 있습니다.

무엇보다 주목할 말씀이, 바울이 사역의 모든 공로를 온전히 주님께 돌리고 있다는 것입니다. 곧 바울은 이방인의 사도로 복음을 전하며 그 사명을 감당하면서 수많은 역사와 일들을 이루어 냈습니다. 수많은 교회들을 세우고 영혼을 구원했으며, 그 사역의 과정 속에서 놀라운 표적과 기사와 능력을 나타내기도 했습니다. 그러나 바울은 그 모든 수고와 노력 그리고 이룬 일들을 자랑하지 않았습니다. 오히려 그 이룬 많은 복음의 열매들이 오직 주의 역사와 성령의 능력으로 이루어졌다고 고백했습니다. "그러므로 내가 그리스도 예수 안에서 하나님의 일에 대하여 자랑하는 것이 있거니와 그리스도께서 이방인들을 순종하게 하기 위하여 나를 통하여 역사하신 것 외에는 내가 감히 말하지 아니하노라 그 일은 말과 행위로 표적과 기사의 능력으로 성령의 능력으로 이루어졌으며 그리하여 내가 예루살렘으로부터 두루 행하여 일루리곤까지 그리스도의 복음을 편만하게 전하였노라"(롬 15:17~19) 이처럼 바울은 교만함으로 넘어지지 않았고, 그 모든 일은 주님과 성령께서 행하신 일이라 고백하며 절대적으로 주님과 성령을 높이며 앞세웠습니다. 그럼으로 승리의 사역을 계속해서 이어갔습니다.

승리는 주님께 있습니다. 따라서 내 힘을 의지하지 않아야 합니다. 하나님이 주신 승리를 마치 내 힘과 수고로 이룬 양 교만하지 않아야 합니다. 교만한 순간 패하고 넘어질 수밖에 없습니다. 한 순간도 방심하지 않고 겸손히 주님을 높이고 주님을 앞세워야 계속된 승리를 경험할 수 있습니다.

예레미야애가 2장_하나님과 원수 되지 않아야 누리는 승리

하나님께서 유다와 예루살렘을 허물고 멸하신 것과 이로 인한 탄식을 기록한 말씀입니다. 여기서 하나님과 원수가 될 때, 패배와 멸망을 겪을 수밖에 없음을 보게 됩니다. 곧 승리를 위해 결코 하나님과 원수가 되지 않아야 합니다. 하나님이 우리를 원수로 여기시고, 우리가 하나님의 반대편에 서 있으면 패배와 멸망만 있을 뿐, 결코 승리할 수 없습니다.

"주께서 원수 같이 되어 이스라엘을 삼키셨음이여 그 모든 궁궐들을 삼키셨고 견고한 성들을 무너뜨리사 딸 유다에 근심과 애통을 더하셨도다"(애 2:5) 이스라엘의 멸망의 이유를 알게 하는 말씀입니다. 하나님이 이스라엘의 원수가 되어 반대편에서 계셨다는 것입니다. 그 백성이 하나님을 떠나 죄악을 행하고 우상을 숭배한 결과 하나님은 원수가 되어 이스라엘의 모든 궁궐들을 삼키시고 견고한 성들을 무너뜨리셨다는 것입니다.

승리를 위해 하나님을 의지하고 경외함으로 하나님과 한편이 되어야 합니다. 하나님이 우리 편에 계셔서 싸우셔야 승리를 경험할 수 있습니다. 하나님의 반대편에 서서 하나님과 원수가 되어서는 결코 승리할 수 없습니다. 단 1%의 가능성도 없습니다.

시편 33편_하나님과 한편이 되어야 누리는 승리

하나님의 전능하심과 도우심을 찬양하는 시인데, 따라서 또한 승리를 위해 하나님과 한편이 되어야 함을 가르쳐주고 있습니다.

"여호와를 자기 하나님으로 삼은 나라 곧 하나님의 기업으로 선택된 백성은 복이 있도다"(시 33:12) 여호와 하나님을 자기 하나님으로 삼았다는 것은 하나님과 한편이 되었다는 것입니다. 한편이 되신 하나님이 도우시고 돌보시니 그 백성에게 복이 있을 수밖에 없습니다. 그 삶에 승리가 있을 수밖에 없습니다. "많은 군대로 구원 얻은 왕이 없으며 용사가 힘이 세어도 스스로 구원하지 못하는도다 구원하는 데에 군마는 헛되며 군대가 많다 하여도 능히 구하지 못하는도다"(시 33:16~17) 승리는 많은 군대와 군마와 용사에 있지 않음을 전하고 있는데, 이는 곧 승리는 하나님께 있음을 전하는 것입니다. 많은 군대와 군마와 용사로도 구원함을 얻지 못하고 승리함을 누리지 못하지만 그러나 하나님을 통해 승리와 구원함을 누린다는 것입니다.

함께하시는 하나님

사무엘상 18장 | 로마서 16장 | 예레미야애가 3장 | 시편 34편

함께하시는 하나님으로 인해 두려움을 이길 수 있습니다. 두려움을 찬양으로 바꾸고, 두려움 없이 사명의 길을 가며, 세상이 우리를 두려워하는 삶을 살아갈 수 있습니다.

사무엘상 18장_함께하시는 하나님으로 두려움을 주는 삶

사울이 다윗을 시기하고 두려워했음을 전하고 있습니다. 곧 다윗이 모든 일을 지혜롭게 행하고 블레셋과의 전쟁에서 승리하며 사람들의 사랑을 받았습니다. 무엇보다 여호와께서 사울을 떠나 다윗과 함께하셨습니다. 이로 인해 사울은 다윗을 시기하며 두려워했습니다. 불순종과 죄악으로 인해 이미 하나님이 떠난 사울에게는 하나님이 함께하심으로 형통하며 사람들의 사랑을 받는 다윗이 두려움의 대상이 됐습니다. "여호와께서 사울을 떠나 다윗과 함께 계시므로 사울이 그를 두려워한지라"(삼상 18:12) "여호와께서 다윗과 함께 계심을 사울이 보고 알았고 사울의 딸 미갈도 그를 사랑하므로 사울이 다윗을 더욱더욱 두려워하여 평생에 다윗의 대적이 되니라"(삼상 18:28~29)

사울이 다윗을 두려워한 것을 통해서, 하나님께서 함께하는 사람은 하나님이 함께하지 않는 사람에게 두려움을 준다는 사실을 깨달을 수 있습니다. 함께하시는 하나님께서 그 삶을 인도하시고 지키시며 형통케 하시니 하나님 없이 살아가는 사람이 그 삶을 보며 두려움을 느끼게 된다는 것입니다. 사실 사울도 처음 왕으로 선택되었을 때, 하나님의 영이 함께하셨고, 이를 통해 두려움 없는 삶과 두려움을 주는 삶을 살았습니다. 암몬이 침략했을 때, 하나님의 영에 감동되어 두려움 없이 싸움에 임했고, 사람들은 하나님과 함께하신 사울을 두려워하며 한 사람 같이 나왔습니다(삼상 11:6~7). 그러나 불순종과 죄악으로 하나님께서 사울을 떠나시자 두려움을 주는 삶은커녕 그 삶이 두려움의 삶이 되고 말았습니다.

하나님께서 함께하시는 사람은 함께하시는 하나님으로 인해 두려움 없는 삶을 살아갑니다. 뿐만 아니라 두려움을 주는 삶을 살게 됩니다. 하나님 없이 살아가는 세상의 사람들에게 두려움을 주는 삶을 살게 됩니다.

로마서 16장_함께하시는 주님으로 두려움도 막을 수 없는 삶

편지를 마무리하며 전하는 문안과 거짓 교사에 대한 경고의 말씀입니다. 바울은 감사하며 기억해야 하는 여러 사람들을 열거하며 문안을 전하고 있는데, 주목할 말씀이 브리스가와 아굴라에 대한 말씀입니다. 이 부부는 바울을 위해 자신의 목숨까지도 내놓았다는 것입니다. "그들은 내 목숨을 위하여 자기들의 목까지도 내놓았나니 나뿐 아니라 이방인의 모든 교회도 그들에게 감사하느니라"(롬 16:4) 이는 곧 이들이 바울의 동역자로서 바울이 전하는 복음, 곧 바울과 함께 사명으로 받아 헌신한 예수 그리스도를 위해 그 목숨도 아까워하지 않았다는 것을 뜻합니다. 그 죽음의 두려움도 결코 이들을 막아설 수 없었다는 것입니다.

주님이 함께하시고 성령이 함께하시면 죽음도 두려워하지 않게 됩니다. 함께하시는 주님을 통해 어떤 두려움도 막을 수 없는 삶, 죽음까지도 두려워하지 않고 사명을 향해 나아가는 삶을 살게 됩니다.

예레미야애가 3장_함께하시는 하나님으로 두려움을 이기는 삶

고난 속에서 하나님께 탄원하며 긍휼과 구원을 구한 기도입니다. 예레미야는 하나님의 크고 풍성한 인자하심과 긍휼을 믿었고, 따라서 파멸과 멸망으로 인한 큰 아픔 중에서도 하나님의 은혜를 찾으며, 멈추지 않고 눈물로 기도했습니다. 또한 원수들로 인한 개인적 고통과 위기 속에서도 하나님의 구원을 믿으며 함께하시는 하나님으로 인해 그 모든 두려움을 이겼습니다. 곧 대적들이 예레미야의 생명을 끊으려고 구덩이에 넣었습니다. 깊은 구덩이에 빠져 예레미야는 죽음의 위기를 맞았고, 두려울 수밖에 없었습니다(애 3:53~54). 그러나 하나님께서 함께 계셨습니다. 도움을 구하는 예레미야에게 하나님은 가까이 계셔서 두려워하지 말라 위로하며 힘을 주셨습니다. "내가 주께 아뢴 날에 주께서 내게 가까이 하여 이르시되 두려워하지 말라 하셨나이다"(애 3:57) 결국 예레미야는 두려워하지 말라는 하나님의 말씀을 붙잡고 믿음으로 기도하며 두려움을 이겨갔습니다. 하나님께서 예레미야의 억울함과 대적들의 비방과 모해함을 다 보셨음을 믿고, 또 하나님께서 그 생명을 속량해 주실 것을 믿고 기도했습니다. 그 원수들을 하나님께서 그 행한 대로 보응하시고 멸하실 것을 믿고 기도했습니다.

하나님과 함께하는 삶은 두려움을 이기게 합니다. 큰 위기와 환난 그리고 생명의 위협으로 두려워할 수밖에 없는 상황에서도 함께하시는 하나님과 그 주시는 말씀으로 인해 위로와 소망과 힘을 얻고 두려움을 이길 수 있습니다.

시편 34편_함께하시는 하나님으로 두려움을 바꾸는 삶

다윗이 블레셋의 아비멜렉(아기스 왕) 앞에서 죽을 위기에 처했다가 미친 체하여 생명을 구하고, 이후에 쓴 시입니다. 환난과 두려움의 상황에서 하나님께서 그 기도를 들으시고 모든 두려움에서 건지신 것을 찬양한 것입니다. 그 모든 환난에서 구원하심으로 그 두려움을 기쁨과 찬양으로 바꾸셨다는 것입니다. "내가 여호와께 간구하매 내게 응답하시고 내 모든 두려움에서 나를 건지셨도다"(시 34:4)

우리의 믿음의 삶에 죽음의 큰 위기와 환난과 두려움의 시간도 있습니다. 그러나 우리의 간구에 응답하시는 하나님도 함께 계십니다. 그 하나님을 통해 두려움을 이기고 평안함을 누릴 수 있습니다. 죽음의 위기와 환난을 구원하시는 하나님을 통해 두려움을 찬양으로 바꿀 수 있습니다.

고난

사무엘상 19장 | 고린도전서 1장 | 예레미야애가 4장 | 시편 35편

우리의 욕심이 고난을 불러오기도 합니다. 그 죄와 하나님의 심판으로 고난을 맞이하기도 합니다. 또한 까닭 없이 고난을 당하기도 합니다. 욕심과 죄로 인한 고난은 내려놓고 회개하면 됩니다. 까닭 없는 고난은 믿음으로 기도하면 됩니다.

사무엘상 19장_까닭 없이 겪는 고난

사울이 다윗을 시기하여 잡아 죽이려고 한 말씀으로, 까닭 없이 겪는 고난을 보여주고 있습니다.

"그가 자기 생명을 아끼지 아니하고 블레셋 사람을 죽였고 여호와께서는 온 이스라엘을 위하여 큰 구원을 이루셨으므로 왕이 이를 보고 기뻐하셨거늘 어찌 까닭 없이 다윗을 죽여 무죄한 피를 흘려 범죄하려 하시나이까"(삼상 19:5) 요나단이 다윗을 해하고자 하는 사울 왕에게 한 말입니다. 다윗의 무죄함을 변호하고 있는데, "까닭 없이"와 "무죄한"이라는 단어에서 다윗이 겪고 있는 환난의 성격을 알게 합니다. 다윗은 아무 죄 없이 사울의 시기로 환난과 어려움을 겪어야 했습니다. "사울이 손에 단창을 가지고 그의 집에 앉았을 때에 여호와께서 부리시는 악령이 사울에게 접하였으므로 다윗이 손으로 수금을 탈 때에 사울이 단창으로 다윗을 벽에 박으려 하였으나 그는 사울의 앞을 피하고 사울의 창은 벽에 박힌지라 다윗이 그 밤에 도피하매"(삼상 19:9~10) 악한 영에 접한 사울이 다윗을 죽이려고 했다는 말씀입니다. 다윗은 가까스로 그 위기를 피할 수 있었는데, 여기서 다윗이 당하는 고난의 이유를 알게 합니다. 곧 다윗은 하나님의 영에 충만한 사람이었습니다. 하나님의 영에 충만하여 악한 영에 사로잡힌 사울에 의해 고난을 당하게 된 것입니다.

이런 다윗의 고난은 악한 세상 속에서 믿음의 사람이 당하는 고난을 보여줍니다. 세상이 악하기에 믿음의 사람은 그 믿음 때문에 고난을 당하게 됩니다. 그러나 또한 깨달아야 할 것이, 모든 주권은 하나님께 있다는 것입니다. 곧 다윗이 까닭 없이 믿음 때문에 고난을 당했지만, 그러나 그 고난이 하나님의 주권 안에 있고, 하나님은 이 고난을 통해 다윗을 하나님을 의지하며 더욱 신뢰하는 사람으로 훈련해 가셨습니다.

우리 믿음의 사람들이 까닭 없이 믿음 때문에 고난을 당하기도 합니다. 그러나 그 고난은 우리를 훈련하여 믿음의 사람으로 더욱 굳건히 세우고자 하시는 하나님의 뜻이 있습니다. 따라서 까닭 없이 당하는 고난으로 원망하며 낙담하기보다 더욱 하나님을 신뢰하며 기도해야 합니다.

고린도전서 1장_욕심으로 인한 고난

공동체 안의 분열을 책망하고 있습니다. 곧 바울은 고린도 교회가 네 개의 분파로 나뉘어 분쟁과 다툼 중에 있다는 소식을 듣고 책망했습니다. 또한 하나님 앞에서 세상의 지혜의 어리석음을 전하고 있습니다. 곧 유대인들에게는 거리끼는 것이요, 이방인들에게는 미련한 것인 예수 그리스도의 십자가를 통해 하나님의 능력과 지혜를 나타내셨다는 것입니다.

바울의 고린도교회를 향한 책망에 주목하면, "내 형제들아 글로에의 집 편으로 너희에 대한 말이 내게 들리니 곧 너희 가운데 분쟁이 있다는 것이라 내가 이것을 말하거니와 너희가 각각 이르되 나는 바울에게, 나는 아볼로에게, 나는 게바에게, 나는 그리스도에게 속한 자라 한다는 것이니 그리스도께서 어찌 나뉘었느냐 바울이 너희를 위하여 십자가에 못 박혔으며 바울의 이름으로 너희가 세례를 받았느냐"(고전 1:11~13) 결국 교회 안에 분파가 생긴 것은 서로 간의 욕심 때문이라 할 수 있습니다. 자신의 뜻이 옳다는 생각으로 그 뜻을 주장하고 관철하고자 하는 욕심과, 교회 안에서 더 큰 영향력

을 갖고 나타내고자 하는 욕심이 분파를 만든 것 아니겠습니까? 예수 그리스도께서 십자가에서 희생하신 사랑을 기억하고 그 사랑을 따라 희생하고 양보하며 하나 돼야 하는데, 욕심이 그 사랑보다 더 크게 자리 잡고 만 것입니다. 그리고 이 욕심으로 인해 교회 안에 분쟁과 다툼이 끊이지 않게 됐고, 복음의 사명이 뒤로 밀려 버리는 위기에 이르게 된 것입니다. 한 마디로 욕심이 교회 안에 분쟁과 다툼이라는 고난을 만든 것입니다.

우리 가진 욕심이 고난을 불러오곤 합니다. 따라서 그리스도의 십자가의 사랑을 기억하며 그 욕심을 내려놓아야 합니다. 그 사랑을 가슴에 담고 우리에게 주어진 사명에 더욱 힘을 내야 합니다.

예레미야애가 4장_죄와 심판으로 인한 고난

예루살렘의 죄와 심판을 전하고 있습니다. 그 아름답고 존귀하던 예루살렘 성읍과 백성들이 하나님의 심판으로 수치와 멸망에 이르게 됐음을 전하고 있습니다. 곧 하나님께서 맹렬한 진노를 쏟아 예루살렘을 불로 태우셨다는 것입니다(애 4:11). 무엇보다 강조하고 있는 것이 죄입니다. 하나님의 심판이 죄 때문임을 말씀하고 있는데, 그 죄가 얼마나 크고 무거운지 하나님의 심판으로 순식간에 무너진 소돔의 죄보다 무겁다고 말씀하고 있습니다(애 4:6).

이 죄와 심판으로 백성들은 고통을 당해야 했는데, 그 고통의 참혹함에 대해서 이렇게 말씀하고 있습니다. "칼에 죽은 자들이 주려 죽은 자들보다 나음은 토지 소산이 끊어지므로 그들은 찔림 받은 자들처럼 점점 쇠약하여 감이로다 딸 내 백성이 멸망할 때에 자비로운 부녀들이 자기들의 손으로 자기들의 자녀들을 삶아 먹었도다"(애 4:9~10) 결국 이것은 죄와 심판으로 인한 고통이 얼마나 큰가를

보여주고 있습니다. 칼에 죽은 자들이 차라리 나을 만큼, 그 부모가 자녀까지 삶아 먹는 일이 벌어질 만큼, 그 무엇으로도 표현할 수 없는 참혹한 고통에 이르게 된다는 것입니다.

따라서 회개해야 합니다. 헛된 도움을 바라고 헛된 것을 의지하는 어리석음을 버려야 합니다(애 4:17). 이 고난을 벗어나는 유일한 길은 하나님의 은혜밖에 없음을 깨닫고, 하나님께서 그 은혜로 죄를 용서하시고, 형벌을 그치시며, 회복시켜 주시기를 간구해야 합니다(애 4:23). 그 죄와 심판으로 인한 고통의 참혹함을 깨닫고 속히 죄에서 돌이켜 회개해야 합니다.

시편 35편_고난 중에 드리는 기도

악한 적들에게서 건져달라는 다윗의 기도입니다. 악인들이 까닭 없이 자신을 잡고 해하려고 함정을 팠다는 것입니다. 악인들의 공격에 큰 어려움에 봉착했다는 것입니다. 따라서 주께서 그 악인들을 물리치시고 자신을 구원해주시기를 기도하고 있는 것입니다(시 35:7~8).

다윗은 그들이 병들고 고통 중에 있을 때 그들을 위해 기도하며 함께 아픔을 나누었습니다(시 35:13). 그러나 그들은 자신이 넘어졌을 때 기뻐하며 자신을 치고 찢기를 마지아니하며 조롱했습니다(시 35:15~16). 이로 인해 다윗은 큰 고통과 분노에 직면해야 했습니다. 참기 힘든 고난 속에서 아파할 수밖에 없었습니다. 그러나 다윗은 그 고난 중에 기도했습니다. 하나님께 그 모든 것을 맡기며 도우심을 구했습니다. 결코 이 환난으로 인해 넘어지지 않았고 기도함으로 이겨갔습니다. 그럼으로 이런 고난 가운데서 무엇보다 기도해야 한다는 사실을 본으로 보여주었습니다.

주 안에서

사무엘상 20장 | 고린도전서 2장 | 예레미야애가 5장 | 시편 36편

맥체인성경365 1363p

주 안에서 풍요와 생명을 누리며, 능력과 소망의 삶을 살아갈 수 있습니다. 또한 주 안에서 진실한 사랑의 교제도 나눌 수 있습니다.

사무엘상 20장_주 안에서 나누는 우정(교제)

다윗과 요나단의 우정을 보여주고 있습니다. 곧 다윗이 사울 왕으로 인해 위험에 처했을 때, 요나단은 다윗 편에 서서 다윗을 변호하며, 다윗의 생명을 구하기 위해 도왔습니다. 위험에 직면한 다윗에게 당장 바랄 수 있는 기대와 소망이 없다고 결코 그를 외면하지 않았습니다. 주 안에서 다윗과 맹세하여 언약하며 온 힘을 다해 그를 도왔고, 또 그를 자기 목숨처럼 사랑했습니다. 주님을 향한 한 신앙 안에서 아름다운 우정을 나누었습니다. 곧 성경은 이렇게 말씀하고 있습니다. "다윗에 대한 요나단의 사랑이 그를 다시 맹세하게 하였으니 이는 자기 생명을 사랑함 같이 그를 사랑함이었더라"(삼상 20:17)

다윗과 요나단의 사랑은 주 안에서 나누는 성도들의 사랑을 생각하게 합니다. 요나단이 조건 없이 다윗을 도우며 자기 생명을 사랑함 같이 사랑한 것처럼, 우리 믿음의 성도들도 서로를 사랑하며 조건 없이 도와야 합니다. 주 안에서 친밀한 사랑의 교제를 나누어야 합니다.

고린도전서 2장_주 안에서 경험하는 능력

하나님의 지혜에 대한 가르침을 기록하고 있고 또한 바울이 고린도에서 말이 아닌 능력으로 예수 그리스도의 십자가 복음을 전하고자 한 사실을 기록하고 있습니다. 곧 복음을 단순히 지혜의 말로만 전하지 않았고 성령의 능력을 나타내며 전했다는 것입니다. 이를 통해 사람들로 하여금 복음의 능력을 통해 확실한 믿음을 갖도록 했다는 것입니다. "내 말과 내 전도함이 설득력 있는 지혜의 말로 하지 아니하고 다만 성령의 나타나심과 능력으로 하

여 너희 믿음이 사람의 지혜에 있지 아니하고 다만 하나님의 능력에 있게 하려 하였노라"(고전 2:4~5)

결국 이 말씀은 우리가 받은 복음에는 주의 능력이 담겨 있음을 가르쳐줍니다. 주 안에서 성령을 통해 주의 능력을 경험할 수 있고 또 나타낼 수 있습니다. 이 능력으로 우리가 세상을 당당히 살아갈 수 있고 또한 강력한 영향력을 나타낼 수 있습니다. 그럼에도 우리가 세상을 두려워하고 움츠리며 뒷걸음질 치며 물러서고 있다면, 복음이 아닌 우리의 힘을 앞세우고 있지는 않은지 돌아봐야 합니다. 하나님은 우리가 이 세상을 당당히 그리고 영향력을 나타내며 살아갈 수 있도록 능력의 복음을 주셨습니다. 우리가 이를 깨닫고 언제나 복음을 앞세워 복음의 능력으로 세상을 이기며 살아가야 합니다.

예레미야애가 5장_주 안에서 바랄 수 있는 소망

주의 심판으로 인해 예루살렘과 그 백성들이 겪는 처참한 상황을 말씀하고 있습니다. 주 안에서 누리는 생명과 풍요와는 반대로, 죄악으로 주님 밖에 있을 때, 치욕과 고통과 환난과 슬픔을 누리게 됨을 보여주고 있습니다. 따라서 예레미야는 다음과 같이 간구했습니다. "여호와여 우리를 주께로 돌이키소서 그리하시면 우리가 주께로 돌아가겠사오니 우리의 날들을 다시 새롭게 하사 옛적 같게 하옵소서"(애 5:21) 주의 은혜로 주님께 돌이키고 돌아가 새롭게 되고 이전의 아름다웠던 모습으로 회복되기를 소망한다는 것입니다. 주 안에서 놀라운 구원과 회복을 누릴 수 있도록 주님께서 이루어 달라는 것입니다.

결국 예레미야의 이와 같은 기도는 우리의 소망은 오직 주님에게 있음을 가르쳐줍니다. 주님 밖에

서는 아무 소망도 가질 수 없고, 심판과 멸망과 치욕과 고통만 계속될 뿐이라는 것입니다. 따라서 회개하고 돌이켜야 하고, 또 그때에 하나님의 은혜와 이를 통한 회복도 소망할 수 있습니다. 돌이킨 주님 안에서 주님의 크고 놀라운 은혜로 절망의 상황을 바꾸고 소망을 가질 수 있습니다.

시편 36편_주 안에서 누리는 생명과 풍요

하나님의 풍성한 자비와 복을 찬양하는 다윗의 시입니다. 곧 주의 날개 그늘 아래에 피할 때, 주님의 집에 있는 모든 것이 우리가 누릴 수 있는 축복이 된다는 것입니다. 주님을 통해 풍성함을 누리게 된다는 것입니다. "그들이 주의 집에 있는 살진 것으로 풍족할 것이라 주께서 주의 복락의 강물을 마시게 하시리이다"(시 36:8) 또한 주님을 통해 생명을 누릴 수 있음도 고백하고 있습니다. 생명의 원천이 주님께 있기에 그 안에서 빛을 보고 생명을 누릴 수 있다는 것입니다. 주님이 비춰주시는 생명의 축복을 주 안에서 누리게 된다는 것입니다. "진실로 생명의 원천이 주께 있사오니 주의 빛 안에서 우리가 빛을 보리이다"(시 36:9)

주 하나님은 온 세상의 창조주이시며 주인이십니다. 그 생명까지도 하나님의 손에 있습니다. 따라서 하나님 안에 있을 때, 하나님의 것을 모두 누리며 풍성함을 경험할 수 있습니다. 그 안에서 생명도 누릴 수 있습니다.

1. 주 안에서 주님이 주시는 생명과 풍성함의 은혜와 축복을 누리며 살아가게 하소서.
2. 어떤 환난과 고난 속에서도 주 안에서의 회복을 믿고 소망을 갖게 하소서.
3. 주 안에서 믿고 사랑하며 서로 도와주는 진실한 사람들이 많아지게 하소서.

하나님께 맡기면

맥체인성경365 1368p

사무엘상 21-22장 | 고린도전서 3장 | 에스겔 1장 | 시편 37편

우리의 모든 삶의 길을 하나님께 맡겨야 합니다. 그러면 하나님께서 연단하시고, 이길 수 있는 힘도 주시고, 결국에는 아름답고 빛나게 세우십니다.

사무엘상 21-22장_하나님이 연단하십니다.

다윗이 도피 생활을 하게 된 것을 전하는 말씀입니다. 다윗은 자신을 죽이고자 하는 사울 왕을 피해 급히 도피해야 했는데, 그 도피 생활은 이스라엘의 한 성소에서 시작이 됐습니다. 곧 놉에 있는 제사장들에게 머문 것을 시작으로 가드 왕 아기스에게 도피하였습니다. 여기서 미친 척하여 목숨을 구할 수 있었고, 이후 아둘람 굴로 도망했다가 다시 모압으로 도피했습니다. 그러나 선지자 갓이 전하는 말씀에 따라 다시 유다 땅으로 돌아와 헤렛 수풀에 머물게 됐습니다.

이처럼 다윗은 사울 왕으로 인해 까닭 없이 고난을 당해야 했습니다. 목숨을 노리는 사울 왕을 피해 고통스러운 도피 생활을 해야 했습니다. 결코 평안할 수 없는 삶이요, 생사를 장담할 수 없는 급박한 삶을 살아야 했습니다. 그러나 다윗은 이 도피 생활을 통해 하나님만을 절대적으로 따르는 믿음의 사람이요, 어떤 환난에도 흔들리지 않고 하나님을 믿고 이겨내는 강직한 사람으로 세워지게 됐습니다. 곧 하나님은 이 도피 생활을 통하여 다윗을 하나님이 뜻하시는 사람으로 연단하셨습니다. 다윗에게 이 도피 생활이 고통이 시간이었지만, 그러나 하나님께서 그를 훈련시키고 연단한 축복의 시간이었습니다. 무엇보다 다윗이 아둘람 굴로 도망했을 때, 그의 부모와 형제 등 가족들뿐만 아니라 환난 당당하고 빚진 자, 마음이 원통한 자 등, 사백 명 가량이 다윗 곁으로 모여들게 됐습니다. "그러므로 다윗이 그 곳을 떠나 아둘람 굴로 도망하매 그의 형제와 아버지의 온 집이 듣고 그리로 내려가서 그에게 이르렀고 환난 당한 모든 자와 빚진 모든 자와 마음이 원통한 자가 다 그에게로 모였고

그는 그들의 우두머리가 되었는데 그와 함께 한 자가 사백 명 가량이었더라"(삼상 22:1~2) 바로 이 때 모인 사람들이 다윗과 평생을 함께하는 동지들이 되었고, 이후 다윗이 왕이 되는 일과 또 왕이 되어 나라를 다스리는데 없어서는 안 되는 사람들이 됐습니다. 곧 하나님께서 환난을 통해 도망을 간 아둘람 굴에서 생사고락을 같이하며 목숨까지도 내어줄 수 있는 사람들을 만나게 하시고 그 관계를 세워가게 하셨습니다.

우리의 인생에 고난이 있고 어려움이 있지만, 이로 인해 두려워할 것이 아니라 하나님께 맡기면 됩니다. 우리의 모든 삶을 하나님께 맡기면 하나님은 고난까지도 유익이 되게 하십니다. 고난을 통해 우리를 연단하시고 더 크고 위대하게 세우십니다. 연단을 통해 하나님께서 뜻하시는 믿음의 사람으로 세우셔서 고난의 시간을 축복의 시간이 되게 하십니다.

고린도전서 3장_하나님이 세우십니다.

시기와 분쟁 중에 있는 고린도 교인들의 미성숙함을 전하고 있습니다. 곧 고린도교회는 네 개의 분파로 나뉘어 다투고 있었습니다. 고린도 교회에서 중요한 업적과 영향력을 나타낸 사람들을 고린도 교인들이 각각 추종하면서 분파가 만들어졌습니다. 이에 대해 바울은, 그 분파에서 추종하는 사람들이 한 일들은 아무 것도 아니요, 오직 교회를 세우고 자라게 하시는 분은 하나님이심을 강조했습니다. 곧 모든 주권은 하나님께 있고 오직 하나님만 따라야 함을 가르쳤습니다. "나는 심었고 아볼로는 물을 주었으되 오직 하나님께서 자라나게 하셨나니 그런즉 심는 이나 물 주는 이는 아무 것도

아니로되 오직 자라게 하시는 이는 하나님뿐이니라"(고전 3:6~7)

결국 이 말씀은 우리의 삶을 어느 사람이 아니라 오직 하나님께 맡겨야 하고, 또 그 하나님만을 따라야 함을 가르쳐줍니다. 바울이 심고 아볼로가 물을 준 것처럼 우리의 삶에 영향력을 미치고 도움을 준 여러 사람들이 있으나 우리의 삶을 진정 세우시는 분은 하나님이십니다. 따라서 하나님을 의뢰하며 하나님께 그 삶을 맡겨야 합니다. 그 때에 우리의 삶은 하나님을 통해 진정 아름답게 세워지게 됩니다.

에스겔 1장_하나님이 힘주십니다.

에스겔이 포로로 잡혀와 있는 갈대아 땅에서 하나님의 말씀을 듣고 그 권능을 경험하며 또 영광을 보았다는 말씀입니다. 곧 에스겔은 하나님께 사로잡혀 환상 중에 네 생물과 어디로도 움직일 수 있는 보좌 수레와 보좌에 계신 여호와의 영광의 형상을 보게 됐습니다. "갈대아 땅 그발 강 가에서 여호와의 말씀이 부시의 아들 제사장 나 에스겔에게 특별히 임하고 여호와의 권능이 내 위에 있으니라"(겔 1:3) 여기서 하나님의 힘주심을 보게 됩니다. 곧 그가 처음 환상을 보게 된 때가 여호야긴 왕이 포로로 잡혀 온 지 오 년째가 되는 그 달 오일이라고 말씀하고 있습니다(겔 1:2). 곧 오랜 시간, 포로로 잡혀온 다른 사람들과 함께 고통과 절망의 시간을 보냈다는 것입니다. 그러나 에스겔은 그 고난 중에서도 포기하지 않고 하나님께 기도했던 것이고, 그런 그에게 하나님은 찾아와 만나 주시고 말씀을 주시며, 환상을 통해 놀라운 계획을 보여주신 것입니다. 그에게 하나님의 권능이 임하게 하셔서

힘을 얻고 사명을 감당하게 하신 것입니다.

고난 중에도 하나님을 믿고 기도하며 또 하나님께 맡기면 하나님을 경험할 뿐만 아니라, 하나님의 더 크고 놀라운 뜻과 계획을 보게 됩니다. 하나님의 권능을 통해 능히 고난도 이기고, 그 권능으로 주시는 힘도 경험하게 됩니다. 하나님은 하나님을 바라며 끝까지 믿음 안에 있는 자, 곧 하나님을 믿고 하나님께 그 모든 삶을 맡기는 자에게 힘을 주십니다.

시편 37편_하나님께 맡기면 됩니다.

악인들의 형통에 넘어지지 말아야 함을 교훈하는 다윗의 시입니다. 당장은 그들이 번성하는 것 같지만, 결국에는 하나님의 심판으로 멸망당한다는 것입니다. 따라서 악인들의 형통으로 불평하지 말고 여호와 앞에서 잠잠히 참고 기다리라고 말씀하고 있습니다. 곧 우리의 길을 하나님께 맡기면 하나님의 이루심과 우리를 빛나게 하시는 하나님의 축복이 있다는 것입니다. "네 길을 여호와께 맡기라 그를 의지하면 그가 이루시고 네 의를 빛 같이 나타내시며 네 공의를 정오의 빛 같이 하시리로다"(시 37:5~6)

하나님을 의뢰하며 신실하게 의를 따라 살아가면 됩니다. 그렇게 살아가며 하나님께 맡기면, 하나님께서 책임지시고 우리의 삶을 아름답게 하시며 찬란하게 빛나게 하십니다. 따라서 삶의 문제와 대적으로 인해 근심하고 불평하며 고통스러워하지 말고, 또한 스스로 해결해 보겠다고 끙끙거리지 말고, 하나님께 맡겨야 합니다. 하나님께 맡기고 잠잠히 기다리면 하나님의 때에 선한 결과를 경험하게 됩니다.

오늘의 기도

1. 고난과 환난을 통해 우리를 연단하시며 더 크고 멋지게 세우시는 하나님의 손길을 깨닫게 하셔서 더욱 하나님께 맡기게 하소서.
2. 세상의 사람이 아니라 하나님만을 의지하며 따르게 하셔서 하나님께서 아름답게 세우시는 은혜를 누리게 하소서.
3. 우리의 삶을 하나님께 맡기고 의의 길을 걸어가게 하셔서 결국에는 찬란하게 우리의 삶을 빛나게 하시는 하나님의 축복을 누리게 하소서.

주만 바라봐야

30 Aug

사무엘상 23장 | 고린도전서 4장 | 에스겔 2장 | 시편 38편

고난 중에 주의 말씀과 사명을 바라봐야 합니다. 위기와 환난이 있어도 주의 명령과 주신 사명만 바라봐야 합니다. 우리의 죄와 연약함을 기억하고 주의 은혜를 바라봐야 합니다.

사무엘상 23장_주의 명령만 바라봐야

다윗이 그일라를 블레셋 사람들의 손에서 구원한 말씀과, 사울의 추격으로 붙잡힐 위기를 맞았던 십 황무지에서 극적으로 구원받은 말씀을 기록하고 있습니다.

다윗이 위기에 처한 그일라 주민을 구원할 때, 절대적으로 하나님의 명령을 따랐음을 보게 됩니다. "다윗이 여호와께 다시 묻자온대 여호와께서 대답하여 이르시되 일어나 그일라로 내려가라 내가 블레셋 사람들을 네 손에 넘기리라 하신지라 다윗과 그의 사람들이 그일라로 가서 블레셋 사람들과 싸워 그들을 크게 쳐서 죽이고 그들의 가축을 끌어 오니라 다윗이 이와 같이 그일라 주민을 구원하니라"(삼상 23:4~5) 곧 다윗이 사울 왕을 피해 머물고 있던 지역에서 가까이 있던 그일라 성읍이, 블레셋 사람들의 공격으로 위험에 처했다는 소식을 듣게 됐습니다. 이에 하나님께 여쭈니 그일라를 도우라는 말씀이 주어졌습니다. 그러나 다윗과 함께한 사람들은 부정적 의견을 냈습니다. 사울 왕을 피해 숨어 있는 상황에서 그일라를 도우면 자신들의 위치가 드러나고 위험에 처할 수 있기 때문입니다(삼상 23:3). 다윗도 그들의 반대가 수긍이 될 수밖에 없었습니다. 그일라를 도와 블레셋과 싸우는 일이 얼마나 자신들을 위험하게 하는 일인지 누구보다 잘 알고 있었기 때문입니다. 그러나 다윗은 한 번 더 하나님께 여쭙고, 하나님의 뜻이 그일라를 돕는 것이라는 사실을 확인하자 망설이지 않았습니다. 자신뿐만 아니라 함께한 사람들이 위험에 처하는 일이고, 또 자신의 부하들이 간곡히 반대한 일이었지만, 그보다 하나님의 명령에 순종하는 것이 더 중요했기 때문입니다. 설령 이 일로 위험에 처하고 큰 곤경을 겪어야 한다 할지라도 하나님의 명령에 순종하는 것이 더 중요하다는 것입니다. 이처럼 다윗은 오직 주의 명령만 바라봤습니다.

우리도 다윗처럼 주의 명령만 바라봐야 합니다. 우리에게 어떤 손해와 위험과 고난이 따른다 할지라도 주의 명령에 순종해야 합니다. 주변의 사람들이 모두 반대한다고 할지라도 주의 명령에 우선순위를 두고 그 명령을 먼저 따라야 합니다. 절대적으로 주의 명령을 앞세우고 따르는 믿음이 있어야 합니다.

고린도전서 4장_주의 사명만 바라봐야

고린도 교인들의 영적 교만을 책망하고 있는 말씀입니다. 그들이 가진 모든 것이 하나님의 선물임에도 불구하고 그들은 깨닫지 못하고 교만했으며, 이미 자신들은 구원의 목표에 이르렀다고 자만했습니다. 이에 대해 바울은 자신과 동역자들이 주의 사명을 따라 복음을 위해 수고하고 고난 받으며, 또 모든 비방과 아픔을 이기며 십자가의 길을 걸어가고 있는 사실을 전했습니다. 이를 통해 고린도 교인들이 가진 교만함과 그 어리석음을 나타냈습니다. "우리는 그리스도 때문에 어리석으나 너희는 그리스도 안에서 지혜롭고 우리는 약하나 너희는 강하고 너희는 존귀하나 우리는 비천하여 바로 이 시각까지 우리가 주리고 목마르며 헐벗고 매맞으며 정처가 없고 또 수고하여 친히 손으로 일을 하며 모욕을 당한즉 축복하고 박해를 받은즉 참고 비방을 받은즉 권면하니 우리가 지금까지 세상의 더러운 것과 만물의 찌꺼기 같이 되었도다"(고전 4:10~13) 결국 바울이 이와 같이 전한 것은 지금 영적 교만함에 빠져 안주할 것이 아니라, 그리스도와 복음을 위해 십자가의 길을 걸어가야 한다는 것을 나타낸 것입니다. 따라서 바울은 고린도 교인들에게 '나를 본받는 자가 되라'고 권했습니다(고전 4:16). 교만함으로 영광에 머물러 있지 말고, 복음을 위해 기꺼이 수고하며 헌신하는 사명의 길을 걸어가라고 교훈한 것입니다.

구원과 영광은 우리의 믿음을 보시고 하나님께서 마지막 날에 주시는 것입니다. 구원과 영광의 확신을 의심하지도 말아야 하지만, 구원과 영광에 머물러 안주하지도 말아야 합니다. 구원과 영광은 하나님께 믿음으로 맡기고, 우리에게 주어진 사명을 바라봐야 합니다. 복음을 위한 사명의 길을 흔들림 없이 걸어가야 합니다.

에스겔 2장_주의 말씀만 바라봐야

에스겔이 예언자로 부름 받은 말씀입니다. 여기서 강조되고 있는 것이 주의 말씀입니다. 말씀을 전하는 삶에 고난과 답답함이 있지만, 오직 말씀만 바라보고 이겨야 한다는 것입니다. "이 자손은 얼굴이 뻔뻔하고 마음이 굳은 자니라 내가 너를 그들에게 보내노니 너는 그들에게 이르기를 주 여호와의 말씀이 이러하시다 하라"(겔 2:4) "그들은 심히 패역한 자라 그들이 듣든지 아니 듣든지 너는 내 말로 고할지어다"(겔 2:7) 패역한 백성들이 그 전하는 하나님의 말씀에 귀 기울이지 않는다는 것입니다. 말씀을 전하는 사역의 현장이 녹록치 않다는 것입니다. 따라서 오직 하나님의 말씀만 붙들고 전할 것을 강조하고 있습니다. 그 백성들이 하나님의 말씀을 듣지 않고 거부할지라도 두려워하지 말고 오직 하나님의 말씀만 붙잡고 전하라는 것입니다.

에스겔에게 주신 이 말씀은 우리도 주의 말씀만 바라봐야 함을 가르쳐줍니다. 우리도 힘써 말씀을 전하지만 말씀을 거부하는 세상의 사람들로 인해 낙담할 수 있습니다. 조롱과 조소를 받을 수 있습니다. 그러나 하나님의 말씀만이 생명이요 그들을 구원으로 이끄는 능력이기에, 그 말씀만 바라보며, 말씀을 전하는 일에 힘을 다해야 합니다.

시편 38편_주의 은혜만 바라봐야

죄로 인한 질병 속에서 회개하며 하나님의 은혜와 도움을 구한 다윗의 시입니다. 곧 다윗은 질병 중에 있었고 그 원인이 자신의 죄에 있었습니다(시 38:3). 대적들이 이것을 기회로 다윗을 공격하며 비난했는데, 다윗은 그 죄로 인하여 반박할 아무 말도 할 수 없었습니다(시 38:14). 그러나 다윗은 유일하게 한 가지를 구하였는데, 그것은 하나님의 은혜였습니다. "여호와여 내가 주를 바랐사오니 내 주 하나님이 내게 응답하시리이다"(시 38:15) 다윗이 주를 바랐다는 것은 용서의 은혜를 바라며 구했다는 것입니다. 자신의 죄에 대해 용서하시고 자신을 질병에서 치료해주시기를 간구한 것입니다. 오직 주의 은혜만이 자신에게 필요하다는 것입니다.

다윗의 이와 같은 간구는 우리도 주의 은혜를 바라봐야 함을 가르쳐줍니다. 우리도 불의함으로 넘어지며 그 죄에 대하여 결코 당당할 수 없기 때문입니다. 따라서 주의 은혜만 바라봐야 합니다. 우리의 연약함과 불의함은 오직 주의 은혜만으로 해결할 수 있기에 오직 주의 은혜를 바라보며 구해야 합니다.

오늘의 기도

1. 주의 용서의 은혜보다 더 소중한 것이 없음을 깨닫고 구하오니 그 은혜를 누리게 하소서.
2. 내 유익과 안위보다, 또한 주변 사람들의 충고와 의견보다 주님의 명령에 무게를 두고 따라가게 하소서.
3. 고난과 아픔과 수고와 비방이 따른다 할지라도 복음을 붙잡고 전하는 일을 중단하지 않게 하소서.

판단
사무엘상 24장 | 고린도전서 5장 | 에스겔 3장 | 시편 39편

맥체인성경365 1379p

원수에 대한 판단은 하나님께 맡기고, 거룩한 삶을 위한 불의의 판단에 힘써야 합니다. 하나님의 사명의 판단을 두려워할 뿐만 아니라, 우리의 연약함을 깨닫고 은혜의 판단을 구해야 합니다.

사무엘상 24장_하나님께 맡겨야 할 판단

다윗이 엔게디 동굴에서 사울을 살려준 말씀입니다. 곧 다윗은 까닭 없이 자신을 핍박하고 죽이려고 하는 사울 왕을 오히려 죽일 수 있는 기회를 맞았습니다. 다윗을 따르는 사람들은 하나님이 주신 기회라고 말하며 사울 왕을 죽이자고 제안했습니다. 그러나 다윗은 하나님께서 기름 부어 세우신 왕을 사람이 판단하여 죽일 수 없다고 말하며 사울 왕을 살려주었습니다(삼상 24:4~7). 곧 그 판단을 하나님께 맡긴 것입니다. 하나님께서 기름 부어 세우신 왕이니, 그 행한 죄에 대해서도 하나님께서 심판하신다는 것입니다. 이에 대해 다윗은 사울 왕 앞에서 이렇게 외쳤습니다. "여호와께서는 나와 왕 사이를 판단하사 여호와께서 나를 위하여 왕에게 보복하시려니와 내 손으로는 왕을 해하지 않겠나이다"(삼상 24:12) "그런즉 여호와께서 재판장이 되어 나와 왕 사이에 심판하사 나의 사정을 살펴 억울함을 풀어 주시고 나를 왕의 손에서 건지시기를 원하나이다 하니라"(삼상 24:15)

우리의 삶의 판단도 하나님께 맡겨야 합니다. 억울함과 아픔이 있을 수 있지만 스스로 판단하고 해결하려 하지 말고, 하나님께 그 판단을 맡겨 하나님의 선하신 뜻대로 이루시도록 해야 합니다. 내게 힘이 있고 기회가 있다고 어리석게 하나님을 앞서 판단하고 실행하지 말아야 합니다. 내 판단과 실행은 항상 옳을 수 없고 완전할 수 없으나, 하나님의 판단과 심판은 항상 옳고 완전합니다. 결코 부작용이 없으며 선하고 아름다운 결과를 이루어 줍니다.

고린도전서 5장_하나님 앞에서 힘써야 할 판단

교회 안의 음행한 자들을 추방해야 한다는 말씀입니다. 믿음의 형제들 중에서 음행과 탐욕과 우상숭배 등의 죄악을 행하는 자들을 판단하여 끊어내고 가까이 하지 말아야 한다는 것입니다. 곧 바울이 고린도 교회 안에 음행을 행하는 자가 있다는 소식을 들었는데, 그를 쫓아내지 않은 것에 대해 고린도 교인들을 책망한 것입니다(고전 5:1~2). 그처럼 믿음의 공동체 안에서 불의함을 행하는 자들을 판단하고 내쫓아 멀리해야 하고, 그럼으로 거룩함에 힘써야 한다는 것을 교훈한 것입니다. "이제 내가 너희에게 쓴 것은 만일 어떤 형제라 일컫는 자가 음행하거나 탐욕을 부리거나 우상 숭배를 하거나 모욕하거나 술 취하거나 속여 빼앗거든 사귀지도 말고 그런 자와는 함께 먹지도 말라 함이라 밖에 있는 사람들을 판단하는 것이야 내게 무슨 상관이 있으리요마는 교회 안에 있는 사람들이야 너희가 판단하지 아니하랴 밖에 있는 사람들은 하나님이 심판하시려니와 이 악한 사람은 너희 중에서 내쫓으라"(고전 5:11~13)

우리가 하나님 앞에서 무엇보다 힘써야 할 것 중의 하나는 거룩함입니다. 하나님은 거룩하시고 따라서 우리에게 요구하시는 것이 거룩함입니다. 거룩하지 않고는 하나님 앞에 설 수 없습니다. 따라서 또한 힘써야 하는 것이 거룩함의 판단입니다. 곧 우리가 불의함과 죄에 대해 판단하여 끊어내고 멀리하지 않으면 그 죄에 물들고 전염될 수밖에 없습니다. 결코 우리의 거룩함을 지켜갈 수 없습니다. 따라서 하나님의 말씀에 따라 그 죄와 불의를 바르게 판단해야 하고 또한 쫓아내고 끊어내야 합니다.

에스겔 3장_하나님 앞에서 두려워해야 할 판단

에스겔이 감당해야 할 사명에 대해 전하고 있습니

다. 곧 백성들이 이마가 굳고 마음이 굳어 에스겔이 전하는 하나님의 말씀을 듣고자 아니한다는 것입니다. 그럼에도 에스겔은 두려워하지 말고 하나님의 말씀을 전해야 한다는 것입니다. 듣든지 아니 듣는지 그 말씀을 전해야 한다는 것입니다.

따라서 또한 하나님은 에스겔을 이스라엘 족속의 파수꾼으로 세우셨음을 전하며 그 사명에 최선을 다해야 함을 강조하셨습니다. 곧 파수꾼이 적의 침략을 소리쳐 전하여, 성 안의 사람들이 그 침략을 대비하고 생명을 구하는 것처럼, 죄악을 행하는 백성들에게 하나님의 심판을 전하여 그 백성들이 죄악을 돌이켜 생명을 구원할 수 있게 해야 한다는 것입니다. 에스겔이 파수꾼으로 힘써 사명을 감당하여 하나님의 심판을 경고했지만, 백성들이 죄에서 돌이키지 않아 심판 받는다면, 그것은 돌이키지 않은 백성들이 책임이지만, 그러나 에스겔이 파수꾼으로 하나님의 심판을 경고하지 않아 백성들이 그대로 죄악 가운데 심판 받아 죽는다면, 그 책임은 에스겔에게 있다는 것입니다. 하나님께서 에스겔에게 책임을 물으시겠다는 것입니다. "가령 내가 악인에게 말하기를 너는 꼭 죽으리라 할 때에 네가 깨우치지 아니하거나 말로 악인에게 일러서 그의 악한 길을 떠나 생명을 구원하게 하지 아니하면 그 악인은 그의 죄악 중에서 죽으려니와 내가 그의 피값을 네 손에서 찾을 것이고 네가 악인을 깨우치되 그가 그의 악한 마음과 악한 행위에서 돌이키지 아니하면 그는 그의 죄악 중에서 죽으려니와 너는 네 생명을 보존하리라"(겔 3:18~19)

에스겔에게 전해진 사명과 그 책임에 대한 말씀을 대하며 하나님의 판단을 생각할 수 있습니다. 곧 하나님은 사명을 주시고 그 사명의 삶을 판단하십니다. 우리의 사명의 삶의 성패는 하나님의 판단에 달려 있습니다. 따라서 지금도 하나님께서 우리의 사명의 삶을 판단하고 계심을 기억하고, 그 판단을 두려워하며 힘을 다해 사명을 감당해야 합니다.

시편 39편_하나님께 구해야 할 은혜의 판단
질병으로 인한 고통 중에 하나님의 은혜와 구원을 구한 다윗의 기도입니다. 곧 다윗은 질병으로 고통 중에 있었습니다(시 39:13 참조). 그런데 그 질병이 그의 죄로 말미암은 하나님의 징벌이었습니다. 하나님께서 그 손으로 치심으로 말미암아 질병의 고통을 겪게 된 것입니다. 따라서 다윗은 겸손히 회개하며 하나님의 은혜를 구했습니다. 주의 징벌을 옮겨달라고 기도했습니다. "내가 잠잠하고 입을 열지 아니함은 주께서 이를 행하신 까닭이니이다 주의 징벌을 나에게서 옮기소서 주의 손이 치심으로 내가 쇠망하였나이다"(시 39:9~10) 결국 다윗은 하나님께 은혜의 판단을 구한 것입니다. 공의의 판단에 따르면 그가 겪고 있는 질병의 고통이 마땅하고, 회복될 수 없습니다. 따라서 하나님께서 그 놀라운 사랑으로 은혜의 판단을 해주시고, 이를 통해 용서받고 건강이 회복되기를 기도한 것입니다.

우리도 하나님께 구할 것은 은혜입니다. 하나님께서 우리의 삶을 은혜로 판단해주시기를 구해야 합니다. 그 은혜의 판단만이 우리가 하나님 앞에 설 수 있는 유일한 길입니다.

오늘의 기도

1. 우리의 삶의 아픔과 억울함을 오직 하나님께 맡기고 하나님의 판단을 따름으로 실수하고 넘어지는 일이 없게 하소서.
2. 불의함과 죄에 대해 용납하지 말고 속히 판단하여 끊어내고, 거룩함에서 넘어지지 않게 하소서.
3. 우리의 삶을 하나님의 은혜로 판단해 주셔서 항상 소망이 있게 하시고, 주신 사명에 충성하여 하나님의 판단에 부끄러움 없게 하소서.

주께 올려드리는 영광

맥체인성경365 1385p

사무엘상 25장 | 고린도전서 6장 | 에스겔 4장 | 시편 40-41편

우리는 하나님의 영광을 위해 살아야 합니다. 입술의 찬양과 거룩한 삶과 헌신의 삶으로 하나님께 영광 올려드려야 합니다. 모든 삶에서 베푸신 하나님의 은혜를 깨닫고 하나님께 영광 올려드려야 합니다.

사무엘상 25장_모든 삶에서 올려드리는 영광

불량한 나발에 대한 말씀입니다. 모든 삶에서 은혜를 깨닫고 하나님을 찬양하는 삶을 살았던 다윗과, 그 삶에서 은혜를 깨닫지 못하고 불량한 삶을 살았던 나발을 대조하여 볼 수 있습니다. 곧 다윗과 그 부하들이 나발의 근처에 머물며 울타리와 같은 역할을 해 주었습니다. 나발의 가축과 소산을 지켜주었습니다. 다윗과 그 부하들로 인해 나발은 주변의 강도와 위험에서 안전할 수 있었고, 가축 하나 잃지 않을 수 있었습니다. 그러나 나발은 그 은혜를 깨닫지 못하고 양털을 깎는 축제에 떡과 고기를 나눠 달라는 다윗의 청을 완악함으로 거절했습니다. 그 보낸 다윗의 부하들을 모욕하며 쫓아냈습니다. 바로 여기서 그 은혜를 깨닫지 못하는 어리석고 불량한 나발의 모습을 볼 수 있습니다.

반면 다윗은 모든 삶에서 그 은혜를 깨닫고 하나님께 영광을 올려드렸습니다. 곧 나발의 불량하고 모욕적 태도에 분노한 다윗은 부하들과 함께 나발을 치고자 출발했습니다. 그런데 마침 이 모든 사실을 종으로부터 들어 알게 된 나발의 아내 아비가일이 급히 떡과 고기와 포도주 등을 준비해 다윗을 찾아갔고, 지혜로운 말과 겸손한 태도로 다윗의 분노를 멈추게 했습니다. 이렇게 분노를 멈추게 된 다윗은 그 속에서 하나님의 은혜를 깨닫고 하나님을 찬송했습니다. 은혜를 깨닫지 못한 나발과 달리, 분노로 경솔할 수 있었던 자신의 행동을 막으신 하나님의 은혜를 깨닫고 찬송했습니다. "다윗이 아비가일에게 이르되 오늘 너를 보내어 나를 영접하게 하신 이스라엘의 하나님 여호와를 찬송할지로다"(삼상 25:32) 뿐만 아니라 다윗은 이후 나발이 죽었다는 소식을 듣고 자신이 당한 모욕을 친히 갚

아주신 하나님의 은혜를 깨닫고 다시 하나님께 감사하며 찬송했습니다. "나발이 죽었다 함을 다윗이 듣고 이르되 나발에게 당한 나의 모욕을 갚아 주사 종으로 악한 일을 하지 않게 하신 여호와를 찬송할지로다 여호와께서 나발의 악행을 그의 머리에 돌리셨도다 하니라..."(삼상 25:39)

이와 같은 나발과 다윗의 대조된 모습은 우리가 모든 삶에서 하나님의 은혜를 깨닫고, 찬송하는 삶을 살아야 함을 교훈하고 있습니다. 어리석게 그 은혜를 놓치는 불량한 삶이 아니라, 모든 삶에서 베풀어주신 은혜를 찾고 발견하여 마땅히 감사하며, 하나님께 영광을 올려드려야 합니다.

고린도전서 6장_몸으로 올려드리는 영광

그리스도인들 사이의 소송 사건을 책망하는 말씀과, 우리의 몸이 하나님의 거룩한 성령의 전이 된다는 사실을 가르치는 말씀입니다. 곧 우리의 몸은 성령이 거하는 전으로, 음행을 피하고 거룩한 삶을 살아야 한다는 것입니다. 우리의 몸을 통해 하나님께 영광 올려드려야 한다는 것입니다. "너희 몸은 너희가 하나님께로부터 받은 바 너희 가운데 계신 성령의 전인 줄을 알지 못하느냐 너희는 너희 자신의 것이 아니라 값으로 산 것이 되었으니 그런즉 너희 몸으로 하나님께 영광을 돌리라"(고전 6:19~20)

우리의 몸은 그리스도의 지체입니다. 따라서 음행과 죄악을 피해야 합니다. 또한 우리의 몸은 값을 주고 사신 주님의 소유로서 성령의 전입니다. 따라서 거룩한 삶을 통해 하나님을 찬양하며 영광을 올려드려야 합니다. 곧 우리의 거룩한 삶이 하나님께 영광이 됩니다. 불의한 삶으로는 결코 하나

님을 찬양할 수 없고 영광도 올려드릴 수 없습니다. 우리의 죄를 씻기 위해 예수 그리스도께서 십자가의 고난을 당하셨음을 기억하며, 십자가의 은혜 안에서 거룩함을 힘쓰고, 그 거룩함으로 하나님께 영광을 올려드려야 합니다.

에스겔 4장_헌신으로 올려드리는 영광
예루살렘을 향한 심판을 상징적 행위를 통해 나타내게 하신 말씀입니다. 곧 하나님은 에스겔에게 토판을 가져다가 예루살렘을 그리고 그 성읍을 에워싸라는 등, 아이들의 놀이처럼 보이는 상징 행위를 하라고 명령하셨습니다(겔 4:1~3). 또한 왼쪽으로 390일, 오른쪽으로 40일을 누워 이스라엘과 유다의 죄악을 짊어지는 상징적 행위를 하라고 명령하셨고(겔 4:4~8), 또한 적은 양의 음식과 물을 먹으며 지내라는 상징적 행위를 명령하셨습니다(겔 4:9~17). 이 모든 것들이 예루살렘의 심판을 나타내는 상징적 행위로서, 하나님은 그 백성들의 죄를 고발하고 그 죄로 인한 피할 수 없는 심판과 고통을 전하며, 또 이 죄를 해결하고자 하시는 하나님의 뜻을 전하게 하신 것입니다. 그런데 여기서 선지자 에스겔을 생각해야 합니다. 하나님의 명령을 따라 상징적 행위를 수행해야 하는 에스겔의 고통이 작지 않았기 때문입니다. 곧 이 명령을 수행하는 시간 동안 에스겔이 얼마나 큰 고통의 시간을 보내야 했는지는 충분히 예상해 볼 수 있습니다. 그 한 구절만 살펴보면, "내가 줄로 너를 동이리니 네가 에워싸는 날이 끝나기까지 몸을 이리 저리 돌리지 못하리라"(겔 4:8) 에스겔은 꼼짝도 못하게 묶인 채 고통을 당하며, 백성들의 죄를 책임져야 했습니다.

결국 무엇입니까? 이것은 에스겔의 헌신입니다.

하나님께서 명령하신 상징적 행위를 수행하는 일이 결코 쉬운 일이 아니었지만, 선지자로서 그 주신 사명의 멍에를 거절하지 않고 순종하여 헌신한 것입니다. 그리고 또한 이를 통해 하나님의 뜻을 전달하며 하나님께 영광을 올려드린 것입니다. 다시 말해 그의 헌신의 삶은 하나님께 영광이 되기에 충분했습니다.

시편 40-41편_입술로 올려드리는 영광
시편 40편은 고난 중에 기다림으로 주의 응답과 구원을 경험한 다윗의 감사의 기도입니다. 시편 41편은 질병 중에 하나님의 치료와 구원을 확신하는 다윗의 기도입니다. 무엇보다 다윗은 그 주신 응답에 감사하며 찬양하는 것을 잊지 않았습니다. 그 입술로 하나님을 찬양하며 영광을 올려드렸습니다.

"새 노래 곧 우리 하나님께 올릴 찬송을 내 입에 두셨으니 많은 사람이 보고 두려워하여 여호와를 의지하리로다"(시 40:3) 하나님께 올릴 찬송을 내 입에 두셨다는 것은 입으로 하나님을 찬송했다는 것입니다. 다윗은 고난 중에 기도하며 하나님의 응답을 기다리고 또 기다렸고, 마침내 응답하신 하나님의 구원을 경험하고(시 40:1~2), 입을 열어 하나님을 찬양한 것입니다.

우리의 삶에 놀라운 은혜를 베푸시고, 우리의 간구를 외면하지 않으시는 하나님의 은혜를 기억하며 찬양하는 것은 마땅합니다. 우리의 입술을 벌려 힘을 다해 하나님을 찬양하며 영광 올려드려야 합니다.

주의 기쁨

맥체인성경365 1391p

사무엘상 26장 | 고린도전서 7장 | 에스겔 5장 | 시편 42-43편

주님을 기쁘시게 하는 삶을 살아야 합니다. 불의한 삶에서 돌이키고, 주께서 기뻐하지 않는 것은 거절하는 삶을 통해, 그리고 끝까지 주님께 기쁨을 두고 믿음과 소망의 삶을 통해 기쁨의 삶을 살아야 합니다.

사무엘상 26장_주의 기쁨을 위해 금하는 삶

다윗이 두 번째로 사울을 살려준 말씀입니다. 곧 다윗이 아비새와 함께 은밀히 사울의 장막에 들어갔고, 곤히 잠들어 있는 사울을 다시 한 번 죽일 수 있는 기회를 얻었지만 죽이지 않았습니다. 아비새가 단번에 죽일 수 있다고 말했지만, 하나님께서 기름 부어 세우신 왕을 사람이 자기 뜻대로 죽이는 것은 하나님께서 금하시는 일이라 말하며, 사울의 머리 곁에 있는 창과 물병만 가지고 나왔습니다. "다윗이 아비새에게 이르되 죽이지 말라 누구든지 손을 들어 여호와의 기름 부음 받은 자를 치면 죄가 없겠느냐 하고"(삼상 26:9) "내가 손을 들어 여호와의 기름 부음 받은 자를 치는 것을 여호와께서 금하시나니 너는 그의 머리 곁에 있는 창과 물병만 가지고 가자 하고"(삼상 26:11)

이처럼 다윗은 그 판단의 기준을 자신의 뜻과 욕심에 두지 않았습니다. 오직 하나님의 기뻐하시는 뜻에 두었습니다. 당장 손해를 보고 어려움을 겪는다고 할지라도 하나님의 기뻐하시는 뜻을 따랐고, 하나님의 기뻐하시는 뜻을 벗어나는 일은 아무리 유익이 된다고 해도 거절하며 금했습니다. 이런 다윗의 삶이 우리 신앙의 삶에 모델이 돼야 합니다. 아무리 유익이 되고 욕심이 나는 일이 있어도 주의 기쁨을 위해 금하는 삶을 살아야 합니다. 우리의 삶의 기준이 온전히 주의 기쁨에 있어야 합니다.

고린도전서 7장_주를 기쁘시게 하는 삶

결혼과 독신에 대해 바울이 전하는 가르침입니다. 결혼한 부부는 서로에 대해 책임을 다해야 하고, 신앙이 다르다는 이유만으로 이혼하지 말아야 함을 가르치고 있습니다. 또한 결혼하지 않은 사람들에 대해서는 바울의 개인적 생각이라는 전제를 달며 결혼하지 않는 것이 좋다고 가르치고 있습니다. 곧 결혼을 하면 세상의 일을 염려하고, 어떻게 아내를 기쁘게 하고 남편을 기쁘게 할 것인가를 고민하여 주님께 향해야 하는 마음이 나뉠 수 있다는 것입니다. "너희가 염려 없기를 원하노라 장가 가지 않은 자는 주의 일을 염려하여 어찌하여야 주를 기쁘시게 할까 하되 장가 간 자는 세상 일을 염려하여 어찌하여야 아내를 기쁘게 할까 하여 마음이 갈라지며 시집 가지 않은 자와 처녀는 주의 일을 염려하여 몸과 영을 다 거룩하게 하려 하되 시집 간 자는 세상 일을 염려하여 어찌하여야 남편을 기쁘게 할까 하느니라"(고전 7:32~34) 결국 바울의 강조점은 주님을 기쁘시게 하는 삶에 있습니다. 그는 항상 주님의 기쁨을 생각하며, 그 기쁨을 위한 삶을 살았다는 것입니다. 결혼하지 않는 것이 좋다는 그의 개인적인 가르침도 이 기쁨을 생각하는 그의 마음 때문이었습니다.

바울의 이와 같은 삶이 우리에게 도전이 돼야 합니다. 우리도 삶의 초점을 주님의 기쁨에 두고, 주님이 기뻐하시는 삶을 힘써 살아야 합니다. 어떻게 해야 주님을 기쁘시게 할까 늘 생각하고 따라가야 합니다.

에스겔 5장_주의 기쁨에서 떠난 삶

예루살렘 심판의 이유와 모습에 대해 전하고 있습니다. 먼저 하나님은 에스겔에게 예루살렘 심판의 상징적 행위를 명령하셨습니다. 곧 날카로운 칼을 가져다가 머리털과 수염을 깎고 삼분의 일은 성읍 안에서 불사르고, 삼분의 일은 성읍 사방에서 칼로 치고, 삼분의 일은 바람에 흩으라는 것입니다. 이는 하나님께서 예루살렘 주민을 삼분의 일은 성읍 안에서 전염병과 기근으로 죽게 하고, 삼분 일은 사방에서 칼에 엎드러지게 하며, 삼분의 일은 사방에 흩어 버리겠다는 것을 나타낸 것입니다. 이후 하나님께서는 예루살렘을 이렇게 심판하시는 이유에 대해 다음과 같이 말씀하셨습니다. "그러므로 나 주 여호와가 말하노라 내가 나의 삶을 두고 맹세하노니 네가 모든 미운 물건과 모든 가증한 일로 내 성소를 더럽혔은즉 나도 너를 아끼지 아니하며 긍휼을 베풀지 아니하고 미약하게 하리니"(겔 5:11) 그 백성들이 하나님의 성소를 더럽혔다는 것입니다. 곧 그 백성들이 율례를 버리고 거스르며 악을 행하고, 우상을 숭배하며 범죄했다는 것입니다. 하나님의 기쁨에서 떠나 하나님을 진노케 하는 삶을 살았다는 것입니다. 따라서 하나님께서 그 긍휼을 멈추시고 그 백성을 심판하시겠다는 것입니다.

모든 불의와 죄를 끊어버리고 온전히 하나님을 경외하며 예배하는 삶을 살아야 합니다. 이것이 하나님이 기뻐하시는 삶입니다. 어리석게 하나님이 기뻐하시는 삶에서 떠나 심판에 이르지 않아야 합니다. 오히려 하나님이 기뻐하시는 삶을 통해 은혜와 복을 누려야 합니다.

시편 42-43편_주께 기쁨을 두는 삶
시련과 낙망 속에서도 포기하지 않고 스스로를 격려하며 하나님께 부르짖은 고라 자손의 기도입니다. 여기서 주께 기쁨을 두는 삶을 볼 수 있습니다.

"그런즉 내가 하나님의 제단에 나아가 나의 큰 기쁨의 하나님께 이르리이다 하나님이여 나의 하나님이여 내가 수금으로 주를 찬양하리이다 내 영혼아 네가 어찌하여 낙심하며 어찌하여 내 속에서 불안해 하는가 너는 하나님께 소망을 두라 그가 나타나 도우심으로 말미암아 내 하나님을 여전히 찬송하리로다"(시 43:4~5) 고난과 고통을 겪고 있는 상황입니다. 믿음의 삶에서 조롱과 비웃음을 당하는 상황입니다. 하나님께 도움을 구하나 응답이 없어 낙심이 되는 상황입니다. 그러나 고라 자손은 포기하지 않고 부르짖음의 기도를 중단하지 않았습니다. 낙심된 마음에 스스로 용기를 불어 넣고 격려하며 하나님께 소망을 가졌습니다. 하나님의 도우심을 확신하며 변함없는 찬송을 고백했습니다. 무엇보다 주목할 말씀이, "나의 큰 기쁨의 하나님께 이른다"는 고백입니다. 당장에 응답이 없어 조롱 받으며 고통당하는 중에도, 그 기쁨을 하나님께 두고 있다는 것입니다. 하나님을 찾아 예배하는 일을 중단하지 않고, 그 믿음을 포기하지 않았다는 것입니다.

어떤 고난과 환난과 비방 중에도 하나님을 믿으며, 하나님께 기쁨을 두어야 합니다. 고난과 조롱의 상황이 하나님을 향한 믿음과 소망, 그리고 이를 통한 기쁨을 빼앗지 못하게 해야 합니다.

오늘의 기도

1. 욕심 때문에 주님이 금하신 일을 행하지 않게 하시고, 철저히 주의 말씀에 기준을 두고 따르게 하소서.
2. 하나님께서 미워하시는 죄와 가증한 일에서 돌이키게 하시고, 이를 통해 주를 기쁘시게 하는 삶을 살게 하소서.
3. 당장에 응답이 없고 고통과 조롱의 시간을 보낸다 할지라도 주님께 기쁨을 두고, 그 소망을 잃지 않으며, 포기하지 않고 기도하며 찬양하게 하소서.

성숙함

사무엘상 27장 | 고린도전서 8장 | 에스겔 6장 | 시편 44편

맥체인성경365 1396p

성숙한 믿음으로 먼저 하나님의 뜻을 묻고 따르며, 그 말씀으로 나를 돌아보고 돌이키는 삶을 살아야 합니다. 인내와 절제로 연약한 자를 배려하고 세울 뿐만 아니라 어떤 고난에도 말씀을 지키며 주님께 소망을 두는 성숙한 삶을 살아야 합니다.

사무엘상 27장_하나님의 뜻을 묻는 성숙함

사울 왕에게 쫓겨 도망자의 삶을 살던 다윗이 블레셋으로 망명을 생각하고 또 실행한 말씀입니다. 이스라엘과 적대 관계에 있을 뿐만 아니라 군사력도 강력한 블레셋으로 망명을 하면 사울도 더 이상 쫓지 못하리라 판단한 것입니다. 지금까지 도망자의 삶으로 지친 다윗은 이제 그만 쉼을 얻고 싶었던 것입니다. "다윗이 그 마음에 생각하기를 내가 후일에는 사울의 손에 붙잡히리니 블레셋 사람들의 땅으로 피하여 들어가는 것이 좋으리로다 사울이 이스라엘 온 영토 내에서 다시 나를 찾다가 단념하리니 내가 그의 손에서 벗어나리라 하고"(삼상 27:1)

다윗의 이런 결정이 충분히 이해는 됩니다. 오랜 기간 숨 막히는 도망자의 삶을 살았으니 편안한 쉼이 그리울 만합니다. 그러나 하나님의 뜻은 어디에 있는가? 다윗의 이런 판단에 하나님은 어떻게 생각하시는가? 이것을 고민해야 합니다. 무엇보다 다윗이 블레셋으로 도피하면서 하나님께 묻고 있는가? 이것을 찾아야 합니다. 그러나 성경에 다윗이 하나님께 물었다는 표현도 없고, 하나님께서 허락하셨다 거나 기뻐하셨다는 표현도 없습니다. "다윗이 그 마음에 생각하기를"(삼상 27:1) 블레셋으로의 망명이 오직 다윗의 생각이었음을 말씀하고 있습니다.

사실 지금까지 다윗이 힘겹게 도피 생활을 했지만 하나님께서 항상 피난처가 되어 주셨습니다. 다윗도 하나님을 피난처로 고백하며 찬양했던 것을 시편에서 찾아볼 수 있습니다. 그런데 피난처이신 하나님이 아니라 블레셋을 피난처로 삼았다는 것은 신앙적 관점에서 부정적 생각을 갖게 합니다.

이전에 모압에 피했을 때에도 갓 선지자를 통해 주시는 하나님의 말씀을 듣고 이스라엘 땅으로 다시 돌아온 경험이 있었는데, 다시 이방 땅인 블레셋으로 피난을 간 것을 결코 긍정적으로 바라볼 수 없습니다. 그리고 블레셋에서의 다윗의 삶이 그리 평안하지 못했습니다.

결국 무엇입니까? 아무리 어쩔 수 없는 상황이며 모두가 이해를 하는 결정이라 할지라도, 내 생각에 따라 판단하며 결정하기 이전에 하나님의 뜻을 물어야 합니다. 내 뜻을 내려놓고 끝까지 하나님을 따라야 합니다. 이것이 성숙한 믿음입니다.

고린도전서 8장_연약한 자를 배려하는 성숙함

우상 제물에 대한 말씀입니다. 사실 우상은 '헛것'에 불과하고, 음식은 만물의 주인이신 하나님께서 주셨기 때문에 우상 제물이라 해도 아무 양심의 거리낌 없이 먹을 수 있고 자유를 누릴 수 있습니다. 믿음이 굳건히 세워진 사람은 우상 제물에 관계없이 자유롭게 행동하며 믿음을 세워갈 수 있습니다. 그러나 그것이 믿음이 약한 자들에게는 걸림돌이 되어 넘어지게 할 수 있습니다. 따라서 조심하라는 것입니다. "그런즉 너희의 자유가 믿음이 약한 자들에게 걸려 넘어지게 하는 것이 되지 않도록 조심하라"(고전 8:9) 결국 믿음이 약한 자들을 향한 배려가 필요하다는 것입니다. 우상 제물에 대해 자유롭게 행동하고 먹을 수 있지만, 절제하고 금하여 믿음의 본을 세우는 것이 더 중요하다는 것입니다. 우상 제물을 먹는 자유만을 생각하지 말고, 믿음이 연약한 자를 위해 절제하고 배려하는 성숙함을 가져야 한다는 것입니다.

에스겔 6장_심판 전에 깨닫는 성숙함

이스라엘을 향한 심판의 말씀입니다. 우상을 숭배하던 모든 산당과 제단들을 멸하고 깨뜨리며 그 백성들을 흩으신다는 것입니다. 그 백성들의 가증한 일로 말미암아 칼과 기근과 전염병으로 멸하신다는 것입니다. 그런데 주목할 말씀이 하나님의 심판을 받고 포로로 사로잡혀 가서야 비로소 백성들이 우상을 숭배하고 범죄하여 하나님을 근심하게 한 것을 깨닫고 후회하게 된다는 것입니다. 그때에 하나님이 여호와 하나님이시며, 그 심판의 경고가 헛되지 않음을 깨닫게 된다는 것입니다. "너희 중에서 살아 남은 자가 사로잡혀 이방인들 중에 있어서 나를 기억하되 그들이 음란한 마음으로 나를 떠나고 음란한 눈으로 우상을 섬겨 나를 근심하게 한 것을 기억하고 스스로 한탄하리니 이는 그 모든 가증한 일로 악을 행하였음이라 그 때에야 그들이 나를 여호와인 줄 알리라 내가 이런 재앙을 그들에게 내리겠다 한 말이 헛되지 아니하니라"(겔 6:9~10)

심판을 겪고 나서야 깨닫고 후회하는 백성들의 모습을 보며, 그 어리석음을 보게 됩니다. 하나님께서 그 말씀을 통해 끊임없이 심판을 경고하심에도 돌이키지 않다가, 심판을 당한 후에야 비로소 깨닫고 후회하는 모습이 어리석기만 합니다. 따라서 심판 전에 하나님의 말씀을 통해 깨닫고 돌이키는 성숙함을 보여야 합니다. 심판을 당해야 깨닫는 것이 아니라, 말씀을 통해 먼저 깨달을 수 있는 성숙함에 이르러야 합니다.

시편 44편_고난 중에도 말씀을 지키는 성숙함

조롱과 능욕과 비방 중에 하나님의 구원을 간구한 고라 자손의 기도입니다. 무엇보다 주목할 말씀이, 고라 자손은 하나님을 포기하지 않고 그 믿음을 지켰다는 것입니다. "이 모든 일이 우리에게 임하였으나 우리가 주를 잊지 아니하며 주의 언약을 어기지 아니하였나이다"(시 44:17) 고라 자손은 현재 하나님께서 그 백성들을 버리신 것처럼 느낄 만큼 처참한 고통과 아픔을 겪고 있었습니다. 이웃 나라 백성들로부터 조롱과 조소와 모욕과 비방을 당하며, 말할 수 없는 능욕과 수치를 당하고 있었습니다. 그럼에도 주의 언약을 어기지 않았다는 것입니다. 하나님으로부터 버림받았다고 느낄 만큼 큰 고통 중에 있었지만, 그럼에도 하나님을 바라보는 성숙한 믿음을 가졌다는 것입니다. 또한 고라 자손은 하나님께 소망을 두는 성숙한 믿음을 보였습니다. "주여 깨소서 어찌하여 주무시나이까 일어나시고 우리를 영원히 버리지 마소서 어찌하여 주의 얼굴을 가리시고 우리의 고난과 압제를 잊으시나이까 우리 영혼은 진토 속에 파묻히고 우리 몸은 땅에 붙었나이다 일어나 우리를 도우소서 주의 인자하심으로 말미암아 우리를 구원하소서"(시 44:23~26) 지금이라도 주님이 우리를 구원하실 수 있다는 믿음의 고백입니다. 오직 이 고난과 압제에서 우리를 구원하시며 우리를 도우실 수 있는 분은 오직 하나님이시라는 것입니다. 하나님만이 유일한 소망이라는 것입니다.

우리의 삶에도 참을 수 없는 고난과 아픔이 있을 수 있습니다. 하나님께서도 침묵하시며 더 이상 돌보지 않으신다고 생각이 들 만큼 큰 고통에 처할 수 있습니다. 그러나 그럼에도 하나님께 소망을 두고 하나님을 향한 믿음을 놓치지 않는 것이 성숙한 믿음입니다.

두려움

사무엘상 28장 | 고린도전서 9장 | 에스겔 7장 | 시편 45-46편

참된 두려움은 하나님께 있습니다. 하나님의 침묵과 돕지 않으시는 방관이 두려움이요, 하나님의 긍휼이 떠나 버림을 받고 심판 받음이 두려움입니다. 어떤 환난과 두려움의 상황에서도 하나님이 함께하시면 두렵지 않습니다. 그 하나님을 믿음으로 두려움을 이길 수 있습니다.

사무엘상 28장_하나님의 침묵으로 인한 두려움

사울이 두려움 중에 엔돌의 신접한 여인을 찾은 말씀입니다. 곧 블레셋이 이스라엘을 공격하고자 군사를 모아 수넴에 진을 쳤고, 사울은 그 블레셋의 군대로 인해 크게 두려워했습니다. 쳐들어오는 적들을 막아야 하는데, 그 적들의 수가 많아 도저히 막을 수 없다고 생각하니 두려울 수밖에 없었던 것입니다(삼상 28:5). 그러나 사울 왕의 더 큰 두려움은 하나님의 침묵에 있었습니다. "사울이 여호와께 묻자오되 여호와께서 꿈으로도, 우림으로도, 선지자로도 그에게 대답하지 아니하시므로"(삼상 28:6) 블레셋의 침략을 눈앞에 두고 하나님의 도우심을 구하는데, 하나님께서 아무 말씀을 하지 않으셨고, 이런 하나님의 침묵이 사울 왕에게 더 큰 두려움이었습니다. 따라서 사울 왕은 이 두려움으로 인해 신접한 여인을 찾기까지 하는 어리석은 모습을 보였습니다(삼상 28:7).

눈앞에 보이는 상황보다 하나님의 침묵하심이 더 큰 두려움이 됩니다. 아무리 적의 수가 많아도 하나님께서 도우시면 물리칠 수 있기 때문입니다. 곧 전쟁의 승패는 하나님께 있고, 따라서 하나님께서 함께하셔서 도우시고 승리케 하시겠다는 말씀만 있으면 두려움을 이길 수 있습니다. 두려움을 평안과 담대함으로 바꿀 수 있습니다. 그러나 불순종과 죄악으로 하나님께서 사울을 떠나셨고, 그에게 아무 응답도 주지 않으셨습니다. 따라서 사울 왕은 두려울 수밖에 없었습니다. 하나님의 침묵이 그에게 무엇보다 큰 두려움이었습니다.

고린도전서 9장_하나님께 버림당함의 두려움

사명에 대한 바울의 헌신과 사랑을 보여주고 있습니다. 곧 바울은 사도로서의 권리와 자유에 대해 말하고 있는데, 자신에게 복음을 전하는 사도로서 충분히 대가를 받을 권리가 있고 또 자유가 있다는 것입니다. 하지만 복음에 장애가 되지 않기 위해 그 모든 권리와 자유도 주장하지 않고 사용하지 않는다는 것입니다. 복음을 전하고 많은 열매를 맺었음에도 그것을 결코 자랑하지 않는다는 것입니다. 오히려 자신의 자랑과 상은 복음을 전하는 사도로서 아무 대가 없이 사명을 감당하는 삶 자체에 있다는 것입니다. 이것이 바울에게는 너무도 큰 축복이요 기쁨이라는 것입니다. 따라서 또한 바울이 두려워했던 것이 하나님으로부터 버림당하는 것이었습니다. 믿음 안에서 힘을 다해 충성하며 주의 길을 걸어가지만, 순간 넘어지고 하나님에게서 떨어지면 하나님으로부터 버림을 당할 수 있고, 이것이 두려움이라는 것입니다(고전 9:26~27).

바울은 힘을 다해 사명의 길을 걸어갔습니다. 이방인의 사도로 복음을 전하고 한 영혼이라도 더 구원하기 위해 수고와 헌신을 마다하지 않았습니다. 값없이 복음을 전하며 아무 대가도 바라지 않았고, 영혼 구원을 위해 구원받을 자들의 편에 서서 스스로 종이 되고, 약한 자가 되는 등, 오직 영혼 구원만을 생각했습니다. 복음을 위한 사명의 경주를 멈추지 않았습니다. 그럼에도 그는 순간의 교만으로 넘어질 수 있음을 알았습니다. 복음의 헌신을 통해 다른 사람들은 구원하고, 정작 자신은 그 믿음에서 멀어져 버림을 당하고 구원받지 못할 수 있음을 알았습니다. 따라서 바울은 이것을 두려워하며, 그 달음질과 싸움에서 그 목표와 대상을 잃지 않고자 했습니다. 힘써 그 자신을 쳐서 복종케 하며, 그 믿음의 경주에서 넘어지지 않도록 힘썼습니다.

바울의 이런 두려움을 대하며 우리도 두려워해야 하지 않습니까? 우리도 믿음의 경주에서 순간의 교만과 욕심으로 지금까지의 믿음의 경주가 헛되게 될 수 있음을 두려워해야 합니다. 방심하는 순간 믿음에서 넘어지고 끊어질 수 있음을 기억하고 끝까지 방심하지 말고 두려움으로 믿음의 삶을 살아야 합니다.

에스겔 7장_하나님의 심판으로 인한 두려움

이스라엘의 끝이 다가왔음을 전하는 말씀입니다. 하나님께서 결코 긍휼히 여기지 않으시고 그 죄악된 행위대로 심판하여 그 땅을 멸하신다는 것입니다. 그 백성들에게 두려움이 덮이고 수치와 애통이 주어지고 굶주림의 고통이 주어진다는 것입니다(겔 7:18). 무엇보다 주목할 말씀이, 주의 진노의 날에 은과 금이 그들을 건지지 못하고 그들에게 만족함과 배부름을 주지 못한다는 것입니다. 그 백성들이 하나님이 아닌 은금을 구하며 따랐는데, 그것이 아무 유익이 되지 못한다는 것입니다. "그들이 그 은을 거리에 던지며 그 금을 오물 같이 여기리니 이는 여호와 내가 진노를 내리는 날에 그들의 은과 금이 능히 그들을 건지지 못하며 능히 그 심령을 족하게 하거나 그 창자를 채우지 못하고 오직 죄악의 걸림돌이 됨이로다"(겔 7:19)

결국 이 말씀은 하나님의 은혜밖에 없음을 보여줍니다. 더불어 우리가 진정 두려워해야 하는 것은 하나님의 은혜가 중단 되는 것임을 가르쳐줍니다. 곧 하나님은 그 백성들을 향해 이렇게 말씀하셨습니다. "내가 너를 불쌍히 여기지 아니하며 긍휼히 여기지도 아니하고 네 행위대로 너를 벌하여 네 가증한 일이 너희 중에 나타나게 하리니 내가 여호와인 줄을 너희가 알리라"(겔 7:4) 하나님의 긍휼과 불쌍히 여기심의 은혜가 다했기에 진노의 심판이 내려진다는 것입니다. 곧 하나님의 은혜와 긍휼이 중단되지 않고 계속됐다면 진노의 심판은 다시 미뤄지고 구원의 기회가 주어질 수 있었습니다. 따라서 하나님의 은혜와 긍휼이 계속되기를 구해야 하며, 하나님의 은혜와 긍휼이 떠나면 주어지는 결과는 심판이기에 하나님의 은혜와 긍휼이 떠나는 것을 무엇보다 두려워해야 합니다. 은금을 잃어버리고 권세를 잃어버리는 것을 두려워할 것이 아니라, 하나님의 긍휼을 잃어버리는 것을 두려워해야 합니다.

시편 45-46편_하나님을 통해 이기는 두려움

시편 45편은 왕의 결혼식을 노래한 고라 자손의 시입니다. 시편 46편은 우리의 피난처 되신 하나님을 찬양한 노래입니다. 곧 하나님께서 우리의 피난처가 되시며 우리의 도움 되시기에 그 어떤 상황도 두려움이 되지 않음을 말씀하고 있습니다. 하나님을 절대적으로 믿으니 그 어떤 환난과 위험의 상황에도 두려워하지 않으며 평안할 수 있다는 것입니다. "하나님은 우리의 피난처시요 힘이시니 환난 중에 만날 큰 도움이시라 그러므로 땅이 변하든지 산이 흔들려 바다 가운데에 빠지든지 바닷물이 솟아나고 뛰놀든지 그것이 넘침으로 산이 흔들릴지라도 우리는 두려워하지 아니하리로다 (셀라)"(시 46:1~3)

우리의 두려움은 하나님의 함께하심을 믿지 못할 때 나타납니다. 함께하시는 하나님이 두려움의 상황보다 더 크시며, 그 두려움의 상황에서 능히 그리고 반드시 도우심을 믿으면 두려워하지 않을 수 있습니다. 하나님을 향한 믿음은 두려움을 이기게 합니다.

오늘의 기도

1. 하나님과의 소통이 끊어지지 않게 하시고, 진노로 인한 침묵이 아닌 사랑과 은혜를 통한 응답을 경험하게 하소서.
2. 순간의 교만과 욕심으로 구원의 삶에서 끊어지지 않게 하시고, 두려움으로 늘 주의 말씀에 귀 기울여 순종하며 주를 따라가게 하소서.
3. 어떤 환난과 두려움의 상황에서도 하나님을 믿음으로 두려움을 이기고 평안함을 누리게 하소서.

하나님의 영광

사무엘상 29-30장 | 고린도전서 10장 | 에스겔 8장 | 시편 47편

하나님의 영광을 높이며 그 영광을 위한 삶을 살아야 합니다. 죄와 불의로 하나님의 영광을 더럽히고 있다면 돌이켜야 합니다. 이를 통해 진노의 심판이 아닌 힘과 도움의 은혜를 누려야 합니다.

사무엘상 29-30장_하나님의 영광과 은혜

블레셋에 망명해 있던 다윗이 블레셋과 이스라엘의 전쟁에 참여했다가 블레셋 방백들의 반대로 다시 돌아간 말씀입니다. 사무엘상 30장은 그렇게 전쟁의 참여로, 다윗이 머물고 있던 성읍을 잠시 비운 사이, 아말렉이 침략해 그 성읍을 불태우고 모든 사람들을 사로잡아갔고, 다윗과 부하들이 뒤늦게 이를 알고 좇아가 아말렉 사람들을 물리치고 가족들을 비롯해 빼앗겼던 모든 것들을 다시 찾은 말씀입니다.

여기서 하나님의 영광과 은혜를 보게 됩니다. 곧 하나님의 영광을 위해 살아가는 사람을 하나님께서 돌보시고 힘주시고 축복하심을 알 수 있습니다. "백성들이 자녀들 때문에 마음이 슬퍼서 다윗을 돌로 치자 하니 다윗이 크게 다급하였으나 그의 하나님 여호와를 힘입고 용기를 얻었더라"(삼상 30:6) "다윗이 여호와께 묻자와 이르되 내가 이 군대를 추격하면 따라잡겠나이까 하니 여호와께서 그에게 대답하시되 그를 좇아가라 네가 반드시 따라잡고 도로 찾으리라"(삼상 30:8) 아말렉의 침략과 이로 인해 벌어진 상황으로 다윗과 부하들은 망연자실할 수밖에 없었고, 일부는 다윗에게 그 책임을 돌리며 다윗을 돌로 치고자 했습니다. 다윗은 큰 곤경에 처할 수밖에 없었습니다. 그런데 그때 하나님께서 다윗에게 힘이 되어 주셨습니다. 다윗은 하나님을 통해 용기를 얻고 붙잡혀간 가족들을 구하러 나설 수 있었고, 또 하나님께서는 도움을 구하는 간구에 반드시 그 가족들을 찾게 될 것을 응답해 주셨습니다. 바로 여기서 하나님의 영광을 위해 살아가는 자에게 주시는 하나님의 은혜를 생각할 수 있습니다. 곧 다윗은 힘을 다해 하나님의 영광을 위해 살았습니다. 고난과 생명의 위기 중에도 하나님을 찬양하며 하나님께 영광을 올려드리는 일을 멈추지 않았습니다. 이것은 다윗의 시편을 통해서 확인할 수 있고, 또 오늘 말씀에서도 그 영광의 삶을 확인할 수 있습니다. "다윗이 이르되 나의 형제들아 여호와께서 우리를 보호하시고 우리를 치러 온 그 군대를 우리 손에 넘기셨은즉 그가 우리에게 주신 것을 너희가 이같이 못하리라"(삼상 30:23) 다윗은 아말렉을 물리치고 가족들을 구원한 것이 하나님께서 하신 일임을 고백했습니다. 자신들의 힘으로 승리한 것이 아니라, 하나님께서 주신 승리임을 고백하며 하나님께 영광을 돌렸습니다.

이처럼 다윗은 하나님의 영광을 위해 살았고, 그런 다윗에게 하나님은 힘과 도움이 되셨습니다. 하나님의 영광을 위해 살아가는 자에게 하나님께서 은혜를 베푸심을 보여주셨습니다.

고린도전서 10장_하나님의 영광을 위한 삶

출애굽한 이스라엘이 하나님을 시험하고 원망함으로 심판 받았던 사실을 전하며 넘어지지 않도록 주의하라는 교훈과, 그리스도의 거룩한 피와 몸에 참여하는 성만찬을 가지면서 이방인의 제사와 식탁 교제에 참여하는 우상숭배를 책망한 말씀입니다.

또한 무엇을 먹고 어떤 것을 마시느냐? 이것이 중요한 것이 아니라 하나님의 영광이 더 중요함을 교훈하고 있습니다. "그런즉 너희가 먹든지 마시든지 무엇을 하든지 다 하나님의 영광을 위하여 하라"(고전 10:31) 곧 바울은 다시 한 번 우상에게 드려진 음식으로 인한 문제를 다루었습니다. 당시 시장에서 파는 고기는 대부분 신전에서 먼저 제사로 드려졌던 것으로, 믿음을 가진 신앙인이 이 고기를 먹는 것으로 인한 논쟁이 있었습니다. 이에 대해 바울은 그 관점을 하나님의 영광에 두었습니다. 우상은 헛것이고, 그 음식이 우상에게 드려졌다 할지라도 음식 자체에는 문제가 없으며, 따라서 얼마든지 자유롭게 먹을 수 있다는 것입니다. 그러나 또한 그것이 누군가를 실족하게 하고 또 비방의 재료가 되어 하나님의 영광을 가린다면 그 영광을 위해 먹지 말아야 한다는 것입니다. 모든 기준을 하나님의 영광에 두고 먹고 마시는 일을 결정해야 한다는 것입니다.

먹고 마시는 음식뿐만 아니라 우리의 모든 삶의 말과 행동이 하나님의 영광에 있어야 합니다. 우리의 삶은 하나님의 영광을 위한 삶을 살아야 합니다. 오직 하나님의 영광에 그 목적을 두고 말하고 행동해야 합니다. 이것이 우리가 이 땅에 존재하는 이유입니다.

에스겔 8장_하나님의 영광을 더럽힌 죄

에스겔이 환상 중에 예루살렘 성전에서 벌어지는 우상숭배와 가증한 일을 보게 된 말씀입니다. 곧 하나님께서 권능으로 환상 가운데 에스겔을 예루살렘 성전으로 이끌어, 그 안에서 행해지고 있는 우상숭배와 가증한 일을 보여주셨습니다. "그가 또 내게 이르시되 인자야 이스라엘 족속이 행하는 일을 보느냐 그들이 여기에서 크게 가증한 일을 행하여 나로 내 성소를 멀리 떠나게 하느니라 너는 다시 다른 큰 가증한 일을 보리라 하시더라"(겔 8:6) 하나님을 예배하고 하나님께 영광을 올려드려야 하는 성전입니다. 그럼에도 그 성전에서 우상을 숭배하는 등 가증한 일을 행하고 있었고, 이를 통해

하나님의 영광을 더럽히고 있었다는 것입니다. 더 이상 하나님께서 그 성전에 머물 수 없게 했다는 것입니다. 따라서 하나님은 진노로 그 백성들을 심판하시며, 결코 불쌍히 여기지 아니하시고 긍휼히 여기지 않으실 것을 말씀하셨습니다(겔 8:18).

여기서 하나님의 영광을 더럽힌 죄를 보게 됩니다. 하나님의 영광을 위해 살아가야 하는 하나님의 백성들이 죄악과 불의로 오히려 하나님의 영광을 가리고 더럽힌 것을 보게 되고, 또한 그렇게 하나님의 영광을 더럽힌 자들에게 주어지는 결과는 심판임을 보게 됩니다. 곧 하나님의 영광을 위해 살아가는 자에게 하나님은 힘과 은혜로 도우십니다. 그의 간구에 응답하십니다. 그러나 하나님의 영광을 더럽히는 자에게는 진노로 심판하십니다. 따라서 하나님의 영광을 가리며 더럽히는 일에서 돌이켜야 합니다. 돌이켜 하나님의 영광을 위한 일에 힘을 다해야 합니다.

시편 47편_하나님의 영광을 높이는 찬양

온 땅의 왕이신 하나님의 영광을 높이며 찬양한 노래입니다. 그 입술을 벌려 하나님의 크고 위대하심과 우리에게 주시는 은혜와 기업을 찬양하며 영광을 올려드려야 함을 전하고 있습니다.

"찬송하라 하나님을 찬송하라 찬송하라 우리 왕을 찬송하라 하나님은 온 땅의 왕이심이라 지혜의 시로 찬송할지어다"(시 47:6~7) 하나님을 찬송하고 찬송하라고 노래하고 있는데, 힘을 다해 하나님을 찬송하고 이를 통해 그 영광을 높이는 것은 우리의 마땅한 사명입니다. 입술을 벌려 찬송함으로 하나님의 영광을 높여야 합니다.

오늘의 기도

1. 삶의 모든 목적을 하나님의 영광에 두고 살아가게 하소서.
2. 죄와 불의로 하나님의 영광을 더럽히고 있지 않은가 돌아보고, 죄에서 돌이켜 힘을 다한 찬송과 예배로 하나님의 영광을 높이며 살게 하소서.
3. 하나님의 영광을 위한 삶 중에 힘을 주시고, 도우시는 은혜도 경험하게 하소서.

죽음

사무엘상 31장 | 고린도전서 11장 | 에스겔 9장 | 시편 48편

맥체인성경365 1411p

우리의 생명을 위해 십자가에서 죽으신 예수 그리스도의 거룩한 죽음을 헛되이 하지 않아야 합니다. 불순종과 죄악으로 심판의 헛된 죽음을 맞이하지 말고, 죄에 대한 애통과 회개로 심판의 죽음을 피하며, 죽을 때까지 우리를 인도하시는 하나님을 믿음으로 따라서 영원한 생명을 약속 받고, 소망의 죽음을 맞이해야 합니다.

사무엘상 31장_헛된 죽음

사울과 그 아들들의 죽음을 전하고 있습니다. 무엇보다 사울은 블레셋과의 전쟁에서 크게 패하여 부상을 입고 도망하던 중, 더 이상 소망이 없다고 생각하여 스스로 칼을 뽑아 그 위에 엎드려 죽음을 맞이했습니다(삼상 31:4~6). 이런 사울의 죽음 속에서 허망함을 생각하게 됩니다. 하나님의 선택을 받고 이스라엘의 첫 번째 왕위에 올랐습니다. 하나님의 영에 충만하며 암몬을 물리치는 등, 그 시작은 하나님 편에 서서 나라를 잘 이끌었습니다. 그러나 이후 교만함으로 타락하고 하나님을 떠나 불순종하는 등, 하나님의 반대편에 서고 말았습니다. 그 결과 하나님의 심판으로 전쟁에 패하고, 헛되고 비참한 죽음을 맞이하고 말았습니다. 만약 그가 끝까지 하나님 편에 섰다면, 그가 이런 헛된 죽음을 맞이했겠습니까? 오히려 그를 지키시고 도우시는 하나님의 손길 속에서 아름다운 죽음을 맞이하지 않았겠습니까? 죽음의 순간에도 하나님 품에 안긴다는 소망이 있지 않았겠습니까?

아무리 시작이 좋았다 할지라도 마지막이 좋지 않으면 헛될 수밖에 없습니다. 따라서 하나님과 더불어 시작을 잘하는 것도 중요하지만 더 중요한 것은 그 아름다운 시작을 끝까지 지켜가는 것입니다. 한번 죽는 것은 모든 사람에게 정해진 것이고, 정해진 그 죽음을 헛되지 않게 믿음 안에서 소망 중에 맞이할 수 있어야 합니다.

고린도전서 11장_거룩한 죽음

예배에서 벌어지는 불미스러운 일들에 대해 전하며 가르침을 주고 있는 말씀입니다. 곧 예배에서 여자들이 수건을 쓰는 등 질서를 지켜야 한다는 것과, 성만찬에 참여하며 배려와 하나 됨이 필요하고 자기를 살피고 주의 몸을 분별해야 한다는 것을 가르치고 있습니다.

성만찬의 문제는 먼저 온 자들이 늦게 오는 사람들을 배려하지 않고 떡과 포도주를 갖다 먹음으로 일어났습니다. 뒤늦게 온 사람들 중에는 성만찬의 떡과 포도주를 받지 못하는 사람들이 있었고, 이것이 분열과 다툼이 됐습니다. 곧 먼저 온 자들은 사회적으로 지위가 있고 여유가 있는 사람들이었던 반면, 늦게 온 사람들은 상대적으로 늦게까지 일을 해야 했던 가난한 사람들로, 이로 인해 교회 안에서 계층 간의 반목과 분열이 있게 된 것입니다. 따라서 바울은 성만찬의 의미와 목적에 대해 가르치며, 성만찬은 먹고 마시고 배를 채우는 데 있지 않고, 예수 그리스도의 십자가의 죽으심과 이를 통한 구원을 기념하고 기억하며, 무엇보다 그 구원을 전하는 데 있음을 강조했습니다. "너희가 이 떡을 먹으며 이 잔을 마실 때마다 주의 죽으심을 그가 오실 때까지 전하는 것이니라"(고전 11:26)

여기서 주의 죽으심이 거룩한 죽음임을 놓치지 말아야 합니다. 곧 예수 그리스도의 십자가의 죽으심은 모든 사람을 살리는 거룩한 죽음이었습니다. 예수님은 그 능력으로 십자가에서 내려오실 수 있으셨습니다. 조롱하는 사람들에게 십자가에서 내려와 그 권능을 보여주실 수 있으셨습니다. 그러나 인내하며 끝까지 십자가에 달리셨고, 십자가에서 죽으심으로 죄로 인해 죽을 수밖에 없는 온 인류를 살리는 구원의 길을 열어 놓으셨습니다. 한 죽음으로 모두에게 생명을 주는 거룩한 죽음을 선택

하셨습니다. 따라서 예수 그리스도의 거룩한 죽음을 헛되이 하지 말고, 그 죽음을 통해 주어진 생명을 품어야 합니다. 어리석게 자기 욕심으로 분열과 반목과 다툼을 만들지 말고 거룩한 죽음 앞에서 배려하고 포용하고 하나 되어야 합니다. 무엇보다 예수 그리스도께서 생명을 구하는 거룩한 죽음을 선택하신 것처럼, 우리도 이웃을 살리는 일에 힘을 다해야 합니다. 생명을 다해 이웃의 생명을 살리는 거룩한 죽음의 길을 걸어가야 합니다.

에스겔 9장_심판의 죽음을 피하는 길

에스겔이 환상 중에 본 하나님의 심판을 기록한 말씀입니다. 곧 하나님께서 죽이는 무기를 든 사자들을 불러 명령하셨는데, 우상을 숭배하며 가증한 일을 행한 모든 백성들을 죽이라고 말씀하셨습니다. 결코 그들을 불쌍히 여기지 말며 긍휼을 베풀지 말라는 것입니다. 그런데 주목할 말씀이, "이마에 표 있는 자에게는 가까이 하지 말라"(겔 9:6)고 하신 말씀입니다. 곧 하나님께서 서기관의 먹 그릇을 찬 사자를 통해 모든 가증한 일로 말미암아 탄식하며 우는 자의 이마에는 표를 그리게 하셨습니다. "여호와께서 이르시되 너는 예루살렘 성읍 중에 순행하여 그 가운데에서 행하는 모든 가증한 일로 말미암아 탄식하며 우는 자의 이마에 표를 그리라 하시고"(겔 9:4) 그리고 그들은 심판에서 피하게 하셨습니다. 하나님의 진노의 심판으로 모두가 죽어가는 중에 이마에 표 있는 이들은 죽음의 심판을 피하게 하셨습니다.

천사가 이마에 표를 그린 사람들, 곧 가증한 일로 말미암아 탄식하며 우는 자들은 우상 숭배의 가증한 일에서 돌이켜 애통하며 회개하는 자들입니다. 이들에게는 하나님의 심판과 이로 인한 죽음이 비껴가게 됩니다. 가증한 일을 행한 자들에게는 하나님께서 더 이상 긍휼을 베풀지 않으시지만, 죄를 미워하고 애통하며 회개하는 자에게는 은혜와 생명이 주어지게 됩니다. 곧 하나님의 심판으로 인한 죽음에서 벗어나는 길은 오직 회개밖에 없습니다. 죄를 미워하고 애통하며 은혜를 구하는 것이 하나님의 심판과 이로 인한 죽음을 피하는 유일한 길입니다.

시편 48편_소망의 죽음을 준비하는 길

하나님의 성 시온의 아름다움과 견고함을 찬양하는 고라 자손의 시입니다. 하나님께서 그 성에 계셔서 쳐들어오는 모든 대적을 물리치고 심판하심을 말씀하고 있습니다. 그런데 마지막 구절이 인상적입니다. "이 하나님은 영원히 우리 하나님이시니 그가 우리를 죽을 때까지 인도하시리로다"(시 48:14) 하나님의 인도하심은 영원함을 가르쳐주고 있습니다. 하나님은 우리의 영원한 하나님이 되시고, 죽을 때까지 곧 영원토록 우리를 인도하신다는 것입니다.

여기서 소망의 죽음을 생각할 수 있습니다. 영원히 우리의 하나님이 되셔서 우리를 영원토록 인도하시는 하나님을 거부하지 않고 끝까지 순종하며 따라갈 때, 우리는 죽음의 순간에도 소망을 가질 수 있다는 것입니다. 이것이 소망의 죽음을 준비하는 길입니다. 하나님은 우리의 육신의 죽음 이후까지도 우리를 인도하십니다. 그 하나님을 믿음으로 포기하지 않고 따를 때, 하나님은 우리를 영원한 생명으로 인도해 주십니다.

오늘의 기도

1. 불순종과 죄악으로 하나님의 심판을 받아 헛된 죽음에 이르지 않게 하소서.
2. 죄에 대해 애통해 하며 영원하신 하나님을 끝까지 따라서, 심판의 죽음을 피하고 영원한 생명으로 인도하시는 하나님의 은혜를 누리게 하소서.
3. 우리의 생명을 위해 십자가에서 죽으신 주님의 거룩한 죽음을 헛되이 하지 않으며 그 거룩한 죽음을 힘써 전하는 삶을 살게 하소서.

헛됨

사무엘하 1장 | 고린도전서 12장 | 에스겔 10장 | 시편 49편

하나님을 떠난 권세도, 재물과 영화도 헛되고, 하나님이 떠난 성전도 또 그 속에서 드리는 예배도 헛되며, 하나님의 뜻을 떠나 자기 욕심을 따라 하나 되지 않음도 헛됩니다. 따라서 재물과 영화와 권세가 아닌 하나님을 구하고 하나님의 뜻을 따라야 합니다. 하나 되어 하나님을 예배하며 섬겨야 합니다.

사무엘하 1장_하나님 떠난 권세의 헛됨

사울과 요나단의 죽음의 소식과 다윗의 조가를 기록한 말씀입니다. 곧 다윗은 한 아말렉 사람을 통해 사울과 요나단의 죽음의 소식을 듣게 됐고, 이로 인해 가슴 아파하며 온 유다 족속에게 조가를 부르게 했습니다. 뜨거운 우정을 나누었던 요나단의 죽음에 슬퍼한 것은 물론이요, 자신을 까닭 없이 죽이고자 했던 사울 왕의 죽음도 슬퍼했습니다. 하나님의 선택을 받고 이스라엘의 첫 번째 왕으로 세워졌던 사울 왕이 이처럼 허무하게 죽은 것으로 인해 마음 아파했습니다. "오호라 두 용사가 엎드러졌으며 싸우는 무기가 망하였도다 하였더라"(삼하 1:27)

사울 왕의 허무한 죽음을 대하며 하나님을 떠난 권세의 헛됨을 깨달을 수 있습니다. 아무리 당장 큰 권세를 가졌다 할지라도 하나님을 떠나 그 반대편에서 누리는 권세는 영원할 수 없습니다. 그 권세의 주권은 하나님께 있기에 헛되게 사라지게 됩니다. 따라서 권세보다 더 중요한 것이 하나님 편에 서는 것입니다. 하나님을 의지하며 하나님을 통해 하나님께서 주시는 권세를 누릴 수 있어야 합니다. 하나님을 떠난 권세의 헛됨을 깨닫고 하나님을 선택해야 합니다.

고린도전서 12장_하나 되지 않는 지체의 헛됨

12장은 한 분 성령을 통해 나타나는 많은 은사에 대해 가르치고 있습니다. 또한 그리스도의 몸으로서 교회 공동체는 많은 지체가 있으나 결국은 한 몸을 이룸을 가르치고 있습니다. "몸은 하나인데 많은 지체가 있고 몸의 지체가 많으나 한 몸임과 같이 그리스도 그러하니라"(고전 12:12) 따라서

또한 모든 지체들이 몸에 붙어 있어 한 몸을 이루어야 하고, 자신에게 주어진 역할에 불평하거나 다른 지체와 비교하고 평가하며 분쟁하는 일 없이 서로 같이 돌보며, 각자 맡겨진 역할에 온 힘을 다해야 함을 가르치고 있습니다. 곧 몸에 붙어 있지 않다는 어리석은 생각으로 몸을 위해 각각의 역할을 감당하지 않으면 안 된다는 것입니다. 또한 다른 지체의 역할에 비판과 비난으로 일관하여 하나 되지 않으면, 그 구성된 몸은 온전히 서지 못하고 또 성장할 수 없다는 것입니다. 머리 되신 그리스도 안에서 교회 공동체는 한 몸이며, 우리 믿음의 사람들은 몸을 이룬 많은 지체임을 기억하고, 유기적으로 서로 협력하고, 돌봐주고 세워주어야 한다는 것입니다. 그렇게 몸인 교회 공동체를 함께 세워가야 한다는 것입니다.

결국 무엇입니까? 각 지체가 하나 되지 않으면 한 몸을 구성할 수 없고, 각각의 지체는 헛될 수밖에 없습니다. 따라서 하나 되고 한 몸을 이루어야 합니다. 우리 믿음의 사람들은 교회 공동체 안에서 한 몸을 이룬 지체임을 깨닫고 서로를 이해하고 포용하여 하나 되어야 합니다. 그래야 헛되지 않을 수 있습니다.

에스겔 10장_하나님이 떠난 성전의 헛됨

하나님의 영광이 그룹 위에 머물고 성전 문지방을 떠나 성전 동문에 이르러 이제 성전을 떠나게 됨을 기록하고 있는 말씀입니다. "여호와의 영광이 성전 문지방을 떠나서 그룹들 위에 머무르니 그룹들이 날개를 들고 내 눈 앞의 땅에서 올라가는데 그들이 나갈 때에 바퀴도 그 곁에서 함께 하더라 그들이 여호와의 전으로 들어가는 동문에 머물고

이스라엘 하나님의 영광이 그 위에 덮였더라"(겔 10:18~19) 백성들이 죄악과 우상숭배로 하나님의 성전을 더럽혔고, 더 이상 하나님은 성전에 임하여 계실 수 없었습니다. 따라서 성전을 떠나시게 됐는데, 에스겔이 이것을 보게 된 것입니다. 환상 중에 여호와의 영광이 그룹들에 임하여 성전 동쪽의 문을 통해 떠나가시는 것을 보게 된 것입니다.

하나님께서 떠나신 성전은 더 이상 아무 가치도 가질 수 없습니다. 하나님께서 떠나셔서 계시지 않는데, 그 성전이 건물 이상의 어떤 가치를 가질 수 있겠습니까? 거기서 드려지는 예배도 헛될 수밖에 없습니다. 하나님이 계시지 않는 성전에서 아무리 값진 제물로 제사하며 예배한들 무슨 의미가 있을 수 있겠습니까? 그 예배는 자기 만족에 불과한 형식적 예배요 헛된 예배일 수밖에 없습니다. 따라서 이 말씀을 대하며 우리 교회 안에 하나님께서 임하여 계시고, 우리가 하나님을 향해 바르게 예배하고 있는지 돌아봐야 합니다. 우리 교회가 하나님이 계시지 않는 형식적 교회가 되지 않아야 하고, 우리 교회에서 드리는 예배가 하나님 없이 우리의 만족만을 위해 드리는 형식적 예배가 되지 않아야 합니다. 우리 교회에 하나님이 늘 임하여 계시고, 또 그 하나님께서 받으시는 온전한 예배가 있어야 합니다. 그래야 우리 교회가 헛되지 않을 수 있습니다.

시편 49편_재물을 의지함의 헛됨

재물을 의지하는 것이 헛되고 어리석음을 교훈하고 있습니다. "자기의 재물을 의지하고 부유함을 자랑하는 자는 아무도 자기의 형제를 구원하지 못하며 그를 위한 속전을 하나님께 바치지도 못할 것은 그들의 생명을 속량하는 값이 너무 엄청나서 영원히 마련하지 못할 것임이니라"(시 49:6~8) 재물로는 그 누구도 구원할 수 없다는 말씀입니다. 아무리 많은 재물이 있다 할지라도 생명을 속량하는 값을 결코 치를 수 없다는 것입니다. "그러나 그들의 속 생각에 그들의 집은 영원히 있고 그들의 거처는 대대에 이르리라 하여 그들의 토지를 자기 이름으로 부르도다 사람은 존귀하나 장구하지 못함이여 멸망하는 짐승 같도다"(시 49:11~12) 계속해서 재물의 헛됨을 보여주는 말씀입니다. 인간의 피할 수 없는 죽음 앞에서 누구도 예외 없이 모든 것을 다 내려놓아야 한다는 것입니다. 아무리 많은 땅을 소유했다 한들 죽은 자가 머물 곳은 무덤뿐이라는 것입니다(사람들이 땅을 차지하여 제 이름으로 등기를 해 두었어도 그들의 영원한 집, 그들이 영원히 머물 곳은 오직 무덤뿐이다. 시 49:11, 새번역). 아무리 영화를 누린다고 해도 죽음을 피할 수 없고, 죽음 앞에 영화는 헛될 뿐이라는 것입니다. "그러나 하나님은 나를 영접하시리니 이러므로 내 영혼을 스올의 권세에서 건져내시리로다 (셀라)"(시 49:15) 재물이 아닌 하나님께 소망이 있다는 말씀입니다. 하나님을 의지함이 헛되지 않다는 것입니다. 곧 재물로는 결코 우리의 생명을 구원할 수 없지만, 하나님은 능히 우리를 구원하신다는 것입니다. 따라서 재물과 영화를 구하며 의지하지 말고, 오직 하나님을 의지해야 합니다.

어리석음

사무엘하 2장 | 고린도전서 13장 | 에스겔 11장 | 시편 50편

맥체인성경365 1419p

하나님을 따르지 않는 것은 어리석은 일입니다. 감사가 빠진 형식적 예배로 하나님을 따른다고 생각하는 것도 어리석은 일입니다. 사랑이 없는 행함으로 하나님을 기쁘시게 한다고 생각하는 것도 어리석은 일입니다. 그리고 그럼에도 깨닫지 못하는 것은 더 어리석은 일입니다.

사무엘하 2장_하나님을 따르지 않는 어리석음

다윗과 이스보셋이 유다와 이스라엘의 왕이 되어 전쟁한 말씀입니다. 곧 사울이 죽은 이후 다윗은 헤브론에 올라가 유다의 왕이 되었고, 사울의 군사령관 아브넬이 사울의 아들 이스보셋을 이스라엘의 왕으로 삼았습니다. "사울의 군사령관 넬의 아들 아브넬이 이미 사울의 아들 이스보셋을 데리고 마하나임으로 건너가 길르앗과 아술과 이스르엘과 에브라임과 베냐민과 온 이스라엘의 왕으로 삼았더라"(삼하 2:8~9)

여기서 어리석음을 생각할 수 있습니다. 이미 하나님의 뜻은 다윗에게 있었습니다. 하나님은 다윗과 함께하고 계셨습니다. 다윗도 철저히 하나님을 따랐습니다. 헤브론으로 올라가 유다 족속을 통치하는 일에도 철저히 하나님께 묻고 하나님의 명령에 순종했습니다. 따라서 다윗을 따르는 것이 하나님을 따르는 것이고, 하나님 편에 서는 것이며, 어리석지 않은 일입니다. 그러나 유다를 제외한 나머지 족속들은 아브넬과 이스보셋을 따랐습니다. 그 결과 하나님의 반대편에 서고 말았습니다.

이후 다윗은 하나님의 은혜와 돌보심 안에서 강하여졌습니다. 반면에 사울의 집안은 쇠하여졌습니다. 이것을 보며, 하나님과 함께하며 하나님이 인정하시는 사람, 곧 하나님 편에 서는 것이 지혜이며 축복임을 깨달을 수 있습니다. 하나님의 편에 설 때 강성함의 축복을 누릴 수 있다는 것입니다. 따라서 하나님의 편에 서서 하나님을 따르는 길이 무엇인지 늘 찾아야 하고, 하나님을 따르지 않는 어리석음에서 돌이켜야 합니다.

고린도전서 13장_사랑이 없이 행하는 어리석음

사랑의 찬가입니다. 사랑이 중요하고 사랑이 없이 행하는 모든 은사와 사역의 헛됨과 어리석음을 전하고 있습니다.

"내가 사람의 방언과 천사의 말을 할지라도 사랑이 없으면 소리 나는 구리와 울리는 꽹과리가 되고 내가 예언하는 능력이 있어 모든 비밀과 모든 지식을 알고 또 산을 옮길 만한 모든 믿음이 있을지라도 사랑이 없으면 내가 아무 것도 아니요 내가 내게 있는 모든 것으로 구제하고 또 내 몸을 불사르게 내줄지라도 사랑이 없으면 내게 아무 유익이 없느니라"(고전 13:1~3) 아무리 큰 은사로 방언을 말하고 심지어는 황홀경 속에서 천사의 말을 한다 할지라도 거기에 사랑이 담겨 있지 않으면 소리만 요란한 꽹과리에 불과하다는 것입니다. 아무리 모든 비밀과 지식을 알아 예언하고 믿음으로 능력을 나타낸다 해도, 그 모든 것이 사랑 없이 행하는 일이라면 아무 것도 아닌 헛된 일이라는 것입니다. 더욱이 자신이 가진 모든 것을 다 팔아 가난한 자를 돕고 구제하며 자신의 생명까지 바쳐서 희생하며 순교한다 해도 거기에 사랑이 없으면, 곧 사랑 때문에 행하는 것이 아니라면 아무 유익이 없는 헛된 일이라는 것입니다. 결국 사랑이 필요하다는 것으로 사랑으로 말하고, 사랑으로 행하고, 사랑 때문에 섬기고, 사랑 때문에 희생해야 한다는 것입니다. 사랑이 없이 행하면 가치 없는 어리석은 일이 된다는 것입니다.

우리가 하는 일에 사랑을 담고 있는지 돌아봐야 합니다. 사랑 없이 행하면 헛되고 어리석을 수밖에 없습니다. 따라서 사랑을 목적으로 두고 사랑을 담아 사랑으로 행해야 합니다.

에스겔 11장_깨닫지 못하는 어리석음

백성의 지도자들에 대한 하나님의 심판을 전하고 있습니다. 곧 백성들이 포로로 잡혀가는 것을 보며 하나님의 심판을 깨닫고 하나님 앞에 불의했던 죄에 대해 회개해야 합니다. 그러나 예루살렘에 남은 지도자들은 회개하기는커녕 이렇게 말했습니다. "이 성읍은 가마가 되고 우리는 고기가 된다."(겔 11:3) 고기를 손질하다 보면 먹지 못하는 부위는 버려지고, 먹을 수 있는 좋은 부위는 가마 속에 담기게 됩니다. 포로로 잡혀간 사람들은 나쁜 고기, 곧 불의하여 버려지게 된 것이고, 자신들은 좋은 고기, 곧 의로워서 예루살렘 성읍이라는 가마 속에서 안전하게 남겨지게 됐다고 말한 것입니다. 자신들은 이 안전한 가마에서 평안할 수 있다고 생각한 것입니다. 이에 대해 하나님은 다음과 같이 말씀하셨습니다. "이 성읍은 너희 가마가 되지 아니하고 너희는 그 가운데에 고기가 되지 아니할지라 내가 너희를 이스라엘 변경에서 심판하리니"(겔 11: 11) 하나님께서 스스로 의롭다고 생각하며 교만하고, 예루살렘 성읍 안에서 평안할 것이라 말하는 그들을 심판하신다는 것입니다. 그리고 이어서 그들이 생각하기에 불의하여 포로로 잡혀간 사람들에게 새 영을 주고 하나님의 말씀을 따르게 하여 그들을 하나님의 백성으로 삼고 회복시키실 것을 말씀하셨습니다(겔 11:16~20).

결국 무엇입니까? 예루살렘에 남은 지도자들은 포로로 잡혀가는 백성들을 보고 스스로를 의롭다 생각하며 교만할 것이 아니라 오히려 자신들의 더 큰 죄를 보며 회개해야 했습니다. 자신들이 더 불의함에도 불구하고 예루살렘 성읍에 남게 된 하나님의 뜻을 깨닫고, 하나님 앞에 철저히 회개해야 했습니다. 그러나 그들은 어리석게 하나님의 뜻도 깨닫지 못하고 따라서 회개하지도 않았습니다. 하나님의 은혜로 참혹한 심판을 피할 수 있는 기회를 놓치고 말았습니다.

시편 50편_감사함으로 예배하지 않는 어리석음

하나님께서 심판장으로서 그 불의한 일들을 심판하심을 말씀하고 있습니다. 무엇보다 감사가 빠진 형식적 예배에 대해 책망하며 그 어리석음을 전하고 있습니다.

"하나님을 잊어버린 너희여 이제 이를 생각하라 그렇지 아니하면 내가 너희를 찢으리니 건질 자 없으리라 감사로 제사를 드리는 자가 나를 영화롭게 하나니 그의 행위를 옳게 하는 자에게 내가 하나님의 구원을 보이리라"(시 50:22~23) 그 마음을 드리는 감사가 빠진 예배는 하나님께서 결코 받지 않으신다는 것입니다. 참된 감사가 빠지고 제물만 갖추어 형식적으로 예배하는 것은 어리석을 뿐이라는 것입니다. 곧 제물이 갖추어진 형식적 제사는 항상 드려지고 있었습니다(시 50:8). 그러나 그 제사에 감사하는 마음과 신실한 삶은 빠져 있었습니다. 따라서 하나님을 생각하며 모든 죄악을 끊어 행위를 옳게 하고 감사함으로 하나님을 예배해야 함을 말씀하고 있는 것입니다. 그 예배가 하나님을 영화롭게 하며, 하나님은 그 예배를 통해 구원을 보이신다는 것입니다.

이 말씀을 통해 우리가 드리는 예배를 돌아 봐야 합니다. 아무리 많은 예배를 드린다 해도 하나님께 진실한 마음을 드리는 감사가 빠지고, 또 감사에 따른 삶의 옳은 행위가 빠지면, 그 예배는 헛될 뿐입니다. 따라서 감사함으로 예배해야 합니다. 우리의 삶을 하나님께서 기뻐하시는 삶으로 세워, 그 삶으로 하나님께 예배해야 합니다.

오늘의 기도

1. 철저히 하나님의 편에 서고 따르게 하셔서 강성케 하시는 축복을 누리게 하소서.
2. 사랑 없이 행하는 모든 일의 헛됨과 무익함을 깨닫게 하시고, 희생과 헌신의 삶에 언제나 사랑을 담게 하소서.
3. 감사와 진실한 삶으로 하나님을 영화롭게 예배하게 하시고 하나님의 놀라운 구원을 보게 하소서.

형통

사무엘하 3장 | 고린도전서 14장 | 에스겔 12장 | 시편 51편

형통의 은혜와 복은 하나님께 있습니다. 따라서 죄를 회개하며 하나님과 함께해야 하고 말씀에 순종해야 합니다. 하나님께서 주시는 성령의 은사를 구하고 따라야 합니다.

사무엘하 3장_하나님을 통해 누리는 형통

다윗의 아들들에 대해 전하고 있고, 또 요압이 다윗에게 투항하러 온 아브넬을 불의하게 살해한 것을 전하고 있습니다. 특별히 주목할 말씀이 다윗의 집은 강하여지고 사울의 집은 약하여 갔다는 것입니다. "사울의 집과 다윗의 집 사이에 전쟁이 오래 매 다윗은 점점 강하여 가고 사울의 집은 점점 약하여 가니라"(삼하 3:1) 하나님께서 다윗과 함께하시니 다윗의 집은 강하여지는 등, 형통의 축복이 주어진 겁니다. 반면 하나님께서 떠난 사울의 집은 점점 기울어가게 된 것입니다.

이런 다윗의 형통은 그 아들들을 통해서 분명히 보여주고 있습니다(삼하 3:2~5), 곧 많은 아들들은 하나님께서 다윗을 축복하셨다는 사실을 나타내 주고 있습니다. 또한 사람들의 마음이 다윗에게로 향해, 다윗이 온 나라의 왕이 되어야 한다는 여론이 조성됐음도 말씀하고 있는데(삼하 3:17), 이를 통해서도 하나님의 형통이 다윗에게 있었음을 보여주고 있습니다. 또한 요압이 아브넬을 불의하게 죽인 일도, 백성들이 다윗을 오해할 수밖에 없는 등, 다윗에게 위기가 될 수 있었는데, 오히려 다윗의 금식과 슬픔을 보며 백성들이 오해를 풀고 다윗을 절대적으로 믿고 따르는 전화위복이 되는 등(삼하 3:36~37), 하나님께서 위기를 통해서도 다윗을 형통케 하셨음을 보여주고 있습니다.

이처럼 사울의 집은 점점 분열되며 쇠하게 하신 반면, 다윗은 위기 속에서도 백성들과 함께 더욱 하나 되며 강하게 하셨습니다. 다윗은 함께하시는 하나님을 통해 형통의 은혜와 복을 누렸습니다.

고린도전서 14장_성령을 통해 누리는 형통

성령의 은사, 특별히 방언과 예언에 대한 가르침입니다. 방언은 자기의 덕을 세우는 반면 예언은 교회의 덕을 세운다는 사실을 전하며, 예언하기에 더욱 힘쓰라고 가르치고 있고, 또한 교회 안에서 질서 있게 사용하여야 함을 가르치고 있습니다. 곧 방언을 할 때는 통역하는 자가 있어야 하고, 통역하는 자가 없으면 교회에서 잠잠해야 하며, 예언은 둘이나 셋이나 말하고 또 분별이 필요함을 가르치고 있습니다. 결국 강조점은 교회의 덕에 있습니다. 영적인 은사들을 사모하며 풍성함을 구하되, 그것이 교회의 덕을 세우는 것에 목적이 있어야 한다는 것입니다. "그러므로 너희도 영적인 것을 사모하는 자인즉 교회의 덕을 세우기 위하여 그것이 풍성하기를 구하라"(고전 14:12)

성령의 은사들이 무질서 속에서 무분별하게 사용될 때는 문제가 발생할 수밖에 없습니다. 그러나 질서 속에서 바르게 사용될 때, 교회의 덕이 세워지고 유익함이 있게 됩니다. 성령의 은사와 능력을 통한 우리의 믿음과 사역에 하나님의 형통의 은혜를 누릴 수 있습니다. 곧 우리의 힘으로 할 수 없는 일들을 성령을 통해 행할 수 있습니다. 무엇보다 교회를 세우며 맡겨주신 사명을 감당하는 것은 우리의 힘이 아니라 성령의 힘으로 해야 합니다. 성령이 능히 사역을 감당할 수 있게 도우시며 형통케 하십니다.

에스겔 12장_말씀을 통해 누리는 형통

상징적 행위를 통해 하나님의 심판을 전하고 있는 말씀입니다. 곧 하나님은 에스겔로 하여금 상징적 행위를 하도록 명령하셨습니다. 그리고 이를 통해 깨닫지 못하는 백성들에게 하나님의 심판의 메시지를 전하셨습니다. 포로 행장을 꾸리고 포로로 잡혀가는 것처럼 하라고 명령을 하셨는데, 이는 하나님의 심판으로 예루살렘이 멸망당하고, 현재 예루살렘에 남아 있는 사람들도 결국 포로로 사로잡혀 올 것을 보여주신 것입니다. 또한 떨면서 음식을 먹고 놀라고 근심하면서 물을 마시라고 명령하셨는데, 이는 그 백성들이 하나님의 심판으로 놀라게 될 것을 보여주신 것입니다. 그 백성들의 포악으로 말미암아 하나님의 심판이 임하고 그 땅이 황폐하게 될 것을 말씀하신 것입니다.

여기서 에스겔에게 하나님의 말씀이 끊임없이 주어지고 있다는 사실을 주목해야 합니다. 하나님은 말씀하고 계시고 에스겔은 그 말씀을 놓치지 않고 듣고 있다는 것입니다. "또 여호와의 말씀이 내게 임하여 이르시되"(겔 12:1) "이튿날 아침에 여호와의 말씀이 또 내게 임하여 이르시되"(겔 12:8) "여호와의 말씀이 또 내게 임하여 이르시되"(겔 12:17) "여호와의 말씀이 또 내게 임하여 이르시되"(겔 12:21) "여호와의 말씀이 또 내게 임하여 이르시되"(겔 12:26)

에스겔은 하나님의 말씀을 끊임없이 들으며 순종했고, 이를 통해 그의 사역은 형통할 수 있었습니다. 하나님으로부터 끊임없이 주어진 말씀과 이에 대한 순종이 선지자로서 에스겔의 사역을 머뭇거리거나 막힘없이 행하게 했습니다. 이처럼 끊임없이 하나님의 말씀을 듣는 것과 이 말씀에 절대적으로 순종하는 것이 형통의 은혜를 누리는 비결입니다.

시편 51편_회개를 통해 누리는 형통

다윗의 참회의 기도입니다. 그 표제에, "밧세바와 동침한 후 나단이 그에게 왔을 때"라고 기록하고 있습니다. 곧 다윗이 밧세바와 간음하고 밧세바의 남편 우리아를 전쟁터에서 죽게 한 이후, 선지자 나단이 그 범죄를 지적하고 책망했을 때, 깨닫고 통회하며 전심으로 회개한 기도입니다.

여기서 회개를 통해 누리는 형통을 볼 수 있습니다. 하나님이 주시는 형통한 삶을 위해 회개는 필수라는 것입니다. 죄로 인해 하나님과의 관계가 단절되고 끊어져 버리면 하나님의 형통함을 경험할 수 없고, 회개함으로 하나님과의 교제를 이어가야 하나님의 형통함도 누릴 수 있습니다. 따라서 다윗은 하나님 앞에 죄를 회개하며 하나님과의 교제와 성령의 은혜가 계속 되기를 기도했습니다. "나를 주 앞에서 쫓아내지 마시며 주의 성령을 내게서 거두지 마소서"(시 51:11) 하나님께 버림받고 그 교제가 단절되는 것이 가장 큰 심판이고, 거기서는 어떤 구원도 또한 아무 소망도 가질 수 없음을 다윗은 알았던 것입니다. 그렇기에 주님 앞에서 자신을 쫓아내지 마시며 성령을 거두지 말아 달라고 기도한 것입니다.

하나님을 통해 누리는 형통의 삶은 결코 하나님과의 단절을 통해서는 누릴 수 없습니다. 따라서 끊임없이 죄를 회개하고 용서의 은혜를 누려야 합니다. 이를 통해 하나님과의 관계가 끊어지지 않아야 합니다.

오늘의 기도

1. 다윗을 강하게 하신 하나님의 형통의 은혜가 우리의 삶에 풍성히 임하게 하소서.
2. 끊임없이 죄를 돌아보고 회개하는 삶에 주의 은혜를 베푸셔서 주님과의 관계가 단절되지 않게 하시고 주의 성령이 거두어지지 않게 하소서.
3. 하나님의 말씀이 끊임없이 주어져 듣게 하시고, 절대적 순종을 통해 막힘없이 사역하게 하소서.

헛되지 않은 것

사무엘하 4-5장 | 고린도전서 15장 | 에스겔 13장 | 시편 52-54편

하나님과 그 말씀에 대한 신뢰는 헛되지 않습니다. 따라서 그 하나님을 믿고 인내하며 기다리는 것도 헛되지 않으며, 그 믿음을 통한 부활의 소망을 품고 수고하며 헌신하는 것도 헛되지 않습니다.

사무엘하 4-5장_헛되지 않은 인내

사무엘하 4장은 이스라엘의 왕 이스보셋이 레갑과 바아나에 의해 살해된 것을 전하고 있고, 사무엘하 5장은 다윗이 온 이스라엘의 왕이 된 것을 전하고 있습니다. 곧 이스보셋이 살해된 이후, 이스라엘 모든 지파가 다윗에게 나아와 언약을 맺고 기름을 부어 다윗을 왕으로 삼았습니다(삼하 5:3).

여기서 헛되지 않은 인내를 보게 됩니다. 하나님을 향한 믿음으로 인내하며 기다리는 것은 결코 헛되지 않다는 것입니다. 곧 하나님께 선택되어 사무엘에게서 기름 부음을 받은 이후, 다윗은 오랜 기간 동안 사울의 시기를 받아 생명을 장담할 수 없는 도망자의 삶을 살아야 했습니다. 끝을 알 수 없는 고난의 시간을 보내야 했습니다. 하지만 다윗은 끝까지 하나님 편에 서서 인내하며 믿음의 삶을 살았고, 그 결과 모든 고난을 이기고 이스라엘의 왕이 된 것입니다. 하나님을 향해 가진 믿음과 기다림은 결코 헛되지 않으며, 하나님께서 반드시 그 약속을 지키심을 확실하게 나타내 보인 것입니다.

하나님을 향한 믿음과 그 기다림은 결코 헛되지 않습니다. 하나님이 아닌 대상을 향해서 아무리 믿음을 갖고 인내해 봐야 헛될 뿐이지만, 하나님을 향한 인내는 반드시 아름다운 결과로 이어집니다. 따라서 하나님께 믿음과 소망을 두고 끝까지 인내해야 합니다.

고린도전서 15장_헛되지 않은 수고

죽은 사람들의 부활에 대한 가르침입니다. 그리스도께서 죽음을 이기고 부활하셨고, 그 부활은 사실이며, 그 부활로 말미암아 믿음의 사람들에게도 부활이 있다는 것입니다.

"그리스도께서 다시 살아나신 일이 없으면 너희의 믿음도 헛되고 너희가 여전히 죄 가운데 있을 것이요"(고전 15:17) 그리스도의 부활이 거짓이라면 우리의 믿음은 헛될 수밖에 없고, 우리의 죄의 문제는 해결할 수 없음을 전하고 있습니다. 이는 곧 예수 그리스도의 부활은 의심할 수 없는 사실이며, 그 믿음을 통한 우리의 부활도 사실임을 가르치고 있는 것입니다. "그러나 이제 그리스도께서 죽은 자 가운데서 다시 살아나사 잠자는 자들의 첫 열매가 되셨도다"(고전 15:20) 그리스도의 부활이 사실이며, 모든 잠자는 자들의 첫 열매가 됨을 말씀하고 있습니다. 예수 그리스도의 부활로 우리도 죽음을 이기고 부활하게 된다는 것입니다. 따라서 부활을 소망으로 두고 믿음의 경주에서 흔들리지 말 것과, 주님과 교회를 위해 충성하며 헌신할 것을 가르치고 있습니다. 그 충성과 헌신의 모든 수고가 결코 헛되지 않다는 것입니다. "그러므로 내 사랑하는 형제들아 견실하며 흔들리지 말고 항상 주의 일에 더욱 힘쓰는 자들이 되라 이는 너희 수고가 주 안에서 헛되지 않은 줄 앎이라"(고전 15:58)

그리스도의 부활은 사실입니다. 따라서 그리스도를 향한 믿음의 수고, 그리고 헌신과 충성의 삶은 결코 헛되지 않습니다. 그리스도의 부활을 통해 우리도 죽음을 이기고 부활하여 생명을 누리게 됩니다. 뿐만 아니라 그 부활의 때에 주님이 주시는 상급의 축복도 누리게 됩니다.

에스겔 13장_헛되지 않은 말씀

거짓 선지자들의 종말을 전하고 있습니다. 본 것도 없이 마치 본 것처럼 예언하며, 들은 것도 없이 여호와께서 하신 말씀이라고 전하는 거짓 선지자들을 여호와 하나님께서 심판하신다는 것입니다. 곧 이들은 자신들의 욕심을 따라 여호와의 말씀이라고 거짓을 예언했습니다. 하나님의 말씀을 듣고 묵시를 보았다고 거짓을 말하며 백성들에게 평강을 전했습니다(겔 13:8, 12). 하나님은 죄로 인한 심판을 말씀하셨는데, 하나님의 말씀과는 다른 말씀을 전한 것입니다. 따라서 하나님은 에스겔을 통하여 거짓을 전하는 선지자들에게 심판을 선언하셨습니다. "그러므로 주 여호와께서 이같이 말씀하셨느니라 너희가 허탄한 것을 말하며 거짓된 것을 보았은즉 내가 너희를 치리라 주 여호와의 말씀이니라"(겔 13:8)

반면 에스겔은 하나님의 말씀을 듣고 그 말씀을 전했습니다. 에스겔이 전하는 예언은 거짓 선지자들이 전하는 예언과 대조되고 있는데, 자신의 욕심이 아닌 하나님의 말씀을 듣고 전했기 때문입니다. 따라서 그 선포되는 말씀은 헛되지 않은 말씀이요, 반드시 이루어지는 말씀이었습니다. 하나님께서 반드시 책임지시고 그 말씀을 성취하시기 때문입니다.

결국 무엇입니까? 하나님의 말씀이 아닌 자신의 생각을 전하는 거짓 예언은 이루어지지 않습니다. 거짓 예언을 신뢰하고 붙들어 봐야 헛될 수밖에 없습니다. 그러나 하나님의 말씀은 결코 헛되지 않습니다. 그 말씀은 하나님께서 반드시 책임지십니다. 따라서 하나님의 말씀을 바르게 분별하고 그 말씀을 붙들어야 합니다.

시편 52-54편_헛되지 않은 신뢰

시편 52편은 악과 거짓을 사랑하는 자를 향한 하나님의 심판을 전하는 말씀입니다. 시편 53편은 하나님이 없다고 생각하고 서슴없이 죄악을 행하는 자의 어리석음을 전하는 말씀입니다. 시편 54편은 자신의 생명을 노리는 원수에게서 구원해 달라는 다윗의 기도입니다. 여기서 헛되지 않은 신뢰를 보게 됩니다. 곧 하나님을 향해 가진 신뢰는 결코 헛되지 않다는 것입니다.

"그러나 나는 하나님의 집에 있는 푸른 감람나무 같음이여 하나님의 인자하심을 영원히 의지하리로다"(시 52:8) 다윗의 하나님을 향한 믿음, 곧 하나님만을 의지하며 신뢰한다는 믿음의 고백이며 또 결단입니다. 악인들이 거짓과 불의함으로 자신들의 욕심을 추구하며 자랑하고 있었습니다. 하나님이 아니라 자신들이 가진 힘과 재물을 의지하며, 교만함으로 하나님께서 그 삶을 감찰하심을 부정했습니다. 이런 악인들 속에서 하나님을 붙들고 의의 길을 따라 살아가는 다윗은 고난에 처하고 유혹을 받을 수밖에 없었습니다. 그러나 다윗은 그 고난과 유혹을 이기고 흔들림 없이 하나님 편에 서서 하나님을 신뢰하겠다고 고백한 것입니다.

이런 다윗의 믿음의 결과는 시편 54편에서 확인해 볼 수 있습니다. 다윗이 하나님을 향해 가진 믿음은 헛되지 않았는데, 하나님은 그 믿음대로 응답해 주셨습니다. 그 믿음대로 다윗을 세우시고, 승리를 주시며, 풍성한 축복을 더해주셨습니다. "참으로 주께서는 모든 환난에서 나를 건지시고 내 원수가 보응 받는 것을 내 눈이 똑똑히 보게 하셨나이다"(시 54:7)

하나님을 향해 가진 믿음과 신뢰는 결코 헛되지 않습니다. 당장은 그 신뢰로 고난을 당하고 어려움을 당할 수 있습니다. 그러나 하나님은 살아 계시고, 하나님을 믿고 의지하는 자를 돌보시고 축복하십니다.

오늘의 기도

1. 주님을 향한 신뢰는 결코 헛되지 않음을 깨닫고, 끝까지 믿고 인내하여 결국에는 승리와 영광의 자리에 서게 하소서.
2. 거짓된 말씀에 넘어지지 않도록 분별의 은혜를 주시고, 더욱 주의 말씀을 붙들어 말씀이 성취되는 축복을 누리게 하소서.
3. 부활의 소망을 마음에 품고 더욱 주를 위해 수고하며 충성하고 헌신하게 하소서.

11
Sep

기쁨이 되는 삶 vs 대적이 되는 삶
사무엘하 6장 | 고린도전서 16장 | 에스겔 14장 | 시편 55편

하나님과 이웃의 대적이 아닌 기쁨이 되는 삶을 살아야 합니다. 따라서 불의함과 욕심을 버려야 합니다. 겸손함으로 마음을 다해 하나님을 찬양하며 이웃을 위한 희생과 섬김의 삶을 살아야 합니다.

사무엘하 6장_하나님의 기쁨이 되는 삶

하나님의 궤를 예루살렘으로 옮긴 말씀입니다. 곧 첫 번째의 실패를 딛고, 두 번째 시도를 통해 하나님의 궤를 다윗 성에 옮기게 됐는데, 이때 다윗은 하나님 앞에서 왕으로서의 체면을 내려놓고 온 힘을 다해 춤을 추며 찬양했습니다. "다윗이 여호와 앞에서 힘을 다하여 춤을 추는데 그 때에 다윗이 베 에봇을 입었더라"(삼하 6:14) 다윗이 춤을 춘 모습이 그 아내 미갈의 눈에는 왕으로서의 권위와 체통을 잃어버린 부끄럽고 부적절한 모습으로 보였습니다. 따라서 미갈은 이를 비난했습니다. 그러나 하나님을 경외하며 하나님께 기쁨을 두었던 다윗에게는 하나님의 임재를 상징하는 언약궤를 다윗 성으로 옮겨 온 것이 무엇과도 비교할 수 없는 기쁨이었습니다. 무엇보다 다윗은 자신을 택하셔서 여호와의 백성 이스라엘의 주권자로 삼으신 하나님의 은혜를 잊지 않았습니다. 그 하나님 앞에서는 이보다 더 낮아져서 하나님을 찬양할 수 있다고 생각했습니다. 따라서 왕으로서의 권위도 내려놓고 하나님 앞에서 순수하게 기쁨으로 춤추며 찬양할 수 있었던 것입니다. 그렇기에 그는 자신을 비난하는 미갈에게 이렇게 대답했습니다. "다윗이 미갈에게 이르되 이는 여호와 앞에서 한 것이니라 그가 네 아버지와 그의 온 집을 버리시고 나를 택하사 나를 여호와의 백성 이스라엘의 주권자로 삼으셨으니 내가 여호와 앞에서 뛰놀리라"(삼하 6:21) 하나님의 은혜를 잊지 않고, 또한 왕으로서의 체면을 내려놓고, 하나님 앞에서 어린아이와 같이 낮아져서 온 힘을 다해 하나님을 찬양하는 다윗의 모습은 하나님의 기쁨이 되기에 충분하지 않았겠습니까? 다윗의 관심은 사람들의 시선과 자신의 위신이나 체면이 아니라 하나님의 기쁨에 있었습니다. 하나님도 이런 다윗을 기뻐하셨습니다. 우리의 관심도 사람이 아닌 하나님의 기쁨에 있어야 합니다.

고린도전서 16장_이웃의 기쁨이 되는 삶

성도를 위하는 연보에 대한 말씀과 바울의 앞으로의 여행 계획, 그리고 마지막 권면과 인사에 대한 말씀입니다. 여기서 이웃의 기쁨이 되는 삶을 보게 됩니다. 곧 연보와 성도들의 헌신이 바울을 비롯한 모든 성도들의 기쁨이 되고 있다는 것입니다. 특별히 스데바나와 브드나도와 아가이고의 섬김과 헌신에 대해 바울은 큰 기쁨을 표현하고 있는데, 이들이 그 부족한 것을 채움으로 모두의 마음을 시원하게 했다는 것입니다. 그렇기에 이들의 헌신을 알아주라고 말하고 있습니다. "내가 스데바나와 브드나도와 아가이고가 온 것을 기뻐하노니 그들이 너희의 부족한 것을 채웠음이라 그들이 나와 너희 마음을 시원하게 하였으니 그러므로 너희는 이런 사람들을 알아 주라"(고전 16:17~18)

예수님은 하나님 사랑과 이웃 사랑의 계명을 말씀하셨습니다. 마음과 목숨과 뜻을 다하여 하나님을 사랑할 뿐만 아니라, 이웃을 내 몸과 같이 사랑해야 한다고 가르치셨습니다(마 22:37~39). 따라서 하나님을 향한 기쁨의 삶은 우리 이웃을 향한 기쁨의 삶으로 이어져야 합니다. 스데바나를 비롯한 성도들의 헌신과 이를 통해 나타난 기쁨이 이와 같은 삶을 잘 보여주고 있는데, 우리도 이를 본으로 삼아 하나님의 기쁨 뿐만 아니라 이웃을 위한 기쁨의 삶을 힘써 살아야 합니다.

에스겔 14장_하나님의 대적이 되는 삶

우상을 섬기며 하나님께 묻고자 찾아온 사람들에 대한 하나님의 응답을 기록하고 있습니다. 그들을 하나님께서 대적하시고 심판하신다는 것입니다. 곧 우상을 섬기며 숭배하는 그들이 하나님을 찾고 물었다는 것은 하나님을 우상 중의 하나로 생각한 것입니다. 하나님의 예언자를 점치는 자처럼 생각하고 찾아온 것입니다. 이는 하나님께 불경한 일이며, 하나님의 대적이 되는 일입니다. 따라서 하나님께서 그들을 대적하시고 심판하신다고 말씀하셨습니다. 그들을 징표와 속담거리로 만들고 백성 중에서 끊어버리시겠다고 말씀하셨습니다. "이스라엘 족속과 이스라엘 가운데에 거류하는 외국인 중에 누구든지 나를 떠나고 자기 우상을 마음에 들이며 죄악의 걸림돌을 자기 앞에 두고 자기를 위하여 내게 묻고자 하여 선지자에게 가는 모든 자에게는 나 여호와가 친히 응답하여 그 사람을 대적하여 그들을 놀라움과 표징과 속담 거리가 되게 하여 내 백성 가운데에서 끊으리니 내가 여호와인 줄을 너희가 알리라"(겔 14:7~8)

하나님의 기쁨이 되는 삶을 살을 살 것인가? 대적이 되는 삶을 살 것인가? 하나님의 기쁨 속에서 은혜와 복을 누리며 살아갈 것인가? 진노 속에서 심판과 끊어짐의 삶을 살아갈 것인가? 이 말씀을 통해 생각하게 됩니다. 곧 그 삶은 우리의 선택에 달려 있습니다. 따라서 대적이 아닌 기쁨이 되는 삶을 살아야 합니다. 심판이 아닌 은혜와 축복의 삶을 살아야 합니다.

시편 55편_이웃의 대적이 되는 삶

원수와 악인들의 압제와 핍박 속에서 하나님의 보호와 구원을 구한 다윗의 기도입니다. 곧 다윗은 원수와 악인들의 죄악과 핍박으로 인해 고통과 생명의 위기 속에서 탄식하며 하나님의 도움을 간구했습니다. 무엇보다 다윗의 아픔과 고통은 자신을 비난하며 고통으로 몰아넣었던 사람이 자신의 동료요 친구였다는 사실에 있었습니다. 믿고 사랑했던 친구에게서 배신을 당한 것입니다. "나를 책망하는 자는 원수가 아니라 원수일진대 내가 참았으리라 나를 대하여 자기를 높이는 자는 나를 미워하는 자가 아니라 미워하는 자일진대 내가 그를 피하여 숨었으리라 그는 곧 너로다 나의 동료, 나의 친구요 나의 가까운 친우로다"(시 55:12~13)

결국 다윗의 친구는 이웃 된 다윗의 대적이 된 것입니다. 다윗은 그를 믿고 신뢰하며 사랑했지만, 오히려 그 신뢰와 사랑을 아픔으로 몰아넣는 대적이 된 것입니다. 자신의 이득과 욕심을 위해 친구를 배신하고 고통으로 몰아넣는 대적이 된 것입니다. 그리고 이처럼 이웃의 대적이 되는 삶은 불행하고 메마른 삶일 수밖에 없습니다. 더욱이 불의함으로 이웃의 대적이 되고 또 하나님의 대적이 될 때, 그 결과는 피할 수 없는 심판일 수밖에 없습니다. 당장은 불의함과 대적함으로 얻은 여러 유익들이 행복과 만족을 줄 것처럼 보이지만, 그 행복은 잠시 잠깐일 뿐, 결코 영원할 수 없습니다. 오히려 하나님의 심판과 이로 인한 불행과 고통이 영원토록 이르게 됩니다.

오늘의 기도

1. 다윗처럼 하나님 앞에서 어린아이와 같이 낮아져 온 힘으로 하나님을 찬양하며 높이는 삶을 살게 하소서.
2. 진실한 사랑과 헌신 그리고 마음을 다한 섬김으로 함께한 이웃의 마음을 시원케 하는 삶을 살게 하소서.
3. 주의 가르침을 따라 하나님과 이웃의 기쁨이 되는 삶을 살아가며 주의 은혜와 복도 누리게 하소서.

더 큽니다

사무엘하 7장 | 고린도후서 1장 | 에스겔 15장 | 시편 56-57편

우리의 연약함보다 하나님의 은혜는 더 크고, 우리의 대적보다 우리를 돌보시는 하나님의 능력은 더 큽니다. 주로 말미암아 겪는 환난보다 하나님의 위로는 더 크고, 우리의 헌신보다 하나님이 주시는 축복은 더 큽니다.

사무엘하 7장_하나님의 더 큰 축복

성전을 짓고 싶어 한 다윗의 마음과 이에 대한 하나님의 더 큰 응답, 곧 다윗과 다윗 왕궁에 대한 하나님의 약속을 기록하고 있습니다. 곧 다윗은 하나님의 은혜에 감사해서 하나님의 성전을 건축하고자 하는 마음을 가졌습니다. 하나님은 그 마음을 크게 기뻐하셨습니다. 비록 다윗이 건축하고자 했던 성전은 다윗이 아닌 그 아들을 통해 건축하게 될 것을 말씀하셨지만, 다윗의 하나님을 향한 마음을 받으시고 다윗의 왕위를 영원히 견고하게 하실 것을 약속하셨습니다. 다윗은 나단 선지자로부터 이 하나님의 약속을 듣고, 그 놀라운 축복에 감사했습니다. "주 여호와여 주께서 이것을 오히려 적게 여기시고 또 종의 집에 있을 먼 장래의 일까지도 말씀하셨나이다 주 여호와여 이것이 사람의 법이니이다"(삼하 7:19) "이것이 사람의 법이니이다"라는 말씀은 이렇게 이해할 수 있습니다. "이것이 하나님께서 사람들을 다루시는 방법이로군요!" 하나님의 놀라운 축복을 고백한 것으로, 다윗 자신이 하나님을 향해 가진 작은 헌신과 그 마음에 하나님은 더 큰 축복으로 응답해 주심을 표현한 것입니다. "주께서 이것을 오히려 적게 여기시고" 곧 자신을 왕으로 세우시고 여기까지 인도하신 것도 크고 놀라운데, 하나님은 상상할 수 없는 더 큰 축복을 더해주신다는 것입니다.

하나님의 축복은 크고 놀랍습니다. 우리가 하나님을 향해 갖는 마음, 그리고 할 수 있는 헌신은 사실 작습니다. 그러나 그 작은 헌신과 마음을 하나님은 크게 받으시고 우리의 헌신에 비교할 수 없는 더 큰 축복을 주십니다. 따라서 기쁨으로 헌신해야 합니다. 하나님의 축복이 더 큼을 기억하며 감사함으로 헌신해야 합니다.

고린도후서 1장_하나님의 더 큰 위로

환난 가운데 하나님께서 주신 위로에 대한 감사를 전하고 있습니다. 바울과 그 동료들이 아시아에서 복음을 전하며 죽음의 위험까지 직면했으나 하나님께서 건져주셨고, 무엇보다 고린도교회에서 들려온 소식이 큰 위로함이 되었다는 것입니다. 곧 고린도교회가 환난 중에서도 믿음을 지키며 바울의 고난에 참여했다는 것입니다. 이것이 고난 중에 있었던 바울과 그 동료들에게 큰 위로함이 되었다는 것입니다.

이에 대해 바울은 이렇게 고백했습니다. "우리의 모든 환난 중에서 우리를 위로하사 우리로 하여금 하나님께 받는 위로로써 모든 환난 중에 있는 자들을 능히 위로하게 하시는 이시로다 그리스도의 고난이 우리에게 넘친 것 같이 우리가 받는 위로도 그리스도로 말미암아 넘치는도다"(고후 1:4~5) 하나님의 위로는 더 크다는 것입니다. 주님과 복음으로 말미암아 환난을 당하기도 하지만 그러나 하나님의 위로가 있고, 그 위로는 환난보다 더 크다는 것입니다. 그 위로로 능히 환난을 이길 수 있다는 것입니다. 따라서 주님과 복음을 위해 환난당하는 것을 두려워할 것이 아니라 하나님의 더 큰 위로를 기억하며 담대해야 합니다. 주님을 향한 믿음과 헌신의 삶을 포기하지 말아야 합니다. 하나님께서 넘치도록 주시는 위로로 힘을 얻고 더욱 주님을 위한 복음의 삶을 살아야 합니다.

에스겔 15장_하나님의 더 큰 은혜

쓸모 없는 포도나무에 대한 비유의 말씀입니다. 곧

포도나무를 이스라엘 백성들로 비유하여 가르침을 주고 있는데 포도나무는 나무 자체로 아무 쓸모가 없다는 것입니다. "인자야 포도나무가 모든 나무보다 나은 것이 무엇이랴 숲속의 여러 나무 가운데에 있는 그 포도나무 가지가 나은 것이 무엇이랴 그 나무를 가지고 무엇을 제조할 수 있겠느냐 그것으로 무슨 그릇을 걸 못을 만들 수 있겠느냐"(겔 15:2~3) 여기서 깨달아야 하는 것이 하나님의 은혜입니다. 곧 하나님은 아무 쓸모 없고, 여러 나무보다 나은 것이 없는 포도나무, 곧 이스라엘을 하나님의 백성으로 선택하셨습니다. 하나님께서 그들을 하나님의 백성으로 삼으신 것은 그 존재 가치 때문이 아니라, 그보다 크신 하나님의 은혜 때문입니다. 한 마디로 이스라엘의 존재 가치보다 하나님의 은혜가 더 큽니다. 따라서 하나님을 떠나는 것은 어리석은 일입니다. 하나님을 떠나 그 은혜 밖에서는 아무런 가치도 없고, 불에 태워지는 것 외에 아무 쓸모도 없기 때문입니다. 그럼에도 이스라엘 백성들은 어리석게 죄악으로 하나님을 떠났습니다. 이로 인해 하나님은 그들을 대적하여 불로 사르시겠다고 심판을 말씀하셨습니다(겔 15:7).

아무 가치와 능력도 없고 연약함에도 불구하고, 하나님께서 그 은혜로 우리를 자녀 삼으셨음을 잊지 말아야 합니다. 우리의 가치를 넘어서 하나님의 은혜가 더 크다는 사실을 기억해야 합니다. 그 큰 은혜에 감사하며 더욱 하나님 안에 거해야 합니다.

시편 56-57편_하나님의 더 큰 능력

시편 56편은 원수들로 인한 두려움 중에 하나님의 도우심과 은혜를 구한 다윗의 기도입니다. 시편 57편도 생명의 위기와 재앙 속에서 하나님의 은혜를 구한 다윗의 기도입니다. 여기서 하나님의 능력이 더 큼을 깨달을 수 있습니다. 곧 우리를 삼키려는 원수와 악인들의 공격보다 하나님의 능력이 더 크다는 것입니다. 그 큰 능력으로 능히 원수들을 물리치고 그 백성을 보호해주신다는 겁니다. 따라서 다윗은 다음과 같이 고백했습니다. "내가 하나님을 의지하고 그 말씀을 찬송하올지라 내가 하나님을 의지하였은즉 두려워하지 아니하리니 혈육을 가진 사람이 내게 어찌하리이까"(시 56:4) 하나님을 의지하였기에 더 이상 원수들을 두려워하지 않는다는 것입니다. 사람이 하나님을 이기지 못하고, 따라서 그 하나님이 지키시고 있는 자신을 그 원수들이 어찌하지 못한다는 것입니다. 더 큰 능력의 하나님이 능히 자신을 그 원수들의 공격에서 보호하신다는 것입니다.

승리

사무엘하 8-9장 | 고린도후서 2장 | 에스겔 16장 | 시편 58-59편

주 안에서 믿음으로 승리를 누릴 수 있습니다. 어리석게 교만함과 죄악으로 주를 떠나고 내 힘을 의지하여 주의 승리를 잃어버리지 말아야 합니다. 오히려 겸손함으로 주께 영광을 돌려 계속된 승리를 이어가야 합니다.

사무엘하 8-9장_계속된 승리

사무엘하 8장은 다윗의 승리를 기록한 말씀이고, 9장은 다윗이 요나단에 대한 마음으로 그 아들 므비보셋을 찾아 호의를 베풀었다는 말씀입니다.

사무엘하 8장을 통해 하나님께서 다윗에게 승리를 주시고 또 주셨음을 보게 됩니다. 블레셋, 모압, 소바, 아람, 에돔 등등 주변의 나라들과의 전쟁에서 승리하고, 각 나라에 수비대를 두어 조공을 바치게 하는 등, 하나님께서 다윗에게 계속된 승리를 주셨습니다. 가는 곳마다 이기게 하셨습니다. "다윗이 다메섹 아람에 수비대를 두매 아람 사람이 다윗의 종이 되어 조공을 바치니라 다윗이 어디로 가든지 여호와께서 이기게 하시니라"(삼하 8:6) "다윗이 에돔에 수비대를 두되 온 에돔에 수비대를 두니 에돔 사람이 다 다윗의 종이 되니라 다윗이 어디로 가든지 여호와께서 이기게 하셨더라"(삼하 8:14)

다윗이 이처럼 가는 곳마다 이기며, 계속된 승리를 얻을 수 있었던 이유가 있었습니다. "다윗 왕이 그것도 여호와께 드리되 그가 정복한 모든 나라에서 얻은 은금 곧 아람과 모압과 암몬 자손과 블레셋 사람과 아말렉에게서 얻은 것들과 소바 왕 르홉의 아들 하닷에셀에게서 노략한 것과 같이 드리니라"(삼하 8:11~12) 다윗은 승리를 통해 얻은 은금을 하나님께 드렸습니다. 내 힘으로 승리한 것이 아니라 하나님께서 승리케 하신 것임을 놓치지 않았기 때문입니다. 따라서 승리를 통해 얻은 은금을 하나님께 드림으로, 이 모든 승리가 하나님께서 주신 승리임을 고백하며 하나님께 영광을 올려드렸습니다. 그때에 하나님은 이런 다윗을 기뻐하시며 계속해서 승리를 주셨습니다. 다윗의 명성을 높여주시고 어디를 가든 승리케 하셨습니다.

우리에게 있는 승리는 하나님께서 주신 승리입니다. 어리석게 내 힘으로 승리한 것으로 착각하거나 교만하지 말아야 합니다. 교만한 순간, 하나님의 승리는 떠나가고 맙니다. 그러나 하나님의 승리임을 고백하고 온전히 그 영광을 하나님께 드릴 때, 하나님의 승리는 계속해서 주어지게 됩니다.

고린도후서 2장_주 안에서의 승리

고린도 교회를 향한 바울의 마음을 보게 하는 말씀입니다. 곧 자신이 고린도교회에 근심이 되지 않기를 원하고 또 그가 고린도교회에 보낸 편지가 고린도교회를 향한 넘치는 사랑으로 말미암은 것임을 전하고 있습니다. 또한 자신을 근심하게 할 뿐만 아니라 고린도의 성도 모두를 근심하게 한 사람에 대해 처벌 받음이 마땅하지만, 그러나 또한 용서하고 사랑을 나타낼 것을 전하고 있습니다. 이 모든 것에서 고린도교회 안에 있는 반대자들로 인한 갈등과 또 바울의 교회를 향한 근심과 걱정 등을 읽어볼 수 있습니다. 그러나 바울은 주 안에서의 승리를 확신했습니다. 복음의 삶에서 고난과 여러 문제들을 만나지만 결국 그리스도 안에서 승리가 있음을 확신했습니다. 또한 이를 경험하며 하나님께 감사했습니다. "항상 우리를 그리스도 안에서 이기게 하시고 우리로 말미암아 각처에서 그리스도를 아는 냄새를 나타내시는 하나님께 감사하노라"(고후 2:14)

고난 때문에 주님을 떠나면 승리도 떠나가게 됩니다. 그러나 어떤 고난과 어려움 중에도 포기하지 않고 주를 믿고 주를 떠나지 않으면, 주 안에서 반드시 승리하게 됩니다. 주님은 그 승리를 통해 우리가 그리스도를 아는 냄새, 곧 힘써 복음을 전하며 사명의 삶을 살게 하십니다. 따라서 어떤 고난과 어려움이 있다 할지라도 주 안에 거해야 합니다. 주의 말씀에 순종하며, 주 안에서 주신 사명의 길을 끝까지 걸어가야 합니다.

에스겔 16장_잃어버린 승리

예루살렘을 간음한 여인에 비유하여 그 죄를 고발하고 심판을 전하고 있습니다. 교만함으로 하나님이 아닌 자신의 힘을 의지하고, 불의와 죄악으로 하나님을 떠나면 승리가 아닌 심판이 주어질 뿐임을 가르쳐주고 있습니다. 곧 예루살렘은 피투성이가 되어 버려진 아이와 같았다는 것입니다(겔 16:4~5). 아무도 돌아보지 않는 예루살렘을 하나님께서 돌보아 아름답게 세우셨다는 것입니다. 씻기시고 입히시고 은금으로 장식하여 왕후의 지위까지 올리셨다는 것입니다. 이로 인해 그의 명성이 이방인 가운데까지 퍼지게 됐다는 것입니다(겔 16:13~14). 그런데 그 영화와 명성으로 무엇을 했느냐? "그러나 네가 네 화려함을 믿고 네 명성을 가지고 행음하되 지나가는 모든 자와 더불어 음란을 많이 행하므로 네 몸이 그들의 것이 되도다"(겔 16:15) 음란과 행음을 하며 하나님 앞에 범죄했다는 것입니다. 그 영화와 명성을 하나님의 영광을 위해 사용하지 않고, 그것으로 우상을 섬겼다는 것입니다(겔 16:17). 따라서 하나님은 그 은혜를 잊어버린 예루살렘을 향해 심판을 말씀하셨습니다. "네가 어렸을 때를 기억하지 아니하고 이 모든 일로 나를 분노하게 하였은즉 내가 네 행위대로 네 머리에 보응하리니 네가 이 음란과 네 모든 가증한 일을 다시는 행하지 아니하리라 주 여호와의 말씀이니라"(겔 16:43)

하나님의 은혜 안에 있었을 때는 그 은혜 안에서 존귀하고 아름답게 세워지는 승리를 누립니다. 하나님께서 그렇게 세우시고 승리를 주십니다. 그러나 그 은혜를 잊어버리고, 교만함과 죄악으로 하나님을 떠나면 심판 받게 됩니다. 하나님이 주신 모든 승리와 영광을 잃어버리게 됩니다. 따라서 교만하지 않고 주의 은혜를 기억해야 합니다. 주님이 주신 승리로 다시 하나님을 영화롭게 해야 합니다. 이것이 넘어지지 않고 계속적으로 승리하는 비결입니다.

시편 58-59편_믿음으로 누리는 승리

시편 58편은 악한 통치자들에게 심판을 구하는 다윗의 기도입니다. 시편 59편은 악을 행하는 원수들로 인해 무고하게 위기와 두려움에 처한 다윗의 기도입니다. 여기서 주님의 힘을 믿고 끝까지 주를 의뢰할 때 주의 승리가 주어짐을 전하고 있습니다. 곧 다윗은 하나님을 바라보며 변하지 않는 믿음으로 주의 승리를 확신하며 기도했습니다. 악인들과 원수들의 공격으로 인해 큰 위기와 고통 중에 있었지만, 하나님의 절대적 힘을 믿고 하나님을 바라보며 하나님의 구원을 구했습니다. 하나님께서 그 모든 원수들을 심판하시고 승리를 주실 것을 확신했습니다. "하나님은 나의 요새이시니 그의 힘으로 말미암아 내가 주를 바라리이다 나의 하나님이 그의 인자하심으로 나를 영접하시며 하나님이 나의 원수가 보응 받는 것을 내가 보게 하시리이다"(시 59:9~10)

하나님의 승리는 하나님을 절대적으로 믿고 바라보는 자에게 주어집니다. 끝까지 그 믿음을 포기하지 않고 기다리는 자에게 주어집니다. 따라서 어떤 이해할 수 없는 상황과 고난 중에도 하나님을 향해 믿음을 가져야 합니다.

오늘의 기도

1. 어디로 가든지 이기게 하시는 하나님의 승리를 누리게 하소서.
2. 어떤 고난과 환난에도 주를 떠나지 않고 주 안에 있어 이기게 하시는 주의 승리를 누리게 하소서.
3. 영화롭게 세워주시고 돌봐주신 주의 은혜를 잊지 않고 힘써 주의 영광을 위한 삶을 살아 계속된 주의 승리를 누리게 하소서.

담대함

사무엘하 10장 | 고린도후서 3장 | 에스겔 17장 | 시편 60-61편

함께하시는 하나님을 의지하면 담대할 수 있습니다. 하나님 편에 서서 하나님을 따르며 그 말씀을 붙들면 담대할 수 있습니다. 사람들의 비난과 공격에도 하나님의 인정하심을 바라보면 담대할 수 있습니다.

사무엘하 10장_하나님을 따름으로 인한 담대함

이스라엘이 암몬을 물리치고 승리한 말씀입니다. 곧 암몬이 아람과 마아가의 사람들을 고용해 이스라엘을 대적하여 싸웠습니다. 이스라엘의 요압은 앞뒤로 있는 적들을 맞아 싸워야 하는 어려운 상황에 있었습니다. 요압은 군대를 둘로 나누고 동생 아비새에게 그 하나를 맡겨 앞뒤로 있는 적과 싸우고자 했는데, 그때 아비새에게 용기를 주며 담대할 것을 전했습니다. "너는 담대하라 우리가 우리 백성과 우리 하나님의 성읍들을 위하여 담대히 하자 여호와께서 선히 여기시는 대로 행하시기를 원하노라 하고"(삼하 10:12) 요압의 이와 같은 말에서, 그가 하나님을 따르며 전쟁의 승패를 하나님께 맡김을 볼 수 있습니다. 하나님의 성읍을 위해 싸우는 것이고, 하나님께서 선히 여기시는 대로 행하신다는 것입니다. 다시 말해 하나님을 따르며 하나님께서 선히 여기시는 대로 행하심을 믿기에 담대할 수 있다는 것입니다. 결국 요압의 믿음대로, 요압과 이스라엘은 앞뒤로 공격해 오는 적들을 물리치고 하나님께서 선히 여기시는 승리를 거둘 수 있었습니다.

하나님을 따르며 하나님께 맡길 때에 담대할 수 있습니다. 그 어떤 어려움과 위험도 두려워하지 않을 수 있습니다. 하나님을 따르는 믿음과 하나님께 맡기는 믿음이 두려움을 이기고 담대하게 합니다.

고린도후서 3장_하나님이 주신 자격으로 인한 담대함

영광스러운 새 언약의 직분에 대한 말씀입니다. 바울과 그 동료들이 새 언약의 일꾼 되었다는 것입니다. 하나님께서 자신들을 새 언약의 일꾼으로 세우셨다는 것입니다. 곧 고린도교회에서 율법을 지켜야 한다고 주장하며, 바울과 그 동료들에 대한 자격에 문제를 제기하고 공격하는 사람들이 있었습니다. 이에 대해 바울은 자신과, 함께한 사람들이 새 언약의 일꾼이 되었고, 이 자격을 주신 분은 하나님이심을 전했습니다. 이것은 율법의 조문이 아닌 영을 통해 주어진 것임을 당당히 전했습니다(고후 3:4~6).

바울은 이방인들에게 복음을 전하고 교회를 세우는 과정에서, 복음보다 율법과 할례를 주장하고 바울의 사도로서의 자격을 문제 삼는 반대자들의 공격과 방해를 항상 직면해야 했습니다. 그러나 바울은 하나님께서 자신을 이방인의 사도로 세우셨음을 확신하고, 반대자들의 비난과 공격에 흔들리지 않았습니다. 사람들의 평가와 인정이 아니라 하나님의 평가와 인정하심을 바라보며 담대했고, 그 복음의 사역을 이어갔습니다.

사역을 감당함에 있어서 사람들의 평가와 인정보다 더 중요한 것이 하나님의 평가와 인정입니다. 하나님께서 부여하신 자격입니다. 혹 사람들의 부정적 평가와 그 자격을 인정하지 않는 냉혹함이 우리를 낙망케 할 수 있습니다. 그러나 그때에 하나님의 인정과 평가를 바라보며 담대해야 합니다. 곧 하나님께서 우리를 인정하며 긍정적으로 평가하고 계시다면, 그 평가와 인정을 바라보며 힘을 내야 합니다. 사람들의 평가와 인정이 아닌 하나님의 평가와 인정을 바라보며, 무엇보다 하나님께서 우리를 세우고 자격을 주셨음을 기억하며 담대히 그리고 당당히 사역에 매진해야 합니다.

에스겔 17장_하나님의 말씀으로 인한 담대함

백향목 높은 가지와 포도나무에 대한 비유의 말씀입니다. 백향목 높은 가지는 여호야긴 왕을 뜻하고, 포도나무는 시드기야 왕을 뜻합니다. 곧 바벨론이 여호야긴 왕을 포로로 잡아가고, 시드기야를 왕으로 세우며 그와 언약했습니다. 그러나 어리석게 시드기야 왕이 바벨론과의 언약을 파기하고 애굽을 의지하여 독립하고자 했습니다. 따라서 "바벨론이 언약을 파기하고 배반한 시드기야 왕을 용납하겠느냐?" 다시 말해 멸하지 않겠느냐고 비유를 통해 전한 것입니다. 그런데 또한 이 비유는 하나님과의 언약을 파기하고 배반한 시드기야 왕과 그 백성들을 향한 하나님의 심판을 나타내고 있습니다. 바벨론도 그 언약을 배반한 것을 용납하지 않는데, 하물며 하나님께서 용납하시겠느냐는 것입니다. 하나님께서도 어리석게 그 언약을 깨뜨리고 범죄한 백성들을 심판하신다는 것입니다(겔 17:19~21). 여기서 심판을 전하는 에스겔의 모습을 주목할 필요가 있습니다. 곧 에스겔에게서 조금의 두려움이나 망설임도 없음을 볼 수 있습니다. 그 왕과 나라의 심판을 전하고 멸망을 전하는데, 오히려 담대하게 전하는 것을 볼 수 있습니다. 이는 곧 거짓을 전하거나 자신의 뜻과 생각을 전하는 것이 아니기 때문입니다. 하나님의 말씀을 전하는 것이기에 담대할 수 있다는 것입니다. 심판의 말씀을 들은 백성들의 격렬한 반응과 공격을 예상할 수 있음에도, 하나님의 말씀을 전하는 것이기에 조금의 두려움 없이 당당하고 담대할 수 있다는 것입니다.

하나님의 말씀을 가지면 담대할 수 있습니다. 그 말씀을 하나님이 책임지시기에 담대할 수 있고 당당할 수 있습니다. 따라서 거짓된 말이나 어리석은 내 생각을 붙잡지 말고 하나님의 말씀을 붙잡아야 합니다. 하나님의 말씀으로 담대하고 당당한 삶을 살아야 합니다.

시편 60-61편_하나님을 의지함으로 인한 담대함

시편 60편은 모든 땅과 나라의 주권이 하나님께 있고 승리도 하나님께 있음을 고백하며, 하나님의 함께하심과 승리를 구한 다윗의 기도입니다. 시편 61편은 피난처 되신 하나님의 날개 아래에서 하나님의 보호하심을 구한 다윗의 기도입니다. 여기서 하나님을 의지함으로 인한 담대함을 볼 수 있습니다. 어떤 두려움의 상황에서도 하나님을 의지하면 담대할 수 있다는 것입니다.

"하나님이여 주께서 우리를 버리지 아니하셨나이까 하나님이여 주께서 우리 군대와 함께 나아가지 아니하시나이다 우리를 도와 대적을 치게 하소서 사람의 구원은 헛됨이니이다"(시 60:10~11) 하나님을 의지하고 있는 다윗의 모습을 볼 수 있습니다. 곧 하나님께서 함께하지 않으시면 결코 승리할 수 없고, 혹 사람의 힘으로 승리한다 할지라도 그 승리는 헛될 뿐입니다. 하나님께서 함께하시고 싸우셔야 참된 승리와 구원을 누릴 수 있습니다. 따라서 다윗은 하나님을 의지하며 하나님께서 함께하여 싸워주시기를 간구한 것입니다. 결코 하나님 없이 싸우려 하지 않은 것입니다. "우리가 하나님을 의지하고 용감하게 행하리니 그는 우리의 대적을 밟으실 이심이로다"(시 60:12) 하나님께서 함께하시고 그 하나님을 의지할 때, 두려움 없이 담대할 수 있음을 보게 되는 말씀입니다. 하나님을 의지하기에 용감할 수 있고 또 승리를 확신할 수 있다는 것입니다.

사람을 의지하고 군사의 많음을 의지하는 것은 어리석은 일입니다. 승리와 구원은 오직 하나님께 있고, 따라서 그 하나님을 의지할 때 승리할 수 있습니다. 그 승리를 확신하며 두려움을 이기고 담대할 수 있습니다.

오늘의 기도

1. 하나님 편에 서서 하나님을 따르고 하나님께 맡기는 삶을 통해 두려움을 이기고 하나님의 승리를 경험하게 하소서.
2. 하나님 없이는 실패할 수밖에 없음을 깨닫고 끝까지 믿음으로 하나님을 기다리게 하소서.
3. 사람들의 평가로 나약해지지 말고, 오직 하나님의 평가와 인정을 바라보며 더욱 충성하는 삶을 살게 하소서.

생명

사무엘하 11장 | 고린도후서 4장 | 에스겔 18장 | 시편 62-63편

하나님의 마음은 우리의 구원과 생명에 있습니다. 따라서 죄에서 떠나 생명에서 끊어지지 않아야 합니다. 어떤 고난에도 예수의 생명을 붙잡고 그 생명을 전해야 합니다. 우리에게 생명을 주신 하나님의 사랑을 생명이 다하기까지 찬양해야 합니다.

사무엘하 11장_죄로 인해 끊어지는 생명

다윗이 밧세바와 간음하고 그의 남편 우리아를 죽게 한 말씀입니다. 곧 다윗은 밧세바와 간음하고 그 간음죄를 숨기기 위해 더 큰 죄, 우리아를 죽이는 살인죄를 범했습니다. 요압에게 명령하여 우리아를 전쟁터에서 죽게 했습니다. "요압이 그 성을 살펴 용사들이 있는 것을 아는 그 곳에 우리아를 두니 그 성 사람들이 나와서 요압과 더불어 싸울 때에 다윗의 부하 중 몇 사람이 엎드러지고 헷 사람 우리아도 죽으니라"(삼하 11:16~17) 여기서 죄로 인해 끊어지는 생명을 보게 됩니다. 우리의 죄는 소중한 생명을 죽음으로 몰아간다는 겁니다. 곧 다윗의 죄는 우리아를 죽음으로 몰아갔고, 뿐만 아니라 다윗 자신의 생명까지도 끊어지게 하는 위협이 됐습니다. 다윗이 나단 선지자의 책망을 통해 깨닫고 눈물로 죄를 회개하지 않았다면, 그 죄로 인해 하나님의 심판을 받고 다윗도 그 생명에서 끊어질 수밖에 없었을 것입니다.

이처럼 죄는 생명을 끊어지게 하는 가장 무서운 적입니다. 따라서 죄에 대해 철저해야 합니다. 잠시라도 방심하거나 나태하여 죄가 들어올 틈을 주지 말아야 합니다. 다윗이 밧세바와 간음하며 그 죄에 들어선 것도 나태함에서 시작됐습니다. 부하들은 전쟁터에서 생명을 걸고 싸우고 있는데, 그 자신은 침상에서 저녁 늦게 일어나 왕궁 옥상을 거닐다가 목욕하는 한 여인 밧세바를 보고 욕심이 생겨 죄를 범하고 말았습니다. 잠시의 방심과 나태가 죄로 이어지고 또 한 생명을 죽이는 더 큰 죄와 비극으로까지 이어지게 한 것입니다. 따라서 죄에 대해 철저하며 조금의 틈도 주지 말아야 합니다.

고린도후서 4장_나타내야 할 예수의 생명

사도의 직분과 생명을 위해 그리스도의 고난에 참여하는 바울과 동료들의 헌신을 전하고 있습니다. 곧 바울과 그 동료들은 박해와 고난 속에서도 사명을 잃지 않았습니다. 항상 예수 그리스도의 십자가와 죽음을 짊어지고 십자가의 생명을 나타내며 전하는 일에 힘을 다했습니다. "우리가 사방으로 우겨쌈을 당하여도 싸이지 아니하며 답답한 일을 당하여도 낙심하지 아니하며 박해를 받아도 버린 바 되지 아니하며 거꾸러뜨림을 당하여도 망하지 아니하고 우리가 항상 예수의 죽음을 몸에 짊어짐은 예수의 생명이 또한 우리 몸에 나타나게 하려 함이라"(고후 4:8~10) 따라서 또한 바울은 이렇게 고백하고 있습니다. "우리 살아 있는 자가 항상 예수를 위하여 죽음에 넘겨짐은 예수의 생명이 또한 우리 죽을 육체에 나타나게 하려 함이라 그런즉 사망은 우리 안에서 역사하고 생명은 너희 안에서 역사하느니라"(고후 4:11~12) 여기서 사명과 영혼에 대한 바울의 마음을 읽어 볼 수 있습니다. 복음을 전하는 사명 속에서 혹 자신의 육신은 죽음에 이른다 할지라도, 이 죽음을 통해 예수의 생명이 나타나고, 또한 이를 통해 영혼들이 생명을 누린다면, 이것으로 충분하다는 것입니다. 사망이 우리 안에 역사한다 할지라도 이를 통해 그 영혼 안에 생명이 역사한다면, 그러면 된다는 것입니다.

결국 무엇입니까? 예수의 생명을 나타내는 사명에 생명까지 다하여 사명을 감당했던 바울과 그 동료들의 모습을 보게 됩니다. 이것이 우리도 따라야 할 사명의 삶입니다. 고난과 핍박에도 두려움 없이 복음을 전하며 사명을 감당해야 합니다. 그 감당한 사명이 사람들을 생명에 서게 하고 또한 복음을 전

하는 그 자신도 생명에서 떠나지 않게 합니다. 이 것이 예수 그리스도께서 십자가를 통해 이루어 놓으신 생명과 은혜에 마땅한 삶입니다.

에스겔 18장_생명을 바라는 하나님의 마음

사람은 그 자신의 행위에 따라 심판 받음을 전하는 말씀입니다. 곧 '아버지가 신 포도를 먹었으므로 그의 아들의 이가 시다'는 당시의 속담을 부정하며, 아들에게 그 아버지의 죄가 전가 되지 않고, 아버지든 아들이든 각자의 행위대로 판단 받아 살고 또 죽게 됨을 말씀하고 있습니다. 아버지든 아들이든 각자의 행위가 의로우면 살게 되고 악하면 죽는다는 것입니다. 그러나 또한 하나님은 이렇게 말씀하셨습니다. "내가 어찌 악인이 죽는 것을 조금인들 기뻐하랴 그가 돌이켜 그 길에서 떠나 사는 것을 어찌 기뻐하지 아니하겠느냐"(겔 18:23) 하나님은 모두가 생명을 얻고 구원에 이르기를 기뻐하신다는 것입니다. 이것이 하나님의 마음이라는 것입니다. 따라서 또한 회개하고 모든 죄에서 떠나라고 말씀하셨습니다(겔 18:30).

공의의 하나님은 그 죄에 대해 심판하시고, 죄에서 떠나지 않는 사람들은 누구든 이 심판을 피할 수 없습니다. 그러나 하나님의 마음은 우리 모두가 생명에 이르는 것에 있습니다. 심판으로 우리의 생명을 끊어버리는 것이 결코 하나님의 기뻐하시는 뜻이 아닙니다. 따라서 하나님의 마음을 헤아려 죄에서 떠나 생명에 이르러야 합니다. 하나님의 은혜를 구하며 생명의 자리에 서야 합니다.

시편 62-63편_생명보다 귀한 사랑

시편 62편은 오직 하나님만 바라며 하나님께 소망을 둔 다윗의 기도입니다. 시편 63편도 하나님을 앙모하며 그 도움과 승리를 구하고 확신한 다윗의 기도입니다. 무엇보다 다윗은 이렇게 기도했습니다. "주의 인자하심이 생명보다 나으므로 내 입술이 주를 찬양할 것이라 이러므로 나의 평생에 주를 송축하며 주의 이름으로 말미암아 나의 손을 들리이다"(시 63:3~4) 주의 인자하심 곧 그 사랑이 그 자신의 생명보다 소중하고, 따라서 평생에, 곧 생명이 다하도록 하나님을 찬양한다는 것입니다. 곧 다윗은 현재 압살롬의 반역으로 왕궁을 버리고 도망쳐 광야에 있었습니다. 1절에 "물이 없어 마르고 황폐한 땅에서"라는 구절이 현재 다윗의 상황을 보여주고 있습니다. 그 표제에도 "다윗의 시, 유다 광야에 있을 때에"라고 기록하고 있습니다. 이처럼 다윗은 왕궁을 버리고 급하게 피난길에 올라 앞으로 자신의 미래를 장담할 수 없는 막막한 상황에 있었습니다. 물 없는 사막 한 복판에서 아들 압살롬으로 인한 분노와 두려움이 교차하며 내일을 근심하며 낙망할 수밖에 없는 고통스러운 상황에 있었습니다. 그러나 다윗은 그 속에서 주의 인자하심을 바라보았고, 그 인자하심이 생명보다 낫다고 고백한 것입니다. 혹 여기서 생명을 잃는다고 할지라도, 주의 인자하심, 곧 그 은혜와 사랑이 더 크고 따라서 그 생명을 잃는 것과 관계없이 하나님을 찬양한다는 것입니다. 자신의 생명보다 하나님의 사랑이 더 크다는 것입니다.

죄

사무엘하 12장 | 고린도후서 5장 | 에스겔 19장 | 시편 64-65편

죄는 오직 회개와 하나님의 용서의 은혜를 통해 해결할 수 있습니다. 회개하지 않은 죄는 반드시 심판으로 이어집니다. 그리스도께서 우리를 대신해 죄를 지셨음을 기억하고, 그리스도 안에서 죄를 회개하여 용서받고 주와 교제하며 주를 기쁘시게 하는 삶을 살아야 합니다.

사무엘하 12장_회개만이 해답인 죄

나단의 책망과 다윗의 회개를 기록한 말씀입니다. 곧 다윗이 간음죄와 살인죄를 범한 이후, 선지자 나단이 다윗을 찾아와 그 죄를 책망했고, 다윗은 그 죄를 부정하거나 변명하지 않고 고백하고 회개하여 용서의 은혜를 얻었습니다. "다윗이 나단에게 이르되 내가 여호와께 죄를 범하였노라 하매 나단이 다윗에게 말하되 여호와께서도 당신의 죄를 사하셨나니 당신이 죽지 아니하려니와"(삼하 12:13) 여기서 죄는 결코 숨길 수 없음을 보게 됩니다. 아무도 모르는 죄라고 다윗은 생각했겠지만, 하나님은 다 알고 계셨고 따라서 선지자 나단을 보내 그 죄를 엄히 책망했습니다. 또한 그 죄는 결코 그대로 넘어갈 수 없음을 보게 됩니다. 죄의 결과는 심판이며 죽음이고, 반드시 그 책임을 져야 함을 말씀하고 있습니다. 따라서 또한 회개밖에 없음을 보게 됩니다. 죄를 해결하는 길은 오직 회개뿐이라는 것입니다. 회개를 통해 용서의 은혜를 얻는 것만이 죄를 씻을 수 있는 유일한 해답이라는 것입니다. 다윗이 얼마나 진실하게 회개했는지는 그가 쓴 참회시를 통해 알 수 있습니다. 그는 밤낮 쉬지 않고 통회의 눈물을 흘리며 하나님께 용서의 은혜를 구했습니다. 그리고 이 철저한 회개를 통해 하나님의 용서하심의 은혜를 누리게 됐습니다.

죄를 해결할 수 있는 유일한 길은 회개입니다. 그 죄를 깨닫고 회개하여 하나님의 은혜를 얻는 것만이 죄를 해결할 수 있는 유일한 길입니다. 따라서 결코 죄를 부정하고 숨기려 하지 말고, 인정하고 고백하고 회개해야 합니다.

고린도후서 5장_그리스도께서 대신 지신 죄

하늘의 영원한 집에 대한 소망과 하나님과의 화목을 전하는 말씀입니다. 곧 바울은 육신의 장막을 벗고 하늘에 있는 영원한 처소로 덧입기를 바라는 자신의 소망을 전했습니다. 또한 그 소망 중에 자신이 이 땅에서 감당해야 하는 사명과 직분에 대해서도 전하고 있는데, 하나님께서 그리스도 안에서 우리 인간을 하나님 당신과 화목하게 하시며, 그 화목하게 하는 직분을 자신에게 주셨다는 것입니다. 화목하게 하는 말씀을 자신에게 부탁하셨다는 것입니다. 따라서 바울은 하나님과 화목할 것과, 하나님께서 아무 죄도 없는 예수 그리스도를 우리를 대신하여 죄로 삼으시고, 우리를 그 안에서 의가 되게 하심을 전했습니다. "하나님이 죄를 알지도 못하신 이를 우리를 대신하여 죄로 삼으신 것은 우리로 하여금 그 안에서 하나님의 의가 되게 하려 하심이라"(고후 5:21)

한 번 죽는 것은 모든 사람에게 정해진 것이고, 이후 그리스도의 심판대 앞에 서야 합니다(고후 5:10). 그 심판대 앞에서 드러난 죄는 우리를 영원한 죽음과 고통에 이르게 합니다. 그러나 하나님은 그 죄를 그리스도께서 대신 지게 하셨습니다. 그럼으로 그리스도 안에서 우리의 죄를 우리에게 돌리지 않으시고, 우리의 죄를 용서하시며, 우리를 의롭게 하시고, 이를 통해 우리를 구원하셨습니다. 이 놀라운 은혜를 잊지 말아야 하고, 그리스도께서 대신 지신 죄의 고통과 희생을 헛되이 하지 말아야 합니다. 그리스도를 믿음으로 그 안에서 그 죄를 용서 받고 하나님과 화목해야 합니다. 그리스도께서 대신 지신 죄의 은혜를 누려야 합니다.

에스겔 19장_회개하지 않은 죄

하나님께서 에스겔에게 지어서 부르게 한 애가로 왕가의 참혹한 운명을 전하고 있습니다. 이 애가에서 나오는 어미 사자(겔 19:2)는 유다 왕조를 뜻하고, 첫 번째 젊은 사자(겔 19:2)는 여호아하스 왕을 뜻하며, 두 번째 젊은 사자(겔 19:5)는 여호야긴 왕을 뜻하는 것으로 보입니다. 여호아하스 왕은 바로 느고에게 사로잡혀 애굽으로 끌려갔고, 여호야긴 왕은 느브갓네살에 사로잡혀 바벨론으로 끌려갔습니다. 또한 10절부터는 비유가 바뀌며 포도나무와 가지에 대한 비유가 나오는데, 키가 높은 가지는 시드기야 왕을 가리키는 것으로 보입니다. 시드기야 왕도 바벨론에 포로로 잡혀가고 이를 끝으로 유다 왕조는 멸망하고 말았습니다.

그런데 주목할 것이, 각각 세워진 왕들이 포악하고 교만하여 죄악을 일삼았다는 것입니다. "젊은 사자가 되매 여러 사자 가운데에 왕래하며 먹이 물어뜯기를 배워 사람을 삼키며 그의 궁궐들을 헐고 성읍들을 부수니 그 우는 소리로 말미암아 땅과 그 안에 가득한 것이 황폐한지라"(겔 19:6~7) "그 가지들은 강하여 권세 잡은 자의 규가 될 만한데 그 하나의 키가 굵은 가지 가운데에서 높았으며 많은 가지 가운데에서 뛰어나 보이다가"(겔 19:11) 사람을 삼키고, 궁궐과 성읍들을 부순다는 것에서 포악함을 볼 수 있습니다. 키가 굵은 가지 가운데서 높았다는 표현에서 교만함을 읽어볼 수 있습니다. 곧 이들은 포악함과 교만함 가운데서 하나님의 심판을 받고 멸망을 당했습니다. 무엇보다 이들은 이전의 왕들의 멸망을 보며 깨달아야 했습니다. 그런데 깨달음도 없었고 또한 회개도 없었습니다. 포악함과 교만함의 전철을 따르다가 심판을 피하지 못한 것입니다.

회개하지 않으면 그 죄로 인한 심판도 피할 수 없습니다. 따라서 깨닫고 회개해야 합니다. 그 앞의 심판을 보고도 어리석게 똑같이 죄의 길을 따르는 것이 아니라, 깨닫고 회개하여 은혜와 구원을 누려야 합니다.

시편 64-65편_용서의 은혜가 필요한 죄

시편 64편은 악을 꾀하는 자들의 음모에서 자신을 지켜주시기를 구한 다윗의 기도입니다. 시편 65편은 영육의 복에 대한 다윗의 감사 찬양입니다.

시편 65편에서 다윗은 자신의 죄를 용서하실 하나님의 은혜를 믿었습니다. 죄악을 이기지 못하고 넘어졌지만, 그러나 주의 용서하심의 은혜가 있고, 이를 통해 주님의 성전에서 주님과의 교제를 나눌 수 있음을 바라보고 소망했습니다. 그리고 바로 이것이 복임을 고백하였습니다. "죄악이 나를 이겼사오니 우리의 허물을 주께서 사하시리이다 주께서 택하시고 가까이 오게 하사 주의 뜰에 살게 하신 사람은 복이 있나이다 우리가 주의 집 곧 주의 성전의 아름다움으로 만족하리이다"(시 65:3~4)

우리의 연약함은 죄를 이기지 못합니다. 우리 스스로 결코 죄의 문제를 해결할 수 없습니다. 그 죄는 그리스도의 심판대에서 우리를 죽음과 파멸에 이르게 합니다. 따라서 하나님의 용서의 은혜가 있어야 합니다. 오직 그 은혜만이 우리의 죄를 해결하고 생명에 이르게 합니다. 오직 그 은혜로 죄를 해결해야 주님과 교제하며 복을 누릴 수 있습니다.

오늘의 기도

1. 죄에 무뎌지지 않게 하시고, 죄를 책망하는 소리에 귀 기울이게 하시며, 전심으로 죄를 회개하는 삶을 살게 하소서.
2. 그리스도께서 우리의 죄를 대신 지셨음을 기억하고, 그 안에서 믿음으로 죄를 이기는 삶을 살게 하소서.
3. 주의 은혜로 죄를 이기고 생명을 누리며 주님 가까이 나아가 주님과 교제하는 복도 누리게 하소서.

죄를 범하고 또 그 죄를 방치하면 비극적 결과를 피할 수 없습니다. 그 죄에서 돌이키지 않으면 하나님의 진노의 심판을 피할 수 없습니다. 그러나 죄를 멀리하고 제거할 때 하나님의 백성으로서의 축복도, 그 간구에 응답하시는 은혜도 누릴 수 있습니다.

사무엘하 13장_죄를 방치한 결과

암논이 압살롬의 동생 다말을 욕보였고, 이에 앙심을 품은 압살롬이 암논을 살해한 것을 기록한 말씀입니다. 여기서 죄의 결과, 무엇보다 죄를 방치한 결과를 보여줍니다.

"그 후에 이 일이 있으니라 다윗의 아들 압살롬에게 아름다운 누이가 있으니 이름은 다말이라 다윗의 다른 아들 암논이 그를 사랑하나"(삼하 13:1) '그 후에 이 일이 있었다'는 말씀에 주목해야 합니다. 그 후는 다윗이 간음죄와 살인죄를 범한 이후입니다. 나단의 징계를 듣고 회개하여 용서함을 받았지만, 그 죄의 결과는 책임져야 한다는 하나님의 말씀을 들은 이후입니다. 바로 그 후에 다윗의 아들 암논이 배 다른 동생 다말을 범하는 죄악을 행하고, 이에 다말의 친오빠 압살롬이 암논을 죽여 원수를 갚는 일이 있었습니다. 그 죄의 결과로 다윗의 가정에 비극적 사건이 연달아 일어나게 된 것입니다. 죄가 우리 인생을 얼마나 크게 불행하게 하고 비극으로 몰아가는지 분명히 보여주고 있습니다.

또한 주목할 말씀이 이런 비극적 사건이 일어나는 과정에서 다윗이 보인 태도입니다. "다윗 왕이 이 모든 일을 듣고 심히 노하니라"(삼하 13:21) 암논이 다말을 범했다는 소식을 듣고도 다윗은 노하기만 할 뿐, 암논이 범한 죄에 대해 어떤 처결도 내리지 않았습니다. 한 마디로 죄를 방치한 것입니다. 그 결과 압살롬이 암논을 살해하는 더 큰 죄로 이어지고 말았습니다. 만약 다윗이 암논의 죄에 대해 의로운 처결을 내려 그 죄를 처리했다면 압살롬이 암논을 죽이는 죄와 비극까지는 이어지지 않았을 것입니다.

죄는 그 삶에 비극을 불러옵니다. 죄를 처리하지 않고 방치하면 더 큰 비극을 불러오게 됩니다. 따라서 죄에 대해서는 철저한 태도를 보여야 합니다. 결코 방치하지 말고 단호하게 처리해야 합니다.

고린도후서 6장_죄를 멀리한 결과

사도의 직분을 감당하는 바울의 인내와 헌신을 전하는 말씀입니다. 이 직분이 비방 받지 않도록 환난과 궁핍과 고난과 매 맞음과 갇힘과 난동과 수고로움과 자지 못함과 먹지 못함 가운데서 참고 견디었다는 것입니다. 순결과 지식과 인내와 착한 마음을 가지고 성령의 도우심과 하나님의 능력으로 살아가고 있다는 것입니다. 사도의 직분을 감당하기 위한 바울의 철저한 삶, 무엇보다 죄에 걸려 넘어지지 않고 작은 비방의 틈도 주지 않고자 하는 그의 삶을 보여주고 있습니다.

따라서 또한 바울은 당당히 믿음과 거룩함을 이야기할 수 있었습니다. 곧 고린도교회 성도들에게 믿지 않는 자와 함께하지 말고, 불법을 도모하고 불의한 일을 행하는 것을 피하라고 명령했습니다. 우리는 하나님의 백성이요 하나님의 영이 거하는 성전임을 기억하고 항상 거룩함에 힘써야 함을 전했습니다. "너희는 믿지 않는 자와 멍에를 함께 메지 말라 의와 불법이 어찌 함께 하며 빛과 어둠이 어찌 사귀며 그리스도와 벨리알이 어찌 조화되며 믿는 자와 믿지 않는 자가 어찌 상관하며 하나님의 성전과 우상이 어찌 일치가 되리요 우리는 살아 계신 하나님의 성전이라 이와 같이 하나님께서 이르시되 내가 그들 가운데 거하며 두루 행하여 나는 그들의 하나님이 되고 그들은 나의 백성이 되리라"(고후 6:14~16)

죄를 멀리하고 죄에 넘어지지 않을 때, 바울처럼 당당할 수 있습니다. 그 사명의 직분을 힘 있게 감당할 수 있습니다. 또한 믿음의 사람으로 거룩함을 지키고 하나님의 백성으로 그 지위를 잃어버리지 않을 수 있습니다. 다시 말해 하나님의 거룩한 백성으로서의 축복을 지키고 누릴 수 있습니다.

에스겔 20장_죄에서 돌이키지 않은 결과

죄에서 돌이키지 않는 백성들의 불의와 하나님의 심판에 대해 전하고 있습니다. 곧 하나님께 묻기 위해 이스라엘 장로 여러 사람이 나아오자, 하나님은 결코 그들의 물음을 용납하지 않으신다고 전하며, 그 조상들의 죄에 대해 말씀하셨습니다. 그 죄와 불의함에도 불구하고 하나님의 이름을 위하여 그들을 구속하고 인도하며 은혜를 베풀었지만, 그들은 끊임없이 범죄하며 하나님을 거역했다는 것입니다. 하나님께서 신실함으로 그 약속을 지켜 그들을 가나안 땅으로 인도하셨지만, 그럼에도 그들은 끝까지 하나님을 거역하고, 하나님이 주신 축복의 땅에서 우상을 숭배하며 그 죄에서 돌이키지 않았다는 것입니다. 그리고 지금의 백성들도 그 조상들의 풍속을 따라 그 자신을 더럽히며 가증한 것을 따라 행음하고 있다는 것입니다. 하나님의 거룩함과 신실한 은혜에도 불구하고 그 죄에서 끝까지 돌이키지 않고 있다는 것입니다. 따라서 하나님은 그 백성의 어떤 간구도 용납할 수 없고 들을 수 없으며, 오히려 그 백성들에게 진노를 쏟고 심판하시겠다고 말씀하셨습니다. "주 여호와의 말씀이니라 내가 나의 삶을 두고 맹세하노니 내가 능한 손과 편팔로 분노를 쏟아 너희를 반드시 다스릴지라"(겔 20:33) "내가 애굽 땅 광야에서 너희 조상들을 심판한 것 같이 너희를 심판하리라 주 여호와의 말씀이니라"(겔 20:36)

하나님께서 그 사랑과 은혜로 기회를 주심에도 불구하고 죄를 돌이키지 않으면, 그 결과는 심판일 뿐입니다. 죄를 돌이키지 않고 아무리 하나님을 찾고 하나님께 묻고 간구해야 봐야 하나님은 결코 듣지 않으십니다. 따라서 죄에서 돌이켜야 합니다. 하나님의 진노의 심판이 있기 전, 곧 아직 우리의 간구에 귀를 기울이실 때, 그 기회를 놓치지 말아야 합니다.

시편 66-67편_죄를 제거한 결과

시편 66편은 출애굽에서부터 가나안 땅까지 인도하셨던 하나님의 은혜와 역사에 대한 찬양이고, 시편 67편은 온 세계 위에 복을 내리시는 하나님을 향한 찬양입니다.

시편 66편의 말씀을 주목하면, 그 마음에서 죄를 제거했기에 하나님께서 그 기도에 응답하셨음을 전하고 있습니다. "내가 나의 마음에 죄악을 품었더라면 주께서 듣지 아니하시리라 그러나 하나님이 실로 들으셨음이여 내 기도 소리에 귀를 기울이셨도다"(시 66:18~19) 결국 이 말씀은 죄를 그 마음에 품고 드리는 기도는 결코 하나님께서 듣지 않으시지만, 죄를 제거하고 진실함으로 하나님을 찾고 간구할 때, 하나님은 그 간구를 들으신다는 사실을 가르쳐주고 있습니다. 죄를 제거한 결과 하나님의 들으심과 응답이 있다는 것입니다.

화해

사무엘하 14장 | 고린도후서 7장 | 에스겔 21장 | 시편 68편

하나님의 은혜 속에서 하나님과 화해함을 누리고 기쁨을 누릴 수 있습니다. 죄에서 돌이키지 않아 하나님과 화해하지 못하면 피할 수 없는 심판을 맞이하게 되지만, 하나님과 화해하여 그 백성으로 살아갈 때 구원과 승리와 돌보심의 축복을 누리게 됩니다.

사무엘하 14장_화해를 위한 은혜

요압이 압살롬의 사면을 얻어낸 말씀입니다. 곧 요압이 드고아의 한 여인을 다윗 왕에게 보내어 두 아들의 다툼으로 인한 한 아들의 죽음, 그리고 살아남은 아들도 피의 복수로 죽게 된 상황을 호소하며, 아들을 지켜줄 것을 요청하게 했습니다. 그런데 이것은 다윗의 두 아들의 사건, 곧 동생 압살롬이 형 암논을 죽인 것과 이로 인해 압살롬이 그술로 도망을 간 사건에 적용이 됩니다. 이를 통해 드고아의 여인은 다윗 왕으로부터 압살롬의 사면을 허락 받게 됩니다. 지혜로운 이 여인을 통해 다윗 왕과 압살롬의 화해가 이루어진 겁니다.

여기서 주목할 말씀이 드고아 여인이 용서와 포용의 은혜를 강조한 것입니다. 곧 드고아 여인은 압살롬을 용서해야 한다는 사실을 하나님의 큰 자비와 은혜를 통해 주장했습니다. "우리는 필경 죽으리니 땅에 쏟아진 물을 다시 담지 못함 같을 것이오나 하나님은 생명을 빼앗지 아니하시고 방책을 베푸사 내쫓긴 자가 하나님께 버린 자가 되지 아니하게 하시나이다"(삼하 14:14) 드고아 여인이 뜻한 목적이 무엇이었든 하나님의 자비와 은혜는 의심할 수 없는 사실입니다. 다윗 자신도 이 자비와 은혜로 간음죄와 살인죄의 큰 죄에서 용서함을 얻고, 하나님과의 화해를 이룰 수 있었습니다. 결국 다윗은 하나님의 은혜를 기억하며 압살롬에 대한 마음을 풀고 은혜를 베풀어 압살롬이 돌아올 수 있게 했습니다. 그리고 이후 압살롬을 용서하고 화해를 이루었습니다.

화해를 위해 용서와 포용의 은혜가 필요합니다. 먼저 베푸는 은혜 없이 자신의 뜻만을 주장해서는 화해가 이루어질 수 없습니다. 독생자 예수 그리스도를 이 땅에 보내신 하나님의 은혜와, 십자가에서 피 흘려 희생하신 예수 그리스도의 사랑이 있었기에 우리의 죄가 해결되고, 하나님과 화해를 이룰 수 있었습니다. 따라서 우리도 이웃을 향해 은혜와 사랑의 삶을 살아야 합니다. 그 은혜로 화해를 이루어가야 합니다.

고린도후서 7장_화해로 인한 기쁨

고린도교회 소식으로 인한 바울의 기쁨을 전하고 있습니다. 바울이 마게도냐에서 곤고함과 환난, 그리고 다툼으로 인한 두려움 가운데 있었는데(고후 7:5), 디도가 가져온 고린도교회의 소식으로 인해 큰 힘과 위로와 기쁨을 얻게 됐다는 것입니다. 곧 바울은 고린도교회의 잘못과 그 안에서 발생한 문제들을 전해 듣고, 아픔 중에 책망하며 편지를 보냈습니다. 그런데 이 편지가 고린도교회 성도들을 회개하도록 이끌어준 것입니다. 바울의 편지를 받은 고린도교회 성도들이 그 잘못을 깨닫고 회개했고, 이를 통해 하나님과의 화해를 이루게 된 것입니다(고후 7:7).

사실 바울은 고린도교회에 책망의 편지를 보내고 마음이 많이 무거웠습니다. 그 편지가 바울과 고린도교회 성도들과의 관계를 더욱 불편하게 할 수 있었기 때문입니다. 그러나 그 편지로 인해 고린도교회 성도들이 하나님과 화해를 이루는 회개로 이어졌을 뿐만 아니라, 바울과도 불편한 관계를 극복하고 화해를 이루게 했습니다. 그리고 이 화해의 소식을 들으며 바울은 크게 기뻐할 수 있었습니다. 이 화해의 소식이 큰 기쁨이 됐습니다(고후 7:9).

하나님과의 화해와 또 이웃과의 화해는 무엇보

다 큰 기쁨이 됩니다. 화해가 기쁨을 만들어 줍니다. 따라서 하나님과 또한 이웃과 화해하기를 힘써야 합니다.

에스겔 21장_화해하지 못한 결과
하나님의 심판의 칼이 준비되었음을 말씀하고 있습니다. 곧 바벨론 왕의 칼이 예루살렘에 이르게 된다는 것입니다. 그런데 주목할 말씀이, 한쪽은 암몬의 랍바로 이르고 다른 한쪽은 유다의 예루살렘으로 이르는 갈림길에서, 바벨론 왕이 점괘를 통해 예루살렘으로 향하게 된다는 것입니다. 이를 통해 예루살렘이 결코 적군의 손에 떨어지지 않는다고 예언했던 자들의 거짓 예언과 그 죄악이 드러나게 된다는 것입니다. 또한 주목할 말씀이, 의인과 악인을 끊으시겠다는 것과, 뽑혀진 하나님의 칼이 다시 꽂히지 않는다는 것입니다. "내가 의인과 악인을 네게서 끊을 터이므로 내 칼을 칼집에서 빼어 모든 육체를 남에서 북까지 치리니 모든 육체는 나 여호와가 내 칼을 칼집에서 빼낸 줄을 알지라 칼이 다시 꽂히지 아니하리라 하셨다 하라"(겔 21:4~5) 의인과 악인을 끊으시겠다는 말씀은 죄가 없는 의인까지도 심판하신다는 의미가 아니라, 모든 육체, 곧 모든 사람을 표현하고 있는 것입니다. 하나님의 심판의 칼을 그 누구도 피할 수 없다는 것입니다. 다시 말해 회개하여 죄에서 돌이키지 않고 하나님과 화해하지 않으면 그 누구도 심판을 피하지 못한다는 것입니다. 또한 칼이 다시 꽂히지 않는다는 것은 그 모든 육체에게 그 심판의 칼이 임하기까지 중단되지 않는다는 것입니다. 그 누구도 그 심판의 칼을 피할 수 없으며 하나님의 진노의 심판이 크고 엄중하다는 것을 말해줍니다.

하나님과 화해하지 못한 결과는 심판입니다. 그 누구도 예외가 없습니다. 오직 죄를 회개하고 하나님과 화해하는 것만이 심판을 피할 수 있는 유일한 길입니다. 따라서 우리가 힘써 하나님의 은혜를 구하고, 그 은혜로 죄의 용서함을 얻고, 또 그 용서함으로 하나님과 화해해야 합니다.

시편 68편_화해로 인한 축복
하나님의 승리를 찬양하는 다윗의 시인데, 또한 하나님의 백성을 향한 축복을 전하고 있습니다. 곧 하나님을 거역하는 자들에게는 메마른 땅의 심판을 주시지만, 고아와 과부 등 고독한 자들, 곧 겸손히 하나님을 의지하며 하나님의 은혜를 구하는 자들에게는 형통함의 은혜를 주신다는 것입니다. 흡족한 비의 축복과 은혜를 주신다는 것입니다(시 68:9~10). 하나님의 백성은 하나님과 화해를 이룬 사람들입니다. 하나님의 은혜와 사랑으로 하나님과 화해를 이루었기에 하나님의 백성이 된 것입니다. 바로 이들에게 하나님의 돌보심과 공급하심의 축복이 있다는 것입니다.

"날마다 우리 짐을 지시는 주 곧 우리의 구원이신 하나님을 찬송할지로다 (셀라) 하나님은 우리에게 구원의 하나님이시라 사망에서 벗어남은 주 여호와로 말미암거니와 그의 원수들의 머리 곧 죄를 짓고 다니는 자의 정수리는 하나님이 쳐서 깨뜨리시리로다"(시 68:19~21) 하나님과 화해를 이룬 하나님의 백성들에게 또한 구원과 승리가 있음을 가르쳐주는 말씀입니다. 하나님께서 우리의 무거운 짐을 짊어지시고 구원의 축복을 베푸신다는 것입니다. 모든 원수들을 물리치시고 승리의 축복을 주신다는 것입니다. 이처럼 하나님과 화해하고 하나님의 백성으로 살아갈 때, 놀라운 은혜와 축복이 주어집니다.

오늘의 기도
1. 하나님의 놀라운 은혜로 죄의 용서함을 누리고 하나님과 화해의 길에 날마다 서게 하소서.
2. 하나님과의 화해를 가장 큰 기쁨으로 여기고, 하나님의 사랑과 은혜를 전하고 또 실천함으로 우리 이웃과 더 풍성히 그 기쁨을 나누게 하소서.
3. 하나님과 화해한 하나님의 백성으로 구원과 승리의 축복을 누리고, 또한 돌보시고 공급하시는 축복도 누리게 하소서.

하나님은 믿음과 충성의 사람을 찾으심을 기억하고, 환난 중에도 흔들리지 않는 믿음과 충성을 보여야 합니다. 낙망하지 말고 기도하여 하나님의 도우심을 구하고, 서로를 향한 사랑과 헌신으로 환난을 이기고 믿음과 충성의 자리를 지켜야 합니다.

사무엘하 15장_환난 중에 보인 충성

압살롬이 반역을 일으켜 다윗이 황급히 예루살렘을 떠나게 된 말씀입니다. 이때에 많은 사람들이 기꺼이 다윗을 따랐는데, 그 중에 주목되는 사람이 잇대입니다. 내일의 생명을 장담할 수 없고, 다시 왕궁으로 돌아올 수 있을지 확신할 수 없는 중에도, 잇대는 끝까지 다윗을 따르며 다윗 편에 서며 충성을 보였습니다. "잇대가 왕께 대답하여 이르되 여호와의 살아 계심과 내 주 왕의 살아 계심으로 맹세하옵나니 진실로 내 주 왕께서 어느 곳에 계시든지 사나 죽으나 종도 그 곳에 있겠나이다 하니"(삼하 15:21)

잇대는 블레셋 가드 사람입니다. 다윗이 기용한 용병이나 동맹군으로 이해가 됩니다. 600명의 부하를 거느린 장군으로서 얼마든지 현실적 판단을 해서 다윗을 떠날 수 있었습니다. 다윗도 그렇게 하라고 이야기했습니다(삼하 15:19~20). 그러나 그는 생명 걸고 다윗과 함께했습니다. 유익이 되고 이득이 될 때만 함께하는 것이 아니라 고난과 고통에도 함께하는 충성을 보였습니다.

잇대를 통해 우리가 하나님 앞에 보여야 하는 충성의 본을 배우게 됩니다. 축복의 때에만 하나님이 나의 하나님이신 것이 아니라, 고난과 고통의 때에도 변함없이 나의 하나님이심을 고백하며 따라야 합니다. 즐거움과 형통의 때만이 아니라 시련과 아픔의 때에도 변함없이 하나님과 함께하는 충성의 삶을 살아야 합니다.

고린도후서 8장_환난을 이기는 헌신

연보에 대한 말씀을 기록하고 있습니다. 마게도냐 교회들이 흉년으로 어려움 중에 있는 예루살렘 교회를 돕기 위해 기쁨과 자원으로 풍성히 연보를 한 것에 대해 소개하며, 고린도 교회도 이에 참여해 줄 것을 요청한 것입니다. 곧 고린도 교회도 이 연보에 기꺼이 참여할 것을 굳게 결의했는데, 그 결의를 실천해줄 것을 부탁한 것입니다.

바울이 전하는 마게도냐 교회 성도들의 모범적 연보에 주목하면, 그들은 자신들도 어려움 가운데 있으면서도 예루살렘 교회의 어려움의 소식을 듣고 자원하여 힘에 지나도록 연보에 동참했다는 것입니다. 힘을 다해 교회와 하나님을 위해 충성했다는 것입니다. "내가 증언하노니 그들이 힘대로 할 뿐 아니라 힘에 지나도록 자원하여 이 은혜와 성도 섬기는 일에 참여함에 대하여 우리에게 간절히 구하니 우리가 바라던 것뿐 아니라 그들이 먼저 자신을 주께 드리고 또 하나님의 뜻을 따라 우리에게 주었도다"(고후 8:3~5)

환난 중에 이런 헌신은 사람들로 하여금 위로와 용기가 됩니다. 그 환난을 이기는 힘이 됩니다. 흉년으로 어려움에 처한 예루살렘 교회와 성도들은 마게도냐 교회의 성도들의 희생적 사랑과 헌신에 큰 힘을 얻었을 것이 분명합니다. 이처럼 그 고통에 함께하는 사람이 있고, 또 앞장서서 돕고 나누는 헌신을 대할 때, 능히 그 환난을 이길 수 있습니다. 나의 안위와 유익만을 생각하지 않고, 어려운 이웃과 동료들을 위해 마음을 나누고 헌신할 때, 그 헌신이 환난을 이기게 합니다.

에스겔 22장_환난 중에 찾은 사람

피 흘림과 우상숭배의 죄로 인해 하나님께서 예루살렘을 심판하심을 전하고 있는 말씀입니다. 그런데 주목할 말씀이 심판이라는 환난을 앞두고 하나님께서 찾으시는 사람이 있었다는 것입니다. "이 땅을 위하여 성을 쌓으며 성 무너진 데를 막아 서서 나로 하여금 멸하지 못하게 할 사람을 내가 그 가운데에서 찾다가 찾지 못하였으므로"(겔 22:30) 불법과 불의와 거짓과 우상 숭배 속에서 하나님의 말씀에 서서 신실함을 따르는 사람을 하나님께서 찾으셨다는 것입니다. 곧 제사장들, 선지자들, 고관들은 물론이요 모든 백성들에 이르기까지 유다의 모든 계층이 하나님의 율법을 범하고 거짓을 행하며 포악함과 강탈과 압제와 학대를 일삼았습니다(겔 22:25~29). 따라서 하나님께서 그들에게 분노를 쏟아 심판하며 멸하실 수밖에 없었습니다(겔 22:31). 그런데 그에 앞서, 하나님의 심판을 막아 설 사람, 곧 의와 믿음을 지키고 하나님 편에서 충성하여, 하나님께서 그를 보시고 심판의 마음을 돌이키게 할 사람을 찾으셨다는 것입니다. 그러나 그 사람을 찾으실 수 없으셨고, 따라서 심판하실 수밖에 없으시다는 것입니다. 소돔과 고모라에 의인 열 명을 찾을 수 없어 진멸하신 것처럼 예루살렘에 충성된 사람을 찾을 수 없어 심판하실 수밖에 없다는 것입니다.

이 말씀을 대하며, 환난 중에도 믿음과 충성의 삶으로 하나님이 찾으시는 사람이 돼야 함을 깨닫게 됩니다. 심판을 부르는 사람이 아니라 하나님 편에 서서 심판을 막는 사람이요, 따라서 하나님의 진노의 사람이 아니라 기뻐하시는 사람이 돼야 합니다. 환난이나 어떤 상황에도 믿음과 충성에 모범이 되는 사람이 돼야 합니다.

시편 69편_환난 중에 드린 간구

대적들로 인해 시련과 수치와 고통을 겪고 있는 다윗이 하나님의 구원을 구한 기도입니다. 곧 다윗은 믿음 때문에 원수들의 공격을 받고 환난에 처했습니다. 하지만 그 믿음을 포기하지 않았습니다. 주의 집을 위하는 열정이 타오르나 그것이 주님을 모욕하는 자들의 모욕으로 쏟아지고, 금식하며 눈물 흘렸던 것이 조롱거리가 되어 돌아왔지만(시 69:9~10), 흔들리지 않고 하나님을 바라보았습니다. 그렇게 환난 중에 하나님께 기도하며 하나님의 도우심을 믿음으로 기다렸습니다. "나를 수렁에서 건지사 빠지지 말게 하시고 나를 미워하는 자에게서와 깊은 물에서 건지소서 큰 물이 나를 휩쓸거나 깊음이 나를 삼키지 못하게 하시며 웅덩이가 내 위에 덮쳐 그것의 입을 닫지 못하게 하소서"(시 69:14~15) "주의 얼굴을 주의 종에게서 숨기지 마소서 내가 환난 중에 있사오니 속히 내게 응답하소서"(시 69:17)

믿음의 사람도 환난을 당합니다. 오히려 그 믿음 때문에 환난을 당하기도 합니다. 그러나 믿음의 사람은 기도할 수 있습니다. 하나님을 믿고 그 믿음에서 돌아서지 않았기에 하나님께 매달려 간구할 수 있습니다. 그리고 하나님은 반드시 그 기도에 응답하십니다. 그 환난을 하나님을 향한 기쁨과 찬양으로 바꾸어 주십니다. 따라서 환난 중에 낙망하며 두려워할 것이 아니라 기도해야 합니다. 하나님의 도움을 구하며, 더 굳건한 믿음으로 이겨야 합니다.

오늘의 기도

1. 하나님이 찾으시는 신실하고 충성된 사람이 되게 하소서.
2. 즐겁고 형통할 때만이 아니라 환난 중에도 흔들리지 않고 믿음의 자리를 지키며 충성의 삶을 살게 하소서.
3. 어려움 중에도 하나님과 교회를 위해 힘에 지나도록 헌신하며 살게 하소서.

헛되지 않은 것

사무엘하 16장 | 고린도후서 9장 | 에스겔 23장 | 시편 70-71편

하나님이 아닌 대상을 의뢰하는 것은 헛되지만, 하나님을 향한 의뢰는 결코 헛되지 않습니다. 고난 중에도 하나님께 소망을 두고 하나님께 맡기며 헌신할 때, 그 소망과 맡김과 헌신은 풍성한 열매로 이어집니다.

사무엘하 16장_헛되지 않은 의뢰

다윗이 왕궁을 떠나 요단으로 달아난 말씀입니다. 또한 압살롬이 편안히 예루살렘 왕궁으로 들어와 아히도벨의 계략에 따라, 왕궁에 남겨진 다윗의 후궁들과 동침했음을 전하고 있습니다. 그런데 주목할 말씀이, 피난을 가던 중 다윗이 보인 하나님을 향한 의뢰입니다. 다윗을 통해 모든 일을 하나님께 맡기며 하나님을 신뢰할 때, 그 신뢰는 결코 헛되지 않음을 배울 수 있습니다.

"혹시 여호와께서 나의 원통함을 감찰하시리니 오늘 그 저주 때문에 여호와께서 선으로 내게 갚아 주시리라 하고"(삼하 16:12) 그 삶을 절대적으로 하나님께 맡기고 있는 다윗의 믿음을 보게 하는 말씀입니다. 곧 다윗이 압살롬을 피해 왕궁을 버리고 피난을 가는 길에, 시므이가 따라오며 저주했습니다. 이에 다윗의 옆에 있던 아비새가 당장에 가서 그를 죽이겠다고 했지만, 다윗은 아비새를 말리며 그 모든 것을 하나님께 맡겼습니다. 겸손히 하나님의 은혜를 구한 것입니다.

다윗의 하나님을 향한 이런 믿음은 결국 아름다운 결과로 이어졌습니다. 하나님은 다윗에게 은혜를 베푸셨고, 이후 압살롬의 반란을 진압하고 다시 왕궁으로 돌아올 수 있게 하셨습니다. 하나님을 믿고 하나님께 맡기면 하나님은 결코 그 믿음을 실망시키지 않으심을 보여주셨습니다. 이처럼 하나님을 향한 신뢰는 헛되지 않습니다.

고린도후서 9장_헛되지 않은 헌신

연보에 대한 권면과 축복의 말씀입니다. 곧 바울은 고린도 교회에 연보를 이야기하며 미리 준비할 것과 자원하여 기쁨으로 드릴 것, 그리고 인색하지 않고 넘치도록 드릴 것을 권고했습니다. 그럼으로 자신이 고린도 교회의 연보에 대해 자랑한 것이 헛되지 않고 또 부끄러움이 되지 않게 해 달라고 부탁했습니다. 또한 그렇게 연보하며 헌신할 때에 하나님께서 더 크고 풍성하게 채우실 것을 전했습니다. 곧 하나님을 바라보며 드린 헌신은 결코 실망으로 돌아오지 않는다는 것입니다. 하나님은 당신을 믿고 바라보며 헌신하는 자에게 더 큰 은혜로 채우신다는 것입니다. "하나님이 능히 모든 은혜를 너희에게 넘치게 하시나니 이는 너희로 모든 일에 항상 모든 것이 넉넉하여 모든 착한 일을 넘치게 하게 하려 하심이라 기록된 바 그가 흩어 가난한 자들에게 주었으니 그의 의가 영원토록 있느니라 함과 같으니라"(고후 9:8~9)

하나님을 향한 믿음의 헌신은 결코 헛되지 않습니다. 물론 우리가 대가를 바라고 헌신하는 것은 아니지만, 하나님을 향해 기쁨으로 헌신할 때, 하나님은 더 큰 것으로 채우시고 갚아주십니다. 그 헌신으로 놀라운 일도 이루실 뿐만 아니라, 그 헌신에 더 놀라운 것으로 채워주셔서 그 헌신을 더욱 가치 있고 아름답게 해주십니다.

에스겔 23장_헛된 의뢰

사마리아와 예루살렘을 오홀라와 오홀리바라는 자매로 비유하여 전하고 있는 말씀입니다. 이 자매가 모두 하나님이 아닌 앗수르와 애굽을 연애하며 따랐고, 따라서 그들에게 주어지는 결과는 참혹한 심판임을 전하고 있습니다. 여기서 헛된 의뢰를 보게 되는데, 하나님이 아닌 대상을 의지하며 도움을 구하는 것은 헛될 뿐임을 깨달을 수 있습니다.

"그들이 그의 하체를 드러내고 그의 자녀를 빼앗

으며 칼로 그를 죽여 여인들에게 이야깃거리가 되게 하였나니 이는 그들이 그에게 심판을 행함이니라"(겔23:10) 오홀라가 하나님을 버리고 행음하여 앗수르를 섬겼다가, 그 결과 앗수르에 의해 멸망당하고 말았다는 말씀입니다. 그 믿고 의뢰한 결과가 가슴 아픈 배신이었다는 것입니다. 그런데 또한 동생 오홀리바가 이러한 사실을 보고도, 오홀라보다 더욱 넘치게 하나님을 떠나 음행하였음을 말씀하고 있습니다. 그 헛된 의뢰와 결과를 보고도 어리석게 깨닫지 못했다는 것입니다. 따라서 하나님은 오홀리바도 그 믿고 섬긴 나라들에 의해 배신당하고 멸망당할 것을 말씀하셨습니다. "네가 네 형의 길로 행하였은즉 내가 그의 잔을 네 손에 주리라 주 여호와께서 이같이 말씀하셨느니라 깊고 크고 가득히 담긴 네 형의 잔을 네가 마시고 코웃음과 조롱을 당하리라"(겔 23:31~32)

당장은 세상의 힘 있는 나라들이 믿고 의지할 대상처럼 보입니다. 그 나라를 의지하여 안정을 취하고 평안을 누릴 수 있다고 믿습니다. 그러나 그 믿음이 헛될 수밖에 없는 것이, 그 나라들은 얼마든지 믿음을 배신으로 바꾸기 때문입니다. 자신의 이득을 위해 그 맺은 약속도 초개처럼 생각하기 때문입니다. 따라서 이런 나라들을 믿고 의지하는 것은 어리석은 일입니다. 그러나 하나님은 신실하십니다. 결코 어떤 상황에서도 그 약속을 파기하지 않으시고 끝까지 지키시며, 결코 우리를 실망시키지 않으십니다. 우리의 의뢰와 신뢰에 확실한 구원으로 응답하십니다. 따라서 세상을 향해 가진 헛된 신뢰에서 돌이켜야 합니다. 오직 하나님만을 신뢰하고 의지해야 합니다.

시편 70-71편_헛되지 않은 소망
시편 70편은 적들로 인한 고난 중에서 하나님의 도

우심을 구한 다윗의 기도입니다. 시편 71편은 나이 들어 연약해도 하나님께서 함께하여 힘을 주시고 도와주시기를 간구한 한 신앙인의 기도입니다. 여기서 헛되지 않은 소망을 보게 됩니다. 하나님을 향해 가진 소망은 반드시 응답과 구원으로 이어진다는 것입니다.

"주 여호와여 주는 나의 소망이시요 내가 어릴 때부터 신뢰한 이시라"(시 71:5) "나는 항상 소망을 품고 주를 더욱더욱 찬송하리이다"(시 71:14) 불의한 자들과 흉악한 자들의 공격과 핍박 속에서, 곧 원수들이 헐뜯고 생명을 노리고 있는 두려움 속에서, 하나님을 소망으로 두고 하나님을 의지하겠다는 신앙인의 고백입니다. 하나님의 돌봄과 구원을 믿고 하나님만을 소망으로 붙잡겠다는 것입니다. 이 신앙인이 가진 이런 소망은 결코 헛되지 않는데, 하나님은 살아 계시고 결코 그 소망을 외면하지 않으시기 때문입니다. 끝까지 하나님을 믿고 가진 소망에 반드시 응답하시기 때문입니다. 따라서 이 신앙인은 이렇게 믿음으로 고백했습니다. "나의 혀도 종일토록 주의 의를 작은 소리로 읊조리오리니 나를 모해하려 하던 자들이 수치와 무안을 당함이니이다"(시 71:24) 하나님께서 그 악한 자들을 물리치신다는 것입니다. 따라서 그는 종일토록 하나님을 찬양한다는 것입니다.

세상을 향해 갖는 소망은 헛될 수밖에 없습니다. 그 가진 소망이 반드시 원하는 결과로 나타나지 않기 때문입니다. 결코 세상은 우리의 소망을 책임지지 않습니다. 그러나 하나님은 우리의 소망을 헛되게 하지 않습니다. 우리가 믿고 소망한 만큼 놀라운 구원과 승리와 축복으로 응답하셔서, 하나님을 향해 가진 소망이 옳았음을 증명해 주십니다. 따라서 우리의 소망을 오직 하나님께 두어야 합니다.

오늘의 기도

1. 고난과 두려움 가운데서도 주께 소망을 두고 이겨가게 하소서.
2. 겸손히 주님께 맡기는 믿음을 통해 더 크고 놀랍게 일하시는 하나님의 은혜를 경험하게 하소서.
3. 주를 향한 헌신에 인색하지 않게 하시고 자원함과 기쁨과 넘침으로 헌신하게 하소서.

승리

사무엘하 17장 | 고린도후서 10장 | 에스겔 24장 | 시편 72편

맥체인성경365 1495p

승리는 하나님께 있습니다. 따라서 하나님의 통치 안에 거하고 거룩한 삶을 힘써야 합니다. 하나님의 모략, 곧 하나님의 지혜를 구하고 따르며, 육신의 무기가 아니라 영적 무기 곧 하나님의 능력을 앞세워야 합니다.

사무엘하 17장_하나님의 모략을 통한 승리

아히도벨의 계략이 받아들여지지 않고, 후새의 계략이 받아들여진 것을 전하고 있습니다. 사실 압살롬 편에서는 아히도벨의 계략이 더 훌륭했습니다. 그러나 다윗을 지지하며 거짓으로 항복했던 후새가 능숙한 말솜씨로 불안감을 조성하여 아히도벨의 계략을 막았고, 또 압살롬의 허영심을 이용하여 자신의 계략이 받아들여지게 했습니다. 그런데 이것은 또한 하나님께서 압살롬에게 화를 내리시고자 하신 뜻이었습니다. 하나님께서 압살롬을 물리치고 다윗을 구원하기 위해 배후에서 아히도벨의 계략을 막고, 후새의 계략이 받아들여지게 하신 것입니다. "압살롬과 온 이스라엘 사람들이 이르되 아렉 사람 후새의 계략은 아히도벨의 계략보다 낫다 하니 이는 여호와께서 압살롬에게 화를 내리려 하사 아히도벨의 좋은 계략을 물리치라고 명령하셨음이더라"(삼하 17:14)

결국 여기서 승리는 하나님께 있다는 사실을 확인하게 됩니다. 곧 전쟁에서 적을 어떻게 상대하고 어떤 방식으로 싸울 것이냐 하는 전략, 곧 그 계략이 승리의 중요한 요소가 됩니다. 아무리 군사력이 우세하다 할지라도 그 계략이 잘못되면 승리를 장담할 수 없고, 반대로 불리한 군사력으로도 훌륭한 계략을 통해 전쟁을 승리로 이끌 수 있기 때문입니다. 그런데 아무리 훌륭한 계략이라 할지라도 하나님께서 막으시면 결코 설 수 없습니다. 아무리 현명하고 훌륭한 계략도 하나님의 모략 앞에 깨어지게 되고, 결코 하나님의 모략을 이길 수 없습니다. 따라서 아무리 훌륭한 계략이 있다 할지라도 먼저 하나님을 의지하며, 하나님의 모략, 곧 하나님의 지혜를 구해야 합니다. 그것이 승리의 비결이 됩니다.

고린도후서 10장_하나님의 능력을 통한 승리

적대자들의 공격에 대한 바울의 반박입니다. 바울을 공격하는 자들이 바울의 외모를 문제 삼고, 그의 능력을 의심했습니다. 글은 힘이 있지만 그의 말은 약하고 시원하지 않다고 비난했습니다. 이에 대해 바울은 고린도 교인들을 대할 때 유순함으로 대했을 뿐임을 전하며, 자신이 이런 그릇된 비방과 공격으로 고린도 교인들을 강경하게 대하지 않기를 바란다고 전했습니다. 무엇보다 바울은 우리의 무기는 육체의 무기가 아니라, 그 어떤 견고한 진도 무너뜨리는 하나님의 능력임을 전했습니다. "우리의 싸우는 무기는 육신에 속한 것이 아니요 오직 어떤 견고한 진도 무너뜨리는 하나님의 능력이라 모든 이론을 무너뜨리며"(고후 10:4) 이는 곧 외모를 문제 삼고 육신적으로 바울의 약함을 말하는 자들의 어리석음을 전하고 있는 것입니다. 우리의 싸움은 육의 싸움이 아니요 영적 싸움이고, 진정 우리가 승리를 위해 붙잡아야 하는 무기는 영적 무기, 곧 하나님의 능력이라는 것입니다.

결국 무엇입니까? 우리가 세상을 이기기 위해 붙잡아야 할 것은 하나님의 능력입니다. 육신의 힘과 권세를 통해 세상을 이길 수 있다고 생각하는 것은 어리석은 일입니다. 육신의 힘과 권세가 아니라 하나님의 능력을 구하며 붙잡아야 합니다. 그것이 세상에서 승리하는 비결입니다.

에스겔 24장_깨끗한 삶을 통한 승리

녹슨 가마의 비유의 말씀을 전하고 있고, 또 그 아내가 죽었을 때 에스겔 선지자가 한 상징 행위를 전하고 있습니다. 곧 하나님은 에스겔 선지자에게 그 아내의 죽음에 슬퍼하지 말게 하는 등, 상례를 지키지 말라고 명령하셨는데, 이는 예루살렘의 멸망의 때에 너무 놀라고 기가 막혀 자기들의 절망적인 마음을 통상적인 애도와 관습만으로는 표현할 수 없을 것임을 나타내신 것입니다.

녹슨 가마의 비유의 말씀에 주목하면, 예루살렘 안에 남아 있던 사람들은 스스로를 다른 백성들보다 낫다고 생각하며 교만했습니다. 포로로 잡혀간 사람들과 달리 의로움에 인정받아 잡혀가지 않고 예루살렘에 남았으며, 또 이 예루살렘 안에서 평안함을 누릴 것이라 생각했습니다. 이에 대해 하나님은 녹슨 가마의 비유를 통해 그들의 생각이 어리석고 잘못됐음을 전하셨는데, 그들은 녹슨 가마처럼 죄의 녹으로 덮여 있으며, 따라서 하나님께서 그 속의 녹을 제하지 않은 예루살렘 성읍을 심판하신다는 것입니다. 그 불에 아무리 달구어도 그 녹이 없어지지 않는 등, 하나님께서 깨끗하게 하고자 하셨지만 이것이 헛일이 될 만큼 그 죄악에서 떠나지 않은 예루살렘과 그 백성들을 심판하신다는 것입니다. "이 성읍이 수고하므로 스스로 피곤하나 많은 녹이 그 속에서 벗겨지지 아니하며 불에서도 없어지지 아니하는도다 너의 더러운 것들 중에 음란이 그 하나이니라 내가 너를 깨끗하게 하나 네가 깨끗하여지지 아니하니 내가 네게 향한 분노를 풀기 전에는 네 더러움이 다시 깨끗하여지지 아니하리라"(겔 24:12~13)

결국 이 말씀은 하나님 앞에서 깨끗함으로 서지 아니하면 하나님의 분노와 심판을 피할 수 없다는 사실을 가르쳐주고 있습니다. 무엇보다 힘써 그 죄와 불의를 제하고 깨끗함으로 하나님 앞에 서야 함을 가르쳐주고 있습니다. 그런데 또한 이것은 우리가 하나님 앞에 그렇게 깨끗함으로 서면 심판이 아

닌 승리의 삶을 살아갈 수 있음도 가르쳐주고 있습니다. 거룩함으로 하나님 앞에 선 백성들을 하나님께서 지키시고 돌보시기 때문입니다. 심판으로 멸하시는 것이 아니라 놀라운 구원과 승리를 더해 주시기 때문입니다. 따라서 승리를 위해 깨끗해야 합니다. 거룩함으로 우리 자신을 세워가야 합니다.

시편 72편_하나님의 통치를 통한 승리

솔로몬의 시로서 왕의 의의 통치와 이를 통한 은혜와 축복을 전하고 있습니다. 곧 주의 판단력을 받은 왕이 주의 공의를 따라 가난한 백성들 편에 서서 그 나라를 통치할 때, 그 나라와 백성들에게 놀라운 축복이 주어진다는 것입니다. 의인이 흥왕하고 평강이 풍성하며 긍휼을 통한 생명이 넘치고 곡식이 풍성하게 된다는 것입니다. "그가 가난한 백성의 억울함을 풀어 주며 궁핍한 자의 자손을 구원하며 압박하는 자를 꺾으리로다"(시 72:4) "그의 날에 의인이 흥왕하여 평강의 풍성함이 달이 다할 때까지 이르리로다"(시 72:7) "산 꼭대기의 땅에도 곡식이 풍성하고 그것의 열매가 레바논 같이 흔들리며 성에 있는 자가 땅의 풀 같이 왕성하리로다"(시 72:16)

여기서 하나님의 통치를 통한 축복, 곧 승리를 보게 됩니다. 곧 하나님의 통치 안에 거하고, 하나님의 다스리심에 우리의 삶을 맡기며 따라갈 때, 하나님의 공의와 은혜와 축복이 있습니다. 이를 통한 승리의 삶을 살게 됩니다. 따라서 우리 인생에 우리 자신을 왕으로 세울 것이 아니라 하나님을 우리 인생의 왕으로 세워야 합니다. 그 하나님께서 가르치시는 교훈과 인도하심의 손길에 순종하며 따라야 합니다.

오늘의 기도

1. 세상 지혜와 권세가 아닌 하나님의 지혜와 능력을 붙잡아 승리하게 하소서.
2. 하나님 앞에 깨끗함으로 서게 하셔서 심판이 아닌 승리를 누리게 하소서.
3. 하나님의 통치 안에서 의와 은혜와 풍요를 누리게 하소서.

하나님 편에서

사무엘하 18장 | 고린도후서 11장 | 에스겔 25장 | 시편 73편

맥체인성경365 1500p

하나님과 함께 하며 그 편에 선 자를 하나님께서 인정하시며 그 손을 붙들어 지키십니다. 억울함과 아픔을 갚아 설욕케 하시고 불리한 중에도 승리케 하십니다. 따라서 넘어지지 말고 하나님 편에 서야 합니다.

사무엘하 18장_하나님 편에 선 자가 누리는 승리
다윗과 압살롬의 전쟁에서 다윗이 승리하고 압살롬이 죽음을 맞이했다는 말씀입니다. "이에 백성이 이스라엘을 치러 들로 나가서 에브라임 수풀에서 싸우더니 거기서 이스라엘 백성이 다윗의 부하들에게 패하매 그 날 그 곳에서 전사자가 많아 이만 명에 이르렀고 그 땅에서 사면으로 퍼져 싸웠으므로 그 날에 수풀에서 죽은 자가 칼에 죽은 자보다 많았더라"(삼하 18:6~8) 여기서 하나님 편에 선 자가 누리는 승리를 보게 됩니다. 곧 오랜 시간 치밀하게 반란을 준비한 압살롬의 전력이 우세했고, 따라서 다윗 편에서는 승리를 장담하기 어려웠습니다. 그러나 결과는 다윗의 승리였습니다. 하나님의 편에 서 있던 다윗이 열세를 뒤집고 반란을 일으킨 압살롬을 물리쳤습니다.

승리는 하나님의 손에 있고, 따라서 하나님 편에 선 자가 하나님의 승리를 거두게 됩니다. 당장의 전력보다 하나님 편에 서 있는 것이 더 중요합니다. 우리도 하나님 편에 서서 승리를 누려야 합니다.

고린도후서 11장_하나님 편에 선 자를 향한 인정
거짓 사도들을 용납한 고린도 교회를 책망하며, 참된 사도로서 바울이 보였던 헌신과 충성을 전하고 있습니다. 곧 바울은 고린도교회 안에서 바울을 비난하는 자들로 인해 오해를 받았습니다. 바울의 반대자들은 스스로를 치켜세우며 자신들의 지위와 신분과 영적 능력을 자랑했습니다. 반면 바울은 글만 잘 쓸 뿐 말주변도 없고, 연약하며, 영적 능력도 없고, 참된 일꾼이 되지 못한다고 주장했습니다. 이런 주장에 대해 바울은 자신을 변호하며 무엇보다

뜨거운 영혼 사랑과 이를 위한 수고와 헌신, 그리고 교회를 향한 애타는 마음을 전했습니다. 그리고 그런 자신의 모든 헌신과 교회와 영혼을 향한 뜨거운 마음을 하나님은 아신다고 고백했습니다. "주 예수의 아버지 영원히 찬송할 하나님이 내가 거짓말 아니하는 것을 아시느니라"(고후 11:31) 여기서 하나님 편에 선 바울의 절대적 믿음을 볼 수 있습니다. 곧 바울은 자신의 욕심과 영화를 구하지 않고, 오직 하나님 편에 서서 주의 복음과 주신 사명에 온 힘을 다했습니다. 자신의 헌신과 교회와 영혼을 향한 진실한 마음을 혹 사람들이 몰라주고 오해한다고 할지라도 하나님은 다 알고 계시다고 믿었고, 또 그거면 충분하다고 여겼습니다.

결국 무엇입니까? 바울의 믿음처럼, 하나님 편에 선 자는 반드시 하나님께서 아시고 인정해 주십니다. 사람들은 오해하고 그 진실한 마음과 헌신을 모를 수도 있습니다. 그러나 하나님은 결코 모르지 않으시고, 따라서 그거면 충분합니다. 오직 하나님의 평가와 인정을 바라보며 충성하면 됩니다. 우리의 헌신은 사람들에게 인정받기 위함이 아니라, 오직 하나님의 영광을 위한 것임을 기억하고, 하나님만 바라보면 됩니다.

에스겔 25장_하나님 편에 선 자의 설욕
암몬과 모압과 에돔과 블레셋을 향한 심판의 말씀입니다. 곧 이들은 유다 이웃에 있는 나라들로서 유다의 어려움과 멸망을 기뻐하며, 이것을 기회로 유다를 모욕하고 공격하여 범죄했습니다. 따라서 하나님께서 그 모든 나라들을 심판하여 유다의 원수를 갚으신다는 것입니다. "그런즉 내가 손을 네 위에 펴서 너를 다른 민족에게 넘겨 주어 노

략을 당하게 하며 너를 만민 중에서 끊어 버리며 너를 여러 나라 가운데에서 패망하게 하여 멸하리니 내가 주 여호와인 줄을 너희가 알리라 하셨다 하라"(겔 25:7) "내가 모압에 벌을 내리리니 내가 주 여호와인 줄을 너희가 알리라"(겔 25:11) "내가 내 손을 에돔 위에 펴서 사람과 짐승을 그 가운데에서 끊어 데만에서부터 황폐하게 하리니 드단까지 칼에 엎드러지리라"(겔 25:13) "내가 블레셋 사람 위에 손을 펴서 그렛 사람을 끊으며 해변에 남은 자를 진멸하되 분노의 책벌로 내 원수를 그들에게 크게 갚으리라 내가 그들에게 원수를 갚은즉 내가 여호와인 줄을 그들이 알리라 하시니라"(겔 25:16~17)

하나님 편에서 하나님의 백성으로 서 있으면 하나님이 돌보시고, 그 아픔과 고통과 억울함을 갚아주십니다. 하나님 편에 서서 하나님께 맡기면 내 편 되신 하나님의 은혜를 경험하게 됩니다.

시편 73편_하나님 편에 선 자를 향한 붙드심
악인들의 형통과 번영으로 인한 고통 중에 하나님께 드린 아삽의 기도입니다. 곧 아삽은 악인들의 형통을 보며 질투하여 넘어질 뻔 했습니다(시 73:2). 악인들은 마지막 죽음의 순간까지도 평안하며 재물이 늘어나는 반면, 믿음 안에서 의를 지키며 정직하게 살아가는 자신은 계속된 재난을 당하였고, 그것으로 인해 심한 고통에 처했기 때문입니다. 그러나 아삽은 포기하지 않고 성소를 찾아 하나님을 예배했고, 또 예배하는 가운데 악인들의 종말을 깨달으며 넘어짐의 유혹에서 이길 수 있었습니다(시 73:17~19). 곧 넘어짐의 위기에서도 하나님 편에 끝까지 서서 하나님과 함께하였고, 이를 통해 붙들어주시는 하나님의 은혜를 경험할 수 있었습니다. 곧 아삽은 이렇게 고백했습니다. "내가 항상 주와 함께 하니 주께서 내 오른손을 붙드셨나이다"(시 73:23)

하나님 편에 선 믿음의 사람들은 결코 넘어지지 않게 하나님께서 붙드십니다. 따라서 고난과 시험이 찾아오고 이해할 수 없는 일들을 만난다고 할지라도 하나님 편에 서야 합니다. 아삽의 고백처럼 주를 떠나지 말고 주와 함께해야 합니다. 그때에 우리도 붙드시는 하나님의 오른손을 경험할 수 있습니다.

오늘의 기도

1. 오해와 비난 속에서도 하나님께서 다 아심을 기억하며 포기함 없이 헌신의 길을 걸어가게 하소서.
2. 모든 아픔과 억울함을 하나님께 맡기고, 하나님께서 갚아주시는 은혜를 누리게 하소서.
3. 주님과 함께함으로 고난과 시험 중에 주님께서 붙드시는 강력한 손을 경험하게 하소서.

기쁨

사무엘하 19장 | 고린도후서 12장 | 에스겔 26장 | 시편 74편

세상 부귀와 재물에 둔 기쁨은 헛될 뿐입니다. 우리의 기쁨은 오직 주님께 있어야 합니다. 주의 은혜가 기쁨이요, 주를 위해 순수하게 충성하는 것이 기쁨이며, 또 그 속에서 겪는 고난도 기쁨이 돼야 합니다.

사무엘하 19장_순수한 충성의 기쁨

압살롬의 반역을 진압하고 다윗이 요단을 건너 다시 예루살렘으로 돌아가게 된 것을 전하는 말씀입니다. 그런데 주목할 사람이 바르실래입니다. 바르실래는 다윗이 압살롬을 피해 마하나임에 머물 때, 다윗을 공궤했던 사람입니다. 그 어려운 시간에 다윗과 함께하며 충성을 보였습니다. 따라서 다윗은 예루살렘으로 돌아가는 길에 바르실래에게 보답을 하고자 했습니다. 예루살렘에 함께 돌아가 이제는 자신이 바르실래를 공궤하고자 했습니다. 그러나 바르실래는 다윗의 보답을 거절했는데, 그가 다윗을 공궤한 것은 어떤 보상을 바란 것이 아니었다는 것입니다. 순수한 마음으로 다윗을 공궤하며 섬긴 것이었다는 것입니다. "당신의 종은 왕을 모시고 요단을 건너려는 것뿐이거늘 왕께서 어찌하여 이 같은 상으로 내게 갚으려 하시나이까"(삼하 19:36) 다윗 왕과 함께 요단을 건너는 것 외에는 아무런 바람도 없다는 바르실래의 대답에서 그의 순수함을 보게 됩니다. 다윗 왕이 어려움에 처했을 때도, 순수함으로 공궤한 것이고, 지금도 다윗 왕이 어려움을 극복하고 다시 예루살렘에 돌아가는 길에 기쁨으로 함께하는 것이 그의 유일한 목적이라는 것입니다. 곧 바르실래는 다윗과 함께하며 섬기고 충성하는 그 자체를 기쁨으로 여긴 것입니다. 순수함으로 충성하는 그 자체가 기쁨이었다는 것입니다.

우리가 하나님을 향해서 이런 기쁨을 가져야 하지 않습니까? 하나님을 통해 주어지는 어떤 대가와 축복이 충성의 목적이 아니라, 충성 자체가 기쁨이 돼야 합니다. 하나님을 사랑하기에, 하나님을 섬기고 충성하며 함께하는 것이 기쁨이기에, 그 사랑과 기쁨으로 충성해야 합니다.

고린도후서 12장_주를 위한 고난의 기쁨

바울을 공격하는 반대자들로 인해, 계속해서 바울이 자신을 변호하고 있는 말씀입니다. 곧 바울은 반대자들이 자랑하는 것보다 더 크고 놀라운 영적 체험을 하고 주님의 계시를 보았음을 전하고 있습니다. 그럼에도 바울은 그것을 드러내거나 자랑하지 않았는데, 이는 이것을 자랑하는 것은 어리석은 일임을 알았기 때문입니다. 오히려 바울은 자신에게 주어진 육체의 가시로 인해 기도하던 중, 주의 은혜가 족하고, 내 능력이 약한 데서 온전하여진다는 주의 음성을 듣게 됐음을 말하며, 이를 통해 나의 약한 것이 자랑임을 깨닫게 됐음을 전하고 있습니다. 곧 나의 약함으로 인해 그리스도의 능력이 내 안에 머물게 된다는 것입니다. 따라서 자신의 약함과 주를 위해 받는 능욕과 궁핍과 박해와 곤고함을 기쁨으로 여긴다고 고백했습니다. "나에게 이르시기를 내 은혜가 네게 족하도다 이는 내 능력이 약한 데서 온전하여짐이라 하신지라 그러므로 도리어 크게 기뻐함으로 나의 여러 약한 것들에 대하여 자랑하리니 이는 그리스도의 능력이 내게 머물게 하려 함이라 그러므로 내가 그리스도를 위하여 약한 것들과 능욕과 궁핍과 박해와 곤고를 기뻐하노니 이는 내가 약한 그 때에 강함이라"(고후 12:9~10)

주 안에서 약함으로 겸손할 수 있고, 더욱 주를 의지할 수 있습니다. 주의 능력과 은혜를 더 크게 깨닫고 감사할 수 있습니다. 따라서 또한 약함으로 받는 모든 고난도 기뻐할 수 있습니다. 바울이 이를 기뻐했던 것을 보며 우리도 기뻐해야 합니다. 무엇보다 주께서 우리의 구원을 위해 기쁨으로 고난당하셨음을 기억하며, 이제 우리가 주를 위해 기꺼이 기쁨으로 고난당해야 합니다. 곧 주를 위해 사명의 삶을 살아가는 중에 조롱과 핍박도 있고, 고난도 있는데, 그 핍박과 고난이 주를 위한 사명의 길을 막아서는 것이 아니라, 오히려 기쁨이 되어 더욱 힘써 주를 위한 삶을 살아야 합니다.

에스겔 26장_헛되고 무익한 기쁨

유다의 멸망을 기뻐했던 두로에 대한 심판의 말씀입니다. 무엇보다 주목할 말씀이, 수많은 재물과 화려한 집과 성읍 등, 두로는 해상무역을 통해 얻은 부요함을 자랑하며 이것을 기쁨으로 여겼는데, 하나님의 심판의 날에 그 기쁨이 헛되게 사라지고, 아무런 가치도 없게 된다는 것입니다. 그들이 기쁨으로 여겼던 모든 것들이 무익하게도 그들의 심판을 막지 못한다는 것입니다. "네 재물을 빼앗을 것이며 네가 무역한 것을 노략할 것이며 네 성을 헐 것이며 네가 기뻐하는 집을 무너뜨릴 것이며 또 네 돌들과 네 재목과 네 흙을 다 물 가운데에 던질 것이라"(겔 26:12)

결국 이 말씀은 우리의 기쁨을 무엇에 두어야 하는지 가르쳐주고 있습니다. 세상의 재물과 영화가 당장은 기쁨이 되지만 영원한 기쁨이 되지 못합니다. 하나님의 심판 때에 헛되고 무익할 뿐입니다. 따라서 우리의 기쁨은 주님에게 있어야 합니다. 재물과 영화가 주는 당장의 기쁨, 헛된 기쁨에 마음 빼앗기지 말고, 오직 주님과 그 나라에 기쁨을 두어야 합니다.

시편 74편_은혜의 기쁨

성전의 파괴와 예루살렘의 멸망 속에서 애통함으로 하나님께 드린 아삽의 기도입니다. 불타버리고 더럽혀진 성소를 바라보며 너무도 큰 절망에 처한 아삽은 어떻게 하나님의 성전과 도성이 대적들에 의해 짓밟히며 파괴될 수 있는지 큰 의문 가운데서 고통을 느끼며 기도한 것입니다. 따라서 아삽은 고통 중에 있는 백성들을 잊지 마시고 구원하여 주시기를 간구했습니다. "주의 멧비둘기의 생명을 들짐승에게 주지 마시며 주의 가난한 자의 목숨을 영원히 잊지 마소서 그 언약을 눈여겨 보소서 무릇 땅의 어두운 곳에 포악한 자의 처소가 가득하나이다 학대 받은 자가 부끄러이 돌아가게 하지 마시고 가난한 자와 궁핍한 자가 주의 이름을 찬송하게 하소서"(시 74:19~21)

여기서 아삽의 소망, 곧 그의 기쁨을 찾아볼 수 있습니다. 그의 기쁨은 하나님의 은혜와 구원에 있다는 것입니다. 모든 것이 다 불타버리고 멸망당한 절망 중에서도 하나님께서 은혜를 베풀어 주시면 이 절망을 이기고 그 고통에서 벗어날 수 있다는 것입니다. 하나님의 은혜가 소망이 되고 기쁨이 된다는 것입니다.

오늘의 기도

1. 헛된 소망과 기쁨에서 떠나 오직 주님을 바라며 충성하는 것에 기쁨을 갖게 하소서.
2. 나의 약함이 주의 강함이 됨을 깨달아 주를 위한 고난과 박해와 고통에도 기뻐하게 하소서.
3. 이해할 수 없는 고난과 고통에도 주를 향한 소망을 포기하지 않고, 주의 은혜와 응답을 구하며 그 은혜가 기쁨이 되게 하소서.

멸망
사무엘하 20장 | 고린도후서 13장 | 에스겔 27장 | 시편 75-76편

헛된 욕심과 의뢰와 불신과 교만은 우리를 멸망에 이르게 합니다. 따라서 욕심과 교만을 버리고 겸손히 우리의 믿음을 점검하며 굳게 세워야 합니다. 세상의 재물과 지혜와 권세가 아니라 하나님을 의뢰하며 그 은혜를 구해야 합니다.

사무엘하 20장_욕심으로 인한 멸망

비그리의 아들 세바의 반란과 진압을 기록하고 있습니다. 곧 압살롬의 반역이 진압되고, 다윗이 다시 왕궁으로 돌아오는 과정에서 유다 지파와 나머지 이스라엘 지파 사이에 갈등과 대립이 있었습니다. 이 대립 중에 세바가 이스라엘의 지지를 모아 반란을 일으켰습니다. 이로 인해 점차 평안을 찾아가던 나라가 다시 혼란에 빠지게 됐습니다. 그러나 한 여인의 지혜로 세바를 죽이고 큰 희생 없이 그 난을 진압할 수 있었습니다. "이에 여인이 그의 지혜를 가지고 모든 백성에게 나아가매 그들이 비그리의 아들 세바의 머리를 베어 요압에게 던진지라 이에 요압이 나팔을 불매 무리가 흩어져 성읍에서 물러나 각기 장막으로 돌아가고 요압은 예루살렘으로 돌아와 왕에게 나아가니라"(삼하 20:22) 여기서 세바와 지혜로운 여인을 대조하여 볼 수 있습니다. 곧 세바가 반란을 일으킨 것은 하나님의 정의도 아니었고, 하나님의 뜻도 아니었습니다. 자신의 야망과 욕심 때문이었습니다. 그 욕심이 압살롬의 반역을 수습하고 이제 온 지파가 한 마음이 되어 함께 세워가야 할 나라를 다시 혼란으로 몰아간 것입니다. 그리고 그렇게 욕심을 부리다가 결국 멸망하고 만 것입니다. 반면 한 여인의 지혜는 세바의 난을 진압하고 그 혼란을 평화로 바꾸었습니다. 이 여인의 지혜를 통해 전쟁이 장기화 되고 수많은 사람이 죽을 수 있는 비극적 결말을 막을 수 있었습니다.

세바와 지혜로운 여인의 대조를 통해 우리는 중요한 사실을 깨닫고 배워야 합니다. 곧 자신만 생각하는 욕심은 헛된 결과와 파멸을 만들고 맙니다. 그러나 모두를 생각하는 선한 지혜와 믿음은 모두에게 평화와 생명을 가져다줍니다. 따라서 욕심을 버리고 하나님과 이웃을 생각하는 선한 믿음과 지혜를 가져야 합니다. 그 지혜로 평화와 생명의 삶을 살아야 합니다.

고린도후서 13장_불신으로 인한 멸망

고린도 교회의 세 번째 방문을 계획한 바울이, 이를 앞두고 고린도 교인들에게 권고한 말씀입니다. 곧 그 불의한 자들을 용서하지 않겠다는 것입니다. 따라서 고린도 교인들에게 믿음 안에 있는가 그 자신을 시험하고 확증하라고 경고하고 있습니다. 만약 그 안에 예수 그리스도가 계시지 않으면 버림 받은 자라는 것입니다. "너희는 믿음 안에 있는가 너희 자신을 시험하고 너희 자신을 확증하라 예수 그리스도께서 너희 안에 계신 줄을 너희가 스스로 알지 못하느냐 그렇지 않으면 너희는 버림 받은 자니라"(고후 13:5)

바울의 권고는 우리가 항상 겸손함으로 믿음을 점검하며 굳게 세우는 것이 중요함을 가르쳐줍니다. 믿음 안에 있지 않는 불신의 결과는 버림 받음, 곧 멸망이기 때문입니다. 우리는 언제든 교만하여 믿음의 길에서 벗어나고 넘어질 수 있는 악하고 연약한 존재임을 기억해야 합니다. 따라서 항상 예수 그리스도를 따라 믿음의 길에 서 있는지 확증하고, 멸망이 아닌 생명의 길에 서야 합니다.

에스겔 27장_헛된 의뢰로 인한 멸망

두로에 관한 애가입니다. 하나님께서 에스겔에게 두로를 위해 애가를 지으라고 말씀하셨습니다. 여기서 헛된 의뢰로 인한 멸망을 볼 수 있습니다. 곧 두로는 항해와 상업의 요지로서 지중해와 홍해 그리고 인도양에 이르기까지 해상 무역을 통해 막대한 부를 축적한 도시였습니다. 이 두로를 호화선에 비유하고 있는데, 그 배가 결국 하나님의 심판으로 침몰한다는 것입니다. 막대한 부로 한껏 화려하게 그 배를 꾸미고, 이 세상의 최고의 재료로 배를 만들며, 가장 뛰어나고 힘 있고 실력 있는 사람들로 배를 운항하게 하여 자만했지만, 바다 한 가운데서 불어온 동풍에 침몰되고 만다는 것입니다. 그 가진 부와 지혜와 능력을 의지하고 신뢰한 결과 멸망에 이르게 된다는 것입니다. "네 사공이 너를 인도하여 큰 물에 이르게 함이여 동풍이 바다 한가운데에서 너를 무찔렀도다 네 재물과 상품과 바꾼 물건과 네 사공과 선장과 네 배의 틈을 막는 자와 네 상인과 네 가운데에 있는 모든 용사와 네 가운데에 있는 모든 무리가 네가 패망하는 날에 다 바다 한가운데에 빠질 것임이여"(겔 27:26~27)

이 세상 그 무엇도 완전하며 영원할 수 없습니다. 큰 부와 지혜와 권세를 가지고 있어 그것을 의뢰하며, 그 힘이 영원할 것이라고 사람들은 생각하며 자만하지만, 그 생각은 어리석은 생각입니다. 하나님 외에 완전하고 영원한 것은 없으며, 하나님을 떠나 추구한 그 모든 부와 지혜와 권세는 하나님의 심판을 피할 수 없습니다. 그 모든 것을 의뢰하고 자만한 결과는 멸망일 뿐입니다. 따라서 세상의 부와 지혜와 권세가 아니라, 겸손히 하나님을 의뢰해야 합니다. 하나님의 은혜를 구해야 합니다. 그 하나님만이 영원하며 그 은혜만이 우리를 생명에 이르게 합니다.

시편 75-76편_교만으로 인한 멸망

시편 75편과 76편은 아삽의 시로서, 시편 75편은 오만한 자들을 심판하시는 하나님을 찬양하고 있고, 시편 76편은 경외 받으실 하나님을 찬양하고 있습니다. 무엇보다 주목할 말씀이 교만한 자를 향한 경고와 심판입니다. 곧 높이시고 낮추시는 모든 주권은 하나님께 있고 하나님은 그 모든 교만한 자를 낮추시고 심판하신다는 것입니다. "내가 오만한 자들에게 오만하게 행하지 말라 하며 악인들에게 뿔을 들지 말라 하였노니 너희 뿔을 높이 들지 말며 교만한 목으로 말하지 말지어다"(시 75:4~5) "오직 재판장이신 하나님이 이를 낮추시고 저를 높이시느니라 여호와의 손에 잔이 있어 술 거품이 일어나는도다 속에 섞은 것이 가득한 그 잔을 하나님이 쏟아 내시나니 실로 그 찌꺼기까지도 땅의 모든 악인이 기울여 마시리로다"(시 75:7~8)

교만은 패망의 선봉이 되고 넘어짐의 앞잡이가 됩니다(잠 16:18). 하나님은 교만한 자를 결코 방관하지 않으시고 멸하십니다. 따라서 우리 안에 교만함을 버리고, 겸손함으로 주의 은혜를 구하며 살아야 합니다.

오늘의 기도

1. 헛된 욕심으로 소란과 혼란을 만드는 것이 아니라 모두를 향한 지혜와 믿음으로 평화를 만드는 삶을 살게 하소서.
2. 세상 재물과 권세를 의뢰하며 자만하지 않게 하시고, 오히려 겸손히 하나님을 의뢰하는 삶을 살게 하소서.
3. 믿음 안에 서 있는지 늘 시험하고 돌아보아 그 믿음을 굳게 세우고, 항상 예수 그리스도를 우리 안에 모시고 살게 하소서.

하나님의 기쁨

사무엘하 21장 | 갈라디아서 1장 | 에스겔 28장 | 시편 77편

사람의 기쁨이 아닌 하나님의 기쁨을 구하며 살아야 합니다. 따라서 교만함을 버리고 신실함으로 하나님의 약속을 지키며 살아야 합니다. 고난 중에도 믿음을 포기하지 말고 끝까지 하나님을 기다려야 합니다.

사무엘하 21장_신실함에 있는 하나님의 기쁨

사무엘하 21장부터 24장까지는 다윗 왕국에 대한 부록이라 할 수 있습니다. 사무엘하 21장은 사울 집안에 대한 심판을 기록하고 있습니다. 곧 다윗의 시대에 삼 년 동안 기근이 있었는데, 그 원인에 대해 하나님께서 주신 응답이 사울과 그 집이 흘린 피 때문이라는 것입니다. 사울이 여호수아 때의 맹세를 깨뜨리고 기브온 사람들을 죽였기 때문이라는 것입니다. 곧 이스라엘이 가나안 땅을 정복할 때에 기브온 족속과 조약을 맺으며 하나님 앞에서 그들을 진멸하지 않기로 맹세했습니다. 그러나 사울 왕이 순수한 이스라엘 민족 국가를 세우겠다는 생각으로 기브온을 공격함으로 그 조약을 파기하였고, 그럼으로 하나님 앞에서의 맹세를 깨뜨렸습니다. 이것이 죄가 되어 다윗이 왕위에 오른 초기에, 이스라엘에 가뭄으로 인한 기근이 있게 된 것입니다. 다윗은 이 문제를 해결하기 위해 기브온 사람들에게 용서를 구하며 그들이 요구한 조건을 수용했고(삼하 21:5~6), 이 모든 과정을 통해 하나님의 진노를 멈추게 하고 기근의 재앙을 끝낼 수 있었습니다. 여기서 하나님의 기쁨은 신실함에 있음을 깨달을 수 있는데, 하나님 앞에서의 맹세를 결코 가볍게 여기지 말아야 하고, 아무리 오랜 시간이 지났다 할지라도 신실하게 지켜야 한다는 것입니다. 이것이 하나님께서 기뻐하시는 일이라는 것입니다.

그런 점에서 다윗은 사울과 달랐습니다. 사울은 하나님 앞에서의 언약을 쉽게 잊었지만 다윗은 신실하게 지켰습니다. 이것을 보여주는 것이 요나단의 아들 므비보셋의 생명을 아낀 것입니다(삼하 21:7.) 다윗은 기브온 사람들의 요구로 사울 왕의 자손을 내어주면서도 하나님 앞에서의 맹세를 기억하며 요나단의 아들 므비보셋은 내어주지 않았습니다. 하나님 앞에서 요나단과 맺은 우정의 언약을 결코 가볍게 여기지 않은 것입니다.

사울은 하나님 앞에서의 언약을 가볍게 여겨 그 언약을 깨뜨리고 기브온 사람들을 죽였습니다. 언약을 지키며 하나님의 기쁨이 되는 삶이 아니라 자기 욕심을 구하는 삶을 살았습니다. 그러다가 하나님께 버림받고 하나님의 심판을 받았습니다. 그러나 다윗은 하나님 앞에서의 언약을 신실함으로 지키며, 하나님의 기쁨이 되는 삶을 살았습니다. 그 결과 하나님의 도우심과 축복 안에서 살았습니다.

갈라디아서 1장_힘쓰고 구해야 할 하나님의 기쁨

다른 복음은 없다는 가르침입니다. 다른 복음을 전하면 하늘로부터 온 천사라도 저주를 받게 된다는 것입니다. 또한 바울이 이 복음을 이방에 전하기 위해 사도로 부름 받았음을 전하고 있습니다. 유대교를 지나치게 믿어 그 조상의 전통에 누구보다 열심이 있었던 자신을 하나님께서 그리스도를 이방에 전하기 위해 은혜로 부르셨다는 것입니다. 따라서 바울은 사람의 기쁨이 아닌 하나님의 기쁨을 위해 살아야 함을 강조하며, 자신은 오직 하나님의 기쁨을 구하며 살아가고 있음을 단호하게 전했습니다. "이제 내가 사람들에게 좋게 하랴 하나님께 좋게 하랴 사람들에게 기쁨을 구하랴 내가 지금까지 사람들의 기쁨을 구하였다면 그리스도의 종이 아니니라"(갈 1:10) 이는 곧 바울이 하나님의 기쁨을 위해 복음에 타협하는 일이 없었다는 것입니다. 사람들에게 만족을 주고 그들을 기쁘게 하겠다는 목적으로 다른 복음을 전하거나 타협하여 복음

에 다른 내용을 첨가하지 않았다는 것입니다. 어떤 영향력 있는 사람들과의 이해관계 때문에 그 복음의 사역이 흔들리지 않았고, 오직 하나님만을 바라보며 하나님이 기뻐하시는 일을 따라 사역했다는 것입니다. 따라서 또한 바울은 사람들과 의논하거나 타협함 없이 오직 하나님의 기쁨만을 바라보며 복음을 전했음을 말하고 있습니다(갈 1:16). 철저히 그의 삶의 기준을 하나님께 두었다는 것입니다.

우리의 기쁨은 하나님께 있어야 합니다. 하나님의 기쁨이 가장 우선이어야 합니다. 사람의 기쁨을 위해 하나님의 기쁨을 포기하는 것은 어리석은 일입니다. 때로 고난도 비난도 수고와 아픔도 겪어야 하지만, 하나님의 기쁨을 위해 이를 피하지 않아야 합니다.

에스겔 28장_교만함으로 잃어버린 하나님의 기쁨

두로 왕에 대한 심판과 애가, 시돈에 대한 심판, 그리고 이스라엘의 구원에 대해 말씀하고 있습니다. 특별히 두로 왕에 대한 애가에 주목하면, 먼저 두로 왕은 완전한 도장, 곧 완전한 것의 모델이었음을 노래하고 있습니다. 지혜가 충만하고 온전한 아름다움을 소유했으며 따라서 기름 부음을 받고 지키는 그룹으로 하나님께서 세우셨다는 것입니다. 그만큼 하나님의 기쁨이 됐다는 것입니다(겔 28:12, 14). 그러나 두로 왕은 교만함으로 아름다움을 잃어버리고 말았는데, 그 아름다움과 영화로움이 교만으로 인해 심판 받고 깨어졌습니다. 곧 하나님께서도 인정하실 만큼 완전했고 아름다웠으며, 따라서 하나님의 기쁨이 되었으나 오히려 그 아름다움과 영화가 교만함으로 이어져 심판에 이르고 말았습니다. 교만함으로 그 기쁨을 잃어버린 것입니다(겔 28:17).

아름다움과 지혜는 하나님이 주신 축복입니다. 그 축복은 교만함이 아니라 하나님의 영광으로 이어져야 합니다. 그것이 하나님이 기뻐하시는 일이며 또한 그 축복을 더욱 풍성케 하는 길입니다. 결코 교만함으로 하나님의 기쁨에서 떠나지 말고, 하나님의 축복도 잃어버리지 말아야 합니다.

시편 77편_포기하지 않는 믿음으로 누리는 하나님의 기쁨

시편 77편은 환난 중에 불안함과 두려움을 느끼며 하나님의 은혜를 구한 아삽의 기도입니다. 곧 아삽은 환난으로 인한 불안과 근심 속에서 하나님의 은혜와 긍휼이 끝나고, 그 약속이 영원히 폐하여진 것은 아닌가 생각할 수밖에 없었습니다. 하나님의 진노로 그 긍휼이 그친 것은 아닌지 두려워했습니다. 그러나 이후 아삽은 자신의 생각이 잘못됐음을 고백하고, 이전에 하나님께서 행하신 놀라운 일들과 속량을 기억하며 하나님의 구원을 믿고 소망했습니다(시 77:10~11).

결국 무엇입니까? 아삽의 포기하지 않는 믿음이 하나님의 기쁨이 되기에 충분하지 않았겠습니까? 그 믿음조차도 끊어져 버릴 고통과 낙망 중에도 다시 믿음을 붙잡고 하나님께 소망을 가진 그의 기도가 하나님의 기쁨이 되기에 충분하지 않았겠느냐는 것입니다. 이처럼 하나님의 응답이 없는 것처럼 보이고 그래서 낙망이 돼도, 하나님의 응답을 포기하지 않아야 합니다. 그 낙망의 마음을 하나님을 향한 변하지 않는 믿음과 소망으로 바꾸며 살아야 합니다. 이것이 하나님께서 기뻐하시는 삶입니다. 하나님은 계속된 고통과 환난에도 포기하지 않고 그 응답을 믿으며 그 절망을 이기는 삶을 기뻐하십니다.

오늘의 기도

1. 사람이 아닌 하나님의 기쁨을 위해 살아가게 하소서.
2. 하나님이 주신 지혜와 아름다움 등으로 교만하여 넘어지지 말고, 오히려 그 모든 것으로 하나님의 영광을 위해 살아가게 하소서.
3. 당장에 응답이 없다고 낙망하지 말고, 끝까지 하나님의 응답을 기다리며 하나님의 도우심을 확신하는 믿음을 갖게 하소서.

믿음을 통해

맥체인성경365 1523p

사무엘하 22장 | 갈라디아서 2장 | 에스겔 29장 | 시편 78편 1-37절

불신은 하나님의 진노와 심판에 이르게 합니다. 헛된 대상을 향한 믿음은 낭패를 보게 합니다. 따라서 불신과 헛된 믿음에서 돌이켜 하나님을 향해 믿음을 가져야 합니다. 그 믿음이 승리와 구원에 이르게 합니다.

사무엘하 22장_믿음을 통해 누리는 승리

다윗의 감사 찬양입니다. 원수들로 인한 고난과 두려움의 때에 하나님께서 대적들을 물리치고 구원하셨음을 감사하며 찬양한 것입니다. 주목할 말씀이 원수들이 강했고 다윗은 그 원수들을 이길 수 없었다는 것입니다. 그러나 다윗은 하나님을 반석이요 방패요 구원의 뿔이요 높은 망대요 피할 피난처로 의뢰했고(삼하 22:3), 또 그 믿음으로 하나님께 도우심을 구했으며(삼하 22:7), 그때에 하나님께서 다윗을 건지셨다는 것입니다. 그 원수들을 물리치고 승리를 주셨다는 것입니다. "그가 위에서 손을 내미사 나를 붙드심이여 많은 물에서 나를 건져 내셨도다 나를 강한 원수와 미워하는 자에게서 건지셨음이여 그들은 나보다 강했기 때문이로다 그들이 나의 재앙의 날에 내게 이르렀으나 여호와께서 나의 의지가 되셨도다 나를 또 넓은 곳으로 인도하시고 나를 기뻐하시므로 구원하셨도다"(삼하 22:17~20)

여기서 믿음을 통해 누리는 승리를 보게 됩니다. 고난과 위험 중에서도 하나님을 신뢰하며 도움을 구할 때, 하나님의 구원과 승리가 있습니다. 아무리 강한 대적이라도 하나님은 능히 대적을 물리치고 우리에게 승리를 주시며, 또 이를 통해 평안함을 주십니다. 따라서 하나님을 향한 믿음에서 흔들리지 말아야 합니다. 헛된 대상이 아닌 오직 하나님만을 믿고 의지해야 합니다.

갈라디아서 2장_믿음을 통해 누리는 구원

안디옥에서 바울이 베드로와 대립하며 책망했던 것을 전하고 있습니다. 곧 베드로가 야고보가 보낸 유대인들을 의식하여 이방인들과의 식탁 교제를 거부하며 외식하였고, 바나바와 다른 유대인들도 이에 영향을 받아 외식하였습니다. 이로 인해 바울이 분노하여 베드로를 책망했습니다. 그런데 이것이 결정적 계기가 되어 바울은 율법이 아닌 믿음으로 구원에 이르게 된다는 사실을 강력히 주장하게 됐습니다. 이 복음을 붙잡고 율법과 할례를 주장하는 사람들과 치열하게 싸웠습니다. 곧 믿음을 가진 유대인들 중 많은 사람들은 그리스도를 믿는 믿음과 더불어 율법과 할례도 지켜야 한다고 주장했는데, 바울은 이 주장의 어리석음을 말하며, 그 누구도 율법의 의를 통해 구원을 얻을 수 없고, 오직 복음, 곧 예수 그리스도를 믿는 믿음만이 구원에 이르게 함을 타협하지 않고 전했습니다. "사람이 의롭게 되는 것은 율법의 행위로 말미암음이 아니요 오직 예수 그리스도를 믿음으로 말미암는 줄 알므로 우리도 그리스도 예수를 믿나니 이는 우리가 율법의 행위로써가 아니고 그리스도를 믿음으로써 의롭다 함을 얻으려 함이라 율법의 행위로써는 의롭다 함을 얻을 육체가 없느니라"(갈 2:16)

구원은 오직 믿음을 통해 이루어집니다. 이것은 변할 수 없는 진리입니다. 그 누구도 자신의 의와 행위로 구원함에 이를 수 없습니다. 오직 예수 그리스도를 믿는 믿음이 우리를 구원에 이르게 합니다. 따라서 우리가 끝까지 붙잡고 놓치지 말아야 하는 것이 믿음입니다.

에스겔 29장_헛된 믿음으로 인한 낭패

애굽의 운명, 곧 애굽을 향한 하나님의 심판을 전하고 있습니다. 곧 애굽의 바로 왕을 나일 강에 누운 큰 악어로 묘사하고 있는데, 이는 애굽이 나일 강을 통해 풍요와 부강함을 누렸음을 표현한 것입니다. 그런데 바로 왕은 이로 인해 교만했습니다. 하나님께 그 모든 것의 주권이 있으며, 그것이 하나님의 은혜임을 깨닫지 못하고, 그것이 내 것이라고 착각하며 교만했습니다. 따라서 하나님께서 대적하여 심판하심을 말씀하신 것입니다. 애굽 땅과 그 강을 쳐서 사막과 황무지가 되게 하신다는 것입니다. 따라서 또한 주목할 말씀이 애굽은 헛된 믿음의 대상이라는 것입니다. 곧 이스라엘은 애굽의 부강함 때문에 애굽을 신뢰하고 의지했습니다. 그 부강한 애굽이 자신들을 충분히 돕고 힘이 되리라 생각했습니다. 그러나 애굽은 갈대 지팡이이고, 그것을 잡고 의지할 때 부러져서 오히려 상처만 입게 된다는 것입니다. "애굽의 모든 주민이 내가 여호와인 줄을 알리라 애굽은 본래 이스라엘 족속에게 갈대 지팡이라 그들이 너를 손으로 잡은즉 네가 부러져서 그들의 모든 어깨를 찢었고 그들이 너를 의지한즉 네가 부러져서 그들의 모든 허리가 흔들리게 하였느니라"(겔 29:6~7)

여기서 헛된 믿음으로 인한 낭패를 보게 됩니다. 하나님이 아닌 헛된 대상을 믿고 신뢰할 때 큰 어려움에 빠지게 됩니다. 곧 참 믿음과 신뢰는 하나님께 있습니다. 오직 하나님을 의지해야 낭패를 보지 않을 수 있습니다. 결코 부러지지 않는 지팡이로, 우리가 든든히 붙잡고 의지해야 하는 대상은 오직 하나님 한 분입니다. 따라서 헛된 믿음의 대상에서 돌이켜 하나님만을 믿고 의지해야 합니다.

시편 78편 1-37절_믿지 않음으로 인한 심판

이스라엘 역사 가운데 나타난 그 백성들의 죄와 심판을 전하고 있습니다. 하나님의 놀라운 은혜와 인도하심에도 불구하고 그 백성들이 하나님을 배반하며 믿지 아니하고 의지하지 아니하였으며, 그 결과 하나님의 심판이 있었다는 것입니다. 곧 하나님께서 이스라엘 백성을 애굽에서 구원하시고 놀라운 은혜로 그 백성들을 인도하셨습니다. 광야에서 놀라운 손길로 그 백성들의 필요를 공급하시고 그들을 지키시며 보호하셨습니다. 그러나 백성들은 불신으로 하나님께 범죄하며 하나님의 진노를 불러왔습니다. 하나님의 놀라운 권능과 은혜와 돌보심을 경험하고도 하나님을 믿지 않고 의지하지 않았습니다. 그 결과 하나님께서 진노하시며 심판하셨습니다. "이는 하나님을 믿지 아니하며 그의 구원을 의지하지 아니한 때문이로다"(시 78:22) "이러함에도 그들은 여전히 범죄하여 그의 기이한 일들을 믿지 아니하였으므로 하나님이 그들의 날들을 헛되이 보내게 하시며 그들의 햇수를 두려움으로 보내게 하셨도다"(시 78:32~33)

하나님을 향한 믿음은 하나님의 돌보심과 베푸심의 축복과 구원으로 이어집니다. 그러나 하나님을 향한 불신은 진노의 심판으로 이어집니다. 따라서 믿음이 중요합니다. 믿음으로 심판이 아닌 구원과 축복을 누려야 합니다.

축복과 어리석음

사무엘하 23장 | 갈라디아서 3장 | 에스겔 30장 | 시편 78편 38-72절

하나님을 따르며 그 말씀에 순종하며 살아가는 것이 축복과 생명이 됩니다. 따라서 하나님을 불신하고, 하나님이 아닌 애굽과 우상을 의지하며, 믿음이 아닌 율법을 따라 하나님이 열어놓으신 생명의 길에서 떠나는 등, 헛되고 어리석은 멸망의 길에서 돌이켜야 합니다.

사무엘하 23장_하나님을 따르는 축복

다윗의 마지막 말과 다윗의 용사들을 기록하고 있습니다. 다윗의 마지막 말에서 다윗은 인생 말년에 그의 지나온 인생을 돌아보며, 하나님을 따라 살아온 그의 삶과 또한 이스라엘에 하나님께서 베푸신 은혜와 축복을 전하고 있습니다. 무엇보다 하나님을 경외하며 그 말씀을 따라 공의롭게 그 나라를 다스리는 자에게 주시는 축복을 전하고 있습니다. "이스라엘의 하나님이 말씀하시며 이스라엘의 반석이 내게 이르시기를 사람을 공의로 다스리는 자, 하나님을 경외함으로 다스리는 자여 그는 돋는 해의 아침 빛 같고 구름 없는 아침 같고 비 내린 후의 광선으로 땅에서 움이 돋는 새 풀 같으니라 하시도다"(삼하23:3~4) 공의와 하나님을 경외함으로 나라를 다스리는 자는 곧 하나님을 따르는 자이고, 바로 그에게 아침 햇빛처럼 찬란한 빛과 땅에서 파릇파릇 돋는 새싹과 같은 생명력이 넘치게 된다는 것입니다. 하나님께서 그 말씀에 순종하며 그를 따르는 자를 축복하신다는 것입니다. 다윗은 자신과 또한 자신이 다스리는 이스라엘이 이와 같음을 이야기하며, 하나님을 따르며 붙잡은 언약을 통해 그 나라가 견고하고 든든하며 하나님이 이루시는 구원과 은혜를 확신했습니다(삼하 23:5).

결국 무엇입니까? 축복은 하나님께 있고, 따라서 또한 하나님을 따르는 자에게 하나님의 축복이 주어집니다. 어리석게 축복 자체를 따르고, 또 그 축복에 대한 욕심 때문에 불의함을 따르고 하나님을 떠나지 않아야 합니다. 오히려 복의 근원이 되시는 하나님을 따르고, 또 그 하나님을 따라 의를 행하고 하나님을 경외해야 합니다. 이것이 진정 복을 누리는 길입니다.

갈라디아서 3장_율법을 따르는 어리석음

믿음으로 말미암는 의에 대해 전하고 있습니다. 결코 율법으로는 의에 이를 수 없다는 것입니다. 오직 예수 그리스도를 믿는 믿음으로 약속된 선물을 받고, 그리스도 예수 안에서 하나님의 아들이 된다는 것입니다. 그런데 갈라디아 성도들이 그 믿음에서 돌이켜 그 누구도 구원에 이를 수 없는 행위, 곧 율법을 따랐다는 것입니다. 이것에 대해 바울은 크게 책망하며 그 어리석음에서 돌이킬 것을 전했습니다. "어리석도다 갈라디아 사람들아 예수 그리스도께서 십자가에 못 박히신 것이 너희 눈 앞에 밝히 보이거늘 누가 너희를 꾀더냐"(갈 3:1) "너희가 이같이 어리석으냐 성령으로 시작하였다가 이제는 육체로 마치겠느냐"(갈 3:3) "또 하나님 앞에서 아무도 율법으로 말미암아 의롭게 되지 못할 것이 분명하니 이는 의인은 믿음으로 살리라 하였음이라"(갈 3:11)

오직 믿음만이 의에 이르게 하며, 그 누구도 율법으로 의롭게 될 수 없습니다. 따라서 믿음에 굳건하게 서야 합니다. 예수 그리스도 십자가의 믿음을 붙잡고 은혜를 구해야 하고, 이를 통해 의롭다 인정하시는 하나님의 칭의의 은혜를 누려야 합니다.

에스겔 30장_애굽을 따르는 어리석음

애굽의 몰락을 전하는 말씀입니다. 하나님께서 바벨론의 느브갓네살 왕의 손으로 애굽의 무리들을 심판하신다는 것입니다. 애굽 왕 바로의 팔은 꺾으시고, 바벨론의 왕 느브갓네살의 팔은 견고하게 하신다는 것입니다. 그런데 주목할 말씀이 애굽을 따르고 도우며 함께한 나라들도 애굽과 함께 멸망하게 된다는 것입니다. 곧 바벨론에 위협을 느낀 나라들이 바벨론에 대항하고자 힘 있는 애굽과 동맹을 맺고 애굽을 의지했습니다. 그 결과 그 나라들도 애굽이 하나님의 심판으로 멸망할 때, 함께 멸망하게 된다는 것입니다. "구스와 붓과 룻과 모든 섞인 백성과 굽과 및 동맹한 땅의 백성들이 그들과 함께 칼에 엎드러지리라 여호와께서 이같이 말씀하셨느니라 애굽을 붙들어 주는 자도 엎드러질 것이요 애굽의 교만한 권세도 낮아질 것이라 믹돌에서부터 수에네까지 무리가 그 가운데에서 칼에 엎드러지리라 주 여호와의 말씀이니라"(겔 30:5~6)

하나님은 교만한 애굽을 심판하기로 뜻하셨습니다. 그 하나님의 뜻은 그 누구도 거스를 수 없습니다. 따라서 애굽 편에 서서 애굽과 함께하며 애굽을 따르는 일은 어리석은 일일 뿐입니다. 애굽과 함께 멸망당하게 될 뿐입니다. 결국 이 말씀은 애굽이 아니라 하나님 편에 서서 하나님을 따라야 한다는 사실을 가르쳐주고 있습니다. 당장 힘이 있어 보인다고 하나님이 아닌 세상의 힘을 의지하는 것은 어리석은 일입니다. 끝까지 하나님을 따르며 하나님을 기다리는 것이 어리석지 않은 길, 곧 승리의 길입니다.

시편 78편 38-72절_우상을 따르는 어리석음

계속된 하나님의 은혜와 권능의 역사에도 그 백성들이 하나님을 시험하고 불순종하며 배반하고 거짓을 행했음을 전하고 있습니다. 곧 그 백성들이 하나님께 불의함에도 하나님께서 큰 긍휼과 권능으로 그 백성들을 돌보시고 인도하여 가나안 땅의 축복을 주셨습니다. 그러나 그럼에도 백성들은 끊임없이 하나님을 시험하고 배반하였다는 것입니다. 하나님에게서 돌이켜 우상을 섬기며 따랐다는 것입니다. 이로 인해 결국 하나님의 진노의 심판을 보게 됐다는 것입니다. "그러나 그들은 지존하신 하나님을 시험하고 반항하여 그의 명령을 지키지 아니하며 그들의 조상들 같이 배반하고 거짓을 행하여 속이는 활 같이 빗나가서 자기 산당들로 그의 노여움을 일으키며 그들의 조각한 우상들로 그를 진노하게 하였으매"(시 78:56~58)

하나님이 아닌 우상을 따른 결과는 심판입니다. 하나님께서 놀라운 사랑으로, 그럼에도 용서하시고 은혜를 베푸실 때, 깨닫고 하나님께 돌이켜야 합니다. 어리석게 마지막까지 돌이키지 않고 우상을 따르면, 그 결과는 피할 수 없는 하나님의 심판일 수밖에 없습니다.

오늘의 기도

1. 다윗처럼 하나님을 경외하며 그 말씀을 따르는 삶을 통해 아침 햇빛처럼 찬란한 삶이요, 푸른 새싹처럼 생명력이 넘치는 삶을 살게 하소서.
2. 멸망의 애굽 편에 서 있다면 속히 깨닫고 돌이켜 생명과 은혜의 하나님 편에 서게 하소서.
3. 오직 구원은 믿음을 통해 주어짐을 잊지 않아 이 믿음의 길에서 흔들리지 않게 하소서.

심판과 은혜

사무엘하 24장 | 갈라디아서 4장 | 에스겔 31장 | 시편 79편

맥체인성경365 1535p

교만함의 결과는 심판입니다. 율법으로는 결코 심판을 막을 수 없고, 오직 주의 은혜만이 심판을 멈추고 구원에 이르게 합니다. 따라서 겸손함으로 복음을 따르며 주의 은혜를 구해야 합니다.

사무엘하 24장_심판 중에 내려진 은혜

다윗이 교만함으로 인구를 조사한 것과 이로 인한 하나님의 심판을 기록한 말씀입니다. 곧 다윗은 백성들, 특별히 군사들을 계수하여 자신이 이루어 통치하는 나라의 크기와 강성함을 드러내고자 했습니다. 모든 것이 하나님께서 주신 은혜인데 그것이 자신이 이룬 힘인 양 교만했던 것입니다. 또한 이는 하나님에 대한 불신이었습니다. 인구를 조사하고자 하는 다윗에게 요압이 간언한 것처럼 하나님께서 그 백성을 백배나 더하실 수 있습니다(삼하 24:3). 이것은 하나님의 약속으로, 하나님은 셀 수 없이 많은 백성들을 주시겠다고 이미 선조들에게 약속하셨고 또 그 약속을 이루셨습니다. 그리고 지금보다 더 많게 백성들을 더하심으로 넘치도록 그 약속을 이루실 수 있으셨습니다. 따라서 다윗은 이것을 믿고 약속을 붙잡으면 됐습니다. 그런데 다윗은 그 약속을 의심하며 숫자를 계수해 하나님의 약속을 손에 잡히는 것으로 확인하려고 했습니다.

이로 인해 다윗과 이스라엘은 하나님의 심판에 직면하게 됐습니다. 하나님의 무서운 재앙이 단에서부터 브엘세바까지 이르렀습니다. 하나님께서 내리신 전염병으로 칠만 명이라는 백성이 죽게 됐습니다. 그러나 또한 하나님은 은혜의 하나님이셨습니다. 그 죄에 대해 무섭게 진노하며 심판하셨지만, 또한 그 큰 긍휼로 그 죄를 용서하시며 은혜를 베푸셨습니다. 천사에게 명령하여 더 이상의 진노와 재앙을 멈추게 하셨고, 다윗의 용서의 은혜를 구하는 기도를 들으시고 심판을 거두셨습니다. "천사가 예루살렘을 향하여 그의 손을 들어 멸하려 하더니 여호와께서 이 재앙 내리심을 뉘우치사 백성을 멸하는 천사에게 이르시되 족하다 이제는 네 손

을 거두라 하시니 여호와의 사자가 여부스 사람 아라우나의 타작 마당 곁에 있는지라 다윗이 백성을 치는 천사를 보고 곧 여호와께 아뢰어 이르되 나는 범죄하였고 악을 행하였거니와 이 양 무리는 무엇을 행하였나이까 청하건대 주의 손으로 나와 내 아버지의 집을 치소서 하니라"(삼하 24:16~17)

하나님을 절대적으로 신뢰하며 겸손히 따랐던 다윗이었습니다. 그러나 그런 그도 순간의 교만으로 언제든 넘어질 수 있는 연약한 존재였다는 사실을 이 말씀은 가르쳐주고 있습니다. 따라서 또한 어느 누구도 방심하지 말고 깨어서 스스로를 살피고, 더욱 겸손함으로 하나님을 믿고 따라야 함을 가르쳐주고 있습니다. 더불어 우리 모두에게 하나님의 긍휼하심과 끝없는 은혜가 반드시 필요함을 가르쳐주고 있습니다. 곧 우리는 언제든 넘어져 하나님의 심판에 이를 수 있는 연약한 존재입니다. 따라서 하나님의 은혜가 절대적으로 필요합니다. 그 심판을 멈추고 용서하시는 그 큰 은혜가 필요하고, 따라서 무엇보다 이 은혜를 구해야 합니다.

갈라디아서 4장_심판을 피할 수 없는 율법

그리스도를 통하여 율법으로부터 자유를 얻었음을 전하며, 어리석게 거짓 교사들에게 속아 율법의 종이 되지 말 것을 가르치고 있는 말씀입니다. 곧 바울이 복음으로 세운 갈라디아 교회에 율법과 행위를 주장하는 거짓 교사들이 들어왔습니다. 이들의 가르침에 많은 갈라디아 교인들이 넘어지고 말았습니다. 바울이 전한 복음에서 돌이켜 심판과 멸망에 이를 수밖에 없는 율법의 길을 선택했습니다. 따라서 바울은 이를 책망하며 다시 복음에 설 것을 가르쳤습니다.

이를 위해 바울은 율법과 복음을 아브라함의 여종 하갈이 낳은 이스마엘과 아브라함의 아내 사라가 낳은 이삭을 통해서 설명했습니다. 여종이 낳은 아들에게는 유업이 주어지지 않으며, 오히려 쫓겨나는 심판이 있다는 것입니다. 유업은 오직 자유가 있는 여자의 아들에게 주어진다는 것입니다. 곧 종이 되는 율법으로는 구원함에 이를 수 없고, 오직 자유함을 주는 복음에 구원함이 있다는 것입니다. 율법이 아닌 복음에 하나님의 약속이 있어 이를 통해 유업을 얻고 구원에 이른다는 것입니다. 율법으로는 내쫓기는 심판이 있다는 것입니다. "그러나 성경이 무엇을 말하느냐 여종과 그 아들을 내쫓으라 여종의 아들이 자유 있는 여자의 아들과 더불어 유업을 얻지 못하리라 하였느니라"(갈 4:30)

율법으로는 그 누구도 하나님의 유업을 누릴 수 없고 심판에 이를 수밖에 없습니다. 오직 예수 그리스도를 통한 약속, 곧 복음에 유업이 있고 구원이 있습니다. 따라서 어리석게 율법의 종이 되어 심판에 이르지 말고, 복음을 붙들어야 합니다. 복음으로 하나님의 자녀가 되어 하나님의 유업을 누려야 합니다.

에스겔 31장_심판에 이르는 교만
애굽을 백향목에 비유하여 가르침을 주고 있는 말씀입니다. 그 백향목이 하나님의 동산의 백향목조차도 따라갈 수 없을 만큼 아름답게 번성했는데, 그 아름다움과 번성함으로 교만했고, 교만 때문에 하나님의 심판을 받게 됐다는 것입니다. "그러므로 주 여호와께서 이같이 말씀하셨느니라 그의 키가 크고 꼭대기가 구름에 닿아서 높이 솟아났으므로 마음이 교만하였은즉 내가 여러 나라의 능한 자의 손에 넘겨 줄지라 그가 임의로 대우할 것은

내가 그의 악으로 말미암아 쫓아내었음이라"(겔 31:10~11)

하나님께서는 결코 교만함을 용납하지 않으십니다. 하나님은 심판으로 그 교만함을 꺾으시고 모든 영화와 아름다움을 멸하십니다. 따라서 교만함을 버리고 겸손히 하나님의 영광을 구해야 합니다. 내게 있는 아름다움과 특별함이 하나님의 은혜임을 잊지 말고, 그 아름다움과 특별함으로 하나님의 영광을 드러내야 합니다.

시편 79편_심판 중에 구할 은혜
이방 나라들의 침략으로 인한 참화 속에서 하나님의 긍휼과 구원을 구한 아삽의 기도입니다. 곧 죄악으로 인해 하나님의 심판이 임했습니다. 성전은 더럽혀지고, 예루살렘은 돌무더기처럼 무너졌으며, 수많은 사람들이 죽어 시체가 되고, 그 백성들은 비방과 조소와 조롱거리가 되었습니다. 따라서 아삽은 하나님의 은혜와 긍휼을 구하며 기도했습니다. 심판 가운데서 유일한 소망은 하나님의 은혜라는 것입니다. 그 은혜만이 죄에서 용서받고 다시 회복을 이루는 축복을 누릴 수 있다는 것입니다. "우리 조상들의 죄악을 기억하지 마시고 주의 긍휼로 우리를 속히 영접하소서 우리가 매우 가련하게 되었나이다"(시 79:8) 죄악을 기억하지 말라는 기도는 오직 주의 은혜만이 이 심판을 피할 수 있는 유일한 길임을 가르쳐줍니다. 곧 그 죄악은 부정할 수 없고, 죄의 결과는 심판이기에, 하나님의 은혜로 그 죄를 용서해 달라는 것입니다.

심판 중에 우리가 구해야 하고 또한 구할 수 있는 것은 오직 은혜입니다. 이 은혜만이 심판을 멈추고 피하게 합니다. 오직 주의 그 큰 은혜만이 우리의 소망이 됩니다.

1. 하나님께서 주신 아름다움으로 교만한 것이 아니라, 그 아름다움으로 하나님의 영광을 위한 삶을 살게 하소서.
2. 복음을 믿고 붙잡아 약속대로 하나님 나라의 유업을 얻고 누리게 하소서.
3. 죄를 깨닫고 회개하며 은혜를 구할 때, 주의 놀라운 사랑으로 은혜를 누리게 하시고, 이를 통해 소망을 갖게 하소서.

헛됨
열왕기상 1장 | 갈라디아서 5장 | 에스겔 32장 | 시편 80편

스스로 뜻을 이루고자 하는 욕심도, 성령을 거스르는 육체의 일도, 하나님을 떠난 아름다움과 힘과 권세와 영화와 번성도 헛될 뿐입니다. 따라서 헛되지 않은 하나님과 그 약속을 붙들고 하나님 나라의 유업을 바라보며 성령을 따라 살아야 합니다.

열왕기상 1장_헛된 욕심

아도니야가 왕이 되고자 욕심을 낸 사실을 전하고 있습니다. 곧 다윗 왕이 나이가 많아 기력이 쇠하고 죽을 날이 가까이에 이르자, 아도니야는 군사를 준비하고 요압과 아비아달 등의 지지를 받아 스스로 왕위에 오르고자 했습니다. "그 때에 학깃의 아들 아도니야가 스스로 높여서 이르기를 내가 왕이 되리라 하고 자기를 위하여 병거와 기병과 호위병 오십 명을 준비하니"(왕상 1:5) 그러나 다윗이 하나님 앞에서 맹세하며 약속한 차기 왕위는 솔로몬에게 있었습니다(왕상 1:30). 따라서 아도니야가 세력을 모으고 왕위에 오르고자 힘써 준비했지만 그 뜻을 이룰 수 없었습니다. 오히려 다윗의 주도 하에 하나님의 약속이 있는 솔로몬이 기름 부음을 받고 다윗의 뒤를 이어 이스라엘의 왕이 됐습니다. "제사장 사독이 성막 가운데에서 기름 담은 뿔을 가져다가 솔로몬에게 기름을 부으니 이에 뿔나팔을 불고 모든 백성이 솔로몬 왕은 만세수를 하옵소서 하니라"(왕상 1:39)

여기서 헛된 욕심을 볼 수 있습니다. 아도니야처럼 하나님의 약속이 없이 스스로 이루고자 하는 것은 욕심에 불과합니다. 그 욕심은 헛될 뿐, 결코 그 뜻을 이룰 수 없습니다. 따라서 욕심을 버리고 먼저 하나님의 뜻을 물어야 합니다. 하나님이 주시는 약속을 붙잡아야 합니다.

갈라디아서 5장_헛된 육체의 일

율법 아래에서 종의 멍에를 메지 말고, 그리스도 안에서 믿음으로 자유함을 누리라고 가르치고 있습니다. 또한 이를 위해 육체의 욕심을 거절하고 성령을 따라 살아가라고 가르치고 있습니다. 곧 육체의 욕심은 성령을 거스르고 성령은 육체를 거스르며 서로 대적하는데, 육체의 욕심이 아닌 성령의 인도하심을 따를 때 율법 아래에 있지 않게 된다는 것입니다. 성령을 거스르는 육체의 일에 대해서는 다음과 같이 말씀하고 있는데, 이 육체의 일로는 결코 하나님의 나라를 유업으로 얻지 못함도 전하고 있습니다. "육체의 일은 분명하니 곧 음행과 더러운 것과 호색과 우상 숭배와 주술과 원수 맺는 것과 분쟁과 시기와 분냄과 당 짓는 것과 분열함과 이단과 투기와 술 취함과 방탕함과 또 그와 같은 것들이라 전에 너희에게 경계한 것 같이 경계하노니 이런 일을 하는 자들은 하나님의 나라를 유업으로 받지 못할 것이요"(갈 5:19-21)

하나님의 나라를 유업으로 얻을 수 없는 육체의 일은 헛될 수밖에 없습니다. 육체의 일을 통해 혹이 세상에서 많은 것을 얻고 쌓고 누리며 만족함의 삶을 살 수 있을지 모르나, 하나님의 나라를 유업으로 얻지 못하기에 헛될 뿐입니다. 곧 우리는 영원을 살아야 하는 존재입니다. 이 세상에서의 삶으로 끝나는 것이 아니라 이 세상 이후의 삶이 있고, 구원이냐? 심판이냐? 갈림길에 서게 됩니다. 육체의 일을 통해 이 세상에서 떵떵거리며 만족함의 삶을 살았다 할지라도, 마지막 때에 영원한 심판에 처한다면 그 모든 삶이 헛될 뿐 아니겠습니까? 따라서 육체의 일을 버리고 성령을 따라 살아가야 합니다. 이를 통해 하나님의 나라를 유업으로 받아야 합니다. 하나님의 나라에서 영원한 삶을 살아야 합니다.

에스겔 32장_헛된 아름다움과 권세와 힘

바로와 애굽을 향한 애가입니다. 하나님께서 바로

의 불의함을 멸하고 애굽의 교만을 폐하시겠다는 것입니다. 무엇보다 주목할 말씀이 그 아름다움과 권세와 힘의 헛됨입니다. 곧 애굽은 주변 나라들에게 그 아름다움과 힘과 권세를 자랑했습니다. 또한 애굽과 동맹한 나라들도 함께 그 권세를 누렸습니다. 그러나 하나님의 심판과 함께 사라진다는 것입니다. 더 이상 그 아름다움과 권세를 자랑하지 못한다는 것입니다. "인자야 애굽의 무리를 위하여 슬피 울고 그와 유명한 나라의 여자들을 구덩이에 내려가는 자와 함께 지하에 던지며 이르라 너의 아름다움이 어떤 사람들보다도 뛰어나도다 너는 내려가서 할례를 받지 아니한 자와 함께 누울지어다"(겔 32:18~19) 여기서 '할례를 받지 아니한 자'는 매장되지 못한 야만인들을 뜻하고, 처형된 범죄자들이나 전사자들을 뜻하기도 합니다. 범죄자로 죽거나 매장되지 못하면, 이는 스올에서조차 치욕으로 여겼습니다. 곧 그 아름다움을 자랑하던 애굽과 그와 함께 권세를 누리던 나라들이 치욕과 멸망을 겪게 된다는 것입니다. 그 아름다움과 권세가 하나님의 심판 앞에서 헛되다는 것입니다.

에스겔 32장 22절 이하에는 앗수르, 엘람, 메섹과 두발, 에돔, 북쪽 모든 방백과 시돈 사람 등, 당시 부와 힘과 권세를 자랑하던 나라들이 하나님의 심판으로 멸망 받고 스올에 있음을 표현하고 있는데, 이를 통해서도 세상의 그 모든 부와 힘과 권세가 헛됨을 알 수 있습니다. 한때는 세상에서 부와 힘과 권세를 자랑했지만, 그것이 영원하지 못하며 결국 하나님의 심판으로 멸망하고 사라지고 만다는 것입니다.

결국 무엇입니까? 세상의 아름다움, 힘과 부귀와 권세의 헛됨을 깨닫고 진정 헛되지 않은 것, 곧 하나님을 추구해야 합니다. 이 땅에서뿐만 아니라 저 천국에서의 삶을 약속하며 우리를 영원한 삶으로 인도하시는 하나님을 구하고 따라야 합니다.

시편 80편_헛된 영화와 번성

파괴된 '하나님의 포도나무'를 위한 기도입니다. 이스라엘을 포도나무로 비유하고 있는데, 하나님께서 심으시고 가꾸시고 자라게 하신 포도나무가 하나님의 심판으로 멸망당하고 있다는 것입니다. 곧 하나님께서 애굽에서 가져다가 민족들을 쫓아내시고 심으셔서 가꾸심으로, 가지가 바다까지 뻗고 넝쿨이 강까지 미칠 만큼 영화롭게 자라며 번성했지만(시 80:8~11), 하나님의 심판으로 울타리가 허물어지고 숲속의 짐승들에게 짓밟히고 먹히고 있다는 것입니다. 한순간에 하나님의 진노로 불타고 베임을 당하며 멸망하고 있다는 것입니다. "주께서 어찌하여 그 담을 허시사 길을 지나가는 모든 이들이 그것을 따게 하셨나이까 숲 속의 멧돼지들이 상해하며 들짐승들이 먹나이다"(시 80:12~13) "그것이 불타고 베임을 당하며 주의 면책으로 말미암아 멸망하오니"(시 80:16)

여기서 하나님의 심판 앞에 헛된 영화와 번성을 깨달을 수 있습니다. 하나님의 은혜 속에서 영화와 번성을 누리지만, 그러나 죄악으로 하나님의 심판에 이를 때, 그 모든 영화와 번성도 한순간에 사라지고 소멸된다는 것입니다. 아무리 영화를 누리고 번성을 해도 하나님을 떠나 심판에 이르게 되면 그 영화와 번성이 헛될 뿐이라는 것입니다.

그 결과

열왕기상 2장 | 갈라디아서 6장 | 에스겔 33장 | 시편 81-82편

맥체인성경365 1547p

죄의 결과는 심판입니다. 그러나 죄에서 돌이키고 선을 행하며 포기하지 않은 결과는 생명입니다. 주의 말씀을 듣지 않은 결과는 축복의 상실이지만, 그 말씀을 듣고 순종한 결과는 가득히 채워지는 축복입니다.

열왕기상 2장_죄의 결과

다윗의 유언과 솔로몬이 즉위하여 취한 여러 조치들을 기록하고 있습니다. 곧 다윗은 힘써 하나님을 경외하며 그 말씀을 지킬 것과 요압과 시므이의 죄에 대해 용납하지 말 것, 그리고 바르실래의 아들들에게 은총을 베풀 것을 유언했습니다. 이에 솔로몬은 즉위하여 모반을 꾀하고자 하는 아도니야를 죽이고, 아비아달을 내쫓은 이후, 다윗의 유언에 따라 요압과 시므이를 죽였습니다.

여기서 죄의 결과를 보게 됩니다. 해결하지 못한 죄는 반드시 그 대가를 치르게 된다는 것입니다. 결코 그 죄는 그냥 덮어지지 않는다는 것입니다. 곧 다윗이 요압에 대한 처리를 부탁하며 한 유언을 살펴보면, "스루야의 아들 요압이 내게 행한 일 곧 이스라엘 군대의 두 사령관 넬의 아들 아브넬과 예델의 아들 아마사에게 행한 일을 네가 알거니와 그가 그들을 죽여 태평 시대에 전쟁의 피를 흘리고 전쟁의 피를 자기의 허리에 띤 띠와 발에 신은 신에 묻혔으니 네 지혜대로 행하여 그의 백발이 평안히 스올에 내려가지 못하게 하라"(왕상 2:5~6) 요압은 자신의 개인적 감정과 정치적 목적에서 아브넬과 아마사를 죽였습니다. 요압이 가진 정치적 힘이 강했기에 다윗은 그 죄를 묻고 온전히 징계할 수 없었습니다. 그러나 그 죄에 대해서 결코 잊지 않고 있었습니다. 그리고 그 죄에 대한 처리를 아들 솔로몬에게 유언으로 남겼고, 솔로몬은 그 죄에 따라 요압을 처결했습니다. 시므이도 동일합니다. 그가 행한 불의도 다윗은 잊지 않고 있었고, 그 죄에 대한 처결을 솔로몬에게 부탁했습니다(왕상 2:8~9). 그리고 솔로몬은 다윗의 유언을 따라 그 지혜로 시므이의 죄를 묻고 심판했습니다(왕상 2:34,

46).

죄의 결과는 반드시 심판으로 이어집니다. 그 범한 죄가 숨겨지거나 덮어지고, 아무 조치 없이 그대로 넘어갈 수 없습니다. 무엇보다 다윗이 그 죄를 기억하고 있었던 것처럼 하나님은 그 이상으로 죄를 기억하고 있습니다. 따라서 회개를 통해 죄를 해결해야 합니다. 해결하지 않은 죄는 반드시 심판의 결과를 보게 됩니다.

갈라디아서 6장_포기하지 않은 결과

범죄한 일에 대해 서로 바로 잡아주고, 무거운 짐을 서로 지는 등 형제애에 대한 권고와 선을 행하며 포기하지 말라는 가르침을 전하고 있습니다. 육체의 삶이 아닌 성령의 삶, 곧 성령을 따라 하나님을 믿으며, 그 믿음 안에서 살아가면 영생을 거둔다는 것입니다. 따라서 낙심하지 말고 포기하지 말아야 한다는 것입니다. 낙심하지 않고 포기하지 않으면 그 열매는 반드시 주어진다는 것입니다. "자기의 육체를 위하여 심는 자는 육체로부터 썩어질 것을 거두고 성령을 위하여 심는 자는 성령으로부터 영생을 거두리라 우리가 선을 행하되 낙심하지 말지니 포기하지 아니하면 때가 이르매 거두리라"(갈 6:8~9)

하나님을 향한 믿음은 결코 실망으로 이어지지 않습니다. 반드시 하나님께서 그 열매를 거두게 하십니다. 따라서 중요한 것이 포기하지 않는 것입니다. 당장에 열매가 주어지지 않는다고 성령을 위하여 심는 삶을 중단하지 말고, 하나님을 통해 영생의 열매는 반드시 주어짐을 믿고 포기하지 말아야 합니다.

에스겔 33장_돌이킨 결과

예언자의 파수꾼으로서의 직무와 하나님께서 각 사람의 죄와 행위에 따라 심판하심을 전하고 있습니다. 곧 적의 침략을 성내에 알려야 하는 것이 파수꾼의 마땅한 사명인 것처럼, 사람들에게 하나님의 심판의 말씀을 전하며 경고해야 하는 사명이 에스겔에게 있다는 것입니다. 그리고 이 경고에 따라 악인이 죄에서 돌이켜 의를 행하면 반드시 살게 된다는 것입니다. 하나님은 악인이 죽는 것을 기뻐하지 아니하시고, 악인이 그의 길에서 돌이켜 떠나 사는 것을 기뻐하신다는 것입니다(겔 33:11). 따라서 악인이 돌이키면 살고, 돌이키기 이전의 죄 때문에 죽지 않는다는 것입니다. "가령 내가 악인에게 말하기를 너는 죽으리라 하였다 하자 그가 돌이켜 자기의 죄에서 떠나서 정의와 공의로 행하여 저당물을 도로 주며 강탈한 물건을 돌려 보내고 생명의 율례를 지켜 행하여 죄악을 범하지 아니하면 그가 반드시 살고 죽지 아니할지라"(겔 33:14~15)

하나님께서는 반대의 경우도 말씀하셨습니다. 의인이 그 의로 생명을 보장받았다고 안주하여, 돌이켜 죄를 행하면 그 죄 때문에 죽는다는 것입니다. 죄를 행하기 이전의 의가 생명을 보장하지 못한다는 것입니다(겔 33:13). 의에서 돌이킨 결과는 죽음이라는 것입니다. 하나님은 각 사람이 행한 죄와 의에 따라 심판하시고 구원하신다는 것입니다.

결국 무엇입니까? 우리가 생명에 이르느냐? 죽음에 이르느냐? 이것은 우리의 돌이킴에 있습니다. 결코 죄로 돌이켜 죽음에 이르지 말고, 의로 돌이켜 생명에 이르러야 합니다. 이것이 하나님의 기뻐하시는 뜻입니다.

시편 81-82편_듣지 않은 결과

시편 81편은 명절 축제에 부른 찬양이고, 시편 82편은 하나님께서 가장 높은 심판자 되심을 전하는 시입니다. 무엇보다 시편 81편은 하나님의 말씀을 듣지 않고 순종하지 않은 결과에 대해 전하고 있습니다. 곧 그 백성을 구원하고 인도하신 하나님은 그 백성들의 필요를 채우시고 공급하시기를 원하셨습니다. 그러나 백성들이 듣지 않음으로 하나님의 축복을 놓치고 말았다는 것입니다. "나는 너를 애굽 땅에서 인도하여 낸 여호와 네 하나님이니 네 입을 크게 열라 내가 채우리라 하였으나 내 백성이 내 소리를 듣지 아니하며 이스라엘이 나를 원하지 아니하였도다 그러므로 내가 그의 마음을 완악한 대로 버려 두어 그의 임의대로 행하게 하였도다"(시 81:10~12)

하나님은 우리를 축복하시기를 원하십니다. 뿐만 아니라 축복할 능력도 있으십니다. 그럼에도 우리가 하나님께서 채우시는 축복을 누리지 못하는 것은 우리의 듣지 않음에 있습니다. 우리가 믿음이 없어 입을 크게 벌리지 않기 때문이며, 또한 축복하시는 하나님을 거부하기 때문입니다. 하나님의 축복하시겠다는 음성을 듣지 않으면 그 축복도 받을 수 없고 또 누릴 수 없습니다. 그러나 돌이켜 그 음성을 듣고 믿음으로 입을 크게 열면 가득 채우시는 하나님의 축복을 누리게 됩니다.

오늘의 기도

1. 죄의 결과는 반드시 심판으로 이어짐을 깨닫고, 회개하며 하나님의 은혜를 구해 그 죄를 해결하고 죄에서 자유하게 하소서.
2. 성령을 위하여 심고 선을 행하며 낙심하지 않고 포기하지 않아 하나님의 때에 영생을 거두게 하소서.
3. 하나님의 음성을 듣고 믿음으로 입을 크게 열어 가득 채우시는 주의 복을 누리게 하소서.

복

맥체인성경365 1555p

열왕기상 3장 | 에베소서 1장 | 에스겔 34장 | 시편 83-84편

참된 복은 목자 되신 하나님을 통해 그리스도 안에서 주어집니다. 죄 사함을 얻고 하나님의 영광의 찬송이 되어 하나님을 찬양하며 예배하는 삶이 복입니다. 이 복을 구하며 살아갈 때, 하나님은 구하지 않은 것까지, 곧 부귀와 영광과 장수의 복까지 넘치도록 주십니다.

열왕기상 3장_구하지 않은 것까지 주시는 복

기브온 산당에서 일천 번제를 드린 솔로몬이 꿈에 나타난 하나님께 지혜를 구한 말씀입니다. 솔로몬은 "내가 네게 무엇을 줄꼬 너는 구하라"(왕상 3:5)는 하나님의 말씀에 선악의 분별과 바른 재판을 위해 "듣는 마음"을 구했습니다(왕상 3:9). 이것이 하나님의 마음을 기쁘게 했고, 하나님께서는 그가 구한 듣는 마음, 곧 송사를 듣고 분별하는 지혜뿐만 아니라, 그가 구하지 않은 부귀와 영광과 장수까지 주시겠다고 약속하셨습니다. "이에 하나님이 그에게 이르시되 네가 이것을 구하도다 자기를 위하여 장수하기를 구하지 아니하며 부도 구하지 아니하며 자기 원수의 생명을 멸하기도 구하지 아니하고 오직 송사를 듣고 분별하는 지혜를 구하였으니 내가 네 말대로 하여 네게 지혜롭고 총명한 마음을 주노니 네 앞에도 너와 같은 자가 없었거니와 네 뒤에도 너와 같은 자가 일어남이 없으리라 내가 또 네가 구하지 아니한 부귀와 영광도 네게 주노니 네 평생에 왕들 중에 너와 같은 자가 없을 것이라 네가 만일 네 아버지 다윗이 행함 같이 내 길로 행하며 내 법도와 명령을 지키면 내가 또 네 날을 길게 하리라"(왕상 3:11~14)

솔로몬에게 하나님의 지혜가 임한 사실은 이후 등장하는 솔로몬의 재판을 통해 드러나게 됩니다. 태어난 아이가 서로 자신의 아이라고 주장하는 두 여인을 앞에 둔 재판에서, 솔로몬은 하나님이 주신 지혜로 아이의 어머니가 누구인지 슬기롭게 판결하였습니다. 이를 통해 백성들은 그 안에 하나님의 지혜가 있음을 알고 두려워했습니다. "온 이스라엘이 왕이 심리하여 판결함을 듣고 왕을 두려워하였으니 이는 하나님의 지혜가 그의 속에 있어 판결함을 봄이더라"(왕상 3:28)

지혜뿐만 아니라 이후 솔로몬 왕에게 넘치는 부귀와 영광이 주어졌습니다. 세입금의 무게가 금 육백육십육 달란트에 달할 만큼 많았고(왕상 10:14 참조), 솔로몬 왕의 재산과 지혜가 세상 어느 왕보다 컸으며(왕상 10:23 참조), 온 세상이 솔로몬의 지혜를 듣고 그 얼굴을 보기를 원할 만큼 그 명성이 높았습니다(왕상 10:24 참조). 그 약속대로 하나님께서 솔로몬을 축복하셨습니다.

하나님은 우리가 구하지 않은 것까지 넘치도록 복을 주시는 분이십니다. 따라서 중요한 것이 하나님의 마음을 기쁘게 하는 것입니다. 이 기쁨 없이 아무리 많은 것을 구해 봐야 아무 것도 주어지지 않습니다. 그러나 먼저 하나님의 마음을 기쁘게 할 때, 넘치도록 더 크게 주시는 하나님의 복을 누릴 수 있습니다.

에베소서 1장_예수 그리스도 안에서 주시는 복

예수 그리스도를 통한 구원, 곧 하늘에 속한 신령한 복에 대해 전하고 있습니다. "찬송하리로다 하나님 곧 우리 주 예수 그리스도의 아버지께서 그리스도 안에서 하늘에 속한 모든 신령한 복을 우리에게 주시되"(엡 1:3) "예수 그리스도 안에서"라는 말씀을 놓치지 말아야 합니다. 하나님께서 신령한 복을 우리에게 주시는데, 예수 그리스도 안에서 주십니다. 하나님의 신령한 복은 오직 예수 그리스도 안에 있을 때 받아 누릴 수 있습니다.

"우리는 그리스도 안에서 그의 은혜의 풍성함을 따라 그의 피로 말미암아 속량 곧 죄 사함을 받았느니라"(엡 1:7) "이는 우리가 그리스도 안에서 전부터 바라던 그의 영광의 찬송이 되게 하려 하심이라"(엡 1:12) 예수 그리스도 안에서 누리는 신령한 복이 무엇인지 가르쳐주고 있습니다. 그 신령한 복은 창세 전에 우리를 택하셔서 아들들이 되게 하신 것이고(엡 1:4~5), 뿐만 아니라 그 은혜로 죄 사함을 받고, 하나님의 기업이 되어 영광의 찬송이 되는 것입니다.

오직 예수 그리스도 안에서 모든 신령한 복을 받아 누릴 수 있습니다. 따라서 어리석게 그리스도 밖에서 헛된 복을 구하지 말고, 예수 그리스도를 믿음으로 그 안에 거해야 합니다.

에스겔 34장_목자 되신 하나님께서 주시는 복

나쁜 목자들과 좋은 목자에 대한 말씀입니다. 나쁜 목자들은 이스라엘과 유다의 왕들을 뜻하고 좋은 목자는 하나님을 뜻합니다. 곧 그 왕들이 양 떼를 돌보며 먹이는 일에는 소홀하고, 자신들의 배를 채우는 일에만 급급했다는 것입니다. 이스라엘에 목자, 곧 좋은 목자가 없음으로 하나님의 양 떼가 흩어지고 들짐승의 밥이 되었다는 것입니다. 이방의 노략거리가 되었다는 것입니다. 따라서 하나님께서 친히 목자가 되어 그 양 떼를 먹이고 돌보며, 잃어버린 자를 찾고, 상한 자를 싸매 주며, 병든 자를 강하게 하신다는 것입니다. 또한 하나님께서 한 목자를 세워 그 양 떼를 돌보며, 그들과 언약을 맺고 복을 내리신다는 것입니다. "내가 그들에게 복을 내리고 내 산 사방에 복을 내리며 때를 따라 소낙비를 내리되 복된 소낙비를 내리리라"(겔 34:26)

결국 이 말씀은 하나님만이 우리의 좋은 목자요 참 목자가 되시며, 따라서 어리석게 악한 목자를 따르지 말고, 돌이켜 하나님만을 우리의 목자로 따라야 함을 가르쳐줍니다. 참 목자 되신 하나님만을 따를 때에 그 하나님을 통해 축복의 삶을 살아갈

수 있습니다.

시편 83-84편_주의 집에서 주시는 복

시편 83편은 적들의 동맹으로 위기에 처한 주의 백성을 돌보시고 동맹한 적들을 물리쳐주시기를 구한 아삽의 기도입니다. 시편 84편은 하나님의 집에 거하는 기쁨을 찬양한 고라 자손의 시입니다. 곧 그는 하나님과의 교제와 성전에서의 예배를 사모했습니다. 그렇게 사모하는 자에게 하나님의 참된 축복이 있음을 알았습니다. "주의 집에 사는 자들은 복이 있나니 그들이 항상 주를 찬송하리이다 (셀라) 주께 힘을 얻고 그 마음에 시온의 대로가 있는 자는 복이 있나이다 그들이 눈물 골짜기로 지나갈 때에 그 곳에 많은 샘이 있을 것이며 이른 비가 복을 채워 주나이다"(시 84:4~6) 주의 집에 사는 자들, 곧 성전에 거하며 하나님을 섬기고 제사를 집례하는 제사장들과 레위인들입니다. 이들에게 복이 있다고 말씀하고 있습니다. 이는 곧 주의 성전에서 주님을 만나고 예배하며 교제하는 자들에게 복이 있다는 것입니다. 그 복으로 인해 항상 찬송하게 된다는 것입니다. 따라서 또한 주께 힘을 얻고 그 마음에 시온의 대로가 있는 자가 복이 있음을 말씀하고 있습니다. 성전을 찾아 주님 앞에 나아가는 길에 주께서 주시는 힘을 통해 막힘이 없이 기쁨으로 성전을 찾아가는 것이 복이라는 것입니다.

참된 복은 주님과 함께하는 삶에 있습니다. 주님을 만나고 예배하며 교제하는 삶 자체가 복입니다. 설령 부귀와 영화와 권세를 누린다 할지라도 주님 밖에서 누리는 것이라면 그것은 참된 복일 수 없습니다. 주의 집에서 주님과 함께하며 그 은혜를 누리는 삶이 복입니다.

오늘의 기도

1. 하나님만을 참 목자로 따라서 복된 소낙비를 맞으며, 열매와 소산과 평안과 승리의 복을 누리게 하소서.
2. 예수 그리스도를 믿음으로 그 안에 하늘에 속한 모든 신령한 복을 받아 누리게 하소서.
3. 주의 집에서 주님과 함께하는 삶의 복도 누리고, 구하지 않은 것까지 더 크게 주시는 복도 누리게 하소서.

사랑과 은혜와 기쁨으로 맥체인성경365 1560p

열왕기상 4-5장 | 에베소서 2장 | 에스겔 35장 | 시편 85편

하나님의 진노는 심판으로 이어지지만, 하나님의 사랑과 은혜는 죄의 용서와 구원으로 이어집니다. 무엇보다 하나님의 기쁨은 놀라운 응답과 축복으로 이어집니다. 따라서 하나님을 대적하는 죄와 불의에서 돌이켜 하나님의 기쁨을 위한 삶을 살아야 합니다. 하나님의 은혜를 구하며 살아야 합니다.

열왕기상 4-5장_하나님의 기쁨으로 인한 응답과 축복

열왕기상 4장은 솔로몬이 거느린 신하들과 그 권세와 지혜에 대해 전하고 있습니다. 열왕기상 5장은 솔로몬이 성전 건축을 준비한 말씀입니다. 건축 재목을 위해 두로 왕 히람과 약조를 맺고 삼만 명의 역군을 일으켰다는 것입니다.

열왕기상 4장의 말씀을 통해 하나님의 응답을 보게 됩니다. 곧 기브온 산당에서 일천 번제를 드린 이후 나타나신 하나님께, 솔로몬은 장수도, 부도, 원수의 생명을 멸함도 구하지 않았습니다. 오직 백성들을 바르게 재판하기 위한 지혜를 구했습니다. 이것이 하나님의 마음을 기쁘게 했고, 하나님은 지혜뿐만 아니라, 솔로몬이 구하지 아니한 부귀와 영광과 장수도 주시겠다고 약속하셨습니다. 바로 이 약속의 응답이 이루어져 솔로몬에게 모든 사람의 지혜보다 뛰어난 지혜와 총명이 주어졌습니다. "하나님이 솔로몬에게 지혜와 총명을 심히 많이 주시고 또 넓은 마음을 주시되 바닷가의 모래 같이 하시니 솔로몬의 지혜가 동쪽 모든 사람의 지혜와 애굽의 모든 지혜보다 뛰어난지라"(왕상 4:29~30)

또한 열왕기상 4장에 나오는 이스라엘의 조직과 제사장, 서기관, 군사령관, 궁내대신, 노동 감독관 등의 직제(왕상 4:26)는 나라의 평안을 보여주고 있습니다. 인구가 바닷가의 모래와 같이 많았다(20절)는 말씀은 하나님께서 아브라함에게 하신 약속이 성취됐음을 보여주는 것으로, 나라의 강성함을 보여주고 있습니다. 주변 나라들이 조공을 바치는 것(왕상 4:21)과, 솔로몬의 왕궁에서 먹는 하루 음식물의 어마한 양(왕상 4:22~23)은 그 나라의 부함을 보여주고 있습니다. 솔로몬에게 주어진 지혜와

총명 때문에 주변 나라의 사람들이 솔로몬의 지혜를 듣기 위해 찾아왔는데(왕상 4:34), 이는 솔로몬이 누리고 있는 명성을 보여주고 있습니다. 이처럼 하나님께서 약속하신 모든 축복이 솔로몬에게 주어졌음을 말씀하고 있습니다.

하나님께서는 그 기뻐하는 자에게 넘치는 축복을 약속하시고, 또 그 약속을 이루어주십니다. 그 간구에 넘치도록 응답하십니다. 따라서 먼저 하나님의 기쁨을 위해 사는 것이 중요합니다.

에베소서 2장_하나님의 사랑으로 인한 구원

하나님의 은혜를 통해 주어진 새로운 삶에 대해 전하고 있습니다. 세상의 풍조를 따르고 공중의 권세 잡은 자를 따르며, 육체의 욕심을 따르는 불순종의 아들이요 진노의 자녀로 우리가 심판 받고 멸망 받을 수밖에 없었지만, 하나님께서 그 풍성한 은혜로 그리스도와 함께 그 죄로 인한 죽음에서 살리시고 또한 그리스도와 함께 하늘에 앉히신다는 것입니다. "긍휼이 풍성하신 하나님이 우리를 사랑하신 그 큰 사랑을 인하여 허물로 죽은 우리를 그리스도와 함께 살리셨고 (너희는 은혜로 구원을 받은 것이라) 또 함께 일으키사 그리스도 예수 안에서 함께 하늘에 앉히시니 이는 그리스도 예수 안에서 우리에게 자비하심으로써 그 은혜의 지극히 풍성함을 오는 여러 세대에 나타내려 하심이라"(엡 2:4~7)

구원을 위해 우리가 기대고 바랄 수 있는 유일한 소망은 하나님의 사랑입니다. 풍성한 긍휼과 큰 사랑, 그리고 이를 통한 은혜가 우리를 구원에 이르게 합니다. 따라서 우리가 무엇보다 구할 것은 그 사랑과 은혜입니다.

에스겔 35장_하나님의 진노로 인한 심판

에돔을 향한 심판의 말씀입니다. "이르기를 주 여호와께서 이같이 말씀하시되 세일 산아 내가 너를 대적하여 내 손을 네 위에 펴서 네가 황무지와 공포의 대상이 되게 할지라 내가 네 성읍들을 무너뜨리며 네가 황폐하게 되리니 네가 나를 여호와인 줄을 알리라"(겔 35:3~4) 에돔은 유다의 멸망을 기뻐하였고, 도망치는 유다 백성들을 공격하며 잔혹하게 대했습니다. 이때를 기회로 자신들의 욕심을 얻고자 했습니다. 하나님께서 유다 백성들을 죄 때문에 심판하시지만 그러나 그 백성을 향한 애타는 사랑이 있다는 사실을 전혀 생각하지 않았습니다. 그저 유다의 멸망을 손뼉 치며 기뻐하고, 자신들이 그 멸망한 땅까지 차지하겠다는 욕심을 가졌습니다. 따라서 하나님께서 에돔에게 진노하시며 심판하시겠다고 말씀하신 것입니다. 에돔이 유다에게 행한 모든 악행이 하나님께 대한 대적이 된 것입니다(겔 35:13).

하나님을 대적하여 진노를 사는 것은 어리석은 일입니다. 하나님의 진노를 통한 심판은 누구도 피할 수 없습니다. 따라서 하나님의 반대편에 서서 하나님을 대적하는 것이 아니라, 하나님의 편에 서서 하나님의 기쁨을 위해 살아야 합니다.

시편 85편_하나님의 은혜로 인한 용서와 회복

다시 복을 주시기를 구하는 고라 자손의 기도입니다. 곧 하나님께서 포로로 잡혀갔던 백성들이 돌아오게 하셨습니다. 그 놀라운 사랑으로 백성들의 죄악을 사하시고 죄를 덮으시는 은혜를 베푸셨습니다. "여호와여 주께서 주의 땅에 은혜를 베푸사 야곱의 포로 된 자들이 돌아오게 하셨으며 주의 백성의 죄악을 사하시고 그들의 모든 죄를 덮으셨나이다 (셀라)"(시 85:1~2) 그러나 돌아온 현실은 아직 막막함이었습니다. 하나님의 진노가 다시 작용하는 듯했습니다(시 85:4~7). 이런 막막함의 현실 속에서 고라 자손은 하나님께서 다시 복을 주시기를 구한 것입니다. 하나님의 은혜로 죄를 용서함 받고 포로 가운데서 돌아왔으니, 다시 돌아온 이 땅에서 하나님을 경외하며, 하나님께서 주시는 좋은 것과 땅의 산물을 누리기를 기도한 것입니다. 하나님께서 그 은혜로 죄를 용서하시고 이 땅에 돌아오게 하셨으니 반드시 축복하시고 회복하실 것을 믿은 것입니다. "여호와께서 좋은 것을 주시리니 우리 땅이 그 산물을 내리로다 의가 주의 앞에 앞서 가며 주의 길을 닦으리로다"(시 85:12~13)

우리의 연약함은 죄를 부르고, 그 죄는 하나님 앞에서 심판으로 이어집니다. 따라서 우리에게는 하나님의 은혜가 필요합니다. 그 은혜가 우리의 죄를 해결하고, 죄로 인한 실패에서 우리를 다시 일어서게 합니다. 어떤 막막한 상황에서도 하나님의 은혜를 의심하지 말아야 하고, 끝까지 그 은혜를 붙들고 믿음을 가져 결국에는 그 은혜로 인한 회복을 누려야 합니다.

오늘의 기도

1. 하나님의 놀라운 사랑과 은혜로 용서와 구원과 회복을 누리게 하소서
2. 하나님을 대적하는 삶이 아니라, 하나님을 기쁘시게 하는 삶을 찾고 힘쓰게 하소서.
3. 하나님을 기쁘시게 하는 삶을 통해 솔로몬과 이스라엘이 누린 평강과 번성과 부와 존귀함의 축복을 동일하게 누리게 하소서.

하나님의 뜻

열왕기상 6장 | 에베소서 3장 | 에스겔 36장 | 시편 86편

맥체인성경365 1565p

우리를 용서하시고 회복하시며 크게 세우시고 일꾼 삼으신 하나님의 뜻은 사명에 있습니다. 하나님의 거룩한 이름을 높이는 일에 있습니다. 따라서 우리가 환난 중에도 기도하며 더 큰 믿음의 사람으로 단련되기를 하나님은 바라십니다.

열왕기상 6장_왕으로 세우신 하나님의 뜻

솔로몬이 성전을 건축한 말씀입니다. 곧 솔로몬은 왕이 된 지 사 년째 되는 해에 여호와를 위해 성전 건축을 시작했고, 칠 년이 지난 십일 년째 해에 성전을 완공했습니다. "이스라엘 자손이 애굽 땅에서 나온 지 사백팔십 년이요 솔로몬이 이스라엘 왕이 된 지 사 년 시브월 곧 둘째 달에 솔로몬이 여호와를 위하여 성전 건축하기를 시작하였더라"(왕상 6:1) "열한째 해 불월 곧 여덟째 달에 그 설계와 식양대로 성전 건축이 다 끝났으니 솔로몬이 칠 년 동안 성전을 건축하였더라"(왕상 6:38)

여기서 솔로몬이 하나님께서 자신을 왕으로 세우신 뜻을 분명히 알고 실천했음을 알 수 있습니다. 곧 왜 하나님께서 자신을 왕으로 세우셨는가? 또한 왜 사방에 평안을 주시고 대적도 그치게 하시고 재앙도 그치게 하셨는가? 바로 하나님의 성전을 건축하라는 사명에 그 뜻이 있다는 것입니다(왕상 5:3~5 참조). 따라서 솔로몬은 왕위에 올라 두로 왕 히람에게 목재와 벌목할 일꾼을 제공해줄 것을 요청하고, 감독을 세우고 역군을 세우는 등의 준비를 마친 후, 본격적으로 성전 건축에 힘을 쏟았습니다. 자신을 왕위에 세우신 하나님의 뜻, 곧 사명을 깨닫고 그 사명에 힘을 다했습니다.

오늘 우리도 솔로몬처럼 하나님께서 지금의 우리를 세우신 뜻과 사명을 찾고 깨달아야 합니다. 우리에게 건강을 주시고, 물질을 주시고, 지금의 지위를 주신 하나님의 뜻과 사명을 깨닫고, 그 사명에 힘을 다해야 합니다.

에베소서 3장_일꾼 삼으신 하나님의 뜻

하나님께서 바울 자신을 이방인을 위한 사도로 세우셨음을 전하고 있습니다. 이방인에게 그리스도의 헤아릴 수 없는 부요함을 전하고, 영원 전부터 감추어져 있는 하나님의 비밀의 계획이 무엇인지 드러내게 하시려고, 지극히 작은 자신에게 은혜를 주셔서 하나님의 일꾼으로 삼으셨다는 것입니다. "이 복음을 위하여 그의 능력이 역사하시는 대로 내게 주신 하나님의 은혜의 선물을 따라 내가 일꾼이 되었노라 모든 성도 중에 지극히 작은 자보다 더 작은 나에게 이 은혜를 주신 것은 측량할 수 없는 그리스도의 풍성함을 이방인에게 전하게 하시고 영원부터 만물을 창조하신 하나님 속에 감추어졌던 비밀의 경륜이 어떠한 것을 드러내게 하려 하심이라"(엡 3:7~9)

이처럼 바울은 자신에게 주어진 하나님의 뜻, 곧 사명을 깨닫고 힘을 다해 충성했습니다. 고난 중에도 포기하지 않고 이방인들에게 복음을 전했고, 또 복음을 믿고 받아들인 사람들과 세워진 교회를 위해 끊임없이 기도했습니다. 우리도 주님께서 우리를 선택하시고 주의 일꾼으로 세우심을 깨달아야 합니다. 그 주신 사명을 따라 힘써 우리의 이웃들에게 복음을 전하고 교회를 세워야 합니다.

에스겔 36장_회복하심의 하나님의 뜻

이스라엘 산들에 대한 하나님의 약속입니다. 이방인들에 의해 수치를 당하고 빼앗긴 그 기업을 다시 회복시키신다는 것입니다. 하나님의 기업을 빼앗은 그 이방인들에게 수치를 안기고, 그 기업을 회복하여 번성케 하신다는 것입니다. 무엇보다 주목할 말씀이 새 영을 통해 더러워진 이스라엘을 갱신하고 회복하는데, 그처럼 회복하심은 하나님의 거룩한 이름을 위함이라는 것입니다. "그러므로 너는 이스라엘 족속에게 이르기를 주 여호와께서 이같이 말씀하시기를 이스라엘 족속아 내가 이렇게 행함은 너희를 위함이 아니요 너희가 들어간 그 여러 나라에서 더럽힌 나의 거룩한 이름을 위함이라"(겔 36:22)

왜 하나님께서 죄로 인해 심판하시고 흩으셨던 백성들을 구원하여 다시 고국으로 돌아오게 하시는가? 왜 맑은 물을 뿌려 모든 더러운 죄를 씻고 정결하게 하며, 또 새 영과 새 마음을 주어 그 백성들로 다시 시작할 수 있게 하시는가? 오직 하나님의 거룩한 이름, 곧 하나님의 영광을 위해서라는 것입니다. 곧 하나님의 백성들이 심판을 받아 각 나라로 흩어짐은 하나님의 거룩함을 훼손하는 일이 됐습니다(겔 36:20). 그 백성들의 행위로는 부끄러워하고 한탄해야 하며, 결코 회복을 경험할 수 없었습니다(겔 36:32). 그러나 하나님께서 그 거룩함을 위해 그들을 다시 회복하신다는 것입니다.

결국 하나님의 거룩함을 위해 그 백성들을 회복하심은 하나님의 은혜를 말씀하는 것입니다. 하나님 편에서는 하나님의 거룩함을 나타내는 것이지만, 이것이 백성들 편에서는 은혜가 됩니다. 따라서 이 은혜에 감사하며 하나님의 거룩함을 나타내고자 하시는 뜻을 이루어 가야 합니다. 다시 범죄하여 하나님의 거룩함을 훼손하지 말아야 하고, 힘써 하나님의 규례를 지키며 하나님의 회복된 백성으로의 축복을 잃지 말아야 합니다.

시편 86편_환난 중의 하나님의 뜻

환난 날에 하나님의 구원을 구한 다윗의 기도입니다. 곧 다윗은 환난 중에도 하나님의 도우심을 구하며 그 믿음과 신실함을 잃지 않았습니다(시 86:2). 뿐만 아니라 믿음으로 다음과 같이 기도했습니다. "나의 환난 날에 내가 주께 부르짖으리니 주께서 내게 응답하시리이다"(시 86:7) 다윗의 기도에서 환난 중에 있는 믿음의 사람들을 향한 하나님의 뜻을 생각해 볼 수 있습니다. 하나님은 우리가 환난 중에도 넘어지지 않고 믿음을 갖기를 원하십니다. 환난을 오히려 하나님의 응답을 경험하는 축복의 통로로 만들어가기를 원하십니다. 따라서 다윗은 환난 중에 하나님의 은혜를 구하며 하나님의 도우심과 위로를 확신했습니다. 환난을 하나님의 도우심을 경험하고 하나님을 향해 더 큰 믿음을 갖는 기회로 삼았습니다. "은총의 표적을 내게 보이소서 그러면 나를 미워하는 그들이 보고 부끄러워하오리니 여호와여 주는 나를 돕고 위로하시는 이시니이다"(시 86:17)

하나님은 환난 중에도 우리의 믿음이 흔들리지 않기를 원하십니다. 오히려 환난을 통해 하나님의 도우심과 응답을 경험하며 그 믿음을 굳건하게 세우시기를 원하십니다. 환난을 허락하시는 하나님의 뜻은 우리가 그 환난을 통해 더 큰 믿음의 사람으로 단련되기를 원하십니다.

1. 용서하시고 구원하시고 회복하시는 하나님의 은혜를 깨닫고, 힘써 하나님의 거룩한 이름을 나타내며 살게 하소서.
2. 우리를 주의 일꾼으로 삼으신 주님의 뜻을 깨닫고, 힘써 복음의 사명을 감당하게 하소서.
3. 환난 중의 시간을 하나님의 응답과 도우심을 경험하는 축복의 시간으로 만들어 가게 하소서.

교회 (1)

열왕기상 7장 | 에베소서 4장 | 에스겔 37장 | 시편 87-88편

하나님을 의지하고 성령으로 하나 되어 교회를 세워야 합니다. 성령으로 생명과 힘이 있는 교회로 세워야 하고, 사랑으로 모든 사람들을 포용하고 생명을 전할 수 있는 교회로 세워야 합니다.

열왕기상 7장_하나님을 의지함으로 교회를 세워야
솔로몬이 십삼 년 동안 왕궁을 건축한 것과 히람을 통해 성전 앞에 두 개의 놋기둥을 만들어 세우고 성전에서 사용하는 거룩한 기구들을 만든 것을 기록하고 있습니다.

성전 앞에 세운 두 기둥에 주목하면, 이 두 기둥에 대해 다음과 같이 말씀하고 있습니다. "이 두 기둥을 성전의 주랑 앞에 세우되 오른쪽 기둥을 세우고 그 이름을 야긴이라 하고 왼쪽의 기둥을 세우고 그 이름을 보아스라 하였으며"(왕상 7:21) '야긴'은 '그가 세우신다.' 곧 하나님께서 세우신다는 뜻입니다. '보아스'는 '그에게 힘이 있다.' 곧 하나님께 힘이 있다는 뜻입니다. 이 두 기둥은 한 마디로 신앙고백입니다. 성전을 비롯해 이스라엘 왕국은 하나님이 세우신다는 고백이고, 또한 하나님의 능력에 의해 지탱되며 유지된다는 고백입니다. 곧 눈에 보이는 건물의 견고함이나 웅장함과 화려함 등 외적인 요소에 힘이 있지 않고 하나님께 모든 힘이 있다는 것입니다. 세우시는 것도 또한 지키시는 것도 모두 하나님께 있다는 것입니다.

우리 교회의 힘도, 또한 세우시고 지키시는 모든 주권도 하나님께 있습니다. 따라서 우리도 동일한 신앙고백으로 하나님을 의지하고 하나님께 맡기며 교회를 세워가야 합니다.

에베소서 4장_하나 됨으로 교회를 세워야
성령 안에서 하나 됨과 성령을 통해 각 사람에게 주시는 다양한 은사에 대해 전하고 있습니다. 따라서 또한 주 안에서 유혹의 욕심을 따라 썩어져 가는 구습을 따르는 옛 사람을 벗어 버리고 하나님을 따라 의와 진리의 거룩함으로 지으심을 받은 새 사람을 입으라고 가르치고 있습니다.

특별히 성령에 대한 가르침에 주목하면, 성령을 따라 하나 됨에 힘써야 함을 강조하고 있습니다. "평안의 매는 줄로 성령이 하나 되게 하신 것을 힘써 지키라 몸이 하나요 성령도 한 분이시니 이와 같이 너희가 부르심의 한 소망 안에서 부르심을 받았느니라"(엡 4:3~4) 곧 성령은 하나 되게 하고 우리의 부름도 한 소망 안에서 이루어졌다는 것입니다. 주도 한 분이시요, 믿음도 하나요, 세례도 하나요, 하나님도 한 분이시라는 것입니다(엡 4:5~6). 따라서 이 하나 됨을 위해 겸손과 온유와 사랑과 용납을 강조하고 있습니다(엡 4:2). 성령의 은사를 따라 다양한 직분이 주어졌지만, 그 다양한 직분이 성도를 온전히 하고, 그리스도의 몸인 교회를 세우는 하나의 일로 일치해야 한다는 것입니다(엡 4:11~12). 하나님의 아들을 믿는 것과 아는 일에 하나가 되어 온전한 사람을 이루고 그리스도의 장성한 분량에까지 이르러야 한다는 것입니다(엡 4:13).

한 마음으로 하나 되지 않으면 온전히 교회를 세울 수 없습니다. 각자의 생각과 욕심을 따라 분열되어 서로 다툰다면 교회는 무너질 수밖에 없습니다. 따라서 모든 성도들이 자신들의 생각을 내려놓고 하나 되게 하시는 성령을 따라 하나 되어 교회를 세워야 합니다.

에스겔 37장_성령으로 교회를 세워야
에스겔이 환상 중에 마른 뼈들이 살아나 큰 군대를 이루는 것을 본 말씀입니다. 또한 두 개의 막대기에 유다와 이스라엘이라는 이름을 각각 쓰고 하나로 합치는 상징적 행위를 하라는 하나님의 명령을 기록하고 있습니다. 이것은 곧 하나님의 은혜 속에서 분열된 두 왕국이 하나로 통일될 것을 나타낸 것입니다.

마른 뼈들이 살아난 환상에 주목하면, 골짜기 가운데 마른 수많은 뼈들이 대언된 하나님의 말씀으로 서로 맞춰지고 힘줄이 생기고 살이 오르며 가죽이 덮여지게 됩니다. 그리고 이후 대언을 통해 생기, 곧 하나님의 영이 사방에서부터 불어 와서 그 뼈들이 살아나게 되고 큰 군대를 이루게 됩니다. "또 내게 이르시되 인자야 너는 생기를 향하여 대언하라 생기에게 대언하여 이르기를 주 여호와께서 이같이 말씀하시기를 생기야 사방에서부터 와서 이 죽음을 당한 자에게 불어서 살아나게 하라 하셨다 하라 이에 내가 그 명령대로 대언하였더니 생기가 그들에게 들어가매 그들이 곧 살아나서 일어나 서는데 극히 큰 군대더라"(겔 37:9~10) 에스겔이 환상 중에 본 골짜기의 많은 뼈들은 절망을 상징합니다. 현재 그 백성들이 처한 절망적 상황을 보여주고 있습니다. 그러나 하나님의 말씀과 무엇보다 하나님의 영을 통해 그 절망스러운 현실이 큰 군대를 이루는 소망과 능력으로 바뀌게 된다는 것입니다. 따라서 하나님을 믿고 하나님의 영을 구하면 된다는 것입니다. 하나님을 통해 절망의 상황을 소망으로 바꾸어가라는 것입니다.

우리 교회도 하나님을 통해 언제나 소망을 가질 수 있습니다. 성령을 통해 생명력 있는 교회요, 큰 군대와 같은 힘 있는 교회를 이루어갈 수 있습니다. 따라서 힘써 하나님을 바라보며 성령을 간구해야 합니다. 성령이 없이는 결코 생명력 있고 힘 있는 교회로 설 수 없음을 기억하고, 우리 교회 안에 성령의 바람이 불어오기를 간구해야 합니다.

시편 87-88편_사랑으로 교회를 세워야

시편 87편은 고라 자손의 시로 시온에 대한 찬양입니다. 시온이 모든 민족들의 어머니가 된다는 것입니다. 시편 88편은 큰 고독과 죽음에 직면하여 하나님께 드린 고라 자손의 기도입니다.

시편 87편을 통해서 우리 교회를 사랑으로 세워가야 함을 깨달을 수 있습니다. "여호와께서 야곱의 모든 거처보다 시온의 문들을 사랑하시는도다"(시 87:2) 하나님의 사랑이 시온에 있다는 것은, 바꾸어 생각하면, 시온을 하나님의 사랑이 있는 곳으로 세워가야 한다는 사실을 가르쳐줍니다. 다시 말해 우리 교회를 하나님의 기쁨이 있고 사랑이 가득한 곳으로 세워가야 한다는 것입니다. 따라서 또한 누구나 포용하는 교회요, 누구나 하나님의 따뜻한 사랑을 경험할 수 있는 교회로 세워가야 합니다. "시온에 대하여 말하기를 이 사람, 저 사람이 거기서 났다고 말하리니 지존자가 친히 시온을 세우리라 하는도다 여호와께서 민족들을 등록하실 때에는 그 수를 세시며 이 사람이 거기서 났다 하시리로다 (셀라)"(시 87:5~6) 모든 이방 나라들도 구원을 얻음을 보여주고 있는 말씀으로, 하나님과 교제 안에 있고, 시온 곧 성전을 사모하고 가까이하며 예배하는 사람들은 누구나 상관없이 구원함을 얻게 된다는 말씀입니다. 이것은 결국 우리 교회가 지향해야 할 방향을 보여줍니다. 곧 우리 교회가 구원을 위해 찾아오는 모든 사람들을 포용할 수 있는 곳이 되어야 합니다. 부자나 가난한 자나, 많이 배운 사람이나 못 배운 사람이나, 건강한 사람이나 그렇지 못한 사람이나 그 누구도 예외 없이 사랑으로 포용하는 곳이 되어야 하고, 또 생명을 전하여 누리는 곳이 되어야 합니다.

오늘의 기도

1. 하나님의 능력으로 우리 교회를 세워 주시고, 성령을 통해 모든 성도들이 하나 되게 하소서.
2. 우리 교회가 성령으로 생기 있는 교회요, 큰 군대와 같은 힘 있는 교회가 되게 하소서.
3. 우리 교회가 하나님의 사랑으로 모두를 포용하는 교회요, 차별 없이 생명을 전하는 교회 되게 하소서.

우리 교회를 어떻게 세워야 하는가? 끊임없이 부르짖는 기도가 있고, 하나님의 응답이 있는 교회로 세워야 합니다. 죄와 불의를 멀리하여 거룩함으로 하나님 나라의 기업이 있는 교회로 세워야 합니다. 하나님의 강한 손이 함께하여 도우시는 능력이 있고, 승리가 있는 교회로 세워야 합니다.

열왕기상 8장_하나님의 응답이 있는 교회

성전을 완공하고 하나님 앞에 성전을 봉헌하며, 솔로몬 왕이 하나님 앞에 드린 기도입니다. 성전에 하나님께서 임하여 계시고, 이 성전을 찾아 드리는 기도에 하나님께서 응답해주시기를 간구한 것입니다. "그러나 내 하나님 여호와여 주의 종의 기도와 간구를 돌아보시며 이 종이 오늘 주 앞에서 부르짖음과 비는 기도를 들으시옵소서"(왕상 8:28)

솔로몬이 간구한 내용을 보면, 일곱 가지인데, 첫째, 주의 제단 앞에서 맹세하는 기도를 들으시고 바른 판결을 해 주시며, 둘째, 범죄하여 적국 앞에 패하고 땅을 빼앗겼을 때, 주께 돌아와 이 성전에서 기도하면 그 죄를 용서하시고 다시 그 조상들의 땅으로 돌아가게 하시며, 셋째, 범죄함으로 하늘이 닫혀 비가 내리지 않게 되었을 때, 그 잘못을 깨닫고 이 성전을 향해 기도하면 그 죄를 용서하시고 비를 내려 주시며, 넷째, 기근과 전염병 등의 재앙이 있어 이를 깨닫고 이 성전을 향해 기도할 때 주님께서 들으시고 응답해 달라는 것입니다. 다섯째, 이방인이라도 주를 경외하며 주의 성전을 향해 기도하면 응답해 주시고, 여섯째, 적국과의 싸움을 앞두고 주의 성전을 향해 기도할 때 응답해 주시며, 일곱째, 혹 범죄함으로 적국에 패하고 사로잡혀 간 자들이 그 땅에서 돌이켜 회개하며 성전을 향해 간구할 때, 그 죄를 용서하시고 불쌍히 여김을 얻게 해 달라는 것입니다.

여기서 우리의 교회를 어떻게 세워가야 하는지 깨닫게 됩니다. 먼저는 하나님께서 늘 임재해 계시는 교회요, 또한 그 하나님을 찾아 성도들이 끊임없이 나아와 회개하며 기도하는 교회로 세워가야 합니다. 그리고 그 기도를 통해 하나님의 응답을 경험하는 교회로 세워가야 합니다. 이런 교회가 진정 살아 있는 교회요, 우리가 힘써 추구해 가야 하는 교회입니다.

에베소서 5장_하나님 나라의 기업이 있는 교회

이전의 불의했던 삶을 버리고, 사랑 받는 자녀로 하나님을 본받는 삶, 곧 거룩함에 힘쓰는 삶을 살아야 함을 가르치고 있습니다. 곧 거룩해야 하나님의 나라에서 기업을 얻을 수 있다는 것입니다. "너희도 정녕 이것을 알거니와 음행하는 자나 더러운 자나 탐하는 자 곧 우상 숭배자는 다 그리스도와 하나님의 나라에서 기업을 얻지 못하리니"(엡 5:5) 음행과 우상숭배의 죄악으로는 결코 하나님의 나라에서 기업을 얻을 수 없다는 말씀은 하나님의 나라에서 기업을 얻기 위해서는 불의하고 가증한 일을 끊어버리고 거룩해야 함을 가르쳐주고 있습니다.

우리 교회가 존재하는 가장 중요한 이유는 하나님 나라의 기업을 소유하여 전하는데 있습니다. 사람들로 하여금 우리 교회 안에서 하나님 나라의 기업을 발견하여 얻고 누리게 하는데 있습니다. 따라서 무엇보다 힘써 거룩함을 추구해야 합니다. 우리 교회를 거룩한 교회로 세워야 하고, 그 속에서 하나님 나라의 기업을 잃어버리지 않는 교회로 세워야 합니다. 또한 우리 모두가 교회 공동체를 이룬 각 지체임을 잊지 말고, 빛의 자녀들로서 빛의 열매를 맺는 삶을 살아야 합니다(엡 5:8). 주님을 기쁘시게 하는 일을 찾고 힘써야 합니다(엡 5:10).

에스겔 38장_하나님의 승리가 있는 교회

곡과 마곡에 대한 심판의 예언입니다. 마곡은 지명

이고 곡은 왕의 이름입니다. 곧 마곡 땅에 로스와 메섹과 두발이라는 곳의 왕이 곡입니다. 이 마곡 땅에 있는 곡이 수많은 병사를 이끌고 회복된 이스라엘을 공격해 온다는 말씀으로, 요한계시록 20장에서는 곡과 마곡이 사탄의 병력으로 등장합니다. 아무튼 끝 날에 곡이 수많은 군사를 이끌고 하나님의 백성 이스라엘을 치러 오는데(겔 38:16), 하나님께서 그 날에 곡과 그 군대를 심판하여 멸하신다는 것입니다. 이를 통해 하나님의 거룩함을 드러내신다는 것입니다. "그 날에 곡이 이스라엘 땅을 치러 오면 내 노여움이 내 얼굴에 나타나리라 주 여호와의 말씀이니라"(겔 38:18)

하나님의 승리는 정해진 사실입니다. 그 누구도 또한 어떤 세력도 하나님의 승리를 바꾸지 못합니다. 하나님은 모든 악한 세력을 물리치고 그 거룩한 이름을 나타내십니다. 따라서 우리 교회가 이 승리를 붙들고 세상을 향해 담대해야 합니다. 어떤 고난과 핍박과 유혹에도 흔들리지 않고 하나님 편에 서야 합니다. 하나님의 편에 서서 이 승리를 경험할 뿐만 아니라 이 승리를 전해야 합니다. 그렇게 우리 교회를 하나님의 승리가 있는 교회로 세워가야 합니다.

시편 89편_하나님의 능력이 있는 교회

현재 이스라엘이 처한 패배와 수치 속에서 하나님께서 다윗 왕에게 하신 약속을 떠올린 말씀입니다. 다윗 왕에게 주신 약속을 따라 현재의 곤경에서 구원해주시기를 구한 것입니다. 곧 하나님께 능력이 있다는 것입니다. 하나님은 강한 손으로 세상을 창조하셨을 뿐만 아니라 의와 공의로 세상을 다스리고 계시다는 것입니다. "주의 팔에 능력이 있사오며 주의 손은 강하고 주의 오른손은 높이 들리우셨나이다 의와 공의가 주의 보좌의 기초라 인자함과 진실함이 주 앞에 있나이다"(시 89:13-14) 결국 이 말씀은 하나님의 강한 손이 우리 교회를 다스리며 주관하게 해야 한다는 사실을 깨닫게 합니다. 그 힘으로 우리 교회를 지키시고 또 우리 교회에 힘을 주시기를 간구해야 한다는 것입니다. 그때에 그 힘으로 원수들의 공격과 강탈을 막아내고 우리 자신을 지킬 수 있습니다. "내 손이 그와 함께 하여 견고하게 하고 내 팔이 그를 힘이 있게 하리로다 원수가 그에게서 강탈하지 못하며 악한 자가 그를 곤고하게 못하리로다"(시 89:21~22)

험악한 세상에서 우리 교회가 넘어지지 않고 든든히 서서 세상의 빛으로서의 사명을 감당하기 위해서는 하나님의 강한 손, 곧 그 능력이 필요합니다. 그 능력이 없이는 넘어질 수밖에 없고, 그 능력이 하나님의 진노로 원수들의 손을 높일 때에는 파괴와 탈취와 수치를 당할 수밖에 없습니다. 사실 이 시편을 쓰고 있는 에스라인 에단은 하나님의 진노로 하나님의 능력이 떠나고, 대적들로 인해 그 나라가 멸망당하며, 수치와 비방과 고통을 겪는 아픔 중에 하나님의 도움을 부르짖고 있는 것입니다(시 89:38~51). 따라서 죄를 멀리하고 하나님을 의지해야 합니다. 그 능력의 손이 대적이 아니라 우리를 돕고 교회를 힘 있게 하도록 간구해야 합니다.

우리의 인생

열왕기상 9장 | 에베소서 6장 | 에스겔 39장 | 시편 90편

맥체인성경365 1586p

우리는 유한하고 연약한 인생입니다. 따라서 하나님의 도우심의 응답이 필요하고, 악한 세상을 대적하여 이길 수 있는 하나님의 능력이 필요합니다. 무엇보다 연약함으로 넘어진 죄에서 우리를 용서하시고 회복하시는 은혜가 필요합니다.

열왕기상 9장_하나님의 응답이 필요한 우리의 인생

성전을 봉헌하며 드린 솔로몬 왕의 기도에 하나님께서 응답하신 말씀입니다. 여기서 하나님의 응답이 필요한 우리의 인생을 보게 됩니다. "여호와께서 전에 기브온에서 나타나심 같이 다시 솔로몬에게 나타나사 여호와께서 그에게 이르시되 네 기도와 네가 내 앞에서 간구한 바를 내가 들었은즉 나는 네가 건축한 이 성전을 거룩하게 구별하여 내 이름을 영원히 그 곳에 두며 내 눈길과 내 마음이 항상 거기에 있으리니"(왕상 9:2~3) 하나님께서는 솔로몬 왕이 간구한 대로, 완공된 성전을 거룩히 구별하여 거하시며, 그가 하나님의 명령과 법도를 끝까지 지키며 따를 때에 다윗과의 언약을 지켜 그 왕위를 영원히 견고하게 하실 것을 약속하셨습니다(왕상 9:4~5).

결국 무엇입니까? 우리 인생은 유한하고 연약합니다. 결코 우리 스스로의 힘으로 살아갈 수 없고 하나님의 돌보심과 도우심의 은혜가 필요합니다. 따라서 하나님께 끊임없이 도우심을 간구해야 하고, 그 간구에 응답하시는 하나님의 은혜가 있어야 합니다.

에베소서 6장_하나님의 능력이 필요한 우리의 인생

자녀들과 종들에 대해 순종하라는 권면과 영적인 무장, 곧 하나님의 전신 갑주를 입어야 함을 가르치고 있습니다. 마귀의 간계를 대적하기 위해서는 하나님의 전신 갑주를 입어야 한다는 것입니다. 우리의 싸움은 혈과 육의 싸움이 아니라 영적 싸움, 곧 통치자들과 권세자들과 어둠의 세상 주관자들과 하늘의 악한 영들과의 싸움으로, 이 싸움에서 승리하기 위해 하나님의 전신 갑주를 취해야 한다는 것입니다. 하나님의 전신 갑주를 취하면 능히 마귀의 간계를 대적할 수 있다는 것입니다. "그러므로 하나님의 전신 갑주를 취하라 이는 악한 날에 너희가 능히 대적하고 모든 일을 행한 후에 서기 위함이라(엡 6:13)

우리의 힘으로는 마귀의 간계를 대적할 수 없고, 어둠의 세상 주관자들과 악한 영들을 상대할 수 없습니다. 따라서 하나님의 전신갑주를 입어 하나님의 능력을 앞세워야 합니다. 진리의 허리띠, 의의 호심경, 평화의 복음의 신, 믿음의 방패, 구원의 투구, 성령의 검 등 하나님의 전신 갑주로 무장할 때, 세상의 악한 적대자들을 능히 대적하고 승리할 수 있습니다. 우리가 세상을 이기며 살아가기 위해 하나님의 능력이 필요하다는 사실을 잊지 말아야 하고, 또한 하나님께서 세상을 이길 수 있도록 하나님의 전신갑주를 주셨음도 잊지 말아야 합니다.

에스겔 39장_하나님의 은혜가 필요한 우리의 인생

38장에 이어 계속해서 곡에 대한 심판을 전하는 말씀입니다. 하나님께서 곡과 그 따르는 군사들을 완전히 멸하신다는 것입니다. 그런데 주목할 말씀이, 이후 이스라엘을 돌아오게 하여 다시 회복케 하신다는 것입니다. "내가 그들을 만민 중에서 돌아오게 하고 적국 중에서 모아 내어 많은 민족이 보는 데에서 그들로 말미암아 나의 거룩함을 나타낼 때라 전에는 내가 그들이 사로잡혀 여러 나라에 이르게 하였거니와 후에는 내가 그들을 모아 고국 땅으로 돌아오게 하고 그 한 사람도 이방에 남기지 아니하리니 그들이 내가 여호와 자기들의 하나님인

줄을 알리라"(겔 39:27~28) 하나님께서 죄로 인해 그 백성들을 사방으로 흩으셨습니다. 그들의 죄에 대해 심판하셨습니다. 그러나 하나님께서 놀라운 은혜로 그 백성들을 고국으로 돌아오게 하시고, 다시 회복케 하시겠다는 것입니다. 이를 통해 하나님의 거룩함을 나타내시겠다는 것입니다. 이는 곧 하나님의 은혜를 말합니다. 그 나타내시는 거룩함이 그 백성들에게는 놀라운 은혜가 된다는 것입니다.

우리의 죄에 대한 연약함은 하나님의 진노를 피할 수 없게 합니다. 따라서 연약한 우리에게는 회복의 은혜가 필요합니다. 하나님께서 그 큰 사랑으로 우리를 용서하시고 회복하시는 은혜가 있어야 우리가 소망을 가질 수 있습니다. 이 은혜 없이는 우리 모두가 심판과 멸망으로 끝날 수밖에 없습니다.

시편 90편_유한하고 연약한 우리의 인생

인생의 덧없음을 고백하며 하나님의 은혜를 구한 모세의 기도입니다. 곧 모세는 인생의 유한함과 연약함을 고백했습니다. "우리의 연수가 칠십이요 강건하면 팔십이라도 그 연수의 자랑은 수고와 슬픔뿐이요 신속히 가니 우리가 날아가나이다"(시 90:10) 우리의 인생이 칠십 년이고 길어야 팔십 년이라는 모세의 고백은 우리 인생의 연약함을 잘 보여주고 있습니다. 우리의 인생은 결코 영원할 수 없다는 것입니다. 또한 그 인생도 수고와 슬픔 중

에 신속히 날아가 버림을 고백하고 있는데, 따라서 또한 모세는 우리의 인생을 한순간의 꿈과 잠깐 피었다 시들어 버리는 풀로 비유하고 있습니다(시 90:5). 그만큼 짧고 유한하다는 것입니다. 그런데 또한 주목할 말씀이 죄에 대한 말씀입니다. 우리 인생이 죄에 대해 연약하다는 것입니다. 곧 우리 인생이 길어야 칠팔십으로 정말 풀과 같이 짧은 인생인데, 이처럼 짧게 가다 사라지는 것은 죄 때문이라는 것입니다. 우리는 죄에 대해 연약한 존재이고, 그 죄로 인한 하나님의 진노로 순식간에 사라지고 소멸된다는 것입니다. "우리는 주의 노에 소멸되며 주의 분내심에 놀라나이다 주께서 우리의 죄악을 주의 앞에 놓으시며 우리의 은밀한 죄를 주의 얼굴 빛 가운데에 두셨사오니 우리의 모든 날이 주의 분노 중에 지나가며 우리의 평생이 순식간에 다하였나이다"(시 90:7~9) 따라서 모세는 영원 전부터 영원까지 계시는 하나님을 말씀하며(시 90:2), 그 하나님의 은혜가 필요함을 전하고 있습니다. 우리를 불쌍히 여기시는 하나님의 은혜를 간구하고 있습니다(시 90:13, 17).

결국 무엇입니까? 우리의 유한하고 연약한 인생을 깨달아야 하고, 또한 우리가 구하고 의지할 것은 하나님의 은혜뿐임도 깨달아야 합니다. 결코 영원을 살 수 없는 연약한 우리 인생에 진정 구해야 할 것은 부귀와 영화가 아니라 하나님의 은혜입니다.

하나님 안에서

맥체인성경365 1591p

열왕기상 10장 | 빌립보서 1장 | 에스겔 40장 | 시편 91편

하나님 안에서 축복을 누릴 수 있습니다. 하나님 안에서 빼앗길 수 없는 기쁨과 절대적 소망을 누릴 수 있고, 어떤 두려움과 위험에서도 평안할 수 있는 보호하심의 은혜를 누릴 수 있습니다.

열왕기상 10장_하나님 안에서의 축복

스바 여왕이 솔로몬의 명성을 듣고 찾아온 것과 솔로몬의 지혜와 부요함에 대해 전하고 있습니다. 곧 솔로몬 왕에게 어느 왕보다 뛰어난 지혜와 이를 통한 명성 그리고 부요함이 있었다는 것입니다. "솔로몬 왕의 재산과 지혜가 세상의 그 어느 왕보다 큰지라 온 세상 사람들이 다 하나님께서 솔로몬의 마음에 주신 지혜를 들으며 그의 얼굴을 보기 원하여 그들이 각기 예물을 가지고 왔으니 곧 은 그릇과 금 그릇과 의복과 갑옷과 향품과 말과 노새라 해마다 그리하였더라"(왕상 10:23~25) 여기서 하나님 안에서의 축복을 보게 됩니다. 하나님의 약속을 붙들고 그 안에 거하면, 그 약속을 통해 하나님께서 반드시 이루어주시는 축복이 있다는 것입니다. 곧 기브온 산당에서 지혜를 구한 솔로몬에게 하나님은 지혜뿐만 아니라 부귀와 영광도 주시겠다고 약속하셨습니다. 그리고 그 약속이 이루어졌음을 열왕기상 10장에서 다시 한 번 볼 수 있습니다. 솔로몬의 뛰어난 지혜와 명성으로 스바 여왕을 비롯한 수많은 사람들이 솔로몬을 찾아와 그의 지혜를 듣고, 또 그 나라의 견고함을 보고 놀라워하며 교역했습니다. 하나님의 약속대로 솔로몬에게 가장 뛰어난 지혜가 주어진 것입니다. 또한 솔로몬의 한해 수입이 금 육백육십육 달란트나 되었고(왕상 10:14), 은을 귀히 여기지 않고 돌같이 여길 만큼 흔하며 금이 풍부했습니다(왕상 10:21~22). 군사력도 막강했는데 병거가 천사백 대요, 마병이 만이천 명이나 되었습니다(왕상 10:26). 하나님께서 약속한 부귀와 영광이 주어진 것입니다.

하나님은 약속대로 솔로몬을 축복하셨고, 또한 이를 통해 하나님의 신실하심을 보여주셨습니다.

빌립보서 1장_하나님 안에서의 기쁨

복음에 매여 복음으로 살아가고 기뻐한 바울을 보여주고 있습니다. 곧 바울은 복음에 힘쓰고 있는 빌립보 교인들로 인하여 기뻐하며 감사하였고(빌 1:4), 심지어 자신이 고난 가운데 있었지만 그 고난이 복음 전파에 진전된 것으로 인해 기뻐했습니다. "형제들아 내가 당한 일이 도리어 복음 전파에 진전이 된 줄을 너희가 알기를 원하노라"(빌 1:12) 바울의 기쁨은 오직 주님과 주님께서 맡기신 복음에 있었던 것입니다. 따라서 또한 바울은 이렇게 고백했습니다. "그들은 나의 매임에 괴로움을 더하게 할 줄로 생각하여 순수하지 못하게 다툼으로 그리스도를 전파하느니라 그러면 무엇이냐 겉치레로 하나 참으로 하나 무슨 방도로 하든지 전파되는 것은 그리스도니 이로써 나는 기뻐하고 또한 기뻐하리라"(빌 1:17~18) 자신의 매임과 상관없이 그리스도가 전파된 것으로 기뻐하고 또 기뻐한다는 것입니다. 곧 바울의 경쟁자들이 바울을 시기하여, 바울이 옥에 갇힌 것을 기회로, 자신들의 이름을 드러내고 경쟁에서 이기겠다고 복음을 전했습니다. 바울이 옥에 갇혀 더 이상 복음을 전하지 못하니, 이때에 자신들이 복음을 전하여 열매를 맺고 바울보다 더 큰 이름을 나타낼 수 있다고 생각한 것입니다. 그러나 바울은 그것조차도 복음이 전파되는 것으로 인해 기뻐했다는 것입니다.

이처럼 바울의 기쁨은 오직 복음에 있었습니다. 그리고 복음에 기쁨이 있었다는 것은 바울이 하나님 안에 있었다는 것을 보여줍니다. 하나님 안에서 하나님이 주시는 기쁨을 누리고 있었다는 것입니다. 따라서 고난과 매임과 고통 중에서도 기뻐할 수 있었고 그 무엇에도 빼앗기지 않는 기쁨을 누리고 있었습니다.

바울의 기쁨을 보며 우리의 기쁨은 무엇에 있는지 돌아봐야 합니다. 하나님 밖에서 세상의 부귀와 영화로 기뻐할 것이 아니라, 하나님 안에서 그 은혜와 사명으로 기뻐해야 합니다. 우리도 바울처럼 복음으로 기뻐해야 합니다.

에스겔 40장_하나님 안에서의 소망

바벨론에 의해 무너진 성전을 하나님께서 다시 세우실 것을 에스겔에게 환상을 통해 보여주고 있는 말씀입니다. 하나님께서는 에스겔에게 그 본 것을 이스라엘 족속에게 전하라고 명령하셨습니다. "나를 데리고 거기에 이르시니 모양이 놋 같이 빛난 사람 하나가 손에 삼줄과 측량하는 장대를 가지고 문에 서 있더니 그 사람이 내게 이르되 인자야 내가 네게 보이는 그것을 눈으로 보고 귀로 들으며 네 마음으로 생각할지어다 내가 이것을 네게 보이려고 이리로 데리고 왔나니 너는 본 것을 다 이스라엘 족속에게 전할지어다 하더라"(겔 40:3~4)

구체적으로 측량하는 장대를 가진 사람이 성전 구역의 담장, 바깥 뜰과 그 문간 건물, 안뜰과 그 문간 건물, 제물 놓는 상과 제사장의 방 등, 그 각각의 길이를 재어 그 크기를 보여주고 있는데, 이처럼 하나님은 성전 각 처소의 정확한 크기를 재어 보여주심으로 성전 재건에 대한 비전을 구체적이고도 확실하게 보여주셨습니다.

결국 무엇입니까? 포로 가운데 있는 백성들이 에스겔을 통해 전해 듣는 하나님의 새 성전의 비전을 통해 소망을 갖기에 충분하지 않았겠습니까? 그 죄로 인해 심판하시고 성전까지 적들에 의해 무너지게 하셨습니다. 그러나 하나님께서 다시 성전을 세우신다는 것입니다. 이는 곧 하나님께서 놀라운 사랑으로 그 백성들을 용서하신다는 것이고, 다시 회복케 하신다는 것입니다. 바로 이 하나님의 은혜가 백성들로 하여금 소망을 갖게 하기에 충분했다는 것입니다.

하나님 안에 있으면 반드시 소망을 가질 수 있습니다. 심판으로 인해 모든 것이 끊어져 버리고 절망할 수밖에 없는 상황에서도, 하나님의 은혜를 믿고 하나님을 떠나지 않으면, 결국에는 용서하시며 회복하시는 하나님의 은혜를 경험할 수 있습니다. 이 은혜를 통해 소망을 가질 수 있습니다.

시편 91편_하나님 안에서의 보호

하나님 안에서의 보호하심과 은혜를 전하는 시입니다. 하나님을 피난처로 삼고 보호를 요청할 때, 하나님께서 전쟁과 전염병 등, 모든 두려움과 재앙과 환난에서 건지시고 보호하신다는 것입니다. 수많은 사람들이 그 주변에서 쓰러지고 엎드러지는 재앙에서도 안전하게 돌보신다는 것입니다. "그가 너를 그의 깃으로 덮으시리니 네가 그의 날개 아래에 피하리로다 그의 진실함은 방패와 손 방패가 되시나니 너는 밤에 찾아오는 공포와 낮에 날아드는 화살과 어두울 때 퍼지는 전염병과 밝을 때 닥쳐오는 재앙을 두려워하지 아니하리로다 천 명이 네 왼쪽에서, 만 명이 네 오른쪽에서 엎드러지나 이 재앙이 네게 가까이 하지 못하리로다"(시 91:4~7)

하나님을 피난처로 두고 하나님 안에서 하나님을 의지하며 살아가는 자에게 하나님의 보호하심의 은혜가 있습니다. 하나님의 강력한 손은 능히 그 안에 있는 백성을 보호하십니다. 따라서 하나님 안에 거하며 하나님을 떠나지 않아야 합니다. 절대적으로 하나님을 의지해야 합니다.

오늘의 기도

1. 신실하신 하나님의 약속을 붙들어 약속대로 이루시는 축복을 누리게 하소서.
2. 하나님의 기쁨이 있어 어떤 환난과 고난 중에서도 기쁨을 누리며, 하나님을 통해 소망의 삶을 살아가게 하소서.
3. 하나님의 보호하심과 건지심의 은혜를 기억하며 어떤 환난과 두려움도 이기게 하소서.

번성과 축복을 위해

열왕기상 11장 | 빌립보서 2장 | 에스겔 41장 | 시편 92-93편

맥체인성경365 1598p

의인은 하나님께서 번성케 하시며 축복하십니다. 따라서 하나님 편에 서서 하나님을 향한 사랑의 마음을 잃지 말아야 합니다. 그리스도 예수의 마음, 곧 겸손과 희생과 섬김의 마음을 품고 힘써 거룩함을 지켜가야 합니다.

열왕기상 11장_잃지 말아야 할 사랑

솔로몬이 이방 여인들을 사랑하고 하나님을 떠나 우상숭배를 했다는 말씀과, 하닷, 르손, 여로보암 등 솔로몬의 대적이 된 자들에 대해 전하고 있는 말씀입니다.

"여호와께서 일찍이 이 여러 백성에 대하여 이스라엘 자손에게 말씀하시기를 너희는 그들과 서로 통혼하지 말며 그들도 너희와 서로 통혼하게 하지 말라 그들이 반드시 너희의 마음을 돌려 그들의 신들을 따르게 하리라 하셨으나 솔로몬이 그들을 사랑하였더라"(왕상 11:2) 솔로몬이 이방 여인들과 통혼하고 그 여인들을 사랑했음을 말씀하고 있는데, 여기서 잃지 말아야 할 사랑에 대해 깨닫게 됩니다. 어리석게 하나님이 아닌 다른 대상에 마음을 빼앗겨 하나님보다 더 사랑하는 일이 없어야 한다는 것입니다. 곧 솔로몬은 수많은 후궁과 첩을 두었고, 그 마음을 빼앗겨 하나님보다 그 여인들을 더 사랑했습니다. 그 결과 솔로몬은 그 여인들에 이끌려 아스다롯과 밀곰과 그모스 등 이방 신들을 따랐고, 여호와 하나님에게서 떠나고 말았습니다(왕상 11:4~5). 그리고 이로 인해 하나님의 진노의 심판 아래 거하게 됐습니다(왕상 11:11). 하나님이 주시는 축복과 번성에서 멀어지고 말았고 오히려 그를 대적하는 자들이 일어나게 됐습니다.

솔로몬이 지혜를 구하며 하나님의 백성들을 바르게 통치하기 위해 힘썼을 때에는 하나님께서 구하지 않은 것까지 주시며 축복하셨습니다. 하나님을 사랑하며 의의 길을 따를 때에는 넘치도록 번성케 하셨습니다. 그러나 하나님을 향한 사랑에서 떠나 불의를 행하며, 하나님의 말씀을 거부하고 그 죄에서 돌이키지 않자 진노하시며 심판을 말씀하셨습니다.

하나님의 축복은 하나님을 따르는 의의 편에 설 때에 주어집니다. 따라서 하나님을 사랑하고 그 말씀에 순종하며 하나님을 따라야 합니다. 하나님을 향한 사랑이 그 누구 또한 그 무엇보다 우선 되어야 합니다. 결코 하나님을 사랑하는 마음을 잃지 않고, 그 의의 편에서 돌이키지 않아야 합니다.

빌립보서 2장_품어야 할 마음

그리스도 예수의 마음을 품어야 함을 가르치고 있습니다. "너희 안에 이 마음을 품으라 곧 그리스도 예수의 마음이니"(빌 2:5) 그리스도 예수의 마음은 하나님이셨지만 모든 영광을 버리고 자기를 비워 종의 형체로 이 땅에 오시고, 죽기까지 십자가에서 복종하신 겸손과 희생과 섬김의 마음입니다(빌 2:6~8). 이 겸손의 마음을 품고 서로를 낮게 여기고 서로를 돌보며 살아가야 한다는 것입니다(빌 2:3~4).

"이러므로 하나님이 그를 지극히 높여 모든 이름 위에 뛰어난 이름을 주사 하늘에 있는 자들과 땅에 있는 자들과 땅 아래에 있는 자들로 모든 무릎을 예수의 이름에 꿇게 하시고 모든 입으로 예수 그리스도를 주라 시인하여 하나님 아버지께 영광을 돌리게 하셨느니라"(빌 2:9~11) 하나님께서 겸손과 희생과 섬김의 마음으로 살아가신 예수 그리스도에게 주신 축복입니다. 그를 지극히 높이셨다는 것입니다. 결국 이 말씀은 우리도 그리스도 예수의 마음을 품고 섬기고 헌신하며 살아갈 때 동일하게 높이시는 하나님의 은혜와 축복이 있음을 가르쳐 줍니다. 하나님 편에 선 의인으로서 그리스도 예수의 마음을 품고 살아갈 때 높이시는 하나님의 축복

이 있습니다.

에스겔 41장_힘써야 할 거룩함

40장에 이어서 에스겔이 환상 중에 본 하나님께서 재건하실 새 성전에 대한 말씀입니다. 성전과 그 부속 건물 등, 성전에 대한 측량이 계속해서 이루어졌음을 전하고 있습니다. 그런데 주목할 말씀이 에스겔이 지성소 앞에서 멈추어 서고 측량하는 천사만 혼자 들어가 지성소를 측량한 말씀입니다. "그가 안으로 들어가서 내전 문 통로의 벽을 측량하니 두께는 두 척이요 문 통로가 여섯 척이요 문 통로의 벽의 너비는 각기 일곱 척이며 그가 내전을 측량하니 길이는 스무 척이요 너비는 스무 척이라 그가 내게 이르되 이는 지성소니라 하고"(겔 41:3~4) 지성소 안에 천사만 들어갔음을 전하고 있는데, 곧 에스겔도 제사장이었기에 성소에 들어가는 것은 문제가 되지 않았습니다. 그러나 지성소는 달랐습니다. 지성소는 오직 대제사장만 일 년에 한 번, 대속죄일에만 들어갈 수 있습니다. 따라서 환상 중이지만 에스겔은 지성소 앞에서 멈춰 선 것입니다. 성소까지는 천사에게 이끌려 들어왔지만, 지성소는 천사만 혼자 들어가 측량한 것입니다.

바로 여기서 거룩함에 대해 깨닫게 됩니다. 지성소는 하나님의 거룩함을 드러내주는 장소로 그 경계를 지키며 넘어서지 않는 것이 거룩함을 지키는 것입니다. 그리고 이처럼, 하나님을 믿고 의지할 뿐만 아니라 거룩함에 힘쓸 때에 하나님께서 인정하시는 의인으로서, 번성케 하시는 하나님의 축복도 누릴 수 있습니다.

시편 92-93편_의인의 번성

시편 92편은 하나님께서 행하신 일로 인해 기쁨 중에 하나님을 찬양한 시입니다. 시편 93편은 영원하신 왕 되신 하나님과 그 다스리심을 찬양한 시입니다. 여기서 주목할 것이, 하나님 안에서 누리는 번성입니다. 당장은 악인들이 흥왕하는 것처럼 보여도 결국에는 영원히 멸망하고, 의인 곧 여호와의 집에 심겨지고 하나님의 뜰 안에 있는 사람들에게 번성과 성장의 축복이 있게 된다는 것입니다. "의인은 종려나무 같이 번성하며 레바논의 백향목 같이 성장하리로다 이는 여호와의 집에 심겼음이여 우리 하나님의 뜰 안에서 번성하리로다"(시 92:12~13)

당장의 악인의 번성에 마음 빼앗기지 않고, 끝까지 하나님을 사랑하며, 거룩함을 지키고, 겸손함으로 섬기며 의의 삶을 살아가면 하나님의 집에서 번성케 하는 축복이 있습니다. 하나님은 의인을 반드시 번성케 하십니다. 우리가 하나님을 따르는 의인으로 이 축복을 누려야 합니다.

오늘의 기도

1. 하나님께서 인정하시는 의인으로 주 안에 늘 거하며, 번성케 하시는 하나님의 축복을 누리게 하소서.
2. 그 어떤 유혹에도 마음을 빼앗기지 않고 하나님을 향한 사랑에서 멀어지지 않게 하소서.
3. 그리스도 예수의 마음을 품고 겸손함으로 더욱 섬기고 헌신하는 삶과 거룩함으로 하나님께 더욱 가까이 나아가는 삶을 살게 하소서.

어리석음

열왕기상 12장 | 빌립보서 3장 | 에스겔 42장 | 시편 94편

하나님의 감찰하심을 부정하는 것은 어리석은 일입니다. 하나님 밖에서 욕심을 따르는 선택도, 육신의 자랑도 어리석은 일입니다. 하나님을 인식하며 그 뜻을 따라 거룩함의 삶을 살아가는 것, 예수 그리스도의 은혜와 구원을 자랑하며 살아가는 것이 어리석지 않은 삶입니다.

열왕기상 12장_어리석은 선택

이스라엘이 북 왕국 이스라엘과 남 왕국 유다로 나뉘게 된 것을 전하고 있습니다. 여기에는 르호보암의 어리석은 선택이 결정적 역할을 했습니다. 곧 솔로몬의 뒤를 이어 왕이 된 르호보암은 온 이스라엘의 지지를 얻고자 세겜으로 갔고, 고역과 세금 등 무거운 멍에를 가볍게 해 달라는 백성들의 요구사항을 들었습니다(왕상 12:4). 원로들은 백성들의 요구사항을 들어주며 백성들을 섬기는 왕이 되라고 자문했습니다. 그러나 르호보암은 이 자문을 버리고 멍에를 더 무겁게 지우고 선왕보다 더 강력한 통치를 펼쳐가라(왕상 12:8)는 젊은 신하들의 말을 선택했습니다. 교만함과 욕심에 어리석은 선택을 한 것입니다. "왕이 포학한 말로 백성에게 대답할 새 노인의 자문을 버리고 어린 사람들의 자문을 따라 그들에게 말하여 이르되 내 아버지는 너희의 멍에를 무겁게 하였으나 나는 너희의 멍에를 더욱 무겁게 할지라 내 아버지는 채찍으로 너희를 징계하였으나 나는 전갈 채찍으로 너희를 징치하리라 하니라"(왕상 12:13~14)

결국 이로 인해 르호보암은 이스라엘 백성들에게 쫓겨 예루살렘으로 돌아올 수밖에 없었고, 이후 나라는 북 왕국 이스라엘과 남 왕국 유다로 나뉘게 됐습니다(왕상 12:20). 원로들의 자문이 아닌 젊은 신하들의 말을 따른 어리석은 선택이 나라를 둘로 쪼개는 비극을 불러온 것입니다.

그런데 또한 이 모든 일이 하나님으로 인해 비롯된 것이라고 성경은 말씀하고 있습니다(왕상 11:24). 솔로몬 왕의 우상 숭배와 돌이키지 않은 죄악이 하나님의 심판으로 이어진 결과였다는 것입니다. 곧 르호보암의 선택은 하나의 심판 속에서

이루어진 선택으로, 하나님의 은혜와 축복 밖에서 이루어지는 선택은 헛되고 어리석을 수밖에 없음을 보여주고 있습니다. 따라서 먼저 하나님을 선택하여 하나님의 은혜 안에 있는 것이 중요함을 가르쳐주고 있습니다. 그래야 어리석고 헛된 선택을 피할 수 있다는 것입니다.

빌립보서 3장_어리석은 자랑

육체를 신뢰하며 자랑하는 어리석음과 땅의 것을 추구하는 어리석음에 대해 전하고 있습니다. 곧 바울의 반대자들은 율법과 할례를 통한 의를 강조하며, 이에 대해서 자신들의 육체는 신뢰할 만하다고 자랑했습니다. 자신들은 율법과 할례를 철저히 지키는 정통 유대인이라고 그 신분을 내세우며 자랑한 것입니다. 그러나 바울은 율법과 할례를 따르는 육체로는 구원 얻을 수 없으며, 오직 그리스도를 믿는 믿음을 통한 하나님께로부터 난 의로 구원에 이를 수 있음을 전했습니다(빌 3:9).

이를 강조하기 위해 바울은 자신의 육신에 대해 자랑했습니다. 곧 자신도 육신을 자랑한다면 그 반대자들보다 훨씬 뛰어나고 결코 뒤지지 않는다는 것입니다. "그러나 나도 육체를 신뢰할 만하며 만일 누구든지 다른 이가 육체를 신뢰할 것이 있는 줄로 생각하면 나는 더욱 그러하리니 나는 팔일 만에 할례를 받고 이스라엘 족속이요 베냐민 지파요 히브리인 중의 히브리인이요 율법으로는 바리새인이요 열심으로는 교회를 박해하고 율법의 의로는 흠이 없는 자라"(빌 3:4~6) 그러나 바울은 그 모든 것이 그리스도 안에서 헛될 뿐이며, 어리석은 자랑에 불과함을 말했습니다. 따라서 자신은 그 모든 자랑을 해로 여기고 배설물처럼 생각한다는 사실

을 전하며, 오직 그리스도를 아는 지식이 가장 고귀하고, 그 육신의 자랑을 버림으로 그리스도를 얻고 그리스도 안에서 발견될 수 있음을 가르쳤습니다(빌 3:7~9).

우리가 자랑할 것은 오직 예수 그리스도밖에 없습니다. 그 안에서 그 은혜를 통해 구원함을 받은 것이 우리가 자랑할 일입니다. 세상에서 아무리 많은 것을 얻고 누리고 있다 한들, 그것은 우리를 구원으로 이르지 못하게 합니다. 따라서 그 자랑은 헛되고 어리석을 뿐입니다.

에스겔 42장_어리석지 않은 삶

계속된 새 성전에 대한 비전과 그 측량에 대한 말씀입니다. 제사장의 방에 대한 설명과 측량, 그리고 성전 사면 담을 측량한 것을 전하고 있습니다. 그런데 주목할 말씀이 성전의 사면에 있는 담이 거룩한 것과 속된 것을 구별한다는 것입니다. "그가 이같이 그 사방을 측량하니 그 사방 담 안 마당의 길이가 오백 척이며 너비가 오백 척이라 그 담은 거룩한 것과 속된 것을 구별하는 것이더라"(겔 42:20) 곧 하나님의 성전은 세속에 물들지 않고 그 거룩함을 지키며, 오히려 세상을 향해 그 거룩함을 전해야 한다는 것입니다.

결국 이 말씀은 하나님의 영이 거하시는 성전 된 우리가 세상과 속된 것으로 물들지 않아야 함을 교훈하고 있습니다. 믿음의 담을 세워 세상의 속된 것으로부터 거룩함을 지켜야 한다는 것입니다. 그리고 이것이 어리석지 않은 삶입니다. 세상의 속된 것에서 우리를 지키며 거룩함을 지켜가는 것이 우리가 힘써 추구해야 하는 삶이요, 하나님의 기뻐하시는 삶으로, 어리석지 않은 삶입니다.

시편 94편_어리석은 생각

압제 받는 하나님의 백성이 하나님의 도우심을 구한 기도입니다. 무엇보다 그는 행악자들로 인한 고통 중에서 믿음으로 기도했습니다. 불의를 행하는 악인들의 어리석음을 깨닫고 하나님의 심판을 확신했습니다. "백성 중의 어리석은 자들아 너희는 생각하라 무지한 자들아 너희가 언제나 지혜로울까 귀를 지으신 이가 듣지 아니하시랴 눈을 만드신 이가 보지 아니하시랴 뭇 백성을 징벌하시는 이 곧 지식으로 사람을 교훈하시는 이가 징벌하지 아니하시랴 여호와께서는 사람의 생각이 허무함을 아시느니라"(시 94:8~11) 악인들의 어리석음을 전하는 것에 주목해야 하는데, 하나님께서는 그들의 불의한 생각과 행동을 다 아신다는 것입니다. 곧 그들은 불의를 행하면서도 오만하고 자만하며 하나님을 두려워하지 않았습니다. 여호와 하나님이 알아차리지 못한다고 생각했습니다. 이에 대해 그 생각의 어리석음을 지적하고 있는 것입니다. 귀를 지으시고 눈을 만드신 하나님께서 다 들으시고 보고 계시다는 것입니다. 하나님께서 반드시 심판하신다는 것입니다.

하나님은 세상의 모든 사람들을 감찰하십니다. 그 감찰하시는 하나님을 인식하지 않는 것은 어리석은 일입니다. 하나님의 감찰하심과 하나님의 때의 심판을 기억하고 하나님의 말씀을 따르며 거룩한 삶에 힘써야 합니다.

오늘의 기도

1. 육신의 자랑을 배설물처럼 여기고 오직 그리스도를 아는 지식을 가장 고귀하게 여기고 따라가게 하소서.
2. 악인의 형통으로 넘어지지 않게 하시고, 주의 말씀과 가르침으로 주 안에 서는 축복을 누리게 하소서.
3. 어리석은 생각과 자랑을 버리고, 세상의 속된 것에서 믿음의 담을 세워 하나님이 기뻐하시는 거룩함에 힘쓰게 하소서.

가득 채워야 할 것

맥체인성경365 1608p

열왕기상 13장 | 빌립보서 4장 | 에스겔 43장 | 시편 95-96편

우리 안에 가득 채워야 하는 것! 그것은 우리를 창조하시고 구원하시고 돌보시는 하나님을 향한 찬양이요, 성전 된 우리의 몸을 가치 있게 하는 하나님의 영광이요, 믿음에서 우리를 흔들리지 않게 하는 하나님의 말씀이요, 어떤 환난도 이기게 하는 하나님의 기쁨입니다.

열왕기상 13장_가득 채워야 할 하나님의 말씀

한 선지자가 북 왕국 이스라엘의 왕 여로보암에게 우상숭배로 인한 심판을 전한 말씀입니다. 또한 이 선지자가 불순종함으로 하나님의 심판을 받았음을 전하고 있습니다. 곧 유다의 한 선지자는 벧엘에 이르러 송아지 우상에게 제사하는 여로보암 왕에게 하나님의 심판의 말씀을 전하라는 것과, 심판의 메시지를 전하고 지체하지 말고 유다로 돌아오라는 하나님의 명령을 받았습니다. 하나님께서는 떡도 먹지 말고 물도 마시지 말며, 심지어 왔던 길이 아닌 다른 길로 돌아가라고 명령하셨습니다(왕상 13:9). 그런데 유다의 선지자는 여로보암 왕에게 심판을 전하라는 명령에는 순종했지만, 돌아오는 길에 벧엘의 한 늙은 선지자로 인해 그 명령에 불순종하고 말았습니다. 하나님께서 보내셨다는 벧엘의 선지자의 속임에 넘어져 그만 그의 집에 들어가 떡과 물을 먹고 말았습니다(왕상 13:18~19). 결과적으로 하나님의 말씀보다 벧엘의 선지자의 말을 더 신뢰하여 하나님의 말씀을 어기고 만 것입니다. 이로 인해 하나님의 심판에 이르고 말았습니다. "그가 유다에서부터 온 하나님의 사람을 향하여 외쳐 이르되 여호와의 말씀에 네가 여호와의 말씀을 어기며 네 하나님 여호와께서 네게 내리신 명령을 지키지 아니하고 돌아와서 여호와가 너더러 떡도 먹지 말고 물도 마시지 말라 하신 곳에서 떡을 먹고 물을 마셨으니 네 시체가 네 조상들의 묘실에 들어가지 못하리라 하셨느니라 하니라"(왕상 13:21~22)

벧엘의 선지자가 어떤 의도로 유다에서 온 선지자를 속였는지는 분명치 않습니다. 그러나 분명한 사실은 하나님의 말씀을 따르며 사명으로 살아가는 삶에 이런 속임과 유혹이 있다는 것입니다. 사탄은 우리를 넘어뜨리기 위해 자신을 광명의 천사로 가장한다는 것입니다(고후 11:14). 따라서 더욱 철저히 말씀을 붙들어야 합니다. 그 사명의 삶에서 넘어지지 않기 위해 우리 마음에 하나님의 말씀으로 가득 채워야 합니다. 그래야 어떤 유혹에도 흔들리지 않고 끝까지 순종하며 사명의 길을 걸어갈 수 있습니다.

빌립보서 4장_가득 채워야 할 하나님의 기쁨

주 안에서 하나 되며, 항상 기뻐하라는 가르침과 빌립보 교회가 보내준 선물에 대한 바울의 감사를 기록하고 있습니다.

바울의 가르침을 통해서 우리 안에 하나님이 주시는 기쁨으로 가득 채워야 함을 깨닫게 됩니다. 곧 바울은 다음과 같이 권고했습니다. "주 안에서 항상 기뻐하라 내가 다시 말하노니 기뻐하라"(빌 4:4) 항상 기뻐하라는 말씀에 주목해야 하는데, 그런데 여기서 드는 의문은 '어떻게 항상 기뻐할 수 있는가?' 잠시 잠깐 일시적으로는 기뻐할 수는 있습니다. 그러나 어떻게 항상 기뻐할 수 있습니까? 뜻밖의 고난을 만나고 불행을 당하는 것이 우리의 인생입니다. 갑자기 병이 들고 사랑하는 사람이 죽고 자녀가 말썽을 피우는 등, 바라지 않지만 뜻하지 않는 문제와 어려움들이 우리의 삶에 있을 수밖에 없습니다. 그런데 어떻게 항상 기뻐할 수 있습니까? 따라서 또한 주목해야 하는 말씀이, '주 안에서'입니다. 주 안에서는 항상 기뻐할 수 있습니다. 주님을 통해서 상황을 초월한 기쁨을 누릴 수 있습니다. 주님을 믿고 교제하는 가운데 주님이 주시는 은혜와 생명을 통해 항상 기뻐할 수 있습니다.

현재 바울이 그렇게 기뻐하고 있었습니다. 어두

컴컴한 지하 감옥에 갇혀 고통 중에 있었지만, 그 고통의 상황과 상관없이 주 안에 있기에 기뻐하였고, 따라서 빌립보 교인들을 향해 기뻐하라고 권고할 수 있었습니다. 뿐만 아니라 어떤 형편에든지, 곧 비천함 가운데 있든지 풍부함 가운데 있든지, 그 형편에 상관없이 자족하기를 배웠다고 말하며(빌 4:11~12), 내게 능력 주시는 주님 안에서 모든 것을 할 수 있다는 믿음의 고백을 했습니다(빌 4:13).

주 안에서 주님이 주시는 기쁨을 가득 채우며 살았던 바울을 통해, 우리도 어떤 상황에서도 주님의 기쁨을 누리며 살아야 함을 배우게 됩니다. 사실 우리의 상황을 바라보면 기뻐할 수 없습니다. 그러나 주 안에서 주님을 바라보면 기뻐할 수 있습니다. 주님이 주시는 기쁨으로 상황을 초월하여 기뻐할 수 있습니다. 우리 안에 가득 채워야 하는 것이 바로 이 기쁨입니다.

에스겔 43장_가득 채워야 할 하나님의 영광

환상 중에 하나님이 보여주신 성전의 측량이 마쳐지고, 이후 동쪽 문을 통해서 하나님의 영광이 들어갔음을 전하고 있습니다. 곧 에스겔은 하나님의 영에 이끌려 성전 안뜰까지 들어가서 성소 안에 여호와의 영광이 가득한 것을 목격했습니다. "여호와의 영광이 동문을 통하여 성전으로 들어가고 영이 나를 들어 데리고 안뜰에 들어가시기로 내가 보니 여호와의 영광이 성전에 가득하더라"(겔 43:4~5) 우상숭배와 죄악으로 하나님은 예루살렘 성전을 떠나실 수밖에 없었고, 이후 성전은 파괴됐습니다. 그러나 하나님께서 새 성전의 비전을 주시고 다시 영광 중에 임하셔서 그 백성들과 함께하실 것임을 보여주신 것입니다.

여기서 성전 된 우리 안에 하나님의 영광으로 가득 채워야 함을 깨닫게 됩니다. 우리 안에 하나님의 영이 임하시고 또 거하셔야 합니다. 그래야 우리의 삶이 의미 있고 가치를 가질 수 있습니다. 곧 아무리 새 성전의 비전이 주어지고, 크고 웅장하게 성전이 건축이 돼도, 거기에 하나님께서 임하여 거하시지 않으시면 의미도 없고 가치도 없습니다. 성전의 가치는 오직 하나님께서 임하여 거하시는 것에 있습니다. 마찬가지로 성전 된 우리의 몸도 하나님의 영광이 가득히 임해야 합니다. 그래야 우리의 몸도 가치를 갖고 의미를 가질 수 있습니다. 따라서 우리가 무엇보다 거룩함에 힘써야 하고, 또한 그 어느 것보다 하나님의 임하심을 구해야 합니다. 임하신 하나님의 영광이 우리의 삶을 이끌어 가도록 우리의 삶을 맡겨야 합니다.

시편 95-96편_가득 채워야 할 하나님 찬양

시편 95편은 창조주 되신 하나님을 경배하며 순종해야 함을 전하는 시입니다. 시편 96편은 온 세상의 창조주요 심판자 되신 하나님을 찬양하는 시입니다. 여기서 우리 안에 하나님을 향한 찬양으로 가득 채워야 함을 깨닫게 됩니다. 곧 크고 높으신 하나님, 창조주이시며 이 세상을 다스리시는 하나님, 우리를 구원하시고 돌보시는 하나님을 힘을 다해 찬양해야 한다는 것입니다. 감사와 기쁨으로 노래하고 또 노래해야 하며, 우리 안에 하나님을 향한 찬양으로 가득 채워야 한다는 것입니다. "오라 우리가 여호와께 노래하며 우리의 구원의 반석을 향하여 즐거이 외치자 우리가 감사함으로 그 앞에 나아가며 시를 지어 즐거이 그를 노래하자"(시 95:1~2) "새 노래로 여호와께 노래하라 온 땅이여 여호와께 노래할지어다 여호와께 노래하여 그의 이름을 송축하며 그의 구원을 날마다 전파할지어다"(시 96:1~2)

오늘의 기도

1. 거룩함으로 하나님의 영광이 우리의 삶에 임하게 하시고, 그 임하신 하나님이 우리의 삶을 이끌어가게 하소서.
2. 하나님의 영광의 임재 안에서 항상 기뻐하며 찬양하는 삶을 살게 하소서.
3. 어떤 상황에서도 하나님의 말씀을 붙드는 절대적 믿음으로 말씀의 유혹에서 넘어지지 않게 하소서.

하나님의 일꾼

열왕기상 14장 | 골로새서 1장 | 에스겔 44장 | 시편 97-98편

맥체인성경365 1614p

하나님의 일꾼은 고난에 의연해야 합니다. 끝까지 흔들리지 않고 직분을 지키며, 하나님을 높이고 전하는 사명에 힘을 다해야 합니다. 나이가 들어 육신은 연약해지고 눈은 어두워가도 영안은 더욱 밝아야 합니다.

열왕기상 14장_하나님의 일꾼으로 밝아야 하는 영안

여로보암의 아들의 죽음에 대해서 전하고 있습니다. 곧 여로보암은 그 아들이 병이 들어 위중하자 자신의 아내를 선지자 아히야에게 보냈습니다. 아히야는 여로보암이 이스라엘의 왕이 될 것을 예언했던 선지자였습니다. 자신이 왕이 될 것을 예언한 선지자인 만큼 자신의 아들의 병에 대한 것도 알고 도움을 받을 수 있으리라는 생각에 그 아내를 아히야에게 보낸 것입니다. 그때에 아히야는 찾아온 여로보암의 아내에게 여로보암의 우상숭배와 죄악을 이야기하며 심판을 전했고, 또 그 아들의 죽음을 예언했습니다. 그리고 그 예언대로 그 아들이 죽음을 맞았습니다.

그런데 여기서 주목할 것이 선지자 아히야의 영안입니다. 곧 당시 아히야는 나이가 많아 육신의 눈이 어두워 잘 보지 못했습니다. 더욱이 여로보암의 아내는 자신의 신분을 숨기고 아히야 선지자를 찾았습니다. 그러나 이미 아히야는 하나님을 통해서 그가 찾아올 것을 알고 있었고, 그가 여로보암의 아내인 것도, 또 그가 무엇 때문에 찾아왔는지도 알고 있었습니다. "여로보암의 아내가 그대로 하여 일어나 실로로 가서 아히야의 집에 이르니 아히야는 나이가 많아 눈이 어두워 보지 못하더라 여호와께서 아히야에게 이르시되 여로보암의 아내가 자기 아들이 병 들었으므로 네게 물으러 오나니 너는 이러이러하게 대답하라 그가 들어올 때에 다른 사람인 체함이니라"(왕상 14:4~5) 곧 아히야는 육신의 눈은 어두워 갔지만 영적인 눈은 그렇지 않던 것입니다. 비록 나이가 들어 육신 눈은 한계에 이를 수밖에 없었지만, 결코 그의 영안은 한계에 이르지 않았다는 것입니다. 그는 여전히 하나님의 음성을 듣고 있었고, 또 앞으로 하나님께서 이루어가실 내일의 일들도 알고 있었습니다. 하나님과의 깊은 교제를 통해 그의 영안은 흐려지지 않고 있었습니다. 오히려 더욱 밝아 내일에 이루실 하나님의 뜻을 분명히 보고 있었습니다. 따라서 찾아온 여로보암의 아내에게 여로보암의 죄로 인한 하나님의 심판을 선언할 수 있었습니다(왕상 14:7~16).

아히야를 통해 하나님의 사람, 하나님의 일꾼이 어떠해야 하는지 깨닫게 됩니다. 비록 시간이 흐를수록 육신은 쇠하지만 영적인 감각은 더 높아야 합니다. 계속된 하나님과의 깊은 교제와 기도를 통해 우리의 영안은 더욱 밝아야 합니다.

골로새서 1장_하나님의 일꾼으로 의연해야 하는 고난

골로새 교회의 성도들로 인한 바울의 감사와 기도, 창조와 구원 사건의 으뜸이 되신 그리스도와 그의 십자가를 통한 화목, 그리고 바울이 이방인들 가운데 사도가 되어 그 직분을 감당하고 있는 것을 전하고 있습니다. 그런데 주목할 말씀이, 바울은 복음의 일꾼이 되어 그 사명을 감당하며 교회를 세워가는 중에 받는 괴로움을 기뻐하며, 적극적으로 고난을 받아들였다는 것입니다. "나는 이제 너희를 위하여 받는 괴로움을 기뻐하고 그리스도의 남은 고난을 그의 몸된 교회를 위하여 내 육체에 채우노라"(골 1:24)

이런 바울을 통해 하나님의 일꾼은 어떤 고난에도 의연해야 함을 배우게 됩니다. 곧 하나님의 일꾼으로 살아가는 사명의 삶에 고난은 피할 수 없습니다. 고난이 두려워 하나님의 일꾼이 되기를 거부한다면 어리석은 일입니다. 오히려 바울처럼 의연하게 고난에 맞서야 합니다. 기쁨으로 고난을 대하고 주어진 사명에 최선을 다해야 합니다.

에스겔 44장_하나님의 일꾼으로 끝까지 지켜야 하는 직분

하나님께서 들어오신 동쪽 문은 거룩히 구별하여 닫아 두어야 한다는 것과, 환상 중에 보여주신 새 성전에서의 봉사에 대한 지침을 주고 있습니다. 곧 이전에 제사장들이 성소에서의 거룩한 직분을 성실히 감당하지 않고, 할례를 받지 아니한 이방인들에게 거룩한 제단의 일을 맡기는 등, 무책임하고 가증한 죄를 범했습니다. 하나님을 섬겨야 하는 이들이 백성들과 함께 우상을 숭배하며 하나님을 떠나 죄악을 행했습니다. 곧 이들은 제물을 얻고 이득을 취하는 일에는 앞서면서 하나님께 드리는 제사에는 무관심했습니다. 바르게 백성들을 이끌어야 하는데, 앞장서 우상 숭배에 빠졌습니다. 따라서 이런 이들의 불의했던 것과 온전히 사명을 감당하지 못했던 것을 책망하며, 그 책임을 지고 그 죄에 대한 벌을 받아야 함을 전하고 있는 것입니다. 곧 하나님께서 직분을 버린 레위인들과 제사장들을 향해서 그 직분을 빼앗고 박탈하겠다는 것입니다. 오직 성전 업무의 천한 일들을 맡기시겠다는 것입니다.

그런데 주목할 말씀이 모두가 하나님을 배신하고 떠나 악을 행하는 가운데 사독의 자손들은 끝까지 사명의 직분을 지켰다는 것입니다. "이스라엘 족속이 그릇 행하여 나를 떠날 때에 사독의 자손 레위 사람 제사장들은 내 성소의 직분을 지켰은즉 그들은 내게 가까이 나아와 수종을 들되 내 앞에 서서 기름과 피를 내게 드릴지니라 주 여호와의 말씀이니라"(겔 44:15) 모두가 거룩한 사명을 외면하고 불의한 일을 행하며 욕심을 따라가는 중에도, 사독의 자손들은 신실하게 그 직분을 지키며 사명을 다했다는 것입니다. 따라서 하나님께서 이들에 대해서는 제사장으로서의 직분을 인정하며, 이들만이 하나님의 성전에서 제사장으로 사역을 행할 수 있게 하시겠다고 말씀하셨습니다.

하나님의 일꾼은 끝까지 직분을 지켜야 합니다. 어떤 고난과 환난 중에도 타협하거나 넘어지지 말아야 합니다. 설령 모두가 그 직분에서 떠난다고 할지라도 흔들리지 말고, 끝까지 생명을 걸고 그 사명의 직분을 지켜야 합니다.

시편 97-98편_하나님의 일꾼으로 힘을 다해야 하는 선포

시편 97편은 하나님께서 온 땅을 다스리심을 전하며 기뻐하고 즐거워하라는 시입니다. 시편 98편은 하나님의 사랑의 구원과 공의의 심판을 전하며, 왕이신 하나님 앞에서 즐거이 소리치고 노래하며 찬양하라는 시입니다.

여기서 하나님의 일꾼으로 선포에 힘을 다해야 함을 배우게 됩니다. 곧 하나님의 일꾼으로, 주권자 되신 하나님을 마땅히 높이며 찬양해야 함을 모든 사람들에게 선포해야 하고, 헛된 우상에게서 돌이켜 하나님을 온전히 예배해야 함을 힘써 선포해야 합니다. "조각한 신상을 섬기며 허무한 것으로 자랑하는 자는 다 수치를 당할 것이라 너희 신들아 여호와께 경배할지어다"(시 97:7)

우리가 따라야 할 것

맥체인성경365 1620p

열왕기상 15장 | 골로새서 2장 | 에스겔 45장 | 시 99-101편

우리를 기르시고 구원하시는 목자 되신 하나님을 따르고 그리스도 예수를 따름이 마땅합니다. 그 하나님의 말씀을 따라 정의와 공의를 따르고 하나님을 경외하며 정직했던 다윗의 길을 따름이 마땅합니다.

열왕기상 15장_다윗의 정직한 길을 따라야

남 왕국 유다의 아비얌 왕과 아사 왕에 대한 말씀과 북 왕국 이스라엘의 나답과 바아사 왕에 대한 말씀입니다. 그런데 주목할 말씀이 다윗의 길과 여로보암의 길입니다. 각각의 왕들을 평가하는데 다윗과 여로보암이 그 기준이 됐습니다.

다윗의 길은 정직하게 하나님을 경외하는 길로서 의로운 왕의 모델이 됐습니다. 곧 다윗은 헷 사람 우리아의 일 외에는 평생에 여호와 보시기에 정직히 행하며 하나님의 명령에 순종하며 살았다는 것입니다. "이는 다윗이 헷 사람 우리아의 일 외에는 평생에 여호와 보시기에 정직하게 행하고 자기에게 명령하신 모든 일을 어기지 아니하였음이라"(왕상 15:5) 따라서 다윗은 이후 세워진 왕들에게 선한 왕으로서 모범으로 따라야 할 기준이 됐습니다. 그리고 유다의 아사 왕은 다윗과 같이 정직했다는 평가를 받았습니다. "아사가 그의 조상 다윗 같이 여호와 보시기에 정직하게 행하여"(왕상 15:11)

반면 여로보암 왕은 불의와 불순종의 모델이 됐습니다. 하나님께서 그를 10개 지파의 왕으로 세우셨지만, 하나님에게서 돌이켜 우상을 숭배하며 불의를 행했기 때문입니다. 따라서 우상을 숭배하며 죄악을 행한 왕들은 여로보암의 길을 따랐다는 평가가 주어졌습니다. 그리고 이스라엘의 왕 나답과 바아사에 대해 이런 평가가 주어졌습니다. "그가 여호와 보시기에 악을 행하되 그의 아버지의 길로 행하며 그가 이스라엘에게 범하게 한 그 죄 중에 행한지라"(왕상 15:26) "바아사가 여호와 보시기에 악을 행하되 여로보암의 길로 행하며 그가 이스라엘에게 범하게 한 그 죄 중에 행하였더라"(왕상 15:34)

결국 다윗의 길과 여로보암의 길을 전하는 이 말씀은 우리가 무엇을 따라야 하는지 교훈하고 있습니다. 곧 마땅히 하나님을 경외하며 정직히 그 말씀을 따라 살아가는 다윗의 길을 따라야 합니다. 그렇게 하나님께 인정받는 의로운 삶을 살아야 합니다. 혹 불의함으로 여로보암의 길을 따르고 있다면 그 길에서 돌이켜야 합니다.

골로새서 2장_그리스도를 따라야

그리스도 안에서 주어진 교훈을 따라 믿음에 굳게 서야 함을 가르치고 있습니다. 따라서 또한 철학과 헛된 속임수를 전하는 거짓 교사들을 주의해야 하고, 그들의 속임수에 사로잡혀 사람의 전통과 세상의 초등학문을 따르지 말아야 함을 가르치고 있습니다. "그러므로 너희가 그리스도 예수를 주로 받았으니 그 안에서 행하되 그 안에 뿌리를 박으며 세움을 받아 교훈을 받은 대로 믿음에 굳게 서서 감사함을 넘치게 하라 누가 철학과 헛된 속임수로 너희를 사로잡을까 주의하라 이것은 사람의 전통과 세상의 초등학문을 따름이요 그리스도를 따름이 아니니라"(골 2:6~8) 곧 우리가 따라야 할 것은 바로 그리스도입니다. 구원은 그리스도 예수를 따름에 있습니다. 그 교훈을 따라 그리스도 예수를 믿음으로 구원함에 이릅니다. 결코 세상의 철학과 학문으로 구원에 이를 수 없습니다. 거짓 교사들이 주장하는 음식의 규정(골 2:16)과, 천사 숭배(골 2:18) 등이 우리를 생명으로 이끌지 못합니다. 따라서 그 헛된 교훈으로 흔들리거나 넘어지지 말고, 우리의 구원 되시고 주님이 되시는 그리스도를 따라야 합니다.

에스겔 45장_정의와 공의를 따라야

제사장과 레위인들 그리고 왕에게 줄 땅에 대한 말씀을 전하고 있고, 또한 이스라엘 통치자들을 향한 경고의 말씀을 전하고 있습니다. 곧 포악과 겁탈 등 불의와 죄악을 버리고 정의와 공의를 행하라는 것입니다. 자기 욕심을 구하여 백성들을 속이고 빼앗는 악한 일을 중단하라는 것입니다. "주 여호와께서 이같이 말씀하셨느니라 이스라엘의 통치자들아 너희에게 만족하니라 너희는 포악과 겁탈을 제거하여 버리고 정의와 공의를 행하여 내 백성에게 속여 빼앗는 것을 그칠지니라 주 여호와의 말씀이니라 너희는 공정한 저울과 공정한 에바와 공정한 밧을 쓸지니"(겔 45:9~10)

이스라엘의 통치자들은 하나님을 대리한 통치자들입니다. 하나님께서 다스리는 나라에 자신이 대리자로 임명 됐음을 기억해야 합니다. 따라서 하나님의 뜻을 따라 백성들을 돌보며 정의와 공의를 행해야 합니다. 자기 욕심이 아니라, 정의와 공의를 따라야 합니다. 그리고 이것은 오늘 우리도 마찬가지입니다. 우리는 하나님의 말씀으로 세상을 선도해야 합니다. 하나님의 뜻을 전하고 그 뜻대로 세상을 이끄는 지도자들이 돼야 합니다. 따라서 우리도 욕심을 버리고 하나님의 뜻을 따르고 정의와 공의를 따라야 합니다.

시편 99~101편_여호와를 따라야

시편 99편은 하나님의 거룩하심을 전하며 찬양하라는 시입니다. 시편 100편은 여호와가 우리의 하나님이심을 알고 감사하며 찬양하라는 시입니다. 시편 101편은 통치의 모범을 보이겠다는 다윗의 시입니다. 곧 완전한 길을 따라 악을 미워하고 불의하고 교만한 자를 멀리하며 충성된 자를 가까이 하겠다는 것입니다.

특별히 시편 100편의 말씀을 통해서, 우리가 여호와 하나님을 따라야 함을 깨닫게 됩니다. 곧 하나님은 우리의 주인이요, 우리를 기르시는 목자가 되시고 우리는 그의 양이 된다는 것입니다. "여호와가 우리 하나님이신 줄 너희는 알지어다 그는 우리를 지으신 이요 우리는 그의 것이니 그의 백성이요 그의 기르시는 양이로다 감사함으로 그의 문에 들어가며 찬송함으로 그의 궁정에 들어가서 그에게 감사하며 그의 이름을 송축할지어다"(시 100:3~4) 양이 되는 우리들이 목자 되시는 여호와 하나님을 따름은 마땅하지 않습니까? 우리를 기르시고 돌보시는 하나님을 따라서 그 성전에 들어가 찬양과 감사를 드리는 것은 마땅합니다. 그렇게 하나님을 따라야 합니다.

오늘의 기도

1. 다윗의 길을 따라 하나님을 경외하며 정직한 삶을 살아가게 하소서.
2. 사람의 전통과 헛된 세상의 초등학문에 사로잡히지 않고 오직 그리스도를 따라 그리스도의 교훈에 굳게 서게 하소서.
3. 우리를 기르시며 돌보시는 목자 되신 하나님을 따르며 힘써 찬양과 예배의 삶을 살게 하소서.

하나님의 은혜의 때를 믿음으로 기다릴 뿐만 아니라, 그 은혜를 잊지 않아야 합니다. 베푸신 놀라운 은혜를 기억하고 마땅히 위의 것을 찾는 새 삶을 살아야 합니다. 그 은혜에서 돌아서지 않도록 결단하고 다짐해야 합니다.

열왕기상 16장_은혜를 잊은 왕들

이스라엘의 왕들, 곧 바아사, 엘라, 시므리, 오므리, 아합에 대한 말씀입니다. 여로보암의 집안을 멸하고 바아사가 왕위에 올랐으나 하나님 앞에 악하였고, 그 아들 엘라가 뒤를 이어 왕이 됐으나, 시므리에 의해 죽임을 당하고, 혼란 중에 다시 오므리가 시므리를 이기고 왕위에 오르고, 이어서 그 아들 아합이 왕위에 오른 사실을 전하고 있습니다.

특별히 주목할 말씀이 그 왕들이 하나님의 은혜를 잊었다는 것입니다. 그들을 이스라엘의 주권자로 세우신 분은 하나님이십니다. 따라서 그 은혜를 기억하며 하나님을 경외하고 그 말씀을 따라 선하고 의롭게 백성들을 통치하며 나라를 이끌어야 합니다. 그런데 하나님의 은혜와 주신 사명을 잊고 하나님께서 보시기에 악을 행했습니다.

"내가 너를 티끌에서 들어 내 백성 이스라엘 위에 주권자가 되게 하였거늘 네가 여로보암의 길로 행하며 내 백성 이스라엘에게 범죄하게 하여 그들의 죄로 나를 노엽게 하였은즉"(왕상 16:2) 선지자 예후를 통하여 이스라엘의 왕 바아사를 꾸짖은 말씀입니다. 그를 왕으로 세우신 하나님의 은혜를 잊고 하나님 앞에서 악을 행했으며, 그 백성들까지 범죄케 했다는 것입니다. 그럼으로 하나님을 진노케 했다는 것입니다. 바아사뿐만 아니라 엘라, 시므리, 오므리, 아합 등, 이후 세워진 이스라엘의 모든 왕들도 여호와 하나님께서 보시기에 악을 행하여 하나님을 진노케 했습니다. 범죄하고 우상을 숭배하여 여로보암의 길을 따랐습니다. 하나님께서 그들을 왕으로 세우신 은혜와 왕으로서 백성들을 의롭게 다스리고 이끌어야 하는 사명을 잊었습니다.

"그러나 내가 나 된 것은 하나님의 은혜로 된 것이니 내게 주신 그의 은혜가 헛되지 아니하여 내가 모든 사도보다 더 많이 수고하였으나 내가 한 것이 아니요 오직 나와 함께 하신 하나님의 은혜로라"(고전 15:10) 바울은 하나님의 은혜를 잊지 않았고, 따라서 자신에게 주어진 사명에 수고와 힘을 아끼지 않았습니다. 이처럼 하나님의 은혜를 잊지 않는 삶, 그럼으로 그 은혜를 삶에서 이어가는 삶이 우리가 따라가야 하는 삶입니다. 어리석게 이스라엘의 왕들처럼 은혜를 잊고 하나님의 진노를 사고 심판에 이르지 않아야 합니다.

골로새서 3장_은혜를 받은 자의 새 삶

새 사람의 삶을 살아야 함을 전하고 있습니다. 곧 하나님의 은혜로 새 사람이 되었음을 기억하고, 땅의 것이 아닌 위의 것을 생각하며 살아가야 한다는 것입니다. "그러므로 너희가 그리스도와 함께 다시 살리심을 받았으면 위의 것을 찾으라 거기는 그리스도께서 하나님 우편에 앉아 계시느니라 위의 것을 생각하고 땅의 것을 생각하지 말라"(골 3:1~2) 따라서 땅에 있는 지체, 곧 음란과 부정과 사욕과 악한 정욕과 탐심을 따르던 옛 사람을 벗어버리고, 하나님의 형상을 따라 새롭게 하심을 입은 새 사람으로, 이전과는 다른 새 삶을 살아가야 함을 가르치고 있습니다. "그러므로 너희는 하나님이 택하사 거룩하고 사랑 받는 자처럼 긍휼과 자비와 겸손과 온유와 오래 참음을 옷 입고 누가 누구에게 불만이 있거든 서로 용납하여 피차 용서하되 주께서 너희를 용서하신 것 같이 너희도 그리하고 이 모든 것 위에 사랑을 더하라 이는 온전하게 매는 띠니라 그리스도의 평강이 너희 마음을 주장하게 하라 너희는 평강을 위하여 한 몸으로 부르심

을 받았나니 너희는 또한 감사하는 자가 되라"(골 3:12~15)

하나님의 은혜로 우리는 그리스도와 함께 새 생명을 얻고 새 사람이 되었습니다. 새 생명을 얻은 우리에게는 이에 걸맞은 새 삶이 있습니다. 이 새 삶을 놓치고 옛 삶에 매여서 살아가는 것, 곧 옛 사람을 벗어 버리지 못해 하나님의 생명이 아닌 하나님의 진노와 멸망의 삶을 살아가는 것은 어리석은 일입니다. 이는 하나님의 은혜를 헛되이 하는 일입니다. 따라서 하나님의 진노가 임하는 음란과 부정과 사욕과 악한 정욕과 탐심을 죽이고, 거룩함과 긍휼과 자비와 겸손과 온유와 오래 참음과 용서와 사랑과 감사의 삶을 살아야 합니다.

에스겔 46장_은혜에서 돌아서지 않으리라는 결단

45장에 이어서 안식일과 초하루와 모든 정한 절기에 왕이 드려야 하는 제사와 제물에 대해 말씀하고 있습니다. 이는 곧 새 성전의 비전과 함께 이스라엘의 회복이 이루어지고, 다시 하나님을 예배하게 될 것을 전하고 있는 것입니다. 그런데 주목할 말씀이, 예배할 때 북문으로 들어와 경배하는 자는 그대로 직진하여 남문으로 나가고, 남문으로 들어와 경배하는 자는 북문으로 나가라는 것입니다. 돌이켜 들어온 문으로 나가지 말라는 것입니다. "그러나 모든 정한 절기에 이 땅 백성이 나 여호와 앞에 나아올 때에는 북문으로 들어와서 경배하는 자는 남문으로 나가고 남문으로 들어오는 자는 북문으로 나갈지라 들어온 문으로 도로 나가지 말고 그 몸이 앞으로 향한 대로 나갈지며"(겔 46:9)

이 말씀은 단순하게 생각해 보면, 절기에 일시적으로 몰려드는 많은 백성들로 인해 발생할지 모르는 혼란을 방지하고, 성전 내에서 질서를 유지시키기 위한 것으로 볼 수 있습니다. 그러나 또한 "그 몸이 앞으로 향한 대로"라는 말씀에서 영적인 의미를 생각해 볼 수 있습니다. 하나님을 향한 예배, 곧 그 신앙에서 돌이키지 말아야 한다는 것입니다. 어리석게 이전처럼 하나님에게서 돌아서지 말고, 오히려 이전의 죄악된 옛 삶을 단절하고, 새 사람으로 하나님만 바라보며 흔들리지 말아야 한다는 것입니다. 예배를 통해 그 신앙을 결단하며 치우치거나 흔들림 없이 정진해야 한다는 것입니다.

하나님을 통해 주어진 은혜의 새 삶을 지속하기 위해 끊임없는 결단이 필요합니다. 놀라운 하나님의 은혜로 새 삶의 기회가 주어졌는데, 다시 돌이켜 심판과 멸망에 이르고 만다면 어리석은 일입니다. 따라서 하나님 앞에서 끊임없이 결단해야 합니다. 하나님만 바라보며 돌아서지 않으리라고 다짐하며 예배해야 합니다.

시편 102편_은혜의 때를 기다리는 인내와 믿음

고난과 고통 중에 아파하며 하나님의 도우심을 구한 한 신앙인의 기도입니다. 무엇보다 시온을 긍휼히 여기시고 재건해 주시기를 구하고 있는데, 그의 기도에서 인내와 믿음을 볼 수 있습니다. 곧 살아 계신 하나님께서 반드시 그 긍휼을 베푸실 것을 믿고, 포기하지 않고 하나님의 은혜의 때, 곧 시온의 회복을 기다리고 있다는 것입니다. "주께서 일어나사 시온을 긍휼히 여기시리니 지금은 그에게 은혜를 베푸실 때라 정한 기한이 다가옴이니이다"(시 102:13) "정한 기한이 다가옴이니이다"는 고백에서 그의 포기하지 않는 믿음과 소망을 볼 수 있는데, 이처럼 우리도 포기하지 말고 하나님의 은혜를 확신하며 인내해야 합니다. 하나님께서 긍휼을 베푸시는 때가 있음을 기억하며, 믿음으로 하나님의 은혜의 때를 기다려야 합니다.

오늘의 기도

1. 주께서 베푸신 은혜와 그 은혜에 따른 사명을 잊지 않게 하소서.
2. 주의 은혜로 얻은 생명을 기억하고, 땅의 것이 아닌 위의 것을 생각하며 찾는 새 삶을 살게 하소서.
3. 주의 은혜에서 돌이키지 않으리라고 결단하며 예배할 때, 그 결단을 지킬 수 있도록 힘을 주소서.

생명

열왕기상 17장 | 골로새서 4장 | 에스겔 47장 | 시편 103편

주의 말씀과 주께서 주시는 생수의 은혜가 우리에게 생명을 줍니다. 우리를 용서하시는 주의 사랑과 긍휼이 우리를 다시 살게 합니다. 따라서 주의 은혜를 구하며 주의 말씀에 절대적으로 순종해야 합니다. 생명의 복음을 힘써 전하여 생명을 나누어야 합니다.

열왕기상 17장_말씀을 통해 누리는 생명

엘리야가 아합 왕에게 가뭄의 심판을 예언한 말씀입니다. 또한 그가 가뭄 중에 그릿 시냇가에서 하나님의 은혜 속에서 까마귀들이 가져다주는 떡과 고기로 살아간 것과, 떨어지지 않는 통의 가루와 없어지지 않는 기름의 기적 속에서 사르밧 과부의 공궤를 받으며 살아간 것을 기록하고 있습니다.

여기서 말씀을 통해 누리는 생명을 보게 됩니다. 하나님의 말씀에 대한 순종이 생명의 위기 가운데서도 생명을 지키고, 생명의 삶을 살아가게 한다는 것입니다. 곧 하나님의 심판으로 인한 가뭄 중에서 함께 고통 받고 죽음의 위기를 겪을 수밖에 없는 엘리야에게 하나님은 그릿 시냇가로 가서 숨으라는 명령과 그곳에서 까마귀들을 통해 돌보시겠다는 말씀을 주셨습니다(왕상 17:3~4). 엘리야는 이 말씀에 순종했고, 거기서 시냇물이 마를 때까지 하나님의 말씀대로 까마귀들이 가져다주는 떡과 고기를 먹으며 생명을 지킬 수 있었습니다. 하나님의 말씀을 붙들고 그 말씀에 따라 살아가는 엘리야에게 생명의 은혜가 있었습니다.

그릿 시냇가의 물이 마르자 하나님은 다시 시돈에 속한 사르밧의 한 과부에게 가서 그의 공궤를 받으며 살아가라고 명령하셨습니다(왕상 17:9). 사실 가루 한 움큼과 기름 조금이 가진 것의 전부였던 가난한 과부였습니다. 그에게서 무슨 공궤를 받고 생명을 지킬 수 있는가 생각될 수밖에 없는 과부였습니다. 그러나 엘리야는 말씀에 순종했고, 또 그 통의 가루와 기름이 마르지 않으리라는 하나님의 말씀을 믿었습니다. 그리고 그 말씀에 대한 순종과 믿음으로 과부의 공궤를 받으며 그 생명을 지킬 수 있었습니다.

말씀을 통한 생명의 은혜는 사르밧 과부도 동일하게 경험하는 은혜였습니다. 곧 그도 엘리야를 먼저 공궤하는 말씀의 순종을 통해 그 통의 가루와 기름이 마르지 않는 축복을 함께 경험했고, 또 이를 통해 그 자신과 아들의 생명도 지킬 수 있었습니다. 엘리야를 통해 전해지는 하나님의 말씀을 따른 결과, 하나님의 생명을 누릴 수 있었습니다.

하나님의 말씀은 생명이 됩니다. 따라서 이해하기 어렵고 따르기 어려운 말씀이라도 순종해야 합니다. 우리의 생각보다 하나님의 말씀에 더 큰 무게를 두고, 우리 자신을 쳐서 말씀에 순종할 때, 하나님의 생명의 은혜를 누릴 수 있습니다. 말씀을 붙잡고 따르는 것이 생명을 누리는 길입니다.

골로새서 4장_전도를 통해 나누는 생명

기도에 대한 부탁과 바른 말을 하라는 권면, 그리고 편지를 마무리하는 인사말을 기록하고 있습니다. 기도해 달라는 부탁에 주목하면, 바울은 골로새 교회에 하나님께서 전도할 문을 우리에게 열어 주시기를 기도해 달라고 요청했습니다. "또한 우리를 위하여 기도하되 하나님이 전도할 문을 우리에게 열어 주사 그리스도의 비밀을 말하게 하시기를 구하라 내가 이 일 때문에 매임을 당하였노라"(골 4:3) 여기서 바울의 간절한 바람을 보게 됩니다. 바울은 전도를 통해 생명의 복음이 중단 없이 나눠지기를 바랐습니다. 이로 인해 고난을 당하고 옥에 갇힘에도 복음을 전하는 일을 피하지 않았습니다. 오직 예수 그리스도의 십자가, 곧 복음에 생명이 있고, 따라서 이 복음을 전하는 전도를 통해서 생명을 나눌 수 있기에, 이 생명을 나누는 일에 그의 온 마음과 힘을 다했습니다.

결국 무엇입니까? 말씀에 순종함으로 생명을 누릴 뿐만 아니라, 바울처럼 복음을 전하여 생명을 나누는 일에도 힘을 다해야 합니다. 우리 안에 있는 생명으로만 만족하지 말아야 합니다. 이것이 우리의 사명입니다.

에스겔 47장_생수를 통해 누리는 생명

성전에서 흘러나오는 놀라운 강물에 대해 전하고 있습니다. 곧 성전에서 시작된 물이 강을 이루고, 이 강물이 흘러 맞닿는 곳에 되살아나는 생명이 있게 된다는 것입니다. 뿐만 아니라 이 생명으로 인해 모든 생물이 살고 번성하는 놀라운 축복이 있게 된다는 것입니다. "그가 내게 이르시되 이 물이 동쪽으로 향하여 흘러 아라바로 내려가서 바다에 이르니니 이 흘러 내리는 물로 그 바다의 물이 되살아나리라 이 강물이 이르는 곳마다 번성하는 모든 생물이 살고 또 고기가 심히 많으리니 이 물이 흘러 들어가므로 바닷물이 되살아나겠고 이 강이 이르는 각처에 모든 것이 살 것이며"(겔 47:8~9) 이 물이 성전에서부터 시작됐다는 것을 놓치지 말아야 합니다. 하나님의 성전에서부터 시작된 물, 곧 생수가 놀라운 생명을 이루어간다는 것입니다. 따라서 끊임없이 하나님께서 계시는 성전을 찾아 예배해야 합니다. 하나님께 생수의 은혜를 구해야 합니다. 생명의 물 가운데 우리의 삶을 담가 생명과 활기와 번성의 삶을 살아야 합니다.

또한 생수의 은혜에 만족하며 살아야 합니다. 곧 에스겔은 환상 중에 흘러나오는 물을 건너며 그 은혜에 잠겨 있었습니다. 발목, 무릎, 허리, 그리고 머리 위까지 차오르는 물을 순차적으로 건너며 그 은혜의 물 안에 있습니다. 그런데 이후, 천사의 인도를 따라 강가로 돌아와, 강 좌우에 나무가 심히 많은 것을 볼 수 있었습니다. 생명의 물에 잠겨 그 은혜를 경험하고 있는 동안 생명의 물을 통해 놀라운 번성이 이루어진 것입니다. 에스겔은 그저 은혜의 강물 안에 머물러 있었을 뿐인데, 다시 말해 그 은혜에 만족하며 그 은혜를 누리고 있었을 뿐인데, 그 시간에 놀라운 번성의 축복도 주어지게 된 것입니다. 그리고 이후 천사를 통해 이 생명의 물이 흘러가는 곳과 그곳에서 있게 되는 놀라운 번성과 활기와 생명의 축복도 듣게 됐습니다. 이처럼 생수의 은혜에 잠겨 그 은혜에 만족하며 살아가면, 놀라운 생명도 누리고, 그 생명 속에서 번성의 축복도 누리게 됩니다.

시편 103편_긍휼을 통해 누리는 생명

하나님의 자비로우심을 높이 찬양하는 다윗의 시입니다. 무엇보다 주목할 말씀이 하나님의 긍휼입니다. 하나님의 사랑과 긍휼이 우리의 간구에 좋은 것으로 주시는 응답으로 이어지게 할 뿐만 아니라, 모든 죄를 용서하시고 파멸에서 생명을 건지시는 구원으로 나타난다는 것입니다. 하나님의 긍휼이 우리에게 생명을 준다는 것입니다. "그가 네 모든 죄악을 사하시며 네 모든 병을 고치시며 네 생명을 파멸에서 속량하시고 인자와 긍휼로 관을 씌우시며 좋은 것으로 네 소원을 만족하게 하사 네 청춘을 독수리 같이 새롭게 하시는도다"(시 103:3~5)

사명

맥체인성경365 1635p

열왕기상 18장 | 데살로니가전서 1장 | 에스겔 48장 | 시편 104편

하나님의 주권과 돌보심을 기억하며 고난 중에도 사명의 삶을 살아가야 합니다. 그때에 하나님의 승리가 있고, 열매를 통한 기쁨이 있습니다. 하나님께서 보상하시는 축복이 있습니다.

열왕기상 18장_사명으로 누리는 승리

엘리야가 이방 선지자들과 대결을 벌여 승리한 말씀입니다. 곧 엘리야는 갈멜산에서 누가 참 하나님인지 이방 선지자들과 대결을 벌였습니다. 제단을 쌓고 제사하여 그 제단에 불을 내리는 신이 참 신이라는 것입니다. 바알 선지자들이 쌓은 제단에는 불이 임하지 않았습니다. 바알 선지자들이 자신의 몸을 상하게 하면서까지 춤을 추며 부르짖어 불을 구했지만 응답이 없었습니다. 그러나 엘리야가 여호와 하나님께 쌓은 제단에는 하나님의 불이 임하였고, 그 불이 번제물뿐만 아니라 돌과 흙까지 태우고, 도랑에 고인 물까지 말려버렸습니다. "여호와여 내게 응답하옵소서 내게 응답하옵소서 이 백성에게 주 여호와는 하나님이신 것과 주는 그들의 마음을 되돌이키심을 알게 하옵소서 하매 이에 여호와의 불이 내려서 번제물과 나무와 돌과 흙을 태우고 또 도랑의 물을 핥은지라"(왕상 18:37~38)

엘리야는 아합과 이세벨의 핍박 속에서도 홀로 고군분투하며 하나님의 말씀을 전하며 사역했습니다. 외롭고 고통스럽지만 자신에게 주어진 사명을 포기하지 않았습니다. 그리고 이를 통해 하나님의 승리를 경험할 수 있었습니다. 하나님께서 내려주신 불의 응답으로 여호와 하나님이 참 하나님이심을 증거하며 이방 선지자들을 진멸하는 승리를 거둘 수 있었습니다. 이처럼 고난과 핍박이 있지만 그 사명을 포기하지 않는 사람에게 하나님의 승리가 있습니다. 하나님은 사명의 사람을 그 위기 속에서 지키시고 돌보실 뿐만 아니라 놀라운 승리를 주십니다.

데살로니가전서 1장_사명으로 맺은 열매

데살로니가 교회의 모범적 신앙을 전하는 말씀입니다. 곧 바울은 데살로니가 교회 성도들의 믿음의 역사와 사랑의 수고와 소망의 인내의 소식을 들으며 감사했습니다(살전 1:2~3). 바울과 그 동역자들은 말로만이 아니라 능력과 성령과 큰 확신으로 그들에게 복음을 전했는데, 이것이 열매로 맺어진 것이기에 기뻐했습니다. 복음을 전하기까지 많은 고난과 수고와 아픔이 있었지만, 굳건하게 믿음에 서서 주를 본받으며 살아가는 데살로니가 교인들이 열매가 되었고, 이 열매가 바울에게 큰 기쁨이 된 것입니다. "이는 우리 복음이 너희에게 말로만 이른 것이 아니라 또한 능력과 성령과 큰 확신으로 된 것임이라 우리가 너희 가운데서 너희를 위하여 어떤 사람이 된 것은 너희가 아는 바와 같으니라"(살전 1:5)

고난 중에도 수고하며 포기하지 않고 사명의 길을 걸어가면 반드시 열매가 있습니다. 힘써 살아가는 사명의 삶에 하나님께서 열매를 거두게 하십니다. 이 열매가 우리의 수고와 고난을 잊게 할 만큼 기쁨이 됩니다. 이 열매를 기억하며 사명을 길을 끝까지 걸어가야 합니다.

에스겔 48장_사명으로 누리는 축복

땅의 분배에 대한 말씀으로 이스라엘 모든 지파에 나누게 되는 땅과 그 경계에 대해 기록하고 있습니다. 그런데 주목할 말씀이 사독의 자손들에게 약속된 땅입니다. "이 땅을 사독의 자손 중에서 거룩하게 구별한 제사장에게 돌릴지어다 그들은 직분을 지키고 이스라엘 족속이 그릇될 때에 레위 사람이 그릇된 것처럼 그릇되지 아니하였느니라"(겔

48:11) 모두가 죄악으로 하나님을 떠나고 등을 돌리는 때에도 오직 사독의 자손들만은 그 직분을 지키며 충성을 다했습니다. 하나님께서 맡기신 사명에서 떠나지 않았습니다. 따라서 하나님께서 그들을 향한 축복을 말씀하신 것입니다. 성전을 중심으로 사방을 거룩한 땅으로 구별하여 사독의 자손에게 주어야 함을 말씀하셨는데(겔 48:10), 그 충성한 사명에 축복으로 응답하신 것입니다.

사독의 자손에게 약속된 땅과 축복은 사명을 지키는 자에게 주어지는 축복을 가르쳐주고 있습니다. 하나님께서는 사명을 지키는 자를 반드시 축복하십니다. 당장은 그 사명을 지키기 위해 아픔과 고통을 겪고 눈물을 흘려야 하지만, 하나님은 그 이상의 축복을 통해 갚으시고 보상해주십니다. 그 수고와 눈물을 기쁨으로 바꾸어 주십니다.

시편 104편_마땅한 사명의 삶

창조주 하나님을 향한 찬양입니다. 하나님께서 온 세상과 세상의 모든 생물들을 창조하셨고, 또 놀라운 섭리로 다스리시며 돌보시고 계시다는 것입니다. 이 세상에 사는 모든 생물들의 필요를 알아 공급해 주신다는 것입니다. 뿐만 아니라 모든 것이 하나님의 손 안에 있다는 사실, 곧 죽고 사는 생명까지도 그 주권이 하나님께 있음도 전하고 있는데, 그러므로 그 하나님을 평생토록 찬양하는 것이 마땅하다는 것입니다. 모든 삶과 죽음이 하나님의 주권 안에 있고 오직 하나님의 돌보심 속에 살아감을 기억하며 마땅히 하나님을 찬양하는 삶을 살아야 한다는 것입니다. 따라서 이 시편의 신앙인은 평생토록 하나님을 찬양하겠다고 고백하고 있습니다. "내가 평생토록 여호와께 노래하며 내가 살아 있는 동안 내 하나님을 찬양하리로다"(시 104:33)

결국 이 말씀은 우리의 사명에 대해 생각하게 합니다. 하나님께서 우리를 창조하심은 찬양에 있습니다. 하나님을 향한 찬양과 영광을 위해 우리가 창조됐습니다. 더욱이 우리를 놀랍게 다스리시고 돌보시며 공급하시는 하나님의 은혜에 힘써 하나님을 찬양함은 마땅합니다. 그렇게 하나님의 주권과 섭리를 바라보며 찬양하고 하나님의 영광을 위한 사명이 삶을 살아야 합니다.

사명으로

맥체인성경365 1642p

열왕기상 19장 | 데살로니가전서 2장 | 다니엘 1장 | 시편 105편

고난 중에도 포기하지 말고 사명의 길을 가야 합니다. 따라서 인내하며 타협하지 말고 믿음을 지켜야 하고, 목숨까지 걸고 사명을 감당해야 합니다.

열왕기상 19장_사명으로 가야 하는 길

갈멜산에서의 대결 이후, 엘리야가 호렙산까지 간 것과 호렙산에서 세미한 음성 가운데 하나님의 말씀을 들은 것을 기록하고 있습니다. 곧 하사엘에게 기름으로 부어 아람의 왕으로 세우고, 예후에게 기름을 부어 이스라엘의 왕으로 세우며, 엘리사에게 기름을 부어 엘리야 그 자신의 뒤를 잇는 선지자로 세우라는 것입니다. 더불어 바알에게 무릎을 꿇지 않은 사람 칠천 명을 남겨 놓으셨음을 말씀하셨습니다. 여기서 사명으로 가야 하는 길을 보게 됩니다. 하나님께서 뜻하신 길까지 어떤 고난과 아픔에도 포기하지 말고 가야 한다는 것입니다.

"자기 자신은 광야로 들어가 하룻길쯤 가서 한 로뎀 나무 아래에 앉아서 자기가 죽기를 원하여 이르되 여호와여 넉넉하오니 지금 내 생명을 거두시옵소서 나는 내 조상들보다 낫지 못하니이다 하고"(왕상 19:4) 엘리야는 로뎀나무 아래에서 죽기를 구했습니다. 갈멜산에서의 승리의 기쁨은 잠시였고, 더욱 분노한 이세벨이 엘리야를 잡아 죽이고자 했기 때문입니다. 홀로 하나님의 말씀을 들고 고군분투하다 이제는 지쳤고, 이로 인해 그만 사명을 내려놓기를 구한 것입니다. 그러나 하나님은 그런 그에게 천사를 보내셔서 위로하시고, 떡과 물을 통해 힘을 얻게 하셨습니다. 그리고 끝까지 사명의 길을 걸어가야 함을 말씀하셨습니다. 곧 엘리야가 아직 가야 할 길이 남아 있다는 것입니다. "여호와의 천사가 또 다시 와서 어루만지며 이르되 일어나 먹으라 네가 갈 길을 다 가지 못할까 하노라 하는지라"(왕상 19:7)

우리의 사명의 길은 하나님께서 정하신 길까지 포기하지 말아야 합니다. 고통과 아픔 속에서 모든 것을 다 포기하고 내려놓고 싶을 때, 오히려 하나님의 위로와 힘 주심을 구해야 합니다. 그럼으로 끝까지 사명의 길을 걸어가야 합니다.

데살로니가전서 2장_사명으로 목숨까지 걸어야

데살로니가에서 복음을 전하며 교회를 세우는데 있어서 바울과 그 동역자들이 보였던 진실함과 헌신에 대해 전하고 있습니다. 곧 바울은 복음을 전하며 그 영혼을 구원하는 일에 목숨까지도 내놓았음을 고백하고 있습니다. "우리가 이같이 너희를 사모하여 하나님의 복음뿐 아니라 우리의 목숨까지도 너희에게 주기를 기뻐함은 너희가 우리의 사랑하는 자 됨이라 형제들아 우리의 수고와 애쓴 것을 너희가 기억하리니 너희 아무에게도 폐를 끼치지 아니하려고 밤낮으로 일하면서 너희에게 하나님의 복음을 전하였노라"(살전 2:8~9)

바울에게는 복음의 사명을 감당하며 영혼을 구원하는 일보다 더 큰 기쁨은 없었고, 또 더 소중한 가치는 없었습니다. 따라서 밤낮으로 수고하고 고난 받고 오해를 받으면서도 아무 대가 없이 복음을 전하는 사명에 힘을 쏟았습니다. 이처럼 우리의 기쁨도 복음에 있어야 합니다. 주께서 주신 사명에 최고의 가치를 두고 따라가야 합니다. 밤낮으로 수고하기를 마다하지 않아야 하고, 바울처럼 목숨까지도 걸고 그 사명을 감당해야 합니다.

다니엘 1장_사명으로 타협하지 않아야

바벨론에 포로로 잡혀온 다니엘과 그 친구들이 바벨론 왕궁에서 교육을 받게 된 것과, 다니엘이 뜻을 정하여 왕의 음식과 그 마시는 포도주로 자신을 더럽히지 않기를 결단한 것을 전하고 있습니다. "다니엘은 뜻을 정하여 왕의 음식과 그가 마시는 포도주로 자기를 더럽히지 아니하리라 하고 자기를 더럽히지 아니하도록 환관장에게 구하니"(단 1:8)

다니엘이 왕의 진미와 포도주를 거절한 이유는 다음의 세 가지로 생각해 볼 수 있습니다. 첫째, 그 음식들이 이스라엘 율법에 어긋나는 부정한 음식이었기 때문입니다. 곧 이스라엘 백성들에게는 율법에 따라 먹을 수 있는 정한 음식과 먹어서는 안 되는 부정한 음식이 구별되어 있었습니다. 그런데 왕이 내려준 음식은 그런 구별 없이 주어지기에 먹을 수 없었다는 것입니다. 둘째, 그 음식들이 바벨론 신전에서 먼저 우상에게 바쳐졌던 음식들이었기 때문입니다. 이방 신들에게 제사로 드려진 음식을 먹는 것은 하나님을 향해 절대적 믿음을 가진 다니엘에게는 용납할 수 없는 일이었습니다. 셋째, 왕이 준 음식을 먹는다는 것은 하나님에 버금가거나 그 이상의 충성을 왕에게 바친다는 뜻을 가졌기 때문입니다. 따라서 거절할 수밖에 없었는데, 다니엘은 아무리 왕이라 할지라도 하나님에 버금가는 충성을 바칠 수 없었던 것입니다.

이처럼 다니엘이 결단했고, 또 그 친구들이 동참했지만, 그러나 포로에 불과한 그들이 이 결단을 지키는 것은 어려운 일이었습니다. 바벨론의 이방 종교와 문화 속에서 하나님을 향한 믿음을 지키는 것은 사실 불가능한 일이었습니다. 그러나 다니엘과 그의 친구들은 하나님의 백성으로서 살아가야 하는 사명을 기억하며 타협하지 않았고, 이를 통해 하나님의 놀라운 은혜와 도우심을 경험할 수 있었습니다. 하나님의 도우심 속에서 그 결단을 지켜 왕의 진미와 포도주를 거절하고, 그 자신들을 거룩하게 세워갈 수 있었습니다. 그리고 이런 그들을 하나님께서 축복하셨는데, 그들에게 놀라운 지혜를 주셨고, 그 지혜와 총명이 바벨론 왕궁에서 교육 받은 다른 소년들은 물론이요, 온 나라 박수와 술객보다 더욱 뛰어나게 하셨습니다. 또한 다니엘에게는 모든 환상과 꿈을 깨달아 아는 은사도 주셨습니다.

시편 105편_사명으로 인내하며 연단 돼야

이스라엘 초기 역사를 회고하며 하나님의 신실하심의 행사를 감사하는 찬양입니다. 곧 아브라함과 언약을 맺으신 것부터 출애굽의 구원과 광야의 인도하심의 은혜까지, 하나님께서 이스라엘에 행하신 일들을 전하고 있습니다. 특별히 주목할 말씀이 하나님께서 그 약속을 이루시기 위해 요셉을 선택하신 말씀입니다. 그를 선택하시고 또 종으로 팔아 애굽에 보내시고 말씀으로 단련하셨다는 것입니다. "그가 한 사람을 앞서 보내셨음이여 요셉이 종으로 팔렸도다 그의 발은 차꼬를 차고 그의 몸은 쇠사슬에 매였으니 곧 여호와의 말씀이 응할 때까지라 그의 말씀이 그를 단련하였도다"(시 105:17~19) 곧 이스라엘을 향한 하나님의 큰 구원의 역사 속에서 요셉에게 주어진 사명이 있었습니다. 그는 이 사명을 감당하기까지 이해할 수 없는 고난의 시간을 지나야 했고, 또한 그 고난 속에서 인내하며 연단의 시간을 가져야 했습니다. 하나님께서 그를 통한 구원의 역사를 계획하셨고 이를 위해 고난으로 그를 연단하셨습니다.

사명의 삶에 고난이 있습니다. 무엇보다 하나님은 사명을 위해 우리를 연단하시는데, 고난을 통해 연단하십니다. 따라서 이 고난에 넘어지지 말고 하나님의 정하신 때까지 인내하며, 하나님의 정하신 분량까지 연단돼야 합니다.

오늘의 기도

1. 힘주시고 위로함 주셔서 하나님께서 뜻하신 곳까지 그 사명의 길을 포기하지 않고 달려가게 하소서.
2. 사명의 삶을 살아가는 하나님의 백성으로서 절대적 신앙을 세우고 타협하지 않게 하소서.
3. 생명보다 사명을 더 중요한 가치로 두고 따라가게 하소서. 사명을 위해 생명도 아끼지 않게 하소서.

하나님께서 주시는 것들

맥체인성경365 1647p

열왕기상 20장 | 데살로니가전서 3장 | 다니엘 2장 | 시편 106편

하나님은 위기와 환난 중에도 하나님을 믿고 의지하는 자를 도우시고, 힘과 위로함을 주십니다. 하나님 편에 선 백성에게 승리를 주시고, 회개하며 용서를 구하는 자에게 그 큰 긍휼로 용서하십니다.

열왕기상 20장_하나님께서 주시는 승리

이스라엘이 아람의 군대를 물리치고 승리한 말씀을 전하고 있습니다. 무엇보다 승리가 군사의 많고 적음이 아니라 하나님의 뜻에 있음을 보여주고 있습니다. 곧 아람의 왕 벤하닷이 모든 군대를 모아 이스라엘을 침략했습니다. 압도적인 병력으로 사마리아를 포위했습니다. 이스라엘과 아합 왕은 절제절명의 위기에 처할 수밖에 없었습니다. 그런데 하나님께서 승리를 주시겠다고 약속하셨습니다(왕상 20:13). 전쟁에서 이기고 지는 것은 하나님의 손에 달려 있고, 따라서 하나님께서 아람의 군대들을 물리치고 승리를 주시겠다는 것입니다. 그리고 이 약속대로 하나님께서는 이스라엘에게 승리를 주셨습니다.

이스라엘에게 주신 하나님의 승리는 또 다시 있었는데, 곧 아람의 벤하닷이 수많은 군사들을 이끌고 다시 이스라엘을 침략했습니다. 그 이끄는 군사들이 그 땅에 가득할 만큼 많았고, 이스라엘은 두 무리의 적은 염소 떼와 같았습니다(왕상 20:27). 이스라엘의 군대가 아람의 군대에 비교할 수 없이 작았습니다. 그러나 하나님은 군대의 크고 작음과 관계없이 아람의 군대를 물리쳐 하나님의 권능과 영광을 나타내시겠다고 말씀하셨습니다(왕상 20:28). 그리고 그 말씀대로 이스라엘에 다시 승리를 주셨습니다.

이처럼 승리는 하나님께 있습니다. 내가 가진 힘에 있지 않습니다. 따라서 중요한 것이 하나님을 절대적으로 의지하며 그 명령에 순종하는 것입니다. 하나님께서 주신 승리에 교만하지 않고, 내 힘으로 승리한 양 행동하지 않는 것입니다. 끝까지 하나님의 뜻을 따르는 것입니다. 그러나 아합 왕은 승리 이후 어리석게 하나님께서 승리 주신 것을 잊어버리고 말았습니다. 자신의 힘으로 승리한 양 교만하여 아람의 벤하닷 왕을 살려주었습니다. 하나님의 뜻은 아람의 왕을 멸하심에 있었지만, 하나님의 뜻이 아닌 자신의 뜻에 따라 그 모든 것을 결정하고 말았습니다. 그럼으로 결국 하나님의 심판의 말씀을 들어야 했습니다(왕상 19:42).

승리는 하나님께 있습니다. 따라서 절대적으로 내 힘이 아닌 하나님을 의지해야 합니다. 결코 교만하지 말고 겸손히 하나님의 뜻을 따라야 합니다. 이것이 승리하는 길이요, 계속된 승리를 누리는 길입니다.

데살로니가전서 3장_하나님께서 주시는 위로

디모데를 데살로니가로 보낸 것과 그 디모데가 돌아와서 기쁨의 소식을 전해준 사실을 기록하고 있습니다. 곧 데살로니가 교회에 믿음의 환난이 있었고, 바울은 이 환난으로 인해 교회의 성도들이 넘어지지는 않았는지 근심하지 않을 수 없었습니다. 이런 근심으로 디모데를 데살로니가 교회로 보냈는데, 데살로니가로 갔다가 돌아온 디모데가 데살로니가 교회가 환난 중에도 굳건하게 믿음을 지키고 있다는 기쁨의 소식을 가져온 것입니다. 이것이 바울에게 큰 기쁨이요 위로가 되었고, 하나님께 감사가 되었던 것입니다(살전 3:7~9).

사실 바울도 복음의 사역으로 인해 궁핍함과 환난을 겪고 있었습니다. 그런데 데살로니가 교회에서 들려온 소식이 그 모든 궁핍함과 환난을 이기게 할 만큼 큰 위로요 기쁨이요 감사가 되었습니다. 고난 중에서도 사역을 통해 맺어진 열매가 바울에게는 고난을 이기는 기쁨이었고 힘이었으며, 환난 중에 있던 그에게 하나님께서 주신 위로의 선물이었습니다. 이처럼 하나님께서는 위로함을 주십니다. 환난 중에서도 맡겨진 사명에 최선을 다하며 살아가는 사람에게 하나님은 위로하시며 힘을 주십니다.

다니엘 2장_하나님께서 주시는 도움

느브갓네살 왕의 꿈과 모든 지혜자들에게 닥친 죽음의 위기, 그러나 하나님의 도우심과 구원 등을 전하고 있습니다. 그리고 이를 통해 모든 주권이 왕이나 어떤 사람이 아닌 하나님께 있고, 그 모든 결정도 하나님의 뜻에 의해 이루어짐을 보여주고 있습니다. 따라서 또한 하나님께서 그 주권과 뜻으로 하나님을 의지하는 자를 도우시고 지키심을 보여주고 있습니다.

"그는 때와 계절을 바꾸시며 왕들을 폐하시고 왕들을 세우시며 지혜자에게 지혜를 주시고 총명한 자에게 지식을 주시는도다"(단 2:21) 때와 계절을 바꾸시며 왕들을 세우고 폐하시는 분은 하나님이심을 말씀하고 있는데, 이는 곧 세상이 절대적 권력을 가진 왕의 뜻에 따라 다스려져가는 것처럼 보여도, 그 왕을 세우시고 폐하시는 분은 하나님이시고, 모든 것은 하나님의 뜻에 달려 있음을 가르쳐주고 있습니다. 따라서 절대적 권력을 가진 왕이라 할지라도 그 위협에 두려워하거나 근심하지 말고, 하나님을 의지하며 하나님의 도우심을 구하면 된다는 사실을 가르쳐주고 있습니다. 곧 느브갓네살 왕이 자신이 꾼 꿈을 알지 못하고 또 해석하지 못한다는 이유로 모든 지혜자들을 죽이라고 명령을 내렸고, 이로 인해 그 죽음의 위기가 지혜자였던 다니엘에게까지 이르게 됐습니다. 그러나 다니엘은 왕의 명령으로 인한 죽음의 위협에도 두려워하지 않고 기도할 시간을 구했고, 하나님께 기도하고 하나님을 의지함으로 모든 문제를 풀어갔습니다. 모든 주권이 하나님께 있음을 믿고 확신했기에 그 엄한 왕의 명령에도 다니엘은 조금도 두려워하지 않은 것입니다. 그리고 또한 이를 통해 주권자 되신 하나님의 은혜와 도우심을 경험할 수 있었습니다.

어떤 위험과 환난 중에도 절대적으로 하나님을 믿고 의지하면 하나님의 도우심을 경험할 수 있습니다. 그 모든 주권과 결정이 오직 하나님께 있고, 하나님은 하나님을 의지하는 백성을 도우십니다. 따라서 힘 있는 어떤 사람에게 마음을 빼앗기거나 그를 두려워하지 말고 하나님만 바라보며 의지하면 됩니다. 하나님의 도우심을 믿고 구하면 됩니다.

시편 106편_하나님께서 베푸시는 긍휼

하나님의 은혜와 이스라엘의 배은망덕을 전하고 있습니다. 곧 하나님께서 큰 능력과 기적으로 이스라엘을 구원하시고 인도하시고 돌보시며 가나안 땅을 기업으로 주시는 등 은혜를 베푸셨지만, 백성들은 하나님을 불신하고 거역하고 불평하고 원망하며 우상을 숭배하는 등, 불의를 행했다는 것입니다. 이로 인해 하나님의 심판에 이르게 됐다는 것입니다. 그러나 또한 그럼에도 하나님은 은혜와 긍휼을 베푸시고 그 백성들을 회복하심을 말씀하고 있습니다. 그 백성들의 끊임없는 죄악에도 하나님은 그 백성들의 부르짖음을 들으시고, 다시 그들의 죄를 용서하시고 회복하신다는 것입니다. 하나님의 긍휼은 마지막까지 멈추지 않는다는 것입니다 (시 106:44~46).

오늘의 기도

1. 어떤 위기 속에서도 하나님의 주권을 바라보며 두려워하지 않게 하시고 도우시는 하나님의 은혜를 경험하게 하소서.
2. 환난과 어려움 중에서도 하나님께서 힘을 주시며 위로하시는 은혜를 누리게 하시고, 또한 이를 통해 주어진 사명의 길을 끝까지 걸어가게 하소서.
3. 돌이켜 하나님을 찾고 부르짖을 때, 언제나 그 큰 긍휼로 용서하시고 품어주시는 하나님의 은혜를 누리게 하소서.

18
Oct

노하게 하는 삶 vs 기쁘시게 하는 삶
열왕기상 21장 | 데살로니가전서 4장 | 다니엘 3장 | 시편 107편

하나님의 놀라우신 은혜와 구원을 경험한 우리는 하나님을 노하게 하는 삶이 아니라 하나님을 기쁘시게 하는 삶을 살아야 합니다. 불의를 버리고 거룩함으로, 타협하지 않는 믿음으로, 그리고 은혜에 대한 찬양으로 하나님을 기쁘시게 해야 합니다.

열왕기상 21장_불의함으로 하나님을 노하게 하는 삶

아합 왕의 불의와 하나님의 심판을 전하고 있는 말씀입니다. 곧 아합 왕이 이스르엘에 있는 나봇의 포도원에 욕심을 냈고, 이세벨의 계략으로 불의하게 나봇을 죽이고 그의 포도원을 빼앗았습니다. 이에 하나님께서 진노하시며 엘리야를 통해 심판을 선언하셨습니다. 그의 집을 여로보암과 바아사의 집처럼 멸하시겠다고 말씀하셨습니다. "여호와의 말씀이 내가 재앙을 네게 내려 너를 쓸어 버리되 네게 속한 남자는 이스라엘 가운데에 매인 자나 놓인 자를 다 멸할 것이요 또 네 집이 느밧의 아들 여로보암의 집처럼 되게 하고 아히야의 아들 바아사의 집처럼 되게 하리니 이는 네가 나를 노하게 하고 이스라엘이 범죄하게 한 까닭이니라 하셨고"(왕상 21:21~22)

하나님 앞에서 그 불의한 일을 숨길 수 없습니다. 욕심을 따라 행하는 모든 불의함을 하나님은 보고 계시고, 그 결과는 진노와 심판입니다. 따라서 불의함을 버리고 회개하며 하나님의 은혜를 구해야 합니다. 오직 회개만이 하나님의 진노를 멈출 수 있기 때문입니다. 곧 진실한 회개는 하나님의 용서하심의 은혜로 이어지는데, 그 악한 아합 왕도 하나님 앞에 진실함으로 회개할 때, 하나님의 은혜가 주어졌습니다. 하나님은 진노를 멈추시고 그에게 은혜를 베푸셨습니다. "아합이 내 앞에서 겸비함을 네가 보느냐 그가 내 앞에서 겸비하므로 내가 재앙을 저의 시대에는 내리지 아니하고 그 아들의 시대에야 그의 집에 재앙을 내리리라 하셨더라"(왕상 21:29)

불의함은 하나님의 진노를 불러옵니다. 하나님은 결코 그 불의함을 용납하지 않으십니다. 그러나 진실한 회개는 하나님의 은혜를 불러옵니다. 하나님은 마음을 다해 회개하는 자를 찾으시고 그에게 은혜를 베풀어 주십니다.

데살로니가전서 4장_거룩함으로 하나님을 기쁘시게 하는 삶

거룩함에 힘써야 함을 가르치고 있고, 또한 죽은 사람들의 부활에 대해 전하고 있습니다. 죽음 앞에 슬퍼하지 말고 부활에 대한 확실한 믿음과 소망으로 살아야 한다는 것입니다.

거룩함에 힘써야 한다는 말씀에 주목하면, 하나님께서 우리를 부르심은 거룩하게 하심에 있고, 그 뜻도 거룩함에 있으며, 이 거룩함이 하나님을 기쁘시게 하는 일임을 가르치고 있습니다. 무엇보다 하나님을 기쁘시게 하는 이 일에 대해 우리가 모르지 않음을 강조하고 있습니다. "그러므로 형제들아 우리가 끝으로 주 예수 안에서 너희에게 구하고 권면하노니 너희가 마땅히 어떻게 행하며 하나님을 기쁘시게 할 수 있는지를 우리에게 배웠으니 곧 너희가 행하는 바라 더욱 많이 힘쓰라"(살전 4:1) "우리에게 배웠다"는 말씀에 주목해야 하는데, 이는 하나님을 기쁘시게 하는 삶이 무엇인지 몰라 그 삶을 살지 못한다는 핑계를 댈 수 없게 합니다. 거룩한 삶이 하나님을 기쁘시게 하는 삶임을 너무도 잘 알고 있고, 따라서 음란을 버리고, 색욕을 따르지 말며, 형제를 해하지 않는 등(살전 4:3~6), 힘써 거룩함의 삶을 살아 하나님을 기쁘시게 해야 한다는 것입니다.

하나님의 놀라운 사랑과 구원을 기억할 때, 마땅히 우리가 하나님을 기쁘시게 하는 삶을 살아야 합니다. 결코 거룩함에서 떠나 불의함으로 하나님을 진노케 하지 않아야 합니다.

다니엘 3장_믿음으로 하나님을 기쁘시게 하는 삶

우상에게 절하지 않고 믿음을 지킨 다니엘의 세 친구에 대한 말씀입니다. 곧 느브갓네살 왕이 금 신상을 만들고, 그 신상 앞에 절하게 했습니다. 누구든지 절하지 아니하는 자는 맹렬히 타는 풀무불에 던져 넣겠다고 엄히 명령했습니다. 그러나 다니엘의 세 친구, 곧 사드락, 메삭, 아벳느고는 하나님을 향한 절대적 신앙으로 금 신상에 절하지 않았고, 이에 고발당하여 풀무불에 던져지게 됐습니다. 왕 앞에 선 이들을 왕이 회유하며, 이제라도 금 신상에 절하면 용서하겠다고 제안했지만, 이들은 타협하지 않고 믿음을 지켰습니다. "사드락과 메삭과 아벳느고가 왕에게 대답하여 이르되 느부갓네살이여 우리가 이 일에 대하여 왕에게 대답할 필요가 없나이다 왕이여 우리가 섬기는 하나님이 계시다면 우리를 맹렬히 타는 풀무불 가운데에서 능히 건져내시겠고 왕의 손에서도 건져내시리이다 그렇게 하지 아니하실지라도 왕이여 우리가 왕의 신들을 섬기지도 아니하고 왕이 세우신 금 신상에 절하지도 아니할 줄을 아옵소서"(단 3:16~18) "그렇게 하지 아니하실지라도" 하나님을 향한 신앙을 지키겠다는 이들의 고백이 감동이 됩니다. 이들은 하나님께서, 진노한 느브갓네살 왕의 손에서 자신들의 생명을 능히 구원하실 수 있음을 믿었습니다. 하나님의 주권과 권능을 절대적으로 신뢰했습니다. 그러나 하나님께 다른 뜻이 있어 자신들을 구원하지 않으신다고 할지라도 하나님을 향한 신앙을 포기하지 않겠다고 고백한 것입니다. 하나님을 향한 절대적 신앙의 모습을 보인 것입니다.

이런 절대적 신앙이 하나님을 기쁘시게 하기에 충분하지 않습니까? 세상의 힘 있는 사람에게 분노와 미움을 사고, 또한 이를 통해 생명을 잃는다고 할지라도, 하나님의 기쁨을 위해 타협하지 않는 신앙을 보며 하나님은 크게 기뻐하셨을 것입니다. 따라서 하나님은 이들의 절대적 신앙에 응답하여 그들을 맹렬히 타는 풀무불 가운데서 보호하시며 구원하셨습니다. 이처럼 우리도 믿음으로 하나님을 기쁘시게 하는 삶을 살아야 합니다.

시편 107편_찬양으로 하나님을 기쁘시게 하는 삶

구속받은 자들의 감사시입니다. 하나님의 놀라운 사랑과 용서하심의 은혜, 그리고 고통에서 건지시는 구원의 손길을 기억하며, 마땅히 하나님을 찬양하고 하나님을 기쁘시게 해야 함을 가르쳐주고 있습니다.

"여호와의 인자하심과 인생에게 행하신 기적으로 말미암아 그를 찬송할지로다"(시 107:8) 하나님의 은혜와 우리에게 베푸신 기적을 기억하며 찬송하라고 명령하고 있는데, 8절 뿐만 아니라, 15절, 21절, 31절에서도 동일하게 찬송을 명령하고 있습니다. 여기서 '인생에게 행하신 기적'은 하나님의 구원을 뜻합니다. 그 죄로 인한 심판으로 고통과 근심과 위기 가운데 있는 백성들을 하나님께서 그 놀라운 사랑으로 기적을 베푸셔서 구원하셨다는 것입니다. 따라서 그 하나님의 사랑과 구원을 찬양해야 한다는 것입니다.

결국 무엇입니까? 마땅히 하나님을 찬양하는 삶, 곧 우리에게 베푸신 그 은혜와 구원을 잊지 않는 삶이 하나님을 기쁘시게 하는 삶이 아니겠습니까? 따라서 하나님의 베푸신 은혜와 놀라운 구원을 기억하며 힘써 하나님을 찬양하고, 하나님을 기쁘시게 하는 삶을 살아야 합니다.

오늘의 기도

1. 하나님의 놀라운 사랑과 구원을 기억하고 더욱 힘써 하나님을 찬양하며 살게 하소서.
2. 불의함을 버리고 거룩한 삶으로 하나님을 기쁘시게 하는 삶을 살게 하소서.
3. 생명의 위협에도 타협하지 않는 절대적 믿음으로 하나님을 기쁘시게 하는 삶을 살게 하소서.

주께서 심판 주로 이 땅에 다시 오시는 주의 날은 갑자기 임합니다. 따라서 말씀을 통해 깨어서 그 날을 준비해야 합니다. 겸손히 은혜를 구하며, 예수 그리스도를 믿는 믿음으로 그 날을 준비해야 합니다.

열왕기상 22장_말씀으로 준비할 주의 날

이스라엘의 아합 왕의 죽음을 전하고 있습니다. 곧 유다의 여호사밧 왕과 함께 참여한 아람과의 전쟁 중에, 아합 왕은 적에게서 날아온 화살을 맞고 죽음을 맞았습니다. 그런데 전쟁에 나가기 전, 이미 선지자 미가야는 아합 왕의 죽음을 예언했습니다. 아합 왕은 미가야가 언제나 자신에게 불길한 예언만 한다고 그 예언을 무시했지만, 하나님의 말씀에 따른 미가야의 예언은 그대로 이루어졌습니다. 그런데 또한 아합 왕의 죽음은 선지자 엘리야를 통해 선언된 하나님의 심판의 말씀이 이루어진 것이었습니다. 불의하게 나봇을 죽이고 그의 포도원을 빼앗았던 아합 왕을 향해 하나님의 심판의 말씀이 선언됐는데(왕상 21:19 참조), 이 말씀이 그대로 이루어진 것입니다. "그 병거를 사마리아 못에서 씻으매 개들이 그의 피를 핥았으니 여호와께서 하신 말씀과 같이 되었더라 거기는 창기들이 목욕하는 곳이었더라"(왕상 22:38)

아합 왕의 죽음을 통해 하나님의 말씀은 그대로 이루어진다는 사실을 보게 됩니다. 하나님의 말씀은 결코 어긋나거나 빗나가지 않는다는 것입니다. 따라서 아합 왕이 만약 하나님의 말씀을 통해 주어진 경고에 귀를 기울였다면, 그의 인생의 마지막 결과는 달라졌을 것입니다. 하나님의 말씀대로 이루어짐을 깨닫고, 그 주어진 말씀에 귀를 기울여 죄에서 돌이키고 자신의 뜻에서 돌이켜 하나님의 말씀을 따랐다면, 다른 결과를 맞이할 수도 있었을 것입니다.

결국 이 말씀은 하나님의 말씀을 통해 우리의 마지막 날, 곧 주의 날을 준비하면 된다는 사실을 가르쳐줍니다. 하나님의 말씀에 굳건하게 서서 우리의 삶을 세워 가면, 갑자기 주의 날이 임한다고 할지라도 두려워하지 않을 수 있다는 것입니다. 주의 말씀을 통해 주의 날을 심판의 날로 맞이하지 않을 수 있고, 오히려 기쁨과 소망의 날로 맞이할 수 있습니다.

데살로니가전서 5장_갑자기 임할 주의 날

주의 날이 우리가 생각하지 못하는 때에 갑자기 임함을 전하고 있습니다. 도둑이 밤에 은밀히 들어오는 것 같이, 또한 임신한 여인이 생각지 못한 시간에 갑자기 아이를 해산하는 것 같이 주의 날이 임한다는 것입니다. "주의 날이 밤에 도둑 같이 이를 줄을 너희 자신이 자세히 알기 때문이라 그들이 평안하다, 안전하다 할 그 때에 임신한 여자에게 해산의 고통이 이름과 같이 멸망이 갑자기 그들에게 이르리니 결코 피하지 못하리라"(살전 5:2~3) 따라서 평안하며 안전하다는 안일한 생각으로 방심하지 말고 깨어서 정신을 차려야 함을 가르치고 있습니다(살전 5:6). 그 때와 그 시기를 알 수 없기에 항상 깨어서 준비해야 한다는 것입니다.

주의 날은 갑자기 임합니다. 뒤늦게 깨닫고 준비하고자 할 때는 이미 늦습니다. 무엇보다 우리에게 또 다른 기회는 주어지지 않습니다. 그렇기에 항상 깨어서 주의 날을 준비해야 합니다. 나태한 마음이 들 때, 심판 후 다시 기회가 주어지지 않는다는 사실을 기억하며 우리의 마음을 굳건히 해야 합니다.

다니엘 4장_겸손함으로 준비할 주의 날

느브갓네살 왕이 미치광이가 되었다가 다시 회복된 사실을 전하고 있습니다. 곧 느브갓네살 왕이 두려운 꿈을 꾸고, 그 꿈을 다니엘이 해석했는데,

그 해석대로 그 자신이 미치광이가 되었다가 지극히 높으신 하나님을 발견하고 다시 회복되었다는 것입니다. 이 사실을 제국 주민들에게 보내는 왕의 회람 서신 형식으로 쓰고 있습니다. 그런데 주목할 말씀이, 느브갓네살 왕의 교만함입니다. 그가 미치광이가 되는 심판이 교만함에서 비롯됐다는 것입니다. 곧 주변의 나라들을 정복하고 대제국을 건설한 느브갓네살 왕은 하나님께서 꾸게 하신 꿈과 다니엘의 해석을 통해 경고를 받았음에도 불구하고 겸손하지 못했습니다. 모든 주권이 하나님께 있고, 그의 지위와 권세와 힘도 하나님께서 주신 것임을 깨닫지 못하고 교만했습니다. 그 결과 하나님의 심판이 임하여 한 순간에 모든 지위와 권세를 잃고 바닥까지 떨어지게 됐습니다. "나 왕이 말하여 이르되 이 큰 바벨론은 내가 능력과 권세로 건설하여 나의 도성으로 삼고 이것으로 내 위엄의 영광을 나타낸 것이 아니냐 하였더니 이 말이 아직도 나 왕의 입에 있을 때에 하늘에서 소리가 내려 이르되 느부갓네살 왕아 네게 말하노니 나라의 왕위가 네게서 떠났느니라"(단 4:30~31)

후에 깨달아 다시 총명을 회복하고 왕위에 복귀하기는 했지만, 교만함으로 심판에 이르고, 모든 것을 한 순간에 잃어버린 느브갓네살 왕을 보면서 우리가 무엇보다 주의하고 물리쳐야 하는 것이 교만임을 깨닫게 됩니다. 더 나아가 주님께서 심판의 주로 다시 오시는 주의 날을 겸손함으로 준비해야 함도 깨닫게 됩니다. 곧 느브갓네살 왕이 그 꿈과 다니엘의 꿈의 해석을 통해 경고를 받았던 것처럼, 우리도 말씀을 통해 경고를 받았습니다. 따라서 주의 날을 기억하며 교만함을 버리고 겸손함으로 하나님을 의지하며 은혜를 구해야 합니다. 이것이 주

의 날의 심판을 피하는 길입니다. 겸손히 은혜를 구할 때, 주의 날이 갑자기 임한다고 할지라도 두려워하지 않을 수 있습니다.

시편 108-109편_믿음으로 준비할 주의 날

시편 108편은 하나님을 찬양하고 신뢰하며, 대적과의 싸움에 하나님께서 함께 싸우시고 도우시기를 구한 다윗의 기도입니다. 시편 109편은 적들의 죄가 드러나고 그 죄에 따라 심판 받기를 구한 다윗의 기도입니다. 곧 다윗이 자신이 베푼 선과 사랑이 오히려 악과 대적함으로 돌아왔고, 이로 인해 큰 아픔과 고통에 처할 수밖에 없었습니다. 따라서 적들의 심판을 구했는데, 사탄이 악인들의 오른쪽에 서고, 죄인으로 심판 받게 해 달라고 구했습니다. "그들이 악으로 나의 선을 갚으며 미워함으로 나의 사랑을 갚았사오니 악인이 그를 다스리게 하시며 사탄이 그의 오른쪽에 서게 하소서 그가 심판을 받을 때에 죄인이 되어 나오게 하시며 그의 기도가 죄로 변하게 하시며"(시 109:5~7)

적들의 심판을 구하는 다윗의 기도를 통해서 주의 날을 우리가 어떻게 준비해야 하는지 깨달을 수 있습니다. 곧 사탄이 우리의 오른 편에 서면 죄의 고소와 고발을 통해 심판 받고 멸망 받을 수밖에 없습니다. 오직 예수 그리스도께서 우리의 오른 편에 서야 합니다. 우리의 구원을 변호해 주시는 예수 그리스도께서 우리와 함께 하시도록 주의 날을 준비해야 합니다. 따라서 믿음 밖에 없습니다. 예수 그리스도를 믿음으로 영접해야 합니다. 그 믿음을 통한 은혜가 우리의 오른 편에 예수 그리스도께서 서게 합니다.

20
Oct

하나님의 공의

맥체인성경365 1669p

열왕기하 1장 | 데살로니가후서 1장 | 다니엘 5장 | 시편 110-111편

하나님은 공의로우십니다. 그 공의로 교만과 우상숭배를 벌하시며 하나님과 복음을 믿지 않는 불신을 심판하십니다. 그러나 겸손히 하나님을 믿고 경외하는 백성에게는 은혜를 베푸십니다.

열왕기하 1장_우상숭배를 벌하시는 하나님의 공의
이스라엘 왕 아하시야에게 선포된 심판을 전하고 있습니다. 곧 이스라엘의 아하시야 왕은 병이 들어 위독하자 사자를 에그론의 신 바알세불에게 보내 병에 대해 묻고자 했습니다. 이에 엘리야가 하나님을 찾지 않고 어리석게 헛된 우상을 찾은 아하시야 왕에 대해 심판을 전했습니다. 그 병에서 일어나지 못하고 죽게 된다는 것입니다. "말하되 여호와의 말씀이 네가 사자를 보내 에그론의 신 바알세붑에게 물으려 하니 이스라엘에 그의 말을 물을 만한 하나님이 안 계심이냐 그러므로 네가 그 올라간 침상에서 내려오지 못할지라 네가 반드시 죽으리라 하셨다 하니라"(왕하 1:16)

생명은 하나님께 있습니다. 따라서 하나님을 찾아야 생명을 얻을 수 있습니다. 하나님이 아닌 헛된 우상을 찾고 생명을 구해 봐야, 그 우상에게서는 결코 생명을 얻을 수 없습니다. 오히려 우상을 찾는 자에게는 생명이 아닌 하나님의 심판이 있을 뿐입니다. 그리고 이처럼 어리석게 우상을 찾고 구하는 자들을 심판하심이 하나님의 공의입니다.

데살로니가후서 1장_불신을 벌하시는 하나님의 공의
교회의 환난과 하나님의 공의로운 심판에 대해 전하고 있습니다. 곧 바울은 데살로니가 교회가 박해와 환난 중에도 인내하며 믿음을 지키는 것을 기뻐하며 자랑스럽게 여겼습니다. 더불어 교회에 환난을 더한 자들을 향해 반드시 하나님의 심판이 있음을 전했습니다. 복음을 붙든 믿음 때문에 환난을 받는 믿음의 사람들에게는 안식으로 갚으시고, 복음을 거부하고 믿음의 사람들을 핍박하며 환난에

처하게 한 사람들을 환난으로 갚으시는 것이 하나님의 공의라는 것입니다. 따라서 그 공의에 따라, 주님께서 심판의 주로 이 땅에 다시 오실 때, 하나님을 모르는 자들과 복음에 복종하지 않는 자, 곧 불신의 사람들에게 영원한 형벌을 내리심을 전했습니다. "너희로 환난을 받게 하는 자들에게는 환난으로 갚으시고 환난을 받는 너희에게는 우리와 함께 안식으로 갚으시는 것이 하나님의 공의시니 주 예수께서 자기의 능력의 천사들과 함께 하늘로부터 불꽃 가운데에 나타나실 때에 하나님을 모르는 자들과 우리 주 예수의 복음에 복종하지 않는 자들에게 형벌을 내리시리니 이런 자들은 주의 얼굴과 그의 힘의 영광을 떠나 영원한 멸망의 형벌을 받으리로다"(살후 1:6~9)

하나님은 공의에 따라 하나님을 믿지 않는 자들을 심판하십니다. 환난 중에 믿음을 지키는 자들은 축복하시지만, 그 믿음을 거부하며 믿음의 반대편에 있는 자들은 반드시 심판하십니다. 이것이 하나님의 공의입니다. 따라서 하나님의 공의를 기억하며 환난 중에도 복음과 믿음에서 떠나지 않아야 합니다. 어리석게 불신으로 하나님과 복음의 반대편에 서서 하나님의 공의를 심판으로 맞이하지 않아야 합니다. 끝까지 인내하며 믿음을 지켜 하나님의 공의를 축복으로 맞이해야 합니다.

다니엘 5장_교만을 벌하시는 하나님의 공의
벨사살 왕이 예루살렘 성전의 거룩한 그릇들을 가져다가 잔치를 벌이고 우상들을 찬양하며 교만한 것과, 이로 인해 하나님의 심판의 말씀이 전해진 것을 기록하고 있습니다. 곧 잔치 중에 사람의 손가락들이 나타나서 왕궁 촛대 맞은 편 석회벽에 글

자를 새겼는데, 다니엘은 왕에게 그 벽에 새겨진 글을 다음과 같이 해석해 주었습니다. "그 글을 해석하건대 메네는 하나님이 이미 왕의 나라의 시대를 세어서 그것을 끝나게 하셨다 함이요 데겔은 왕을 저울에 달아 보니 부족함이 보였다 함이요 베레스는 왕의 나라가 나뉘어서 메대와 바사 사람에게 준 바 되었다 함이니이다 하니"(단 5:26~28) 한 마디로 하나님께서 교만한 왕과 바벨론을 멸하시고, 메대와 바사에게 그 나라를 주시겠다는 것입니다.

벨사살 왕은 선왕 느부갓네살 왕이 교만함으로 인해 하나님의 심판을 받았던 것을 누구보다 잘 알고 있었습니다. 그럼에도 그 교만함을 버리지 못했습니다. 거룩한 하나님의 성전 그릇으로 술을 마시며 헛된 우상을 찬양했습니다. 그 결과 하나님의 공의의 심판에 이르게 된 것입니다. 하나님은 결코 그 교만함을 용납하실 수 없으셨던 것입니다. 이처럼 교만한 사람은 하나님께서 반드시 심판하십니다. 교만함을 벌하시는 것이 하나님의 공의입니다. 따라서 교만함을 버리고 겸손히 하나님의 은혜를 구해야 합니다. 하나님의 사랑을 통한 은혜만이 우리가 살 수 있는 유일한 길입니다.

시편 110-111편_공의로우신 하나님

시편 110편은 영원한 왕이요 제사장이신 예수 그리스도를 바라보며 찬양한 다윗의 시입니다. 시편 111편은 하나님께서 행하시는 크신 일들과 기적을 찬양하는 시입니다. 여기서 하나님의 공의로우심을 볼 수 있습니다. 곧 하나님께서 행하시는 모든 일에는 진실함과 공의가 있다는 것입니다. 결코 그릇되거나 불의하지 않다는 것입니다. "그의 행하시는 일이 존귀하고 엄위하며 그의 의가 영원히 서 있도다"(시 111:3) "그의 손이 하는 일은 진실과 정의이며 그의 법도는 다 확실하니"(시 111:7) 그런데 또한 하나님은 은혜로우시고 자비로우심을 말씀하고 있습니다. 그 은혜와 자비로 하나님을 경외하는 자들에게 양식을 주시며 언약을 영원토록 기억하신다는 것입니다. "그의 기적을 사람이 기억하게 하셨으니 여호와는 은혜로우시고 자비로우시도다 여호와께서 자기를 경외하는 자들에게 양식을 주시며 그의 언약을 영원히 기억하시리로다"(시 111:4~5)

결국 무엇입니까? 하나님의 공의는 불의한 자들에게 엄한 심판으로 나타나지만, 하나님을 경외하는 자에게는 은혜와 자비로 나타납니다. 이것이 하나님의 진실과 정의입니다.

오늘의 기도

1. 하나님을 경외함으로 하나님이 공급하시는 양식을 얻으며 언약을 성취하시는 축복을 누리게 하소서.
2. 환난 중에도 인내하며 복음을 붙잡게 하셔서 안식을 주시는 하나님의 공의를 누리게 하소서.
3. 교만함으로 하나님의 공의의 심판 아래 거하지 않게 하시고, 항상 겸손함으로 주의 은혜를 구하며 누리게 하소서.

하나님을 경외하는 자

맥체인성경365 1674p

열왕기하 2장 | 데살로니가후서 2장 | 다니엘 6장 | 시편 112-113편

하나님을 경외하는 자에게 하나님께서 자손과 재물의 복을 주십니다. 위험과 환난에서 구원하시고 성령을 통해 능력의 삶을 살게 하십니다. 무엇보다 마지막 때에 구원의 자리에 서는 최후 승리를 주십니다.

열왕기하 2장_하나님을 경외하는 자의 능력

엘리야의 승천과 엘리사가 갑절의 성령을 구한 말씀입니다. 곧 엘리야는 하나님의 부르심에 따라 육체의 죽음을 보지 않고 승천을 하게 됐습니다. 이를 준비하며 길갈에서 벧엘, 여리고, 그리고 요단강 건너까지 가게 되는데, 엘리사가 엘리야가 가는 길을 따라갔습니다. 엘리야에게 나타난 성령의 역사가 이제 자신에게 갑절로 나타나기를 구하며 따랐습니다. 그리고 결국 그 뜻을 이루었습니다.

"엘리야의 몸에서 떨어진 그의 겉옷을 가지고 물을 치며 이르되 엘리야의 하나님 여호와는 어디 계시니이까 하고 그도 물을 치매 물이 이리 저리 갈라지고 엘리사가 건너니라 맞은편 여리고에 있는 선지자의 제자들이 그를 보며 말하기를 엘리야의 성령이 하시는 역사가 엘리사 위에 머물렀다 하고 가서 그에게로 나아가 땅에 엎드려 그에게 경배하고"(왕하 2:14~15) 엘리사에게 성령이 임했음을 보여주는 말씀입니다. 선지자의 제자들이 그것을 보고 경배했다는 것입니다. 곧 엘리야의 뒤를 이어 선지자로서 사역해야 했던 엘리사는 사역을 위해 갑절의 성령의 필요성을 깨닫고, 포기하지 않고 사모하여 갑절의 성령을 받게 된 것입니다. 그리고 이 성령의 능력을 통해 맡겨진 선지자의 사역을 능히 감당할 수 있었습니다.

선지자로서의 사명과 그 막중함을 깨닫고 있었다는 것, 또한 그 사명을 위해 성령이 필요하다는 것을 깨닫고 있었다는 것에서 엘리사의 하나님 경외의 신앙을 보게 됩니다. 그리고 그렇게 하나님을 경외하며 능력을 구할 때, 하나님은 풍성히 능력을 더하여 주심도 보게 됩니다. 하나님은 아낌없이 성령을 주시고 또 이를 통해 능력의 삶을 살게 하십니다. 이처럼 하나님을 경외하는 자에게는 하나님의 능력이 있습니다.

데살로니가후서 2장_하나님을 경외하는 자의 최후 승리

그리스도의 강림에 대한 가르침을 주고 있습니다. 곧 주 예수 그리스도께서 강림하시는 주의 날로 인해 데살로니가 성도들이 당혹함에 빠졌는데, 이미 주의 날이 이르렀다고 주장하는 사람들이 있었기 때문입니다. 이에 대해 바울이 예수 그리스도의 재림과 이로 인해 나타나는 마지막 때의 일들로 인해 흔들리거나 두려워하지 말아야 함을 가르쳤습니다. "형제들아 우리가 너희에게 구하는 것은 우리 주 예수 그리스도의 강림하심과 우리가 그 앞에 모임에 관하여 영으로나 또는 말로나 또는 우리에게서 받았다 하는 편지로나 주의 날이 이르렀다고 해서 쉽게 마음이 흔들리거나 두려워하거나 하지 말아야 한다는 것이라"(살후 2:1~2) 결국 바울의 가르침은 이것입니다. 불법한 자에게 미혹되지 않고, 편지로 계속 가르침을 받은 전통, 곧 복음을 굳게 붙잡으면 된다는 것입니다. 그러면 하나님의 택하심과 성령의 거룩하게 하심, 그리고 진리를 믿는 믿음을 통해 구원을 받게 된다는 것입니다(살후 2:13). 결코 주의 날로 두려워하지 않아도 된다는 것입니다.

하나님을 경외하며 그 주신 복음을 붙잡고 있는 사람들에게는 결코 주의 날이 두려움의 날이 되지 않습니다. 오히려 주의 날이 승리의 날이요 구원의 날이 됩니다. 따라서 거짓 가르침에 흔들리지 않고 하나님을 경외하며 끝까지 복음을 붙잡으면 됩니다. 그렇게 하나님을 경외하며 믿음을 지킬 때 마지막 주의 날의 구원, 곧 최후 승리가 있습니다.

다니엘 6장_하나님을 경외하는 자의 구원

사자 굴 속에서 건짐 받은 다니엘에 대해 전하고 있습니다. 곧 다니엘은 대적들의 계략과 모함이 있음을 알았지만, 정해진 시간에 하나님 앞에 기도하며 그 믿음을 지키는 일에 타협하지 않았습니다. 조서에 왕의 어인이 찍혔고, 하나님께 기도하면 사자 굴에 던져지게 된다는 것을 알면서도, 하나님께 기도하며 그 믿음을 지키는 것을 더 소중히 여겼습니다. 자신의 목숨보다 하나님을 경외하는 신앙을 더 소중히 여긴 것입니다. 그 결과 사자 굴에 던져지는 죽음의 위기에 처했지만, 그러나 또한 지키시고 보호하시며 건지시는 하나님의 구원을 경험하게 됐습니다. 하나님을 경외하는 다니엘의 믿음을 보시고, 하나님께서 다니엘을 구원하셨습니다. "나의 하나님이 이미 그의 천사를 보내어 사자들의 입을 봉하셨으므로 사자들이 나를 상해하지 못하였사오니 이는 나의 무죄함이 그 앞에 명백함이오며 또 왕이여 나는 왕에게도 해를 끼치지 아니하였나이다 하니라 왕이 심히 기뻐서 명하여 다니엘을 굴에서 올리라 하매 그들이 다니엘을 굴에서 올린즉 그의 몸이 조금도 상하지 아니하였으니 이는 그가 자기의 하나님을 믿음이었더라"(단 6:22~23)

하나님을 경외하며 믿음에서 타협하지 않는 사람은 하나님께서 구원하십니다. 하나님을 경외하는 믿음의 삶을 제일의 우선순위로 두고 따라가는 사람은 그 어떤 위험에서도 하나님께서 지키시고 구원하십니다.

시편 112-113편_하나님을 경외하는 자의 축복

시편 112편은 여호와를 경외하는 자에게 주시는 복을 교훈하는 시입니다. 시편 113편은 모든 나라보다 높으시고 가난하고 연약한 자를 돌보시는 하나님의 은총을 찬양하는 시입니다.

특별히 시편 112편의 말씀에 주목하면, 여호와를 경외하며 즐거움으로 그 말씀을 따라가는 사람에게 복이 있음을 가르치고 있습니다. 후손의 복, 부와 재물의 복 등이 있다는 것입니다. "할렐루야, 여호와를 경외하며 그의 계명을 크게 즐거워하는 자는 복이 있도다 그의 후손이 땅에서 강성함이여 정직한 자들의 후손에게 복이 있으리로다 부와 재물이 그의 집에 있음이여 그의 공의가 영구히 서 있으리로다"(시 112:1~3) "그의 계명을 크게 즐거워한다"는 말씀에 주목해야 합니다. 하나님을 경외하는 것은 결국 그 말씀을 기쁨으로 따르는 것입니다. 내 삶의 욕심보다 하나님의 말씀에 최고의 가치를 두는 것입니다. 그때에 자손과 부와 재물의 축복이 있고, 그런 풍성한 축복 속에서도 공의가 영구히 서 있을 수 있습니다. 다시 말해 하나님이 주신 부와 재물의 축복이 시험이 되어 넘어지지 않을 수 있습니다. 끝까지 하나님의 말씀을 지키며 제대로 하나님의 축복을 누릴 수 있습니다.

오늘의 기도

1. 하나님을 경외하고 그 말씀 안에서 살아가며, 자녀와 부와 재물의 축복을 누리게 하소서.
2. 엘리사에게 주셨던 갑절의 성령을 주셔서 성령의 도우심으로 능력의 삶을 살게 하소서.
3. 끝까지 복음을 붙들고 믿음 안에 서서 하나님의 택하심에서 떠나지 않게 하시고 최후 승리의 자리에 서게 하소서.

22
Oct

멀리하고 가까이하고

맥체인성경365 1679p

열왕기하 3장 │ 데살로니가후서 3장 │ 다니엘 7장 │ 시편 114-115편

불의하고 불순종하는 사람은 멀리해야 합니다. 그들을 가까이할 때 불행한 결과를 맞을 수밖에 없습니다. 오히려 하나님을 가까이해야 합니다. 하나님을 경외하며 가까이할 때, 하나님을 통해 소망을 갖고 축복을 누릴 수 있습니다.

열왕기하 3장_멀리하지 않은 결과

이스라엘의 여호람 왕이 모압과 전쟁한 말씀입니다. 그런데 주목할 것이 여기에 유다의 왕 여호사밧이 함께 했다는 것입니다. 곧 여호사밧 왕은 이스라엘의 왕 여호람의 요구에 응하여 이스라엘이 모압을 치는 전쟁에 함께했는데, 여호람은 아합 만큼은 아니었다고는 하지만, 하나님께서 보시기에 불의했던 악한 왕이었습니다. 그럼에도 여호사밧은 그의 요구에 응하여 모압을 치는 전쟁에 함께했습니다(왕하 3:7). 결국 이로 인해 여호사밧은 겪지 않아도 될 고난을 여호람 왕과 함께 겪게 됐습니다. 곧 군사와 가축들이 마실 물을 찾지 못해 큰 낭패에 처하게 됐는데, 이 고난은 악한 자와 함께하여 받게 된 고난으로 아무 의미도 가질 수 없는 고난이었습니다. 다행히 선지자 엘리사를 찾아 도움을 받음으로 그 위기를 면할 수 있었지만, 악인과 함께한 일에는 결코 선한 결과를 기대할 수 없다는 사실을 보여주고 있습니다.

사실 여호사밧은 이미 하나님 앞에서 심히 악했던 아합과 화친하였고, 그 동맹 관계를 공고히 하기 위해 자신의 장자 여호람과 아합의 딸 아달랴를 정략적으로 결혼시키기까지 했습니다. 길르앗 라못에서 아합을 도와 아람과 싸우기도 했고, 오빌로 가는 배들을 건조하기 위해 아하시야와 결탁하기도 했습니다. 이런 관계 속에서 여호람의 요구에 응해 모압을 치는 전쟁에도 함께했던 것이고, 그 결과 불행과 고난을 겪게 된 것입니다.

결국 우리가 누구와 함께하는가? 이것이 너무도 중합니다. 악인과 함께하며 일을 도모하지 말고, 단호히 그 관계를 끊어야 합니다. 악인과 함께할 때의 부정적 결과를 기억하고, 오히려 하나님을 경외하는 사람들과 함께하기를 힘써야 합니다.

데살로니가후서 3장_멀리해야 하는 불순종의 사람

복음 사역을 위한 바울의 기도 부탁과, 데살로니가 교회의 성도들이 믿음으로 굳건하게 서도록 주께서 지켜주시기를 바라는 소망을 기록하고 있습니다. 또한 게으름에 대한 경고의 말씀을 주고 있는데, 게으르게 행하고 복음에 순종하지 않는 자들에게서 떠나 멀리해야 한다고 가르치고 있습니다. 원수와 같이 여길 필요는 없다고 전제하면서 그들과는 사귀지도 말아야 한다고 말씀하고 있는데, 이는 곧 그들의 불의함에 물들지 말아야 한다는 사실을 강조한 것입니다. "형제들아 우리 주 예수 그리스도의 이름으로 너희를 명하노니 게으르게 행하고 우리에게서 받은 전통대로 행하지 아니하는 모든 형제에게서 떠나라"(살후 3:6) "누가 이 편지에 한 우리 말을 순종하지 아니하거든 그 사람을 지목하여 사귀지 말고 그로 하여금 부끄럽게 하라 그러나 원수와 같이 생각하지 말고 형제 같이 권면하라"(살후 3:14~15)

반면 바울의 마지막 축복과 인사 속에서 가까이해야 하는 사람에 대해 생각해 볼 수 있습니다. 곧 게으르게 행하고 복음에 순종하지 않는 자들을 멀리해야 한다고 가르친 바울은 이어서 편지를 마무리하며 다음과 같이 데살로니가 교회의 성도들을 축복했습니다. "평강의 주께서 친히 때마다 일마다 너희에게 평강을 주시고 주께서 너희 모든 사람과 함께 하시기를 원하노라"(살후 3:16) 여기서 우리가 누구와 함께하고 또 가까이해야 하는지 깨달을 수 있습니다. 곧 주님과 함께해야 하고 복음 안에서 한 믿음을 가진 사람들을 가까이해야 합니다.

이것이 우리의 믿음을 견고하게 세우고 우리로 넘어지지 않게 합니다.

우리의 믿음은 주변의 상황에 영향 받지 않을 수 없기에 우리의 주변을 신실한 믿음의 사람들로 가득하게 해야 합니다. 그렇게 믿음의 사람들과 가까이 해야 하고, 무엇보다 힘써 주님과 함께해야 합니다.

다니엘 7장_가까이해야 하는 하나님

다니엘이 본 환상으로, 네 짐승과 인자에 대한 환상의 말씀입니다. 네 짐승은 첫째는 사자와 같으나 독수리의 날개가 있고, 둘째는 곰과 같은 짐승이며, 셋째는 표범과 같은데 등에 새의 날개가 있고, 넷째는 무섭고 놀라운 짐승입니다. 이 네 짐승은 열방 민족과 나라들을 가리킵니다. 사자는 바벨론을 가리키고, 곰은 거대한 힘을 가지고 있는 메대와 바사 제국을 가리키며, 표범은 알렉산더 대제가 이끄는 헬라 제국을 가리키고, 네 번째 짐승은 로마 제국을 가리키는 것으로 이해가 됩니다. 그리고 이 네 짐승에 대한 환상은 열방의 모든 나라가 악한 영에 의해 다스려질 것임을 예언하는 것으로 이해할 수 있습니다. 그러나 결국 보좌에 앉으신 이가 네 짐승들의 권세를 빼앗고 심판하며, 그 모든 권세를 인자 같은 이에게 주게 된다는 것입니다(단 7:13~14). 여기서 인자 같은 이는 당연히 예수님을 가리키는 것으로, 모든 권세가 예수님께 넘어가며 예수님이 세상을 통치하게 된다는 것입니다. 곧 지금 당장은 악의 세력이 이 세상을 지배하는 것 같지만, 세상을 지배하며 통치하시는 분은 하나님이시고 하나님의 뜻대로 이 세상이 다스려진다는 것입니다.

그런데 여기서 주목할 말씀이, 다니엘이 꿈을 꾸며 보게 된 환상에 대해 하나님 곁에 서 있는 자가 해석을 알려주었다는 말씀입니다(단 7:15~16). 이는 곧 하나님께서 알려주신 것으로, 하나님의 주권 속에서 앞으로 있게 될 세상의 역사, 곧 하나님께서 약속대로 모든 악한 권세를 심판하고 영원한 나라를 세우시며, 하나님을 경외하며 믿음을 지킨 성도들에게 이 나라를 주심을 알려주셨다는 것입니다(단 7:22). 곧 하나님을 경외하며 힘써 가까이했던 다니엘은 하나님께서 주시는 환상을 통해 하나님께서 이루실 내일의 역사도 보고 그 뜻도 깨달을 수 있었습니다. 그 내일의 역사를 바라보며 오늘의 고난과 아픔을 이기고 더욱 굳건하게 믿음을 지킬 뿐만 아니라, 믿음의 사람들에게 이를 전해 힘과 소망을 줄 수 있었습니다.

시편 114-115편_가까이한 결과

시편 114편은 출애굽 때에 행하신 하나님의 놀라운 일들을 찬양하는 시입니다. 시편 115편은 오직 하나님만이 영광 받으실 분이심을 찬양하는 시입니다. 특별히 하나님을 의지하고 경외할 것을 전하고 있는데, 하나님은 그 의지하며 경외하는 자들을 도우시고 지키시며 복을 주신다는 것입니다. "여호와를 경외하는 자들아 너희는 여호와를 의지하여라 그는 너희의 도움이시요 너희의 방패시로다 여호와께서 우리를 생각하사 복을 주시되 이스라엘 집에도 복을 주시고 아론의 집에도 복을 주시며 높은 사람이나 낮은 사람을 막론하고 여호와를 경외하는 자들에게 복을 주시리로다"(시 115:11~13)

하나님을 의지하고 경외한다는 것은 곧 하나님을 가까이 한다는 것입니다. 하나님을 가까이 할 때, 하나님의 도우심과 돌보심과 복을 누리게 됩니다.

오늘의 기도

1. 불의하며 불순종하는 자들과의 교제를 피하고 멀리하게 하소서.
2. 하나님과의 깊은 교제를 통해 하나님께서 주시는 영원한 나라도 보게 하시고, 소망 중에 오늘의 고난도 이기게 하소서.
3. 하나님을 경외하고 의지하며 가까이 하게 하셔서 하나님을 통해 주시는 풍성한 축복을 누리게 하소서.

축복

열왕기하 4장 | 디모데전서 1장 | 다니엘 8장 | 시편 116편

하나님은 섬김으로 하나님을 감동케 하는 자를 축복하십니다. 신실함으로 충성하는 자에게 주의 섭리를 보이시고 사명을 맡기심으로 축복하시고, 기도하는 자에게 응답과 구원으로 축복하십니다.

열왕기하 4장_섬기는 자의 축복

엘리사를 통해 나타난 여러 기적들을 전하고 있습니다. 곧 엘리사는 빚으로 위기에 처한 한 죽은 선지자 생도의 아내를 위해, 그릇에 기름이 다 찰 때까지 기름이 멈추지 않고 나오는 기적을 나타냈고, 엘리사를 성심으로 섬긴 수넴 여인에게 아들이 있게 하고, 또 그 태어난 아들이 죽자 다시 살리는 기적을 나타냈습니다. 흉년 중 선지자의 제자들이 솥에 끓인 음식에 독이 들어가 먹을 수 없게 되자, 그 음식의 독을 제거하는 기적을 나타냈고, 보리떡 이십 개와 자루에 담은 채소로 백 명을 먹이는 기적을 나타냈습니다.

특별히 수넴 여인에게 아들이 있게 한 기적에 주목하면, 섬기는 자에게 주어지는 축복을 깨달을 수 있습니다. 곧 이 수넴 여인은 선지자 엘리사를 위해 방을 만들고, 엘리사가 이 지역을 지날 때에 언제든지 머물며 쉴 수 있도록 침상과 책상과 의자와 촛대 등을 갖추어 섬겼습니다(왕하 4:10). 세심하고 순수한 섬김에 감동을 받은 엘리사는 수넴 여인의 필요를 찾았고, 수넴 여인에게 아들이 없다는 사실을 알고, 수넴 여인이 먼저 구하지 않았음에도 불구하고 아들을 낳도록 축복했습니다. 그리고 그 축복대로 수넴 여인은 다음 해에 아들을 낳을 수 있었습니다. "엘리사가 이르되 한 해가 지나 이 때쯤에 네가 아들을 안으리라 하니 여인이 이르되 아니로소이다 내 주 하나님의 사람이여 당신의 계집 종을 속이지 마옵소서 하니라 여인이 과연 잉태하여 한 해가 지나 이 때쯤에 엘리사가 여인에게 말한 대로 아들을 낳았더라"(왕하 4:16~17)

결국 이 말씀은 우리가 순수함으로 하나님을 섬기며 하나님을 감동케 하면, 하나님의 축복은 우리를 향해 풍성히 선포되고 이루어짐을 깨닫게 합니다. 무엇보다 우리가 먼저 구하지 않아도 우리의 섬김에 기뻐하시는 하나님께서 우리의 필요를 찾아 먼저 응답해주심을 깨달을 수 있습니다.

디모데전서 1장_충성하는 자의 축복

바울이 데모데를 에베소에 머물게 한 이유를 밝히며 거짓 율법 교사의 교훈을 주의할 것을 전하고 있고, 또한 비방자요, 박해자요 ,폭행자였으며, 죄인 중에 괴수인 자신에게 직분을 맡기신 하나님의 긍휼을 찬양하고 있습니다. 여기서 충성하는 자의 축복을 볼 수 있습니다. "나를 능하게 하신 그리스도 예수 우리 주께 내가 감사함은 나를 충성되이 여겨 내게 직분을 맡기심이니 내가 전에는 비방자요 박해자요 폭행자였으나 도리어 긍휼을 입은 것은 내가 믿지 아니할 때에 알지 못하고 행하였음이라"(딤전 1:12~13) 바울은 자신의 충성을 인정해주시고 또 직분을 맡겨주실 뿐만 아니라, 그 직분을 감당할 수 있도록 능력을 주신 주님께 감사했습니다. 바울에게는 다른 무엇이 아니라 비방자요 박해자요 폭행자였던 자신이 주의 긍휼의 은혜로 용서함을 받고 주께 인정받으며 주의 직분을 맡아 주의 일을 한다는 것이 감사였고 기쁨이었고 축복이었던 것입니다.

주님께 충성함으로 인정받음이 큰 축복입니다. 죄 많고 부족한 우리 자신이 주의 은혜와 능력을 받고 주께 직분을 받아 사명을 감당하는 것이 무엇과도 비교할 수 없는 축복입니다.

다니엘 8장_신실한 자의 축복

다니엘이 본 환상으로, 숫양과 숫염소에 대한 환상

입니다. 이 환상은 하나님께서 이루어 가실 이후의 역사에 대한 것으로, 두 뿔 가진 숫양은 메대와 바사를 뜻하고(20절), 숫염소는 헬라를 뜻합니다(21절). 숫염소의 현저한 뿔이 꺾이고 이후 있게 된 네 뿔은 헬라 이후에 세워진 네 나라, 곧 마게도냐, 소아시아, 시리아, 이집트를 뜻합니다(22절). 이처럼 다니엘은 하나님의 놀라운 계획의 환상을 보게 됐는데, 여기서 신실한 자의 축복을 볼 수 있습니다. 곧 다니엘은 하나님 앞에 신실했습니다. 그런 다니엘에게 하나님께서는 환상을 통해 하나님께서 이루어 가실 내일의 모습을 알려주셨습니다. 환상을 보여주실 뿐만 아니라 그 해석까지 깨닫게 해주셨습니다. "내가 들은즉 을래 강 두 언덕 사이에서 사람의 목소리가 있어 외쳐 이르되 가브리엘아 이 환상을 이 사람에게 깨닫게 하라 하더니"(단 8:16)

다니엘은 하나님께서 이루어 가실 놀라운 내일을 환상으로 경험하며 육신적으로는 놀라고 지쳐 앓아누워야 했지만, 그러나 하나님이 이루실 내일과 모든 것이 하나님의 주권 안에 있다는 사실을 깨달으며 소망을 가질 수 있었습니다. 이방 땅에서 이방 종교와 문화 속에서 겪어야 하는 고난이 많았지만, 흔들리지 않고 굳건하게 하나님을 신뢰할 수 있었습니다. 바로 이것이 그에게 주어진 축복이었습니다.

부와 권세를 얻고 누리며 살아가는 것도 축복이지만, 그러나 하나님의 주권과 섭리를 보고 소망 중에 살아가는 것은 더 큰 축복입니다. 흔들리지 않는 믿음 중에 하나님의 인도하심과 돌보심 속에 살아가는 것이 우리가 힘써 구해야 하는 축복입니다.

시편 116편_기도하는 자의 축복

죽음의 위기에서 건져주신 하나님의 은혜에 감사하며, 하나님께 서원한 것을 지키겠다고 결단하며 드린 한 신앙인의 기도입니다. 곧 이 신앙인은 환난과 슬픔을 만나고 죽음의 고통 중에서 하나님의 구원을 구하며 기도했습니다. 그 절박한 상황에서도 그 삶을 포기하지 않았고, 하나님을 의지하며 그 구원을 믿었습니다. 그 어떤 사람이 아닌 하나님에게서 해답을 찾고 하나님께 매달렸습니다. 그 결과, 하나님께서 그 풍성한 은혜와 긍휼로 응답하시고 구원하셨습니다. 하나님께서 그 기도를 외면하지 않으시고 응답하심으로 축복하셨습니다. "사망의 줄이 나를 두르고 스올의 고통이 내게 이르므로 내가 환난과 슬픔을 만났을 때에 내가 여호와의 이름으로 기도하기를 여호와여 주께 구하오니 내 영혼을 건지소서 하였도다 여호와는 은혜로우시며 의로우시며 우리 하나님은 긍휼이 많으시도다 여호와께서는 순진한 자를 지키시나니 내가 어려울 때에 나를 구원하셨도다"(시 116:3~6)

기도하는 자에게 하나님은 응답하십니다. 그 은혜와 긍휼히 크고 풍성하시기 때문입니다. 하나님을 믿고 경외하는 사람도 환난을 만나고 고통을 당하지만, 그러나 하나님께 기도할 수 있고, 기도를 통해 환난과 고통을 이길 수 있습니다. 이것이 무엇과도 비교할 수 없는 축복입니다.

오늘의 기도

1. 순수함으로 주님을 섬기며 주님을 감동케 하는 삶을 살게 하시고, 구하기 전에 응답하시고 채우시는 주의 축복도 누리게 하소서.
2. 충성함으로 주님께 인정받게 하시고, 더욱 주의 직분을 맡아 기쁨으로 감당하게 하소서.
3. 고난 중에서도 포기하지 않고 기도하게 하시고, 기도에 응답하시는 하나님의 은혜와 구원을 누리게 하소서.

이렇게 기도해야

열왕기하 5장 | 디모데전서 2장 | 다니엘 9장 | 시편 117-118편

우리는 우리 자신을 넘어서 모두를 위해 기도해야 합니다. 내 방법을 버리고 주께 맡기며 기도하고, 주의 응답의 때까지 인내하고 기다리며 기도해야 합니다. 그리고 응답의 확신을 가지고 믿음으로 기도해야 합니다.

열왕기하 5장_맡기며 기도해야

엘리사가 아람의 군대 장관인 나아만의 나병을 치료해준 말씀입니다. 여기서 하나님께 맡기며 기도해야 함을 배우게 됩니다. 곧 나아만이 선지자 엘리사에게 나아가 나병의 치료를 구하는 모습에서 이러한 사실을 배울 수 있습니다. 응답은 하나님께서 하나님의 방법대로 주심을 기억하고, 내 방법을 고집하지 말아야 한다는 것입니다.

"나아만이 노하여 물러가며 이르되 내 생각에는 그가 내게로 나와 서서 그의 하나님 여호와의 이름을 부르고 그의 손을 그 부위 위에 흔들어 나병을 고칠까 하였도다"(왕하 5:11) 나병의 문제로 선지자 엘리사를 찾았던 나아만이 분노했는데, 얼굴도 비추지 않고 단지 종을 보내 요단강에서 일곱 번 몸을 씻으라는 말만 전한 엘리사의 태도에 화가 난 것입니다. 자신이 아람의 군대 장관인데 얼굴도 비추지 않고 영접하지 않은 것에 몹시 불쾌했던 것입니다. 곧 나아만은 자기 생각을 가지고 있었습니다. "내 생각에는"이라는 구절이 이것을 알게 합니다. 자신은 아람의 존귀한 자요 군대 장관으로서 자신의 나병을 이런 방법으로 고칠 것이라는 자기 방법을 가지고 선지자 엘리사를 찾아간 것입니다. 그러나 하나님은 하나님의 방법대로 치료하십니다. 우리의 간구에 하나님의 방법대로 응답하십니다. 따라서 하나님 앞에 간구하며 내 방법을 고집하는 것은 어리석은 일입니다. 우리 자신의 지위와 신분도 내려놓아야 하고, 내 생각과 내가 원하는 방법도 내려놓아야 합니다. 오직 하나님께 맡겨 하나님의 방법대로 응답하시기를 구해야 합니다. 결국 나아만은 자신의 방법과 생각을 내려놓고 선지자 엘리사의 말에 순종했을 때 나병을 치료받을 수 있었습니다.

디모데전서 2장_모두를 위해 기도해야

모든 사람을 위하여 기도해야 한다는 말씀과, 교회 공동체 안에서 남자와 여자의 처신 문제에 대한 가르침을 전하고 있습니다. 곧 남자들은 분노와 다툼 없이 거룩한 손을 들어 기도해야 하고, 여자들은 단정하게 옷을 입고, 소박함과 정절로서 자기를 단장해야 하며, 또 일체 순종함으로 조용히 배워야 한다는 것입니다.

특별히 모든 사람을 위해 기도해야 한다는 말씀에 주목하면, 다음과 같이 말씀하고 있습니다. "그러므로 내가 첫째로 권하노니 모든 사람을 위하여 간구와 기도와 도고와 감사를 하되 임금들과 높은 지위에 있는 모든 사람을 위하여 하라 이는 우리가 모든 경건과 단정함으로 고요하고 평안한 생활을 하려 함이라"(딤전 2:1~2) '첫째로 권한다'는 표현에서 기도의 중요성을 알 수 있습니다. 그리고 임금들과 고관들까지 포함해 모두를 위해 기도해야 한다는 말씀에서 우리의 기도가 나와 내 가정만을 위한 기도가 아니라, 그 기도의 범위를 넓히고 확장하여 나라와 민족과 온 세상을 품고 기도해야 한다는 사실을 깨달을 수 있습니다. 그리고 이것은 그만큼 우리가 많은 시간 동안 힘써 기도해야 한다는 사실도 깨닫게 합니다.

결국 이 말씀은 우리의 기도의 범위가 넓어져야 함을 가르쳐줍니다. 곧 우리 삶, 우리 가정, 우리 교회만이 아니라 세상 전체를 바라보며 기도할 수 있어야 합니다. 우리나라를 위해서 기도해야 하고, 전 세계 모든 사람들, 특별히 고통 중에 있는 사람들을 기억하며 기도해야 합니다. 세계 각지에서 복음을 전하는 선교사님들을 위해서도 힘을 다해 기도해야 합니다.

다니엘 9장_인내하며 기도해야

다니엘의 참회 기도와 칠십 년의 비밀에 대해 전하고 있습니다. 곧 다니엘은 이스라엘 민족의 우상숭배와 불순종의 죄를 아파하며 하나님께 용서의 은혜를 구했습니다. 그 죄를 고하고 회개하며 하나님의 긍휼과 사랑으로 용서해주시기를 금식하며 기도했습니다. 그때에 하나님께서 주신 응답이, 일흔 이레를 기한으로 정했다는 것입니다. 일흔 이레가 지나야 반역이 그치고 죄가 끝나고 속죄가 이루어진다는 것입니다. 하나님이 영원한 의를 세우시고 환상을 통해 보여주신 약속을 이루신다는 것입니다. "네 백성과 네 거룩한 성을 위하여 일흔 이레를 기한으로 정하였나니 허물이 그치며 죄가 끝나며 죄악이 용서되며 영원한 의가 드러나며 환상과 예언이 응하며 또 지극히 거룩한 이가 기름 부음을 받으리라"(단 9:24)

일흔 이레에 대한 해석은 명확하지 않습니다. 한 이레를 7년으로 해석하여 490년을 뜻하는 것으로 해석하기도 하는데, 이것이 정답이라고 말할 수는 없습니다. 그러나 오랜 기간 전쟁과 황폐와 박해가 계속된다고 할지라도 결국에는 하나님의 때에 구원의 역사가 있음을 기대하라는 것과, 그 때까지 인내하며 믿음을 지키라는 의미가 담겨 있음은 분명합니다. 따라서 이 말씀은 하나님의 응답에는 하나님의 때가 있음을 기억하고, 당장에 응답이 이루어지지 않는다 할지라도 포기하지 않고 기도해야

한다는 것을 가르쳐줍니다. 하나님의 응답의 때까지 믿음으로 인내하며 기도해야 한다는 것입니다.

시편 117-118편_믿음으로 기도해야

시편 117편은 모든 나라들, 곧 이방을 향해 하나님을 찬양하라고 외친 시입니다. 시편 118편은 하나님의 도우심과 구원하심을 감사한 시입니다. 여기서 하나님의 응답이 반드시 있음을 신뢰하며 기도해야 한다는 사실을 가르쳐주고 있습니다.

"내가 고통 중에 여호와께 부르짖었더니 여호와께서 응답하시고 나를 넓은 곳에 세우셨도다 여호와는 내 편이시라 내가 두려워하지 아니하리니 사람이 내게 어찌할까 여호와께서 내 편이 되사 나를 돕는 자들 중에 계시니 그러므로 나를 미워하는 자들에게 보응하시는 것을 내가 보리로다"(시 118:5~7) 고난 중에서 신앙인은 하나님께서 내 편 되심을 기억하며 하나님의 도우심을 확신했습니다. 모든 원수들에게 보응하시는 하나님의 역사를 믿었습니다. 따라서 자신의 부르짖음의 기도에 "여호와께서 응답하시고 나를 넓은 곳에 세우셨도다"라고 확신 중에 고백했습니다. 의심하지 않는 믿음으로 이미 하나님께서 구원하셨다고 표현했습니다.

하나님의 응답은 믿고 구하는 기도에 있습니다. 성경은 이렇게 가르치고 있습니다. "오직 믿음으로 구하고 조금도 의심하지 말라 의심하는 자는 마치 바람에 밀려 요동하는 바다 물결 같으니"(약 1:6) 따라서 의심하지 말고 믿음으로 기도해야 합니다.

오늘의 기도

1. 기도의 범위를 나와 내 가정에서 민족과 나라와 온 세계 열방으로까지 넓혀가게 하소서.
2. 하나님께서 응답하시는 때가 있음을 기억하고 그 때까지 포기하지 않고 인내하며 기도하게 하소서.
3. 조금도 의심하지 않고 믿음으로 기도하게 하시고, 믿음의 기도에 응답하시는 하나님의 은혜를 누리게 하소서.

사명의 사람

열왕기하 6장 | 디모데전서 3장 | 다니엘 10장 | 시편 119편 1-24절

맥체인성경365 1695p

하나님은 사명의 사람을 세우시고 힘을 주어 그 사명을 능히 감당하게 하십니다. 모든 위험과 대적으로부터 사명의 사람을 지키시고 보호하시고 말씀을 통해 기쁨을 주십니다.

열왕기하 6장_사명의 사람을 지키시는 하나님

엘리사가 물에 빠진 도끼를 떠오르게 하여 도끼를 찾게 해준 사건과, 엘리사를 잡기 위해 도단 성읍을 에워싼 아람의 군대의 눈을 어둡게 한 사건을 전하고 있습니다. 여기서 사명의 사람을 지키시는 하나님의 은혜를 볼 수 있습니다. 하나님께서는 사명으로 충성하는 사람과 함께하시고 모든 문제와 위험과 대적으로부터 지키신다는 것입니다. 곧 물에 빠진 도끼를 떠오르게 한 기적의 사건도 사명으로 하나님께 충성하는 선지자의 제자에게 닥친 문제를 해결하고, 그를 곤경에서 건지신 하나님의 은혜였습니다. 사명을 다해 살아가는 사람을 하나님께서 지키신다는 것을 보여주는 기적의 사건이었습니다. 또한 엘리사를 잡겠다고, 아람 왕이 보낸 군사들의 눈을 어둡게 한 일도 하나님께서 사명으로 충성하는 사람을 보호하고 계심을 확실하게 보여주는 사건이었습니다. 아무리 많은 군사를 동원해 해하려고 하나, 하나님께서 보호하시는 사람은 결코 해할 수 없다는 것입니다.

특별히 주목할 말씀이, 엘리사를 둘러 보호하고 있는 하나님의 군대입니다. 엘리사를 잡으러 온 아람의 군대보다 더 많은 하나님의 군대가 엘리사를 둘러 보호하고 있었습니다. 엘리사의 사환은 이런 하나님의 군대를 보지 못하고, 성읍을 에워싼 아람의 군사와 말과 병거들만을 보았기에 두려워했지만, 엘리사는 하나님의 군대를 보고 있었기에 자신을 잡으러 온 아람의 군대를 보고도 태연하며 평안할 수 있었습니다. "대답하되 두려워하지 말라 우리와 함께 한 자가 그들과 함께 한 자보다 많으니라 하고 기도하여 이르되 여호와여 원하건대 그의 눈을 열어서 보게 하옵소서 하니 여호와께서 그 청

년의 눈을 여시매 그가 보니 불말과 불병거가 산에 가득하여 엘리사를 둘렀더라"(왕하 6:16~17)

하나님은 그 백성을 지키시고 보호하십니다. 무엇보다 그 주신 사명에 최선을 다하는 사람과 함께하여 돌보십니다. 어리석게 믿음의 눈을 열지 못해 그 하나님을 보지 못하고, 두려움과 절망 중에 있는 것이 아니라, 믿음의 눈을 열어 우리와 함께하시고 우리를 지키시는 하나님을 볼 수 있어야 합니다. 그 하나님을 바라보며 두려움을 이기고, 더욱 힘을 다해 사명의 삶을 살아야 합니다.

디모데전서 3장_사명의 사람을 세우시는 하나님

감독과 집사의 자격에 대한 말씀입니다. 감독과 집사는 각각 이런 사람이어야 하고, 따라서 이런 사람으로 세워야 한다는 지침을 주고 있는 말씀입니다. "미쁘다 이 말이여, 곧 사람이 감독의 직분을 얻으려 함은 선한 일을 사모하는 것이라 함이로다"(딤전 3:1) "이와 같이 집사들도 정중하고 일구이언을 하지 아니하고 술에 인박히지 아니하고 더러운 이를 탐하지 아니하고"(딤전 3:8) 감독과 집사의 자격에 대해 여러 가지를 말하고 있는데, 이것을 한 마디로 말한다면, 하나님과 사람들에게 인정받아야 한다는 것입니다. 그렇게 인정받은 사람을 감독과 집사로 세워야 한다는 것입니다. 곧 교회에서 봉사하고 섬기며 그 사명을 감당할 사람을 세우는데 아무나 세울 수 없습니다. 신앙과 인격 등에서 남다른 자격이 필요하고 또 인정받아야 합니다. 그래야 온전히 교회의 성도들을 이끌고 섬기며 그 사명을 감당할 수 있습니다.

결국 무엇입니까? 교회 안에서 감독과 집사 등, 엄격한 자격을 논하고 일꾼을 세운다는 것은 곧 하

나님께서 뜻하신 사람이요 하나님께 합한 사람을 세운다는 것이며, 더 나아가 하나님께서 그를 세우신다는 것 아니겠습니까? 하나님의 교회에 사명을 감당할 사람이 필요하고, 하나님은 하나님께 합한 사람을 일꾼으로 세워 그 사명을 감당케 하시고, 하나님의 교회를 세워가도록 하신다는 것입니다. 따라서 우리가 하나님께 합한 사람이 되어야 합니다. 하나님께 합한 사람으로 세움 받아 충성하고 헌신해야 합니다. 하나님의 사명을 감당할 일꾼이 되기를 사모해야 하고, 또한 이를 위해 신앙과 인격을 다져 일꾼으로서의 자격을 갖추어 가야 합니다.

다니엘 10장_사명의 사람에게 힘을 주시는 하나님
다니엘이 힛데겔에서 환상을 본 것에 대해 전하고 있는데, 여기서 하나님께서 사명의 사람에게 힘을 주심을 보게 됩니다. 사명의 삶에서 힘에 겨워 주저앉을 수밖에 없을 때, 하나님께서 힘을 주셔서 능히 그 사명을 감당케 하신다는 것입니다.

"또 사람의 모양 같은 것 하나가 나를 만지며 나를 강건하게 하여 이르되 큰 은총을 받은 사람이여 두려워하지 말라 평안하라 강건하라 강건하라 그가 이같이 내게 말하매 내가 곧 힘이 나서 이르되 내 주께서 나를 강건하게 하셨사오니 말씀하옵소서"(단 10:18~19) 다니엘은 오랜 기간 금식을 한데다가 하나님께서 보여주시는 놀랍고 큰 환상으로 인해 힘이 빠져 있었습니다. 말문까지 막혀 있는 상황이었습니다. 그때에 하나님의 사자가 은혜의 터치를 통해 말문도 터지게 하고 힘을 주어 강건하게 하셨다는 것입니다. 그럼으로 하나님의 사자를

통해 들려주시는 하나님의 놀라운 계획, 곧 다니엘이 듣고 전해야 하는 사명의 말씀을 끝까지 들을 수 있게 하셨다는 것입니다.

힘써 사명을 감당하는 사람에게 하나님은 감당할 힘도 주십니다. 때로 그 사명이 힘에 버거워 두렵고 무겁게 느껴질 때도 있습니다. 사명을 감당할 조금의 힘도 남아 있지 않아 엎드러져 일어나지 못할 때도 있습니다. 그러나 그럼에도 포기하지 않고 사명의 자리에 서면 하나님께서 능히 감당할 수 있는 힘도 주십니다. 그 엎드러진 자리에서 일으키시고 끝까지 사명을 감당할 수 있도록 힘을 더해 주십니다.

시편 119편 1-24절_사명의 사람에게 기쁨을 주시는 하나님
주의 증거들, 곧 하나님의 말씀이 즐거움이 됨을 전하고 있습니다. "주의 증거들은 나의 즐거움이요 나의 충고자니이다"(시 119:24) 하나님의 말씀이 즐거움이 된다는 것은 곧 그 주신 말씀을 붙들고 살아가는 삶에 즐거움이 있다는 것으로, 여기서 말씀을 따라 사명으로 살아가는 사람에게 말씀을 통한 즐거움이 있음을 깨닫게 됩니다. 곧 하나님은 사명의 사람에게 말씀을 주시고, 사명의 사람은 그 말씀을 듣고 순종하는 가운데 하나님의 기쁨을 누리게 된다는 것입니다.

많은 사람들이 세상에서 기쁨을 찾고 누리고자 합니다. 그러나 참된 기쁨은 주의 말씀에 있습니다. 따라서 사명의 사람은 그 주신 말씀에서 기쁨을 찾고 누려야 합니다. 그 말씀 속에서 누리는 기쁨으로 사명의 길을 끝까지 걸어가야 합니다.

오늘의 기도

1. 주를 위한 사명의 삶을 사모하며 구하오니, 주께서 은혜로 사명의 자리에 세워주시고, 또 그 사명을 감당할 수 있는 힘도 주소서.
2. 우리를 둘러서 보호하시는 하나님의 군대를 볼 수 있도록 영적인 눈을 열어주시고, 또 이를 통해 평안함과 담대함의 삶을 살게 하소서.
3. 사명을 감당하며 말씀 안에서 살아가는 삶을 통해 하나님의 기쁨을 풍성히 누리게 하소서.

하나님의 말씀은 우리를 거룩하게 하며 생명과 구원에 이르게 합니다. 따라서 하나님의 말씀을 믿음으로 인내하며 소망을 가질 수 있습니다.

열왕기하 7장_말씀으로 인한 소망

아람의 군대에 의해 사마리아 성이 오랫동안 포위되어 있다가 풀려난 말씀을 전하고 있습니다. 특별히 주목할 말씀이 엘리사가 하나님의 말씀을 통해 전한 소망입니다. 곧 성이 포위되어 있는 동안 성 안의 백성들은 큰 고통을 겪을 수밖에 없었습니다. 양식이 떨어져 수많은 사람들이 굶어 죽어갔고, 굶주림의 고통을 참다가 자녀를 잡아먹는 참혹한 일까지 벌어졌습니다. 이런 참혹한 상황에서 엘리사가 하나님께서 주신 말씀을 통해 구원을 선포했습니다. 내일 이맘때에 양식이 있을 것이라고 소망을 전했습니다. "엘리사가 이르되 여호와의 말씀을 들을지어다 여호와께서 이르시되 내일 이맘때에 사마리아 성문에서 고운 밀가루 한 스아를 한 세겔로 매매하고 보리 두 스아를 한 세겔로 매매하리라 하셨느니라"(왕하 7:1)

고통 중에 있는 우리에게, 이처럼 하나님께서 주시는 구원의 말씀은 소망이 됩니다. 우리 힘으로 아무 것도 할 수 없는 절망 중에 하나님께서 구원을 약속하시니, 그 말씀이 소망이 아닐 수 없습니다. 따라서 이 소망을 위해 믿음을 가져야 합니다. 아무리 하나님을 통해 구원의 말씀이 주어져도 믿지 못하면 그 어떤 소망도 가질 수 없고, 또한 말씀을 통한 구원과 축복도 누리지 못하기 때문입니다.

"그 때에 왕이 그의 손에 의지하는 자 곧 한 장관이 하나님의 사람에게 대답하여 이르되 여호와께서 하늘에 창을 내신들 어찌 이런 일이 있으리요 하더라 엘리사가 이르되 네가 네 눈으로 보리라 그러나 그것을 먹지는 못하리라 하니라"(왕하 7:2) 한 장관의 불신과 이로 인한 심판의 말씀입니다. 곧 엘리사가 하나님의 말씀을 통해 구원과 소망을 전

할 때, 한 장관은 그 말씀을 믿지 못했습니다. 하나님의 권능을 신뢰하지 못한 것입니다. 그 결과 하나님께서 행하시는 권능, 곧 백성들이 양식을 얻고 살게 되는 하나님의 구원은 눈으로 똑똑히 보게 되지만, 그 자신은 누리지 못하게 된다는 심판의 말씀을 듣게 된 것입니다. 그리고 결국 이 말씀대로, 이 장관은 하나님의 구원과 양식의 축복을 누리지 못하고 말았습니다(왕하 7:17). 하나님과 그 말씀에 대한 불신은 심판의 결과를 맞을 수밖에 없다는 사실을 보여주는 비극적 주인공이 되고 말았습니다.

하나님의 말씀에 생명과 구원이 있습니다. 따라서 그 말씀을 믿고 붙들면 어떤 참혹한 상황에서도 소망을 가질 수 있습니다. 말씀에 대한 불신은 말씀에 담긴 생명과 구원을 누리지 못하고 심판에 이르게 하지만, 말씀에 대한 믿음은 생명을 얻게 하고 따라서 소망을 갖게 합니다.

디모데전서 4장_말씀으로 인한 거룩함

혼인을 금하고 특정한 음식을 먹지 말라는 등, 잘못된 절제를 가르치는 금욕주의자들의 그릇된 교훈에 넘어지지 말아야 함을 가르치는 말씀입니다. 오히려 말씀과 기도를 통해 참된 경건에 이르도록 힘써야 함을 가르치고 있는 말씀입니다. 곧 하나님의 말씀과 기도가 우리를 거룩하게 한다는 것입니다. "하나님의 말씀과 기도로 거룩하여짐이라"(딤전 4:5)

그 누가 어떤 특별한 이야기를 한다고 할지라도 우리가 흔들리지 말아야 하는 것은, 우리의 거룩함은 다른 무엇으로 이룰 수 있지 않습니다. 우리의 거룩함은 오직 말씀과 기도를 통한 하나님과의 교제 속에서 이루어집니다. 따라서 망령되고 허탄한

신화를 버리고 말씀으로 거룩하게 연단해야 합니다. 곧 성경은 이렇게 가르치고 있습니다. "망령되고 허탄한 신화를 버리고 경건에 이르도록 네 자신을 연단하라"(딤전 4:7) 말씀과 기도로 우리를 거룩하게 세우고, 또 이를 통해 그리스도의 좋은 일꾼 되어야 합니다(딤전 4:6).

다니엘 11장_말씀으로 인한 인내

다니엘이 본 환상의 말씀으로, 남방 왕과 북방 왕에 대한 말씀입니다. 북방 왕은 셀류쿠스 왕조이고, 남방 왕은 이집트를 중심으로 세워진 톨레미 왕조입니다. 이 두 나라가 서로 전쟁을 일으키며 세력 다툼을 벌이게 되는데, 때로는 남방 왕이 이기기도 했다가 다시 북방 왕이 세력을 확대하여 남방 왕을 이기기도 하고, 또 때로는 두 나라가 평화 협정을 맺어 화평을 이루기도 하는 등, 두 나라 사이에서 벌어지는 전쟁과 평화의 내용을 다루고 있습니다. 그런데 유다 백성들이 이 두 나라 사이에 위치해 있었습니다. 그렇기에 이 두 나라의 전쟁으로 인해 끊임없이 고난을 당해야 했습니다. 이에 대해 하나님께서 주시는 말씀이 그 고난을 이기고 인내해야 한다는 것입니다. 곧 아직 정한 기한이 남아 있다는 것입니다. "또 그들 중 지혜로운 자 몇 사람이 몰락하여 무리 중에서 연단을 받아 정결하게 되며 희게 되어 마지막 때까지 이르게 하리니 이는 아직 정한 기한이 남았음이라"(단 11:35)

우리의 믿음의 삶에 끝을 모를 고난이 있을 수 있습니다. 그 고난으로 인해 낙망할 수 있습니다. 그러나 우리가 가져야 하는 믿음은 반드시 고난의 끝, 곧 구원의 때가 있다는 것입니다. 곧 아직 정한 기한이 남았다는 말씀은 하나님의 구원의 때가 있다는 것을 보여줍니다. 정한 기한이 있을 뿐이지, 고난의 끝이 반드시 있다는 것입니다. 따라서 말씀을 붙들고 인내하며 기다리면, 결국 하나님께서 정하신 구원의 날을 맞이할 수 있습니다.

시편 119편 25-48절_말씀으로 인한 생명

주의 말씀으로 생명을 누릴 수 있음을 전하고 있습니다. 곧 하나님의 말씀을 통해 살아날 수 있다는 것입니다. "내 영혼이 진토에 붙었사오니 주의 말씀대로 나를 살아나게 하소서"(시 119:25) "내 눈을 돌이켜 허탄한 것을 보지 말게 하시고 주의 길에서 나를 살아나게 하소서"(시 119:37) "내가 주의 법도들을 사모하였사오니 주의 의로 나를 살아나게 하소서"(시 119:40) 하나님의 말씀을 사모하며 그 말씀을 붙들고 살아가면, 그 말씀이 고난과 위기 중에서 건지는 축복이요, 우리를 살리는 생명으로 나타나게 된다는 것입니다. 그 말씀이 허탄한 것으로 인해 멸망하지 않게 하고 생명의 길을 걷게 한다는 것입니다.

말씀이 우리에게 생명이 됩니다. 따라서 헛된 곳에서 생명을 구하지 말고 하나님 앞에서 은혜를 구하고 힘을 다해 말씀을 붙들어야 합니다.

말씀 (1)

열왕기하 8장 | 디모데전서 5장 | 다니엘 12장 | 시편 119편 49-72절

하나님의 말씀은 천천 금은보다 소중합니다. 그 말씀이 우리를 바로 세우고 축복하며 세상을 변화시킵니다. 따라서 말씀을 선택하고 순종하며 믿고 간수해야 합니다. 힘써 말씀을 배우고 가르쳐야 합니다.

열왕기하 8장_순종해야 하는 말씀

수넴 여인이 선지자 엘리사가 전하는 하나님의 말씀에 순종하여 기근을 피하고, 또 고향으로 돌아와 소유를 되찾게 된 것을 전하고 있습니다. 또한 아람 왕 벤하닷이 죽고 하사엘이 왕이 된 것, 그리고 유다의 여호사밧 왕 이후, 여호람과 아하시야가 차례로 왕이 된 것을 전하고 있습니다. 특별히 수넴 여인에 대한 말씀에 주목하면, 말씀에 순종해야 한다는 사실과, 그 말씀에 순종할 때, 환난을 피하고 축복을 누릴 수 있음을 배우게 됩니다.

"여인이 일어나서 하나님의 사람의 말대로 행하여 그의 가족과 함께 가서 블레셋 사람들의 땅에 칠 년을 우거하다가 칠 년이 다하매 여인이 블레셋 사람들의 땅에서 돌아와 자기 집과 전토를 위하여 호소하려 하여 왕에게 나아갔더라"(왕하 8:2~3) 수넴 여인이 선지자 엘리사가 권하는 말씀에 순종하여 칠 년 동안 블레셋 사람들의 땅에 우거하다가 다시 이스라엘로 돌아왔다는 말씀입니다. 곧 엘리사는 자신을 잘 섬겼던 수넴 여인에게 이 땅에 칠 년 동안 기근이 임할 것을 전하며 기근을 피해 다른 지역에 거주할 것을 권했습니다. 이에 수넴 여인은 엘리사가 전하는 말씀에 순종했고, 기근을 피해 7년 동안 블레셋 사람들의 땅에 거주했다가 기근이 끝난 후 이스라엘로 돌아올 수 있었습니다. 그 말씀에 순종함으로 큰 기근과 그 속에서 겪을 환난을 피할 수 있었던 것입니다. 물론 7년 동안 기근을 피해 이스라엘을 떠난 사이, 자신의 집과 전토가 다른 사람의 손에 넘어가 있는 망연한 사건을 겪기도 했습니다. 말씀에 순종함으로 7년의 기근을 피할 수는 있었지만 모든 재산을 잃어버리는 위기와 불행에 처한 것입니다. 그러나 놀라운 하나님의 섭리를 통해 잃어버린 집과 전토를 찾을 수 있었고, 이를 통해 말씀에 순종하는 자는 결코 말씀으로 인해 손해를 보거나 낭패를 당하지 않는다는 사실을 경험할 수 있었습니다.

하나님의 말씀을 순종함으로 은혜와 복을 누릴 수 있습니다. 결코 낭패를 보지 않습니다. 하나님의 말씀은 반드시 이루어지기에 그 말씀을 통해 경고를 받아 돌이키고, 또 그 말씀을 붙잡고 따름으로 복을 누릴 수 있습니다. 따라서 당장 손해를 볼 것 같아도 말씀에 순종해야 합니다. 말씀을 순종하는 중에 잠시 어려움을 겪고 위기를 만나도 결코 후회하거나 말씀에서 떠나지 말아야 합니다.

디모데전서 5장_가르쳐야 하는 말씀

과부와 교회 공동체 수장들에 대한 지침을 주고 있습니다. 곧 과부로 명부에 올릴 자에 대한 자격과 처우에 대한 말씀, 그리고 교회 장로들에 대한 사례와 고발을 받은 경우 그에 대한 처리 등을 가르치고 있습니다.

특별히 주목할 말씀이, 말씀과 가르침에 수고하는 자들을 더욱 존경하라는 것입니다. "잘 다스리는 장로들은 배나 존경할 자로 알되 말씀과 가르침에 수고하는 이들에게는 더욱 그리할 것이니라"(딤전 5:17) 이는 그만큼 말씀을 가르치는 것과 이를 통해 말씀을 배우는 것이 중요하다는 사실을 강조한 것입니다. 그 말씀을 가르쳐 교회 구성원들을 말씀에 서게 하는 것이 무엇보다 중요한 일이고, 따라서 더욱 존경하고 대우함으로 가르침에 매진할 수 있게 해야 한다는 것입니다.

우리는 힘써 하나님의 말씀을 배워 그 말씀에 굳게 설 뿐만 아니라, 또한 힘써 하나님의 말씀을 전하고 가르쳐야 합니다. 끊임없이 하나님의 말씀을 가르쳐 사람들을 말씀으로 세워야 합니다. 사람들을 변화시키고 바르게 세게 하는 것은 오직 말씀임을 잊지 말고, 이 말씀을 가르치는 일에 힘을 다해야 합니다.

다니엘 12장_간수해야 하는 말씀

마지막 때에 환난과 구원이 있을 것을 전하고 있는데, 주목할 말씀이, 말씀을 간수하고 봉함해야 한다는 것입니다. 곧 다니엘은 환상 중에 들은 하나님의 말씀을 마지막까지 간수하고 봉함하라는 명령을 받았습니다. "다니엘아 마지막 때까지 이 말을 간수하고 이 글을 봉함하라 많은 사람이 빨리 왕래하며 지식이 더하리라"(단 12:4) "그가 이르되 다니엘아 갈지어다 이 말은 마지막 때까지 간수하고 봉함할 것임이니라"(단 12:9) 고대 근동에 있어서 봉함한다는 것은 비밀 유지의 뜻보다는 그 내용이 공식적이고 인정되어서 결코 바뀔 수 없는 일, 곧 반드시 일어나며 성취될 것임을 뜻하는 표현입니다. 따라서 다니엘에게 그 말씀을 간수하고 봉함하라는 것은 이 말씀이 거짓이 아니며 반드시 성취될 말씀이기에 말씀을 믿고 신뢰하며 끝까지 붙잡아야 함을 명령한 것입니다. 결코 말씀을 의심하지 말고 말씀에 굳게 서야 한다는 것입니다.

하나님의 말씀은 신실합니다. 반드시 그 말씀대로 이루어집니다. 따라서 우리도 그 말씀을 간수해야 합니다. 끝까지 그 말씀을 믿고 붙들어야 합니다. 그때에 말씀으로 인한 축복을 누릴 수 있습니다. 우리가 간수한 말씀이 성취되는 그때에 말씀으로 인한 구원과 승리를 누릴 수 있습니다.

시편 119편 49-72절_선택해야 하는 말씀

말씀의 가치에 대해 전해주고 있습니다. 곧 하나님의 말씀은 천천 금은보다 귀하다는 것입니다. 따라서 그 어떤 것보다 말씀에 가치를 두고 말씀을 선택해야 함을 가르치고 있습니다.

"내 소유는 이것이니 곧 주의 법도들을 지킨 것이니이다"(시 119:56) "주의 입의 법이 내게는 천천 금은보다 좋으니이다"(시 119:72) 우리의 소유, 곧 재산은 주의 법도를 지킨 것이라고 말씀하고 있습니다. 또한 주의 입의 법, 곧 말씀이 많은 금은보다 더 소중하고 좋다고 말씀하고 있습니다. 결국 무엇입니까? 그 어떤 가치보다 말씀이 더 가치 있고 따라서 그 말씀을 소유로 삼고 따라가겠다는 것입니다. 천천 금은을 추구하고 소유하고자 하는 것이 아니라, 하나님의 말씀을 재산으로 삼고 추구하겠다는 것입니다. 말씀을 지키는 것이 가장 최고의 재산이라는 것입니다.

하나님의 말씀은 그 선포된 말씀대로 이루어집니다. 따라서 하나님의 말씀은 이해되지 않아도 지키며, 주님께서 다시 오시는 날까지 끝까지 지켜야 합니다. 말씀이 기쁨이 되어 억지로가 아니라 기쁨으로 지켜야 합니다.

열왕기하 9장_그대로 이루어지는 말씀

예후가 기름부음을 받고 이스라엘의 왕으로 선택된 것과, 하나님의 말씀에 따라 아합의 집안을 멸한 것을 전하고 있습니다. 여기서 하나님의 말씀은 그 하나라도 헛되이 사라짐이 없으며, 선포된 말씀대로 반드시 이루어진다는 사실을 배울 수 있습니다. 곧 하나님은 엘리야를 통해 아합과 이세벨에 대한 심판을 선언하셨습니다. 그 죄를 반드시 심판하여 그 집을 멸하실 것을 말씀하셨습니다. 그리고 그 말씀을 이루시기 위해 예후를 선택하여 왕으로 세우셨고, 그에게 아합의 집안을 멸하라는 사명을 주셨습니다(왕하 9:6~10). 사명을 받은 예후는 아합의 아들 요람을 죽여 그 시체를 나봇의 밭에 던짐으로 하나님의 선포된 말씀을 이루고, 또한 아합의 아내 이세벨을 죽여 하나님의 심판을 단행했습니다. "여호와께서 말씀하시기를 내가 어제 나봇의 피와 그의 아들들의 피를 분명히 보았노라 여호와께서 또 말씀하시기를 이 토지에서 네게 갚으리라 하셨으니 그런즉 여호와의 말씀대로 그의 시체를 가져다가 이 밭에 던질지니라 하는지라"(왕하 9:26) "돌아와서 전하니 예후가 이르되 이는 여호와께서 그 종 디셉 사람 엘리야를 통하여 말씀하신 바라 이르시기를 이스르엘 토지에서 개들이 이세벨의 살을 먹을지라 그 시체가 이스르엘 토지에서 거름같이 밭에 있으리니 이것이 이세벨이라고 가리켜 말하지 못하게 되리라 하셨느니라 하였더라"(왕하 9:36~37)

하나님의 말씀은 반드시 성취됩니다. 따라서 예후처럼 하나님의 편에서 하나님의 말씀을 붙잡고 그 말씀을 이루어 가는 일에 선택받고 쓰임 받아야 합니다. 어리석게 하나님의 말씀의 반대편에 서서, 그 말씀이 성취될 때, 그 성취가 심판이 되지 않아야 합니다.

디모데전서 6장_끝까지 지켜야 하는 말씀

디모데와 모든 신도들에게 주는 권면의 말씀입니다. 곧 그리스도의 말씀과 그 경건에 대한 교훈을 따르지 않고, 다른 교훈을 전하는 사람들을 배격해야 한다는 것입니다. 또한 욕심을 버리고 자족함으로 경건에 힘써야 함을 전하고 있는데, 죄악과 탐심을 버리고 오직 의와 경건과 믿음과 사랑과 인내와 온유를 따르며, 믿음의 선한 싸움을 싸워가야 한다는 것입니다(딤전 6:11~12). 그런데 주목할 말씀이, 예수 그리스도께서 다시 오시는 마지막 날까지 그 말씀을 지켜야 한다는 것입니다. "우리 주 예수 그리스도께서 나타나실 때까지 흠도 없고 책망 받을 것도 없이 이 명령을 지키라"(딤전 6:14) 곧 주님의 재림은 약속으로 주어졌고, 그때까지 고난과 유혹과 어려움이 있어도 흔들리지 말고 주의 말씀을 지켜야 한다는 것입니다. 다시 말해 주의 말씀을 지켜야 주님께서 다시 오실 때까지 흠도 없고 책망 받을 것도 없게 된다는 것입니다.

주의 말씀은 끝까지 지켜야 합니다. 그 말씀은 반드시 성취되기 때문입니다. 따라서 말씀을 지키다가 어리석게 포기하거나 돌아서지 말아야 하고, 주님께서 오시는 그 날까지 어떤 환난과 유혹에도 흔들리지 말고 말씀을 붙들고 지켜야 합니다. 끝까지 말씀을 지킴으로 주님께서 이 땅에 다시 오시는 날에 흠이 없는 거룩함으로, 책망과 심판이 아닌 칭찬과 구원을 받아야 합니다.

호세아 1장_그럼에도 지켜야 하는 말씀

하나님께서 호세아에게 음란한 여인 고멜을 아내로 맞이하고 자녀를 낳으라고 명령하신 말씀입니다. 이를 통해 그 백성들의 불의함과 하나님의 신실한 사랑을 전하며 나타내고 있습니다. "여호와께서 처음 호세아에게 말씀하실 때 여호와께서 호세아에게 이르시되 너는 가서 음란한 여자를 맞이하여 음란한 자식들을 낳으라 이 나라가 여호와를 떠나 크게 음란함이니라 하시니"(호 1:2)

사실 거룩함을 추구해 가는 선지자 호세아에게 이런 하나님의 명령은 당장에 이해할 수 없는 명령이요, 따르기 어려운 명령이었습니다. 그러나 호세아는 하나님의 명령에 절대적으로 순종하여 고멜을 아내로 맞이하였고 자녀들을 낳았습니다. 이해할 수 없는 하나님의 말씀이지만 순종하여 하나님의 뜻을 나타냈습니다(호 1:3).

큰 계획과 뜻으로 주시는 하나님의 말씀은 작은 우리의 생각으로 판단하고 이해하기 어려울 때가 많습니다. 때로 하나님께서는 따르기 어려운 말씀도 우리에게 주십니다. 그러나 작은 우리의 생각으로 판단하고 결정하기보다 하나님의 큰 생각을 믿고 따라야 합니다. 하나님의 말씀은 반드시 선한 결과로 이루어짐을 기억하고, 당장은 이해되지 않아도, 그럼에도 말씀을 지켜야 합니다.

시편 119편 73-96절_기쁨으로 지켜야 하는 말씀

하나님의 말씀을 기쁨으로 지켜야 함을 가르쳐주고 있습니다. 곧 하나님의 말씀을 기뻐해야 하고, 그 기쁨 속에서 말씀을 지켜가야 한다는 것입니다.

"주의 법이 나의 즐거움이 되지 아니하였더면 내가 내 고난 중에 멸망하였으리이다"(시 119:92) 하나님의 말씀이 즐거움이 되었고, 고난 중에 넘어지지 않는 힘이 되었다는 고백입니다. 곧 이 시편의 신앙인은 이 땅에서 죽음 직전까지 이르렀지만 말씀을 놓치지 않았습니다(시 119:87). 그런데 그 붙잡은 말씀이 자신을 살렸다는 것입니다. 그리고 그처럼 말씀을 붙잡을 수 있었던 것은 주의 말씀이 즐거움이 됐기 때문이라는 것입니다. 말씀이 기쁨이 됐기에 고난과 죽음의 위기 중에서도 포기하지 않고 말씀을 붙잡았고, 그 말씀이 자신을 살게 했다는 것입니다.

하나님의 말씀은 반드시 성취됩니다. 따라서 말씀에 기쁨을 두고 어떤 환난과 위기와 유혹 속에서도 포기하지 않고 말씀을 지켜야 합니다. 말씀이 기쁨이 되어 흔들리지 않고 지켜가야 합니다.

오늘의 기도

1. 반드시 성취되는 하나님의 말씀 편에 서서, 말씀을 이루는 축복의 삶을 살아가게 하소서.
2. 이해할 수 없는 명령에도 절대적으로 순종하는 말씀의 사람으로 살아가게 하소서.
3. 위기와 고난 중에도 말씀을 기뻐하며 말씀을 붙들게 하셔서 말씀으로 생명과 구원을 누리게 하소서.

주님 사랑

맥체인성경365 1715p

열왕기하 10장 | 디모데후서 1장 | 호세아 2장 | 시편 119편 97-120절

주님을 향한 사랑은 전심으로 해야 하며, 끝까지 변하지 말아야 합니다. 따라서 헛된 사랑에서 돌이켜야 하고 말씀을 지키고 사랑함으로 주님을 사랑해야 합니다.

열왕기하 10장_전심으로 해야 하는 주님 사랑

예후가 아합의 아들 칠십 명을 죽이고 그 집안을 멸한 것과 바알을 섬기는 모든 선지자와 섬기는 자와 제사장들을 죽여 바알 숭배를 뿌리 뽑은 것을 전하고 있습니다. 곧 예후는 하나님께 이스라엘의 왕으로 선택을 받아 아합의 집안을 멸하는 사명을 받았습니다. 그 사명에 따라 아합의 집안과 그에게 속한 자들을 죽여 멸하였습니다. 또한 우상숭배가 만연한 중에도 하나님을 경외하며 그 신앙을 지켰던 레갑의 아들 여호나답을 영접하여 존귀하게 세웠고, 그와 함께 아합과 이세벨에 의해서 확대된 바알 종교를 척결하는데 힘을 다했습니다. 바알의 선지자들과 제사장들 그리고 바알을 섬기는 자들을 한 자리에 모아 모두 죽여 진멸했습니다. 이처럼 그는 하나님께로부터 받은 사명, 곧 아합의 집안을 멸하는 일에는 하나님 앞에서 정직하게 행했습니다. 그러나 성경은 예후에 대해 다음과 같이 말씀하고 있습니다. "그러나 예후가 전심으로 이스라엘 하나님 여호와의 율법을 지켜 행하지 아니하며 여로보암이 이스라엘에게 범하게 한 그 죄에서 떠나지 아니하였더라"(왕하 10:31) 그의 하나님을 향한 신앙과 사랑이 전심이 아니었다는 것입니다. 레갑의 아들 여호나답과 손을 잡으면서 "여호와를 위한 나의 열심을 보라"(왕하 10:16)고 자신 있게 말했지만, 그 열심을 끝까지 이어가지 못했다는 것입니다.

하나님을 향한 사랑은 온 마음을 드리는 사랑이어야 합니다. 하나님께서 먼저 우리를 그렇게 사랑하셨고, 그렇기에 하나님도 우리에게 일부가 아닌 전심을 바라십니다. 처음 가진 열심과 사랑을 마지막까지 지켜가기를 바라십니다. 따라서 우리의 하나님을 향한 사랑이 순간의 감정으로 끝나지 않도록 해야 합니다. 마음을 다하고 목숨을 다하고 뜻을 다하여 우리의 하나님을 사랑해야 합니다(마 22:37).

디모데후서 1장_복음을 지킴으로 하는 주님 사랑

복음에 충성해야 함을 전하고 있습니다. 곧 바울은 디모데에게 편지를 쓰며 복음과 함께 고난 받는 것을 두려워하거나 부끄러워하지 말아야 한다고 가르치고 있습니다. 바울 자신은 복음으로 말미암아 고난을 받지만, 주를 향한 믿음과 확신으로 조금도 부끄러워하지 않는다는 것입니다. 따라서 디모데에게 예수 안에 있는 믿음과 사랑으로 "내게 들은 바 바른 말" 곧 주의 말씀인 복음을 본받아 지키고 "네게 부탁한 아름다운 것" 곧 구원의 소식을 지키라고 명령하고 있습니다. "너는 그리스도 예수 안에 있는 믿음과 사랑으로써 내게 들은 바 바른 말을 본받아 지키고 우리 안에 거하시는 성령으로 말미암아 네게 부탁한 아름다운 것을 지키라"(딤후 1:13~14)

전심으로 주님을 사랑한다면, 주님께서 십자가에서 피 흘려 이루시고 우리에게 은혜로 주신 복음을 지켜가는 것은 마땅합니다. 바울에게는 이런 사랑이 있었기에 옥에 갇히고 숱한 핍박과 고난 속에서도 복음을 지키며, 그 복음을 전하는 사명을 포기하지 않았습니다. 또한 그렇기에 디모데에게 두려워하지 말고 끝까지 복음을 지키라고 당당히 명령할 수 있었습니다. 이 명령은 오늘 우리에게도 주어진 명령으로, 우리를 위해 십자가에서 구원을 이루신 주님을 전심으로 사랑해야 합니다. 그 사랑 속에서 힘써 복음을 지켜야 합니다. 복음을 지킴으로 그 사랑을 나타내야 합니다.

호세아 2장_헛된 사랑에서 돌이킴으로 하는 주님 사랑

이스라엘의 불신실함과 하나님의 신실함을 전하고 있습니다. 곧 그 백성들이 하나님의 은혜와 사랑을 잊고 헛된 우상을 사랑하며 따랐습니다. 그 백성들을 진정 사랑하는 분은 하나님이시고, 그들에게 주어진 떡과 옷과 기름 등을 공급하신 분도 하나님이셨습니다. 그럼에도 불구하고 백성들은 이를 깨닫지 못하고 어리석게 하나님이 아닌 헛된 우상에게 그 사랑을 두며 따랐습니다. 그 헛된 우상이 모든 양식과 옷과 기름을 준다고 착각하고 있었습니다(호 2:5). 따라서 하나님께서 그 백성들에게 책임을 물으시겠다는 것입니다. 그들에게 베푼 긍휼과 사랑을 거두시고, 그 주었던 곡식과 포도주와 양털과 삼도 빼앗으시겠다는 것입니다. 하나님을 잊어버리고 바알들을 섬긴 그 백성들을 그 섬긴 세월만큼 벌하시겠다는 것입니다(호 2:13).

그런데 주목할 것이 하나님의 신실함입니다. 그 불신실함 때문에 백성들을 벌하지만, 그러나 그 목적이 막아섬에 있다는 것입니다. 멸망으로 끝날 수밖에 없는 헛된 우상을 찾아가지 못하게 하는 것에 있다는 것입니다. 그럼으로 하나님께 돌이키게 하는 것에 있다는 것입니다(호 2:6~7). 따라서 하나님은 "그 날"을 약속하고 계십니다. 그 날에 백성들이 참되게 하나님을 섬기며, 그 날에 하나님께서 그 백성들에게 평안을 주고, 곡식과 포도주와 기름으로 응답하신다는 것입니다. 그 날에 백성들을 긍휼히 여기시며 그 백성들을 내 백성이라 하신다는 것입니다. "내가 나를 위하여 그를 이 땅에 심고 긍

휼히 여김을 받지 못하였던 자를 긍휼히 여기며 내 백성 아니었던 자에게 향하여 이르기를 너는 내 백성이라 하리니 그들은 이르기를 주는 내 하나님이시라 하리라 하시니라"(호 2:23)

하나님을 전심으로 사랑하기 위해 참으로 우리를 사랑하는 분이 누구인지 깨달아야 합니다. 또한 우리가 헛된 사랑을 구하며 따라가고 있지 않는지 돌아봐야 합니다. 곧 우리를 온 천하보다 사랑하시는 분은 오직 하나님이십니다. 우리를 끝까지 사랑하고 기다리며, '그 날'을 기대하시는 분은 하나님이십니다. 이 참 사랑을 깨달아야 하고, 따라서 헛된 사랑에서 돌이켜야 합니다. 그 하나님의 사랑에 응답하여, 우리도 전심으로 하나님을 사랑해야 합니다.

시편 119편 97-120절_말씀을 사랑함으로 하는 주님 사랑

말씀을 사랑해야 함을 가르쳐주고 있습니다. 곧 이 시편의 신앙인은 주의 법, 곧 그 말씀을 사랑하였고, 따라서 종일 그 말씀을 묵상했음을 고백하고 있습니다. 주의 말씀을 사랑하기에 두 마음을 품는 자들, 곧 죄악된 자들을 미워하고 가까이 하지 않는다고 고백하고 있습니다. "내가 주의 법을 어찌 그리 사랑하는지요 내가 그것을 종일 작은 소리로 읊조리나이다"(시 119:97) "내가 두 마음 품는 자들을 미워하고 주의 법을 사랑하나이다"(시 119:113)

주님을 향한 사랑은 마땅히 그 말씀에 대한 사랑과 순종으로 나타나야 합니다. 주님을 사랑하기에 그 주신 말씀도 사랑하며 기쁨으로 따라야 합니다. 어떤 위기와 환난과 유혹에도 그 말씀에 절대적 가치와 사랑을 두고, 말씀을 선택하며 따라야 합니다.

오늘의 기도

1. 참 사랑은 오직 주님께 있음을 깨달아 헛된 사랑에서 돌이키게 하시고, 전심으로 주님을 사랑하며 따라가게 하소서.
2. 주를 사랑함으로 복음에서 떠나지 않고 복음과 함께 고난을 받으며 힘써 주의 말씀을 지켜가게 하소서.
3. 주를 사랑함이 말씀을 사랑하며 가까이 함으로 나타나게 하시고, 말씀을 읽고 묵상함 속에서 큰 기쁨을 누리게 하소서.

말씀

열왕기하 11-12장 | 디모데후서 2장 | 호세아 3-4장 | 시 119편 121-144절

주의 말씀 안에 거해야 망하지 않으며, 실패하고 넘어지지 않을 수 있습니다. 따라서 주의 말씀을 잊지 말아야 하고, 진리의 말씀을 분별하며 깨달아야 합니다.

열왕기하 11-12장_주의 말씀 안에 거해야 망하지 않습니다.

열왕기하 11장은 제사장 여호야다의 도움을 받은 요아스가 아달랴를 몰아내고 왕위에 오른 것과, 요아스가 왕위에 올라 바알의 신당과 그 제단들과 우상들을 멸한 것을 전하고 있습니다. 열왕기하 12장은 요아스 왕 때에 이루어진 성전 수리에 대해 전하고 있습니다. 그런데 주목할 말씀이 요아스 왕에 대한 평가입니다. 요아스 왕에 대해 좋은 평가를 내리고 있지만, 그러나 그 한계를 정하고 있습니다. 곧 제사장 여호야다의 영향력 가운데서 그의 교훈을 받는 동안 여호와 보시기에 정직히 행하였다는 것입니다. "요아스는 제사장 여호야다가 그를 교훈하는 모든 날 동안에는 여호와 보시기에 정직히 행하였으되"(왕하 12:2) 이는 곧 여호야다가 죽은 이후, 그 교훈을 벗어나서는 정직하게 행하지 못했다는 사실을 가르쳐 주고 있습니다.

제사장 여호야다는 악한 여왕 아달랴를 몰아내고, 일곱 살의 어린 나이이지만 요아스를 왕으로 세워 나라를 바로 잡았습니다(왕하 11:20~21). 아달랴가 세운 모든 바알의 신당과 제단들을 허물고 바알의 제사장을 죽였으며, 여호와와 언약을 맺어 그 신앙을 바로 세웠습니다(왕하 11:17~18). 요아스도 어린 나이에 왕위에 올랐지만 하나님을 경외하는 제사장 여호야다의 교훈 아래 여호와 보시기에 정직하게 나라를 다스려갈 수 있었습니다. 그러나 여호야다가 죽은 이후 여호와의 교훈에서 떠나고 말았습니다. 역대상 24장 17절 이하를 보면 이를 잘 알 수 있는데, 요아스는 여호야다가 죽은 이후에 하나님을 등지고 배신하여 아세라 목상과 우상을 섬겼습니다. 여호야다의 아들 스가랴가 하나님의 영에 감동하여 다시 하나님께로 돌이킬 것을 간곡히 전했지만 요아스는 그의 말을 듣기를 거부하고 오히려 그를 죽이고 말았습니다.

결국 요아스 왕은 신복들의 반역으로 살해당하여 그의 삶의 마지막을 비참하게 맞이하고 말았는데, 이러한 그의 삶은 주의 말씀 안에 변함없이 거하고, 그 교훈을 끝까지 지키는 것이 얼마나 중요한지를 보여주고 있습니다. 주의 말씀을 끝까지 붙들고 그 안에 있어야 넘어지지 않고 망하지 않을 수 있다는 것입니다. 따라서 어떤 유혹에도 흔들림 없이 주의 말씀을 붙들고, 그 교훈을 떠나지 말아야 합니다.

디모데후서 2장_진리의 말씀을 분별해야 망하지 않습니다.

그리스도의 좋은 병사가 되어 기꺼이 고난에 참여하고, 주를 기쁘시게 하는 삶을 살아가라고 교훈하고 있습니다. 또한 무익한 다툼을 하지 말고 진리의 말씀을 옳게 분별하며 깨끗함과 경건함에 힘쓸 것을 교훈하고 있습니다.

특별히 진리의 말씀을 옳게 분별하고 망령되고 헛된 말을 버려야 한다는 가르침에 주목해야 하는데, 왜냐하면 그래야 멸망에 이르지 않을 수 있기 때문입니다. "너는 진리의 말씀을 옳게 분별하며 부끄러울 것이 없는 일꾼으로 인정된 자로 자신을 하나님 앞에 드리기를 힘쓰라 망령되고 헛된 말을 버리라 그들은 경건하지 아니함에 점점 나아가나니"(딤후 2:15~16) 경건하지 아니함에 점점 나아간 그들은 후메내오와 빌레도를 말합니다. 그들은 이미 진리에서 떠났을 뿐만 아니라 부활이 이미 지나갔다는 그릇된 가르침으로 사람들의 믿음을 무너뜨렸습니다(딤후 2:17~18). 헛된 진리와 가르침에 빠져 경건하지 아니한 길, 곧 심판과 멸망의 길로 나아가고 말았습니다.

진리의 말씀을 바르게 분별하여 붙잡지 않으면 결국 진리에서 벗어나 심판에 이를 수밖에 없습니다. 헛된 진리를 참된 진리인 양 붙잡고 따르다가 멸망에 이를 수밖에 없습니다. 따라서 진리의 말씀을 바르게 분별해야 합니다. 진리의 말씀을 굳건히 붙들어 헛된 진리와 멸망의 가르침에서 우리를 지켜야 합니다.

호세아 3-4장_주의 말씀을 잊지 말아야 망하지 않습니다.

호세아 3장은 이스라엘의 배신에도 하나님께서는 그 백성을 사랑하심을 전하는 말씀입니다. 따라서 하나님께서 호세아에게 타인의 사랑을 받아 음녀가 되었음에도 그 아내를 사랑하라고 명령하셨고, 호세아는 이에 순종했습니다. 호세아 4장은 제사장들과 이스라엘의 우상 숭배와 범죄로 인한 하나님의 심판을 전하는 말씀입니다. 그들의 행실대로 벌하며 그들의 행위대로 갚으시겠다는 것입니다. 그런데 주목할 말씀이, 하나님을 아는 지식이 없기에 백성들이 망하고 있다는 것입니다. "내 백성이 지식이 없으므로 망하는도다 네가 지식을 버렸으니 나도 너를 버려 내 제사장이 되지 못하게 할 것이요 네가 네 하나님의 율법을 잊었으니 나도 네 자녀들을 잊어버리리라"(호 4:6) 이는 곧 제사장들의 책임을 이야기하고 있는 것입니다. 영적 지도자로서 백성들을 바르게 이끌고 가르쳐야 하는데, 그들이 먼저 타락하여 제물만을 탐하고 하나님을 바로 섬기지 못할 뿐만 아니라, 바르게 백성들을 가르치지 않았다는 것입니다. 이로 인해 백성들도 타락하여 멸망의 길에 서고 말았다는 것입니다. 백성

들이 하나님을 바로 알지 못하고 그 말씀도 알지 못하니, 하나님을 떠나 우상을 숭배하며, 음란하고 죄악된 일에 빠져 멸망의 길에 서고 말았다는 것입니다. 따라서 하나님께서도 그들을 버려 제사장이 되지 못하게 하며, 그 자녀들도 잊어버리겠다고 심판을 말씀하신 것입니다.

결국 하나님을 아는 지식, 곧 그 말씀을 잊어버리면 타락하여 멸망에 이를 수밖에 없습니다. 힘써 하나님의 말씀을 붙잡고, 말씀을 가르치고 배워 그 말씀을 중심에 두어야 합니다. 당장의 재물을 얻고 이득을 챙기는 일이 아니라 하나님의 말씀을 가르치고 배워 하나님을 더욱 깊이 알아가는 일에 힘을 다해야 합니다. 그래야 넘어지지 않을 수 있고, 하나님에게서 떨어져 망하지 않을 수 있습니다. 잊지 않은 주의 말씀이 우리를 멸망에 이르지 않게 합니다.

시편 119편 121-144절_주의 말씀을 깨달아야 망하지 않습니다.

주의 말씀을 사랑하고 사모하며, 그 말씀을 배우고 깨달아 그 말씀 안에서 살아가야 함을 가르치고 있습니다. 곧 그 말씀에 굳게 설 때에 그 어떤 죄악도 주관하지 못한다는 것입니다(시 119:133). 또한 환난과 우환 중에도 그 말씀으로 즐거워하며, 그 의로운 말씀을 통해 살게 된다는 것입니다. "환난과 우환이 내게 미쳤으나 주의 계명은 나의 즐거움이니이다 주의 증거들은 영원히 의로우시니 나로 하여금 깨닫게 하사 살게 하소서"(시 119:143~144)

주의 말씀은 죄악으로 인한 멸망에서 우리를 지키고, 환난과 재앙 중에도 넘어지지 않게 하며, 생명의 삶을 살게 합니다. 따라서 주의 말씀을 사랑하고 사모하며 매일 읽고 묵상할 뿐만 아니라, 끊임없이 그 말씀을 깨닫게 해달라고 힘써 구해야 합니다.

오늘의 기도

1. 하나님을 아는 지식이 더욱 풍성하게 하시고, 그 지식으로 더욱 하나님을 섬기고 따라서 생명과 축복의 길에 서게 하소서.
2. 바른 진리의 말씀을 분별하여 붙잡게 하시고 결코 망령되고 헛된 말에 넘어지지 않게 하소서.
3. 성령을 통해 주의 말씀을 깨닫게 하시고, 그 깨달은 말씀으로 인해 힘과 생명을 얻게 하소서.

죄

맥체인성경365 1726p

열왕기하 13장 | 디모데후서 3장 | 호세아 5-6장 | 시 119편 145-176절

하나님의 은혜를 경험한 우리는 마땅히 죄에서 돌아서야 합니다. 그 죄로 인해 하나님께로 돌아가야 합니다. 하나님 안에서 결코 죄로 돌이키지 말아야 하고, 따라서 죄를 멀리해야 합니다.

열왕기하 13장_죄에서 돌아서야 합니다.
이스라엘의 여호아하스 왕과 요아스 왕에 대한 말씀입니다. 이때에 이스라엘이 아람에 의해 크게 학대당하고 고통을 당하였으나 하나님의 은혜로 구원 받았음을 전하고 있습니다. 그런데 주목할 말씀이, 하나님의 구원의 은혜 중에도 그 죄에서 돌아서지 않았다는 것입니다. "그들이 이스라엘에게 범죄하게 한 여로보암 집의 죄에서 떠나지 아니하고 그 안에서 따라 행하며 또 사마리아에 아세라 목상을 그냥 두었더라"(왕하 13:6) "여호와께서 보시기에 악을 행하여 이스라엘에게 범죄하게 한 느밧의 아들 여로보암의 모든 죄에서 떠나지 아니하고 그 가운데 행하였더라"(왕하 13:11) 여로보암 집의 죄에서 떠나지 아니했다는 말씀에 주목해야 합니다. 여호아하스 왕은 물론이요, 그 놀라운 구원의 은혜를 얻은 요아스 왕도 그 죄에서 돌이키지 않았다는 것입니다. 곧 하나님은 그 죄에도 불구하고 놀라운 사랑으로 그 간구에 응답하여 구원자를 보내주셨습니다. 아람의 학대로 고통당하는 중에 도움을 구한 여호아하스 왕의 간구를 들으시고, 구원자를 보내 이스라엘을 지켜주셨습니다. 요아스 왕 때에는 아람을 쳐서 물리치고 그 잃었던 성읍을 다시 빼앗고 회복할 수 있게 하셨습니다. 그러나 이런 하나님의 은혜에도 불구하고 그 죄에서 떠나지 않았다는 것입니다. 하나님의 구원의 은혜를 기억하며 그 죄에서 돌아서 하나님만을 섬기는 것이 마땅한데, 우상을 섬기는 여로보암의 죄에서 돌아서지 않았다는 것입니다.

죄에서 돌아서지 않은 결과는 심판일 수밖에 없습니다. 하나님의 구원의 은혜에도 불구하고 돌아서지 않은 이스라엘이 결국 호세아 왕을 끝으로 심판 받아 멸망한 것을 우리가 잘 알고 있습니다. 따라서 죄에서 떠나고 돌아서야 합니다. 하나님의 구원의 은혜를 기억하고, 그 은혜가 심판으로 바뀌기 전에 돌아서야 합니다.

디모데후서 3장_죄를 멀리해야 합니다.
말세에 있을 경건의 타락에 대해 경고하며, 여기서 돌아서야 함을 가르치고 있습니다. 예수 안에서 경건하게 살고자 하는 자에게는 박해가 있음을 전하며, 박해 중에 바울 자신이 보였던 본을 기억하고 따를 것과, 말씀을 통해 하나님의 사람으로 온전하게 설 것을 가르치고 있습니다.

말세에 불의하고 불경건한 사람들에 대한 경고의 말씀에 주목하면, 다음과 같이 말씀하고 있습니다. "사람들이 자기를 사랑하며 돈을 사랑하며 자랑하며 교만하며 비방하며 부모를 거역하며 감사하지 아니하며 거룩하지 아니하며 무정하며 원통함을 풀지 아니하며 모함하며 절제하지 못하며 사나우며 선한 것을 좋아하지 아니하며 배신하며 조급하며 자만하며 쾌락을 사랑하기를 하나님 사랑하는 것보다 더하며 경건의 모양은 있으나 경건의 능력은 부인하니 이같은 자들에게서 네가 돌아서라"(딤후 3:2-5) 여기서 돌아서라는 것은 멀리하라는 것입니다. 조금도 그 죄에 영향 받지 않도록 그 불의한 자들을 가까이 하지 말라는 것입니다. 곧 말세에 경건함이 사라지고 불의한 자들이 가득하게 되며, 그 죄와 불의함이 마치 바른 기준인 것처럼 죄악이 세상에 가득하게 된다는 것입니다. 그러나 그럴지라도 우리는 믿음의 사람으로 죄와 불의를 거절해야 한다는 것입니다. 그 모든 불의한 사람에게서 돌아서고 조금도 타협하지 말고 죄와 단절해야 한다는 것입니다.

우리는 믿음의 사람들이요, 거룩한 하나님을 따르는 성도입니다. 따라서 마땅히 죄를 멀리해야 합니다. 우리를 거룩하게 하신 주님의 은혜를 따라 조금의 죄와 불의도 거절해야 합니다. 오직 진리의 하나님의 말씀을 따라 거룩해야 합니다.

호세아 5-6장_죄로 인해 돌아가야 합니다.

호세아 5장은 이스라엘의 지도자들을 향한 심판의 말씀입니다. 그 죄와 음행과 교만을 하나님께서 다 알고 계시다는 것입니다. 결코 하나님 앞에서 그 죄를 숨기지 못한다는 것입니다. 따라서 하나님은 심판을 말씀하시는데, 또한 그럼에도 그 백성들이 회개하고 돌아오기를 기다리며 다시 한 번 기회를 주심도 말씀하고 있습니다(호 5:15). 호세아 6장은 이런 하나님에게로 돌아가야 한다는 말씀입니다. 그 죄악을 깨닫고 하나님의 은혜를 구하며 하나님께 돌아가면, 하나님께서 용서하시고 다시 회복시켜주신다는 것입니다. 다시 일으켜 살게 하신다는 것입니다. "오라 우리가 여호와께로 돌아가자 여호와께서 우리를 찢으셨으나 도로 낫게 하실 것이요 우리를 치셨으나 싸매어 주실 것임이라 여호와께서 이틀 후에 우리를 살리시며 셋째 날에 우리를 일으키시리니 우리가 그의 앞에서 살리라"(호 6:1~2)

우리가 사는 길은 오직 하나님께로 돌아가는 것뿐입니다. 그 은혜로 우리를 용서하시고 회복시켜주시는 것만이 우리가 사는 길입니다. 하나님께서 우리를 찢으시고 치신 것은 멸함이 목적이 아니라, 깨닫고 죄에서 돌이켜 하나님께 돌아오게 하심이 목적입니다. 따라서 죄악에서 떠날 뿐만 아니라 하나님께로 돌아가야 합니다. 우리의 죄로 인해, 곧

죄를 용서받고 해결하기 위해 하나님께로 돌아가야 합니다.

시편 119편 145-176절_죄로 돌이키지 않아야 합니다.

고난과 핍박이 있어도 말씀을 붙들고, 말씀에서 떠나지 않아야 함을 교훈하고 있습니다. 오히려 고난 중에 더욱 말씀을 붙들고 그 말씀으로 고난을 이겨야 한다는 것입니다.

"나를 핍박하는 자들과 나의 대적들이 많으나 나는 주의 증거들에서 떠나지 아니하였나이다"(시 119:157) "고관들이 거짓으로 나를 핍박하오나 나의 마음은 주의 말씀만 경외하나이다"(시 119:161) 수많은 대적들과 핍박하는 자들 속에서 고난을 겪고 있지만, 주의 증거 곧 말씀에서 떠나지 않았다는 시편 신앙인의 고백입니다. 심지어는 고관들, 곧 힘과 권세를 가진 자들이 그 힘과 권세로 핍박하지만, 주의 말씀을 붙잡고 주를 경외하는 일에 더욱 힘을 다하고 있음을 전하고 있습니다. 곧 고난 중에도 흔들리지 않고, 하나님을 경외하며 따르는 믿음의 길을 포기하지 않으며, 다시 죄의 길로 돌아서지 않았다는 것입니다. 하나님의 말씀에 생명이 있고, 평안이 있고, 하나님의 도움과 구원이 있음을 깨달으며, 더욱 하나님의 말씀을 사모하며 따랐다는 것입니다.

결국 이 말씀은 우리가 하나님께 돌아가 그 은혜와 회복을 누리고 있다면, 이제는 그 하나님을 따르는 믿음의 교제 안에서 돌이키지 않아야 함을 가르쳐줍니다. 어떤 고난과 핍박이 있다 할지라도, 다시 죄를 따르는 길로 돌이키지 않아야 한다는 것입니다.

오늘의 기도

1. 불의하고 불경건한 모든 사람에게서 떠나 진리 안에 서게 하시고, 끝까지 진리를 지켜가게 하소서.
2. 죄에서 돌이켜 하나님께 돌아가게 하시며, 용서와 치료와 회복의 은혜를 누리게 하소서.
3. 핍박과 고난 중에서도 주의 말씀을 지키며, 그 말씀에서 떠나지 않게 하소서.

헛된 신뢰 vs 참된 신뢰

맥체인성경365 1733p

열왕기하 14장 | 디모데후서 4장 | 호세아 7장 | 시편 120-122편

자신의 힘을 신뢰하고 우상을 신뢰하는 헛된 신뢰에서 돌이켜야 합니다. 헛된 신뢰의 결과는 심판과 멸망입니다. 오직 하나님만이 참된 신뢰의 대상이 되시고, 따라서 하나님만 신뢰해야 합니다. 하나님을 신뢰할 때, 그 결과는 구원과 승리입니다.

열왕기하 14장_헛된 신뢰의 결과

유다의 아마샤 왕과 이스라엘의 요아스 왕 그리고 요아스의 아들 여로보암 왕에 대한 말씀을 전하고 있습니다. 특별히 주목할 말씀이 유다의 아마샤 왕이 이스라엘의 요아스 왕과 전쟁을 벌인 말씀입니다. 이 전쟁에서 유다가 크게 패하여 화와 수치를 당하고 어려움을 겪게 됐습니다. 이 모든 원인이 교만함에 있었는데, 곧 아마샤 왕이 교만함으로 헛되게 자신의 힘을 신뢰한 결과 이스라엘과 전쟁을 벌였고, 또 패배하여 화와 수치를 겪고 말았습니다.

전쟁에 앞서 이스라엘의 요아스 왕은 유다의 아마샤 왕에게 이미 그 교만함을 경고했습니다. 에돔과의 전쟁에서 승리한 것이 교만함으로 이어졌고, 또 이 교만함으로 무모한 전쟁을 시작하고자 한다는 것입니다. 결국 이 교만함으로 화와 멸망을 부르고 있다는 것입니다(왕하 14:10). 그러나 아마샤 왕은 이런 경고에도 불구하고 자신의 교만함을 돌아보지 못하는 어리석음을 보였고, 그 결과 전쟁에서 크게 패하여 예루살렘 성벽이 헐리고, 성전과 왕궁 곳간에 있는 금은과 모든 기명들이 탈취당하는 수모를 겪고 말았습니다.

사실 아마샤 왕은 처음 왕위에 올라 여호와 보시기에 정직히 행하였습니다. 그 결과 하나님의 도우심 속에서 나라를 굳건히 했고, 에돔과의 전쟁에서도 승리할 수 있었습니다. 그런데 그만 이 승리가 그를 교만케 하는 독이 되고 말았습니다. 이 승리로 하나님을 찬양하며 더욱 하나님을 의지해야 하는데 교만하고 말았고, 이 교만함으로 자신의 힘을 의지하는 어리석은 길을 걷고 말았습니다.

하나님이 아닌 자신의 힘을 의지하며 신뢰하는 것은 헛될 수밖에 없습니다. 교만함은 이런 헛된 신뢰의 길로 이끄는데, 그 결과는 화와 수치와 멸망일 뿐입니다. 따라서 교만함을 버리고 참된 신뢰되시는 하나님을 의지하며 신뢰해야 합니다. 하나님이 주신 승리가 교만함이 되지 않도록 더욱 하나님을 찬양하며 의지해야 하고, 하나님을 신뢰하는 그 길에서 벗어나지 않도록 항상 겸손해야 합니다.

디모데후서 4장_참된 신뢰의 결과

모두가 허탄한 이야기를 따르고 참된 진리를 거부한다고 할지라도, 끝까지 충성하며 힘을 다해 복음을 전할 것을 가르치고 있습니다. 또한 이를 위해 바울은 자신이 가진 확신을 전하고 있는데, 곧 자신이 주신 사명에 최선을 다하며, 하나님을 신뢰하는 믿음에서 떠나지 않았기에, 반드시 자신을 위한 의의 면류관이 준비되어 있다는 것입니다. 뿐만 아니라 동일하게 믿음을 지키며 끝까지 하나님을 신뢰한 사람은 모두가 이 면류관을 받게 된다는 것입니다. "나는 선한 싸움을 싸우고 나의 달려갈 길을 마치고 믿음을 지켰으니 이제 후로는 나를 위하여 의의 면류관이 예비되었으므로 주 곧 의로우신 재판장이 그 날에 내게 주실 것이며 내게만 아니라 주의 나타나심을 사모하는 모든 자에게도니라"(딤후 4:7~8)

하나님을 향해 가진 바울의 신뢰 속에서 참된 신뢰와 그 결과를 볼 수 있습니다. 곧 세상이 아닌 하나님을 향해 가진 신뢰는 헛되지 않은 참된 신뢰이며, 그 결과는 결코 허망하지 않은 생명과 구원입니다. 의의 면류관이라는 승리입니다. 따라서 우리도 오직 주님만을 신뢰하고 바라보며 충성해야 합니다. 오직 주님만 신뢰하는 참된 신뢰로 구원과 승리의 결과를 누려야 합니다.

호세아 7장_헛된 신뢰

이스라엘의 죄와 헛된 신뢰에 대해 전하고 있습니다. 참되신 하나님을 알고 의지하며 하나님께 구하지 않고, 헛된 대상을 의지하며 구한 어리석음을 전하고 있습니다.

"이스라엘의 교만은 그 얼굴에 드러났나니 그들이 이 모든 일을 당하여도 그들의 하나님 여호와께로 돌아오지 아니하며 구하지 아니하도다 에브라임은 어리석은 비둘기 같이 지혜가 없어서 애굽을 향하여 부르짖으며 앗수르로 가는도다"(호 7:10~11) 이스라엘이 이방 나라들에 의해 침략 당하고 고통당함에도 불구하고, 그 죄를 깨닫고 하나님께 돌이키지도 않고, 하나님의 도움을 구하지도 않았다는 것입니다. 어리석게 애굽과 앗수르를 의지하며 그들에게 도움을 구했다는 것입니다. "...내가 그들을 건져 주려 하나 그들이 나를 거슬러 거짓을 말하고 성심으로 나를 부르지 아니하였으며 오직 침상에서 슬피 부르짖으며 곡식과 새 포도주로 말미암아 모이며 나를 거역하는도다"(호 7:13~14) 구원은 하나님께 있고 또 하나님은 그 백성들을 구원하고자 하셨으나 그 백성들이 하나님께 구하지 않고 헛된 우상을 찾고 헛된 우상에게 도움을 구했다는 말씀입니다. "오직 침상에서 슬피 부르짖는다"는 것은 당장의 문제와 불행에 슬퍼하며 울부짖는다는 의미로 당시 이방인의 풍속을 따른 것입니다. 곧 하나님께 구하는 것이 아니라 이방의 풍속을 따라 문제를 해결하고자 했다는 것입니다. 또한 "곡식과 새 포도주로 말미암아 모였다"는 말씀도 하나님이 아닌 우상에게 구했다는 것을 보여줍니다. 여기서 "모이며"는 "베다"라는 의미로, 주로 몸에 상처를 내는 자해행위를 표현하고 있습니다. 이는 바알종교를 따라 자신의 몸을 상해했다는 것으로, 하나님이 아닌 바알에게 구했다는 것입니다. 어리석게 하나님을 신뢰하지 못하고 헛된 우상을 신뢰한 것입니다.

시편 120-122편_참된 신뢰

시편 120편은 거짓을 말하는 악인들 속에서 하나님의 도우심과 구원을 간구한 기도입니다. 시편 121편은 신실하신 하나님의 도우심과 지키심을 확신한 노래입니다. 시편 122편은 예루살렘의 평안과 축복을 기원한 노래입니다.

시편 121편을 통해서 참된 신뢰, 곧 하나님만을 신뢰하며 그 도움을 구하는 믿음을 볼 수 있습니다. "내가 산을 향하여 눈을 들리라 나의 도움이 어디서 올까 나의 도움은 천지를 지으신 여호와에게서로다"(시 121:1~2) 오직 하나님만을 신뢰하는 한 신앙인의 고백입니다. 곧 성전을 찾아가는 신앙인에게 여러 고난과 시련과 난관이 있고, 또 넘어지게 하는 유혹도 있지만, 하나님의 도우심을 확신하며 신뢰한 것입니다. 도우시는 하나님을 의지하며 그 모든 어려움을 이길 수 있다고 고백한 것입니다.

하나님을 바라보고 달려가는 우리의 믿음의 삶에 환난도 있습니다. 그러나 또한 하나님의 도우심도 있습니다. 하나님이 우리의 참된 신뢰 되시고, 그 하나님의 도우심을 믿고 의지하면 능히 환난을 이길 수 있습니다. 하나님을 신뢰하며 붙든 그 믿음에서 떠나지 않는 이상, 환난을 이기는 승리는 변하지 않습니다.

오늘의 기도

1. 우리를 돕고 구원하고자 하시는 주님의 사랑을 깨닫게 하시고, 헛된 신뢰에서 돌이켜 오직 하나님만을 의지하게 하소서.
2. 주님을 의지하며 그 도움을 구하는 믿음에서 교만함으로 넘어지지 않게 하시고 끝까지 겸손함으로 주의 도움을 구하게 하소서.
3. 주의 재림의 날까지 주를 신뢰하며 믿음과 사명의 길을 달려가게 하시고, 주님이 주시는 의의 면류관을 받게 하소서.

세우시고 폐하시는 하나님

2
Nob

열왕기하 15장 | 디도서 1장 | 호세아 8장 | 시편 123-125편

사람을 세우시고 폐하시는 분은 하나님이십니다. 어리석게 우리의 욕심으로 사람을 세우지 말고, 하나님의 기뻐하시는 뜻을 따라 세워야 합니다. 또한 우리가 하나님께서 세우시는 기뻐하는 사람이 돼야 하고, 세워진 그 자리에서 하나님을 의지함으로 흔들리지 않아야 합니다.

열왕기하 15장_세우시고 폐하시는 하나님

유다의 아사랴 왕과 요담 왕에 대한 말씀을 기록하고 있습니다. 또한 이스라엘의 여로보암 왕 이후 스가랴, 살룸, 므나헴, 브가히야, 베가, 호세아가 왕위에 올랐음을 기록하고 있습니다. 곧 이스라엘은 앗수르의 침략과 신하들의 반역 등으로 나라가 매우 불안정하고 혼란스러웠으며, 그 왕조가 길게 이어지지 못하고 짧은 시간에 여러 차례 바뀌었습니다. 하나님의 심판으로 인한 멸망이 눈앞에 다다랐다는 것입니다.

여기서 주목할 말씀이, 그 왕들을 세우시고 폐하시는 분이 하나님이시라는 것입니다. 그 주권이 하나님께 있다는 것입니다. "여호와께서 예후에게 말씀하여 이르시기를 네 자손이 사 대 동안 이스라엘 왕위에 있으리라 하신 그 말씀대로 과연 그렇게 되니라"(왕하 15:12) 하나님께서 예후에게 주신 말씀대로 그 자손이 사 대 동안 왕위에 있었음을 말씀하고 있습니다. 곧 아합의 집안을 멸하는데 쓰임받은 예후는 하나님으로부터 그 왕위를 사 대까지 잇도록 하시겠다는 약속을 받았는데, 바로 그 약속대로 이루어졌다는 것입니다. 예후 이후 세워진 왕들이 모두가 하나님을 떠나 우상을 숭배하며 범죄하였지만 하나님은 그 약속을 지켜 사 대까지 왕위를 지켜주셨다는 것입니다. 여기서 왕을 세우시고 폐하시는 주권이 하나님께 있음을 보게 됩니다. 하나님의 말씀과 뜻에 따라 왕이 세워지고 또 폐해진다는 것입니다. 이후 이스라엘의 왕위는 앞서 언급한 것처럼, 짧은 기간 동안 여러 왕들이 세워지고 폐해지는 혼란을 겪게 됩니다. 하나님의 뜻이 아니라 자기 욕심을 따라 반란을 통해 스스로 왕위에 오르게 되는데, 그 왕위가 오래 가지 못했습니다.

이는 곧 하나님께서 세우지 않으시면 그 스스로 세움이 헛되다는 사실을 보여주고 있습니다. 하나님께서 세우셔야 든든하고 온전히 세워진다는 것입니다.

모든 주권은 하나님께 있습니다. 세우시고 폐하시는 분은 하나님이십니다. 따라서 하나님께서 세우시도록 맡겨야 하고, 또한 하나님께서 폐하시는 사람이 아니라, 세우시는 사람이 되도록 믿음과 거룩함에 힘을 다해야 합니다.

디도서 1장_하나님의 뜻을 따라 세우는 사람

장로와 감독의 자격에 대한 가르침을 전하고 있고, 또한 불순종하고 헛된 말을 하며 속이는 이단자들을 주의해야 함을 가르치고 있습니다.

장로와 감독에 대한 말씀에 주목하면, 바울은 디도에게 이전에 지시한 대로 각 성읍마다 장로들을 세우라고 명령하고 있는데, 장로의 자격에 대해서는 책망할 것이 없고 한 아내의 남편이며, 자녀들을 믿음으로 잘 양육한 사람이어야 한다고 가르치고 있습니다. "내가 너를 그레데에 남겨 둔 이유는 남은 일을 정리하고 내가 명한 대로 각 성에 장로들을 세우게 하려 함이니 책망할 것이 없고 한 아내의 남편이며 방탕하다는 비난을 받거나 불순종하는 일이 없는 믿는 자녀를 둔 자라야 할지라"(딛 1:5~6) 또한 감독에 대한 자격에 대해서는 하나님의 청지기로서 책망 받을 것이 없고, 제 고집대로 하지 않으며, 쉽게 화내지 않고, 술을 즐기지 않으며, 구타하지 않고, 더러운 이득을 탐내지 않으며, 나그네를 잘 대접하고, 선을 좋아하며, 신중하고, 의롭고, 거룩하고, 절제하며, 신실한 말씀을 견고히 붙잡는 자여야 한다고 가르치고 있습니다(딛

1:7~9).

장로와 감독 등, 교회의 지도자들을 세우는데, 그 자격의 조건이 세상의 재물과 힘과 권세에 있지 않음에 주목해야 합니다. 그 조건이 신앙으로, 하나님께 인정받고, 인격으로 사람들에게 존경을 받는 것에 있습니다. 세상의 기준이 아닌, 하나님의 뜻과 기준을 따라 교회의 지도자들을 세우고 있다는 것입니다. 결국 이 말씀은 우리가 세상의 기준으로 사람을 판단하지 말아야 하며, 오직 하나님의 뜻하신 기준을 따르고, 이에 따라 하나님의 일꾼을 세우며, 또 우리 자신이 이런 일꾼으로 세워질 수 있도록 힘써야 함을 가르쳐줍니다. 세상이 원하는 조건과 기준을 추구할 것이 아니라, 하나님의 기뻐하시는 뜻과 기준을 바라보며, 힘써 이를 추구해야 한다는 것입니다.

호세아 8장_사람들의 뜻대로 세운 사람

이스라엘의 불의와 우상숭배, 그리고 잘못된 예배를 지적하며 하나님의 심판을 전하고 있습니다. 특별히 주목할 말씀이 사람들의 뜻대로 세워진 왕들입니다. 곧 하나님의 뜻이 아니라 사람들이 그 욕심에 따라 왕들을 세우고 지도자를 세웠다는 것입니다. 그 세워진 왕들과 지도자들이 하나님께서 세우신 사람들이 아니라는 것입니다. 따라서 하나님은 그들과 아무 관계가 없으며, 그들을 알지 못함을, 다시 말해 그들을 돕지도 않으시고 인도하지도 않으심을 말씀하고 있습니다. 또한 그들이 은과 금으로 우상을 세웠음을 말씀하고 있는데, 따라서 그 우상들을 파괴하고 심판하실 것을 말씀하셨습니다. "그들이 왕들을 세웠으나 내게서 난 것이 아니

며 그들이 지도자들을 세웠으나 내가 모르는 바이며 그들이 또 그 은, 금으로 자기를 위하여 우상을 만들었나니 결국은 파괴되고 말리라"(호 8:4)

하나님의 뜻이 아닌 자기 욕심에 따라 왕과 지도자들이 세워지니 그 나라가 바로 설 수 없습니다. 그 지도자들이 바른 진리와 말씀으로 백성들을 이끌지 못하니, 불의와 우상숭배의 죄악이 만연하고, 하나님의 도우심과 인도하심의 은혜도 누리지 못하니, 결국은 파멸의 심판에 이를 수밖에 없습니다. 사람들의 뜻에 따라 지도자를 세운 결과 함께 멸망에 이를 수밖에 없습니다. 따라서 사람의 욕심이 아니라 하나님의 뜻에 따라 하나님의 기뻐하시는 사람을 세워야 합니다.

시편 123-125편_흔들리지 않는 사람

시편 123편은 하나님의 은혜를 바라보며 구하는 기도입니다. 시편 124편은 우리 편에 계신 하나님과 이를 통해 경험한 보호를 찬양하는 시입니다. 시편 125편은 하나님께서 자기 백성을 두르시고 보호하심을 찬양하는 시입니다. 곧 하나님을 의지하는 자를 하나님께서 돌보시며, 산처럼 흔들리지 않게 든든히 지키심을 전하고 있습니다. "여호와를 의지하는 자는 시온 산이 흔들리지 아니하고 영원히 있음 같도다"(시 125:1) 그런데 또한 이 말씀은 하나님께서 세우시는 사람은 하나님을 의지하는 사람이 되어야 한다는 사실을 가르쳐줍니다. 하나님을 의지함으로 그 세워진 자리에서 흔들리지 않아야 한다는 것입니다. 하나님을 의지함으로 하나님의 도우심과 돌보심의 은혜를 누리며 흔들림 없이 그 사명을 감당해야 한다는 것입니다.

구원과 기쁨

열왕기하 16장 | 디도서 2장 | 호세아 9장 | 시 126-128편

하나님 밖에서의 구원과 기쁨은 헛된 구원과 헛된 기쁨입니다. 오직 예수 그리스도의 십자가의 은혜를 통한 구원이 참된 구원이요, 그 구원을 통한 기쁨이 참된 기쁨입니다. 따라서 하나님의 구원과 기쁨을 구해야 합니다.

열왕기하 16장_헛된 구원

유다의 아하스 왕에 대한 말씀입니다. 아하스 왕이 앗수르에게 도움을 구해, 아람 왕 르신과 이스라엘의 왕 베가의 공격을 막아낸 것과, 다메섹에 있는 제단을 본떠 예루살렘 성전에 이방 제단을 세우고 또 성전을 개조한 것을 전하고 있습니다.

아하스 왕이 앗수르의 도움을 구한 것에 주목하면, 아람 왕과 이스라엘 왕은 유다의 아하스 왕에게 반앗수르 동맹에 가담하기를 요구했습니다. 그러나 아하스 왕은 이를 거절했고, 이에 아람 왕과 이스라엘 왕이 연합하여 유다를 공격했습니다. 위기에 처한 아하스 왕은 앗수르 왕에게 비용을 지불하며 도움을 구했습니다. "아하스가 앗수르 왕 디글랏 빌레셀에게 사자를 보내 이르되 나는 왕의 신복이요 왕의 아들이라 이제 아람 왕과 이스라엘 왕이 나를 치니 청하건대 올라와 그 손에서 나를 구원하소서 하고"(왕하 16:7) 결국 앗수르 왕은 아하스 왕의 청을 듣고 아람의 다메섹을 공격하여 점령하고 아람의 왕 르신을 죽임으로 아하스를 돕고 그를 위기에서 건졌습니다(왕하 15:9).

그러나 여기서 생각할 것이, 앗수르의 구원이 참된 구원이 되는가? 물론 당장은 앗수르 왕의 도움으로 아하스가 위기를 모면할 수 있었지만, 그러나 이것이 참된 구원이 될 수 없었습니다. 왜냐하면 당시의 정치적 이해관계에서 이루어진 구원이요, 돈을 받고 이루어진 구원이며, 일시적으로 도움을 준 구원이었기 때문입니다. 참된 구원은 앗수르 왕이 아니라 오직 하나님께 있습니다. 따라서 아하스는 앗수르 왕을 찾아 도움을 구할 것이 아니라 하나님께 엎드려 하나님의 구원을 구해야 했습니다.

디도서 2장_참된 구원

늙은 남자, 늙은 여자, 젊은 여자, 젊은 남자, 종 등 교회 내 다양한 집단에 주는 권면의 말씀을 기록하고 있습니다. 또한 모든 사람에게 구원을 주시는 하나님의 은혜를 기억하며 경건한 삶을 살아야 함을 전하고 있습니다. 따라서 또한 강조하고 있는 것이 우리를 대신해 자기 자신을 주신 예수 그리스도의 속량의 은혜입니다. 예수 그리스도께서 우리를 대신해 희생하심으로 우리를 모든 불법에서 속량하시고, 우리를 깨끗하게 하시며, 우리를 거룩한 하나님의 백성이 되게 하셨다는 것입니다. "그가 우리를 대신하여 자신을 주심은 모든 불법에서 우리를 속량하시고 우리를 깨끗하게 하사 선한 일을 열심히 하는 자기 백성이 되게 하려 하심이라"(딛 2:14)

하나님의 은혜와 그리스도의 희생을 통한 속량과 구원이 참된 구원입니다. 그 은혜로 죄를 씻고 하나님의 백성이 되는 것이 참된 구원입니다. 곧 하나님은 우리의 구원을 위해 우리에게 아무 대가를 요구하지 않으셨습니다. 오히려 그 사랑으로 하나님 당신이 그 대가를 치르고 희생하셨습니다. 그럼으로 우리를 향한 참된 구원의 길을 열어 놓으셨습니다. 따라서 우리가 예수 그리스도를 통해 이루신 하나님의 구원을 구하며, 그 은혜 안에 거해야 합니다. 세상의 헛된 구원을 바라며 구하지 말고, 오직 예수 그리스도를 믿는 믿음으로 하나님의 구원을 구해야 합니다.

호세아 9장_헛된 기쁨

헛되게 기뻐하는 백성들의 어리석음을 지적하며 그들을 향한 심판을 전하고 있습니다. 곧 백성들이 수확 명절 기간에 타작 마당에서 거둬들인 곡식을 바라보며 뛰놀며 기뻐하는데, 그 기쁨은 헛되고 무의미하다는 것입니다. 그것이 하나님이 아닌 우상에게 제사하며 기뻐하는 것이기 때문입니다. "이스라엘아 너는 이방 사람처럼 기뻐 뛰놀지 말라 네가 음행하여 네 하나님을 떠나고 각 타작 마당에서 음행의 값을 좋아하였느니라"(호 9:1)

우상을 섬기며 예배하면서도 당장은 풍성한 소출을 거둘 수 있습니다. 풍성한 소출로 인해 기뻐하며 춤출 수 있습니다. 그러나 기억할 것이, 하나님을 떠나 우상을 섬기는 백성들을 향해 하나님은 심판을 말씀하신다는 것입니다. 심판으로 인한 형벌의 날과 보응의 날이 가까이 왔고, 이로 인해 그 모든 것이 사라지게 된다는 것입니다. 하나님 밖에서의 풍성함은 결코 영원하지 못하다는 것입니다. 곧 하나님 밖에서 아무리 풍성한 축복을 누리며 기뻐한다고 해도, 그 기쁨은 잠시 잠깐이요, 헛된 기쁨에 불과합니다. 참된 기쁨은 오직 주 안에서 주님을 통해 누릴 수 있습니다. 따라서 하나님 밖에서 기쁨을 구하는 어리석음에서 돌이켜야 합니다. 당장의 풍성한 소출에 마음이 빼앗겨 하나님의 심판을 망각지 않아야 합니다. 오직 하나님 안에서 하나님께서 주시는 참된 기쁨을 구해야 합니다.

시편 126-128편_참된 기쁨

시편 126편은 여호와께서 시온의 포로를 돌려 보내신 큰 일을 바라보며 여호와를 찬양한 시입니다. 시편 127편은 만사가 하나님의 손에 있음을 고백한 찬양입니다. 시편 128편은 여호와를 경외하는 가정에 복이 있음을 전하는 찬양입니다.

특별히 시편 126편을 통해 참된 기쁨에 대해 생각할 수 있습니다. "여호와께서 우리를 위하여 큰 일을 행하셨으니 우리는 기쁘도다"(시 126:3) 하나님께서 행하신 일, 곧 구원으로 인한 기쁨을 찬양하고 있는데, 여기서 참된 기쁨은 오직 하나님께 있고, 하나님께서 우리를 위해 행하시는 구원에 있음을 잊지 말아야 합니다. 따라서 하나님의 구원과 기쁨을 믿고 소망하며 기다려야 합니다. 결코 끝까지 포기하지 말아야 합니다.

"눈물을 흘리며 씨를 뿌리는 자는 기쁨으로 거두리로다 울며 씨를 뿌리러 나가는 자는 반드시 기쁨으로 그 곡식 단을 가지고 돌아오리로다"(시 126:5~6) 인내하며 하나님의 구원을 기다리는 자에게 구원의 기쁨이 있음을 전하고 있습니다. 당장은 고난과 아픔을 겪고 인내해야 하지만 하나님의 구원을 믿고, 하나님을 의지하며 그 믿음을 포기하지 않으면, 반드시 하나님의 구원으로 인한 기쁨이 주어진다는 것입니다. 반드시 기쁨으로 곡식을 거두는 축복이 있다는 것입니다.

심판과 구원

열왕기하 17장 | 디도서 3장 | 호세아 10장 | 시편 129-131편

죄악을 일삼고 하나님을 의지하지 않으며, 돌아오라는 하나님의 말씀에 귀를 닫고 돌이키지 않는 결과는 심판입니다. 오직 구원은 주의 긍휼하심의 은혜에 있습니다. 따라서 그 은혜를 바라며 주를 기다리고 또 기다려야 합니다.

열왕기하 17장_돌이키지 않음으로 인한 심판

북 왕국 이스라엘의 멸망을 기록하고 있습니다. 호세아 왕 때에 앗수르의 살만에셀에 의해 멸망당했고, 백성들은 사로잡혀 흩어지고, 또 주변의 민족들이 사마리아 여러 성읍에 이주하여 살게 됐음을 전하고 있습니다. 멸망의 이유에 대해서도 전하고 있는데, 이스라엘 자손이 점차로 불의를 행하여 여호와 하나님을 배역하고 우상을 섬기며 죄악을 행하여 하나님을 심히 노하게 했기 때문이라는 것입니다. 무엇보다 주목할 말씀이 이스라엘 자손이 돌이키지 않았다는 것입니다. "여호와께서 각 선지자와 각 선견자를 통하여 이스라엘과 유다에게 지정하여 이르시기를 너희는 돌이켜 너희 악한 길에서 떠나 나의 명령과 율례를 지키되 내가 너희 조상들에게 명령하고 또 내 종 선지자들을 통하여 너희에게 전한 모든 율법대로 행하라 하셨으나"(왕하 17:13) 하나님께서 끊임없이 선지자들을 보내어 죄악에서 돌이키고 악한 길에서 떠나라고 말씀하시며, 하나님께로 돌아올 것을 전했지만, 이스라엘 자손이 돌이키지 않았고 또 하나님께 돌아오지 않았으며, 그 결과 하나님의 진노 속에서 멸망할 수밖에 없었다는 것입니다.

하나님은 우리의 구원을 위해 끊임없이 죄에서 돌이키고 하나님께로 돌아오라고 말씀하십니다. 그러나 하나님의 말씀에도 돌이키지 않으면 심판으로 멸망 받을 수밖에 없습니다. 죄에서 돌이키고 하나님께 돌아가지 않는 이상 구원에 이를 수 있는 사람은 아무도 없습니다.

디도서 3장_주의 은혜로 인한 구원

그리스도인들이 세상 속에서 보여야 할 바른 모범의 삶에 대해 가르치고 있습니다. 통치자들에게 순종하여 사회 질서를 지키고, 힘써 선한 일을 행하며, 아무도 비방하지 말고 다투지 말며 온유해야 한다는 것입니다.

이런 모범적인 삶을 위해 구원의 은혜에 대해 강조하고 있습니다. 곧 우리가 이전에는 어리석고 불순종하며 정욕과 행락과 악독과 투기와 가증스러움과 미움을 일삼던 자였으나 하나님의 자비와 사랑으로 구원의 은혜를 얻었다는 것입니다. 우리의 구원이 우리의 의로운 행위가 아니라 예수 그리스도로 말미암아 주시는 하나님의 은혜로 가능했다는 것입니다. 예수 그리스도께서 십자가에서 우리를 위한 희생제물이 되셨고, 이를 통해 하나님께서 그 큰 긍휼로 우리의 죄를 용서하시고, 성령을 통해 새롭게 하심으로 우리를 구원에 이르게 하신다는 것입니다. "우리를 구원하시되 우리가 행한 바 의로운 행위로 말미암지 아니하고 오직 그의 긍휼하심을 따라 중생의 씻음과 성령의 새롭게 하심으로 하셨나니 우리 구주 예수 그리스도로 말미암아 우리에게 그 성령을 풍성히 부어 주사 우리로 그의 은혜를 힘입어 의롭다 하심을 얻어 영생의 소망을 따라 상속자가 되게 하려 하심이라"(딛 3:5~7)

우리의 구원은 오직 은혜로 가능합니다. 주의 십자가의 은혜와 하나님의 긍휼하심의 은혜로 가능합니다. 따라서 우리가 힘써 구할 것은 은혜입니다. 예수 그리스도의 십자가를 믿고, 그 믿음으로 우리의 죄를 용서하시고 구원의 은혜를 베풀어 주시기를 구해야 합니다.

호세아 10장_죄악으로 인한 심판

이스라엘의 우상숭배와 불의, 그리고 이로 인한 심

판을 전하고 있습니다. 하나님이 아닌 우상을 섬기며, 공의가 아닌 악을 심고, 자신들의 힘을 의뢰한 결과 심판에 이르게 된다는 것입니다.

"너희는 악을 밭 갈아 죄를 거두고 거짓 열매를 먹었나니 이는 네가 네 길과 네 용사의 많음을 의뢰하였음이라 그러므로 너희 백성 중에 요란함이 일어나며 네 산성들이 다 무너지되 살만이 전쟁의 날에 벧아벨을 무너뜨린 것 같이 될 것이라 그 때에 어머니와 자식이 함께 부서졌도다"(호 10:13~14) 그 백성들이 거짓을 일삼고 죄악을 거둔 결과 심판에 이를 수밖에 없음을 전하는 말씀입니다. 특별히 '네 길과 네 용사의 많음을 의뢰하였음이라'는 말씀에 주목해야 합니다. '네 길'은 이스라엘이 하나님을 의뢰하지 않고 앗수르와 애굽 등을 의지하고, 또한 송아지 우상을 의지한 것을 가리킵니다. 또한 '네 용사의 많음을 의뢰했다'는 것은 하나님이 아닌 자신의 군사력을 의지한 것을 말합니다. 그 결과 심판과 멸망에 이르고 말았다는 것입니다. 자신을 구원할 것이라고 믿었던 우상도, 또 앗수르와 애굽의 힘도, 또 그 가진 군사력도, 아무 힘과 구원도 되지 못했다는 것입니다. 하나님이 아닌 그 무엇에도 구원은 없고 오직 심판과 멸망만 있다는 것입니다.

시편 129-131편_주를 기다림으로 인한 구원
시편 129편은 억눌림의 고통 중에 하나님의 도우심을 구하고 또 확신한 믿음의 고백입니다. 시편 130편은 깊은 곤경 중에서 주의 용서하심의 은혜를 간절히 구한 기도입니다. 시편 131편은 겸손함으로 하나님의 품 안에서 평안함을 누리고 있는 한 신앙인의 기도입니다.

시편 130편에 주목하면, 주를 기다림으로 인한 구원을 보게 됩니다. 곧 주께서 구원하심을 믿고, 오직 주님께 소망을 두며, 끝까지 주님을 기다려야 한다는 것입니다. "나 곧 내 영혼은 여호와를 기다리며 나는 주의 말씀을 바라는도다 파수꾼이 아침을 기다림보다 내 영혼이 주를 더 기다리나니 참으로 파수꾼이 아침을 기다림보다 더하도다"(시 130:5~6) 사유하심의 은혜가 주께 있음을 깨닫고, 간절한 마음으로 주님을 기다린다는 고백입니다. 곧 주님의 구원을 기다린다는 것입니다. 파수꾼이 아침을 기다리는 것보다 더 크고 간절한 마음으로 여호와 하나님을 기다린다는 것입니다.

죄인인 우리는 그 누구도 하나님 앞에 설 수 없고 심판 받을 수밖에 없습니다. 그러나 하나님의 용서하심의 은혜는 우리의 죄를 덮고 구원에 이르게 합니다. 따라서 그 은혜를 기억하며 주님을 기다려야 합니다. 오직 주님의 은혜만이 우리를 구원함을 기억하며, 포기하지 말고 기다리고 또 기다려야 합니다. 그때에 하나님의 속량의 은혜를 누리게 됩니다(시 130:8).

하나님은 우리를 포기하지 않고 사랑하십니다. 그 큰 사랑을 기억하며 우리도 포기하지 않고 하나님을 찾고 예배해야 합니다. 절망의 상황에서도 포기하지 않고 하나님을 믿고 의뢰해야 합니다. 형제를 향한 사랑으로 그 받은 사랑을 표현해야 합니다.

열왕기하 18장_절대적 의뢰를 통한 하나님 사랑

여호와 하나님을 의지한 히스기야 왕에 대한 말씀입니다. 여호와께서 함께하시며 그가 형통했음을 기록하고 있습니다. 또한 앗수르의 산헤립이 유다를 침략한 것을 기록하고 있는데, 이때에도 히스기야 왕은 하나님을 절대적으로 의지했음을 전하고 있습니다.

"또한 히스기야가 너희에게 여호와를 의뢰하라 함을 듣지 말라 그가 이르기를 여호와께서 반드시 우리를 건지실지라 이 성읍이 앗수르 왕의 손에 함락되지 아니하게 하시리라 할지라도 너희는 히스기야의 말을 듣지 말라 앗수르 왕의 말씀이 너희는 내게 항복하고 내게로 나아오라 그리고 너희는 각각 그의 포도와 무화과를 먹고 또한 각각 자기의 우물의 물을 마시라"(왕하 18:30~31) 앗수르의 랍사게가 예루살렘 백성들에게 소리친 말인데, 주목할 것이 랍사게가 언급하고 있는 히스기야 왕이 백성들에게 한 말입니다. "여호와 하나님께서 구원하시니 여호와 하나님을 의뢰하라"고 히스기야 왕이 백성들에게 전했다는 것입니다. 물론 랍사게는 과연 이 말을 신뢰할 수 있겠냐는 의미로 언급한 것입니다. 항복하면 앗수르의 왕이 평안히 살 수 있게 해 주겠다고 약속했는데, 차라리 이 약속을 신뢰하고 항복하라고 전한 것입니다. 항복하면 살 수 있다는 것입니다.

랍사게를 통해 전해진 말에서 히스기야 왕의 하나님을 향한 절대적 의뢰와 사랑을 보게 됩니다. 어떤 상황에서도 하나님을 의뢰하고 그 말씀에 순종하며, 하나님을 향한 사랑을 보였습니다. 사실 이미 주변의 모든 나라들이 앗수르의 대군을 막아내지 못하고 멸망했습니다. 그 멸망한 나라들이 섬기던 신들도 앗수르의 군대를 막지 못했습니다. 따라서 하나님도 그 강력한 앗수르의 군대를 똑같이 막지 못할 것처럼 보일 수 있었습니다. 하나님이 구원할 것이라는 어리석은 생각을 버리라는 랍사게의 말이 설득력 있게 다가오고, 항복하면 살려주겠다는 말이 거부하기 힘들 만큼 달콤하게 들려올 수밖에 없었습니다. 그럼에도 히스기야 왕은 하나님을 끝까지 의뢰하며 그 사랑을 보였습니다.

이처럼 우리도 절대적으로 하나님을 의뢰해야 합니다. 끝까지 포기하지 않는 하나님의 사랑을 기억하며, 결코 우리도 포기하지 말고 하나님을 신뢰해야 합니다. 설령 그 상황이 하나님의 말씀을 믿기 어렵고 또 붙들기 어려운 상황이라 할지라도, 그럼에도 끝까지 그 말씀을 믿고 붙들어야 합니다. 눈앞의 상황보다 하나님의 말씀에 귀를 기울여야 하고, 그렇게 하나님을 신뢰함으로 하나님을 향한 사랑을 나타내야 합니다.

빌레몬서 1장_형제 사랑을 통한 하나님 사랑

바울이 빌레몬에게 쓴 편지로, 오네시모를 변호하며 그를 향한 용서와 사랑을 부탁하고 있는 말씀입니다. 곧 오네시모는 빌레몬에게 큰 손해를 끼치고 도망친 노예로 보입니다. 그러나 바울을 만나 변화되었고, 바울을 신실하게 섬겨 바울에게 고맙고 꼭 필요한 사람이 되었습니다. 따라서 바울은 오네시모를 빌레몬에게 보내며 그를 위한 편지를 쓴 것입니다. 그를 용서하고 이제는 종이 아니라 형제로 대해 달라고 부탁한 것입니다. 하나님으로부터 받은 사랑을 그에게 실천하라는 것입니다. "이 후로는 종과 같이 대하지 아니하고 종 이상으로 곧 사랑 받는 형제로 둘 자라 내게 특별히 그러하거든

하물며 육신과 주 안에서 상관된 네게랴"(몬 1:16)

형제 사랑을 전하는 이 가르침을 통해, 하나님의 놀라운 사랑과 이 사랑에 따른 마땅한 삶에 대해 배우게 됩니다. 곧 하나님의 크고 놀라운 사랑을 받은 우리는 마땅히 우리 이웃을 향하여 그 사랑을 실천해야 합니다. 하나님으로부터 받은 사랑으로 인해 얼마든지 용서하고 이해하며 사랑해야 합니다. 하나님의 사랑에 감사하며 하나님을 향한 사랑을 형제를 향한 사랑으로 나타내야 합니다.

호세아 11장_포기하지 않는 하나님의 사랑

하나님의 포기하지 않는 사랑을 전하고 있습니다. 그 백성들이 하나님의 사랑과 은혜를 모르고 우상숭배와 죄악에 빠져 돌이키지 않음에도, 그럼에도 그 사랑 때문에 백성들을 포기할 수 없음을 전하고 있습니다. 곧 하나님은 끝까지 돌이키지 않는 백성들에 대해 답답함을 표현하시며, 하나님의 진노를 말씀하셨습니다. 그러나 하나님은 심판을 말씀하시는 그 가운데서도 포기할 수 없는 사랑을 말씀하셨습니다. 그 백성들이 죄에서 돌이키지 않아 진노하며 심판하셔야 하지만, 그럼에도 그 백성들을 놓을 수 없고 버릴 수 없다는 것입니다. "에브라임이여 내가 어찌 너를 놓겠느냐 이스라엘이여 내가 어찌 너를 버리겠느냐 내가 어찌 너를 아드마 같이 놓겠느냐 어찌 너를 스보임 같이 두겠느냐 내 마음이 내 속에서 돌이키어 나의 긍휼이 온전히 불붙듯 하도다"(호 11:8)

하나님의 사랑은 우리의 생각을 넘어섭니다. 그 큰 사랑으로 우리를 포기하지 않고 사랑하십니다. 우리를 포기할 수 없어서 독생자 예수 그리스도까지 포기하셨습니다. 그 크고 놀라운 사랑을 기억해야 하고, 따라서 우리도 마땅히 그 사랑에 응답하여 하나님을 사랑해야 합니다.

시편 132-134편_전심의 예배를 통한 하나님 사랑

시편 132편은 여호와의 성소에 대한 축복과 약속에 대한 말씀입니다. 시편 133편은 형제 화합의 복을 노래하는 시입니다. 시편 134편은 밤에 성전에서 부르는 찬송입니다. 시편 132편을 통해 전심의 예배를 통한 하나님 사랑을 볼 수 있습니다. 하나님의 포기하지 않는 사랑을 기억할 때, 우리도 포기하지 않고 하나님을 찾고 예배해야 한다는 것입니다.

"내가 내 장막 집에 들어가지 아니하며 내 침상에 오르지 아니하고 내 눈으로 잠들게 하지 아니하며 내 눈꺼풀로 졸게 하지 아니하기를 여호와의 처소 곧 야곱의 전능자의 성막을 발견하기까지 하리라 하였나이다"(시 132:3~5) 잃어버린 언약궤를 찾고자 하는 다윗의 간절한 마음을 고백하고 있는 말씀입니다. 곧 언약궤는 하나님의 임재와 함께하심을 표현하는 성물입니다. 따라서 언약궤를 애타게 찾고자 했던 다윗에게서 하나님을 향한 애타는 사랑과, 하나님을 경외하며 온 마음으로 예배하고자 하는 마음을 볼 수 있습니다. 곧 하나님을 향한 뜨거운 사랑에 포기하지 않고 하나님을 찾고 예배한다는 것입니다.

우리도 다윗과 같은 마음으로 하나님을 찾고 만나며 예배하는 일에 힘써야 합니다. 내 육신을 편히 하고, 쉬고 자는 것보다 사랑으로 하나님을 찾고 예배하는 것을 더 소중히 여겨야 합니다.

오늘의 기도

1. 포기하지 않는 하나님의 큰 사랑을 기억하며 그 사랑에 응답하는 삶, 무엇보다 힘써 하나님을 찾고 예배하는 삶을 살게 하소서.
2. 믿을 수 없는 상황에서도 끝까지 하나님의 말씀을 믿고 붙들어 결국에는 생명을 누리게 하소서.
3. 하나님을 통해 받은 큰 사랑을 기억하며 이웃 사랑을 실천하는 삶을 살게 하소서.

헛됨 vs 헛되지 않음

열왕기하 19장 | 히브리서 1장 | 호세아 12장 | 시편 135-136편

맥체인성경365 1755p

하나님이 아닌 우상을 향한 의뢰와 하나님이 아닌 앗수르와 애굽 등 세상의 힘에 둔 소망은 헛될 뿐입니다. 오직 하나님을 의뢰하며 하나님께 둔 소망이 헛되지 않습니다.

열왕기하 19장_헛되지 않은 의뢰

히스기야 왕의 기도와 하나님의 응답을 전하고 있습니다. 곧 앗수르의 침략으로 인한 절박한 위기 속에서 히스기야 왕은 성전을 찾아 하나님 앞에 엎드려 기도했습니다. 하나님을 조롱하며 항복을 종용하는 앗수르 왕이 보낸 편지를 그 앞에 펴 놓고 기도했습니다. 곧 앗스르 왕은 자신들이 정복하여 진멸한 나라의 신들이 그 진멸을 막아서지 못했음을 언급하며, 유다가 믿는 하나님도 이와 같을 것이라고 조롱했습니다. 하나님이라도 자신들의 공격을 막아서지 못한다는 것입니다(왕하 19:10~13). 이런 조롱에 히스기야 왕은 하나님 앞에 기도하며 하나님은 사람의 손으로 만든 우상과는 다름을 고백했습니다(왕하 19:18). 천하 만국의 유일한 하나님으로 우리를 구원하실 것을 확신하며 기도했습니다. 그렇게 기도하며 하나님을 절대적으로 의지했습니다. "우리 하나님 여호와여 원하건대 이제 우리를 그의 손에서 구원하옵소서 그리하시면 천하 만국이 주 여호와가 홀로 하나님이신 줄 알리이다 하니라"(왕하 19:19) 결국 히스기야 왕이 하나님께 기도하며 하나님을 믿고 의지한 대로, 하나님은 이사야 선지자를 통해 구원을 약속하셨습니다. 그리고 그 밤에 사자를 보내 십팔만 오천 명의 앗수르 군대를 쳐서 진멸하셨습니다. 그럼으로 하나님을 향한 의뢰는 결코 헛되지 않음을 보여주셨습니다.

하나님을 믿고 의지하는 것은 헛되지 않습니다. 온 세상의 주인 되시며 모든 힘과 능력을 가지신 하나님은 결코 하나님을 의지하며 신뢰하는 자를 실망시키지 않으십니다. 따라서 어떤 상황에서도 흔들림 없이 하나님을 의뢰해야 합니다. 절망의 상황을 보지 말고 능력의 하나님을 바라보며 끝까지 하나님을 믿고 의지해야 합니다.

히브리서 1장_헛되지 않은 소망

천사보다 뛰어나고 높은 아들, 곧 예수 그리스도에 대해 전하고 있습니다. 곧 당시 천사들이 예수님께서 가지고 있지 않은 중재적인 능력과 구원하는 힘을 가지고 있다는 그릇된 가르침이 있었습니다. 이에 대해 예수님은 천사보다 비교할 수 없이 높고 존귀함을 전하며 가르친 것입니다. 예수 그리스도는 하나님의 영광의 광채이시고, 하나님의 본체의 형상으로서 만물을 보존하시며, 죄를 깨끗하게 하시는 분이시라는 것입니다. 예수 그리스도를 통해 이 세상과 우리의 삶이 보존되고 지켜질 뿐만 아니라 그 죄를 용서함 받고 거룩함에 설 수 있다는 것입니다. "이는 하나님의 영광의 광채시요 그 본체의 형상이시라 그의 능력의 말씀으로 만물을 붙드시며 죄를 정결하게 하는 일을 하시고 높은 곳에 계신 지극히 크신 이의 우편에 앉으셨느니라"(히 1:3)

결국 이 말씀은 예수 그리스도를 믿고 의지할 때 소망을 가질 수 있음을 가르쳐줍니다. 예수 그리스도를 통해 우리의 죄가 씻겨 지고 우리의 삶이 심판에서 보존될 수 있기 때문입니다. 예수 그리스도께서 하나님의 영광의 광채요 본체의 형상으로서 결국 부활하셔서 하나님의 보좌 우편에 앉으신 것처럼, 우리도 예수 그리스도를 통해 예수 그리스도와 함께 부활과 영광의 은혜를 누릴 수 있기 때문입니다. 이처럼 예수 그리스도를 믿음으로 갖는 소망은 결코 헛되지 않습니다.

호세아 12장_헛된 소망

이스라엘 족속의 행태를 그들의 시조인 야곱의 행태와 견주어 가르침을 주고 있는 말씀입니다. 곧 이스라엘 족속이 야곱처럼 속임과 거짓을 좋아하며 따라간다는 것입니다. 그러나 야곱은 벧엘에서 하나님을 만나고, 또 울며 간구하여 하나님의 은혜를 얻었는데, 이스라엘 족속은 돌아오라는 하나님의 명령을 무시하고 따르지 않았다는 것입니다. 하나님을 심히 격노하게 했다는 것입니다. 따라서 하나님께서 심판하신다는 것입니다.

무엇보다 이스라엘의 어리석음을 보여주는 말씀이 헛된 대상에 소망을 두고 따랐다는 것입니다. "에브라임은 바람을 먹으며 동풍을 따라가서 종일토록 거짓과 포학을 더하여 앗수르와 계약을 맺고 기름을 애굽에 보내도다"(호 12:1) 바람을 먹는다는 것은 속이 텅 빈 것, 헛되고 공허하고 무의미한 것을 표현한 것입니다. 동풍을 따라간다는 것은 위험한 행동을 의미하는 것입니다. 곧 팔레스틴 지역에서 '동풍'이란 동쪽의 아라비아 광야에서 불어오는 바람을 말하는 것으로, 뜨거운 열기와 함께 불어오는데, 심할 때는 모래진을 동반해 오기도 하고, 곡물과 인명, 집, 심지어 지중해의 배들에까지 치명적인 영향을 미쳤습니다. 곧 이 말씀은 앗수르 또는 애굽 등을 의뢰하고, 그들과 동맹을 맺어 구원을 받고자 소망한 이스라엘의 어리석음을 전하고 있는 것입니다. 그렇게 하나님이 아닌 애굽과 앗수르를 의지하며 소망을 갖는 것은 헛되고 또 위험한 일이라는 것입니다. 스스로 멸망을 자초하는 일이라는 것입니다.

하나님 밖에서 하나님이 아닌 대상을 믿고 의지하며 소망을 갖는 것은 어리석을 뿐입니다. 그 소망은 헛된 소망에 불과합니다. 오직 우리의 소망은 하나님께 있습니다. 따라서 헛된 믿음과 소망에서 돌이켜 오직 하나님만을 바라보고 의지하며, 하나님께 소망을 두어야 합니다.

시편 135-136편_헛된 의지

시편 135편은 하나님께서 행하신 일로 인해 찬양하라는 시입니다. 시편 136편은 하나님께서 행하신 기이한 일들로 감사하라는 시입니다.

특별히 시편 135편은 하나님이 아닌 우상을 의지하고 신뢰하는 것의 헛됨에 대해 전하고 있습니다. 곧 우상은 사람의 손으로 만들어진 것으로 듣지도 못하고 보지도 못하며 생명도 없다는 것입니다. 그것을 만드는 자 뿐만 아니라 그것을 믿고 의뢰하며 따르는 자도 그것과 함께 망한다는 것입니다. 우상을 통해서는 아무 구원도 생명도 얻을 수 없다는 것입니다. "열국의 우상은 은금이요 사람의 손으로 만든 것이라 입이 있어도 말하지 못하며 눈이 있어도 보지 못하며 귀가 있어도 듣지 못하며 그들의 입에는 아무 호흡도 없나니 그것을 만든 자와 그것을 의지하는 자가 다 그것과 같으리로다"(시 135:15~18)

오늘의 기도

1. 하나님이 아닌 소망은 헛되고 위험함을 깨닫게 하시고 오직 하나님께만 소망을 두게 하소서.
2. 우리를 붙드시고 그 죄를 용서하시는 예수 그리스도를 유일한 소망으로 두고 따라가게 하소서.
3. 하나님을 향한 신뢰와 의지는 결코 헛되지 않음을 깨닫고, 끝까지 주님을 의뢰하며 붙들게 하소서.

교만

열왕기하 20장 | 히브리서 2장 | 호세아 13장 | 시편 137-138편

하나님은 교만한 자를 아십니다. 교만한 마음은 숨길 수 없으며, 그 교만은 하나님을 잊고 불순종하는 죄로 이어지게 하고, 하나님의 심판으로까지 이어지게 합니다. 따라서 잠깐이라도 교만하지 않도록 주의하고, 주님처럼 겸손해야 합니다. 낮아짐과 섬김과 희생으로 높이시는 하나님의 축복을 누려야 합니다.

열왕기하 20장_교만으로 인한 심판

히스기야 왕이 병들어 죽게 되었다가 간절한 기도와 하나님의 응답으로 치료함을 받은 사건을 기록하고 있습니다. 또한 히스기야 왕이 바벨론 임금의 사절단에게 자신의 보물 창고와 군기고 등 모든 것을 보여준 것을 기록하고 있는데, 이를 통해 하나님의 심판의 말씀을 듣게 된 것을 전하고 있습니다. "여호와의 말씀이 날이 이르리니 왕궁의 모든 것과 왕의 조상들이 오늘까지 쌓아 두었던 것이 바벨론으로 옮긴 바 되고 하나도 남지 아니할 것이요 또 왕의 몸에서 날 아들 중에서 사로잡혀 바벨론 왕궁의 환관이 되리라 하셨나이다 하니"(왕하 20:17~18)

여기서 교만함을 항상 주의해야 하고 하나님을 의뢰하는 믿음에서 흔들리지 않아야 함을 배우게 됩니다. 순간의 교만이 잘못된 선택을 하고, 이것이 돌이킬 수 없는 하나님의 심판으로 이어지게 된다는 것입니다. 곧 히스기야 왕은 앗수르의 공격도 막아냈고, 또 큰 중병의 위기로부터 건짐을 받았습니다. 이후 나라는 평안함 가운데 크게 번영하여 든든히 설 수 있었습니다. 이 모든 것이 하나님의 은혜였습니다. 히스기야 왕이 하나님을 의지하며 믿음으로 드린 기도에 하나님께서 응답하셔서 하신 일이었고 축복이었습니다. 따라서 히스기야 왕은 변함없이 하나님을 의지하며 하나님께 그 나라를 맡기면 됐습니다. 그런데 바벨론의 사자들 앞에서 보물 창고와 무기고 등을 보여주는 실수를 범하고 말았습니다. 아마도 히스기야 왕은 바벨론과의 동맹을 목적으로 그 부함과 군사력을 보여준 것으로 보입니다. 곧 반앗수르 동맹을 확보하려고 하는 바벨론에게 그 부함과 군사력을 보여줌으로, 자신이 적당한 동맹의 상대임을 보이고자 한 것입니다. 그리고 여기에는 다분히 자신의 힘과 부함을 과시하고자 하는 교만함이 내재되어 있었습니다.

결국 무엇입니까? 동맹을 통해 힘 있는 나라를 의지하고자 한 것과, 자신이 충분히 힘을 가진 존재라는 사실을 드러내고자 한 것에서 하나님을 의지하지 못하는 불신앙의 모습을 보게 되지 않습니까? 눈에 보이는 힘과 자신의 힘을 의지하는 교만함의 모습을 볼 수 있지 않습니까? 바로 이런 교만함의 결과는 심판으로 이어질 수밖에 없습니다. 곧 하나님은 교만함으로 자랑한 그 모든 것들을 바벨론에 다 빼앗기게 되고, 그 자랑한 모든 것이 헛된 것이 되고 말 것을 전하셨습니다. 따라서 항상 교만함을 주의해야 합니다. 하나님을 의지하는 믿음에서 넘어지지 않도록 늘 겸손함으로 하나님 앞에 서야 합니다.

히브리서 2장_낮아짐을 통한 구원과 영광

구원을 경시하지 말 것을 전하며, 낮아짐을 통해 구원을 이루시고 영광의 자리에 서신 예수 그리스도에 대해 전하고 있습니다.

"오직 우리가 천사들보다 잠시 동안 못하게 하심을 입은 자 곧 죽음의 고난 받으심으로 말미암아 영광과 존귀로 관을 쓰신 예수를 보니 이를 행하심은 하나님의 은혜로 말미암아 모든 사람을 위하여 죽음을 맛보려 하심이라"(히 2:9) 예수 그리스도의 이 땅에 오심의 낮아짐과 십자가의 희생 그리고 부활과 승리의 영광을 전하는 말씀입니다. 곧 "천사들보다 잠시 동안 못하게 하셨다"는 표현은 성육신을 의미합니다. 하나님이신 예수님께서 천사들보다 못한 인간의 몸을 입고 이 땅에 오셨다는 것입니다. 이렇게 섬김과 낮아짐으로 인간의 몸을 입고 이 땅에 오셨고, 또 죽음의 고난까지 받으셨다는 것입니다. 십자가에 죽기까지 희생하셨다는 것입니다. 그리고 이 모든 낮아짐과 희생으로 모든 사람의 구원을 이루셨고, 이를 통해 영광과 존귀로 관을 쓰셨다는 것입니다.

교만함은 하나님을 잊고 죄악을 따르게 하여 결국에는 넘어지고 심판에 이르게 합니다. 그러나 겸손함과 낮아짐은 당장에 희생과 고통이 따르지만, 이를 통해 구원의 은혜가 주어지고, 또 결국에는 영광과 존귀와 생명의 축복에 이르게 합니다. 따라서 교만함을 버리고 겸손함과 낮아짐에 힘을 다해야 합니다. 잠시라도 교만하여 넘어지지 않도록 주의해야 합니다.

호세아 13장_교만으로 인한 죄

이스라엘이 교만함으로 하나님의 은혜를 잊고 우상을 숭배하며 범죄하였고, 따라서 하나님께서 이스라엘을 심판하시겠다는 말씀입니다.

"그들이 먹여 준 대로 배가 불렀고 배가 부르니 그들의 마음이 교만하여 이로 말미암아 나를 잊었느니라"(호 13:6) 이스라엘의 교만과 이로 인한 어리석음과 죄를 책망하는 말씀입니다. 곧 그들에게 평안을 주시고 배불리 먹이시며 축복하신 분은 하나님이십니다. 그런데 그들이 그 축복 속에 안주하고 교만하여 축복의 근원이 되시는 하나님을 잊어버렸다는 것입니다. 하나님을 잊고 하나님에게서 돌아서 죄악을 행하고 우상을 섬겼다는 것입니다. 따라서 하나님은 이스라엘에게 사자와 표범처럼 되어 그 백성들을 찢고 삼키겠다고 말씀하셨습니다(호 13:7~8).

교만함은 하나님의 말씀에 귀를 닫게 합니다. 자기의 생각과 뜻이 옳다는 생각에 빠지게 합니다. 하나님을 높이는 일이 아니라 자신을 높이며 자신의 욕심을 구하는 일에 힘쓰게 합니다. 그렇게 죄악과 불순종의 길을 걷게 하고, 이로 인해 멸망에 이르게 합니다. 따라서 교만함을 버려야 합니다. 겸손함으로 내 생각을 내려놓고 하나님의 말씀에 귀 기울이며 순종해야 합니다.

시편 137-138편_숨길 수 없는 교만

시편 137편은 바벨론에 포로로 잡혀간 사람들이 고통을 말하며 하나님께 탄원한 시입니다. 시편 138편은 하나님의 도우심에 대에 감사하며 하나님의 구원을 확신하며 고백한 시입니다. 특별히 주목할 말씀이 하나님께서 모든 사람을 감찰하시고 다 아신다는 것입니다. 결코 그 교만함을 숨길 수 없다는 것입니다. "여호와께서는 높이 계셔도 낮은 자를 굽어살피시며 멀리서도 교만한 자를 아심이니이다"(시 138:6)

하나님은 겸손히 하나님을 의지하는 자도 아시고 또 교만한 자도 아십니다. 하나님은 멀리 계시기에 결코 나의 교만함을 모를 거라는 어리석은 생각을 버려야 합니다. 그 누구도 하나님 앞에 그 마음을 숨길 수 없습니다. 따라서 겸손함으로 하나님의 은혜를 구해야 합니다. 교만함으로 하나님의 심판에 이르는 것이 아니라 겸손함으로 하나님의 도우심과 세워주시는 축복을 누려야 합니다.

죄

열왕기하 21장 | 히브리서 3장 | 호세아 14장 | 시편 139편

죄의 결과는 심판입니다. 따라서 죄를 멀리하고 미워해야 합니다. 죄에 넘어지지 않도록 조심하며 죄의 유혹을 이겨야 합니다. 혹 연약함으로 죄에 넘어졌다면 속히 돌이켜야 합니다.

열왕기하 21장_심판에 이르는 죄

유다의 므낫세 왕과 아몬 왕에 대한 말씀입니다. 특별히 므낫세 왕에 대하여 그 우상숭배와 죄악이 극에 달했음을 전하고 있습니다. 가증한 일과 악을 행함이 하나님께서 심판으로 멸하셨던 아모리 사람들보다 더 심하였다는 것입니다. 곧 히스기야의 뒤를 이어 유다의 왕이 된 므낫세는 아버지 히스기야 왕이 헐어 버린 산당들을 다시 세우고, 바알을 위해 제단을 쌓으며, 아세라 목상을 만들고, 하늘의 일월성신을 섬기는 등 범죄하였습니다(왕하 21:3). 뿐만 아니라 하나님의 성전에 우상의 제단을 쌓는 등, 하나님이 그 이름을 두시겠다 말씀하신 성전을 더럽혔습니다(왕하 21:5). 우상 몰렉을 섬기며 신접한 자와 박수를 신임하는 등, 여호와 보시기에 악을 많이 행하였습니다(왕하 21:6). 따라서 하나님은 모든 선지자들을 통해 예루살렘과 유다에 재앙을 내릴 것을 말씀하셨습니다. 다윗과 솔로몬에게 성전에 대하여 언약하시며, 그 성전과 예루살렘에 하나님의 이름을 영원히 두시겠다고 말씀하셨지만, 므낫세의 꾐을 받고 그 백성들이 돌이킬 수 없을 만큼 악을 행하여 심판하실 수밖에 없음을 말씀하셨습니다. "유다 왕 므낫세가 이 가증한 일과 악을 행함이 그 전에 있던 아모리 사람들의 행위보다 더욱 심하였고 또 그들의 우상으로 유다를 범죄하게 하였도다 그러므로 이스라엘의 하나님 여호와가 말하노니 내가 이제 예루살렘과 유다에 재앙을 내리리니 듣는 자마다 두 귀가 울리리라"(왕하 21:11~12)

죄의 결과는 심판입니다. 하나님은 결코 죄를 용납하지 않으십니다. 반드시 죄에 따라 심판하십니다. 따라서 죄를 이겨야 하고 또한 죄에서 돌이켜야 합니다.

히브리서 3장_조심해야 하는 죄

그리스도가 모세보다 더 높음을 전하고 있습니다. 또한 하나님의 안식에 대해 전하며, 이 안식에 들어가기 위해 악한 마음을 버리고 하나님에게서 떨어지지 않도록 주의해야 함을 전하고 있습니다. 순종하지 아니하는 자는 결코 안식에 들어올 수 없음을 기억하고, 따라서 죄의 유혹으로 완고해지지 않도록 매일 서로 권면해야 함을 가르치고 있습니다. "형제들아 너희는 삼가 혹 너희 중에 누가 믿지 아니하는 악한 마음을 품고 살아 계신 하나님에게서 떨어질까 조심할 것이요 오직 오늘이라 일컫는 동안에 매일 피차 권면하여 너희 중에 누구든지 죄의 유혹으로 완고하게 되지 않도록 하라"(히 3:12~13)

한순간의 죄가 우리를 넘어지게 하고 하나님에게서 떨어지게 합니다. 우리의 마음을 완고하게 하여 하나님께 불순종하게 합니다. 따라서 죄에 대해 항상 조심해야 합니다. 작은 틈도 놓치지 않고 공격하여 우리를 넘어뜨리고자 하는 것이 죄임을 기억하고 조금도 방심하지 말아야 합니다. 항상 조심하고 주의하고 서로 권면하여 죄의 공격과 유혹을 막아내고 이겨내야 합니다.

호세아 14장_돌이켜야 하는 죄

여호와 하나님께로 돌아오라는 회개의 권고와 장래 구원의 약속을 전하고 있습니다.

"너는 말씀을 가지고 여호와께로 돌아와서 아뢰기를 모든 불의를 제거하시고 선한 바를 받으소서 우리가 수송아지를 대신하여 입술의 열매를 주께 드리리이다 우리가 앗수르의 구원을 의지하지 아니하며 말을 타지 아니하며 다시는 우리의 손으로 만든 것을 향하여 너희는 우리의 신이라 하지 아니하오리니 이는 고아가 주로 말미암아 긍휼을 얻음이니이다 할지니라"(호 14:2~3) 회개하고 하나님께 돌아올 것을 권고하는 말씀입니다. 더 이상 구원을 위해 앗수르를 의지하지 말고 하나님을 의지하라는 것입니다. 헛된 우상이 아닌 하나님만 섬길 것을 결단하라는 것입니다.

이렇게 돌이킬 때, 하나님은 그 백성들의 반역을 고치며 놀라운 회복과 은혜를 주실 것을 약속하고 있습니다. 곧 장래의 구원을 약속하고 있습니다. "내가 이스라엘에게 이슬과 같으리니 그가 백합화 같이 피겠고 레바논 백향목 같이 뿌리가 박힐 것이라 그의 가지는 퍼지며 그의 아름다움은 감람나무와 같고 그의 향기는 레바논 백향목 같으리니 그 그늘 아래에 거주하는 자가 돌아올지라 그들은 곡식 같이 풍성할 것이며 포도나무 같이 꽃이 필 것이며 그 향기는 레바논의 포도주 같이 되리라"(호 14:5~7)

죄로 인한 결과가 심판이지만, 회개하고 죄에서 돌이켜 하나님 편에 서면 진노를 대신한 하나님의 은혜와 구원과 축복이 있습니다. 따라서 힘써 죄에서 돌이켜 하나님께 나아가야 합니다.

시편 139편_미워해야 하는 죄

모든 것을 아시고 어디에나 계시는 하나님을 찬양하는 다윗의 시입니다. 따라서 그 무엇도 하나님께 숨길 수 없고 하나님을 피해 숨을 수 없음을 깨닫고, 또한 하나님께서 반드시 모든 악인을 심판하심을 알고, 죄를 멀리하고 미워함을 고백하고 있습니다. "여호와여 내가 주를 미워하는 자들을 미워하지 아니하오며 주를 치러 일어나는 자들을 미워하지 아니하나이까 내가 그들을 심히 미워하니 그들은 나의 원수들이니이다"(시 139:21~22) 여호와를 미워하는 자를 미워한다는 것은, 그들과 교제하며 그들과 같은 생각으로 하나님을 미워하는 편에 서지 않는다는 것으로, 곧 죄를 미워하고 멀리한다는 것입니다.

죄를 이길 수 있는 중요한 방법은 죄를 피하는 것입니다. 죄를 행하는 자들과 함께하지 않으며, 그 죄의 길을 가까이 하지 않는 것입니다. 죄를 미워하고 멀리할 때, 죄에서 우리를 거룩하게 지킬 수 있습니다. 죄로 인한 하나님의 심판을 피할 수 있습니다.

안식

열왕기하 22장 | 히브리서 4장 | 요엘 1장 | 시편 140-141편

주의 날을 안식이 없는 심판의 날로 맞이하지 말아야 합니다. 따라서 죄를 회개하며 주의 긍휼의 은혜를 구해야 합니다. 우리의 연약함을 동정하시는 예수 그리스도를 믿고 은혜의 보좌 앞에 담대히 나아가 긍휼하심과 돕는 은혜를 얻어야 합니다. 오직 회개와 은혜와 믿음이 하나님의 안식 곧 구원에 이르게 합니다.

열왕기하 22장_회개를 통한 안식

유다의 요시야 왕에 대한 말씀입니다. 요시야가 왕위에 올라 성전을 수리하였고, 그러던 중 율법책을 발견한 것을 전하고 있습니다. 곧 하나님을 경외한 요시야 왕은 선왕 므낫세가 더럽힌 성전을 수리하고 새롭게 하다가 율법책을 발견하게 되었습니다. 율법책에 기록된 말씀을 통해 하나님 앞에 불순종했던 삶을 돌아보았고, 하나님의 진노의 심판의 말씀을 들으며 회개했습니다. 겸비하여 옷을 찢고 통곡했습니다. 그 결과 하나님은 여선지 훌다를 통해 요시야에게 평안을 약속하셨습니다. "내가 이곳과 그 주민에게 대하여 빈 터가 되고 저주가 되리라 한 말을 네가 듣고 마음이 부드러워져서 여호와 앞 곧 내 앞에서 겸비하여 옷을 찢고 통곡하였으므로 나도 네 말을 들었노라 여호와가 말하였느니라 그러므로 보라 내가 너로 너의 조상들에게 돌아가서 평안히 묘실로 들어가게 하리니 내가 이 곳에 내리는 모든 재앙을 네 눈이 보지 못하리라 하셨느니라 하니 사자들이 왕에게 보고하니라"(왕하 22:19~20)

결국 이 말씀은 회개를 통해 안식, 곧 평안에 이를 수 있음을 보여줍니다. 심판을 피하고 평안과 안식을 누리는 길은 회개하여 죄의 문제를 해결하는 것에 있다는 것입니다. 곧 죄는 하나님의 심판에 이르게 합니다. 하나님의 심판 속에서 그 누구도 평안할 수 없습니다. 그러나 철저히 그 죄를 회개하며 하나님 앞에서 은혜를 구할 때, 하나님은 사랑으로 그 죄를 용서하십니다. 이를 통해 심판을 피하고 평안에 이르게 하십니다.

히브리서 4장_믿음을 통한 안식

약속하신 하나님의 안식에 대해 전하고 있습니다. 곧 우리의 연약함을 동정하시는 대제사장 되신 예수 그리스도를 믿고 순종의 삶을 살아갈 때 안식에 들어가게 된다는 것입니다.

"이미 믿는 우리들은 저 안식에 들어가는도다..."(히 4:3) 하나님의 안식 곧 구원에 이르는 길을 전하고 있는데, "믿는 우리들은" 곧 하나님의 안식은 믿음으로 들어간다는 것입니다. 믿음이 없어 순종하지 아니하면 하나님의 안식에 들어갈 수 없고(히 4:6), 우리에게 안식에 들어갈 약속이 있지만, 혹 안식에 이르지 못하는 사람이 있을까 두려워해야 한다는 것입니다(히 4:1). 따라서 끝까지 믿음을 가지고 순종함으로 이 안식에 들어가도록 힘써야 함을 가르치고 있습니다. "그러므로 우리가 저 안식에 들어가기를 힘쓸지니 이는 누구든지 저 순종하지 아니하는 본에 빠지지 않게 하려 함이라"(히 4:11)

따라서 또한 예수 그리스도를 믿고, 우리의 연약함을 동정하시는 그 은혜를 누리는 것이 중요함을 가르치고 있습니다. 예수 그리스도께서 우리의 연약함을 아시며 우리를 능히 동정하시는 분임을 믿고, 힘써 예수 그리스도 앞에 담대히 나아가 긍휼과 은혜를 받고 누려야 한다는 것입니다. 담대히 나아간 은혜의 보좌 앞에서 안식을 누릴 수 있다는 것입니다. "우리에게 있는 대제사장은 우리의 연약함을 동정하지 못하실 이가 아니요 모든 일에 우리와 똑같이 시험을 받으신 이로되 죄는 없으시니라 그러므로 우리는 긍휼하심을 받고 때를 따라 돕는 은혜를 얻기 위하여 은혜의 보좌 앞에 담대히 나아갈 것이니라"(히 4:15~16)

요엘 1장_안식할 수 없는 날

메뚜기 재앙과 여호와의 날에 대해 전하고 있습니다. 끊임없이 덮쳐 오는 메뚜기 떼들로 인해 밭과 토지가 황폐해지고, 곡식이 떨어지고 포도주가 마르며 기름이 다하게 된다는 것입니다. 그런데 또한 이것이 끝이 아닌데, 더 끔찍하고 무시무시한 여호와의 날, 곧 심판의 날이 이르게 된다는 것입니다. 백성들은 여호와의 날을 구원의 날로 바랐지만, 죄악과 우상숭배로 하나님께 범죄한 백성들에게 여호와의 날은 심판의 날이 될 수밖에 없다는 것입니다. "슬프다그 날이여 여호와의 날이 가까웠나니 곧 멸망 같이 전능자에게로부터 이르리로다"(욜 1:15) 여호와의 날이 가까웠음을 말씀하고 있는데, 그 날을 기쁨이 아닌 슬픔의 날로 바라보고 있습니다. 곧 그 날은 전능하신 하나님께서 보내신 멸망의 날이라는 것입니다.

여호와의 날은 죄와 불순종의 삶을 살아가는 자에게 심판과 멸망의 날로, 결코 안식할 수 없는 날입니다. 기쁨과 소망의 날이 아닌 슬픔과 절망의 날입니다. 따라서 회개밖에 없고 은혜밖에 없습니다. 죄를 회개하며 하나님의 크신 은혜를 구해야 합니다. 이것만이 여호와의 날을 심판이 아닌 구원의 날이요, 안식의 날로 맞이할 수 있습니다.

시편 140-141편_은혜를 통한 안식

시편 140편은 악한 원수들에게서 건져주시기를 구하는 다윗의 기도입니다. 시편 141편은 악한 자들의 유혹에서 지켜주시기를 구하는 다윗의 기도입니다. 특별히 시편 140편에서 은혜를 통한 안식을 보게 됩니다.

"여호와여 나를 지키사 악인의 손에 빠지지 않게 하시며 나를 보전하사 포악한 자에게서 벗어나게 하소서 그들은 나의 걸음을 밀치려 하나이다"(시 140:4) 악인들 가운데서 보호하시고 건져달라는 다윗의 기도입니다. 곧 다윗은 주위의 악인들과 포악한 자들로 인해 안식할 수 없었습니다. 불안과 두려움 속에서 쫓기는 삶을 살아야 했습니다. 따라서 하나님의 도우심과 은혜를 구한 것입니다. 하나님의 은혜 속에서 안식을 누릴 수 있다는 것입니다.

"내가 알거니와 여호와는 고난 당하는 자를 변호해 주시며 궁핍한 자에게 정의를 베푸시리이다 진실로 의인들이 주의 이름에 감사하며 정직한 자들이 주의 앞에서 살리이다"(시 140:12-13) 다윗의 믿음의 고백입니다. 하나님의 변호와 정의 곧 긍휼은 고난당하는 자와 궁핍한 자에게 있다는 것입니다. 의를 지키며 하나님 앞에 서고자 하는 사람들에게 주님과 함께 살게 하시는 구원과 축복, 곧 안식이 있다는 것입니다.

오늘의 기도

1. 죄의 회개와 용서함의 은혜 속에서 여호와의 날을 구원의 날로 맞이하게 하소서.
2. 정직하고 의롭게 살아가도록 힘을 주셔서 주의 변호하심과 그 앞에서 살아가는 은혜와 구원을 누리게 하소서.
3. 우리의 연약함을 아시는 예수 그리스도께 날마다 나아가 돕는 은혜와 긍휼하심의 축복을 누리게 하소서.

회개

열왕기하 23장 | 히브리서 5장 | 요엘 2장 | 시편 142편

영원한 대제사장 되신 예수 그리스도를 통해 우리의 죄가 사해지고 구원함에 이를 수 있습니다. 따라서 그 주님 앞에 온 마음으로 철저히 회개해야 하고, 늦기 전에 이제라도 회개해야 합니다. 회개하고 어떤 고난에도 주께 소망을 두고 넘어지지 말아야 합니다.

열왕기하 23장_온 마음으로 회개해야

요시야 왕의 종교개혁을 전하는 말씀입니다. 곧 성전을 수리하다가 하나님의 말씀을 발견한 요시야 왕은 그 말씀을 따라 산당을 제거하고, 몰록과 태양 숭배 등 우상 숭배를 철폐하며, 하나님 앞에서 모든 불의한 일들을 깨뜨렸습니다. 이를 위해 먼저 요시야 왕은 온 백성과 더불어 마음과 뜻을 다해 하나님의 말씀을 지킬 것을 결단했습니다(왕하 23:3). 곧 요시야 왕은 성전을 수리하다가 발견한 하나님의 말씀을 노소를 막론하고 모든 백성을 한자리에 모아 그 말씀을 읽어 귀에 들려주었습니다. 이에 백성들은 그 말씀을 들으며 하나님께 돌이키고 그 말씀에 순종할 것을 다짐했고, 요시야 왕은 그 백성들의 다짐을 받고 철저한 종교 개혁을 이루어갔습니다.

무엇보다 주목할 말씀이, 요시야 왕이 지금까지 북왕국 이스라엘 백성들을 우상숭배에서 떠나지 못하게 한 벧엘의 제단과 산당을 헐고 우상을 제거했다는 것입니다. "또한 이스라엘에게 범죄하게 한 느밧의 아들 여로보암이 벧엘에 세운 제단과 산당을 왕이 헐고 또 그 산당을 불사르고 빻아서 가루를 만들며 또 아세라 목상을 불살랐더라"(왕하 23:15) 곧 요시야 왕은 철저하게 하나님 앞에서 불의하고 가증한 일들을 제거했습니다. 바알과 아세라와 일월성신을 섬기기 위해 만들어 놓은 모든 그릇들을 불사르고, 옛적 유다 왕들 때부터 세워진 산당들을 제거하며, 여호와 하나님 보시기에 가증한 처소들, 곧 남창의 집 등을 헐고 모든 우상을 섬기며 제사하던 제사장들을 폐하며, 힌놈의 골짜기에서 비일비재하게 행해지던 몰렉에게 제사하던 일, 곧 아들을 제물로 바치는 가증한 일을 철저히

금하게 했습니다. 그런데 이 개혁을 단순히 남왕국 유다에만 한정하지 않고 북왕국 이스라엘까지 이어갔습니다. 이미 앗수르에 의해 멸망했지만, 북왕국 이스라엘에까지 영향력을 미쳐 우상을 멸했습니다. 벧엘까지 올라가서 그 옛날 여로보암 왕이 세웠던 제단과 산당들을 완전히 불살라 멸했습니다.

요시야 왕이 보여준 이러한 모습은 하나님 앞에 돌이키는 회개는 철저해야 하고 또 온 마음으로 해야 한다는 사실을 가르쳐줍니다. 조금의 틈이나 타협도 없어야 하고, 하나님이 미워하시는 죄는 작은 것이라도 남김없이 철저히 제거하며 그 말씀을 지켜가야 한다는 것입니다.

히브리서 5장_대제사장 되신 예수를 통해 회개해야

예수 그리스도께서 우리의 대제사장이 되심을 전하고 있습니다. 곧 예수 그리스도께서 멜기세덱의 반차를 따라 대제사장이 되셨고, 고난 중에도 온전한 순종을 통해 모든 자에게 영원한 구원이 되셨다는 것입니다. "그가 아들이시면서도 받으신 고난으로 순종함을 배워서 온전하게 되셨은즉 자기에게 순종하는 모든 자에게 영원한 구원의 근원이 되시고 하나님께 멜기세덱의 반차를 따른 대제사장이라 칭하심을 받으셨느니라"(히 5:8~10) 대제사장이 속죄의 제사를 통해 사람들의 죄를 사하지만, 그러나 그 대제사장도 죄에서 자유로울 수 없는 사람인지라 그 자신을 위해서도 속죄의 제사를 드려야 했습니다(히 5:1~3). 이는 곧 대제사장을 통한 속죄가 불완전할 수밖에 없다는 사실을 보여줍니다. 그러나 예수 그리스도는 아무런 죄도 없으신 하나님의

아들로서 멜기세덱의 반차를 따르는 대제사장으로 이 땅에 오셨고, 죽기까지 순종하심으로 우리의 죄를 온전히 사하시고 영원한 구원을 이루셨다는 것입니다. 예수 그리스도를 통해서는 그 죄가 온전히 사해질 수 있다는 것입니다. 따라서 예수 그리스도 앞에 나아가 우리의 죄를 자복하고 회개해야 합니다. 아무 죄가 없어 죄에 대해 자유로우시고, 영원한 대제사장으로서 우리의 죄를 온전히 사하실 수 있는 예수 그리스도를 통해 회개해야 합니다.

요엘 2장_이제라도 회개해야

요엘 2장은 메뚜기 떼 묘사를 통해 여호와의 날과 그 심판을 전하고 있습니다. 따라서 또한 이제라도 회개할 것을 요청하고 있습니다. 곧 옷을 찢는 형식적인 회개가 아니라 마음을 찢는 진심의 회개로 하나님께 돌아오라는 것입니다. 이제라도 회개하고 돌아오면 은혜로우시고 자비로우시며 노하기를 더디 하시는 하나님께서 그 크신 사랑으로 용서하신다는 것입니다. 그 뜻을 돌이켜 재앙을 내리지 아니하신다는 것입니다. "여호와의 말씀에 너희는 이제라도 금식하고 울며 애통하고 마음을 다하여 내게로 돌아오라 하셨나니 너희는 옷을 찢지 말고 마음을 찢고 너희 하나님 여호와께로 돌아올지어다 그는 은혜로우시며 자비로우시며 노하기를 더디하시며 인애가 크시사 뜻을 돌이켜 재앙을 내리지 아니하시나니"(욜 2:12~13) 또한 철저히 회개할 때, 하나님께서 놀라운 회복을 약속하심도 전하고 있습니다. 하나님께서 응답을 통해 곡식과 새 포도주와 기름을 흡족하게 주신다는 것입니다. 모든 군대를 멀리 떠나게 하시고 쫓아내신다는 것입니다(욜 2:19~20). 그리고 큰 군대, 곧 메뚜기 재앙으로 잃었던 햇수만큼 갚아주신다는 것입니다(욜 2:25).

하나님의 뜻은 심판이 아니라 구원입니다. 이를 위해 하나님께서는 마지막까지 기회를 주십니다. 이제라도 회개하면 용서하시고 회복하시고 축복하신다는 것입니다. 따라서 이런 하나님의 큰 사랑을 기억하며 돌이켜야 합니다. 늦었다고 생각하지 말고, 정말 늦기 전에, 이제라도 돌이켜 회개해야 합니다.

시편 142편_회개하고 넘어지지 말아야

극심한 곤경 가운데 하나님의 도우심을 구한 다윗의 기도입니다. 다윗은 고난 중에서도 포기하지 않고 하나님을 의지하며 소망을 두었습니다. 그 어느 곳에서도 피난처를 찾을 수 없고, 그 누구에게서도 돌봄의 손길을 발견할 수 없는 절박한 상황에서도 포기하지 않고 하나님을 바라보았습니다. 곧 하나님만이 유일한 피난처요, 그 영혼을 돌보시는 분이 되심을 믿었던 것입니다. "오른쪽을 살펴 보소서 나를 아는 이도 없고 나의 피난처도 없고 내 영혼을 돌보는 이도 없나이다 여호와여 내가 주께 부르짖어 말하기를 주는 나의 피난처시요 살아 있는 사람들의 땅에서 나의 분깃이시라 하였나이다"(시 142:4~5)

이처럼 다윗은 참을 수 없는 고난 중에서도 넘어지지 않고 하나님을 의지하며 바라봤습니다. 이런 다윗을 통해 어떤 고난 중에서도 하나님을 바라보며 넘어지지 않아야 함을 배우게 됩니다. 무엇보다 회개함으로 하나님께 돌이켜 은혜와 구원의 자리에 섰다면 더욱 하나님만을 바라보며 넘어지지 말아야 함을 깨닫게 됩니다. 곧 고난과 우환과 원통 속에서 오직 소망과 도움은 하나님께 있음을 깨닫고, 회개하여 돌이킨 그 자리에서 넘어지지 말아야 합니다.

심판과 은혜

열왕기하 24장 | 히브리서 6장 | 요엘 3장 | 시편 143편

범죄한 모든 사람은 하나님의 심판을 피할 수 없습니다. 하나님을 대항하는 이방 민족들은 물론이요, 그 선택된 하나님의 백성도 심판을 피할 수 없습니다. 심지어 복음의 진리를 받아들이고 주의 은혜와 성령을 체험한 사람도 그 믿음에서 넘어져 타락하면 주어지는 결과는 심판입니다. 그 누구도 하나님 앞에 의로울 수 없고, 따라서 은혜밖에 없습니다. 심판을 피하는 유일한 길은 오직 은혜뿐입니다.

열왕기하 24장_하나님의 백성들을 향한 심판

유다의 여호야김 왕과 여호야긴 왕, 그리고 시드기야 왕에 대한 말씀입니다. 이때에 바벨론에 의해 예루살렘이 점령당하고 수많은 사람들이 포로로 잡혀갔음을 전하고 있습니다. 곧 여호야김 왕이 바벨론을 섬기다가 배반하여 돌아섰고, 이에 바벨론의 느브갓네살 왕이 올라와 예루살렘을 포위하고 점령했습니다. 그 사이 여호야김 왕이 죽고 그 아들 여호야긴이 왕이 됐는데, 예루살렘을 점령한 느브갓네살 왕이 여호야긴을 포로로 잡아가고 시드기야를 왕으로 세웠습니다.

결국 시드기야 왕을 끝으로 유다 왕국은 멸망하게 되는데, 이것은 곧 그 죄로 인한 하나님의 심판이었습니다. 그 죄가 돌이킬 수 없을 만큼 가득했고, 따라서 하나님께서 용서하실 수 없으셨다는 것입니다. "이 일이 유다에 임함은 곧 여호와의 말씀대로 그들을 자기 앞에서 물리치고자 하심이니 이는 므낫세의 지은 모든 죄 때문이며 또 그가 무죄한 자의 피를 흘려 그의 피가 예루살렘에 가득하게 하였음이라 여호와께서 사하시기를 즐겨하지 아니하시니라"(왕하 24:3~4)

하나님의 선택된 백성일지라도 불의하며 범죄할 때 심판을 피할 수 없습니다. 무엇보다 하나님의 말씀은 그 말씀대로 이루어집니다. 따라서 그 선포하시는 말씀이 심판이 아닌 구원에 있어야 합니다. 하나님의 심판이 선언되면, 그 심판을 피할 수 없기에 구원이 선포될 수 있게 해야 합니다. 따라서 또한 은혜를 구해야 합니다. "여호와께서 사하시기를 즐겨하지 아니하시니라" 이 말씀처럼 하나님의 사하심의 은혜가 중단되면 심판밖에 없기에, 그 큰 사랑으로 사하심의 은혜를 중단 없이 베풀어주시기를 구해야 합니다.

히브리서 6장_넘어진 자들을 향한 심판

부지런함과 풍성한 소망, 그리고 믿음과 오래 참음으로 약속의 성취를 체험하고 구원에 속해야 함을 교훈하고 있습니다. 곧 하늘의 은사를 맛보고 참여하며, 하나님의 선한 말씀과 내세의 능력을 맛보고도 어리석게 타락하는 일이 없어야 한다는 것입니다. 이런 사람들에게는 다시 새롭게 하여 회개할 수 없다는 것입니다. 복음의 진리를 받아들이고 주의 은혜를 체험했으나 어리석게 믿음에서 떠나 넘어진 자들에게 심판은 피할 수 없다는 것입니다. "한 번 빛을 받고 하늘의 은사를 맛보고 성령에 참여한 바 되고 하나님의 선한 말씀과 내세의 능력을 맛보고도 타락한 자들은 다시 새롭게 하여 회개하게 할 수 없나니 이는 그들이 하나님의 아들을 다시 십자가에 못 박아 드러내 놓고 욕되게 함이라"(히 6:4~6)

아무리 하나님의 말씀의 귀중한 가치를 깨닫고 내세의 능력, 곧 그리스도의 재림과 더불어 장차 올 세계의 능력을 맛보았다 할지라도, 하나님을 거부하고 하나님에게서 떨어져 나가면 그 결과는 심판일 뿐입니다. 과거의 믿음이 구원에 이르게 하지 못합니다. 오늘 믿고 오늘 은혜의 현장에 있어야 합니다. 따라서 넘어지지 말아야 합니다. 대제사장 되신 예수 그리스도를 통한 구원의 소망은 거짓말하실 수 없는 하나님께서 맹세로 보증하신 약속임을 잊지 말고, 끝까지 믿음 안에 서야 합니다.

요엘 3장_민족들을 향한 심판

민족들을 향한 심판과 이스라엘의 구원을 전하고 있습니다. 곧 이방 민족들이 하나님을 거역하고 불의를 행했을 뿐만 아니라 하나님과 하나님의 영광, 곧 하나님의 기업을 경히 여기며 하나님의 백성들을 고통에 처하게 했다는 것입니다. 하나님의 백성들을 멸시하고 착취하며 노예로 팔았을 뿐만 아니라, 하나님의 성전과 하나님의 도성 예루살렘을 침략하여 성전 기물과 은과 금 등을 약탈해 갔다는 것입니다(욜 3:2~6). 따라서 하나님께서 여호사밧 골짜기로 그 민족들을 모아 심판하심을 말씀하고 있습니다. "민족들은 일어나서 여호사밧 골짜기로 올라올지어다 내가 거기에 앉아서 사면의 민족들을 다 심판하리로다"(욜 3:12)

반면 하나님의 백성 이스라엘을 향해서는 구원을 말씀하고 있습니다. 이방 민족들은 심판하시지만, 그 심판을 통해 하나님의 백성들은 회복하고 구원하신다는 것입니다. 그 백성들을 구원하여 다시 돌아오게 하시고, 하나님께서 친히 그 백성들의 피난처요 산성이 되신다는 것입니다(욜 3:18).

하나님께 대항하며 범죄하는 그 누구도 온전히 설 수 없습니다. 하나님을 대항하여 이길 수 없고, 결코 하나님의 심판도 피할 수 없습니다. 따라서 하나님을 대항하는 반대편이 아닌 하나님의 편, 곧 하나님의 백성으로 서야 합니다. 오직 하나님의 은혜만이 심판을 피할 수 있는 유일한 길임을 기억하고, 하나님의 은혜를 구하며 하나님의 백성 편에 서야 합니다.

시편 143편_심판 중에 구할 은혜

참회시로, 하나님의 용서의 은혜를 구한 다윗의 기도입니다. 여기서 심판 중에 우리가 구할 것은 오직 은혜임을 보게 됩니다. 오직 하나님의 은혜만이 심판을 피하고 구원에 이르게 한다는 것입니다.

"주의 종에게 심판을 행하지 마소서 주의 눈 앞에는 의로운 인생이 하나도 없나이다"(시 143:2) 그 누구도 하나님 앞에서 의로울 수 없고, 하나님의 공의 앞에서 심판을 피할 수 없습니다. 다윗은 이를 너무 잘 알고 있었기에 심판을 행하지 말아 달라고 기도하며 하나님의 은혜를 구한 것입니다. 하나님 앞에 의로울 수 없는 부족한 자신이지만, 그 은혜로 구원해 주시기를 구한 것입니다.

하나님의 의로운 심판을 피할 수 있는 유일한 길은 은혜뿐입니다. 아무도 하나님의 의의 기준을 넘어설 수 없고 따라서 당당히 구원을 구할 수 있는 사람은 없습니다. 오직 하나님의 은혜만이 심판이 아닌 구원에 이르게 합니다.

오늘의 기도

1. 하나님을 대항하여 심판의 주로 하나님을 만나지 않게 하시고, 오직 주의 백성으로 피난처요 산성이 되시는 하나님을 만나게 하소서.
2. 복음의 진리를 믿고 하늘의 은사와 성령을 체험할 뿐만 아니라, 그 믿음에서 타락하고 넘어지지 않아 심판이 아닌 하나님의 약속하신 복을 누리게 하소서.
3. 하나님 앞에서 의로울 수 없는 연약한 우리 인생임을 깨달아 오직 은혜를 구하고 또 누리게 하소서.

구원과 심판

열왕기하 25장 | 히브리서 7장 | 아모스 1장 | 시편 144편

맥체인성경365 1782p

돌이키지 않은 죄의 결과는 돌이키지 아니하는 하나님의 심판과 이로 인한 참혹한 멸망입니다. 그러나 예수 그리스도를 힘입어 은혜를 구하며 하나님 앞에 나아간 결과는 구원과 하나님의 백성으로서의 풍성한 축복입니다. 따라서 회개하고 예수를 힘입어 구원과 축복을 누려야 합니다.

열왕기하 25장_죄로 말미암은 멸망

유다의 멸망을 전하고 있습니다. 계속된 죄악으로 하나님은 유다를 향한 심판을 미루실 수 없었고, 결국 시드기야 왕 때에 바벨론을 통해 유다를 멸하셨다는 것입니다. "그들이 시드기야의 아들들을 그의 눈앞에서 죽이고 시드기야의 두 눈을 빼고 놋 사슬로 그를 결박하여 바벨론으로 끌고 갔더라"(왕하 25:7) 시드기야 왕은 바벨론의 군대에 붙잡혀 그의 아들들이 죽임 당하는 것을 눈앞에서 봐야 했고, 그 자신도 두 눈이 뽑히어 비참한 모습으로 바벨론에 끌려가게 됐습니다. 성전과 왕궁, 그리고 예루살렘의 귀인들의 집까지 모두 불에 태워졌으며(왕하 25:9), 성벽은 헐리고(왕하 25:10), 성전의 기명들은 바벨론에 의해 모두 빼앗기고 말았습니다(왕하 25:13~15).

그 죄로 인한 하나님의 심판의 결과는 멸망입니다. 모두 멸망당할 수밖에 없고, 참혹한 결과를 결코 피할 수 없습니다. 따라서 하나님의 심판이 있기 전에 회개해야 합니다. 그 심판으로 참혹한 멸망을 당하기 전에 하나님께 돌이켜야 합니다.

히브리서 7장_예수로 말미암은 구원

예수 그리스도께서 멜기세덱의 반차를 따라 대제사장이 되셨으며, 불완전한 사람과 달리 완전하고 영원한 대제사장으로 중보의 사역을 통해 우리의 죄를 해결하고 우리를 구원에 이르게 함을 전하고 있습니다. 곧 대제사장 되신 예수 그리스도를 힘입는 사람들은 온전한 구원의 은혜를 누리게 된다는 것입니다. "그러므로 자기를 힘입어 하나님께 나아가는 자들을 온전히 구원하실 수 있으니 이는 그가 항상 살아 계셔서 그들을 위하여 간구하심이

라"(히 7:25)

오직 구원은 우리의 영원한 대제사장 되신 예수 그리스도를 통해 누릴 수 있습니다. 예수 그리스도를 믿고 그의 공로를 힘입는 것만이 모든 죄를 해결하고 구원에 이를 수 있는 유일한 길입니다. 따라서 죄의 문제를 해결하겠다고 헛된 곳에서 헛된 노력을 기울이지 말고, 예수 그리스도 앞에 나와야 합니다. 그 보혈을 믿고 의지하며, 은혜를 통한 구원을 구해야 합니다.

아모스 1장_죄로 말미암은 심판

아람, 블레셋, 두로, 에돔, 암몬 등 이스라엘의 주변 나라들에 대한 심판을 전하고 있습니다. 그 나라들의 죄, 곧 하나님의 백성 이스라엘에게 잔혹하게 행한 죄로 인해 하나님께서 심판하신다는 것입니다.

"여호와께서 이와 같이 말씀하시되 다메섹의 서너 가지 죄로 말미암아 내가 그 벌을 돌이키지 아니하리니 이는 그들이 철 타작기로 타작하듯 길르앗을 압박하였음이라"(암 1:3) 다메섹을 향한 심판의 말씀입니다. 6절, 9절, 11절, 13절에도 동일하게 블레셋, 두로, 에돔, 암몬 등의 나라들에 대해 그 벌을 돌이키지 않고 심판하심을 말씀하고 있습니다. "서너 가지 죄"는 문자적으로는 세 가지와 네 가지 죄를 말합니다. 그러나 이것은 당시에 많이 사용되던 수적인 격언으로, 죄가 가득한 상태를 가리키고 있습니다. 곧 3과 4를 더하면 7이라는 완전수가 되고, 또 완전한 수인 3에 하나를 더한 4를 언급하여 아주 많은 죄를 표현하고 있는 것입니다. 다시 말해 그 죄가 넘치도록 가득하여 하나님께서 심판하지 않으실 수 없다는 것입니다. 따라서 "그 벌을 돌

이키지 아니하리라"는 말씀에 주목해야 합니다. 그 죄를 깨달아 회개하지 아니하고 계속해서 죄를 쌓아 가면, 결국 돌이킬 수 없는 하나님의 심판에 이르게 된다는 것입니다. 오래 참으시고 기다리신 하나님께서 심판을 단행하시면 다시는 돌이킬 수 없다는 것입니다. 따라서 아직 기회가 있을 때 회개해야 합니다. 회개함으로 가득 찬 죄를 용서받고 비워야 합니다.

시편 144편_하나님으로 말미암은 축복

하나님께서 강림하셔서 모든 원수들을 물리치고 구원하시며, 또한 하나님의 백성에게 복을 주시기를 구하는 다윗의 기도입니다. 곧 하나님은 이방인의 손에서 그 왕을 구원하실 뿐만 아니라, 하나님을 나의 하나님으로 삼은 백성에게 복을 주신다는 것입니다. "이러한 백성은 복이 있나니 여호와를 자기 하나님으로 삼는 백성은 복이 있도다"(시 144:15) 구체적으로 하나님의 돌보심 속에서 풍성한 소산과 자녀의 축복과 평안의 은혜가 주어짐을 말씀하고 있는데, 자녀들은 장성한 나무들과 같고, 궁전의 양식대로 아름답게 다듬은 모퉁잇돌들과 같으며, 곳간에는 백곡이 가득하고, 양은 들에서 천천과 만만으로 번성하며, 적들이 침략하는 일도 포로로 잡혀가는 일도 없고, 그 거리에는 더 이상 고통스런 울부짖음도 없게 된다는 것입니다(시 144:12~14).

참된 복은 하나님께 있습니다. 하나님의 백성으로 하나님을 섬기며 살아가는 자들에게는 하나님의 구원의 은혜도 있으며, 돌보시고 공급하시는 풍성함의 축복도 있습니다. 하나님의 백성으로 살아가는 것이 복된 삶입니다.

하나님의 구속의 은혜를 깨닫고 찬양해야 합니다. 어리석게 우리는 그 은혜에서 떠나 불순종으로 심판 아래에 놓였지만, 예수 그리스도를 통한 새 언약으로 다시 우리를 구속하심을 깨닫고, 그 놀라운 은혜를 찬양해야 합니다. 결코 다시는 그 은혜에서 떠나지 말아야 합니다.

역대상 1-2장_구속의 은혜

역대상 1장은 아담에서 아브라함까지 이르는 계보와 아브라함의 아들들의 자손에 대해 기록하고 있습니다. 역대상 2장은 유다의 자손에 대해 기록하고 있습니다.

"아담, 셋, 에노스,게난, 마할랄렐,야렛,에녹, 므두셀라, 라멕, 노아, 셈, 함과 야벳은 조상들이라"(대상 1:1~4) "아브람 곧 아브라함은 조상들이요"(대상 1:27) 수많은 사람들의 이름을 대하면서 하나님의 은혜, 특별히 구속의 은혜를 깨달을 수 있습니다. 하나님은 선하게 세상을 창조하셨지만, 인간의 죄로 말미암아 그 선은 깨어졌고, 인간은 죄로 인해 심판을 피할 수 없게 됐습니다. 그러나 하나님의 사랑은 구속의 은혜로 나타나 죄로 죽을 수밖에 없던 인간에게 구원의 길을 열어 가셨습니다. 곧 가인이 아벨을 죽이는 죄를 범했고, 따라서 비극적으로 인류가 끝나버릴 운명에 처했지만, 하나님은 셋이라는 새로운 자녀를 선물로 주셔서 구속의 은혜를 베풀어주셨습니다. 인간의 죄가 가득 찼고 심지어 아이들까지도 생각하는 모든 것이 악으로 가득 차서 하나님께서 세상을 물로 심판하실 수밖에 없었지만, 그러나 노아를 통해 인류 구속의 은혜를 이어가셨습니다. 무엇보다 하나님은 아브라함을 선택하셔서 본격적인 인류 구속의 역사를 시작하셨습니다.

결국 말씀에 기록된 인물들을 보면서 하나님의 구속의 은혜를 발견해야 합니다. 또한 그 구속의 은혜가 오늘 나에게까지 이어지고 있음을 깨달아야 합니다. 하나님의 크고 놀라운 구속의 사랑을 깨달아야 합니다.

히브리서 8장_새 언약의 은혜

예수 그리스도께서 대제사장으로 새 언약의 중보자가 되심을 전하고 있습니다. "그러나 이제 그는 더 아름다운 직분을 얻으셨으니 그는 더 좋은 약속으로 세우신 더 좋은 언약의 중보자시라"(히 8:6) 곧 모세를 통해 율법을 주시고 첫 언약을 주셨지만, 그 백성이 그 언약을 지키지 않아 파기되었고, 하나님은 심판 대신에 예수 그리스도를 통한 새 언약을 주셔서 그 백성들에게 다시 구원의 길을 열어주셨습니다. "새 언약이라 말씀하셨으매 첫 것은 낡아지게 하신 것이니 낡아지고 쇠하는 것은 없어져 가는 것이니라"(히 8:13)

여기서 하나님의 크고 놀라운 사랑을 깨달아야 합니다. 첫 언약을 지키지 않고 깨뜨린 인간을 심판하여 진멸하실 수 있으셨습니다. 그 심판의 책임은 언약을 깨뜨린 인간에게 있었습니다. 그러나 하나님은 다시 새 언약을 통해 구원의 길을 열어주셨습니다. 이것이 하나님의 놀라운 사랑이며, 우리 모두를 구원하고자 하시는 하나님의 은혜입니다. 이 은혜를 놓치지 말아야 합니다.

아모스 2장_은혜를 떠난 결과

1장에 이어서 이스라엘의 주변 나라, 곧 모압의 죄로 인한 심판을 전하고 있고, 이어서 유다와 이스라엘의 죄로 인한 심판을 전하고 있습니다. 유다는 하나님의 율법을 멸시하며 그 율례를 지키지 않고 거짓에 미혹되었다는 것입니다. 이스라엘은 가난하고 연약한 자를 무자비하게 대하며 불의함을 행했다는 것입니다.

무엇보다 주목할 말씀이 하나님께서 베푸신 은혜와 축복에 그 백성들이 불순종과 죄악으로 반응했다는 것입니다. 곧 하나님께서는 그 백성들을 애굽에서 구원하시고, 광야에서 인도하시며, 아모리 족속을 몰아내고 그 땅을 기업으로 주셨습니다. 선지자와 나실인을 일으켜 하나님의 말씀 안에서 살아갈 수 있도록 이끄셨습니다(암 2:9~11). 그러나 그 백성들이 하나님의 은혜를 잊고 그 말씀을 거부하며 타락했다는 것입니다. 그 결과 하나님은 피할 수 없는 심판을 말씀하시게 됐다는 것입니다. "빨리 달음박질하는 자도 도망할 수 없으며 강한 자도 자기 힘을 낼 수 없으며 용사도 자기 목숨을 구할 수 없으며 활을 가진 자도 설 수 없으며 발이 빠른 자도 피할 수 없으며 말 타는 자도 자기 목숨을 구할 수 없고 용사 가운데 그 마음이 굳센 자도 그 날에는 벌거벗고 도망하리라 여호와의 말씀이니라"(암 2:14~16) 하나님의 진노의 심판이 내릴 때, 그 누구도 그 심판을 피할 수 없다는 사실에 주목해야 합니다. 무기를 가진 강한 용사요, 발이 빠르고 말을 탄 용사라도 하나님의 심판을 피할 수 없다는 것입니다. 하나님의 은혜를 떠난 자들에게는 오직 하나님의 심판으로 인한 멸망만 있게 된다는 것입니다.

하나님의 은혜를 잊고, 그 은혜를 떠난 결과는 심판일 수밖에 없습니다. 따라서 다시 은혜를 구해야 합니다. 오직 은혜만이 심판을 피하고 구원에 이르는 유일한 길입니다. 곧 첫 언약은 우리의 죄와 불의함으로 깨어졌지만 하나님은 놀라운 사랑으로 새 언약의 은혜를 약속하고 계십니다. 바로 그 은혜를 구해야 합니다.

시편 145편_은혜에 대한 찬송
여호와 하나님의 위대하심과 크고 놀라운 은혜와 긍휼을 찬양하는 다윗의 시입니다.

"여호와는 은혜로우시며 긍휼이 많으시며 노하기를 더디 하시며 인자하심이 크시도다 여호와께서는 모든 것을 선대하시며 그 지으신 모든 것에 긍휼을 베푸시는도다 여호와여 주께서 지으신 모든 것들이 주께 감사하며 주의 성도들이 주를 송축하리이다"(시 145:8~10) 다윗은 하나님께서 베푸시는 놀라운 은혜를 깨달으며 하나님을 찬양했습니다. 결코 하나님의 은혜를 놓치지도 않았고, 또 그 은혜에 대해 하나님을 찬양하는 일을 게을리 하거나 잊지 않았습니다.

이처럼 하나님의 크신 은혜와 사랑을 깨닫고 찬송함은 마땅한 일입니다. 우리가 이 땅에 존재하는 이유와 목적을 놓치지 말아야 하고, 또한 하나님의 풍성한 은혜를 잊지 말고 힘을 다해 찬양하며 살아야 합니다. 다윗의 고백처럼 하나님의 크고 위대하심을 날마다 송축하고 영원히 송축해야 합니다(시 145:2).

오늘의 기도

1. 하나님의 섭리와 다스림 속에 담겨 있는 구속의 은혜를 발견하고 힘써 찬양하는 삶을 살게 하소서.
2. 예수 그리스도를 통한 새 언약으로 다시 주어진 구원의 은혜를 기억하고, 결코 그 은혜에서 떠나지 않게 하소서.
3. 어리석게 하나님의 은혜를 잊지 않게 하시고, 결코 그 주시는 말씀에서 떠나지 않아 생명과 구원을 누리게 하소서.

축복과 심판

맥체인성경365 1793p

역대상 3-4장 | 히브리서 9장 | 아모스 3장 | 시편 146-147편

축복은 환경이 아닌 경외와 믿음과 구함에 있습니다. 하나님을 경외하며 구하는 자에게 환경을 넘어서는 하나님의 축복이 있고, 예수 그리스도를 믿고 바라는 자에게 구원의 축복이 있습니다. 그러나 깨닫지 못하고, 불의하고 교만하며 불평하는 자에게는 심판이 있습니다.

역대상 3-4장_구하는 자에게 주어지는 축복

역대상 3장은 다윗의 아들들과 유다 왕들, 그리고 여호야긴의 후손들을 기록하고 있습니다. 역대상 4장은 유다의 자손과 시므온의 자손을 기록하고 있습니다.

특별히 유다의 자손 중 야베스가 하나님께 드린 기도에 주목하면, 그는 다음과 같이 기도했습니다. "야베스가 이스라엘 하나님께 아뢰어 이르되 주께서 내게 복을 주시려거든 나의 지역을 넓히시고 주의 손으로 나를 도우사 나로 환난을 벗어나 내게 근심이 없게 하옵소서 하였더니 하나님이 그가 구하는 것을 허락하셨더라"(대상 4:10) 야베스의 이름의 뜻은 "고통의 아들"입니다. 그의 어머니가 "내가 수고로이 낳았다"는 의미에서 야베스라고 이름을 지었습니다(대상 4:9). 여기서 그의 삶의 환경이 좋지 못했음을 알 수 있습니다. 그러나 그는 하나님께 믿음으로 구하여 축복된 인생을 만들어 갔고, 형제들 중 귀중한 자가 되었습니다. 곧 하나님은 그의 기도에 응답하여 그의 지역을 넓혀주셨고, 그를 도와 모든 환난에서 벗어나 평안하게 하셨습니다.

축복의 인생은 환경에 있는 것이 아니라 하나님을 향한 믿음과 구하는 삶에 있습니다. 주어진 환경 때문에 낙담하지 않고 하나님을 믿고 구하면 하나님께서 도우시고 존귀하게 세워주십니다. 구하는 자에게 축복이 있습니다.

히브리서 9장_바라는 자들에게 주어지는 축복

그리스도의 일회적 희생에 대해 전하고 있습니다. 그리스도께서 염소와 송아지의 피가 아닌 오직 자신의 피로 영원한 속죄를 이루셨다는 것입니다. 대제사장이 속죄를 위해 해마다 짐승의 피를 가지고 성소에 들어가야 했지만, 그리스도께서 자신의 피를 통해 단번에 그 모든 죄를 씻으셨다는 것입니다. 다시 그리스도께서 고난당하시고 피 흘리실 필요가 없이 그 모든 죄를 온전히 씻으셨고, 따라서 그리스도를 바라는 모든 사람에게 다시 오셔서 구원을 주신다는 것입니다. "이와 같이 그리스도도 많은 사람의 죄를 담당하시려고 단번에 드리신 바 되셨고 구원에 이르게 하기 위하여 죄와 상관 없이 자기를 바라는 자들에게 두 번째 나타나시리라"(히 9:28)

한 번 죽는 것은 사람에게 정해진 것이고, 이후 심판이 주어집니다(히 9:27). 그러나 단번에 그 몸을 제물로 바쳐 사람의 죄를 담당하신 예수 그리스도를 통해 그 모든 죄의 문제가 해결됐습니다. 그 예수 그리스도께서 다시 오셔서 그를 바라는 사람에게 구원을 주십니다. 그리스도를 소망으로 기다리는 사람에게는 구원의 축복이 주어집니다. 곧 우리 힘으로 우리 자신을 구원할 수 없지만, 예수 그리스도의 십자가의 공로를 통해 우리가 구원을 얻을 수 있습니다. 하나님은 예수 그리스도를 향한 믿음과 그 바라는 소망에 구원과 생명의 축복을 담아 놓으셨습니다.

아모스 3장_깨닫지 못하는 자들에게 주어지는 심판

하나님께 택함 받은 선민도 심판 받음을 전하고 있습니다. 곧 이스라엘 백성들은 심판을 경고하는 아모스 선지자의 말을 믿지 않았습니다. 하나님의 사랑에 자신들이 반응하여 보인 죄악된 삶은 생각하지 못하고, 하나님께 선택 받은 사랑만을 생각하며,

이런 자신들이 어떻게 심판 받을 수 있느냐고 교만했습니다. 이에 대해 아모스 선지자는 원인과 결과의 필연적 관계를 보여주는 일상생활의 여러 보기를 들며, 또한 하나님이 말씀하셨기에 자신이 예언하는 것임을 강조하며, 그 죄로 인해 사마리아에 하나님의 심판이 임할 것을 선포했습니다. "내가 이스라엘의 모든 죄를 보응하는 날에 벧엘의 제단들을 벌하여 그 제단의 뿔들을 꺾어 땅에 떨어뜨리고 겨울 궁과 여름 궁을 치리니 상아 궁들이 파괴되며 큰 궁들이 무너지리라 여호와의 말씀이니라"(암 3:14~15)

선지자를 통해 심판이 예언되고 있다는 것은 아직 심판이 임하지 않은 것이기에 기회가 있습니다. 따라서 선지자를 통해 선포되는 하나님의 말씀을 통해 깨닫고 속히 회개하면 됩니다. 간절히 하나님의 은혜를 구하면 됩니다. 그러나 끝까지 깨닫지 못하고 선지자를 통해 주어지는 하나님의 심판의 말씀에 귀를 기울이지 않는다면, 결국에는 피할 수 없는 하나님의 심판, 참혹한 심판을 맞이할 수밖에 없습니다. 깨닫지 못하고 돌이키지 않는 자에게 주어지는 결과는 심판일 뿐입니다.

시편 146-147편_경외하는 자들에게 주어지는 축복

시편 146편은 하나님의 신실하심과 그 은혜를 찬양하며, 따라서 귀인들이 아니라 하나님을 의지해야 함을 전하는 시입니다. 시편 147편은 피조 세계와 이스라엘을 다스리시며 축복하시는 하나님을 찬양하는 시입니다. 곧 하나님은 하나님을 경외하는 자들에게 복을 주신다는 것입니다. "그가 네 문빗장을 견고히 하시고 네 가운데에 있는 너의 자녀들에게 복을 주셨으며 네 경내를 평안하게 하시고 아름다운 밀로 너를 배불리시며"(시 147:13~14)

하나님은 힘 있고 능력 있는 자들이 아니라 하나님을 경외하며 그 은혜를 구하는 자들을 기뻐하시며(시 14:10~11), 그들에게 축복하십니다. 보호와 평안과 풍성한 소산의 축복을 주십니다. 따라서 세상에서의 성공과 능력을 추구하기보다 하나님을 경외하는 일에 무엇보다 힘을 다해야 합니다.

오늘의 기도

1. 주어진 환경을 탓하며 넘어지지 않게 하시고, 하나님을 믿고 구함으로 축복된 삶을 열어가게 하소서.
2. 소망으로 주를 믿고 바람으로 다시 오시는 주님을 통한 구원의 축복을 누리게 하소서.
3. 교만함으로 하나님의 경고에 귀를 닫아 심판에 이르는 것이 아니라, 하나님을 경외하고 그 은혜를 구함으로 하나님의 돌보심의 축복과 풍성케 하시는 축복을 누리게 하소서.

돌아올 수 있는 길

맥체인성경365 1799p

역대상 5-6장 | 히브리서 10장 | 아모스 4장 | 시편 148-150편

돌아오기를 바라시는 하나님의 사랑과 기다림에도 끝내 돌아오지 않으면, 결국 심판으로 돌아오지 못하게 됩니다. 하나님은 사랑으로 예수 그리스도의 보혈을 통해 돌아올 수 있는 새로운 길을 열어주셨습니다. 이 은혜의 기회를 놓치지 않고 하나님께 돌아와 생명을 누리며 힘써 하나님을 찬양해야 합니다.

역대상 5-6장_돌아오지 못한 백성들

루우벤, 갓, 므낫세 반 지파, 곧 요단 동편에 정착한 지파의 자손들에 대해 기록하고 있습니다. 그런데 주목할 말씀이 그들이 하나님의 심판으로 앗수르에 의해 사로잡혀갔다는 것입니다. "그러므로 이스라엘 하나님이 앗수르 왕 불의 마음을 일으키시며 앗수르 왕 디글랏빌레셀의 마음을 일으키시매 곧 르우벤과 갓과 므낫세 반 지파를 사로잡아 할라와 하볼과 하라와 고산 강 가에 옮긴지라 그들이 오늘까지 거기에 있으니라"(대상 5:26) 루우벤, 갓, 므낫세 반 지파는 하나님의 도우심 속에서 요단 동편의 족속들을 물리치고, 그 땅을 차지할 수 있었습니다. 그러나 하나님의 도우심과 은혜를 잊고 하나님께 범죄하며 우상을 섬겼고, 그 결과 하나님의 심판에 이르고 말았습니다. 하나님께서 주신 축복의 땅에서 사로잡혀 할라와 하볼과 하라와 고산 강 가 등, 이방 땅으로 끌려가고 말았습니다. 그리고, "그들이 오늘까지 거기에 있으니라." 오늘까지 돌아오지 못했습니다. 하나님의 심판으로 돌이킬 수 없는 결과를 맞았습니다.

결국 무엇입니까? 하나님이 주신 축복을 잊지 않고 감사하는 삶을 살아야 합니다. 그 은혜를 깨닫고 힘써 하나님을 경외하는 삶을 살아야 합니다. 무엇보다 하나님의 심판의 말씀에 늘 귀를 기울여 우리 자신을 돌아보고 돌이키는 삶을 살아야 합니다. 그 은혜와 축복을 잊고 또 하나님의 심판의 경고를 경시할 때, 돌이킬 수 없는 결과를 맞이하고 맙니다. 하나님의 축복은 잃어버리고 돌아오고 싶어도 돌아올 수 없는 절망의 상황에 이르고 맙니다.

히브리서 10장_돌아올 수 있는 새로운 길

그리스도께서 죄를 위해 한 영원한 제사를 드리셨음을 전하고 있습니다. 제사장이 황소와 염소의 피를 통해 자주 드리는 같은 제사로는 결코 죄를 없게 하지 못하지만, 예수 그리스도께서 드리신 한 번의 제사를 통해 그 죄를 온전히 제거하고, 그 나아온 사람들을 영원히 온전케 할 수 있다는 것입니다. 따라서 우리가 예수의 피를 힘입어 담대히 성소에 들어갈 수 있음을 가르치고 있습니다. "그러므로 형제들아 우리가 예수의 피를 힘입어 성소에 들어갈 담력을 얻었나니 그 길은 우리를 위하여 휘장 가운데로 열어 놓으신 새로운 살 길이요 휘장은 곧 그의 육체니라"(히 10:19~20)

우리가 예수의 피를 힘입어 담대히 성소에 들어가 죄를 씻고 생명의 삶을 살아갈 수 있습니다. 그 생명의 길을 예수 그리스도께서 열어 주셨습니다. 황소와 염소의 피를 통한 계속된 속죄의 제사로 불완전하게 주어진 거룩함과 생명의 길이 예수 그리스도께서 몸을 단번에 드리심과 그 피를 통해 온전히 그리고 영원히 주어지게 됐습니다. 심판과 죽음의 길에서 돌아올 수 있는 새로운 길이 우리에게 주어지게 됐습니다.

우리의 죄와 그 죄로 인한 심판은 우리가 해결할 수 없는 문제입니다. 우리는 불의함으로 하나님께 돌아갈 수 없게 됐고, 꼼짝없이 심판으로 죽을 수밖에 없었습니다. 그러나 하나님의 사랑은 예수 그리스도의 십자가의 희생과 보혈을 통해 돌아올 수 있는 새 길, 곧 하나님께 돌아갈 수 있는 생명의 길을 열어주셨습니다. 오직 그 은혜를 통해 우리는 하나님께 돌아갈 수 있고, 죄를 용서함 받고 생명을 누릴 수 있습니다.

아모스 4장_돌아오지 않은 백성들

가난한 자를 압제하며, 향락에 빠진 사마리아 여인들과 이로 인한 하나님의 심판을 전하고 있습니다. 또한 하나님께서 양식을 떨어지게 하고 비를 멈추게 하며 여러 재앙과 전염병을 내리시는 등, 징계를 통해 그 죄를 경고하심에도 불구하고, 깨닫지 못하고 돌아오지 않는 백성들의 어리석음에 대해 전하고 있습니다. "또 내가 너희 모든 성읍에서 너희 이를 깨끗하게 하며 너희의 각 처소에서 양식이 떨어지게 하였으나 너희가 내게로 돌아오지 아니하였느니라 여호와의 말씀이니라"(암 4:6)

하나님께서 내리신 재앙은 고난을 통해 그 죄를 깨닫고 돌아오기를 바라시는 또 다른 사랑이었습니다. 하나님은 그 백성들이 깨닫고 돌아와 하나님을 경외하며 참 생명과 복을 누리기를 원하셨습니다. 그러나 백성들은 그 고난 중에서도 어리석게 깨닫지 못하고 돌아오지 않았습니다. 위의 6절 뿐만 아니라, 8절, 9절, 10절, 11절에도 "너희가 내게로 돌아오지 아니하였노라"고 반복해서 전하고 있습니다. 따라서 하나님께서는 돌아오지 않는 백성들을 향해 심판을 말씀하실 수밖에 없었습니다. 그 사랑으로 기다리며 인내함에도 끝까지 돌아오지 않는 백성들에게 주어지는 결과는 심판일 수밖에 없다는 것입니다. "그러므로 이스라엘아 내가 이와 같이 네게 행하리라 내가 이것을 네게 행하리니 이스라엘아 네 하나님 만나기를 준비하라"(암 4:12)

하나님의 사랑과 기다림에도 결국 돌이키지 않으면, 그 결과는 심판일 뿐입니다. 하나님의 기다림의 사랑에 돌이키면 사랑과 은혜의 하나님을 만날 수 있지만, 끝까지 돌이키지 않을 때, 만나게 되는 하나님은 심판의 하나님입니다.

시편 148-150편_돌아와서 해야 하는 일

시편 148편은 하늘의 천군 천사를 비롯해 세상의 모든 존재를 향해 하나님을 찬양하라고 명령하는 시입니다. 시편 149편과 150편도 하나님을 찬양하라는 시입니다. 새 노래로 여호와를 찬양하며, 호흡이 있는 모든 자마다 여호와를 찬양하라는 것입니다.

하나님은 그 백성을 기뻐하시며 구원하기를 원하십니다. 구원으로 아름답게 세우시기를 원하십니다. 따라서 우리가 겸손히 하나님께로 돌아와 죄를 용서받고 구원의 은혜를 누려야 하고, 또한 영광과 기쁨 중에 찬양해야 합니다. 곧 하나님 앞에 돌아와 우리가 무엇보다 힘써 할 일은 하나님을 찬양하는 일입니다. 우리의 온 힘을 다해 우리가 있는 모든 곳에서 찬양해야 합니다. "여호와께서는 자기 백성을 기뻐하시며 겸손한 자를 구원으로 아름답게 하심이로다 성도들은 영광 중에 즐거워하며 그들의 침상에서 기쁨으로 노래할지어다"(시 149:4~5)

오늘의 기도

1. 고난 중에 오히려 하나님의 더 큰 사랑을 깨닫고, 죄에서 돌이키는 삶을 살게 하시고, 하나님을 심판이 아닌 은혜의 하나님으로 만나게 하소서.
2. 예수 그리스도의 피를 힘입어 담대히 하나님 앞에 나아가고, 열어주신 새로운 길을 통해 생명의 삶을 살게 하소서.
3. 하나님의 기쁨이 되는 백성이요, 겸손함으로 하나님의 구원과 아름다움을 누리는 백성이 되어, 힘써 하나님을 찬양하는 삶을 살게 하소서.

하나님을 기쁘시게 하는 삶

맥체인성경365 1807p

역대상 7-8장 | 히브리서 11장 | 아모스 5장 | 누가복음 1장 1-38절

절대적으로 하나님을 신뢰하며 그 믿음을 잃어버리지 않는 삶, 값진 제물의 제사가 아닌 공의를 실천하는 삶, 거룩함으로 주신 사명에 힘을 다하는 삶, 더 나아가 형제와 이웃의 아픔을 나누며 위로하는 삶이 하나님을 기쁘시게 합니다.

역대상 7-8장_위로를 통해 하나님을 기쁘시게 하는 삶

역대상 7장은 잇사갈, 베냐민, 납달리, 므낫세 반 지파, 에브라임, 아셀의 자손을 기록하고 있습니다. 역대상 8장은 베냐민의 자손과 사울의 집안을 기록하고 있습니다. 특별히 에브라임에 대한 말씀에 주목하면, 가드 원주민들에게 두 아들을 잃는 슬픔을 겪었음을 전하고 있습니다(대상 7:21). 이로 인해 에브라임은 여러 날 슬퍼할 수밖에 없었는데, 이때에 그의 형제가 그를 찾아와 위로했음을 전하고 있습니다. "그의 아버지 에브라임이 여러 날 슬퍼하므로 그의 형제가 가서 위로하였더라 그리고 에브라임이 그의 아내와 동침하매 임신하여 아들을 낳으니 그 집이 재앙을 받았으므로 그의 이름을 브리아라 하였더라"(대상 7:22~23) 아마도 이 위로가 에브라임에게 소망과 용기가 되었던 것으로 보입니다. 슬픔에 빠져 있던 그가 그 아내와 동침하여 아들을 낳았다는 것에서 이를 충분히 생각해 볼 수 있습니다. 그리고 하나님도 그를 위로하셨습니다. 곧 그에게 브리아라는 새 아들을 주심으로 그의 슬픔과 아픔을 위로하셨습니다.

결국 무엇입니까? 여기서 형제의 아픔과 슬픔을 함께 아파하고 슬퍼하며 위로하는 삶은 하나님의 기쁨이 된다는 사실을 충분히 살펴볼 수 있습니다. 우리 형제의 아픔을 나와 상관없다고 외면하는 것이 아니라, 함께 아파함으로 위로하며 더불어 살아갈 때에 하나님께서 기뻐하십니다.

히브리서 11장_믿음을 통해 하나님을 기쁘시게 하는 삶

믿음으로 인정받은 선조들에 대해 기록하고 있습니다. 아벨, 에녹, 노아, 아브라함, 사라, 이삭, 야곱, 요셉, 모세 등, 믿음의 모범을 보인 사람들과 그 믿음의 길에 대해 소개하고 있습니다.

"믿음으로 에녹은 죽음을 보지 않고 옮겨졌으니 하나님이 그를 옮기심으로 다시 보이지 아니하였느니라 그는 옮겨지기 전에 하나님을 기쁘시게 하는 자라 하는 증거를 받았느니라 믿음이 없이는 하나님을 기쁘시게 하지 못하나니 하나님께 나아가는 자는 반드시 그가 계신 것과 또한 그가 자기를 찾는 자들에게 상 주시는 이심을 믿어야 할지니라"(히 11:5~6) 믿음으로 에녹은 하나님을 기쁘시게 하는 자라 인정을 받았음을 말씀하고 있는데, 믿음이 없이는 하나님을 기쁘시게 하지 못한다는 말씀에 주목해야 합니다. 곧 하나님을 기쁘시게 하기 위해 하나님을 향한 믿음이 반드시 있어야 한다는 것입니다. 이 믿음으로 에녹은 하나님을 기쁘시게 했고, 또한 에녹 뿐만 아니라 노아, 아브라함, 이삭, 야곱, 요셉, 모세 등 신앙의 선조들 모두가 그 삶에서 믿음의 본을 통해 하나님을 기쁘시게 하는 삶을 살았습니다.

하나님을 향한 절대적 믿음이 하나님을 기쁘시게 합니다. 은금도 아니고 높은 지위도 아닙니다. 만약 수많은 은금을 드리고 높은 지위에 올라야 하나님을 기쁘시게 할 수 있다면 과연 하나님을 기쁘시게 할 수 있는 사람이 얼마나 되겠습니까? 오직 믿음이 하나님을 기쁘시게 하기에 우리가 얼마든지 하나님의 기쁨이 되는 삶을 살 수 있습니다. 따라서 어떤 고난과 절망의 상황에서도 하나님을 신뢰하며 믿음을 잃어버리지 말아야 합니다. 그럼으로 하나님을 기쁘시게 하는 삶을 살아야 합니다.

아모스 5장_공의를 통해 하나님을 기쁘시게 하는 삶

벧엘과 길갈 등, 헛된 우상이 아닌 하나님을 찾아야 살 수 있음을 전하고 있습니다. 힘없고 가난한 자를 밟고 부당한 세를 거두는 등, 이런 죄악과 불의를 버리고, 악이 아닌 선을 구하고 사랑하며 정의를 세워야 하나님의 은혜를 얻고 살 수 있다는 것입니다. 따라서 하나님은 공의의 삶 없이 형식적으로 지키는 절기와 하나님 앞에 드리는 제사를 기뻐하지 않으심을 말씀하셨습니다. 아무리 많은 제사와 값비싼 제물을 드린다 할지라도, 공의의 삶이 빠진 형식적 제사로는 결코 하나님을 기쁘시게 할 수 없다는 것입니다. 하나님은 형식적 제사와 값비싼 제사 제물이 아니라, 정의와 공의의 삶을 기뻐하신다는 것입니다. "내가 너희 절기들을 미워하여 멸시하며 너희 성회들을 기뻐하지 아니하나니 너희가 내게 번제나 소제를 드릴지라도 내가 받지 아니할 것이요 너희의 살진 희생의 화목제도 내가 돌아보지 아니하리라 네 노랫소리를 내 앞에서 그칠지어다 네 비파 소리도 내가 듣지 아니하리라 오직 정의를 물 같이, 공의를 마르지 않는 강 같이 흐르게 할지어다"(암 5:21~24)

하나님의 기쁨은 우리의 의로운 삶에 있습니다. 모든 죄와 불의를 버리고 하나님을 찾으며, 하나님의 말씀을 따라 의롭게 살아가는 삶을 기뻐하십니다. 우리의 형식적 예배로 결코 하나님을 기쁘시게 할 수 없습니다. 따라서 단순히 교회에 출석하여 드리는 예배로 믿음에 자만하지 말고, 그 예배가 삶으로 이어지도록 힘써야 합니다.

누가복음 1장 1-38절_사명을 통해 하나님을 기쁘시게 하는 삶

세례 요한의 출생과 예수님의 탄생을 예고한 말씀입니다. 곧 성전에서 분향하고 있는 제사장 사가랴를 천사 가브리엘이 찾아와 아들 요한을 낳을 것을 예고했고, 또 그 예고대로 그 아내 엘리사벳이 잉태했습니다. 또한 천사 가브리엘이 남자를 알지 못하는 마리아를 찾아와 예수의 탄생을 예고했고, 마리아는 이해할 수 없는 말씀에도 순종하며 그 말씀을 받아들였습니다.

특별히 천사 가브리엘이 사가랴에게 찾아와 세례 요한이 태어날 것을 예고한 말씀을 주목해 보면, 그의 태어남이 그 아버지 사가랴뿐만 아니라 많은 사람들의 기쁨이 됨을 말씀하고 있습니다. 그리고 이것은 그가 거룩함으로 주어진 사명에 힘을 다해 이스라엘 자손들을 하나님께로 돌아오게 하기 때문임을 말씀하고 있습니다. "너도 기뻐하고 즐거워할 것이요 많은 사람도 그의 태어남을 기뻐하리니 이는 그가 주 앞에 큰 자가 되며 포도주나 독한 술을 마시지 아니하며 모태로부터 성령의 충만함을 받아 이스라엘 자손을 주 곧 그들의 하나님께로 많이 돌아오게 하겠음이라"(눅 1:14~16) 세례 요한의 사명의 삶이 사람들에게 기쁨이 된다는 사실에 주목해야 합니다. 하나님께서 주신 사명을 따른 그의 삶으로 인해 많은 사람들이 그의 태어남을 기뻐하게 된다고 말씀하고 있는데, 이것은 또한 그에게 사명을 주신 하나님께도 큰 기쁨이 되지 않겠습니까? 그가 거룩함으로 사명을 감당하는 삶으로 인해 하나님도 누구보다 기뻐하신다는 것입니다.

맡기신 사명에 힘을 다하는 삶을 통해 하나님을 기쁘시게 할 수 있습니다. 하나님께서는 우리가 사명에 충성하는 삶을 기뻐하십니다. 따라서 바울의 고백과 같이 우리가 주님으로부터 받은 사명을 마치는 일에는 생명조차 귀한 것으로 여기지 않을 수 있어야 합니다(행 20:24 참조). 힘을 다해 주신 사명을 감당해야 합니다.

오늘의 기도

1. 믿음과 의의 삶을 통해 하나님을 기쁘시게 하는 삶을 살게 하소서.
2. 힘써 거룩함으로 하나님께서 맡기신 사명의 삶을 살게 하시고, 또한 이를 통해 하나님을 기쁘시게 하는 삶을 살게 하소서.
3. 이웃의 아픔을 함께 아파하며 위로하는 삶을 살게 하소서.

하나님은 죄를 미워하시고, 반드시 그 죄에 대해 심판하십니다. 죄의 결과는 죽음입니다. 따라서 주의 긍휼을 구하여 죄를 사함 받아야 하고, 피흘리기까지 싸워 죄를 이겨야 합니다.

역대상 9-10장_죄로 인한 결과

역대상 9장은 포로생활을 끝내고 맨 먼저 예루살렘에 다시 발을 붙인 일반 사람들과 제사장들과 레위인들을 기록하고 있습니다. 또한 레위 사람들의 여러 가지 직무를 기록하고 있고, 사울의 집안에 대해 기록하고 있습니다. 역대상 10장은 사울의 몰락을 기록하고 있습니다. 곧 블레셋과의 전쟁에서 패하고 그 아들들과 더불어 길보아산에서 죽임을 당한 것을 전하고 있습니다. 무엇보다 사울이 이처럼 비참한 종말을 맞이한 이유에 대해서도 전하고 있는데, 하나님께 범죄한 결과라는 것입니다. 하나님의 말씀에 불순종하고 신접한 자를 찾아가 묻는 등, 하나님께 범죄한 결과 하나님의 심판에 이르게 됐다는 것입니다. "사울이 죽은 것은 여호와께 범죄하였기 때문이라 그가 여호와의 말씀을 지키지 아니하고 또 신접한 자에게 가르치기를 청하고 여호와께 묻지 아니하였으므로 여호와께서 그를 죽이시고 그 나라를 이새의 아들 다윗에게 넘겨 주셨더라"(대상 10:13~14)

하나님을 떠나 범죄하면 심판으로 죽을 수밖에 없습니다. 죄를 범한 우리가 그 심판을 피할 수 있는 길은 없습니다. 오직 하나님의 은혜밖에 없고, 따라서 우리를 향한 하나님의 뜻이 죽임이 아닌 구원에 있도록 구해야 합니다. 또한 힘을 다해 하나님의 말씀에 순종하며 하나님께 가르침을 받아야 합니다. 하나님께 묻고 그 음성을 듣는 교제가 끊어지지 않아야 합니다.

히브리서 12장_피흘리기까지 싸워야 하는 죄

그리스도인들이 걷는 믿음의 길에 대해 전하고 있습니다. 믿음의 주요 온전하게 하시는 예수를 바라보고, 우리를 위해 십자가를 참으신 예수를 생각하며, 피흘리기까지 죄와 싸워야 함을 가르치고 있습니다. 결코 죄를 방관하거나 죄에 유혹되어 넘어지지 말고, 힘을 다해 죄와 싸워 이겨야 함을 말씀하고 있습니다.

"너희가 피곤하여 낙심하지 않기 위하여 죄인들이 이같이 자기에게 거역한 일을 참으신 이를 생각하라 너희가 죄와 싸우되 아직 피흘리기까지는 대항하지 아니하고"(히 12:3~4) 죄와 싸우지만 아직 피흘리기까지 싸우지 않았음을 말씀하며, 죄에 대해서는 생명 걸고 피흘리기까지 싸워야 한다는 사실을 가르치고 있습니다. 그리스도께서 구원을 위해 자신을 거역하고 대항하며 십자가에 못 박았던 대적들에 대해 참고 인내하셨던 것을 기억하며, 어떤 고난 중에서도 인내하며 이겨야 한다는 것입니다. 죄와 싸우며 그 어떤 고통과 아픔을 당하고, 심지어 피흘려 생명을 잃는다 할지라도 죄에 넘어지지 말아야 한다는 것입니다.

예수 그리스도께서 우리의 죄를 사하고 구원하기 위해 십자가에서 당하신 고난과 인내를 생각할 때, 생명 걸고 죄와 싸워 구원을 지키는 것은 마땅합니다. 어떤 희생이 따르더라도 죄와 싸워 이겨야 합니다.

아모스 6장_주께서 미워하시는 죄

이스라엘 상류층의 안일함과 방탕함 등 그 죄를 고발하며, 이로 인해 하나님께서 이스라엘을 심판하실 것을 전하는 말씀입니다. 곧 당시 이스라엘의 상류층은 하나님의 심판이 멀다고 생각하며 안일하고 방탕했습니다. 포악을 멈추지 않고 사치와 향락과 연락에 빠져 있었습니다. 따라서 하나님은 그런 이스라엘을 싫어하고 미워한다고 말씀하시며 심판을 전하셨습니다. "만군의 하나님 여호와의 말씀이니라 주 여호와가 당신을 두고 맹세하셨노라 내가 야곱의 영광을 싫어하며 그 궁궐들을 미워하므로 이 성읍과 거기에 가득한 것을 원수에게 넘기리라 하셨느니라"(암 6:8) 야곱의 영광과 그 궁궐들을 싫어하고 미워하신다는 말씀은 이스라엘의 교만과 사치와 향락과 그 죄를 미워하신다는 것입니다. 따라서 하나님께서 심판을 선언하신 것입니다. 그들이 사로잡히고, 사치와 향락을 일삼던 모든 것들이 원수의 손에 넘겨지게 됨을 말씀하신 것입니다.

하나님은 죄를 미워하시고 결코 용납하지 않으십니다. 심판이 멀다는 생각으로 안일하며 죄악을 멈추지 않는 것은 어리석은 일입니다. 죄의 결과는 반드시 심판으로 이어짐을 기억하고 속히 죄에서 떠나야 합니다.

누가복음 1장 39-80절_주의 긍휼로 사함 받는 죄

마리아의 엘리사벳 방문과 마리아의 찬가를 기록하고 있고, 또한 세례 요한의 출생과 사가랴의 찬가를 기록하고 있습니다. 사가랴의 찬가에 주목하면, 사가랴는 아들을 낳아 팔 일이 되어 할례를 행하였고, 그 이름을 요한이라 지었습니다. 이후 불신으로 인해 말을 못하게 됐던 입이 열리게 되자 성령에 충만하여 하나님을 찬양했습니다. 특별히 그 아들 세례 요한이 행할 사역에 대해서 예언하고 있는데, 예수 그리스도의 길을 준비하며, 죄 사함을 받아서 구원을 얻는 지식을 백성들에게 가르치게 된다는 것입니다. 하나님의 긍휼로 인한 죄의 용서와 구원을 전한다는 것입니다. "주의 백성에게 그 죄 사함으로 말미암는 구원을 알게 하리니 이는 우리 하나님의 긍휼로 인함이라 이로써 돋는 해가 위로부터 우리에게 임하여 어둠과 죽음의 그늘에 앉은 자에게 비치고 우리 발을 평강의 길로 인도하시리로다 하니라"(눅 1:77~79)

세례 요한이 행할 사역에 대해 전하는 사가랴의 예언을 대하며, 우리가 죄를 용서 받고 구원에 이를 수 있는 길은 오직 하나님의 긍휼뿐임을 다시 한 번 깨닫게 됩니다. 곧 우리가 하나님께 힘써 구할 것은 긍휼이라는 것입니다. 또한 그 긍휼을 통해 구원의 은혜를 누리고, 세례 요한이 감당했던 사명처럼 힘을 다해 하나님의 긍휼과 구원을 전해야 함도 깨닫게 됩니다. 세례 요한에게 주어진 사명이 우리에게도 동일하게 주어진 사명임을 잊지 말고, 힘써 긍휼의 은혜와 구원을 전해야 합니다.

오늘의 기도

1. 심판은 멀었다는 안일한 생각을 버리고 속히 죄에서 떠나, 하나님의 미움이 아니라 기쁨이 되는 삶을 살게 하소서.
2. 죄의 결과는 심판과 멸망이라는 사실을 깨닫고, 피 흘리기까지 죄와 싸워 이기게 하소서.
3. 주의 긍휼을 통한 죄 사함과 구원의 은혜도 누리고, 힘을 다해 주의 긍휼과 구원을 전하는 삶도 살게 하소서.

말씀대로
역대상 11-12장 | 히브리서 13장 | 아모스 7장 | 누가복음 2장

맥체인성경365 1822p

하나님의 말씀은 그대로 이루어집니다. 말씀대로 멸하시고 말씀대로 세우시고, 말씀대로 보내십니다. 따라서 말씀을 붙잡고 죄를 회개하며, 말씀을 통해 소망을 갖고 고난을 이기며 인내해야 합니다. 결코 말씀에서 흔들려 다른 헛된 교훈에 끌리지 말아야 합니다.

역대상 11-12장_말씀대로 세우심

역대상 11장은 다윗이 기름 부음을 받고 온 이스라엘의 왕이 된 것과 예루살렘을 정복한 것을 전하고 있습니다. 또한 다윗의 용사들과 그들의 행적을 기록하고 있습니다. 역대상 12장은 다윗이 사울을 피해 시글락에 숨어 있을 때 그에게 와서 도운 용사들과, 유다의 왕으로 헤브론에 있을 때 나아와 다윗을 도운 용사들을 기록하고 있습니다.

다윗이 온 이스라엘의 왕이 된 말씀에 주목하면, 하나님의 말씀이 그대로 이루어짐을 알 수 있습니다. 사람을 세우고 폐하는 것이 바로 하나님의 뜻에 달려고 있고 그 말씀에 따라 이루어진다는 것입니다. "이에 이스라엘의 모든 장로가 헤브론에 있는 왕에게로 나아가니 헤브론에서 다윗이 그들과 여호와 앞에 언약을 맺으매 그들이 다윗에게 기름을 부어 이스라엘의 왕으로 삼으니 여호와께서 사무엘을 통하여 전하신 말씀대로 되었더라"(대상 11:3) 하나님은 일찍이 사무엘을 통해 다윗에게 기름을 부어 그가 이스라엘의 왕이 될 것을 말씀하셨습니다. 바로 그 말씀대로 다윗이 이스라엘의 모든 지파가 인정하는 왕이 됐음을 전하고 있는데, 이를 통해 하나님의 말씀은 조금의 어그러짐도 없이 그대로 이루어짐을 볼 수 있습니다.

사실 다윗이 왕이 되기까지 수많은 환난과 고통을 겪어야 했습니다. 다윗을 시기한 사울 왕을 피하여 내일의 생명을 알 수 없는 도망자의 삶을 살아야 했습니다. 과연 하나님의 말씀대로 그가 이스라엘의 왕이 될 수 있을지 장담하기 어려웠습니다. 사울 왕을 피하여 숨 막히게 쫓기는 삶을 살아가며, 그가 이스라엘의 왕이 된다는 것은 불가능한 것처럼 생각될 때도 있었습니다. 그러나 하나님의

말씀은 결코 헛되지 않음을 다윗이 이스라엘의 왕이 됨을 통해 분명히 보여주었습니다. 따라서 하나님의 말씀을 붙들고 소망과 확신의 삶을 살아야 합니다. 하나님의 말씀대로 이루어짐을 기억하고, 어떤 고통과 환난 중에도 말씀으로 소망을 갖고 힘과 용기를 내야 합니다.

히브리서 13장_흔들리지 않고 붙잡을 말씀

마지막 권면들을 전하고 있습니다. 형제 사랑의 가르침과 결혼을 귀히 여기고 음행과 간음을 피하라는 가르침, 또한 돈을 사랑하지 말고 있는 바를 감사하며 살아가라는 가르침 등을 전하고 있습니다. 무엇보다 주목할 말씀이, 다른 교훈에 유혹되고 넘어지지 말아야 한다는 말씀입니다. "여러 가지 다른 교훈에 끌리지 말라 마음은 은혜로써 굳게 함이 아름답고 음식으로써 할 것이 아니니 음식으로 말미암아 행한 자는 유익을 얻지 못하였느니라"(히 13:9) 곧 당시 초대 교회 안에 주의 복음이 아닌 다른 교훈을 전하는 자들이 있었습니다. 이들은 음식을 통한 의식이나 규례에 의해서 온전해지고 유익을 얻을 수 있다고 가르쳤습니다. 이에 대해 그리스도인들의 영적인 유익과 풍성함은 음식과 그에 따른 의식을 지킴으로 이루어지는 것이 아니라, 오직 하나님의 은혜로 말미암음을 가르친 것입니다. 이 참된 교훈의 말씀에 굳게 서서 넘어지지 말아야 한다는 것입니다.

주의 말씀을 붙잡고 살아가는 삶에, 말씀을 떠나게 하려는 유혹이 있습니다. 말씀이 아닌 다른 방법으로 생명과 구원과 축복을 누릴 수 있다는 거짓 교훈으로 우리를 유혹합니다. 그러나 우리에게 답은 오직 말씀입니다. 하나님의 말씀은 그대로 이루

어지기 때문입니다. 오직 말씀대로 예수 그리스도의 십자가의 은혜와 그를 믿는 믿음이 구원에 이르게 합니다. 따라서 어떤 유혹도 단호히 거절하고 더욱 말씀을 붙잡아야 합니다. 흔들림 없이 말씀을 붙잡아, 말씀대로 이루어지는 생명과 구원과 축복을 누려야 합니다.

아모스 7장_말씀대로 멸하심
메뚜기, 큰 불, 다림줄 등, 아모스가 본 세 가지 환상에 대해 전하고 있고, 또 하나님의 말씀으로 이스라엘의 심판을 전하던 아모스가 북왕국 이스라엘에서 쫓겨날 수밖에 없었던 것을 전하고 있습니다.

특별히 아모스에게 보여주신 다림줄 환상에 대해 주목해 보면, 이스라엘이 우상을 숭배하고 죄악을 행하여 하나님의 의의 기준에서 크게 벗어나고 말았음을 보여주고 있습니다. 따라서 결국 하나님께서 그 백성을 심판하심을 말씀하고 있습니다. "여호와께서 내게 이르시되 아모스야 네가 무엇을 보느냐 내가 대답하되 다림줄이니이다 주께서 이르시되 내가 다림줄을 내 백성 이스라엘 가운데 두고 다시는 용서하지 아니하리니 이삭의 산당들이 황폐되며 이스라엘의 성소들이 파괴될 것이라 내가 일어나 칼로 여로보암의 집을 치리라 하시니라"(암 7:8~9)

메뚜기 재앙과 큰 불의 환상을 통한 심판의 계획은 아모스 선지자의 간절한 기도로, 하나님께서 그 심판의 뜻을 돌이키셨습니다(암 7:3, 6). 그러나 백성들은 끝까지 죄에서 돌이키지 않아 되돌릴 수 없을 만큼 하나님의 기준에서 벗어나 버렸습니다. 따라서 하나님은 그 백성들을 향해 다시는 용서하지 않으시겠다고 심판을 말씀하셨습니다. 그리고 결국 그 말씀대로, 하나님은 이스라엘과 그 왕을 멸하셨습니다.

하나님은 말씀대로 세우시고 축복하시지만 또한 말씀대로 멸하시고 심판하십니다. 따라서 하나님의 심판의 말씀에 안일한 마음을 버리고 속히 돌이켜야 합니다. 말씀대로 심판이 이루어지기에 늦지 말고 회개해야 합니다. 그리고 무엇보다 하나님의 말씀이 심판이 아닌 생명이요 축복이 되도록 구해야 합니다.

누가복음 2장_말씀대로 보내심
예수님의 탄생과 목자들의 경배를 기록하고 있습니다. 그리고 예루살렘 성전에서 시므온과 안나의 예수님에 대한 증언을 기록하고 있습니다. 또한 예수님의 어린 시절 성전에서 있었던 일을 기록하고 있습니다.

천사가 목자들을 찾아가 예수님의 탄생을 전한 말씀을 주목하면, "천사가 이르되 무서워하지 말라 보라 내가 온 백성에게 미칠 큰 기쁨의 좋은 소식을 너희에게 전하노라 오늘 다윗의 동네에 너희를 위하여 구주가 나셨으니 곧 그리스도 주시니라"(눅 2:10~11) 구원자이신 예수 그리스도께서 이 땅에 오심은 오랜 하나님의 약속이었습니다. 백성들은 암울한 중에서도 메시야의 오심을 기다리며 소망을 가졌는데, 하나님께서 선지자들을 통해 주신 말씀대로 메시야이신 예수님을 이 땅에 보내셨다는 것입니다.

결국 이 말씀은 고난과 역경 속에서도 말씀을 붙잡고 포기하지 않아야 함을 가르쳐줍니다. 하나님은 그 말씀대로 이루시고 구원하시기에, 혹 오늘 고난 중에 아파하고 두려워해야 한다고 할지라도 인내하며 이겨야 한다는 것입니다. 하나님의 구원과 축복을 말씀을 믿고 기다려야 한다는 것입니다.

오늘의 기도

1. 말씀대로 세우시고 구원하심을 기억하며, 말씀을 붙들고 인내하며 소망의 삶을 살게 하소서.
2. 말씀대로 심판하심을 기억하고, 하나님의 의의 기준에서 멀어진 것은 없는지 항상 살피고 늦기 전에 돌이키게 하소서.
3. 다른 교훈에 끌려 어리석게 넘어지지 않게 하시고, 끝까지 하나님의 말씀만 붙들게 하소서.

임박한 심판

역대상 13-14장 | 야고보서 1장 | 아모스 8장 | 누가복음 3장

하나님의 심판은 우리 앞에 임박해 있습니다. 임박한 하나님의 심판을 기억하며 속히 회개에 합당한 열매를 맺어야 합니다. 시험을 참고 이기며 믿음을 지켜야 합니다. 더욱 힘써 기도하며 주님과 교제해야 합니다.

역대상 13-14장_주님과의 교제에 힘써야

역대상 13장은 다윗이 언약궤를 옮겨 오려고 하다가 실패하고 오벧에돔의 집에 둔 것을 전하고 있습니다. 역대상 14장은 다윗이 왕궁을 건축한 것과 다윗이 예루살렘에서 낳은 아들들을 기록하고 있고, 또 블레셋과의 전쟁에서 승리한 것을 전하고 있습니다. 여기서 주님과의 교제에 힘쓰는 것이 중요함을 배우게 됩니다. 끊임없이 주님께 기도하며 교제하는 삶이 우리에게 승리를 안겨다 주고, 그 무엇도 두려워하거나 근심하지 않게 한다는 것입니다. 곧 다윗은 끊임없이 하나님께 묻고 기도하며 교제하고 있었기에 갑작스런 블레셋의 침략에도 두려워하거나 근심하지 않았습니다. 기도로 하나님과 소통하여 블레셋의 침략을 어떻게 막고 또 어떻게 대응할지 구체적으로 가르침 받았습니다(대상 14:10, 14~15). 이런 하나님의 가르치심과 인도하심 속에서 쳐들어오는 블레셋을 능히 물리치고 승리할 수 있었습니다.

다윗이 하나님과의 깊은 교제를 통해 갑작스런 적의 침략에도 당황하거나 근심하지 않을 수 있었던 것처럼, 갑작스럽게 우리에게 심판이 임한다 할지라도, 하나님과 깊이 교제하며 그 인도하심을 받고 있다면 근심하지 않을 수 있습니다. 하나님의 인도하심과 가르치심 속에서 능히 심판을 피하고 생명의 길에 설 수 있기 때문입니다. 따라서 임박한 하나님의 심판과 그 경고를 들으며, 하나님과의 교제에 더욱 집중해야 합니다. '하나님께 드리는 기도가 중단되지 않고 계속 되고 있는가? 하나님의 가르치심과 인도하심에서 벗어나지 않고 순종하여 따르고 있는가?' 힘써 돌아봐야 합니다.

야고보서 1장_시험을 참고 이겨야

고난과 시련으로 인한 시험은 참고 인내하여 이겨야 함을 가르치고 있습니다. 또한 욕심으로 인한 유혹과 시험이 있음을 기억하고 그 욕심을 버려야 함을 가르치고 있습니다. 그리고 말씀을 듣기만 하지 말고 말씀을 행하는 자가 되어야 함을 가르치고 있습니다.

먼저 믿음의 삶에서 오는 고난과 시련으로 인한 시험을 참고 이겨야 한다는 가르침에 주목하면, 그 시험을 이길 때, 생명의 면류관을 얻게 됨을 전하고 있습니다. "시험을 참는 자는 복이 있나니 이는 시련을 견디어 낸 자가 주께서 자기를 사랑하는 자들에게 약속하신 생명의 면류관을 얻을 것이기 때문이라"(약 1:12) 생명의 면류관을 얻는다는 것은 하나님의 심판을 피한다는 것으로, 고난과 시련의 시험 중에도 믿음을 지키며 넘어지지 않을 때, 임박한 하나님의 심판은 전혀 문제가 되지 않음을 깨달을 수 있습니다. 또한 믿음의 삶에서 찾아오는 유혹의 시험에 대한 말씀에 주목하면, 이 시험은 자기 욕심으로 말미암아 있게 되는 시험으로, 따라서 이 욕심을 버려야 함을 가르쳐주고 있는데, 욕심에 끌려 미혹될 때, 그 욕심이 죄를 낳고 결국에는 심판으로 인한 사망에 이르게 함을 가르치고 있습니다(약 1:14~15).

결국 무엇입니까? 하나님의 심판이 임박했다고 할지라도, 우리가 넘어지지 않고 믿음을 지키고 있다면 문제 될 것이 없습니다. 욕심에 끌려 미혹되지 않고, 죄에서 떠나 고난 중에서도 넘어지지 않으며 믿음을 지키고 있다면, 우리가 지킨 믿음이 심판을 피하고 생명의 면류관을 받게 합니다. 따라서 우리의 믿음의 삶에 고난과 핍박으로 인한 시험도 있고, 욕심으로 인한 유혹의 시험도 있는데, 끝까지 이 시험을 이기고 넘어지지 말아야 합니다.

아모스 8장_임박한 하나님의 심판

아모스가 본 여름 과일 한 광주리 환상에 대한 말씀을 전하고 있습니다. 또한 거짓과 속임으로 가난한 자들을 착취하며 폭리를 취하는 부자들을 고발하며 여호와 하나님의 심판을 전하고 있습니다. 곧 애통과 애곡과 슬픔과 곤고함의 심판의 여호와의 날이 이르게 된다는 것입니다.

특별히 여름 과일 한 광주리 환상에 주목하면 임박한 하나님의 심판에 대해 깨달을 수 있습니다. "그가 말씀하시되 아모스야 네가 무엇을 보느냐 내가 이르되 여름 과일 한 광주리니이다 하매 여호와께서 내게 이르시되 내 백성 이스라엘의 끝이 이르렀은즉 내가 다시는 그를 용서하지 아니하리니"(암 8:2) '여름 과일'이라는 히브리어 단어와 '끝'이라는 히브리어 단어의 발음이 비슷합니다. 이를 통해 심판을 전하고 있는 것인데, 이를 '무르익은 과실'과 '끝이 무르익었다'는 식으로 번역해 볼 수 있습니다. 곧 과일이 무르익었다는 것은 그 끝이 무르익었음을 표현하고 있는 것입니다. 발음이 비슷한 단어를 사용하여 언어유희적으로 표현한 것입니다. 당시 이스라엘 백성들은 하나님의 심판에 대해 안일한 생각을 갖고 있었습니다. 하나님의 심판은 임하지 않는다고 생각했고, 심판이 임한다고 할지라도 먼 훗날의 이야기라고 생각했습니다. 이에 대해 하나님은 선지자 아모스를 통해서 하나님의 심판이 임박했음을, 곧 그 나라와 그 백성들의 끝이 이르렀음 선포하신 것입니다.

우리에게도 예수 그리스도의 재림과 이와 함께 주어지는 심판이 선언되어 있습니다. 지금 당장이라도 예수 그리스도께서 재림하시고 이 세상을 심판하실 수 있음을 기억하며 안일하고 나태한 마음을 버려야 합니다. 항상 깨어서 주의 심판을 준비해야 합니다.

누가복음 3장_회개에 합당한 열매를 맺어야

요단 강에서 회개의 세례를 베풀며 백성들을 가르친 세례 요한에 대한 말씀입니다. 또한 예수님께서 세례 요한에게 세례를 받으신 것을 전하고 있고, 예수님으로부터 시작하여 아담에 이르기까지 예수님의 족보를 기록하고 있습니다.

세례 요한이 백성들에게 전한 가르침을 주목하면, 그는 하나님의 심판이 임박했음을 전하면서 회개에 합당한 열매를 맺어야 함을 가르쳤습니다(눅 3:8~9). 곧 세례 요한은 자신에게 세례를 받으러 나온 무리들에게 심판이 임박했음을 전하며, 안일함과 나태함을 버리고 속히 회개하며 구체적인 변화의 삶을 살라고 가르쳤습니다. 따라서 옷 두 벌 있는 자는 옷 없는 자에게 나눠 주고, 먹을 것이 있는 자들도 그렇게 하고, 세리들은 정한 세 외에는 부과하지 않으며, 군인들은 사람에게 강탈하지 말고 받는 급료로 족한 줄 알아야 한다고 가르쳤습니다(눅 3:11~14).

임박한 하나님의 심판을 기억하며 무엇보다 먼저 해야 하는 일은 회개입니다. 회개하여 죄를 용서받지 않고는 심판을 피할 수 없기 때문입니다. 따라서 죄를 돌아보며 죄의 용서를 구할 뿐만 아니라, 구체적으로 변화된 삶을 살아야 합니다. 참 회개는 변화된 삶의 모습까지 보이는 것입니다. 그렇게 회개하며 회개의 열매를 맺을 때, 주의 용서하심의 은혜 속에서 임박한 하나님의 심판은 더 이상 우리의 두려움이 되지 않습니다. 오히려 소망이 됩니다. 주께서 주시는 승리와 구원을 바라보며 소망을 가질 수 있습니다.

오늘의 기도

1. 회개에 합당한 구체적 열매를 맺으며, 변화의 삶이요 주님이 기뻐하시는 삶을 살아가게 하소서.
2. 믿음의 시련은 인내하여 이기고, 믿음의 유혹은 피하여 이기게 하셔서, 더욱 성숙한 믿음의 사람으로 세워지고, 약속하신 생명의 면류관을 얻게 하소서.
3. 끊임없이 주님과 기도하며 교제의 삶을 살게 하시고 이를 통해 주의 인도하심 속에 승리의 삶을 열어 가게 하소서.

하나님 사랑 이웃 사랑

맥체인성경365 1836p

역대상 15장 | 야고보서 2장 | 아모스 9장 | 누가복음 4장

우리를 향해 베푸신 크고 놀라운 하나님과 예수님의 사랑을 기억하며, 우리도 힘써 하나님을 사랑하고 예수님을 사랑해야 합니다. 더 나아가 말씀을 따라 이웃을 사랑해야 합니다. 하나님을 향한 사랑이 이웃을 향한 사랑으로 표현돼야 합니다.

역대상 15장_하나님 사랑의 삶

언약궤를 예루살렘으로 옮긴 말씀입니다. 언약궤를 옮기기 위해 다윗은 레위 사람들을 불러 모았으며, 처음 실패를 교훈 삼아, 여호와의 말씀을 따라 그 명령한 대로 레위 자손이 채에 하나님의 궤를 꿰어 어깨에 메게 했습니다. 그리고 이를 통해 언약궤를 예루살렘의 왕궁 옆 처소로 옮길 수 있었습니다. 특별히 주목할 말씀이, 언약궤를 옮기며 다윗이 춤을 춘 것입니다. 다윗은 왕으로서의 체면도 잊고 큰 기쁨 중에 하나님을 찬양했습니다. 사울의 딸 미갈이 업신여길 만큼 왕의 체통을 잃었지만, 상관하지 않고 하나님 앞에서 기쁨으로 춤을 추며 뛰었습니다. "여호와의 언약궤가 다윗 성으로 들어올 때에 사울의 딸 미갈이 창으로 내다보다가 다윗 왕이 춤추며 뛰노는 것을 보고 그 마음에 업신여겼더라"(대상 15:29) 여기서 다윗의 하나님 사랑을 보게 됩니다. 왕의 체통을 생각하지 않을 만큼 다윗은 하나님을 사랑했다는 것입니다. 다른 사람이 자신을 어떻게 바라보고 있는지 생각하는 것보다 어린 아이처럼 순수함으로 하나님을 찬양하는 것을 더 소중히 여겼다는 것입니다.

이처럼 다윗은 미천한 자신을 이스라엘의 주권자인 왕으로 세우신 그 은혜를 잊지 않고 있었고, 그 큰 사랑과 은혜를 생각하며 하나님을 찬양했습니다. 뜨겁게 하나님을 사랑했습니다. 이런 다윗의 하나님 사랑의 모습을 바라보며, 우리도 힘을 다해 하나님을 찬양하며 하나님을 사랑해야 함을 깨닫게 됩니다. 하나님의 큰 은혜와 사랑을 잊지 말고, 우리도 온 힘을 다해 하나님을 사랑해야 합니다.

야고보서 2장_이웃 사랑의 삶

사람을 차별하지 말아야 하며, 가난한 자들을 업신여기지 말아야 함을 가르치고 있습니다. 또한 행함이 없는 믿음은 죽은 믿음임을 전하며, 행함으로 그 믿음을 보이라고 가르치고 있습니다. 곧 성경에 이웃을 사랑하기를 네 몸과 같이 하는 것이 최고의 법이라고 말씀하고 있는데, 이 말씀을 따라 이웃을 사랑해야 하고, 그 사랑이 말로만이 아닌 행함으로 나타나야 한다는 것입니다. 말로만 이웃에게 사랑을 말하며 실천하지 않는 것은 참 믿음이 아니라는 것입니다. "너희가 만일 성경에 기록된 대로 네 이웃 사랑하기를 네 몸과 같이 하라 하신 최고의 법을 지키면 잘하는 것이거니와"(약 2:8) "만일 형제나 자매가 헐벗고 일용할 양식이 없는데 너희 중에 누구든지 그에게 이르되 평안히 가라, 덥게 하라, 배부르게 하라 하며 그 몸에 쓸 것을 주지 아니하면 무슨 유익이 있으리요"(약 2:15~16)

하나님의 놀라운 사랑과 구원을 기억하며 우리도 마땅히 하나님을 사랑하며 경외할 뿐만 아니라, 말씀을 따라 힘써 이웃 사랑의 삶을 살아가야 합니다. 하나님을 향한 사랑과 그 믿음이 이웃을 향한 사랑으로 실천되고 표현되어야 합니다. 이것이 하나님의 사랑과 그 은혜를 받은 자로서의 마땅한 삶입니다.

아모스 9장_하나님의 백성 사랑

아모스가 본 마지막 환상, 곧 제단 곁에 서신 하나님에 대한 환상을 기록하고 있습니다. 이 환상을 통해 아무도 심판을 피할 수 없음을 전하고 있습니다. 그러나 또한 그 백성을 향한 하나님의 포기할 수 없는 사랑을 말씀하며, 하나님의 백성의 장

래 구원을 전하고 있습니다. "보라 주 여호와의 눈이 범죄한 나라를 주목하노니 내가 그것을 지면에서 멸하리라 그러나 야곱의 집은 온전히 멸하지는 아니하리라 여호와의 말씀이니라"(암 9:8) 하나님의 백성을 향한 특별한 사랑을 보게 하는 말씀입니다. 모든 나라들을 죄로 인해 심판하시지만, 그러나 야곱의 집, 곧 하나님의 백성은 온전히 멸하지 않으신다는 것입니다. 그 사랑 때문에 남은 자를 남겨두시고 그를 통해 구원과 회복을 이루어 가신다는 것입니다. "내가 내 백성 이스라엘이 사로잡힌 것을 돌이키리니 그들이 황폐한 성읍을 건축하여 거주하며 포도원들을 가꾸고 그 포도주를 마시며 과원들을 만들고 그 열매를 먹으리라 내가 그들을 그들의 땅에 심으리니 그들이 내가 준 땅에서 다시 뽑히지 아니하리라 네 하나님 여호와의 말씀이니라"(암 9:14~15) 하나님의 백성의 회복을 전하는 말씀입니다. 하나님께서 결국에는 그 백성들을 돌아오게 하시고, 그 나라를 회복시키시며, 그 백성들을 그 땅에 심어 다시 뽑히지 않게 하신다는 것입니다. 이 말씀을 통해서도 하나님의 큰 은혜와 그 백성을 향한 끊을 수 없는 사랑을 보게 됩니다.

그 백성을 향한 하나님의 사랑, 곧 우리를 향한 하나님의 사랑은 크고 놀랍습니다. 진작 심판하시고 멸하셔야 하지만 그 사랑 때문에 인내하시고 다시 용서하시고 기회를 주십니다. 우리를 향해 마지막까지 포기하지 않고 사랑하시고 우리를 회복하며 구원하고자 하십니다. 이 놀라운 사랑을 잊지 말아야 합니다.

누가복음 4장_예수님의 영혼 사랑
예수님께서 광야에서 사탄에게 시험 받으신 것, 고향 나사렛에서 사람들에게 배척받으신 것, 가버나움의 회당에서 귀신 들린 사람을 치료하시고, 베드로의 장모의 열병과 온갖 병자들과 귀신들린 자를 치료하신 것을 기록하고 있습니다. 특별히 주목할 말씀이 예수님의 영혼에 대한 사랑입니다. 쉼 없이 복음을 전하여 한 영혼이라도 더 구원하고자 하시는 뜨거운 사랑을 볼 수 있습니다. "예수께서 이르시되 내가 다른 동네들에서도 하나님의 나라 복음을 전하여야 하리니 나는 이 일을 위해 보내심을 받았노라 하시고 갈릴리 여러 회당에서 전도하시더라"(눅 4:43~44) 예수님은 여러 회당을 다니며 하나님의 나라와 그 은혜의 복음을 전하셨습니다. 나아온 백성들의 질병을 치료하시고, 귀신들린 사람을 고치시며 그 고통에서 건지셨습니다. 그 자라나신 동네 나사렛에서는 사람들에게 배척 받고 생명의 위협까지 받으셨지만, 아랑곳 하지 않으시고 변함없이 다른 회당을 찾아 하나님의 말씀을 가르치시고 병자들을 치료하며 그 사역을 이어가셨습니다. 그렇게 조금의 쉼도 없이 사역하며 복음을 전하셨고, 날이 밝자 다시 또 복음을 전하기 위해 움직이셨습니다. 그 사명을 잃지 않고 온 힘을 다하셨습니다.

그 사명을 기억하며 쉼 없이 복음을 전하시는 예수님의 사역에서 영혼을 향한 사랑을 찾아볼 수 있습니다. 한 영혼이라도 더 복음을 전하고 또 치료하여 생명의 삶을 살게 하고자 하시는 예수님의 사랑을 볼 수 있습니다. 이처럼 예수님은 뜨겁게 영혼을 사랑하셨고, 마지막에는 십자가에서 기꺼이 자신의 생명을 내어주기까지 하셨습니다. 이 사랑으로 우리가 구원함을 얻을 수 있었고, 따라서 그 사랑에 감사할 뿐만 아니라, 우리도 그 사랑으로 우리의 이웃을 사랑해야 합니다.

입술을 제어하고 말을 주의하여 말에 실수가 없어야 합니다. 따라서 무엇보다 우리의 입술로 하나님을 찬양하며 감사하는 말, 겸손함으로 이웃을 세우는 위로의 말, 주의 말씀에 순종하며 따르는 믿음의 말을 해야 합니다.

역대상 16장_감사와 찬양의 말

다윗이 하나님의 궤를 성소 안에 두고, 이후 하나님께 감사하며 찬양한 것을 기록하고 있습니다. 무엇보다 주목할 말씀이 레위인들을 세워 사역하며 찬양하게 한 것입니다. 곧 다윗은 아삽과 그의 형제들을 세워 찬양단을 조직하였고 그들로 하나님을 찬양하게 했습니다. "그 날에 다윗이 아삽과 그의 형제를 세워 먼저 여호와께 감사하게 하여 이르기를 너희는 여호와께 감사하며 그의 이름을 불러 아뢰며 그가 행하신 일을 만민 중에 알릴지어다 그에게 노래하며 그를 찬양하고 그의 모든 기사를 전할지어다"(대상 16:7~9)

여기서 우리가 힘써 해야 할 말이 감사와 찬양의 말이라는 사실을 새삼 깨닫게 됩니다. 우리의 입술로 할 수 있는 가장 아름다운 일은 하나님을 찬양하는 일이라는 것입니다. 곧 하나님께서 우리에게 주신 입으로 많은 말을 할 수 있고 또 여러 일에 사용할 수 있습니다. 그러나 하나님을 찬양하는 것이 가장 아름다운 일입니다. 우리에게 행하신 놀라운 구원과 은혜와 역사를 우리의 입술로 찬양하고 감사하며 또한 전해야 합니다. 야고보서 3장 10절에도 한 입에서 찬송과 저주가 나오는 것이 마땅하지 않다고 말씀하고 있습니다. 우리의 입에서 나오는 말이 늘 하나님을 찬송하는 말이요 감사하는 말이어야 합니다.

야고보서 3장_말에 실수가 없어야

혀의 힘에 대해 전하며 말에 실수가 없도록 주의해야 함을 가르치고 있습니다. 작은 말 한 마디가 나타내는 파급력과 그 미치는 큰 영향력을 기억하며, 그 말을 주의하고 제어해야 한다는 것입니다. 따라서 또한 말에 실수하지 않을 수 있다면 온전한 사람이라고 가르치고 있습니다. "우리가 다 실수가 많으니 만일 말에 실수가 없는 자라면 곧 온전한 사람이라 능히 온 몸도 굴레 씌우리라"(약 3:2)

말에 실수가 없는 자를 온전한 사람이라고 말하는 것은 그만큼 사람은 말의 실수가 많으며, 그 연약함이 말의 실수를 통해 나타난다는 사실을 가르쳐줍니다. 그 말을 제어하며 실수하지 않는 사람이 많지 않다는 것입니다. 아니 거의 찾기 어렵다는 것입니다. 따라서 힘써 혀를 제어하고 길들여야 합니다. 우리의 입술에서 악하고 독한 말이 나오지 않게 해야 합니다. 곧 무심코 내 뱉은 말 한 마디가 사람에게 상처를 주고 죽음까지 이르게 할 수 있습니다. 반대로 따뜻한 말 한 마디로 사람을 살리고 소망을 갖게 할 수 있습니다. 우리의 입술에서 나오는 말 한 마디가 이처럼 큰 힘을 갖고 있습니다. 따라서 말에 실수가 없도록 힘써야 합니다. 스스로 말을 제어하고 악독하고 부정적인 말이 아니라, 소망과 긍정의 말을 해야 합니다. 사람을 죽이는 말이 아닌 살리는 말을 해야 합니다.

오바댜 1장_겸손과 위로의 말

에돔을 향해 하신 하나님의 심판의 말씀입니다. 에돔의 교만과 야곱에게 행한 포악으로 말미암아 심판하심을 전하고 있습니다.

"너의 마음의 교만이 너를 속였도다 바위 틈에 거주하며 높은 곳에 사는 자여 네가 마음에 이르기를 누가 능히 나를 땅에 끌어내리겠느냐 하니"(옵 1:3) 에돔의 교만에 대해 말씀하고 있는데, 곧 높은 바위 위에 성읍을 세우고 살았던 에돔은 누구도 자신들의 성읍을 무너뜨릴 수 없다고 교만했습니다.

따라서 하나님께서 심판으로 그 교만을 깨뜨리시겠다고 말씀하신 것입니다. "네가 형제의 날 곧 그 재앙의 날에 방관할 것이 아니며 유다 자손이 패망하는 날에 기뻐할 것이 아니며 그 고난의 날에 네가 입을 크게 벌릴 것이 아니며"(옵 1:12) 하나님께서 에돔을 심판하시는 또 다른 이유에 대해 전하고 있는데, 유다의 멸망 때에 에돔이 유다 백성들에게 포악을 행하며, 기뻐하고 조롱하며 악한 말을 했다는 것입니다. 곧 "그 고난의 날에 네가 입을 크게 벌릴 것이 아니었다"는 말씀에서 에돔이 악한 말로 하나님의 백성을 조롱하고 아픔과 고통에 처하게 했던 것을 알 수 있는데, 따라서 하나님은 에돔을 심판하시겠다고 말씀하신 것입니다.

결국 무엇입니까? 에돔의 교만과 악한 말, 그리고 이로 인한 하나님의 진노와 심판을 대하며 겸손함과 위로의 말을 해야 함을 깨달을 수 있습니다. 겸손함으로 하나님의 은혜를 구하는 말을 해야 하고, 이웃의 고통에 조롱이 아니라 위로의 말을 해야 합니다.

누가복음 5장_회개와 믿음의 말
예수님께서 베드로에게 그물이 찢어지도록 고기를 잡게 하신 말씀, 한센병 환자를 치유하신 말씀, 지붕을 뚫고 예수님 앞에 데리고 온 한 지체장애인을 치료하신 말씀, 세관에 앉아 있는 레위를 제자로 부르신 말씀, 금식에 대한 가르침 등을 기록하고 있습니다.

예수님께서 베드로에게 많은 고기를 잡게 하신 말씀에 주목하면, 베드로는 밤새도록 한 마리의 고기도 잡지 못하고 실패를 겪었습니다. 그러나 깊은 데로 가서 그물을 내려 고기를 잡으라는 예수님의 말씀에 응답해 믿음으로 고백을 했습니다. "시몬이 대답하여 이르되 선생님 우리들이 밤이 새도록 수고하였으되 잡은 것이 없지마는 말씀에 의지하여 내가 그물을 내리리이다 하고"(눅 5:5) 그 결과, 그물이 찢어질 만큼의 심히 많은 고기를 잡았습니다. 믿음의 고백이 상상할 수 없는 주의 능력을 경험케 한다는 사실을 보여주었습니다.

이후, 베드로는 예수님의 주님 되심과 주님 앞에 죄인인 자신을 보았습니다. 상상할 수 없이 많이 잡은 고기, 그 수확에 취하지 않았습니다. 오히려 그 놀라운 사건 속에서 자신의 죄인 됨을 보았고, 또한 자신이 죄인임을 고백했습니다. "시몬 베드로가 이를 보고 예수의 무릎 아래에 엎드려 이르되 주여 나를 떠나소서 나는 죄인이로소이다 하니"(눅 5:8)

결국 무엇입니까? 베드로의 고백을 통해 우리가 주님 앞에 드려야 하는 고백이 회개와 믿음의 고백임을 생각할 수 있습니다. 우리의 입술로 다른 무엇이 아닌 회개와 믿음의 말을 해야 합니다.

오늘의 기도

1. 우리의 입술이 오직 우리를 구원하시고 놀라운 일을 행하신 하나님을 찬양하고 감사하는 일에 사용되게 하소서.
2. 이웃의 아픔에 공감하며 따뜻한 말로 위로하며 격려할 수 있는 넉넉한 마음을 주소서.
3. 주의 말씀과 명령에 부정적 생각을 버리고 믿음의 말로 응답하게 하소서.

이렇게 기도해야

역대상 17장 | 야고보서 4장 | 요나 1장 | 누가복음 6장

우리는 하나님 앞에 이렇게 기도해야 합니다. 무엇보다 먼저 기도해야 하고, 깨닫고 회개하며 기도해야 하고, 정직하게 구하며 기도해야 하며, 약속을 붙들고 소망하며 기도해야 합니다. 이렇게 기도할 때, 하나님은 응답하시고 도우십니다.

역대상 17장_소망하며 기도해야

다윗이 하나님의 성전을 짓고자 하는 거룩한 마음을 가진 것과, 이로 인해 하나님께서 다윗의 왕조를 세우시고 그 왕위를 견고히 하시겠다는 약속, 그리고 다윗의 감사의 기도를 기록하고 있습니다. 곧 하나님께서는 성전을 건축하고자 하는 다윗의 뜻은 거절하셨지만, 그 마음은 기쁘게 받으셔서 다윗을 축복하여 존귀하게 세우시고, 그의 후손들이 왕위를 견고히 이어 왕조를 세우실 것을 약속하셨습니다. 또한 성전도 그 아들을 통해 건축하게 할 것을 말씀하셨습니다. 이에 다윗은 그 하나님의 약속을 들으며, 너무도 큰 기쁨 중에 하나님께 감사하며 기도했습니다. 무엇보다 하나님의 약속을 붙잡고 소망하며 기도했습니다. "나의 하나님이여 주께서 종을 위하여 왕조를 세우실 것을 이미 듣게 하셨으므로 주의 종이 주 앞에서 이 기도로 간구할 마음이 생겼나이다"(대상 17:25) 간구할 마음이 생겼다는 고백은 하나님의 축복의 약속을 들으니 그 약속을 붙들고 소망 중에 기도할 마음이 생겼다는 것으로, 그렇게 소망하고 기대하며 힘써 기도하겠다는 것입니다.

결국 무엇입니까? 다윗이 하나님의 약속을 붙들고 소망 중에 기도한 것을 대하며, 우리도 소망 중에 기도해야 함을 깨닫게 되지 않습니까? 곧 우리도 성경을 통해 하나님의 축복의 약속을 받았습니다. 성경 속에 하나님의 무궁무진한 축복의 약속이 있습니다. 바로 이 약속을 붙들고 우리도 소망 중에 기도해야 합니다. 꿈꾸고 소망하며 기도해야 합니다.

야고보서 4장_정직하게 구하며 기도해야

다툼과 교만에 대한 경고, 하나님께 복종하며 하나님을 가까이 해야 한다는 가르침, 형제를 비방하지 말고 판단하지 말라는 가르침, 그리고 허망한 생각에 대한 경고 등의 말씀입니다. 특별히 주목할 말씀이 기도에 대한 가르침입니다. "...너희가 얻지 못함은 구하지 아니하기 때문이요 구하여도 받지 못함은 정욕으로 쓰려고 잘못 구하기 때문이라"(약 4:2~3) 구하지 않으면 받을 수 없고, 또한 정욕으로 잘못 구해도 받을 수 없음을 가르치고 있는데, 이것은 곧 힘써 하나님께 구하며, 필요를 따라 정직하고 바르게 구해야 한다는 것을 가르치고 있습니다. 그렇게 구할 때에 하나님으로부터 반드시 응답을 받게 된다는 것입니다. 정직한 기도가 하나님의 응답을 이끌어낸다는 것입니다.

하나님은 우리의 필요를 모르지 않으십니다. 따라서 우리가 욕심으로 필요 이상을 구하면 받을 수 없지만, 정말 필요한 것을 구할 때, 하나님께서 응답하여 그 구한 것을 주십니다. 그 정직한 기도를 들으시고 응답하십니다.

요나 1장_깨닫고 기도해야

요나가 하나님의 부르심을 받고도 하나님을 피하여 도망하였지만, 하나님을 피할 수 없었던 것을 기록하고 있습니다. 곧 요나는 니느웨로 가서 하나님의 말씀을 선포하라는 하나님의 명령을 받았으나 불순종하여 니느웨가 아닌 다시스를 향하는 배를 탔습니다. 당시 사람들이 생각하던 세상의 끝인 다시스로 가면 하나님의 눈을 피할 수 있으리라는 어리석은 생각 때문이었습니다. 그러나 온 우주의 주관자 되시는 하나님의 눈을 피할 수 없었고,

요나가 탄 배는 하나님이 보낸 큰 폭풍으로 위기에 처할 수밖에 없었습니다. 그리고 배에 타고 있던 무리들은 이 큰 폭풍으로 인한 위기를 해결하기 위해 하나님의 명령에 불순종한 요나를 바다에 던질 수밖에 없었습니다.

그런데 주목할 말씀이, 무리들이 요나를 바다에 던지며 구한 부르짖음입니다. "무리가 여호와께 부르짖어 이르되 여호와여 구하고 구하오니 이 사람의 생명 때문에 우리를 멸망시키지 마옵소서 무죄한 피를 우리에게 돌리지 마옵소서 주 여호와께서는 주의 뜻대로 행하심이니이다 하고"(욘 1:14) 무리들은 요나의 죄로 인해 자신들이 멸망당하지 않기를 구했는데, 사실 이 무리들의 부르짖음은 요나가 부르짖어야 할 기도였습니다. 자신의 불순종으로 인해 죽음의 위기에 처한 사람들을 바라보며, 그 불순종의 죄와 그 죄의 심각성을 깨닫고 기도해야 했고, 또 자신의 죄 때문에 죽음의 위험에 처한 사람들의 구원을 위해 기도해야 했습니다. 하나님의 뜻을 거스를 수 없는데, 어리석게 그 뜻을 거스를 수 있다 생각하며 불순종한 그 죄를 철저히 깨닫고 회개하며 기도해야 했습니다. 결국 요나는 하나님이 준비하신 물고기에게 삼켜져 물고기 뱃속에 삼일을 거하며, 거기서 비로소 회개하며 기도하게 되는데, 오늘 우리도 하나님의 뜻을 거스르며 정반대의 길을 걷고 있지 않는지 살피고 깨달으며 기도해야 합니다.

누가복음 6장_먼저 기도해야
제자들이 시장하여 안식일에 밀 이삭을 잘라 먹은 것으로 인해 바리새인과 논쟁한 사건, 안식일에 회당에서 손 마른 사람을 치유하신 사건, 열두 제자의 부르심, 그리고 원수 사랑과 용서에 가르침 등, 예수님의 평지설교를 기록하고 있습니다.

특별히 주목할 말씀이 예수님의 기도입니다. "이 때에 예수께서 기도하시러 산으로 가사 밤이 새도록 하나님께 기도하시고"(눅 6:12) 사실 예수님은 그 바쁜 사역으로 인해 쉼의 시간을 갖지 못하실 때도 많으셨습니다. 그러나 결코 기도하는 일을 거르거나 미루지 않으셨습니다. 그 바쁜 사역 중에도 기도하기 위해 따로 산을 찾으시고 밤이 새도록 기도하셨습니다. 그럼으로 기도가 그 어느 것보다 중요하다는 사실을 모범으로 보여주셨습니다. 무엇보다 이렇게 밤을 새워 기도하신 이후, 제자들을 부르셨는데(눅 6:13), 이는 기도 없이 중요한 일을 결정해서는 안 된다는 사실을 가르쳐주고 습니다. 곧 예수님은 제자를 부르시는 중요한 일을 앞두고, 바쁘고 피곤한 중에도 밤을 새워 기도하셨습니다. 그럼으로 먼저 기도해야 한다는 사실을 보여주셨습니다.

하나님이신 예수님도 먼저 기도하며 그 사역을 진행하셨습니다. 중요한 일을 앞두고 먼저 기도하심으로 우리에게 기도의 본을 보이셨습니다. 하물며 연약한 우리가 기도함으로 하나님의 은혜와 도움을 구하며 사역하는 것은 마땅합니다. 무슨 일이든 먼저 기도하고 시작해야 합니다. 기도 없이 일을 진행하는 어리석음을 버려야 합니다.

오늘의 기도

1. 하나님의 약속을 붙들고 소망 중에 기대하며 기도하게 하시고, 그 소망이 부끄럽지 않도록 주께서 속히 이루어 주소서.
2. 결코 하나님의 뜻을 거스르지 않게 하시고, 언제나 순종하여 주의 뜻을 따를 수 있는 힘과 용기를 주소서.
3. 기도의 시간을 미루지 않게 하시고, 중요한 일을 하거나 결정하기에 앞서 먼저 기도하게 하소서. 결코 기도 없이 행하지 않게 하소서.

기도와 찬송

역대상 18장 | 야고보서 5장 | 요나 2장 | 누가복음 7장

고난 중에는 기도하고 기쁨 중에는 찬송하면 됩니다. 믿음의 기도가 고난 중에 좌절하여 넘어지지 않게 하고, 승리 중의 찬송이 교만으로 넘어지지 않게 합니다.

역대상 18장_승리 중의 찬양

다윗의 승리와 승리로 얻은 전리품을 하나님께 드린 것을 전하고 있습니다. 곧 다윗은 블레셋, 모압, 소바, 아람, 에돔 등 주변의 나라들과의 전쟁에서 승리했습니다. 하나님께서는 다윗이 어디로 가든지 이기게 하셨고(대상 18:6, 13), 다윗은 그렇게 승리를 통해 얻은 전리품을 하나님께 드려, 이후 성전 건축에 사용할 수 있게 했습니다. "다윗 왕이 그것도 여호와께 드리되 에돔과 모압과 암몬 자손과 블레셋 사람들과 아말렉 등 모든 이방 민족에게서 빼앗아 온 은금과 함께 하여 드리니라"(대상 18:11) "그것도 여호와께 드리되"라는 구절을 주목해야 합니다. 곧 다윗의 드림이 이번 한 번이 아니었다는 것입니다. 다윗은 항상 승리의 전리품을 하나님께 드려 하나님을 찬양했다는 것입니다. 이처럼 다윗은 하나님이 주신 승리 중에 교만하여 넘어지지 않았고, 하나님께 다시 드림으로 하나님을 찬양했습니다. 그 모든 것이 하나님께서 주신 승리임을 잊지 않았습니다.

다윗처럼 하나님이 주시는 승리와 기쁨 속에서 하나님을 찬양해야 합니다. 승리 후 어리석게 교만하여, 그 승리를 하나님의 심판으로 바꾸어 가는 것이 아니라, 하나님께서 주신 승리임을 고백하고 찬양하여 계속된 승리를 만들어가야 합니다.

야고보서 5장_기도와 찬송의 삶

부자들에 대한 경고의 말씀을 전하고 있습니다. 부자들은 재물을 가난한 자들에게 나누어주기는커녕 썩기까지 쌓아두었고, 이것으로 인해 하나님의 심판에 이르게 된다는 것입니다. 그들이 울고 통곡하게 된다는 것입니다. 또한 믿음의 사람들에게 인내

할 것을 권고하고 있습니다. 곧 주의 강림이 가까움을 기억하고 그 때까지 길이 참고 마음을 굳건하게 하라는 것입니다.

무엇보다 주목할 말씀이 기도와 찬송의 삶입니다. 고난 중에는 기도하고 기쁨 중에는 찬송하라는 것입니다. "너희 중에 고난 당하는 자가 있느냐 그는 기도할 것이요 즐거워하는 자가 있느냐 그는 찬송할지니라"(약 5:13) 결국 무엇입니까? 신앙인의 삶은 고난 중에 좌절하여 넘어지는 것이 아니라 기도로 이기는 삶입니다. 형통함 중에 교만하여 넘어지는 것이 아니라, 찬송으로 하나님께 영광을 돌리는 삶입니다. 이처럼 기도하고 찬송하며 살아가면 넘어지지 않을 수 있습니다. 주의 강림의 때까지 인내하고 믿음을 지키며, 세상을 이길 수 있습니다.

요나 2장_고난 중에 드리는 기도

고난 중에 하나님께 드린 요나의 기도입니다. 불순종으로 니느웨가 아닌 다시스로 향해 가다가 큰 폭풍을 만나 바다에 빠지게 된 요나는 하나님께서 예비하신 물고기에게 삼켜져 삼일을 물고기 뱃속에 있게 됐습니다. 바로 이 물고기 뱃속에서 하나님을 찾아 기도했습니다. 하나님의 구원과 그 응답으로 인해 감사하며 기도했습니다.

"이르되 내가 받는 고난으로 말미암아 여호와께 불러 아뢰었더니 주께서 내게 대답하셨고 내가 스올의 뱃속에서 부르짖었더니 주께서 내 음성을 들으셨나이다"(욘 2:2) 고난 중에 하나님을 찾아 기도했다는 구절과 하나님께서 응답하셨다는 말씀에 주목해야 합니다. 곧 우리의 삶에 우리 자신의 실수나 잘못 때문이든, 아니면 하나님의 연단의 목적이든 고난이 있을 수 있습니다. 그러나 고난 중에

우리는 기도할 수 있습니다. 우리의 기도를 들으시는 하나님이 계십니다. 따라서 고난 중에 좌절하여 넘어지지 말고 기도함으로 이겨야 합니다.

누가복음 7장_믿음으로 드리는 간구

사랑하는 종을 위해 간구한 가버나움의 백부장에 대한 말씀, 나인 성의 과부의 죽은 아들을 예수님께서 살리신 말씀, 세례 요한의 물음과 예수님의 대답, 세례 요한에 대한 예수님의 증언, 죄 지은 한 여인이 예수님에게 향유를 부은 말씀 등을 기록하고 있습니다. 특별히 가버나움의 백부장에 대한 말씀에 주목하면, 믿음으로 드리는 간구를 보게 됩니다. 곧 이 백부장을 통해 고난과 문제 가운데 주님께 기도할 때, 믿음으로 기도해야 한다는 사실을 가르침 받게 됩니다.

"예수께서 들으시고 그를 놀랍게 여겨 돌이키사 따르는 무리에게 이르시되 내가 너희에게 이르노니 이스라엘 중에서도 이만한 믿음은 만나보지 못하였노라 하시더라"(눅 7:9) 예수님께서 백부장의 믿음을 칭찬하신 말씀입니다. 곧 백부장은 자신의 하인의 병의 치료를 위해 예수님께 간구하면서 절대적 믿음을 보였습니다. "...말씀만 하사 내 하인을 낫게 하소서 나도 남의 수하에 든 사람이요 내 아래에도 병사가 있으니 이더러 가라 하면 가고 저더러 오라 하면 오고 내 종더러 이것을 하라 하면 하나이다"(눅 7:7~8) 백부장은 예수님을 질병까지도 주관하시는 최고 주권자이심을 믿고 고백했습니다. 다른 무엇이 아니라 예수님의 말씀 한 마디면 충분히 그 병을 치료함을 믿었습니다. 예수님은 백부장의 이런 믿음을 보시고 크게 칭찬하신 것입니다. 그리고 그의 간구에 응답하여 그 하인의 병을 치료해주셨습니다.

우리의 기도에도 이런 믿음을 담아야 합니다. 주님께서 의지를 가지고 말씀 한 마디만 하시면 모든 고난과 문제가 떠나감을 믿고 기도해야 합니다. 믿음의 기도가 병든 자를 일으키고, 의인의 간구가 역사하는 힘이 크다는 사실을(약 5:15~16) 잊지 말아야 합니다.

믿음
역대상 19-20장 | 베드로전서 1장 | 요나 3장 | 누가복음 8장

맥체인성경365 1858p

하나님을 향한 믿음은 우리의 죄를 돌아보고 회개하게 합니다. 고난과 두려움과 절망의 상황에도 놓치지 않은 믿음은 놀라운 승리와 구원에 이르게 하고, 칭찬과 영광과 존귀의 소망을 갖게 합니다.

역대상 19장_승리에 이르게 하는 믿음

이스라엘이 암몬과의 싸움에서 승리한 것을 기록하고 있습니다. 암몬이 은 천 달란트를 주고 마아가 왕과 그의 군대를 고용해 그 전력을 강화했지만, 함께하시는 하나님으로 인해 이스라엘이 암몬을 물리치고 승리했다는 것입니다. 따라서 주목할 말씀이 요압이 그 동생 아비새에게 한 말입니다. 곧 앞뒤에 진을 치고 공격하는 적들을 상대하는 것이 어렵고 두려운 일이었습니다. 결코 승리를 장담할 수 없는 상황이었습니다. 그러나 요압은 하나님을 믿고 최선을 다하며, 그 결과를 하나님께 맡기자고 이야기했습니다. 하나님께서 선히 여기시는 대로 이루신다는 것입니다(대상 19:13).

결국 요압의 믿음대로, 요압과 아비새는 하나님께서 선히 여기시는 승리를 경험할 수 있었습니다. 하나님의 백성과 성읍들을 위해 싸우는 요압과 아비새를 하나님께서 도우셨고, 앞뒤에 있는 모든 적들을 물리치고 승리할 수 있게 하셨습니다. 이처럼 어려움 중에도 하나님을 믿고, 그 믿음으로 하나님께 맡기면 결국에는 하나님의 승리에 이르게 됩니다. 믿음과 최선은 우리의 몫이고, 결과는 하나님의 몫입니다.

베드로전서 1장_소망을 갖게 하는 믿음

우리에게 산 소망이 있음을 전하고 있습니다. 곧 하나님께서 예수 그리스도를 죽은 자 가운데서 부활하게 하심으로 우리를 거듭나게 하셨다는 것입니다. 이를 통해 우리에게 산 소망을 주셨다는 것입니다. 따라서 우리가 믿음을 갖고 힘써 거룩해야 함을 교훈하고 있습니다. 예수 그리스도께서 나타나실 때에 주실 은혜를 온전히 바라며, 이전의 사욕을 본받지 말고 순종하는 자식처럼, 거룩하신 하나님을 따라 모든 행실에 거룩해야 한다는 것입니다.

특별히 믿음에 대한 말씀에 주목하면, 믿음으로 말미암아 하나님의 능력과 보호하심의 은혜를 누리며, 믿음으로 말미암아 칭찬과 영광과 존귀를 얻게 됨을 가르치고 있습니다. 곧 우리 믿음의 사람에게 여러 시험으로 인한 고난이 있지만, 오히려 고난이 큰 기쁨을 가져다준다는 것입니다. 고난 중에 흔들리지 않음으로 참 믿음을 증명할 수 있고, 고난 중에 흔들리지 않은 믿음은 다시 오시는 주님을 통해 칭찬과 영광과 존귀를 얻게 한다는 것입니다. 따라서 고난 중에 절망할 것이 아니라 오히려 기쁨으로 인내하며 믿음을 굳건하게 해야 함을 가르치고 있습니다. 그 믿음을 통해 주님의 칭찬을 기대하며 소망을 가지라는 것입니다. "그러므로 너희가 이제 여러 가지 시험으로 말미암아 잠깐 근심하게 되지 않을 수 없으나 오히려 크게 기뻐하는도다 너희 믿음의 확실함은 불로 연단하여도 없어질 금보다 더 귀하여 예수 그리스도께서 나타나실 때에 칭찬과 영광과 존귀를 얻게 할 것이니라"(벧전 1:6~7)

오늘의 고난보다 내일의 영광이 더 소중합니다. 따라서 오늘 고난을 받는다고 할지라도 내일의 영광을 위해 기꺼이 참고 인내할 수 있어야 합니다.

요나 3장_회개에 이르게 하는 믿음

요나의 설교와 니느웨의 회개를 전하고 있습니다. 곧 물고기 뱃속에서 건짐 받은 요나는 하나님의 명령에 순종해 니느웨로 가서 하나님의 말씀을 전했습니다. "사십 일이 지나면 니느웨가 무너지리라"

는 심판의 말씀을 전했습니다. 그런데 그 말씀을 듣고 니느웨 성읍의 사람들이 회개했습니다.

사실 요나는 최선을 다해 말씀을 전하지 않았습니다. 곧 니느웨는 사흘 동안 걸어야 할 만큼 큰 성읍이었습니다. 그러나 요나는 그저 하루 동안을 다니며 하나님의 말씀을 전했습니다. 그럼에도 하루 동안 요나가 외친 말씀을 듣고 니느웨 성읍의 모든 사람들이 하나님을 믿고 금식하는 등 회개했습니다. 심지어는 왕까지도 왕복을 벗고 베옷을 입고 겸손하게 회개했습니다. "니느웨 사람들이 하나님을 믿고 금식을 선포하고 높고 낮은 자를 막론하고 굵은 베 옷을 입은지라 그 일이 니느웨 왕에게 들리매 왕이 보좌에서 일어나 왕복을 벗고 굵은 베옷을 입고 재 위에 앉으니라"(욘 3:5~6) 이는 결국 하나님의 역사였고, 말씀의 능력이었습니다. 별로 내켜 하지 않는 요나의 외침이었지만 이를 통해 하나님은 그 뜻을 이루어 가셨다는 것입니다. 그 말씀의 능력이 니느웨 사람들의 마음을 움직였다는 것입니다. 무엇보다 주목할 말씀이 "하나님을 믿고"입니다. 선포된 심판의 말씀에 니느웨 백성들은 하나님을 믿었습니다. 그 믿음이 그 죄를 돌아보게 하고, 철저한 회개로까지 이어지게 했습니다. 하나님께서 그 백성들을 용서하시고 그 심판의 뜻을 돌이키실 만큼, 진심으로 회개하게 했습니다.

하나님을 향한 믿음은 그 죄를 돌아보게 합니다. 그럼으로 참된 회개로까지 이어지게 합니다. 따라서 우리가 힘써 하나님의 말씀을 듣고, 그 말씀을 통해 믿음을 가져야 합니다. 믿음으로 죄를 돌아보고 회개하는 삶을 살아야 합니다.

누가복음 8장_구원에 이르게 하는 믿음

씨 뿌리는 자에 대한 비유의 말씀, 빛과 올바른 들음에 대한 가르침, 예수의 참된 가족에 대한 가르침, 풍랑을 잔잔케 하신 말씀, 거라사의 귀신들린 자를 치유하신 말씀, 혈루증 앓는 여인을 치유하시고, 야이로의 죽은 딸을 살리신 말씀 등을 기록하고 있습니다. 여기서 구원에 이르게 하는 믿음을 보게 됩니다. 곧 절망의 상황에서도 포기하지 않는 믿음이 주의 기적과 구원의 역사를 경험하게 한다는 것입니다.

"제자들에게 이르시되 너희 믿음이 어디 있느냐 하시니 그들이 두려워하고 놀랍게 여겨 서로 말하되 그가 누구이기에 바람과 물을 명하매 순종하는가 하더라"(눅 8:25) 예수님께서 풍랑을 만나 두려워한 제자들을 책망하신 말씀입니다. 제자들의 믿음 없음을 책망하셨는데, 결국 이것은 위기와 환난 중에 두려워할 것이 아니라 믿음을 가져야 한다는 것을 가르쳐줍니다. 주님이 함께하시며 지키시고 돌보신다는 사실을 믿어야 한다는 것입니다.

"예수께서 들으시고 이르시되 두려워하지 말고 믿기만 하라 그리하면 딸이 구원을 얻으리라 하시고"(눅 8:50) 예수님께서 회당장 야이로에게 믿음을 요구하신 말씀입니다. 믿음이 구원에 이르게 한다는 것입니다. 곧 회당장 야이로는 딸의 치료를 위해 예수님을 찾았지만, 이미 그 딸이 죽었다는 소식을 듣게 됐습니다. 이로 인해 절망할 수밖에 없었는데, 그때 예수님께서 믿음을 요구하신 것입니다. 믿음을 가지면 그 딸이 구원을 얻게 된다는 것입니다. 그 죽음에서 다시 사는 생명을 얻게 된다는 것입니다.

결국 예수님은 회당장 야이로의 딸을 죽음에서 일으키셨습니다. 그 말씀대로 믿음으로 구원을 얻을 수 있음을 보여주셨습니다. 곧 어떤 절망과 두려움의 상황에서도 끝까지 주님을 향해 믿음을 가지면, 그 믿음이 주의 기적으로 나타나고, 놀라운 생명과 구원으로 이어지게 합니다.

오늘의 기도

1. 고난 중에 소망을 갖고 오히려 믿음의 확실함을 보여 주의 칭찬과 영광과 존귀를 받게 하소서.
2. 고난 중에 두려워하지 말고 믿음을 보여 주의 책망이 아닌 칭찬을 듣게 하소서.
3. 어떤 두려움과 절망의 상황에서도 끝까지 믿음을 가져 하나님의 승리와 구원을 누리게 하소서.

우리의 고난이 죄로 인한 고난이 아닌 주를 위한 고난이어야 합니다. 고난의 시간을 깨달음의 시간이요, 내일의 영광을 소망하는 시간으로 삼아야 합니다.

역대상 21장_죄로 인한 고난

다윗이 사탄의 충동에 넘어진 것과 이로 인해 하나님의 심판을 받게 된 것을 전하고 있습니다. 곧 다윗 왕은 순간 찾아온 교만함으로 이스라엘의 인구를 조사했습니다. 자신이 다스리는 이스라엘에 군사가 얼마인가 확인하고 자신의 왕권을 강화하며 과시하고자 했던 것입니다. 하나님께서는 이것을 악하게 여기셨고, 전염병으로 이스라엘을 심판하셨습니다. 이로 인해 이스라엘 백성 칠만 명이 죽게 됐습니다. 다윗은 이를 지켜봐야 하는 큰 고통을 겪게 됐습니다(대상 21:14).

이처럼 우리의 죄와 실수로 인해 고난을 겪고 고통을 당하기도 합니다. 죄로 인한 하나님의 심판이 고난으로 이어진다는 것입니다. 따라서 이때에 속히 해야 하는 것이 회개입니다. 그 죄에 대해서 깨닫고 돌이키는 회개가 필요합니다. 그리고 간절히 하나님의 은혜를 구해야 합니다. 죄로 인한 고난을 벗어날 수 있는 해답은 하나님의 은혜와 그 은혜로 인한 죄의 용서입니다. 곧 다윗은 엎드려 간절히 하나님의 은혜를 구했습니다. "하나님께 아뢰되 명령하여 백성을 계수하게 한 자가 내가 아니니이까 범죄하고 악을 행한 자는 곧 나이니이다 이 양 떼는 무엇을 행하였나이까 청하건대 나의 하나님 여호와여 주의 손으로 나와 내 아버지의 집을 치시고 주의 백성에게 재앙을 내리지 마옵소서 하니라"(대상 21:17) 그리고 하나님께서는 다윗의 기도를 들으셔서 심판을 멈추시고 그를 고난에서 건지셨습니다.

무엇보다 주목할 것이 다윗이 용서를 구하며 하나님을 위해 제단을 쌓은 곳, 곧 오르난의 타작마당이 성전 터가 됐다는 것입니다. 이후 솔로몬이 여기에 하나님의 성전을 짓게 됐는데, 진심으로 용서를 구한 다윗의 회개와 하나님의 용서의 은혜가 성전터를 찾는 축복이 되게 한 것입니다.

베드로전서 2장_주를 위한 고난

우리가 하나님의 은혜로 택함 받은 하나님의 백성임을 전하고 있습니다. 또한 이 세상에서 거류민과 나그네로서 어떻게 살아야 하며, 세상의 제도들에 대하여 어떠한 태도를 취해야 하는지를 가르치고 있습니다. 곧 우리는 택한 백성으로서 인간의 모든 제도를 주를 위해 순종해야 한다는 것입니다. 뭇사람을 공경하고 형제를 사랑하며, 하나님을 두려워하고 왕을 존대하며 살아야 한다는 것입니다. 무엇보다 주목할 말씀이 종들에 대한 권고입니다. 부당하게 고난을 받아도 하나님을 생각하며 참아야 한다고 가르치고 있습니다. 선을 행하다가 억울하게 고난을 당해도 주님을 생각하며 참고 이겨내야 하고, 이것이 칭찬 받을 일이요, 아름다운 일이 된다는 것입니다(벧전 2:19~20).

이 인내의 가르침을 위해 베드로는 예수님의 인내를 전하고 있습니다. 예수님께서 죄 없이 우리를 위해 먼저 고난을 당하셨고 또 인내하셨다는 것입니다. 십자가에 죽기까지 인내하시고 우리의 죄를 담당하셔서, 우리를 죄에 대해 죽고 의에 대해 살게 하셨다는 것입니다. 따라서 우리가 부당한 고난 중에도 주님을 생각하며 인내하는 것이 마땅하다는 것입니다.

결국 이 말씀은 우리가 세상에서 어떤 이유로 고난을 당하고 있는지 돌아보게 합니다. 곧 죄로 인해 고난당하고 있다면 이것은 부끄러운 일입니다. 이는 속히 벗어 버려야 합니다. 그러나 주를 위해 고난당하고 있다면 이것은 영광스러운 일입니다. 이 고난은 피하지 말아야 합니다. 오히려 주를 위해 고난당함에 기뻐하며, 그 고난을 참고 이겨야 합니다. 그럼으로 하나님 앞에 아름다운 삶을 살아야 합니다.

요나 4장_깨달음을 위한 고난
요나의 불평과 하나님의 대답을 기록하고 있습니다. 곧 요나는 니느웨를 용서하신 하나님께 불평을 쏟아냈습니다. 이스라엘을 고통에 처하게 한 니느웨를 말씀대로 심판하지 않으시고 용서하시는 것을 못마땅하게 생각한 것입니다. 이에 대해 하나님은 니느웨 성읍의 사람들을 아끼신다는 사실, 곧 사랑을 말씀하셨습니다.

하나님은 요나로 하여금 이 사랑과 은혜를 깨닫게 하기 위해 박넝쿨을 사용하셨습니다. 박넝쿨을 자라나게 하셔서 그늘을 만들어 요나로 하여금 뜨거운 햇볕을 피하게 하셨고, 하루아침에 벌레를 통해 박넝쿨을 시들게 하셔서 요나로 하여금 뜨거운 햇볕으로 인해 고통과 고난에 처하게 하셨습니다. 고통 중에 요나는 시들어 사라진 박넝쿨을 아까워하며 불평하고 원망했는데, 이를 통해 하나님께서 니느웨 성의 사람들을 아끼고 사랑하심을 말씀하셨습니다. 곧 하루아침에 저절로 났다가 사라진 박넝쿨을 요나가 아꼈는데, 하물며 하나님께서 그 큰 성읍과 그 안에 사는 백성들을 아끼지 않겠느냐는 것입니다(욘 4:10~11).

결국 요나는 고통 중에 불평하기보다 하나님의 은혜를 깨달아야 했습니다. 니느웨로 인한 고난으로 원망하기보다 더 큰 하나님의 사랑을 발견해야 했습니다. 곧 고난을 단지 원망과 불평의 재료로 끝내는 것은 어리석은 일입니다. 하나님은 때로 깨달음을 위해 고난을 주기도 하시는데, 고난 속에서 하나님의 뜻을 깨닫고, 또 그 속에 담긴 사랑을 깨달을 수 있어야 합니다.

누가복음 9장_영광에 이르는 고난
열두 제자의 파송, 헤롯이 예수님을 세례 요한이 살아난 것으로 오해한 것, 오병이어의 기적, 베드로의 신앙 고백, 예수님의 고난과 부활에 대한 예고, 자기를 부인하고 자기 십자가를 지고 예수님을 따라야 한다는 가르침, 예수님께서 산에 올라 변모하신 사건, 귀신들린 소년을 치유하신 일, 누가 크냐는 제자들의 다툼, 사마리아인들이 예수님을 거부한 일, 예수님을 따름에 대한 가르침 등을 기록하고 있습니다.

특별히 예수님을 따르는 것에 대한 가르침에 주목하면, 자기를 부인하고 자기 십자가를 지는 고난을 피하지 않으며, 생명을 걸고 주님을 따라가는 사람에게 구원이라는 축복이 주어짐을 가르치고 있습니다(눅 9:24). 또한 예수님과 그 말씀을 부끄러워한 사람은 예수님도 부끄러워하신다고 가르치고 있습니다. 곧 예수님께서 영광 중에 다시 이 땅에 오실 때, 그렇게 하신다는 것입니다(눅 9:26). 이는 곧 예수님을 따르며 주어지는 십자가, 곧 그 고난을 거부할 때, 영광도 누릴 수 없음을 가르쳐줍니다. 오직 예수님을 따르는 그 길에서 십자가의 고난을 피하지 않아야 영광 중에 오시는 예수님과 더불어 영광을 누릴 수 있다는 것입니다.

십자가의 고난을 거부하고 주님을 부끄러워한 사람은 주님도 부끄러워하시지만, 고난 중에도 주님을 따르며 주님과 그 말씀을 지켜가는 사람에게는 주님의 영광을 함께 누리게 됩니다. 따라서 주를 위한 고난의 길을 피하지 말고 오히려 기쁨 중에 그 길을 걸어가야 합니다.

오늘의 기도

1. 어리석은 교만과 죄로 인하여 고난을 만들지 않게 하시고, 죄로 인한 고난은 속히 깨닫고 회개하게 하소서.
2. 억울한 고난에도 주를 위해 참고 이김으로 하나님 앞에 아름다운 삶을 만들어가게 하소서.
3. 결코 주님을 부끄러워하지 말고, 주를 위한 고난에 기쁨으로 참여하여 주와 함께 영광도 누리게 하소서.

단장

역대상 22장 | 베드로전서 3장 | 미가 1장 | 누가복음 10장

외모가 아니라 우리의 숨은 사람, 곧 속사람을 먼저 단장해야 합니다. 따라서 죄를 버리고 거룩함으로 단장하고, 하나님 사랑과 이웃 사랑으로 단장해야 합니다.

역대상 22장_하나님 사랑으로 단장해야

다윗이 성전 건축을 위해 여러 재료를 준비한 것과, 아들 솔로몬에게 성전 건축을 맡기며 부탁한 말씀입니다. "이제 내 아들아 여호와께서 너와 함께 계시기를 원하며 네가 형통하여 여호와께서 네게 대하여 말씀하신 대로 네 하나님 여호와의 성전을 건축하며 여호와께서 네게 지혜와 총명을 주사 네게 이스라엘을 다스리게 하시고 네 하나님 여호와의 율법을 지키게 하시기를 더욱 원하노라"(대상 22:11~12) 여기서 다윗의 하나님 사랑을 볼 수 있습니다. 곧 다윗은 하나님의 성전을 짓기를 소망했습니다. 그러나 많은 전쟁으로 수많은 사람의 피를 흘린 탓에 하나님께서는 다윗의 손으로 성전이 지어지는 것을 원하지 않으셨습니다. 대신 그 아들을 통해 성전이 지어질 것을 말씀하셨고, 다윗은 이를 기뻐하며 그 아들 솔로몬이 성전을 지을 수 있도록 준비했습니다. 은금을 준비한 것은 물론이요, 돌을 다듬어 준비하고, 철과 놋을 많이 준비하며, 백향목을 무수히 준비하는 등, 힘을 다했습니다. 그리고 그 아들에게 성전 건축을 부탁하고, 또 하나님의 말씀 안에서 살아가기를 당부했습니다.

결국 무엇입니까? 하나님 사랑으로 그 속사람을 단장한 다윗의 모습을 보게 됩니다. 하나님을 사랑함에 다윗은 그 무엇도 아까워하지 않으며 헌신했고, 항상 그 삶의 우선순위는 하나님께 있었습니다. 그렇게 어떤 사람에게도 뒤지지 않는 하나님의 사랑의 특별한 마음을 가졌습니다. 이처럼 우리도 하나님 사랑으로 우리의 속사람을 단장해야 합니다. 그 무엇보다 또한 그 누구보다 하나님을 향한 사랑이 크고 뜨거워야 합니다. 하나님을 사랑함으로 하나님이 우리의 삶의 우선순위가 돼야 합니다.

베드로전서 3장_숨은 사람을 단장해야

아내들과 남편들에 대한 권고들, 전체 회중에 대한 권고들, 그리고 구원자이시며 주님이신 그리스도에 대해 전하고 있습니다. 특별히 아내들에게 주는 권고의 말씀을 주목하면, 숨은 사람을 단장해야 함을 가르치고 있습니다. 외모 곧 겉모습만을 꾸미고 치장할 것이 아니라, 먼저 속사람 곧 그 마음을 온유하고 정숙한 마음으로 단장해야 한다는 것입니다. 하나님은 겉모습이 아닌 속사람을 보시고 속사람의 단장을 귀하게 여기신다는 것입니다. "너희의 단장은 머리를 꾸미고 금을 차고 아름다운 옷을 입는 외모로 하지 말고 오직 마음에 숨은 사람을 온유하고 안정한 심령의 썩지 아니할 것으로 하라 이는 하나님 앞에 값진 것이니라"(벧전 3:3~4)

사무엘이 사울을 대신하여 하나님께서 선택하신 사람을 기름 부어 이스라엘의 왕으로 삼고자 할 때, 하나님께서 사무엘에게 가르치신 말씀이 있습니다. 곧 사무엘이 외모를 보고 이새의 첫째 아들인 엘리압을 하나님께서 택하신 사람이라고 착각할 때, 하나님은 그를 버렸다고 하시며, 이렇게 말씀하셨습니다. "내가 보는 것은 사람과 같지 아니하니 사람은 외모를 보거니와 나 여호와는 중심을 보느니라"(삼상 16:7)

우리는 겉으로 드러난 모습으로 사람을 평가하곤 합니다. 그 외모로 사람을 판단하고 마음도 빼앗기곤 합니다. 따라서 외모를 단장하는 일에 많은 노력을 기울입니다. 물론 외모를 단장하는 것도 중요합니다. 그러나 마음을 단장하는 것보다 더 중요할 수는 없습니다. 하나님은 외모가 아닌 중심으로 판단하십니다. 겉사람이 아닌 속사람을 더 중요하게 생각하십니다. 따라서 외모를 단장하는 일에 치중하다가 마음을 단장하는 일에 소홀하지 않아야 합니다. 외모보다 먼저 마음을 단장해야 합니다.

미가 1장_거룩함으로 단장해야

유다 여러 성읍에 재난이 닥칠 것을 전하고 있습니다. 곧 미가서는 이스라엘과 유다를 향한 하나님의 심판을 전하는 말씀으로, 이스라엘에 미친 하나님의 심판이 유다에까지 이르게 된다는 것입니다. 유다도 심판을 피할 수 없다는 것입니다. 특별히 하나님께서 이스라엘과 유다를 심판하기 위해 강림하신다고 말씀하고 있는데(미 1:3), 이는 그들의 허물과 죄 때문이라고 말씀하고 있습니다. "이는 다 야곱의 허물로 말미암음이요 이스라엘 족속의 죄로 말미암음이라 야곱의 허물이 무엇이냐 사마리아가 아니냐 유다의 산당이 무엇이냐 예루살렘이 아니냐"(미 1:5) 산당을 짓고 우상을 숭배하고 하나님에게서 돌아선 죄 때문에 하나님은 강림하셔서 이스라엘을 심판하시고 유다를 심판하신다는 것입니다.

결국 무엇입니까? 우상숭배와 죄악을 심판하시기 위해 하나님께서 강림하신다는 말씀 속에서 우리가 힘써 죄에서 돌이켜 거룩해야 함을 깨닫게 됩니다. 곧 우리의 속사람을 거룩하게 단장해야 합니다. 거룩함으로 하나님의 은혜를 구하고, 이를 통해 심판을 피하며 구원에 이르러야 합니다.

누가복음 10장_이웃 사랑으로 단장해야

예수님께서 칠십 인을 세워 각 동네와 지역으로 둘씩 파송하신 말씀과, 예수님의 하나님을 향한 찬양과 제자들을 향한 축복 선언, 그리고 선한 사마리아 사람에 대한 비유의 말씀, 마르다와 마리아에 대한 말씀을 전하고 있습니다.

특별히 선한 사마리아 사람의 비유를 통해 이웃 사랑의 가르침을 받게 됩니다. 곧 예수님은 참된 이웃은 강도 만난 사람을 외면한 제사장이나 레위인이 아니라, 사랑으로 강도 만난 사람을 도운 사마리아 사람임을 말씀하셨습니다. 따라서 우리가 이와 같은 사랑의 삶으로 참된 이웃이 되어야 함을 가르치셨습니다. "네 생각에는 이 세 사람 중에 누가 강도 만난 자의 이웃이 되겠느냐 이르되 자비를 베푼 자니이다 예수께서 이르시되 가서 너도 이와 같이 하라 하시니라"(눅 10:36~37)

하나님 사랑뿐만 아니라 이웃 사랑의 삶을 살아가는 것이 참된 신앙의 삶이요 균형 잡힌 신앙의 삶입니다. 곧 마음을 다하고 힘을 다하고 뜻을 다하여 하나님을 사랑할 뿐만 아니라, 우리의 이웃을 우리 자신과 같이 사랑해야 합니다. 그렇게 우리의 속사람을 이웃사랑으로 단장해야 합니다.

오늘의 기도

1. 하나님께서 값지게 여기시는 것이 무엇인지 바르게 깨닫게 하시고, 따라서 겉모습이 아닌 속사람을 단장하는 일에 힘을 쓰게 하소서.
2. 거룩함과 하나님 사랑으로 우리의 속사람을 단장하게 하소서.
3. 이웃 사랑의 삶을 힘써 실천하여 참된 이웃이 되는 삶을 살아가게 하소서.

하나님의 말씀을 지키며 성전에서 섬기는 자, 믿음을 지키며 주를 위해 고난 받는 자에게 복이 있습니다. 그러므로 하나님의 구원이 계획된 자에게 복이 있습니다.

역대상 23장_하나님의 성전에서 섬기는 자에게 있는 복

다윗이 레위인들을 소집하여 그 업무를 구체적으로 분담시킨 말씀입니다. 곧 다윗은 성전 건축 준비의 연장으로 레위인들을 소집하여 그들이 감당해야 하는 직무를 분명히 정했습니다. "그 직분은 아론의 자손을 도와 여호와의 성전과 뜰과 골방에서 섬기고 또 모든 성물을 정결하게 하는 일 곧 하나님의 성전에서 섬기는 일과 또 진설병과 고운 가루의 소제물 곧 무교전병이나 과자를 굽는 것이나 반죽하는 것이나 또 모든 저울과 자를 맡고 아침과 저녁마다 서서 여호와께 감사하고 찬송하며 또 안식일과 초하루와 절기에 모든 번제를 여호와께 드리되 그가 명령하신 규례의 정한 수효대로 항상 여호와 앞에 드리며 또 회막의 직무와 성소의 직무와 그들의 형제 아론 자손의 직무를 지켜 여호와의 성전에서 수종드는 것이더라"(대상 23:28~32)

결국 무엇입니까? 레위인으로 선택받아 하나님의 성전에서 하나님을 섬기는 일을 하는 것이 축복이 아니겠습니까? 매일 주님의 성전에 머물며 하나님을 예배하며 찬송하는 일에 힘을 다하는 것이 축복된 삶이 아니겠습니까? 곧 시편에서 다윗은 이렇게 고백했습니다. "주께서 택하시고 가까이 오게 하사 주의 뜰에 살게 하신 사람은 복이 있나이다 우리가 주의 집 곧 주의 성전의 아름다움으로 만족하리이다"(시 65:4) 주께 택함 받아 성전에서 봉사하며 살아가는 삶이 복이라는 것입니다. 따라서 우리도 주의 성전을 사모하고 힘써 주의 성전에 올라 예배하며 복된 삶을 살아야 합니다. 주의 성전에서 주를 예배하고 섬기며 누리는 복을 놓치지 말아야 합니다.

베드로전서 4장_주를 위해 고난 받는 자에게 있는 복

그리스도인들의 고난의 삶에 대한 가르침을 주고 있습니다. 곧 그리스도께서 받으셨던 고난을 기억하며 우리 믿음의 사람들도 같은 마음으로 고난을 받아들이며 거룩함에 힘써야 한다는 것입니다.

무엇보다 그리스도로 인하여 받는 치욕, 곧 고난을 복이라고 말씀하고 있습니다. 이처럼 치욕을 받는 자에게 하나님의 영이 함께한다는 것입니다. 예수 그리스도께서 영광 중에 다시 오실 때에 즐거움과 기쁨에 참여하게 된다는 것입니다. 따라서 연단을 위해 믿음의 사람들에게 찾아오는 고난과 시험을 이상한 일로 생각하지 말고 즐거워하라고 가르치고 있습니다. "사랑하는 자들아 너희를 연단하려고 오는 불 시험을 이상한 일 당하는 것 같이 이상히 여기지 말고 오히려 너희가 그리스도의 고난에 참여하는 것으로 즐거워하라 이는 그의 영광을 나타내실 때에 너희로 즐거워하고 기뻐하게 하려 함이라 너희가 그리스도의 이름으로 치욕을 당하면 복 있는 자로다 영광의 영 곧 하나님의 영이 너희 위에 계심이라"(벧전 4:12~14)

내 불의와 죄로 고난을 받는다면 부끄러운 일입니다. 그러나 믿음을 지키다가 주를 위해 고난을 받는다면 영광스러운 일입니다. 이는 내 믿음의 확실함이 인정받은 증거가 됩니다. 무엇보다 그 고난은 주님이 책임지시고 주님의 복으로 보상하십니다. 따라서 주님 때문에 받는 고난을 두려워하지 말고, 오히려 그 고난 속에서 기뻐해야 합니다. 기쁨으로 그 고난을 이겨야 합니다.

미가 2장_하나님의 구원이 계획된 자에게 있는 복

부유한 압제자들, 곧 그 권력으로 백성들을 착취하고 산업을 강탈하며 탐욕을 일삼는 자들을 향한 심판을 전하고 있습니다. 무엇보다 주목할 말씀이 하나님께서 그들을 향해 재앙을 계획하셨다는 것입니다. 그리고 이 계획은 그 누구도 벗어나지 못한다는 것입니다. 누구도 피하지 못하고 하나님의 재앙의 계획에 따라 심판을 받게 된다는 것입니다. "그러므로 여호와의 말씀에 내가 이 족속에게 재앙을 계획하나니 너희의 목이 이에서 벗어나지 못할 것이요 또한 교만하게 다니지 못할 것이라 이는 재앙의 때임이라 하셨느니라"(미 2:3)

결국 이와 같은 말씀을 대하며, 하나님의 재앙의 계획이 아닌 구원의 계획 안에 있어야 함을 깨닫게 됩니다. 하나님의 구원의 계획 안에 있을 때, 그 구원의 계획도 재앙의 계획과 마찬가지로 반드시 이루어지게 됩니다. 따라서 하나님의 구원의 계획 안에 있는 사람이 복된 사람입니다. 곧 하나님은 이렇게 구원을 약속하셨습니다. "야곱아 내가 반드시 너희 무리를 다 모으며 내가 반드시 이스라엘의 남은 자를 모으고 그들을 한 처소에 두기를 보스라의 양 떼 같이 하며 초장의 양 떼 같이 하리니 사람들이 크게 떠들 것이며 길을 여는 자가 그들 앞에 올라가고 그들은 길을 열어 성문에 이르러서는 그리로 나갈 것이며 그들의 왕이 앞서 가며 여호와께서는 선두로 가시리라"(미 2:12~13) 바로 이 구원의 계획 안에 선 사람, 곧 이 약속을 붙들고 소망 중에 인내하며 주의 말씀을 따르는 사람이 복된 사람입니다.

누가복음 11장_말씀을 지키는 자에게 있는 복

주기도문, 간구에 대한 가르침, 악한 귀신을 쫓아내신 예수님께서 불의한 생각을 가진 사람들을 책망하며 가르치신 말씀, 표적 요구에 대한 거부, 바리새인과 율법교사에 대한 저주 등을 기록하고 있습니다.

특별히 주목할 말씀이, 하나님의 말씀을 듣고 지키는 자가 복이 있다는 가르침입니다. "예수께서 이르시되 오히려 하나님의 말씀을 듣고 지키는 자가 복이 있느니라 하시니라"(눅 11:28) 곧 한 여인이 예수님을 밴 태와 예수님을 먹인 젖이 복이 있다고 소리쳤습니다(눅 11:27). 이처럼 훌륭한 아들을 낳고 기른 어머니, 이처럼 훌륭한 아들을 둔 그 어머니는 얼마나 복이 많은 것이냐고 외친 것입니다. 그러나 예수님은 그 여인의 외침을 긍정하지 않으시며, 오히려 하나님의 말씀을 듣고 지키는 자가 복이 있다고 말씀하며 가르치셨습니다. 이는 곧 소유가 아니라 존재가 복이라는 것을 가르치신 것입니다. 훌륭한 아들을 둔 것, 곧 소유가 아니라, 하나님의 말씀을 듣고 지키는 것, 곧 그렇게 살아가는 존재가 복이라는 것입니다.

예수님께서 바리새인과 율법교사를 향해 "화 있을진저"라고 저주를 선언하신 말씀을 통해서도 말씀을 지키는 것이 중요함을 깨달을 수 있습니다. 곧 예수님께서는 그들의 외식과 불의함을 지적하시며 화를 선언하셨는데, 진실하게 말씀을 지키지 않고 외식하는 그들의 삶은 결코 복이 있을 수 없다는 것입니다. 외식함으로가 아니라 진실함으로 말씀을 듣고 지키는 자에게 복이 있다는 것입니다.

오늘의 기도

1. 주를 위해 고난 받음을 기뻐하게 하시고, 주의 영광의 날에 함께 누리게 될 영광을 소망하게 하소서.
2. 외식함으로가 아니라 진실함으로 말씀을 듣고 지켜 복된 사람이 되게 하소서.
3. 하나님의 재앙과 심판의 계획이 아니라 하나님의 구원의 계획 안에 서서, 참으로 복된 사람이 되게 하소서.

구해야 할 것

맥체인성경365 1882p

역대상 24-25장 | 베드로전서 5장 | 미가 3장 | 누가복음 12장

우리는 먼저 그의 나라, 곧 하나님의 나라를 구해야 합니다. 따라서 이 세상에 욕심을 내고 재물을 탐하는 어리석음을 버려야 합니다. 이 세상에서의 필요는 하나님을 믿음으로 맡기고, 하나님의 나라를 바라보며 힘써 찬양하는 삶을 살아야 합니다.

역대상 24-25장_우리가 힘써야 할 것

역대상 24장은 제사장들의 24반과 레위 지파의 가문들을 기록하고 있습니다. 역대상 25장은 성전 찬양대의 24반을 기록하고 있습니다. 곧 다윗이 아삽과 헤만과 여두둔의 자손들을 구별하여 찬양대를 조직하고 신령한 노래, 곧 하나님을 찬양하는 일에 힘쓰게 했다는 것입니다. "다윗이 군대 지휘관들과 더불어 아삽과 헤만과 여두둔의 자손 중에서 구별하여 섬기게 하되 수금과 비파와 제금을 잡아 신령한 노래를 하게 하였으니 그 직무대로 일하는 자의 수효는 이러하니라"(대상 25:1)

다윗이 찬양대를 조직해 하나님을 찬양하게 한 말씀을 대하며, 우리도 항상 힘써 하나님을 찬양해야 함을 도전 받게 됩니다. 우리를 창조하시고 구원하신 하나님, 우리의 필요를 아시고 공급하시며 돌보시는 하나님, 무엇보다 우리가 살아갈 영원한 나라를 선물로 주시는 하나님을 신령한 노래로 찬양해야 합니다.

베드로전서 5장_우리가 믿어야 할 것

교회의 장로들과 젊은 자들에게 주는 권면의 말씀입니다. 장로들은 억지로가 아니라 하나님의 뜻을 따라 양 무리를 쳐야 하고, 더러운 이득이 목적이 돼서는 안 된다고 가르치고 있습니다. 또한 젊은 자들은 장로들에게 순종하고 겸손해야 하며, 하나님께서 높이시는 때를 믿고 기다리며 모든 염려를 하나님께 맡기라고 가르치고 있습니다. "그러므로 하나님의 능하신 손 아래에서 겸손하라 때가 되면 너희를 높이시리라 너희 염려를 다 주께 맡기라 이는 그가 너희를 돌보심이라"(벧전 5:6~7)

이 세상을 살아가며 우리가 여러 환난과 위기와 위험에 처하곤 합니다. 우리의 삶이 우리가 뜻하고 계획한 대로만 되지 않습니다. 그러나 우리 믿음의 사람들에게는 하나님께서 함께하시고 또한 우리의 삶을 돌보십니다. 하나님 앞에 겸손히 서서 하나님을 의지하고 맡기면, 하나님께서 우리의 삶을 책임지십니다. 이 세상을 살아가는 우리에게 무엇이 필요한지 다 아시는 하나님께서 채우시고 공급하십니다. 우리의 믿음과 맡김에 반드시 선한 결과로 응답해 주십니다. 우리가 이것을 믿어야 합니다.

미가 3장_우리가 버려야 할 것

유다 지도자들에 대한 심판의 말씀입니다. 그들의 목적은 돈에 있었습니다. 재판장들은 뇌물을 받고 재판하고, 제사장은 돈을 위해 교훈하고, 선지자는 돈을 위해 점을 치며 예언했습니다. 하나님이 목적이고, 그 말씀을 따르고 지키며 가르치고 전하는 것이 목적이 돼야 하는데, 오직 돈에 목적을 두었습니다. 그리고 그렇게 돈에 목적을 두고 불의를 행하면서, 하나님의 심판과 재앙이 임하지 않는다는 어리석은 생각을 하고 있었습니다. 따라서 하나님께서 심판을 말씀하셨습니다. 그들의 생각과 달리 반드시 심판하여 그 땅을 폐허로 만드시겠다고 선언하셨습니다. "그들의 우두머리들은 뇌물을 위하여 재판하며 그들의 제사장은 삯을 위하여 교훈하며 그들의 선지자는 돈을 위하여 점을 치면서도 여호와를 의뢰하여 이르기를 여호와께서 우리 중에 계시지 아니하냐 재앙이 우리에게 임하지 아니하리라 하는도다 이러므로 너희로 말미암아 시온은 갈아엎은 밭이 되고 예루살렘은 무더기가 되고 성전의 산은 수풀의 높은 곳이 되리라"(미 3:11~12)

우리 믿음의 사람들은 하나님의 나라를 소망하

며 구해야 합니다. 우리가 영원히 살 곳은 이 땅이 아닌 하나님의 나라이기 때문입니다. 이 땅의 삶에 미련을 두고, 이 땅의 삶을 위해 재물을 탐하는 등 욕심을 내는 것은 어리석은 일입니다. 그렇게 이 땅의 삶을 바라고 추구하다가 하나님의 나라를 놓쳐버리기 때문입니다. 따라서 이 땅에서의 욕심은 버려야 합니다. 곧 이 땅에서의 삶의 필요는 믿음으로 하나님께 맡기고, 하나님의 나라를 바라고 구하며 살아야 합니다.

누가복음 12장_우리가 구해야 할 것
바리새인의 외식을 주의하라는 가르침, 진정 두려워할 분에 대한 가르침, 탐욕에 대한 경고, 어리석은 부자에 대한 비유의 말씀, 잘못된 염려에 대한 가르침, 인자의 오심을 항상 준비해야 한다는 가르침, 예수님 때문에 생기는 분열에 대한 말씀, 시대를 분별해야 한다는 가르침 등을 기록하고 있습니다. 특별히 주목할 말씀이 세상의 헛된 염려를 버리고 하나님의 나라와 의를 구해야 한다는 가르침입니다. 곧 '무엇을 먹을까? 무엇을 입을까?' 우리의 삶에서 음식과 의복이 중요하고 따라서 이를 위해 고민하지만, 우리의 아버지 되시는 하나님께서 그 필요를 아시고 공급하신다는 것입니다. 따라서 먹고 입는 문제로 근심하지 말고 하나님의 말씀을 지키며 그의 나라를 소망하며 구하는 삶을 살아가야 한다는 것입니다. "다만 너희는 그의 나라를 구하라 그리하면 이런 것들을 너희에게 더하시리라"(눅 12:31)

예수님의 가르침을 대하며 우리는 무엇을 구하고 있는지 돌아봐야 합니다. 결국 이것은 믿음의 문제입니다. 곧 하나님을 신뢰하면, 우리의 필요는 하나님께 맡기고 하나님의 나라를 구하며 살아갈 수 있습니다. 참된 가치와 생명이 있는 하나님의 나라를 소유하며, 하나님의 공급하심과 돌보심 속에서 살아갈 수 있습니다. 우리가 그렇게 먼저 하나님의 나라를 구하며 살아가야 합니다.

하나님의 나라

맥체인성경365 1889p

역대상 26-27장 | 베드로후서 1장 | 미가 4장 | 누가복음 13장

끝날에 이루시는 평화와 축복의 하나님의 나라를 소망해야 합니다. 믿음에서 실족하지 말고, 또한 항상 깨어 준비함으로 하나님의 나라를 놓치지 말아야 합니다. 하나님의 나라에서 보상받을 영광과 기쁨을 기억하며, 오늘은 충성하며 인내해야 합니다.

역대상 26-27장_오늘의 인내와 충성을 보상하는 하나님의 나라

역대상 26장은 성전 문지기와 성전 곳간을 맡은 레위인들, 관원과 재판관이 된 레위인들을 기록한 말씀입니다. 역대상 27장은 다윗이 임명하고 조직한 군대의 지휘관들과 군사에 대한 말씀입니다. "이스라엘 자손의 모든 가문의 우두머리와 천부장과 백부장과 왕을 섬기는 관원들이 그들의 숫자대로 반이 나누이니 각 반열이 이만 사천 명씩이라 일 년 동안 달마다 들어가며 나왔으니"(대상 27:1) 곧 국방 및 지방 행정을 담당했던 지도자들에 대해 기록하고 있는데, 다윗이 군대조직을 어떻게 세웠으며, 지방행정은 어떻게 관리했고, 또 다윗 왕의 재산을 관리하고 또 사역을 조언하는 참모들을 어떻게 선별해서 나라를 다스려갔는지를 보여주고 있습니다. 그런데 주목할 것이, 말씀에 등장하는 많은 지도자들, 특별히 군사 지도자들의 면면을 보면, 대부분이 다윗과 동고동락했던 사람들이라는 것입니다. 사울을 피해 도망 다니며 생사를 장담할 수 없었던 때에 생명 걸고 다윗과 함께했던 사람들이라는 것입니다.

결국 무엇입니까? 당장은 생명을 장담할 수 없는 두려움 중에 환난과 위기를 겪어야 했지만, 다윗을 떠나지 않고 함께 환난과 고난을 겪고 인내하며 충성한 결과, 지금의 지위와 영광을 누리게 됐다는 것입니다. 환난을 거절하며 당시의 고난을 피했다면 오늘의 지위와 영광은 있을 수 없었다는 것입니다. 결국 이 말씀은 오늘 우리도 고난 중에 인내하고 충성하며 주님과 함께하면, 결국에는 하나님의 나라에서 그 충성과 인내에 대한 넉넉한 보상을 누리게 된다는 것을 가르쳐줍니다.

베드로후서 1장_실족하지 않아야 들어가는 하나님의 나라

하나님의 부르심과 택하심을 굳게 하여 실족하지 않아야 함을 가르치고 있습니다. 이를 통해 예수 그리스도의 영원한 나라, 곧 하나님의 나라에 넉넉히 들어가야 한다는 것입니다. "그러므로 형제들아 더욱 힘써 너희 부르심과 택하심을 굳게 하라 너희가 이것을 행한즉 언제든지 실족하지 아니하리라 이같이 하면 우리 주 곧 구주 예수 그리스도의 영원한 나라에 들어감을 넉넉히 너희에게 주시리라"(벧후 1:10~11) 따라서 힘써 믿음에 덕을, 덕에 지식을, 지식에 절제를, 절제에 인내를, 인내에 경건을, 경건에 형제 우애를, 형제 우애에 사랑을 더하라고 가르치고 있습니다(벧후 1:5~7).

하나님의 부르심과 택하심, 곧 그 은혜 안에서 실족하지 않아야 구주 예수 그리스도의 영원한 나라, 곧 하나님의 나라에 넉넉히 들어갈 수 있습니다. 그 부르심과 택하심의 믿음에서 넘어지지 말아야 합니다. 따라서 보배롭고 지극히 큰 약속들을 붙잡고 위의 덕목들을 힘써 따르며 신의 성품에 참여해야 합니다. 어리석게 정욕으로 세상에서 썩어질 것에 붙잡히지 말아야 합니다.

미가 4장_끝날에 이루시는 하나님의 나라

하나님께서 끝날에 이루시는 나라와 그 백성에게 베푸시는 은혜에 대해 전하고 있습니다. 곧 장래에 하나님의 다스림과 통치 속에서 평화의 나라가 이루어진다는 것입니다. "그가 많은 민족들 사이의 일을 심판하시며 먼 곳 강한 이방 사람을 판결하시리니 무리가 그 칼을 쳐서 보습을 만들고 창을 쳐서 낫을 만들 것이며 이 나라와 저 나라가 다시는 칼을 들고 서로 치지 아니하며 다시는 전쟁을 연습하지 아니하고 각 사람이 자기 포도나무 아래와 자기 무화과나무 아래에 앉을 것이라 그들을 두렵게 할 자가 없으리니 이는 만군의 여호와의 입이 이같이 말씀하셨음이라"(미 4:3~4) 먼저 전쟁과 싸움이 그치고, 전쟁을 준비하는 일도 중단되며, 칼이 보습이 되고 창이 낫으로 바뀌게 됨을 말씀하고 있는데, 이는 곧 온전한 평화가 성취된다는 것입니다. 또한 그 나라는 자족하는 곳으로 욕심이 사라지게 됨을 말씀하고 있는데, 각 사람이 자기 포도나무 아래와 자기 무화과나무 아래에 앉게 된다는 것입니다. 이는 곧 사람들이 자기 것으로 만족하며 욕심을 부리지 않는다는 것으로, 그만큼 자신의 것으로 넉넉하며 풍성하다는 것을 가르쳐주고 있습니다. 그리고 이처럼 풍성하며 자족하니 싸울 일이 없고, 남의 것을 탐내지 않고 빼앗으려 욕심을 내지 않으니 평화가 이루어지게 되는 것입니다.

하나님은 우리에게 하나님의 나라를 약속하고 있습니다. 이 세상에서는 전쟁과 굶주림 등 아픔과 고통이 있지만, 하나님의 나라에서는 어떤 아픔과 고통도 없습니다. 하나님께서 주시는 평화와 풍요 속에서 최고의 행복을 누리게 됩니다. 우리가 이 하나님의 나라를 소망하며 그 약속을 붙들어야 합니다.

누가복음 13장_항상 깨어 준비해야 하는 하나님의 나라

회개하지 않으면 망한다는 가르침, 열매를 얻지 못하는 무화과나무에 대한 비유의 말씀, 안식일에 등이 굽은 여자를 치유하신 말씀, 겨자씨와 누룩을 통해 하나님의 나라를 가르치신 말씀, 좁은 문으로 들어가기를 힘쓰라는 가르침, 헤롯의 적개심과 예루살렘에 대한 예수님의 탄식 등을 기록하고 있습니다.

특별히 겨자씨와 누룩을 통해 가르치신 하나님의 나라에 대한 말씀에 주목하면, 하나님의 나라가 부지불식중에 갑자기 임하고 따라서 항상 깨어 준비해야 함을 가르치고 있습니다. "마치 사람이 자기 채소밭에 갖다 심은 겨자씨 한 알 같으니 자라 나무가 되어 공중의 새들이 그 가지에 깃들였느니라"(눅 13:19) "마치 여자가 가루 서 말 속에 갖다 넣어 전부 부풀게 한 누룩과 같으니라 하셨더라"(눅 13:21) 하나님의 나라가 겨자씨와 누룩처럼 작은 것으로부터 시작한다는 것에 주목해야 합니다. 당장에 눈에 보이지 않고 또 주목하지 못할 만큼 작다는 것입니다. 그런데 어느 순간에 공중의 새들이 가지에 깃들일 만큼 큰 나무가 된다는 것입니다. 누룩을 통해 서 말의 가루가 크게 부풀어 우리를 놀라게 한다는 것입니다. 이처럼 하나님의 나라가 부지불식중에 실현되는데, 따라서 작고 보이지 않는다고 안일하지 말아야 하고, 항상 깨어서 준비하여 하나님의 나라를 놓치지 말아야 함을 가르치고 있습니다. 그런데 또한 이것은 실망하지 말아야 함도 가르쳐주고 있습니다. 곧 처음에는 작고 보이지 않음에 하나님의 나라에 대해 실망하고 포기할 수 있는데, 끝까지 믿음으로 기다리면 결국 공중의 새들이 깃들일 만큼 큰 나무로 자라고, 가루 서 말을 전부 부풀게 할 만큼 영향력을 나타낸다는 것입니다. 따라서 처음 작고 눈에 보이지 않는다고 실망하여 포기하지 말고, 크고 풍성한 하나님 나라를 기대하고 소망하여 놓치지 말아야 한다는 것입니다.

오늘의 기도

1. 주의 부르심과 택하심의 은혜 안에서 그 믿음을 굳건히 하여 넉넉히 예수 그리스도의 영원한 나라에 들어가게 하소서.
2. 부지불식중에 임하는 하나님의 나라를 기억하며 항상 깨어 준비하게 하시고, 당장에 작고 눈에 보이지 않아도 실망하지 말고 그 나라를 소망 중에 붙들어 풍성함으로 누리게 하소서.
3. 하나님의 나라에서 누릴 기쁨과 영광을 소망하며 오늘의 충성과 인내를 피하지 않게 하소서.

30
Nob
축복

역대상 28장 | 베드로후서 2장 | 미가 5장 | 누가복음 14장

맥체인성경365 1896p

하나님의 말씀을 지키는 자, 거짓된 진리를 물리치고 하나님을 경외하며 경건에 힘쓰는 자, 사람이 아닌 하나님을 의지하며 하나님께 소망을 두는 자, 그리고 순수함으로 나눔을 실천하는 자가 하나님의 축복을 누립니다.

역대상 28장_말씀을 지키는 자가 누리는 축복

다윗이 이스라엘 모든 고관들을 불러 모아 솔로몬을 후계자로 소개하며 그가 성전을 건축할 것을 전하고 있는 말씀입니다. 무엇보다 하나님께서 주신 말씀을 전하고 있는데, 하나님의 계명과 법도, 곧 그 말씀을 힘써 지킬 때, 하나님의 축복을 누리게 된다는 것입니다. 그때에 하나님께서 이 아름다운 땅을 영원한 기업이 되게 하신다는 것입니다. 다윗은 이와 같은 축복의 약속을 하나님을 통해 직접 들었고, 이스라엘의 모든 지도자들을 불러 모아 성전 건축을 지시하며, 그 들은 말씀을 전했습니다. "그가 만일 나의 계명과 법도를 힘써 준행하기를 오늘과 같이 하면 내가 그의 나라를 영원히 견고하게 하리라 하셨느니라 이제 너희는 온 이스라엘 곧 여호와의 회중이 보는 데에서와 우리 하나님이 들으시는 데에서 너희 하나님 여호와의 모든 계명을 구하여 지키기로 하라 그리하면 너희가 이 아름다운 땅을 누리고 너희 후손에게 끼쳐 영원한 기업이 되게 하리라"(대상 28:7-8)

하나님의 축복은 그 말씀을 지키며 순종하는 자에게 있습니다. 우리가 그 말씀에서 떠나지 않는 이상, 하나님은 그 말씀을 통해 주신 약속을 이루시고 영원한 축복을 더하십니다. 따라서 하나님의 축복을 누리기를 원한다면 무엇보다 힘써 말씀을 지켜야 합니다.

베드로후서 2장_경건한 자가 누리는 축복

거짓 선생에 대한 하나님의 심판을 전하고 있습니다. 이들은 주를 부인하고 파멸로 인도할 이단을 끌어들여 멸망을 자초하고 있다는 것입니다(벧전 2:1). 오직 돈에 대한 욕심 때문에 감언이설로 성도

들을 속여 착취하고 있다는 것입니다(벧전 2:3). 이들은 이성 없는 짐승과 같고(벧전 2:12), 발람의 길을 따르는 자요(벧전 2:15), 물 없는 샘이요, 광풍에 밀려가는 안개로, 이들에게는 캄캄한 어둠이 예비되어 있다는 것입니다(벧전 2:15). 따라서 거짓 선지자들의 거짓 진리에 넘어지지 말고, 그 믿음에 굳건히 서서 하나님을 경외하며 경건에 힘써야 한다는 것을 가르치고 있습니다.

따라서 주목할 말씀이, 주께서 경건한 자는 시험에서 건지신다는 말씀입니다. 불의한 자는 심판 때까지 가두어 두시지만, 경건한 자는 시련에서 건져내신다는 것입니다. 곧 믿음에서 넘어지지 않고 경건에 힘쓰면, 어떤 시련과 시험에서도 주님께서 건지신다는 것입니다. "주께서 경건한 자는 시험에서 건지실 줄 아시고 불의한 자는 형벌 아래에 두어 심판 날까지 지키시며"(벧후 2:9)

어떤 유혹과 시험, 그리고 시련이 있어도 바른 진리의 말씀 안에서 믿음을 지키고 경건에 힘쓰면 반드시 주님께서 건지십니다. 바로 이 건져내시는 구원이 축복입니다. 피할 수 없는 하나님의 심판에 이르지 않기에 축복입니다.

미가 5장_하나님을 의지하는 자가 누리는 축복

베들레헴의 다윗의 집안에서 다스릴 자가 나올 것이라는 예언의 말씀을 전하고 있고, 야곱의 남은 자에게 주어지는 하나님의 은혜와 축복과 승리를 전하고 있습니다.

"야곱의 남은 자는 많은 백성 가운데 있으리니 그들은 여호와께로부터 내리는 이슬 같고 풀 위에 내리는 단비 같아서 사람을 기다리지 아니하며 인생을 기다리지 아니할 것이며"(미 5:7) 야곱의 남

672

은 자에 대한 말씀으로 이들을 이슬과 단비로 비유하고 있습니다. 그만큼 하나님의 은혜와 풍성함의 축복을 누리게 된다는 것입니다. 따라서 이들은 더 이상 사람을 의지하거나 사람에게 소망을 두지 않고, 하나님을 의지하며 소망한다는 것입니다.

그 백성들이 하나님의 심판을 받은 것은 하나님을 의지하지 않고 사람을 의지했기 때문이었습니다. 곧 애굽을 의지했고, 병거와 마병을 의지했습니다. 더 나아가 이방의 거짓 신들과 헛된 우상을 의지했습니다. 그러다가 하나님의 심판에 이르렀습니다. 주변 대적들에 의해 멸망당하고 뿔뿔이 흩어지게 됐습니다. 그러나 하나님의 은혜 속에서 남은 자들은 사람이 아닌 하나님을 의지하여 심판이 아닌 하나님의 축복 안에 거한다는 것입니다. 하나님의 풍성한 소산을 누리고 대적들과 원수들을 물리치는 하나님의 승리를 경험하게 된다는 것입니다 (미 5:8~9).

축복은 하나님을 의지하며 하나님께 소망을 두는 것에 있습니다. 당장에 힘 있는 어떤 사람이 내게 축복이 될 것처럼 보여도, 또한 당장에 하나님을 의지함으로 고난과 어려움에 처한다 할지라도, 하나님을 의지하는 믿음에서 떠나지 않아야 합니다. 그것이 진정 하나님의 축복을 누리는 길입니다. 하나님은 반드시 하나님을 의지하는 자를 축복하십니다.

누가복음 14장_순수하게 나누는 자가 누리는 축복

안식일에 수종병 든 사람을 치유하신 말씀, 청함 받아 자리에 앉을 때 차라리 낮은 자리에 앉으라는 말씀, 곧 자기를 낮추는 자가 높아진다는 가르침, 잔치를 베풀어 사람을 청할 때 차라리 갚을 것이 없는 가난한 자들을 청하라는 가르침, 한 사람이 큰 잔치를 베풀고 사람들을 청했으나 거절한 것에 대한 비유의 말씀, 예수님을 따를 때 모든 가족과 심지어 자기 목숨까지 미워하는 등, 자기 십자가를 지고 모든 소유를 버리고 따라야 한다는 가르침 등을 기록하고 있습니다.

특별히 차라리 가난한 자들을 초대하라는 가르침에 주목하면, 순수하게 나누는 자가 누리는 축복을 깨달을 수 있습니다. "잔치를 베풀거든 차라리 가난한 자들과 몸 불편한 자들과 저는 자들과 맹인들을 청하라 그리하면 그들이 갚을 것이 없으므로 네게 복이 되리니 이는 의인들의 부활시에 네가 갚음을 받겠음이라 하시더라"(눅 14:13~14) 갚을 것이 없는 가난하고 병든 자들을 초대하여 베풀고 나누는 것이 복이 되어 돌아오게 된다는 것입니다. 곧 가난하고 병든 자들을 잔치에 초대하여 베푼다는 것은 아무런 보상을 바라지 않는다는 것입니다. 순수한 사랑으로 베풀고 나눈다는 것으로, 그때에 하나님께서 갚으시고 보상하신다는 것입니다. 순수한 나눔이 하나님의 축복으로 이어진다는 것입니다.

1
Dec

하나님께서 기뻐하시는 것

맥체인성경365 1903p

역대상 29장 | 베드로후서 3장 | 미가 6장 | 누가복음 15장

하나님은 하나님께 돌이키는 회개와 자원하는 헌신과 공의와 사랑의 삶으로 드리는 예배를 기뻐하십니다. 또한 주의 다시 오심의 약속을 믿고 소망하며 인내하는 삶을 기뻐하십니다. 우리가 하나님이 기뻐하시는 삶을 살아야 합니다.

역대상 29장_하나님께서 기뻐하시는 헌신

성전 건축을 위해 이스라엘의 모든 백성들이 자원하여 기쁨으로 예물을 드렸음을 전하고 있고, 이에 다윗이 감사하며 하나님 앞에 기도한 것을 기록하고 있습니다. 또한 다윗이 죽고 솔로몬이 왕이 된 것을 기록하고 있습니다.

성전 건축을 위해 백성들이 예물을 드린 말씀에 주목하면, 모든 가문의 지도자들과 이스라엘의 모든 지파의 지도자들과 천부장과 백부장과 왕의 사무관, 더 나아가 백성들까지 자원하여 기쁨으로 예물을 드렸음을 전하고 있습니다(대상 29:6, 9). 곧 다윗은 성전 건축을 위해 하나님 앞에 먼저 기쁨으로 예물을 드려 헌신의 본을 보였고, 이스라엘의 지도자들을 비롯한 백성들도 기쁨으로 이 헌신에 참여했습니다. 다윗 왕은 이런 백성들의 헌신을 보며 기뻐했는데, 누구보다 기뻐하신 분은 하나님이 아니시겠습니까? 곧 즐거이 드리고 자원하여 드렸다는 말씀에 주목해야 하는데, 억지로가 아니라 하나님을 사랑하여 기쁨으로 헌신할 때, 하나님은 이를 기뻐하십니다.

"나와 내 백성이 무엇이기에 이처럼 즐거운 마음으로 드릴 힘이 있었나이까 모든 것이 주께로 말미암았사오니 우리가 주의 손에서 받은 것으로 주께 드렸을 뿐이니이다"(대상 29:14) 백성들의 자원하는 예물과 헌신에 기뻐한 다윗이 하나님을 찬양하며 하나님께 드린 기도입니다. 다윗은 이처럼 즐거움으로 헌신할 수 있는 것이 하나님께서 주신 힘 때문이며, 하나님께서 주신 것을 다시 하나님께 드렸을 뿐이라고 고백했습니다. 다윗의 이와 같은 고백에도 하나님께서 참으로 기뻐하지 않으셨겠습니까? 자원으로 헌신할 뿐만 아니라, 모든 영광과 감사를 하나님께 돌리는 모습이 하나님의 큰 기쁨이 됐을 것입니다.

베드로후서 3장_주님께서 기뻐하시는 인내

주의 재림과 그 심판의 확실함에 대해 전하고 있습니다. 곧 주의 강림을 부정하며 조롱하는 거짓 선지자들에 대해 말씀하고 있는데, 그들의 주장과 가르침을 주의해야 한다는 것입니다. 속히 오신다는 주님의 약속과 달리 주의 오심이 당장에 이루어지지 않고 있다는 어리석은 생각으로, 거짓 선지자들의 그릇된 주장에 넘어지지 말아야 한다는 것입니다. 주의 재림이 더딘 것은 오히려 모두가 회개하기를 원하시는 주님의 오래 참으심 때문이라는 것입니다. 다시 말해 모두를 구원하고자 하시는 주님께서 사랑으로 오래 참고 계시다는 것입니다(벧후 3:9). 따라서 마땅히 거룩함과 경건함으로 하나님의 날이 임하기를 간절히 사모하며, 그 약속을 통해 주어지는 새 하늘과 새 땅을 소망해야 함을 가르치고 있습니다(벧후 3:11~13).

결국 무엇입니까? 주의 오래 참으심을 기억하며, 흔들림 없이 믿음을 지켜가는 삶, 주의 날을 기다리며 우리도 인내하며 기다리는 삶이 하나님께서 기뻐하시는 삶이 아니겠습니까? 따라서 우리의 어리석고 조급한 판단으로 헛된 믿음에 서지 않아야 합니다. 하나님의 말씀이 아닌 어리석은 교훈에 넘어지지 않아야 합니다. 끝까지 주의 말씀을 붙들고 인내하며, 주의 다시 오심을 믿고 소망하며 살아야 합니다.

미가 6장_하나님께서 기뻐하시는 예배

올바른 예배에 대해 가르치고 있습니다. 또한 예루

살렘 성읍 안의 갖가지 속임수와 이로 인한 심판을 전하고 있습니다. 곧 부정한 저울과 거짓 저울추 등으로 속임수를 쓰고 불의한 재물을 쌓은 것을 고발하고 있고, 이로 인해 하나님께서 그 주민들을 병들게 하시고 황폐케 하실 뿐만 아니라 모든 수고를 헛되게 하시는 등, 심판하심을 말씀하고 있습니다.

특별히 올바른 예배에 대해 가르치는 말씀에 주목하면, 하나님은 천천의 숫양이나 만만의 강물 같은 기름 등, 값지고 비싼 제사 제물로 예배한다고 기뻐하시는 것이 아님을 말씀하고 있습니다(미 6:6~7). 하나님은 먼저 삶의 예배를 원하신다는 것입니다. "사람아 주께서 선한 것이 무엇임을 네게 보이셨나니 여호와께서 네게 구하시는 것은 오직 정의를 행하며 인자를 사랑하며 겸손하게 네 하나님과 함께 행하는 것이 아니냐"(미 6:8) 하나님께서는 이미 말씀하신 것, 곧 정의를 실천하며 인자를 사랑하며 겸손히 하나님과 동행하는 삶을 기뻐하신다는 것입니다. 이 삶으로 드리는 예배를 기쁨으로 받으신다는 것입니다. 이런 삶의 예배 없이 아무리 값진 제물로 예배해 봐야 하나님께서는 결코 그 예배를 받지 않으신다는 것입니다. 따라서 우리의 예배를 돌아봐야 합니다. 공의와 믿음과 사랑으로 채워진 삶의 예배 없이는 결코 하나님께서 기뻐하시는 예배를 드릴 수 없음을 기억하고, 하나님께서 기뻐하시는 예배를 위해 우리의 삶을 공의와 믿음과 사랑으로 채워야 합니다. 결코 삶의 예배를 놓치지 말아야 합니다.

누가복음 15장_하나님께서 기뻐하시는 회개
잃은 양에 대한 비유, 잃은 동전에 대한 비유, 잃은 아들에 대한 비유의 말씀입니다. 이 비유를 통해 예수님은 잃어버린 영혼이 회개하고 돌아오는 것을 하나님께서 무엇보다 기뻐하신다는 사실을 가르치셨습니다.

"내가 너희에게 이르노니 이와 같이 죄인 한 사람이 회개하면 하늘에서는 회개할 것 없는 의인 아흔아홉으로 말미암아 기뻐하는 것보다 더하리라"(눅 15:7) 잃은 양에 대한 비유를 통해 주님께서 주신 가르침입니다. 잃은 동전에 대한 비유도 동일한 가르침을 주고 있는데(눅 15:10 참조), 곧 잃어버린 영혼이 회개하고 하나님께 돌아오는 것을 하나님께서 무엇보다 기뻐하신다는 것입니다. 하나님의 기쁨은 우리의 회개에 있다는 것입니다. 따라서 우리가 힘써 회개하며 하나님께 돌아가야 하고, 또한 하나님의 마음을 이해하고 잃어버린 영혼들을 찾는 일에 힘을 다해야 합니다. 하나님과 같은 마음을 품고 영혼들을 사랑하고 기뻐해야 합니다. "이 네 동생은 죽었다가 살아났으며 내가 잃었다가 얻었기로 우리가 즐거워하고 기뻐하는 것이 마땅하다 하니라"(눅 15:32) 잃어버린 아들의 비유에서, 아버지의 마음을 이해하지 못하는 큰 아들에게 아버지가 한 이야기입니다. 큰 아들은 그 많은 재산을 탕진하고 돌아온 동생에 대해 못마땅하게 생각했습니다. 그러나 아버지는 아들이 돌아온 것만으로 기뻐하고 즐거워했고, 또 큰 아들도 함께 즐거워하기를 바랐습니다.

결국 무엇입니까? 이것이 우리를 향한 하나님의 뜻입니다. 하나님은 잃어버린 영혼이 회개하며 돌아오는 것을 무엇보다 기뻐하시고, 우리도 동일한 마음으로 기뻐하기를 바라십니다. 따라서 또한 우리가 하나님의 마음을 가지고 잃어버린 영혼을 찾는 일에 힘을 다해야 합니다.

오늘의 기도
1. 회개하고 하나님께 돌아가 하나님의 기쁨이 되게 하시고, 또한 하나님과 동일한 마음으로 잃어버린 영혼을 찾는 일에 힘쓰게 하소서.
2. 자원함으로 헌신하며, 공의와 사랑과 믿음의 삶으로 하나님이 기뻐하시는 예배를 드리게 하소서.
3. 주님의 다시 오심을 인내와 소망으로 기다리며, 그 믿음에서 흔들리지 않게 하소서.

간구

역대하 1장 | 요한일서 1장 | 미가 7장 | 누가복음 16장

기회를 놓치면 조금의 은혜도 주어지지 않습니다. 간구의 기회를 놓치지 말아야 하고, 따라서 먼저 은혜를 구해야 합니다. 주께서 기뻐하시는 것을 구하며 믿음으로 구해야 합니다.

역대하 1장_하나님을 기쁘시게 하는 간구

솔로몬이 기브온 산당에서 제사를 드리고 하나님께 지혜를 간구한 말씀을 전하고 있습니다. 곧 하나님은 솔로몬에게 나타나 응답을 약속하시며 내게 구하라고 말씀하셨습니다(대하 1:7). 이때에 솔로몬은 자신의 필요와 욕심을 구하지 않고 하나님께서 맡기신 사명을 감당하기 위한 지혜와 지식을 구했습니다(대하 1:10). 이것이 하나님께 기쁨이 되었고, 하나님께서는 그가 구한 지혜와 지식은 물론이요, 그가 구하지 아니한 부와 재물과 영광도 주시겠다고 약속하셨습니다. "하나님이 솔로몬에게 이르시되 이런 마음이 네게 있어서 부나 재물이나 영광이나 원수의 생명 멸하기를 구하지 아니하며 장수도 구하지 아니하고 오직 내가 네게 다스리게 한 내 백성을 재판하기 위하여 지혜와 지식을 구하였으니 그러므로 내가 네게 지혜와 지식을 주고 부와 재물과 영광도 주리니 네 전의 왕들도 이런 일이 없었거니와 네 후에도 이런 일이 없으리라 하시니라"(대하 1:11~12)

하나님의 기쁨이 되었던 솔로몬의 간구를 대하며, 우리가 무엇을 구하고 있는지 돌아보아야 합니다. 우리도 단순히 우리의 필요만을 구할 것이 아니라, 사명을 위한 필요를 간구해야 합니다. 먼저 그 나라와 의를 구해야 합니다. 이것이 하나님을 기쁘시게 하는 간구입니다. 그리고 그렇게 구할 때, 우리의 필요를 아시는 하나님께서 우리가 구하지 아니한 모든 필요까지 넘치도록 응답하십니다.

요한일서 1장_은혜를 구하는 간구

빛 되신 하나님과 그 속에서 하나님과 사귀는 삶에 대해 말씀하고 있습니다. 하나님과 사귐이 있다하고 어둠에 행하는 것은 거짓말 하는 것이며, 하나님과의 사귐 속에서 빛 가운데 행하면 예수의 피를 통해 모든 죄가 깨끗해짐을 말씀하고 있습니다. 따라서 죄가 없다고 부정하지 말고, 죄를 자백해야 함을 강조하고 있습니다. 그때에 신실하시고 의로우신 하나님께서 그 모든 죄를 용서하시며 깨끗케 하신다는 것입니다. 하나님께서 그 구하는 죄 용서의 은혜를 거절하지 않으신다는 것입니다. "만일 우리가 우리 죄를 자백하면 그는 미쁘시고 의로우사 우리 죄를 사하시며 우리를 모든 불의에서 깨끗하게 하실 것이요"(요일 1:9)

결국 무엇입니까? 하나님과의 사귐 속에서 우리가 힘써 구할 것은 죄를 용서해 주시고 깨끗케 해주시는 은혜입니다. 형통도 구하고 부함도 구하고 승리도 구해야 하겠지만, 무엇보다 죄를 용서하시는 은혜를 구해야 합니다.

미가 7장_믿음으로 구하는 간구

경건하고 정직한 자들이 끊어지고 악하고 부패한 백성들로 가득한 현실로 인해 탄식한 말씀입니다. 또한 그럼에도 하나님의 은혜를 바라며 이스라엘의 회복을 구한 기도입니다. 여기서 믿음의 간구를 보게 됩니다. 곧 불의와 죄악으로 하나님의 심판을 앞둔 상황에서 미가 선지자는 구원의 하나님을 바라보았습니다. "오직 나는 여호와를 우러러보며 나를 구원하시는 하나님을 바라보나니 나의 하나님이 나에게 귀를 기울이시리로다"(미 7:7) 이는 곧 헛된 다른 무엇이 아니라, 오직 하나님께 구원이 있음을 믿고 바라본 것이며, 또한 구원을 간구한 자신의 기도에 하나님께서 귀를 기울이시고 반드시 응답하실 것을 믿은 것입니다. 조금도 의심하지 않고 확신 중에 하나님의 구원을 바라본 것입니다. 따라서 또한 미가 선지자는 이렇게 기도했습니다. "다시 우리를 불쌍히 여기셔서 우리의 죄악을 발로 밟으시고 우리의 모든 죄를 깊은 바다에 던지시리이다 주께서 옛적에 우리 조상들에게 맹세하신 대로 야곱에게 성실을 베푸시며 아브라함에게 인애를 더하시리이다"(미 7:19~20) 곧 미가 선지자는 하나님의 은혜를 확신했습니다. 하나님께서 그 백성의 죄를 용서하시고 인애, 곧 사랑을 더해 주실 것을 믿었습니다.

결국 무엇입니까? 우리의 간구는 믿음의 간구여야 합니다. 조금도 의심하거나 흔들리지 말고 믿음으로 하나님의 응답과 구원을 확신해야 합니다.

누가복음 16장_뒤늦은 간구

부정직한 청지기에 대한 비유의 말씀, 하나님과 재물을 겸하여 섬길 수 없다는 가르침, 바리새인들의 외식을 책망하신 말씀, 부자와 나사로에 대한 비유의 말씀 등을 기록하고 있습니다.

부자와 나사로의 비유의 말씀에서 뒤늦은 간구를 보게 됩니다. 곧 죽어 음부에 가게 된 부자는 음부의 고통 중에서 물 한 방울을 간구했습니다. 너무 뜨거운 고통으로 인해, 천국에 있는 나사로를 보내 손가락 끝에 물을 찍어 자신의 혀에 떨어뜨려 주기를 구했습니다. "불러 이르되 아버지 아브라함이여 나를 긍휼히 여기사 나사로를 보내어 그 손가락 끝에 물을 찍어 내 혀를 서늘하게 하소서 내가 이 불꽃 가운데서 괴로워하나이다"(눅 16:24) 그러나 부자의 간구는 응답되지 못했습니다. 많은 것을 구한 것도 아니고, 그저 한 방울의 물을 구했지만, 그 한 방울의 물조차도 응답되지 못했습니다. 곧 이미 심판에 처한 부자에게는 한 방울의 물조차도 응답될 수 없다는 것입니다. 그 조금의 은혜도 허락되지 않는다는 것입니다.

결국 이 말씀은 늦기 전에 구해야 함을 가르쳐줍니다. 아직 하나님의 응답의 기회가 있을 때, 이 기회를 놓치지 말고 구해서 응답 받아야 한다는 것입니다. 하나님은 한 방울의 물 정도가 아니라 그 죽을 생명까지도 응답하여 구원하십니다. 따라서 뒤늦게 후회하지 말고 하나님의 은혜가 주어질 때, 곧 응답의 기회가 있을 때, 그 기회를 놓치지 말아야 합니다.

하나님의 진노

3 Dec

역대하 2장 | 요한일서 2장 | 나훔 1장 | 누가복음 17장

하나님의 진노는 그 누구도 감당할 수 없습니다. 그 진노의 심판은 갑자기 임합니다. 따라서 예배의 삶과 말씀의 삶을 통해 하나님 안에 거해야 합니다. 하나님 안에 거할 때 심판을 피하고 영원한 생명을 누리게 됩니다.

역대하 2장_예배의 삶을 통해 피하는 하나님의 진노

솔로몬이 성전과 궁궐 건축을 결심하고 두로 왕 후람과 약조한 말씀입니다. 곧 솔로몬은 성전과 궁궐 건축을 위해 짐꾼 칠만 명과 산에서 돌을 캐낼 일꾼 팔만 명, 그리고 일을 감독할 감독관 삼천 육백 명을 뽑았습니다(대하 2:2). 또한 두로 왕 후람에게 사절을 보내어 금, 은, 동, 철을 다룰 줄 알며 자색 홍색 청색 실로 천을 짤 줄 알고 또 조각도 할 줄 아는 재주 있는 사람과(대하 2:7), 백향목과 잣나무와 백단목 등 성전과 궁궐을 건축할 재목을 보내줄 것을 요청했습니다(대하 2:8). 이에 두로 왕 후람은 솔로몬의 제안을 흔쾌히 받아들여 재주 있고 총명한 사람을 보내고, 또 건축에 쓰일 재목을 제공하기로 약조했습니다.

솔로몬이 여호와의 이름을 위하여 성전을 건축하여 구별하여 드리기를 결심한 것은 결국 하나님을 향한 예배를 세우는 것으로 이해할 수 있습니다. 하나님께 드리는 예배의 삶에 힘쓴다는 것입니다. 곧 솔로몬도 사절을 보내어 두로 왕 후람에게 이렇게 말했습니다. "이제 내가 나의 하나님 여호와의 이름을 위하여 성전을 건축하여 구별하여 드리고 주 앞에서 향 재료를 사르며 항상 떡을 차려 놓으며 안식일과 초하루와 우리 하나님 여호와의 절기에 아침 저녁으로 번제를 드리려 하오니 이는 이스라엘의 영원한 규례니이다"(대하 2:4) 또한 그렇게 하나님을 향한 예배의 삶에 힘쓴다는 것은 하나님을 의지하며 하나님 편에 서 있다는 것을 보여줍니다. 그리고 하나님 편에 서 있는 자는 하나님의 진노의 심판이 아니라, 보호하심의 은혜를 누리게 됩니다. 곧 하나님은 심판의 하나님으로 하나님을 떠나 불의한 자는 반드시 진노로 심판하십니다.

그러나 하나님을 힘써 예배하며 의지하는 자는 심판이 아닌 은혜를 베푸십니다. 그 예배하며 의지하는 자를 보호하시고 지키십니다.

결국 무엇입니까? 죄를 벌하시는 하나님의 진노의 심판이 참으로 두려운 일이지만, 우리가 힘써 하나님을 예배하고 있다면 진노의 심판은 더 이상 두려워할 일이 아닙니다. 하나님은 진노가 아니라 오히려 하나님을 예배하는 자의 편에 서서 은혜를 베푸시기 때문입니다. 따라서 우리가 하나님의 진노의 심판을 두려워하고 근심할 것이 아니라, 마음을 다해 하나님을 예배하면 됩니다. 우리가 진정 두려워할 것은 우리가 하나님을 예배하는 일에서 멀어지는 것입니다.

요한일서 2장_말씀의 삶을 통해 피하는 하나님의 진노

우리의 대언자요 죄를 위한 화목 제물 되신 예수 그리스도에 대한 말씀, 형제 사랑의 새 계명에 대한 가르침, 세상과 세상에 있는 것들을 사랑하지 말고 하나님의 뜻을 행하는 자가 되라는 가르침, 예수께서 그리스도이심을 부인하는 적그리스도의 미혹에 넘어지지 말고, 끝까지 예수 그리스도 안에 거하라는 가르침 등을 전하고 있습니다.

특별히 주목할 말씀이, 주님 안에 있다는 것은 주의 말씀을 지키는 것으로 판명된다는 가르침입니다. "그를 아노라 하고 그의 계명을 지키지 아니하는 자는 거짓말하는 자요 진리가 그 속에 있지 아니하되 누구든지 그의 말씀을 지키는 자는 하나님의 사랑이 참으로 그 속에서 온전하게 되었나니 이로써 우리가 그의 안에 있는 줄을 아노라"(요일 2:4~5) 주의 말씀을 지키는 자는 주님 안에 있지만,

말씀을 지키지 않는 자는 주님 밖에 있다고 말씀하고 있습니다. 따라서 말씀을 지키며 말씀에서 떠나지 않아 주님 안에 있어야 함을 가르치고 있습니다.

주의 말씀을 지키며 그 안에 거하는 것이 중요한 것이, 마지막 때에 적그리스도가 나타나 우리를 유혹하며 우리의 믿음을 흔들기 때문입니다. 여기서 넘어지지 말고 주님 안에 거해야 주님께서 다시 이 땅에 오실 때, 우리가 부끄럽지 않을 수 있습니다 (요일 2:28). 곧 주님께서 심판의 주로 다시 오시는데, 주님 안에 거해야 진노의 심판을 피하고, 그 주님을 기쁨으로 맞이하게 됩니다.

힘써 주의 말씀을 지키며 흔들리지 않고 믿음을 가지면, 그 어떤 심판도 두려워할 필요가 없습니다. 말씀을 지키는 자는 주님 안에 있고, 주님 안에서는 심판을 피하고 영원한 생명을 누리게 됩니다.

나훔 1장_감당할 수 없는 하나님의 진노

하나님을 보복하시는 하나님으로 표현하며, 니느웨의 심판을 전하고 있습니다. 곧 하나님의 백성을 고통에 빠지게 했던 니느웨를 하나님께서 진노하시고 심판하심으로 보복하신다는 것입니다. 그리고 주목할 말씀이, 이 진노의 심판은 그 누구도 감당할 수 없을 만큼 크고 엄중하다는 것입니다. 하나님의 분노와 진노는 아무도 감당할 수 없다는 것입니다. "누가 능히 그의 분노 앞에 서며 누가 능히 그의 진노를 감당하랴 그의 진노가 불처럼 쏟아지니 그로 말미암아 바위들이 깨지는도다"(나 1:6) 따라서 하나님 편에 서야 함을 강조하고 있습니다. 선하신 하나님 편에서 하나님을 환난 중에 만날 산성이요 피난처로 삼아야 한다는 것입니다. 오직 이것만이 감당할 수 없는 하나님의 진노를 피하는 길이라는 것입니다. "여호와는 선하시며 환난 날에 산성이시라 그는 자기에게 피하는 자들을 아시느니라"(나 1:7)

하나님을 진노와 심판의 하나님으로 맞이할 것인가? 환난을 피할 산성으로 만날 것인가? 답은 너무도 자명합니다. 하나님의 진노의 심판은 누구도 감당할 수 없음을 기억하고 하나님을 대항하는 죄에서 돌이켜 하나님의 편에 서야 합니다. 하나님의 편에서 은혜를 구해야 합니다. 이것이 하나님을 진노의 하나님이 아닌 피할 산성으로 만나게 합니다.

누가복음 17장_갑자기 임하는 하나님의 진노

용서와 믿음의 능력에 대한 가르침, 보상을 바라지 말고 충성해야 한다는 가르침, 열 명의 한센병 환자를 치료하신 말씀, 하나님 나라의 도래에 대한 가르침 등을 기록하고 있습니다.

특별히 예수님은 하나님 나라의 도래에 대해 가르치면서, 인자의 때 곧 심판의 때가 갑자기 임함을 말씀하셨습니다. 곧 그 때를 노아의 때와 같고, 롯의 때와 같다고 말씀하고 계시는데, 사람들이 먹고 마시고 장가 들고 시집 가며 심판을 생각하지 못할 때, 갑자기 홍수의 심판이 이르러 모든 사람들이 멸망당했다는 것입니다. 사람들이 먹고 마시고 사고 팔고 심고 집을 지으며 생활했는데, 갑자기 불과 유황으로 인한 하나님의 심판이 이르러 소돔의 사람들이 멸망당했다는 것입니다. 이처럼 예수님께서 이 땅에 다시 오셔서 심판하시는 때가 갑자기 이르게 된다는 것입니다(눅 17:26~29).

결국 이 말씀은 항상 깨어 있어야 한다는 사실을 가르치고 있습니다. 갑자기 임하시는 하나님의 진노와 심판의 날을 기억하고 깨어서 준비해야 한다는 것입니다. 어떤 상황에서도 믿음을 잃지 말아야 한다는 것입니다.

오늘의 기도

1. 하나님 편에 서서 감당할 수 없는 진노의 하나님이 아니라, 피난처 되시는 하나님을 만나게 하소서.
2. 갑자기 임하는 하나님의 진노의 심판을 기억하고, 믿음을 지키며 늘 깨어 있게 하소서.
3. 예배의 삶과 말씀의 삶으로 하나님 안에 거하여 하나님의 심판을 피하고 영원한 생명을 누리게 하소서.

4
Dec

더 큰 재물
역대하 3-4장 | 요한일서 3장 | 나훔 2장 | 누가복음 18장

재물의 한계를 깨닫고, 천국에서의 영원한 삶과 영화로운 삶을 보장하는 하늘의 보화를 쌓아야 합니다. 따라서 재물을 통해 하나님 사랑과 이웃 사랑을 실천해야 합니다.

역대하 3-4장_재물의 가치 : 재물을 통한 하나님 사랑

역대하 3장은 솔로몬이 모리아산 오르난의 타작마당에 성전을 건축한 것을 기록한 말씀입니다. 역대하 4장은 제단, 바다, 물두멍 등을 비롯한 성전의 모든 기구들을 만든 것을 전하고 있습니다. 여기서 재물의 참된 가치에 대해 생각할 수 있습니다. 곧 어떻게 사용할 때에 재물의 참된 가치를 가질 수 있는가? 재물을 통해 하나님 사랑을 표현할 때 그 참된 가치를 가질 수 있다는 것입니다. "그 성전 앞에 있는 낭실의 길이가 성전의 너비와 같이 이십 규빗이요 높이가 백이십 규빗이니 안에는 순금으로 입혔으며 그 대전 천장은 잣나무로 만들고 또 순금으로 입히고 그 위에 종려나무와 사슬 형상을 새겼고 또 보석으로 성전을 꾸며 화려하게 하였으니 그 금은 바르와임 금이며 또 금으로 성전과 그 들보와 문지방과 벽과 문짝에 입히고 벽에 그룹들을 아로새겼더라"(대하 3:4~7) 솔로몬이 성전을 건축한 것에 대해 전하고 있는 말씀인데, 주목할 것이 성전 안을 순금으로 입히고, 보석으로 화려하게 꾸미고, 금으로 성전과 들보와 문지방과 벽과 문짝에 입혔다는 것입니다. 지성소도 순금 육백 달란트로 입히고(대하 3:8), 지성소 안에 두 그룹의 형상도 금으로 입혔다고 말씀하고 있는데(대하 3:10), 곧 솔로몬은 하나님의 성전을 건축하며 그 무엇도 아까워하지 않았다는 것입니다. 금과 보석 등, 그 값진 재물을 아낌없이 드려 하나님을 위해 사용했다는 것입니다.

우리에게 있는 은금 등의 재물은 하나님께서 주신 것입니다. 하나님께서 주신 이 재물을 가장 가치 있게 사용하는 것은 무엇이겠습니까? 그것을 다시 하나님께 드려 하나님을 위해 사용하는 것 아니겠습니까? 그렇게 하나님의 영광을 위해 사용할 때에 그 재물이 비로소 최고의 가치를 나타낼 수 있습니다.

요한일서 3장_재물의 가치 : 재물을 통한 이웃 사랑

하나님의 자녀 됨의 영광을 소망하며 주님 안에 거하고 범죄하지 말아야 함을 가르치고 있습니다. 또한 형제 사랑에 대해 가르치고 있는데, 결코 형제를 미워하지 말고 우리를 위해 목숨을 버리신 예수님의 사랑을 기억하며 우리도 형제들을 위해 목숨을 버림이 마땅하다고 가르치고 있습니다. 무엇보다 주목할 말씀이 형제를 말과 혀로만 사랑하지 말고 행함과 진실함으로 사랑해야 한다는 것입니다(요일 3:17~18). 이는 곧 형제의 궁핍함과 어려움을 돕는 일에 세상의 재물도 사용돼야 한다는 사실을 가르쳐줍니다.

하나님께서 주신 재물을 단지 우리의 배만 채우고, 우리의 욕심을 위해서만 사용한다면, 그 가치는 한없이 떨어질 수밖에 없습니다. 그러나 그 주신 재물을 우리 이웃을 위해 사용하며 하나님의 사랑을 표현하고 전하는 일에 사용한다면, 그 재물의 가치는 크고 아름답게 나타나게 됩니다. 따라서 우리의 손에 있는 재물로 이웃을 사랑하며 나누는 일에 힘써야 합니다. 우리의 재물을 하나님의 영광과 하나님을 예배하는 일, 곧 하나님 사랑을 위해 사용해야 하고 또한 이웃을 돕고 나누는 일, 곧 이웃 사랑을 위해 사용해야 합니다. 이것이 진정 재물의 가치를 크고 아름답게 나타내는 일입니다. 이를 통해 우리는 이 땅이 아닌 하늘에 보화를 쌓아갈 수 있습니다.

나훔 2장_재물의 한계

니느웨의 파괴를 예언하는 말씀입니다. 파괴하는 자가 올라와 니느웨를 치며 약탈하는데, 막을 수 없다는 것입니다. 주목할 말씀이 니느웨를 침략한 대적들이 그 성 안에 수없이 쌓인 은금과 재물을 노략하게 된다는 것입니다. "은을 노략하라 금을 노략하라 그 저축한 것이 무한하고 아름다운 기구가 풍부함이니라"(나 2:9) 결국 이 말씀은 재물의 한계를 보여줍니다. 그 무수한 재물이 성의 멸망을 막을 수 없고, 성 안 사람들의 생명을 지키지 못한다는 것입니다. 니느웨 성이 무수한 재물을 쌓고 부귀와 영화를 누리며, 한껏 자랑하며 교만했지만, 심판의 때에 그 재물이 아무 도움이 되지 못한다는 것입니다. 결코 그들을 구원하지 못한다는 것입니다.

사람들은 재물에 무한 신뢰를 둡니다. 재물을 최고의 가치로 여기고, 재물만 있으면 못할 것이 없다고 생각합니다. 그렇기에 재물에 욕심을 냅니다. 불의한 방법을 동원해서라도 재물을 손에 쥐고자 합니다. 그러나 재물이 모든 것을 가능케 하는 것은 아닙니다. 무엇보다 재물이 우리를 구원하지 못합니다. 하나님의 심판 때에 그 심판을 막고 피하게 하지 못합니다. 결코 재물이 우리의 가장 소중한 생명을 보장하지 못합니다. 따라서 재물의 한계를 바로 인식하고 재물에 대한 바른 가치를 가져야 합니다. 이 세상을 살아가며 재물이 소중하고 꼭 필요한 것은 맞지만, 재물보다 더 소중한 것이 있음을 깨달아야 합니다. 어리석게 재물에 절대 가치를 두고 추구하다가 더 소중한 것을 잃어버리지 않아야 합니다. 하나님의 심판 때에 우리를 구원하고 영원한 생명을 주는 것이 무엇인지 깨닫고, 그것을 먼저 추구해야 합니다.

누가복음 18장_더 큰 재물

간청하는 과부의 비유와 바리새인과 세리의 기도를 통해 항상 기도하고 낙심하지 말아야 한다는 것과, 기도할 때 겸손히 자기를 낮추고 은혜를 구해야 한다는 것을 가르치고 있습니다. 또한 예수님께서 아이들을 축복하신 것과 영생을 구하러 찾아온 부유한 청년을 통해 부의 위험을 가르치신 것, 주를 따를 때의 보상, 예수의 수난과 부활에 대한 예고, 여리고에서 한 시각장애인을 치유하신 것을 기록하고 있습니다.

특별히 영생을 구하며 찾아온 한 부유한 관리에게 예수님께서 가르치신 말씀을 주목하면, 이 땅의 재물이 아닌 하늘의 보화가 더 크고, 따라서 하늘의 보화를 추구해야 한다는 사실을 깨달을 수 있습니다(눅 18:22). 예수님은 이 관리가 구하는 영생을 가로막고 있는 것이 재물에 대한 욕심이었음을 아셨습니다. 따라서 세상 재물에 대한 욕심을 내려놓고, 하늘의 보화를 추구하라고 가르치셨습니다. 곧 하늘의 보화를 추구하며 예수님을 따를 때에 그가 구하는 영생을 얻을 수 있다는 것입니다. 세상의 재물은 그 영원한 생명을 보장하지 못하지만, 예수님을 따르며 쌓게 되는 하늘의 보화는 영원한 생명을 보장한다는 것입니다. 그러나 이 부유한 관리는 세상 재물에 대한 욕심을 버리지 못해 근심하며 돌아갔습니다(눅 18:23).

이 세상에서의 부유함과 화려한 삶을 주는 세상의 재물보다 하늘에서의 부유함과 영광의 삶, 그리고 영원한 생명을 주는 하늘의 보화가 더 큰 재물입니다. 따라서 어리석게 세상 재물에 대한 욕심으로 더 큰 하늘의 보화를 놓치지 말아야 합니다. 세상의 재물이 아닌 하늘의 보화를 힘써 추구해야 합니다.

오늘의 기도

1. 영생을 보장하지 못하는 이 땅의 재물에 마음 빼앗기지 않게 하시고 힘써 주님을 따르며 하늘의 보화를 쌓아가게 하소서.
2. 부요함의 축복도 더해 주시고, 또한 그 주신 부요함으로 하나님의 나라와 영광을 위해 아낌없이 헌신하며 드리게 하소서.
3. 말과 혀로만 사랑을 말하지 말고 우리의 재물을 구체적으로 사용하는 실천으로 그 사랑을 나타내게 하소서.

하나님

역대하 5-6장 1-11절 | 요한일서 4장 | 나훔 3장 | 누가복음 19장

하나님의 사랑과 그 사랑을 통한 구원에 응답해야 합니다. 곧 예배와 헌신의 삶을 통해 하나님의 영광이 임하는 삶을 살아야 합니다. 그 사랑과 구원을 거부할 때, 하나님의 진노와 심판에 이를 수밖에 없습니다.

역대하 5-6장 1-11절_하나님의 영광

솔로몬이 성전을 건축하고 이스라엘의 모든 지도자들과 함께 하나님께 성전을 봉헌한 말씀입니다. 특별히 주목할 말씀이 여호와의 언약궤를 지성소에 메어 들이고, 노래하는 레위 사람들이 하나님을 찬양할 때, 하나님의 영광이 그 성전에 임하여 가득했다는 것입니다. "나팔 부는 자와 노래하는 자들이 일제히 소리를 내어 여호와를 찬송하며 감사하는데 나팔 불고 제금 치고 모든 악기를 울리며 소리를 높여 여호와를 찬송하여 이르되 선하시도다 그의 자비하심이 영원히 있도다 하매 그 때에 여호와의 전에 구름이 가득한지라 제사장들이 그 구름으로 말미암아 능히 서서 섬기지 못하였으니 이는 여호와의 영광이 하나님의 전에 가득함이었더라"(대하 5:13~14)

우리가 힘써 하나님을 예배하며 헌신할 때, 하나님은 그 예배와 헌신을 기뻐 받으시고, 그 영광으로 임하여 응답하십니다. 결코 우리의 예배와 헌신이 헛되이 사라지지 않습니다. 따라서 하나님의 영광을 기억하며 힘써 하나님을 예배하며 헌신해야 하고, 이를 통해 우리의 삶에 하나님의 영광이 임하여 가득하도록 해야 합니다.

요한일서 4장_하나님의 사랑

진리의 영과 거짓의 영을 분별해야 함을 가르치고 있습니다. 곧 진리의 영인 하나님의 영은 예수 그리스도께서 육체로 오신 것을 시인하게 하지만, 거짓의 영인 적그리스도의 영은 이를 부인한다는 것입니다. 또한 하나님의 사랑을 가르치고 있는데, 특별히 주목할 말씀이 하나님의 사랑을 설명하며, 하나님께서 우리를 살리기 위해 독생자 예수 그리스

도를 세상에 보내시고, 우리의 죄를 속하기 위한 화목 제물이 되게 하셨다는 것입니다. "하나님의 사랑이 우리에게 이렇게 나타난 바 되었으니 하나님이 자기의 독생자를 세상에 보내심은 그로 말미암아 우리를 살리려 하심이라 사랑은 여기 있으니 우리가 하나님을 사랑한 것이 아니요 하나님이 우리를 사랑하사 우리 죄를 속하기 위하여 화목 제물로 그 아들을 보내셨음이라"(요일 4:9~10) 이는 곧 하나님께서 우리를 누구보다 사랑하셨음을 보여주고 있습니다. 독생자 예수 그리스도의 생명보다 우리의 생명을 더 소중히 여기실 만큼 사랑하셨다는 것입니다. 따라서 또한 하나님의 사랑을 깨닫고, 그 사랑을 우리 안에서 실천해야 함을 가르치고 있습니다. 하나님으로부터 받은 사랑을 기억하며 우리가 서로 사랑해야 한다는 것입니다. 곧 성경은 이렇게 가르치고 있습니다. "사랑하는 자들아 하나님이 이같이 우리를 사랑하셨은즉 우리도 서로 사랑하는 것이 마땅하도다"(요일 4:11) 사랑의 삶이 마땅하다는 것입니다. 하나님의 사랑을 받은 우리가 이제는 그 사랑을 이웃을 향해 베풀며 살아가야 한다는 것입니다.

나훔 3장_하나님의 심판

니느웨의 멸망을 전하고 있습니다. 거짓과 포악과 불의가 가득했던 니느웨를 미모의 음녀로 표현하며, 니느웨가 심판으로 부끄러움을 당하고 능욕을 당하며 구경거리 되게 됨을 말씀하고 있습니다(나 3:5~6). 사실 니느웨는 이전 요나의 심판의 선언을 통해 그 죄를 깨닫고 회개하여 하나님의 심판을 피할 수 있었습니다. 이미 니느웨는 하나님의 사랑과 용서의 은혜를 경험했습니다. 그러나 그 사랑과 은

혜를 잊고 다시 죄와 불의 가운데로 돌아섰고, 그 죄에서 떠나지 않아 결국 하나님의 심판에 이르게 된다는 것입니다.

심판을 피하는 유일한 길은 죄에서 돌이켜 끝까지 하나님을 의지하며 은혜를 구하는 것뿐입니다. 세상의 재물과 방백과 군사를 의지하는 것으로는 결코 하나님의 심판을 막을 수 없습니다. 곧 성경은 이렇게 말씀하고 있습니다. "네가 네 상인을 하늘의 별보다 많게 하였으나 느치가 날개를 펴서 날아감과 같고 네 방백은 메뚜기 같고 너의 장수들은 큰 메뚜기 떼가 추운 날에는 울타리에 깃들였다가 해가 뜨면 날아감과 같으니 그 있는 곳을 알 수 없도다"(나 3:16~17) 하늘의 별처럼 많은 상인들, 곧 이들을 통해 무수하게 쌓고 모은 재물들이 하루아침에 사라진다는 것입니다. 방백과 군사를 거느리던 장수들도 한 순간에 날아가 사라진다는 것입니다. 결국 이 말씀은 그 의지한 재물과 군사와 방백이 헛될 뿐임을 가르치고 있습니다. 결코 그것이 하나님의 심판을 막지 못하며, 그 심판에서 그 자신을 구원하지 못한다는 것입니다. 오직 심판을 피하는 유일한 해답은 하나님께 있다는 것입니다. 재물과 군사가 아니라 하나님을 의지하며 그 은혜를 구해야 한다는 것입니다.

하나님은 사랑과 구원의 하나님이시지만 동시에 심판의 하나님이십니다. 하나님의 사랑에 응답하지 않고, 끝까지 그 죄를 돌이키지 않을 때 하나님의 심판에 이를 수밖에 없습니다. 따라서 그 사랑에 응답하며 그 은혜를 놓치지 말아야 합니다. 오직 하나님을 의지하여 그 은혜를 구하는 것만이 심판을 피할 수 있는 유일한 길임을 잊지 말아야 합니다.

누가복음 19장_하나님의 구원
세리장 삭개오가 예수님을 영접하여 구원함을 받

은 말씀, 맡긴 돈에 대한 비유의 말씀, 예수님께서 나귀를 타고 예루살렘에 입성하신 말씀, 예루살렘을 바라보며 예수님께서 우신 말씀, 성전에 들어가 성전을 정화하신 말씀을 기록하고 있습니다.

특별히 세리장 삭개오가 구원받은 말씀에 주목하면, 예수님은 세리장으로 모두가 손가락질하며 비난하는 삭개오이지만, 사랑으로 찾아가 그의 집에 유하셨고, 삭개오의 회개와 변화된 삶의 결단을 이끌어내셨습니다. 이를 통해 그의 집에 구원을 선포하셨고, 또한 예수님께서 이 구원을 위해 이 땅에 오셨음을 천명하셨습니다(눅 19:9~10).

예수님은 잃어버린 자를 찾아 구원하기 위해 하늘의 영광을 버리고 인간의 몸을 입고 이 땅에 오셨습니다. 이 구원을 위해 그 어떤 비난도 오해도 공격도 아랑곳하지 않으셨습니다. 예수님께는 우리를 심판의 고통에서 구원하시는 것보다 더 소중한 것은 없으셨기 때문입니다. 따라서 사람들의 수군거림과 비난을 아시지만 먼저 세리장 삭개오를 찾아가시고, 그의 집에 유하시며 그를 구원하셨습니다. 사람들의 시선과 관계없이 당시 죄인이라 외면 받던 사람들과 함께하셨습니다. 그들에게 하나님의 나라를 전하고 가르치시며 구원의 자리로 부르셨습니다.

예수님의 구원을 위한 헌신 그리고 부르심은 오늘도 계속되고 있습니다. 그 헌신의 사랑과 부르심에 이제는 우리가 응답해야 합니다. 이전의 부끄럽고 죄악된 삶을 청산하고 주님 안에서 새로운 삶을 살기를 결단해야 합니다. 곧 삭개오의 결단이 오늘 우리의 결단이 되어야 합니다. "삭개오가 서서 주께 여짜오되 주여 보시옵소서 내 소유의 절반을 가난한 자들에게 주겠사오며 만일 누구의 것을 속여 빼앗은 일이 있으면 네 갑절이나 갚겠나이다"(눅 19:8)

오늘의 기도

1. 하나님의 놀라운 사랑을 항상 가슴에 품고, 그 사랑으로 함께한 모든 사람들을 더 사랑하며 살게 하소서.
2. 세상의 재물과 힘이 아니라 오직 하나님을 의지하며 그 사랑에 기대어 하나님의 구원과 은혜를 누리게 하소서.
3. 힘써 하나님을 예배하며 헌신하는 삶을 통해, 그 예배와 헌신에 임하시는 하나님의 영광을 누리게 하소서.

기도

맥체인성경365 1929p

역대하 6장 12-42절 | 요한일서 5장 | 하박국 1장 | 누가복음 20장

주님께 대항하지 말고 기도해야 합니다. 약속을 붙들고 은혜를 구하며 기도해야 하고, 욕심을 버리고 주의 뜻을 따라 기도해야 합니다. 무엇보다 포기하지 말고 기도해야 합니다. 그 기도가 응답과 찬양으로 이어지게 합니다.

역대하 6장 12-42절_은혜를 구하는 기도

솔로몬이 성전을 봉헌하며 하나님께 드린 기도입니다. 핵심은 약속과 은혜입니다. 하나님께서 이름을 두시겠다고 약속하신 성전을 찾고, 또한 성전을 향해 드리는 기도에 응답해 달라는 것입니다. 그 구하는 기도를 외면하지 마시고, 은혜를 베풀어 달라는 것입니다. "주께서 전에 말씀하시기를 내 이름을 거기에 두리라 하신 곳 이 성전을 향하여 주의 눈이 주야로 보시오며 종이 이 곳을 향하여 비는 기도를 들으시옵소서 주의 종과 주의 백성 이스라엘이 이 곳을 향하여 기도할 때에 주는 그 간구함을 들으시되 주께서 계신 곳 하늘에서 들으시고 들으시사 사하여 주옵소서"(대하 6:20~21) 이처럼 솔로몬은 성전을 통해 구하는 기도에 하나님께서 응답해 주시기를 구했는데, 죄의 용서도, 다시 돌아오는 회복도, 주의 땅에 비를 내리시는 은총도, 기근과 전염병을 물리쳐 주시는 은혜도, 적과의 싸움에서 돌보시고 지키시는 주의 손길도 누리게 해 달라고 간구했습니다.

결국 무엇입니까? 우리가 하나님께 구할 것은 은혜입니다. 하나님께서 우리의 기도에 응답하셔야만 하는 아무 이유도 없습니다. 오직 우리를 사랑하심과 그 사랑을 통해 주신 약속이 있을 뿐입니다. 따라서 그 약속을 붙들고 주의 사랑하심에 기대어 은혜를 구해야 합니다.

요한일서 5장_주의 뜻대로 구하는 기도

예수께서 그리스도이심을 믿는 자마다 하나님께로 난 자요, 하나님께로부터 난 자마다 세상을 이기며, 예수께서 하나님의 아들이심을 믿는 자에게 영생이 있음을 가르치고 있습니다. 또한 우리가 하나님의 뜻대로 구하며 기도할 때 반드시 응답이 있음을 가르치고 있습니다. "그를 향하여 우리가 가진 바 담대함이 이것이니 그의 뜻대로 무엇을 구하면 들으심이라 우리가 무엇이든지 구하는 바를 들으시는 줄을 안즉 우리가 그에게 구한 그것을 얻은 줄을 또한 아느니라"(요일 5:14~15) 주의 뜻대로 구할 때에 무엇이든지 주님은 들으신다 말씀은 곧 우리의 욕심으로 구하지 말아야 한다는 것을 가르치고 있습니다. 우리의 욕심이 아닌 주님의 뜻 안에서 구해야 한다는 것입니다. 따라서 죄 짓는 형제를 위해 중보하며 기도하라고 가르치고 있습니다. 또한 이것은 그렇게 주의 뜻 안에서 구했다면, 반드시 주의 응답을 믿어야 한다는 사실도 가르치고 있습니다. 주의 뜻이 아닌 내 욕심으로 구했기에 응답되지 않을 뿐이지, 주의 뜻대로 구했다면 반드시 주님은 응답하신다는 것입니다

오늘 우리가 무엇을 구하고 있는지 돌아봐야 합니다. 혹 욕심으로 구하고 있지는 않는지 겸손히 우리의 기도를 점검해야 합니다. 주님께서는 우리의 마음까지도 감찰하심을 깨닫고, 우리의 욕심을 내려놓고 주의 뜻을 따라 진실하게 간구해야 합니다. 먼저 주의 나라를 위해 간구해야 하고, 주의 기뻐하시는 사명을 위해 간구해야 합니다.

하박국 1장_포기하지 않는 기도

하박국 선지자의 탄원과 하나님의 대답, 그리고 다시 하나님의 공의에 대한 하박국 선지자의 질문을 기록하고 있습니다. 곧 하박국 선지자는 겁탈과 강포와 변론과 분쟁 등 세상의 불의에 대하여 탄원했고, 하나님은 갈대아 사람들을 통해서 그 불의함을 심판하시겠다고 말씀하셨습니다. 이에 하박국 선

지자는 더 악한 갈대아 사람을 통해, 유다의 불순종을 심판하시는 것이 과연 옳은 것이냐고 질문했습니다.

여기서 주목할 말씀이, 하박국 선지자는 포기하지 않고 기도하고 있다는 것입니다. 곧 하박국은 강포가 가득한 상황에서 하나님의 도우심을 구했습니다. 죄악과 패역이 끊이지 않고 악인이 의인을 협박하는 공의가 왜곡된 현실을 보며 하나님의 구원을 기도했습니다(합 1:2). 물론 하박국이 하나님의 더 큰 계획, 곧 그 불의를 깨뜨리고 그 죄를 심판하며, 하나님의 의를 실현해 가시는 더 크고 깊은 하나님의 뜻을 바로 보지 못해, 주께서 귀를 닫으시고 그 부르짖음과 외침에 응답하지 않으신다고 오해하며 탄식했지만, 그럼에도 놓치지 말고 주목해야 하는 것이 그가 포기하지 않고 기도했다는 것입니다. 곧 하박국은 주님께서 응답하지 않으신다고 생각되는 상황에서도 하나님께 기도했습니다. 그리고 그 결과, "여호와께서 이르시되..."(합 1:5) 하나님의 직접적인 음성을 듣고, 기도의 응답을 경험할 수 있었습니다. 물론 처음에는 하나님의 뜻을 온전히 이해하지 못해 하나님의 공의에 대해 의문을 갖기도 했지만, 계속된 기도, 곧 그의 포기하지 않는 기도는 확실한 하나님의 응답과 크신 하나님의 뜻을 깨닫게 했고, 그럼으로 하나님을 찬양하게 했습니다.

결국 무엇입니까? 당장 응답되지 않고, 당장 이해되지 않는다고 기도를 멈추는 것은 어리석은 일입니다. 우리의 생각보다 더 큰 생각으로 세상을 다스리시고 우리의 인생을 주관하시는 분이 우리의 하나님이심을 깨닫고, 포기하지 말고 기도해야 합니다. 포기하지 않는 그 기도가 결국에는 응답과 찬양으로 이어지게 합니다.

누가복음 20장_대항하지 말고 구해야 하는 기도

대제사장들과 서기관들과 장로들이 예수님의 권위에 대항하며 그 전권에 대해 물은 말씀, 예수님께서 백성들에게 전한 악한 포도원 농부들에 대한 비유의 말씀, 서기관들과 대제사장들이 예수님을 책잡고 옭아매려고 정탐들을 보내 가이사에게 세금을 바치는 것이 옳으냐고 물은 말씀, 부활이 없다고 주장하는 사두개인들이 부활에 대해 물은 말씀 등을 기록하고 있습니다.

특별히 대제사장들과 서기관들과 장로들이 예수님의 권위에 대항하며 그 전권에 대해 물은 말씀에 주목하면, "하루는 예수께서 성전에서 백성을 가르치시며 복음을 전하실새 대제사장들과 서기관들이 장로들과 함께 가까이 와서 말하여 이르되 당신이 무슨 권위로 이런 일을 하는지 이 권위를 준 이가 누구인지 우리에게 말하라"(눅 20:1~2) 곧 이들은 예수님께서 하나님이 되시며 그리스도 되심을 믿지 못하고 그 사역과 가르침에 도전하며 그 반대편에 섰습니다. 예수님을 대항하며 넘어뜨리려고 했습니다. 그러나 결코 그들은 예수님을 이길 수 없었습니다. 오히려 예수님을 대항한 결과 부끄러움과 망신만 당했습니다.

이와 같은 사실을 대하며, 어리석게 예수님께 대항하지 말고 오히려 엎드려 은혜를 구하며 기도해야 한다는 사실을 깨닫게 됩니다. 곧 예수님을 거부하고 대항하는 결과는 하나님의 진노의 심판일 뿐입니다. 길이요 진리요 생명이 되신 예수님을 부정하고 대항하면 그 어디서도 구원의 길을 찾을 수 없습니다. 따라서 예수님의 반대편에서 대항할 것이 아니라, 엎드려 은혜를 구하며 기도해야 합니다. 내 생각으로 이해되지 않는다고 부정하며 대항하지 말고, 주님께 나아와 묻고 도움을 구해야 합니다. 그러면 사랑의 응답을 누릴 수 있습니다. 풍성한 사랑의 주님은 그 간구와 물음을 외면하지 않으시고 응답하십니다.

오늘의 기도

1. 항상 하나님이 계신 성전을 찾고, 겸손히 은혜를 구하며 기도하게 하소서.
2. 내 욕심으로 구하지 않게 하시고, 하나님께서 기뻐하시는 뜻을 찾고 그 뜻을 따라 기도하게 하소서.
3. 당장 응답이 없어도, 반드시 하나님의 때에 응답하심을 믿고 그 기도를 포기하지 않게 하소서.

주의 말씀은 영원하며 주의 때에 반드시 이루어집니다. 무엇보다 그 말씀은 우리에게 축복이 됩니다. 따라서 주의 말씀을 붙들고 주의 때를 기다려야 합니다. 거짓 교훈에 넘어지지 않도록 주의 말씀을 분별하고, 그 말씀에 굳건히 서 있어야 합니다.

역대하 7장_축복이 되는 말씀

솔로몬이 기도를 마친 후, 하나님의 불이 응답으로 내리고, 성전에 여호와의 영광이 가득했음을 전하고 있습니다. 또한 왕과 모든 백성들이 제물을 드려 제사하고, 칠 일 동안 기쁨으로 절기를 지켰음을 전하고 있습니다. 그리고 이후 하나님께서 솔로몬에게 나타나 기도에 대한 응답의 말씀을 주셨음도 전하고 있는데, 하나님은 솔로몬에게 이렇게 약속하셨습니다. 아버지 다윗처럼 하나님의 율례와 법도, 곧 그 말씀을 지키면, 그 왕위를 견고하게 하시겠다는 것입니다. 다윗에게 약속한 것처럼 이스라엘의 왕위가 끊어지지 않도록 그 후손에게 영원토록 이어지게 하시겠다는 것입니다. "네가 만일 내 앞에서 행하기를 네 아버지 다윗이 행한 것과 같이 하여 내가 네게 명령한 모든 것을 행하여 내 율례와 법규를 지키면 내가 네 나라 왕위를 견고하게 하되 전에 내가 네 아버지 다윗과 언약하기를 이스라엘을 다스릴 자가 네게서 끊어지지 아니하리라 한 대로 하리라"(대하 7:17~18)

하나님의 약속의 말씀을 통해, 하나님의 축복은 하나님의 말씀을 지키는 것에 있음을 놓치지 말아야 합니다. 그 말씀을 지키며 하나님 안에서 살아가는 삶 자체가 축복이고, 또한 하나님은 그렇게 하나님 안에 있는 자를 돌보시고 필요를 풍성히 채우시며 그 약속을 이루셔서 축복하십니다. 따라서 하나님은 이 축복을 위해 우리에게 말씀을 주시고, 말씀을 지키라고 명령하십니다. 우리가 이 말씀을 지킴으로 하나님의 축복을 누려야 합니다.

요한이서 1장_분별해야 하는 말씀

진리와 사랑 안에서 사는 삶에 대해 전하고 있고,

또한 거짓 교사에 대해 경고하고 있습니다. 곧 미혹하는 자가 세상에 많이 나왔다는 것입니다. 이들은 예수 그리스도께서 육체로 오심을 부인하고 있다는 것입니다. 따라서 그리스도의 교훈에서 지나쳐 다른 교훈을 말하는 자들을 가까이 하지 말라고 가르치고 있습니다. 이 거짓된 교훈에 넘어지지 말고 참된 교훈, 곧 그리스도의 교훈 안에 거해야 함을 가르치고 있습니다. "지나쳐 그리스도의 교훈 안에 거하지 아니하는 자는 다 하나님을 모시지 못하되 교훈 안에 거하는 그 사람은 아버지와 아들을 모시느니라 누구든지 이 교훈을 가지지 않고 너희에게 나아가거든 그를 집에 들이지도 말고 인사도 하지 말라"(요이 1:9~10)

결국 이 말씀은 주의 참된 진리의 말씀을 바로 분별하는 것이 중요하다는 사실을 가르치고 있습니다. 무엇이 참된 하나님의 말씀이며, 우리를 생명과 축복으로 이끄는지, 우리에게 주어진 하나님의 말씀을 통해 바로 분별해야 합니다. 우리를 넘어뜨리고자 하는 사탄은 교묘하게 꾸민 거짓된 말씀으로 우리를 유혹하여 넘어뜨리고자 합니다. 따라서 더욱 주의 말씀에 굳건히 서서 이를 분별하고, 또 참된 주의 말씀을 지키고 따름으로 거짓된 말씀에 넘어지지 않아야 합니다.

하박국 2장_주의 때에 이루어지는 말씀

하박국 선지자의 하나님의 공의에 대한 질문에 하나님께서 주신 대답을 기록하고 있습니다. 곧 1장에서 하박국 선지자는 악한 갈대아 사람을 통해 유다의 불순종을 심판하시는 것이 과연 옳은 것이냐고 질문했는데, 이에 대한 대답을 주신 것입니다. 여기서 주목할 말씀이 하나님께는 정하신 때와 계획이 있으며, 그 정하신 때에 불의한 자들을 반드시 심판하신다는 것입니다. 이는 곧 당장 이해되지 않는다고 하나님의 공의를 의심하지 말아야 한다는 사실을 가르치신 것입니다. 무엇보다 비록 더디다고 생각될지라도 포기하지 말고 그 때를 기다려야 하며 결코 그 때는 지체 되지 않는다고 말씀하고 있는데, 이는 곧 하나님의 때에 하나님의 공의를 반드시 이루심을 가르치신 것입니다. "이 묵시는 정한 때가 있나니 그 종말이 속히 이르겠고 결코 거짓되지 아니하리라 비록 더딜지라도 기다리라 지체되지 않고 반드시 응하리라"(합 2:3)

하나님은 공의의 뜻과 주권을 가지고 하나님의 시간에 그 뜻을 이루십니다. 당장의 상황이 이해할 수 없다고 하나님의 공의를 의심하지 말고, 하나님을 믿고 하나님의 때를 기다려야 합니다. 우리의 때와 하나님의 때가 다르며, 우리의 때가 아닌 하나님의 때가 옳음을 기억해야 합니다. 주의 말씀은 반드시 이루어지고, 주의 뜻대로 주의 때에 이루어지는데, 우리의 때에 우리의 뜻대로 이루어지지 않는다고 원망하고 그 믿음을 포기하는 것은 어리석은 일입니다. 끝까지 하나님을 믿고 하나님의 때를 기다리며, 그 말씀을 붙들어야 합니다.

누가복음 21장_영원한 주의 말씀
예수님께서 과부의 헌금을 칭찬하신 말씀, 성전과 예루살렘의 종말, 그리고 인자가 구름을 타고 능력과 큰 영광으로 다시 오심에 대해 전하고 있습니다. 이 때를 분별하고 또한 깨어 있어야 함을 가르치고 있습니다.

특별히 주목할 말씀이, 주의 말씀은 영원하다는 것입니다. 천지는 유한하여 결국에는 소멸되고 사라지지만, 주의 말씀은 영원하여 사라지지 않는다는 것입니다. "내가 진실로 너희에게 말하노니 이 세대가 지나가기 전에 모든 일이 다 이루어지리라 천지는 없어지겠으나 내 말은 없어지지 아니하리라"(눅 21:32~33) 주의 말씀이 영원하여 사라지지 않는다는 것은 주의 말씀이 반드시 성취되고 이루어진다는 것을 가르쳐줍니다. 곧 마지막 때에 주님께서 구름을 타고 능력과 큰 영광으로 다시 오신다는 약속의 말씀이 반드시 이루어진다는 것입니다. 따라서 인자의 다시 오심과 세상의 종말이 이루어진다고 할지라도 두려워하지 말고, 말씀만 붙들고 있으면 된다는 사실도 가르쳐줍니다. 영원한 말씀이 우리를 생명과 구원으로 이끈다는 것입니다. 또한 당장에 주의 말씀이 이루어지지 않는다고 말씀에서 돌아서지 말아야 한다는 사실도 가르쳐줍니다. 그 말씀은 영원하기에 반드시 주의 때에 이루어짐을 기억하고, 끝까지 말씀을 붙들어야 한다는 것입니다. 말씀을 붙들어 그 말씀이 이루어질 때, 이루어지는 말씀이 축복이 되게 해야 하고, 어리석게 말씀에서 돌아서, 이루어지는 말씀이 심판이 되지 않게 해야 한다는 것입니다.

오늘의 기도

1. 주의 말씀은 영원하며, 반드시 그 말씀대로 이루어짐을 믿고 기다리는 삶을 살게 하소서.
2. 주의 말씀을 깨뜨리는 거짓 교훈을 멀리하며, 철저히 주의 말씀을 지켜가게 하소서.
3. 주의 말씀을 지킴으로 주께서 약속을 지켜 이루시는 축복을 누리게 하소서.

기쁨

역대하 8장 | 요한삼서 1장 | 하박국 3장 | 누가복음 22장

욕심으로 인한 기쁨을 버리고, 하나님과 그 주신 사명, 그리고 함께 그 사명을 감당하며 주의 나라를 세워 가는 믿음의 사람들에게 기쁨을 두어야 합니다. 그때에 우리를 기뻐하시는 하나님의 축복도 누릴 수 있습니다.

역대하 8장_기쁨의 사람에게 주시는 하나님의 축복

솔로몬이 누렸던 축복을 보여주고 있습니다. 먼저 보게 되는 것이 형통함입니다. 하는 일들마다 뜻하고 계획한 대로 순조롭게 이루어졌음을 전하고 있는데, 특별히 성전 건축과 궁궐 건축 등, 모든 건축 사업들이 순조롭게 이루어졌음을 전하고 있습니다. 곧 성전과 궁궐 건축을 20년에 걸쳐 완성했으며(대하 8:1), 다드몰과 벤호론과 바알랏, 그리고 모든 국고성들과 병거성들과 마병의 성들 등, 모든 건축 사업을 뜻한 대로 이루었다는 것입니다. "또 바알랏과 자기에게 있는 모든 국고성들과 모든 병거성들과 마병의 성들을 건축하고 솔로몬이 또 예루살렘과 레바논과 그가 다스리는 온 땅에 건축하고자 하던 것을 다 건축하니라"(대하 8:6) 또한 보게 되는 것이 승리입니다. 솔로몬 때에는 다윗 때처럼 많은 전쟁이 있지는 않았지만, 국방을 튼튼히 하고 강력한 군사력을 갖추어 적들과의 싸움에서 승리했음을 말씀하고 있습니다(대하 8:3, 7~8). 마지막 보게 되는 것이 부유함입니다. 솔로몬 시대에 활발한 무역 거래가 이루어져 많은 부를 쌓을 수 있었음을 말씀하고 있는데, 특별히 오빌에서 금 사백오십 달란트를 얻는 큰 성과가 있었음을 말씀하고 있습니다(대하 8:18).

이처럼 솔로몬은 큰 축복을 누렸는데, 놓치지 말아야 하는 것이, 이 모든 축복이 하나님의 기쁨과 약속의 결과였다는 것입니다. 솔로몬이 기브온 산당에서 하나님을 만나 다른 욕심을 구하지 않고 사명을 위한 지혜를 구하지 않았습니까? 하나님은 이것을 기쁘게 여기셨고, 솔로몬에게 지혜뿐만 아니라 부귀와 장수와 승리의 축복 등을 약속하셨습니다. 바로 이 약속이 성취된 것입니다. 이처럼 하나님께 기쁨을 두고 하나님이 기뻐하시는 사람으로 살아갈 때, 하나님의 놀라운 축복을 누리게 됩니다. 따라서 당장의 욕심으로 어리석게 이 축복을 놓치지 말아야 합니다. 항상 그 중심에 하나님의 기쁨을 두고 하나님의 기뻐하시는 사람으로 살아가야 합니다.

요한삼서 1장_믿음의 사람으로 인한 기쁨

요한이 가이오에게 보낸 편지로, 그가 나그네 된 형제들, 곧 순회 전도자들을 형제처럼 잘 대접하며 섬긴 것에 감사하고 있습니다. 또한 으뜸 되기를 좋아하며 형제들을 비방하며 영접하지 않는 디오드레베에 대한 책망도 전하고 있습니다. 그리고 데메드리오를 언급하며, 그가 참된 사람임을 증거하며 추천하고 있습니다.

특별히 주목할 말씀이, 요한이 가이오를 향해 가진 기쁨입니다. 곧 요한은 가이오의 진리의 삶과 형제들을 환대하는 사랑의 삶에 기쁨을 가졌습니다. "형제들이 와서 네게 있는 진리를 증언하되 네가 진리 안에서 행한다 하니 내가 심히 기뻐하노라 내가 내 자녀들이 진리 안에서 행한다 함을 듣는 것보다 더 기쁜 일이 없도다"(요삼 1:3~4) 결국 요한의 기쁨은 다른 무엇이 아니라 믿음의 사람들, 곧 영적 자녀들이 진리를 따라 살아가는 것에 있었습니다. 그들이 믿음 안에서 바른 진리를 따라 살아가는 것이 기쁨이었다는 것입니다.

요한의 기쁨을 대하며 우리의 기쁨은 무엇에 있는지 돌아봐야 합니다. 혹 세상의 재물과 성공에 기쁨을 두고 있다면 그 기쁨의 방향을 바꾸어야 합니다. 오직 하나님과 그 나라에 기쁨을 두어야 하고, 또 그 나라를 함께 세워가는 믿음의 동역자들에게 기쁨을 두어야 합니다. 그 기쁨이 참된 기쁨이 됩니다.

하박국 3장_여호와로 인한 기쁨

하박국의 시편입니다. 하나님의 놀라운 뜻과 계획을 들은 하박국은 하나님께서 그 뜻을 속히 이루시기를 구하며 하나님을 찬양했습니다. 갈대아인들의 침략으로 인해 그 땅이 폐허가 되고 모든 산업은 무너지지만, 결국에는 그 놀라운 뜻을 이루시는 여호와 하나님으로 인해 기뻐하며 찬양했습니다. "비록 무화과나무가 무성하지 못하며 포도나무에 열매가 없으며 감람나무에 소출이 없으며 밭에 먹을 것이 없으며 우리에 양이 없으며 외양간에 소가 없을지라도 나는 여호와로 말미암아 즐거워하며 나의 구원의 하나님으로 말미암아 기뻐하리로다"(합 3:17~18) "여호와로 말미암아 즐거워한다"는 말씀에 주목해야 합니다. 이는 하박국의 기쁨이 상황에 있지 않고 하나님께 있다는 것을 분명히 보여주고 있습니다. 곧 그 상황은 암울하고 두렵고 떨리는 상황입니다. 모든 산업이 핍절된 상황, 모두 빼앗기고 황폐화된 상황입니다. 결코 기뻐할 수 없는 상황입니다. 그러나 하박국은 그 기쁨을 하나님께 두었기에 상황과 상관없이 기뻐할 수 있었다는 것입니다. 큰 뜻과 놀라운 계획으로 구원을 이루실 하나님을 바라보며 기쁨으로 찬양했다는 것입니다.

우리의 기쁨도 상황이 아닌 하나님께 있어야 합니다. 상황에 기쁨을 두면 우리의 기쁨은 한계를 가질 수밖에 없습니다. 결코 항상 기뻐할 수 없습니다. 그러나 하나님께 기쁨을 두면, 영원하시고 신실하신 하나님을 통해 항상 기뻐하며 크게 기뻐할 수 있습니다.

누가복음 22장_욕심으로 인한 기쁨

가룟 유다가 예수님을 배반하여 돈을 받고 예수님을 대제사장들과 서기관들에게 넘겨주기로 했다는 말씀, 예수님께서 제자들과 가지신 최후의 만찬, 누가 크냐는 제자들의 다툼에 섬기는 자가 되어야 한다는 예수님의 가르침, 베드로가 예수님을 세 번 부인하리라는 예언, 십자가를 앞두신 예수님께서 감람산에서 하나님께 드린 기도, 예수님의 체포, 베드로의 부인, 예수님께서 공회 앞에 서신 것 등을 기록하고 있습니다.

가룟 유다가 예수님을 배반한 말씀에 주목하면, 대제사장들과 서기관들이 가룟 유다의 제안에 기뻐했음을 말씀하고 있습니다. 곧 대제사장들과 서기관들은 자신들이 가진 기득권을 지키는데 장애가 되고 위협이 되는 예수님을 어떻게 죽일 것인가 궁리하고 있었습니다(눅 22:2). 그때 마침 가룟 유다가 이들을 찾아와 예수님을 넘겨주겠다는 제안을 했고, 이로 인해 이들이 기뻐했습니다. "이에 유다가 대제사장들과 성전 경비대장들에게 가서 예수를 넘겨 줄 방도를 의논하매 그들이 기뻐하여 돈을 주기로 언약하는지라"(눅 22:4~5)

대제사장들과 서기관들이 기뻐했다는 말씀에서 이들의 기쁨이 무엇에 있는지 알 수 있습니다. 곧 이들의 기쁨은 자신들의 욕심에 있었습니다. 따라서 자신들의 뜻을 이루며 그 욕심을 이루기 위해 옳지 않은 일이라 할지라도 마다하지 않았고, 또 그렇게 옳지 않은 일을 하면서도 자신의 뜻을 이루고 욕심을 채울 수 있음에 기뻐했습니다.

욕심으로 인한 기쁨은 잠시 잠깐일 뿐이며 영원한 기쁨이 되지 못합니다. 욕심으로 혹 자신은 기뻐할 수 있어도, 누군가는 이로 인해 그 기쁨을 빼앗길 수밖에 없습니다. 따라서 욕심으로 기쁨을 누리고자 하는 그릇된 생각을 버려야 합니다.

오늘의 기도

1. 상황에 기쁨을 두지 않고 하나님께 기쁨을 두어 항상 기뻐하며, 기뻐할 수 없는 상황에서도 기뻐하게 하소서.
2. 내 욕심에 기쁨을 두지 않게 하시고, 주신 영혼에 대한 사명, 곧 영적 자녀들의 믿음의 성장에 기쁨을 두게 하소서.
3. 하나님과 사명에 기쁨을 두어 이를 통한 하나님의 놀라운 축복도 누리게 하소서.

심판의 날을 피하기 위해

맥체인성경365 1946p

역대하 9장 | 유다서 1장 | 스바냐 1장 | 누가복음 23장

심판의 여호와의 날을 피해야 합니다. 따라서 하나님의 약속을 붙잡고 은혜를 구해야 합니다. 믿음의 유혹에서 흔들리지 않고 끝까지 믿음을 지켜야 합니다.

역대하 9장_붙잡아야 하는 약속

스바 여왕이 솔로몬의 명성을 듣고 찾아온 것을 전하고 있습니다. 또한 솔로몬의 부에 대해 전하고 있는데, 세입금의 무게가 금 육백육십육 달란트에 이르며(대하 9:13), 은을 귀하게 여기지 아니할 만큼 금과 은이 풍성했음을 전하고 있습니다(대하 9:20). 또한 지혜도 뛰어나 천하의 열왕이 솔로몬의 지혜를 듣기 위해 찾아왔다고 전하고 있습니다. "솔로몬 왕의 재산과 지혜가 천하의 모든 왕들보다 큰지라 천하의 열왕이 하나님께서 솔로몬의 마음에 주신 지혜를 들으며 그의 얼굴을 보기 원하여 각기 예물을 가지고 왔으니 곧 은 그릇과 금 그릇과 의복과 갑옷과 향품과 말과 노새라 해마다 정한 수가 있었더라"(대하 9:22~24)

솔로몬의 부와 지혜와 명성을 대하며 놓치지 말아야 하는 것이 하나님의 약속입니다. 하나님께서는 기브온 산당에서 솔로몬에게 약속하셨고, 그 약속을 그대로 이루어 주셨습니다. 솔로몬이 구한 지혜는 물론이요, 하나님께서 약속하신 부와 장수와 명성까지 누구도 따라올 수 없을 만큼 최고로 주셨습니다. 이를 통해 하나님은 반드시 그 약속을 이루심을 보여주셨고, 따라서 우리가 그 약속을 믿고 붙들면 된다는 사실을 가르쳐주셨습니다. 그 약속을 붙들면 약속대로 축복을 누린다는 것입니다. 하나님은 반드시 약속대로 이루신다는 것입니다.

하나님께서 반드시 약속을 이루신다는 사실을 통해 심판도 하나님의 약속 안에 있으면 두려울 것이 없음을 깨달을 수 있습니다. 붙잡은 하나님의 약속이 심판이 아닌 구원을 누리게 하기 때문입니다. 다시 말해 하나님의 구원의 약속을 붙잡을 때, 그 약속이 하나님을 통해 반드시 이루어지고 심판

을 피하게 합니다. 그러나 솔로몬은 하나님의 구원의 약속, 곧 그 말씀을 끝까지 붙잡지 못했습니다. 말년에 마음을 돌려 하나님을 떠났습니다. 하나님이 아닌 다른 신을 섬기며 여호와 하나님 앞에서 악을 행했습니다. 하나님께서 두 번이나 그에게 나타나 다른 신을 따르지 말라고 말씀하셨으나 그 말씀을 듣지 않았습니다(왕상 11:9~10 참조). 이로 인해 하나님의 축복의 약속은 깨어지고 그에게 심판이 선언 되고 말았습니다(왕상 11:11~13 참조).

하나님의 말씀을 지키며 그 약속을 붙들면 하나님은 약속대로 구원과 축복을 더하십니다. 우리에게 하나님의 심판은 더 이상 두려움이 되지 않습니다. 그러나 말씀에서 떠나 그 약속을 놓치면, 그 구원과 축복은 심판으로 바뀌게 됩니다. 따라서 하나님의 약속을 놓치지 말아야 합니다. 말씀을 지키며 끝까지 그 약속을 붙잡아야 합니다.

유다서 1장_지켜야 하는 믿음

거짓 교사들로 인해 믿음의 성도들에게 쓴 유다의 편지입니다. 이 거짓 교사들이 하나님의 은혜를 도리어 방탕한 것으로 바꾸고 예수 그리스도를 부인하고 있다는 것입니다(유 1:4). 따라서 이들에게 심판이 있음을 전하며, 예수 그리스도를 향한 거룩한 믿음 안에 굳건히 서서 성령으로 기도하며, 하나님의 사랑 안에서 자신을 지키며, 영생에 이르도록 그리스도의 긍휼을 기다리라고 권면한 것입니다. "사랑하는 자들아 너희는 너희의 지극히 거룩한 믿음 위에 자신을 세우며 성령으로 기도하며 하나님의 사랑 안에서 자신을 지키며 영생에 이르도록 우리 주 예수 그리스도의 긍휼을 기다리라"(유 1:20~21)

결국 무엇입니까? 우리의 믿음을 넘어뜨리고자 하는 사탄의 유혹은 끊임이 없습니다. 그 유혹에 넘어지지 말아야 합니다. 오직 예수 그리스도를 향한 믿음과 십자가의 은혜만이 우리를 생명에 이르게 한다는 사실을 놓치지 말아야 합니다. 이 믿음에서 흔들리지 말고 굳건히 이 믿음 안에 서야 합니다. 그때에 이 믿음이 우리로 하여금 심판이 아닌 구원에 이르게 합니다. 이 믿음이 능히 하나님의 심판을 피하게 합니다.

스바냐 1장_심판의 여호와의 날

여호와의 날, 곧 땅 위의 모든 것을 진멸하는 하나님의 심판의 날에 대해 전하고 있습니다. 우상을 숭배하며 하나님을 배반하고 따르지 않은 모든 자들, 하나님을 찾지도 않고 구하지도 않은 자들을 멸절하신다는 것입니다. 그 심판의 여호와의 날이 가까이 왔다는 것입니다. "여호와의 큰 날이 가깝도다 가깝고도 빠르도다 여호와의 날의 소리로다 용사가 거기서 심히 슬피 우는도다 그날은 분노의 날이요 환난과 고통의 날이요 황폐와 패망의 날이요 캄캄하고 어두운 날이요 구름과 흑암의 날이요 나팔을 불어 경고하며 견고한 성읍들을 치며 높은 망대를 치는 날이로다(습 1:14~16)

특별히 주목할 말씀이, 그들의 은과 금이 그들을 구원하지 못한다는 것입니다. "그들의 은과 금이 여호와의 분노의 날에 능히 그들을 건지지 못할 것이며…"(습 1:18) 이 말씀은 심판의 날을 피하기 위해 우리가 무엇을 준비해야 하는지 가르쳐줍니다. 많은 사람들이 무엇보다 은과 금을 추구하지만, 그것이 심판 때에 아무 해답도 되지 못함을 기억하고, 심판을 피하는 해답 되는 참된 것을 추구해야

한다는 것입니다. 곧 하나님의 은혜밖에 없고, 따라서 믿음밖에 없습니다. 예수 그리스도를 믿는 믿음과 그 믿음을 통한 은혜만이 심판을 피하는 유일한 해답이 됩니다. 따라서 은과 금이 아니라 주님을 향한 믿음을 갖고 은혜를 구해야 합니다.

누가복음 23장_구해야 하는 은혜

예수님께서 빌라도에게 심문 받고 판결 받으신 것, 십자가에서 처형당해 죽으신 것, 그리고 아리마대 사람 요셉이 예수님의 시신을 가져다가 장례한 것 등을 기록하고 있습니다.

특별히 주목할 말씀이, 예수님과 함께 십자가에 달렸다가 예수님의 은혜로 구원 받은 한 행악자에 대한 말씀입니다. 곧 예수님의 양쪽에 달린 행악자 중 다른 한 사람은 끝까지 예수님을 조롱함으로 그 죄로 인한 심판을 피하지 못했습니다. 그러나 이 행악자는 마지막 순간 십자가의 예수님께 은혜를 구하여 구원을 얻었습니다. "이르되 예수여 당신의 나라에 임하실 때에 나를 기억하소서 하니 예수께서 이르시되 내가 진실로 네게 이르노니 오늘 네가 나와 함께 낙원에 있으리라 하시니라"(눅 23:42~43)

예수님께서 그 고통을 참고 인내하며 십자가를 지심은 이처럼 죄악으로 심판 받고 죽을 수밖에 없는 우리를 살리심에 있습니다. 따라서 그 주님의 십자가 앞에서 죄의 용서와 구원의 은혜를 구해야 합니다. 여호와의 날에 심판을 피하고 그 생명을 구하는 길은 은과 금이 아니라 오직 예수 그리스도의 십자가와 그 은혜임을 잊지 말고, 그 마지막 순간까지 은혜를 구해야 합니다.

오늘의 기도

1. 여호와의 날을 심판이 아닌 구원의 날로 맞이하게 하소서.
2. 은금으로 구원함을 얻을 수 없음을 깨닫고, 예수 그리스도 십자가의 은혜를 구하며 의지하게 하소서.
3. 거룩한 믿음에 서서 거짓된 진리에 흔들리지 않게 하시고, 주의 구원의 약속을 붙잡고 끝까지 기다리게 하소서.

인내 vs 교만

역대하 10장 | 요한계시록 1장 | 스바냐 2장 | 누가복음 24장

교만은 분열과 심판을 불러옵니다. 그러나 겸손함으로 따르는 인내는 승리와 영광에 이르게 합니다. 따라서 항상 교만과 싸워 겸손해야 하고, 환난과 고통 중에도 영광과 승리를 바라보며 끝까지 인내해야 합니다.

역대하 10장_교만으로 인한 분열

이스라엘이 남북으로 분열된 것을 전하고 있습니다. "온 이스라엘은 왕이 자기들의 말을 듣지 아니함을 보고 왕에게 대답하여 이르되 우리가 다윗과 무슨 관계가 있느냐 이새의 아들에게서 받을 유산이 없도다 이스라엘아 각각 너희의 장막으로 돌아가라 다윗이여 이제 너는 네 집이나 돌보라 하고 온 이스라엘이 그들의 장막으로 돌아가니라"(대하 10:16) 이스라엘이 다윗의 집에서 떨어져 나가게 됐음을 전하고 있는데, 이처럼 이스라엘이 떨어져 나가고 남북으로 나라가 나눠지게 된 중요한 원인이 교만이었습니다. 곧 솔로몬의 뒤를 이어 왕이 된 르호보암은 고역과 무거운 멍에를 가볍게 해 달라는 백성들의 요청을 물리쳤습니다. 원로들은 백성들을 후대하여 기쁘게 하라고 충언했지만, 르호보암은 원로들의 말이 아니라, 멍에를 더욱 무겁게 하는 등 강압적으로 백성들을 통치하라는 젊은 신하들의 말을 따랐습니다. 선왕 솔로몬보다 자신이 더 크고 더 나은 대우를 받아야 한다는 교만함 때문이었습니다. 결국 이 교만으로 이스라엘 지파들의 반발을 사게 됐고, 나라는 남북으로 분열되어 이후부터 쇠락의 길을 걸을 수밖에 없었습니다. 단 한 번도 다윗과 솔로몬 시대의 힘과 영화를 회복하지 못했습니다.

교만은 패망의 선봉이요 거만한 마음은 넘어짐의 앞잡이가 됩니다(잠 16:18). 교만한 마음이 결국 분열을 초래하고 쇠락을 걷게 했던 말씀을 보면서 항상 교만한 마음과 싸워야 함을 깨닫게 됩니다. 교만함을 버리고 겸손한 것이 결국 우리를 승리와 영광의 자리에 서게 합니다.

요한계시록 1장_인내를 통한 영광

요한이 본 계시와 이를 전하라는 사명을 전하고 있습니다. 곧 요한은 밧모섬에 유배되어 있는 중, 성령에 감동되어 하나님께서 주시는 환상을 보았고, 또 이 환상과 주의 말씀을 일곱 교회에 전하라는 사명을 받았습니다. 이 사명에 따라 일곱 교회에 편지를 쓰고 있음을 전하고 있는데, 놓치지 말아야 하는 말씀이 요한의 인내입니다. "나 요한은 너희 형제요 예수의 환난과 나라와 참음에 동참하는 자라 하나님의 말씀과 예수를 증언하였음으로 말미암아 밧모라 하는 섬에 있었더니 주의 날에 내가 성령에 감동되어 내 뒤에서 나는 나팔 소리 같은 큰 음성을 들으니"(계 1:9~10) "예수의 환난과 나라와 참음에 동참하는 자"라는 말씀에 주목해야 합니다. 곧 요한은 예수로 인한 환난을 피하지 않았습니다. 환난을 감당하며 인내하였고, 그러던 중 마지막 날의 놀라운 계시를 듣고 볼 수 있었습니다. 악의 세력을 심판하고 그 백성을 구원하시는 하나님의 놀라운 승리와 하나님 나라의 영광을 볼 수 있었습니다. 환난과 고통의 장소였던 밧모섬에서 오히려 놀라운 하나님의 영광을 체험할 수 있었습니다. 고통 중에 인내해야 했던 밧모섬이 영광의 장소가 된 것입니다.

주님 때문에 받는 고통과 환난 중에도 겸손히 인내하면, 그 환난과 고통을 넘어서 하나님의 영광과 은혜가 주어집니다. 하나님은 그 환난과 고통을 영광의 축복으로 바꾸어주십니다. 따라서 주를 위한 고난을 피하지 말아야 합니다. 우리에게 주어진 십자가를 겸손함과 인내로 져야 합니다.

스바냐 2장_교만으로 인한 심판

블레셋, 모압, 암몬, 구스 등의 심판을 말씀하고 있습니다. 하나님의 심판이 유다와 예루살렘에만 닥치는 것이 아니라 이스라엘의 적들인 주변 민족들에게도 미친다는 것입니다. 그리고 하나님께서 이들 이방 나라들을 심판하시는 이유는 교만 때문임을 말씀하고 있습니다. "그들이 이런 일을 당할 것은 그들이 만군의 여호와의 백성에 대하여 교만하여졌음이라"(습 2:10) "이는 기쁜 성이라 염려 없이 거주하며 마음속에 이르기를 오직 나만 있고 나 외에는 다른 이가 없다 하더니 어찌 이와 같이 황폐하여 들짐승이 엎드릴 곳이 되었는고 지나가는 자마다 비웃으며 손을 흔들리로다"(습 2:15)

하나님께서는 결코 교만함을 용납하지 않으십니다. 따라서 언제나 겸손해야 합니다. 우리가 하나님 앞에서 구할 것은 오직 은혜입니다. 겸손함으로 하나님의 은혜를 구하는 삶을 살아야 합니다. 이것이 심판을 피하는 길입니다.

누가복음 24장_인내를 통한 승리

예수님의 부활과, 부활하신 예수님께서 엠마오로 가던 제자들 등, 그 제자들에게 나타나 부활의 확실한 믿음을 주신 말씀입니다. 여기서 인내를 통한 승리를 보게 됩니다. 모든 고통과 수치와 아픔 중에도 인내하며 이겨낼 때, 결국에는 승리가 주어진다는 것을 예수님의 부활을 통해 깨달을 수 있습니다. 곧 천사는 무덤을 찾은 여인들에게 이렇게 예수님의 부활을 전했습니다. "여기 계시지 않고 살아나셨느니라 갈릴리에 계실 때에 너희에게 어떻게 말씀하셨는지를 기억하라 이르시기를 인자가 죄인의 손에 넘겨져 십자가에 못 박히고 제삼일에 다시 살아나야 하리라 하셨느니라 한대"(눅 24:6~7) 예수님께서 그 말씀대로 죽음을 이기시고 부활의 영광에 이르셨다는 것입니다. 예수님께서 무덤이라는 고통과 죽음의 자리에 계시지 않고, 부활을 통해 승리와 영광의 자리에 계시다는 것입니다. 겸손히 십자가를 지시고, 그 모든 고통과 아픔과 수치를 참고 인내하셨던 예수님에게 부활의 승리가 주어졌다는 것입니다.

예수님의 십자가와 부활은 우리 믿음의 사람들이 따라야 하는 모범입니다. 예수님을 믿고 따르는 삶에는 우리가 져야 하는 십자가가 있습니다. 그 십자가로 인해 겪어야 하는 고난과 고통과 아픔이 있지만, 겸손함으로 인내하며 이겨야 합니다. 결코 그 십자가를 벗어버리지 말아야 합니다. 그때에 우리도 주님의 부활의 영광에 참여하게 됩니다. 주님의 부활의 승리가 우리에게도 동일하게 주어지게 됩니다.

오늘의 기도

1. 교만함으로 하나님의 심판과 멸망에 서지 않게 하소서.
2. 예수 그리스도의 십자가의 인내와 부활의 승리를 바라보며 오늘 우리가 걸어가야 하는 길, 곧 주를 위한 고난의 길을 피하지 않게 하소서.
3. 주를 위한 고난의 시간 중, 주께서 주시는 영광의 시간도 누리게 하소서.

승리하는 삶

맥체인성경365 1958p

역대하 11-12장 | 요한계시록 2장 | 스바냐 3장 | 요한복음 1장

믿음의 삶에서 우리는 승리해야 합니다. 따라서 교만함을 주의해야 합니다. 교만으로 넘어지지 말고, 주의 은혜를 구하며 교만을 제거해야 합니다. 교만을 겸손함으로 바꾸어 주를 높이며 살아야 합니다.

역대하 11-12장_교만을 겸손으로 바꾸어 승리하는 삶

역대하 11장은 르호보암의 통치 초기에 대해 전하고 있는데, 그가 선하고 지혜롭게 통치하였고, 또 북 왕국 이스라엘에서 제사장들과 레위인들을 중심으로 신앙을 찾아 예루살렘에 이른 사람들이 르호보암을 도와 나라를 강성케 했음을 전하고 있습니다. 역대하 12장은 나라가 견고해지고 강성해지자 르호보암이 교만하여 여호와의 말씀을 버렸음을 전하고 있습니다. 이로 인해 하나님의 심판으로 애굽 왕 시삭의 침략을 받고, 유다의 견고한 성읍들을 빼앗기고 여호와의 전과 왕궁의 보물을 빼앗기는 등, 어려움을 당했음을 전하고 있습니다.

그런데 주목할 말씀이 하나님의 은혜입니다. 곧 애굽 왕 시삭의 침략으로 어려움을 당하자 르호보암 왕과 신하들이 겸손함으로 하나님의 은혜를 구했고, 그때에 하나님께서 그 겸손함을 보시고 은혜를 베푸셨다는 것입니다. 그들을 완전히 멸하지 않고, 그 위기에서 구원하셨다는 것입니다. "이에 이스라엘 방백들과 왕이 스스로 겸비하여 이르되 여호와는 의로우시다 하매 여호와께서 그들이 스스로 겸비함을 보신지라 여호와의 말씀이 스마야에게 임하여 이르시되 그들이 스스로 겸비하였으니 내가 멸하지 아니하고 저희를 조금 구원하여 나의 노를 시삭의 손을 통하여 예루살렘에 쏟지 아니하리라"(대하 12:6~7)

교만은 우리를 넘어지게 합니다. 하나님의 심판을 불러와 우리의 인생을 멸망케 합니다. 그러나 겸손은 하나님의 은혜를 불러와 우리를 멸망에서 구원합니다. 따라서 승리의 삶을 위해 무엇보다 교만함을 주의하고 멀리해야 합니다. 교만함을 겸손

함으로 바꾸어 날마다 하나님 앞에 서야 합니다. 철저히 교만함을 배격하고 겸손함을 지킬 때, 우리는 승리의 삶을 살아갈 수 있습니다.

요한계시록 2장_승리하는 삶

소아시아 일곱 교회 중, 에베소 교회, 서머나 교회, 버가모 교회, 두아디라 교회에 전하는 말씀입니다. 그런데 모든 교회에 동일하게 강조하는 말씀이 이겨야 한다는 것입니다. 이기는 자에게 하나님의 낙원에 있는 생명나무의 열매를 주고, 둘째 사망의 해를 받지 않게 하며, 감추었던 만나를 주고, 만국을 다스리는 권세를 준다는 것입니다. "...이기는 그에게는 내가 하나님의 낙원에 있는 생명나무의 열매를 주어 먹게 하리라"(계 2:7) "...이기는 자는 둘째 사망의 해를 받지 아니하리라"(계 2:11) "...이기는 그에게는 내가 감추었던 만나를 주고 또 흰 돌을 줄 터인데..."(계 2:17) "이기는 자와 끝까지 내 일을 지키는 그에게 만국을 다스리는 권세를 주리니"(계 2:26)

믿음의 삶에서 여러 환난과 핍박과 유혹이 있습니다. 여기서 결코 넘어지지 말아야 합니다. 오히려 믿음에 굳게 서서 그 모든 환난과 핍박과 유혹을 이기고, 승리의 삶을 살아야 합니다.

스바냐 3장_주의 은혜로 교만을 제거하여 승리하는 삶

패역하고 더럽고 포악한 예루살렘 성읍을 향한 심판을 전하고 있습니다. 그러나 또한 그 날에 그 백성들을 향한 하나님의 구원과 회복도 전하고 있습니다. 곧 하나님께서 교만으로 인해 그 백성들을 심판하시고 흩으셨지만, 그 날에 하나님께서 은혜

로 그 백성들을 용서하시고 회복하신다는 것입니다. "그 날에 네가 내게 범죄한 모든 행위로 말미암아 수치를 당하지 아니할 것은 그 때에 내가 네 가운데서 교만하여 자랑하는 자들을 제거하여 네가 나의 성산에서 다시는 교만하지 않게 할 것임이라"(습 3:11) 하나님께서 교만한 자들을 제거하여 다시는 주의 성산에서 교만하지 않게 하신다는 말씀에 주목해야 합니다. 곧 하나님께서는 교만한 자를 결코 용납하실 수 없다는 것입니다. 교만한 자는 하나님과 교제하며 그 안에 거할 수 없다는 것입니다. 따라서 주의 은혜밖에 없습니다. 주께서 은혜로 우리 안에 있는 교만함을 용서하시고 제거하시며 우리를 회복하시기를 구해야 합니다. 이것이 우리가 심판을 피하고 승리의 삶을 살 수 있는 길입니다.

무엇보다 우리에게서 교만함이 제거될 때, 하나님의 놀라운 기쁨과 구원과 교제의 축복을 누릴 수 있습니다. 곧 성경은 다음과 같이 말씀하고 있습니다. "너의 하나님 여호와가 너의 가운데에 계시니 그는 구원을 베푸실 전능자이시라 그가 너로 말미암아 기쁨을 이기지 못하시며 너를 잠잠히 사랑하시며 너로 말미암아 즐거이 부르며 기뻐하시리라 하리라"(습 3:17) 교만함이 제거된 그 백성들을 향한 하나님의 마음입니다. 그 백성들에게 구원을 베푸실 뿐만 아니라, 그 백성들을 참을 수 없을 만큼 기뻐하시며 사랑하신다는 것입니다. 이렇게 주님의 사랑과 기쁨 속에서 살아가는 삶이 승리의 삶입니다.

요한복음 1장_겸손함으로 주를 높여 승리하는 삶
말씀이 육신이 되신 것, 곧 예수 그리스도께서 인간의 몸을 입고 이 땅에 오신 것을 기록하고 있습니다. 또한 세례 요한의 자신에 대한 증언과 하나님의 어린 양 되신 예수님에 대한 증언을 기록하고 있습니다. 그리고 처음 예수님을 따른 제자들을 기록하고 있습니다.

세례 요한이 자신에 대해 증언한 말씀에 주목하면, 세례 요한은 겸손함으로 자신을 낮추고 주님을 높여 증거했습니다. "요한이 대답하되 나는 물로 세례를 베풀거니와 너희 가운데 너희가 알지 못하는 한 사람이 섰으니 곧 내 뒤에 오시는 그이라 나는 그의 신발끈을 풀기도 감당하지 못하겠노라 하더라"(요 1:26~27) 곧 수많은 사람들이 세례 요한을 존경하며 따랐습니다. 그가 외치는 말씀에 많은 사람들이 자복하고 회개하였고, 그를 찾아와 세례를 받았습니다. '그가 기다리던 그리스도가 아닌가?' 많은 사람들이 생각했습니다. 그러나 세례 요한은 이로 인해 결코 교만하지 않았습니다. 자신을 그리스도로 알고 물어오는 제사장들과 레위인들에게 자신은 그리스도가 아니며, 주의 길을 곧게 하라고 '광야에서 외치는 자의 소리'일 뿐이라고 겸손히 자신을 표현했습니다(요 1:23). 뿐만 아니라 자신은 그리스도의 신발끈을 풀기도 감당하지 못하는 비천한 존재라고 표현하며 철저히 주님만을 높이며 증거했습니다. 그럼으로 그는 넘어지지 않고, 끝까지 맡겨진 사명의 삶에서 승리할 수 있었습니다.

사람들의 칭찬과 높임 속에서 교만하여 넘어지지 않아야 합니다. 오히려 더욱 주님을 높임으로 교만함과 넘어짐의 유혹을 이겨야 합니다. 그렇게 주님을 높이며 주의 영광을 위해 살아가야 합니다. 이것이 우리에게 주어진 사명의 삶이며 또한 승리의 삶입니다.

오늘의 기도

1. 믿음의 삶에서 오는 여러 환난과 죄의 유혹을 이기게 하소서.
2. 잠깐의 승리와 형통이 교만으로 이어지지 않도록 지켜 주시고, 형통할 때에 더욱 스스로를 살피며 겸손함에 힘쓰게 하소서.
3. 항상 주를 높이는 삶을 살게 하시며, 조금의 교만함도 우리 안에 자리 잡지 못하도록 주께서 제거하여 주소서.

이것으로 이루는 승리

맥체인성경365 1965p

역대하 13장 | 요한계시록 3장 | 학개 1장 | 요한복음 2장

우리의 삶의 승리는 하나님을 의지함에 있습니다. 따라서 순종하기 어려운 중에서도 그 말씀에 순종하고, 믿을 수 없는 중에서도 믿음을 가지며, 고난과 핍박 중에서도 끝까지 인내해야 합니다.

역대하 13장_의지함으로 이룬 승리

유다의 아비야 왕에 대한 말씀입니다. 아비야 왕이 북왕국 이스라엘의 여로보암 왕과의 전쟁에서 승리한 것을 기록하고 있습니다. 사실 남왕국 유다가 불리한 상황이었습니다. 유다 왕 아비야는 북왕국 이스라엘보다 절반밖에 안 되는 군사로, 더욱이 앞뒤로 둘러싸인 적들을 상대해야 했습니다. 그러나 부르짖어 도우심을 구하며 하나님을 의지했고, 이를 통해 북왕국 이스라엘을 물리치고 승리할 수 있었습니다. "그 때에 이스라엘 자손이 항복하고 유다 자손이 이겼으니 이는 그들이 그들의 조상들의 하나님 여호와를 의지하였음이라"(대하 13:18)

승리는 군사의 많고 적음이 아니라 하나님께 있습니다. 따라서 어떤 어려운 상황에서도 하나님을 의지하면 하나님의 도우심을 통해 승리를 경험할 수 있습니다.

요한계시록 3장_인내함으로 이룬 승리

소아시아 일곱 교회 중, 사데 교회, 빌라델비아 교회, 라오디아 교회에 전하는 말씀입니다. 특별히 빌라델비아 교회를 향해 주시는 말씀을 통해 인내함으로 승리해야 한다는 사실을 배울 수 있습니다. 환난과 핍박 중에도 타협하지 않고 말씀을 지키고 인내하면, 갚으시고 보상하시는 하나님의 축복, 곧 승리가 있다는 것입니다. 주님은 빌라델비아 교회를 향해 이렇게 말씀하셨습니다. "네가 나의 인내의 말씀을 지켰은즉 내가 또한 너를 지켜 시험의 때를 면하게 하리니 이는 장차 온 세상에 임하여 땅에 거하는 자들을 시험할 때라"(계 3:10) 곧 빌라델비아 교회는 작은 능력을 가지고도 주님의 말씀을 지키며 주님의 이름을 배반하지 않았습니다. 주

님의 말씀을 따라 시험과 환난을 인내했습니다. 따라서 주님은 장차 온 세상에 임할 시험에서 이들을 지켜주시며 시험을 면하게 하시겠다고 약속하신 것입니다. 그 충성과 믿음의 삶, 곧 환난과 핍박에도 믿음으로 인내하며 말씀을 지킨 삶에 하나님께서 축복하시겠다는 것입니다.

하나님의 말씀을 붙들고 환난을 이기며 끝까지 인내하면 결국에는 하나님의 축복을 경험할 수 있습니다. 하나님의 축복으로 승리하는 삶을 살아갈 수 있습니다. 따라서 당장의 고난 때문에 믿음과 충성의 삶에 타협하지 말아야 합니다. 당장에 응답이 없어도 하나님을 믿으며 끝까지 인내해야 합니다.

학개 1장_순종함으로 이룬 승리

학개 선지자를 통하여 백성들에게 성전 건축을 촉구한 말씀입니다. 곧 하나님의 은혜로 백성들이 포로 가운데서 해방되어 예루살렘 돌아왔습니다. 처음 이들은 신앙의 회복을 다짐하며 하나님의 성전을 건축하는 일에 마음을 모았습니다. 그러나 점차 자신들의 삶을 챙기는 일에 마음이 나뉘어졌고, 그 삶을 챙기는 것만으로도 힘겹고 버겁다고 말하며 성전을 건축하는 일에 그 마음을 잃고 말았습니다. 이로 인해 하나님의 성전 건축은 중단 되었고, 기초만 쌓은 채 황폐한 그대로 버려져 있었습니다. 따라서 하나님께서 학개 선지자를 보내 백성들을 책망하셨습니다. 그 백성들이 어렵다고 말하지만, 자신들은 판벽한 집에 거주하며 하나님의 성전은 황폐한 상태로 방치하고 있음을 지적하며, 깨닫고 돌이켜 성전을 건축하라고 명령하셨습니다. 이에 백성들은 학개 선지자를 통해 주시는 하나님의

말씀을 듣고 그 잘못을 깨달았고, 그 말씀을 따라 순종하여 성전 건축에 힘을 냈습니다. "스알디엘의 아들 스룹바벨과 여호사닥의 아들 대제사장 여호수아와 남은 모든 백성이 그들의 하나님 여호와의 목소리와 선지자 학개의 말을 들었으니 이는 그들의 하나님 여호와께서 그를 보내셨음이라 백성이 다 여호와를 경외하매"(학 1:12)

이처럼 백성들은 하나님의 말씀을 듣고 순종했습니다. 학개 선지자를 통해 주시는 하나님의 말씀을 외면하지 않았습니다. 그때에 하나님께서 그들과 함께하심을 약속하며(학 1:13), 그 모든 백성들의 마음을 감동시켜 성전 건축을 시작하도록 도왔습니다. "여호와께서 스알디엘의 아들 유다 총독 스룹바벨의 마음과 여호사닥의 아들 대제사장 여호수아의 마음과 남은 모든 백성의 마음을 감동시키시매 그들이 와서 만군의 여호와 그들의 하나님의 전 공사를 하였으니"(학 1:14) 하나님께서 모든 백성의 마음을 감동시키셨다는 말씀에 주목해야 하는데, 하나님의 말씀에 순종하고자 할 때, 하나님께서는 성령을 통해 온전히 순종할 수 있게 도우십니다. 다시 말해 어려운 중에서도 순종을 결단하면, 그 결단은 하나님께서 이루어주십니다. 순종하며 시작한 일을 이룰 수 있는 승리를 주십니다.

결국 무엇입니까? 순종을 통해 승리의 삶을 살아갈 수 있습니다. 어렵다고 처음부터 포기하지 않고, 어려움 중에서도 하나님의 말씀에 절대적 가치를 두고 순종하면, 하나님께서 그 어려운 일을 이루어 주십니다. 이것이 우리에게 승리가 됩니다.

요한복음 2장_믿음으로 이룬 승리

가나 혼인 잔치에서 예수님께서 물을 포도주로 변화시킨 말씀과 유월절에 성전에 올라 성전을 정화하신 말씀을 기록하고 있습니다.

물을 포도주로 변화시킨 예수님의 첫 표적의 말씀에 주목하면, 예수님께서 이 첫 표적을 나타내시는데, 그 어머니 마리아의 믿음이 중요한 역할을 했음을 가르쳐주고 있습니다. 곧 마리아는 혼인 잔치에서 중요한 포도주가 떨어진 사실을 알고 예수님께 도움을 구했습니다. 예수님께서는 이 문제를 해결할 수 있음을 믿은 것입니다. 무엇보다 "아직 내 때가 이르지 않았다"고 말씀하시며 예수님께서 거절의 뜻을 나타내셨지만, 마리아는 그 믿음을 포기하지 않았습니다. 하인들에게 예수님의 어떤 명령에도 따를 것을 지시했습니다. "그의 어머니가 하인들에게 이르되 너희에게 무슨 말씀을 하시든지 그대로 하라 하니라"(요 2:5) 곧 마리아는 거절되는 것 같은 상황에서도 포기하지 않고 예수님이 해결하심을 믿은 것입니다. 바로 이 믿음을 보시고 예수님께서는 물을 통해 최상의 포도주를 만드시는 기적을 일으키셨습니다.

이처럼 믿음은 문제를 해결하고 승리케 합니다. 따라서 불가능한 상황에서도 포기하지 말고 믿음을 가져야 합니다. 끝까지 믿음을 놓치지 않아서 믿음으로 승리하는 삶을 살아야 합니다.

오늘의 기도

1. 하나님을 의지하고 끝까지 말씀을 지키고 인내함으로 하나님이 주시는 승리를 경험하게 하소서.
2. 하나님의 말씀으로 우리 자신을 돌아보고 돌이키는 순종의 삶을 살게 하소서.
3. 거절되는 것 같은 상황에서도 포기하지 않고 믿음을 가져, 주의 기적을 경험하게 하소서.

쉬지 않고 찬양해야

역대하 14-15장 | 요한계시록 4장 | 학개 2장 | 요한복음 3장

맥체인성경365 1969p

우리를 구원하며 승리 주시는 하나님, 우리의 작은 헌신에도 기뻐하며 복을 주시는 하나님, 무엇보다 독생자 예수 그리스도를 보내셔서 우리를 구원하시고 영생을 주시는 하나님을 힘써 찬양해야 합니다. 쉬지 않고 찬양해야 합니다.

역대하 14-15장_승리를 주시는 하나님

유다의 아사 왕에 대한 말씀입니다. 아사 왕이 유다를 침략한 구스 사람들을 물리친 말씀과, 아사랴가 전하는 하나님의 말씀을 따라 가증한 물건을 버리고 온 마음과 목숨으로 여호와 하나님을 찾기로 언약하는 등, 개혁을 이룬 것을 전하고 있습니다.

구스와의 전쟁과 승리의 말씀에 주목하면, 하나님께서는 우리의 기도에 응답하여 우리를 도우시고, 위기 가운데 건지시며, 승리를 주심을 볼 수 있습니다. 곧 아사 왕 때에 구스 사람 세라가 군사 백만 명과 병거 삼백 대를 거느리고 유다를 침략했습니다. 유다로서는 침략해오는 대군과 맞서 싸워 승리를 장담할 수 없었고, 따라서 큰 위기일 수밖에 없었습니다. 이때에 아사 왕은 하나님만을 절대적으로 의지하며 부르짖어 도움을 구했습니다. "아사가 그의 하나님 여호와께 부르짖어 이르되 여호와여 힘이 강한 자와 약한 자 사이에는 주밖에 도와줄 이가 없사오니 우리 하나님 여호와여 우리를 도우소서 우리가 주를 의지하오며 주의 이름을 의탁하옵고 이 많은 무리를 치러 왔나이다 여호와여 주는 우리 하나님이시오니 원하건대 사람이 주를 이기지 못하게 하옵소서 하였더니 여호와께서 구스 사람들을 아사와 유다 사람들 앞에서 치시니 구스 사람들이 도망하는지라"(대하 14:11~12) "사람이 주를 이기지 못하게 하옵소서"라는 구절에 주목해야 합니다. 곧 이 전쟁은 하나님의 전쟁임을 고백하며 하나님이 친히 싸우시기를 구한 것입니다. 자신들은 하나님을 의지하며 하나님 편에 서 있음을 고백한 것입니다. 그 결과 하나님께서 승리를 주셨습니다. 아사 왕이 구한대로 하나님께서 구스 사람들과 싸우셨고, 그럼으로 유다에게 승리를 주셨습

니다.

우리의 기도에도 하나님은 응답하십니다. 우리를 도우시고 위기 가운데서 건지시며 놀라운 승리를 주십니다. 따라서 우리도 아사 왕처럼 절대적으로 하나님을 의지하며 기도해야 합니다. 그리고 또한 승리를 주시는 하나님을 힘써 찬양해야 합니다. 쉬지 않고 찬양해야 합니다.

요한계시록 4장_쉬지 않는 찬양

요한이 환상 중에 하늘에 열린 문을 통해 올라가, 하늘에서 드려지는 예배를 보고 전한 말씀입니다. 하나님의 보좌 주위에 네 생물과, 보좌 둘레에 있는 이십사 장로들이 거룩하신 하나님을 찬양하며 예배함을 보았는데, 네 생물들이 밤낮 쉬지 않고 찬양했다는 것입니다. "네 생물은 각각 여섯 날개를 가졌고 그 안과 주위에는 눈들이 가득하더라 그들이 밤낮 쉬지 않고 이르기를 거룩하다 거룩하다 거룩하다 주 하나님 곧 전능하신 이여 전에도 계셨고 이제도 계시고 장차 오실 이시라 하고"(계 4:8)

하늘의 예배는 우리가 따라야 할 예배의 모델입니다. 따라서 우리의 찬양도 쉬지 말아야 합니다. 쉬지 말고 기도할 뿐만 아니라, 쉬지 말고 찬양해야 합니다. 크고 거룩하시며 우리에게 놀라운 일들을 행하시는 하나님을 찬양해야 합니다.

학개 2장_복을 주시는 하나님

성전의 나중 영광이 이전 영광보다 크리라는 말씀, 거룩하지 못한 사람들이 성전 건축에 참여할 수 없다는 말씀, 성전 건축을 계속하라는 격려와 하나님의 축복의 말씀 등을 기록하고 있습니다. 특별히 하나님의 축복의 말씀에 주목하면, 하나님의 말

씀에 순종하여 헌신한 사람들, 곧 성전 건축에 힘을 다하는 사람들에게 약속대로 복을 주심을 말씀하고 있습니다. "곡식 종자가 아직도 창고에 있느냐 포도나무, 무화과나무, 석류나무, 감람나무에 열매가 맺지 못하였느니라 그러나 오늘부터는 내가 너희에게 복을 주리라"(학 2:19) '오늘부터 복을 주신다'는 말씀을 놓치지 말아야 하는데, 이전까지는 전염병 등 하나님의 재앙으로 어렵고 힘든 시간을 보냈지만, 성전 건축을 위해 헌신하여 기초를 놓은 오늘부터 복을 주신다는 것입니다. 곡식 종자가 창고에 남아 있지 않을 만큼 하나님께서 제때에 비를 내리시고, 또 이를 통해 풍성한 열매를 맺게 하신다는 것입니다.

결국 무엇입니까? 하나님은 우리의 순종과 작은 헌신에도 기뻐하며 축복하십니다. 따라서 우리를 축복하시는 하나님을 찬양해야 합니다. 쉬지 않고 찬양해야 합니다.

요한복음 3장_영생을 주시는 하나님

밤중에 예수님을 찾아온 니고데모와 예수님과의 대화를 기록하고 있습니다. 또한 "그는 흥하여야 하겠고 나는 쇠하여야 하리라"는 세례 요한의 예수님에 대한 증언을 기록하고 있습니다. 예수님과 니고데모의 대화에 주목하면, 예수님은 거듭남에 대해 말씀하시며, 하나님께서 보내신 독생자, 곧 예수 그리스도를 믿는 자마다 영생을 얻고, 심판이 아닌 구원을 얻음을 가르치셨습니다. 하나님은 그 사랑으로 세상 누구도 멸망하지 않고 구원하기를 원하시며 이를 위해 독생자 예수 그리스도를 보내셨다는 것입니다. "하나님이 세상을 이처럼 사랑하사 독생자를 주셨으니 이는 그를 믿는 자마다 멸망하지 않고 영생을 얻게 하려 하심이라 하나님이 그 아들을 세상에 보내신 것은 세상을 심판하려 하심이 아니요 그로 말미암아 세상이 구원을 받게 하려 하심이라"(요 3:16~17)

하나님은 그 사랑으로 세상 누구도 멸망하지 않고 구원하기를 원하십니다. 그렇기에 독생자 예수 그리스도까지 우리의 구원을 위해 포기하셨습니다. 이런 하나님의 사랑을 찬양함은 마땅합니다. 우리를 구원하시고 영생을 주시는 하나님을 쉬지 않고 찬양해야 합니다.

오늘의 기도

1. 우리의 앞에서 친히 싸우시는 하나님을 의지하고, 그 하나님이 주시는 승리를 누리게 하소서.
2. "오늘부터 너희에게 복을 주리라"는 말씀을 하나님의 약속으로 붙잡고 더욱 순종하며 헌신하겠사오니 말씀대로 오늘부터 복을 주소서.
3. 이 땅에 오신 예수 그리스도를 믿음으로, 그를 믿는 자마다 주시는 영생의 축복을 누리게 하소서.

주님께 구해야

맥체인성경365 1975p

역대하 16장 | 요한계시록 5장 | 스가랴 1장 | 요한복음 4장

사망의 권세를 이기신 주님께 힘과 권세가 있습니다. 따라서 우리가 의지하고 구할 분은 오직 주님입니다. 그 주님께 무엇보다 먼저 영생을 구해야 하고, 주님의 때까지 인내하며 포기하지 않고 믿음으로 구해야 합니다.

역대하 16장_우리가 구해야 할 대상

아사 왕의 배신과 죽음을 기록하고 있습니다. 하나님을 의지하는 신실한 믿음을 가졌고, 구스의 침략 때도 하나님을 의지하는 믿음으로 승리했지만, 그만 아사 왕은 그 믿음을 잃고 하나님에게서 돌아서고 말았습니다. 북 왕국 이스라엘의 침략에 하나님의 도우심을 잊고, 하나님이 아닌 아람을 의지하며 아람에게 도움을 구하는 죄를 범하고 말았습니다. 이에 대해 선지자 하나니가 아사 왕을 찾아가 그 잘못을 책망했지만(대하 16:7), 깨닫지 못했고 돌이키지 않았습니다. 오히려 선지자를 핍박하고 그 전하는 하나님의 말씀을 듣기를 거절했습니다(대하 16:10).

무엇보다 주목할 것이, 아사 왕은 끝까지 깨닫지 못하고, 하나님께 돌이키지 않았다는 것입니다. 곧 그가 병이 들어 위독함에도 하나님께 먼저 나아가 도움을 구하지 않았고, 의원들만 찾고 그 의원들을 의지했습니다(대하 16:12). 그리고 결국 아사 왕은 마지막 죽는 순간까지 하나님을 의지하는 믿음을 회복하지 못하고, 안타까운 죽음을 맞이하고 말았습니다(대하 16:13).

아사 왕을 통해 하나님을 향해 가진 첫 믿음을 끝까지 지키는 것이 중요하다는 사실을 깨닫게 됩니다. 또한 혹 어리석어 하나님에게서 돌아섰다 할지라도, 끊임없이 주시는 하나님의 말씀으로 속히 깨닫고 돌이켜야 한다는 사실도 깨닫게 됩니다. 그리고 무엇보다 우리가 의지하고 도움을 구할 대상이 누구인가? 우리가 누구를 찾고 누구에게 구해야 하는가? 오직 하나님이라는 사실을 분명히 깨닫게 됩니다. 하나님만이 우리의 참 도움이 되시며 우리가 유일하게 의지할 분입니다. 어리석게 헛된 곳에서 헛된 대상을 의지하며 구하는 것이 아니라 오직 하나님을 찾고 하나님께 구해야 합니다.

요한계시록 5장_우리가 구할 주님이 가지신 권세

일곱 인으로 봉한 책에 대한 말씀입니다. 처음 요한은 봉해져 있는 두루마리를 펼칠 수 있는 자, 곧 심판을 단행할 자가 없음을 보고 울었는데, 하늘의 장로 중의 한 사람이 요한을 위로하며, 예수 그리스도께 그 권세가 있음을 전했습니다. 다윗의 뿌리, 곧 예수님께서 죄와 사망의 권세를 이기셨고, 따라서 심판의 주로서 일곱 인을 떼실 힘과 권세가 있으시다는 것입니다(계 5:5). 결국 어린 양 되신 예수 그리스도께서 보좌에 앉으신 이, 곧 하나님의 오른 손에서 두루마리를 취하셨고, 그것을 보며 네 생물과 이십사 장로들을 비롯해, 그 둘러 선 많은 천사들이 예수 그리스도를 찬송했습니다.

봉해져 있는 두루마리를 펼쳐 심판을 단행하는 것은 핍박 중에 신음하며 죽어간 성도들의 간구였습니다(계 5:8). 그 간구가 응답되지 않음에 요한은 슬퍼하며 울 수밖에 없었던 것입니다. 그런데 십자가를 통해 온 인류를 구원하시고 부활하셔서 하나님의 보좌 우편 영광의 자리에 계신 예수님께서 그 간구에 친히 응답하신다는 것입니다. 봉해져 있는 두루마리의 인을 떼고 심판을 단행할 힘과 권세가 예수님께 있다는 것입니다.

결국 이 말씀은 주님께서 우리의 간구를 능히 응답하실 분임을 가르쳐줍니다. 우리가 구하는 모든 기도를 능히 응답할 힘과 권세를 가지고 계시다는 것입니다. 따라서 그 힘과 권세를 바라보며 포기하지 말고 구해야 합니다. 끝까지 믿음으로 주님께 구해야 합니다.

스가랴 1장_우리가 구할 때의 태도

여호와께로 돌아오라는 말씀과, 스가랴가 본 첫째 환상과 둘째 환상을 전하고 있습니다. 첫째 환상은 붉은 말을 탄 사람에 대한 환상이고, 둘째 환상은 뿔 넷과 대장장이 넷에 대한 환상입니다. 첫째 환상에 주목하면, 말을 탄 사람들은 여호와께서 땅에 두루 다니라고 보내신 자들로, 그들은 여호와의 천사에게 온 땅이 평안하고 고요한 것에 대해 전했습니다. 이는 오랫동안 폐허로 있던 예루살렘과 유다 성읍들이 아직까지도 그 재건과 회복에 대한 소식이 들리지 않는다는 부정적 상황을 전한 것입니다. 따라서 이 소식을 듣고 천사가 하나님께 부르짖어 간구했습니다. 언제까지 예루살렘과 그 성읍들을 그대로 두시겠냐고 부르짖으며 하나님의 은혜를 간구했습니다. "여호와의 천사가 대답하여 이르되 만군의 여호와여 여호와께서 언제까지 예루살렘과 유다 성읍들을 불쌍히 여기지 아니하시려 하나이까 이를 노하신 지 칠십 년이 되었나이다 하매"(슥 1:12) 결국 이 천사의 간구는 유다 백성들의 간구입니다. 폐허로 있는 고국 땅을 보면서, 하나님께서 불쌍히 여겨 회복시켜 주시기를 구하는 백성들의 간구를 보여주고 있습니다. 그리고 이 간구에 하나님께서는 이렇게 대답하셨습니다. "그러므로 여호와가 이처럼 말하노라 내가 불쌍히 여기므로 예루살렘에 돌아왔은즉 내 집이 그 가운데에 건축되리니 예루살렘 위에 먹줄이 쳐지리라 만군의 여호와의 말이니라"(슥 1:16) 하나님께서 예루살렘을 불쌍히 여기신다는 것입니다. 성전이 다시 건축 된다는 것입니다. 하나님께서 그 간구에 응답하여 예루살렘 성읍을 이제 회복시키시고, 좋은 것들로 풍성하게 하신다는 것입니다(슥 1:17).

결국 이 말씀은 우리가 하나님께 간구할 때의 태도에 대해 가르쳐줍니다. 곧 포기하지 않고 믿음으로 구하며 인내해야 한다는 것입니다. 우리의 간구에 하나님은 반드시 그 사랑으로 응답하신다는 것입니다. 단지 하나님의 때가 있을 뿐이라는 것입니다. 따라서 당장에 응답이 없어도 하나님의 때를 기다리며 포기하지 않고 구해야 합니다. 결코 그 믿음을 잃어버리지 않아야 합니다.

요한복음 4장_우리가 구해야 하는 것

예수님과 사마리아 여인과의 대화를 전하고 있습니다. 곧 예수님은 유대를 떠나 갈릴리로 가실 때, 사마리아를 통과하여 가셨고, 사마리아의 수가성 우물에서 한 여인을 만나 참 생명을 주는 물에 대해 말씀하셨습니다. "예수께서 대답하여 이르시되 네가 만일 하나님의 선물과 또 네게 물 좀 달라 하는 이가 누구인 줄 알았더라면 네가 그에게 구하였을 것이요 그가 생수를 네게 주었으리라"(요 4:10) 결국 이 말씀은 우리가 구해야 하는 것을 가르쳐 주고 있습니다. 곧 '예수님이 누구인지 알았더라면 생수를 구했을 것'이라는 말씀은 예수님께 우리가 구해야 하는 것은 생수라는 사실을 가르쳐줍니다. 예수님은 그리스도로서 하나님의 선물인 생수를 주기 위해 이 땅에 오셨다는 것입니다.

무엇보다 예수님께서는 그 주시는 생수에 대해서 이렇게 말씀하셨습니다. 예수님께서 주시는 물을 마시는 자는 영원히 목마르지 않는다는 것입니다. 그 물이 그 속에서 영생하도록 솟아나는 샘물이 된다는 것입니다. "예수께서 대답하여 이르시되 이 물을 마시는 자마다 다시 목마르려니와 내가 주는 물을 마시는 자는 영원히 목마르지 아니하리니 내가 주는 물은 그 속에서 영생하도록 솟아나는 샘물이 되리라"(요 4:13~14) 예수님이 주시는 생수는 영원히 목마르지 않는 물, 곧 영생을 뜻합니다. 우리를 구원하시고 영생을 선물로 주신다는 것입니다. 따라서 우리가 그리스도이신 예수님께 무엇보다 구해야 하는 것이 바로 이 영생입니다.

오늘의 기도

1. 변하지 않는 믿음으로 주님을 의지하고 주님께 구하는 삶을 살게 하소서.
2. 주를 향한 믿음과 인내로 포기하지 않고 구하여 주의 응답을 누리게 하소서.
3. 주님이 주시는 영생하도록 솟아나는 생수로 목마르지 않는 삶, 곧 생명과 기쁨이 넘치는 삶을 살게 하소서.

주님께 구해야 (2)

역대하 17장 | 요한계시록 6장 | 스가랴 2장 | 요한복음 5장

맥체인성경365 1980p

삶의 해답과 축복은 주님께 있습니다. 따라서 주님께 구해야 하고, 또한 주님께 참된 것을 구해야 합니다. 주님의 때까지 포기하지 않고 구해야 하고, 주님의 더 큰 계획을 바라보며 소망으로 구해야 합니다.

역대하 17장_하나님께 구해야

여호사밧 왕에 대한 말씀입니다. 그가 전심으로 여호와의 길을 걸어 산당들과 아세라 목상들을 제거하는 등 하나님을 경외하며 나라를 통치하였고, 이에 하나님께서 여호사밧과 유다를 강성하게 하셨음을 전하고 있습니다. 특별히 주목할 말씀이 여호사밧 왕이 하나님께 구했다는 말씀입니다. 다윗의 길을 따라 바알이 아니라 하나님께 구했고, 또 이스라엘의 죄악된 행위가 아니라 하나님의 계명을 따라 행했다는 것입니다. 그러므로 하나님께서 그 나라를 견고하게 하실 뿐만 아니라 여호사밧에게 부귀와 영광을 더하셨다는 것입니다. "여호와께서 여호사밧과 함께 하셨으니 이는 그가 그의 조상 다윗의 처음 길로 행하여 바알들에게 구하지 아니하고 오직 그의 아버지의 하나님께 구하며 그의 계명을 행하고 이스라엘의 행위를 따르지 아니하였음이라 그러므로 여호와께서 나라를 그의 손에서 견고하게 하시매 유다 무리가 여호사밧에게 예물을 드렸으므로 그가 부귀와 영광을 크게 떨쳤더라"(대하 17:3~5)

우리가 누구에게 간구해야 하는가? 우리의 간구의 대상은 하나님께 있음을 여호사밧을 통하여 분명히 깨달을 수 있습니다. 우리의 삶의 해답은 하나님께 있고, 따라서 하나님께 간구해야 합니다. 어리석게 헛된 우상과 세상을 바라보며 구하지 않아야 합니다. 하나님께 구할 때, 해답 되신 하나님을 통해 응답과 축복을 누릴 수 있습니다.

요한계시록 6장_포기하지 않고 구해야

인 재앙에 대한 말씀입니다. 어린 양 되신 예수 그리스도께서 처음 여섯 인을 떼심으로 세상에 나타나는 재앙에 대해 말씀하고 있습니다. 특별히 다섯째 인을 떼실 때 나타나는 일에 대해 주목하면, "큰 소리로 불러 이르되 거룩하고 참되신 대주재여 땅에 거하는 자들을 심판하여 우리 피를 갚아 주지 아니하시기를 어느 때까지 하시려 하나이까 하니 각각 그들에게 흰 두루마기를 주시며 이르시되 아직 잠시 동안 쉬되 그들의 동무 종들과 형제들도 자기처럼 죽임을 당하여 그 수가 차기까지 하라 하시더라"(계 6:10~11) 믿음으로 인해 핍박 받고 순교한 신앙인들이 제단 아래에서 언제 우리의 아픔을 갚아주실 것이냐고 신원한다는 것입니다. 그리고 그때에 주시는 말씀이, 순교의 수가 차기까지 더 기다려야 한다는 것입니다. 곧 하나님의 때가 있다는 것이고, 그때에 반드시 하나님은 그들의 기도에 응답하시고 그 신원을 갚아주신다는 것입니다.

결국 이 말씀은 우리가 하나님 앞에 간구할 때에 포기하지 말아야 한다는 사실을 가르쳐줍니다. 하나님께 구하지만 당장에 응답이 없다고 낙망할 것이 아니라, 하나님의 때가 있음을 기억하며, 그 때까지 포기하지 말고 기다리며 구해야 한다는 것입니다.

스가랴 2장_소망으로 구해야

스가랴가 본 셋째 환상, 곧 측량줄을 잡은 사람에 대한 환상과 이스라엘과 민족들에게 닥칠 새 시대에 대해 전하고 있습니다. 곧 그 날에 많은 나라가 여호와께 속하여 하나님의 백성이 되고, 장차 여호와께서 유다를 자기 소유로 삼으시고 다시 예루살렘을 택하신다는 것입니다. 특별히 셋째 환상에 주목하면, 한 소년이 측량줄을 잡고 예루살렘을 측량하고자 지나갔는데, 천사가 다른 천사에게, 측량줄

을 잡은 소년을 따라가 알리라는 것입니다. 하나님께서 예루살렘을 번성케 하셔서 결코 성벽을 두를 수 없을 만큼 커질 것이고, 따라서 측량할 수 없다는 것입니다. 하나님이 친히 예루살렘의 불성벽이 되신다는 것입니다(슥 2:4~5).

스가랴가 본 셋째 환상은 하나님의 크고 놀라운 계획을 보여줍니다. 지금은 예루살렘이 폐허와 같지만, 여기에 성전이 세워지고, 측량줄로 잴 수 없을 만큼 크고 영광스럽게 예루살렘을 회복시키신다는 것입니다. 하나님께는 우리의 생각을 넘어서는 크고 놀라운 계획이 있다는 것입니다. 따라서 또한 이 말씀은 우리가 무엇을 구해야 하는가? 하나님의 크고 놀라운 계획을 바라보며 구해야 한다는 사실을 가르쳐줍니다. 우리의 생각을 넘어선 하나님의 크고 놀라운 계획을 바라보며 소망으로 구해야 한다는 것입니다.

요한복음 5장_참된 것을 구해야

베데스다 연못가에서 38년 된 병자를 치유하신 말씀, 아들의 전권 곧 아버지께서 모든 심판을 아들에게 맡기셨다는 말씀, 아들을 위한 증언 곧 아버지께서 주셔서 이루시게 하는 역사와 아버지가 친히 증언하신다는 말씀을 기록하고 있습니다.

베데스다 연못가에서 병자를 치유하신 말씀을 통해, 참된 것을 구해야 한다는 사실을 가르침 받을 수 있습니다. 곧 주님이 참된 해답이 되심을 깨닫고 그 주님께 구해야 하고, 또한 그 주님께 헛되지 않은 것을 구해야 한다는 것입니다. "예수께서 그 누운 것을 보시고 병이 벌써 오래된 줄 아시고 이르시되 네가 낫고자 하느냐"(요 5:6) 예수님께서 베데스다 못에 머물러 있었던 38년 된 병자에게 하신 말씀입니다. 그는 이곳에 머물며 천사가 내려와 물을 움직이게 해 주기를 기다렸습니다. 그때에 누

군가가 못에 자신을 넣어주기를 바랐습니다. 천사가 내려와 물을 움직일 때, 제일 먼저 못에 들어가는 사람은 무슨 병이든 치료될 수 있다는 전설을 믿고 있었기 때문입니다. 거기에 소망을 둔 것입니다. 그런 그에게 예수님께서 낫기를 원하느냐고 물으셨는데, 이는 곧 그에게 바른 믿음을 요구하신 것입니다. 천사가 내려와 물을 움직인다는 전설이 아니라, 바로 앞에 계신 예수님께서 그를 치료하시는 참된 해답이 되신다는 것입니다. 따라서 그 소망을 헛된 전설에서 예수님께로 옮겨야 한다는 것입니다.

"병자가 대답하되 주여 물이 움직일 때에 나를 못에 넣어 주는 사람이 없어 내가 가는 동안에 다른 사람이 먼저 내려가나이다"(요 5:7) 예수님의 질문에 38년 된 병자의 대답입니다. 그는 자신을 못에 넣어 주는 사람이 없기에 치료받을 수 없다고 대답했습니다. 그러나 예수님은 그를 다른 사람보다 먼저 못에 넣어주는 정도가 아니라, 그의 38년 된 병을 치료할 수 있는 분이셨습니다. 따라서 그는 헛되게 자신을 못에 넣어 주기를 구할 것이 아니라, 그 능력으로 치료해 주시기를 구해야 했습니다.

결국 예수님은 38년 된 병자를 치료하여 일으키심으로 예수님이 참된 소망이요 해답이 되심을 증명해 보여주셨습니다. 따라서 또한 그 예수님께 헛된 것이 아닌 참된 것을 구해야 함도 가르치셨습니다. 곧 이 말씀은 우리가 참된 해답 되신 예수님을 구하고 있는지, 또한 그 예수님께 참된 것을 구하고 있는지 돌아보게 합니다. 어리석게 먼 곳에서 해답을 찾을 것이 아니라, 우리 앞에 계신 예수님께 구하면 된다는 것입니다. 그 예수님이 해답이요 소망이 되심을 깨닫고, 그 예수님께 참된 것을 구하면 된다는 것입니다.

오늘의 기도

1. 참된 해답 되신 주님께 구하여, 강성케 하시고 부요케 하시는 하나님의 축복을 누리게 하소서.
2. 우리의 아픔과 고통을 아시고, 우리의 간구에 응답하실 하나님을 믿고, 응답의 때까지 인내하며 기다리게 하소서.
3. 하나님께 더 크고 놀라운 뜻이 있음을 깨닫고, 그 큰 뜻과 계획을 바라보며 꿈꾸고 소망을 갖게 하소서.

말씀

맥체인성경365 1985p

역대하 18장 | 요한계시록 7장 | 스가랴 3장 | 요한복음 6장

어떤 환난에도 주의 말씀을 떠나지 않고 타협하지 않아야 합니다. 연약하여 넘어졌다면 주의 은혜로 일어나 다시 말씀을 붙잡아야 합니다. 그때에 그 말씀이 주의 위로와 소망의 말씀으로 주어집니다.

역대하 18장_타협하지 않아야 하는 말씀

유다의 여호사밧 왕이 이스라엘의 아합 왕과 동맹을 맺은 것과, 함께 길르앗 라못을 치기로 한 것을 기록하고 있습니다. 그리고 길르앗 라못을 치기에 앞서 선지자들을 통해 하나님의 말씀을 듣는데, 미가야가 불길한 예언을 한 것과 그 예언대로 아합 왕이 전쟁 중에 죽은 것 등을 기록하고 있습니다.

미가야가 아합 왕 앞에서 하나님의 말씀을 전하는 것을 통해 말씀에 타협하지 말아야 한다는 사실을 배우게 됩니다. 어떤 유익과 당장의 안전 때문에 말씀에 타협하지 말고, 끝까지 말씀에 굳게 서야 한다는 것입니다. 곧 미가야는 하나님의 말씀에 타협하지 않았습니다(대하 18:13). 미가야는 철저히 하나님의 말씀만 전하겠다고 맹세했고, 그 맹세대로 하나님의 말씀만 전했습니다. 왕에게 잘 보이기 위해 하나님께서 주시는 말씀을 거짓되게 전하지 않았습니다. 곧 아합 왕은 미가야가 자신에게 항상 나쁜 말만 예언한다고 불평했는데(대하 18:7), 하나님 앞에서 불의했던 아합 왕에게 주어진 예언이 좋지 않은 것은 당연한 일이었습니다. 곧 대부분의 선지자들이 왕의 비위를 맞추기 위해 달콤한 말로 거짓 예언했으나, 미가야는 왕에게 미움을 받으면서도 타협하지 않고 하나님의 말씀만 전했던 것입니다. 지금도 다른 선지자들이 하나 같이 왕에게 좋게 말했으니 당신도 그렇게 말하는 것이 좋겠다는 사자의 말에(대하 18:12), 미가야는 결코 그럴 수 없다고 대답하며 말씀에 타협하지 않았습니다.

당장에 손해가 오고 어려움을 겪어야 한다고, 또한 반대로 내게 유익이 되고 큰 이득을 얻을 수 있다고, 하나님의 말씀에 타협할 수 없습니다. 말씀에 굳건히 서서 결코 타협하지 않아야 합니다.

요한계시록 7장_위로와 소망의 말씀

인침을 받은 사람들, 곧 하나님의 종들로 그 심판과 환난 중에도 하나님의 보호 아래 안전할 십사만 사천 명의 인침 받은 사람들에 대한 말씀과, 모든 족속으로부터 나오는 큰 무리, 곧 흰 옷을 입고 손에 종려 가지를 들고 보좌 앞과 어린 양 앞에 서서 큰 소리로 찬양하는 능히 셀 수 없는 무리들에 대한 말씀입니다. 특별히 이 큰 무리들은 핍박 중에도 생명을 걸고 믿음을 지킨 사람들로 이들에게 위로와 소망의 말씀이 주어지는데, 이를 통해 생명을 걸고 그 말씀을 지키며 살아갈 때, 결국에는 위로와 보상이 주어짐을 깨닫게 됩니다. "그들이 다시는 주리지도 아니하며 목마르지도 아니하고 해나 아무 뜨거운 기운에 상하지도 아니하리니 이는 보좌 가운데에 계신 어린 양이 그들의 목자가 되사 생명수 샘으로 인도하시고 하나님께서 그들의 눈에서 모든 눈물을 씻어 주실 것임이라"(계 7:16~17)

결국 이 말씀은 당장에 고난이 있고 핍박이 있어도 주님을 향한 믿음을 포기하지 말아야 한다는 사실을 가르쳐줍니다. 하나님께서 갚으시는 보상과 위로가 있음을 기억하고, 이 보상과 위로를 바라보며, 끝까지 예수 그리스도의 보혈을 의지해야 한다는 것입니다. 그 말씀에 굳게 서서 흔들리지 않아야 한다는 것입니다.

스가랴 3장_다시 붙잡아야 하는 말씀

스가랴가 본 넷째 환상으로, 대제사장 여호수아에 대한 말씀입니다. 여호수아를 불에서 꺼낸 그슬린 나무로 표현하고 있는데, 그만큼 그의 죄가 크고 불의했다는 것입니다. 사탄은 이런 그의 죄를 문제 삼으며 고발하며 대적했습니다. 그러나 하나님은

오히려 사탄을 책망하며 여호수아의 죄를 제거하고 그를 거룩하게 세워주셨습니다. 그의 더러운 옷을 벗기고 아름다운 새 옷을 입혀주셨습니다. 특별히 주목할 말씀이, 하나님께서 은혜로 여호수아의 죄와 불의를 용서하신 후 주신 말씀입니다. "만군의 여호와의 말씀에 네가 만일 내 도를 행하며 내 규례를 지키면 네가 내 집을 다스릴 것이요 내 뜰을 지킬 것이며 내가 또 너로 여기 섰는 자들 가운데에 왕래하게 하리라"(슥 3:7) 하나님의 도와 규례, 곧 그 말씀을 붙잡고 주의 성전을 다스리고 지키는 등 다시 주어진 사명을 감당해야 한다는 것입니다. 그 죄와 불의로 인해 이대로 넘어지지 말고, 하나님의 용서의 은혜를 깨달으며, 다시 일어나 다시 하나님의 말씀을 붙잡아야 한다는 것입니다. 그 말씀으로 다시 사명의 삶을 살아야 한다는 것입니다.

우리는 연약하여 쉽게 넘어지고 자주 넘어집니다. 그러나 하나님의 은혜는 우리를 용서하시고 다시 회복하십니다. 그때에 그 은혜를 깨닫고 다시 말씀을 붙잡아야 합니다. 말씀에서 넘어졌다고 그대로 포기하지 말고, 그 은혜로 회복하여 다시 말씀에 서야 합니다.

요한복음 6장_떠나지 않아야 하는 말씀

보리떡 다섯 개와 물고기 두 마리로 오천 명을 먹이신 말씀, 바다 위를 걸어 제자들에게 가신 말씀, 예수님께서 생명의 떡이 되심을 가르치신 말씀 등을 기록하고 있습니다. 특별히 주목할 말씀이, 예수님의 물음에 베드로가 대답한 말씀입니다. "예수께서 열두 제자에게 이르시되 너희도 가려느냐 시몬 베드로가 대답하되 주여 영생의 말씀이 주께 있사오니 우리가 누구에게로 가오리이까"(요 6:67~68)

주 안에 있는 영생의 말씀을 바라보며, 결코 주를 떠나지 않겠다고 베드로를 비롯한 제자들이 고백했는데, 상황은 이렇습니다. 오천 명을 먹이신 기적으로 인해 예수님을 찾아온 무리들에게, 예수님께서는 썩을 양식을 위해 일하지 말고 영생하도록 있는 양식을 위하여 하라고 가르치셨습니다. 이 무리들이 예수님께서 행하신 기적으로 인한 욕심으로 예수님을 찾아왔기 때문입니다. 따라서 예수님은 당신이 하늘에서 내려온 생명의 떡이 되심을 말씀하시며, 이 생명의 떡을 구해야 하고, 이 떡을 구하며 당신께 오는 자는 결코 주리지 않고 영원히 목마르지 않을 것을 가르치셨습니다. 무엇보다 예수님은 '내 살은 참된 양식이요 내 피는 참된 음료'라고 말씀하시며, '내 살을 먹고 내 피를 마셔야 한다'고 말씀하셨습니다. 그러나 사람들은 주님의 말씀을 바로 이해하지 못했습니다. 무엇보다 육신의 떡이 아닌 영생의 떡을 이야기하기에 주님을 떠나갔습니다. 오직 열두 명의 제자들만 남았는데, 바로 그 제자들에게 "너희도 가려느냐"고 예수님께서 물으신 것이고, 그 물음에 베드로가 영생의 말씀되신 주님을 결코 떠나지 않을 것이라고 대답한 것입니다.

결국 이 말씀을 대하며, 우리가 주님을 따르는 이유가 무엇인가? 주님을 따르며 추구해야 하는 것이 무엇인가? 고민해야 합니다. 곧 당장의 육신의 필요와 욕심이 아니라 영생을 위해 주님을 따라야 합니다. 따라서 어렵고 이해되지 않아도, 또한 세상의 모든 사람들이 다 등을 돌리고 떠나도 주님을 떠나지 않아야 합니다. 끝까지 주님을 따르고 주님 안에 있는 영생의 말씀을 붙잡아야 합니다. 결코 말씀에서 떠나지 않아야 합니다.

오늘의 기도

1. 어떤 손해와 위협에도 주의 말씀에 타협하지 않게 하시고, 모두가 떠나가도 영생의 말씀을 바라보며 그 말씀에서 떠나지 않게 하소서.
2. 연약하여 넘어졌다고 말씀을 포기하지 않고 다시 말씀을 붙잡을 수 있도록 은혜와 회복을 더하여 주소서.
3. 핍박 중에도 주의 보혈을 의지하며 생명 걸고 그 말씀을 지켜, 생명수 샘으로 인도하신다는 주의 위로와 소망의 말씀을 듣게 하소서.

승리는 하나님께 있습니다. 따라서 포기하지 않는 기도와 하나님을 앞세운 찬송과 그 의지한 성령, 그리고 흔들리지 않은 믿음이 우리에게 승리를 가져다줍니다.

역대하 19-20장_찬송을 통한 승리

여호사밧 왕이 성읍마다 재판관을 세우고 여호와를 두려워하는 마음으로 재판할 것을 명령하는 등, 사법제도를 정비한 것을 전하고 있습니다. 역대하 20장은 여호사밧 왕이 암몬과 모압의 침략을 물리친 것을 전하고 있습니다. 곧 암몬과 모압의 침략에 여호사밧은 절대적으로 하나님을 의지하며 하나님의 도움을 구했고, 레위 사람 야하시엘이 전하는 하나님의 말씀을 믿고 찬양대를 앞세우고 전쟁에 임해 하나님께서 주시는 승리를 경험할 수 있었습니다(대하 20:22~23).

사실 창을 든 군사가 아니라 찬양대를 앞세워 전쟁에 임한다는 것은 결코 쉽게 결정할 수 있는 일이 아닙니다. 순식간에 전쟁의 승패가 결정되고 혼란이 가중될 수 있기 때문입니다. 그러나 여호사밧 왕은 하나님께서 승리케 하신다는 말씀을 절대적으로 신뢰했기에 찬양대를 앞세워 하나님의 승리를 찬양하며 전쟁에 임할 수 있었습니다. 곧 하나님의 승리를 믿고 믿음의 걸음을 먼저 내딛은 것입니다. 그리고 그 결과 믿음대로 하나님의 승리를 경험할 수 있었습니다. 앞에 선 레위인들이 찬송할 때에 하나님께서 복병을 두어 유다를 치러 온 암몬과 모압을 치게 하셨고, 적들은 서로 싸우다가 멸망하고 말았습니다.

승리는 하나님께 있습니다. 전쟁의 승리뿐만 아니라, 우리의 삶의 모든 승리가 하나님께 있습니다. 따라서 하나님을 앞세워야 합니다. 그러면 언제나 승리할 수 있습니다. 하나님을 믿고 하나님을 앞세운 찬송으로 승리의 삶을 살 수 있습니다.

요한계시록 8장_기도를 통한 승리

주님께서 일곱째 인을 떼신 것과 이로 인해 진행된 나팔 재앙에 대해서 전하고 있습니다. 특별히 일곱 나팔을 받은 일곱 천사와 더불어 금 향로를 가지고 제단 곁에 선 또 다른 천사에 대해 전하고 있는데, 그 향로에 많은 향을 받았음을 전하고 있고, 그 향연이 성도의 기도와 함께 하나님 앞으로 올라간다는 사실을 말씀하고 있습니다. "또 다른 천사가 와서 제단 곁에 서서 금 향로를 가지고 많은 향을 받았으니 이는 모든 성도의 기도와 합하여 보좌 앞 금 제단에 드리고자 함이라 향연이 성도의 기도와 함께 천사의 손으로부터 하나님 앞으로 올라가는지라 천사가 향로를 가지고 제단의 불을 담아다가 땅에 쏟으매 우레와 음성과 번개와 지진이 나더라"(계 8:3~5) 여기서 금 향로에 담겨져 있던 기도의 향연이 하나님 앞에 올라가고, 이어서 천사가 향로에 제단의 불을 담아 땅에 쏟음으로 심판이 이어진다는 사실에 주목해야 합니다. 이는 곧 성도들의 기도가 응답으로 이어진다는 사실을 보여주고 있습니다. 제단의 불을 담아 땅에 쏟는 심판이 하나님께 드려진 성도들의 기도의 응답이라는 것입니다. 곧 요한계시록 6장에, 성도들의 신원에 순교자의 수가 차기까지 기다리라고 말씀하고 있는데, 드디어 그 기다림에 응답이 이루어진 것입니다.

결국 무엇입니까? 하나님 앞에 드리는 기도는 하나님의 때에 반드시 응답으로 이어집니다. 우리는 당장을 원하지만, 하나님께는 하나님의 때가 있습니다. 그 때가 옳고 정확합니다. 따라서 당장에 응답이 없다고 기도를 포기하지 말아야 하고, 믿음으로 끝까지 기도해야 합니다. 포기하지 않는 기도가 응답이라는 승리로 주어지게 됩니다.

스가랴 4장_성령을 통한 승리

스가랴가 본 다섯째 환상으로 순금 등잔대 하나와 감람나무 두 그루에 대한 환상의 말씀입니다. 또한 스룹바벨에 대한 하나님의 약속을 전하고 있습니다. "그가 내게 대답하여 이르되 여호와께서 스룹바벨에게 하신 말씀이 이러하니라 만군의 여호와께서 말씀하시되 이는 힘으로 되지 아니하며 능력으로 되지 아니하고 오직 나의 영으로 되느니라 큰 산아 네가 무엇이냐 네가 스룹바벨 앞에서 평지가 되리라 그가 머릿돌을 내놓을 때에 무리가 외치기를 은총, 은총이 그에게 있을지어다 하리라 하셨고"(슥 4:6~7) 성령을 통해 스룹바벨 앞에 있는 큰 산과 같은 문제들이 평지가 되듯 사라진다는 것입니다. 곧 스룹바벨은 성전 건축 등, 하나님의 일을 감당하며 많은 문제에 직면할 수밖에 없었습니다. 이것이 그에게 큰 산과 같은 문제이며 두려움일 수밖에 없습니다. 그런데 그런 스룹바벨을 향해 하나님께서 사람의 힘이 아닌 성령을 앞세워야 함을 말씀하신 것입니다. 사람의 힘으로는 할 수 없지만, 성령으로는 할 수 있다는 것입니다. 도저히 넘어설 수 없는 산과 같은 큰 문제들이 성령을 통해 단번에 해결되어 승리를 누릴 수 있다는 것입니다. 하나님께서 성령을 통해 그렇게 하시겠다는 것입니다.

우리의 힘은 연약하지만 성령의 힘은 강합니다. 성령을 힘입고 성령으로 일할 때, 우리 앞에 모든 문제는 더 이상 문제가 될 수 없습니다. 따라서 우리의 힘으로 해결하려는 어리석음을 내려놓고, 성령을 의지해야 합니다. 성령을 통해 승리를 누려야 합니다.

요한복음 7장_믿음을 통한 승리

초막절에 예수님께서 자신을 잡아 죽이고자 하는 유대인들을 피해 은밀히 예루살렘에 올라가신 것과 성전에서 백성들을 가르치신 말씀을 전하고 있습니다. 특별히 주목할 말씀이 백성들의 반응입니다. 예수님으로 인해 백성들 사이에서 분열이 있었고, 예수님이 누구냐를 놓고 다른 주장들이 있었습니다. 백성들 중에는 예수님께서 행하신 여러 기적들을 보고 그리스도라고 믿는 사람들도 있었지만, 그러나 어찌 갈릴리에서 그리스도가 나올 수 있느냐고 반문하며 믿지 못하는 사람들도 있었습니다. 그리고 이런 중에 대제사장들과 바리새인들 등 유대 지도자들은 예수님을 반대하며 잡아 죽이고자 했습니다. "이 말씀을 들은 무리 중에서 어떤 사람은 이 사람이 참으로 그 선지자라 하며 어떤 사람은 그리스도라 하며 어떤 이들은 그리스도가 어찌 갈릴리에서 나오겠느냐 성경에 이르기를 그리스도는 다윗의 씨로 또 다윗이 살던 마을 베들레헴에서 나오리라 하지 아니하였느냐 하며 예수로 말미암아 무리 중에서 쟁론이 되니 그 중에는 그를 잡고자 하는 자들도 있으나 손을 대는 자가 없었더라"(요 7:40~44)

결국 이 말씀은 여러 의심과 혼란 속에서도 흔들리지 않고 믿음을 가져야 한다는 사실을 가르쳐줍니다. 우리의 삶에 우리가 가진 믿음을 흔드는 여러 유혹과 혼란의 상황들, 그리고 우리의 믿음이 틀렸다고 주장하는 사람들이 있을 수 있는데, 그때에 흔들림 없이 예수가 그리스도이며 구원자이심을 믿어야 한다는 것입니다. 이 믿음이 없이는 결코 구원에 이를 수 없습니다. 오직 이 믿음이 우리를 구원에 이르게 하고 마지막 때에 승리의 자리에 서게 합니다.

오늘의 기도

1. 우리의 삶의 전쟁이 하나님께 속해 있음을 깨닫고, 믿음으로 하나님께 맡겨, 하나님이 주시는 승리를 경험하게 하소서.
2. 모든 기도가 하나님께 올려 드려지고 하나님의 때에 반드시 응답의 역사로 나타남을 믿고, 포기하지 않고 기도하게 하소서.
3. 성령을 앞세워 성령의 능력으로 우리 앞에 있는 산과 같은 큰 문제들을 평지로 만들어가게 하소서.

은혜

역대하 21장 | 요한계시록 9장 | 스가랴 5장 | 요한복음 8장

맥체인성경365 1998p

우리에게는 주의 은혜가 필요합니다. 우리의 불의함에도 약속을 기억하시는 신실함의 은혜, 우리의 불의한 죄를 용서하시는 은혜, 우리를 불의하게 하고 멸망으로 이끄는 죄를 제거해주시는 은혜, 그리고 심판 중에서 우리를 보호하시는 은혜가 필요합니다.

역대하 21장_신실하심의 은혜

유다의 여호람 왕에 대한 말씀으로 그의 악한 통치를 전하고 있습니다. 곧 여호사밧의 뒤를 이어 유다의 왕이 된 여호람은 그 아버지와 같지 않았습니다. 왕이 되어 세력을 얻은 후 그의 모든 아우들과 방백들을 죽였으며(대하 21:4), 이스라엘 왕들의 길로 행하여 여호와 보시기에 악을 행했습니다(대하 21:6). 여러 산에 산당을 세워 예루살렘 주민으로 음행하게 하고 또 유다를 미혹하게 했습니다(대하 21:11). 따라서 하나님은 선지자 엘리야를 통해 여호람 왕을 향한 심판을 선언하였고, 그 심판의 선언대로 이루셨습니다. 블레셋 사람들과 아라바 사람들의 마음을 격동시켜 여호람을 치게 하셨고, 또 이후 고치지 못할 병에 걸리게 해 쓸쓸히 죽음을 맞게 했습니다. 그런데 주목할 말씀이 하나님의 신실하심의 은혜입니다. 여호람 왕이 그처럼 악하고 범죄함에도 불구하고, 하나님은 다윗과의 약속을 기억하시고 그 약속을 지키셨습니다. 그 약속으로 인해 다윗의 왕가를 멸하지 않으셨습니다(대하 21:7).

하나님의 신실하심은 크고 놀랍습니다. 우리는 신실하지 못하여 약속을 깨뜨리고 하나님 앞에 불의한 모습을 보이지만, 하나님의 신실하심은 우리의 불신실함까지 넘어섭니다. 우리가 불의함으로 깨뜨린 약속까지도 하나님은 신실하심으로 그 약속을 이루어 우리의 불신실함을 이기십니다. 따라서 이런 신실하신 하나님의 은혜를 깨달으며 우리도 신실해야 합니다. 우리의 불의함과 불신실함에서 돌이켜야 합니다. 그리고 무엇보다 그럼에도 언약을 이루시는 하나님의 신실하심의 은혜가 없으면 우리는 멸망에 이를 수밖에 없음을 깨달으며 그

은혜를 구해야 합니다. 우리의 불의함에도 불구하고 사랑으로 용서하시고, 신실하심으로 약속을 이루어주시기를 구하고 또 구해야 합니다.

요한계시록 9장_보호하심의 은혜

다섯째 나팔 재앙과 여섯째 나팔 재앙을 기록하고 있습니다. 다섯째 천사가 나팔을 불매 무저갱의 열쇠를 받은 자가 무저갱을 열게 되고, 그 무저갱으로부터 연기가 올라와 해와 공기가 어두워지며, 또 무저갱에서 전갈의 권세와 같은 권세를 받은 황충이 올라와 사람들을 해하게 된다는 것입니다. 또한 여섯째 천사가 나팔을 불매 유브라데에 결박한 네 천사들이 놓이게 되고, 이만 만의 마병대가 사람 삼분의 일을 죽이게 된다는 것입니다.

주목할 말씀이 이런 재앙과 심판 속에서도 하나님의 보호하심의 은혜가 있다는 것입니다. 다섯째 나팔 재앙 때에 무저갱에서 올라온 황충에 의해 사람들이 해함을 받는데, 이마에 하나님의 인침을 받은 사람들은 이 해함에서 벗어난다는 것입니다(계 9:4). 곧 여섯째 인 재앙이 끝나고 하나님의 종들에게 하나님께서 천사를 통해 이마에 인을 쳤는데(계 7:1~8), 바로 이렇게 인침 받은 사람들은 하나님의 심판으로 인한 재앙과 고통 중에 보호하심을 받게 된다는 것입니다.

하나님은 이 악한 세상을 향한 심판을 말씀하고 계십니다. 그 심판 때에 하나님을 거부하여 대항하며 죄를 범함 모든 사람들은 반드시 심판으로 멸망 받게 됩니다. 그러나 하나님의 백성들은 보호하심의 은혜가 있습니다. 고난 중에도 믿음을 지키며 하나님의 백성으로 살아갈 때, 하나님은 그들을 인치시고 하나님의 심판에서 보호하십니다. 따라서

우리가 끝까지 하나님의 백성으로 믿음을 지켜야 합니다. 하나님의 보호하심의 은혜 없이는 누구도 심판을 피하지 못함을 기억하고, 하나님의 심판 때의 인침의 은혜를 구하며 끝까지 믿음을 지켜야 합니다.

스가랴 5장_제거하심의 은혜

스가랴가 본 여섯째 환상과 일곱째 환상을 기록하고 있습니다. 여섯째 환상은 날아가는 두루마리 환상으로, 성전의 성소만큼 큰 두루마리가 펼쳐져 날아가는데, 그 두루마리에는 말씀을 어긴 자들에게 내릴 저주가 기록되어 있다는 것입니다. 일곱째 환상은 에바 속의 여인에 대한 환상으로, 에바 속의 여인은 온갖 개별적인 죄의 뿌리가 되는 힘인 악을 뜻합니다(슥 5:8). 이 악은 예루살렘의 심판과 멸망을 불러들였고, 또 포로에서 돌아온 백성들에게 영향을 미치고 있었습니다. 바로 이 악을 하나님께서 납으로 덮어 봉하시고 멀리 시날 땅으로 옮겨 제거하신다는 것입니다(슥 5:10~11).

결국 이 말씀은 우리를 불행과 고통과 멸망으로 이끄는 악의 세력을 제거해 주시는 하나님의 은혜가 필요하다는 것을 가르쳐줍니다. 곧 우리 스스로의 힘으로 악을 이기지 못합니다. 악에 지배되어 불행과 고통과 멸망에 이를 수밖에 없습니다. 따라서 그 악을 봉하시고 제거하시는 하나님의 은혜가 있어야 합니다. 이 은혜가 있어야 우리는 악에서 해방되어 참 행복과 생명의 삶을 살아갈 수 있습니다.

요한복음 8장_용서하심의 은혜

간음하다가 붙잡힌 여인을 예수님께서 용서하신 말씀, 예수님께서 세상의 빛이 되심을 전하신 말씀, 예수님을 믿지 못하면 죄 가운데서 죽게 된다는 가르침, 진리를 알아야 하고 그 진리가 자유롭게 한다는 가르침, 하나님께 속한 하나님의 자녀라면 예수님을 사랑하며 따르지만 그 유대인들이 마귀의 자녀이기에 예수님을 죽이려고 한다는 가르침, 예수님께서 아브라함이 나기 전부터 계신 하나님이라는 가르침 등을 기록하고 있습니다.

간음한 여인을 용서하신 말씀에 주목하면, 주님의 용서하심의 큰 은혜를 깨달을 수 있습니다. 곧 서기관들과 바리새인들은 간음하다 현장에서 붙잡힌 여인을 예수님 앞에 세우고, 이 여인의 처결에 대해 질문했습니다(요 8:5). 예수님을 고발할 조건을 얻고자 예수님을 시험하여 질문한 것이지만(요 8:6), 이들은 마땅히 율법에 따라 이 여인을 돌로 쳐서 죽여야 한다고 생각했습니다. 그러나 예수님은 "너희 중에 죄 없는 자가 먼저 돌로 치라"고 말씀하시며(요 8:7) 그들 안에 있는 죄를 먼저 보게 하셨고, 율법으로는 누구도 죄와 심판에서 자유로울 수 없음을 깨닫게 하셨습니다. 결국 양심에 가책을 느낀 모든 사람들은 돌아가고 여인만 남았고(요 8:9), 유일하게 죄가 없어 그 여인을 심판하실 수 있으셨던 예수님께서 심판이 아닌 용서를 말씀하심으로 그 여인을 구원하셨습니다(요 8:11).

결국 이 말씀은 우리의 불의함과 죄를 용서하시는 주님의 절대적인 은혜가 반드시 우리에게 있어야 한다는 사실을 가르쳐줍니다. 곧 그 누구도 율법적으로 완전하여 죄와 심판에서 자유로울 수 있는 사람은 없습니다. 모두가 율법에 따라 고발되면 심판 받고 죽을 수밖에 없습니다. 따라서 율법이 아닌 사랑으로 용서하시는 주의 은혜가 필요하고, 또한 우리도 이 사랑과 은혜에 따라 우리 이웃을 사랑하고 용서하며 살아야 합니다.

오늘의 기도

1. 우리의 불의함은 그 큰 사랑으로 용서하시고, 신실하심으로 약속을 지키시는 놀라운 하나님의 은혜를 누리게 하소서.
2. 우리를 고통과 불행으로 이끄는 악의 세력을 제거해 주셔서 악에서 자유함을 얻고 참 행복과 생명의 삶을 살아가게 하소서.
3. 주의 은혜와 보혈로 인침 받아 심판과 재앙을 피하고 구원의 자리에 서게 하소서.

말씀의 삶

역대하 22-23장 | 요한계시록 10장 | 스가랴 6장 | 요한복음 9장

맥체인성경365 2004p

말씀을 지키며 따르는 일에 헌신하며 생명도 걸어야 합니다. 말씀의 사명도 깨닫고 힘써 전해야 하고, 말씀을 통해 하나님의 영광도 나타내야 합니다.

역대하 22-23장_말씀에 생명을 거는 삶

역대하 22장은 유다의 아하시야 왕의 악한 통치와 그의 죽음 이후 그의 어머니 아달랴가 모든 왕자들을 죽이고 스스로 왕이 된 것을 전하고 있습니다. 역대하 23장은 모든 왕자들이 아달랴에 의해 죽임을 당하는 중에 유일하게 살아남은 요아스가 여호야다 등의 도움을 받아 아달랴를 몰아내고 왕으로 추대된 것을 전하고 있습니다. 특별히 주목할 말씀이, 제사장 여호야다가 아달랴를 몰아내고 요아스를 왕으로 추대하는 일을 주도하며, 이에 같은 마음으로 모인 사람들에게 한 말입니다. "온 회중이 하나님의 전에서 왕과 언약을 세우매 여호야다가 무리에게 이르되 여호와께서 다윗의 자손에게 대하여 말씀하신 대로 왕자가 즉위하여야 할지니"(대하 23:3) 왕자 요아스가 왕위에 올라 여호와께서 다윗의 자손을 향하여 말씀하신 언약이 지켜져야 한다는 것입니다. 아달랴로 인해 유다 집의 왕국의 씨가 끊어지고, 이로 인해 하나님께서 다윗의 자손에 주신 언약이 깨어질 위기에 처했는데, 이를 다시 돌려놓아야 한다는 것입니다.

사실 여호야다는 아달랴에 의해 모든 왕자들이 죽어가는 중에 그 아내 여호사브앗과 함께 마지막 남은 왕자 요아스를 죽음에서 구하고 돌보아 하나님의 언약을 지키는 일에 힘을 다했습니다. 곧 요아스의 고모였던 여호사브앗은 아달랴에 의해 모든 왕자들이 죽는 가운데 갓난아이였던 요아스를 구하였고, 여호야다는 하나님의 성전에서 요아스를 숨겨 키우며 보호하였습니다. 그리고 이후 제칠년에 세력을 모아 다윗의 자손인 요아스를 왕으로 세우고, 죄악을 일삼고 스스로 여왕의 자리에 앉은 아달랴를 몰아내고자 했습니다. 이 모든 일이 하나님의 언약을 지키고자 하는 여호야다의 하나님을 향한 충심이었습니다. 또 이 모든 일을 행하는 과정은 생명을 걸 수밖에 없는 두려운 일이었습니다. 그러나 여호야다는 하나님의 말씀에 서서 그 언약을 지키고자 기꺼이 생명을 걸었습니다. 그 생명보다 하나님의 말씀을 따라 언약을 지키며 하나님의 질서를 바로 잡는 것을 더 소중히 여겼던 것입니다.

요한계시록 10장_말씀의 사명을 다하는 삶

작은 두루마리를 가진 천사에 대한 말씀입니다. 이 천사는 하나님의 비밀이 지체되지 않으며 이제 곧 이루어질 것을 전했습니다. 또한 요한은 하늘에서 들리는 음성을 따라 천사가 가진 두루마리를 받았고, 또 천사의 말을 따라 두루마리를 먹었습니다. 그리고 이후 천사로부터 하나님의 명령을 들었습니다. "그가 내게 말하기를 네가 많은 백성과 나라와 방언과 임금에게 다시 예언하여야 하리라 하더라"(계 10:11) 결국 이 말씀이 핵심입니다. 하나님께서 요한에게 이런 놀라운 환상을 경험케 하시고, 마지막 때의 하나님의 놀라운 계획을 보여주시는 이유가 여기에 있습니다. 곧 전해야 하다는 것입니다. 이 전하는 사명을 위해 하나님께서는 요한에게 이런 놀라운 일들을 보여주시고 경험케 하신 것입니다.

오늘 이 말씀을 우리로 읽게 하시고 알게 하시는 이유도 여기에 있습니다. 우리도 요한처럼 이 말씀을 전하기를 하나님께서는 바라십니다. 바로 이 전함이 우리의 사명입니다. 말씀을 전하는 사명이 우리에게 있음을 깨달아야 합니다. 우리도 힘을 다해 하나님의 말씀을 먹고 전해야 합니다.

스가랴 6장_말씀에 순종하여 헌신하는 삶

스가랴가 본 여덟째 환상, 곧 네 병거 환상과 면류관을 만들어 대제사장 여호수아의 머리에 씌우라는 말씀입니다. 특별히 면류관을 만들라는 말씀에 주목하면, 말씀에 순종하여 헌신하는 삶을 보게 됩니다. 곧 면류관을 만드는데 포로 가운데서 돌아온 헬대와, 도비야와 여다야 등의 헌신이 있었습니다. "사로잡힌 자 가운데 바벨론에서부터 돌아온 헬대와 도비야와 여다야가 스바냐의 아들 요시아의 집에 들어갔나니 너는 이 날에 그 집에 들어가서 그들에게서 받되 은과 금을 받아 면류관을 만들어 여호사닥의 아들 대제사장 여호수아의 머리에 씌우고"(슥 6:10~11) 면류관을 제작하는 일에 "그들에게서 은과 금을 받으라" 곧 그들에게 주의 일에 헌신을 요구하라는 것이고, 그들이 이 말씀에 순종하여 헌신하게 된다는 것입니다. 사실 바벨론에서 폐허가 된 유다 땅으로 다시 돌아오는 것만으로도 큰 헌신이었습니다. 유다 땅에 돌아오기까지 많은 것을 포기해야 했고, 그 미래도 보장받지 못했습니다. 그럼에도 헌신하여 유다 땅으로 돌아왔습니다. 그런데 이들에게 성전을 재건하고 또 대제사장의 면류관을 제작하는 일에 헌신하라는 말씀이 또 주어진 것입니다. 이 헌신의 요구가 이들의 마음을 참 불편하게 할 수 있었습니다. 그러나 이들은 기꺼이 말씀에 순종하여 은과 금을 내어놓아 헌신했습니다.

말씀을 따르며 순종하는 일보다 더 소중한 것이 무엇이겠습니까? 헌신한 우리에게 또 다시 헌신이 요구된다고 할지라도, 기꺼이 헌신하며 말씀에 순종해야 합니다. 우리가 헌신하며 내어놓는 그 무엇보다 하나님의 말씀을 따르는 것에 더 큰 가치를 두어야 합니다.

요한복음 9장_말씀으로 영광을 나타내는 삶

나면서부터 앞을 보지 못하는 한 장애인을 예수님께서 치유하신 말씀입니다. 이 일이 안식일에 있었고, 유대인들은 이것을 빌미로 예수님을 공격하고자 치유 받은 사람을 압박했습니다. 특별히 주목할 말씀이 나면서부터 앞을 보지 못하는 장애인에 대한 제자들의 질문에 예수님께서 하신 대답입니다. "예수께서 대답하시되 이 사람이나 그 부모의 죄로 인한 것이 아니라 그에게서 하나님이 하시는 일을 나타내고자 하심이라"(요 9:3) 곧 나면서부터 앞을 보지 못하는 장애인이 된 사람에 대해 사람들 사이에 논쟁이 있었습니다. 질병의 원인을 죄에서 찾던 사람들은 '이 사람의 질병이 누구의 죄 때문이냐? 자신의 죄 때문이냐? 아니면 그 부모의 죄 때문이냐?' 서로 논쟁을 했고, 따라서 제자들이 이것을 예수님께 질문한 것입니다. 이에 대해 예수님은 새로운 관점에서 바라보며 답을 주셨습니다. 누구의 죄 때문도 아니고 이 사람을 통해 하나님께서 하시는 일을 나타내려 하심에 뜻이 있다고 말씀하셨습니다. 그리고 이 말씀과 함께 그를 치료해주셨고, 이를 통해 하나님의 놀라운 일을 나타내시며 하나님께 영광이 되게 하셨습니다.

결국 무엇입니까? 예수님의 관심은 오직 하나님의 영광에 있었습니다. 모든 일에서 하나님의 영광을 나타내고자 하셨습니다. 사람들의 논쟁도 그 말씀으로 하나님의 영광에 초점을 맞추도록 바꾸셨습니다. 이런 예수님의 말씀과 하나님의 영광을 위한 삶은 우리도 그 입술을 통해 하나님의 영광을 나타내는 일에 힘써야 함을 깨닫게 합니다. '누구 때문이냐? 무엇 때문이냐?' 단순히 핑계를 찾는 일을 넘어서 '무엇을 위함이냐?' 곧 하나님의 영광을 위한 목적에 집중해야 합니다. 또한 우리 이웃들도 하나님의 영광에 초점을 맞추도록 주의 말씀을 전해야 합니다.

오늘의 기도

1. 하나님의 언약을 지키고 하나님의 거룩하신 뜻을 바로 세워가는 일에 힘을 다하게 하소서.
2. 주의 말씀을 전하는 일에 순종하여 충성하게 하시고, 이를 통해 하나님의 영광을 높이게 하소서.
3. 교회를 세우고 신앙 공동체를 세우는 일을 위해 거절하지 않고 아낌없이 헌신하게 하소서.

그 결과

역대하 24장 | 요한계시록 11장 | 스가랴 7장 | 요한복음 10장

맥체인성경365 2009p

여호와 하나님을 버리고 돌이키라는 그 음성을 듣기를 싫어한 결과는 심판입니다. 그러나 주를 따르며 끝까지 사명을 지킨 결과는 영생과 영광의 축복입니다.

역대하 24장_여호와를 버린 결과

요아스 왕이 성전을 보수한 것을 기록하고 있고, 또 제사장 여호야다가 죽은 후에 하나님을 배신하고 아세라 목상과 우상을 섬긴 것을 전하고 있습니다. 이로 인해 하나님의 심판을 받고 신하들의 배신으로 죽음을 맞이한 것을 전하고 있습니다. 곧 요아스 왕은 제사장 여호야다가 살아 있을 동안에는 여호야다의 영향력 아래에서 하나님을 경외하고 선한 일에 힘을 썼습니다. 그러나 여호야다가 죽은 이후 유다 방백들의 말을 따라 여호와의 전을 버리고 아세라 목상과 우상을 섬기며 타락했습니다. 다시 여호와께로 돌아오게 하려고 여호와 하나님께서 선지자를 보내셔서 경고하셨으나 듣지 아니했습니다. 제사장 여호야다의 아들 스가랴를 감동시켜, 여호와의 명령을 거역하고 여호와를 버린 결과를 경고하셨으나 그의 말도 듣지 아니했습니다. 오히려 스가랴를 여호와의 전 뜰 안에서 돌로 쳐 죽이는 죄악을 행했습니다. 그 결과 요아스 왕은 하나님의 심판에 이르고 말았습니다. 아람의 침략에 속수무책으로 패하고, 신하들의 반역으로 죽임을 당했습니다. 여호와를 떠난 결과, 그리고 돌이키지 않은 결과 하나님의 심판으로 불행한 최후를 맞이하고 말았습니다. "아람 군대가 적은 무리로 왔으나 여호와께서 심히 큰 군대를 그들의 손에 넘기셨으니 이는 유다 사람들이 그들의 조상들의 하나님 여호와를 버렸음이라 이와 같이 아람 사람들이 요아스를 징벌하였더라 요아스가 크게 부상하매 적군이 그를 버리고 간 후에 그의 신하들이 제사장 여호야다의 아들들의 피로 말미암아 반역하여 그를 그의 침상에서 쳐죽인지라 다윗 성에 장사하였으나 왕들의 묘실에는 장사하지 아니하였더

라"(대하 24:24~25)

여호와 하나님을 따를 때에 그 돌보심과 은혜를 누릴 수 있습니다. 앞장선 하나님의 승리와 형통케 하시는 축복을 누릴 수 있습니다. 그러나 하나님에게서 돌이켜 떠나고 다시 돌이키지 않으면 그 주어지는 결과는 심판일 수밖에 없습니다. 따라서 하나님을 떠나지 않기를 힘써야 합니다. 하나님의 돌이키라는 경고에 귀를 막지 않아야 합니다.

요한계시록 11장_사명을 지킨 결과

두 증인에 대한 말씀과, 일곱째 나팔에 대한 말씀을 기록하고 있습니다. 천사가 일곱째 나팔을 불매 하늘에서 큰 음성과 찬송이 들렸으며, 하늘에 있는 하나님의 성전이 열리고 번개와 음성들과 우레와 지진과 큰 우박이 있었다는 것입니다.

두 증인에 대한 말씀에 주목하면, 이들은 하나님으로부터 권세를 받아 능력을 행하며 천이백육십 일을 예언하고 순교하게 됨을 전하고 있습니다. 무저갱으로부터 올라오는 짐승에 의해 죽임을 당하고 그 시신은 무덤에 안장조차 되지 못하게 된다는 것입니다. 그러나 하나님의 권능으로 다시 부활하여 그의 죽음을 기뻐했던 땅에 있는 사람들을 두렵게 하고, 원수들이 지켜보는 가운데 구름을 타고 하늘로 올라가게 됨을 전하고 있습니다. "삼 일 반 후에 하나님께로부터 생기가 그들 속에 들어가매 그들이 발로 일어서니 구경하는 자들이 크게 두려워하더라 하늘로부터 큰 음성이 있어 이리로 올라오라 함을 그들이 듣고 구름을 타고 하늘로 올라가니 그들의 원수들도 구경하더라"(계 11:11~12)

결국 무엇입니까? 끝까지 증인으로서 사명을 지킨 사람들의 끝은 영광입니다. 하나님께서 모든 사

람들, 특별히 그 대적들 앞에서 영광의 생명과 축복을 누리게 하십니다. 따라서 고난과 핍박이 있어도 주님을 따르며 그 사명에 최선을 다해야 합니다. 순교도 영광이요 축복이라는 마음으로 사명에 충성해야 합니다.

스가랴 7장_듣기를 싫어한 결과

금식에 대한 질문과 그에 대한 하나님의 대답, 곧 그 금식이 '과연 하나님의 기쁨을 위한 것이었느냐?'는 대답을 전하고 있습니다. 그 금식이 자기 만족과 소원을 이루기 위한 형식적 금식에 지나지 않았다는 것입니다. 또한 무자비함에 대한 하나님의 심판에 대해 말씀하고 있는데, 하나님께서는 진실한 재판을 행하며, 인애와 긍휼을 베풀고, 궁핍한 자를 압제하지 말라고 말씀하셨지만, 그들이 듣지 않았던 것에 대해 말씀하시며 이로 인해 심판하셨음을 말씀하셨습니다. "그들이 듣기를 싫어하여 등을 돌리며 듣지 아니하려고 귀를 막으며 그 마음을 금강석 같게 하여 율법과 만군의 여호와가 그의 영으로 옛 선지자들을 통하여 전한 말을 듣지 아니하므로 큰 진노가 만군의 여호와께로부터 나왔도다"(슥 7:11~12) 여기서 하나님께서 진정 원하시는 것은 형식적 금식이나 예배가 아니라 진실한 삶임을 깨달을 수 있습니다. 하나님은 의를 행하고 긍휼을 베풀며 사랑을 실천하는 삶을 기뻐하시며, 이런 삶 없이 아무리 형식적으로 금식해 봐야 기뻐하시지 않는다는 것입니다. 또한 하나님의 말씀을 듣지 아니한 결과에 대해서도 깨달을 수 있습니다. 여호와 하나님의 끊임없는 말씀에도 귀를 막고 그 말씀에 순종하지 아니하면, 그 결과는 하나님의 진노의 심판이라는 것입니다. 하나님께서는 그 말씀을 듣지 아니한 백성들을 여러 나라에 흩으시고 심판하셨다는 것입니다(슥 7:14).

바른 길을 가르치시는 하나님의 끊임없는 말씀에 귀를 기울여 듣고 순종해야 합니다. 끝까지 그 말씀을 듣지 아니하면 그 결과는 심판일 수밖에 없음을 잊지 말아야 합니다. 혹 잠시 어리석어 하나님의 말씀에서 떠났다 할지라도, 하나님의 경고의 말씀을 듣고 돌이켜야 합니다.

요한복음 10장_주를 따른 결과

예수님께서 양의 문이 되시며 선한 목자 되심을 가르치신 말씀입니다. 예수님께서 양의 문이 되시기에 예수님으로 말미암아 들어가면 구원을 받고 꼴을 얻는다는 것입니다. 예수님은 선한 목자가 되시기에 양들을 위하여 목숨을 버리신다는 것입니다. 따라서 또한 선한 목자 되신 예수님의 양이 되어 예수님의 음성을 듣고 따라야 함을 말씀하셨는데, 곧 예수님은 수전절에 성전에서 자신을 에워싸고 대적한 유대인들에게 이렇게 말씀하셨습니다. "내 양은 내 음성을 들으며 나는 그들을 알며 그들은 나를 따르느니라 내가 그들에게 영생을 주노니 영원히 멸망하지 아니할 것이요 또 그들을 내 손에서 빼앗을 자가 없느니라"(요 10:27~28) 목자 되신 주님을 양으로서 따라가는 자들에게는 영생이 있다는 것입니다. 주님을 따르는 자들에게 주님께서 영생을 주셔서 영원히 멸망하지 않게 하신다는 것입니다.

주님을 버리고 그 음성을 듣지 않는 자들에게는 심판과 멸망이 주어집니다. 그러나 주님의 음성을 듣고 따르는 자들에게는 생명의 축복이 주어집니다. 따라서 주님이 주시는 영생을 소망하며 그 음성을 듣기를 힘쓸 뿐만 아니라, 주님이 이끄시는 대로 순종하여 따라가야 합니다.

오늘의 기도

1. 끝까지 하나님의 편에서 하나님의 음성에 귀 기울이며 의와 생명의 길을 걸어가게 하소서.
2. 목자 되신 주님의 음성을 분별하고 따라서 누구도 빼앗을 수 없는 영생의 은혜를 누리게 하소서.
3. 핍박 중에도 기쁨으로 사명을 지켜, 주께서 베푸시고 높여주시는 영광의 축복을 누리게 하소서.

승리

역대하 25장 | 요한계시록 12장 | 스가랴 8장 | 요한복음 11장

승리는 주님께 있습니다. 승리를 위해 함께하시는 주의 은혜가 있어야 합니다. 주를 의지하며 주의 말씀에 순종해야 합니다. 주의 보혈과 증언의 말씀을 붙들고, 어떤 절망의 상황에서도 끝까지 믿어야 합니다.

역대하 25장_순종으로 인한 승리

아마샤 왕에 대한 말씀입니다. 그가 순종으로 에돔과의 전쟁에서 승리했음을 전하고 있습니다. 그러나 또한 이후 그가 교만하여 하나님을 버리고 에돔의 신들을 섬겼으며, 선지자가 전하는 하나님의 말씀에도 불순종하여 북왕국 이스라엘과의 전쟁에서 패하고 반역으로 죽음을 맞았음도 전하고 있습니다. 에돔과의 전쟁에서 승리한 말씀에 주목하면, 하나님의 말씀에 대한 순종이 승리의 결정적 요인이었음을 가르쳐주고 있습니다. 승리는 하나님께 있고 따라서 하나님의 말씀에 순종하고, 사람이 아닌 하나님을 의지하는 자에게 승리가 주어진다는 것입니다. 곧 유다의 아마샤 왕은 에돔과의 전쟁을 위해 백성들을 모으고, 천부장과 백부장들을 세웠습니다. 또 은 백 달란트를 주고 이스라엘에서 용병을 고용했습니다. 그러나 하나님은 유다가 악한 이스라엘 군대와 함께 싸우기를 원하지 않으셨고, 하나님의 사람을 통해 이와 같은 뜻을 전하셨습니다. 이스라엘의 군대가 아닌 하나님을 의지할 때 하나님의 승리를 경험하게 된다는 것입니다. "어떤 하나님의 사람이 아마샤에게 나아와서 이르되 왕이여 이스라엘 군대를 왕과 함께 가게 하지 마옵소서 여호와께서는 이스라엘 곧 온 에브라임 자손과 함께 하지 아니하시나니 왕이 만일 가시거든 힘써 싸우소서 하나님이 왕을 적군 앞에 엎드러지게 하시리이다 하나님은 능히 돕기도 하시고 능히 패하게도 하시나이다 하니"(대하 25:7~8) 이미 은 백 달란트를 지급했고, 전쟁을 앞두고 한 명의 군사도 아쉬운 상황이었습니다. 하나님의 사람이 전한 그 말씀을 순종하는 것이 어려운 일이었습니다. 그러나 아마샤 왕은 하나님의 말씀에 순종하여 이스라엘 군대를 돌려보내고 하나님을 붙들었습니다. 그 결과 에돔을 물리치고 승리할 수 있었습니다. 순종으로 하나님을 붙들고 의지하여 승리를 누린 것입니다.

승리는 하나님께 있습니다. 순종할 수 없는 중에도 순종함으로 하나님을 의지할 때, 하나님의 승리를 경험할 수 있습니다.

요한계시록 12장_예수로 인한 승리

여자와 용에 대한 말씀입니다. 이 여자는 장차 철장으로 만국을 다스릴 남자, 곧 메시야를 낳은 어머니이며(계 12:5), 또한 모든 그리스도인들의 어머니(계 12:17 참조)입니다. 용은 사탄을 뜻하는데(계 12:9), 하늘의 전쟁에서 미가엘에게 패하여 땅으로 내쫓기게 됩니다. 그 분노로 메시야를 낳은 여자를 박해하는데, 여자가 하나님의 도움을 받아 위기의 때를 이겨냄을 전하고 있습니다. 하늘의 전쟁에 대한 말씀을 주목하면, 예수를 통해 우리가 승리할 수 있음을 깨닫게 됩니다. 끝까지 주를 향한 믿음을 갖고 말씀을 지킬 때 예수님과 더불어 승리할 수 있다는 것입니다. 곧 하늘의 전쟁에서 천사장 미가엘이 승리하고 용과 그의 사자들이 땅으로 내쫓긴 후, 하늘에서 들린 음성이 우리 형제들, 곧 믿음의 성도들이 어린 양의 피, 곧 예수 그리스도의 보혈과 증언하는 말씀으로 승리함을 얻었다는 것입니다. 따라서 즐거워하라는 것입니다(계 12:11~12).

결국 무엇입니까? 사탄이 아무리 세력을 나타내고 교회와 믿음의 성도들을 핍박해도 결국에는 예수님께 패배하여 쫓겨 가게 됩니다. 사탄이 최후까지 발악을 해도 결국 승리는 예수님께 정해져 있습니다. 예수 그리스도의 보혈을 의지하는 우리 믿음의 성도들도 예수님과 함께 승리하게 됩니다. 따라서 죽기까지 그 보혈의 믿음과 복음에서 떠나지 않아야 합니다. "그들은 죽기까지 자기들의 생명을 아끼지 아니하였도다"(계 12:11) 생명을 걸고 믿음을 지키고 말씀에 서야 합니다.

스가랴 8장_은혜로 인한 승리

하나님의 백성을 향한 구원의 약속입니다. "만군의 여호와가 이같이 말하노라"는 말로 시작하여 하나님의 약속을 전하고 있습니다(2, 3, 4, 6, 7, 9, 14, 19, 20, 23절). 예루살렘에 하나님께서 돌아와 임하시고, 그 성읍이 평화와 번영을 이루며, 백성들이 하나님의 인도하심 속에 예루살렘에 돌아와 거주하는 등, 구원과 회복과 기쁨과 축복을 누리게 된다는 것입니다. 따라서 놓치지 말아야 할 것이 은혜입니다. 이와 같은 구원과 축복의 약속이 주어지는 것이 하나님의 은혜 때문입니다. 하나님께서 그 죄를 용서하시고 그 백성들에게 돌아오시는 은혜로 말미암아 이 모든 일들이 있게 된다는 것입니다(슥 8:3). 곧 그 죄악으로 예루살렘을 심판하셨고 성전도 무너지게 하셨지만, 믿음과 헌신으로 다시 세워진 성전에 하나님께서 은혜로 돌아오신다는 것입니다. 은혜로 그 모든 죄를 용서하시고 돌아와 그 성읍을 축복하신다는 것입니다. 그 백성들의 삶에 구원과 회복과 기쁨과 축복으로 승리를 주신다는 것입니다.

우리의 삶에 용서하시고 돌아오시는 하나님의 은혜가 없이는 승리도 있을 수 없습니다. 승리는 하나님께 있고, 따라서 우리가 승리의 삶을 살기 위해서는 하나님께서 우리와 함께하셔야 합니다. 우리의 죄를 그 은혜로 용서하시고 우리에게 돌아오셔야 합니다. 다시 말해 승리를 위해 우리가 힘써 구해야 할 것은 하나님의 은혜입니다. 은혜로 우리를 용서하시고 우리에게 돌아와 우리와 영원히 함께하시기를 구해야 합니다.

요한복음 11장_믿음으로 인한 승리

예수님께서 죽은 나사로를 살리신 말씀입니다. 이로 인해 많은 사람들이 예수님을 믿었으나 대제사장들과 바리새인들은 오히려 공회를 모으고 예수님을 죽이려고 모의했음도 전하고 있습니다. 나사로를 살리신 말씀에 주목하면, 죽은 지 나흘이나 지났지만 예수님은 하나님께 기도하여 응답을 받으시고, 능력의 말씀을 선포하셔서 나사로를 무덤에서 일으켜 나오게 하셨습니다. 이를 통해 어떤 절망의 상황에서도 믿음을 포기하지 않으면, 그 믿음으로 놀라운 승리를 경험할 수 있음을 가르치셨습니다. 따라서 또한 주목할 말씀이 예수님께서 마르다에게 하신 말씀입니다. 무덤의 입구를 막은 돌을 옮겨 놓으라 하셨을 때에, 마르다는 이미 죽은 지 나흘이나 되어 냄새가 난다고 했으나 예수님은 이렇게 말씀하셨습니다. "예수께서 이르시되 내 말이 네가 믿으면 하나님의 영광을 보리라 하지 아니하였느냐 하시니"(요 11:40) 믿음이 하나님의 영광을 보게 한다는 것입니다. 어떤 절망의 상황에서도 믿음을 가져야 한다는 것입니다. 예수님은 이 말씀 이후 나사로를 무덤에서 걸어 나오게 하셨고, 이를 통해 하나님의 영광을 나타내시며, 예수님께서 부활이요 생명이 되심을 보여주셨습니다.

하나님의 영광과 부활과 생명의 승리를 누리기 위해서 믿음이 있어야 합니다. 어떤 절망의 상황에서도 주님이 부활이요 생명 되심을 믿고, 그 주님을 믿을 때에 죽어도 살고 영원히 죽지 아니함을 믿어야 합니다. 이 믿음이 결국 하나님의 영광을 보게 하여 우리의 삶을 승리로 이끌어 줍니다.

1. 은혜로 우리의 삶에 찾아오신 주님을 통해 평화와 번성과 풍성함의 축복을 누리게 하소서.
2. 사람이나 재물이 아닌 하나님을 붙잡고 의지하게 하셔서 하나님께서 주시는 승리를 누리게 하소서.
3. 믿음으로 하나님의 영광을 보며, 부활과 생명의 승리를 누리게 하소서.

물리쳐야 할 것

역대하 26장 | 요한계시록 13장 | 스가랴 9장 | 요한복음 12장

맥체인성경365 2021p

우리 안에 일어나는 교만도, 재물에 대한 마음도, 우리 자신의 유익을 구하는 욕심도 물리쳐야 합니다. 악한 세상 권세의 유혹도 물리치고, 겸손히 섬기고 희생하며 주의 권세를 소망해야 합니다.

역대하 26장_물리쳐야 할 교만

웃시야 왕에 대한 말씀입니다. 여호와 보시기에 정직히 행하고, 하나님을 경외하도록 가르쳐주는 스가랴의 영향 아래서 하나님의 뜻을 찾으며, 나라를 강성하게 세워갔음을 전하고 있습니다. 하나님의 도우심으로 주변 나라들과의 전쟁에서도 승리하고 국방을 튼튼히 하여 명성을 떨쳤음도 전하고 있습니다. 그러나 또한 웃시야 왕이 강성해지자 그만 교만해졌음도 전하고 있는데, 오직 제사장만이 할 수 있는 성전에서 분향하는 일을 자신이 하려고 했다는 것입니다(대하 26:16). 그렇게 교만함으로 악을 행하여 하나님께 범죄하고 말았다는 것입니다. 결국 웃시야 왕은 하나님의 심판을 받게 됐는데, 이마에 나병이 생겨 죽는 날까지 별궁에서 살다가 쓸쓸한 최후를 맞이하고 말았습니다. 이런 웃시야 왕의 모습은 우리가 무엇보다 힘써 교만함을 물리쳐야 함을 가르치고 있습니다. 순간의 교만이 우리를 넘어지게 하고 심판과 멸망에 이르게 한다는 것입니다. 하나님을 경외하며 힘써 쌓아온 승리의 삶을 한순간에 무너뜨린다는 것입니다.

겸손함으로 하나님을 섬기면 하나님께서 축복하시고 강성케 하십니다. 그러나 교만하여 하나님을 떠나고 죄악을 행하면 하나님께서 심판하십니다. 따라서 강성함이 교만으로 이어지지 않도록 주의해야 합니다. 하나님께서 주신 축복과 강성함으로 어리석게 교만한 것이 아니라, 오히려 더욱 겸손함으로 하나님을 섬기며 하나님께 영광을 올려드려야 합니다.

요한계시록 13장_물리쳐야 할 악한 권세

두 짐승에 대한 말씀입니다. 바다에서 한 짐승이 나오는데, 용으로부터 권세를 받아 마흔 두 달 동안 일하며 하나님을 비방하고 성도들을 핍박한다는 것입니다. 성도들과 싸워 이기고, 각 족속과 백성과 나라들을 다스린다는 것입니다(계 13:7). 죽임을 당한 어린 양의 생명책에 기록되지 않은 사람들은 이 짐승을 경배하게 된다는 것입니다(계 13:8). 또 다른 짐승은 땅에서 올라오는데, 이는 거짓 선지자로서, 첫째 짐승으로부터 받은 이적을 행하고 사람들을 미혹하며 그 짐승의 우상을 만들고 사람들로 이 우상을 경배하게 한다는 것입니다(계 13:14~15). 또한 모든 사람의 손이나 이마에 표를 받게 하는데(계 13:16), 이는 인침 받은 하나님의 백성에 대한 반대 표시라 할 수 있습니다.

이 악한 짐승이 받은 권세에 대해 전하는 말씀에 주목하면, "용이 짐승에게 권세를 주므로 용에게 경배하며 짐승에게 경배하여 이르되 누가 이 짐승과 같으냐 누가 능히 이와 더불어 싸우리요 하더라 또 짐승이 과장되고 신성 모독을 말하는 입을 받고 또 마흔두 달 동안 일할 권세를 받으니라"(계 13:4~5) 당장은 그 누구도 대항할 수 없는 권세입니다. 그 권세가 크고 강해서 두려울 수밖에 없고, 그 앞에 굴복할 수밖에 없어 보입니다. 그러나 이 악한 권세가 영원하지 않음을 기억해야 합니다. 곧 "마흔 두 달 동안 일할 권세를 받았다"는 구절에 주목해야 합니다. 마흔 두 달, 곧 3년 반 후에는 그 권세가 사라진다는 것입니다. 결코 영원하지 않은 권세에 굴복해서는 안 되고, 끝까지 그 악한 권세에 대항하며 물리쳐야 합니다. 성경은 이렇게 말씀하고 있습니다. "사로잡힐 자는 사로잡혀 갈 것이요 칼에 죽을 자는 마땅히 칼에 죽을 것이니 성도들의 인내와 믿음이 여기 있느니라"(계 13:10)

우리가 바라보고 소망할 권세는 예수 그리스도께서 가지신 권세입니다. 십자가의 희생을 통해 가지신 권세로 영원한 권세입니다. 잠시 잠깐의 권세인 세상의 악한 권세에 굴복하고 타협하여 넘어지지 말고, 이 악한 권세는 생명 걸고 대항하고 물리치며, 주님의 권세를 소망해야 합니다. 주님과 함께 영원히 누릴 권세를 바라보아야 합니다.

스가랴 9장_물리쳐야 할 헛된 재물
유다와 이웃한 이방 나라들을 정복하시며 정화하심을 말씀하고 있고, 메시야가 다스릴 평화의 왕국에 대해 전하고 있습니다. 특별히 두로를 향한 심판의 말씀에 주목하면, 재물의 헛됨에 대해 깨달을 수 있습니다. "두로는 자기를 위하여 요새를 건축하며 은을 티끌 같이, 금을 거리의 진흙 같이 쌓았도다 주께서 그를 정복하시며 그의 권세를 바다에 쳐넣으시리니 그가 불에 삼켜질지라"(슥 9:3~4) 하나님께서 두로의 권세를 깨뜨리시고 성읍을 불태워 멸하신다고 말씀하고 있는데, "은을 티끌 같이, 금을 거리의 진흙 같이 쌓았도다"는 구절을 놓치지 말아야 합니다. 곧 두로는 해상 무역을 통해 수많은 재물을 모았습니다. 그러나 그 재물이 하나님의 심판의 때에 아무 가치도 없게 되고, 하나님의 심판을 막지 못한다는 것입니다. 하나님의 심판과 더불어 그 쌓은 재물이 헛되이 사라질 뿐이라는 것입니다.

결국 이 말씀은 세상의 재물을 의지하고 재물에 마음을 빼앗기는 것이 얼마나 헛되고 어리석은 것인지 가르쳐줍니다. 결코 그 재물이 우리에게 구원을 보장하지 못한다는 것입니다. 심판의 때에 재물이 아닌 믿음과 하나님께 구한 은혜가 우리를 구원함을 잊지 말고, 재물을 물리치고 더욱 믿음을 굳건히 하며 하나님의 은혜를 구해야 합니다.

요한복음 12장_물리쳐야 할 그릇된 욕심
베다니에서 마리아가 예수님께 향유를 부은 것, 예수님께서 나귀를 타고 예루살렘에 입성하신 것, 예수님께서 영광 받으실 것을 말씀하신 것, 많은 표적들에도 불구하고 무리들이 예수님을 믿지 않은 것 등을 기록하고 있습니다. 예수님께 향유를 부은 말씀에 주목하면, 우리가 그릇된 욕심을 물리쳐야 함을 깨닫게 됩니다. 우리가 마땅히 자신의 유익을 위한 욕심이 아니라 희생과 헌신의 삶을 살아야 하는데, 이 욕심이 희생과 헌신의 삶을 막아선다는 것입니다. 곧 마리아가 값비싼 향유를 예수님의 발에 부어 드려 헌신했습니다. 그러나 가룟 유다는 이를 낭비라고 평가하며 오히려 그 헌신을 책망했습니다. 그런데 그가 이렇게 말한 이면에는 돈에 대한 욕심이 있었기 때문이라는 것입니다(요 12:5~6).

가룟 유다의 이런 욕심은 결국 예수님을 은 삼십에 파는 불의함으로까지 이어졌습니다. 곧 지금까지 믿고 따른 예수님을 그 욕심 때문에 대제사장과 장로들에게 팔아넘긴 것입니다. 그러나 예수님은 이렇게 가르치셨습니다. "내가 진실로 진실로 너희에게 이르노니 한 알의 밀이 땅에 떨어져 죽지 아니하면 한 알 그대로 있고 죽으면 많은 열매를 맺느니라 자기의 생명을 사랑하는 자는 잃어버릴 것이요 이 세상에서 자기의 생명을 미워하는 자는 영생하도록 보전하리라"(요 12:24~25) 자신의 욕심을 구하는 삶이 아니라 희생과 헌신을 통해 이웃을 살리는 삶을 살아야 한다는 것입니다. 이것이 예수 그리스도께서 걸어가신 십자가의 길이고, 또한 우리가 힘써 본받고 따라야 할 삶입니다.

오늘의 기도
1. 순간의 교만으로 넘어지지 않게 하시고, 강성하며 형통할 때에 오히려 주님의 본을 따라 더욱 겸손하게 하소서.
2. 세상의 악한 권세에 굴복하고 타협하여 넘어지지 않도록 지켜 주시고, 환난과 핍박 중에도 인내하고 믿음을 지키며 주의 권세를 소망하게 하소서.
3. 헛된 재물과 욕심을 이기고, 주의 십자가를 따라 섬기며 희생하는 삶을 살게 하소서.

진노 vs 긍휼

역대하 27-28장 | 요한계시록 14장 | 스가랴 10장 | 요한복음 13장

우상 숭배와 죄악은 하나님의 진노를 부릅니다. 그 진노의 심판은 참혹하며 누구도 피할 수 없습니다. 따라서 진노가 아닌 하나님의 긍휼 안에 거해야 합니다. 예수 그리스도의 십자가의 섬김을 받아들여 그 긍휼로 구원을 누려야 합니다.

역대하 27-28장_하나님의 진노를 부르는 삶

역대하 27장은 요담 왕에 대한 말씀으로, 그가 여호와 보시기에 정직하게 행하고 바른 길을 걸어 점점 강하여졌음을 전하고 있습니다. 역대하 28장은 아하스 왕에 대한 말씀으로, 그가 여호와 보시기에 정직하게 행하지 아니하고, 우상을 섬기고, 이방 사람들의 가증한 일을 본받아 행했음을 전하고 있습니다. 이로 인해 하나님께서 진노하시고 벌하셨음도 전하고 있는데, 아하스 왕을 아람 왕의 손에 넘기시고 또 이스라엘 왕의 손에 넘기셨으며, 에돔 사람들과 블레셋 사람들의 침략을 받아 위험에 처하게 하시는 등, 유다를 낮추시고 심판하셨다는 것입니다. 그런데 주목할 말씀이, 그럼에도 아하스 왕이 깨닫지 못하고 하나님께 돌아서지 않았다는 것입니다. 오히려 하나님 앞에 더 불의하고 악한 일을 행했다는 것입니다. 성전을 훼손하고 우상을 섬기는 일에 더욱 힘을 쏟았으며, 이로 인해 하나님을 더욱 진노케 했다는 것입니다(대하 28:24~25).

아하스 왕이 하나님의 진노 속에서 진작 깨닫고, 하나님께 돌이키며 하나님을 의지했다면 그 상황은 달라졌을 수 있습니다. 그러나 그는 어리석게 앗수르 왕에게 사람을 보내 도움을 구하는 등, 하나님께 돌이키지 않았습니다. 하나님을 의지하지 않고 그 죄에서 떠나지 않았습니다. 그 결과 도움을 구했던 앗수르 왕에게 도움이 아닌 공격을 받았습니다. 왕궁과 방백들의 재물을 모아 주었으나 아무 유익도 얻지 못했습니다(대하 28:20~21). 결국 이러한 사실은 하나님께 돌이키지 않고 하나님을 의지하지 않는 모든 방법은 헛될 뿐이며 결코 해답이 되지 못한다는 사실을 가르쳐줍니다. 따라서 아하스 왕은 이제라도 깨닫고 하나님께 돌이켜야 했

습니다. 하나님 아닌 방법의 헛됨을 깨닫고 하나님께 돌이켜야 했습니다. 그러나 아하스 왕은 끝까지 하나님께 돌이키지 않았고, 오히려 자신을 침략한 아람의 신들에게 제사하는 등(대하 28:23), 우상을 섬김으로 하나님을 더욱 진노케 했습니다.

하나님을 떠나 불의한 삶을 살아가는 것, 깨닫지 못하고 하나님께 돌아가지 않는 것, 어리석게 하나님이 아닌 세상의 힘을 의지하는 것이 하나님의 진노를 부르는 삶입니다. 회개하고 하나님께 돌아가 은혜를 구하는 것만이 하나님의 진노를 막을 수 있는 유일한 길입니다.

요한계시록 14장_하나님의 진노의 결과

어린 양을 따르는 무리들에 대한 말씀을 전하고 있습니다. 곧 이들의 이마에는 어린 양과 그 아버지의 이름을 쓴 것이 있고, 보좌 앞에서 하나님을 찬송하는데, 이들은 순결한 자들이요 순종하는 자들이며, 속량함을 받아 하나님과 어린 양에게 속한 자들이라는 것입니다.

또한 심판을 전하는 세 천사의 소식과 구원의 추수와 심판의 추수에 대해 말씀하고 있는데, 이를 통해 하나님의 진노의 결과를 볼 수 있습니다. 곧 짐승과 그의 우상에 경배하고 이마나 손에 표를 받은 사람들에게 진노의 심판이 내린다는 것입니다. 당장은 그 능력과 권세를 가진 짐승에게 굴복하여 평안을 누리나 결국에는 하나님의 진노의 심판을 피할 수 없다는 것입니다. 불과 유황의 고난과 밤낮 쉼을 얻지 못하는 심판이 주어진다는 것입니다(계 14:10~11). 따라서 예수 그리스도께서 낫을 휘둘러 익은 곡식을 거두는 구원의 추수(계 14:15~16)와 대조되는 진노의 추수를 전하고 있는데, "천사

가 낮을 땅에 휘둘러 땅의 포도를 거두어 하나님의 진노의 큰 포도주 틀에 던지매 성 밖에서 그 틀이 밟히니 틀에서 피가 나서 말 굴레에까지 닿았고 천육백 스다디온에 퍼졌더라"(계 14:19~20) 하나님께 불의하고 우상을 숭배한 자들이 거두어져 하나님의 진노의 포도주 틀에 던져져 밟히고 진멸된다는 것입니다.

이처럼 하나님의 진노의 결과는 심판이고 멸망입니다. 따라서 인내가 필요합니다. 짐승과 우상의 권세에 타협하지 않고 인내하며 그 믿음을 지켜야 합니다. 이로 인해 고난을 당한다 할지라도, 하나님의 진노를 기억하며 믿음을 지키고 오늘의 고난을 인내해야 합니다. 곧 성경은 이렇게 말씀하고 있습니다. "성도들의 인내가 여기 있나니 그들은 하나님의 계명과 예수에 대한 믿음을 지키는 자니라"(계 14:12)

스가랴 10장_하나님의 긍휼의 결과

하나님께서 진정한 구원자이시며, 하나님께서 그 백성들을 무장시켜 고국으로 데려오실 것임을 약속하고 있는 말씀입니다. 여기서 주목할 말씀이 긍휼입니다. 이처럼 흩어졌던 백성들을 구원하시고 다시 돌아오게 하시는 것은 오직 하나님의 긍휼 때문이라는 것입니다. 그 죄로 인해 백성들을 심판하여 흩으셨지만, 이제 긍휼로 용서하시고 다시 구원하시며, 그들을 버린 일이 없었던 것처럼 온전히 회복시키신다는 것입니다(슥 10:6).

이처럼 하나님의 긍휼의 결과로 구원이 주어집니다. 따라서 깨닫고 돌이켜야 합니다. 깨닫고 돌이켜 하나님의 긍휼의 은혜를 누려야 합니다. 곧 돌아오게 하시고 회복하게 하시는 구원이 하나님을 기억하는 깨달음과 회개에 있습니다. "내가 그들을 여러 백성들 가운데 흩으려니와 그들이 먼 곳에서 나를 기억하고 그들이 살아서 그들의 자녀들과 함께 돌아올지라"(슥 10:9) 심판으로 흩어졌던 백성들이, 흩어진 먼 곳에서 하나님을 기억함으로, 곧 하나님께 돌이키고 회개함으로, 살아서 돌아오게 됨을 말씀하고 있습니다. 따라서 심판 중에 하나님을 생각하고 깨닫고 돌이켜 하나님의 긍휼의 은혜를 구해야 합니다.

요한복음 13장_하나님의 긍휼 안에서의 삶

예수님께서 제자들의 발을 씻어주신 것과 이를 통해 서로 섬겨야 함을 가르치신 말씀, 제자들 중에 예수님을 팔 자가 있음을 전하신 말씀, 서로 사랑하라는 새 계명, 베드로가 세 번 예수님을 부인할 것을 예고하신 말씀 등을 기록하고 있습니다. 예수님께서 손수 제자들의 발을 씻어주신 말씀에 주목하면, 베드로는 처음 이를 거부했습니다. 스승이신 예수님께서 종이나 하는 이 일을 하시도록 그냥 둘 수 없었기 때문입니다. 그때에 예수님은 다음과 같이 가르치셨습니다. "내가 너를 씻어 주지 아니하면 네가 나와 상관이 없느니라"(요 13:8) 발을 씻어주시는 예수님의 섬김에 영적 의미가 담겨 있는 것으로, 이것을 받아들여야 예수님과의 관계가 이어지고 구원의 은혜를 누리게 된다는 것입니다. 곧 예수님의 발을 씻어주시는 섬김은 이후 주어지는 예수 그리스도의 십자가의 은혜와 연결 지을 수 있습니다. 예수님께서는 십자가에서의 섬김을 통해 온 인류를 향한 구원의 길을 열어놓으셨고, 하나님의 긍휼의 사랑을 나타내셨습니다. 따라서 이 섬김을 거부하지 말고 감사함으로 받아들여야 한다는 것입니다. 한 마디로, 하나님의 긍휼 안에서 살아가야 한다는 것입니다. 그래야 죄를 씻고 예수 그리스도의 부활의 영광에 함께 참여하게 된다는 것입니다.

오늘의 기도

1. 하나님의 긍휼의 은혜를 깨닫고 항상 하나님께 돌이켜 구원의 축복을 누리게 하소서.
2. 환난과 핍박 중에서도 끝까지 하나님의 말씀을 붙들고 믿음을 지켜 성도로서의 인내를 보이게 하소서.
3. 주님의 섬김의 사랑을 받아들여 하나님의 긍휼의 은혜 안에 거하게 하소서.

예수로 인하여

맥체인성경365 2033p

역대하 29장 | 요한계시록 15장 | 스가랴 11장 | 요한복음 14장

예수를 떠난 결과는 심판입니다. 따라서 거룩함으로 우리 안에 예수를 회복하고, 오직 예수로 인한 은혜와 생명을 누려야 합니다. 핍박에도 예수를 붙들어 승리와 영광과 찬양의 자리에 서야 합니다.

역대하 29장_예수의 회복

히스기야 왕에 대한 말씀입니다. 그가 왕위에 올라 여호와 보시기에 정직히 행하며 예배를 바르게 회복시킨 것을 전하고 있습니다. 곧 선왕 아하스가 우상을 숭배하여 하나님의 전의 기구들을 부수고 여호와의 전의 문들을 닫아버렸습니다. 예루살렘 구석마다 제단을 쌓고 유다 각 성읍에 산당을 세워 다른 신을 섬기게 했습니다(대하 28:24~25). 그렇게 하나님의 성전이 더러워지고 하나님께 드리는 예배가 중단됐는데, 바로 이것을 성결하게 회복한 것입니다. 닫힌 성전 문을 열고 수리하고, 제사장들과 레위인들을 불러 성전을 정화하며, 그동안 중단됐던 예배를 다시 드리기 시작한 것입니다. "그들에게 이르되 레위 사람들아 내 말을 들으라 이제 너희는 성결하게 하고 또 너희 조상들의 하나님 여호와의 전을 성결하게 하여 그 더러운 것을 성소에서 없애라"(대하 29:5)

성전을 거룩하게 회복하는 것은 성전 된 우리의 몸을 거룩하게 회복하는 것으로(고전 3:16), 우리의 믿음과 예배를 회복하는 것이라 할 수 있습니다. 또한 예수님은 당신이 성전이 됨을 말씀하셨는데(요 2:21), 바로 우리 안에 예수님을 회복하는 것으로 이해할 수 있습니다. 곧 히스기야 왕이 성전을 거룩하게 하고 예배를 회복하기 위해 힘쓴 말씀을 대하며, '우리도 힘써 성전 된 우리의 몸(고전 3:16)을 거룩하게 세우며 예배를 회복하고 있는가?' 무엇보다 '우리 안에 예수님을 온전히 회복하여 모시고 있는가?' 돌아볼 수 있어야 합니다. 따라서 우리 안에 불의함과 하나님을 떠난 우상숭배의 삶을 제거하고 거룩함에 힘써야 합니다. 우리 안에 예수님이 살아 계시도록 예수님을 우리의 마음 중심에 모

시고, 순종하며 따라가야 합니다.

요한계시록 15장_예수로 인한 승리

승리자들의 노래를 전하고 있습니다. 곧 마지막 하나님의 진노를 담은 일곱 대접의 재앙을 앞두고 구원의 자리에 선 성도들이 하나님을 찬양한다는 것입니다. "또 내가 보니 불이 섞인 유리 바다 같은 것이 있고 짐승과 그의 우상과 그의 이름의 수를 이기고 벗어난 자들이 유리 바다 가에 서서 하나님의 거문고를 가지고 하나님의 종 모세의 노래, 어린 양의 노래를 불러 이르되 주 하나님 곧 전능하신 이시여 하시는 일이 크고 놀라우시도다 만국의 왕이시여 주의 길이 의롭고 참되시도다"(계 15:2~3) 어린 양의 노래를 부르는 이들이 '짐승과 그의 우상과 그의 이름의 수를 이기고 벗어난 자들'이라는 말씀에 주목해야 합니다. 곧 핍박과 환난 중에서도 믿음을 지키고 승리한 성도들이라는 것입니다. 결코 핍박 중에 타협하지 않고 예수 그리스도의 보혈과 그 믿음을 잃어버리지 않아 결국 예수 그리스도를 통해 승리의 자리에 서게 됐다는 것입니다. 그 승리의 자리에서 하나님과 어린 양되신 예수 그리스도를 찬양하고 있다는 것입니다.

결국 이 말씀은 우리가 예수로 승리할 수 있다는 사실을 가르쳐줍니다. 우리가 붙들고 믿은 예수 그리스도로 인하여 핍박과 환난이 있을 수 있으나, 그 붙든 예수 그리스도를 놓치지 않을 때, 놓치지 않은 예수 그리스도로 인하여 승리하게 된다는 것입니다. 우리가 붙들고 타협하지 않은 예수 그리스도가 모든 악한 세력을 이기게 하고, 승리와 영광의 자리에 서게 한다는 것입니다. 따라서 핍박과 환난이 있다고 그 붙든 예수 그리스도를 놓치지 않

아야 합니다. 더욱 믿고 붙들어 예수를 통한 승리의 자리에 서야 합니다.

스가랴 11장_예수를 거부한 심판

불의한 목자들에 대한 심판과 참된 목자를 거부한 양들에 대한 심판을 전하고 있습니다. 곧 하나님께서 선지자에게 가련한 양들을 보살피라는 사명을 주셨고, 선지자는 은총과 연합이라는 막대기를 만들어 이에 따라 양들을 목양했습니다. 참된 목자로서의 사명을 다했습니다. 그러나 불의한 목자들뿐만 아니라 양 떼도 참 목자로서 사명을 감당하는 이 선지자를 배척했고, 선지자는 은총이라는 막대기도, 또 또한 연합이라는 막대기도 꺾어 버릴 수밖에 없었습니다. 그리고 이후 하나님께서 참 목자를 거부한 양 떼를 향해 다음과 같이 심판을 선언하셨습니다. "보라 내가 한 목자를 이 땅에 일으키리니 그가 없어진 자를 마음에 두지 아니하며 흩어진 자를 찾지 아니하며 상한 자를 고치지 아니하며 강건한 자를 먹이지 아니하고 오히려 살진 자의 고기를 먹으며 또 그 굽을 찢으리라"(슥 11:16) 여기서 한 목자는 거짓된 목자요 악한 목자입니다. 참된 목자와 대조를 이루는 목자입니다. 그는 목자로서의 양들을 찾고 돌봐야 하는 당연한 사역을 거부하고, 오히려 착취하고 탐욕을 일삼으며, 잔혹하고 무자비한 압제와 박해를 행한다는 것입니다.

결국 이 말씀은 선한 목자 되신 예수 그리스도를 거부할 때 주어지는 심판에 대해 전하고 있습니다. 곧 은총과 연합으로 가련한 양들을 보살피는 사명을 감당한 선지자는 참된 목자요 선한 목자 되시는 예수 그리스도를 예표한 것입니다. 이 예수 그리스도를 거부할 때 주어지는 결과는 악하고 거짓된 목자를 만나는 심판이라는 것입니다. 따라서 선한 목자 되신 예수 그리스도를 거부하지 말아야 합니다. 어떤 고난 중에서도 예수 그리스도를 붙들어야 합니다. 오직 선한 목자 되신 예수 그리스도를 통해서 긍휼의 은혜를 누리고 구원과 생명을 얻게 됨을 잊지 말아야 합니다.

요한복음 14장_예수로 인한 생명

예수님께서 아버지께로 가야 함을 말씀하시며, 제자들을 가르치시고 또 제자들과 약속하신 말씀입니다. 곧 예수님께서 제자들의 처소를 준비하러 가시며, 제자들도 결국 예수님이 계신 곳에 함께 있게 된다는 것입니다. 예수님을 대신할 보혜사 성령님을 보내주시고, 그 성령님께서 모든 것을 가르치고 생각나게 하신다는 것입니다. 따라서 예수님을 사랑하고 그 말씀을 지키며 평안할 것을 가르치셨습니다.

특별히 주목할 가르침이, 오직 예수님을 통해 하나님 아버지께 갈 수 있다는 가르침입니다. 오직 예수님이 길이요 진리요 생명이 되시고, 따라서 오직 예수님을 통해 생명을 얻고 구원을 얻을 수 있다는 것입니다. 결코 다른 길은 없으며, 오직 예수님만이 하나님께 나아가는 유일한 길이요, 생명의 길이 된다는 것입니다. "예수께서 이르시되 내가 곧 길이요 진리요 생명이니 나로 말미암지 않고는 아버지께로 올 자가 없느니라"(요 14:6)

오직 예수님으로 생명을 얻을 수 있습니다. 따라서 오직 예수님만을 선택하고, 선택한 그 믿음에서 떠나지 않아야 합니다. 어떤 고난과 환난과 어려움이 있어도 끝까지 예수님을 붙잡아야 합니다.

오늘의 기도

1. 성전 된 우리의 몸을 거룩하게 세우고 더욱 예배를 회복하게 하셔서 이를 통해 우리 안에 예수님과 그 믿음을 더욱 굳건히 세우게 하여 주소서.
2. 세상의 유혹을 이기고 오직 길이요 진리요 생명이 되시는 예수 그리스도만을 붙잡고 살아가게 하소서.
3. 환난과 핍박 중에서도 끝까지 예수를 향한 믿음을 지켜 승리와 찬양의 자리에 서게 하소서.

회개로 누리는 것들

맥체인성경365 2038p

역대하 30장 | 요한계시록 16장 | 스가랴 12-13장 1절 | 요한복음 15장

회개하지 않은 결과는 하나님의 진노의 심판입니다. 그러나 회개하여 하나님께 돌아가면 구원과 이로 인한 평안을 누리며, 승리와 영광, 그리고 놀라운 기쁨을 누리게 됩니다.

역대하 30장_회개로 누리는 기쁨

히스기야 왕의 유월절 갱신의 말씀입니다. 곧 히스기야 왕이 그동안 지키지 않았던 유월절을 온 백성들과 함께 율법에 따라 온전히 지켜, 하나님을 경외하는 신앙을 굳건히 세우고자 했다는 것입니다. 이를 위해 히스기야 왕은 온 백성들에게 예루살렘에 모이라는 명령을 내리고, 이미 앗수르에 의해 멸망한 북왕국 이스라엘까지 보발꾼을 보냈습니다. 회개하고 하나님께 돌아와 하나님을 섬기라는 것입니다. 하나님께 돌아오면 하나님께서 그 진노를 거두시고 은혜로 우리에게 돌아오신다는 것입니다. 물론 북 왕국 이스라엘의 많은 사람들이 이를 조롱하며 비웃었지만, 아셀과 므낫세와 스블론 중에서 몇몇 사람이 겸손한 마음으로 순종하여 예루살렘에 이르렀고, 또한 하나님께서 유다 사람들을 감동시키셔서 왕과 방백들이 하나님의 말씀대로 전한 명령을 한 마음으로 따르게 하셨습니다. "보발꾼이 에브라임과 므낫세 지방 각 성읍으로 두루 다녀서 스불론까지 이르렀으나 사람들이 그들을 조롱하며 비웃었더라 그러나 아셀과 므낫세와 스불론 중에서 몇 사람이 스스로 겸손한 마음으로 예루살렘에 이르렀고 하나님의 손이 또한 유다 사람들을 감동시키사 그들에게 왕과 방백들이 여호와의 말씀대로 전한 명령을 한 마음으로 준행하게 하셨더라"(대하 30:10~12)

결국 이를 통해 예루살렘에 놀라운 기쁨이 있었음을 전하고 있는데, 곧 왕의 명령과 편지에 따라 회개하고 예루살렘에 모인 사람들이 온전한 마음으로 유월절을 지키며 예배할 때에 놀라운 기쁨을 누리게 됐습니다. 지금까지 이런 기쁨은 없었을 만큼 큰 기쁨이 있었습니다. "예루살렘에 큰 기쁨이 있었으니 이스라엘 왕 다윗의 아들 솔로몬 때로부터 이러한 기쁨이 예루살렘에 없었더라"(대하 30:26)

그 말씀에 따라 회개하고 하나님께 돌아갈 때, 하나님 안에서 큰 기쁨을 누리게 됩니다. 회개하여 하나님께 돌아가면 하나님께서도 우리에게 돌아오시고, 돌아와 놀라운 은혜를 베푸시며 놀라운 기쁨을 주십니다. 회개하고 하나님과 함께하는 삶을 통해 하나님의 기쁨을 누릴 수 있습니다.

요한계시록 16장_회개하지 않아 맞이한 심판

일곱 대접의 재앙을 전하고 있습니다. 곧 하나님의 진노의 일곱 대접이 땅에 쏟아지게 되고, 하나님께 돌이키지 않은 사람들, 곧 우상을 섬기고 그 짐승을 경배한 사람들과 이 악한 세상에 하나님의 심판이 임하게 된다는 것입니다. "또 내가 들으니 성전에서 큰 음성이 나서 일곱 천사에게 말하되 너희는 가서 하나님의 진노의 일곱 대접을 땅에 쏟으라 하더라"(계 16:1)

회개하지 아니하는 사람들에게 주어지는 결과는 심판일 뿐입니다. 마지막 때에 심판에 처하게 되는 이 사람들은 계속된 하나님의 경고와 재앙에도 불구하고 끝까지 돌이키지 않은 사람들입니다. 회개 외에 하나님의 심판을 피할 길이 없고, 따라서 어리석게 끝까지 회개를 거부하고 하나님을 대항하는 것이 아니라, 속히 깨닫고 회개해야 합니다. 늦지 않게 회개하고 하나님의 은혜를 구함으로 하나님의 진노의 심판을 피해야 합니다.

스가랴 12-13장 1절_회개로 누리는 승리

하나님께서 예루살렘을 지켜주신다는 말씀과, 찔

린 자를 위한 통곡이 있게 된다는 말씀입니다. "그 날에는 내가 예루살렘을 모든 민족에게 무거운 돌이 되게 하리니 그것을 드는 모든 자는 크게 상할 것이라 천하 만국이 그것을 치려고 모이리라"(슥 12:3) 그 날에 이루어 주시는 하나님의 승리를 전하는 말씀입니다. 곧 유다와 예루살렘이 모든 민족들에 의해 에워싸였으나, 하나님께서 든든하게 지키시고, 오히려 예루살렘을 공격하는 민족들을 상하게 하신다는 것입니다. 그 날에 하나님께서 유다 족속을 돌보시고, 모든 대적들을 물리치게 하시며, 영광을 누리게 하신다는 것입니다.

이처럼 하나님은 그 날에 그 백성들에게 승리를 약속하고 계시는데, 이것이 어떻게 가능한 것이냐? "내가 다윗의 집과 예루살렘 주민에게 은총과 간구하는 심령을 부어 주리니 그들이 그 찌른 바 그를 바라보고 그를 위하여 애통하기를 독자를 위하여 애통하듯 하며 그를 위하여 통곡하기를 장자를 위하여 통곡하듯 하리로다"(슥 12:10) 그 날에 하나님께서 그 백성들에게 은총과 간구하는 심령을 부어 주시고, 이를 통해 그 백성들이 그들의 죄에 대해서 애통하며 통곡하게 하신다는 것입니다. 다시 말해 그날에 하나님의 돌보심과 승리는 바로 이 백성들의 회개와 맞물려 있음을 알 수 있습니다. 하나님께서 부어주시는 은총과 간구하는 심령을 통해 그 백성들이 죄를 깨닫고 통곡하며 회개하고, 하나님은 그 백성들을 용서하시고 그 은혜로 구원과 승리를 더해 주신다는 것입니다. 무엇보다 "그들이 그 찌른 바 그를 바라보고"라는 말씀은 예수 그리스도를 가리키고 있는 것임을 알 수 있습니다. 곧 백성들은 성령의 감동 속에 그들이 죽인 예수 그리스도를 깊이 생각하고 애통하며 회개하게 된다는

것입니다. 바로 이 죄의 깨달음과 애통과 회개가 있어야 구원함도 있을 수 있습니다. 오직 회개가 우리를 구원과 승리에 이르게 합니다.

요한복음 15장_회개로 누리는 평안과 열매
예수님께서 참 포도나무 되신다는 가르침, 서로 사랑하라는 가르침, 세상이 미워하는 것에 대한 가르침 등을 기록하고 있습니다. 예수님께서 참 포도나무 되신다는 말씀에 주목하면, 예수님 안에 거해야 열매를 맺을 수 있음을 가르치셨습니다. "너희는 내가 일러준 말로 이미 깨끗하여졌으니 내 안에 거하라 나도 너희 안에 거하리라 가지가 포도나무에 붙어 있지 아니하면 스스로 열매를 맺을 수 없음 같이 너희도 내 안에 있지 아니하면 그러하리라"(요 15:3~4) 예수님 안에 거하지 않으면 결코 열매를 맺을 수 없고, 밖에 버려져 불에 태워지게 된다는 것입니다(요 15:6). 그런데 이미 제자들은 예수님의 말씀을 통해 깨끗해졌고, 따라서 예수님 안에 거할 수 있다는 것입니다.

결국 이 말씀은 예수님 안에 거하는 것은 깨끗함으로 가능하다는 것을 가르쳐주고 있습니다. 주의 말씀을 통해 죄를 깨닫고 회개하며, 주의 말씀을 따라 살아갈 때, 주의 은혜로 깨끗해지고 그 안에 거할 수 있다는 것입니다. 그리고 주 안에 거하면, 열매를 맺고 심판을 근심하지 않을 수 있습니다. 주 안에서 무엇이든지 구하여 이룰 수 있기에(요 15:7) 평안과 기쁨을 누릴 수 있습니다. 따라서 회개하고 주의 말씀을 따라 깨끗함으로 주 안에 거해야 합니다. 주 안에서 열매 맺는 삶, 그리고 평안의 삶을 살아야 합니다.

오늘의 기도

1. 은총과 간구하는 심령을 부어주셔서 죄를 깨닫고 애통하며 회개하게 하소서.
2. 회개하고 주께 돌아가 힘써 주를 예배하게 하시고, 이를 통한 놀라운 기쁨도 누리게 하소서.
3. 주의 말씀으로 회개하고 깨끗하여 주 안에 거하게 하시고, 주 안에서 열매와 응답과 평강의 삶을 살게 하소서.

이길 수 있습니다.

맥체인성경365 2043p

역대하 31장 | 요한계시록 17장 | 스가랴 13장 2-9절 | 요한복음 16장

주님께서 세상을 이기셨고, 따라서 우리도 이길 수 있습니다. 세상을 이기신 주님과 함께함으로 이길 수 있고 예배로 이기고, 믿음의 인내로 이길 수 있습니다.

역대하 31장_예배로 이길 수 있습니다.

유월절 갱신 이후, 히스기야 왕이 예배를 정비하고 제사장들과 레위인들의 생계 문제를 해결하기 위해 힘쓴 것을 전하고 있습니다. 곧 왕의 재산 중에서 얼마를 정하여 번제에 쓰게 했고, 또 예루살렘 백성들에게 명령하여 제사장들과 레위 사람들의 몫의 음식을 주게 했다는 것입니다. 그리고 또한 그때에 백성들이 넘치도록 소산의 첫 열매와 십일조를 가져왔음도 전하고 있습니다.

이처럼 백성들이 넘치도록 소산을 가져왔다는 것에서 두 가지 사실을 알 수 있습니다. 유월절 갱신 등, 예배를 회복하고 신앙을 회복하자, 백성들이 아낌없이 기쁨으로 예물을 드렸다는 것입니다. 또한 그렇게 백성들이 기쁨으로 드릴 때에 하나님께서 풍성한 소산으로 축복하셨다는 것입니다(대하 31:10). 넘치도록 가져온 소산이 하나님이 축복하신 증거라는 것입니다. 결국 이 말씀은 우리가 예배를 회복할 때 우리의 삶에 하나님의 복이 임하고, 우리의 삶의 모든 문제를 해결할 수 있음을 가르쳐줍니다. 예배로 삶에서 승리할 수 있다는 것입니다.

이와 같은 사실은 1절의 말씀을 통해 더욱 분명히 볼 수 있습니다. "이 모든 일이 끝나매 거기에 있는 이스라엘 무리가 나가서 유다 여러 성읍에 이르러 주상들을 깨뜨리며 아세라 목상들을 찍으며 유다와 베냐민과 에브라임과 므낫세 온 땅에서 산당들과 제단들을 제거하여 없애고 이스라엘 모든 자손이 각각 자기들의 본성 기업으로 돌아갔더라"(대하 31:1) 온전하게 유월절을 지키며 하나님을 예배한 백성들이 성읍에 있는 모든 주상들과 목상들을 깨뜨리고 찍으며 산당들과 제단들을 제거

했다는 것입니다. 백성들을 고통과 심판에 처하게 하는 헛된 우상과 불의를 깨뜨리는 승리가 예배를 통해 나타날 수 있었다는 것입니다. 예배를 통해 삶의 축복과 승리를 누릴 뿐만 아니라, 죄와 우상을 깨뜨리는 영적 승리도 누릴 수 있었다는 것입니다.

우리의 삶의 축복과 승리는 예배의 회복에 있습니다. 예배가 먼저 회복되면 예배를 통해 우리를 고통과 절망과 실패와 심판으로 이끄는 모든 불의와 죄악을 끊어내고 제거할 수 있습니다. 예배를 통해 하나님의 백성으로 하나님의 축복을 누리며 승리의 삶을 살 수 있습니다.

요한계시록 17장_주님과 함께 이길 수 있습니다.

큰 음녀 바벨론에 대한 말씀입니다. 곧 천사가 성령으로 요한을 데리고 광야로 나가 붉은 빛 짐승을 탄 여자를 보게 했는데, 짐승은 일곱 머리와 열 뿔을 가졌으며, 여자는 자주 빛과 붉은 빛 옷을 입고 금과 보석과 진주로 꾸미고, 가증한 물건과 음행의 더러운 것으로 가득했다는 것입니다. 그리고 이 여자의 이마에 큰 바벨론이라는 이름이 기록되어 있었다는 것입니다. 그런데 주목할 말씀이 만유의 주이시며 만왕의 왕이신 어린 양이 이긴다는 것입니다. 곧 마지막 때에 짐승과 열 왕이 연합하여 어린 양 예수 그리스도에 대적하여 싸우나 이길 수 없다는 것입니다. 만왕의 왕이신 예수 그리스도께서 그들을 물리치고 승리하실 것이고, 또한 이 승리는 예수 그리스도와 함께 있는 자들, 곧 하나님의 택하심과 부르심을 받아 믿음을 지킨 성도들에게도 주어진다는 것입니다. "그들이 어린 양과 더불어 싸우려니와 어린 양은 만주의 주시요 만왕의 왕

이시므로 그들을 이기실 터이요 또 그와 함께 있는 자들 곧 부르심을 받고 택하심을 받은 진실한 자들도 이기리로다"(계 17:14)

결국 이 말씀은 주님과 함께하는 믿음의 삶을 통해 악한 세상을 이길 수 있음을 가르쳐줍니다. 주님께서 모든 세상의 악한 권세를 물리치고 승리하시는데, 우리가 주님과 함께할 때 주님의 승리를 우리의 승리로 함께 누릴 수 있습니다.

스가랴 13장 2-9절_믿음의 인내로 이길 수 있습니다.

그날에 하나님께서 우상 숭배와 거짓 예언자들을 없애버리실 것임을 전하고 있습니다. 또한 시험과 연단을 통해 남은 자들을 정화시키고 굳건한 하나님의 백성으로 세울 것을 전하고 있습니다. "내가 그 삼분의 일을 불 가운데에 던져 은 같이 연단하며 금 같이 시험할 것이라 그들이 내 이름을 부르리니 내가 들을 것이며 나는 말하기를 이는 내 백성이라 할 것이요 그들은 말하기를 여호와는 내 하나님이시라 하리라"(슥 13:9)

결국 이 말씀은 우리가 하나님의 시험과 연단을 기억하고 믿음으로 인내하며, 넘어지지 말아야 함을 가르쳐줍니다. 하나님의 시험과 연단을 통해 굳건한 믿음의 사람으로 세워지고, 하나님께서 인정하시는 하나님의 백성으로 서야 한다는 것입니다. 그리고 그렇게 시험과 연단을 이기고 하나님의 백성으로 서는 것이 우리가 세상을 이기는 길입니다. 여러 고통의 시험과 연단에도 믿음으로 인내하여 흔들리지 않는 믿음을 세울 때, 그 믿음이 세상을 이기게 합니다.

요한복음 16장_예수님께서 세상을 이기셨습니다.

성령이 오셔서 하시는 일에 대해 가르치고 있습니다. 성령이 와서 죄와 의와 심판에 대하여 세상을 책망하시며, 진리 가운데로 인도하시고, 장래 일을 알리신다는 것입니다. 또한 예수님의 이별이 당장은 슬픔이지만, 그 슬픔이 곧 기쁨이 될 것을 가르치고 있습니다. 무엇보다 주목할 말씀이 제자들에게 담대하라고 가르치시며, 예수님께서 세상을 이기셨다고 하신 말씀입니다. "이것을 너희에게 이르는 것은 너희로 내 안에서 평안을 누리게 하려 함이라 세상에서는 너희가 환난을 당하나 담대하라 내가 세상을 이기었노라"(요 16:33) 주님을 따르는 제자들에게 세상에서 겪게 되는 환난이 있습니다. 그것이 두려움일 수밖에 없습니다. 그러나 이미 예수님께서 세상을 이기셨고 따라서 세상의 환난에 두려워할 필요가 없다는 것입니다. 예수님께서 이미 승리하셨기에 예수님을 따르는 우리에도 승리가 주어진다는 것입니다. 따라서 예수님의 승리를 기억하며 평안하고 담대해야 한다는 것입니다. 다시 말해 그렇게 세상을 이겨야 한다는 것입니다.

세상의 악한 세력이 우리 믿음의 사람들을 강력한 힘으로 공격하고 핍박을 가하고 있습니다. 그렇기에 사실 두려울 수밖에 없습니다. 그러나 두려움과 패배 의식 속에서는 결코 어떤 승리도 기대할 수 없습니다. 이미 예수 그리스도께서 세상을 이기셨고, 그렇기에 우리도 예수님을 통해 세상을 이긴다는 사실을 잊지 말아야 합니다. 따라서 두려움에 머뭇거리거나 뒷걸음질 치지 말고, 담대함으로 세상을 이겨야 합니다. 주님께서 이미 이기신 세상을 우리도 이겨야 합니다.

오늘의 기도

1. 이미 세상을 이기신 주님과 함께 담대히 세상을 이기며 주님 주시는 평안을 누리며 살게 하소서.
2. 진실함과 마음을 담은 예물로 날마다 하나님을 예배하게 하시고, 예배를 통해 승리와 풍성한 축복의 삶을 살게 하소서.
3. 주님의 연단을 통해 하나님만 바라보는 굳건한 믿음의 사람으로 세워지게 하시고, 하나님이 인정하는 하나님의 백성 되게 하소서.

헛된 것과 헛되지 않은 것

맥체인성경365 2048p

역대하 32장 | 요한계시록 18장 | 스가랴 14장 | 요한복음 17장

세상의 부와 영화를 자랑하고, 그 힘을 의지하며 교만한 것은 헛될 뿐입니다. 오직 하나님을 의지하며 경배하는 것이 헛되지 않으며, 힘을 다한 사명의 삶에서 주시는 하나님의 영화가 헛되지 않습니다.

역대하 32장_헛된 의지와 교만

예루살렘이 앗수르의 산헤립 왕에 의해 에워싸였으나 하나님의 도우심을 통해 기적적으로 구원 받은 것을 전하고 있습니다. 곧 히스기야 왕은 하나님을 절대적으로 의지하며 하나님의 도우심을 구했고, 하나님은 그 기도에 응답하여 예루살렘을 구원하셨습니다.

특별히 주목할 말씀이 산헤립 왕의 어리석은 교만함입니다. 그가 교만함으로 낭패를 보고 망신을 당하며, 비참한 최후를 맞고 말았다는 것입니다. 곧 그는 하나님을 의지하며 구원을 믿은 히스기야 왕과 유다 백성들을 조롱했습니다. 지금까지 앗수르가 수많은 나라들을 점령했는데, 어떤 나라의 신들도 자신들의 손에서 그 나라와 백성들을 구원하지 못했다는 것입니다. 하나님도 그 백성을 구원하지 못한다는 것입니다. 그렇게 그는 하나님을 조롱하며 비방했고, 자신의 군대와 힘을 과신하며 교만했습니다. 그러다 결국 하나님께서 보내신 한 천사에 의해 모든 군사들을 잃고 말았고, 그렇게 패하여 망신을 당한 채 고국으로 돌아갔습니다. 그리고 돌아간 고국에서 반란을 일으킨 자식들에 의해 죽임을 당하고 말았습니다. "여호와께서 한 천사를 보내어 앗수르 왕의 진영에서 모든 큰 용사와 대장과 지휘관들을 멸하신지라 앗수르 왕이 낯이 뜨거워 그의 고국으로 돌아갔더니 그의 신의 전에 들어갔을 때에 그의 몸에서 난 자들이 거기서 칼로 죽였더라"(대하 32:21)

하나님이 아닌 자신의 힘을 의지하며 교만한 것이 얼마나 어리석고 헛된 것인지 깨달아야 합니다. 산헤립 왕은 자신의 강력한 군대를 의지하며 교만했지만, 하나님께서는 단지 한 천사를 보내셔서 그가 의지한 군대를 물리치셨습니다. 이를 통해 그가 의지한 것이 얼마나 헛되고, 그 교만이 얼마나 어리석은지 보여주셨습니다. 따라서 우리 안에 교만함을 버리고 헛된 신뢰도 버려야 합니다. 히스기야 왕이 겸손히 하나님을 의지했고 그럼으로 헛되지 않은 결과, 곧 구원을 얻었던 것처럼, 우리도 겸손함으로 하나님을 의지해야 합니다. 오직 하나님을 절대적으로 의지하는 것만이 헛되지 않습니다.

요한계시록 18장_헛된 부와 영화

바벨론의 멸망을 전하는 말씀입니다. 영화를 누리던 큰 성 바벨론이 하루 사이에 멸망한다는 것입니다. 결코 애통도 없이 영원토록 영화를 누릴 것이라 자만했지만, 하나님의 심판을 통해 사망과 애통과 멸망을 당하게 된다는 것입니다. "그러므로 하루 동안에 그 재앙들이 이르리니 곧 사망과 애통함과 흉년이라 그가 또한 불에 살라지리니 그를 심판하시는 주 하나님은 강하신 자이심이라"(계 18:8)

무엇보다 주목할 말씀이, 바벨론으로 인해 부자가 된 상인들이 한 순간에 잿더미가 된 바벨론 성을 바라보며 애통하게 된다는 것입니다. 그 많은 재물이 한순간에 불타 사라지는 것을 보며 허망함으로 통곡하게 된다는 것입니다. "그러한 부가 한 시간에 망하였도다 모든 선장과 각처를 다니는 선객들과 선원들과 바다에서 일하는 자들이 멀리 서서 그가 불타는 연기를 보고 외쳐 이르되 이 큰 성과 같은 성이 어디 있느냐 하며 티끌을 자기 머리에 뿌리고 울며 애통하여 외쳐 이르되 화 있도다 화 있도다 이 큰 성이여 바다에서 배 부리는 모든 자들이 너의 보배로운 상품으로 치부하였더니 한 시간에 망하였도다"(계 18:17~19)

결국 이 말씀은 하나님 밖에서 쌓고 누리는 부와 영화가 결코 영원하지 못하다는 사실을 가르쳐 주고 있습니다. 많은 사람들이 부와, 이를 통해 누리는 영화를 영원할 것이라고 생각하지만, 그러나 하나님 밖에서 부와 영화는 결코 영원할 수 없다는 것입니다. 아무리 크고 찬란하던 부와 영화도 하나님의 심판으로 한 순간에 무너지고 사라진다는 것입니다. 따라서 헛된 부와 영화를 자랑하며 추구할 것이 아니라, 하나님이 주시는 영화를 추구해야 합니다. 하나님이 주시는 영화와 영광은 결코 헛되이 사라지지 않으며 영원합니다.

스가랴 14장_헛되지 않은 의지와 경배

여호와의 날에 대한 말씀입니다. 그 날에 하나님께서 모든 이방 대적들을 모아 물리치시고, 여호와 하나님만이 유일한 하나님이요, 온 세상의 유일한 왕이 되심을 나타내신다는 것입니다. 이방 모든 나라들이 하나님께 경배하기 위해 예루살렘에 올라오게 될 것이며, 그 날에 온 땅이 거룩함으로 하나님을 예배하게 된다는 것입니다. "여호와께서 천하의 왕이 되시리니 그 날에는 여호와께서 홀로 한 분이실 것이요 그의 이름이 홀로 하나이실 것이라"(슥 14:9) "예루살렘을 치러 왔던 이방 나라들 중에 남은 자가 해마다 올라와서 그 왕 만군의 여호와께 경배하며 초막절을 지킬 것이라"(슥 14:16)

결국 이 말씀은 하나님을 의지하며 바라보는 삶, 또한 거룩함으로 하나님을 경배하는 삶은 결코 헛되지 않음을 가르쳐줍니다. 하나님께서 온 땅의 왕으로서 그 영광을 나타내실 때, 우리도 그 영광을 누리며, 우리가 하나님을 경배하고 의지한 것이 옳았음을 확실하게 경험하게 된다는 것입니다.

요한복음 17장_헛되지 않은 영화

예수님께서 세상에 남겨진 예수의 사람들을 위해 한 중보 기도입니다. 그들을 보전하시고 하나 되게 하시며, 진리로 거룩하게 하시고 예수님께 주신 영광을 보게 하시기를 기도한 것입니다. 특별히 주목할 말씀이, 하나님께서 맡기신 사명을 이루어 하나님을 영화롭게 한 예수님께서 예수님 당신을 영화롭게 해주시기를 기도한 말씀입니다. "아버지께서 내게 하라고 주신 일을 내가 이루어 아버지를 이 세상에서 영화롭게 하였사오니 아버지여 창세 전에 내가 아버지와 함께 가졌던 영화로써 지금도 아버지와 함께 나를 영화롭게 하옵소서"(요 17:4~5)

이 말씀은 곧 하나님께서 맡기신 사명에 힘을 다하여 하나님을 영화롭게 할 때, 그 영화가 또한 하나님으로부터 주어진다는 사실을 가르쳐줍니다. 결국 하나님을 영화롭게 하는 것이 헛되지 않으며, 또한 이를 통해 하나님께서 우리에게 주시는 영화를 누리는 것이 헛되지 않음을 깨달을 수 있습니다. 곧 하나님 밖에서 추구하는 부와 영화는 헛되지만, 하나님 안에서 하나님의 영화를 위해 힘쓰며, 그 속에서 하나님을 통해 누리는 영화는 결코 헛되지 않다는 것입니다. 우리가 이 영화를 힘써 구해야 합니다.

오늘의 기도

1. 헛된 힘과 세력을 의지하여 교만하지 말고, 어려움 중에서도 하나님을 의지하고 바라보게 하소서.
2. 하루 사이에 무너질 헛된 부와 영화에 어리석게 마음 빼앗기지 않게 하소서.
3. 맡기신 사명에 힘을 다해 하나님을 영화롭게 하며, 또한 이를 통해 하나님께서 주시는 영화를 구하고 누리게 하소서.

<table>
<tr><td>28
Dec</td><td># 하나님의 사랑</td></tr>
</table>

28 Dec — 하나님의 사랑

맥체인성경365 2054p

역대하 33장 | 요한계시록 19장 | 말라기 1장 | 요한복음 18장

주님의 사랑은 크고 놀랍습니다. 그 무엇보다 먼저 우리를 선택하시는 사랑, 회개할 때 그 큰 죄도 용서하시는 사랑, 우리의 구원을 위해 십자가에서 죽기까지 하시는 사랑, 그래서 결국에는 구원의 복된 자리에 이르게 하시는 사랑이 우리 주님의 사랑입니다.

역대하 33장_용서를 통한 사랑

유다의 므낫세 왕과 아몬 왕에 대한 말씀입니다. 두 왕 모두 하나님 앞에 악하며 불의했음을 전하고 있습니다. 므낫세 왕은 히스기야 왕이 헐어 버린 산당을 다시 세우고, 바알들을 위한 제단을 쌓으며, 하나님의 성전에 일월성신을 위한 제단을 쌓는 등, 우상 숭배에 앞장섰습니다. 힌놈의 아들 골짜기에서 아들을 불 가운데 지나게 하는 몰렉의 가증한 종교를 따랐고, 사술과 요술을 행하고, 신접한 자와 박수를 신임하는 등 악을 많이 행하여 여호와를 진노하게 했습니다. 이로 인해 유다와 예루살렘 주민이 므낫세의 꾀임을 받아 함께 악을 행했습니다. 므낫세의 뒤를 이은 아몬 왕도 아버지 므낫세와 같이 여호와 보시기에 악을 행하며 우상을 제사하며 섬겼고, 그러다가 신하의 반역으로 죽임을 당하고 말았습니다.

그런데 주목할 말씀이 므낫세의 회개와 하나님의 용서하심의 사랑입니다. 곧 므낫세 왕이 큰 범죄와 불의함에도 불구하고, 환난 중에 깨닫고 겸손함으로 기도할 때, 하나님께서 그 기도를 들으시고 응답하셨습니다. 그를 사랑으로 용서하여 다시 예루살렘에 돌아오게 하시고 왕위에 앉게 하셨습니다. "그가 환난을 당하여 그의 하나님 여호와께 간구하고 그의 조상들의 하나님 앞에 크게 겸손하여 기도하였으므로 하나님이 그의 기도를 받으시며 그의 간구를 들으시사 그가 예루살렘에 돌아와서 다시 왕위에 앉게 하시매 므낫세가 그제서야 여호와께서 하나님이신 줄을 알았더라"(대하 33:12~13)

사실 므낫세의 죄악은 과연 용서받을 수 있을까 생각이 들 만큼 크고 심각했습니다. 이에 대해 성경은 이렇게 말씀하고 있습니다. "유다와 예루살렘 주민이 므낫세의 꾀임을 받고 악을 행한 것이 여호와께서 이스라엘 자손 앞에서 멸하신 모든 나라보다 더욱 심하였더라"(대하 33:9) 하나님의 심판이 당장에 임한다 해도 이상할 것이 없을 만큼, 므낫세 왕을 비롯한 그 백성들의 죄악이 가득 찼다는 것입니다. 그럼에도 하나님은 겸손히 용서를 구하는 므낫세의 기도를 들으셨습니다. 그 기도를 들으시고 그를 용서해 주셨습니다. 그만큼 하나님의 용서의 사랑이 크고 놀랍다는 것을 보여주셨습니다.

우리가 진심으로 회개하며 기도할 때, 하나님은 그 기도를 들으시고 용서하십니다. 우리의 크고 엄중한 죄까지도 그 사랑으로 용서하십니다. 이 용서의 은혜와 사랑이 있기에 우리가 오늘도 호흡하며 이 세상을 살아갈 수 있습니다. 따라서 이 놀라운 사랑을 잊지 말아야 하고 더욱 하나님께 감사해야 합니다.

요한계시록 19장_구원을 통한 사랑

바벨론의 멸망으로 인한 환성과 찬양, 백마를 타고 통치자와 심판자로 재림하시는 예수 그리스도, 짐승과 거짓 선지자의 최후 등을 기록하고 있습니다.

특별히 주목할 말씀이, 어린 양의 혼인 잔치에 청함을 받은 자들에게 복이 있다는 말씀입니다. "천사가 내게 말하기를 기록하라 어린 양의 혼인 잔치에 청함을 받은 자들은 복이 있도다 하고 또 내게 말하되 이것은 하나님의 참되신 말씀이라 하기로"(계 19:9) 핍박과 환난 중에서도 타협하지 않고 믿음을 지킨 성도들이 깨끗한 세마포 옷을 입고 이 혼인 잔치에 참여하게 된다는 것입니다. 그런데 이는 하나님의 사랑으로 가능한 일임을 잊지 말아야 합니다. 환난과 핍박을 이긴 믿음의 의 이전에

하나님의 은혜가 없으면 그 누구도 이 혼인 잔치에 참여할 수 없습니다. 오직 사랑으로 하나님께서 우리를 용납하셨기에 어린 양의 혼인 잔치, 곧 구원의 자리에 설 수 있는 것입니다. 따라서 이 구원의 자리에 서는 것이 무엇과도 비교할 수 없는 복된 자리입니다. 하나님의 사랑을 누리고 영원한 구원의 은혜를 누리는 자리이기에 무엇보다 사모하며 추구해야 하는 복된 자리입니다.

말라기 1장_선택을 통한 사랑

하나님께서 이스라엘을 사랑하신다는 말씀과, 그 백성들이 저질의 제물로 하나님을 멸시했음을 책망한 말씀입니다. 하나님의 이스라엘을 향한 사랑의 말씀에 주목하면, 하나님은 야곱 곧 이스라엘을 향한 특별한 사랑, 선택적 사랑을 말씀하고 있습니다. 야곱은 사랑하셨고, 에서는 형임에도 미워하셨다는 것입니다. "여호와께서 이르시되 내가 너희를 사랑하였노라 하나 너희는 이르기를 주께서 어떻게 우리를 사랑하셨나이까 하는도다 나 여호와가 말하노라 에서는 야곱의 형이 아니냐 그러나 내가 야곱을 사랑하였고 에서는 미워하였으며 그의 산들을 황폐하게 하였고 그의 산업을 광야의 이리들에게 넘겼느니라"(말 1:2~3) 여기서 미워하다는 표현은 그 다음이라는 의미로, 에서는 야곱의 다음이었다는 것입니다. 하나님의 우선적 사랑은 야곱에게 있었다는 것으로, 야곱은 하나님을 통해 선택적 사랑, 특별한 사랑 안에 있었다는 것입니다.

사실 백성들은 "어떻게 우리를 사랑하셨나이까"라고 질문할 만큼, 하나님의 사랑에 대해 깨닫지 못했습니다. 하나님의 특별한 사랑에도 그 사랑을 인지하지 못했습니다. 그러나 그럼에도 하나님은 백성들을 사랑하셨습니다. 백성들이 그 사랑을 알아주지 못한다 할지라도 그 사랑을 멈추지 않으셨습니다. 야곱을 은혜로 선택하시고, 무조건적인 사랑을 베풀어주셨습니다. 우리가 이 사랑을 놓치지 말고 깨달아야 합니다. 깨닫고 그 사랑 앞에 무릎 꿇어야 합니다.

요한복음 18장_십자가를 통한 사랑

예수님의 체포, 예수님의 심문 받으심과 베드로의 부인, 빌라도의 예수님의 신문 등을 기록하고 있습니다. 여기서 예수님의 십자가의 사랑을 깨달을 수 있습니다.

"이에 군대와 천부장과 유대인의 아랫사람들이 예수를 잡아 결박하여 먼저 안나스에게로 끌고 가니 안나스는 그 해의 대제사장인 가야바의 장인이라"(요 18:12~13) 예수님께서 붙잡히신 말씀입니다. 이후 신문 받고 십자가를 지시게 되는데, 결국 무엇입니까? 예수님께서 붙잡히시고 또 신문 받고 십자가에서 고난 중에 죽으시는 것은 오직 우리를 구원하기 위한 사랑 때문입니다. 능히 그 힘으로 십자가에서 내려오실 수 있으셨습니다. 예수님 당신을 핍박하며 십자가에 못 박고 조롱하는 자들을 단번에 물리치실 수 있으셨습니다. 그러나 우리를 향한 사랑 때문에 묵묵히 그 고통을 참으며 십자가의 길을 걸어가셨습니다. 오직 십자가만이 우리를 구원할 수 있기에 그 사랑으로 인내하셨습니다.

오늘의 기도

1. 하나님의 절대적 선택과 놀라운 사랑을 깨닫고 감사하는 삶을 살게 하소서.
2. 구원을 위해 십자가의 모든 고난을 참고 이기신 주님의 사랑을 기억하며, 그 사랑을 떠나지 않게 하소서.
3. 어린 양의 혼인 잔치에 청함 받아 복이 있는 주의 백성 되게 하소서.

말씀으로
역대하 34장 | 요한계시록 20장 | 말라기 2장 | 요한복음 19장

맥체인성경365 2060p

하나님의 말씀으로 돌아가 생명의 길에 서야 하고, 말씀을 지키고 따라 그 말씀을 이루어야 합니다. 이를 위해 죽기까지 말씀에 타협하지 말아야 하고, 또한 사람들이 치우친 길에서 돌이켜 말씀을 지킬 수 있도록 이끌어야 합니다.

역대하 34장_말씀으로 돌아가야

요시야 왕에 대한 말씀입니다. 그가 왕위에 올라 우상 숭배를 뿌리 뽑은 것과, 성전을 수리하다가 모세가 전한 여호와의 율법책, 곧 하나님의 말씀을 발견한 것을 전하고 있습니다. 무엇보다 왕을 비롯한 백성들이 그 말씀을 지키기로 결단한 사실을 전하고 있습니다. "왕이 자기 처소에 서서 여호와 앞에서 언약을 세우되 마음을 다하고 목숨을 다하여 여호와를 순종하고 그의 계명과 법도와 율례를 지켜 이 책에 기록된 언약의 말씀을 이루리라 하고 예루살렘과 베냐민에 있는 자들이 다 여기에 참여하게 하매 예루살렘 주민이 하나님 곧 그의 조상들의 하나님의 언약을 따르니라"(대하 34:31~32) 곧 요시야 왕은 율법책에 기록된 하나님의 말씀을 지키지 아니함으로 하나님의 진노가 크게 임했다는 사실을 깨달았습니다. 따라서 율법책에 대한 하나님의 뜻을 여선지자 훌다에게 물어 듣고, 그 자신을 비롯하여 모든 백성들이 발견된 하나님의 말씀에 따라 마음과 목숨을 다해 하나님을 순종하고, 그 계명과 법도와 율례를 지키기로 결단했습니다.

결국 이 말씀을 대하며, 우리도 우리 안에 묻어버린 하나님의 말씀을 발견하고, 말씀으로 우리를 돌아봐야 함을 깨닫게 됩니다. 우리의 생명과 구원과 축복은 오직 하나님의 말씀밖에 없으며, 말씀에서 떠난 삶이 결국 우리를 불행과 심판으로 이끈다는 사실을 기억하고 말씀으로 돌아가야 합니다. 말씀으로 돌아가 우리의 삶을 다시 세워가야 합니다.

요한계시록 20장_말씀으로 죽기까지 해야

천년 왕국, 곡과 마곡의 싸움, 최후의 심판 등을 전하고 있습니다. 특별히 천년 왕국에 대한 말씀에 주목하면, 타협하지 않고 말씀을 지킨 자에게 천년 왕국의 축복이 주어짐을 말씀하고 있습니다. "또 내가 보좌들을 보니 거기에 앉은 자들이 있어 심판하는 권세를 받았더라 또 내가 보니 예수를 증언함과 하나님의 말씀 때문에 목 베임을 당한 자들의 영혼들과 또 짐승과 그의 우상에게 경배하지 아니하고 그들의 이마와 손에 그의 표를 받지 아니한 자들이 살아서 그리스도와 더불어 천 년 동안 왕 노릇 하니"(계 20:4) 예수를 증언하며 말씀 때문에 목 베임을 당한 자, 곧 생명을 걸고 죽기까지 말씀과 복음을 전한 자에게 첫째 부활의 은혜가 주어지고, 그리스도와 더불어 천 년 동안 왕 노릇 하며 축복의 삶을 살게 된다는 것입니다.

결국 이 말씀은 말씀으로 죽기까지 해야 함을 가르쳐줍니다. 타협하지 않고 말씀을 지키기 위해 생명까지 걸어야 한다는 것입니다. 곧 주의 말씀이 참 생명이 되고 영원한 축복이 되는데, 육신의 죽음이 두렵다고 말씀에서 타협하고 그 믿음에서 돌이키면, 혹 당장의 육신의 생명은 지킬 수 있을지 모르나, 영원한 생명은 잃어버리게 됩니다. 따라서 타협하지 말고 말씀을 지켜야 합니다. 말씀 때문에 죽음을 당한다 할지라도 결코 말씀을 포기하지 말아야 합니다.

말라기 2장_말씀으로 지켜가야

제사장들을 책망한 말씀과 이방 여인과 혼인하는 것, 그리고 어려서 맞이한 아내를 버리고 이혼하는 것에 대해 그 백성들을 책망한 말씀입니다.

제사장들을 책망한 말씀에 주목하면, 제사장들은 하나님과 레위의 언약, 곧 생명과 평강의 언약을 맺은 존재들로서 누구보다 힘써 하나님을 경외하고 진리의 말씀을 따라가야 합니다. 그런데 제사장들이 먼저 레위의 언약을 깨뜨리고, 하나님의 말씀에서 떠났다는 것입니다. 그리고 또 이를 통해 하나님의 말씀으로 이끌어야 할 백성들을 하나님의 말씀에서 벗어나게 했다는 것입니다. "너희는 옳은 길에서 떠나 많은 사람을 율법에 거스르게 하는도다 나 만군의 여호와가 이르노니 너희가 레위의 언약을 깨뜨렸느니라 너희가 내 길을 지키지 아니하고 율법을 행할 때에 사람에게 치우치게 하였으므로 나도 너희로 하여금 모든 백성 앞에서 멸시와 천대를 당하게 하였느니라 하시니라"(말 2:8~9)

우리는 택하신 족속이요 왕 같은 제사장들이요 거룩한 나라요 하나님의 소유된 백성입니다(벧전 2:9 참조). 따라서 이 책망의 말씀을 대하며 우리 자신을 돌아봐야 합니다. 곧 우리가 힘써 말씀에 서고 말씀으로 우리의 삶을 지켜가야 합니다. 말씀으로 사람들을 죄에서 돌이켜 떠나가게 해야 하고, 하나님의 길에서 치우치지 않고 그 길을 지켜갈 수 있도록 이끌어야 합니다. 이것이 우리의 사명입니다. 우리가 먼저 말씀에서 떠나 말씀을 지키지 않으면, 그 누구도 사람들을 말씀으로 이끌어 생명의 삶을 지켜가게 할 수 없음을 기억하고 힘써 말씀의 삶을 살아야 합니다.

요한복음 19장_말씀으로 이루어야

예수님께서 십자가에 달려 죽으시고 또 무덤에 장사 되신 것을 전하고 있습니다. 특별히 주목할 말씀이, 이 모든 일이 하나님의 말씀을 이루는 일이었다는 것입니다. 곧 예수님께서 십자가를 지시고 죽으심은 하나님의 말씀을 이루기 위함이었고, 예수님께서는 끝까지 하나님의 말씀을 따라 순종하심으로 하나님의 뜻을 이루셨다는 것입니다. "그 후에 예수께서 모든 일이 이미 이루어진 줄 아시고 성경을 응하게 하려 하사 이르시되 내가 목마르다 하시니... 예수께서 신 포도주를 받으신 후에 이르시되 다 이루었다 하시고 머리를 숙이니 영혼이 떠나가시니라"(요 19:28~30)

예수님의 관심은 오직 하나님의 말씀을 이루는 일에 있었습니다. 공생애 사역을 통해서도 끊임없이 하나님과 소통하며 예언된 하나님의 말씀을 이루시기에 온 힘을 다하셨고, 십자가에서 죽기까지 희생하심으로 하나님의 말씀을 이루셨습니다. 따라서 우리도 예수님의 본을 따라 말씀에 철저히 순종함으로 하나님의 뜻을 이루어 가야 합니다. 이것이 우리 믿음의 사람들이 살아가야 하는 길입니다.

오늘의 기도

1. 말씀으로 돌아가 우리의 그릇되고 치우친 삶을 바로 보고 돌이키게 하시고, 말씀으로 철저히 우리의 삶을 세워가게 하소서.
2. 말씀으로 사람들을 가르치고 이끌어야 할 사명이 우리에게 있음을 깨닫고, 이 사명의 삶에 힘을 다하게 하소서.
3. 생명을 내어 놓아야 한다고 할지라도 타협하지 않고 말씀을 지키며 복음을 전하게 하소서.

기쁨

역대하 35장 | 요한계시록 21장 | 말라기 3장 | 요한복음 20장

맥체인성경365 2066p

믿음의 사람들은 부활과 천국에 소망을 두고 기쁨의 삶을 살아야 합니다. 또한 그 믿음 안에서 예배의 기쁨과 봉헌의 기쁨을 누리며 살아가야 합니다.

역대하 35장_예배의 기쁨

요시야 왕이 하나님의 율법대로 유월절을 지킨 것과, 애굽의 왕 바로 느고와 싸우다가 안타까운 죽음을 맞이한 것을 전하고 있습니다. 유월절을 지킨 말씀에 주목하면, 예배의 기쁨에 대해 깨달을 수 있습니다. 말씀을 따라 온전히 하나님을 예배할 때, 예배를 통한 기쁨을 누릴 수 있다는 것입니다. "선지자 사무엘 이후로 이스라엘 가운데서 유월절을 이같이 지키지 못하였고 이스라엘 모든 왕들도 요시야가 제사장들과 레위 사람들과 모인 온 유다와 이스라엘 무리와 예루살렘 주민과 함께 지킨 것처럼은 유월절을 지키지 못하였더라"(대하 35:18) 요시야 왕 때에 지켰던 유월절에 대해 사무엘 이후 가장 철저하게 지켜진 절기 행사였음을 말씀하고 있는데, 참석자들의 수, 제물의 수, 정해진 달에 시행된 점 등에서 이스라엘 역사상 가장 큰 유월절 행사였다는 것입니다. 결국 무엇입니까? 왕으로부터 일반 백성들에 이르기까지 온전히 유월절을 지키고 또 하나님께 예배하면서 큰 기쁨을 누렸다는 것 아니겠습니까? 왕과 방백들은 자원하여 기쁨으로 유월절 희생 제물을 드렸습니다. 제사장들과 레위인들은 유월절 양을 잡고 가죽을 벗기며 하나님께 제사했습니다. 아삽의 자손 노래하는 자들은 하나님을 찬양했고, 온 백성들은 그 모든 제사와 찬양에 참여하며 유월절과 무교절을 지켰습니다. 큰 기쁨이 예배하는 모든 사람들에 있었다는 것입니다.

말씀을 따라 자원하여 기쁨으로 하나님께 예배해야 하고, 또한 그때에 하나님의 풍성한 기쁨도 누릴 수 있습니다. 따라서 오늘 우리의 드리는 예배에 기쁨이 있는지 돌아봐야 합니다. 말씀을 철저히 지키며 기쁨의 예배를 드려야 하고, 또 이를 통해 하나님이 주시는 기쁨을 누려야 합니다.

요한계시록 21장_천국의 기쁨

거룩한 성 새 예루살렘, 곧 하나님의 나라에 대한 말씀입니다. 새 하늘과 새 땅이 들어서고 하나님께로부터 하늘에서 새 예루살렘이 내려온다는 것입니다. 무엇보다 주목할 말씀이, 환난과 핍박 중에서도 믿음을 지킨 성도들에게 주어지는 위로와 축복입니다. "모든 눈물을 그 눈에서 닦아 주시니 다시는 사망이 없고 애통하는 것이나 곡하는 것이나 아픈 것이 다시 있지 아니하리니 처음 것들이 다 지나갔음이러라"(계 21:4) 타협하지 않고 믿음을 지키기 위해 고통과 핍박 중에 눈물 흘려야 했지만, 그 지킨 믿음으로 하나님의 나라에 들어가 눈물을 닦아주시는 하나님의 위로를 경험하게 된다는 것입니다. 그 나라에서는 죽음도, 애통도, 슬픔도, 아픔도 없고, 따라서 주님과 함께 영원한 기쁨을 누리게 된다는 것입니다.

이 땅에서는 아픔도, 슬픔도 있습니다. 무엇보다 주의 말씀을 따르는 믿음의 삶에는 고난도 있습니다. 그러나 그 고난 때문에 믿음을 포기하고 타협하면 하나님 나라의 기쁨을 누릴 수 없습니다. 따라서 결코 믿음에 타협하지 말고 하나님 나라의 기쁨을 소망하며 믿음의 고난을 이겨야 합니다. 믿음의 고난을 이겨 하나님의 자녀로서 그 나라를 상속받아야 합니다. 곧 성경은 이렇게 약속하고 있습니다. "이기는 자는 이것들을 상속으로 받으리라 나는 그의 하나님이 되고 그는 내 아들이 되리라"(계 21:7)

말라기 3장_봉헌의 기쁨

하나님께서 주의 길을 준비하기 위해 사자를 보내신다는 것과 주님께서 갑자기 임하신다는 말씀을 전하고 있습니다. 또한 하나님의 것을 도적질한 것, 곧 하나님께 마땅히 드려야 하는 십일조와 봉헌물을 드리지 않은 것을 책망하며 온전한 십일조를 드릴 때, 하나님의 축복이 반드시 있을 것을 말씀하고 있습니다. "만군의 여호와가 이르노라 너희의 온전한 십일조를 창고에 들여 나의 집에 양식이 있게 하고 그것으로 나를 시험하여 내가 하늘 문을 열고 너희에게 복을 쌓을 곳이 없도록 붓지 아니하나 보라"(말 3:10) 곧 하나님은 십일조와 봉헌물 등 백성들이 하나님의 것을 도적질하였기에 하나님의 저주가 있었음을 말씀하셨습니다. 그러나 백성들이 돌이켜 온전한 예물을 하나님 앞에 드릴 때, 반드시 하나님께서 축복하심을 약속하신 것입니다.

결국 이 말씀은 봉헌을 통해 기쁨을 누릴 수 있음을 가르쳐주고 있습니다. 곧 마땅히 드려야 할 예물을 하나님께 기쁨으로 드릴 때, 넘치도록 채워주시는 하나님의 축복을 누릴 수 있고, 이 축복이 당연히 우리에게 기쁨이 됩니다. 온전한 봉헌의 삶으로 기쁨의 삶을 살 수 있습니다.

요한복음 20장_부활의 기쁨

예수님의 부활을 전하고 있습니다. 예수님께서 죽음의 권세를 이기시고 부활하셨고, 막달라 마리아에게 보이시고, 모여 있는 제자들을 찾아와 기쁨을 주셨음을 전하고 있습니다. "이 날 곧 안식 후 첫 날 저녁 때에 제자들이 유대인들을 두려워하여 모인 곳의 문들을 닫았더니 예수께서 오사 가운데 서서 이르시되 너희에게 평강이 있을지어다 이 말씀을 하시고 손과 옆구리를 보이시니 제자들이 주를 보고 기뻐하더라"(요 20:19~20) 부활하신 예수님을 만나고 제자들이 기뻐했다는 말씀입니다. 두려움 중에 있는 제자들을 부활하신 예수님께서 찾아와 평강을 전하며 직접 제자들에게 부활하신 모습을 보여주셨고, 제자들은 부활의 주님을 목격하고 기뻐했다는 것입니다.

예수님의 부활은 예수님을 사랑하며 그 편에 서서 따르는 사람들에게 기쁨이 됩니다. 또한 예수님과 함께 부활과 생명에 참여하게 됨을 확신케 하기에 소망이 됩니다. 따라서 무엇보다 중요한 것이 믿음입니다. 예수님의 부활을 믿는 믿음이 없이는 부활과 생명에 대한 확신도 가질 수 없고, 또한 이를 통한 기쁨도, 소망도 가질 수 없기 때문입니다. 곧 부활하신 예수님께서 처음 제자들을 찾아오셨을 때, 그 자리에 없어 부활하신 주님을 목격하지 못한 도마가 믿음을 갖지 못했습니다. 내가 그의 손의 못 자국을 보며 내 손가락을 그 못 자국에 넣으며 내 손을 그 옆구리에 넣어 보지 않고는 믿지 못하겠다고 했습니다(요 20:25). 그는 이 믿음 없어 부활의 기쁨에 참여하지 못했습니다. 따라서 부활하신 예수님께서 다시 제자들을 찾아와 도마에게 직접 보이시며, "네 손가락을 내밀어 내 손을 만져 보고, 네 손을 내 옆구리에 넣어보라"고 말씀하시며 "믿음 없는 자가 되지 말고 믿는 자가 되라"고 가르치셨습니다(요 20:27). 오직 믿음으로 부활의 기쁨에 참여할 것을 말씀하신 것입니다. 따라서 우리가 믿음을 가져야 합니다. 부활의 예수님에 대한 흔들림 없는 믿음으로 기쁨을 누리고, 또한 예수님과 함께 영원한 부활에 참여할 것을 소망해야 합니다.

오늘의 기도

1. 믿음에서 승리하게 하시고, 부활과 천국의 삶을 소망하고 확신하며 살아가게 하소서.
2. 말씀을 따라 철저히 예배하는 삶을 살게 하시고, 또한 예배를 통해 큰 기쁨을 누리게 하소서.
3. 온전한 십일조와 봉헌의 삶으로 하나님께서 약속하신 축복을 경험하며 살아가게 하소서.

31
Dec

속히 오리라
역대하 36장 | 요한계시록 22장 | 말라기 4장 | 요한복음 21장

맥체인성경365 2072p

주님은 속히 오십니다. 속히 오시는 주님을 심판이 아닌 구원의 주님으로 맞이해야 합니다. 따라서 속히 주의 말씀을 듣고 돌이켜야 합니다. 실패와 넘어짐에서 회복하여 주께서 오시는 날까지 맡기신 사명에 충성해야 합니다.

역대하 36장_주의 말씀을 들어야

유다의 여호아하스 왕, 여호야김 왕, 여호야긴 왕, 시드기야 왕에 대한 말씀과, 시드기야 왕을 끝으로 유다가 멸망하고 수많은 백성들이 바벨론에 포로로 잡혀간 것을 전하고 있습니다. 따라서 주목할 말씀이, 주의 말씀을 들어야 한다는 것입니다. 주의 말씀을 듣고 그 죄를 깨달아 심판을 피해야 한다는 것입니다. "그 조상들의 하나님 여호와께서 그의 백성과 그 거하시는 곳을 아끼사 부지런히 그의 사신들을 그 백성에게 보내어 이르셨으나 그의 백성이 하나님의 사신들을 비웃고 그의 말씀을 멸시하며 그의 선지자를 욕하여 여호와의 진노를 그의 백성에게 미치게 하여 회복할 수 없게 하였으므로"(대하 36:15~16) 하나님께서 불의하고 범죄한 백성들을 심판에서 구원하고자 끊임없이 말씀하셨으나 그 백성들이 돌이키지 않았다는 것입니다. 곧 하나님은 사랑으로 백성들에게 사신들을 보내시고 또 보내셔서 경고하시며 돌이키기를 말씀하셨습니다. 그 백성들이 하나님의 진노의 심판을 피하기를 바라셨습니다. 그러나 백성들은 하나님께서 보내신 사신들을 비웃고 그 전하는 말씀을 멸시했다는 것입니다. 끝까지 하나님의 말씀을 거부했고, 그럼으로 하나님의 진노의 심판을 피할 수 없었다는 것입니다.

주의 말씀은 반드시 그대로 이루어집니다. 따라서 하나님의 말씀을 멸시하거나 가볍게 여기지 않아야 합니다. 하나님의 말씀을 멸시한 결과는 돌이킬 수 없는 심판임을 기억하고, 늦기 전에 돌이켜야 합니다. 말씀으로 우리의 죄와 불의한 삶을 돌아보고, 말씀의 길로 돌이켜야 합니다.

요한계시록 22장_속히 오실 주님

주님께서 속히 오신다는 약속의 말씀입니다. 따라서 그 예언의 말씀을 지키며 거룩함에 힘쓰라는 것입니다. 주님께서 오셔서 그 행한 대로 갚아 주신다는 것입니다. "보라 내가 속히 오리니 이 두루마리의 예언의 말씀을 지키는 자는 복이 있으리라 하더라"(계 22:7) "보라 내가 속히 오리니 내가 줄 상이 내게 있어 각 사람에게 그가 행한 대로 갚아 주리라"(계 22:12) "이것들을 증언하신 이가 이르시되 내가 진실로 속히 오리라 하시거늘 아멘 주 예수여 오시옵소서"(계 22:20) 주님께서 다시 오시고 속히 오신다는 약속을 반복하여 말씀하고 계시다는 사실에 주목해야 합니다. 이것은 곧 주님께서 그 약속을 반드시 이루신다는 것입니다. 따라서 안일함과 느슨함으로 주님의 오심을 놓치지 말아야 합니다. 또한 핍박과 환난 중에서도 인내하며 믿음을 지켜야 합니다. 이 책에 기록된 예언의 말씀을 지킴으로 복이 있는 사람이 돼야 하고, 행한 대로 갚아 주시는 주님께서 우리의 믿음과 깨끗한 옷을 보시고 생명으로 갚으시는 은혜를 누려야 합니다.

말라기 4장_주께로 돌이켜야

여호와의 날에 대한 말씀을 전하고 있습니다. 그 날에 교만한 자와 악을 행하는 자는 심판하여 진멸하시고, 하나님을 경외하는 자는 치료하시고 구원하신다는 것입니다. 따라서 하나님은 크고 두려운 여호와의 날이 이르기 전에 선지자 엘리야를 보내심을 약속하고 계십니다. 선지자 엘리야를 보내셔서 사람들을 돌이키게 하신다는 것입니다. 이에 응답하여 돌이켜야 하는데, 그렇지 않으면 하나님의 심판을 피할 수 없게 된다는 것입니다. "보라 여

734

호와의 크고 두려운 날이 이르기 전에 내가 선지자 엘리야를 너희에게 보내리니 그가 아버지의 마음을 자녀에게로 돌이키게 하고 자녀들의 마음을 그들의 아버지에게로 돌이키게 하리라 돌이키지 아니하면 두렵건대 내가 와서 저주로 그 땅을 칠까 하노라 하시니라"(말 4:5~6)

주님께서는 속히 오신다고 말씀하셨습니다. 주님께서 이 땅에 다시 오시는 날은 심판의 날입니다. 이 심판을 피하고 오히려 주님이 오시는 날을 구원과 소망의 날로 맞이하기 위해 돌이켜야 합니다. 주께서 보내신 사자와 그를 통해 주어지는 말씀을 통해 하나님께로 돌이켜야 합니다.

요한복음 21장_주의 사명에 충성해야

부활하신 예수님께서 디베랴 호수에 있는 제자들에게 나타나신 것과, 베드로의 주님 사랑을 확인하고 "내 양을 먹이고 치라"는 사명을 주신 말씀입니다. 곧 예수님께서는 베드로의 잘못과 상처를 용서하고 치료하여 회복시키셨습니다. 예수님의 십자가 앞에서 예수님을 모른다고 세 번 부인했던 베드로에게 "나를 사랑하느냐"고 세 번 물으시고, 또 "사랑한다"는 대답을 통해 그를 실패에서 다시 일으키시고 회복케 하셨습니다. 그리고 그에게 "내 양을 먹이라. 내 양을 치라. 내 양을 먹이라"고 말씀하시며 사명을 주셨습니다. "세 번째 이르시되 요한의 아들 시몬아 네가 나를 사랑하느냐 하시니 주께서 세 번째 네가 나를 사랑하느냐 하시므로 베드로가 근심하여 이르되 주님 모든 것을 아시오매 내가 주님을 사랑하는 줄을 주님께서 아시나이다 예수께서 이르시되 내 양을 먹이라"(요 21:17)

여기서 주의 사명에 충성해야 함을 깨닫게 됩니다. 곧 주께서 찾아와 주시는 은혜와 사랑으로 실패와 넘어짐에서 회복되어야 하고, 또한 주께서 다시 오시는 날까지 그 맡기신 사명에 충성해야 합니다. 어리석게 넘어짐과 실패로 그 인생을 끝내지 않아야 합니다. 주님을 사랑하는 마음과 사명의 삶으로 주님의 다시 오심을 준비해야 합니다.

오늘의 기도

1. 속히 오신다는 주님의 말씀을 붙들고 환난 중에서도 인내하며 믿음을 지키는 삶을 살게 하소서.
2. 주님의 말씀으로 죄를 깨닫고 돌이켜 주님이 다시 오시는 날을 생명과 구원의 날로 맞이하게 하소서.
3. 주님을 사랑하는 마음으로 힘써 사명을 감당하며 주님의 다시 오심을 준비하는 삶을 살게 하소서.